21世纪交通版高等学校教材

道路规划和勘测设计基础理论与实操技术

刘培文　赵永平　张映雪
马　杰　郭兰英　张万祥　编著

人民交通出版社

内 容 提 要

本书根据现代道路发展需要，融合传统和最新的道路规划和勘测设计的基本原理、基础理论和实用技术以及高新技术和创新管理的内容，并按照系统工程思想编写而成。主要内容包括道路规划与勘测设计技术基础、汽车和驾乘与道路设计的关系、道路实体描述与线形设计理论、道路平面设计理论与方法、道路纵断面设计理论与方法、道路横断面设计理论与方法、道路选线与定线技术、道路平面与立体交叉设计、道路网规划与可行性研究、道路建设评价与评估、道路交通站场与交通控制设计、公路野外勘测流水作业法操作技术等内容。另外，书中编入了大量的例题，以方便读者参阅。

本书改变了近半个世纪以来道路勘测设计类课本的传统叙述手法，将高新技术与传统技术合理融合、传统管理与创新管理协调一致、理论知识与实际应用有机结合，运用了独特全面和由浅入深的叙述手法，适用于不同层次知识结构的读者。其特点体现在：内容全面、理论新颖、方法具体、易于掌握、便于操作。

本书为实用工具性书籍，可作为高等院校本科和专科学生的专业课程用书，也可作为相关专业研究生的参考用书或课程教材，亦可作为新时期从事现代道路规划和勘测与设计的技术人员及政府部门从事项目管理的技术人员的参考用书。

图书在版编目(CIP)数据

道路规划和勘测设计基础理论与实操技术 / 刘培文等编著—北京 ：人民交通出版社，2013.8

ISBN 978-7-114-10645-3

Ⅰ.①道… Ⅱ.①刘… Ⅲ.①道路工程—规划②道路工程—勘测③道路工程—设计 Ⅳ.①U412

中国版本图书馆 CIP 数据核字(2013)第 111170 号

21 世纪交通版高等学校教材

书　　名：**道路规划和勘测设计基础理论与实操技术**
著 作 者：刘培文　赵永平　张映雪　马　杰　郭兰英　张万祥
责任编辑：王文华　牛家鸣
出版发行：人民交通出版社
地　　址：(100011)北京市朝阳区安定门外外馆斜街 3 号
网　　址：http://www.ccpress.com.cn
销售电话：(010)59757973
总 经 销：人民交通出版社发行部
印　　刷：北京盈盛恒通印刷有限公司
开　　本：787×1092　1/16
印　　张：39.75
字　　数：985 千
版　　次：2013 年 8 月　第 1 版
印　　次：2015 年 9 月　第 2 次印刷
书　　号：ISBN 978-7-114-10645-3
定　　价：69.00 元
(有印刷、装订质量问题的图书由本社负责调换)

前　言

道路规划和勘测设计是一门理论性和实用性比较强的课程，是从事一线公路勘测设计、路桥施工及工程管理的人员应明确的一门技术，同时也是高等院校土木工程专业道路与桥梁方向本科高年级阶段和相关专业研究生学习的一门核心专业课。其主要内容可分为外业勘测和内业设计两项。外业勘测主要是野外定点技术和外业测探工作；内业设计包括路线、路基、路面、桥涵以及其他构筑物的设计。

鉴于如今道路规划与勘测设计已经发展成为一门系统工程，即包括工程测量、建筑材料、土质土力、岩土工程、路基路面、桥梁工程、道路几何设计等学科内容，是各种专业课的综合应用，本书力图从以下几个方面体现这一特点。第一，**体系完善**。本书结合道路规划与勘测设计的工作深度和广度安排内容体系，基于目前许多大学教材所包含的内容重新进行策划。内容体系有：道路规划与勘测设计的技术基础，汽车和驾乘与道路设计的关系，道路实体描述与线形设计理论，道路的平面、纵断面、横断面设计，道路选线与定线技术，道路平面与立体交叉设计，道路网规划与可行性研究，道路建设评价与评估，道路交通站场与交通控制设计，公路野外勘测流水作业法操作技术等内容，即将道路规划与勘测设计由只注重几何设计拓展为综合的系统工程设计。第二，**承前继后**。按照系统工程思想，在保留了半个世纪以来传统大学课本阐述的路段和交叉口平、纵、横设计的原理、理论和方法的内容基础上，拓展了道路网规划和可行性研究，包括国民经济评价、财务评价、技术评价、环境评估、安全评估和社会评价的内容。第三，**由浅入深**。考虑到不同层次人员参考学习的需要，在内容编排上仍然采用循序渐进、由浅入深的叙述手法，针对每一模块内容进一步细化和深化，并给予必要的解读。第四，**拓展更新**。如在汽车和驾乘与道路设计的关系模块内，完善了包括设计车辆、设计车速、通行能力、服务水平和汽车行驶等设计依据在内的理论。又如，在道路实体描述与线形设计理论模块，针对目前设计领域对线形种类概念的模糊不清而给设计带来不便的现象，笔者加以修正，同时完善了道路中心线的线形形状设计，提出了我国道路线形定名以及使用与计算的若干问题。再如，在道路的平面设计模块中，增加了基本线形定位原理和方程、基本线形的设计标准的确定原理和结果运用，并详细阐述了简单型单曲线、基本型单曲线、简单型复曲线、基本型复曲线等十余种常用曲线的曲线元素计算，用切线偏角法和切线支距法测设时加密点的定点计算和布置设计等，以及切线支距小坐标向高斯大坐标系的换算原理和公式。在纵断面设计模块中，在陈述纵坡线和竖曲线设计技术标准的确定原理和结果应用等内容的同时，补充了拉坡时应考虑的因素和注意事项。在横断面设计模块，主要掌握横断面的设计标准和方法以及路基土石方调配原则和调配方法等。书中还重点考虑了理论和应用的关系，如平面设计中曲线半径的选择应根据地形地物条件、顺路导线测设方法、技术标准要求和视察报告要求等来确定，特别要注意与标准规定的圆曲线三个最小半径的关系等细节。此外笔者在道路选线与定线技术中重点阐述了平原区、山岭区和丘陵区的路线布局和主要考虑的问题，定线技术和实地定线相关计算与方法。在道路交通站场与交通控制设计中增补了交通信号控制设计和ETC车道设计内容。公路野外勘测模块中，主要介绍公路一次定测作业详细的理论原理和操作技术，这是笔者近三十年来从事教学以及参与和主持多条公路勘测设计得到的重要体会，这项技术犹如门捷列夫化学元素周期表，只要掌握十大作业组的基本原理和操作技术，不论是几阶段勘测设计，还是采用何种手段完成，所有问题都可以迎刃而解。

全书分为十二章，第八章由郭兰英副教授执笔编写；第六章由马杰讲师执笔编写；第九章由张映雪教授编写；第十、十一章由赵永平教授执笔编写；第五章由张万祥副教授编写；第一至四章及第十二章由刘培文教授执笔编写，并完成全书的统稿工作。在编写过程中，得到许多专家和学者的关心和支持。业界知名老前辈王国柱副教授生前对本书策划和初稿提出了不少宝贵的修改意见。作者已从事大、中专教学三十年并曾负责多条道路勘测设计，期间培养出的不少现已取得高级工程师以上职称的部分一线工作者也对本书的编写给予了支持，在此一并表示感谢。

考虑本书将在国内部分高校教学使用，书中内容体系中安排了大量供本科高年级学生和硕、博士研究生学习的内容，为各校教师的教学方便，**将属于硕、博士研究生的教学章节用 * 号标明，并用楷体印刷**，这样可同时满足各类不同层次技术水平的读者需要。

由于作者水平有限，加之时间仓促，书中不足乃至缺点之处在所难免，希望广大读者批评指正。

作　者

二〇一三年三月于北京

目　　录

第一章　道路规划与勘测设计技术基础 …… 1
第一节　道路的功能与建设意义 …… 1
第二节　现代交通运输方式及其地位 …… 11
第三节　道路的分类与技术分级 …… 12
第四节　国道和国家高速公路网 …… 15
第五节　道路的基本组成与设计技术标准 …… 19
第六节　公路勘测设计的基本内容与主要技术文件 …… 26
第七节　我国公路发展契机与综合交通运输发展计划 …… 29
第二章　道路设计的基本依据 …… 32
第一节　道路设计采用的车辆 …… 32
第二节　道路设计中采用的车辆速度 …… 37
第三节　道路设计与汽车流量 …… 46
第四节　道路通行能力与服务水平* …… 57
第五节　汽车行驶原理与道路设计 …… 65
第六节　安全行车与道路的关系 …… 73
第七节　汽车的动力特性与爬坡能力* …… 77
第八节　安全行车视距与安全净空 …… 83
第三章　道路实体描述与线形设计理论 …… 91
第一节　道路几何实体描述与设计表达 …… 91
第二节　汽车的行驶轨迹与道路基本线形 …… 98
第三节　道路曲线段设计实际采用的线形 …… 103
第四节　道路平面基本线形定位原理与方程 …… 107
第四章　道路平面设计理论与方法 …… 116
第一节　道路平面设计的内容 …… 116
第二节　顺路导线与自由导线的测定 …… 122
第三节　道路中线曲线定位主点与曲线元素 …… 135
第四节　道路平面线形设计的技术标准 …… 138
第五节　简单型和基本型及凸形单曲线设计原理与计算 …… 143
第六节　简单型和基本型复曲线设计原理与计算 …… 153
第七节　卵形和复合型复曲线设计原理与计算* …… 159
第八节　C形、简单S形及基本S形复曲线设计原理与计算 …… 166

第九节　道路平面设计方法与实例 …… 171
第十节　顺路导线坐标系向高斯坐标系的转换 …… 183
第五章　道路纵断面设计理论与方法 …… 195
第一节　道路纵断面与纵断面线形组成 …… 195
第二节　道路纵断面坡度线设计的技术标准 …… 203
第三节　凸形竖曲线的设计标准与制定原理 …… 215
第四节　凹形竖曲线设计的技术标准与制定原理 …… 219
第五节　路基纵断面设计方法与纵断面图的绘制 …… 227
第六节　纵断面设计因素和注意事项* …… 236
第七节　竖曲线设计方法 …… 249
第六章　道路横断面设计理论与方法 …… 254
第一节　道路横断面设计的概念与横断面组成 …… 254
第二节　路基标准横断面与逐桩横断面 …… 268
第三节　一般路基边坡设计 …… 269
第四节　路基横断面设计的技术标准 …… 272
第五节　道路弯道加宽设计 …… 279
第六节　道路弯道超高设计 …… 285
第七节　路基横断面设计方法与技术文件 …… 291
第八节　土石方数量的计算与调配 …… 300
第七章　道路选线与定线技术 …… 307
第一节　公路选线的任务与路线方案选择 …… 307
第二节　平原微丘区道路选线 …… 310
第三节　山岭区路线选线 …… 315
第四节　丘陵区道路选线 …… 329
第五节　滑坡地区公路选线 …… 333
第六节　泥石流地段选线 …… 339
第七节　岩溶区和采空区选线 …… 341
第八节　考虑环境保护的选线 …… 342
第九节　道路纸上定线方法 …… 343
第十节　道路实地放线方法 …… 356
第八章　道路平面与立体交叉设计 …… 367
第一节　道路平面交叉设计基础知识 …… 367
第二节　道路平面交叉口设计 …… 372
第三节　有信号控制十字交叉口的通行能力计算 …… 378
第四节　平面交叉口立面设计方法 …… 382
第五节　道路平面环形交叉口设计 …… 387
第六节　道路立体交叉设计 …… 390
第七节　立体交叉的规划和选型与评价 …… 400
第九章　道路网规划与可行性研究* …… 405
第一节　道路勘测设计基本程序 …… 405

第二节　公路可行性研究报告的编写 …… 419
第三节　项目影响区划分与道路走向确定 …… 425
第四节　起讫点(OD)调查与出行期望图 …… 432
第五节　交通量的调查与预测和分配 …… 437
第十章　道路建设评价与评估* …… 453
第一节　道路工程项目财务评价基本原理 …… 453
第二节　国内外物品价格间的换算与影子价格 …… 458
第三节　公路建设的成本核算 …… 462
第四节　道路工程经济分析方法 …… 466
第五节　道路建设国民经济评价理论 …… 475
第六节　公路建设项目经济效益计算 …… 477
第十一章　道路交通站场与交通控制设计* …… 484
第一节　公共停车场设计 …… 484
第二节　公共交通站点布设 …… 490
第三节　高速公路服务区设计 …… 495
第四节　高速公路与城市快速路照明设计 …… 506
第五节　城市交通信号控制设计 …… 516
第六节　高速公路与城市快速路 ETC 系统设计 …… 527
第十二章　公路野外勘测流水作业法操作技术* …… 539
第一节　公路野外勘测的基本要求 …… 539
第二节　道路野外勘测选线组操作技术 …… 542
第三节　野外勘测中测角组操作技术 …… 547
第四节　道路野外勘测中桩组操作技术 …… 561
第五节　道路野外勘测水平组操作技术 …… 595
第六节　道路野外勘测横断组操作技术 …… 600
第七节　道路野外勘测地形组操作技术 …… 604
第八节　道路野外勘测桥涵组操作技术 …… 609
第九节　路线沿线工程地质调查 …… 619
第十节　道路野外勘测综合调查组操作技术 …… 622
参考文献 …… 626

第一章　道路规划与勘测设计技术基础

第一节　道路的功能与建设意义

自从地球上有了人类,就有人走出来的路。自古以来,道路建设和运营跟着时代步伐,伴随人类社会文明的进步和发展在阔步前进。它由远古的人行小道、车马大道、专供汽车行驶的各类道路继续向现代交通运输体系迈进。如今的道路已经成为现代交通运输业的重要组成部分和推动社会经济发展的中流砥柱。道路的发展是伴随运输的需求而生,这种需求至少表现在六个方面:首先,自然资源分布的非均衡性需要互补;其次,规模经济快速发展需要互通有无;再次,社会交流与提高生活水平的需要;第四,政治与军事活动需要以路支撑;第五,专业化细分工客观需要解决原材料来源和产品出路;第六,个人多种选择和安排与国内外文化交流等的客观需要。上述的人类需求必须克服空间上的障碍,实现人和物的移动。人们移动的愿望(the desire for movement),包括移动性与可达性(mobility vs. accessibility)、旅客运输需求(passenger transport demand)、运输公平合理(transport equity)以及支撑运输必不可少的前提条件,即道路建设。上述问题伴随了一个现代专业名词是运输与交通运输。所谓运输,指为具体实现这种移动提供服务所进行的经济活动。交通运输(transportation),它的实质内涵是指人们借助于某种运动方式,完成人或物的空间位置移动的全过程,它是社会生产和人类生活中不可缺少的组成部分,需要运输来支撑和实现。

一、国内外道路发展简史

道路的发展可以追溯到远古时代,早在公元前3世纪就有长达7 000km的闻名遐迩的丝绸之路(图1-1),它东起我国长安,即西安,西经陕西、甘肃、新疆越过帕米尔,再经中亚、西亚到当时的罗马帝国,路线蜿蜒于高山、沙漠和草原之间,是中西文化、商品交流,宗教传播的重要通道。它连接当时世界上最古老文化的发祥地中国、印度和著名的古希腊和罗马文化所在地,最后发展成一条洲际道路,对当时的政治经济发展起到了举足轻重的作用。丝绸之路的重要地位和作用也引发世界各国文人墨客和历史学家的兴趣。有关丝绸之路的记载也不胜枚举。例如,通过丝绸之路,我国发明的养蚕、缫丝,尤其是绚烂的纺织品从西汉就通过丝绸之路大量远销印度、罗马等地。有籍可查的是:印度大臣查纳克亚约公元前315年所著《政治论》中详载我国丝绸于公元前4世纪输入印度;罗马作家普利尼阿斯著《博物志》中曾介绍中国如何产丝,输入的丝绸如何为富家妇女所喜爱;19世纪德国地理学者希托芬首先命名此路为丝绸之路,英国译为“Silk Road”,这名称就传遍了全球。通过丝绸之路,我国除输出名贵的丝绸外,从公元3~12世纪陆续将四大发明、炼铁、凿井以及种植桃梨等技术传播到西域、阿拉伯和欧洲各地。同时，从西方各地传入的文化对我国的音乐、舞蹈、绘画、雕刻、药用植物等都有影响。此外，除传入佛教等外，还开展了军马、珠宝等贸易，并引进了种植菠菜、黄瓜、西红柿、葡萄等农业技术。丝绸之路导致东西方文化在数学、天文、历法和医学等方面广泛地交流，互相促进提高。东西方人之间的友好往来也增进了国际友谊，从张骞出使西域到盛唐时代，西安曾是当时东西方外交、交通中心，车水马龙，繁荣昌盛，它也是我国最早的国际大城市。经由丝绸之路出使、传播文化或进行工作的历史名人众多，如东亚名僧法显（约公元 337 ~422 年）、唐代名僧玄奘和西域高位鸠摩罗什曾迢迢万里取法并译经。由玄奘口述，辨机于公元 646 年编写的《大唐西域记》是研究中亚、西亚存贷史的重要文献，为学术界所重视，并有英法等译本。还有鸦片战争后林则徐也经此路被流放伊犁，他进行了林公渠、坎儿井等建设工作，意大利人马可·波罗和安息王子安世高也都是经此路来华。

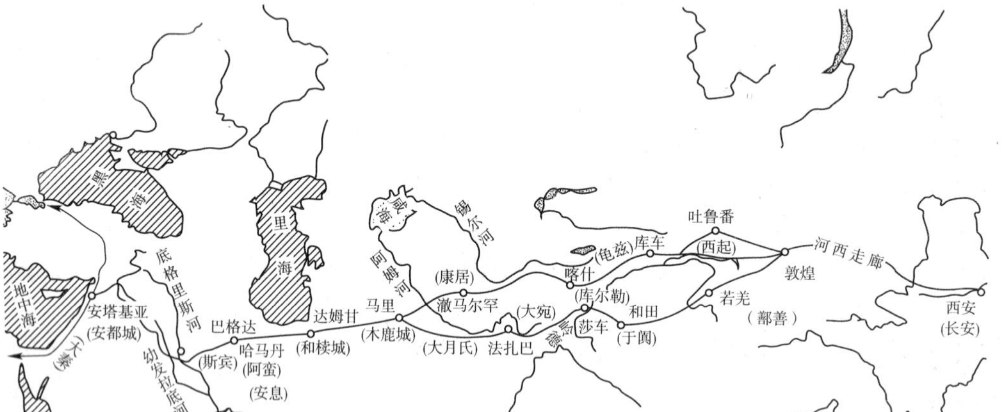

图 1-1　古代丝绸之路略图（图中括号内的文字为古代地名）

如今，丝绸之路虽成为历史，由于其历史上地位明显，到今天仍脉脉相传，引起中外人士广泛兴趣。17 世纪英国在亚洲攫取了大片殖民地，从其殖民政策出发，需要修建公路联络各地；20 世纪初，曾有 15 个国家兴建的亚洲公路，实际上是在丝绸之路的基础上进行的。

在国外，早在公元前 300 ~200 年，欧洲中、东部就建设有商用“琥珀道路”；意大利古罗马就有军用“罗马大道”。1860 年全球第一辆汽车问世后，道路建设出现了由车马大道向专供汽车行驶的道路建设的质的飞跃。1932 年德国为满足当时军事需要，建成了波恩到科隆的世界上第一条高速公路，并创建了一套相对先进的设计理论和施工技术，为希特勒闪电式袭击欧洲发挥了重要作用。继后美国也建成了洛杉矶机场高速公路。1934 年，意大利建成米兰—都灵的高速公路。1948 年法国开始修建高速公路。第二次世界大战结束后，美国国会于 1956 年通过“美国的州际和国家高速公路网计划”，一次投资 700 亿美元，规划 66 000km 高速公路，1957 年开工建设，1966 年基本建成。从此，拉开全球建设高速公路的热潮，日本等国先后相继开工建设高速公路。从 20 世纪上半叶开始，世界上不少国家建设有高速公路，拉动经济发展。中国最早的高速公路是台湾岛基隆到高雄的高速公路，该路于 1978 年 10 月通车；中国内地最早的高速公路有三条：北京至天津和塘沽的高速公路、沈阳到大连的高速公路以及沪嘉高速公路。北京至天津和塘沽的高速公路是国务院最早批复的按高速公路标准建设的项目，但通车时间并非最早，故有三条高速之说法。我国公路运输的发展见表 1-1。

我国公路运输的发展一览表 表 1-1

年份	全国公路里程(万公里)	全国高速公路里程(万公里)	当时的时局与政策环境
古代	棋盘式道路网	—	车马大道,四通八达。史有周道如砥、其直如矢。秦修驰道、汉通西域之记载
1906	中国开始建设公路	—	大清王朝时期,在全国修建的第一条公路,即广西友谊关公路
1912	2.9	—	辛亥革命成功,清王朝被推翻,中华民国建立,开始规模化修建公路
1920	6	—	军阀割据,战乱不断,道路建设除少数地区外,全国几乎停滞不前
1938	8	—	日本侵略中国,国共合作,抗战开始。国民政府建成959.40km 滇缅公路
1945	13	—	日本投降、内战爆发、战事不断、道路建设几乎停滞不前
1949	8.07		国民党执政的中华民国政府失败,共产党领导的中华人民共和国政府成立
1952	12.67	—	基本国策是:首先建设国防公路,其次建设经济干线,再次建设地方公路
1957	25	—	中华人民共和国第一个五年计划(1953~1957年),主要任务为公有制改造
1958	51	—	全国实施大跃进,大炼钢铁,建立人民公社,道路建设以民工建勤为主
1965	51.45	—	提出“地、群、普”相结合建设方针。援助越南战争,全国统一备战
1966	51.45	—	中央《5·16通知》文化大革命开始;提出备战、备荒、为人民国策
1970	交通部、铁道部和邮政局合并,省级交通厅局合并下放,公路建设、养护、管理机构和机制遭受重创		
1976	82.3	—	文化大革命结束,体制变革。由阶级斗争为纲向经济建设为中心转型
1978	89	—	停滞17年的全国高考开始,中共十一届三中全会取消阶级敌视和压迫
1979	中越自卫还击战,云南等边防大量投资修建国防路,全国开始建立道路建设的专业化施工队		
1988	—	0.0147	中国采取积极的财政政策,实施加大基础投资拉动经济发展战略
1989	—	0.0271	
1990	102.8	0.0522	
1991	—	0.0574	实施加大基础投资拉动经济发展的积极的财政政策,公路建设实现专业化
1992	—	0.0652	
1993	—	0.451	
1994	110	—	
1997	香港回归,中国第一次用于公路建设的国家投资达1 200亿		
1998	127	0.473	中国实施积极财政政策,继续增加道路建设投资,拉动国民经济增长速度近2%
2000	167.98	1.631	实施积极的、稳健的财政政策,继续增加道路建设投资约20%
2003	178	2.520	全国公路总投资累计达到9 000亿元人民币,公路建设实现跨越式发展
2004	—	3.428	我国实施加大基础投资拉动经济发展积极的财政政策。国务院批准交通部制定的国家高速公路网规划并开始实施。仅2005年全年不含市政的公路投资达到6 000亿元,高速公路里程居世界第四位
2005	192	4.1	
2006	—	4.53	
2007	357.3	5.36	实施积极的财政政策,继续增加道路建设投资约20%
2008	373.02	6.03	中国汶川、玉树发生大地震和泥石流,全国抗震救灾。世界经济危机爆发
2009	386.46	—	中国加大基础建设投资,开发西部和农村战略,继续增加道路建设投资
2010	—	7.23	中国用4万亿投资,抵御世界经济危机,其中用于公路建设达1万多亿
2011	—	8.49	中国继续加快公路建设速度。高速公路里程接近美国,居世界第二位
2012	—	9.62	中共十八大召开,中国高速公路总里程跃居全世界第一位
2013	440	10.92	国家部委由39个减并至25个,交通部、铁道部合并为交通运输部,全国综合交通运输体系规划启动编制并逐步实施
2014	448	11.40	中国提出丝绸之路经济带发展战略,亚洲基础设施投资银行在北京设立。我国在继续加快国内高速公路及一般公路建设的同时,倡议周边国家为实现互连互通国际公路大通道而努力,并得到响应
2015	456	12.32	

二、道路在国民经济中的地位

公路发展水平是用公路通车里程和路网密度、高速公路里程、汽车拥有量、公路运输情况、公路交通管理水平及公路交通新技术应用等来衡量。交通运输的发展已成为衡量一个国家或地区发达程度的重要标志之一。我国的公路运输已在各种运输方式中逐步占据主导地位。而在发达国家大规模投资兴建公路的同时,非常重视发展高速公路,与此同时也尝到了高速公路建设所得到的投资回报。例如,美国在20世纪60年代曾投资700亿美元建设66 000km高速公路,建成15年后,回收了1 300亿美元,得到了较高的投资回报,投资回收期并不长,同时也带动了其国内经济的快速增长。据有关专家分析,德国、日本等国在经济萧条时期用高速公路和高速铁路的建设拉动了经济的复苏和增长。21世纪初,美国对其20世纪建设的州际高速公路进行了后评价,结果显示:通过提高行车速度,货运成本比其他公路降低了17%。50年间,州际高速公路使美国的生产成本下降了1万多亿美元,相当于建设投资总额的3倍。众所周知。20世纪末、21世纪初发生的东南亚经济危机给亚洲经济乃至全球经济造成了巨大的影响。我国在这场危机中,没有受到太大的冲击,其根本原因之一是我国采取了积极的财政政策,加大基础设施投资。其中用于公路基础设施的投资每年在2 000亿元人民币(相当于两个三峡工程的总投资)。交通建设投资成功地拉动了国民经济增长中的两个百分点,对抑制通货膨胀、繁荣国民经济起到了重要作用。

三、高速公路的地位和作用

根据最新研究成果表明,高速公路在推动经济、社会发展,降低运输流通成本和交易成本中占重要地位。同时,还能在促进市场形成和专业化分工、创造大量就业机会、提高国民生活质量、促进区域协调发展和社会公平、促进土地开发利用以及保证国家统一和国土安全等方面起到积极作用。

(一)产生巨大的经济效益推动经济发展

1. 高速公路能有力地推动区域经济发展

高速公路对经济贡献的体现为刺激经济的快速增长和外向型经济迅速发展。一个区域只要具备了有利于经济发展的必要条件,这种区位条件就会形成一种优势,产生一种引力,有可能把较差的企业生产力和生产要素吸引过来,在利益原则的驱动下,形成产业布局上的相对集中和聚集,从而促成该地区经济的发展,此引力就称之为区位优势。这种区位经济理论可以用来作为研究高速公路产业带形成和发展的经济理论基础。区域经济发展分为点位聚集发展阶段和成熟阶段。在点位聚集发展阶段,通过交通条件的明显改善,首先在若干“点”上形成区位优势。如高速公路两端和沿线的出入口附近,会吸引资金、技术、人口等生产要素向这些点位聚集。随着一批支柱产业或企业的建立,金融、保险、商业、运输、咨询、饮食、医疗等服务行业也会聚集到附近,形成一种强大的集聚效应。高速公路沿线产业不会均质地分布在两侧所有区域,新的生产要素也不可能同时出现在所有经济点位上。根据区位经济理论,受土地成本、原料供应、人才资源、投资费用等因素的影响,此阶段沿线其他待开发地区将成为新的增长点,在空间上表现为以高经济密集点位为中心,向周围地区梯度扩散,即“点—圈”效应,由点带面发展。同时,以高速公路为轴线向两侧横向发展,延伸一定范围,各点连成一片,形成“轴—带”效应。

国外和我国高速公路产业带发展实践和经验证明,一条高速公路建成3~5年后,其两端的大城市沿高速公路走向延伸发展，在各出入口附近形成一系列的卫星城镇或经济区，并以高速公路为轴线，初步形成高速公路产业经济带的雏形，使得高速公路产业带得到跨越式发展。在成熟阶段，随着高速公路使人们的活动范围迅速扩大，表现在市场半径、经济规模、经济效益的成倍扩大。高速公路使沿线市、县、区的经济发展向更大的市场延伸，进一步密切了它们之间的经济技术交流和合作，使之成为各具特色、优势互补的有机整体，从而有力地推动公路沿线及周边地区的经济发展。例如，济宁高速公路的建成通车使5市在1997年经济增长率提高约1.1%。

2. 高速公路刺激外向型经济迅速发展

高速公路迅速发展，使得交通运输得到优越的投资环境，促进沿线地区外向型经济蓬勃发展。呈现出外商投资项目、利用外资金额、投资国家和地区增多、出口创汇增多。例如，沈阳至大连高速公路通车后，沿线5个城市外商投资意向增强，实际利用外资规模不断扩大，建立各类经济区80多个。在京津塘高速公路天津段，已形成武清、逸仙园、宜兴埠、塘沽、程林庄、军粮城、天生村等9个各具特色的高新技术产业区；在北京段，经济技术也迅速形成。这些产业群体以京津两市雄厚的人力资源为基础，以国家重点高新技术为先导，以外向型经济为主体，迅速成为京津冀地区新的经济增长点。再如，沪宁高速公路建成通车，公路沿线陆续兴建了南京马群开发区，镇江开发区、常州高新技术开发区、无锡新区、苏州新区、苏州工业园区、昆山开发区，并在高速公路出口处形成城镇60个。

3. 高速公路促进了沿线产业的发展和产业结构的优化

美国把高速公路列为20世纪十大工程成就，美国高速公路改变了城市生活（郊区化）。高速公路、车辆装备的改进大大提高了人类的机动性和安全性。智能交通系统（ITS）使出行更加智能、便捷和安全。例如，穿越美国加州硅谷地区的101号公路，沿线集中了8 000多家电子科技公司和软件公司；又如，日本的名神高速公路沿线14个互通式立交桥附近，建成了900多家工厂；在我国，目前不少大城市人均汽车拥有量比例达到世界先进国家水平。与此同时，钢铁、石油、信息、机械、材料、服务、地产、物流等行业得以迅猛发展和布局调整。与日俱增的车辆需求，刺激了石油工业的迅猛发展。

高速公路对农业、工业、商业、旅游业和产业结构贡献最大。首先，可推进农业快速发展。由于高速公路运输的快速、方便，促使沿线农产品特别是鲜、活产品外运量增加，提高了农产品商品化程度。同时，农业生产需要的机具和化肥、农药等及时运入，加速了农业生产的现代化。其次，可带动沿线工业协调发展。高速公路作为一种现代化交通基础设施，投入使用仅十几年时间，就已显示出巨大的发展潜力。高速公路建成后，汽车经济运距大大延长，对于批量小而运输频繁、运输条件严格的高新技术产品，无疑具有特殊的吸引力。例如，京津塘高速公路建成后，高速公路两侧，先后兴建了8个高新技术区，面积达$20km^2$，且有40多家中外高新技术企业在此安家落户，形成一条高新技术产业带和经济开发走廊。再次，促进沿线商业的繁荣。高速公路的开通，减少了沿线商品交换的运输费用和在途时间，相对缩短了产地与销地的时空距离，推动了商业的发展。例如，沈大高速公路投入使用五年内，靠路兴起和扩大的商品市场近1 000个。它们就像一颗颗珍珠，由高速公路这条金线串起，这些市场大多是经营服装皮革、日用百货、食品蔬菜和零售专业市场。它们有的依路而建，有的距公路只有几公里。第四，沿线旅游业得以繁荣。旅游业必须依托便利的交通条件，高速公路为旅游业的发展插上了腾飞的翅膀，使旅游资源开发向深度和广度进军。例如，八达岭高速公路的开通不仅方便了游览长城的人们，也带动了延庆旅游业的发展。八达岭高速公路通车后，由市区到长城仅需40min，即使是中午从市区出发，下午也有充足的时间游览长城，而且不会耽误回城吃晚饭。第五，沿线产业结构优化。根据发达国家的历史经验，一般在工业化初期，第二产业变化不大，而工业化中后期显著上升。高速公路的通车和两侧经济开发区的建立，推动本地区乃至相邻地区的劳动力由农村向城镇，由农业向工业，由第一产业向第二、第三产业转移，促使科技含量和附加值高的产品大幅度增加，从而影响了高速公路产业带内产业结构的变化和改善，三大产业的结构正由"正金字塔形"转变为"倒金字塔形"，具体表现为第一产业比重普遍下降；第三产业比重在基本实现工业化地区上升显著，在工业化程度较低的地区变化不大。例如，京津塘高速公路北京段产业带，1991～1993年第二产业比重提高了9.5%，大大高于通车前两年提高5.4%的水平。上海莘—松高速公路沿线，建成后三年第二产业的比重提高了8.1%，达到比周边地区提高3.1%的水平。

（二）改善了综合运输结构

高速公路实现了快速运输，快速运输又促进了运输结构的变化及合理调整。随着人们生活水平的不断提高，人们对"行"的质量更加重视，旅行速度便成为选择运输方式的首要因素之一。因此，运输速度对运输结构的变化产生重大影响，并导致了运输结构的变化。为了与高速公路客运竞争，火车也在提高车速和服务质量，开设了夕发朝至列车，开放绿色通道、联网运输、降低标价等，使旅客和货主成为最大的受益者。综合运输要求各种交通方式既有竞争、又有协作，充分发挥各自优势，为社会带来更多的效益。

高速公路的出现，使汽车具有与铁路平行线路上开展竞争的能力，高速公路大量吸引中短途货物运输，减轻了铁路压力。随着高速公路通车里程的增加和大型客货汽车的使用，在铁路运输的一些重要区段促进了公铁分流。

1. 高速公路促进了综合运输大通道的形成

高速公路长距离、远辐射、"门到门"的运输优势，实现了各种运输方式在更高水平上的紧密衔接，对强化港口集疏运能力和扩大航空港覆盖面发挥了重要作用。以山东为例，在没有高速公路之前，山东的公路在运输体系中仅有短途、中转、接卸等作用。随着一条条高速公路的贯通，把海、陆、空等各种运输方式有效地结合起来，构成了横贯东西连接南北的立体交通运输大通道。济青高速公路以其高效、快速的疏港、疏站功能，为济南国际机场带来了大量的客源，使其提前5年达到了设计客运能力。

高速公路最直接的经济效益是缩短了运输时间，减少了燃料消耗，降低了机械磨损，延长了车辆使用寿命，从而大大降低了运输成本。因此，高速公路建设成本虽高，但高效回收周期一般在10年左右。例如，美国对联邦政府建设的66 000km高速公路曾做过统计，建设总投资700亿美元，一年内就获利70亿美元。根据大量调研结果表明：修建100km高速公路，每年大约可节省运费7 500万元，汽柴油2 100t。如果汽车运输向大型化、拖挂化、集装箱化方向发展，效益还将增大。

2. 高速公路极大地促进了全国道路运输业的发展

高速公路是国道主干线的重要组成部分，更是地区公路网的主骨架，带动了沿线地区公路网水平的迅速提高。为充分利用高速公路发展经济，沿线各地区加速了县乡路、机场路和疏港路与高速公路的沟通，促进了路网布局的完善以及公路等级和通行能力的发展。以济青高速公路为例，建成后两年与未建前相比，沿线的五个地市等级公路里程、高级和次高级路面里程均大幅度增长，分别比山东全省平均高出28.5%和30.1%。

青岛港自济青高速公路开通以来，集装箱运输货源覆盖面积迅速延伸至冀、豫、晋、陕、川以及新疆、内蒙古等省区。1995 年青岛港在国内港口中第一个建立了国际集装箱中转站，集装箱吞吐量当年即达 60 万箱。此后连年持续增长，2002 年青岛港集装箱吞吐量已达到 341 万标准箱，大约是十年前的 6 倍，在国内港口中仅次于上海、深圳，居第三位。

公路运输趋于多样化、专业化和现代化。汽车运输向豪华型、大吨位、拖挂化、集装箱化方向发展，给公路运输带来了勃勃生机。

3. 高速公路加速实现公路运输现代化

高速公路是全封闭、全部控制出入、全部立体交叉，路中央设有分隔带的汽车专用公路，与一般公路相比，具有以下优点：行驶速度高，时速可达 80 ~ 120km/h；行车安全，行车事故大大减少；运输经济，降低了油耗、轮耗、车耗；通过能力大，一条四车道的通行能力可达 34 000 ~ 50 000 辆/昼夜，比一般公路高出几倍甚至十几倍。高速公路高速度、高安全、高效益、有序化这四大特点，是一般公路无可比拟的。美国的高速公路占全国公路总里程的 1.38%，承担了全美公路运输量的 25.6%。

高速公路快速运输的特点决定了其有助于最大限度地实行规模化、信息化、网络化的经营方式。通过组建跨省、地区的快速运输集团，以改变传统落后的经营机制，避免各自为战、分散经营带来的地方保护、条块分割、资源浪费等弊端，形成信息化规模经营优势，建立并健全现代化的运输信息网络，以科学的运行组织管理和车辆调度为手段，进一步提高运输效益和经济效益。

(三)促进土地开发和利用

不少业内人士分析认为：21 世纪中国经济发展的主要支柱是人口经济和房地产开发，而交通与房地产业发展密切相关。

高速公路的投入使用进一步加速了沿线地区土地资源的综合开发，使沿线许多地区的土地身价倍增。主要表现为以下两个方面。

1. 高速公路带动沿线土地的增值效应

首都长安街东延长线的京通快速路，西起北京朝阳区大望路，东至通州北苑，中途通过四惠桥、远通桥与四环路和五环路相连，东部通过通州区北苑环岛和北关环岛，连接 103 和 102 国道，是北京东部地区进出首都中心区的主要交通通道之一，同时也是北京联系东北地区和渤海湾地区交通要道之一。京通快速路将处于 CBD 正东方的通州区与市中心紧密地联系起来，大大便利了两地交通，也为通州房地产业的发展起到了不可忽视的作用，通州的房地产商在招商和售房时，都将交通便利作为重要条件列出，房地产因道路升值。自京通快速路建成通车以来，通州区吸引了众多的开发商在此区域投资发展，另一方面，以京通快速路为代表的中心放射性高速公路的建成也使北京市区的交通网络更加完善，市区与周围的联系更加密切，促进了 CBD 商圈和京通快速路沿线泛 CBD 圈房地产的发展。

京通快速的延长线 102 国道，尤其是通燕高速公路的开通，促进了北京 CBD 商圈和沿线泛 CBD 圈房地产发展，地价升值的热度一直绵延到三河市区。昔日隶属河北三河县(市)的燕郊小镇如今已发展为京东最大的经济开发区，几十个中央部委直属单位在此安家落户，几十家外企在此安营扎寨。同时也吸引了包括北京市民在内的众多购房者，因他们在通州和燕郊居住，而在城里工作，故京通快速路和通燕高速路成为必经之路。正是因为快速路和高速路带来的便利交通，使得通州区和燕郊开发区的房地产市场快速发展，房地产价格十年翻了 20 倍。

以 1990 年的上海为例，高速公路未通之前，沿线国土资源未得到很好的开发，当时合资企业占用土地，价格十分低廉，每平方米仅 5 元人民币左右。莘松高速公路建成后，使得松江县和沿线镇的投资环境得到改善，土地大幅度升值，每平方米价格上升到 180 ~ 210 元；仅

1992～1994 年间，该县累计批租土地 121 块，共 400 万 m^2，土地出让金 7 768 万美元。其中越是靠近高速公路的乡镇，批租的土地越多。

2. 房地产开发效应明显增加

我国启动以住宅、轿车为主体的第二次消费浪潮策略，主要依托两个方面：一方面仰仗消费者购买力，另一方面则需高等级公路等基础设施建设的先行。缺乏必要的基础设施，会使住宅、轿车消费难以让国人认同。

高速公路促进沿线土地开发和批租。房地产从无到有，日新月异。例如，在济青高速公路的济南、青岛、潍坊等出入口处，随处可见的造型各异的商品楼群，与高速公路一起构成现代化都市画卷。沿线批发市场建设日新月异。高速公路的投入使用，会推动两端和沿线出入口附近中小城市的发展，带动一批新的城市群体的出现，加快中小城镇的崛起和城乡经济一体化进程。沈大高速公路的建成，把以沈阳为中心的辽宁中部城市群与大连为中心的南部城市群联成一体，使得沿海与腹地的距离相对缩短，既促进了原有大中型城市的开发建设，也促进了卫星城、小城镇的发展。

（四）提高人民的生活质量

追求更快、更安全、更大范围的空间移动始终是人类对“行”的不懈追求，因此交通发展的第二个重要目的就是满足人们自由出行的渴求，提高生活质量。

中国人对物质文化的追求经历了三个阶段，以结婚为代表的需求可以用三个“三大件”来概括：20 世纪 60～70 年代的三大件是“自行车、手表、缝纫机”；20 世纪末的三大件是“电话、电视和照相机”；21 世纪初的三大件是“房屋、汽车和录像机”。继电话、电视等家用电器需求不断满足的同时，房屋、汽车、电器已经成为当代青年人结婚的三大件法宝，汽车几乎成为家家户户必需的日常生活用品。而与此相关的高速公路和各类道路为实现人们的愿望提供了条件。

（五）降低流通和货运成本

全国乃至全球高速公路建设都要进行可行性研究，建成若干年后还要进行后评价。大量的可行性研究和后评价表明：高速公路建设对降低流通和货运成本效果明显，例如，国内建设较早的沈大高速公路建成后，比原有公路里程缩短 11%，行车时速提高 130%，公路运输的油耗率下降，客货运成本分别下降 28%、21%。

（六）创造大量的就业机会

交通运输业服务业的特征具有生产和服务双重特性，创造了大量的就业机会，解决了就业问题，交通对产业布局的引领和影响不可忽视。

1978 年年底，交通行业总从业人数有 481.63 万人；2004 年年底，交通行业固定总从业人数有2 868.88万人；截至 2010 年年底，交通行业固定总从业人数为 3 684.82 万人，年平均增长率高于同期社会就业增长。表 1-2 为各时间段交通从业人员的增长对比情况，这些数字不包括临时性民工等其他人员。

1978～2010 年交通从业人员增长情况　　表 1-2

交通从业人数占社会从业人数的比重	起止年月			
	1978～1988	1989～1999	2000～2010	2010～2015
比重百分率	1.3%	2.1%	3.2%	7.8%
总年增长率	9.4%	7.9%	5.4%	12.4%
年均增长率	3.1%	3.3%	4.1%	5.2%

（七）保证国家统一和国土安全

密集的高速公路网不但可以在战争时期快速输送战略物资和人员，而且能够作为飞机跑道使用，世界上不少国家有此先例。我国早年建设的沈大高速公路上就建有战备飞机跑道。有时环岛、环国境的高速公路可以适应边防巡逻部队的快速反应以及阻挡外国机械化部队的入侵推进速度。早期建设的环国境高速，从某种意义上讲，可以避免不必要的领土争议纠纷。高速公路建设有利于巩固国防。未来战争的高突发性、快速性以及现代作战理论和高新技术的发展都要求作战部队必须具有快速反应能力。这时提供作战保障的交通运输系统，就必须具有快速反应能力，以适应高技术战争作战进程快、信息变化快、部队机动频繁等各种情况的要求，建立高速公路的快速运输系统才能为部队的快速反应提供基础。

另外，高技术战争的一个突出特征是空间一体化，表现为立体战争，要求陆运与空运的有效衔接和配合，而我国目前不少中等城市还没有机场设施，因此部分高速公路路段，按照兼顾军用飞机起降跑道的标准设计施工，以完成各种条件和情况下的军事运输任务，为我国建设与发展提供强有力的后期支援保障，以适应国防现代化的需要。

（八）增加财政储备、改善民生及促进社会公平

社会公众从最基本的出行要求到安全便捷的更高诉求，是经济发展和社会文明进步的重要标志。我国交通发展的根本要求是不断满足人类对出行自由的不懈追求和渴望；服务人民群众安全便捷出行。交通发展为了人民，交通发展依靠人民，交通发展成果由人民共享，这是交通坚持为人民服务的根本宗旨，是实现好、维护好、发展好最广大人民根本利益的本质所在。做好这个服务，就要坚持以人为本，把安全放在交通工作的突出位置，既要重视交通基础设施建设，也要重视运输的安全监管，落实安全生产责任制，又要不断提高交通基础设施的安全性，让人民群众出行放心；要不断增加交通有效供给能力，不断提高运输服务的效率、质量和水平，让人民群众出行满意。

经济发展和社会公平需要大量的资金支持。目前我国高速公路里程已经跃居世界第一，依靠道路、车辆和船舶等交通的直接收费数额，占国民经济新增收入的比重较大。例如，我国燃油税的征收，每年可以为国家创造数万亿元的财政收入，这还不包括过路费、停车费和车船税以及交通罚款等的收入。用上述收入的资金增加财政储备、改善民生及促进社会公平的实践，需要我们至少要进行以下创新实践改革和研究推动：第一，评价体系的完善。要建立长期以来缺失的社会评价体系，尽快推行工程后评价制度。我国一些高速公路实施的是政府拨款、集资和贷款相结合的投资模式，有不少地方的高速公路盈利数额巨大，却仍然在不断收费，而且大部分费用由一些管理公司内部支配和使用，直接收费对社会贡献甚少。之所以如此，原因是多方面的：首先，我国可行性研究评价一直沿用国外的体系，没有考虑我国的社会制度和宏观调控所带来的变化，导致投资回收期测算太长。其次，由于没有推动后评价制度和实施社会评价体系，致使有些部门“要从此路过，留下买路钱”的行为愈演愈烈，逃脱了社会义务和责任。第二，对官员用车进行必要的改革。我国每年收入的燃油税和车船税等达万亿元的收入，几乎让官车消耗殆尽，推进事业单位和政府机关局级以下干部的公车使用改革势在必行。可通过限制购买豪华高档车、发放车补推行公车私有、用车费用自理等措施来大幅度抑制公车消费。第三，全国交通统一实行费税联网统筹管理。加强燃油费和车辆、船舶使用税以及停车费的国家联网收取和统筹管理，使得这些费用在为国家、地方交通的发展和维护提供资金的同时，为国家统筹安排国民福利事业提供资金保障。随着

集资和贷款建设的高速公路逐步还贷完成,适当收取的过路费以及国家直接投资建设的高速公路收取的过路费,实行国家联网管理和统收统用。现在在有些项目的盈利评价问题上,过多地听取了地方意见,没有统一的管理和监督机制和体系,对高速公路运营后的收益统计不明确和不具体。今后,还应加快推进高速公路收费联网系统建设和实施,加强对道路和车辆收费的依法管理,为促进社会公共福利提供资金保障渠道。第四,在贷款高速公路逐渐还贷完成的新形势下,探索我国高速公路多元化管理和收费政策,改变现在单一化的股份高管公司模式,使得国家高速公路采用统一国家管理、统一收费的直线式管理模式,使国家高速公路收费真正为国家的宏观经济调控和财政收入及民生改善作出更大贡献。

(九)高速公路带动社会的文明进步

1. 高速公路改变了人们的时空观念和生活方式

高速公路的建成,对人们的观念应该说起了很大的推动作用,首先在人们的时空概念上有了很大变化。时空观发生的巨大变化是高速公路带给人们的最敏感的第一感受,如山东省高速公路在省会及各地市之间的贯通建成和高效运营,使整个山东变成了“半日生活区”,其高速快捷、安全舒适的优势,把内地与沿海的距离拉近了许多。过去济南到青岛,至少需要8个小时,而现在通过济青高速公路,仅用3个小时,运行时间缩短了一半以上,运输效率提高了1倍。

2. 高速公路加快了社会文明进程

高速公路的快速运输,客观上要求向规模化、网络化方向发展,走集约化的经营之路,将会有力地推进文明形象工程的。现在的高速公路客运,各条班线统一购置豪华车,驾乘人员统一制服,推选文明礼貌用语,开展温馨微笑服务。精神面貌焕然一新,文明程度明显提高,服务质量有了新的进步。高速公路全封闭、全立交、分道行驶、控制出入的特点,为解决公路上的“三乱”问题,创造了一个良好的环境。人们行驶在高速公路上,可感受现代化交通设施带来的高度物质文明,体验的是全然一新的社会风尚。

高速公路的快速运输正逐步朝着规范、健康、有序的方向发展,具体表现在:一是遵章守纪经营的人多了,违章违纪的人少了;二是助人为乐、拾金不昧的人多了,宰客、甩客的行为少了;三是互相帮助、团结友爱的行为多了,人与人之间矛盾纠纷少了;四是安全驾驶、文明驾车的人多了,经营者相互争客,忽视行车安全的少了;五是人民群众对运输行业赞誉多了,抱怨和举报投诉的少了。

3. 高速公路建设可加速农村城镇化步伐

城市化是生产力和商品经济发展的客观过程,是人类社会发展的必然趋势。农村城镇化水平是我国现代化和社会进步的一个重要标志。我国是一个农业大国,农村人口占总人口的70%左右,没有工业化和乡村城镇化,我国的现代化就不是真正的现代化。

近几年,随着高速公路迅猛发展,高速公路沿线相继出现了一大批不同类型、不同层次、不同风格的小城镇,非农业劳动人口的比重也在逐步上升。沈大高速公路的建成,把以沈阳为中心的辽宁中部城市群与以大连为中心的南部城市群连成一体,沿海与腹地的距离相对拉近,既促进了原有大中型城市的开发建设,也促进了卫星城和小城镇的发展。建成通车3年后,在辽宁省新增的8个县级市以及113个建制镇中,高速公路沿线分别占了5个和54个。上述只是一个实例,实际上高速公路建设带动城镇化建设的实例不胜枚举。

第二节　现代交通运输方式及其地位

一、交通运输体系

现代交通运输方式由铁路、道路、水运、航空和管道五种运输方式构成。它们共同承担客、货的集散与交流,在技术与经济上又各具特点,根据不同自然地理条件和运输功能发挥各自优势,相互分工、联系和合作。

(一)水运(shipment transportation)

水运是指用船舶在江、河、湖泊、人工水道及海洋运送客货的运输方式,它的特点是:载运量大、综合效益高、投资省、耗能少、成本低、生产效率高、环境影响大,不足之处是会受到通航水道与航线的制约、气象因素的影响,航行速度较慢。

(二)铁路运输(railway transportation)

铁路运输是利用列车运送客货的运输方式,它的特点体现在四个方面:第一,客货运量大,尤其适宜大宗的笨重货物长距离运输;第二,运输速度快、连续性强、高速、准时;第三,风雨无阻,一般不受气候和季节影响,可靠性强;第四,运输成本较低。

(三)航空运输(air transportation)

航空运输依靠以飞机为主的各类航空器实现客货运送,与其他运输方式相比的特点有:首先,运行速度快。运程短捷,并可抵达地面运输方式难以到达的地区;其次,营运成本高。运载量小,故只适合于远距离的客运和急需物资、贵重物品、时间要求紧等情况的小批量货运;再次,具有显著的灵活性、舒适性和相对安全性;最后,相对投资少,不需像地面交通线路建设那样大量的基建费用。

(四)管道运输(pipeline transportation)

管道运输是利用封闭管道,以重力或气压动力,连续运送特定货物的运输方式。它的特点有以下几个方面:第一,连续不断且运量最大。一条输油管道的运量相当一条铁路全年的运量。第二,节约土地,且风雨无阻。因管线埋设于地下,线形的灵活性较大;管线受气候和季节影响小,风雨无阻。第三,耗能与费用低,接近于水运。第四,环境污染小。沿程无噪声、污染,安全性好。第五,可自动管理和远程控制。维修量小,因而劳动生产率高。第六,运送货物单一。管道运输只能运输液体、气体和粉状物质运输,如石油、天然气等。

(五)道路运输(road transportation)

从广义来说,道路运输是指货物和旅客借助一定的运输工具(如机动车和非机动车),沿道路某个方向,作有目的的移动过程;从狭义来说,道路运输则是指汽车在道路上有目的的移动过程。道路运输是交通运输的重要组成部分,由于道路运输的广泛性、机动性和灵活性,充分深入到社会生活、生产领域的各个方面,从政治、经济、文化、教育、军事到人民群众的衣、食、住、行都和道路运输有密切的关系。道路运输与其他运输比较,由于其投资少、见效快、经济效益高、机动灵活、运送方便、适应性强、商品流通周期短、资金周转快,可实现“户到户”的直达运输,且运输损耗少等,特别是高速公路的出现,运输速度显著提高,运量增大,道路运输将会起着越来越重要的作用。

各类交通运输系统具有不同的特点和性能，使之能在综合交通运输系统中并存和互补，发挥各自的优势和特长。本世纪以来，在各种运输方式中，道路交通运输系统所承担的旅客运输量和周转量比重呈现出持续增长的趋势。货物运输量和周转量也表现出类似的趋势。道路交通运输系统在综合交通运输系统中承担了绝大部分旅客和货物运输量、过半数的旅客周转量，但货物周转量的比例很小。上述情况与道路交通运输系统的特点和性能有关。

二、道路运输的作用和地位

关于各种交通运输方式在交通运输体系中的地位及其之间的关系，业内专家张金水和张廷楷教授曾在他们20世纪末期主编的《道路勘测设计》书籍中指出：综合交通运输体系是一种有机联系、综合组配的高效率交通运输体系。组成这种体系的“骨料”是各种运输工具与设施、运输机构和运户；直接连接这种体系的“黏结剂”是各自的利益和社会需要；协调这种体系的“调节器”是正确的政策法规和有效务实的行政管理；促进这种体系高效运营的纽带和“增效剂”是庞大的几乎可以无所不包的信息体系。

道路运输有其独特的地位。如今，道路运输的发达程度是衡量一个国家或地区经济发展的主要指标之一，对经济和社会发展起保障和促进作用。其主要作用有以下几个方面：

①区间经济联系；②各类运输衔接；③形成国土骨架；④提供公共空间；⑤促进商品交流；⑥发展旅游事业；⑦巩固国防建设；⑧方便抢险救灾；⑨改善旅行条件；⑩提高文化水平。

第三节　道路的分类与技术分级

道路泛指在地面上修筑的除铁路以外的具有特定功能、有一定技术标准并且具有基本设施的各种路，包括各类公路、城市道路、林区道路、厂矿道路和专用道路等。各种道路的路基路面工程构造与施工，具有共性的方面，也有各自不同的特点。为鉴定各种道路，下面先介绍道路的基本类型，然后再叙述道路的技术分级。

一、道路的基本类型

（一）各类公路

公路是道路的一种。自古定义公路为公众自由出行的道路。如今它涵盖了由国家和地方政府统一修建和管理的道路。公路分为国道、省道、县道、乡道。具有全国性的政治、经济、开发、国防意义的公路叫国道。国道由国家统一规划，并确定为国家主要干线的公路；省道、县道、乡道分别具有全省性、全县性、全乡性的政治、经济、旅游、开发等意义，分别由省、县、乡统一规划，并确定为省、县或乡主要干线的公路。

国道、省道、县乡道根据走向等因素编号。国道用汉语拼音字母G代表；省道用汉语拼音字母S代表；县乡道用汉语拼音字母X代表。根据国道走向，将国道的编号分为三类：一类是以北京为中心的放射国道，北京出发的以1开头，其编号为1××；如北京到沈阳的干线为101，这类国道共有12条；其中，通向东北的3条，华北的2条，华东的1条，中南的2条，西北的1条。南北干线以2开头。东西干线以3开头。高速公路单独编号已经实施，其编号是根据《国家高速公路网命名和编号规则》(JTG A03—2007)，高速公路牌采用汉字红底白线的国家高速字样以及字母标识+数字组成。采用汉语拼音，国家高速公路采用G+数字与国道一致；地方高速采用S+数字，与省道一致；数字编号采用1位数、2位数、3位数、4位数，首都放射线采用1位数，如北京到哈尔滨的京哈高速，冠以“国家高速”，代号G1；纵线和横线采用2位数；如沈海高速为G15；3位数用于一般国道；城市绕城环线和联络线采用4位数，如东莞到佛山高速为G9411。另外，高速公路转其他高速公路的匝道出口编号为该高速公路起点到该出口的距离。例如，某高速公路的匝道出口编号为5，代表该出口距离该高速公路起点5km。

(二)城市道路

城市道路是指在城市范围内，供车辆及行人通行的，具备一定技术条件和设施的道路。城市道路是城市组织生产、安排生活、搞活经济、物质流通所必需的交通设施。城市道路设计使用原建设部出台的各种标准、规范和规程。城市道路应将城市各主要组成部分如居民区、市中心、工业区、车站、码头、文化福利设施联系起来，形成一个完整的道路系统，方便城市的生产和生活活动，从而充分发挥城市的经济、社会和环境效益。通常其组成部分如下：

(1)机动车道：供汽车行驶的机动车道，供有轨电车行驶的有轨电车道。

(2)非机动车道：供自行车、三轮车等行驶的车道称非机动车道。

(3)人行步道：专供行人步行用的地面人行道、地下人行通道、人行天桥。

(4)交叉路口：道路与道路在同一平面内相交的地方。

(5)公共站场：交通广场、停车场、公共汽车停靠站台。

(6)交通设施：交通安全设施，如交通信号灯、交通标志、交通岛、护栏等。

(7)排水系统：如街沟、边沟、雨水口、窨井、雨水管等。

(8)地上设施：沿街地上设施，如照明灯柱、电线杆、邮筒、给水栓等。

(9)地下管线：地下各种管线，如高压电缆、煤气管、给水管、污水管、热力管、雨水方沟等。

(10)各种绿带：具有卫生、隔离、防护和美化作用的绿带。

(11)地下铁路：交通发达的现代化城市，还建有地下铁道等。

(12)高架道路：交通流量极大的城市环线和城内外交通快速疏散道路，可根据情况修建高架道路，如一层高架、两层高架、三层高架等。

上述城市道路设施，决定了城市道路设计与施工中与公路等其他道路不同的特点。

(三)厂矿道路

厂矿道路是指主要为工厂、矿山运输车辆通行的道路，通常分为厂内道路、厂外道路和露天矿山道路。厂外道路为厂矿企业与国家公路、城市道路、车站、港口相衔接的道路或是连接厂矿企业或居住区之间的道路。

(四)林区道路

林区道路是指修建在林区，供林业运输车辆通行的道路。

(五)专用道路

专用道路为专门目的而修建，有着特殊的设计标准和要求，如运煤专线、大型设备运输专线等。

（六）农村道路

农村道路是指修建在乡村、农场，主要供行人及各种农业运输工具通行的道路，一般由县统一规划。由于乡村道路主要为农业生产服务，一般不列入国家公路等级标准，但可参照三级或四级公路的标准建设。

上述各类道路由于其位置、交通性质及功能均不相同，在设计时其依据、标准及具体要求也不相同，要特别注意。

二、道路的分级

我国公路分级有技术分级和行政分级两种分级方法。

（一）公路的技术分级

我国公路按其功能、任务和交通量分为高速公路、一级公路、二级公路、三级公路和四级公路五个等级，分级的依据是功能、任务和交通量。我国公路等级的划分详见现行《公路工程技术标准》（JTG B01—2014）（以下简称《技术标准》），其划分情况可参考表1-3。

我国公路等级的划分 表1-3

等级	高速公路			一级公路		二级公路	三级公路	四级公路	
	四车道	六车道	八车道	四车道	六车道	双车道	双车道	双车道	单车道
原始定义功能任务	具有特别重要的经济、政治、旅游、开发等意义。专供汽车分道、分向行驶并全部控制出入的公路。全线封闭、全部立交、固定进出、交叉立交、汽车专用、分向分道			连接高速公路或是大中城市的城乡结合部以及人烟稀少的干线公路		中等以上城市的干线公路或者是通往大工矿区或港区的公路	沟通县乡城镇之间的公路集散公路	沟通乡村等工程特别困难地方的公路	
新功能及任务	干线功能，主要突出便捷性						集散功能主要突出通达性		
年平均日交通量（pcu/d）	15 000以上			15 000以上		5 000 ~ 15 000	2 000 ~ 6 000	<2 000	<400

注：pcu/d代表小客车年平均日设计交通量（辆数）。

（二）城市道路的分级

城市道路就其在城市道路网中的地位、交通功能以及对建筑物服务功能的不同，我国将城市道路分为四类，即快速路、主干路、次干路和支路；除快速路外，每类道路按所在城市的规模、设计交通量、地形等的不同又分为三级，总共四类十级。

（1）快速路：快速路为城市中大量、长距离、快速交通服务的重要道路。对向车道设置分隔带，有自行车通行时，加设两侧辅道。进出口应采用全控制或部分控制。与高速公路、快速路、主干路相交采取立体交叉，与交通量较小的次干路相交可采用平面交叉，在过路行人集中地方设置人行天桥或地道。

（2）主干路：主干路是连接城市主要分区的干路，是城市道路网的骨架。自行车交通量大时，宜采用机动车与非机动车分隔形式，如三幅或四幅路。

（3）次干路：次干路是城市的交通干路，兼有服务功能。次干路与主干路结合组成城市道路网。

（4）支路：支路为次干路与街坊路的连接线，解决局部区域交通，以服务功能为主。

第四节　国道和国家高速公路网

一、普通国道情况

国道属于公路的行政分级，是指在国家干线网中，具有全国性的政治、经济和国防意义，由国家统一规划，并经确定为国家级干线的公路。

我国公路网中共有70条国道，其中从首都北京出发的有12条，编号为G101～G112（见表1-4）；南北走向但不通过北京的有28条，编号为G201～G228（见表1-5）；东西走向但不通过北京的有30条，编号为G301～G330（见表1-6）。

从北京出发的国道路线　　表1-4

序　号	编　号	线　名	起点—主要中间点—终点
1	G101	京沈线	北京—承德—沈阳
2	G102	京哈线	北京—山海关、沈阳、长春—哈尔滨
3	G103	京塘线	北京—天津—塘沽
4	G104	京福线	北京—济南、南京—福州
5	G105	京珠线	北京—南昌、广州—珠海
6	G106	京广线	北京—兰考、黄冈—广州
7	G107	京深线	北京—郑州、武汉、长沙、广州—深圳
8	G108	京昆线	北京—太原、西安、成都—昆明
9	G109	京拉线	北京—银川、兰州、西宁—拉萨
10	G110	京银线	北京—呼和浩特—银川
11	G111	京加线	北京—通辽、乌兰浩特—加格达奇
12	G112	京环线	北京—宣化、唐山、天津、涞源—北京

南北走向但不通过北京的国道路线　　表1-5

序　号	编　号	线　名	起点—主要中间点—终点
1	G201	鹤大线	鹤岗—牡丹江—大连
2	G202	黑大线	黑河—哈尔滨、吉林、沈阳—大连
3	G203	明沈线	明水—扶余—沈阳
4	G204	烟沪线	烟台—连云港—上海
5	G205	山广线	山海关—淄博、南京、屯溪—广州
6	G206	烟汕线	烟台—徐州、合肥、景德镇—汕头
7	G207	锡海线	锡林浩特—张家口、襄樊、常德、梧州—海安
8	G208	集长线	集宁—太原—长治
9	G209	呼北线	呼和浩特—三门峡、柳州—北海
10	G210	包南线	包头—西安、重庆、贵阳—南宁
11	G211	银陕线	银川—西安（陕西）
12	G212	兰重线	兰州—广元—重庆
13	G213	兰景线	兰州—成都、昆明—景洪

续上表

序　　号	编　　号	线　　名	起点—主要中间点—终点
14	G214	西景线	西宁—昌都—景洪
15	G215	红格线	红柳园—敦煌—格尔木
16	G216	阿巴线	阿勒泰—乌鲁木齐—巴仑台
17	G217	阿库线	阿勒泰—独山子—库车
18	G218	伊若线	伊宁—库尔勒—若羌
19	G219	叶孜线	叶城—狮泉河—拉孜
20	G220	北郑线	北镇—济南—郑州
21	G221	哈富线	哈尔滨—富锦
22	G222	哈春线	哈尔滨—伊春
23	G223	海榆东线	海口—榆林(东)
24	G224	海榆中线	海口—榆林(中)
25	G225	海榆西线	海口—榆林(西)
26	G226	楚墨线	楚雄—墨江
27	G227	西张线	西宁—张掖
28	G228	台环线	台湾环线

东西走向但不通过北京的国道路线　　表 1-6

序　　号	编　　号	线　　名	起点—主要中间点—终点
1	G301	绥满线	绥芬河—牡丹江—满洲里
2	G302	图乌线	图们—吉林市、长春—乌兰浩特
3	G303	集锡线	集安—四平、通辽—锡林浩特
4	G304	丹霍线	丹东—通辽—霍林河
5	G305	庄林线	庄河—营口、翁牛特旗—林西
6	G306	中克线	绥中—克什克滕旗
7	G307	歧银线	歧口—石家庄、太原—银川
8	G308	青石线	青岛—济南—石家庄
9	G309	荣兰线	荣成—济南、宜川—兰州
10	G310	连天线	连云港—徐州、郑州、西安—天水
11	G311	徐峡线	徐州—许昌—西峡
12	G312	沪伊线	上海—南京、合肥、西安、兰州、乌鲁木齐—伊宁
13	G313	安若线	安西—敦煌—若羌
14	G314	乌红线	乌鲁木齐—喀什—红旗拉甫
15	G315	西莎线	西宁—若羌—莎车
16	G316	福兰线	福州—南昌、武汉—兰州
17	G317	成那线	成都—昌都—那曲
18	G318	沪聂线	上海—武汉、成都、拉萨—聂拉木
19	G319	厦成线	厦门—长沙、重庆—成都
20	G320	沪畹线	上海—南昌、昆明—畹町

续上表

序　号	编　号	线　名	起点—主要中间点—终点
21	G321	广成线	广州—桂林、贵阳—成都
22	G322	衡友线	衡阳—桂林、南宁、凭祥—友谊关
23	G323	瑞临线	瑞金—韶关、柳州—临沧
24	G324	富昆线	福州、广州、南宁—昆明
25	G325	广南线	广州—湛江—南宁
26	G326	秀个线	秀山—毕节—个旧
27	G327	荷连线	菏泽—济宁、连云港
28	G328	宁海线	南京—扬州—海安
29	G329	杭沈线	杭州—宁波—沈家门
30	G330	温寿线	温州—寿昌

注：本表为我国最初划分的国道情况，如今个别路段稍有变化，但大体走向和主要经过地多无太大改变。

二、高等级公路和高速公路

1992 年规划的平均为一级公路水平的五纵七横国道主干线见图 1-2，2005 年年底国务院批准正式实施国家高速公路网（简称 7－9－18 网）建设规划（表 1-7、图 1-3）。国家高速公路网计划在 2020 年建成，覆盖 10 亿人口，直接服务范围东部地区超过 90%、中部地区 83%、西部地区近 70%。高速公路网覆盖地区 GDP 占全国总量的 85% 以上，连接全国所有 20 万以上人口城市，建成东部地区 20min、中部地区 1h、西部地区 2h 城市间相互到达的高速公路网。

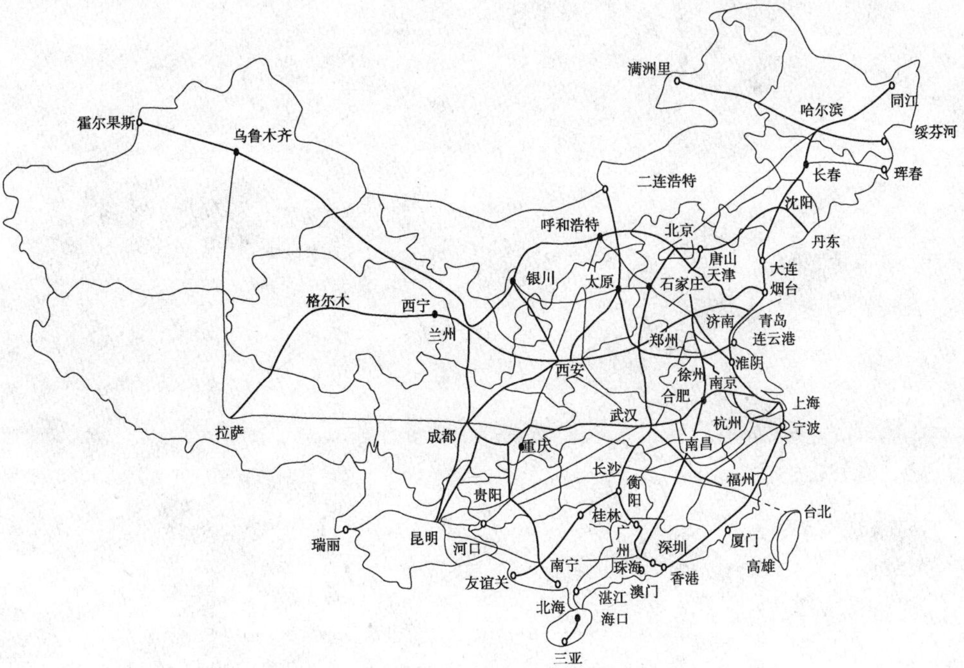

图 1-2　1992 年规划的五纵七横国道主干线（平均水平为一级公路）

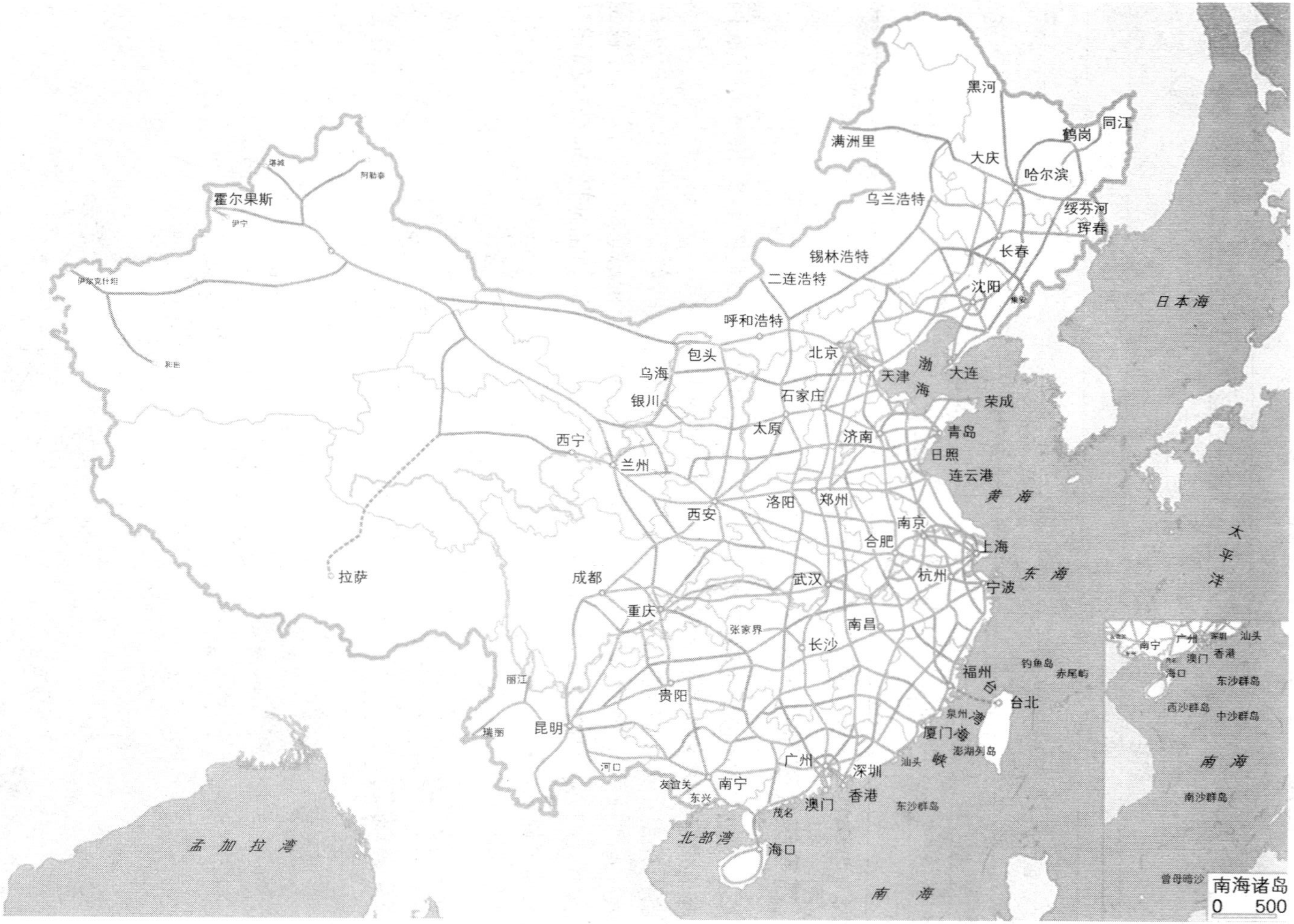

图1-3　中国国家高速公路网规划示意图

中国的国家高速公路网规划方案　　表1-7

方　向	序　号	起 终 点	里程(km)	方　向	序　号	起 终 点	里程(km)
首都辐射线7条	1	北京—上海	1 245	东西横线18条	1	绥芬河—满洲里	1 520
	2	北京—台北	2 030		2	珲春—乌兰浩特	885
	3	北京—港澳	2 285		3	丹东—锡林浩特	960
	4	北京—昆明	2 865		4	荣成—乌海	1 820
	5	北京—拉萨	3 710		5	青岛—银川	1 600
	6	北京—乌鲁木齐	2 540		6	青岛—兰州	1 795
	7	北京—哈尔滨	1 280		7	连云港—霍尔果斯	4 280
					8	南京—洛阳	710
南北纵线9条	1	鹤岗—大连	1 390		9	上海—西安	1 490
	2	沈阳—海口	3 710		10	上海—成都	1 960
	3	长春—深圳	3 580		11	上海—重庆	1 900
	4	济南—广州	2 110		12	杭州—瑞丽	3 405
	5	大庆—广州	3 550		13	上海—昆明	2 370
	6	二连浩特—广州	2 685		14	福州—银川	2 485
	7	包头—茂名	3 130		15	泉州—南宁	1 635
	8	兰州—海口	2 570		16	厦门—成都	2 295
	9	重庆—昆明	838		17	汕头—昆明	1 710
					18	广州—昆明	1 610

三、农村公路规划目标

按照计划,21世纪前20年农村公路建设的总目标是:具备条件的乡(镇)和建制村通沥青或水泥路,基本形成较高服务水平的农村公路网,使农民出行更加快捷、安全和舒适,适应全面建设小康社会的要求。

第五节　道路的基本组成与设计技术标准

一、公路的基本组成

道路是一个空间线形带状构筑物,如图1-4所示,在设计中分解为如图1-5所示的平面、纵断面和横断面。由于路基路面工程施工中,经常要涉及道路线形、路基、路面及桥隧等结构,因此,一线相关技术人员需要明确线形组成和结构组成的若干技术问题。

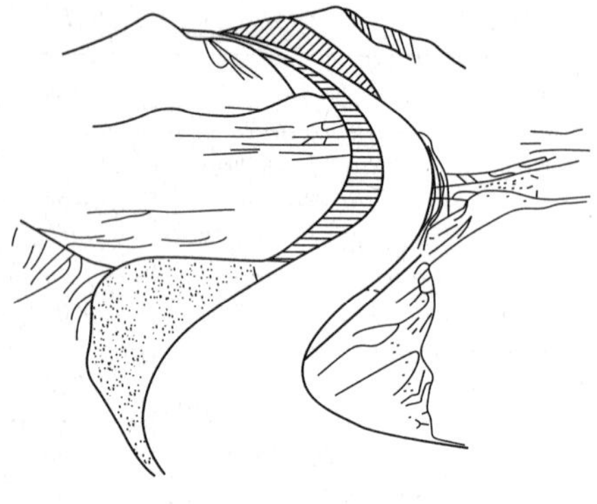

图 1-4　道路三维实体

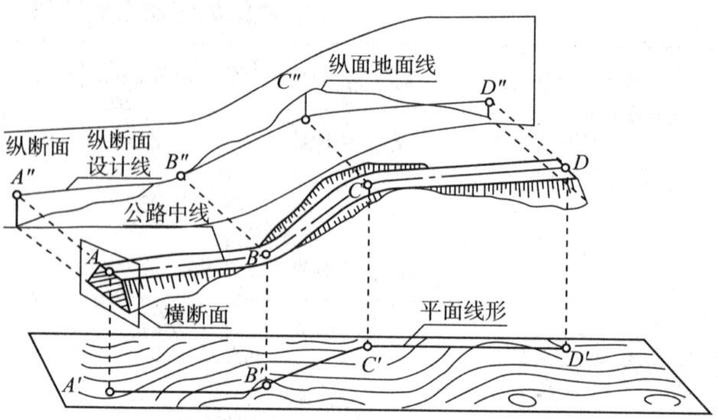

图 1-5　道路设计用平面、纵断面、横断面示意图

1. 线形组成

道路中心线是一条空间曲线，其平面投影是由直线和曲线构成，如图 1-6 所示。无论曲线还是直线都要与汽车行车轨迹相适应，并满足速度连续和视觉连续的现代道路设计理论。根据轮印实地轨迹调查、理论轨迹分析（驾驶员操作方向盘的方式及动作的分析）和面轴关系研究（前轮旋转面和车身纵轴关系研究）结果，分析得出汽车直行时轮印和车体的运行轨迹为一条直线，汽车转弯时，有圆弧线和回旋线两种轨迹，也就是说，行驶轨迹是由直线、圆曲线、回旋线这三种线形组成，这三种线形叫做公路的基本线形。因此，道路线形不论如何复杂，均是由连续直线、回旋曲线和圆弧曲线这三种基本线形构成的。由这三种线形构成的道路实际线形多达十几种。由这三种基本线形组成的道路中心线有单曲线和复曲线两类。图 1-7 是单曲线和复曲线的设置示例。

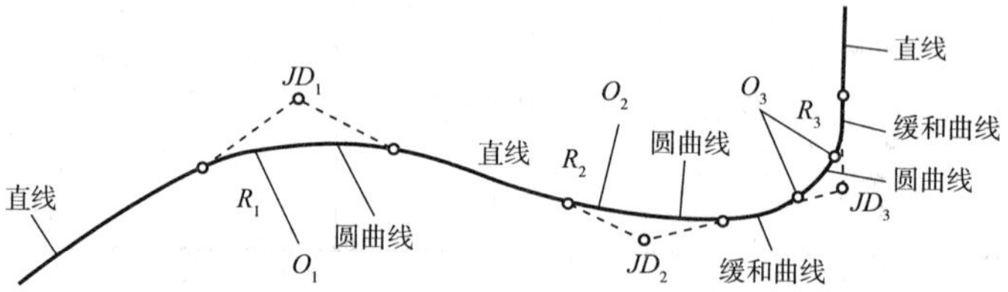

图 1-6　道路平面投影是由直线和曲线构成

单曲线是指一个或多个交点处设一个半径的曲线。单曲线可分为简单型单曲线、基本型单曲线和凸形单曲线。在直线型定线法中，单曲线是指一个或多个交点，设一种类型的曲线。复曲线是指两个或两个以上的交点，设两个曲线或两个以上曲线并相互对接的曲线形式。由单曲线和复曲线可派生和归纳为：简单型、基本型、凸形、C 形、卵形、复合型、S 形等数种。最常用的是简单型、基本型曲线。

复曲线通常是在两个（或两个以上）相邻同向或反向较近的交点处，设置不同半径或不同参数的曲线并相互对接后，再与导线连接的曲线形式。复曲线有同向复曲线和反向复曲线两类。同向复曲线有简单型复曲线、基本型复曲线、卵形复曲线、复合型复曲线和 C 形复曲线等几种；反向复曲线有简单 S 形和基本 S 形复曲线两种。

公路中线在设计中是用连续顺滑的粗实线条叠画在带状地形图上；而在实地一般用桩来标定。用桩标定在原地面上的中心线和道路建设过程中及建成以后的中心线的平面投影是一致的。这是因为，尽管桩点是在具有高低起伏的原地面上布置，但因测角使用的经纬仪或全站仪只能测出水平角且量距是水平距离，即操作的结果是水平投影。因此无论是勘测定线还是在道路建设过程中任何一次放线及其建成后的中心线桩号与原地面桩号要一一对应。

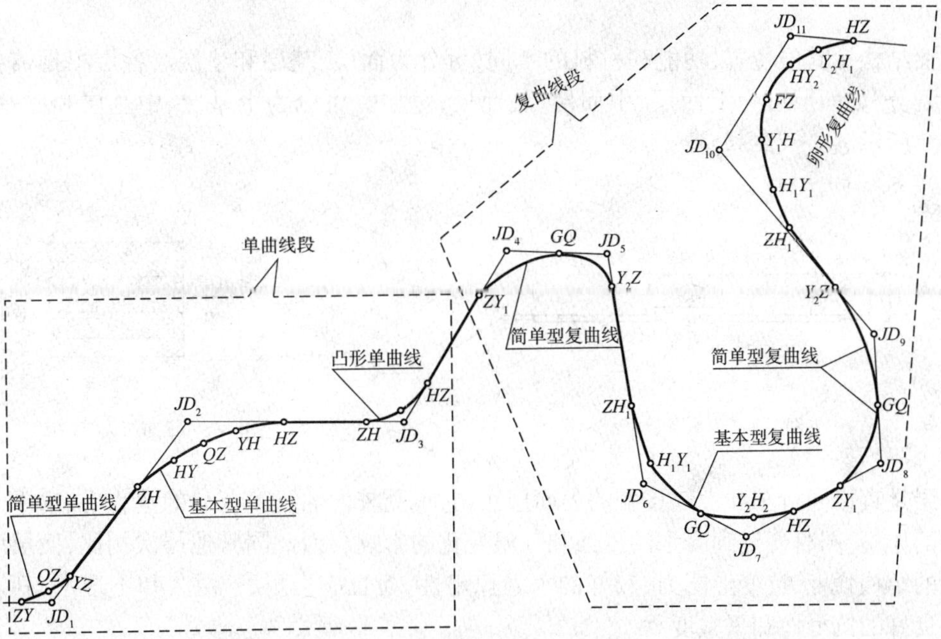

图 1-7　道路实用线型中的单曲线和复曲线设置

2. 结构组成

公路的结构组成主要包括：路基工程、路面工程、排水工程（桥涵、渗水路堤、过水路面等）、防护工程（挡土墙、护坡、护栏等）、特殊构造物、交通服务设施（标志、标牌、标线）。另外，公路的植树绿化与美化工程是公路环境的必要组成部分，它为道路使用者提供一个安全、舒适的行车环境。环境绿化有利于净化空气、舒畅人们的心情，且可提高行车的安全。

道路路基路面的设计和施工顺序是：首先，设计确定道路平面（即中线），施工时预先放出施工中心线；其次，设计确定纵断面（即路顶面），施工控制路顶面高程；再其次，设计确定各断面形状和尺寸，进行各断面施工放样；最后，设计出路面各层材料和厚度，施工各层厚度和高程。道路平面设计结果表达的技术文件很多，其中“道路平面设计图”、“导线点坐标表”、“直线、曲线和转角一览表”和“逐桩坐标表”是其主要文件。有了平面设计图以后，设计部门或项目主管部门就可以了解路线概况，同时施工单位就能对路线位置及所经地带地貌地形与路线关系一目了然，从而进行施工放线。

（1）路基工程

路基是按照路线位置和一定技术要求修筑的作为路面基础的带状构造物，它承受由路面传递下来的行车荷载，贯穿公路全线，与桥梁、隧道相连，构成公路的整体。由于路基是行车部分的基础，设计时必须保证其稳定、坚实，并符合规定的尺寸，以承受汽车和自然因素的作用。

道路路基工程实体是一个空间带状工程，设计和施工中是用断面图表达，断面形状一般有路堤、路堑、半填半挖三种路基形式。有时要有更为详细的设计图，如图 1-8 所示。

（2）路面工程

路面是用各种坚硬材料铺筑于路基顶面的单层或多层供汽车直接行驶的结构层。

路面按其使用品质、材料组成和结构强度可有高级、次高级、中级、低级之分。按其力学性质可分为柔性路面和刚性路面两大类。常用材料有沥青、水泥、碎（砾）石、砂、黏土等。

路面结构按其层位置、功能和材料的不同，可分为面层、基层和垫层。各层根据需要又可详细划分，如面层可为上面层、中面层、底面层，基层又可分为上基层、中基层和底基层。如图1-9所示。

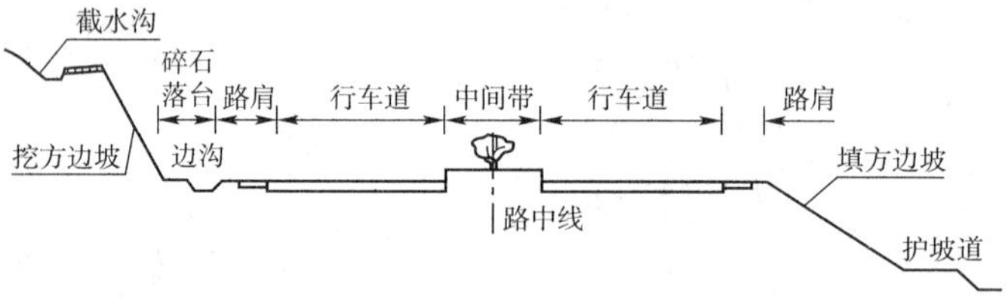

图1-8　路基横断面表达图

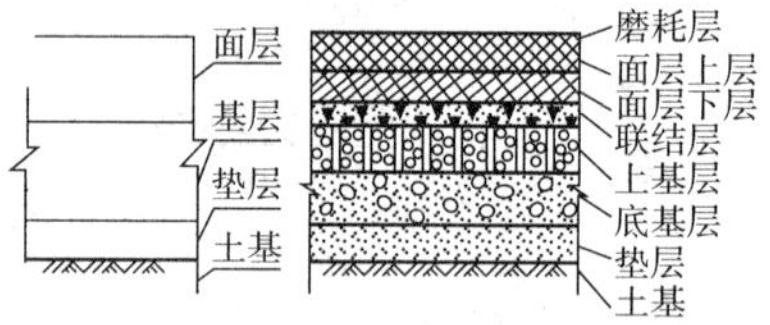

图1-9　道路路面结构图

面层是直接同行车和大气接触的表面层次，它承受较大的行车荷载的垂直力、水平力和冲击力的作用，同时还受到降水的浸蚀和气温变化的影响。因此同其他层次相比，面层应具有较高的结构强度、抗变形能力，较好的水温稳定性，而且应当耐磨、耐久和不透水，其表面还应有良好的抗滑性和平整度。

现代道路，特别是高等级公路上常用的面层类型可归纳为黑色和白色两大类。前者主要有沥青表面处治、沥青混凝土、厂拌沥青碎石、沥青贯入碎石、路拌沥青碎石、沥青上拌下贯式等；后者主要有水泥混凝土、碾压混凝土、连续配筋混凝土、混凝土砌块、整齐的条石和块石面层。

基层主要用来承受由面层传来的车辆荷载的垂直力，并将力扩散到下面的垫层和土基中去。基层类型可归纳为三大类：第一类是整体型基层，这类基层亦称为半刚性基层。通常是指稳定土类，如石灰稳定土基层、水泥稳定土基层、石灰粉煤灰综合稳定土基层、石灰或水泥稳定工业废渣、水泥稳定碎砾石等。整体型基层强度通常是由离子交换作用、结晶作用、和碳化作用等化学作用形成，因此，其最大的优点是力学强度高、板体性好；最大的缺点是容易产生干缩或冷缩裂缝。第二类是嵌锁型基层。通常是指干压碎石基层、填隙碎石基层等，其强度构成原则是由材料颗粒之间的嵌挤和锁结作用形成。第三类是级配型基层。如级配碎石、级配砾石基层等，其强度构成原则是由密实级配原则构成的强度。

垫层是介于土基和基层之间，它的功能是改善土基的湿度和温度状况，以保证面层和基层的强度、刚度和稳定性不受土基水文状况所造成的不良影响，另一方面的功能是将基层传递来的车辆荷载应力加以扩散，以减小土基产生的应力和变形；同时也能阻止路基土挤入土基层中而影响路基结构性能。垫层一般采用水稳定性和隔温性好的材料修筑。常用的垫层材料分为两类：一类是由松散粒料如砂、砾石、炉渣等组成透水性垫层，另一类是用水泥或石灰稳定土等修筑的稳定土类垫层。

（3）桥涵工程

道路在跨越河流、沟谷和其他障碍物时所使用的构筑物叫桥涵。当桥涵的单口跨径大于或等于5m、多孔跨径总长大于或等于8m时叫桥梁，如图1-10所示，反之叫涵洞，如图1-11所示。

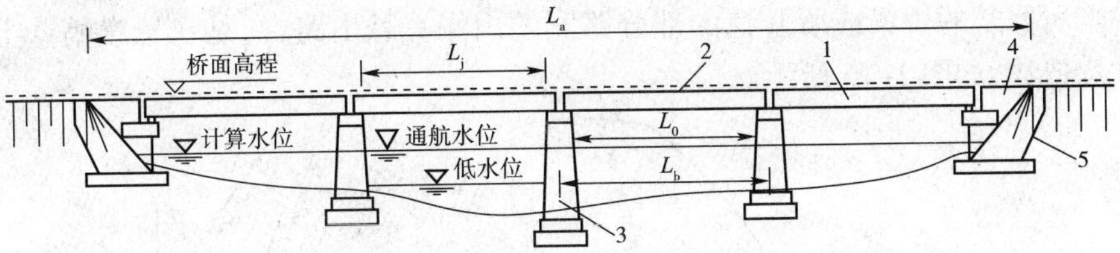

图 1-10　桥梁的组成

1-主梁;2-桥面;3-桥墩;4-桥台;5-锥形护坡;L_a-桥梁全长;L_j-计算跨径;L_0-净跨径;L_b-标准跨径

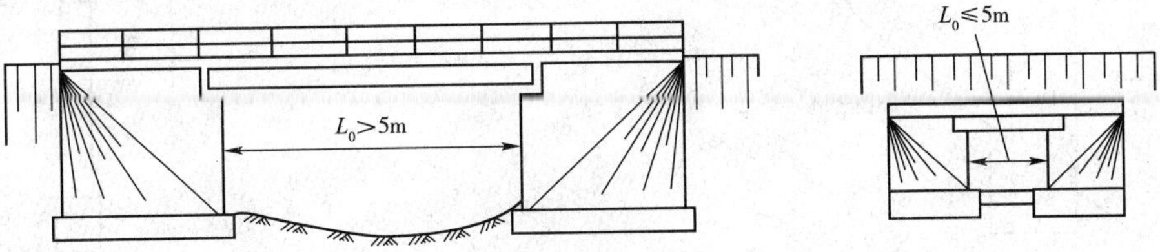

a)明涵洞　　b)暗涵洞

图 1-11　涵洞的组成

(4)排水构造物

为确保路基稳定,不受自然水的侵蚀,道路还应修建排水结构物,常见排水结构物有边沟、截水沟、排水沟等,如图 1-12 所示,此外还有渗沟、渗井等。山区及宽浅水流处有时修筑渗水路堤(图 1-13)及过水路面(图 1-14)。

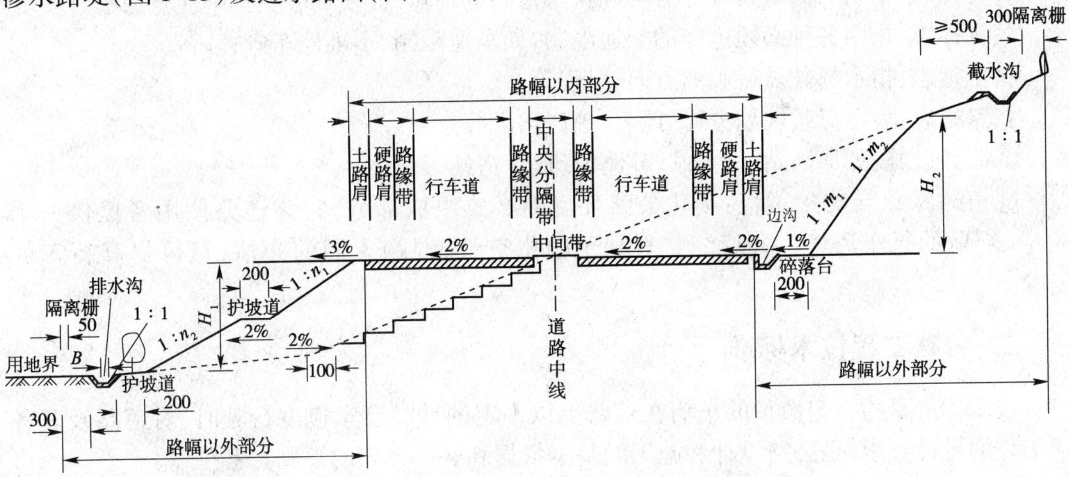

图 1-12　路基上的边沟、截水沟、排水沟位置示意图(尺寸单位:cm)

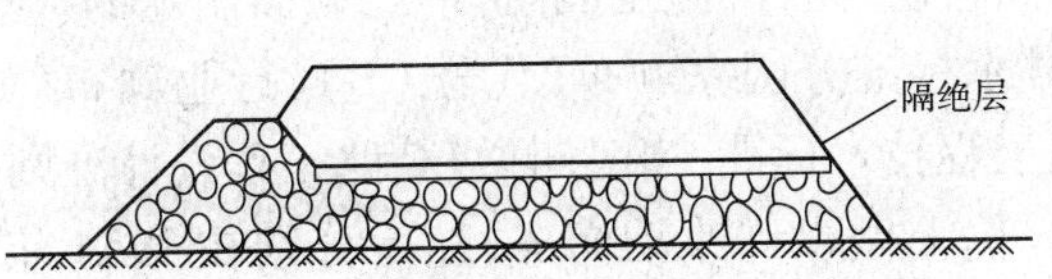

图 1-13　渗水路堤

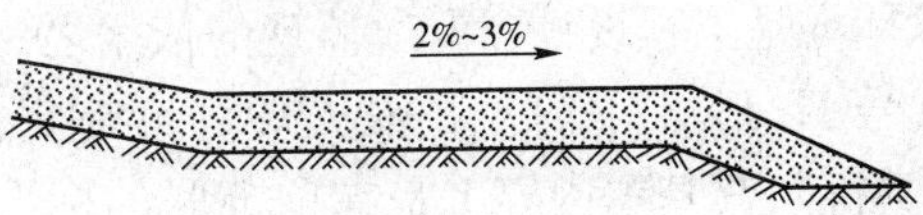

图 1-14　过水路面

(5)防护工程

为保证路基稳定或行车安全所修筑的工程设施,如挡土墙、护坡、护栏等,如图 1-15 所示。

(6)特殊构造物

例如隧道,是穿越山岭为改善线形、缩短路线长度所修筑的山峒。半山桥(峒)是山区路基悬出一半所修筑的桥梁或所开挖的部分路宽的山峒。悬出路台，是在悬崖峭壁上所修筑的悬臂式构造物，如图 1-16 所示。

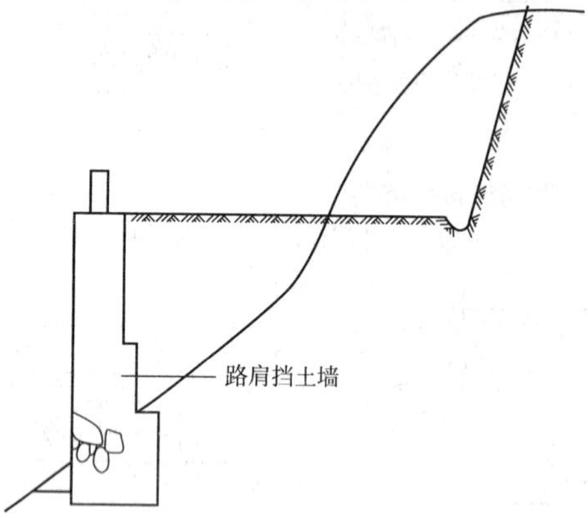

图 1-15 挡土墙

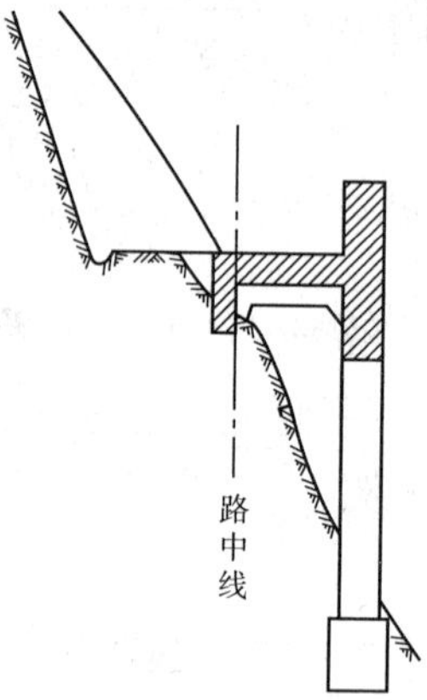

图 1-16 半山桥

(7)交通服务设施

交通服务设施包括如下几方面。

①照明设施：如灯柱、弯道反光镜等。

②交通标志：使驾驶员知道前面路段的情况和特点，有下列四类。

警告标志：指明前面有行车障碍物和行车危险的地点，促使驾驶员集中注意力；

禁令标志：指明各种必须遵守的交通限制，如车速限制、不准停车等；

指示标志：指示驾驶员行驶的方向、里程等；

指路标志：表示行政区划分界、地名、预告出入等。

③服务设施：如加油站、汽车站、养路道班、食宿站等。

④植树绿化与美化工程：美化公路环境的必要组成部分，它为道路使用者提供一个安全、舒适的行车环境。环境绿化有利于净化空气、舒畅人们的心情，且可提高行车的安全。

二、公路工程技术标准

技术标准是指一定数量的车辆在道路上以一定的计算行车速度行驶时，对道路及其各项工程的设计要求，是公路设计和施工的基本依据和必须遵守的总则。

技术标准是根据汽车的行驶性能和对道路的要求、驾驶者的判断、乘客的感觉、荷载数量和环境等方面的要求，再根据理论并总结公路科研、设计、施工、养护的经验而制定的。技术标准是工程设计、施工、监理的依据之一。技术标准分国家颁布（代号 GB）、行业颁布（如代号 JT、JS、SY 等）。我国从 1951 年制定公路工程技术标准，当时叫做《公路工程设计准则》（试行），其基本内容上是在前苏联的标准翻译稿上做少许改动而成，随后分别在 1954 年、1956 年两次修订，1972 年正式颁布《公路工程技术标准》，后经过 1981 年、1988 年、1997 年、2003 年及 2014 年几次大的修改，直到目前使用的《公路工程技术标准》（JTG B01—2014）。今后，《公路工程技术标准》仍然会不断修改、完善及更新。

标准包括线形标准、荷载标准和净空标准三类。不论何时出台和更新标准，也不论章节如何划分，其内容至少要包含八个模块，第一模块一般为设计总则和一般规定，主要介绍使用范围、分级和分类、公路等级选用、设计车辆、设计车速、公路用地和建筑限界、抗震设防、环境保护、技术评价、财务评价、经济评价、安全评估和社会评价等内容。第二模块一般为路线设计标准，主要内容应包括路线设计基本要求和路幅以内各组成部分的功能要求，如行车道宽度、爬坡车道和变速车道、中间带、路肩、紧急停车带、超车道、错车道、辅道等；其次是，路线平面和纵断面线形设计的技术指标和技术要求，包括视距、直线、平曲线半径、平曲线超高、平曲线加宽、缓和曲线、回头曲线、纵坡及其坡度和坡长、平均纵坡、合成纵坡、高原纵坡、最大纵坡、最小纵坡、竖曲线及其半径、平竖曲线组合等内容。第三模块为路基，内容包括基本要求、路基宽度、路基横断面、路基高度、护坡道、路基防护、路基排水等。第四模块为路面，包括路面设计要求、标准轴载、路面等级划分、路面结构及其类型、路面横坡、路面排水等内容。第五模块为桥涵，包括桥涵设计的基本要求、桥涵跨径、桥涵设计洪水频率、桥面净空、渡口码头等。第六模块为隧道，包括隧道设计的基本要求，隧道净空、隧道分类、隧道防水、隧道照明、隧道通风以及隧道附属设施等。第七模块为路线交叉，包括公路与公路、铁路、乡村道路、管线交叉设计要求。第八模块为沿线设施，包括交通安全设施、交通管理设施、防护设施、公路绿化和环境保护等。

表1-8列出了现行《公路工程技术标准》(JTG B01—2014)中规定的各级公路设计的主要技术指标。

各级公路主要技术指标汇总简表

表1-8

<table>
<tr><td colspan="2">公路等级</td><td colspan="3">高速公路</td><td colspan="3">一级公路</td><td colspan="2">二级公路</td><td colspan="2">三级公路</td><td colspan="2">四级公路</td></tr>
<tr><td colspan="2">设计速度
(km/h)</td><td>120</td><td>100</td><td>80</td><td>100</td><td>80</td><td>60</td><td>80</td><td>60</td><td>40</td><td>30</td><td colspan="2">20</td></tr>
<tr><td colspan="2">车道数</td><td>8、6、4</td><td>8、6、4</td><td>6、4</td><td>8、6、4</td><td>6、4</td><td>4</td><td>2</td><td>2</td><td>2</td><td>2</td><td colspan="2">2或1</td></tr>
<tr><td colspan="2">车道宽度
(m)</td><td>3.75</td><td>3.75</td><td>3.75</td><td>3.75</td><td>3.75</td><td>3.50</td><td>3.75</td><td>3.50</td><td>3.50</td><td>3.25</td><td colspan="2">3.00</td></tr>
<tr><td rowspan="2">路基宽度*
(m)</td><td>一般值</td><td>45.0
34.5
28.0</td><td>44.0
33.5
26.0</td><td>32.0
24.5</td><td>44.0
33.5
26.0</td><td>32.0
24.5</td><td>23.0</td><td>12.0</td><td>10.0</td><td>8.5</td><td>7.5</td><td>6.5
(双车道)</td><td>4.5
(单车道)</td></tr>
<tr><td>最小值</td><td>42.0
—
26.0</td><td>41.0
—
24.5</td><td>—
21.5</td><td>41.0
—
24.5</td><td>—
21.5</td><td>20.0</td><td>10.0</td><td>8.5</td><td>—</td><td>—</td><td colspan="2">—</td></tr>
<tr><td colspan="2">一般最小半径
(m)</td><td>1 000</td><td>700</td><td>400</td><td>700</td><td>400</td><td>200</td><td>400</td><td>200</td><td>100</td><td>65</td><td colspan="2">30</td></tr>
<tr><td colspan="2">极限最小半径
(m)</td><td>650</td><td>400</td><td>250</td><td>400</td><td>250</td><td>125</td><td>250</td><td>125</td><td>60</td><td>30</td><td colspan="2">15</td></tr>
<tr><td colspan="2">停车视距
(m)</td><td>210</td><td>160</td><td>110</td><td>160</td><td>110</td><td>75</td><td>110</td><td>75</td><td>40</td><td>30</td><td colspan="2">20</td></tr>
<tr><td colspan="2">最大纵坡(%)</td><td>3</td><td>4</td><td>5</td><td>4</td><td>5</td><td>6</td><td>5</td><td>6</td><td>7</td><td>8</td><td colspan="2">9</td></tr>
<tr><td colspan="2">桥涵设计
车辆荷载</td><td colspan="3">公路—Ⅰ级</td><td colspan="3">公路—Ⅰ级</td><td colspan="2">公路—Ⅱ级</td><td colspan="2">公路—Ⅱ级</td><td colspan="2">公路—Ⅱ级</td></tr>
</table>

注：本表仅为简单汇总，所列各项指标按有关条文规定选用。*不采用03版《标准》，新14版标准中未规定。

特别指出，各类道路在设计和施工时的依据及具体要求各不相同，使用的规范、标准、规程也不一样。一般而言，公路设计、施工、监理要采用交通运输部出台和颁发的相应规范、标准和规程及其拓展延伸的国家规范、标准和规程；城市道路则采用住房和城乡建设部出台和颁发的相应规范、标准和规程及其拓展延伸的国家规范、标准和规程；林区道路则是采用国家林业局出台和颁发的相应规范、标准和规程及其拓展延伸的国家规范、标准和规程。关于这一点要特别注意，切莫"张冠李戴"。

第六节　公路勘测设计的基本内容与主要技术文件

一、公路勘测设计研究的内容

公路勘测设计涉及因素众多，因此设计人员要做到周密调查、精心设计。这是因为路线并非孤立地存在，它是位于自然界供汽车运行的结构物，其路线布置受社会经济、自然地理和技术条件等因素的制约。一条道路是否安全、迅速、经济、舒适、美观，与驾驶者和乘客的感觉、汽车的性能、行车规律、公路本身的状况以及公路所处的环境等密切相关，所以公路线形设计应该考虑人、车、路、环境四方面的因素。设计者的任务就是在调查研究，掌握大量材料的基础上，设计出一条满足技术标准和行车要求且工程费用最省的路线。

理解公路勘测设计的内涵，必须采用系统工程思维。严格地讲，公路勘测设计是一门系统工程，包括工程测量、建筑材料、岩土工程、路基路面、桥梁工程、道路几何设计、结构设计等学科内容，是各种专业课的综合应用。公路勘测设计的工作内容，可分为外业勘测和内业设计两项。外业勘测主要是野外定点技术和外业测探工作；内业设计包括路线、路基、路面、桥涵以及其他构筑物的设计等。本课程主要研究公路几何设计（即路段和交叉口的平、纵、横设计）和公路勘测设计中的纸上与实地定线技术基础。公路几何设计是公路勘测设计课程的基础学科，也是当前被国内学者认为是大学勘测课主要解决和重点关注的问题，其研究内容包括以下三个方面：

（1）行车对公路几何方面的总要求（即安全、经济、迅速、舒适、美观、环保）；

（2）满足总要求的公路应有的技术标准（勘测设计主要研究线形标准）；

（3）符合技术标准所采取的技术措施（技术要求、设计方法和相应措施）。

二、公路勘测设计技术文件

现将道路经勘测和设计后应给出的技术文件列于表1-9，供参考。

勘测定线和施工放线用到的初步设计与施工图设计图表一览表　　表1-9

篇序与图表名称			
第一篇　总说明书			
图表名称	一、路线地理位置图	二、说明书	三、路线平、纵面图
	四、主要技术经济指标表	五、附件	
第二篇　总体设计			
图表名称	一、公路平面总体方案布置图	二、公路平面总体设计图	三、公路典型横断面图
	四、公路全景透视图或复合透视图	五、公路分期修建方案设计图	

续上表

篇 序 与 图 表 名 称				
第三篇 路 线				
图表名称	一、说明	二、路线平面图	三、路线纵断面图	
	四、路线透视图	五、工程地质平面图	六、工程地质纵断面图	
	七、直线、曲线、转角表	八、纵坡、竖曲线表	九、导线点成果表	
	十、路线逐桩坐标表	十一、公路用地表	十二、公路用地图	
	十三、赔偿树木、青苗数量表	十四、征用土地表	十五、拆迁建筑物表	
	十六、拆迁电力、电信及其他管线设施表	十七、砍树、挖树根数量表	十八、不良地质地段表	
	十九、耕地填前夯(压)实数量表	二十、挖淤泥、排水数量表	二十一、水准点表	
	二十二、总里程及断链桩号表	二十三、路线固定表	二十四、纸上移线图	
第四篇 路基、路面及排水				
图表名称	一、说明	二、路基标准横断面图	三、一般路基设计图	
	四、路基横断面设计图	五、路基设计表	六、特殊路基设计图	
	七、特殊路基设计工程数量表	八、超高方式图	九、中间带设计图	
	十、路基土石方数量表	十一、中央分隔带开口设计图	十二、边(排水)沟设计表	
	十三、路基每公里土石方数量表	十四、路基土石方运量统计表	十五、路基防护工程数量表	
	十六、取土坑(场)、弃土堆(场)一览表	十七、弃土堆(场)设计图	十八、路基防护工程设计图	
	十九、路基、路面排水系统布置图	二十、路面结构方案图	二十一、路面结构图	
	二十二、路基、路面排水工程设计图	二十三、路面工程数量表	二十四、平曲线路面加宽表	
	二十五、路基、路面排水工程数量表			
第五篇 桥梁、涵洞				
图表名称	一、说明	二、沿线水系分布示意图	三、涵洞表	四、小桥表
	五、小桥工程数量表	六、涵洞工程数量表	七、特大、大、中桥表	八、特大、大、中桥工程数量表
	九、涵洞设计图		十、小桥设计图	
	1. 布置图	2. 结构设计图	1. 布置图	2. 结构设计图
	十一、特大、大、中桥设计图	1. 桥位平面图	2. 桥型布置图	3. 桥梁一般构造推荐方案图
		4. 桥位工程地质平面图	5. 桥位工程地质纵断面图	6. 桥型及一般构造比较方案图
		7. 结构设计图	8. 调治构造物设计图	
	十二、交通工程及沿线设施预埋件、预留孔位置		十三、过水路面表	
	十四、过水路面工程数量表	十五、过水路面设计图		

续上表

篇　序　与　图　表　名　称				
第六篇　隧　　道				
图表名称	一、说明	二、隧道表	三、隧道工程数量表	
	四、隧道设计图			
	1. 隧道（地质）平面图	2. 隧道（地质）纵断面图	3. 隧道（横洞）净空横断面图	
	4. 隧道方案比较图	5. 隧道进出口一般设计图	6. 隧道衬砌断面图	7. 隧道结构设计图
	五、隧道附属设施图表			
	1. 隧道管理养护机构构成	2. 入口引导和控制设施的方案设计	3. 入口设施设计图	
	4. 安全信号设施的方案设计	5. 紧急救援和疏导设施的方案设计	6. 安全信号设计图	
	7. 无线、有线广播和其他通告设施的方案设计	8. 供电及其保障设施的方案设计	9. 通风设施设计图	
	10. 电视监视及控制报警设施的方案设计	11. 监视控制报警设计图	12. 紧急救援设计图	
	13. 照明设施及洞口灯光过渡的方案设计	14. 通信设施设计图	15. 照明设计图	
	16. 通风和环境卫生检测设施的方案设计	17. 消防及其保障设施的方案设计	18. 供电设计图	
第七篇　路 线 交 叉				
图表名称	一、说明	二、互通式立体交叉一览表	三、互通式立体交叉工程数量表	
	四、互通式立体交叉设计图			
	1. 互通式立体交叉方案比较表	2. 互通式立体交叉交通量分布图	3. 互通式立体交叉平面图	
	4. 互通式立体交叉线位图	5. 互通式立体交叉纵断面图	6. 互通式立体交叉透视图	
	7. 匝道连接部设计图	8. 匝道连接部高程数据图	9. 涵洞、通道典型设计图	
	10. 主线（或被交叉道路）跨线桥推荐方案桥型布置图	11. 主线（或被交叉道路）跨线桥比较方案桥型布置图	12. 互通式立体交叉区内路基、路面及排水设计图表	
	13. 匝道跨线桥推荐方案和比较方案桥型布置图及一般构造图	14. 主线及匝道跨线桥桥型布置图表	15. 主线及匝道跨线桥结构设计图表	
	16. 通道设计图表	17. 涵洞设计图表	18. 管线设计图	
	19. 互通式立体交叉区内其他工程一般设计图	20. 附属设施设计图		
	五、分离式立体交叉一览表	六、分离式立体交叉工程数量表		
	七、分离式立体交叉设计图			
	1. 分离式立体交叉平面图	2. 分离式立体交叉纵断面图	3. 分离式立体交叉横断面图	
	4. 被交叉道路横断面图及路基、路面设计图	5. 分离式交叉桥型布置图	6. 分离式交叉桥型结构设计图	
	7. 分离式交叉区其他工程一般设计图	8. 其他构造物设计图		
	八、通道、人行天桥一览表	九、通道、人行天桥工程数量表	十、通道一般布置图	
	十一、人行天桥工程数量表	十二、人行天桥设计图	十三、人行天桥一般布置图	
	十四、通道工程数量表	十五、通道布置与结构设计图		
	十六、平面交叉设置及工程数量一览表	十七、平面交叉布置图	十八、平面交叉工程数量表	
	十九、平面交叉设计图	二十、管线交叉设置一览表		
	二十一、管线交叉工程数量表	二十二、管线交叉布置图	二十三、管线交叉设计图	

续上表

篇序与图表名称			
第八篇　交通工程及沿线设施			
第九篇　环境保护			
一、说明	二、环境整治一览表	三、环境保护工程数量表	四、绿化布置图
第十篇　渡口码头及其他工程			
第十一篇　筑路材料			
一、说明	二、沿线筑路材料料场表	三、沿线筑路材料试验资料表	四、沿线筑路材料供应示意图
第十二篇　施工组织计划			
一、说明	二、人工、主要材料、机具及设备安排	三、主要材料计划表	四、主要施工机具、设备计划表
五、工程概略进度图	六、工程进度图	七、临时工程一览表	八、公路临时用地表
第十三篇　设计概算施工图预算			
一、设计概算		二、施工图预算	

第七节　我国公路发展契机与综合交通运输发展计划

一、我国公路交通建设发展契机

（一）社会发展的客观需要

伴随时代的进步和发展，交通运输体系的发展和发达程度已经成为衡量一个国家或地区发展和发达程度的重要标志之一。

（二）新经济发展理念驱动

20世纪90年代的东南亚经济危机给中国人的启示是加大基础建设投资，拉动经济快速增长。这个新经济理念来源于美国、日本和德国在经济萧条时期带动经济发展的经验，即美国用高速公路拉动经济发展，日本和德国则是用高速铁路拉动经济发展，起到积极作用。2001～2005年全国交通及公路建设投资十分可观，从2001年的2 968亿元，到2005年的6 445亿元，再到2010年的10 000亿元，每年平均拉动的经济增长点都在2%以上。同时由于道路建设带动的车辆拥有量的增加，带动材料、机械、能源、电信、电力、房产、汽车、地产八大产业的联动发展以及汽车进入家庭的格局的形成，给中国经济增长注入了新的活力。现今国内每年燃油费和汽车使用税收入已经超过10 000亿元，车辆过路费、购置税和停车费及保险费收入每年就达数万亿元，成为国家重要的经济支柱之一。同时随着交通运输效益的发挥，它将是国家用来改善民生、增加社会公共服务支出重要的资金来源之一。

（三）国民消费格局的变化

随着社会经济发展、国民收入的增加，人们的消费格局在变化，交通消费在日常生活中所占比重越来越大。表1-10是1989年英国按收入水平分组的家庭开支分类表，此水平与我国当前国内收支情况相当，从表1-10中可以看出：随着国民生活水平的提高和家庭收入的增加，用于交通支出的比例加大。这种格局伴随的是对交通运输及服务网络提出更高的要求。

1989 年英国按收入水平分组的家庭开支分类表（单位：%）　　表 1-10

每周收入（英镑）	食品	住房	水电	烟酒	服装	日用品	交通	其他
低于 60	7.2	14.1	10.0	8.0	5.2	12.5	6.8	11.1
60 ~ 99	5.4	21.6	9.6	6.3	5.4	11.2	8.4	12.0
100 ~ 149	3.0	22.2	7.2	7.0	6.6	10.5	9.3	14.2
150 ~ 199	0.1	20.1	5.9	6.2	5.6	9.8	14.6	17.7
200 ~ 249	0.5	19.5	5.6	7.5	6.2	10.9	14.8	15.0
250 ~ 299	9.2	17.1	4.6	6.7	6.6	13.6	16.7	15.4
300 ~ 349	9.3	17.1	4.8	7.0	6.8	11.5	17.0	16.3
350 ~ 399	8.7	16.0	3.9	6.6	6.5	11.5	17.5	19.3
400 ~ 449	7.7	15.6	3.9	6.5	7.1	11.8	18.4	19.0
500 ~ 524	5.8	16.4	3.1	5.7	7.9	12.1	18.3	20.7
524 以上	8.8	17.4	4.8	6.7	6.9	11.7	16.2	17.8

（四）现代物流的发展需求

目前，国家民用航空局和国家邮政局及国家铁路局归入交通运输部的统一管理，国家海事局的成立进一步促进综合交通运输体系的形成和各运输方式的统一协调，与之伴随的是物流业的进一步规范和提升。随着互联网业务普及和提高以及网上交易的拓展，未来物流将进一步规模化，与之相应的是需要交通运输的服务网络更加完善，管理更加科学和规范化。

二、当前我国综合运输发展战略

大量资料表明，我国公路运输的发展趋势有以下特点。

公路运输在综合运输体系中地位加强，尤其是公路客货运输竞争能力逐步增强，公路发展速度高于铁路、水运以及空运；国内外发展趋势呈 S 形曲线（现处于高位）；未来 30 年，我国高速干道会采取新的公路建设战略方针，即统一协调规划，加强建设管理，适度超前发展，要有富裕能力，实现东部增密、中部联网、西部连通的战略转移。

国务院于 2012 年 3 月 21 日通过的“十二五”综合交通运输发展体系规划指出：鉴于“十一五”时期，我国交通运输发展虽然取得重大成就，但发展还很不平衡，总体运输能力仍然不足，各种运输方式的衔接不够高效，必须贯彻落实科学发展观，正确处理安全、速度、质量和效益的关系，继续加强综合交通体系建设，更好地发挥交通运输在产业优化布局、人口合理分布、城镇空间科学拓展等方面的引导作用。

“十二五”时期综合交通运输体系建设的原则：一是安全质量。建立严格的监管和质量管理制度，并贯穿于交通运输规划设计建设运营各阶段，着力提升技术和装备水平。二是合理布局。与区域经济发展、城镇化格局、资源分布和产业布局相适应，实现通道畅通、枢纽高效。三是优化结构。统筹发展各种运输方式，优化运输结构。四是适度超前。在满足现阶段客货运输需求的基础上，适度超前建设基础设施。五是讲求效益。促进各种运输方式的有效衔接，一体服务。六是绿色发展。节约利用资源，确实保护环境。七是多元投入。鼓励民间资本参与交通运输建设。八是改革创新。深化管理体制改革，提高运输服务水平和物流效率。

“十二五”期间的交通运输建设目标：初步形成以五纵五横为主骨架的交通运输网，基本建成国家快速铁路网和国家高速公路网，铁路运输服务基本建成大宗货物集散地和20万以上人口城市，农村公路基本覆盖乡镇和建制村，海运服务通达全球，70%以上的内河高等级航道达到规划标准，民用航空结构进一步扩大和优化，基本建成42个全国性综合交通枢纽。

2012年开始，围绕“十二五”规划确定的任务目标，认真推进交通运输基础设施建设，建成一批重大铁路项目，实施开工一批急需的项目，推进国家高速公路网规划项目和农村公路建设，加大国、省干线改造力度，实施一批航道和陆岛交通项目，改善长江干线通航条件，开工建设和续建完成一批机场和城市轨道交通工程。

第二章　道路设计的基本依据

从某种技术角度来讲,道路设计可分为几何设计和结构设计。其中,几何设计主要是对道路几何尺寸和外形形状的控制。体现安全、经济、舒适、美观、环保要求的道路是通过理论和实践相结合的合理设计和科学有序的施工来实现的。理论上需要探讨汽车、驾驶员、乘客与道路之间的关系,这些关系包括:取定尺寸——设计车辆;取定速度——设计车速;车的多少——交通流量;路的容量——通行能力;自由程度——服务水平;行车轨迹——公路线形;视觉连续——行车视距;行车条件——行驶理论。因此,道路设计的基本依据有设计车辆、设计车速、交通流量、通行能力、服务水平、公路线形、行车视距、汽车行驶理论等。

第一节　道路设计采用的车辆

一、道路上行驶的车辆及其特性

自从1860年第一辆汽车问世以来,能够独立制造汽车的国家不断增加,世界各国制造了大量各式各样和尺寸各异的汽车。21世纪开始世界各国汽车制造业得以迅猛发展,载重汽车正在向高速、多轴和重型化发展,家用轿车正在向高速、智能化发展。

道路上行驶的车辆主要是汽车,对于混合交通的道路还有一部分非机动车。汽车的种类很多,按使用目的、结构和发动机的不同分成各种类型。道路设计中将其归纳为六类,即小客车、大客车、载重汽车、铰接公共汽车、半挂车和全挂车。这六类之间具有兼容性,根据这一性质,再归纳为小客车、载重汽车、半挂车三类,其中,半挂车也称鞍式列车。

(一)汽车的主要技术尺寸参数

汽车的主要技术参数包括最大总质量、整车装备质量、最大装载质量、轴载质量、车长 L、车宽 B、车高 H、轴距、轮距 A_1 和 A_2 、前悬 S_1 、后悬 S_2 、最小离地间隙、接近角 α_1 、离去角 α_2 、最小转弯半径、最高车速、最大爬坡度等,其几何含义见图2-1,具体数值可查阅《汽车手册》或该种车生产国及其厂家的用户手册。

(1)最大总质量:汽车满载时的包括车辆自重、装载货物或乘客以及驾乘人员在内的总质量,对于货车包括驾驶室定员质量。

(2)整车装备质量:整车装备质量又称空车质量。指汽车完全装备好的质量,包括汽车主体和辅助的全部设备,并已加足润滑油、燃料、冷却液,再加上备用车轮、随车工具以及其他备用品的质量。

(3)最大装载质量:最大装载质量又称载质量,指最大总质量与整车装备质量之差。客车以客座计,每个乘员的质量一般按65%计算。

(4)轴载质量:汽车单轴承载的质量。

(5)车长 L:指汽车长度方向两个极端点之间的距离。

(6)车宽 B:指汽车宽度方向两个极端点之间的距离。

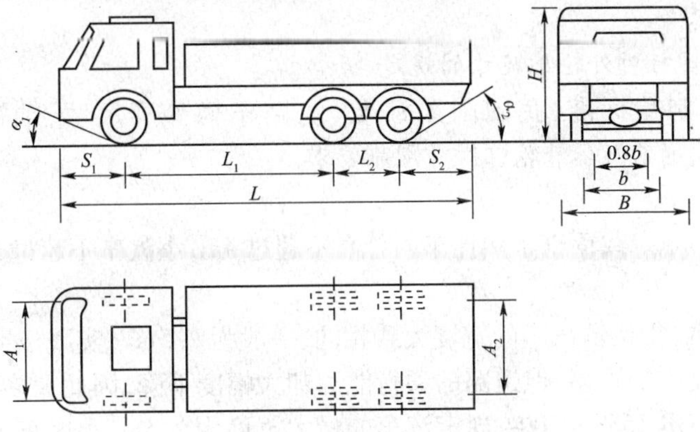

图 2-1　汽车的结构参数

(7)车高 H:指汽车最高点到车辆支承平面之间的距离。

(8)轴距:指汽车前轴中心到后轴中心的距离。如为三轴车,则为前轴中心至后轴中心和中轴中心之间的距离。轴距 $= L_1 + L_2/2$ 。

(9)轮距 A_1、A_2 :指同一车轴左右轮胎胎面中心线之间的距离,即 A_1 ;如为双轮时,则为同一车轴一端轮胎中心至另一端轮胎中心间的距离,即 A_2 。

(10)前悬 S_1 :汽车最前端与前轴中心之间的距离。

(11)后悬 S_2 :汽车最后端与后轴中心之间的距离。

(12)最小离地间隙:汽车满载时,汽车最低点到地面之间的垂直距离。

(13)接近角 α_1 :汽车前端突出点向前轮引的切线与地面的夹角。

(14)离去角 α_2 :汽车后端突出点向后轮引的切线与地面的夹角。

(15)最小转弯半径:当汽车方向盘转到极限位置时,汽车外转向轮的中心平面在车辆支承平面上的轨迹圆半径。

(16)最高车速:汽车在平坦公路上行驶时能达到的最高速度。

(17)最大爬坡度:汽车满载时的最大爬坡能力。

上述汽车性能参数,依据汽车型号和生产厂商而异。表 2-1 列出了日本丰田(TOYOTA)汽车公司生产的 CPROLLA 产品的尺寸参数。

日本丰田(TOYOTA)汽车公司生产的 CPROLLA 汽车的尺寸参数　　表 2-1

名称	外形尺寸(mm)			前悬(mm)	轴距(mm)	后悬(mm)	车轮轮距(mm)		接近角(°)	离去角(°)	生产国及生产厂家
	长	宽	高				前轮	后轮			
GLX - i	4530	1705	1490	935	2600	995	1470	1460	17.7	18.9	日本丰田

(二)汽车的外轮廓尺寸及其对道路设计的影响

汽车的外轮廓尺寸对道路设计有重要意义。例如,车辆长度会影响道路的通行能力、转弯时道路的设计半径及宽度等等。车辆宽度不但影响道路设计宽度,还涉及到通行能力大小。车辆高度决定道路上方的空间界限,即建筑限界的高度。与载重汽车相比,小汽车的高度虽然对几何设计没有太大影响,但由于其视线过低,会影响到汽车上下坡时驾驶员的远望距离,这个距离在专业上叫做行车视距。理论上讲,只要道路设计能够容纳得下载重车和半挂车,小汽车外轮廓几乎对道路没有任何影响,但是由于小汽车的视线高度比较低,一般只有1.20m,将会影响到设计中在转坡点处所设置的竖向曲线的半径大小,因此,小汽车的外轮廓尺寸也应当考虑。

(三)我国现行国标对外轮廓尺寸的规定

为统一汽车的制造标准,我国国家标准《道路车辆外廓尺寸、轴荷及质量限值》(GB 1589—2004)规定了汽车外轮廓尺寸限制要求。

1. 车高

GB 1589—2004 规定载重汽车和挂车的总高不超过4m,小汽车不超过2m。

2. 车宽

世界各国大型客、货运输汽车的宽度大致相同,一般为2.5m。实践证明,倘若车辆宽度超过2.5m,虽然宽度增加不多,但道路的通行能力却大幅度下降,因此大多数国家规定汽车车宽不超过2.5m。GB 1589—2004 规定汽车的最大宽度为2.5m,小客车不超过1.8m。国内过去曾有超过此尺寸的车,随着规范修订和超限运输管理的逐步深入,此现象将扭转。

3. 车长

GB 1589—2004 规定了小汽车为6m长;载重车为12m;铰接公共汽车为18m;牵引拖挂车为16.50m;全挂车为20m。

二、道路设计中采用的设计车辆

道路是供汽车行驶的,因此道路设计要适应汽车通行的需要。但如果设计中每种车型都考虑,将会是很困难的事情。只有归类取代表车辆分析才能使道路设计工作简化,为此引入设计车辆的概念。

(一)设计车辆的基本定义

设计车辆是设计中采用的代表性车辆,其外轮廓尺寸和运行性能是用于确定公路路段和交叉口几何设计及路基宽度的主要依据。设计车辆实质是假设的一种代表性车辆,这些车辆能够代表路上所有车辆的几何尺寸和对道路的影响。我国设计车辆的选定见图2-2,其外轮廓尺寸见表2-2。

设计车辆外廓尺寸 表2-2

车辆类型	总长(m)	总宽(m)	总高(m)	前悬(m)	轴距(m)	后悬(m)
小客车	6	1.8	2	0.8	3.8	1.4
大型客车	13.7	2.55	4	2.6	6.5+1.5	3.1
铰接客车	18	2.5	4	1.7	5.8+6.7	3.8
载重汽车	12	2.5	4	1.5	6.5	4
铰接列车	18.1	2.55	4	1.5	3.3+11	2.3

注铰接列车的轴距(3.3+11)m:3.3m为第一轴至铰接点的距离,11m为铰接点至最后轴的距离。

(二)设计车辆确定依据

设计车辆是根据道路行驶车辆的调查、归类,并分析对几何设计的影响,参考国标和国内外经验确定。确定有四个方面的依据:首先,各国各种车辆对道路的几何影响程度;其次,车辆生产国的国家标准[我国为《道路车辆外廓尺寸、轴荷及质量限值》(GB 1589—2004)];再次,全挂车和半挂车对道路的影响;最后,集装箱的装载要求。

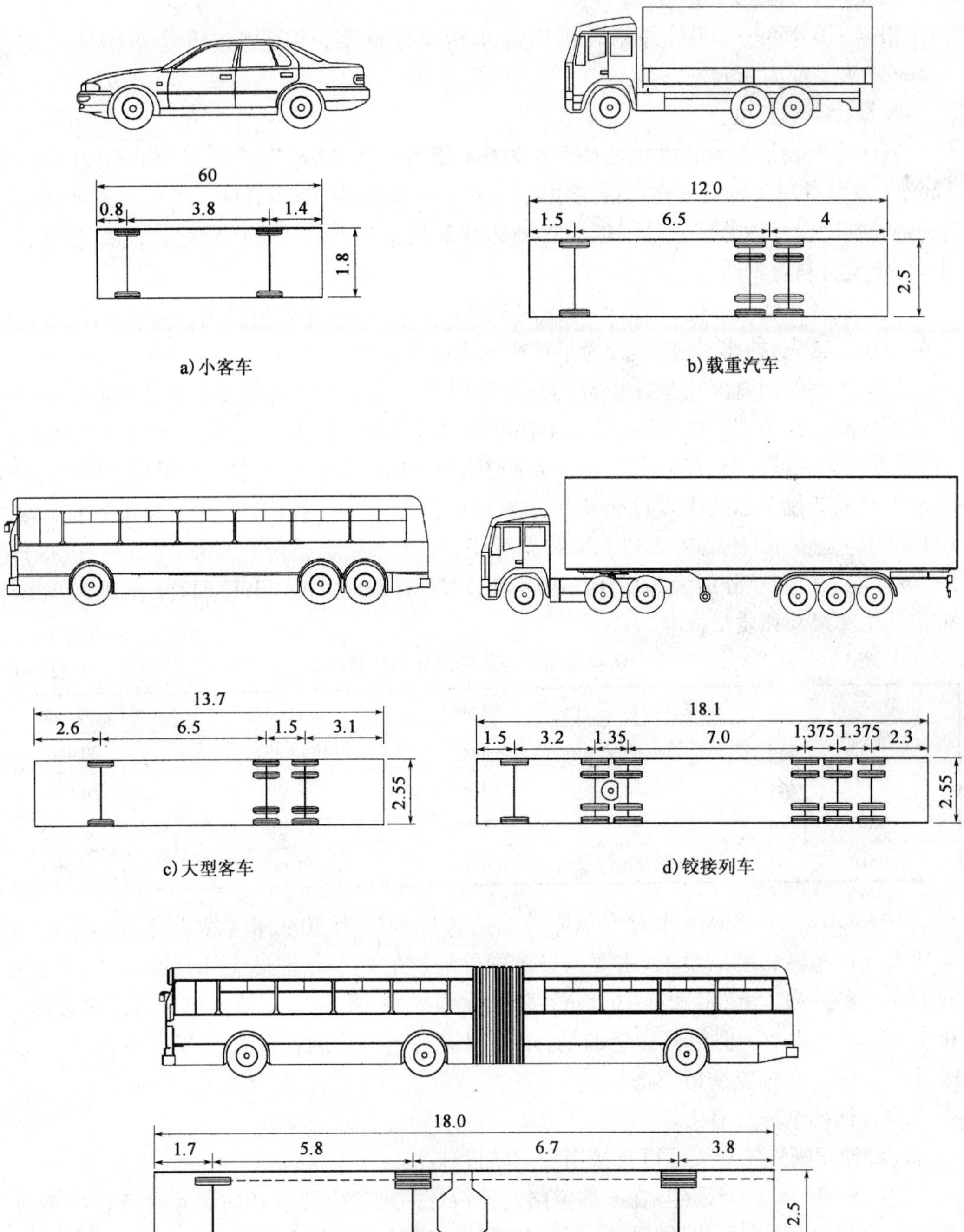

图 2-2　代表车型的外廓尺寸(尺寸单位:m)

1. 设计车辆宽度和高度

根据 GB 1589—2004，并结合国内外车辆设计标准，我国规定设计车辆最大宽度为 2.5m，最大高度为 4m。

2. 设计车辆长度

我国公路设计车辆长度规定小汽车为 6m，载重车为 12m，鞍式列车为 16m，载重汽车为 12m，主要是针对车辆宽度做出限定以后，为提高运输效率，车辆有向长的发展趋势而定。车辆前悬、轴距以及后悬尺寸是根据双后轴的载重汽车考虑的。双后轴载重汽车多用于运输木材、建筑材料等物质。

确定设计车辆长度时，不但要考虑汽车运行要求，而且还要充分考虑拖挂车和集装箱运输的要求。首先，挂车、拖挂车分为半挂车和全挂车两种，一般全挂车的车身较长，但在转弯时半挂车占用路面宽度比全挂车宽，为此，选用了半挂车的车身长度。其次，对于经常通行集装箱的高速公路和一级公路，设计车辆必须考虑集装箱车辆安全和顺利运行的需要。我国《系列 1 集装箱分类、尺寸和额定质量》（GB/T 1413—2008）规定的集装箱型号将是我国未来出台最新技术标准中设计车辆尺寸确定的依据之一。我国现行《公路工程技术标准》（JTG B01）是按照旧标准《系列 1 集装箱分类、尺寸和额定质量》（GB/T 1413—1998）制定的，该标准采用型号分别为 5D（5t）、10D（10t）、1CC（29t）、1AA（30t）四种，表 2-3 为货物集装箱外轮廓尺寸和质量标准。

货物集装箱外轮廓尺寸和质量标准

表 2-3

型　　号	高度（mm）	宽度（mm）	长度（mm）	总重（kg）
1AA	2 591	2 438	12 192	30 480
1CC	2 591	2 438	6 058	30 620
10D	2 438	2 438	4 012	1 000
5D	2 438	2 438	1 968	5 000

虽然 GB 1589—2004 中对汽车拖挂车的长度规定为 20m，但《技术标准》（JTG B01）未列入设计车辆长度的要求，主要是参考国外规定的汽车允许最大外轮廓尺寸，其中最小的 14m。多数为 15m，最大的 16.8m。因此我国采用 16m，这个长度可装 30t 集装箱一个和 20t 集装箱两个。但值得注意的是，现我国道路上行驶的挂车长度不少车辆已达 24m，待将来修订标准时应酌情考虑。

（三）设计车辆的意义

1. 设计车辆外轮廓尺寸可直接用于道路设计

设计车辆尺寸一旦取定，在某些道路几何设计的理论中涉及几何尺寸时可直接采用，而不必再考虑路上所有可能通行的车型的车辆外轮廓尺寸对道路的影响。

2. 设计车辆所代表的为高概率置信区间

设计车辆是在法定最大总外轮廓尺寸内，适用于非限制性通行车辆；根据设计车辆特性做出的设计所代表的经济和技术水平应能安全舒适地为 85% 以上的遵守一般交通规则运行的车辆服务。

3. 间接规定了限定路段车辆的通行标准

某些进口车辆或国内生产的特殊尺寸的车辆若超过中国道路设计车辆尺寸，道路设计将不能适应这种车辆通行要求，故经评估和特批才可上某些路段。

4. 设计车辆尺寸随行业和国家不同而异

设计车辆规定国内外不尽相同。例如，澳大利亚曾规定汽车列车作为设计车辆。公路的设计车辆只能用于公路设计，不能用于其他道路设计。再如，林区道路考虑运送木料的需要，有时设计车辆尺寸应比公路采用的长些。

第二节　道路设计中采用的车辆速度

道路设计中车速是重要的指标，根据规划和研究以及设计阶段的不同，采用相应不同车速作为设计控制。为使读者对车速有准确的理解和科学地鉴定各种车速，下面分别对各类车速的概念、测定和计算作介绍。

一、地点车速*

（一）地点车速的定义

地点车速指车辆通过某一地点的速度，实际上就是中学物理课程所讲的瞬时速度，计算公式如下。

$$v_{点} = \frac{\mathrm{d}s}{\mathrm{d}t} \approx \frac{\Delta S}{\Delta t} \tag{2-1}$$

式中：$v_{点}$——地点车速（m/s）；

ΔS——测定地点车速的区段长度（m），一般取 15m 或 20m；

Δt——测定地点车速时，车辆在 ΔS 区段上的行驶时间（s）；

$\frac{\mathrm{d}s}{\mathrm{d}t}$——距离对时间的一次微分。

（二）地点车速的测定

1. 雷达测速

将雷达测速仪安置在测速地点行车道上侧或测试车上，车辆通过时，利用电磁波效应，可测定该点车辆的瞬时速度。这种方法的优点是测速快，但当车流密度大而运行速度慢时，会发生干扰而产生误差。

2. 人工观测

在观测地点用粉笔画出若干区段，用秒表计读出车辆通过该区段的时间，然后使用地点车速的定义公式直接计算出地点车速。为方便计数，测速区划分的区段长度不小于 15m，车辆通过该区段的时间要达到 1.5s 以上。

3. 计数器法

计数器法，即测定时采用自动计数器测定，有电磁式、环状线圈式、超声波等多种形式。使用计数器测速时，一般相隔 5m 前后各埋设一个，车辆通过前后两个测速器时，分别发出感应信号，由记录仪记录通过这两个感应器的时间，用此时间去除前后相邻两个计数器之间的距离得到瞬时速度。

（三）地点车速资料整理

地点车速资料整理是在原始资料分析抽样的基础上，编写地点车速分布表，并计算平均地点车速、代表性车速、百分位车速。

1. 实测资料的整理

研究资料表明,大量观测得到的地点车速数据,具有概率统计的特性,因此车速抽样时必须解决好样本选择和样本大小两个问题。为此,选择的车速样本应符合随机抽样、独立样本和样本数量三个要求。样本的大小主要是为了保证成果的准确性。根据误差理论,误差可分为系统误差和偶然误差两类。系统误差可以通过选择合适的仪器和采取科学的方法消除;偶然误差一般服从概率统计正态分布,且随样本数量的增多,其算术平均值逐渐趋于零,根据这一原理可得样本数量的计算公式:

$$n = \left(\frac{\sigma t_a}{E}\right)^2 \tag{2-2}$$

式中:n——最少的样本数量;

σ——估计样本的标准差,见表2-4;

E——车速测定值的允许误差;

t_a——决定于显著度水平和自由度的 t 分布表,见表2-5。

估计样本的标准差参考表 表2-4

交通地区	行车道数量	平均标准偏差	备　注	交通地区	行车道数量	平均标准偏差	备　注
郊外	四车道	8.5		郊外	六车道	6.8	
近郊	四车道	8.5		近郊	六车道	8.5	
市区	双车道	7.7		市区	四车道	7.9	

t_a值分布表 表2-5

可靠度(%)	68.30	86.60	90.00	95.00	98.80	97.70	99.00
系数	1.00	1.50	1.64	1.96	2.50	2.58	3.00

2. 地点车速分布表和分布图的绘制

(1)计算组数

首先,将车速样本中的数据分组,分组的组数 M 可根据样本总数 n 由下式确定。

$$M = 1 + 3.222\lg n \tag{2-3}$$

(2)计算组距

根据分组的组数 M,样本数据上、下限 v_{max}、v_{min} 根据下式计算组距。

$$H = \frac{v_{max} - v_{min}}{M} \tag{2-4}$$

(3)确定组界

第一组下界值 = 最小车速 - 0.5

第一组上界值 = 第一组下界值 + M

第二组下界值 = 第一组上界值

第二组上界值 = 第二组下界值 + M

……

(4)绘制分布直方图

以频率分布表的组界为横坐标,以各组观测次数占总观测次数的百分率为纵坐标,并将计算数据标上,绘制成频率分布直方图。

(5)绘制频率曲线

依次计算各组的观测次数(频数)和其占总次数的百分率以及累计百分率,最后以计算的观测次数与组中车速值相乘,并将上述计算结果填入车速分布表中。

3. 计算速度统计特征值

(1)平均地点车速

当未分组时,

$$v_{均} = \frac{\sum v_i}{n} \tag{2-5}$$

当分组时,

$$v_{均} = \frac{\sum f_i v_{中i}}{\sum f_i} \tag{2-6}$$

式中:$v_{均}$——平均地点车速;

$\sum v_i$——全部观测车辆车速的总和;

n——测定车辆总数;

$v_{中i}$——各车速分组的组中值;

f_i——各分组车速的频数。

(2)代表性车速

$$v_{代} = v_{均} + E \tag{2-7}$$

$$E = \pm \frac{\sigma}{\sqrt{n}} t_a \tag{2-8}$$

当未分组时,

$$\sigma = \sqrt{\frac{\sum (v_i - v_{均})^2}{n-1}} \tag{2-9}$$

当分组时,

$$\sigma = \sqrt{\frac{\sum f_i v_{中i}^2 - (\sum f_i v_{中i})^2 / \sum f_i}{\sum f_i - 1}} \tag{2-10}$$

上式中,各符号含义同前式。

(3)百分位车速

累计频率分布曲线表明了每组地点车速上限值与累计频率之间的关系。在此曲线上有两处突变点,这些点常以百分位车速来表示。

第85%位车速——在行驶的全部车辆中有85%未达到的车速,即累计车速分布曲线中,累计频率为85%时相应的车速(见图2-3),用以确定观测路段的最大限制车速。

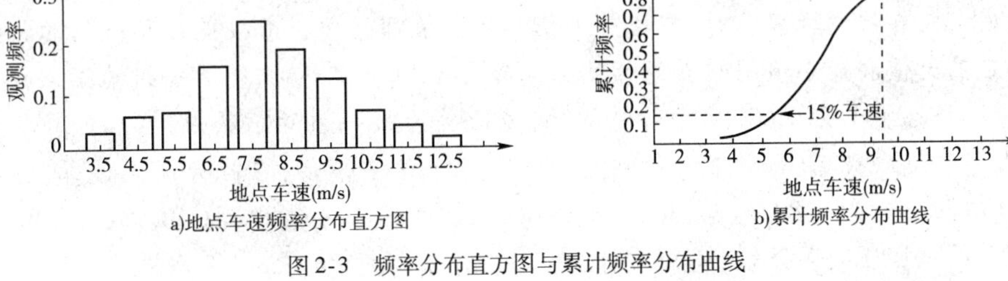

图2-3 频率分布直方图与累计频率分布曲线

中位车速——累计频率为50%时的车速，即将车速测定值按大小排序，最中间的位置的车速。由于中位车速受两端车速值的影响较平均车速小，故中位车速在分析中有重要意义。

第15%位车速——在行驶的全部车辆中有15%未达到的车速，即累计频率分布曲线中累计频率为15%时相应的车速（见图2-3）。用以确定公路上的最低限制车速。

二、运行速度*

21世纪以来，一些国家相继以运行速度代替设计车速。所谓运行速度是指在给定设计指标的路段内，通过统计分析，位于最大车速概率曲线85%点位上的速度值。运行速度常用来检验线形设计质量和安全性。相邻两路段运行速度级差规定，小车不大于15km/h；货车不大于10km/h。当不符合上述规定时，通过修改设计或设置过渡段等方法调整。因此，运行速度实质上是用于检验线形连续和协调性，而不在于单个指标的高低。

【例2-1】 某城市道路某断面地点车速实测数据已经按照式(2-2)计算所需样本最少数量为 $n=100$，并将抽样所得的100个数据列入表2-6。

地点车速实测数据（单位：km/h）　　表2-6

51	62	46	90	92	89	93	78	37	48	55	72	66	44	65	46	45	62	78	77
73	60	62	68	50	72	74	81	83	86	47	75	67	72	77	74	77	38	94	76
66	85	64	63	66	64	72	61	60	66	65	69	63	78	64	66	65	67	58	55
55	68	53	54	52	69	50	82	57	68	70	61	51	30	45	42	46	47	74	69
79	93	87	86	95	31	87	32	69	68	67	63	52	67	68	56	55	53	54	66

【解】

（1）计算组数

$$M = 1 + 3.222\lg n = 1 + 3.222 \times \lg 100 = 7.444 \approx 7$$

（2）计算组距

$$H = \frac{v_{max} - v_{min}}{M} = \frac{95 - 30}{7} = 9.23 \approx 10$$

（3）组距调整

由于组数是否适宜，关系到误差大小，有时当组距不适当时需调整。如令 $G = HM - (v_{max} - v_{min})$，当 $G > H$ 时，频率分布图最后一组内频数为零，即无车速数据；而当 $G \leqslant 0.5$ 时，最后一组数据，即大的数据将落在最后一组的外面或组界上，只有当 $0.5 < G \leqslant H$ 时，组数 M 适当，不需调整。当遇到 $G \leqslant 0.5$、$G > H$ 情况，均应调整 M 值，调整的方法是可在原组数上加1或减1来处理，再计算 G 和 H，直到符合要求为止。本例计算组距剩余值为 $G = HM - (v_{max} - v_{min}) = 10 \times 7 - (95 - 30) = 5$，故不需要调整。

（4）编制频率分布表

理论上讲，在编制数据表时，应把最小值和最大值都包含在由极差计算得到的总组距范围内，而且最大值和最小值同组界的两端点间隔大致相等，即应调整第一组的端点数值。一般是将最小值减去1/2（即0.5）个计量单位，以此作为第一组的下界值，然后计算各组的组界。但本题在提取数据（制作表2-7）时，已经考虑了这一情形，在此为简化计算，已将十位整数速度值归位到前一组，例如，30～40和40～50这两个分组中，将30归并到30～40分组，将40归并到40～50分组，故本例对上述情况没有考虑。

地点车速频率分布表 表2-7

速度分组(km/h)	组中值$v_{中i}$(km/h)	观测频数f_i	累计频数Σf_i	观测频率$\frac{f_i}{\Sigma f_i}$	累计频率	$f_i \cdot v_{中i}$	$f_i \cdot v^2_{中i}$
30~40	35	5	5	5%	5%	175	6 125
40~50	45	10	15	10%	15%	450	20 250
50~60	55	17	32	16%	32%	935	51 425
60~70	65	35	67	35%	67%	2 275	147 875
70~80	75	18	85	18%	85%	1 350	101 250
80~90	85	9	94	9%	94%	765	65 025
90~100	95	6	100	5%	100%	570	54 150
统计值		$n=\Sigma f_i=100$				$\Sigma v_{中i}\cdot f_i$ =6 520	$\Sigma f_i\cdot v^2_{中i}$ =446 100

注:上表速度分组包含下限,但不含上限值,如50~60分组中,含50而不含60,余类推。

(5)作频率图

做出频率分布直方图和累计频率分布曲线,具体做法可参见图2-3,在此从略。

(6)计算速度统计值

①平均地点车速

$$v_{均}=\frac{\Sigma v_{中i}\cdot f_i}{\Sigma f_i}=\frac{6\ 520}{100}=65.20(\text{km/h})$$

②计算标准离差

$$\sigma=\sqrt{\frac{\Sigma f_i\cdot v^2_{中i}-\frac{(\Sigma f_i\cdot v_{中i})^2}{\Sigma f_i}}{\Sigma f_i-1}}=\sqrt{\frac{446\ 100-\frac{(6\ 520)^2}{100}}{100-1}}=14.56(\text{km/h})$$

可见保证率已达到85%以上,速度数据无需重新测定和分组。

③代表性车速计算

$$v_{代}=v_{均}\pm E=v_{均}\pm\frac{\sigma}{\sqrt{n}}\cdot t_a=65.20\pm\frac{14.56}{\sqrt{100}}\times 2=65.20\pm 2.912\approx 65.20\pm 3(\text{km/h})$$

④确定百分位车速

确定方法主要在频率分布曲线图上卡定,在此从略。

三、平均车速*

(一)时间平均车速

时间平均车速指车辆通过某一断面测得的地点车速的算术平均数,即:

$$v_{时}=\frac{v_{地}}{n} \tag{2-11}$$

式中:$v_{时}$——时间平均车速;

$v_{地}$——地点车速;

n——观测的车辆数。

(二)空间平均车速

空间平均车速是指车辆驶过路段L时的车速平均值,通常采用划定路段长度L,除以若干次所测车辆的行驶时间的平均值求取，即：

$$v_{空} = \frac{L}{\frac{\sum t_i}{n}} = \frac{nL}{\sum t_i} \tag{2-12}$$

式中：$v_{空}$——空间平均车速；

L——在测定时间内车辆通过的路段长度；

$\sum t_i$——各车辆行程时间测定值之和。

四、行程车速*

（一）行程车速的基本概念

行程车速是车辆行驶的距离除以行程时间，行程时间包括中途受阻时的停车时间。行驶车速是车辆行驶距离除以行驶时间。因此调查行程车速和行驶车速实际上是调查车辆行驶在该路段的行驶时间和延误时间。

（二）行程车速的测定方法

1. 牌照对照法

在图纸上量测路段全长，观测人员站在路段起讫点，记录通过车辆的车型、牌照号码（记录牌照上的最后三位数），及通过起讫点的时间，用计算机整理出相同车型、车号的车辆经过该路段的时间。这种方法的主要优点是能实地测得各种类型车辆的行程车速。但要求观测人员有连续读秒表的技能，且劳动强度大，不适宜于长时间（大于4h）的观测。整理时必须使用计算机，否则内业工作量太大。用这种方法只能测得行程车速，不能测量延误，无法知道路段中间停车及延误的原因，故此法不适用于沿线交叉口多的道路。

2. 跟车测速法

用图纸量测路段全长、交叉口间及特殊地点（如道路断面宽度变化点）间的长度，并在实地上做好标记。测速时，测试车辆必须跟踪道路上的车队行驶。车上有两名观测人员，一人观测沿线交通情况，并用秒表读出经过各标记的时间，沿线停车时间及停车原因，另一人记录。这种方法的主要优点是能量测全程各路段间的行程车速、行驶车速、停车延误时间及原因，便于综合分析与车速有关的因素；所需的观测人员少，劳动强度低，适用于交通量大，交叉口多的城市道路。缺点是测量次数受行程时间的影响，次数不可能很多，一般只能往返6～8次，有时还要受偶然因素的影响。当交通量大时，测量数据能代表道路上的实际行车速度，但当交通量小时，试验车较难跟踪到有的车辆，所测车速受到试验车性能及驾驶员行车习惯的影响。

3. 五轮仪测速

将五轮仪装在测试车上，并配置一台速度分析仪，跟车测速。五轮仪测速的原理是：车辆开动时，五轮仪的轮子也随着滚动，通过仪器上的光电装置，将车速转换成电信号，输入速度分析仪，记录仪就能自动记下行驶距离、行驶时间、延误时间、行程车速。测试人员只需在特殊点打入信号，记录沿途交通情况及停车原因即可。使用这种仪器测试方便，车速数据精确，工作人员整理数据的工作量小。但它还是属于试验车测速方法的一类，因此它的缺点与跟车测速法相同，并对路面平整度有一定要求，否则影响精度且有损于仪器。

4. 光感测速仪测速

将光感测速仪装在测试车厢外壳，镜头对准地面，并配置一台微型计算机，跟踪车队测速。光感测速仪的基本原理是利用不同车速时地面对仪器反射的强弱变化，转换成电信号，传入微型计算机，处理后直接打印出速度曲线和行驶时间、距离、车速等。这种仪器较五轮仪更为方便，但对仪器的保养要求高。其他的优缺点与五轮仪相同。

5. 移动车测速法

(1)测定方法

移动车测速法是一种用试验车测量后计算行驶车速和流量的方法。若路段长度为 L，测试车自 A 断面出发，行驶 L 距离至 B 断面，紧接着再由 B 断面行驶至 A 断面，如此往返至少 6 次。试验车中需 2～3 名观测人员，记录试验车行驶过程中对向来车数量，同向超越试验车的车辆数和被试验车超越的车辆数以及 A 至 B 及 B 至 A 的行程时间（图 2-4）。

(2)流量计算

当测试中没有测试车超越其他车或被超越的情况时，由图 2-4 可知，B—A 方向通过 A 断面的流量就是测试车 A 至 B 时所遇到的车辆数，再除以测试车往返的时间和，可用下式表示。

$$Q_A = \frac{X_A}{t_A + t_B} \times 60 \tag{2-13}$$

式中：Q_A——$B-A$ 方向车道上 A 断面的流量（辆）；

X_A——试验车由 A 至 B 所遇到的对向车辆数，即图 2-4 中的 $m+n$ 辆；

t_A、t_B——试验车由 A 至 B 和由 B 至 A 的时间（min）。

同理亦可计算 B 断面的流量 Q_B。

如测试车在 B 返回 A 的途中有车辆超越测试车或被测试车超越的情况时，此时 B—A 方向通过 A 断面的流量应加以修正。若 C_{B-A} 表示在 B—A 途中超越测试车的车辆数，则测试车自 A—B 时未遇到这辆车，即 X_A 中未含此车，故应加上 C_{B-A} 辆车；反之若以 D_{B-A} 表示 B—A 途中被测试车超越的车辆数，则测试车自 A—B 时，已计在 X_A 中，实际上测试车自 B 回到 A 断面时，D_{B-A} 辆车还未通过 A 断面，故应减去 D_{B-A} 辆车。这样就可得到 Q_A 的修正公式如下。

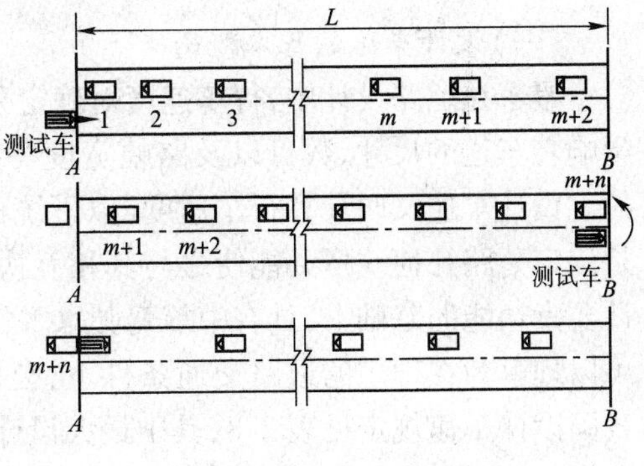

图 2-4　移动车法测量示意图

$$Q_A = \frac{X_A + C_{B-A} - D_{B-A}}{t_{AB} + t_{BA}} \times 60 \tag{2-14}$$

令：

$$Y_A = C_{B-A} - D_{B-A} \tag{2-15}$$

故上式可写成：

$$Q_A = \frac{X_A + Y_A}{t_{AB} + t_{BA}} \times 60 \tag{2-16}$$

(3)行程时间计算

如果在测试过程中，没有车辆超越测试车或被测试车超越，则测试车的往返时间就可代表车流的往返时间，即 t_{AB} 和 t_{BA}。如测试车由 B 至 A 的过程中，有 C_{B-A} 辆车超越测试车，则 B—A 方向车流的平均车速较测试车高，即车流平均时间较 t_{BA} 短；反之，若测试车超越了车流

中的 D_{B-A} 辆车，则 $B—A$ 方向车流的平均车速较测试车的速度低，即车流平均行程时间较测试车行程时间长。因此 $B—A$ 方向车流平均行程时间 T 需在 t_{BA} 的基础上进行修正，其修正公式如下。

$$\left.\begin{aligned}\bar{t}_{BA} &= t_{BA} - \frac{C_{B-A} - D_{B-A}}{Q_A} \times 60 \\ \bar{t}_{AB} &= t_{AB} - \frac{C_{A-B} - D_{A-B}}{Q_B} \times 60\end{aligned}\right\} \tag{2-17}$$

(4) 车速计算

用以上数据即可求得通过 A 断面的流量和路段的行程时间及行程车速。

$$\left.\begin{aligned}v_{AB} &= \frac{L_{A-B}}{\bar{t}_{AB}} \times 60 \\ v_{BA} &= \frac{L_{B-A}}{\bar{t}_{BA}} \times 60\end{aligned}\right\} \tag{2-18}$$

移动车法的优点是用较少的人力资源在较长的路段上同时测量交通量和行程车速，且内业资料整理工作量小，多用于路段无交叉口、全线交通稳定的路段上，不足是测量精度较低，且受交通流变化影响较大。

五、设计车速

(一) 设计车速的基本概念

鉴于在道路设计中，行车速度对确定公路的曲线半径、超高、视距起着决定作用，同时也影响着车道的尺寸、数目以及路幅宽度等指标的确定，所以在设计中取定车速是至关重要的。设计车速又叫计算行车速度(以下统称设计车速)，即公路几何设计所采用的车速。它是确定公路几何线形并能使之与其相互协调的基本要素，其含义是在充分发挥各项道路设计要素功能的基础上，具有中等驾驶水平的驾驶人员，能够保证顺适行车的速度。设计车速可以理解为在理想的道路交通条件下，公路的设计要素起控制作用路段的最大安全速度。我国设计车速规定见表 2-8，其中最大设计车速为 120km/h、最小设计车速为 20km/h。

我国公路规定的设计车速(单位:km/h)　　表 2-8

公路等级	高速公路			一级公路			二级公路		三级公路		四级公路	
设计速度	120	100	80	100	80	60	80	60	40	30	30	20

表 2-8 中，高速公路有四个车速值。习惯上分别理解为对应于平原区、微丘区、重丘区和山岭区的设计车速。一般公路分别有两个速度值，可理解为对应于平原微丘区和山岭重丘区的设计车速。但上述规定并非严格对应于地形条件，而且需要考虑投资可能等因素。一级公路高位车速适用于干线公路，低位车速适用于集散公路。

设计车速各国规定不同。例如，美国各类道路设计车速规定为：平原地形的高速公路每小时 70 ~ 80 英里，干线公路每小时 60 ~ 70 英里，集散公路每小时 30 ~ 50 英里；微丘地形的高速公路每小时 60 ~ 70 英里，干线公路每小时 40 ~ 60 英里，集散公路每小时 20 ~ 40 英里；重丘地形的高速公路每小时 50 ~ 60 英里，干线公路每小时 30 ~ 50 英里，集散公路每小时 10 ~ 30英里。

还应指出，我国道路几何设计中采用的是设计车速，有的国家则采用运行速度。

（二）车速确定的基本依据

从表2-8可以看出，我国计算行车速度的最大值为120km/h，它是根据汽车性能，并参考国内外的实际经验，从节约能源以及人的感觉出发确定的。计算行车速度的最低值，即20km/h，主要是考虑我国实际地形条件、土地利用和投资的可能性，以及现在公路通车里程还比较少等因素。这比有些国家的规定值可能略低一些，例如国外规定计算行车速度的最小值有48km/h、40km/h、30km/h等。

以上所述的设计车速与实际车速是有区别的，在驾车行驶中，驾驶人员采用的速度为行车速度，这除与汽车驾驶员的技术水平、汽车技术性能等有关外，还取决于四个基本条件，即公路及其路侧的外部特征、气候、其他车辆的存在以及法定或交通管制设施采取的速度限制。实际上当交通量与气候条件良好时，公路的外廓特征（包括公路本身的道路条件）基本上决定着驾驶人员采用的速度。

由于设计车速规定为当气候条件良好、交通密度小时，车辆行驶只受公路本身的道路条件的影响时，具有中等驾驶技术的驾驶人员能安全顺适地驾驶车辆的速度就是计算行车速度。因此，设计车速为80km/h的公路，交通密度较小时，一般驾驶人员都能以80km/h左右的速度安全顺适驾驶车辆。当线形几何组成要素良好时，往往会出现高于80km/h的情况，即在实际行驶过程中，驾驶人员往往不以设计车速行驶，而是根据公路沿途的地形条件、道路条件、交通条件以及自身的驾驶技术选择各自适合的行驶速度。设计车速越低，这种情况出现的可能性越大。有的国家将设计车速和观测到的平均速度进行比较，发现设计车速较低时，平均行车速度大约为设计车速的90%～95%，设计车速较高时，其平均行车速度约为设计车速80%，有的则更低。根据以上分析，得出如下各类地形条件和各级道路的设计车速。

1. 平原、微丘区的设计车速

为了使汽车在各级公路上都能发挥其技术性能，达到应有的运输经济效益，并结合已有公路汽车行驶的实际情况，一级公路的平均行车速度应在60km/h以上，二级公路的平均行车速度应大于50km/h，三级公路采用45km/h，四级公路采用35km/h，根据上述设计车速和平均行车速度的关系，结合我国实际情况，并考虑我国混合交通比较多的现状，当设计车速较高时，平均行车速度约为设计车速的60%～70%，设计车速较低时，约为80%～90%；当设计车速很低时，有的甚至相等或者超过设计车速。因此，拟定设计车速如表2-9。

平原、微丘区公路设计车速表 表2-9

公路等级	平均运行速度（km/h）	平均运行速度/设计车速	设计车速（km/h）	
			计算值	采用值
一级公路	>60	0.6	>100	100
二级公路	>50	0.6～0.7	83～71	80
三级公路	40～50	0.7～0.8	64～50	60
甲级公路		0.8～0.9	43～39	40

2. 山岭、重丘区的设计车速

在山岭、重丘区，设计车速的大小直接影响着公路工程量大小和工程的难易程度。一般情况下，山岭、重丘区的设计车速比平原、微丘区的要小一些。考虑到山岭、重丘区公路的工程量要求和施工难度的要求，同进考虑到各级道路条件下行车安全顺适的要求，利用极限最小半径的实践经验，确定各级道路在山岭、重丘区的设计车速值，见表2-10。

山岭、重丘区公路设计车速表　　表 2-10

公路等级	控制速度的极限最小半径(m)	设计车速(km/h)	备　注
一级公路	100	60	根据计算和实测资料,100m 半径时可达 60km/h
二级公路	60	40	根据计算和实测资料,60m 半径时可达 40km/h
三级公路	30	30	根据计算和实测资料,30m 半径时可达 30km/h
四级公路	15	20	根据计算和实测资料,15m 半径时可达 20km/h

3. 高速公路设计车速

高速公路在设计、施工、运营管理上与一般公路有所不同,按高速公路的运营要求和交通需求把设计车速分为三档,即 120km/h、100km/h、80km/h。高速公路的设计车速不与地形直接挂钩,设计人员应结合交通需求的变化,考虑设计经济的合理性,更好地与地形景观相配合,做出更加立体的设计。一般情况下应选用 120km/h 的设计车速,当受地形、地物、工程造价等条件限制,交通量又相对地小一些时,可选用 100km/h 甚至是 80km/h 作为设计车速。

(三)设计车速的选用

1. 选用车速要与制定意图吻合

设计车速中最大车速的确定考虑了汽车性能、投资可能、国外经验等因素;最小车速的确定则考虑土地利用、我国国情以及山区地形等因素。选用设计车速上下限时,要注意力求与其制定意图吻合。

2. 慎重选用车速的高低限值

现行《公路工程技术标准》(JTG B01)虽然规定了最大和最小车速,但采用时要慎重。例如,高速公路规定了四种车速,其中最小车速 60km/h,适用于特殊困难或地质不良地段,且长度不大于 15km;一级公路三个车速中,干线公路选大值,集散公路选小值。

3. 车速过渡段设置要得当

不同车速间设过渡段衔接并选好过渡地点,这些地点要选择在视距良好的地方且有足够的安全长度。

第三节　道路设计与汽车流量

道路设计中,不但要考虑车辆尺寸、行驶速度,尚应考虑车的流量大小。车的流量也称为交通量(traffic volume),它是指单位时间内通过道路某一断面的车辆数量。其中的单位时间可用 1h、1d、1 年等表示,分别称为小时交通量(辆/h)、日交通量(辆/d)和年交通量。交通量随季节和时间而变化。其中,常用的为下述几种。

一、日交通量

采用一日为计量时间的交通量称日交通量,通常采用的是最大日(双向)交通量,即一年 365 天交通量中的最大值,用以研究道路交通的不均衡性。

(一)平均日交通量(ADT:average daily traffic)

将观测期间内统计的交通量总和除以观测总天数所得平均值即为平均日交通量,计算见式(2-19)。

$$ADT = \frac{1}{n}\sum_{i=1}^{n} V_i \tag{2-19}$$

式中：V_i——观测期内第 i 日的交通量(辆)；

n——观测的天数(d)。

(二)年平均日(双向)交通量(AADT：annual average daily traffic)

一年平均365天交通观测的平均值即为年平均日(双向)交通量，作为决定道路等级及拟定道路修建次序的依据，计算见式(2-20)。

$$AADT = \frac{1}{365}\sum_{i=1}^{365} V_i \tag{2-20}$$

(三)月平均日交通量(MADT：month average daily traffic)

将一月内观测的交通量总数，除以该月的总天数，所得平均值即为月平均日交通量，计算见式(2-21)。

$$MADT = \frac{1}{k}\sum_{i=1}^{k} V_i \tag{2-21}$$

式中：k——当月的天数(d)，$k=30,31,28,29$。

(四)周平均日交通量(WADT：week average daily traffic)

将一周内观测的交通量总数，除以7d，所得平均值即为周平均日交通量，计算见式(2-22)。

$$WADT = \frac{1}{7}\sum_{i=1}^{7} V_i \tag{2-22}$$

二、小时交通量

小时交通量是指一小时内通过观测站的车辆数。

1. 高峰小时交通量(PHV：peak hour volume)：是指一天内所观测交通量(辆/h)最大的那个小时的交通量。

2. 日平均小时(双向)交通量 N_3：一昼夜小时观测交通量的平均值。目前公路上以5:00～21:00期间16h交通量的平均值，反映日平均小时交通量，因为该期间约占24h总交通量的96%，已够准确。城市道路控制测站一天调查24h，辅助测站一天调查12h或14h，一般在6:00～18:00或6:00～20:00。

3. 第30位小时交通量是将一年当中8 760h的交通量按大小次序排列，处于第30位的那个小时时位的交通量。

4. 不足1h的时段交通量(简称流率)：在不足1h的时间间隔(如取用5min、15min)内观测到的交通量，换算为1h的车辆数称为当量小时流率，或简称流率，计算见式(2-23)。

$$\text{流率} = n\text{分钟内观测到的车辆数} \times \frac{60}{n} \tag{2-23}$$

式中：n——观测时间，如5min，15min等。

5. 设计小时交通量：它是指设计年限主要方向的标准高峰小时交通量(例如第30位小时交通量)，是确定车道数的依据。

三、交通量的特性*

(一)交通量随时间的变化(time variation)

交通量不是一个静止不变的量，具有随时间和空间变化而变化的特征。

1. 一年中各月交通量的变化

受社会经济活动地交通的需求及当地季节和气候的影响，同一条道路某一年中各月交通量并不相同，呈现出逐月的变化规律。而不同的道路又有不同的变化规律。这种变化通常用月变系数(或称月不均匀系数)M表示，即

$$M = \frac{年平均日交通量}{月平均日交通量} = \frac{AADT}{MADT} \tag{2-24}$$

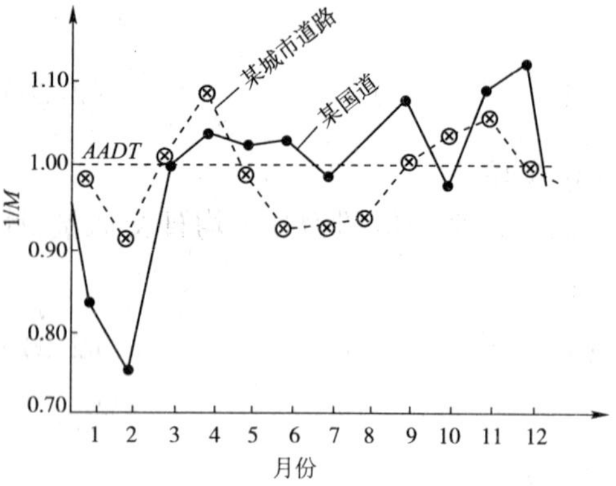

图2-5　月交通量变化图

以月份为横坐标，以月变系数的倒数$1/M$为纵坐标，点绘出一年内该路段观测断面上交通量的月变化曲线，称为月交通量变化图(图2-5)。

2. 一周内各日交通量的变化

一周内各日交通量是不同的，一般是各工作日(星期一至星期六)变化不大，而在星期日或节假日交通量减少。周日交通量的变化以周变系数(或周日交通量不均系数)D表示。计算见式(2-25)：

$$D = \frac{AADT}{ADT} \tag{2-25}$$

式中：ADT——全年内某周日的平均日交通量，其值为全年某周日交通量总和与全年某周日的总天数之比；

$AADT$——年平均日交通量。

现以某国道某分路口观测站资料为例，计算该年周日不均匀系数，见表2-11。

周日不均匀系数计算表　　表2-11

周日	星期一	星期二	星期三	星期四	星期五	星期六	星期日
全年某周日交通量总和	345 176	352 248	342 160	347 521	339 612	336 076	296 764
全年某周日的总天数	52	52	52	53	52	52	52
某周日的平均日交通量ADT(辆/d)	6 638	6 774	6 580	6 557	6 531	6 463	5 707
周变系数D	0.98	0.96	0.99	0.99	0.99	1.01	1.14
$1/D$	1.02	1.04	1.01	1.01	1.01	0.99	0.87
全年合计交通量2 359 173辆，$AADT$=6 464辆/d							

以周日为横坐标，周变系数的倒数$1/D$为纵坐标绘出的曲线称为周交通量变化图(图2-6)。

周日交通量的变化，不同地区、不同国家、不同月份和不同类型的道路呈现不同的特点。根据美国不同道路类型的观测结果，在主要的乡区公路和旅游道路上，高峰交通流出现在周末。

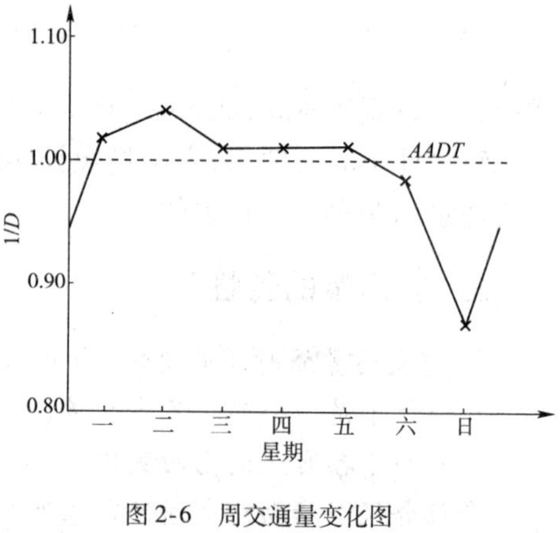

图2-6　周交通量变化图

3. 一日内各小时交通量的变化

一日内24h的交通量分布也不均匀，由于白天工作、夜晚休息，对交通的需求不同，交通量呈现出周期性变化规律。用分布曲线图表示，可见有两个高峰值，一个在上午，一个在下午，通常是上午高峰值大于下午高峰值。

一日内各小时交通量的变化可用年平均小时

交通量与年平均日交通量之比进行描述。其变化平均类型有三个代表型式。其中，城市道路一日中除午休时间外，白天的交通量变化很小；过境交通量大的干线公路，深夜仍有一定的交通量；局部交通量大的郊区道路，早晚高峰时段内交通量变化比较明显。

4. 高峰小时流量比和高峰小时系数

一日内以小时计的交通量的最高值称为高峰小时交通量，它是影响道路交通畅通的一个重要因素。道路通行能力若能满足高峰小时交通量的需要，则能满足全天任何时候的需要。

高峰小时交通量常用高峰小时流量比和高峰小时系数描述其特征。

(1) 高峰小时流量比(PR:peak ratio)

高峰小时流量比是高峰小时交通量与全天交通量的比值(%)。它反映高峰小时流量的集中程度，并可用于高峰小时交通量与日交通量之间的相互换算。据统计，我国公路高峰小时流量比出现时间与观测站距城市中心的位置有关。

城市道路上高峰小时交通量出现的时间有一定规律，通常与上、下午的机动车高峰有关。

(2) 高峰小时系数(PHF:peak hour factor)

高峰交通量的持续时间并非刚好是一个小时，可能大于或小于一个小时。同时在高峰小时内交通量也并不均匀，因此，再将高峰小时划分成更短的时段以显示各时段间交通变化特征。一般按 5min 或 15min 来划分时段。某高峰小时内连续 5min 或 15min 累计交通量最大的时段称为高峰小时内的高峰区间，并把以该区间的累计交通量推算而得的小时流率称为扩大高峰小时流率。高峰 5min 或 15min 流率和该小时的全部交通流量的关系用高峰小时系数表示，即

$$\text{高峰小时系数 } PHF = \frac{\text{高峰小时交通量}}{\text{高峰小时流率}} = \frac{\text{高峰小时交通量}}{\frac{60}{t} \times t \text{ 分钟内的最大交通量}}$$

$$\text{以 5min 计的高峰小时系数 } PHF_{5\text{min}} = \frac{\text{高峰小时交通量}}{12 \times (\text{高峰 5min 流量})}$$

$$\text{以 15min 计的高峰小时系数 } PHF_{15\text{min}} = \frac{\text{高峰小时交通量}}{4 \times (\text{高峰 15min 流量})}$$

$PHF_{5\text{min}}$常用于路段交通量的分析，$PHF_{15\text{min}}$则一般用于交叉口交通量的分析。

(二) 交通量在空间上的分布(spatial variation)

交通量的大小不仅随时间而变化，也随地区、路段、方向和车道的不同而变化。

1. 城乡分布各异

由于城乡之间经济发展、生产、生活和文化活动对交通的需求不同，以及人口密度和汽车拥有量的差别，城乡道路上的交通量呈现明显差异。一般是城市道路交通量高于郊区道路，近郊高于远郊，乡区道路交通量最低。

2. 路段分布不同

同一条道路，与城市中心距离不同的路段上的交通量明显不同，离城近的路段交通量大。不同道路，依其使用性质和技术等级不同，交通量有明显差别。

3. 方向分布有别

一条道路往返两个方向的交通量，在较长时间内大体上是接近的。但在某一特定的时

段内，如一年中某个季节、一月中某几天、一天中某个时刻，都可能有一个方向上的交通量大于另一个方向上的交通量。例如城市进出口道路，秋季有大量农副产品运进城市，冬季有大量轻产品运往农村，春节前大量客流由城回乡，春节后又由乡回城；又如连接工矿区与住宅区道路，早晚上下班客流方向明显不同；旅游公路因季节都会有方向性平衡流向。

表示方向不均衡性用方向分布系数 K_D，即

$$K_D = \frac{\text{一个行车方向交通量}}{\text{双向行车总交通量}} \times 100\% \tag{2-26}$$

据国内外资料，上下班路线 $K_D = 70\%$，主要干道 $K_D = 60\%$，市中心干道 $K_D = 50\%$。

4. 车道分布不均

当一个方向有多条车道时，各车道上交通量分布不同，它与车道两侧的干扰、慢行车的比例和车辆横向出入口的数量位置有关。慢车和较重车辆趋向于右侧车道。在我国城市道路设计分析路段通行能力影响因素时，认为靠近路中心线的车道受影响小，而靠近外侧的车道受影响大。其影响用折减系数 $a_{条}$ 表示。设靠近中心线为第 1 车道，其折减系数 $a_{条} = 1$，则依次第 2 车道 $a_{条} = 0.8 \sim 0.89$，第 3 车道 $a_{条} = 0.65 \sim 0.78$ 等。

四、交通量的观测*

为了获得交通量、交通性质及变化情况，进而推求远景设计交通量，必须对当前的道路交通情况进行观测。

观测的方式有人工与计数器相结合和自动观测记录两种。利用固定式或便携式计数器，可进行长期的连续观测。

目前，常用人工与计数器相结合的观测方式，其步骤如下：

（一）选定观测地点

观测路段上的交通量，宜选择在车流比较稳定的断面。

观测交叉口的流量流向，则需在进入交叉口的每条相交道路上各选取一断面观测，站点可设在停车线附近。

观测全市交通的流量流向，需在各交叉口之间的各个路段上设置观测断面同时进行观测，这样可显示出整个道路网交通流量的分布情况。

（二）确定观测时间

人工观测应选择有代表性的日期和时间进行短期的抽样观测，要考虑工作日、假日、上下班时间、季节、气候状况等因素，决定一年中观测的次数、每次观测的天数和一天观测的时数。

五、交通量的换算*

计算交通量时，应将行驶中的各种车辆，折算为小客车标准车辆。我国高速公路及一级公路以小汽车为准，二、三、四级公路以载重汽车为准。城市道路以载重车、公交车为准，今后将以小汽车为准。因此，在换算车辆时应引入车辆换算系数，通常以车辆宽度 B 与平均行车速度 v 比值的对比来加以确定，即以选定的车辆的 B/v 为 1，以其他车型的 B/v 与选定车辆对比求得。

换算为载重车时，各级公路通用的车辆换算系数见表 2-12。

表 2-12

各汽车代表车型及车辆折算系数

汽车代表车型	车辆折算系数	说　　明
小客车	1.0	座位≤19 座的客车和载质量≤2t 的货车
中型车	1.5	座位 > 19 座的客车和 2t < 载质量≤7t 的货车
大型车	2.5	7t < 载质量≤20t 的货车
汽车列车	4.0	载质量 > 20t 的货车

注:1. 畜力车、人力车、自行车等非机动车按路侧干扰因素计。
2. 公路上行驶的拖拉机每辆折算为 4 辆小客车。
3. 公路通行能力分析所要求的车辆折算系数应针对路段、交叉口等形式,按不同的地形条件和交通需求,采用相应的折算系数。

为了判断交通量饱和与否,可按下述三种情况研究:

(1)驾驶操纵不感到困难,一般用常速或略减速会车、超车不太困难,汽车时速与行车密度较小时无明显区别,行车无拥挤或繁忙感,交通秩序较好,路面养护不太繁重,则交通量未饱和;

(2)驾驶操纵稍感不便,但不过分妨碍超车、会车,汽车可以维持一定车速,行车稍感拥挤或有繁忙感,但交通秩序尚好,路面养护虽较繁重,但可通过改善路况来适应,则交通量接近饱和;

(3)驾驶操纵很困难,有拥挤压车情况,影响会车、超车,以致换挡频繁,车速低,交通秩序不良,路面养护繁重,非改善路面类型所能解决,则交通量已达拥挤。

六、设计小时交通量*

设计当中采用的小时交通量称为设计小时交通量,它是确定公路等级、评价公路运行状态和服务水平的重要参数。目前设计小时交通量的确定通常有三种方法,即按路网规划推算、按经验公式估算、按第 30 位小时交通量推算。下面主要介绍以第 30 位小时交通量作为设计交通量的确定方法和经验公式估算法。

(一)取第 30 位小时交通量法

当有可靠的交通量资料时,绘制出小时交通量曲线,取第 30 位小时交通量作为设计小时交通量。也可根据项目特点与需求,在当年第 20 ~ 40 位小时交通量之间取值。

如图 2-7 所示,以一年中的 8 760 个小时数(即相当于小时时位)为横坐标,以小时交通量与年平均日交通量比值为纵坐标,作出小时交通量曲线。在小时交通量曲线上取第 30 位小时对应的纵坐标值可算出小时交通量,即为设计小时交通量。这样就意味着一年 8 760 个小时中只有 29 个小时是拥挤的,其余是畅通的。设计小时交通量确定步骤如下。

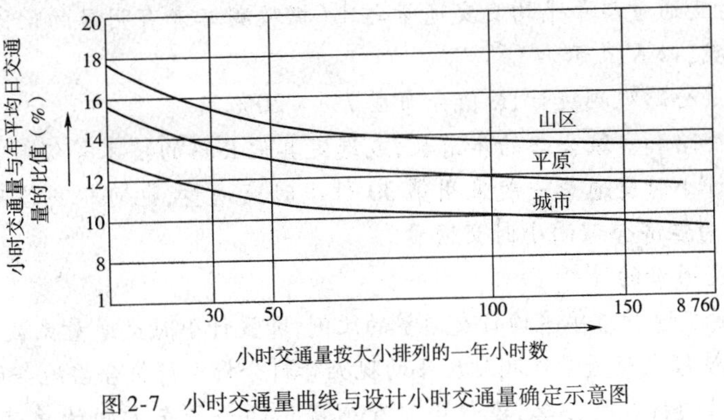

图 2-7　小时交通量曲线与设计小时交通量确定示意图

1. 年小时交通量排序

将一年中 8 760h 交通量观测值依大小次序排列，然后计算出每个小时交通量 *HV* 与年平均日交通量之比百分率，即 *HV/AADT*(%)，见表 2-13。以 *HV/AADT* 为纵坐标，以全年 8 760h 各小时交通量按大小排列的顺序为横坐标，绘出如图 2-8 所示曲线称为小时交通量曲线。

由国内外绘制的这类曲线可见，在第 20 位小时交通量之前，曲线急剧变化；在第 20～30 之间，基线变化稍缓；从第 30 位以后，则曲线变得比较平缓。曲线的这种陡缓变化，反映了前后两个小时交通量的差值和相同交通量值重复出现的程度。

***HV/AADT* 比率系数排序表**

表 2-13

小时交通量	1 263	1 000	932	907	…	837	…	800	…	772	769	768	…	756	…	742
HV/AADT(%)	18.6	14.7	13.7	13.4	…	12.3	…	11.8	…	11.4	11.3	11.3	…	11.1	…	10.9
频数	1	1	1	2	…	1	…	1	…	1	2	1	…	2	…	2
小时交通量顺序	1	2	3	5	…	10	…	20	…	28	30	30	…	50	…	75

2. 设计小时交通量的确定

美国等国经过多年调查研究，发现小时交通量曲线由陡变缓的弯曲点多位于第 30 位小时或其附近。根据这一特点，认为采用第 30 位小时交通量作为道路和交通设施的设计交通量最为合适。取第 30 位小时交通量作为设计小时交通量的理由如下：首先，年平均日交通量只反映一年中大部分时间的交通量大小。由于一天中各个小时交通量分布不均匀，如果采用 *AADT* 不能满足道路设计的需要。若按高峰小时交通量设计，则一年中多数时间通行能力有富余，显然是不经济合理的。其次，采用第 30 位小时交通量作为设计依据，则一年中该路仅有 29h（占一年中的 0.33% 时间）满足不了交通的需要。再其次，如向曲线左边移动选择，用序号小于 30 的小时交通量设计，交通量急剧增大，但交通拥挤时间减少不多；如向右边移动选择，用序号大于 30 的小时交通量设计，交通量减少不多，而交通拥挤时间却大大增加。因此，选择第 30 位小时交通量作为设计小时交通量，认为是将拥挤时间保持在最低限度的一种经济合理的设计。

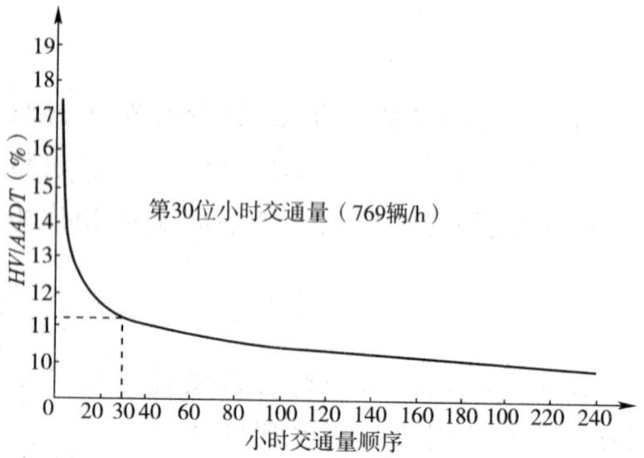

图 2-8　小时交通量曲线

第 30 位小时交通量与年平均日交通量之比（据观测二者有明显的比例关系）称为第 30 位小时交通量系数，以 *K* 表示。

据国内外干线公路观测统计，*K* 值分布在 7%～20% 间。

在确定高速公路和一级公路的车道数，或选定其他公路的技术等级时，应以设计小时交通量为依据。设计小时交通量一般采用第 30 位小时交通量，也可根据当地条件在第 20 至 40 位之间选取最为经济合理的小时交通量。

3. 设计小时交通量的计算

计算设计小时交通量与年平均日交通量的比例，即设计小时交通量系数 *K*(%) 时，对有条件的地区，可根据连续式交通量观测站历年的观测资料分析求得符合当地条件的一些 *K* 值。

对于双车道对向行驶的公路，设计小时交通量是两个行车方向的总交通量。在有两条以上车道的公路上,或在设置重要交叉或以后会增加车道的双车道公路上,了解每个行车方向的小时交通量对设计非常重要。这种单向交通量就称为单向设计小时交通量(*DDHV*)。

采用年平均日交通量的代表性百分比 *K*(%),可以估算出设计小时交通量和单向设计小时交通量,见式(2-27)和式(2-28)。

$$DHV = K/100 \times AADT \tag{2-27}$$

$$DDHV = K/100 \times D \times AADT \tag{2-28}$$

式中:*DHV*——双向设计小时交通量;

DDHV——单向设计小时交通量;

K——设计小时交通量的换算系数;

D——方向分布系数;

AADT——设计年的年平均日交通量。

多车道公路上的方向分布系数 *D* 是设计小时内主流方向交通量的比率。例如,若设计小时的方向分布是60%:40%,则 *D* 值即为0.60。这个值应从拟建公路或从平行的或相似的设施处现场测定。在后一种情况下,平行公路宜选择其大部分交通量将会分流到新路上去。

根据交通运输部规划研究院的研究,国内平均 *D* 值是 0.60;*K* 值则与表 2-14 所示的中国气候分区有关。若选择第 30 位小时交通量作为设计小时交通量或方向小时交通量,可采用表 2-15 推荐的 *K* 值。

中国气候区 表2-14

气候区	省、市、自治区
1. 华北	北京、天津、河北、山西、内蒙古
2. 东北	辽宁、吉林、黑龙江
3. 华东	上海、江苏、浙江、安徽、福建、江西、山东
4. 中南	河南、湖南、湖北、广东、广西、海南
5. 西南	四川、重庆、云南、贵州、西藏
6. 西北	陕西、甘肃、青海、宁夏、新疆

根据第 30 位小时交通量推荐的平均 *K*(%)值 表2-15

设计年平均日交通量 *AADT*(辆/d)	气候区					
	1	2	3	4	5	6
≤2 000	13.66	14.22	13.66	13.66	12.81	14.43
>2 000 ≤4 000	13.36	13.91	13.36	13.36	12.50	14.13
>4 000 ≤6 000	12.94	13.50	12.94	12.94	12.09	13.71
>6 000 ≤8 000	12.53	13.09	12.53	12.53	11.68	13.30
>8 000 ≤10 000	12.12	12.68	12.12	12.12	11.27	12.89
>10 000	11.91	12.47	11.91	11.91	11.06	12.68

(二)经验公式估算法

若无连续的交通量观测资料或者设计人员选择第 30 位小时交通量以外的设计小时交通量,则可由式(2-29)算出适当的 *K* 值。

$$K = 17.86(1 + A)X^{-0.082} + B \tag{2-29}$$

式中：K——设计小时交通量换算系数（%）；

A——气候修正系数（在 -0.10 和 $+0.10$ 之间，或从表 2-16 中选取）；

B——交通量修正系数，见表 2-17，当无资料时，可按 $B=0.2(1-10^{-3}N_d)$ 估算，其中 N_d 为设计年限的年平均日交通量（辆/日）；

X——设计小时时位，若选用第 30 位小时交通量，则 $X=30$。

推荐的平均 A 值

表 2-16

气候区	1	2	3	4	5	6
气候修正系数	0	0.041	0	0	-0.063	0.057

推荐的 B 值

表 2-17

设计年平均日交通量 AADT（辆/d）	交通量修正系数 B
<5 000	0
5 000 ~ 10 000	0.46 - 0.000 206 × AADT
>10 000	-1.60

【例 2-2】 华东某地计划分三阶段建设一条 230.2km 长的高速公路，该路的远景设计年限为 20 年，走向为从 A 地经 B 地和 C 地到达 D 地。由于这三期工程的竣工日期不同，根据每项工程 20 年的远景设计年限，各自的特征年和预测的交通量亦不相同。有关资料见表 2-18。

拟建高速公路设计年和设计交通量

表 2-18

路段	A—B 段	B—C 段	C—D 段
竣工年	2004 年	2008 年	2000 年
设计年	2024 年	2028 年	2020 年
设计交通量 AADT（辆/d）	64 700	67 600	59 300

已知交通定向分布为 60%∶40%，试按第 40 位小时交通量来求算拟建高速公路 A—B 段、B—C 段和 C—D 段的单向设计小时交通量。

【解】 根据式（2-28）可求得单向设计小时交通量：

$$DDHV = K/100 \times D \times AADT$$

由于拟建高速公路位于华东，由表 2-14 查得属气候区 3，根据表 2-15，该气候区的气候修正值为 0。从表 2-17 查得超过 10 000 辆/d（中型卡车）或 20 000 辆/d（小客车）的年平均日交通量的修正值 $B=-1.60$。

将 $X=40$、$A=0$、$B=-1.60$ 代入式（2-29），求得

$$K = 17.86 \times (1+0) \times 40^{-0.082} - 1.60 = 11.6$$

将 $K=11.6$，$D=0.60$ 代入式（2-28）得出单向设计小时交通量如下：

$$DDHV = K/100 \times D \times AADT = 11.6/100 \times 0.60 \times AADT = 0.069\ 6AADT$$

计算结果列入表 2-19。

拟建高速公路单向设计小时交通量 DDHV

表 2-19

路段	A—B 段	B—C 段	C—D 段
设计交通量 AADT（辆/d）（小客车）	64 700	67 600	59 300
单向设计小时交通量 DDHV（辆/h）（小客车）	4 500	4 700	4 130

对不同车型的交通量，尚需进行当量交通量换算。

在道路几何设计中，设计小时交通量的作用是与设计通行能力配合，用以确定道路宽度设计中的车道数目，即：

$$\text{行车道车道数} = \frac{\text{单向高峰设计小时交通量} \times 2}{\text{一条车道的设计通行能力}} \tag{2-30}$$

经验公式推算法用于缺乏连续的交通量资料时，可参考性质相似、交通情况相仿的其他道路观测资料进行推算。设计小时交通量按下式推算：

$$V_h = k \cdot V_d \cdot D \tag{2-31}$$

式中：V_h——主要方向高峰小时设计交通量(辆/h)；

D——方向系数，即高峰小时期间，主要方向交通量与总交通量之比，即 V_h/V'_h，可采用0.60；

V'_h——高峰小时两个方向的总交通量(辆/h)；

V_d——设计年限的年平均日交通量(辆/h)；

k——设计小时交通量系数，即 $k = V'_h/V_d$。

（三）路网规划估计法

对于新建立城市的道路和目前没有交通需求且将来规划待开发的道路，无法用上述两种方法确定，此时设计小时交通量可在由国民经济和社会资源等发展预测基础上，通过国民经济、技术评价、财务评价、安全评估、社会评价、环境评价等来预测确定。

七、交通量的表达

（一）统计表格法

路段及交叉口交通量观测可设计成表2-20的形式进行统计，并根据统计结果绘制成交通流量分布图。

表2-20

设计路段交通量观测统计表

交通分类	机动车																				
	客车									货车									其他		
	公交车			大客车			小客车			二轴车			三轴车			大于三轴					
时间 \ 流向	向东南	向西北	双向	向东南	向西北	双向	向东南	向西北	双向	向东南	向西北	双向	向东南	向西北	双向	向东南	向西北	双向	向东南	向西北	双向
6:00~7:00 …… 12:00~13:00 …… 17:00~18:00																					
小计																					
合计																					
附注																					

（二）统计图法

（1）用直方图表达。其表达方式如图2-9a）所示。

（2）用交通量曲线表达。其表达方式如图2-9b）所示。

(3)用流量流向图表达，主要用于交叉口，可以直接按进口、出口、直行、右转、左转分别绘制，标以醒目数字，也可用流向线形绘制，如环形交叉口直行与另一方向进环的直行交织，可在图上表示出。交叉口的流量图也可像路段流量分布图那样以一定的宽度表示流量的大小，以便分析时更为直观。其表达方式如图 2-9c)所示。

(4)用网络图表达。其表达方式如图 2-9d)所示。

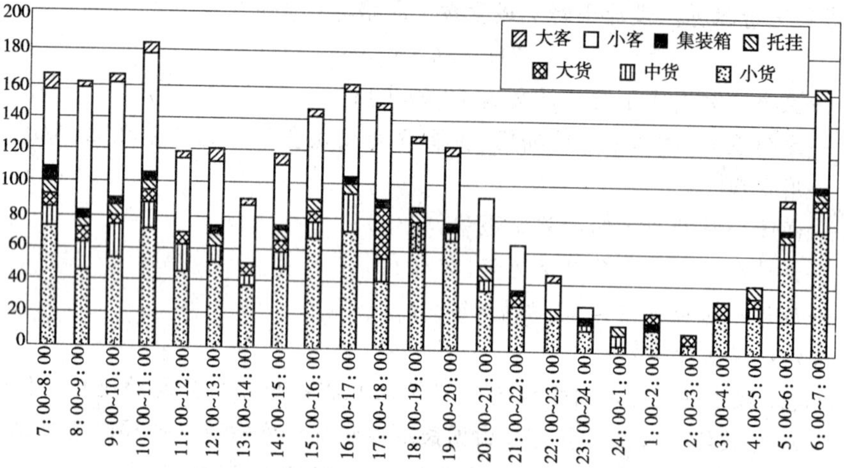

a)OD调查24h交通量分布图

进或出交叉口	流量（辆）	百分比（%）
左转	337	17
直行	1 290	64
右转	394	19
总计	2 021	100

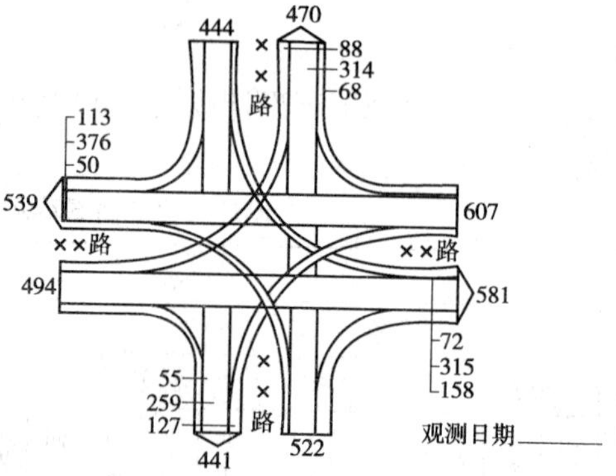

b)交叉口流量流向分配

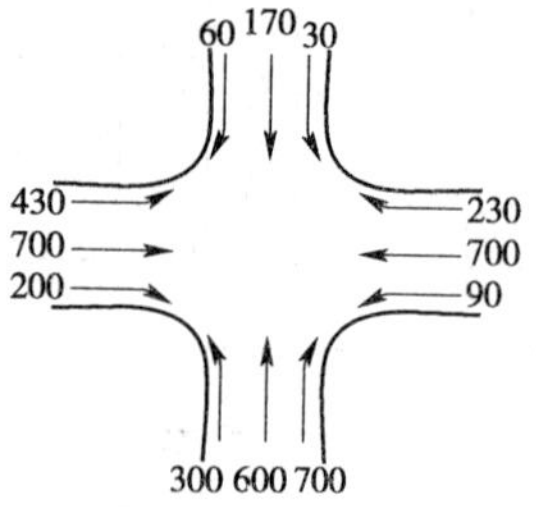

c)交通量流向图

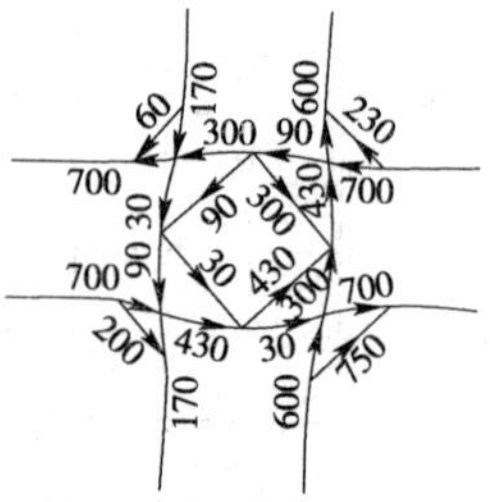

d)交通量网络图

图 2-9 交通量的表达

注：图中数字为折算为标准车辆的设计小时流量。

第四节　道路通行能力与服务水平*

一、道路通行能力

道路通行能力是描述道路容纳车辆数的重要指标，在道路几何设计中用以计算车道数量，在可行性研究中用以评价道路的运行状态和预测分析等。通行能力分为理想通行能力（又称理论通行能力）、可能通行能力（又叫做实际通行能力）和设计通行能力。这些通行能力可以相互计算得到，即设计通行能力由可能通行能力计算，可能通行能力由理想通行能力计算，理想通行能力由车头间隔计算。

（一）理想通行能力

1. 理想通行能力定义

（1）国际定义：在理想的道路条件、交通条件和环境条件下，1h 内所能通过道路某一断面的车辆数。上述的理想条件是指对条件更进一步提高也不能提高基本通行能力的条件。道路条件是指公路的几何特征，包括车道数，车道、路肩和中央分隔带的宽度，侧向净宽，设计速度以及平纵线形视距等。交通条件指交通特征，包括交通的组成、交通量、不同车速交通量分布和上下行车方向的交通量分布。

（2）古典定义：一纵向列车的车队，保持一定的车头间隔，连续、均匀地通过道路某一断面时，1h 内所能通过的车辆数。

理想通行能力，亦称基本通行能力，计算方法一般采用车头间隔或车尾间隔计算。所谓车头间隔就是指纵向行进车队中，两个相邻车辆车头之间的间隔时间或距离。用时间表示车头间隔的为车头时距；用距离表示车头间隔的为车头间距。

2. 理想（基本）通行能力计算

理想通行能力可用车头间距（图 2-10）或车头时距计算，二者理论上是一致的，因此计算结果应相同。

$$C_{基} = \frac{1\,000v}{L} \text{ 或 } C_{基} = \frac{3\,600}{t_i} \tag{2-32}$$

$$L = L_{反} + L_{制} + L_{安} + L_{车} \tag{2-33}$$

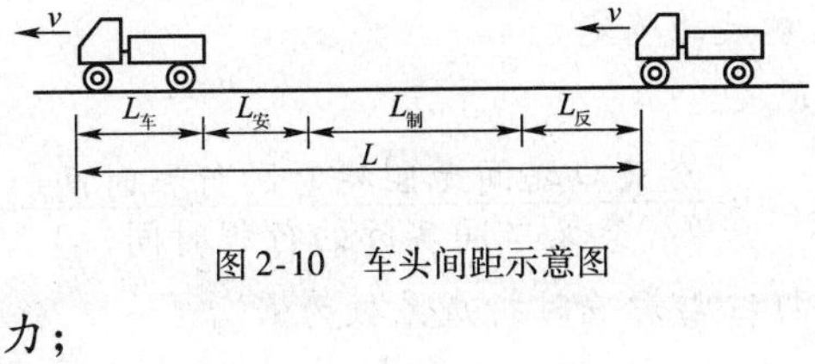

图 2-10　车头间距示意图

式中：$C_{基}$——基本通行能力；

v——设计车速（km/h）；

L——车头间距（m）；

t_i——车头时距（s）；

$L_{反}$——汽车制动前驾驶员反应时间内汽车所行驶的距离（m）；

$L_{制}$——汽车的制动距离（m）；

$L_{安}$——制动后与前车的安全距离（m）；

$L_{车}$——车辆长度(m)。

(二)可能通行能力

可能通行能力,亦称实际通行能力,是指在实际的道路条件、交通条件和环境条件下,1h内所能通过道路某一断面的车辆数。实际通行能力一般采用基本通行能力结合实际路况进行折算后得到。

1. 可能(实际)通行能力计算

(1)混合交通的公路与城市道路

$$C_{可} = K_{交} \cdot K_{人} \cdot K_{铁} \cdot K_{道} \cdot K_{条} \cdot C_{基} \tag{2-34}$$

式中:$C_{可}$——可能通行能力,也叫实际通行能力;

$K_{交}$——交叉口折减系数;

$K_{人}$——行人过路折减系数;

$K_{铁}$——道路与铁路平面交叉折减系数;

$K_{道}$——车道宽度折减系数;

$K_{条}$——车道数量折减系数。

(2)高速公路和封闭汽车专用道路

高速公路是有中央分隔带、上下行每个方向至少有两车道 ,全部立体交叉,完全控制进入的公路。高速公路由以下三部分组成:高速公路基本路段; 交织区;匝道 ,其中包括匝道—主线连接处及匝道与横交公路连接处。

高速公路基本路段的理想条件是车道宽度在3.75~4.50m;侧向净宽≥1.75m;车流全部为小客车;驾驶员均为经常行驶高速公路,且技术熟练,遵守交通法规者。

高速公路基本路段可能通行能力计算与高速公路组成和特点有关,其可能通行能力可用下式计算:

$$C_{可} = C_{基} \cdot N \cdot f_{w} \cdot f_{HV} \cdot f_{p}$$

式中:$C_{可}$——可能通行能力;

$C_{基}$——基本通行能力;

N——单向行车道的车道数;

f_{w}——车道宽度和侧向净宽对通行能力的修正系数;

f_{HV}——大型车对通行能力的修正系数;

f_{p}——驾驶员条件对通行能力修正系数,一般为0.9~1.0。

2. 实际通行能力计算参数的确定

(1)交叉口折减系数$K_{交}$

$$K_{交} = \frac{交叉口之间无阻碍时的行程时间(s)}{交叉口间实际的行程时间(s)}$$

路段行驶车辆受信号灯红灯影响时折减系数为$K_{交1}$

$$K_{交1} = \frac{t}{t_1 + t_2 + t_3 + \Delta} = \frac{l/v}{v/a + l_2/v + v/b + \Delta} \tag{2-35}$$

式中:a——启动时的平均加速度(m/s^2),混合行驶时取$a=0.05m/s^2$;

b——制动时的平均减速度(m/s^2),混合行驶时取$b=1.5m/s^2$;

Δ——车辆交叉口停候时间(s),取红灯时间的一半,$\Delta=15\sim20s$。

交叉口不设红绿灯时,折减系数为$K_{交2}$。车辆通过交叉口仅减速,无需停车等候时,$\Delta=$

0；设到达交叉 A 和 B 的车速为 v_A和 v_B。

$$K_{交2} = \frac{t_{AB}}{t'_1 + t'_2 + t'_3} = \frac{l/v}{\frac{v - v_A}{a} + \frac{l'_2}{v} + \frac{v - v_B}{b}} \tag{2-36}$$

交叉口及两交叉口之间道路长度对通行能力的折减系数,可用图 2-11 表示。

(2)行人过路折减系数 $K_人$

$K_人$与行人过路密度有关,应实地调查确定。据北京市调查,当双向过路人数 500 人次/h 时,取 $K_人$ =0.63。

行人横穿道路对通行能力的折减系数,也可用经验曲线确定,如图 2-12 表示。

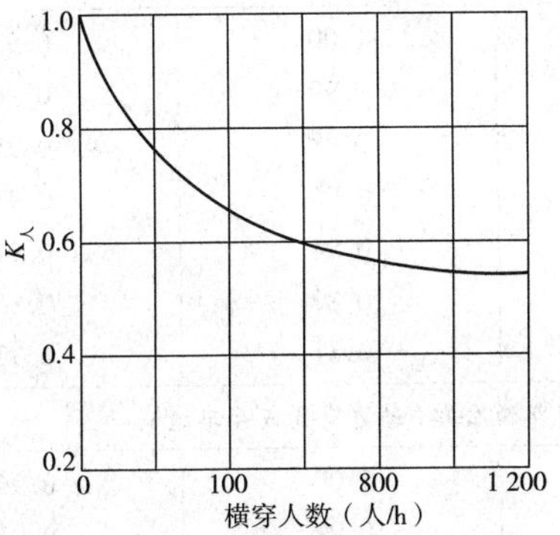

图 2-11　行人横穿道路对通行能力的折减系数

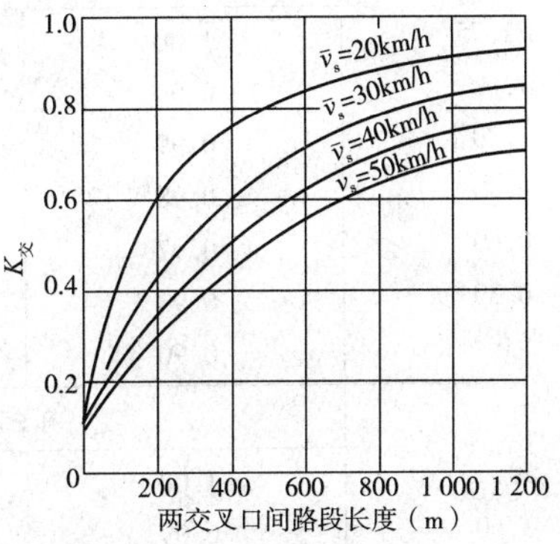

图 2-12　交叉口之间道路长度对通行能力的折减系数

(3)车道数量折减系数 $K_条$

无分隔的同向车行道,靠路中心车行道通行最大,靠右侧车道通行能力最小。自路中心起,第一条车道 $K_{条1}$ =1.0,第二条车道 $K_{条2}$ =0.80 ~0.89,第三条车道 $K_{条3}$ =0.65 ~0.79,第四条车道 $K_{条4}$ =0.40 ~0.52,因此,通常道路最多的车道数为 4 ~8 车道。

(4)车道宽度折减系数 $K_道$

当车道宽度小于 3.50m 时,应按表 2-21 予以折减。

车道宽度折减系数 $K_道$　　表 2-21

车道宽度(m)	$K_道$	车道宽度(m)	$K_道$
3.50	1.00	3.00	0.85
3.25	0.94	2.75	0.74

(5)道路与铁路平面交叉折减系数 $K_铁$

$K_铁$和道路与铁路平交路口封闭的次数、时间有关,应实测调查确定。一般铁路道口采用红、白两种信号灯管理。当两个红灯交替闪烁或红灯稳定亮时,表示火车接近道口,禁止车辆行人通行,行人必须停在停止线以外,或外股钢轨 5m 以外,不得影响道口栏杆的关闭。红灯熄、白灯亮时,表示道口开通,准许车辆行人通过；红灯和白灯同时熄灭时,表示道口信号无效,按一般道口规定通行。

路段上多条车道的总可能通行能力为

$$C_实 = \sum C_基 \cdot (K_交 \cdot K_人 \cdot K_条 \cdot K_道 \cdot K_铁) \tag{2-37}$$

对城市道路，因路上为各种车型混合行驶，通常一条车道的可能通行能力约在500辆/h左右。对城市近郊区双车道道路通行能力的计算，因受混合车辆，特别是自行车数量较多的路段，应按观测资料采用。

（6）高速公路车道宽度和侧向净宽修正系数f_w

高速公路车道宽度和侧向净宽修正系数f_w按表2-22采用。

车道宽度和侧向净宽修正系数f_w 表2-22

侧向净宽(m)	行车道一边有障碍物		行车道两边有障碍物	
	车道宽度(m)			
	3.75	3.50	3.75	3.50
	有中央分隔带的4车道公路(每边有两车道)			
≥1.75	1.00	0.97	1.00	0.97
1.60	0.99	0.96	0.99	0.96
1.20	0.99	0.96	0.98	0.95
0.90	0.98	0.95	0.96	0.93
0.60	0.97	0.94	0.94	0.91
0.30	0.93	0.90	0.87	0.85
0	0.90	0.87	0.81	0.79
	有中央分隔带的6或8车道公路(每边有3或4车道)			
≥1.75	1.00	0.96	1.00	0.96
1.60	0.99	0.95	0.99	0.95
1.20	0.99	0.95	0.98	0.94
0.90	0.98	0.94	0.97	0.93
0.60	0.97	0.93	0.96	0.92
0.30	0.95	0.92	0.93	0.89
0	0.94	0.91	0.91	0.87

注：①一些高级形式的中央带护栏如已为广大驾驶员所熟悉且基本上不影响其行驶时，可不作为障碍物。

②两边侧向净宽不足且不相等时，取两侧净宽的平均值。

（7）大型车对通行能力的修正系数f_{HV}

高速公路基本路段可能通行能力的计算公式中，大型车对通行能力的修正系数f_{HV}按式(2-38)计算，对混合交通的公路，f_{HV}取1。

$$f_{HV}=\frac{1}{1+P_{HV}(E_{HV}-1)} \tag{2-38}$$

式中：P_{HV}——大型车交通占总交通量百分比；

E_{HV}——大型车换算成小客车换算系数。

现代道路设计中，对高速公路可能通行能力的提法专家们有不同的看法，有的认为可以取消可能通行能力的说法，在此为了与设计通行能力的计算程序相适应，单独列出以上高速公路的可能通行能力及其计算。

（三）设计通行能力

设计通行能力指公路交通的运行状态保持在某一设计服务水平时，单位时间内公路上某一路段可以通过的最大车辆数，设计通行能力是实际道路可能有的通行能力，考虑了人为主观对道路的要求。设计通行能力由可能通行能力乘以该路服务水平相应的交通量和可能通行能力之比$\left(\frac{V}{C}\right)$得到。这里V是 Volume 的缩写，此处意为交通量；C是 Capacity 的缩写，此处意为通行能力。它是与道路服务水平有关的并在设计中采用的通行能力。设计通行能力一般由可能通行能力计算，其基本公式如下。

$$C_{设} = \frac{V}{C} C_{可} \tag{2-39}$$

式中：$C_{设}$——设计通行能力；

$\frac{V}{C}$——相应服务水平系数，是在理想条件下，最大服务交通量与基本通行能力之比，基本通行能力是四级服务水平上半部的最大交通量；我国评价道路服务水平的方法在美国的基础上划分的，美国采用六级，我国服务水平等级分为四级（表 2-23 ~ 表 2-25），关于服务水平的概念在以下的内容中将作阐述；

$C_{可}$——可能通行能力。

高速公路路段服务水平分级 表 2-23

服务水平等级	v/C 值	设计速度(km/h)		
		120	100	80
		最大服务交通量 [pcu/(h·ln)]	最大服务交通量 [pcu/(h·ln)]	最大服务交通量 [pcu/(h·ln)]
一	$v/C \leqslant 0.35$	750	730	700
二	$0.35 < v/C \leqslant 0.55$	1 200	1 150	1 100
三	$0.55 < v/C \leqslant 0.75$	1 650	1 600	1 500
四	$0.75 < v/C \leqslant 0.90$	1 980	1 850	1 800
五	$0.90 < v/C \leqslant 1.00$	2 200	2 100	2 000
六	$v/C > 1.00$	0 ~ 2 200	0 ~ 2 100	0 ~ 2 000

注：v/C是在基准条件下，最大服务交通量与基准通行能力之比。基准通行能力是五级服务水平条件下对应的最大小时交通量。

一级公路路段服务水平分级 表 2-24

服务水平等级	v/C 值	设计速度(km/h)		
		100	80	60
		最大服务交通量 [pcu/(h·ln)]	最大服务交通量 [pcu/(h·ln)]	最大服务交通量 [pcu/(h·ln)]
一	$v/C \leqslant 0.3$	600	550	480
二	$0.3 < v/C \leqslant 0.5$	1 000	900	800
三	$0.5 < v/C \leqslant 0.7$	1 400	1 250	1 100
四	$0.7 < v/C \leqslant 0.9$	1 800	1 600	1 450
五	$0.9 < v/C \leqslant 1.0$	2 000	1 800	1 600
六	$v/C > 1.0$	0 ~ 2 000	0 ~ 1 800	0 ~ 1 600

注：v/C是在基准条件下，最大服务交通量与基准通行能力之比。基准通行能力是五级服务水平条件下对应的最大小时交通量。

二、三、四级公路路段服务水平分级 表2-25

服务水平	延误率(%)	设计速度(km/h)											
		80				60				≤40			
		速度(km/h)	v/C			速度(km/h)	v/C			v/C			
			禁止超车区(%)				禁止超车区(%)			禁止超车区(%)			
			<30	30~70	≥70		<30	30~70	≥70	<30	30~70	≥70	
一	≤35	≥76	0.15	0.13	0.12	≥58	0.15	0.13	0.11	0.14	0.12	0.10	
二	≤50	≥72	0.27	0.24	0.22	≥56	0.26	0.22	0.20	0.25	0.19	0.15	
三	≤65	≥67	0.40	0.34	0.31	≥54	0.38	0.32	0.28	0.37	0.25	0.20	
四	≤80	≥58	0.64	0.60	0.57	≥48	0.58	0.48	0.43	0.54	0.42	0.35	
五	≤90	≥48	1.00	1.00	1.00	≥40	1.00	1.00	1.00	1.00	1.00	1.00	
六	>90	<48	—	—	—	<40	—	—	—	—	—	—	

注:1. 设计速度为80km/h、60km/h和40km/h时,路面宽度为9m的双车道公路,其基准通行能力分别为:2 800pcu/h、2 500pcu/h和2 400pcu/h。

2. v/C是在基准条件下,最大服务交通量与基准通行能力之比。基准通行能力是五级服务水平条件下对应的最大小时交通量。

3. 延误率为车头时距小于或等于5s的车辆数占总交通量的百分比。

【例2-3】 拟在乡区设计一延伸的高速公路路段,设计速度120km/h,要求二级服务水平,单向设计小时交通量$DDHV$=2 400辆/h,大型车占30%($E_{HV}=1.7$),在设计高峰小时,理想条件下的平均行程速度v=86km/h,平均密度为16pcu/(km·ln)。驾驶员遵纪守法,技术熟练并熟悉高速公路运行,确定车道数n。

【解】 由《公路工程技术标准》(JTG B01—2014)可知,车道宽3.75m,右路肩宽1.75m,右路缘带0.75m,中央分隔带宽3.00m,其中间2.00m有设施。

(1)求各修正系数

根据行车道宽度和侧向净宽,查表2-22有:

$$f_w=0.99, f_p=1.0, E_{HV}=1.7$$

由公式(2-40)得

$$f_{HV}=1/[1+P_{HV}(E_{HV}-1)]=1/[1+0.3\times(1.7-1)]=0.83$$

(2)求二级服务水平的V/C

查表2-24得$V/C=0.74$。

(3)求算车道数

每一方向所需车道数N

$N=DDHV/[C_{基}\times(V/C)\times f_w\times f_{HV}\times f_p]=2\,400/(2\,000\times0.74\times0.99\times0.83\times1.0)=1.97$

取$N=2$,所以应设计为四车道高速公路。

(4)确定实际服务水平V/C

采用四车道高速公路时实际V/C为:

$V/C=C_{可}/[C_{基}\times N\times f_w\times f_{HV}\times f_p]=2\,400/(2\,000\times2\times0.99\times0.83\times1.0)=0.73$

二、道路服务水平

（一）根据交通流状态对各级服务水平定性描述

1. 一级服务水平，交通流处于完全自由流状态。交通量小，速度高，行车密度小，驾驶员能自由地按照自己的意愿选择所需速度，行驶车辆不受或基本不受交通流中其他车辆的影响。在交通流内驾驶的自由度很大，为驾驶员、乘客或行人提供的舒适度和方便性非常优越。较小的交通事故或行车障碍的影响容易消除，在事故路段不会产生停滞排队现象，很快就能恢复到一级服务水平。

2. 二级服务水平，交通流状态处于相对自由流的状态，驾驶员基本上可按照自己的意愿选择行驶速度，但是开始要注意到交通流内有其他使用者，驾驶人员身心舒适水平很高，较小交通事故或行车障碍的影响容易消除，在事故路段的运行服务情况比一级差些。

3. 三级服务水平，交通流状态处于稳定流的上半段，车辆间的相互影响变大，选择速度受到其他车辆的影响，变换车道时驾驶员要格外小心，较小交通事故仍能消除，但事故发生路段的服务质量大大降低，严重的阻塞后面形成排队车流，驾驶员心情紧张。

4. 四级服务水平，交通流处于稳定流范围下限，但是车辆运行明显地受到交通流内其他车辆的相互影响，速度和驾驶的自由度受到明显限制。交通量稍有增加就会导致服务水平的显著降低，驾驶人员身心舒适水平降低，即使较小的交通事故也难以消除，会形成很长的排队车流。

5. 五级服务水平，为交通流拥堵流的上半段，其下是达到最大通行能力时的运行状态。对于交通流的任何干扰，例如车流从匝道驶入或车辆变换车道，都会在交通流中产生一个干扰波，交通流不能消除它，任何交通事故都会形成长长的排队车流，车流行驶灵活性极端受限，驾驶人员身心舒适水平很差。

6. 六级服务水平，是拥堵流的下半段，是通常意义上的强制流或阻塞流。这一服务水平下，交通设施的交通需求超过其允许的通过量，车流排队行驶，队列中的车辆出现停停走走现象，运行状态极不稳定，可能在不同交通流状态间发生突变。

（二）我国各级公路设计服务水平

各级公路设计服务水平应不低于表2-26规定。

各级公路设计服务水平 表2-26

公路等级	高速公路	一级公路	二级公路	三级公路	四级公路
服务水平	三级	三级	四级	四级	—

注：1. 一级公路用作集散公路时，设计服务水平可降低一级。

2. 长隧道及特长隧道路段、非机动车及行人密集路段、互通式立体交叉的分合流区段以及交织区段，设计服务水平可降低一级。

（三）道路服务水平的作用与评价

1. 道路服务水平的作用

（1）用于道路设计：根据设计通行能力与设计小时交通量的对比，可分析提出所设计公路的技术等级及多车道公路的车道数，以及是否需要设置爬坡车道，并可在设计阶段，进行公路各组成部分的通行能力和服务水平分析，发现潜在的“瓶颈”路段，设计改进后，可在设计阶段就消除将来可能形成的“瓶颈”路段。

(2)用于路网规划:分析当前交通流动的质量水平,评估现有公路网对交通的适应程度,并通过交通量预测及对投资效益和环境影响等的评估,作出提高公路网规模和建设项目及其实施步骤的规划。

(3)用于交通管理:根据交通量增长情况和对运行条件的分析,计划各阶段交通管理措施。

2. 道路服务水平的评价

我国新建道路服务水平的评价目前采用 V/C 比值。高速公路基本路段服务水平分级的关键性参数是最大交通密度[pcu/(km · ln)],根据交通密度将服务水平分成四级进行评价(分别见表 2-24、表 2-25)。

原有道路 V/C 值的确定需经过理论通行能力计算、可能通行能力折算和交通量调查和折算等。

下面举一例说明城市道路服务水平的评价方法,以供参考。

【例 2-4】 某市交通量调查结果如表 2-27 所示。该路段实测制动距离见表 2-28。交叉口间道路长度对通行能力折减系数见图 2-12。行人横穿道路对通行能力影响系数见图 2-11。试对这条路进行服务水平评价。

某市交通量调查结果 表 2-27

序号	道路名称	去向				来向				交通流方向
		V	v_s	K	t_{min}	V	v_s	K	t_{min}	
1	某道路	262.8	41.4	5.77	2.41	265.8	48.8	5.50	1.67	南去北来
备注	①交通流方向中"南去"即从南向北去,"北来"即从北向南来,是大致方向; ②V 为交通量(辆/h); ③v_s 为空间平均车速(km/h),t 为平均行程时间(min)									

实测制动距离 $S_{制}$ 值 表 2-28

车速(km/h)	10	15	20	25	30	35	40	45	50	55	60	65	70	75	80
干燥的沥青路面	0.66	1.47	2.62	4.09	5.90	8.03	10.49	13.28	16.33	19.84	23.84	27.70	32.13	36.88	42.00
潮湿的沥青路面	0.79	1.76	3.14	4.09	7.08	9.64	12.59	15.94	19.60	23.81	28.33	33.24	38.56	44.26	50.40

【解】

(1)计算理论通行能力

对道路的通行能力计算,目前虽有许多数学模型,但计算原理基本上是相同的,这就是先提出理论(基本)通行能力 $C_{基}$,作为对某条道路上的通行能力期望值,然后根据道路上的具体影响因素对其进行修正,从而得到道路上实际(可能)的通行能力 $C_{可}$。

我国常用的理论通行能力计算模型为

$$C_{基} = \frac{3\,600}{t_i} = \frac{3\,600}{t + \dfrac{S_{制} + S_{安} + S_{车}}{v}} \tag{2-40}$$

式中:$S_{制}$——汽车制动距离(m),参考表 2-30;

t_i——车头时距(m);

$S_{安}$——安全距离(m) 一般取0.5m;

v——交通流速度(m/s),一般用空间平均速度 v_s;

t——驾驶员反应时间(s),一般取1.2s;

$S_{车}$——车身长度(m),当为各种车型的混合流时,可取平均值8.75m。

(2)可能通行能力计算

可能通行能力采用式(2-34)计算。

(3)通行能力计算与服务水平评价

通行能力计算中,由于在同一条道路中每一段中的交通条件不尽相同,所以,以每两交叉口间的路段为计算单位。

根据通行能力计算理论,对典型道路通行能力计算和服务水平的评价见表2-29,供参考,在道路服务水平的评价中,根据典型道路的具体情况,和计算通行能力一样,以分交通流方向分段进行评价,在实际(可能)通行能力的计算中,对 $K_{道}$、$K_{人}$ 中多少考虑了混合交通的因素。

通行能力计算、服务水平评价表 表2-29

街名	交通流方向及道路分段	路段长(m)	N(辆/h)	$K_{条}$	$K_{交}$	$K_{道}$	$K_{人}$	可能通行能力C	服务水平	
									V/C	评价等级
呼伦路	A—B段	502	1064.52	0.80	0.60	1.00	0.8	408.78	0.64	C
	B—C段	440	1064.52	0.85	0.54	1.00	—	488.61	0.54	B
	C—D段	402	1064.52	0.85	0.52	1.00	—	470.52	0.56	B
	D—E段	402	1069.15	0.85	0.46	1.00	—	418.04	0.64	C
	D—F段	440	1069.15	0.85	0.49	1.00	—	445.30	0.60	C
	F—G段	402	1069.15	0.85	0.51	1.00	0.80	348.97	0.76	C

注:表中V为平均小时交通量(宏观值);C为道路可能通行能力。

特别指出,上例为原有道路通行能力和服务水平评价,对新建道路应先确定V/C值,据此可推求适应交通量和通行能力。

第五节 汽车行驶原理与道路设计

道路是一种空间线形带状构筑物,其功能是供汽车安全、经济、迅速、舒适地行驶,同时要考虑环保等要求,公路设计以汽车行驶为前提,公路设计时必须考虑汽车行驶条件,包括汽车能够行走的条件和安全、舒适、经济地运行的条件。前者属于汽车行驶理论学科,该学科包括行驶原理、使用性能、行驶性能和行驶规律等方面的内容,在此只引用该学科中部分内容加以阐述。为保证上述要求,是靠驾驶者、汽车、道路设计和交通管理等方面配合实现,道路设计的保证措施包括以下内容。

1. 安全

安全是指汽车在道路上行驶的稳定性,保证行车安全,即不翻车、倒溜或测滑。需要研究汽车行驶的力系平衡、稳定性,合理设置纵横坡度、弯道以及保证车轮与路面的附着力等。

2. 迅速

迅速是指尽可能地提高车速,保证道路行车畅通。为使行车不受阻碍,要有足够的视距和路面宽度,合理地设计平竖曲线,以及减少道路交叉等。因此为提高车速,就需要充分发挥汽车行驶的动力性能。

3. 经济

评价运输效率的指标是汽车运输生产率(t·km/h)和运输成本[元/(t·km)]。

4. 舒适

舒适是指尽量满足行车舒适。线形设计时需要平面和纵面线形的适宜组合,采用符合舒适要求的曲线半径,注意线形与景观的协调,沿线的植树绿化等。

上列措施中的前两个方面,要通过汽车行驶理论研究。以下介绍这方面的内容。

欲使汽车能够在道路上行驶,首先必须具备两个条件:其一,牵引力大于或等于各项阻力(空气阻力+坡度阻力+滚动阻力+惯性阻力)之和,用式表达为 $P_{牵} \geqslant P_{空}+P_{坡}+P_{滚}+P_{惯}$,这是汽车行驶的必要条件,亦称驱动条件;其二,牵引力小于或等于轮胎与路面间的最大摩擦力(附着力),用式表达为 $P_{牵} \leqslant \varphi G_{驱}$,这是在牵引力足够的情况下,确保汽车正常行驶而不致使车轮空转打滑的条件,又称充分条件。

驱动条件 $P_{牵} \geqslant P_{空}+P_{坡}+P_{滚}+P_{惯}$ 中,如果取牵引力等于各项阻力之和的情况,即 $P_{牵}=P_{空}+P_{坡}+P_{滚}+P_{惯}$,叫做牵引平衡方程。下面从量值上阐述这一条件并略加分析。

一、汽车的牵引力

要研究牵引平衡方程的来龙去脉,要从汽车牵引力与牵引平衡谈起。

如前已述,要使汽车能够在道路上行驶,必须具备汽车行驶的必要条件(称驱动条件)和充分条件。后者实质上是指在牵引力足够的情况下,确保汽车正常行驶而不致使车轮空转打滑的条件。

1. 汽车动力传递

汽车由发动机、底盘、车身和电气设备四部分组成。载重汽车的动力传递过程示意如图2-13所示。发动机曲轴扭矩(M_e)首先通过离合器、变速箱后,再通过传动轴、主传动器(差速器和半轴),最后传递到车轴和驱动轮上驱使汽车前进。即汽车牵引力是通过三个步骤传递的:发动机曲轴扭矩(M_e)→驱动轮上的扭矩(M_k)→汽车牵引力($P_{牵}$)。

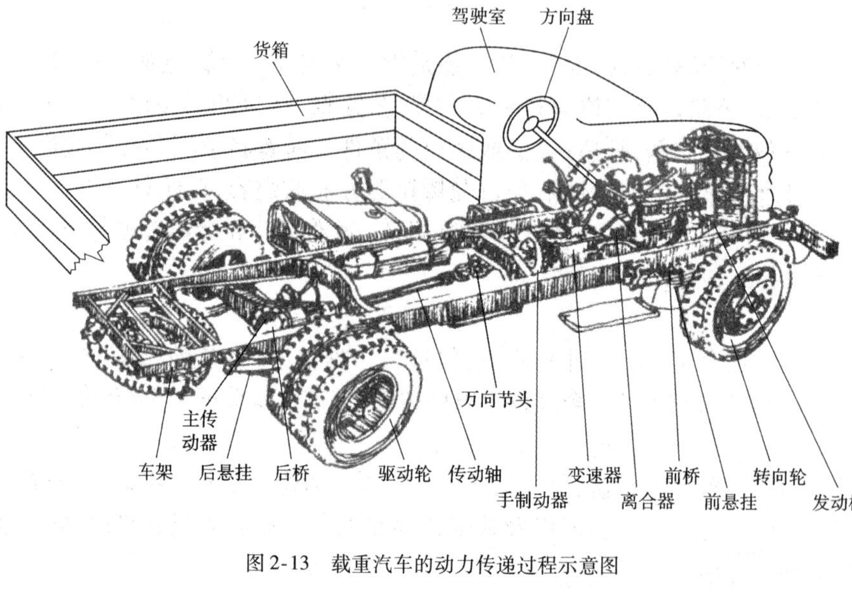

图2-13 载重汽车的动力传递过程示意图

2. 作用于驱动轮上的牵引力 $P_{牵}$

(1)发动机有效功率与曲轴扭矩的关系

根据水力做功机试验得出，发动机有效功率 N_e、曲轴转速 n_e 和曲轴扭矩 M_e 之间存在下列关系，这个关系是汽车牵引力的来源。

由于：
$$N_e = M_e \cdot \omega_e(\mathrm{W}) = \frac{M_e \cdot \omega_e}{1\ 000}(\mathrm{kW})$$

又由：
$$\omega_e = \frac{2\pi n_e}{60}(\mathrm{rad/s})$$

即：
$$M_e = \frac{9\ 549N_e}{n_e} \tag{2-41}$$

或
$$N_e = \frac{n_e}{9\ 549}M_e \tag{2-42}$$

式中：N_e——发动机有效功率(kW)；

n_e——发动机曲轴转速(r/min)；

M_e——发动机曲轴扭矩(N·m)。

上式中 N_e 和 M_e 的确定，可从发动机的外特性曲线去研究，通常把发动机的有效功率 N_e、发动机曲轴扭矩 M_e、单位燃料消耗量 Q_e 与发动机曲轴转速 n_e 之间的关系用曲线表示出来，称为发动机的特性曲线，当节气阀全部开启使得供油量达到最大时得到的特性曲线叫做发动机的外特性曲线，如图 2-14 所示。

当研究汽车的牵引性能时，发动机特性图上可以省去单位油耗量 Q_e。图 2-14 中，n_{min} 为发动机最小稳定转速。随着转速提高，发动机的有效功率 N_e 及曲轴扭矩 M_e 都在增加，当转速为 n_M 时，发动机曲轴扭矩达到最大值 M_{emax}，此时，由于气缸充气恶化、机械损失加剧等原因，发动机磨耗剧烈，发动机的有效功率将会降低。故一般发动机设计均是使得最大转速 n_{max} 不大于最大功率时转速 n_N 的 10% ~25%。

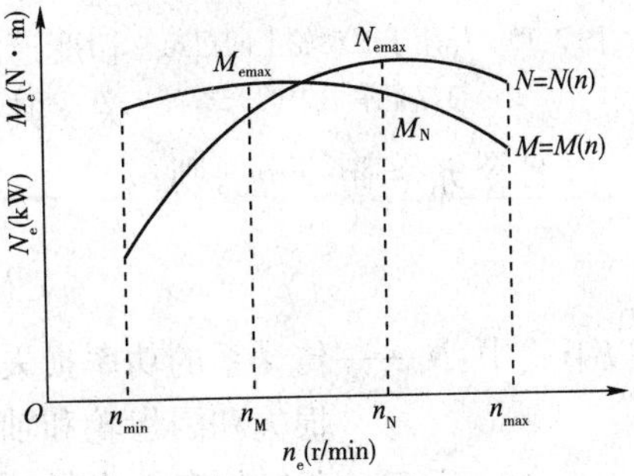

图 2-14　汽油发动机外特性曲线

发动机有效功率和曲轴扭矩亦可由做功机做出的发动机外特性曲线得到的最大扭矩 M_{emax}、最大功率 N_{emax}、最大扭矩相应的转速 n_M、最大功率相应转速 n_N 以及最大功率相应扭矩 M_N 来计算：

如果给出最大功率 N_{emax} 以及对应的曲轴转速 n_N，从汽油发动机的外特性曲线上，计算出任意转速时的有效功率，然后用式(2-43)换算为发动机的曲轴扭矩：

$$N_e = N_{emax}\left[\frac{n_e}{n_N} + \left(\frac{n_e}{n_N}\right)^2 + \left(\frac{n_e}{n_N}\right)^3\right](\mathrm{kW}) \tag{2-43}$$

如果除给出 N_{emax} 和 n_N 外，还给出了 M_{emax} 及 n_M，则发动机外特性曲线中的 $M_e - n_e$ 关系，也可由下式求得：

$$M_e = M_{emax} - \frac{M_{emax} - M_N}{(n_N - n_M)^2} \cdot (n_M - n_e)^2 \tag{2-44}$$

式中：M_N——最大功率时相应的曲轴扭矩。

(2)万向节头上扭矩 M_n

万向节头上扭矩 M_n 与发动机曲轴扭矩 M_e 的关系如下：

$$M_n = M_e \cdot i_k \cdot \eta_k \tag{2-45}$$

式中：M_e——发动机曲轴扭矩；

M_n——万向节头上扭矩；

i_k——离合器、变速箱所用排挡的变速比；

η_k——离合器、变速箱的机械效率。

(3)驱动轮上的扭矩 M_k

驱动轮扭矩 M_k 与万向节头扭矩 M_n 的关系：

$$M_k = \eta_0 \cdot i_0 \cdot M_n \tag{2-46}$$

式中：M_k——作用于驱动轮上的扭矩；

i_0——主传动器变速比；

η_0——主传动器机械效率。

故：

$$M_k = M_e \cdot i_k \cdot \eta_k \cdot i_0 \cdot \eta_0 \tag{2-47}$$

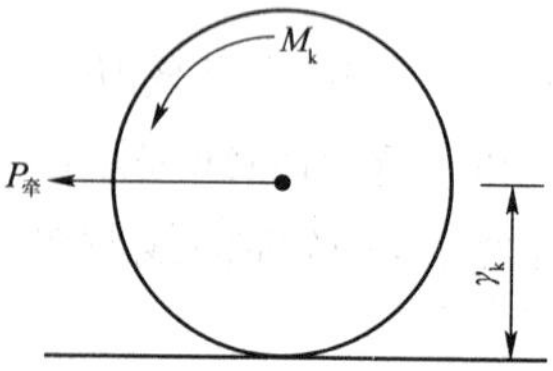

图 2-15　作用于驱动轮上的扭矩与汽车牵引力的关系

(4)作用于驱动轮上的牵引力 $P_{牵}$。

如图 2-15 所示，作用于驱动轮上的牵引力 $P_{牵}$ 可表达为：

$$P_{牵} = \frac{M_k}{r_k} = \frac{M_e \cdot i_k \cdot i_0 \cdot \eta_K \cdot \eta_0}{r_k} \tag{2-48}$$

令：$\gamma = i_k \cdot i_0$，为传动系的传动比，包括主传动器的变速比和变速箱的变速比，取值与发动机功率、牵引力大小以及速度有关。其中，i_k 依车型和排挡的不同而异。

且令 $\eta_t = \eta_k \cdot \eta_0$，则：

$$\eta_t = \frac{N_e - N_t}{N_e} = 1 - \frac{N_t}{N_e} \tag{2-49}$$

以上式中：N_t——传动系的功率损失，包括因油温度降低、黏度增加、油面升高而引起的液力损失和因齿轮和轴承引起的液力损失，其值一般在 0.85 ~ 0.95 之间；

r_k——车轮的有效半径，亦称车轮工作半径，指计入轮胎变形后的车轮半径。取值与车胎气压、外胎构造、表面刚性以及车轮上作用的荷载有关，可用如下公式计算：

$$r_k = 0.025\,4\left[\frac{d}{2} + b(1 - \lambda)\right] \tag{2-50}$$

d——轮毂直径；

b——轮缘宽度；

λ——轮胎变形系数，小客车为 12% ~ 14%，载重车为 10% ~ 12%，超低压轮胎取 12 ~ 18%。

作用于驱动轮上的牵引力 $P_{牵}$ 可表达为：

$$P_{牵} = \frac{M_k}{r_k} = \frac{M_e i_k i_0 \eta_k \eta_0}{r_k} = \frac{M_e \gamma \eta_T}{r_k} \tag{2-51}$$

如果已知发动机的特性曲线，可据此求出汽车的动力特性曲线，它是汽车牵引力 $P_{牵}$ 与汽车行驶速度 v 之间的关系曲线。若以 D 表示单位质量的有效牵引力（亦称汽车的动力因数)，所谓有效牵引力是指克服空气阻力之后的牵引力，即牵引力 $P_{牵}$ 与空气阻力 $P_{气}$ 之差。如以车速 v 为横坐标，以 D 为纵坐标，则可画出汽车动力特性图，如图 2-16 所示。其相应的公式是：

$$n_k = \frac{n_e}{i_k i_0} = \frac{n_e}{\gamma}$$

$$v = \frac{2\pi n_k \cdot 60}{1\ 000} r_k = 0.377\frac{n_e r_k}{i_k i_0}$$

$$P_{牵} = \frac{M_k}{r_k} = \frac{M_e i_k i_0 \eta_h \eta_0}{r_k} = 0.377\frac{M_e n_e \eta_T}{v}$$

$$= \frac{3\ 600 N_e \eta_T}{v} \qquad (2\text{-}52)$$

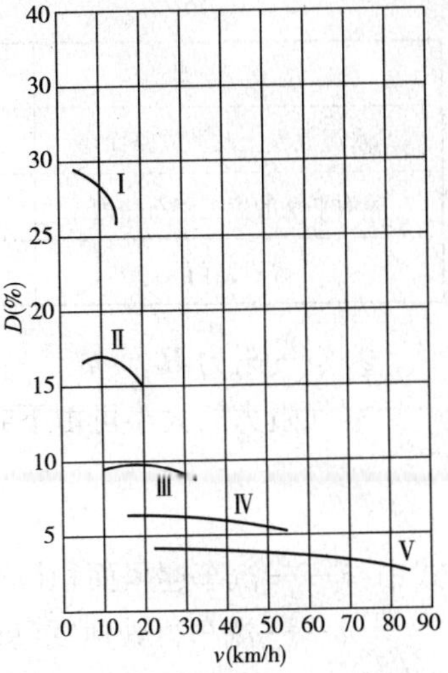

图 2-16　汽车的牵引特性图

二、汽车的行驶阻力

汽车行驶阻力包括滚动阻力 $P_{滚}$、空气阻力 $P_{空}$、坡度阻力 $P_{坡}$ 和惯性阻力 $P_{惯}$ 等。

1. 滚动阻力 $P_{滚}$

滚动阻力由轮胎变形所致，包括帘布层摩擦、轮胎与路面接触面的摩擦等产生的阻力。如图 2-17 所示，汽车在道路上行驶，车轮对路面的单位压应力不是均匀分布，压应力的合力 N 比车轮负荷(重力)G 作用位置前移一段距离 a，N 与 G 大小相等而方向相反。这段前移距离称为滚动阻力力臂。由此产生的力偶矩 $M_{滚} = a \cdot N$ 阻碍车轮向前运动，故称滚动阻力。欲使得车轮在路面上作等速运动(即滚动)，必须在车轮中心加一个推力 $P_{滚}$，这个力与路面切线方向的摩擦力 T 正好构成一对力偶，与 $M_{滚}$ 平衡，即：

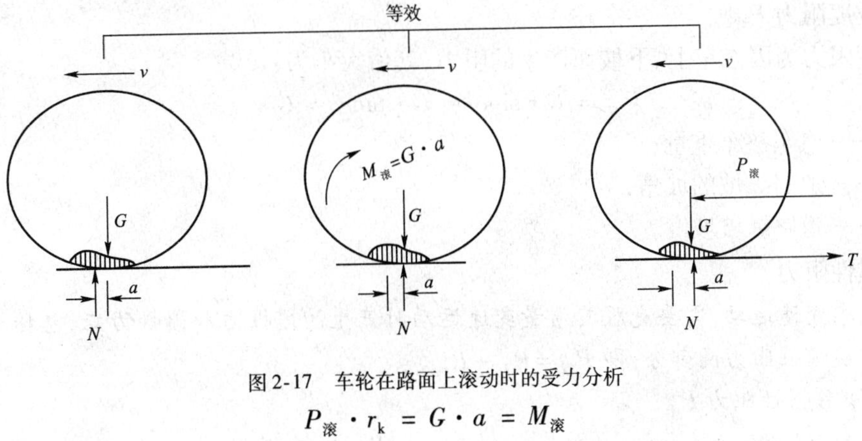

图 2-17　车轮在路面上滚动时的受力分析

$$P_{滚} \cdot r_k = G \cdot a = M_{滚}$$

$$P_{滚} = \frac{a}{r_k} G$$

令：$f = \frac{a}{r_k}$，则得到汽车行驶的滚动阻力 $P_{滚}$，如下式所示。

$$P_{滚} = G \cdot f$$

式中：f——滚动阻力系数(含轮胎变形、路面变形以及路面接触面上摩擦损失的一个系数，其值大小与路面种类、车迹、轮胎构造、材料、气压有关)。

其中的 f 值可由实测确定，实用中可参考表 2-30。

路面滚动阻力系数 f 值

表 2-30

路面类型	滚动阻力系数 f	路面类型	滚动阻力系数 f
水泥混凝土及沥青路面	0.01 ~ 0.02	干燥平整路面	0.04 ~ 0.05
表面平整的黑色碎石路面	0.02 ~ 0.05	潮湿不平的土路	0.07 ~ 0.15
碎石路面	0.03 ~ 0.05		

2. 空气阻力 $P_{气}$

空气阻力的大小可由下式计算：

$$P_{气} = \frac{K \cdot F \cdot v^2}{13}$$

式中：F——汽车迎风面积(m^2)，载重车、公共汽车 $F = B \times H$，小汽车 $F = 0.78B_1 \times H$；

v——汽车行驶速度(km/h)。

K 与 F 的乘积可以用来评定汽车的整体流线型程度。一般汽车的空气阻力系数、迎风面积列于表 2-31。

空气阻力系数、迎风面积和流线型系数

表 2-31

车型	K	$F(m^2)$
闭式车身小客车	0.20 ~ 0.35	1.6 ~ 2.8
敞式车身小客车	0.40 ~ 0.50	1.5 ~ 2.0
载重汽车	0.50 ~ 0.70	3.0 ~ 5.0
车厢式车身大客车	0.25 ~ 0.40	4.5 ~ 5

3. 坡度阻力 $P_{坡}$

坡度阻力为因汽车上、下坡而产生的阻力，其值大小为：

$$P_{坡} = G \cdot \sin\alpha \approx G \cdot \tan\alpha \approx G \cdot I_{纵}$$

式中：G——汽车整车重量；

α——道路纵坡的坡角；

$I_{纵}$——道路纵坡坡度。

4. 惯性阻力*

因汽车变速运动，需要克服其质量变速运动时产生的惯性力和惯性力矩，包括平移惯性阻力和回旋惯性阻力两部分，即 $P_{惯} = P_{平} + P_{旋}$。

(1) 平移惯性阻力 $P_{平}$

$$P_{平} = ma = \frac{G}{g} \cdot \frac{dv}{dt}$$

式中：$P_{平}$——平移惯性阻力；

m——汽车质量；

a——加速度；

$\frac{dv}{dt}$——速度对时间的一次导数，即加速度；

g——汽车重力加速度。

(2)回旋惯性阻力 $P_{旋}$

飞轮回旋惯性力矩：

$$M_{旋1} = J_e \frac{d\omega_e}{dt}$$

车轮回旋惯性力矩：

$$M'_{旋2} = J_k \frac{d\omega_k}{dt}$$

全部车轮回旋惯性力矩：

$$M_{旋2} = \Sigma J_k \frac{d\omega_k}{dt}$$

回旋惯性阻力矩 $M_{旋}$ 为飞轮惯性阻力矩与全部车轮惯性阻力矩之和，即：

$$M_{旋} = M_{旋1} + M_{旋2}$$

由于回旋惯性阻力 $P_{旋}$ 为回旋惯性阻力矩 $M_{旋}$ 除以车轮有效半径 γ_k，故：

$$P_{旋1} = \frac{M_{旋1}}{\gamma_k};P_{旋2} = \frac{M_{旋2}}{\gamma_k}$$

因此，回旋惯性阻力为：

$$P_{旋} = P_{旋1} + P_{旋2} = J_e \frac{\frac{d\omega_e}{dt} i_k i_0 \eta_T}{r_k} + \frac{\Sigma J_k \frac{d\omega_k}{dt}}{r_k}$$

式中：J_e——飞轮的转动惯量；

$\frac{d\omega_e}{dt}$——飞轮的角加速度；

J_k——车轮的转动惯量；

$\frac{d\omega_k}{dt}$——车轮的角加速度。

(3)总惯性阻力

将上述惯性力矩换算成作用在车轮上的惯性力矩，并考虑飞轮角加速度和车轮角加速度有如下关系：

$$\frac{d\omega_e}{dt} = \frac{d\omega_k}{dt} i_k i_0$$

车轮的角加速度与车轮线速度的关系：

$$\frac{d\omega_k}{dt} = \frac{1}{r_k} \cdot \frac{dv}{dt}$$

将上述惯性力矩换算成作用于车轮上的惯性力：

$$P_{惯} = P_{平} + P_{旋} = \left(\frac{G}{g} + \frac{J_e i_k^2 i_0^2 \eta_T}{r_k} + \frac{J_k}{r_k^2} \right) \cdot \frac{dv}{dt}$$

$$= \left(1 + \frac{gJ_e i_k^2 i_0^2 \eta_T}{Gr_k} + \frac{gJ_k}{Gr_k^2} \right) \cdot \frac{G}{g} \cdot \frac{dv}{dt}$$

令 $\delta = 1 + \frac{gJ_e i_k^2 i_0^2 \eta_T}{Gr_k} + \frac{gJ_k}{Gr_k^2}$，则：

$$P_{惯} = \delta \cdot \frac{G}{g} \cdot \frac{dv}{dt}$$

式中：δ——回旋质量换算系数，无量纲；

G——汽车的自重(kN);

g——重力加速度(m/s^2);

$\frac{dv}{dt}$——汽车启动或制动过程中的线加速度(m/s^2)。

对某一车体来讲,因 i_0、η_T、η_0 为常数,仅 i_k 随着挡位不同而改变,故上式 δ 可改写成 $\delta = 1 + \delta_1 + \delta_2 i_k^2$,$\delta_1$、$\delta_2$ 为汽车车轮和发动机飞轮惯性引起的两个参数。一般而言,其值变化不大,$\delta_1 = 0.03 \sim 0.05$,$\delta_2 = 0.05 \sim 0.07$(小汽车);$\delta_2 = 0.04 \sim 0.05$(载重车);当发动机系脱开状态时,$\delta = 1 + \delta_1$。

三、汽车行驶的两个条件

1. 驱动条件

要想让汽车在道路上能够行走,必须有足够大的牵引力来克服各项行驶阻力。其最必要的条件是牵引力至少等于各项阻力之和,即 $P_{牵} = P_{气} + P_{滚} + P_{坡} + P_{惯}$,即:

$$\frac{UM_e i_k i_0 \eta_k \eta_0}{r_k} = \frac{KFv^2}{13} + G \cdot I_{纵} + G \cdot f + \frac{\delta G}{g} \cdot \frac{dv}{dt} \tag{2-53}$$

式中:U——发动机负荷系数,一般为90%。

上式称为汽车的牵引平衡方程式,也是汽车能够行走的驱动条件或必要条件。

2. 附着条件

汽车的牵引力等于各项阻力之和的驱动条件,还难以保证汽车能够行走,这个事实我们可以从陷入泥潭中的汽车车轮只空转打滑而不能行走的情形体会到,此时的汽车车轮只空转打滑而不能行走,并不是由于牵引力不足所致,而是因为轮胎与路面之间的摩擦力不够,通常将这种摩擦力叫做附着力。汽车的牵引力必须小于或等于轮胎与路面之间的最大摩擦力,即:$P_{牵} \leqslant P_{摩}$。路面的附着力取决于驱动轮上作用的荷载与附着系数的乘积,即

$$P_{牵} \leqslant P_{摩} = \varphi \cdot G_{驱} \tag{2-54}$$

式中:φ——附着系数,依据路面类别和潮湿程度而异,附着程度与轮胎和路面在接触面相互变形摩擦情况有关,附着系数与路面的粗糙程度、泥泞程度、轮胎花纹、轮胎气压、车速高低、荷载大小等有关,当路面表面越光滑而潮湿、且车速越高时,附着系数就小,反之亦然,见表2-32;

$G_{驱}$——作用于驱动轮上的荷载,载重车约占总重的0.66~0.76倍,小客车约占总重的0.50~0.65倍。

附着系数 φ 参考值 表2-32

路面类型	路面表面干湿和光滑程度			
	干燥	潮湿	泥泞	冰滑
水泥混凝土路面	0.7	0.5	—	—
沥青混凝土路面	0.6	0.4	—	—
沥青表面处置路面	0.4	0.2	—	—
中、低及砂石路面	0.5	0.3	0.2	0.1

这个条件叫做汽车行驶的充分条件,也称为附着条件。

【例 2-5】[*] 一辆满载的汽车在沥青路面上以等速度 35km/h 行驶,其动力特性如图 2-18 所示。该汽车若用Ⅲ挡速度行驶时,$i_k = 1.9, i_0 = 7.63, r_k = 0.482, v = 35\text{km/h}$;当用Ⅳ挡速度行驶时,$i_k = 1.0, i_0 = 7.63, r_k = 0.482, v = 35\text{km/h}$。问当路面潮湿状态时,分别采用Ⅲ挡和Ⅳ挡行驶时,车轮是否会发生空转打滑现象。

【解】 (1)Ⅲ挡速度行驶时

由 $i_k = 1.9, i_0 = 7.63, r_k = 0.482, v = 35\text{km/h}$,得发动机曲轴转速 n_e 为:

$$n_e = \frac{v \cdot i_k \cdot i_0}{0.377 r_k} = \frac{35 \times 1.9 \times 7.63}{0.377 \times 0.482} = 2\,800(\text{r/min})$$

又由图 2-20 查得,当 $n_e = 2\,800\text{r/min}$ 时,$N_e = 99, \eta_T = 0.76$。

$$P_{牵} = 3\,600 \frac{N_e \eta_T}{v} = \frac{3\,600 \times 99 \times 0.76}{35} = 7.74(\text{kN})$$

查表 2-33,取 $\varphi = 0.4, G_{驱} = 60\text{kN}, P_{摩} = G_{驱}\varphi = 24\text{kN}$,则 $P_{牵} = 7.74\text{kN} < P_{摩} = 24\text{kN}$,满足验算公式要求,所以,汽车用三挡以 35km/h 的速度行驶时,不会发生空转打滑现象。

(2)Ⅳ挡速度行驶时

$i_k = 1.0, i_0 = 7.63, r_k = 0.482, v = 35\text{km/h}$,则发动机转速:

$$n_e = \frac{v \cdot i_k \cdot i_0}{0.377 r_k} = \frac{35 \times 1.0 \times 7.63}{0.377 \times 0.482} = 1\,470(\text{r/min})$$

由图 2-19 查得,当 $n_e = 1\,470\text{r/min}, N_e = 66, \eta_T = 0.85$。

$$P_{牵} = 3\,600 \frac{N_e \eta_T}{v} = \frac{3\,600 \times 66 \times 0.85}{35} = 5.77(\text{kN})$$

$P_{摩} = G_{驱}\varphi = 60 \times 0.4 = 24(\text{kN}), P_t = 4.24\text{kN} < P_{摩} = 24\text{kN}$,满足验算公式要求,所以,汽车用Ⅳ挡以 35km/h 的速度行驶时,也不会发生空转打滑现象。

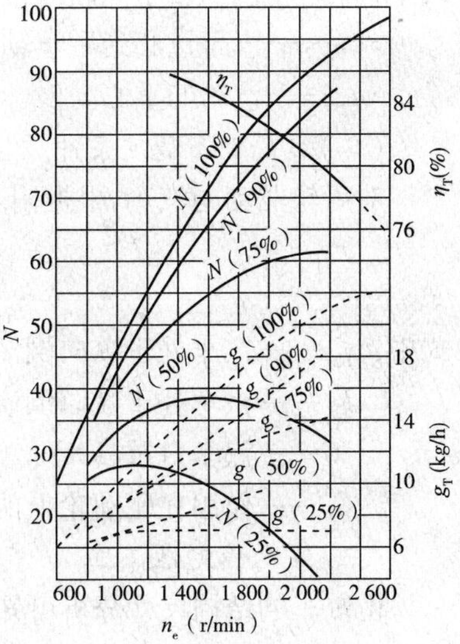

图 2-18 汽车发动机特性图

第六节 安全行车与道路的关系

安全行车主要是保证汽车在一些特殊路段上也能安全行驶。这些特殊路段通常是指上、下坡,拐小弯等场合。安全行车是指行车过程中保证汽车的横向稳定、纵向稳定和纵横组合稳定。横向稳定是保证汽车高速转弯时,横向不至于倾覆和滑移,横向稳定分析结果是平面设计中确定圆曲线设计技术标准的理论依据(三个最小半径制定原理)。纵向稳定是保证汽车在上坡和下坡过程中,不至于翻车和倒溜车,即确保纵向不倾覆和纵向不倒溜。纵向稳定分析结果是道路纵断面设计中确定纵坡设计技术标准时的参考依据。纵横组合稳定,是保证汽车既拐小弯又上陡坡过程中不倾覆和不滑移。纵横组合稳定分析结果是确定纵断面设计中的合成纵坡标准的理论依据。此外,安全行车与道路关系的分析还可用于研究汽车的运动状态及理论爬坡能力等。

一、纵向稳定行驶条件

（一）纵向倾覆稳定条件

如果道路设计纵坡过大，当汽车上坡或下坡时，常会发生汽车绕后轮着地点发生翻车的现象，这种现象叫做纵向倾覆。纵向倾覆稳定条件是探讨在何种情况下才会发生纵向倾覆，从而杜绝这种现象的发生。图2-19所示为汽车等速上坡受力图，产生纵向倾覆的临界状态是前轮的法向反力为零，由于汽车低速上坡，可以忽略次要因素，据此可得出纵向倾覆稳定条件：

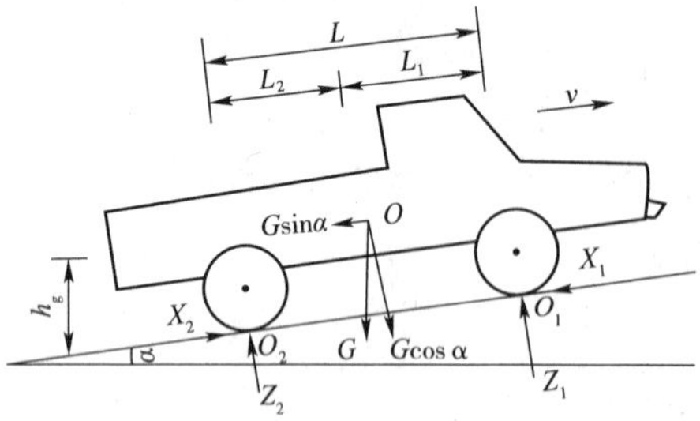

图2-19　载重汽车纵向行驶稳定性分析图

$$G \cdot \cos\alpha \cdot L_2 - G \cdot h_g \cdot \sin\alpha = 0$$

$$I_0 = \tan\alpha = \frac{L_2}{h_g} \qquad (2\text{-}55)$$

式中：I_0——汽车处于纵向倾覆临界状态时道路的纵坡度；

L_2——汽车重心到后车轴之间的距离；

h_g——汽车的重心高度。

（二）纵向倒溜稳定条件

对后轮驱动的汽车，根据附着条件可得出下式所表达的纵向倒溜稳定条件：

$$I_\varphi = \tan\alpha_\varphi = \frac{G_k}{G} \cdot \varphi \qquad (2\text{-}56)$$

式中：α_φ——汽车处于纵向倒溜临界状态时道路的坡道倾角；

I_φ——汽车处于纵向倒溜临界状态时的道路的纵坡度；

G——汽车自重（kN）；

G_k——作用在驱动轮上的荷载（kN）。

（三）纵向稳定性保证

由汽车的结构尺寸分析可知 L_2 与 h_g 比较接近，即 $L_2/h_g \approx 1$。由此，通过对式（2-55）和式（2-56）的大小比较，可得出式（2-57）。公式表明：防止纵向倒溜即可同时防止纵向倾覆，故道路设计应以纵向倒溜作为最终的设计控制条件。

$$I_\varphi < I_0 \qquad (2\text{-}57)$$

二、横向稳定条件

（一）横向倾覆稳定条件

当汽车在平曲线上行驶时，由于横向力的作用，使汽车绕外侧车轮触地点发生倾覆，即，汽车内侧车轮支反力 N_1 为0。

如图2-20所示，设汽车在具有路拱横坡度或超高横坡度为 $I_{横}$ 的坡道上行驶，汽车的行驶速度为 v，平曲线半径为 R，轮胎和路面之间的横向摩擦力作用所提供的横向力为 X，汽车转弯时的离心力为 F。横向倾覆时，对外侧轮胎触地点取矩：

$$(F\cos\alpha - G\sin\alpha)h_g - (F\sin\alpha + G\cos\alpha) \cdot \frac{b}{2} = 0$$

由于路面横向倾角 α 一般很小，则 $\sin\alpha \approx \tan\alpha = I_{横}$，$\cos\alpha \approx 1$，故：

$$(F - GI_{横}) \cdot h_g - (FI_{横} + G)\frac{b}{2} = 0 \qquad (2\text{-}58)$$

根据力的平衡，$X = F - GI_{横}$，由静力学可知：$F = \frac{Gv^2}{gR}$，则：

$$X = G\left(\frac{v^2}{gR} - I_{横}\right)$$

$$\frac{X}{G} = \frac{v^2}{gR} - I_{横}$$

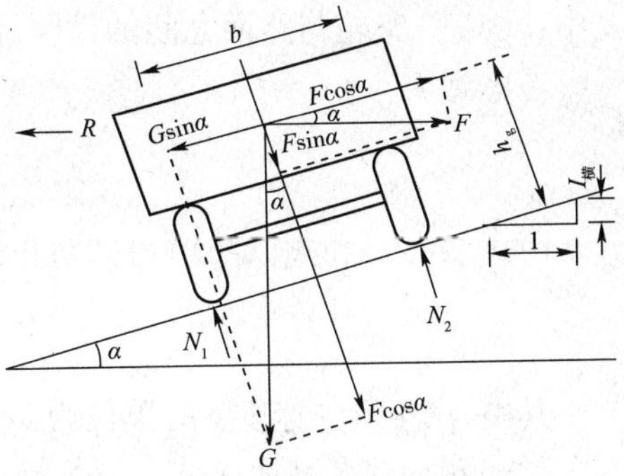

图 2.20　载重汽车横向行驶稳定性分析图

令 $\mu = \frac{X}{G}$，则：

$$\mu = \frac{v^2}{gR} - I_{横} \qquad (2\text{-}59)$$

将 $X = F - GI_{横}$ 代入式(2-58)，考虑到 $F \cdot I_{横} + G \approx G$，则有：

$$\mu = \frac{X}{G} = \frac{b}{2h_g} \qquad (2\text{-}60)$$

由式(2-59)和式(2-60)可知防止横向倾覆发生的最小半径为：

$$R_{min} = \frac{v^2}{127\left(\frac{b}{2h_g} + I_{横}\right)}$$

其中，汽车行驶速度 v 的单位为 km/h。

上式是平面设计中圆曲线设计的技术标准确定的理论依据，即圆曲线三个最小半径制定原理。上式中的 μ 值决定着汽车的稳定、安全和舒适性，表 2-33 是 20 世纪多数国家的试验成果。

表 2-33

μ 值与行车稳定性、舒适性以及经济性的关系

μ 值	行驶稳定性	乘客舒适性	经济性	
			燃料消耗(%)	轮胎磨耗(%)
0	路面结冰也能安全行驶	不感到曲线存在，很平稳	100	100
0.05	路面结冰也能安全行驶	不感到曲线存在，很平稳	105	160
0.10	路面结冰也能安全行驶	不感到曲线存在，很平稳	110	220
0.15~0.16	干燥和潮湿路面均可以较高的速度安全行驶	略感到曲线存在，很平稳	115	300
0.20	行车已感到不安全	感到曲线存在，并感到稍不平稳	120	300
0.36	行车已感到不安全	感到曲线存在，并感到稍平稳	—	—
0.40	行车已感到极不安全	转弯时已经非常不平稳，乘客站不住而略有倾斜危险	—	—

(二)横向滑移稳定条件

平曲线上，由于横向力的存在，汽车可能发生横向滑移，临界条件为横向力等于轮胎与路面之间的横向附着力，即：

$$X = (FI_{横} + G) \cdot \varphi_{横}$$

式中：$\varphi_{横}$——车轮与路面之间的横向最大静摩擦系数。

考虑到 $FI_{横}+G\approx G$，则有：

$$\mu = \frac{X}{G} = \varphi_{横} \tag{2-61}$$

由式(2-59)和式(2-61)可知防止发生横向滑移的最小半径为：

$$R = \frac{v^2}{127(\varphi_{横}+I_{横})} \tag{2-62}$$

其中，汽车行驶速度 v 的单位为 km/h。

(三)横向稳定性的保证

一般来说，汽车的重心较低，取 $b\approx 2h_g$，而 $\varphi_{横}<0.5$，即：

$$\varphi_{横} < \frac{b}{2h_g}$$

所以，汽车的平曲线上行驶时，先滑移，后倾覆。故道路设计应以横向滑移作为最终设计的控制条件，即：

$$R \geqslant \frac{v^2}{127(\varphi_{横}+I_{横})} \tag{2-63}$$

三、纵、横向组合稳定条件*

纵、横向组合的最不利条件常常出现在汽车既上大坡又拐小弯道的场合。由于汽车在小半径平曲线上行驶，较直线上行驶增加了一项弯道阻力，所以上坡时汽车耗费的功率增加，速度降低，下坡时汽车常常会发生沿着纵横组合的合成坡度方向倾斜，滑移和装载偏重现象，有时甚至会沿着合成纵坡方向翻车。因此需要对合成纵坡的最大值进行限制，以保证行车的稳定性。如图 2-21 所示，设重量为 G 的汽车以速度 v 行驶在具有纵坡度为 $I_{纵}$ 的下坡弯道上，纵坡倾角为 α，此时的路拱横坡度或超高横坡度为 $I_{横}$，横坡倾角为 β，设汽车前后轴距 L，重心到前轴的距离为 L_1，到后轴的距离为 L_2，重心高度 h_g，作用在前轴上的荷载为 W_1 为

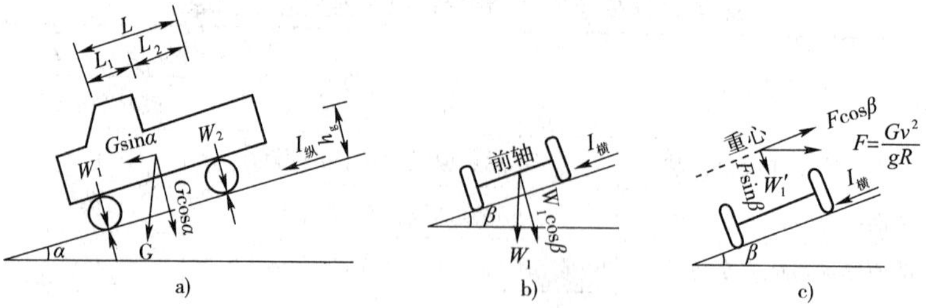

图 2-21　汽车平曲线上下坡时的受力分析图

$$W_1 = \frac{G(L_2\cos\alpha + h_g\sin\alpha)}{L}$$

分配在前轴上的离心力 W'_1 为

$$W'_1 = \frac{Gv^2L_2\sin\beta}{gRL}$$

由于倾角 α 和 β 很小，则前轴总荷载为 ΣW 为

$$\Sigma W = W_1 + W'_1 = G\left(\frac{L_2 + h_g\cdot I_{纵}}{L} + \frac{L_2\cdot v^2\cdot I_{横}}{gRL}\right) \tag{2-64}$$

在平直路段上，作用于前轴上的荷载 W''_1 为

$$W''_1 = \frac{L_2}{L}G$$

在有平曲线的坡道上,前轴荷载增量与 W''_1 的比值 K 为

$$K = \frac{\sum W - W''_1}{W''_1} = \frac{h_g}{L_2} \cdot I_{纵} + \frac{v^2}{gR} \cdot I_{横}$$

对于载重汽车,一般 $h_g \approx L_2$,故有:

$$K = \frac{\sum W - W''_1}{W''_1} = \frac{h_g}{L_2} \cdot I_{纵} + \frac{v^2}{gR} \cdot I_{横} \approx I_{纵} + \frac{v^2}{gR} \cdot I_{横}$$

在直线坡道上,由于 $I_{横} \approx 0$,则 $K \approx I_{纵}$,即汽车沿着直坡道下坡时,前轴荷载增量与在平直路段上的前轴荷载比率等于该路段的纵坡度。在曲线上,如果也是以直线上相同大小的最大纵坡 $I_{纵\max}$ 作为控制,有下式成立:

$$I_{纵} + \frac{v^2}{gR} \cdot I_{横} \leqslant I_{纵\max}$$

将上式中的速度单位量纲由 m/s 化为以 km/h,则有:

$$I_{纵} \leqslant I_{纵\max} - \frac{v^2}{127R} \cdot I_{横} \tag{2-65}$$

式(2-65)就是汽车沿着纵横组合方向的稳定条件,也是最大纵坡在平曲线上的折减条件。也就是说,当汽车在上或下大陡坡且这个陡坡正好位于小半径平曲线上时,要降低纵坡值,使其满足该式要求。该式也是纵断面设计中制定合成纵坡技术标准制定的理论依据。

第七节　汽车的动力特性与爬坡能力*

一、汽车的动力因数及其动力特性

(一)动力因数

动力因数定义为单位重量的有效牵引力,它表征某型汽车在海平面高程上、满载情况下单位车重量克服道路阻力和惯性阻力的性能,用以比较各种不同类型车的动力性能。

根据式(2-53)所示的牵引平衡方程,经适当的变换可得如下的公式。

$$P_{牵} - P_{气} = P_{滚} + P_{坡} + P_{惯} = G(f + I_{纵}) + \delta \frac{G}{g} \cdot \frac{\mathrm{d}v}{\mathrm{d}t}$$

$$\frac{P_{牵} - P_{气}}{G} = (f + I_{纵}) + \frac{\delta}{g} \cdot \frac{\mathrm{d}v}{\mathrm{d}t} \tag{2-66}$$

令

$$D = \frac{P_{牵} - P_{气}}{G} \tag{2-67}$$

式中:D——汽车的动力因数,

$$D = \frac{P_{牵} - P_{气}}{G} = \frac{P_{牵}}{G} - \frac{P_{气}}{G} = \frac{UM_e i_k i_0 \eta_k \eta_0}{r_k \cdot G} - \frac{KFv^2}{13G}$$

$$= \frac{U \cdot \gamma \cdot \eta_T}{r_k \cdot G}\left[M_{e\max} - \frac{M_{e\max} - M_N}{(n_N - n_M)^2}\left(n_M - \frac{\gamma v}{0.377 r_k}\right)^2\right] - \frac{KFv^2}{13G} \tag{2-68}$$

U——发动机的负荷率,一般为 $U = 80\% \sim 90\%$。

可见，汽车动力因数为汽车行驶速度的二次函数关系，上式经过适当的化简和变换，可写成如下形式：

$$D = av^2 + bv + c \tag{2-69}$$

式中：

$$a = -\frac{7.036U \cdot \gamma^3 \cdot \eta_T(M_{emax} - M_N)}{r_k^{\ 3} \cdot (n_N - n_M)^2 G} - \frac{KF}{13G}$$

$$b = \frac{5.305U \cdot \gamma^2 \cdot \eta_T(M_{emax} - M_N)}{r_k^{\ 2} \cdot (n_N - n_M)^2 G} \cdot n_M$$

$$c = \frac{U \cdot \gamma \cdot \eta_T}{r_k \cdot G}\left[M_{emax} - \frac{M_{emax} - M_N}{(n_N - n_M)^2} n_M^2\right]$$

（二）汽车的动力特性图

式（2-69）经过适当的变换，可得到不同挡位下的 D 与速度 v 的关系。为使用方便，可用曲线表示 $D-v$ 关系，由此可绘出同一种车不同速度时的 $D-v$ 曲线，称为汽车的动力特性图。如图 2-23 所示，该图常用于速度分析、研究汽车的行驶和道路阻力的关系以及各种行驶状态等。

1. 动力特性图的绘制

（1）查取最大功率和转速：根据各挡车速与发动机转速的对应关系图，查得节气阀全开时的功率 N_e 和机械效率 η_T。

（2）动力因数和行驶速度：根据曲轴转速 n_e 计算动力因数 D 与速度 v。

（3）点绘动力特性图：以汽车的行驶速度 v 为横坐标，以动力因数 D 为纵坐标，点绘制各个排挡的 $D-v$ 曲线，即为这种汽车的动力特性图，该图的样式如图 2-25 所示。

2. 动力特性图的应用

（1）求最大速度

动力特性图可确定汽车在某一道路条件下等速行驶的最大速度。汽车在不同行驶条件下行驶时，就有不同的 $\psi = f + I_{纵}$，同时也有相应不同的 D 值，因而在动力特性图上可找到相应的速度 v 值。因此，当道路条件已知时，可在动力特性图上求出该条件下汽车行驶的最大速度，如图 2-22 所示，取 $D_1 = \psi$ 的直线与 $D = f(v)$ 曲线的交点 C，即为汽车在道路阻力系数为 ϕ 时的最大行驶速度。

【例 2-6】 某汽车的动力特性图如图 2-23 所示，该车的性能参数如表 2-34 所示。在海拔高度为 3 000m（海拔高度系数 $\lambda = 0.70$）的沥青路面上，该路滚动阻力系数为 0.01 ~ 0.02，公路纵坡为 5%。试计算车辆满载以 20km/h 的速度行驶于该路上时，该车所产生的加速度和所能达到的最大速度。

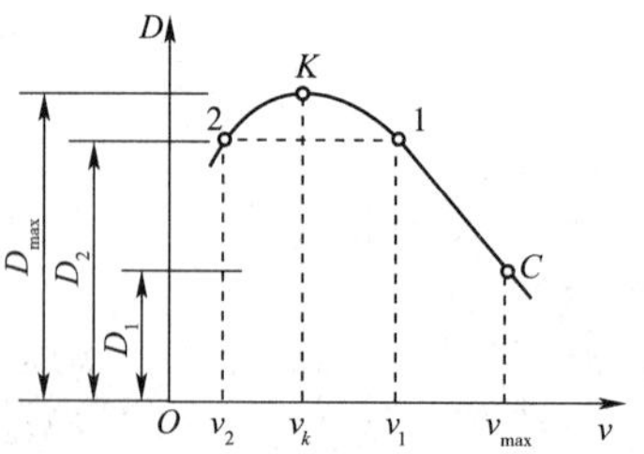

图 2-22　汽车某排挡的动力特性图

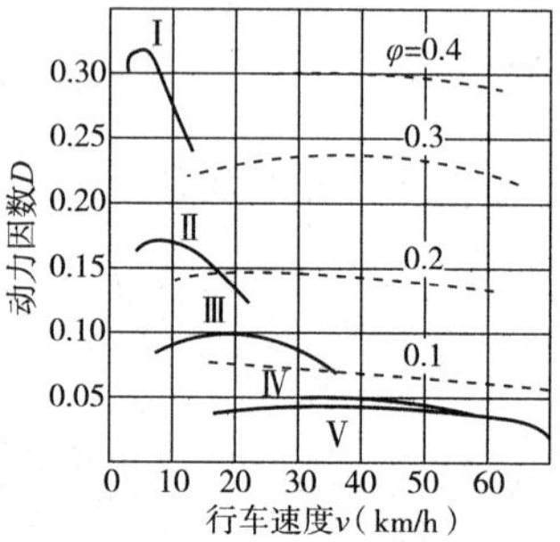

图 2-23　某汽车的动力特性图

汽车的性能参数 表2-34

名 称	最大扭矩(kN·m)	机械效率	整车重量(kN)	车轮有效半径(m)	主传动器传动比
代 号	M_{emax}	η_T	G	r_k	i_0
数 值	304.11	0.80~0.85	78.73	0.482	7.63

名 称	离合器和变速箱的传动比 i_k					
挡 位	一挡	二挡	三挡	四挡	五挡	倒挡
数 值	6.24	3.32	1.90	1.00	0.81	6.70

名 称	车轮惯性影响系数 δ_1	发动机飞轮惯性影响系数 δ_2
数 值	0.032	0.05

【解】

①求加速度

由式(2-66)和式(2-67)可知:

$$\frac{dv}{dt}=\frac{\lambda g}{\delta}(D-\psi)=\frac{\lambda g}{\delta}\left(D-\frac{f+I_{纵}}{\lambda}\right)=(\lambda D-f-I_{纵})\frac{g}{\delta}$$

只要求出上式中的各参数就可计算出加速度。用三挡上坡和四挡上坡分别试算。

a. 当用三挡上坡时

从动力特性图上,查得当 $v=20$km/h 且以三挡上坡时,$D=0.10$。汽车回旋惯性阻力的影响系数:

$\delta=1+\delta_1+\delta_2 i_k^2=1+0.032+0.05\times1.9^2=1.213$;重力加速度 $g=9.81\text{m/s}^2$。

$$\frac{dv}{dt}=(\lambda D-f-I_{纵})\frac{g}{\delta}=(0.7\times0.10-0.01-0.05)\times\frac{9.81}{1.213}=0.08(\text{m/s}^2)$$

b. 用四挡上坡时

从动力特性图上,查得当 $v=20$km/h 且以四挡上坡时,$D=0.08$。汽车回旋惯性阻力的影响系数:

$\delta=1+\delta_1+\delta_2 i_k^2=1+0.032+0.05\times1.00^2=1.082$;重力加速度 $g=9.81\text{m/s}^2$。

$$\frac{dv}{dt}=(\lambda D-f-I_{纵})\frac{g}{\delta}=(0.7\times0.056-0.01-0.05)\times\frac{9.81}{1.082}=-0.139(\text{m/s}^2)$$

由此可见,加速度为负值,表明这种情况上坡时,速度在不断减小,直到上坡时出现停滞,无法达到等速上坡的目的,应舍去。

②求最大速度

汽车以某一等速度上坡时,$\frac{dv}{dt}=0$,$\frac{dv}{dt}=\frac{\lambda g}{\delta}(D-\psi)=(\lambda D-f-I_{纵})\frac{g}{\delta}=0$,则

$$D=\frac{f+I_{纵}}{\lambda}=\frac{0.01+0.05}{0.7}=0.086$$

从动力特性图上反查得:当用三挡行驶时可获得的最大等速度为28km/h。

(2)求临界速度

临界速度用以描述不同排挡的动力特性。对不同排挡的动力特性曲线,动力特征值 D 均有各自的使用范围。挡位越低、速度越低,D 值就越大。而对每一个挡位而言,又存在一个最大的 D 值,即 D_{max},此最大值对应的速度叫做临界速度,以 v_k 表示,它是汽车稳定行驶

的极限速度。由图 2-24 可知，$D_2 = \psi$ 时，汽车可以 v_1 或 v_2 的任意速度行驶，其中 $v_1 > v_k$、$v_2 < v_k$。第一种，当 $v_1 > v_k$ 行驶时，若遇到额外阻力，汽车降低速度，以较大的 D 值来克服额外阻力，待阻力消失再恢复到原来的行驶速度，这样的情况称为稳定行驶。第二种，当 $v_2 < v_k$ 行驶时，若遇到额外阻力，汽车降低速度反而使得 D 值减小、导致车速越来越低，D 值越来越小，直至汽车完全熄火，这种情况称为不稳定行驶。

(3)求汽车的加速性能

汽车的加速性能是指汽车在各种使用条件下迅速提高行驶速度的能力。可用加速度、加速时间和加速行程来评定。汽车的加速度越大，加速时间和加速行程越短，则汽车的加速性能越高。其动力性能越好，这时汽车可以获得较高的行驶速度。

①加速度

汽车加速度，一般按行驶时节流阀全开，即供油量最大时计算，公式如下：

$$a = \frac{\mathrm{d}v}{\mathrm{d}t} = \frac{g}{\delta}(D - \psi)$$

由式可见，汽车的加速度与汽车动力因数、道路阻力系数以及回旋质量换算系数有关。当通过有关图表查出 $(D - \psi)$ 值后，再乘以 $\frac{g}{\delta}$，即可计算出加速度 a 值。一般汽车的加速度最大值可参考表 2-35。

汽车加速度值参考表

表 2-35

行驶挡位	最大加速度(m/s^2)			备注
	小汽车	载重车	公共汽车	
低挡	2.00～2.50	1.70～2.00	1.80～2.30	
高挡	0.8～1.2	0.25～0.50	0.40～0.80	

②加速时间

加速时间是指一定速度范围内加速时所需要的时间。

$$\mathrm{d}t = \frac{\mathrm{d}v}{a}$$

$$t = \int \mathrm{d}t = \int_{v_1}^{v_2} \frac{\mathrm{d}v}{a}$$

由上式可知，只要绘出加速度倒数随速度变化的曲线，如图 2-24 所示，就可以求出一定速度范围内加速时所需要的时间。由图中可得出曲线下的面积 A，根据面积可计算出加速时间 t。由图可知，$\frac{1}{a} = f(v)$ 曲线下的面积等于加速时间，即 $A_i = t$。

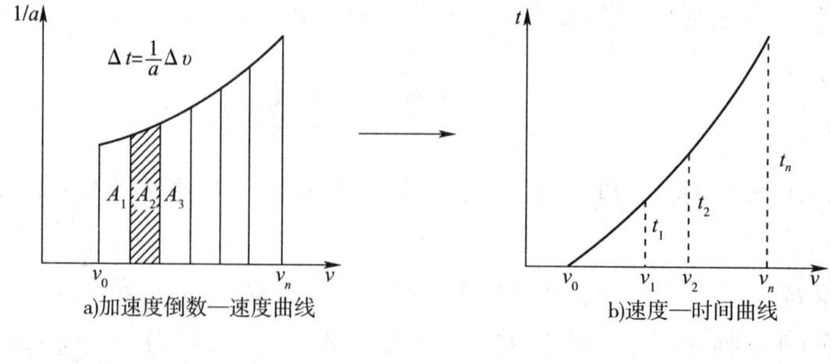

图 2-24　加速度、时间曲线

依次类推：$A_1 + A_2 = t_2, A_1 + A_2 + A_3 = t_3 \cdots\cdots$

③加速行程

加速行程指一定速度范围内加速时，汽车所行驶的距离。

$$S = \int v \mathrm{d}t = \frac{1}{3.6}\int_0^t v \mathrm{d}t$$

根据加速时间曲线和加速时间坐标范围的面积 A（图 2-25），按照所用的比例尺可换算成加速行程。

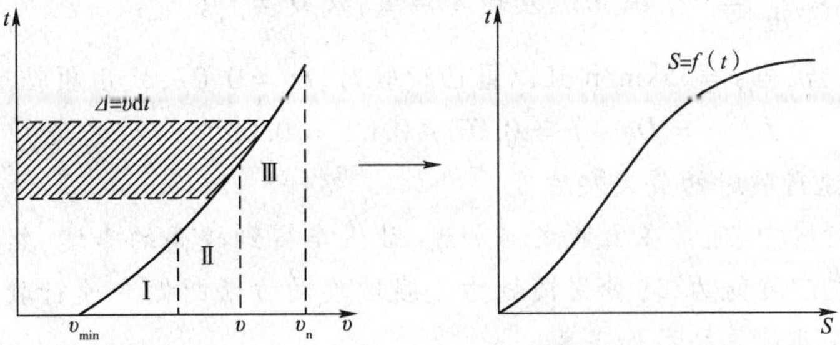

a)加速度时间曲线　　b)加速时间t与行程S的关系曲线

图 2-25　加速行程与时间关系曲线

(4) 求算汽车的上坡能力

当汽车等速稳定行驶时，$a = \frac{\mathrm{d}v}{\mathrm{d}t} = 0$，如图 2-23 所示，若 f_i 已知，则可得到不同排挡某一车速 v_i 行驶时的动力因数 D_i，可由动力因数图得知此时所能克服的坡度值为 $I_{纵} = D_i - f_i$。

二、汽车的行驶状态

由式(2-66)和式(2-67)，并令 $\psi = \frac{f + I_{纵}}{\lambda}$，再经适当变换可得式(2-70)～式(2-72)，用以分析汽车的运动状态。

当 $\psi < D$ 时，$$\frac{\mathrm{d}v}{\mathrm{d}t} = \frac{\lambda g}{\delta}(D - \psi) > 0\ (加速行驶) \tag{2-70}$$

当 $\psi = D$ 时，$$\frac{\mathrm{d}v}{\mathrm{d}t} = \frac{\lambda g}{\delta}(D - \psi) = 0\ (等速行驶) \tag{2-71}$$

当 $\psi > D$ 时，$$\frac{\mathrm{d}v}{\mathrm{d}t} = \frac{\lambda g}{\delta}(D - \psi) < 0\ (减速行驶) \tag{2-72}$$

特别指出，以上各个表达式中，均引入了一个海拔修正系数 λ，之所以将其引入，是由于动力因数和动力特性图是按照海平面及汽车满载情况下的标准值绘制出来的。若道路所处的地域不在海平面上且汽车也不是满载，由于海拔增高，气压降低，使得发动机的输出功率、汽车的驱动力以及空气阻力都随之降低，所以应对动力因数进修正。修正方法是将原动力因数乘以海拔修正系数。

三、汽车的爬坡性能

所谓爬坡性能，是指汽车能克服坡度的能力，常用最大爬坡度指标来评定。

（一）汽车匀速行驶时的最大爬坡度

由式(2-71)可得出汽车等速上坡的最大理论爬坡度 $I_{纵max}$，计算如下式：

$$I_{纵max} = \lambda D - f$$

【例 2-7】 某汽车用Ⅲ挡行驶时，$i_k = 1.9, i_0 = 7.63, r_k = 0.482, v = 35km/h$；求这辆满载的汽车在沥青路面上以等速度 35km/h 行驶时，可以克服的最大坡度。

【解】 查表 2-31，取滚动阻力系数为 $f = 0.02$。

$$\lambda D = f + I_{纵} + \frac{\delta}{g} \cdot \frac{dv}{dt}$$

因为等速度，故 $\frac{dv}{dt} = 0$。且由题意知 $\lambda = 1$，故 $D = f + I_{纵}$。

由图 2-18 查得，当 $v = 35km/h$ 且以Ⅲ挡行驶时，$D_3 = 0.07$，故用Ⅲ挡速度行驶时，可以克服的最大纵坡度为 $I_{纵max} = D_3 - f = 0.07 - 0.02 = 0.05$。

（二）汽车变速行驶时的最大爬坡度

汽车在实际行驶中，通常在上坡之前加速，让汽车得到较高的车速，然后利用上坡时的加速惯性力来提高爬坡能力，这种用惯性力克服坡度的方法叫做变速行驶时的最大爬坡能力或最大爬坡度。其计算公式如下式：

$$S_c = \frac{\delta(v_2^2 - v_1^2)}{254\left(\frac{D_1 + D_2}{2} - f - I_c\right)}$$

$$I_c = \frac{D_1 + D_2}{2} - f - \frac{\delta({v_2}^2 - {v_1}^2)}{254 S_c}$$

式中：v_1、v_2 ——汽车分别位于坡底和坡顶的速度（m/s）；

D_1、D_2 ——速度为 v_1 和 v_2 时对应的动力因数；

I_c、S_c ——汽车变速行驶所能克服的坡度及坡长（m）。

【例 2-8】 某汽车的动力特性和性能参数分别见图 2-25 和表 2-35。这辆车用三挡以 30km/h 的速度在道路纵坡为 7% 的沥青路面上行驶，求在全开油门而不换挡驶出这些坡段的情况下，可以达到的最大坡长为多少？

【解】

（1）查图得到基本计算数据

查动力特性图可知，当汽车以 30km/h 的速度用三挡上坡时，$D = 0.06$，此时汽车的临界速度 $v_k = 13km/h$，与此相应的最大动力因数 $D_{max} = 0.104$，

$$\delta = 1 + \delta_1 + \delta_2 i_k^2 = 1 + 0.032 + 0.05 \times 1.9^2 = 1.213$$

$$f = 0.01 \sim 0.02$$

（2）计算最大坡长

$$S_c = \frac{\delta(v_2^2 - v_1^2)}{254\left(\frac{D_1 + D_2}{2} - f - I_c\right)} = \frac{1.213 \times (13^2 - 30^2)}{254 \times \left(\frac{0.06 + 0.104}{2} - 0.015 - 0.07\right)} = 1\ 154(m)$$

四、汽车的燃油经济性

已知发动机的功率 N 和转数 n 后，可在发动机台架试验获得的发动机负荷特性图上查出燃油消耗率 g_e。g_e 是指发动机每千瓦小时的燃油消耗量。

汽车以等速 v 在道路上行驶时，每百公里所做的功为 $W=\frac{N}{v}\times 100(\text{kW}\cdot\text{h})$。

汽车行驶过程中，克服运动阻力，发动机所消耗的功及燃料消耗量为下式：

$$N_e=\frac{\left(G\cdot\psi+\frac{KFv^2}{13}\pm\frac{\delta G}{g}\cdot\frac{dv}{dt}\right)\cdot v}{3\,600\eta_T}\quad(\text{kW})$$

$g_e=\frac{Q_t}{N_e}$ ［其中：Q_t 为发动机发出功率为 N_e 时，每小时燃料消耗量(kg/h)］

则百公里行程消耗量 Q 为

$$Q=\frac{Wg_e}{1\,000}\times 9.8\quad(\text{N/100km})$$

或

$$Q=\frac{g_e}{3\,672\gamma\eta_r}\left(G\psi+\frac{KFv^2}{13}\right)(1/100\text{km})$$

式中：g_e——燃油消耗率[g/(kW·h)]；

γ——燃油重度(N/L)，汽车为6.96~7.15N/L，柴油为7.94~8.13N/L。

在实际工作中，为评价汽车沿道路行驶的燃料消耗，可绘制图2-26所示的汽车行驶燃料消耗图。图中有四个象限，右上角为汽车的动力特性，右下角燃料消耗特性曲线，左上角为各路段的道路阻力系数 ψ 值，左下角上的面积为全线的燃料消耗量。

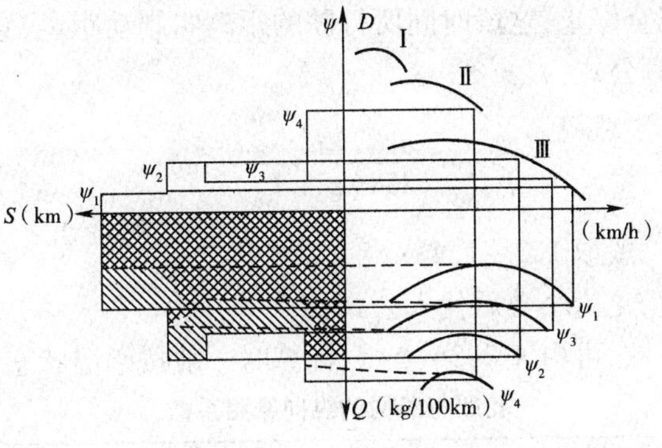

图2-26 汽车行驶燃料消耗图

第八节 安全行车视距与安全净空

为了保证行车安全，驾驶员应能随时看到前方一定距离的公路以及公路上的障碍物或迎面的来车，以便及时制动或绕过。汽车在一段时间里沿公路路面行驶，无论在道路的平面上或纵断面上都应保证必要的行车视距。

一、行车视距

行车视距分停车视距、会车视距和超车视距。在公路平面设计中，常用的是停车视距和超车视距。

(一)停车视距

停车视距指驾驶员发现前方障碍物，经判断决定采取制动措施到汽车在障碍物前安全停住所需的最短距离。

停车视距由反应距离、制动距离和安全距离三部分组成，如图 2-27 所示。

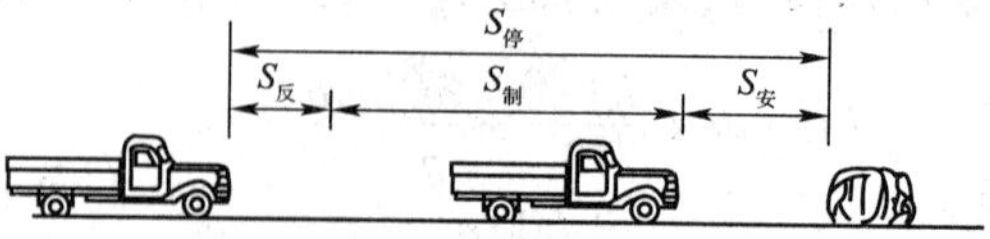

图 2-27 停车视距示意图

$$S_{停} = S_{反} + S_{制} + S_{安}$$

式中：$S_{反}$——驾驶员反应时间内行驶的距离；

$S_{制}$——驾驶员开始制动到安全停止时行驶的距离；

$S_{安}$——安全距离。

汽车反应时间是发现障碍物后进行判断的时间和判断以后到制动生效的时间。这一时间与驾驶员的机敏程度和障碍的着色、大小等有关。目前美国和日本规定判断时间采用 1.5s，开始制动到制动生效时间为 1.0s，则反应时间共计为 2.5s。我国规定的反应时间为 1.2s，汽车在这一时间内所行驶的距离为：

$$S_{反} = 1.2v = 1.2 \times \frac{v}{3.6} = \frac{v}{3}(\mathrm{m})$$

式中：v——汽车行驶速度（km/h）。

汽车制动生效到完全停止，这段时间所行驶的距离叫制动距离，它取决于汽车制动力和行车速度的大小，其计算公式为

$$S_{制} = \frac{Kv^2}{254(\varphi + I_{纵})}(\mathrm{m})$$

式中：K——制动系数，一般取 1.2～1.4；

$I_{纵}$——道路纵坡度，化为小数后代入公式；

φ——纵向摩阻系数，可由表 2-36 查得，计算时一般按潮湿状态考虑。

轮胎与路面的纵向摩阻系数 表 2-36

路面状况	纵向摩阻系数	路面状况	纵向摩阻系数
干燥、清洁	0.5～0.7	路面结冰	0.1～0.2
潮湿、泥泞	0.3～0.4		

安全距离 $S_{安}$，一般可取胜 5～10m，以保证汽车可以在障碍物前停车而不冲到障碍物上。

依上所述，停车视距 $S_{停}$的计算公式为

$$S_{停} = S_{反} + S_{制} + S_{安} = \frac{v}{3} + \frac{Kv^2}{254(\varphi + I_{纵})} + S_{安}$$

现行《公路工程技术标准》（JTG B01）规定，高速公路和一级公路采用停车视距，其他各级公路的视距应不小于两倍停车视距，受地形条件限制或其他特殊情况限制而采取分道行驶措施的地段可采用停车视距。

现行《公路路线设计规范》(JTG D20)规定的停车视距见表2-37。

高速公路、一级公路、停车视距 表2-37

设计速度(km/h)	120	100	80	60
停车视距(m)	210	160	110	75

高速公路、一级公路以及大型车比例高的二级公路、三级公路的下坡路段,应采用下坡货车停车视距对相关路段进行检验。下坡路段货车停车视距规定如表2-38所示。

下坡路段货车停车视距(m) 表2-38

<table>
<tr><th rowspan="2">设计速度(km/h)</th><th colspan="10">纵坡坡度(%)</th></tr>
<tr><th>0</th><th>1</th><th>2</th><th>3</th><th>4</th><th>5</th><th>6</th><th>7</th><th>8</th><th>9</th></tr>
<tr><td>120</td><td>245</td><td>250</td><td>260</td><td>265</td><td>273</td><td></td><td></td><td></td><td></td><td></td></tr>
<tr><td>100</td><td>180</td><td>185</td><td>190</td><td>190</td><td>195</td><td>200</td><td></td><td></td><td></td><td></td></tr>
<tr><td>80</td><td>125</td><td>127</td><td>128</td><td>130</td><td>132</td><td>136</td><td>139</td><td></td><td></td><td></td></tr>
<tr><td>60</td><td>85</td><td>86</td><td>88</td><td>89</td><td>91</td><td>93</td><td>95</td><td>97</td><td></td><td></td></tr>
<tr><td>40</td><td colspan="8">50</td><td></td><td></td></tr>
<tr><td>30</td><td colspan="9">35</td><td></td></tr>
<tr><td>20</td><td colspan="10">20</td></tr>
</table>

(二)会车视距

会车视距是指两对向行驶的汽车能在同一车道上及时制动所必需的距离。会车视距由三部分组成,即在双方驾驶员反应时间和制动开始时间内汽车所行驶的距离$S_{反}$,双方汽车的制动距离$S_{制}$,安全距离$S_{安}$。

如果以v_1(km/h)和v_2(km/h)表示汽车1和汽车2的行驶车速,而且它们是在$I_{纵1}$和$I_{纵2}$的纵坡上行驶,则此距离的计算公式为

$$S_{停} = \frac{v_1 + v_2}{3} + \frac{K_1 v_1^2}{254(\varphi \pm I_{纵1})} + \frac{K_2 v_2^2}{254(\varphi \pm I_{纵2})} + S_{安}$$

如果汽车车速相同,均为v(km/h)并在同一纵坡$I_{纵}$上行驶(一辆上坡,一辆下坡),则

$$S_{停} = \frac{v}{1.5} + \frac{2\varphi K v^2}{254(\varphi^2 - I_{纵}^2)} + S_{安}$$

由以上计算式可知,该距离几乎为停车视距的两倍。

(三)超车视距

在对向行驶的双车道公路上,一个车道上的后车要超越前面的慢车,后车需要加快速度驶离原车道,占用对向车道一段时间,超越前面的慢车后再驶回原车道,这个过程称超车。超车视距是指从后面快车驶离原车道之处起到可见对向来车并能超越慢车安全驶回原车道所需的最短距离。

现行《公路工程技术标准》(JTG B01)规定:对向行驶的双车道公路,根据需要,应结合地形设置保证具有超车视距的路段。它是汽车行驶时为超越前车所必需的视距,如图2-28所示。

一般认为,对交通量大和车速较高的双车道公路,可按下述方法进行计算。

全超车视距 $S_{超} = S_1 + S_2 + S_3 + S_4$(m)

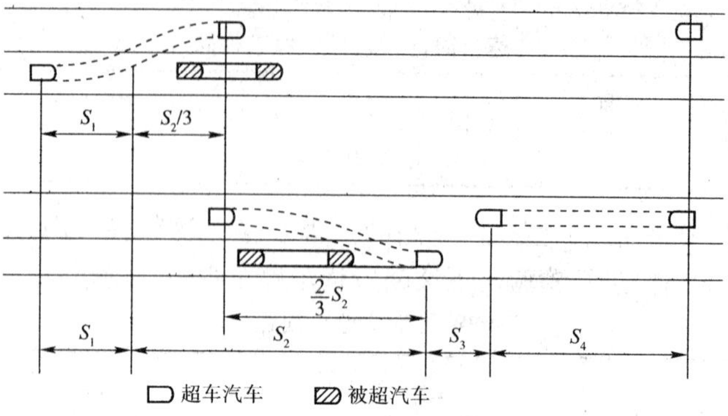

图 2-28　超车视距示意图

最小必要超车视距 $=\frac{2}{3}S_2+S_3+S_4$(m)

1. 加速行驶距离 S_1(m)

当尾随在慢车后面的超车汽车经判断认为有超车的可能时,于是加速行驶移向对向车道,在进入该车道之前的行驶距离:

$$S_1=\frac{v_0}{3.6}\cdot t_1+\frac{1}{2}at_1^2\text{(m)}$$

式中:v_0——被超汽车的速度(km/h);

t_1——加速时间(s);

a——平均加速度(m/s)。

2. 超车汽车在对向车道上的行驶距离 S_2(m)

$$S_2=\frac{v}{3.6}\cdot t_2\text{(m)}$$

式中:v——超车汽车的速度(km/h);

t_2——在对向车道上行驶的时间(s)。

3. 超车结束时超车汽车与对向汽车之间的安全距离 S_3(m)

$$S_3=20\sim60\text{m}$$

4. 超车汽车从开始加速到超车完成,对向汽车的行驶距离 S_4(m)

$$S_4=\frac{v}{3.6}(t_1+t_2)\text{(m)}$$

式中:v——对向汽车的速度(km/h)。

以上总和为全超车视距,实际上只考虑超车汽车从完全进入对向车道到超车结束时所行驶的距离就很安全了。因为在对向车道上追上被超汽车后,一旦发现对向来车而其距离不足时,驾驶员还可以回到原来的车道上。这段时间一般取 $\frac{2}{3}t_2$,即其距离为 $\frac{2}{3}S_2$,于是最小必要超车视距为 $\frac{2}{3}S_2+S_3+S_4$(m)。

上述的 v 为采用的计算行车速度,设超车汽车和对向汽车都按计算行车速度行驶。v_0 为被超汽车的速度,较计算行车速度低 10~20km/h。

我国现行《公路路线设计规范》(JTG D20)推荐的超车视距列于表 2-39。

超车视距　　　　表 2-39

设计速度(km/h)	80	60	40	30	20
超车视距一般值(m)	550	350	200	150	100
超车视距低限值(m)	350	250	150	100	70

如由于地形及其他原因不得已时,超车视距长度可适当缩减,但最短不应小于表 2-38 中所列低限值。

(四)视距的应用

1. 平面视距的应用

汽车在曲线上行驶时,曲线内侧行车视线可能被树木、建筑物、路堑边坡或其他障碍物所遮挡,因此,在路线设计时必须检查平曲线上的视距是否能得到保证,如有遮挡时,则必须清除视距区段内侧适当横净距内的障碍物,如图 2-29 所示。

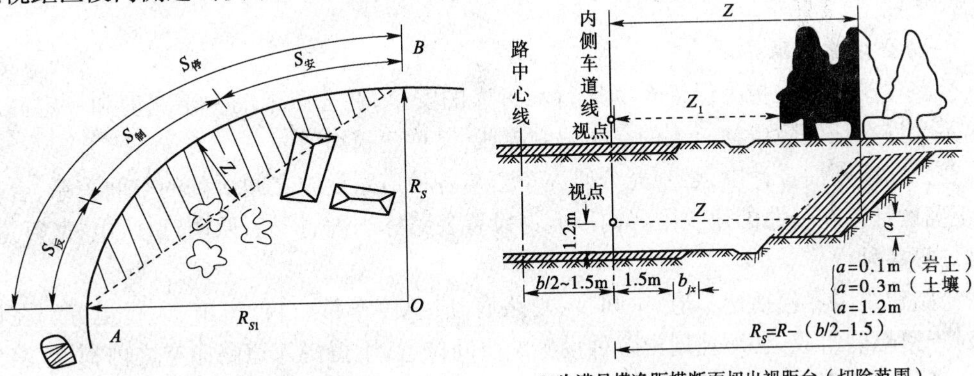

a)弯道上停车视距与横净距的关系　　b)为满足横净距横断面切出视距台(切除范围)

注:b为未加宽的行车道宽。

图 2-29　由停车视距计算的平面与横断面的横净距应用

如图 2-30 所示,1-1′、2-2′、3-3′……线相互交叉的叉状范围,可作出公共切线,即视距包络线,视包络线与弯道内侧线之间的范围就是阻碍驾驶员视线的范围,范围以内的障碍物都应加以清除。Z 为内侧车道上汽车应保证的横净距,横净距分两种情况:一是曲线长度大于视距的情况,二是曲线长度小于视距的情况。Z 的计算方法在第五章中阐述。

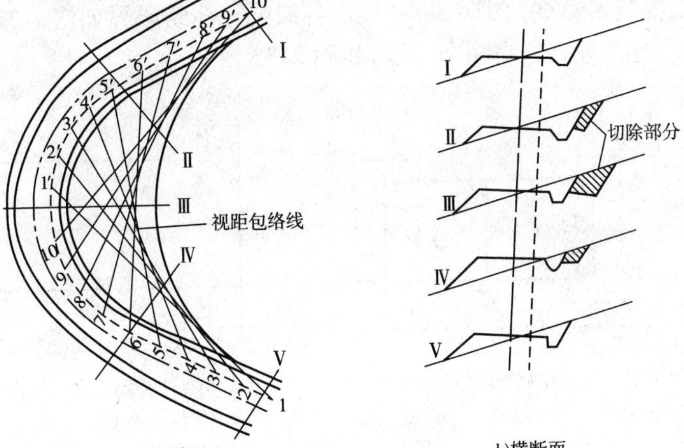

a)平面　　b)横断面

图 2-30　图解法确定视距切除范围

2. 纵面视距的应用

如图2-31所示，当车辆行驶在纵断面的竖曲线上，倘若竖曲线半径过小，将会形成一个纵向盲区，在盲区内如有障碍物将会直接影响行车安全。因此，在竖曲线设计中，确定保证纵面行车视距要求的竖曲线半径是至关重要的。将这样限制条件下的竖曲线半径一般规定为竖曲线的最小半径，其详细的理论和公式将在第六章中介绍，在此不作详述。

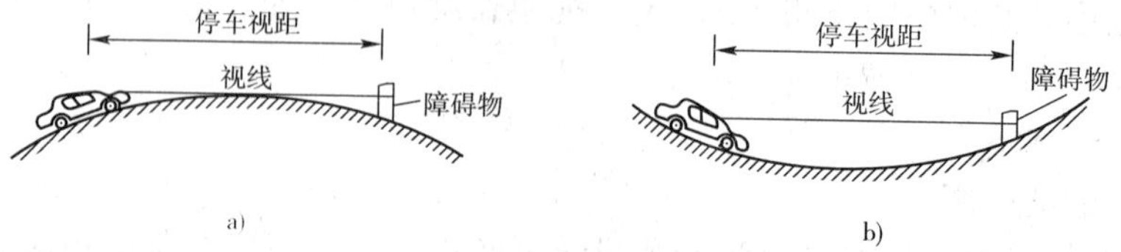

图2-31　纵面行车视距

二、公路建筑限界与公路用地

（一）公路建筑限界

公路建筑限界是指为保证车辆运行和行人的安全，在公路上的一定宽度和一定高度范围内不允许在任何障碍物侵入的空间限制界线，又称建筑净空。

在公路横断面设计中，必须充分研究车道与各种道路设施之间所处的空间关系，合理安排，正确设计。在公路的建筑限界内不允许设置公路标志牌、护栏、照明灯柱、电杆、行道树、信号灯等各种设施。

公路建筑限界包括行车道、中间带、硬路肩、应急停车带、自行车道、人行道等。在设计时，对于路幅的组成，必须规划出各种设施的空间位置，不得侵入道路净空之内，其他路外的设施，不仅不能侵入公路的建筑限界之内，而且，应按有关规定离开公路若干距离。

公路建筑限界由净高和净宽两部分组成。净宽是指为保证行车和行人的需要，道路在横向上必须满足的宽度，特别是桥梁和隧道等建筑设施，其净宽要求有着十分重要的意义。在现行《公路工程技术标准》（JTG B01）中，对净宽范围内的各几何部位只用符号标出，其具体宽度应分别按有关车高、路面维修加铺的可能和大件运输将来的发展来定。现行《公路工程技术标准》（JTG B01）中规定："一条公路应采用同一净高。高速公路和一级、二级公路为5.0m，三级、四级公路为4.5m。"

现行《公路工程技术标准》（JTG B01）规定各级公路建筑限界如图2-32所示。凹形竖曲线上方设有跨线构造物时要考虑净空预留，如图2-33所示。

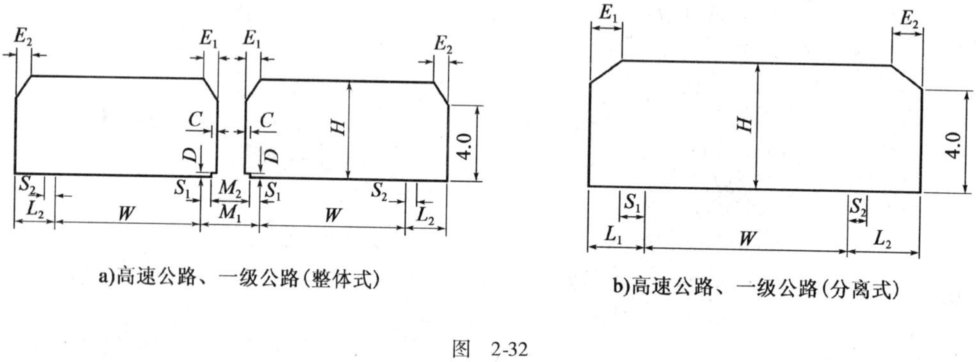

图　2-32

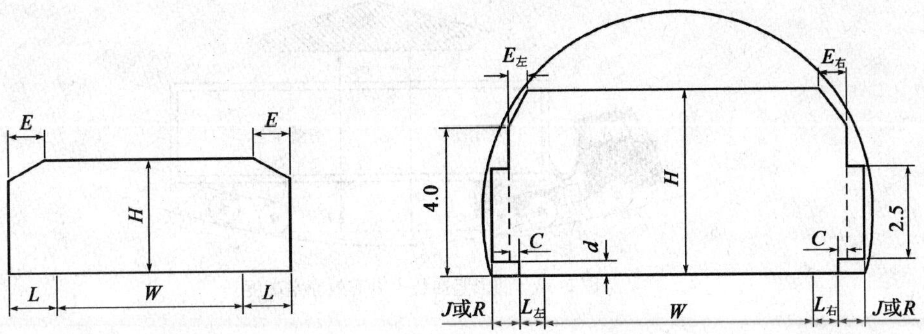

c)二、三、四级公路

d)公路隧道

图 2-32　各级公路的建筑限界(尺寸单位:m)

注:①设置加(减)速车道、紧急停车带、爬坡车道、错车道、慢车道、车道隔离设施等路段,行车道应包括该部分的宽度。

②八车道及以上的高速公路(整体式),设置左侧硬路肩时,建筑限界应包括左侧硬路肩宽度。

③一条公路应采用同一净高。高速公路、一级公路、二级公路的净高应为 5.00m;三级公路、四级公路的净高应为 4.50m。

④人行道、自行车道、检修道与行车道分开设置时,其净高应为 2.50m。

⑤路基、桥梁、隧道相互衔接处,其建筑限界应按过渡段处理。

图中：　W——行车道宽度;

L_1——左侧硬路肩宽度;

L_2——右侧硬路肩宽度;

S_1——左侧路缘带宽度;

S_2——右侧路缘带宽度;

L——侧向宽度。二级公路的侧向宽度为硬路肩宽度。三、四级公路的侧向宽度为路肩宽度减去 0.25m。设置护栏时,应根据护栏需要的宽度加宽路基;

$L_{左}$——隧道内左侧侧向宽度;

$L_{右}$——隧道内右侧侧向宽度;

C——当设计速度大于 100km/h 时为 0.5m,小于或等于 100km/h 时为 0.25m;

D——路缘石高度,小于或等于 0.25m。一般情况下,高速公路可不设路缘石;

M_1——中间带宽度;

M_2——中央分隔带宽度;

J——检修道宽度;

R——人行道宽度;

d——检修道或人行道高度;

E——建筑限界顶角宽度,当 $L \leqslant 1$m 时,$E = L$;当 $L > 1$m 时,$E = 1$m;

E_1——建筑限界顶角宽度,当 $L_1 < 1$m,$E_1 = L_1$,或 $S_1 + C < 1$m,$E_1 = S_1 + C$;当 $L_1 \geqslant 1$m 或 $S_1 + C \geqslant 1$m 时,$E_1 = 1$m;

E_2——建筑限界顶角宽度,$E_2 = 1$m;

$E_{左}$——建筑限界左顶角宽度,当 $L_{左} \leqslant 1$m 时,$E_{左} = L_{左}$;当 $L_{左} > 1$m 时,$E_{左} = 1$m;

$E_{右}$——建筑限界右顶角宽度,当 $L_{右} \leqslant 1$m 时,$E_{右} = L_{右}$;当 $L_{右} > 1$m 时,$E_{右} = 1$m;

H——净空高度。

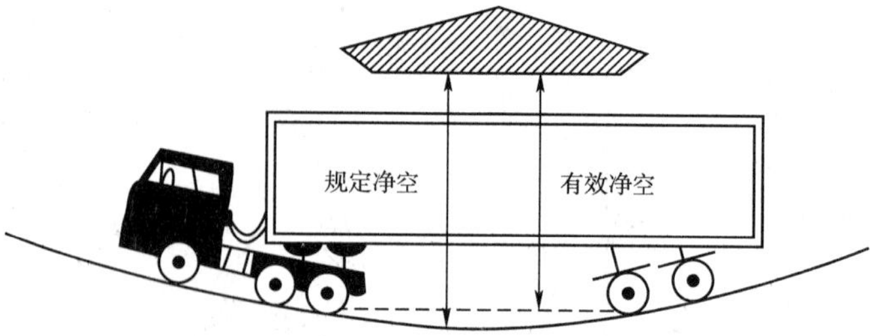

图 2-33　凹形竖曲线上方有效净空高度

(二)公路用地

公路用地是指为修建公路及其沿线设施而依照国家规定所征用的地幅。

公路用地的征用应遵守国家有关的土地法规,确定公路用地既要根据公路建设的需要,保证必须的用地,又要考虑农业生产及照顾群众利益,尽可能节省用地。在公路用地范围内不得修建非路用建筑物。

公路用地应包括立体交叉、服务设施、安全设施、交通管理设施、停车设施、公路养护管理及绿化和苗圃等工程的用地范围。

在保证路基稳定的基础上,同时考虑土地利用和少占耕地等因素,我国《公路工程技术标准》(JTG B01)中规定在整个路幅范围以外不小于1.0m的土地为公路用地;在有条件的路段,高速公路、一级公路不小于3.0m,二级公路不小于2.0m的土地为公路用地。

对于新建公路,路堤的用地范围为两侧排水沟外边缘(无排水沟时为路堤或护坡道坡脚)内的土地,对于路堑,坡顶截水沟外边缘(无截水沟为坡顶)以外不少于3m的土地为公路用地范围。公路用地范围如图2-34所示。

对于特殊的路段,高填方和挖方路段以及种植多行林带路段等,为保证路基的稳定,应根据实际情况,通过计算来具体确定公路的用地范围。对于高填深挖路段,应根据计算要求确定用地范围。特殊情况,如沿线房屋、料场、苗圃、防护林以及防沙防雪、特殊地质地段等应根据需要确定其用地范围。

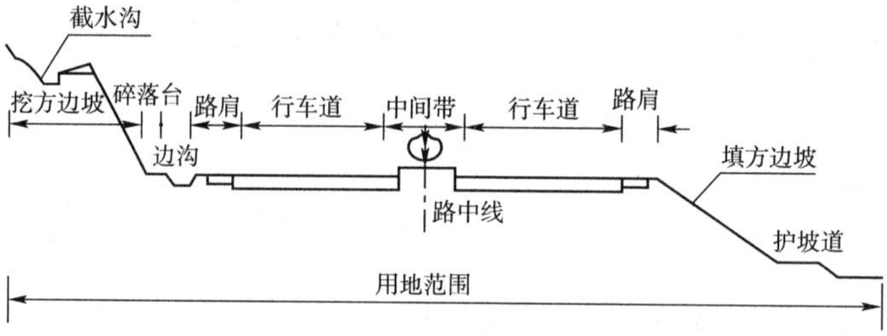

图 2-34　公路用地范围示意图

第三章　道路实体描述与线形设计理论

第一节　道路几何实体描述与设计表达

一、道路实体与道路平面

（一）道路实体与平面中线

当我们作任何的工程设计，首要解决的问题是设计图的制作，即如何将这个实体用设计图表达出来，道路设计也不例外。我们知道，机械零件设计是用其主视图、俯视图和侧视图以及必要的剖面图表达。而道路是在具有高低起伏的原地面上通过开挖或填筑的空间线形带状构筑物，就不能直接用上述三视图表达。近一个世纪以来，人们仿照三视图表达实体设计的思想，将道路实体设计用其平面图、纵断面图和横断面图叠合表达，从而解决了道路设计出图的问题。因此只要将道路平面、纵断面、横断面分别设计出来，道路实体就可以表达出来，设计方就能够制作出交付施工的设计文件，施工方也就能够按照设计意图将道路施工出来。为便于初学者准确理解道路实体在设计中的表达问题，下面将上述概念加以说明。

图 3-1 是在原地面上通过开挖或填筑修筑而成的路基。图 3-2 是在没有设计和施工前的原地面形态。图 3-3 是在原地面上布置的道路中心线。可以看出，这条中心线不是用白灰喷洒出来的，而是用桩点来标定的，这是在勘测设计和施工中常用的做法。道路中心线在设计图纸上是由直线和曲线构成的连续线条表达，在实地则是由一个个桩标定的，这一个个桩相当于实地的点，从始到终的各个桩的连线就构成了道路中心线。在道路详细测量中，这些桩的位置很重要，因为它不但要表示出道路中心线的实地位置，而且还要反映出线路的纵横地形，占地、拆迁、道路交叉、地质不良地段的起终点等所在的位置，并且为土石方计算等设计提供依据。布置时必须知道每个桩的具体位置，因为路线的走向已由选线确定，因此，确定每个桩的实地位置，只要知道每个桩沿路线的相对位置即可。桩有两个要素：一个是位置，另一个是桩号，每个桩上都要有桩号。某个桩的桩号是指从该桩路线起点开始沿着路线方向到这个桩的水平距离。桩号是在桩上或桩位处用数字书写。上述问题都与点位用何种材料和用何种方式标明有关，专业上，将标定点的物件叫做桩志，桩

图 3-1　带状公路实体图

志有实物桩志和标记桩志两类。实物桩志用物件标定，如用木料制作的木桩，用混凝土浇筑的混凝土桩，用铁制作的蘑菇钉、铁钉等；地物标记桩不用具体物件标定，只是在桩位处的地物上刻痕凿记并用油漆书写作记。

关于图 3-3 上的标点桩志在这里也顺便说明。公路工程中线及其导线以及桥梁和隧道等结构物在实际勘测设计与施工测量中，平面点位标点桩志按材质与用途分类，大体分为四种：第一种，混凝土包芯桩，如图 3-4a)所示。它是用混凝土制作的棱台体，台体中心内部预埋有直径为 20mm 左右的镀锌钢筋，钢筋顶面磨平并微露，顶面有十字刻痕表示点位。一般用于路线“自由导线”点桩和桥梁与隧道控制桩。混凝土包芯桩埋设一定要保证不能移位、不能沉降、便于保存，季节性冰冻区底部要埋设在冰冻线以下不少于 20cm。第二种，木质桩，如图 3-4b)所示。用废旧木料和边角料制成。有板桩和方桩两种。方木桩用于一般土质地面上的交点和转点桩；扁木桩用于一般土质地面上的设置的道路中线桩。第三种，蘑菇钉桩，如图 3-4c)所示。如果道路桩点处的地面坚硬(如在沥青路面上打桩)难以打入木桩时，宜钉蘑菇钉或长铁钉并设指示桩，如经过旧路面等坚硬地带路线上的各类点桩。第四种，地物桩，一般指刻痕凿记桩，如图 3-4d)所示。如遇到岩石或混凝土结构物上的桩点，难以打入桩时，直接在岩石上刻圆圈并在圈内刻划十字，用油漆涂记。

图 3-2 没有修筑道路以前的原地面

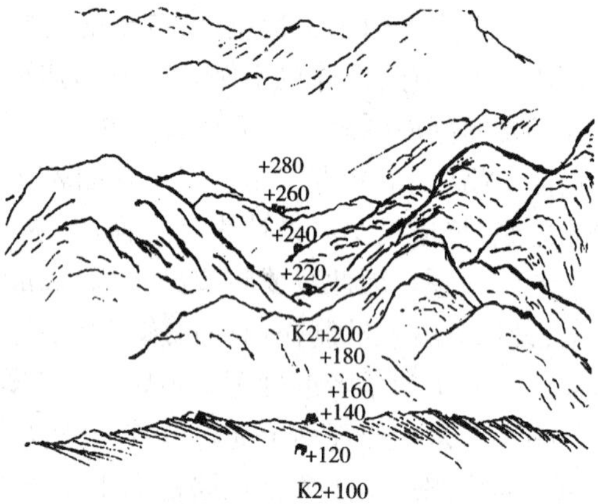

图 3-3 在原地面上用桩标示的道路中线

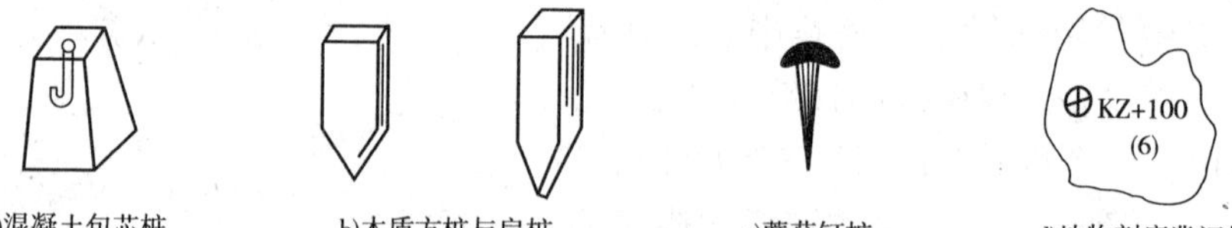

a)混凝土包芯桩　b)木质方桩与扁桩　c)蘑菇钉桩　d)地物刻痕凿记桩

图 3-4 道路平面标点桩志种类

道路平面图是道路平面设计的主要技术文件之一，其标准样式如图 3-5 所示。它是实地布置的路线表现在图上的一种方式。道路这种带状构筑物是在具有高低起伏的原地面上，通过填挖和修筑而形成的。勘测是在原地面上布置道路中线，这就需要将道路中线连同其周围的地形、地貌一并反映到图上。因为工程上描述自然地形、地物是用地形图来描述的(地形用等高线表示，地物用地物符号表示)，所以用地形图就可表达道路周围的地形地貌。由于道路中心线是由直线和曲线构成的光滑连续线条表示的，因此将这样的线条叠画在具一定宽度的带状地形图上，即在地形图上将道路中心线位置表示出来，就是道路的平面图。在平面图上，不但有道路中心线，而且还应有表示曲线位置的曲线表以及标识水准点位置、桥涵隧位置、指北方向等的一些数据和图符。

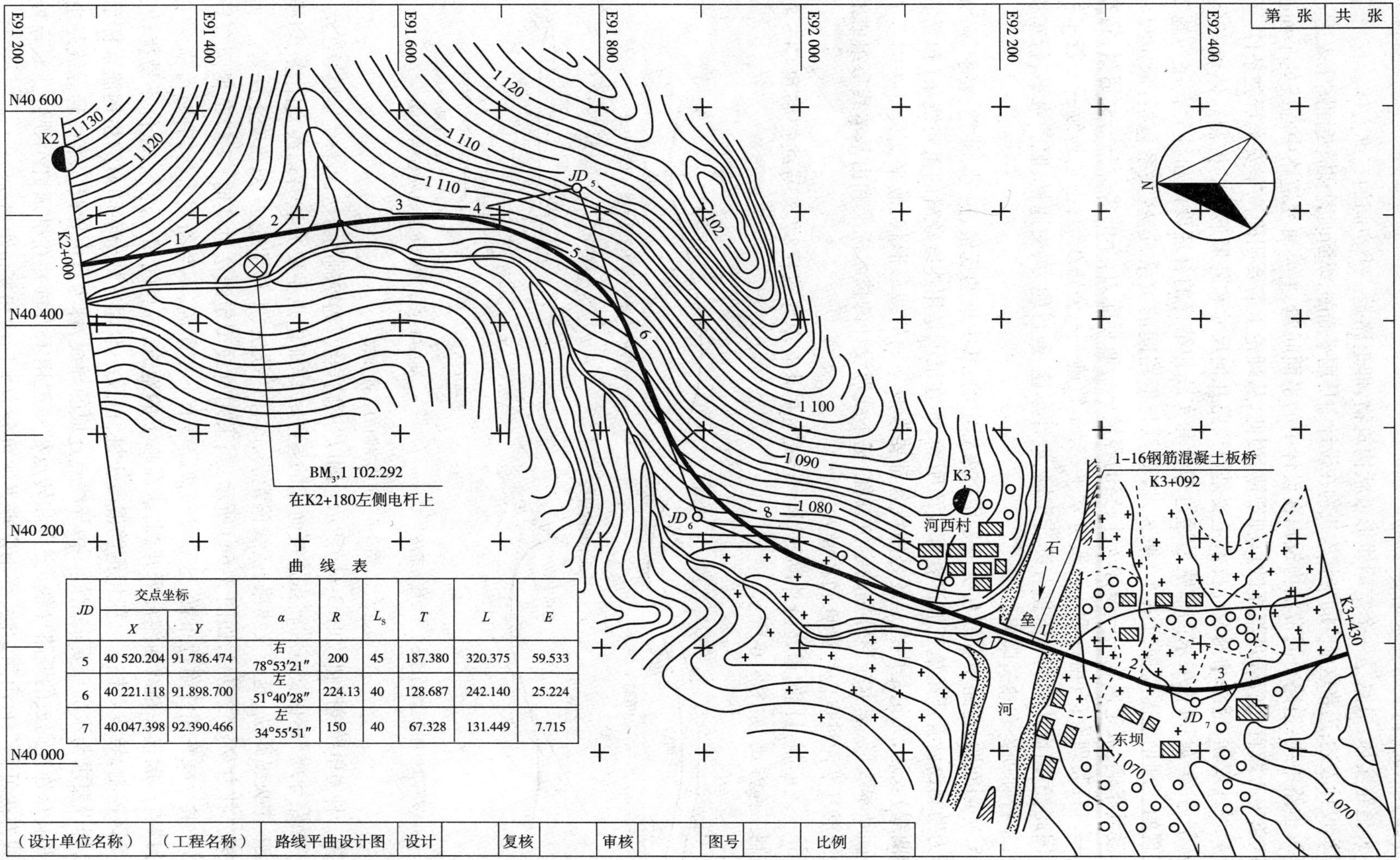

曲 线 表

JD	交点坐标 X	交点坐标 Y	α	R	L_s	T	L	E
5	40 520.204	91 786.474	右 78°53′21″	200	45	187.380	320.375	59.533
6	40 221.118	91.898.700	左 51°40′28″	224.13	40	128.687	242.140	25.224
7	40.047.398	92.390.466	左 34°55′51″	150	40	67.328	131.449	7.715

图3-5 道路平面设计图

（二）平面上的主要技术问题

1. 道路实体：道路是一个空间线形带状构筑物，即道路是一个空间的三维实体。

2. 设计表述：道路这个空间带状构筑物在设计中是用平面图、纵断面图和横断面图来表达。

3. 道路中线：道路空间带状构筑物在设计中的平面问题，主要研究道路中心线的平面投影，这条中心线首先应满足汽车的行驶规律，因此，从理论上需要明确汽车安全行驶条件。

4. 设计依据：道路勘测设计技术主要是对道路几何尺寸和外形形状的控制。体现安全、经济、舒适、美观、环保要求的道路是通过理论和实践相结合的合理设计和科学有序的施工来实现的。理论上需要探讨汽车、乘客、驾驶员与道路间的关系，这些关系包括：取定尺寸——设计车辆；取定速度——设计车速；路的容量——通行能力；车的多少——交通量；行车条件——行驶理论；自由程度——服务水平；行车轨迹——公路线形；视觉连续——行车视距。因此，道路设计的基本依据有设计车辆、设计车速、通行能力、交通量、服务水平、行车视距、汽车行驶理论和建筑限界。

5. 平面问题：道路中心线在实地是用桩来标定的，其中桩的规格、桩号、种类、要求等，无论作为勘测设计者还是施工放样者都应该明确；而在纸上是用连续顺滑的粗实线条（包括直线和曲线）表达，无论是用桩点还是用线条都要涉及平面的线形形状，故平面设计中需要研究平面基本线形、基本线形分别的定位方程、基本线形设计的技术标准和由基本线形组成的实际线形及平面桩点定位计算和布置方法。

6. 定线控制：目前，道路野外勘测设计定线控制共有单导线控制、双导线控制和 GPS 布网控制三种方式，如图 3-6 所示。

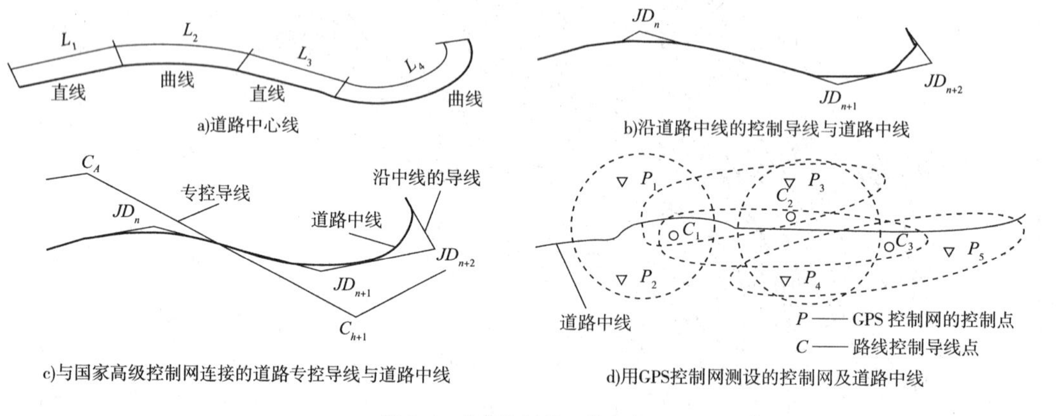

图 3-6　定线控制的三种方式

第一种为单导线控制，如图 3-6b）所示。即以“顺路导线”为控制的方法，可称为顺路导线法。“顺路导线”指由交点和转点连接而成的导线。详细定点主要方法有切线支距法、切线偏角法、中央纵距法、延长弦线法、弦线偏距法、改移切线法、平移切线法、双仪交汇法等。

第二种为双导线控制，如图 3-6c）所示：当采用直线型定线法勘测时，一般布置两套导线，第一套导线在路线附近布置，这套导线离路线有一定距离，不与路线重合，有时可横穿中线，导线点一般选在路线两侧视野开阔、居高临下的地方，各点间相互通视、点位不易扰动、便于测区控制，导线点桩志一般用钢筋混凝土桩，桩顶一般埋有刻十字印痕的粗钢筋来标示点位，埋设要求与水准点要求相似。由导线点连成的导线，称为自由导线。第二套导线是由交点和转点连接而成的顺路导线，交点和转点桩一般用木方桩并在桩顶钉小铁钉。双导控制定线方法可称为自由测站法，详细定点方法可分为坐标法和夹角距离法。

第三种为 GPS 布网控制,如图 3-6d)所示。在道路附近专门设置 GPS 网点,这些网点与国家 GPS 网(或国家三角点)联测,以两定一的办法确定出道路 GPS 网点的坐标,然后以道路 GPS 网点测设道路中线各点的方法。公路测设一般使用四等 GPS 网。

公路路线详细测设过程与道路施工放线中的野外定点技术中的操作基本相似,前者是在实地通过测量取得外业资料后做成设计文件,后者是根据已有的设计文件,反过来将道路路线或结构物等的位置、形状和尺寸、高程放到实地上。根据公路勘测设计的外业工作,取得有关的设计资料,经过设计而提供相应的图、文、表设计文件是施工放线的基本依据之一。在施工测量过程中,道路中心线的野外定点技术,既是从事道路勘测设计人员必须掌握的,同时也是施工放样人员应该了解的。

二、道路实体与纵断面

在上述的图 3-6 中,如果假想沿着道路中心线作一个竖向剖切面,如图 3-7 所示。这个剖切面与原地面的交线反映了道路原地面起伏状态。在实际工作中,这个剖切面通过测定每一个桩的地面高程来确定(称中平测量)。在此基础上考虑技术标准、安全顺适、工程经济、自然条件、平纵组合、环境保护和景观协调等因素可确定出将来道路顶面的位置,这个位置线相当于在道路中心位置处设计出紧贴于顶面的线条。在专业上,将剖切面与原地面的交线叫做纵断面地面线;将设计确定的紧贴于道路顶面的线条叫做纵断面设计线。

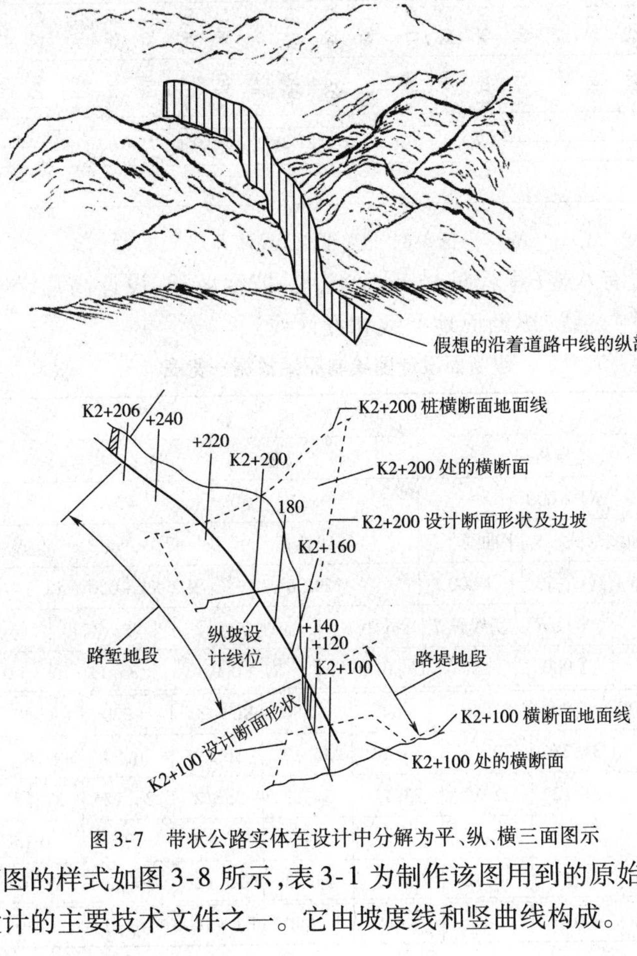

图 3-7　带状公路实体在设计中分解为平、纵、横三面图示

道路纵断面图的样式如图 3-8 所示,表 3-1 为制作该图用到的原始数据表,纵断面设计图是道路纵面设计的主要技术文件之一。它由坡度线和竖曲线构成。

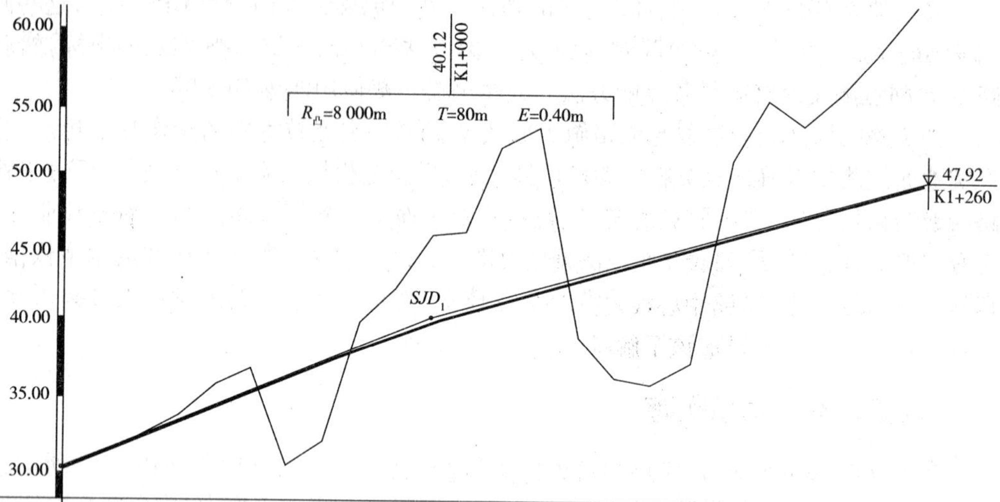

地质概况	粉质低液限黏土（普通土）																		强风化泥页岩（次坚石）					
坡长/坡长	+5.0% 200m										+3.0% 260m													
填挖高度	0.00	−0.13	−0.04	−0.16	−1.07	−1.10	+5.88	+5.04	−1.90	−3.09	−5.80	−4.90	−10.76	−11.24	+4.40	+7.12	+7.00	+7.43	−6.00	−10.00	−7.43	−9.40	−10.83	−13.20
设计高程	30.12	31.12	32.12	33.12	34.12	35.12	36.12	37.07	37.92	38.67	39.32	40.27	41.12	41.87	42.52	43.12	42.72	44.32	44.92	45.52	46.12	46.72	47.32	47.92
地面高程	30.12	31.25	32.16	33.28	35.19	36.22	30.24	32.03	39.82	41.76	45.12	45.17	51.88	53.11	38.12	36.00	35.72	36.89	50.92	55.52	53.55	56.12	58.15	61.12
里程桩号	8	+820	+840	+860	+880	9	+920	+940	+960	+980	K1	+020	+040	+060	+080	+100	+120	+140	+160	+180	+200	+220	+240	+260
直线及平曲线	JD_2 K1+020 α=4°24′36″ R=4 000m L_s=0.00m																							
平曲线超高																								

图 3-8　道路纵断面设计图

纵断面图上一般有八栏(里程桩号、地质说明、坡度坡长、设计高程、地面高程、平曲线、填方高度和挖方高度)二线(纵断面地面线和设计线)。

纵断面设计图绘制原始数据一览表　　表 3-1

项　目	内　容								
设计坡度线数据	变坡点桩号		变坡点高程		路线来向纵坡		路线去向纵坡		
	K1 +000		40.12		+5.0%		3.0%		
平曲线设计数据	平曲线形式	平曲线半径	导线转角		所在交点	起点桩号	终点桩号		
	简单型单曲线(右转)	4 000	4°24′36″		JD2 K1 +020	K0 +865.96	K1 +173.84		
竖曲线设计数据	形式	半径 R	切线长 T	外距 E	变坡点桩号	变坡点高程	起点桩号	终点桩号	
	凸形	8 000	80	0.40	K1 +000	35.12	K0 +920	K1 +080	
里程桩号	K0 +800	+820	+840	+840	+880	K0 +900	+920	+940	+960	K1 +080
地面高程	30.12	31.25	32.16	33.28	35.19	36.22	30.24	32.03	39.82	41.76
切线高程	30.12	31.12	32.12	33.12	34.12	35.12	36.12	37.12	38.12	39.12
竖曲线改正							0	−0.05	−0.20	−0.45
设计高程	30.12	31.12	32.12	33.12	34.12	35.12	36.12	37.07	37.92	38.67
里程桩号	K1 +000	+020	+040	+060	+080	K1 +100	+120	+140	+160	K1 +180

续上表

项　目	内　容									
地面高程	45.12	45.17	51.88	53.11	38.12	36.00	35.72	36.89	50.92	55.52
切线高程	40.12	40.72	41.32	41.92	42.52	43.12	42.72	44.32	44.92	45.52
竖曲线改正	-0.80	-0.45	-0.20	-0.05	0					
设计高程	39.32	40.27	41.12	41.87	42.52	43.12	42.72	44.32	44.92	45.52
里程桩号	K1 +200	+220	+240	+260	+280	K1 +300	+320	+340	+360	K1 +400
地面高程	53.55	56.12	58.15	61.12	62.73	64.72	61.16	66.00	68.92	69.23
切线高程	46.12	46.72	47.32	47.92	48.52	49.12	49.72	50.32	50.92	51.52
竖曲线改正										
设计高程	46.12	46.72	47.32	47.92	48.52	49.12	49.72	50.32	50.92	51.52

三、道路横断面与道路实体的关系

在野外实测出沿中线每隔一定距离（每个桩位）左右一定范围的地面高低起伏状况图，称横断面地面线。然后再以中心设计线高度按道路横向各处设计断面形状（即设计标准断面）向两侧拓宽（称戴帽子）形成路基，如图 3-9 所示。

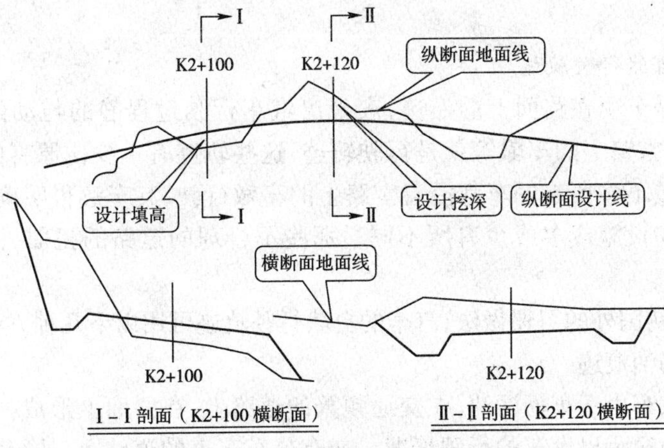

图 3-9　纵断面与横断面的关系示意图

道路的横断面形式如图 3-10 所示，它表示出该桩位的地面横向起伏和该处设计断面形状的图形，图 3-10a）为半填半挖及填方路堤断面形式；图 3-10b）为挖方路堑断面形式；图 3-11 为路基横断面设计图的样式，它是由横断面地面线和设计断面轮廓围成，图中的数字表示其设计数据，其中的 T、A_T、A_W 及 b_J 分别表示中心填挖高度、断面填方面积，挖方面积及加宽值。公路的平、纵、横断面图及其图、文、表资料，是道路施工放样的主要依据之一。公路的平面图、纵断面图和横断面图相结合，表达了公路带状几何实体的设计形状。

公路是一个位于自然界中的构筑物，在设计施工中涉及的因素甚多，故仅做以上工作还不能完成整条公路设计，尚应考虑路面、桥梁、隧道、涵洞、排水、防护、支挡等工程结构物的设计。另外，还得计算其工程造价（概、预算）等。

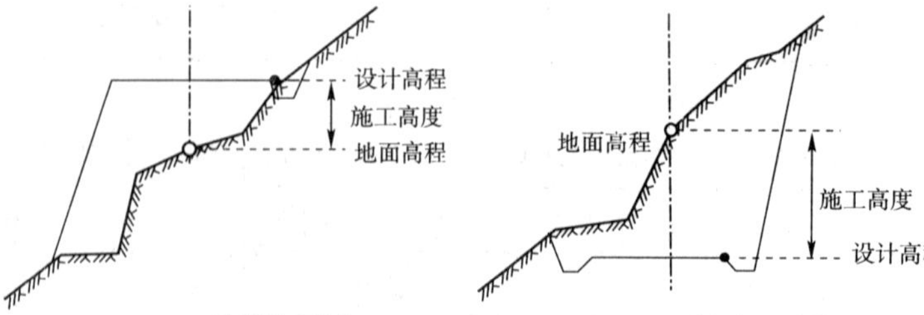

a)路堤断面形式　　b)路堑断面形式

图 3-10　道路横断面形式

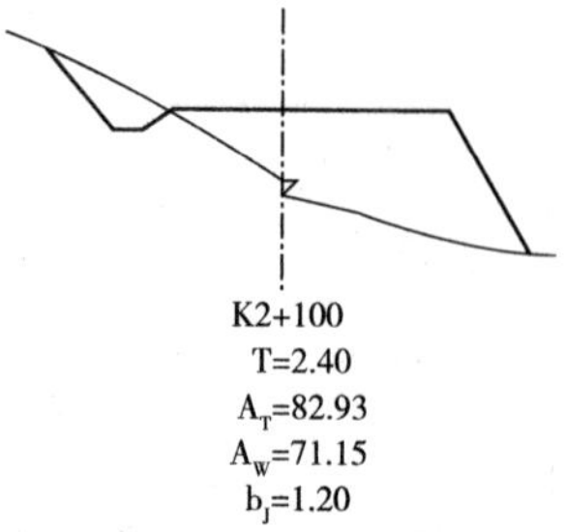

图 3-11　路基横断面设计图样式

第二节　汽车的行驶轨迹与道路基本线形

设计道路要适应汽车行驶的需要，首先必须保证道路的中心线与车辆的行驶轨迹相适应。在研究道路中心线形形状之前，应先了解汽车的行驶轨迹。因为设计道路线形应与汽车的行驶轨迹相适应，只有这样，才能使行进中的车辆不致“脱轨”，从而确保行车安全。

一、汽车的自然行驶轨迹与特点

汽车行驶含直行和转弯两种方式，这里主要探求转弯时的轨迹线形状。汽车的行驶轨迹应包括自然行驶轨迹和理论行驶轨迹两种情况。在此分别加以探讨，以揭示道路中心线的合理形状。

（一）汽车的自然行驶轨迹

行驶轨迹就是车辆在路面上的痕迹，表现出汽车行驶过程静的与动的作用以及驾驶员的意图。例如，雪路上的车辙等就是行驶轨迹，这些轨迹有不少比原有的指示标志更有效地诱导视线。差不多所有的车都沿着雪路上的车辙行驶，其车痕很明确，但多数情况下轨迹和现有的导向设施或多或少有所不同。那些不合理的道路的扭曲，由轨迹能清楚地显示出来。

根据20世纪初国外的习惯做法，汽车的自然行驶轨迹可用以下几种方法获得。

1. 早年汽车漏油痕迹

早期使用的汽车由于车辆漏油，在交通频繁的道路上，在路面上形成一条黑色的宽带。这种油痕能明显地显示出汽车的行驶情况。在有超车车道的道路上，从行驶车道能清楚看到油痕，但超车车道很淡薄看不太清楚。在山区公路的上坡车道以及附设的爬坡车道，有时能看到车辆留有的油痕。如今汽车漏油时代已过去，这种研究方法亦失去意义。

2. 雪路上的车辙印迹

路面上浅薄的新雪，会被疾驰的车辆吹光，在路面上呈现出清晰的轨迹。在交通量小的路面，例如错车路线、工厂院内支线等处就能看到明显的单向行驶轨迹。但在交通量大的一般道路上，车轮的轨迹很快重叠起来形成集合行驶轨迹。深厚而坚实的雪路上难以马上显示清晰的轨迹，但经过若干时日，类似油痕或其他各种污垢会产生另一种轨迹。

3. 由防滑剂产生的轨迹

严冬降雪后在路上撒布防滑剂，它在积雪深化后仍残存于路面，汽车轮胎把它辗压在路上就形成行驶轨迹，这些轨迹多有特殊引人注目的形状。

4. 由前灯光带产生的轨迹

夜间行车时，车头灯和尾灯的动向也可作为行驶轨迹来观测。方法是固定摄影机，缩小光圈开快门2～3min，观察像片上光点的轨迹就掌握了汽车行驶情况。

以上诸方面的观测方法，由于篇幅所限，这里不附照片。但它们的行驶轨迹都不外乎是由连续光滑的直线和曲线构成的。

（二）自然行驶轨迹的特点

经过对调查的轨迹线分析认为，轨迹的特点可归纳为以下三点：

（1）轨迹连续且光滑，即轨迹为圆滑、连续的，任一点不出现错头和波折；

（2）轨迹曲率连续，即轨迹的曲率为连续的；

（3）轨迹曲率导数连续，即轨迹曲率的变化率也是连续的，任一点不出现两个曲率值。

以汽车行驶轨迹表现的行驶情况，就能反映出道路及其沿线设施是否进行过正确的设计。最初调查的汽车行驶轨迹图不仅能原封不动地应用于修建交通岛，而且很有利于新的道路设施设计。与此同时根据轨迹特点，启示我们可以借助高等数学微积分思想去探求汽车行驶的理论轨迹方程，因为轨迹线特点正好符合连续可微的微积分前提。

二、汽车行驶的理论轨迹线

（一）汽车轨迹的一般理论方程式

前面介绍了汽车行驶轨迹调查，并且得出了轨迹的规律，下面从驾驶员在转弯时操作方向盘的方式上，对汽车转弯时的理论轨迹线作一探讨。汽车转弯是驾驶员利用方向盘操作的，现在我们来探求车速、车体尺寸、方向盘转向角之间的关系。如图3-12所示，设汽车转弯时方向盘旋转角为 φ，前轮转向角为 ϕ，汽车旋转半径为 r，车速为 v。

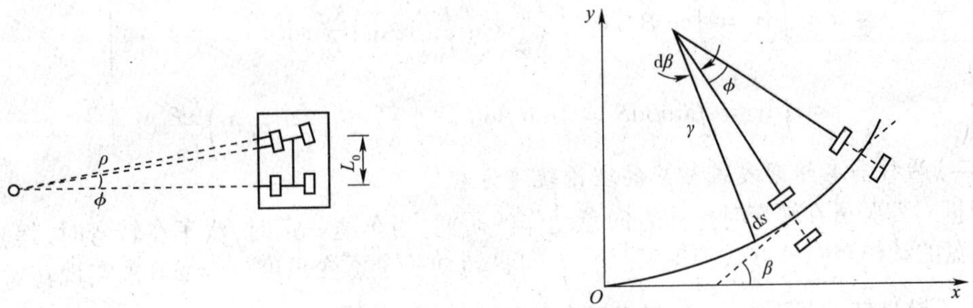

图3-12　汽车在弯道上的行驶轨迹

将图3-12放大，如图3-13所示，把行驶轨迹放在直角坐标系 xOy 中，在汽车转向行进过程中驶出的轨迹线为 O 点至后轴中心的连线，虽然我们还不知道轨迹的具体形状符合一个怎样的方程式，但是根据行驶轨迹连续、圆滑的特点可以得出如式(3-1)的关系式。

$$\left.\begin{aligned} x &= \int \mathrm{d}x = \int \cos\beta \mathrm{d}s = \int r\cos\beta \mathrm{d}\beta \\ y &= \int \mathrm{d}y = \int \sin\beta \mathrm{d}s = \int r\sin\beta \mathrm{d}\beta \end{aligned}\right\} \tag{3-1}$$

现在我们来推导 r、β 的表达式：

令汽车方向盘转动角为 φ 与前轮转向角 ϕ 之间的关系为：

$$\phi = K \cdot \varphi (K \leqslant 1) \tag{3-2}$$

$$\varphi = \frac{1}{K}\phi \tag{3-3}$$

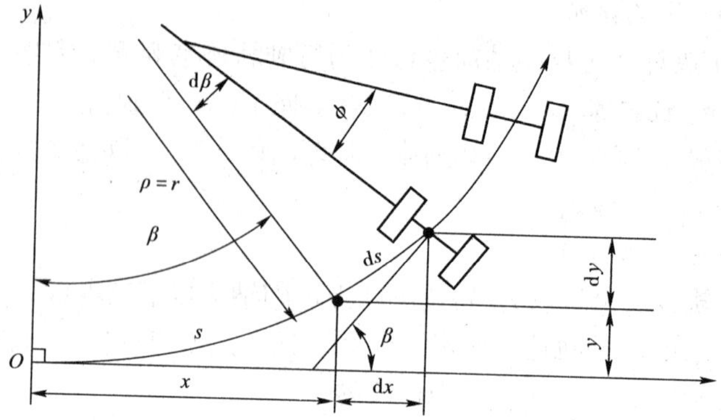

图 3-13　汽车行驶轨迹理论证明

设汽车车体旋转半径为 r，汽车轴距为 L_0，则：

$$r = L_0/\sin\phi \approx L_0/\phi = L_0/(K\varphi) \tag{3-4}$$

如行驶距离为 s，旋转切线角为 β；有：

$$r = \frac{\mathrm{d}s}{\mathrm{d}\beta} \tag{3-5}$$

又：

$$\mathrm{d}\beta = \frac{\mathrm{d}s}{r} \tag{3-6}$$

因 $v = \mathrm{d}s/\mathrm{d}t$，并将式(3-5)代入式(3-6)，则行驶路线轨迹的转动角 β 的表达式为：

$$\beta = \int \mathrm{d}\beta = \int \frac{\mathrm{d}s}{r} = \int \frac{K\varphi}{L_0}\frac{\mathrm{d}s}{\mathrm{d}t}\mathrm{d}t = \int \frac{K\varphi}{L_0} v\mathrm{d}t = \frac{K}{L_0}\int v\varphi \mathrm{d}t \tag{3-7}$$

行驶轨迹线直角坐标方程一般形式为：

$$\left.\begin{aligned} x &= \int \mathrm{d}x = \int \cos\beta \mathrm{d}s = \int \frac{L_0}{K\varphi}\cos\left(\frac{K}{L_0}\int v\varphi \mathrm{d}t\right)\frac{K\varphi}{L_0}v\mathrm{d}t \\ y &= \int \mathrm{d}y = \int \sin\beta \mathrm{d}S = \int r\sin\beta \mathrm{d}\beta = \int \frac{L_0}{K\varphi}\sin\left(\frac{K}{L_0}\int v\varphi \mathrm{d}t\right)\frac{K\varphi}{L_0}v\mathrm{d}t \end{aligned}\right\} \tag{3-8}$$

（二）两种基本转弯方式相应的理论轨迹方程

根据对驾驶员在转弯时操作方向盘动作的研究，当车速一定时，汽车在转弯时，驾驶员操纵方向盘的动作有两种方式：其一是，将方向盘转动一个不变角度（$\varphi = \varphi_0$）来实现转弯；其二是，连续不断地转动几下方向盘（转动的角速度为定速，即$\frac{\mathrm{d}\varphi}{\mathrm{d}t} = \omega = \omega_0$）来实现转弯。据以上两种情况可求出对应于等角度和等角速度转动方向盘的方式分别实现转弯时的理论轨迹方程。

1. 当汽车等角度转动方向盘实现拐弯时行驶轨迹线形状

设车速一定（$v = v_0$）且方向盘转动一定角度（$\varphi = \varphi_0$），实现转弯时式(3-8)可改写为：

$$\left.\begin{aligned} x &= \int \mathrm{d}x = \int \cos\beta \mathrm{d}s = \int \frac{L_0}{K\varphi}\cos\left(\frac{K}{L_0}\int v\varphi \mathrm{d}t\right)\frac{K\varphi}{L_0}v\mathrm{d}t = \int \frac{L_0}{K\varphi_0}\cos\left(\frac{K}{L_0}\int v_0\varphi_0 \mathrm{d}t\right)\frac{K\varphi_0}{L_0}v_0\mathrm{d}t \\ &= \int \frac{L_0}{K\varphi_0}\cos\left(\frac{K}{L_0}v_0\varphi_0 t\right)\frac{K\varphi_0}{L_0}v_0\mathrm{d}t = \frac{L_0}{K\varphi_0}\int \cos\left(\frac{K}{L_0}v_0\varphi_0 t\right)\frac{K\varphi_0}{L_0}v_0\mathrm{d}t = \frac{L_0}{K\varphi_0}\sin\left(\frac{Kv_0\varphi_0}{L_0}t\right) \\ y &= \int \mathrm{d}y = \int \sin\beta \mathrm{d}s = \int \frac{L_0}{K\varphi}\sin\left(\frac{K}{L_0}\int v\varphi \mathrm{d}t\right)\frac{K\varphi}{L_0}v\mathrm{d}t = \int \frac{L_0}{K\varphi_0}\sin\left(\frac{K}{L_0}\int v_0\varphi_0 \mathrm{d}t\right)\frac{K\varphi_0}{L_0}v_0\mathrm{d}t \\ &= \int \frac{L_0}{K\varphi_0}\sin\left(\frac{K}{L_0}v_0\varphi_0 t\right)\frac{K\varphi_0}{L_0}v_0\mathrm{d}t = \frac{L_0}{K\varphi_0}\int \sin\left(\frac{K}{L_0}v_0\varphi_0 t\right)\frac{K\varphi_0}{L_0}v_0\mathrm{d}t = \frac{L_0}{K\varphi_0}\left[-\cos\left(\frac{Kv_0\varphi_0}{L_0}t\right)\right] \end{aligned}\right\} \tag{3-9}$$

由式(3-9)可知,x^2+y^2 为一常数,即此时汽车的行驶轨迹符合圆的方程。可见,当汽车司机以等角度转动方向盘实现汽车转弯时,其行驶轨迹为圆。

2. 当汽车以等角速度转动方向盘实现拐弯时的行驶轨迹

车速一定且方向盘的转动角速度为定值实现转弯时,我们仍将此时的曲线形状表达为如下的方程式:

$$\left.\begin{aligned} x &= \int dx = \int \cos\beta ds = \int r\cos\beta d\beta \\ y &= \int dy = \int \sin\beta ds = \int r\sin\beta d\beta \end{aligned}\right\} \tag{3-10}$$

因转动角速度为定速,故有:

$$\frac{d\varphi}{dt} = \omega_0, \varphi = \omega_0 t \tag{3-11}$$

所以:

$$r = L_0/(K\omega_0 t) \tag{3-12}$$

由式(3-6)知:

$$d\beta = \frac{K}{L_0}\omega_0 tv dt = \frac{K\omega_0 t}{L_0}v_0 dt \tag{3-13}$$

$$\beta = \frac{K}{L_0}\int \omega_0 vt dt = \frac{K\omega_0}{L_0}\int v_0 t dt = \frac{Kv_0\omega_0 t^2}{2L_0} \tag{3-14}$$

将以上关系代入式(3-8),则有:

$$\left.\begin{aligned} x &= \int dx = \int \cos\beta ds = \int r\cos\beta d\beta \\ &= \int (L_0/K\omega_0 t)\cos\left(\frac{Kv_0\omega_0 t^2}{2L_0}\right)\cdot\left(\frac{K\omega_0 t}{L_0}v_0\right)dt = v_0\int \cos\left(\frac{Kv_0\omega_0 t^2}{2L_0}\right)dt \\ y &= \int dy = \int \sin\beta ds = \int r\sin\beta d\beta \\ &= \int (L_0/K\omega_0 t)\sin\left(\frac{Kv_0\omega_0 t^2}{2L_0}\right)\cdot\left(\frac{K\omega_0 t}{L_0}v_0\right)dt = v_0\int \sin\left(\frac{Kv_0\omega_0 t^2}{2L_0}\right)dt \end{aligned}\right\} \tag{3-15}$$

令:

$$A = \frac{Kv_0\omega_0}{2L_0} \tag{3-16}$$

则:

$$\left.\begin{aligned} x &= v_0\int \cos At^2 dt \\ y &= v_0\int \sin At^2 dt \end{aligned}\right\} \tag{3-17}$$

符合这样规律的曲线为一回旋线。

关于转弯时的汽车行驶轨迹,早在 1947 年德国学者 Kasper 就从道路建设、数学、汽车构造和实况调查等方面研究提出了两参数回旋曲线表达式,即 $A^{n+1}=RL^n$,并改进用一个参数的回旋线来代替两个参数的回旋线。后来 Alm 经过转弯试验做出了最适合的曲线形式:回旋线—圆曲线—回旋线相连接的曲线。现在我们将这种曲线叫基本型单曲线,这是目前国内外道路设计中主要采用的线形形式之一。

三、面轴关系研究

这里所谓面轴关系研究，通常指车轮旋转面与车身纵轴间关系研究，根据研究结果有夹角为零、夹角为常数和夹角为变数三种情况，分别对应直线、圆曲线和回旋线。

四、道路设计采用的基本线形

包括公路在内的一切道路建设，都要解决将原来实地上没有的空间三维立体构筑物的位置和形状标定到实地上的问题。这就要首先解决其中心线的形状和标定问题。为此需要研究平面线形及其计算理论和方法。

道路基本线形是指构成道路实用线形的基本单元。取得这三种基本线形的途径是由如前所述的实地轨迹调查、理论轨迹分析和面轴关系研究得到的。

实地轨迹调查是通过世界上最早创立的线形设计理论的德国的调查经验，采用防滑剂印、通过航空摄影得到的夜间前灯照射光带、雪地的轮印痕迹、早年车辆的漏油痕迹四种途径得到的结论：即汽车直行行驶轨迹为连续直线；汽车转弯为回旋曲线；实地轨迹调查得到的结论是轨迹连续、轨迹曲率连续和轨迹曲率倒数连续。这个结论为理论探求轨迹方程的具体形状奠定了数学基础。

理论轨迹分析，根据实地调查得到的轨迹规律基础上的。将汽车轨迹置于直角坐标系中，采用微分方程解算得到。汽车行驶的理论具体轨迹方程建立与研究方法是：根据轨迹规律，采用微元分析法，建立汽车司机在转弯操作方向盘方式与行车速度、车体长度和方向盘的转向角之间的关系。微元分析法的步骤是：将轨迹线放置在普通直角坐标系里，先探求轨迹方程一般表达式，再看轨迹方程符合何种方程，轨迹线就是那种曲线。理论轨迹方程研究结论为：当等角度转动方向盘实现拐弯时为圆弧；当等角速度转动方向盘实现拐弯时为回旋线。

面轴关系研究是指前轮旋转面与车身纵轴关系研究，研究结论是：夹角为零、夹角为常数、夹角为变数夹角为零对应直线、夹角为常数对应圆弧、夹角为变数对应回旋线。

上述三种途径得到的道路共同结论是，不论道路中心线如何复杂，均是由连续直线、回旋曲线和圆弧曲线这三种线形构成。这也是根据世界上绝大多数国家历史的和现代的道路设计理论和实践得出的结论。在设计中将这三种线形叫做道路设计的基本线形。即基本线形一般是由连续直线、圆弧曲线和回旋曲线，这三种基本线形的图示如图3-14所示。另外，考虑到回旋曲线具有行车缓和和线形缓和的作用，因此也叫做缓和曲线。换言之，以回旋曲线作为缓和曲线，但并不是说所有的缓和曲线都使用回旋线。缓和曲线线形有多种多样，如回旋线（亦称“辐射螺旋线”）、三次抛物线、双曲线以及 n 次抛物线等。目前，包括我国在内的绝大多数国家，在公路上通常多采用回旋线作为缓和曲线的主要形式。即在我国，任何复杂的道路中心线都是由连续直线、圆弧曲线和回旋曲线这三种基本线形构成的，这个结论已经被实地轨迹调查、理论轨迹分析和面轴关系研究所证实。

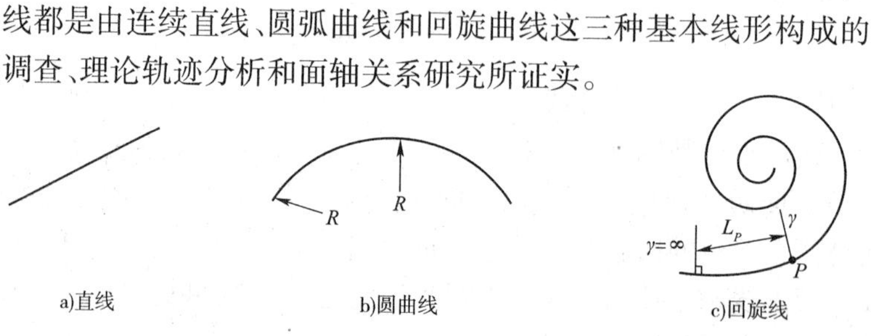

图3-14 道路设计中采用的三种基本线形

第三节　道路曲线段设计实际采用的线形

由实地轨迹调查和汽车理论轨迹分析得出结论:道路设计中的线形不论多么复杂,均是由连续直线、圆弧曲线和回旋曲线(缓和曲线)三种基本线形构成。换言之,公路实际采用的线形是由连续直线、回旋曲线(缓和曲线)和圆弧曲线这三种基本线形的其中之一或组合而成的。由基本线形构成的实际采用的曲线类型,大体上可分为单曲线和复曲线两类。

在直线型定线法中,单曲线是指一个或多个交点设一种半径的曲线。单曲线可分为简单型单曲线[图 3-15a)和 d)]、基本型单曲线[图 3-15b)]和凸形单曲线[图 3-15c)]。

复曲线是指两个或两个以上交点设两个或两个以上半径的曲线并对接。复曲线通常是在两个(或两个以上)相邻同向或反向较近的交点处,设置不同半径或不同参数的曲线并相互对接后,再与导线连接的曲线形式。复曲线有同向复曲线和反向复曲线两类。同向复曲线有简单型复曲线[图 3-16a)]、基本型复曲线[图 3-16b)]、卵形复曲线、复合型复曲线和 C 形复曲线等几种;反向复曲线有简单 S 形和基本 S 形复曲线两种。最常用的是简单型、基本型复曲线。

表 3-2 列出了公路设计中所采用的曲线种类,图 3-17 ~ 图 3-26 列出了这些曲线的基本形式和适用条件。

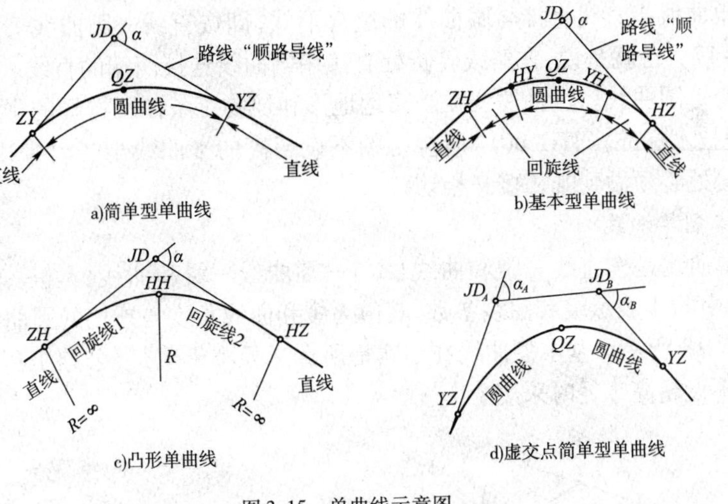

图 3-15　单曲线示意图

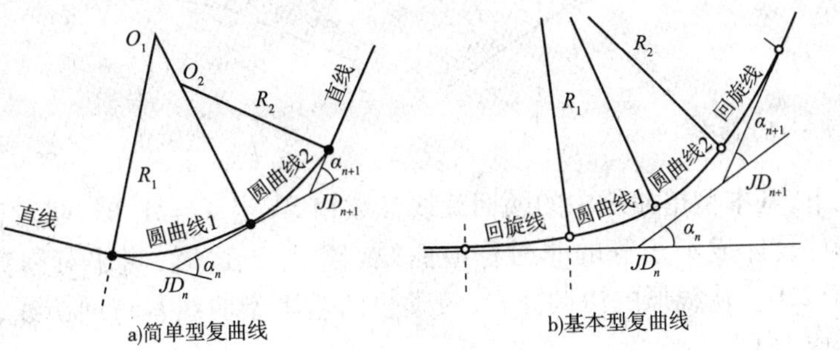

图 3-16　复曲线示意图

公路采用的曲线种类（基本线形的各种组合） 表3-2

曲线种类	交点类别	设置缓和曲线情况	名称	曲线形式
单曲线（一个或多个交点处设一个半径的曲线）	实交点	圆曲线两端不设缓和曲线	简单型单曲线	图3-15a）或图3-17
		圆曲线两端设置缓和曲线	基本型单曲线	图3-15b）或图3-18
			凸形单曲线	图3-15c）或图3-19
	虚交点	圆曲线两端不设缓和曲线	简单型单曲线	图3-15d）
		圆曲线两端设置缓和曲线	基本型单曲线	图3-15b）相同，但交点有多个
复曲线（两个交点或多个交点设两个或两个以上半径的曲线并对接，对接处相邻曲线必须直接相接并有公共切线）	同向复曲线	圆曲线两端不设缓和曲线	简单型复曲线	图3-16a）或图3-20
		圆曲线两端设置缓和曲线	基本型复曲线	图3-16b）或图3-21
			卵形复曲线	图3-22
			复合型复曲线	图3-23
			C形复曲线	图3-24
	反向复曲线	圆曲线两端不设缓和曲线	简单S形复曲线	图3-25
		圆曲线两端设缓和曲线	基本S形复曲线	图3-26

一、单曲线

单曲线主要有简单型、基本型及凸形曲线三种类型。

（一）简单型单曲线

简单型单曲线指直线直接与圆曲线的组合形式，即按直线—圆曲线—直线的顺序组合而成，见图3-17。也就是说，在路线转折处直接用圆曲线连接两端的直线。简单型单曲线过去习惯上称为单圆曲线。这种曲线在当实地地形和地物等条件所选择的平曲线半径大于现行《公路工程技术标准》（JTG B01）所规定的不设超高的平曲线半径时采用。应该指出，圆弧和直线相接处必须做到既相接又相切。

（二）基本型单曲线

基本型单曲线是按直线—缓和曲线（A_1）—圆曲线—缓和曲线（A_2）—直线的顺序组合而成的（括号中的A表示缓和曲线参数，其值为缓和曲线长度与连接的圆曲线半径乘积的平方根），如图3-18所示。基本型曲线在当实地所选半径小于现行《公路工程技术标准》（JTG B01）规定的不设超高半径时采用。

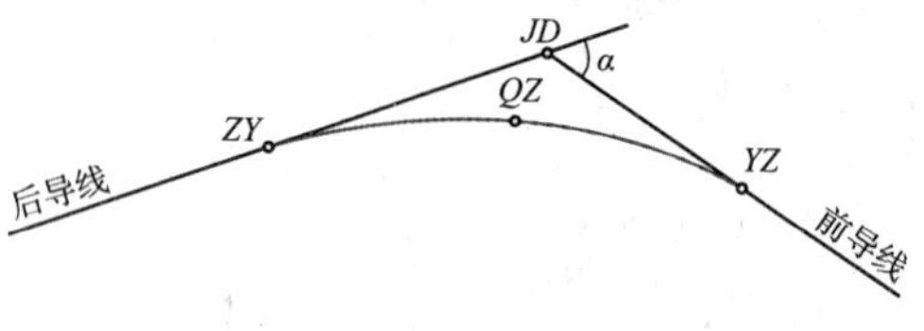

图3-17 简单型单曲线

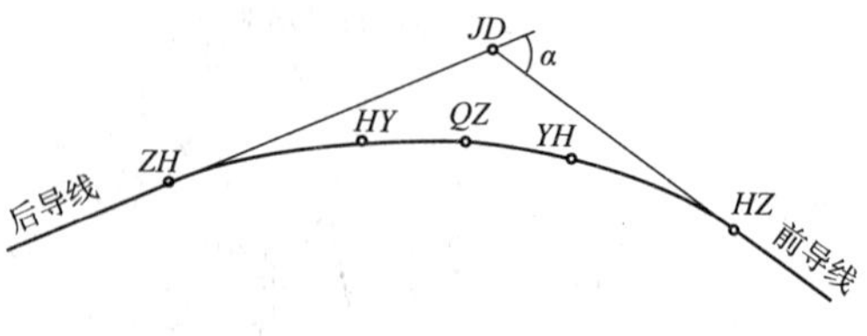

图3-18 基本型单曲线

一般情况下，基本型单曲线中的两回旋线参数相等（当$A_1=A_2$时，叫对称基本型）；也可以根据地形条件设计成不相等的非对称型曲线（当$A_1\neq A_2$时，叫非对称基本型），但此时A_1∶A_2不应大于2.0。从线形的协调性看，最理想的基本型曲线宜将回旋线、圆曲线、回旋线的长度比设计成1∶1∶1。

(三)凸形单曲线

凸形单曲线是指两同向缓和曲线间,不插入圆曲线而直接相接后再与相邻直线衔接的线形组合形式,如图 3-19 所示。

在设计凸形单曲线的回旋线时,其参数及其连接点的曲率半径,应分别符合最小回旋线参数和圆曲线一般最小半径的规定。凸形曲线尽管在各衔接处的曲率是连续的,但因中间圆曲线的长度为 0,对驾驶操纵会造成一些不利因素,所以只有在路线严格受地形、地物限制处,方可采用凸形单曲线,一般情况下不宜采用。

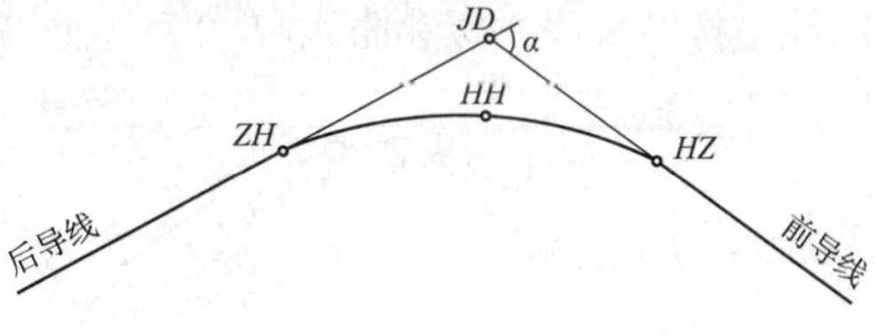

图 3-19 凸形单曲线

二、复曲线

复曲线指两个及以上不同半径或曲线形式直接连接的曲线形式,其类型有同向复曲线和反向复曲线两大类,每一类又有各自不同的形式。

(一)同向复曲线

是指两个或两个以上半径不同,转向相同的圆曲线径相连接或插入回旋线(缓和曲线)后再相接的曲线组合形式。根据其是否插入缓和曲线可有简单型、基本型、卵形、C 形、复合型等多种形式。

1. 简单型复曲线

简单型复曲线是不同半径圆曲线直接相连后再与直线段连接的组合,即按直线—圆曲线(R_1)—圆曲线(R_2)—直线的顺序组合构成,如图 3-19 所示。

简单型复曲线的设置场合为:当两个或两个以上相同方向偏角的相邻交点间,根据实际地形、地物等条件,所选择的实际曲线半径均大于现行《公路工程技术标准》(JTG B01)规定的不设超高的曲线半径,且由此计算的两相邻圆曲线半径之比在 1.5 以内时,应设置成如图 3-20 所示的简单型复曲线。

2. 基本型复曲线

基本型复曲线是指两圆曲线直接连接后分别再带上回旋线(缓和曲线)而后与相邻直线连接的曲线组合,即按直线—缓和曲线(A_1)—圆曲线(R_1)—圆曲线(R_2)—缓和曲线(A_2)—直线的顺序组合构成,如图 3-21 所示。

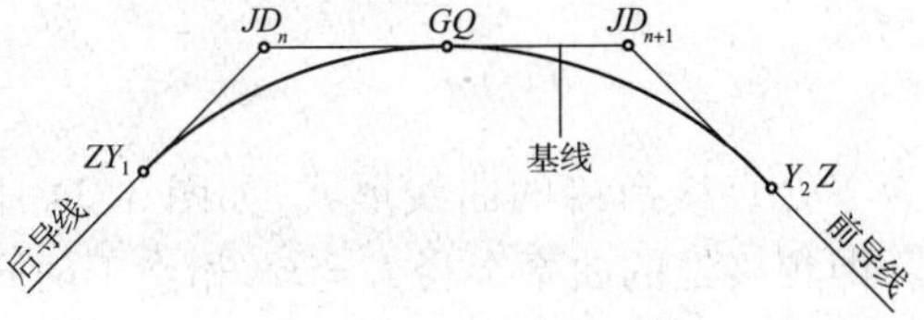

图 3-20 简单型复曲线

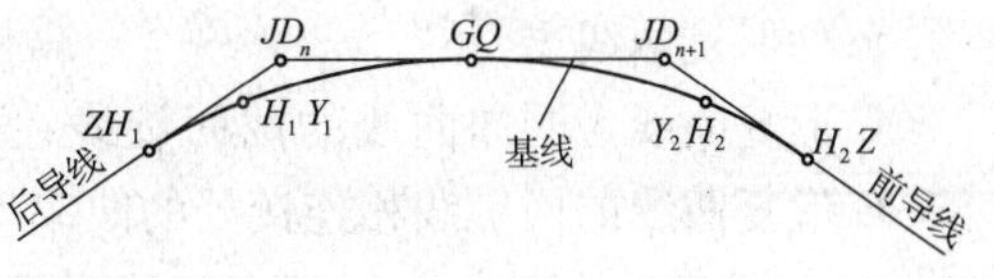

图 3-21 基本型复曲线

基本型复曲线的设置场合为:当两个相同方向偏角的相邻交点间根据实际地形、地物等条件所选择的两曲线半径均小于现行《公路工程技术标准》(JTG B01)规定的不设超高的曲线半径,且由此计算的中间直线段短于 6 倍设计车速并且两相邻曲线半径之比在 1.5 以内时设置成此种形状的复曲线。

3. 卵形复曲线

卵形复曲线是指由两个或多个半径悬殊(两圆半径之比超过 1.5)的圆曲线间,通过一段回旋线(缓和曲线)连接两相邻圆曲线的曲线形式。卵形曲线有多种形式,最典型的卵形曲线是按照直线—缓和曲线(L_{s1})—圆曲线(R_1)—缓和曲线(L_F)—圆曲线(R_2)—缓和曲线(L_{s2})—直线的顺序组合构成,如图 3-22 所示。

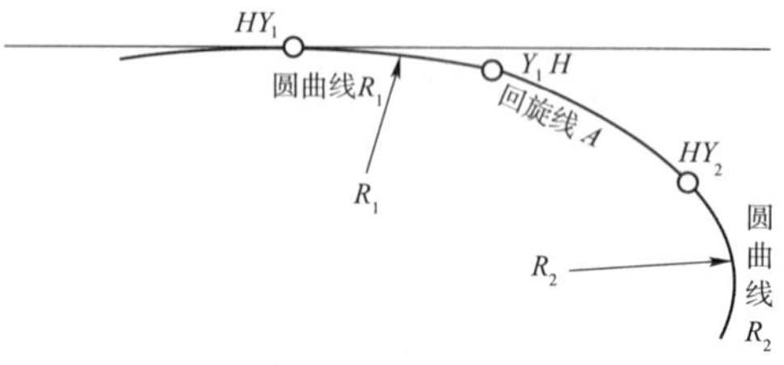

图 3-22 卵形复曲线

卵形复曲线的设置条件是,当由实地地形地物等条件结合现行《公路工程技术标准》(JTG B01)要求,而选定的主曲线半径与反算的副曲线半径的比值大于 1.5 倍时采用。这种曲线也称为"复中设缓的复曲线"。理想的卵形复曲线应满足以下三项要求:

第一,卵形复曲线上的回旋线参数 A 一般情况下建议不应小于该级公路关于回旋线最小参数的规定,同时宜满足式(3-18)。

$$R_2/2 \leqslant A \leqslant R_2 \tag{3-18}$$

式中:A——回旋线参数;

R_2——小圆半径(m)。

第二,两圆曲线半径之比,宜满足式(3-19)为最佳。

$$0.2 \leqslant \frac{R_2}{R_1} \leqslant 0.8 \tag{3-19}$$

式中:R_1——大圆半径(m)。

第三,两圆曲线的间距,即内移值之差,宜满足式(3-20)。

$$0.003 \leqslant \frac{\Delta P}{R_2} \leqslant 0.03 \tag{3-20}$$

式中:ΔP——两圆曲线的内移值之差(m)。

4. 复合型复曲线

复合型复曲线是指两个及两个以上的同向缓和曲线,在曲率相等处直接连接的组合形式,如图 3-23 所示。

复合型复曲线的两个回旋线参数之比宜为式(3-21):

$$A_2 : A_1 = 1 : 1.5 \tag{3-21}$$

复合型复曲线除了受地形和其他特殊限制的地方外,正常路段上一般很少使用,多出现在互通式立体交叉的匝道线形设计中。

5. C 形复曲线

C 形复曲线为同向曲线的两回旋线在曲率为零处直接衔接的曲线形式,如图 3-24 所示。C 形复曲线的回旋线相连接处的曲率均为零,即相接处的曲率半径 $R=\infty$,相当于两同向曲线中间直线长度为 0,对行车和线形都有一定影响,所以 C 形曲线只有在特殊地形条件下的路段上方可使用,如在环形交叉的中心岛设计中。

(二)反向复曲线

是指两个或两个以上半径不同,转向不同的圆曲线直接连接或插入缓和曲线后再相接的曲线组合形式。根据其是否插入缓和曲线可分为简单 S 形复曲线和基本 S 形复曲线等形式。反向复曲线通常亦称 S 形复曲线。

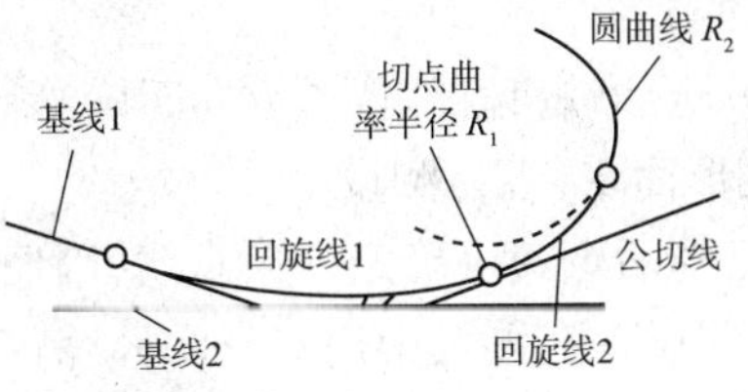

图 3-23　复合型复曲线

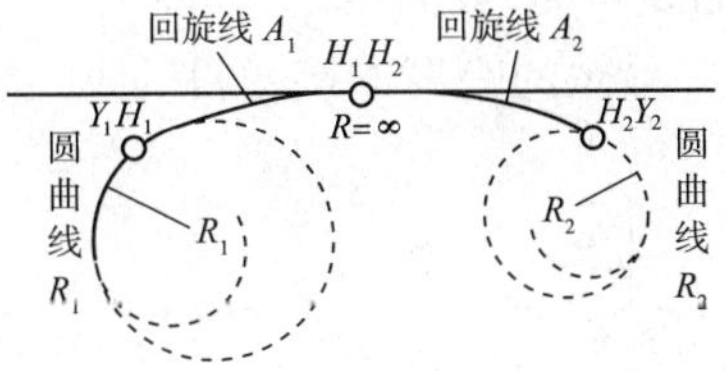

图 3-24　C 形复曲线

1. 简单 S 形复曲线

简单 S 形复曲线指两相邻反向圆曲线直接对接后再与相邻导线连接的形式，如图 3-25 所示。

2. 基本 S 形复曲线

基本 S 形复曲线是指两相邻反向圆曲线各用一段回旋线对接后再相互连接的形式，与直线相接处视实际情况可设置或不设回旋线，再相互对接，如图 3-26 所示。

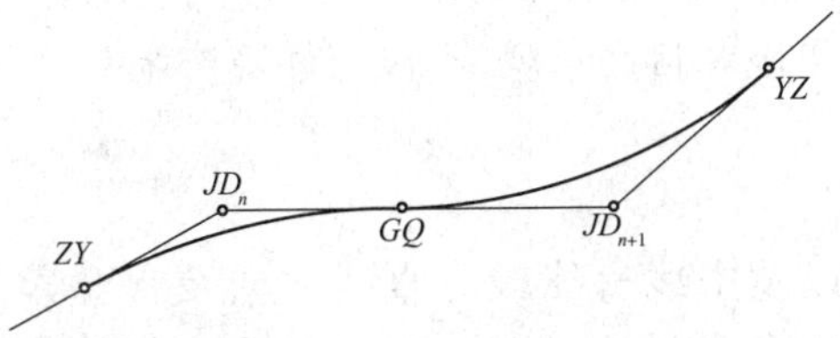

图 3-25　简单 S 形复曲线

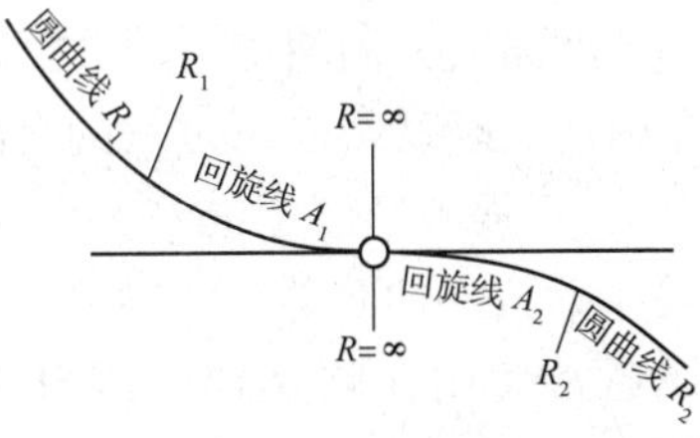

图 3-26　基本 S 形曲线

上述各类曲线设置，并非随心所欲，有时是不得已而为之。至于最终设置成何种曲线，主要视实地地形条件、技术标准要求、导线布置方式、特殊地段处理、视察报告意图等因素来具体选择，在后面将会结合实例说明。

第四节　道路平面基本线形定位原理与方程

在上节中从实际轨迹调查、理论轨迹分析和面轴关系研究得出的汽车行驶轨迹有连续直线、回旋曲线和圆弧曲线三种基本形状，当它们应用于公路设计中分别叫做三种基本线形，这三种基本线形与后面将要讲到的实用线形不同。基本线形是构成实用线形的基本单元，任何复杂的道路中心线均是由这三种基本线形构成。但仅仅知道是何种线形还不够，因为要将它们设计或布置出来，必须要做定形和定位计算。为此，本节研究三种基本线形各自的定位要素和定位方程，包括连续直线的定位要素和定位方程，圆弧曲线的定位要素和定位方程，以及回旋曲线的定位要素和定位方程。

一、直线的设计要素与定位方程

（一）平面直线的用途与特点

图 3-27 为连续直线示意图，在勘测设计中的用途是布置路线导线或两相邻曲线间；路线导线分顺路导线和自由导线。直线一般在戈壁沙滩、辽阔草原、超车路段、错车路段、城市近郊多用。

直线通常为公路平面的主体线形，主要特点有：

(1)路线短捷,方向明确

直线以最短的距离连接两目的地,具有路线短捷、缩短时程、行车方向明确等特点。

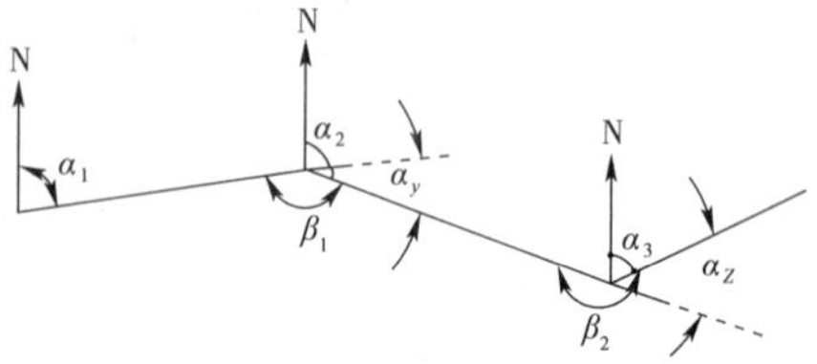

图 3-27　连续直线及其设计要素

(2)线形简单,容易测设

由于已知两点就可确定一条直线,因而直线线形简单,容易测设。在测设中用花杆和经纬仪即可直接定出一条直线的方向,用钢尺或光电测距仪可测出直线的长度。

(3)线形呆板,行车单调

从行车安全和线形美观来看,过长的直线,线形呆板、行车单调,易使驾驶员产生疲劳,也容易发生超车和超速行驶,行车时司机难以估计车间距离,在直线上夜间行车对向车容易产生眩光等。这些都是影响行车安全的不利因素,因而直路段,特别是过长直线,行车安全性差,往往是发生车祸较多的路段。因而在设计中尽量避免采用过长直线。

(4)环境难调,经济性差

直线虽然路线方向明确,但只能满足两个控制点的要求,难以与地形及周围环境协调。特别是在山区、丘陵区,采用过长的直线会严重破坏自然景观,不仅与环境协调差,而且易造成大挖大填,工程的经济性也差。

(二)平面直线的计算

直线通常使用在顺路导线或自由导线以及中线直线段。直线方向及其要素是用相互夹角和子午夹角表达。相互夹角指导线右角和导线转角。右角是指相邻顺路导线右侧所夹的角,而转角是指后导线的延长线与前导线之间的夹角,转角有右转角与左转角之分。子午夹角是指象限角和方位角。方位角即路线某一直线方向与正北方向的夹角(由正北方向起按顺时针方向到该直线方向的夹角。通常用 α 表示)导线转角、导线右角、象限角和方位角间可以进行转换计算。应用转换关系时,注意必须预先知道直线所在的象限,才能使用。判别直线所在象限的方法是用同一个象限内一对坐标增量的正负号来判别。

(三)直线定位方程

直线定位一般只要知道直线上的两个点的位置即可确定,而这两个点的位置可以是两个点的坐标,也可以是两个点的实地位置。因为在设计和施工中,是将道路中心线表达在图纸上或敷设在实地上,所以首先应将路线导线及中线直线段在纸上或实地上的表达方式反映出来。我们知道,只要知道直线上两点位置就可以表达出直线,见式(3-22)。

$$\frac{Y - Y_i}{Y_{i+1} - Y_i} = \frac{X - X_i}{X_{i+1} - X_i} \tag{3-22}$$

(四)直线定位计算

直线计算一般有由两点坐标来计算距离和夹角,或反过来由两点坐标值计算距离和夹角,即主要是计算距离和夹角。夹角的计算步骤是先计算坐标增量,然后根据坐标增量的正负号判别直线所在的象限,再根据该象限的象限角和方位角的关系计算方位角,最后根据两条边分别计算的方位角相减得到夹角。

1. 直线间夹角计算

如图 3-28a)所示,β_1、β_2、β_3、β_4 分别表示导线边 OA、OB、OC、OD 位于第一、第二、第三、第四象限的象限角,α_1、α_2、α_3、α_4 分别是它们位于第一、第二、第三、第四象限时的方位角。

相邻两个导线上 i 和 $i-1$ 两点坐标计算夹角步骤如下[图 3-28b)]：

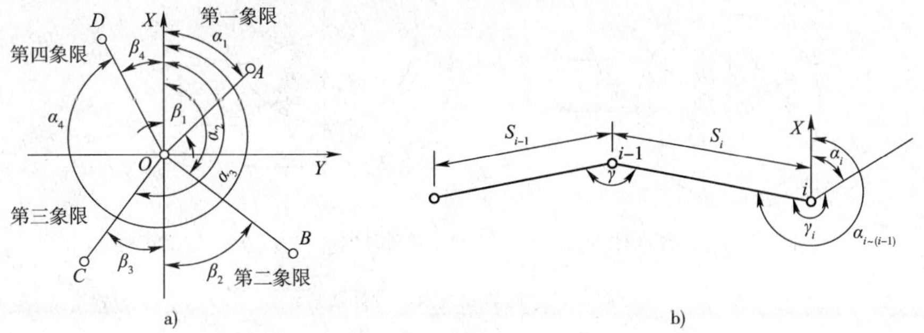

图 3-28　直线象限角与方位角关系以及相邻两点间距与直线间的夹角计算示意图

(1)根据坐标计算坐标增量，$\Delta X = X_{i+1} - X_i$，$\Delta Y = Y_{i+1} - Y_i$。

(2)计算象限角值，$\beta = \arctan \dfrac{\Delta Y}{\Delta X}$。

(3)根据表 3-3 坐标增量判别所在象限。

导线边坐标增量的正负号与所在象限的关系　　表 3-3

第一象限		第二象限		第三象限		第四象限	
ΔX	ΔY	ΔX	ΔY	ΔX	ΔY	ΔX	ΔY
+	+	+	−	−	−	−	+

(4)根据表 3-4 象限角与方位角的关系计算方位角值。

直线象限角与方位角的关系　　表 3-4

第一象限	第二象限	第三象限	第四象限
$\alpha = \beta$	$\alpha = 180° - \beta$	$\alpha = 180° + \beta$	$\alpha = 360° - \beta$
应用以上关系时，注意必须预先知道直线所在的象限，才能使用。判别直线所在象限的方法是用同一个象限内一对坐标增量的正负号来判别			

(5)由方位角相减得到夹角，见式(3-23)。

$$\gamma_i = \alpha_{i\sim(i-1)} - \alpha_i \tag{3-23}$$

2. 直线上两点间距计算

直线上两点间距计算，见式(3-24)。

$$S = \sqrt{(x_{i+1} - x_i)^2 + (y_{i+1} - y_i)^2} \tag{3-24}$$

二、圆曲线的设计要素与定位方程

(一)在路线勘测中的定位依据和定位方程

图 3-29 为在道路设圆曲线与直线的衔接关系，圆曲线与直线必须是相切并相接。建立直角坐标系，如图 3-29b)所示，以圆周上任意一点为坐标原点且以通过该点的切线和通过该点并垂直于切线的直线分别作为 x 和 y 轴时，用参数表示的直角坐标方程见式(3-25)和式(3-26)。

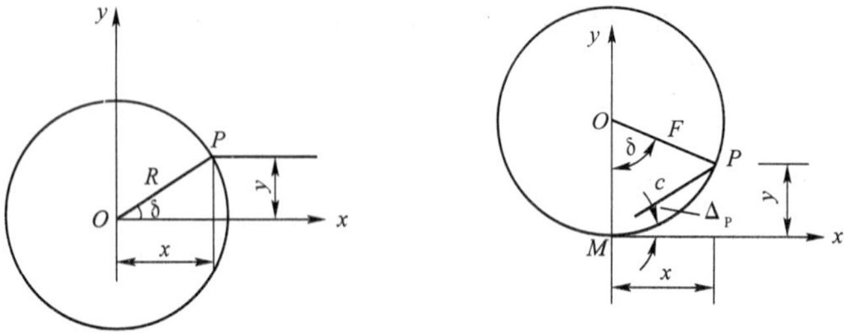

a)以圆心为坐标原点的圆曲线　　b)以圆周上任一点M为坐标原点的圆曲线

图 3-29　圆弧曲线及其设计要素

如图 3-29a)所示,若坐标原点在圆的圆心,则 P 点位置的直角坐标方程为式(3-27):

$$\left.\begin{aligned} x &= R \cdot \sin\delta \\ y &= R \cdot (1 - \cos\delta) \end{aligned}\right\} \tag{3-25}$$

$$\delta = \frac{180L_P}{\pi R} \tag{3-26}$$

式中:L_P——任意点 P 到曲线起点 M(或终点)的曲线长度[即图 3-29b)中的$\overset{\frown}{MP}$弧段长],实际计算时取两点桩号差;

δ——L_P 弧长所对的圆心角。

如图 3-29b)所示,坐标原点在圆周上任一点 M,以 M 点的切线作为 x 轴时,若用极坐标表示 P 点的位置,其方程见式(3-27)和式(3-28)。

$$\Delta_P = \frac{\delta}{2} = \frac{90L_P}{\pi R} \tag{3-27}$$

$$S_P = 2R \cdot \sin\frac{\delta}{2} = 2R \cdot \sin\frac{90L_P}{\pi R} \tag{3-28}$$

式中:Δ_P——曲线上任意一点 P 的极角,又叫偏角;

c——极距,又叫弦长。

(二)圆曲线的运用

(1)设置圆曲线时应与地形相适应,以采用超高为 2% ~4% 的圆曲线半径为宜。

(2)条件受限制时,可采用大于或接近于圆曲线最小半径的"一般值";地形条件特殊困难而不得已时,方可采用圆曲线最小半径的"极限值"。

(3)设置圆曲线时,应同相衔接路段的平、纵线形要素相协调,使之构成连续、均衡的曲线线形,并避免小半径圆曲线与陡坡相重合的线形。

三、回旋线的设计要素与定位方程

回旋曲线(图 3-30)具有行车缓和、线形缓和的作用,以及超高过渡和加宽过渡的作用(表 3-5),因此也叫缓和曲线。我国将回旋线作为缓和曲线,但不代表一定缓和曲线一定采用回旋线。缓和曲线除回旋曲线外,还有三次抛物线、双扭线等。

如图 3-30 所示为回旋线连接圆曲线的计算图式,图中各符号含义已标于图上。这种计算图式将在以后的内容中介绍,在此使读者有一个感性的认识。

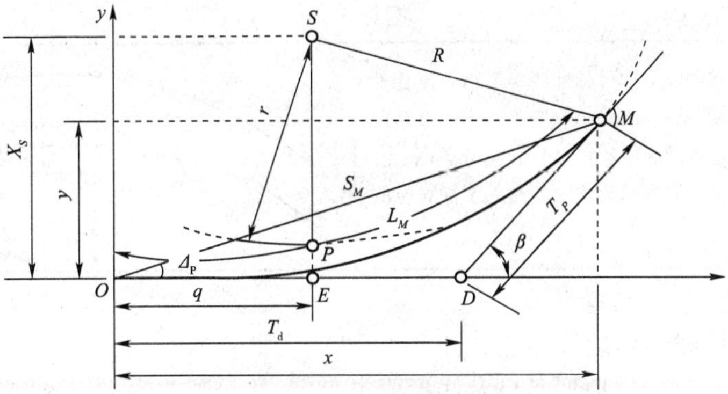

图 3-30　回旋曲线连接圆曲线及其设计要素

(一)回旋线的作用

回旋曲线的线形特征是消除直线与圆曲线衔接时的曲率突变,改善视觉心理效果,使得平面布线灵活,但其计算及测设较复杂。

回旋曲线的作用一览表　　表 3-5

1. 线形缓和	根据道路透视图的视觉分析和实际调查,右上图组合线形视觉效果差,有折点和扭曲现象。如果像右下图那样在直线与圆曲线间加入回旋曲线,则线形圆滑美观,有良好的视觉效果和心理作用	
2. 行车缓和	在直线上,曲率半径为无穷大,曲率为零;而在圆曲线上,曲率半径为常数 R,曲率为 $1/R$。若直接将两种线形直接连接,则会在相接处形成曲率突变点(右上图),因离心力发生突变,使行车安全和舒适感受到影响。若加入回旋线,则曲率渐变,行车有安全和舒适感,便于驾驶员转弯操纵方向盘使汽车前轮转向角渐变	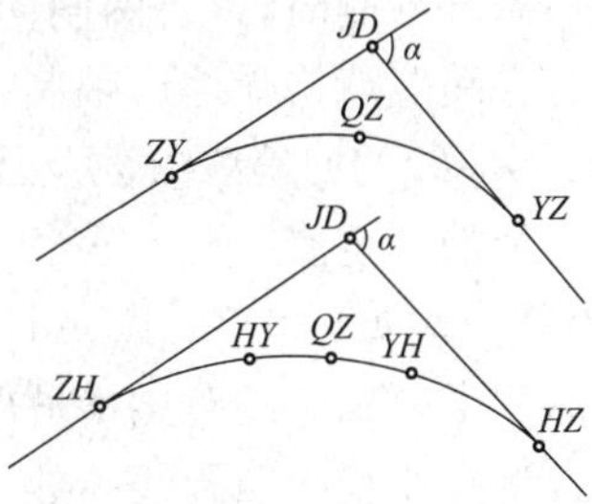
3. 超高过渡	为适应汽车转弯的特点,小半径公路圆曲线上均设置有超高,从设置超高的需要出发,应有一个过渡的路段	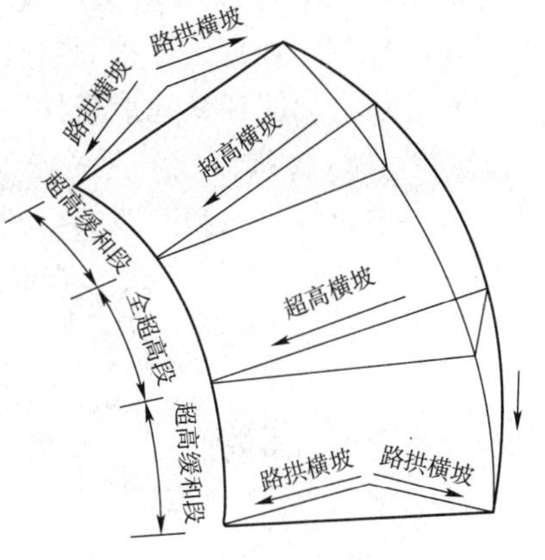

续上表

4. 加宽过渡	当车辆转小弯时，其外轮廓所占宽度比直行段占的宽些，因此相应道路宽度比直路段要宽，这种情况叫加宽。从加宽考虑也应有个过渡段，设置回旋曲线就是为了加宽时的过渡	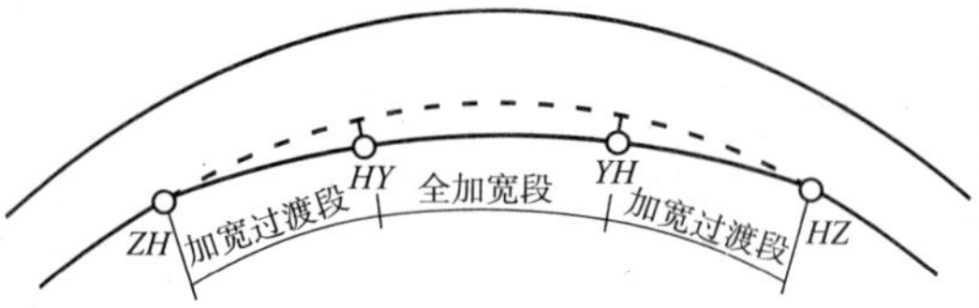

（二）回旋线参数的选择

1. 基本型单曲线中回旋线参数

回旋线参数 A 宜依据地形条件及线形要求确定，并与圆曲线半径 R 相协调。

（1）当 R 小于 100m 时，A 宜大于或等于 R。

（2）当 R 接近于 100m 时，A 宜等于 R。

（3）当 R 较大或接近于 3 000m 时，A 宜等于 $R/3$。

（4）当 R 大于 3 000m 时，A 宜小于 $R/3$。

2. 卵形复曲线中回旋线参数

两同向圆曲线直接衔接或插入的直线长度不足时，可用回旋线将两同向圆曲线连接组合为卵形复曲线。

（1）卵形曲线的回旋线参数宜选 $\frac{R_2}{2} \leqslant A \leqslant R$（为小圆曲线半径）。

（2）两圆曲线半径之比，以 $R_2/R_1 = 0.2 \sim 0.8$ 为宜。

（3）两圆曲线的间距，以 $\frac{D}{R_2} = 0.003 \sim 0.03$ 为宜（D 为两圆曲线间的最小间距）。

3. 凸形单曲线中回旋线参数

受地形条件限制时，可将两同向回旋线在曲率相同处直接衔接而组合为凸形曲线。凸形曲线只有在路线严格受地形限制，且对接点的曲率半径相当大时方可采用。

（1）凸形曲线的回旋线参数及其对接点的曲率半径，应分别符合容许最小回旋参数和圆曲线最小半径的规定。

（2）对接点附近的 $0.3v$（以 m 计；其中 v 为设计速度，以 km/h 计）长度范围内，应保持以对接点的曲率半径确定的路拱横坡度。

4. 复合型复曲线中回旋线参数

受地形条件限制时，大半径圆曲线与小半径圆曲线相衔接处，可采用两个或两个以上同向回旋线在曲率相同处直接连接而组合为复合曲线。复合曲线的两个回旋线参数之比以小于 1.5 为宜。复合曲线在受地形条件限制，或互通式立体交叉的匝道设计中可采用。

（三）回旋曲线的线形

考察汽车由直线进入圆曲线的行驶轨迹，先假定汽车是等速行驶，驾驶员匀速转动方向盘。如图 3-30 所示，当方向盘转动角度为 φ 时，前轮相应转动角度为 ϕ，它们之间的关系为：

$$\phi = k\varphi \quad (\mathrm{rad}) \tag{3-29}$$

式中：k——小于 1 的系数。

而

$$\varphi = \omega t \quad (\mathrm{rad}) \tag{3-30}$$

式中：ω——方向盘转动的角速度(rad/s)；

t——行驶时间(s)。

此时汽车前轮的转向角为

$$\phi = k\omega t \quad (\text{rad}) \tag{3-31}$$

设汽车前后轮轴距为 d，前轮转动 ϕ 后，汽车的行驶轨迹曲线半径为 r，由图 3-30a)可知：

$$r = \frac{d}{\tan\phi} \quad (\text{m})$$

由于 ϕ 很小，可以近似地

$$r \approx \frac{d}{\phi} = \frac{d}{k\omega t} \quad (\text{m}) \tag{3-32}$$

汽车以 v(m/s)等速行驶，经时间 t(s)以后，其行驶距离(弧长)设为 L_P，则

$$L_P = vt \quad (\text{m}) \tag{3-33}$$

将式(3-32)代入式(3-33)得：

$$L_P = v\frac{d}{k\omega r} \tag{3-34}$$

式中，v、d、k、ω 均为常数，令

$$\frac{vd}{k\omega} = C$$

则

$$L_P = \frac{C}{r}$$

或

$$rL_P = C \tag{3-35}$$

式中：L_P——汽车自直线终点开始转弯，经 t(s)后行驶的距离(m)；

r——汽车行驶 t 后在 L_P 处的曲率半径(m)；

C——常数。

推证说明，汽车匀速从直线进入圆曲线(或相反)其行驶轨迹的弧长与曲线的曲率半径的乘积为一常数。这一性质与数学上的回旋线正好相符。

(四)回旋线的数学计算式

我国道路设计中的缓和曲线采用回旋线，为了将来做布线计算需要建立回旋曲线的直角方程，如图 3-31 所示。回旋线的基本公式，即参数形式见式(3-35)或式(3-36)，即：

$$rL_P = C \tag{3-36}$$

式中符号含义同前。

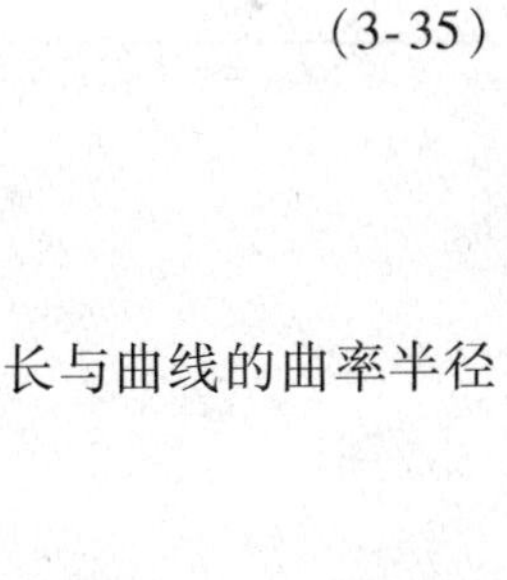

图 3-31　汽车的转弯行驶

由于 $r \cdot L_P$ 的单位是长度的二次方(m^2)，习惯上称为回旋线参数。为使用时量纲一致，令 $C = A^2$，A 称为回旋线参数，表征回旋线曲率变化的缓急程度。在回旋线的任意点上，r 是随 L_P 的变化而变化的，在缓和曲线的终点处 $L_P = L_s$，$r = R$，利用边界条件，则式(3-36)可改写成式(3-37)。

$$RL_s = C = A^2$$

则
$$A=\sqrt{RL_s} \tag{3-37}$$

式中：R——回旋线所连接的圆曲线半径；

L_s——取定的回旋线的一段的总长度；

A——回旋线参数。

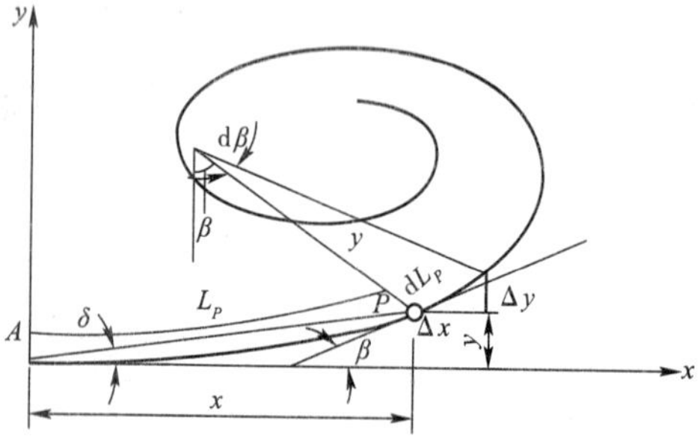

图 3-32　回旋线计算图

设计上可以由已知 R 和 L_s 计算 A，也可以按各种条件选择 R 和 A，再计算 L_s。如图3-32所示，在回旋线上任意点 P 取微分单元 dL_P，则有：

$$\left.\begin{aligned} dx &= dL_P\cdot\cos\beta \\ dy &= dL_P\cdot\sin\beta \end{aligned}\right\} \tag{3-38}$$

则回旋线的直角坐标方程表达式为：

$$\left.\begin{aligned} x &= \int dx = \int dL_P\cdot\cos\beta \\ y &= \int dy = \int dL_P\cdot\sin\beta \end{aligned}\right\} \tag{3-39}$$

因 L_P 和 β 两者有关联，需统一积分变量，下面将以上两式等号右边全统一成只含一个变量 L_P 的积分表达式：

从所取微分单元可知，$dL_P=r\cdot d\beta$，而 $rL_P=C$，故 $r=C/L_P$，即：

$$dL_P=\gamma\cdot d\beta=(C/L_P)d\beta \tag{3-40}$$

$$L_P\cdot dL_P=C\cdot d\beta \tag{3-41}$$

两边积分，有：

$$\int L_P\cdot dL_P=C\cdot\int d\beta \tag{3-42}$$

当 $L_P=0$ 时，$\beta=0$，则有：

$$\int_0^{L_P}L_P\cdot dL_P=C\cdot\int_0^{\beta}d\beta \tag{3-43}$$

$$\frac{1}{2}L_P^2=\alpha C\cdot\beta$$

即：

$$\beta=\frac{L_P^2}{2C} \tag{3-44}$$

根据泰勒级数：

$$\left.\begin{aligned} \sin\beta &= \beta-\frac{\beta^3}{3!}+\frac{\beta^5}{5!}-\frac{\beta^7}{7!}+\cdots+\frac{(-1)^{n-1}\beta^{2n-1}}{(2n-1)!}+\cdots \\ \cos\beta &= 1-\frac{\beta^2}{2!}+\frac{\beta^4}{4!}-\frac{\beta^6}{6!}+\cdots+\frac{(-1)^n\beta^{2n}}{(2n-2)!}+\cdots \end{aligned}\right\} \tag{3-45}$$

$$x=\int dx=\int dL_P\cdot\cos\beta=\int dL_P\left[1-\frac{\beta^2}{2!}+\frac{\beta^4}{4!}-\frac{\beta^6}{6!}+\cdots+\frac{(-1)^n\beta^{2n}}{(2n-2)!}+\cdots\right]$$

因为 $\beta=\dfrac{L_P^2}{2C}$，

$$x=\int dL_P\left[1-\frac{\left(\frac{L_P^2}{2C}\right)^2}{2!}+\frac{\left(\frac{L_P^2}{2C}\right)^4}{4!}-\frac{\left(\frac{L_P^2}{2C}\right)^6}{6!}+\cdots+\frac{(-1)^n\left(\frac{L_P^2}{2C}\right)^{2n}}{(2n-2)!}+\cdots\right]$$

$$= L_P - \frac{L_P^5}{40C^2} + \frac{L_P^9}{3456C^5} - \cdots$$

$$y = \int dy = \int dL_P \cdot \sin\beta = \int dL_P\left[\beta - \frac{\beta^3}{3!} + \frac{\beta^5}{5!} - \frac{\beta^7}{7!} + \cdots + \frac{(-1)^{n-1}\beta^{2n-1}}{(2n-1)!} + \cdots\right]$$

因为$\beta = \frac{L_P^2}{2C}$，

$$y = \int dL_P\left[\frac{L_P^2}{2C} - \frac{\left(\frac{L_P^2}{2C}\right)^3}{3!} + \frac{\left(\frac{L_P^2}{2C}\right)^5}{5!} - \frac{\left(\frac{L_P^2}{2C}\right)^7}{7!} + \cdots + \frac{(-1)^{n-1}\left(\frac{L_P^2}{2C}\right)^{2n-1}}{(2n-1)!} + \cdots\right]$$

$$= \frac{L_P^3}{6C} - \frac{L_P^7}{336C^3} + \frac{L_P^{11}}{42\,240C^5} + \cdots$$

缓和曲线角的表达式：

$$\beta = L_P^2/2C \quad (\text{rad}) \tag{3-46}$$

以曲率为零的点作回旋线起点和坐标原点，以起点的切线作为 x 轴并考虑 $C = RL_s$ 时的回旋曲线直角坐标方程为：

$$\left.\begin{aligned} x &= L_P - \frac{L_P^5}{40R^2L_s^2} + \frac{L_P^9}{3\,456R^4L_s^4} - \cdots \\ y &= \frac{L_P^3}{6RL_s} - \frac{L_P^7}{336R^3L_s^3} + \frac{L_P^{11}}{42\,240R^5L_s^5} - \cdots \end{aligned}\right\} \tag{3-47}$$

必须指出，式(3-47)是回旋线支距公式。这是指单独拿出曲线时的画形定点公式。实际使用时往往和直线与圆弧连接使用，这里需注意使用它的坐标原点为曲率为零的那一点(即回旋线起点)，亦即是曲线连接直线的那点，x 轴为原点(起点)切线。还要注意的是：上述两式的结果是利用级数展开得到的，最终项数取定依定位精度而定，当直接使用式(3-47)人工手算且放线定点精度可保证在 1cm 限差内，可用式(3-48)计算。

$$\left.\begin{aligned} x &= L_P - \frac{L_P^5}{40R^2L_s^2} \\ y &= \frac{L_P^3}{6RL_s} \end{aligned}\right\} \tag{3-48}$$

当定位精度要求较高时，可将式(3-47)多取几项计算。倘若用全站仪以坐标定点时，因使用的坐标系统为大坐标系统，其坐标是由小坐标换算过来的，因此计算时应根据实际精度要求可取更多的项数，一般 x 计算公式中通常取 3 ~ 4 项；y 计算公式取 2 ~ 3 项即可满足要求，同时注意计算结果保留四位小数。但 x、y 计算结果切线支距法等方法直接定点时，则通常只保留两位小数。

第四章　道路平面设计理论与方法

本章阐述的道路平面设计属于道路几何设计范畴，传统的平面设计主要研究道路路段和交叉口的平、纵、横设计的原理、理论和方法。本章研究的平面设计的具体内容有四个方面：一，确定各种道路中心线设计要素和定位方程；二，设计技术标准的确定原理和结果运用；三，线位布置设计以及桩点定位计算等，包括测设时加密点的坐标计算，切线支距小坐标向高斯大坐标系换算原理和公式；四，平面设计图表制作问题。

第一节　道路平面设计的内容

一、道路中线的平面投影

道路平面设计后最终要给出的设计成果有很多，限于本书篇幅，在此只讨论道路中心线的设计和路线平面设计图。

严格地讲，道路中心线是由曲线和直线构成的一条空间线形，其平面投影亦是由直线和曲线组成。不论实地布置的中线还是设计在纸上的中线都是道路中心线的平面投影，尽管二者在空间概念上不在一个平面，但其中心线的平面投影是一样的。设计和施工在这个问题上的概念是相同的，不存在换算问题。这是因为道路中心线在实地是用间距相等或不等的桩志标定到实地上的，各个木桩连线即为中心线。布置这些桩是通过测角、量距等操作完成，测角时一般使用的是经纬仪或全站仪，故测得结果是水平角，而量距则是水平距离，故实际操作的结果必然是平面投影。设计中是以顺滑线条叠画在地形图上，而地形图是平面投影，因此二者叠画的前提是道路中线必须是平面投影。由此可见，不论实地布置的中线还是设计在纸上的中线都是道路中心线的平面投影。

二、初步设计与施工图设计

路线设计一般通过定线和设计完成的。按照路线设计技术要求，定线分纸上定线和实地定线。纸上定线用于初步设计，是在大比例尺的地形图上，设计出选定路线方案的平、纵、横设计以及各种结构物设计。必须指出，采用纸上定线方法设计出的设计文件叫做初步设计文件。初步设计文件不能直接交付施工。

实地定线一般是指利用初步设计文件，在实地放线后做技术设计文件或直接在实地做技术设计文件供施工用。由实地定线方法设计出交付施工的设计文件叫做施工图设计文件，采用施工图设计文件由施工单位在实地定线叫做施工放线。再次强调，只有施工图设计文件才能直接交付施工。道路平面设计中的初步设计与技术设计文件，已在第一章表 1-9

中给出，兹不重述。

三、道路导线和中线的设计表述

(一)直线、曲线及转角表

平面设计中需要确定道路中线和顺路导线的设计位置和形状。通常将道路中线的顺路导线以及道路中心线设计形状、位置的设计结果用两种方法来表达，一种是表格，另一种是设计图。“直线、曲线及转角表”(表4-1)全面地反映了路线的平面位置和路线平面线形的各项指标，它是道路设计的主要成果之一。只有在完成该表以后，才能据此计算“逐桩坐标表”和绘制“路线平面设计图”，同时在作路线的纵断面设计、横断面设计和其他构造物设计时都要使用表4-1中的数据，除了用上述表格表达外，还可用表4-2和表4-3表达。设计图主要是道路平面设计图，将随后阐述。

某公路某段直线、曲线及转角表

表4-1

交点编号	交点坐标 X(m)	交点坐标 Y(m)	交点桩号	转角值	曲线要素值 半径(m)	缓和曲线长度(m)	切线长度(m)	曲线长度(m)	外距(m)	校正值(m)
1	2	3	4	5	6	7	8	9	10	11
起点	41 808.204	9 003.595	K0 +000.00							
2	41 317.589	90 646.099	K0 +652.716	右35°35′25.0″	800.000	0.000	256.777	496.934	40.199	16.620
3	40 796.308	90 515.912	K1 +159.946	左57°32′52.0″	250.00	50.000	162.511	301.100	35.692	23.922
4	40 441.519	91 219.007	K1 +923.562	左34°32′06.0″	150.00	40.000	66.753	130.412	7.545	3.094
5	40 520.204	91 796.474	K2 +503.273	右78°53′21.0″	200.00	45.000	187.380	320.375	59.533	54.383
6	……	……	……	……	……	……	……	……	……	……

交点编号	曲线位置 第一缓和曲线起点(ZH)	第一缓和曲线终点或圆曲线起点[HY(或ZY)]	圆曲线中点QZ	第二缓和曲线起点或圆曲线终点[YH(或YZ)]	第二缓和曲线终点[HZ]	直线长度及方向 直线长度(m)	交点间距(m)	计算方位角或计算方向角	测量断链 桩号	增减长度(m)	备注
1	12	13	14	15	16	17	18	19	20	21	22
起点								138°44′00.0″			
2		K0 +395.939	K0 +644.406	K0 +892.873		395.939	652.716	174°19′25.0″			
3	K0 +997.435	K1 +047.435	K1 +147.985	K1 +248.535	K1 +298.535	140.562	523.850	116°46′33.0″			
4	K1 +856.809	K1 +896.809	K1 +922.015	K1 +947.221	K1 +987.221	558.274	787.538	82°14′27.0″			
5	K2 +315.893	K2 +360.893	K2 +476.081	K2 +591.268	K2 +636.268	328.672	582.805	161°07′48.0″			
6	……	……	……	……	……	……	……	……			

路线导线点坐标表

表 4-2

自由导线点编号	高斯横坐标(m)	高斯纵坐标(m)	位　　置
D1	60 454.189	71 198.285	位于小街口东侧混凝土包芯桩
D2	68 897.123	87 112.222	位于大石塔混凝土包芯桩
D3	70 477.163	96 238.245	位于刘家庄南口混凝土包芯桩
D4	75 682.196	97 245.169	位于太洛路 10 公里桩右侧混凝土包芯桩
D5	86 789.123	99 258.112	位于原旦山包顶混凝土包芯桩

逐 桩 坐 标 表

表 4-3

里 程 桩 号	高斯横坐标(m)	高斯纵坐标(m)	观测方向角
K1 +900	40 454.177	91 198.885	107°55′03.1″
+920	40 448.963	91 220.253	99°30′30.3″
+940	40 477.061	91 238.126	92°38′19.1″
+947	40 446.902	91 245.344	89°52′50.9″
K1 +960.00	40 447.413	91 258.112	85°46′43.6″

(二)公路平面设计图识读

路线平面设计图是道路设计文件的重要组成部分。该图全面、客观地反映了道路平面位置和经过地区的地形、地物等,它是设计人员设计意图的重要体现。平面设计图在有关部门审批、专家评议、日后指导施工、恢复定线等方面都有重要作用。

1. 公路平面设计图的意义和样式

道路平面设计的表达方式是用其平面设计图及其设计图表。公路平面设计图的样式已在第三章中介绍(图 3-5)。道路平面设计图中一般是将道路中心线及其“顺路导线”叠画在沿道路走向的带状地形图上,并在图上对水准点位置、桥涵位置,指北方向等进行标注,同时配有曲线表等。

2. 公路平面设计图的作用

有了平面设计图以后,设计部门或项目主管部门就可以了解路线概况,同时施工单位就能对路线位置及所经地带地貌地形与路线的关系一目了然,从而进行施工放线。

3. 公路平面设计图的识读

路线平面设计图是将路线中心线的平面投影叠画在沿着路线走向左右各 150m 范围的带状地形图上,并在图上标注出水准点位置、桥涵位置、曲线表、桥涵位置、指北针图标、里程桩号等要素。它是实地上布置的路线表现在图上的一种方式。现场实际道路是一个空间线形带状构筑物,这种带状构筑物是在具有高低起伏的原地面上,通过填挖和修筑而形成的。但是勘测中,在原地面上布置的道路中线,是用间距相等和不等的桩在原地面上标定的。而在设计中,是用由直线和曲线构成的光滑连续粗实线条表示的。这就需要将道路中线连同其周围的地形、地貌一并反映到图上。也就是说,将道路中心线的投影线条叠画在具一定宽度的带状地形图上,即在地形图上将道路中心线位置表示出来,就是道路的平面图。因为工程上描述地形、地物是用地形图来描述的,图上的地形用等高线表示,地物用地物符号表示,所以用地形图就可表达道路周围的地形和地貌。路线平面设计图的要素见表 4-4。在平面图上,不但有道路中心线,而且还应有表示曲线位置的曲线表、水准点位置、桥隧位置、指北方向等的一些数据和图符。

路线平面设计图的基本要素 表4-4

项目	说明或描述
图幅和比例	路平面设计图比例尺为1:2000,测图范围为路线两侧各150m,路线平面图是分幅画出来,然后一幅一幅拼接起来的,每一幅采用A3图纸,左侧装订线空开25mm。周围空开10mm制作图框,最底下画出图标,图标上要设计出路线名称、路段名称、图的名称、设计单位、设计人员、复核人员、审核人员、本图图号、本图比例、本图页码栏目等
顺路导线	使用在现场勘测布置的道路中线测设计算结果,制作出"直线、曲线及转角表",用正切法展出顺路导线。导线点用空心小圈点,线条宽度采用3mm
曲线表格	当某幅图上有曲线时,则在这幅平面设计图上必须要有表示曲线位置的曲线表
周围地形	按照测设点位联结成网,再按照"切头去尾,中间平分、同高连线"的方法画出等高线并修饰。用计算机CAD软件绘图时用"SPLINE"命令绘制等高线
地物符号	对于图上的地物依据国家测绘总局最新出版的《地形图图式》规定符号标注
接图线条	每幅图的首尾必须画出垂直于路线中线的接图线,在线的右侧写明路线桩号
指北方位	每幅图上要有指北针,用2cm直径规格的美术箭头画出,各页箭头须一致
结构标注	图上用引导尺寸线标注桥涵的中心桩号、结构形式以及孔径和长度等
水准点标示	平面图上必须标注水准点。水准点用引出线标在图位上。用八字小圈点表示并写明水准点号,同时标明该点位于路线桩号和距离中桩的方位和距离
里程桩注记	沿路线中线处,每隔100m标出阿拉伯数字1、2……每千米写出公里注记
道路中线	图上的等高线、道路中线和链接图线粗度分别为0.6mm、0.9mm和0.3mm笔宽

4. 公路路线平面设计图的比例尺和测绘范围

公路路线平面图是指包括道路中线在内的有一定宽度的带状地形图。若为供工程可行性研究、初步设计阶段的方案研究与比选,可采用1:50 000或1:10 000的比例尺测绘(或向国家测绘部门和其他工程单位搜集),但作为初步设计、施工图设计的设计文件组成部分应采用更大的比例尺。一般常用的是1:2 000或1:1 000,若为纸上移线,则比例尺将更大。

路线带状地形图的测绘宽度,一般为中线两侧各100~200m。对1:5 000的地形图,测绘宽度每侧应不小于250m。若有比较线,应将比较线包括进去。

(三)公路路线平面图的绘制方法

路线平面图成图方式分直接定线路线平面图测绘和纸上定线路线平面图测绘两种。

1. 纸上定线导线及道路中线的展绘

平面图的布图:在展绘导线或中线以前,需按图幅的合理布局,绘出坐标方格网,坐标网格尺寸采用5cm或10cm,要求网格的对角线长度和导线点间长度误差均不大于0.5mm。然后按导线点(或交点,下同)坐标X、Y精确地点绘在相应位置上。每张导线图展绘完毕后,用三棱尺逐点复核各点间距,再用正切法校核每个角度是否与计算相符。复核无误后,再按"逐桩坐标表"所提供的数据,展绘曲线,并注明各曲线主要点以及公里桩、百米桩、断链桩位置。对导线点、交点逐个编号,注明路线在本张图中的起点和终点里程等。

路线一律按前进方向从左至右画,在每张图的拼接处画出拼接图线。在图的右上角注明"共×张、第×张"。在图纸的空白处注明曲线元素及曲线主点里程。

控制点的展绘:各种比例尺的地形图均应展绘和测出各等级三角点、导线点、图根点、水准点等,并按规定的符号表示。

各种构造物的测绘:各类建筑物、构筑物及其主要附属设施应按《工程测量规范》的规定测绘和表示。各种线状地物,如管线,高、低压电线等应实测其支架或电杆的位置。对穿越路线的高压线应实测其悬垂线距地面的高度并注明伏安。地下管线应详细测定其位置。道路及其附属物应按实际形状测绘。公路交叉口应注明每条公路的走向。铁路应注明轨面高程，公路应注记路面类型，涵洞应注明洞底高程。

水系及其附属物的测绘：海洋的海岸线位置；水渠顶边及底边高程；堤坝顶部及坡脚的高程；水井井台高程；水塘顶边及塘底的高程。河流、水沟等应注明水流流向。

地形、地貌、植被、不良地质地带等均应详细测绘并用等高线和国家测绘局制定的“地形图图式”符号及数字注明。

2. 实地定线路线平面图的测绘

根据“直线、曲线及转角表”或者“逐桩坐标表”展绘路线导线，根据测图比例尺展绘导线时用正切法量角，不能用量角器展绘。

利用展绘的导线，在现场采用平板仪和经纬仪联合测图或者全站仪独立测图等方法，测绘沿路中线各150m左右的带状地形图。测图时一般是以展绘的导线点作为测站点，当测站点不足时可以现场用支导线增设测站。

根据实测资料在室内或现场整饰带状地形图。测图前应收集一次定测的中平和基平资料及横断资料，以便现场测图时有参考依据。图上的地形用等高线表示；地物用国家测绘总局最新制定的地形图图式规定的符号标记。

路线平面图上的中线，用0.9mm的笔宽加粗(包括直线段和曲线段)，其余可用0.3mm的笔宽勾画线条，但等高线的计曲线和地物轮廓线用0.6mm的笔宽线加粗。地形图上除需要表示中线及其两侧的地形、地物以外，尚应有曲线位置(列示曲线表)、水准点位置及高程、桥涵位置及桩号、指北针等数据或者图符。

(四)城市道路平面设计图

1. 绘图比例尺和测绘范围

城市道路相对于公路，长度较短而宽度较宽，在绘图比例尺的选用上一般比公路大，在作技术设计时，可采用1:5 000 ~ 1:1 000的比例尺绘投影图。绘图的范围，视道路等级而定，等级高的范围应大些，等级低的可小些。通常在道路两侧红线以上各20 ~ 50m，或中线两侧各50 ~ 150m，特殊情况下例外。城市道路平面设计图与公路平面设计图是不同的，城市道路平面图要画出道路轮廓和沿路设施布置情况。图4-1为技术设计阶段的城市道路平面设计图。

2. 设计图的内容及绘制方法

城市道路的导线、中线及路线两侧的地形、地物、水系、植被等的绘制方法与公路相同，不再重复。下面就城市道路中各种设施的绘制方法作一介绍。

(1)规划红线。道路红线是道路用地与城市其他用地的分界线，所以当道路的中心线画出以后，则应按城市道路的规划宽度画出道路红线。如果有远期规划和近期规划，都应画出并注明。

(2)坡口与坡脚线

新建道路由于原地面高低起伏必然有填有挖。填方路段在平面图中应画出路基的坡脚线；挖方路段画出路基的坡口线。

在路基横断面图上，量出坡口或坡脚至中线的距离，点绘在平面图中相应桩号的横断面线上(左、右侧)，然后用平滑的曲线分别将坡口点、坡脚点顺序连接，最后画上示坡线。

路基的坡口与坡脚线在一般道路的平面图中由于比例尺较小不易表达，但在快速道路有时也要求绘制。

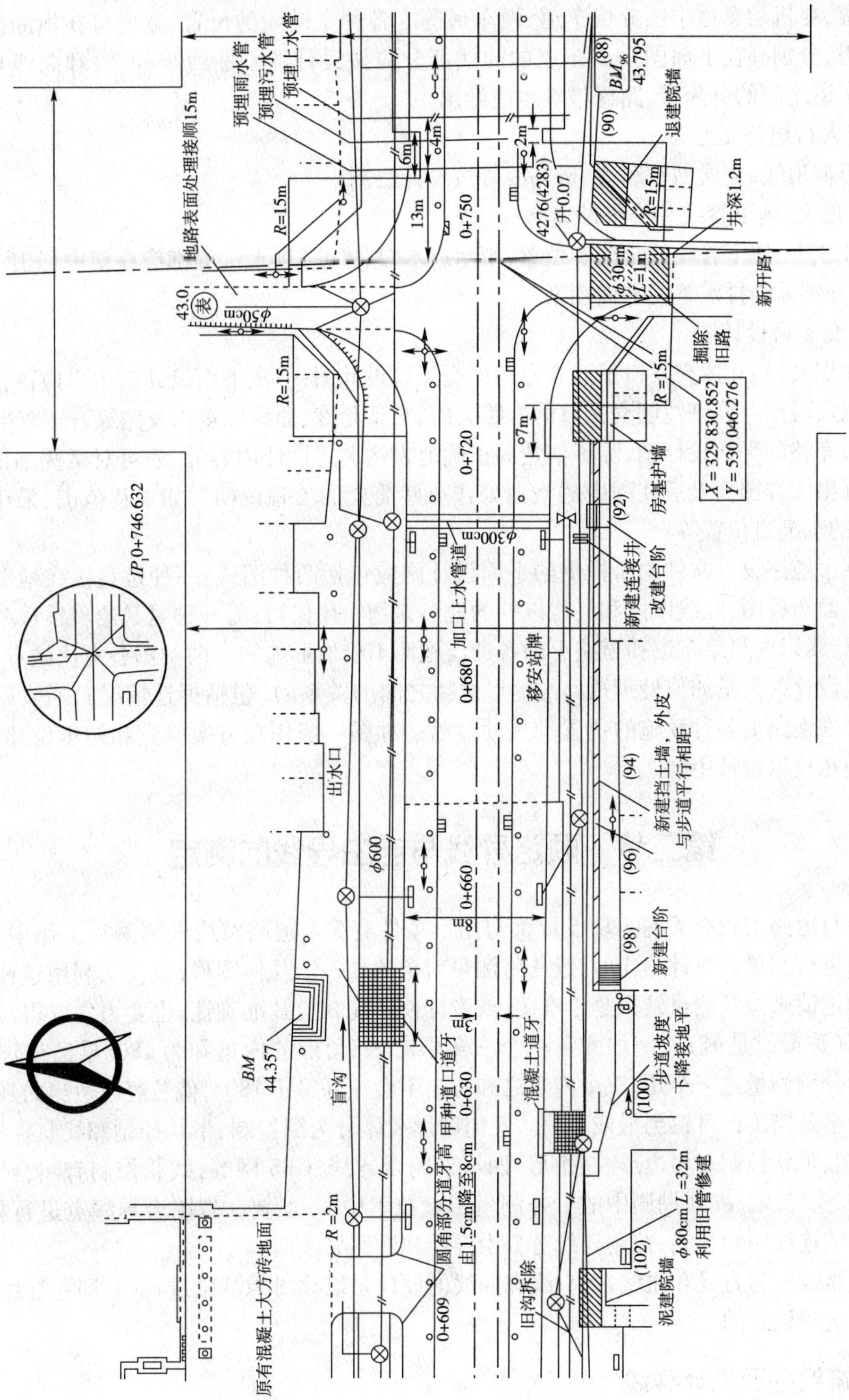

图4-1 城市道路平面设计图

(3)车道线

城市道路的车道线是城市道路平面设计图的重要内容。在路幅宽度内,有机动车道、非机动车道,在机动车道中还分快车道、慢车道等。各种车道线的位置、宽度可在横断面布置图中查得,分别画在平面图中。车道的曲线部分应按设计的圆曲线半径、缓和曲线长度绘制。各车道之间的分隔带、路缘带等也应绘出。

(4)人行道与交通岛

人行横道线、交通岛轮廓线、斑马线等按设计绘制。

(5)地上、地下管线和排水设施

各处地上、地下管线的走向和位置,雨水进水口,窨井,排水沟等都应在图中标出。必要时,需要分别另绘排水管线平面图纸。

(6)交叉口设计图

平面交叉口、立体交叉口虽然有专门的交叉口设计图,但在平面设计图中也应该按平面图的比例尺画出并详细注明交叉口的各路去向、交叉角度、曲线元素以及路缘石转弯半径。

一张完整的平面设计图,除了清楚而正确地表达上述设计内容外,还可对某些细部设施或构件画出大样图。最后在图中的空白处作一些简要的工程说明。如工程范围、采用坐标系、引用的水准点位置等。

在城市道路设计文件中所提供的平面设计图应包括两种图式:一种是直接在地形图上所作的平面布置图,红线以内和红线以外的地形地物一律保留;另一种是只绘红线以外的地形地物,红线以内只绘车道和道路上的各种设施而不绘地形地物。两种图各有优缺点:前者可以看出设计人员是如何处理道路与地形地物之间的关系的(包括拆迁情况),后者则可更清晰地表现道路上各种设施的位置和尺寸。前一种图一般用在方案研究和初步设计中,后一种图用在技术设计中。

第二节　顺路导线与自由导线的测定

几乎与道路工程有关的一切设计都与图形条件有关。道路路线勘测测量工作中,图形条件是指进行测量或设计工作时,设法将测量对象构成一个几何图形,以便于利用这些几何图形的理论值来检核测量结果是否准确,或者即使不能知道其准确性,也要力争取得最接近真值的值(称最或是值)。例如测量一个三角形时,三角形的内角和为 180°早已被理论证实。如果分别测量这三个角,三个内角之和肯定不会正好等于 180°,倘若经过适当的观测方法和严格平差措施即可得到最或是值。几何图形大体分为网控制、带状控制和线状控制,其中,网控制、带状控制有多边形、三角形、四边形闭合导线,GPS 网等;线状控制有闭合导线、附合导线、支导线。路线勘测中的野外测量定点技术中,一般要布置附合导线点进行控制。导线点间的连线叫做导线,控制导线有自由导线和顺路导线两类。

道路路线分为直线和曲线,而直线和曲线的设计是以导线为基础进行的,即在导线已知的前提下进行设计的。

一、路线平面设计导线

(一)自由导线

如图 4-2 所示,自由导线是附合导线的一种,是在路线附近布置一套导线,这套导线离路线有一定距离，不与路线重合，有时可横穿中线。道路自由导线一般尽量与国家高级控制点连接成附合导线，以便进行平差计算。即先建立一个贯穿全线的坐标系统（这个坐标系一般采用国家高斯坐标系统），编制逐桩坐标表，然后根据逐桩坐标放线。放线方法一般多用坐标法。自由导线桩必须用钢筋混凝土包芯桩。

（二）顺路导线

如图4-3所示，顺路导线是附合导线的另一种形式，是指由交点和转点构成的导线，在一阶段直接定线测量工作中，是由选线组初步选择后并经测角导线组准确标定的。而在两阶段测量工作中首先在地形图上准确设计出来的。导线上的点有交点和转点两种类型。位于同一方向上的点叫做转点，我国以 *ZD* 表示，国外以 *TP* 表示；导线方向发生改变的转折点叫做交点，我国以 *JD* 表示，国外以 *IP* 表示。顺路导线为一种沿着路线中线的导线。顺路导线的交点和转点桩用方木桩，桩顶染红，打入地面平齐，上钉小钉表示点位。图4-3中的折线表示顺路导线，JD_1、JD_2……为导线交点，ZD_1、ZD_2……为导线转点。设置转点的条件通常有三种场合：一，两相邻交点不通视；二，两相邻交点虽然通视但为低洼地段；三，两相邻交点虽然通视，但距离较远（通常以200m为远近的界限）。交点编号是从路线起点开始连续编号直到路线结尾；而转点编号则是每两个相邻导线点之间重新编号。一条导线边上可以设置转点或不设，设置时可以是一个或多个，其间距可近可远。

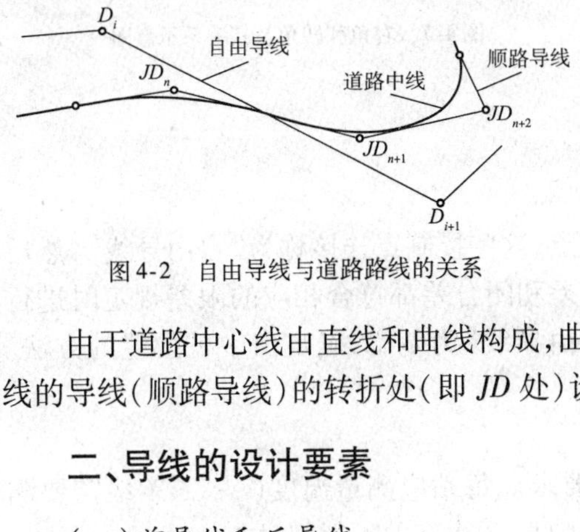

图4-2　自由导线与道路路线的关系

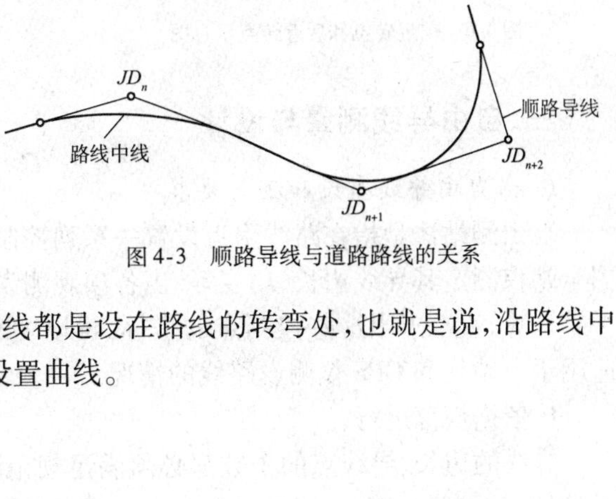

图4-3　顺路导线与道路路线的关系

由于道路中心线由直线和曲线构成，曲线都是设在路线的转弯处，也就是说，沿路线中线的导线（顺路导线）的转折处（即 *JD* 处）设置曲线。

二、导线的设计要素

（一）前导线和后导线

如图4-4所示，某导线点处，路线来向的导线叫做后导线，路线去向（路线前进方向）的导线叫做前导线。

（二）交点的先后顺序

交点有本交点、前交点和后交点，如图4-5所示。在由交点和转点构成的顺路导线上，以某一交点基准，这个交点叫做本交点。位于这个交点前方（路线前进方向）的导线相邻的那个交点叫做前交点；位于这个交点后方（路线后退方向）的导线相邻的那个交点叫做后交点。

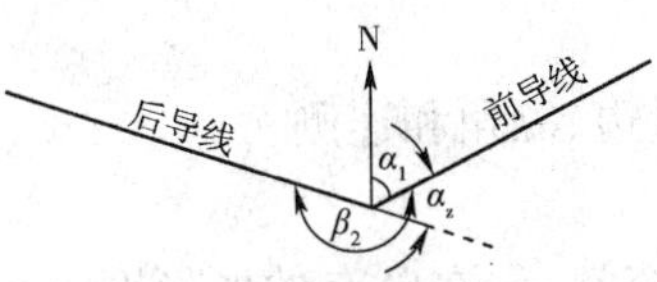

图4-4　前导线和后导线示意图

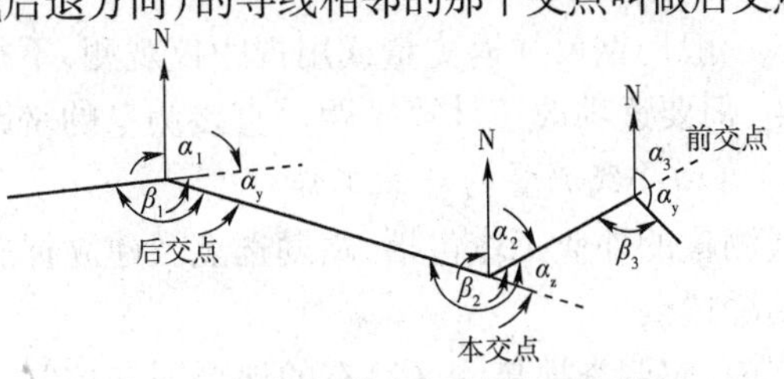

图4-5　本交点、前交点和后交点示意图

(三)后近转点和前近转点

在由交点和转点构成的顺路导线上,以某一交点基准,位于后导线上离本交点最近的那个转点叫做后近转点;位于前导线上离本交点最近的那个转点叫做前近转点。如图4-6所示,JD_2的后近转点为后导线上的ZD_2,前近转点则是前导线上的ZD_1。

(四)象限角与方位角及其关系

象限角β是指导线边与正北或正南方向所夹的锐角;方位角α是指导线边与正北方向开始的顺时针旋转角。路线方位角α与象限角β的关系如前所述,兹不详述。

(五)右角和转角及其关系

如图4-7所示,导线右角指某交点处路线前进方向相邻前、后导线所夹的右角β_i;转角是指某交点处,相邻后导线的延长线和前导线之间的夹角α_i。转角有左转角和右转角之分。公路测量和计算一般通过测量右角,来计算转角。转角是曲线设计的必要条件。

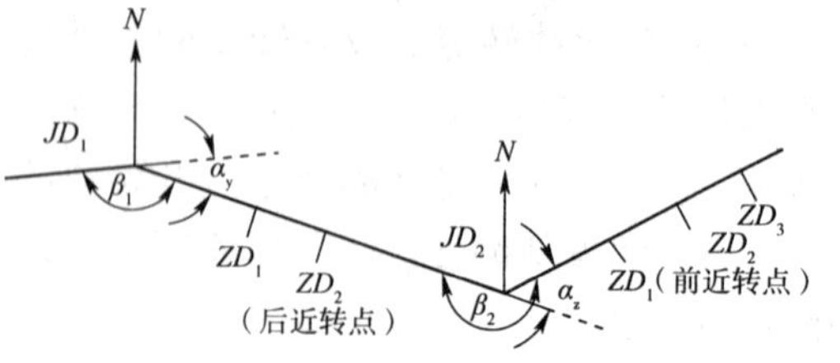

图4-6　前近转点和后近转点示意图

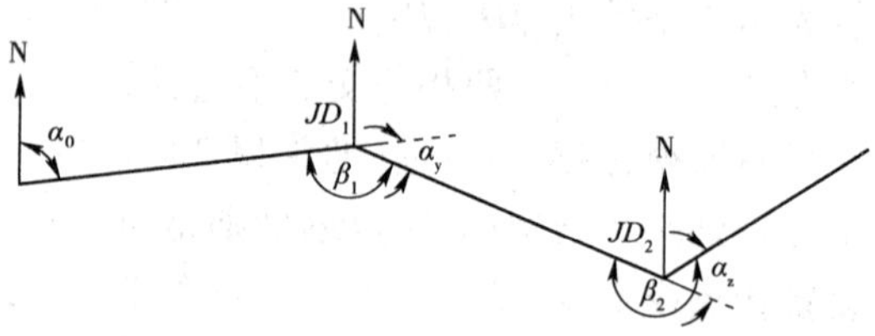

图4-7　右角和转角及其关系示意图

三、自由导线测量与设计

(一)自由导线布设和测量要求

自由测站法是指在路线附近设置一系列控制点,这些控制点连接称为“自由导线”,然后用全站仪测定其导线边长、角度等,当各项观测误差和闭合差都符合相应的限差规定时进行平差计算,直至求出这些控制点的坐标,再以“自由导线”为基础,确定出中桩位置的方法。适用于全站仪和GPS仪测设路线的情况。

1. 依据规范进行

导线的边长、导线点的个数都必须满足规范要求。每站应测量温度(一、二等级需要测干、湿温)、气压。测前、测后各量1次仪器高和觇牌高,2次互差不得超过2mm。

导线测量的技术要求见表4-5。

2. 角度观测要求

应在每一个导线点上安置仪器,按相应等级水平角测量的测回数和限差要求测量每两条相邻导线边之间的水平角,并按相应等级垂直角测量的测回数和限差要求测量导线相邻两点间的垂直角。

3. 距离测量要求

导线一般用钢尺往返丈量或用视距仪观测,不得用皮尺测量。当观测平距有困难时,可观测斜距,但要逐项改正计算平距。直接测量的平距、高差可以用来检核。

(二)自由导线测量的外业工作

导线测量的外业工作包括:踏勘选点及建立标志、量边、测角和连测。

1. 踏勘选点

选点前,应调查搜集测区已有的地形图和控制点的资料,先在已有的地形图上拟定导线布设方案，然后到野外去踏勘、核对、修改和落实点位。如果测区没有地形图资料，则需详细踏勘现场，根据已知控制点的分布、地形条件及测图和施工需要等具体情况，合理地选定导线点的位置。选点时应满足下列要求：

(1)相邻点间必须通视良好，地势平坦，视野开阔，便于测图和放样，便于测角和量距。

(2)点位应选在土质坚实处，便于保存标志和安置仪器。

(3)导线各边的长度应大致相等，除特殊条件外，导线边长一般在50～350m之间。

平面和高程控制测量技术要求 表4-5

(一)普通钢尺丈量距离的主要技术要求

定线偏差(mm)	每尺段往返高差之差(cm)	最小读数(mm)	三组读数之差(mm)	同段尺长差(mm)	外业手薄计算取值(mm)		
					尺长	各项改正	高差
≤5	≤1	1	≤3	≤4	1	1	1

注：每尺段指2根同向丈量或单尺往返丈量。采用普通钢尺丈量距离时，其主要技术要求应符合上表

(二)水平角观测的主要技术要求

测量等级	经纬仪型号	光学测微器两次重合读数差(″)	半测回归零差(″)	同一测回中2C较差(″)	同一方向各测回间较差(″)	测回数
二等	DJ_1	≤1	≤6	≤9	≤6	≥12
三等	DJ_1	≤1	≤6	≤9	≤6	≥6
	DJ_2	≤3	≤8	≤13	≤9	≥10
四等	DJ_1	≤1	≤6	≤9	≤6	≥4
	DJ_2	≤3	≤8	≤13	≤9	≥6
一级	DJ_2	—	≤12	≤18	≤12	≥2
	DJ_6	—	≤24	—	≤24	≥4
二级	DJ_2	—	≤12	≤18	≤12	≥1
	DJ_6	—	≤24	—	≤24	≥3

注：当观测方向的垂直角超过±3°时，该方向的2C较差可按同一观测时间段内相邻测回进行比较

(三)导线测量主要技术要求

等级	附合导线长度(km)	平均边长(m)	每边测距中误差(mm)	测角中误差(″)	导线全长相对闭合差	方位角闭合差(″)	测回数	
							DJ_2	DJ_6
一级	10	500	17	5.0	1/15 000	$\pm10\sqrt{n}$	2	4
二级	6	300	30	8.0	1/10 000	$\pm16\sqrt{n}$	1	3
三级	—	—	—	20.0	1/2 000	$\pm30\sqrt{n}$	1	2

(四)三角测量技术要求

等级	平均边长(m)	测角中误差(″)	起始边边长相对中误差	最弱边边长相对中误差	三角形闭合差(″)	测回数	
						DJ_2	DJ_6
一级小三角	500	±5.0	1/40 000	1/20 000	15.0	3	4
二级小三角	300	±10.0	1/20 000	1/10 000	±30.0	1	3

续上表

（五）光电测距的主要技术要求

测量等级	观测次数		每边测回数		一测回读数间较差（mm）	单程各测回较差（mm）	往返较差
	往	返	往	返			
二等	≥1	≥1	≥4	≥4	≤5	≤7	$\leqslant\sqrt{2}(a+b\cdot D)$
三等	≥1	≥1	≥3	≥3	≤5	≤7	
四等	≥1	≥1	≥2	≥2	≤7	≤10	
一级	≥1	—	≥2	—	≤7	≤10	
二级	≥1	—	≥1	—	≤12	≤17	

注：①测回是指照准目标一次，读数 4 次的过程。

②表中 a 为固定误差，b 为比例误差系数，D 为水平距离（km）。采用普通钢尺丈量距离时，其主要技术要求应符合相关规定

（六）四级 GPS 控制网技术参数要求

级别	每对相邻点平均距离 d（mm）	固定误差 a（mm）	比例误差系 b（mm/km）	最弱相邻点点位中误差（mm）
四级	500	≤10	≤20	50

注：每对相邻点间最小距离应不小于平均距离的 1/2，最大距离不宜大于平均距离的 2 倍

（七）各级公路的水准测量等级、精度要求

水准测量等级

公路等级	水准测量等级	水准路线最大长度（km）
高速公路、一级公路	四等	16
二级及以下公路	五等	10

（八）水准测量精度要求

等级	每公里高差中数中误差（mm）		往返较差、附合或环线闭合差（mm）		检测已测段高差之差（mm）
	偶然中误差 M_{Δ}	M_W	平原微丘区	山岭重丘区	
三等	±3	±6	$\pm 12\sqrt{L}$	$\pm 3.5\sqrt{n}$或$\pm 15\sqrt{L}$	$\pm 20\sqrt{L_i}$
四等	±5	±10	$\pm 20\sqrt{L}$	$\pm 6.0\sqrt{n}$或$\pm 25\sqrt{L}$	$\pm 30\sqrt{L_i}$
五等	±8	±16	$\pm 30\sqrt{L}$	$\pm 45\sqrt{L}$	$\pm 40\sqrt{L_i}$

注：①计算往返较差时，L 为水准点间的路线长度（km）。

②计算附合或环线闭合差时，L 为附合或环线的路线长度（km）。

③n 为测站数，L_i 为检测测段长度（km）

（4）导线点应有足够的密度，分布较均匀，便于控制整个测区。

确定导线点位后，应在地上打入木桩，桩顶钉钉作为导线点的标志。如导线点需长期保存，可埋设水泥或石桩，桩顶刻凿十字或嵌入锯有十字的钢筋作标志。导线点应按顺序编号。为便于寻找，可根据导线点与周围地物的相对关系绘制导线点点位略图。

2. 边长测量

导线边长一般用检定过的钢尺进行往返丈量。丈量的相对误差不应超过表 4-5 规定。满足要求时，取其平均值作为丈量的结果。

用电磁波测距仪测定导线边长的中误差一般约为 ±1cm。如果导线边遇障碍,不能直接丈量,可采用电磁波测距仪测定。无测距仪时,可采用间接方法测定。

3. 右角测定

导线的转折角通常采用测回法进行观测。导线的转折角有左、右之分,在导线前进方向左侧的称为左角,而右侧的称为右角。对于附合导线应统一观测左角或右角(在公路测量中,一般是观测右角);对于闭合导线,则观测内角。当采用顺时针方向编号时,闭合导线的右角即为内角,逆时针方向编号时,则左角为内角。

各级导线的测角技术要求参见表 4-5。对于图根导线,一般用 J_6 级光学经纬仪测一个测回,盘左、盘右测得角值的较差不大于 40″时,则取其平均值作为观测结果。

当测角精度要求较高,而导线边长又比较短,为了减少对中误差和目标偏心误差,可采用三脚架法作业。

4. 连接测量

如图 4-8 ~ 图 4-11 所示,当路线附近有高级控制网时,首先应将自由导线与高级控制网联测。联测时,必须观测连接角 β_A、β_B、β_C、β_D 连接点 M,K 处的原导线边 ,作为传递坐标方位角和坐标之用。若附近无高级控制点,可用罗盘仪观测导线起始边的磁方位角,并假定起始点的坐标作为起算数据。

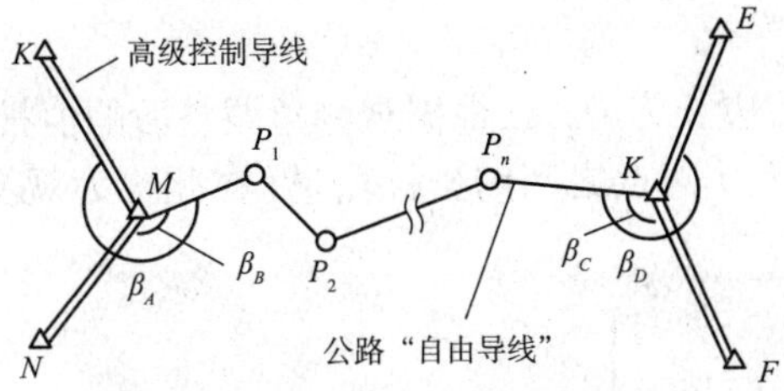

图 4-8　导线与高级控制网连接的直接连接法

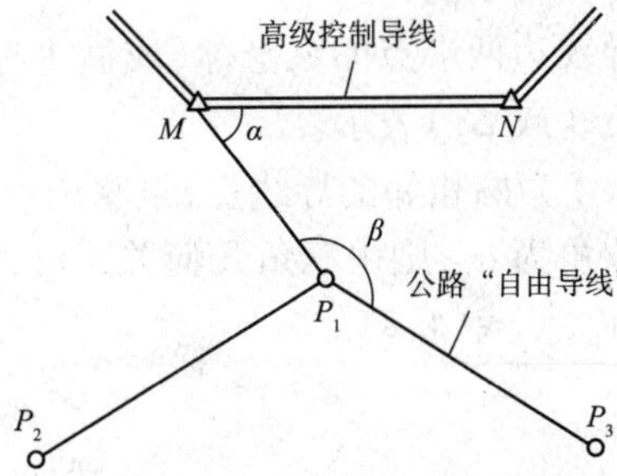

图 4-9　导线与高级控制网连接的单项引点法

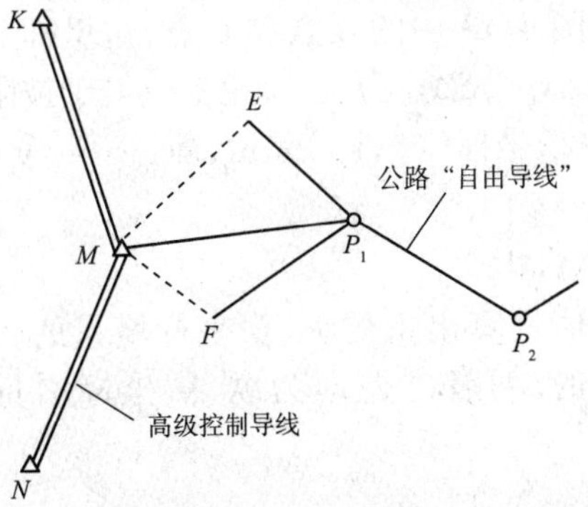

图 4-10　导线与高级控制网连接的辅助三角形法

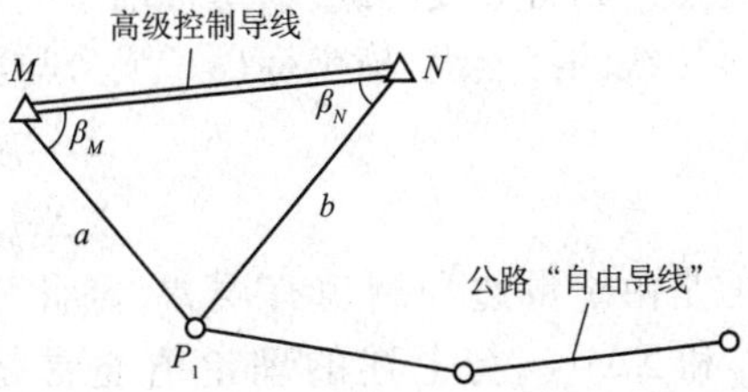

图 4-11　导线与高级控制网连接的前方交会法

(三)自由(附合)导线的近似平差

自由导线一般设计成附合导线。所谓附合导线,实际上是现场布置的导线的精度低于原来被附合的高一级控制点的导线。由于现场测设导线的精度不如被附合的导线点精度高,因此附合导线平差计算的核心是假定高一级导线的导线点坐标是正确的,将本级导线的测设数据调整为与高级导线点的坐标数据相吻合。附合导线内业计算步骤和前述的闭合导线的计算要求和步骤基本相同，所不同的是二者的角度闭合差及坐标增量闭合差的计算方法不一样。下面主要介绍自由导线计算。

1. 角度闭合差的计算

附合导线首尾各有一条已知坐标方位角的边，如图4-12中的*BA*边和*CD*边，这里称之为始边和终边，由于外业工作已测得导线各个转折角的大小，所以，可以根据起始边的坐标方位角及测得的导线各转折角，推算出终边的坐标方位。这样导线终边的坐标方位角有一个原已知值$\alpha_{终}$，还有一个由始边坐标方位角和测得的各转折角推算值$\alpha'_{终}$。由于测角存在误差的原因，导致二值的不相等，二值之差即为附合导线的角度闭合差f_{β}。

$$f_{\beta} = \alpha'_{终} - \alpha_{终} = \alpha_{始} - \alpha_{终} \pm \Sigma\beta \mp n \times 180° \tag{4-1}$$

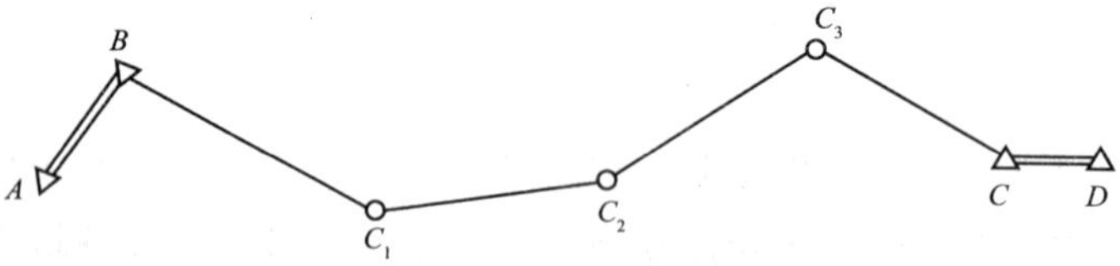

图4-12　附合导线的近似平差计算示意图

2. 坐标增量的计算

一导线边两端点的纵坐标（或横坐标）之差，称为该导线边的纵坐标（或横坐标）增量，习惯以Δx（或Δy）表示。

设i、j为两相邻的导线点，量测两点之间的边长为D_{ij}，已根据观测角调整后的值推出了坐标方位角为α_{ij}，则由三角几何关系可计算出i、j两点之间的坐标增量（在此称为观测值）Δx_{ij}和Δy_{ij}，见式(4-2)。

$$\left.\begin{aligned}\Delta x_{ij测} &= D_{ij} \cdot \cos\alpha_{ij}\\ \Delta y_{ij测} &= D_{ij} \cdot \sin\alpha_{ij}\end{aligned}\right\} \tag{4-2}$$

3. 坐标增量闭合差的计算

附合导线的首尾各有一个已知坐标值的点，如图4-13中的*A*点和*C*点，这里称之为始点和终点。附合导线的纵、横坐标增量的代数和($\Sigma\Delta x_{ij理}$, $\Sigma\Delta y_{ij理}$)，在理论上应等于被附合的高一级导线的终点纵、横坐标($x_{终}$, $y_{终}$)与始点的纵、横坐标($x_{始}$, $y_{始}$)差值，即：

$$\left.\begin{aligned}\Sigma\Delta x_{ij理} &= x_{终} - x_{始}\\ \Sigma\Delta y_{ij理} &= y_{终} - y_{始}\end{aligned}\right\} \tag{4-3}$$

但是由于量边和测角有误差，因此根据观测值推算出来的纵、横坐标增量的代数和$\Sigma\Delta x_{ij测}$和$\Sigma\Delta y_{ij测}$，与上述的理论值通常是不相等的，两者之差即为纵、横坐标增量闭合差(f_x, f_y)：

$$\left.\begin{aligned}f_x &= \Sigma\Delta x_{ij测} - (x_{终} - x_{始})\\ f_y &= \Sigma\Delta y_{ij测} - (y_{终} - y_{始})\end{aligned}\right\} \tag{4-4}$$

式中，$\Delta x_{ij测}$和$\Delta y_{ij测}$的计算方法参见式(4-2)。

由于坐标增量闭合差存在，根据计算结果绘制出来的闭合导线图形不能闭合，此不闭合的缺口距离，称为导线全长闭合差，通常以f_D表示。按几何关系，用坐标增量闭合差可求得导线全长闭合差f_D：

$$f_D = \sqrt{f_x^2 + f_y^2} \tag{4-5}$$

导线全长闭合差f_D是随着导线的长度增大而增大，所以，导线测量的精度是用导线全长相对闭合差K（即导线全长闭合差f_D与导线全长ΣD的比值）来衡量的，即：

$$K = \frac{f_D}{\Sigma D} = \frac{1}{\Sigma D / f_D} \tag{4-6}$$

导线全长相对闭合差K通常用分子是1的分数形式表示，不同等级的导线全长相对闭合差的容许值$K_{容}$已列于表4-5中，用时可查阅。

若$K \leqslant K_{容}$表明测量结果满足精度要求，则可将坐标增量闭合差反符号后，按与边长成正比的方法分配到各坐标增量上去，得到各纵、横坐标增量的改正值（$v_{\Delta x_{ij}}$、$v_{\Delta y_{ij}}$），改正后的坐标增量以ΔX_{ij}和ΔY_{ij}表示：

$$\left.\begin{aligned} \Delta X_{ij} &= \Delta x_{ij测} + v_{\Delta x_{ij}} \\ \Delta Y_{ij} &= \Delta y_{ij测} + v_{\Delta y_{ij}} \end{aligned}\right\} \tag{4-7}$$

式中的$v_{\Delta x_{ij}}$、$v_{\Delta y_{ij}}$分别称为纵、横坐标增量的改正数，其值为：

$$\left.\begin{aligned} v_{\Delta x_{ij}} &= -\frac{f_x}{\Sigma D} D_{ij} \\ v_{\Delta y_{ij}} &= -\frac{f_y}{\Sigma D} D_{ij} \end{aligned}\right\} \tag{4-8}$$

4. 导线点坐标计算

根据起始点的已知坐标（x_i, y_i）和改正后的坐标增量ΔX_{ij}和ΔY_{ij}，即可按式（4-9）依次计算各导线点的坐标（x_j, y_j）：

$$\left.\begin{aligned} x_j &= x_i + \Delta X_{ij} \\ y_j &= y_i + \Delta Y_{ij} \end{aligned}\right\} \tag{4-9}$$

同样用上式最后可以推导出起始点的坐标，推算值应与已知值相等，以此可检核整个计算过程是否有误。导线计算一般在导线计算表中进行，可借助Excel软件较为方便。

四、顺路导线测设与设计

顺路导线是指由交点和转点连接而成的导线，顺路导线是通过外业选线组初选，再由测角导线组准确标定和测设的。道路常规一次性定测中，是由选线、测角、中线、水平、横断、地形、桥隧、地质、调查和总查十个作业组，以流水作业方式完成整个路线勘测的。选线组最主要的任务是根据公路的使用任务和性质，按既定的技术标准和路线方案，结合实际地形地质条件，将设计路线交点和转点在实地上标定出来，也就是实地定线。

导线已知（即导线和角分线均已知）是路线测设中各类曲线设计的前提条件。

（一）顺路导线的现场选线

选线时，应合理利用地形，正确运用技术标准，妥善处理远期与近期、整体与局部的关系，结合地形、地质、水文、气象等自然条件，充分考虑农业、环保等方面的要求，注意与铁路、航运、空运、管道等运输的配合、协调，保证线形的均衡性。通过综合研究分析，认真进行方案比选。不同的路线方案应对其工程造价及对自然环境和社会环境的影响进行多方位的论证和分析，即要考虑工程量大小，投资多少，又要考虑技术标准、施工条件、养护管理、经济效益、生态环境、交通运营等方面的利弊得失，经过这样的论证比较，就能选用较好的技术经济指标。

直接定测工作，是由粗到细的过程。在传统的选线组工作中，为减少劳动强度，所用仪器和工具大都是便携式的，见表4-6。可见所选导线不是十分准确的，尤其是交点之间的转点不完全准确地位于同一条直线上，而且有的交点或转点是可以少许移动的。选线选出的点位当不允许后续移动时定为死点；反之定为活点。外业结束前，对测设初步成果进行现场复查与核对，并及时作出修正与补充。

路线一次定测所用仪器和工具　　表4-6

选线工具与使用场合	主要器具	
选线组工具	①信号器具	包括望远镜、报话机、口哨、红白小旗等
	②穿线器具	定线花杆（粗穿直线）
	③量角器具	测角圆盘（粗测平角）
	④测高器具	气压计或水准仪（粗测高程）
	⑤放坡器具	手水准（可粗测竖角或坡度）
选线定点方法	①标定直线	用花杆目穿定线，相对误差可达到10cm
	②角度测量	用量角圆盘测定，相对误差可达到0.5°
	③距离测量	用手水准或相似三角形法测定，相对误差可达到1m
	④高程测量	用气压计或估算法测定，相对误差可达到0.1m
	⑤坡度测定	用手水准仪或坡度仪测定，有一定的误差

选线的工作程序，原则和方法见表4-7。

选线的工作程序、原则、方法　　表4-7

1. 选线的工作程序	
根据道路的性质、任务、等级和标准，结合地形、地质、地物及其他设施条件，综合平、纵、横三方面的因素，在实地或纸上选定道路路线的平面位置	
（1）选大带	决定道路走向和总体布局
（2）选大点	选择路线的起、终点和据点
（3）选小点	选定道路导线的交点和转点
（4）选曲线	粗选曲线形式、初算曲线元素，大致确定控制道路曲线的主点
2. 选线的一般原则	
（1）基本走向	依据（主观因素）：路线总向、道路等级、网中地位；考虑（客观因素）：交通布局、工矿企业、城镇布局、土地开发、自然条件
（2）技术标准	尽量采用较高的标准，也要照顾工程量大小
（3）农业配合	少占田地、修路造田、水利灌溉、土地规划
（4）水文地质	应尽量绕避不良地质，必须穿越时应缩小范围
（5）环境保护	保护名胜古迹；路与景观协调；减少占地拆迁；避免布局分割；减少噪音影响；制订防治措施
（6）路桥关系	特殊大桥桥位：控制路线走向；大中桥位：原则上服从路线走向；小桥涵洞：应服从路线走向

续上表

<table>
<tr><td colspan="3">3. 选线的主要方法</td></tr>
<tr><td>(1)现场选线</td><td colspan="2">现场选线是由选线人员,根据设计任务书的要求,在现场实地进行勘察测量,经过反复比较,直接选定路线的方法。二级公路、三级公路、四级公路可采用现场定线,有条件或地形条件受限制时,可采用纸上定线或纸上移线并现场核定的方法。现场选线的特点是简便、切合实际;实地容易掌握地质、地形、地物情况,做出的方案比较可靠;定线时一般不需要大比例尺地形图。但是,这种方法野外工作量很大,劳动强度大,受气候季节的影响大;同时,由于实地视野的限制,地形、地貌、地物的局限性很大,使路线的整体布局有一定的片面性和局限性。现场选线适用于一般等级较低、方案比较明确的公路</td></tr>
<tr><td>(2)纸上选线</td><td colspan="2">纸上选线是在已经测得的地形图上,进行路线布局、方案比选,从而在纸上确定路线,将此路线再放到实地的选线方法。高速公路、一级公路应采用纸上定线并现场核定的方法。
纸上选线的特点是野外工作量较小,定线不受自然因素干扰;能在室内纵观全局,结合地形、地物、地质条件,综合平衡平、纵、横三方面因素,所选定的路线更为合理。但纸上定线必须要有大比例尺的地形图,地形图的测设需花费较大的工作量和具备一定设备。纸上选线的地形图若用航空摄影成图可大大缩短成图时间。随着航测技术的发展,纸上选线方法开始广泛运用,特别对于高等级公路和地形地物及路线方案十分复杂的公路更为适用。纸上选线分为实地敷设导线、实测地形图(可用人工或航测法)、纸上选定路线、实地放线四个步骤</td></tr>
<tr><td>(3)自动化选线</td><td colspan="2">先用航测方法测得航测图片,再根据地形信息建立数字地形模型(即数字化的地形资料),把选线设计的要求转化为数学模型,将设计数据输入计算机,则计算机按照一定的程序进行自动选线、分析比较、优化,最后通过自动绘图仪和打印机将全部设计图表输出。自动化选线用电子计算机和自动绘图仪代替人工去做大量、繁重的计算、绘图、分析比较工作,这样,能使选线方案更为合理、省工省时,已成为今后公路选线的发展方向</td></tr>
<tr><td colspan="3">4. 选线方案比较</td></tr>
<tr><td rowspan="6">(1)原则性方案比较</td><td>①地位</td><td>道路意义、性质和任务要求;战备、支农和综合利用方针体现</td></tr>
<tr><td>②配合</td><td>道路在铁路、公路和航道等网系中的作用;沿线规划关系与沿线水利设施等的配合</td></tr>
<tr><td>③影响</td><td>沿线地形自然条件对道路的影响;道路等级和技术标准对任务性质影响;建材来源、施工条件、工程数量、三材用量对运营、施工和养护的影响</td></tr>
<tr><td>④标准</td><td>技术标准</td></tr>
<tr><td>⑤联系</td><td>历史文物、旅游资源等的联系</td></tr>
<tr><td>⑥费用</td><td>工程费用</td></tr>
<tr><td rowspan="5">(2)经济指标比较</td><td>①占地拆迁数量</td><td>征地数量及费用;拆迁建筑物及管线数量</td></tr>
<tr><td>②路基工程数量</td><td>土石方工程数量;挡土墙工程数量;路基防护工程数量</td></tr>
<tr><td>③桥隧工程数量</td><td>桥涵的工程数量;隧道的工程数量</td></tr>
<tr><td>④主要材料用量</td><td>钢材、水泥、木材数量</td></tr>
<tr><td>⑤工程造价情况</td><td>工程总造价;投资成本效益比;投资利润率;投资回收期</td></tr>
<tr><td rowspan="6">(3)详细的方案比较</td><td>①道路长度及其沿长系数</td><td>沿长系数 = 路线方案实际长度/起终点间直线距离</td></tr>
<tr><td>②转角数及每公里转角数</td><td></td></tr>
<tr><td>③路线总转角的平均度数</td><td>总转角的平均度数 = 各转角之和/转角个数</td></tr>
<tr><td>④极限指标值的使用频率</td><td>包括最小曲线半径的使用个数和使用回头曲线的个数</td></tr>
<tr><td>⑤平面和立体交叉口数量</td><td>与既有铁路、公路的交叉数目</td></tr>
<tr><td>⑥限制车速的各路段长度</td><td></td></tr>
</table>

续上表

5. 选线作业内容		
(1)工作内容	①选择起终据点	全面布局和逐段安排路线经由据点
	②布置顺路导线	具体定线初选出路线的交点和转点
	③确定点的类型	确定出初选交点和转点的可变类型
	④曲线形式半径	现场初步选出平曲线形式及其半径
	⑤桥涵方案拟定	拟定沿线桥涵及构造物的布设方案
	⑥地质不良处理	拟定通过不良地质等地段处理措施
	⑦方案优化调整	路线纵断面设计的调整和平面改进
	⑧现场点位复核	进行勘测初步成果现场复查与核对
	⑨填写野外记录	及时填写野外选线记录表及备份件
(2)考虑因素	视察报告;路线布局;选线原则;技术标准;实际地形;景观协调;纵面放坡;其他要求	

(二)顺路导线准确标定和测设

道路路线分为直线和曲线,而直线和曲线的设计是以导线为基础进行的,即曲线设计是在导线已知的前提下进行设计的。导线首先是通过外业选线组初选,再由测角导线组准确标定和测设。

测角导线组的工作任务有标定导线、测量右角、测方位角、测后视距、测量基线、选择半径、设置护桩八项,现分别简述之。

1. 标定导线

标定导线是指标定由选线组设定的交点和转点使其准确成为一条直线。图 4-13 及图 4-14 为选线后标定前的导线与测角导线组标定后的导线的区别。

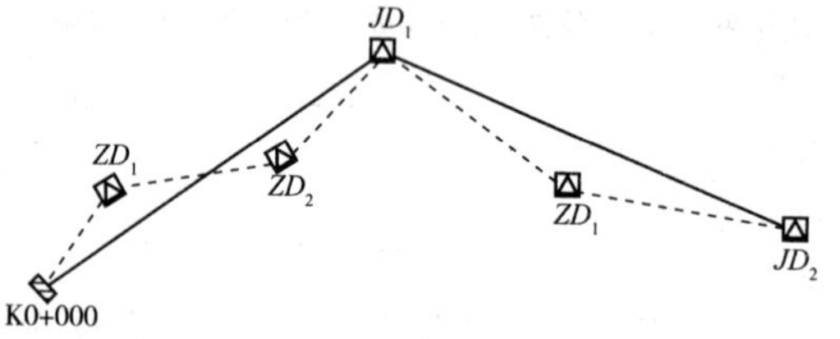

图 4-13 选线组工作后的顺路导线(图中的虚线为选线组工作后的导线)

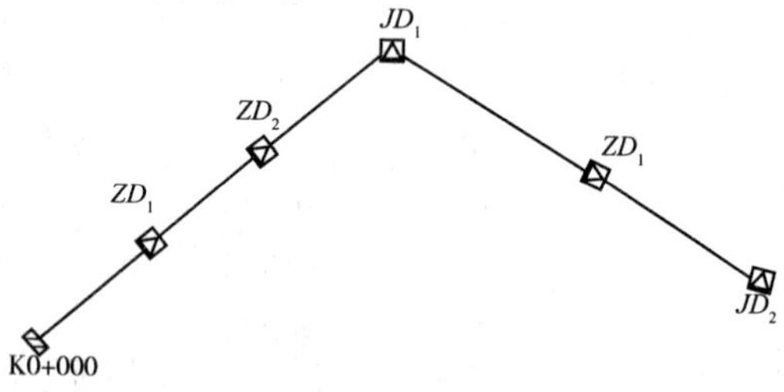

图 4-14 测角组工作后的顺路导线

由于选线组用的是便携式简单测量仪器和工具,所以测量精度不是很高。例如,定线工作中,通常不用经纬仪而是用花杆目测定线;测量水平角也不一定使用经纬仪或用全站仪而是用测角圆盘(粗测平角);测量竖直角通常用带角手水准,即使测定高差也一定使用用气压计而非水准仪(粗测高程)。这就是说,选线所选定的顺路导线一般是概略位置,主要体现在交点间的转点不严格位于两相邻交点的连线上,况且有些交点和转点并没有完全固定,是可以适当挪动的。在选线工作中点有两类性质,一类为死点,即在选线时确定为不得随意挪动的交点和转点;另一类为后续组可以适当挪动的点,这类点叫做活点,将活点重新准确确定位置后钉设为死点。在测设中,必须将所有转点和交点之间的转点用经纬仪准确标定成一条直线。标定直线一般借助经纬仪用分中法或骑马桩法。操作方法详见第十二章。

2. 测量右角

测量右角是指测定导线每一个右角并计算转角以便计算曲线要素。

测量右角时使用全测回法，花杆树立时，要立在被测角最近的那个转点或交点上。精度要求为40″，然后利用右角$\beta_{右}$和转角$\alpha_{左}$或$\alpha_{右}$的关系（图4-15）计算转角，见式(4-10)。转角计算的目的是使未来曲线设计能与顺路导线有效衔接，即使得曲线与顺路导线相接并在衔接点相切。

$$\alpha_{左、右} = |180 \pm \beta_{右}| \tag{4-10}$$

3. 测方位角

测方位角是指隔若干个交点测定一次方位角用来校核测定右角数据。

在右角测量过程中，虽然用全测回法测角时对每个角都进行测回差的计算和检查，但有时由于观测者或记录者的疏忽，偶尔会发生数字读错或记错的现象。类似这种情况，可以用观测方位角来校核右角测量成果，一般每隔若干个交点测定一次磁方位角。由罗盘仪测定的方位角叫做观测方位角；后导线的方位角通过右角的可以推算出前导线的方位角，叫做计算方位角。计算方位角和观测方位角二者的差值一般不超过1°，若超过1°，则可能测量右角有错误或误差超过允许值。利用这一道理可检验出右角观测是否有误，如图4-16所示。这是因为每条顺路导线边长度不过几百米，隔若干个交点不过数公里长，这样的长度范围对于庞大的地球来说是微乎其微，可以认为是平行的，虽然磁针方向不是严格平行，在局部而言，可假定子午线相互平行。

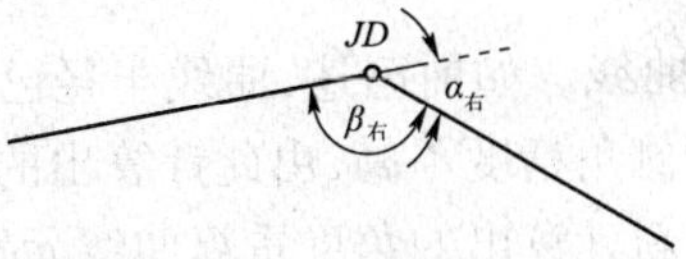

图4-15　导线右角和转角的关系

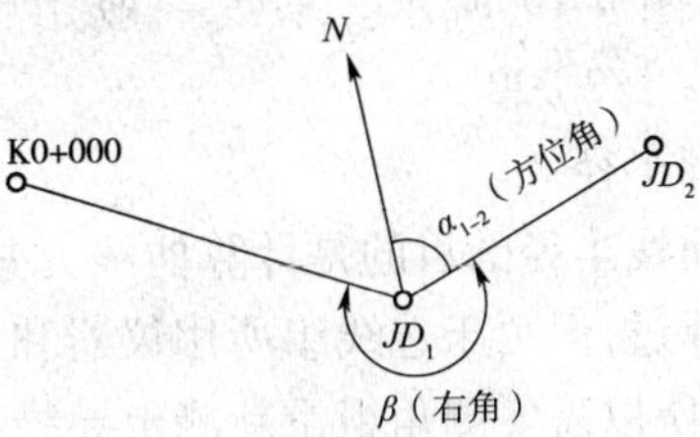

图4-16　导线方位角与右角的关系示意图

4. 设置分角桩

设置分角桩是指设置每个交点的分角桩为后续组提供曲线中点的位置方向。

分角方向线测定是用正镜或者倒镜位置测完右角后紧接着进行。分角方向读数值为任意一个镜位的后视读数与前视读数之和的二分之一，分角线方向用分角桩表示，分角桩确定是为后续中线组钉设曲线，确定曲线中点时提供方向。图4-17为分角线和分角桩的关系。

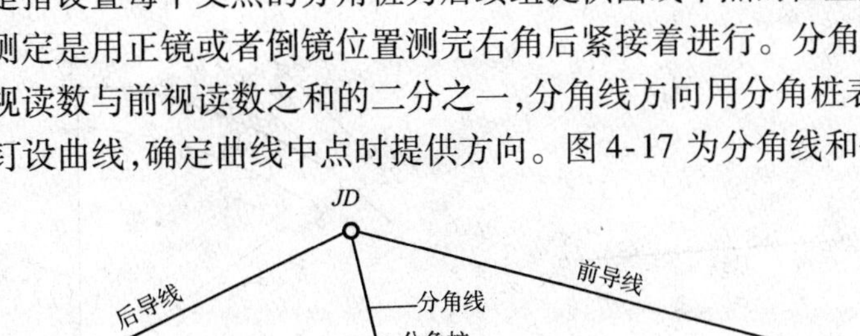

图4-17　分角线与分角桩

5. 测后视距离

测定每条导线的后视距离以便校核链距。在导线测量完毕后，紧接着布置中线，中线测设用钢尺一次丈量的办法确定。在钢尺量距时，一般以整尺段丈量，有时同样也会发生由于在工作中的失误或疏忽发生丢掉尺段的情况。如图4-18所示的一段路线测设中，第一个桩位为 K0 +000,第二个桩位为 +020,第三个桩位为 +040,第四个桩位为 +060,第五个桩位为 +080,第六个桩位为 K0 +100,量的结果:第一个桩位为 K0 +000,第二个桩位为 +020,第三个桩位为 +040,第四个桩位为 +060,第五个桩位为 +080,第六个桩位 +080,第七个桩位 +080,第八个桩位 K0 +100。这个结果相当于多量了两个 080,即多量了 160m,本来到了第六个桩位为 K0 +140 而误记为 K0 +100,发生了断链。这种情况在现场可以与视距对比来判别。这个视距是测导线右角时顺便测定出来的。虽然经纬仪视距远比钢尺量具和全站仪测距大,但大数是不差的,这样的误差同样能够鉴定出大的误差的存在。由此可判别出是否发生了断链。

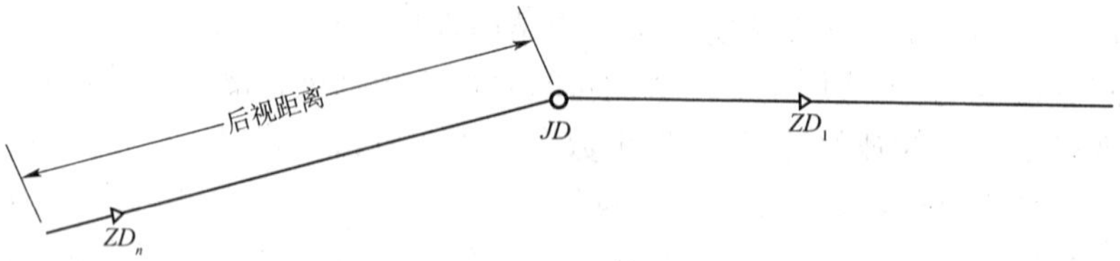

图 4-18　测量后视距离校核链距示意图

6. 曲线的基线

虚交点(多交点)或复曲线处,需要丈量或精确测定基线长度,以便计算曲线元素。在多交点单曲线或复曲线中,通常是通过两相邻交点之间的距离计算曲线元素,这个距离叫做基线长度,如图 4-19 所示。基线一般用钢尺往返丈量或用视距仪测定,精度要求一般为1/5 000 ~1/2 000。

7. 选择半径

选定曲线半径的目的是计算曲线元素以便布置曲线。如前已述,曲线半径已经由选线组初步选择过,但由于选线组所用仪器和工具粗略而测角精度不高,由此计算出的曲线元素不够准确,所以需要测角组重新测出导线右角后用重新计算出的角度重算曲线元素,重新计算后的结果才是准确的。曲线半径和形式取决于技术标准、地形条件、地物控制、导线布置、视察报告,在其他章节中阐述。上述曲线元素是指用来确定曲线主点桩位和桩号的要素。图 4-20 说明顺路导线与曲线及其元素关系。

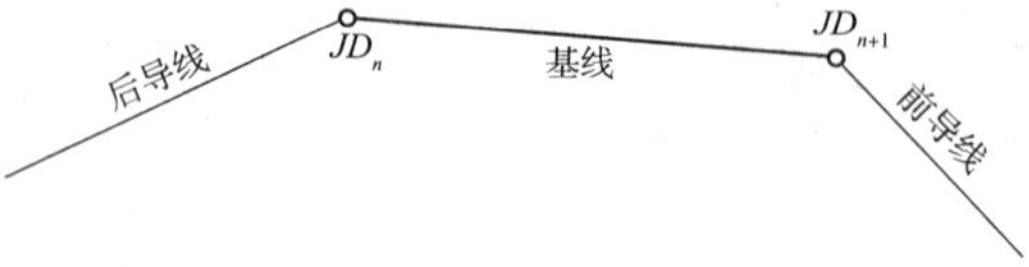

图 4-19　导线的基线

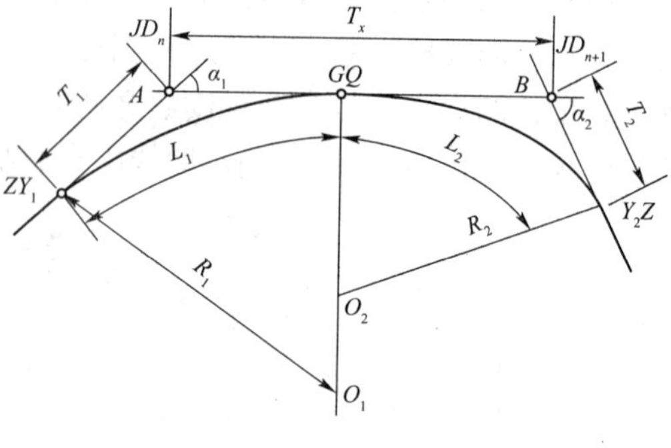

图 4-20　顺路导线与曲线及其元素

8. 设置护桩

当某些重要的桩,如 *JD* 或 *ZD* 桩等,因故要保留较长时间时,为防止丢失或便于今后寻找,一般设固定桩。固定桩亦称护桩或拴桩。固定桩设置有距离固定法、方向固定法和混合固定法。原则上固定桩尽量利用周围的地物来固定,如果实在找不到合适的地物,可以设置木桩固定。如图 4-21 所示为距离固定法地物固定桩的设置操作示意图。图中交点桩，即 JD_5 K4 +896.96 的固定桩设了三个：第一个位于交点桩右后 30m 的电杆上，固定桩编号 G_1；第二个位于交点桩右前 45m 的房角上，固定桩编号 G_2；第三个位于交点桩右前 50m 的石头上，固定桩编号 G_3；设置和书写固定桩时，在第一个位于电杆上的某处能写字的平面，油漆画一小圈，小圈中间点一个小点表示固定桩 G_1；接着再写三排字，第一排写被固定桩的桩号，即 JD_5K4 +896.96；第二排写固定桩的编号 G_1；第三排写固定桩到正线桩的方位和距离，即左后 30m。在第二个位于房角上的固定桩的房角的某处用油漆画一小圈，小圈中间点一个小点表示固定桩 G_1；接着再写三排字：第一排写被固定桩的桩号，即 JD_5K4 +896.96；第二排写固定桩的编号 G_2；第三排写固定桩到正线桩的方位和距离，即左后 45m。在第三个位于石头上的固定桩，用油漆画一小圈，小圈中间点一个小点表示固定桩 G_3；接着再写三排字：第一排写被固定桩的桩号，即 JD_5 K4 +896.96；第二排写固定桩的编号 G_3；第三排写固定桩到正线桩的方位和距离，即左后 50m。以上设置都要在现场做好记录并画好图。日后一旦交点桩因故丢失后，就可以根据已存在的大树、房角和石头，借助“路线固定表”记录来恢复交点。

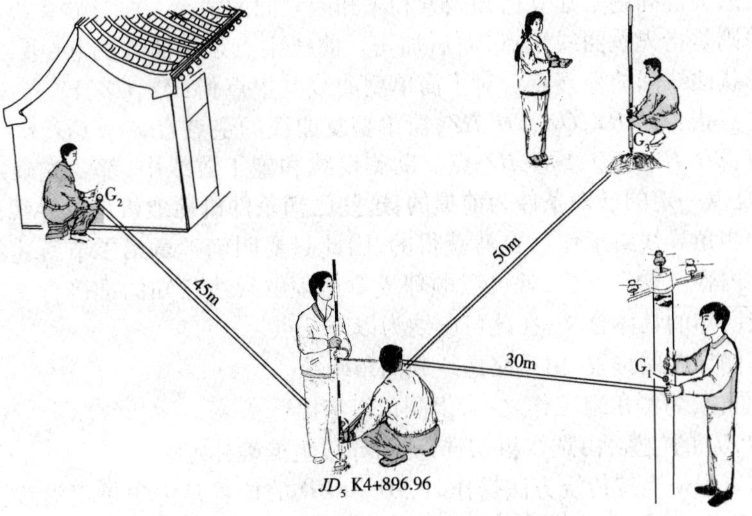

图 4-21　交点或转点处护桩设置操作示意图

第三节　道路中线曲线定位主点与曲线元素

道路设计或定测，最终要解决的问题是如何将道路中心线的实地位置确定出来。尽管道路中心线在图上是用一条光滑连续的线条表示，而在实地放线或在纸上设计都是用桩点位置标示的，因此需要研究道路中心桩点定位计算问题。桩点确定顺序是先定位，后定形。定位设计中，要使用曲线元素将曲线主点首先确定下来。

由于道路路线由直线和曲线构成，所以应将直线段中线定位和曲线段定位分别进行。直线定位比较简单，只要知道直线上任意两点的位置即可确定，而这两点可以是两点的实地位置，也可以是两点的坐标。而曲线的形状和大小与其附近的地物和地形等条件限制。换言之，曲线半径和形式与地物条件限制、技术标准要求、导线布置方式、特殊地段要求等有关。由第一章我们知道，不论曲线组合如何复杂，它均是由回旋线和圆曲线这两种基本线形组成。曲线设计和布置是以顺路导线为基准进行，即曲线是在顺路导线的位置已知的前提下进行设计，这种方法在此称为顺路导线法。之所以采用顺路导线法，是由于曲线的布设，不像我们用圆规在图纸上画圆那样，只要找到圆心就可画出。因为路线所经地带往往并不是一望无际的平川，常常是高山陡崖、沟壑深谷、各种障碍都可能存在，即使地形很好，能够找到圆心也无法“绘”出。另外，要使曲线与导线有机地结合，则曲线应和沿路中线的导线有密切的关系。在公路常规勘测中，一般最方便的做法是设法将布置的曲线与导线发生联系，从导线上支出坐标（称为支距）来确定桩点位置，这样一来，在围绕导线左右摆动不大范围的情况下就能把曲线布设出来，从而克服了地形障碍。如通常所用的切线支距法、切线偏角法、延长弦线法、中央纵距法等均基于这样的思路，这也是顺路导线测设法的由来。后来，随着测距仪、全站仪的问世和使用，从很远的地方就可以布设中线桩点，从此这个坐标系统“升值”为采用以大地坐标系统为主的长测区坐标控制系统。但值得一提的是，大、小控制系统的区别是后者只要运用有关坐标转换公式进行转换即可。

一、曲线定位控制主点

曲线布置的关键问题是建立已知因素和未知因素间的关系，并遵循“先控制，后碎部”的原则。这个原则是指先设曲线主点，而后加密。曲线主点是指曲线的起、中、终点以及不同半径或不同形状曲线间的衔接点。对于简单型曲线其主点指：ZY、QZ、YZ 点；对于基本型单曲线之曲线主点指：ZH、HY、QZ、YH、HZ；简单型复曲线的主点有 ZY_1、GQ、Y_2Z 点；基本型复曲线的主点有：ZH、HY_1、GQ、Y_2H、HZ 点。勘测定线和施工放线中，都要先确定出曲线定位控制主点，它是以一定的已知条件为前提的，这些已知条件概括地讲就是导线已知。而导线是在选线组和测角导线组工作后自然获得的，因此只要明确本章第二节所述的测角导线组的工作任务和内容及操作方法，就可以顺理成章地理解导线已知的准确含义。为使读者进一步明确导线已知的具体含义，在此可归纳为以下几点。

（1）JD 两侧导线的位置，由道路选线和测角确定。

（2）分角桩位，为测角组工作之一，由测角组定出。

（3）JD 和 ZD 的位置，由选线组初选，测角导线组准确标定。

（4）JD 的里程。当按传统方法操作时，JD 和 ZD 的位置是由中桩组沿线丈量或用测距仪测距并计算而得；当用全站仪或 GPS 仪定设导线时，已在布置导线时测得交点间距。据此可由下述方法推算求得某 JD 桩号：

①当计算 JD 为第一个 JD 时，其 JD 桩号为路线起点到 JD 的水平距离，此距离用全站仪分段测之或用钢尺一次分段丈量；

②当计算 JD 非第一个 JD 时，逐个导算 JD 桩号，其 JD 桩号为前一个 JD 处曲线的终点桩号加上本 JD 与前一个 JD 处曲线终点之间的距离。

（5）JD 处路线转角，由测角组在实地测定或纸上定线时在地形图上用正切法算得。

（6）基线长度。在拟设的虚交单曲线或复曲线处用钢尺往返丈量或用视距仪测定的精度不低于 1/5 000 的两个（或多个）相邻交点之间的距离（称基线长）。

以上几个条件（JD 位置和桩号、沿中线的导线前方的转角和某 JD 处相邻导线的实地位置），在以后将要叙述的路线曲线设计中均作为已知条件来考虑。

二、曲线主点定位元素

我们把控制曲线主点桩位和桩号的要素称曲线元素。

现从顺道导线中任意拿出一个交点来分析，在交点处根据实际地形并结合技术标准，当所选曲线半径大于技术标准规定的不设超高的曲线半径时，可设置成大半径的简单型曲线，如图 4-22 所示。

如前所述，道路是由直线段和曲线段构成的。构成道路曲线的基本线形单元有缓和曲线和圆弧曲线两种。鉴于曲线定位是在顺路导线已知的前提下进行的，所以确定曲线位置实质上就是确定曲线相对于顺路导线的位置关系。确定程序是先取定主点，而后加密。曲线主点是指曲线的起、中、终点以及不同形状或不同半径曲线之间的衔接点。图 4-22 中的 *ZY*、*QZ*、*YZ* 为简单型单曲线的曲线主点。

反之，则设置成如图 4-23 所示的虚交点简单型单曲线。有时限于实际地形用两个交点来代替一个交点，如图 4-23 所示，在交点 JD_n 处遇到了河流等障碍，不得不用两个交点 JD_{nA} 和 JD_{nB} 来代替。此时，根据三角形外角等于不相邻两内角和的原理可知，JD_{nA} 处路线转角 α_A 与 JD_{nB} 处路线转角 α_B 的和等于 JD_n 处路线总转角 α。根据地形条件有时还将虚交或相邻两个交点处设成不同半径的复曲线。至于最终设置成何种曲线，主要视实地地形和技术标准等因素来具体选择，在后面将会结合实例说明。

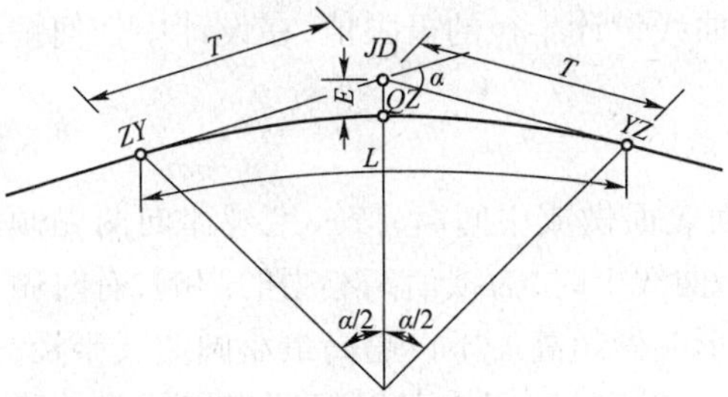

图 4-22　实交点简单型单曲线的曲线元素

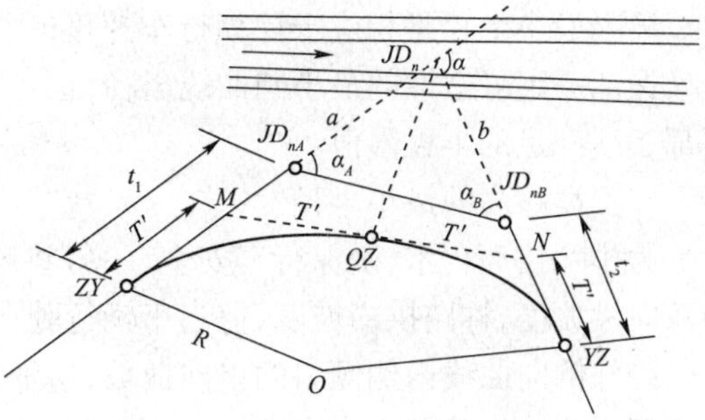

图 4-23　虚交点简单型单曲线的曲线元素

下面的主要问题是如何根据已知条件（即交点的位置和桩号及其两侧相应的导线位置、实测路线转角等）来选择曲线半径、缓和曲线长度后并将曲线布置于实地上。

把在顺路导线已知的前提下，用来确定曲线主点桩位和桩号的要素称为曲线元素。曲线元素一般是曲线特征点相对于顺路导线上已知特征点之间的距离，不同形式的曲线，有着相应不同的曲线元素。对于某种曲线而言，要判定哪些是其曲线元素，关键要看哪些数值能在“顺路导线”已知的前提下，确定出曲线主点的位置和桩号，这些距离就是这种曲线的曲线元素。例如，在图 4-23 所示的简单型曲线中，因这种曲线主点确定前，交点 *JD* 桩位和桩号及两侧导线位置是已知的，要确定 *ZY* 和 *YZ* 点，只要计算出这两点沿前、后导线方向的距离便可，我们把这个距离叫切线长，用 T 表示。*QZ* 点确定同样计算出 *JD* 至此点沿角分方向的距离即可，这个距离叫外矢距 E。三个主点的桩号可以这样推算：*ZY* 桩号 = *JD* 桩号 − T；*YZ* 桩号 = *ZY* 桩号 + L（注意不等于 *JD* 桩号 + L，因为路线桩号应沿路线走向而并非沿导线走向）；*QZ* 桩号 = *ZY* 桩号 + $L/2$。这里的 L 是圆曲线段的长度，称曲线长。综上所述，我们把简单型曲线的 T、E、L 叫做简单型曲线的曲线元素。类似还有其他型曲线的曲线元素。

寻找曲线元素时，首先，要找出主点，曲线主点定义为曲线的起、中、终点以及不同形状曲线之间的衔接点。其次，看那些距离能在顺路导线已知的前提下，确定出曲线主点的桩位和桩号，这些就是曲线元素。

第四节　道路平面线形设计的技术标准

道路平面设计的技术标准重点是探讨道路中心线三种基本线形的限值问题，也就是在一定理论基础上由现行《公路工程技术标准》（JTG B01）加以规定的值。我国现行平面线形设计技术标准研究的问题包括直线标准（直线长度限值）和曲线标准（即曲线半径和长度限值）。曲线标准包括圆曲线的最小半径，回旋线的合理长度（包含最小长度）；直线标准将给出具体的同向曲线间直线的最小长度及反向曲线间直线的最小长度。

一、道路平面圆曲线设计的技术标准

这里，首先讨论圆曲线的最小半径标准研究内容、基本概念、制定依据、制定目的、制定结果、考虑因素及相互区别。

（一）圆曲线的三个最小半径标准

1. 极限最小半径

极限最小半径是相应于计算行车速度时允许的最小稳定行驶半径，它是既保证行车安全又保证一定舒适性的最小圆曲线半径，也是圆曲线设计半径的极限值，在设计中任何情况下都必须满足的半径限值。

2. 不设超高的最小半径

为排除路面积水，确保行车安全，一般将路面表面做成中间高，按一定规律向两侧倾斜的双向横坡度，称路拱横坡度，但当车辆行驶在平曲线上时，为抵消离心力的影响，有时做成由曲线外侧向曲线内侧倾斜的单向横坡，这种情形叫做超高。不设超高最小圆曲线半径，是考虑到圆曲线半径较大时，离心力的影响已较小，路面的摩阻力可以保证汽车行驶的稳定性，当曲线半径大到某个半径值时，可以不设置超高而允许设置与直线路段相同的路拱横坡，这个半径限值，称为不设超高的半径。

3. 一般最小半径

所谓一般最小半径是指在通常情况下应采用的平曲线最小半径限值，是保证汽车行驶安全的前提下，考虑充分的舒适性和经济性以及整条路线线形协调等因素下的最低限值，也是设计中不得已时才采用的控制指标；其值约为极限最小半径的 1.5 ~2.0 倍。在公路平曲线设计时，圆曲线半径应尽量采用大于或等于表中的一般最小半径值，以提高公路的使用质量并有利公路等级的提高。

一般最小与极限最小半径区别在于三个方面：其一是，舒适性的区别。即极限最小半径考虑了行车的一定舒适性，而一般最小半径则考虑了充分的舒适性；其二是，为防止设计人员频繁采用极限值造成线形较差或平曲线半径忽大忽小状况；其三是，一般最小半径限值规定考虑了全线线形协调问题。

（二）圆曲线的三个最小半径标准制定原理

圆曲线的极限最小半径制定目的为确保汽车转弯时的稳定安全和一定的舒适性。制定依据汽车行驶横向稳定分析结果，$R=\dfrac{v^2}{127(\mu+I_{横})}$，通过取定不同的 v、μ、$I_{横}$ 而得。车速 v 采用设计车速；μ 值选用与行车稳定性、舒适性和经济有关，参考表 4-8；$I_{横}$ 值一般取道路横坡度和超高横坡度。制定结果依行车速度不同给出极限最小、一般最小和不设超高的最小半径。规定一般最小半径主要考虑以下两个因素：一是采用这种半径能充分保证行车的舒适性，为此计算时 μ 值一般选用 0.05 ~ 0.06，而采用的 $I_{横}$ 值为 6% ~ 8%；二是这种半径应是全线绝大多数情况下可能采用的半径。据日本的统计资料，大于或等于该半径的平曲线在路段上出现的频率在 90% 以上。

μ 值与行车稳定性、舒适性及经济性关系表

表 4-8

μ 值	行驶稳定性	乘客舒适性	经济性	
			燃料消耗（%）	轮胎磨耗（%）
0	路面结冰也能安全行驶	不感到曲线存在，很平稳	100	100
0.05	路面结冰也能安全行驶	不感到曲线存在，很平稳	105	160
0.10	路面结冰也能安全行驶	不感到曲线存在，很平稳	110	220
0.15 ~ 0.16	干燥和潮湿路面均可以较高的速度安全行驶	略感到曲线存在，尚平稳	115	300
0.20	行车已感不安全	已感到曲线存在，并感到稍不平稳	120	390
0.36	行车已感不安全	感到曲线存在，已感到不平稳	—	—
0.40	行车感到极不安全	转弯时已非常不稳定，乘客站不住而有倾斜危险	—	—

车辆在曲线上稳定行驶的必要条件是横向力系数不能超过路面与轮胎之间的横向力系数。据国内 20 世纪部分省市对不同半径进行的调查结果表明：横向滑溜摩阻系数值 μ 在 0.1以下，乘客舒适，行车安全；大于 0.15 则乘客感受到不适；大于 0.2 则行车不平衡，有不安全感受。另根据美国各州公路工作者协会的成果，认为速度小于 70km/h 时，μ 取 0.16，速度为 120km/h 时，μ 取 0.12 是舒适感受的界限。所以从舒适感出发，μ 值取 0.10 ~ 0.15 也是比较可行的。21 世纪初，在制定现行标准时，又测试了小客车、大客车、大重型货车在 43 个观测路段上运行时乘车人的舒适度感受数据，运用心理学方法和统计分析整理得出各种车型在不同行驶速度下对应的横向力系数阀值，为了确定横向力系数设计值，既要通过实测路面与轮胎之间的摩擦系数范围，还要考虑驾乘人员在行驶中所能忍受的横向力的大小和舒适感，综合平衡后才能确定。经过对 43 个观测点极限摩阻系数的测试，样本路段的极限横向摩阻系数均在 0.3 以上，设计用的横向力系数为 0.10 ~ 0.17，占极限横向摩阻的系数的比例较小，安全度较高，基本上可以避免横向滑移的危险。

（三）圆曲线的三个最小半径标准值

表 4-9 为极限最小半径确定时选用的 $I_{横}$ 及 μ。超高值的变化范围在 10% ~ 6% 之间，计算最小半径时，采用 8% 的超高值代入计算。将计算结果取整数，即得出表 4-10 规定的极限最小半径值。

圆曲线最小半径的横向系数及超高值

表 4-9

设计速度（km/h）	120	100	80	60	40	30	20
横向力系数	0.10	0.12	0.13	0.15	0.15	0.16	0.17
超高值 $\mu_{I横}$（%）	6	6	6	6	6	6	6
	8	8	8	8	8	8	8
	10	10	10	10	10	10	10

一般最小半径的设置是为了保证按计算行车速度行驶车辆的安全性与舒适性，是设计时建议的值。确定一般最小半径采用的横向滑溜摩阻系数值 μ 为 0.05 ~ 0.06。这样，行车

就更加舒适，而且，这种半径大多数的情况下，有可能被采用。

我国现行《公路工程技术标准》是综合上述情况并参考国内外使用的经验，采用了表4-11所列$I_{横}$及μ值，代入计算，将计算结果取整数，即得出规定的一般最小半径值。

当平曲线半径大于一定数值时，可以不设置超高，而且允许设置等于直线路段路拱的反超高。从行驶的舒适性考虑，必须把横向滑溜摩阻系数μ控制到最小值。而当半径小于一定的值时应将路面做成单向横坡，当汽车行驶在这种所谓超高的路面上时，重力分解为向心方向的力可抵消或减弱离心力的作用。现行《公路工程技术标准》(JTG B01)规定的不设超高最小半径，取用了$\mu=0.035$，$I_{横}=-0.015$，并按各级公路计算行车速度代入公式进行计算，并取整得出不设超高的最小圆曲线半径。为读者使用方便，现将上述三个最小半径值列于表4-10。

圆曲线最小半径 表4-10

设计速度(km/h)		120	100	80	60	40	30	20
最大超高	10%	570	360	220	115	—	—	—
	8%	650	400	250	125	60	30	15
	6%	710	440	270	135	60	35	15
	4%	810	500	300	150	65	40	20
不设超高最小半径(m)	路拱≤2.0%	5 500	4 000	2 500	1 500	600	350	150
	路拱>2.0%	7 500	5 250	3 350	1 900	800	450	200

注："—"为不考虑采用最大超高的情况。

不设超高的圆曲线最小半径(m) 表4-11

设计速度(km/h)	120	100	80	60	40	30	20
i路拱≤2.0% $\mu=0.035\sim0.040$	5 500	4 000	2 500	1 500	600	350	150
i路拱>2.0% $\mu=0.040\sim0.050$	7 550	5 250	3 350	1 900	850	450	200

二、缓和曲线的合理长度

(一)满足最小长度要求

从行车安全考虑，缓和曲线首先要满足最小长度的要求。最小长度的确定应同时满足最短行程时间、控制离心加速度变化率不宜太大和控制曲线超高附加纵坡不宜太陡，就是说缓和曲线的最小长度要从最短行程时间要求、超高与加宽过渡、离心加速度变化率所求得的三个长度中取最大值。

$$L_s = \max\{L_{s_1}, L_{s_2}, L_{s_3}\} \tag{4-11}$$

1. 控制方向操作的最短时间所应有的缓和曲线长度

$$L_{s_1} = v \cdot t \tag{4-12}$$

2. 控制离心加速度变化率所应有的缓和曲线长度

$$\alpha_s = \frac{a}{t} = \frac{v^2}{t \cdot R}$$

$$t = \frac{v^2}{\alpha_s R}$$

$$L_{s_2} = v \cdot t = \frac{v^3}{\alpha_s R} \tag{4-13}$$

研究表明,将 α_s 控制在 0.4 ~ 0.6,认为是合适的。但为考虑线形平顺一般控制在 0.278。即:

$$l_{s2} = \frac{v^3}{\alpha_s R} = \frac{v^3}{0.278R} \approx 0.035\frac{v^3}{R} \tag{4-14}$$

3. 控制曲线超高附加纵坡不宜太陡所应有的缓和曲线长度

$$L_{s_3} = \frac{B \cdot \Delta i}{p} \tag{4-15}$$

式中:B——超高旋转轴至路面外侧边缘这间的距离(m);

Δi——路拱横坡与超高横坡的代数差;

p——超高渐变率,其值参照表 4-12 选择。

同时满足以上条件所得的长度,就是缓和曲线的最小长度,即式(4-11)。

超高渐变率 表 4-12

设计车速(km/h)		120	100	80	60	40	30	20
超高旋转轴位置	中轴	1/250	1/225	1/200	1/175	1/150	1/125	1/100
	边轴	1/200	1/175	1/150	1/125	1/100	1/75	1/50

根据上述理论和要求,我国《公路路线设计规范》(JTG D20—2006)规定的应设缓和曲线最小长度见表 4-13。

我国《公路路线设计规范》(JTG D20—2006)规定的缓和曲线最小长度 表 4-13

计算车速(km/h)	120	100	80	60	40	30	20
缓和曲线最小长度(m)	100	85	70	50	35	25	20

(二)照顾景观协调

应当指出,按离心加速度变化率或超高渐变率计算的缓和曲线长度,随曲线半径的增大而逐渐减小,但从视觉上却希望随着曲线半径的增大,缓和曲线应相应增长。尤其是等级高的公路应特别注意这一点,尽可能利用缓和曲线线形以适应地形与景观,使视觉舒顺。

(三)考虑视觉反应

从视觉要求出发,当缓和曲线很短使缓和曲线角小于 3°时,则缓和曲线极不明显,在视觉上容易被忽略。但是,如果缓和曲线过长使大于 29°时,圆曲线与缓和曲线不能很好协调。在设计中 A 值的具体确定是根据线形顺适和美观的要求,按圆曲线半径 R 值的大小来确定的。理论上适宜的缓和曲线角值 β_0 应在 3° ~29°之间,据此可推导出适宜的 A 值:

$$\frac{R}{3} \leqslant A = \sqrt{RL_s} \leqslant R \tag{4-16}$$

(四)尽量合理布设

从线形理想方面考虑,对常用的基本型曲线宜使缓和曲线、圆曲线和缓和曲线设成 1∶1∶1或 1∶2∶1为好。如不能达到理想状况可将中间的圆曲线设计得长些,且其长度不宜短于 3s 的行程。

(五)能够容纳得下

能够容纳得下是指从曲线布置限制考虑应有的缓和曲线的合理长度。如设置不合理会导致由于缓和曲线太长致使主圆曲线容纳不下缓和曲线的情形，故路线转角 α 要大于两倍的缓和曲线角 β_0，即 $\alpha \geqslant 2\beta_0$；这个条件也可以设置缓和曲线以前的圆曲线长度 L 大于或等于缓和曲线长度 L_s 来控制，即 $L \geqslant L_s$。

同时满足上述要求的长度，作为缓和曲线的合理长度，如不能满足时，至少要满足（一）和（五）的要求。

三、直线设计的技术标准

（一）直线设计的技术标准制定原理

直线是平面线形设计的基本要素之一，具有距离短，易于选线等特点。但直线线形缺乏灵活性，难以适应地形的变化，与地形、地物等自然环境相协调不易，因此在应用上自然而然地要受到限制。如直线段过长，易引起驾驶员的疲倦，注意力难以集中，对行车安全不利。所以直线段的长度应根据地形、地物及驾驶员的心理状态等因素确定。长大桥（包括高架桥）的接线，考虑到施工方便、经济合理以直线为好。隧道除应考虑地形、景观、自然生态等因素的影响外，首先应考虑施工的方便与经济，因此，在地质等情况可能的条件下应灵活采用直线。

直线设计的技术标准是直线的极限长度，关于直线的极限长度（最大与最小长度），从理论上求解是非常困难的，主要应根据驾驶员的视觉判断和承受能力来确定。据国外资料介绍，对于计算行车速度大于或等于60km/h的公路，最大直线长度为以汽车按计算行车速度行驶70s左右的行程距离取定；另外，同向曲线之间的最小长度（以m计）以不小于计算行车速度（以km/h计）的6倍为宜，反向曲线之间的最小长度（以m计）以不小于计算行车速度（以km/h计）的2倍为宜。计算行车速度≤40km/h的公路可参照上述做法。上述情况完全是以经验为基础的，因此，在实际上工作中，应根据地形、地物、自然景观以及经验等，由设计人员判断决定。设计时一般要遵守曲线间的最小长度，以同向不小于 $6v$，反向不小于 $2v$（v 为设计车速，用km/h代入，算出的结果为m）的直线段长度控制设计，而最大长度是以司机克服单调、疲劳为原则设计的。

（二）直线设计的技术标准制定结果

直线的最小长度制定时考虑因素概括地讲是避免造成断臂曲线。所谓断臂曲线指两相邻曲线间的直线段太短，以至于汽车驾驶员无法辨认中间的直线段，而误认为是曲线衔接，诱发行车事故的情形。制定结果是同向曲线间直线最短长度不小于 $6v$；反向曲线间直线最短长度不短于 $2v$（v 为设计车速，用km/h代入，计算结果为m）。

关于直线的最大长度我国没有明确规定，总之要以克服单调疲劳为限，参照德国经验可取 $20v$（v 为设计车速，用km/h代入，计算结果为m）。

四、技术标准应用注意事项

（一）圆曲线的最大半径

技术标准只规定圆曲线的最小半径，并未规定最大半径，所以圆曲线设计时采用的半径应尽量地大，但过大的半径也不一定很合理。根据设计经验，建议最大半径不宜超过10 000m。

（二）圆曲线最小长度

对简单型单曲线，建议不短于3s的行程；对基本型单曲线，应控制回旋线、圆曲线、回旋线之间的长度比，此长度比一般宜在1∶1∶1，即 $L_s : L_y : L_s = 1:1:1$。

（三）圆曲线实际半径与最小半径的关系

实际采用的圆曲线半径，受实际地形条件和地物控制、技术标准要求、导线布设方式、视察报告要求等限制。作为初学者建议实际半径（$R_{实际}$）与技术标准半径规定的极限最小半径（$R_{极限}$）及一般最小半径（$R_{一般}$）的关系如下：

一般情况下，$R_{实际} > 6R_{极限}$（建议）；当地形受限时，$R_{实际} > 6R_{一般}$（建议）；遇到特困地形时，$R_{实际} \geqslant R_{极限}$（建议）。

单曲线和复曲线的主曲线初定半径应根据地形等条件反算取整；但对于复曲线的副曲线和凸形曲线不能取整，保留两位小数。

（四）注意平面线形和平纵线形的协调

相邻曲线半径前后协调（建议），尤应避免急弯陡坡重合。

（五）半径不同的圆曲线间缓和曲线的省略

复曲线设置缓和曲线的情况，依据两圆半径的悬殊程度［式（4-17）］和设计车速来确定复曲线中间是否设置缓和曲线。

$$\left.\begin{aligned}&当 v \geqslant 100\text{km/h} 时，\frac{R_{大}}{R_{小}} \leqslant 1.25\\&当 v = 80 \sim 100\text{km/h} 时，\frac{R_{大}}{R_{小}} \leqslant 1.5\\&当 v \leqslant 80\text{km/h} 时，\frac{R_{大}}{R_{小}} \leqslant 2\end{aligned}\right\} \tag{4-17}$$

式中：v——设计车速（km/h）；

$R_{大}$——复曲线中大圆曲线的半径（m）；

$R_{小}$——复曲线中小圆曲线的半径（m）。

以上各条要同时满足，两个相邻对接的圆曲线才可直接相接，此种情况相当于缓和曲线被省略；否则，两圆曲线用缓和曲线相接。

第五节　简单型和基本型及凸形单曲线设计原理与计算

单曲线是指顺路导线的一个或多个交点处设置一个半径的曲线，单曲线分简单型单曲线、基本型单曲线和凸形单曲线三种。

一、简单型单曲线设计

（一）曲线形式与设置条件

当考虑实地地形、地物条件，结合技术标准要求，选定的曲线半径大于现行《公路工程技术标准》（JTG B01）所规定的不设超高的半径时，在“顺路导线”的转折处用一段圆曲线和相邻导线连接，从而形成简单型单曲线，亦称单圆曲线（图 4-22）。

（二）曲线元素与主点里程

简单型单曲线布置设计主要是确定其主点位置和加密桩位置。主点位置确定实际上是曲线是位设计，加密桩位置确定实质上是曲线定形设计。曲线主点是指曲线的起、中、终点和不同形状或不同半径曲线之间的衔接点。由图 4-22 可知，简单型单曲线的曲线主点有 ZY、QZ、YZ 点三个，确定曲线主点位置包括其点位和桩号的确定。

由于测设是按“先有导线，后有中线”的步骤进行，故在确定曲线主点时是在前导线点（JD）位置、桩号，相邻两侧导线位置和分角线位置均已知的情况下，确定出曲线位置。所以，从图4-22不难看出，确定曲线主点位置只要计算出起、中、终点分别沿前导线方向、分角方向、后导线方向相对于交点的距离即可，我们把这几项要素分别称为“切线长 T”、“外矢距 E”和“曲线长 L”。另外，还要确定出曲线终点桩号，它是用“曲线长 L”来控制。由于 T、E、L 可确定 ZY、QZ、YZ 三个主点桩的桩位和桩号，因此，将“T、E、L”称为单圆曲线的曲线元素。确定主点位置关键是曲线元素的计算。

1. 实交点简单型单曲线

（1）曲线元素计算　曲线要素是控制曲线主点桩号和桩位的几何元素，简单型曲线元素计算见式（4-18）。

$$\left.\begin{aligned} T &= R\tan\frac{\alpha}{2} \\ L &= \frac{\pi\alpha R}{180} \\ E &= R\left(\sec\frac{\alpha}{2} - 1\right) \\ D &= 2T - L \end{aligned}\right\} \tag{4-18}$$

式中：α——路线顺路导线转角；

R——实际选定的曲线半径；

T——切线长；

L——曲线长；

E——外矢距；

D——校正值。

（2）主点桩号计算　简单型单曲线控制桩指曲线的起、中、终点，分别为直圆（ZY）、曲中（QZ）和圆直（YZ），计算时，根据交点桩号及交点两侧的导线位置确定。其中交点（JD）桩里程由实际丈量或用全站仪测定交点间距后通过计算而得，其他桩按式（4-19）计算：

$$\left.\begin{aligned} ZY &= JD - T \\ YZ &= ZY + L \\ QZ &= YZ - \frac{L}{2} \\ JD &= QZ + \frac{D}{2}\text{（供校核用）} \end{aligned}\right\} \tag{4-19}$$

式中：ZY——圆曲线起点（直圆点）桩号；

YZ——圆曲线终点（圆直点）桩号；

QZ——圆曲线中点（曲中点）桩号。

2. 虚交点简单型单曲线计算

图4-24为一虚交单圆曲线，AB 为定线所设的辅导导线（亦称基线）。由图4-24可知，只要求出 a、b，即可定出 ZY 与 YZ 点，需要提出的是，对于虚交点一般只知道后面一个交点即 JD_A 桩号，推算桩号时，从后交点开始推算。

（1）曲线元素计算　a、b 值可根据正弦定理解算 $\triangle ABC$ 而得，其计算公式为式（4-20）：

$$\alpha = \alpha_A + \alpha_B$$

$$
\left.\begin{aligned}
a &= \frac{T_{AB}\sin\alpha_A}{\sin(\alpha_A+\alpha_B)}\\
b &= \frac{T_{AB}\sin\alpha_B}{\sin(\alpha_A+\alpha_B)}
\end{aligned}\right\}
$$

$$
\left.\begin{aligned}
T_A &= T-b\\
T_B &= T-a
\end{aligned}\right\} \tag{4-20}
$$

其中：

$$T = R\tan\frac{\alpha_A+\alpha_B}{2}$$

$$T' = R\tan\frac{\alpha_A+\alpha_B}{4}$$

$$L = \alpha\pi R/180$$

（2）主点桩号推算

$$
\left.\begin{aligned}
ZY\ \text{桩号} &= JD_A\ \text{桩号} - T_A\\
YZ\ \text{桩号} &= ZY\ \text{桩号} + L\\
QZ\ \text{桩号} &= ZY\ \text{桩号} + L/2
\end{aligned}\right\}
$$

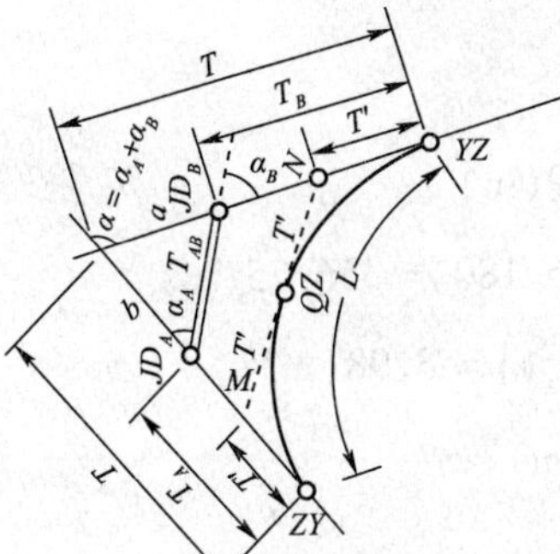

a)虚交简单型单曲线主点计算图

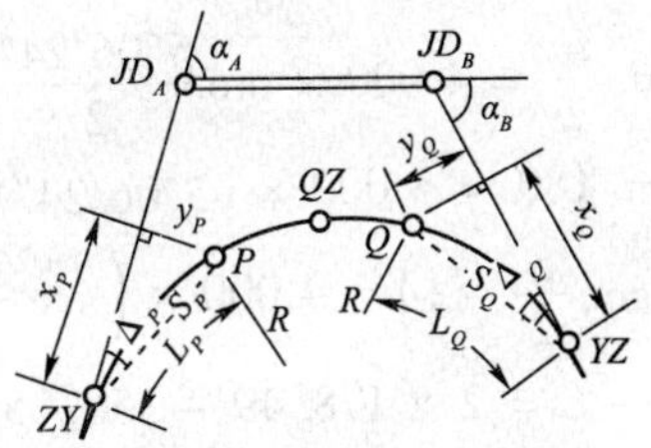

b)虚交简单型单曲线加密桩计算图

图 4-24　虚交点简单型单曲线主点计算与加密桩计算示意图

（三）简单型曲线加密桩计算

在主点的定位元素确定和桩号计算后，需进行曲线内部加桩位置计算。计算公式依测设方法不同而异。对"顺路导线"测设法用下面的支距公式（4-21）和偏角公式（4-22）进行计算；计算时应从 QZ 点分开前半段和后半段分别进行计算。对"自由导线"可用坐标法放样的办法进行计算，这里有个坐标折算问题。

ZY 点至 QZ（即前半段曲线）曲线段的坐标及偏角和弦长计算公式为式（4-21）、式（4-22）：

$$
\left.\begin{aligned}
x_P &= R\cdot\sin\frac{180L_P}{\pi R}\\
y_P &= R\left(1-\cos\frac{180L_P}{\pi R}\right)
\end{aligned}\right\} \tag{4-21}
$$

$$
\left.\begin{aligned}
\Delta_P &= \frac{90L_P}{\pi R}\\
S_P &= 2R\cdot\sin\frac{90L_P}{\pi R}
\end{aligned}\right\} \tag{4-22}
$$

式中：R——圆曲线半径；

L_P——圆曲线上某点桩号与直圆或圆直桩号差，即曲线长；

x_P——圆曲线上某点相对于直圆或圆直点作为坐标圆点，且以圆点的切线为 x 轴所对应的横距（x 值）；

y_P——圆曲线上某点相对于直圆或圆直点作为坐标圆点，且以垂直于 x 轴的轴作为 y 轴所对应的纵距（y 值）；

Δ_P——圆曲线上某点的偏角；

S_P——曲线上某点相对直圆或圆直的弦长。

同理，可得后半段曲线计算公式，与上式相同，但 L_P 需要从曲线终点起算。

（四）简单型单曲线计算示例

1. 实交点简单型曲线

【例 4-1】 路线勘测时某交点处设置成简单型曲线。曲线半径为 4 000m，该交点桩号为 K2 +800.96，路线右转角为 $\alpha=5°06'24''$，试计算当用切线支距法设置圆曲线时的 x、y 值。

【解】 （1）计算曲线主点桩号

简单型曲线主点主要指曲线起、中、终三点，故计算主点桩号是计算起点 ZY 和中点 QZ 及终点 YZ 桩号。

①计算曲线元素

$$T = R\tan\frac{\alpha}{2} = 4\ 000 \times \tan\frac{5°06'24''}{2} = 178.49(\mathrm{m})$$

$$L = R\alpha\pi/180 = 4\ 000 \times (5°06'24'') \times 3.141\ 6/180 = 356.75(\mathrm{m})$$

$$E = R\left(\sec\frac{\alpha}{2} - 1\right) = 4\ 000 \times \left(\sec\frac{5°06'24''}{2} - 1\right) = 3.98(\mathrm{m})$$

$$D = 2T - L = 2 \times 178.49 - 356.75 = 0.23(\mathrm{m})$$

②计算主点桩号

ZY 桩号 $=JD$ 桩号 $-T=JD$ 桩号 = K2 +800.96 − 178.49 = K2 +621.51

QZ 桩号 $=ZY$ 桩号 $+(L/2)$ = K2 +621.51 +356.75/2 = K2 +799.89

YZ 桩号 $=ZY$ 桩号 $+L$ = K2 +621.51 +356.75 = K2 +978.26

（2）计算切线支距 x、y

①整桩号法排桩

ZY　K2 +621.51；+640；+660；+680；K2 +700；+720；+780；QZ　K2 +799.89；K2 +800；+820；+840；+860；+880；K2 +900；+920；+940；+960；YZ　K2 +978.26；K3 +000

②计算切线支距 x、y

计算 K2 +700 的 x、y（前半段曲线上任一桩点）：

$$x = R\sin\frac{180L_P}{\pi R} = 4\ 000 \times \sin\left(\frac{700 - 621.51}{4\ 000} \times \frac{180}{\pi}\right) = 78.48(\mathrm{m})$$

$$y = R\left(1 - \cos\frac{180L_P}{\pi R}\right) = 4\ 000 \times \left[1 - \cos\left(\frac{700 - 621.51}{4\ 000} \times \frac{180}{\pi}\right)\right] = 0.77(\mathrm{m})$$

计算 K2 +800 的 x、y（后半段曲线上任一桩点）：

$$x = R\sin\frac{180L_P}{\pi R} = 4\ 000 \times \sin\left(\frac{\mathrm{K2}+978.26 - \mathrm{K2}+800}{4000} \times \frac{180}{\pi}\right) = 178.20(\mathrm{m})$$

$$y = R\sin\left(1 - \cos\frac{180L_P}{\pi R}\right) = 4\ 000 \times \left[1 - \cos\left(\frac{\mathrm{K2}+978.26 - \mathrm{K2}+800}{4\ 000} \times \frac{180}{\pi}\right)\right] = 3.97(\mathrm{m})$$

上述 L_P 的取值,前半段曲线始终与起点桩相减,后半段曲线始终与终点桩相减。

2. 虚交点简单型曲线

【例 4-2】 如图 4-25 所示,某路线勘测时导线顺河弯布置成虚交简单型曲线,经测算得 JD_A 的路线转角 $\alpha_A = 18°24'00''$;JD_B 处路线转角 $\alpha_B = 24°12'36''$;JD_A 到 JD_B 用钢尺往返丈量的距离为 $T_{AB} = 128.36$m,设虚交处曲线半径 R 为 600m,计算虚交曲线元素。

【解】 $\alpha = \alpha_A + \alpha_B = 18°24'00'' + 24°12'36'' = 42°36'36''$

根据 $R = 600$m, $\alpha = 42.61°$,得出:$T = R\tan\dfrac{\alpha}{2} = 600 \times \tan\dfrac{42.61°}{2} = 232.78$。

$$b = T_{AB}\frac{\sin\alpha_B}{\sin\alpha} = 128.36 \times \frac{\sin18.4}{\sin42.61} = 59.84(\text{m})$$

$$a = T_{AB}\cdot\frac{\sin\alpha_A}{\sin\alpha} = 128.36 \times \frac{\sin24.21}{\sin42.61} = 77.75(\text{m})$$

$$T_A = T - b = 232.78 - 59.84 = 172.94(\text{m})$$

$$T_B = T - a = 232.78 - 77.75 = 155.03(\text{m})$$

$$L = \alpha R\frac{\pi}{180} = 42.61 \times 600 \times \frac{3.1416}{180} = 446.221(\text{m})$$

二、基本型单曲线计算

(一)曲线形式与设置条件

当考虑地形条件,结合技术标准所选择的平曲线半径小于现行《公路工程技术标准》(JTG B01)中规定的不设超高曲线的半径时,平曲线应设置缓和曲线,即交点处的圆曲线两端各用一段等长的缓和曲线与相邻导线连接,构成的所谓设置缓和曲线的单曲线,亦称基本型单曲线(图 4-26)。

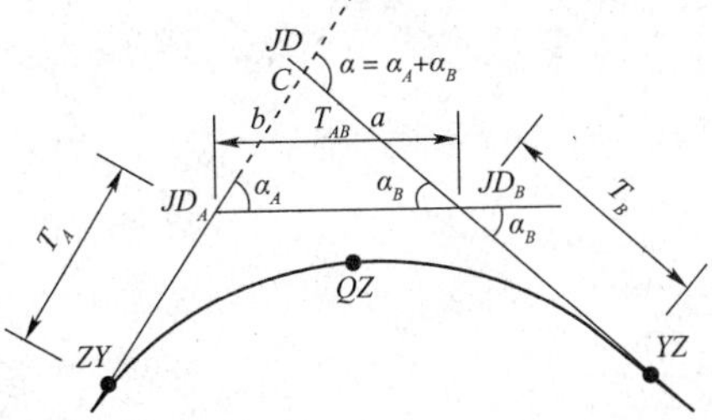

图 4-25 虚交点简单型单曲线

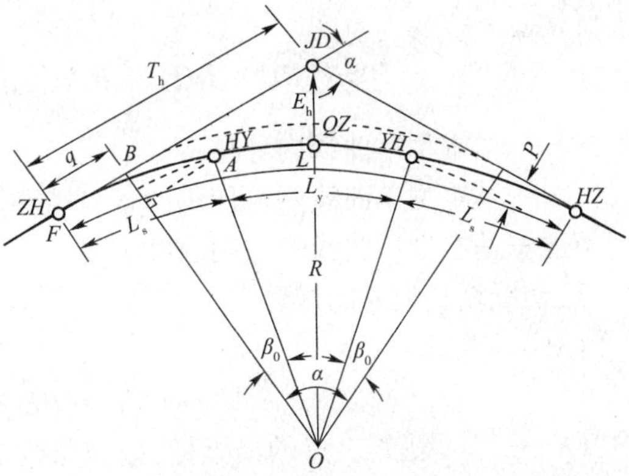

图 4-26 基本型单曲线(带有缓和曲线的圆曲线)

(二)曲线元素与主点里程

带有缓和曲线的圆曲线(基本型单曲线)的布置计算和单圆曲线一样,也是先计算进行曲线主点布置的曲线元素,然后再进行加密桩点位置的计算。

设置基本型单曲线的前提条件是:路线转角 α 已知(外业勘测通过测定右角而推算的;纸上定线是以正切法反算的)、交点的位置(选线组选定再经测角组标定)及桩号(由中线组丈量而得)和交点两侧的导线的位置已知。在此基础上,将带有缓和曲线的圆曲线准确地布置到实地上。布置方法是先设主点,而后加密。主点包括直缓点(ZH)、缓圆点(HY)、曲中点(QZ)、圆缓点(YH)和缓直点(HZ)。设置时,先应计算曲线元素。

为探求曲线计算的理论和相关公式,我们来看基本型单曲线中设置缓和曲线后的圆曲线相对于未设置缓和曲线的简单型单曲线相比有哪些变化。如图 4-26 所示,这些变化主要表现为三个方面:其一是因为缓和曲线起始端分别和直线与圆曲线顺滑地相接,因此必须将原来的圆曲线向内移动一段距离才能够接顺。故曲线发生了内移(即设缓后有内移值 P 产生);其二是缓和曲线的一部分插在直线段,另一部分插入圆曲线,因此有切线增长值 q;其三是由于有缓和曲线的存在,因此有缓和曲线角 β_0。将 P、q、β_0 称为缓和曲线的计算参数,缓和曲线的计算参数与前面提到的缓和曲线参数分别是两个不同的概念。

1. 缓和曲线计算参数确定。

(1)缓和曲线角 β_0 的计算

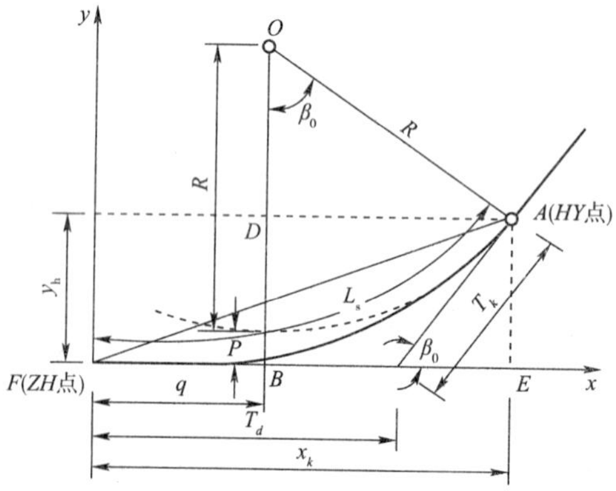

图 4-27 回旋线要素

如图 4-27 所示,β_0 为缓和曲线所对应的缓和曲线角,$\beta_0 = L_P^2/2RL_s$(rad),当 $L_P = L_s$ 时,可用式(4-23)计算:

$$\beta_0 = \frac{L_s}{2R}(\text{rad}) = \frac{90L_s}{\pi R}(^\circ) \quad (4\text{-}23)$$

(2)内移值 P 的计算

设曲线的内移值为 P,由图 4-27 可知:

$$P = (\overline{BD} + \overline{DO}) - R$$

式中:$\overline{BD}$——A 点(缓圆点)的纵坐标,即 $\overline{BD} = L_s^2/6R$。

由图 4-27 中所示的几何关系可知,$\overline{DO} = R \cdot \cos\beta_0$,因此,$\overline{DO} = R \cdot \cos\beta_0 = R \cdot \cos(L_s/2R) = R \cdot [1 - (L_s/2R)^2/2 + \cdots] = R - L_s^2/8R$

故:

$$P = (\overline{BD} + \overline{DO}) - R = \frac{L_s^2}{6R} + (R - \frac{L_s^2}{8R}) - R = \frac{L_s^2}{24R} \quad (4\text{-}24)$$

式中:P——基本型单曲线内移植;

L_s——基本型单曲线两端使用的各自缓和曲线长;

R——基本型单曲线的主圆曲线半径。

(3)切线增长值 q 的计算

由图 4-27 知,

$$q = \overline{FE} - \overline{BE} = \overline{FE} - \overline{AD}$$

式中:$\overline{FE}$——A(缓圆点)点的横坐标,缓和曲线上任意一点的横坐标为 $x = L_P - L_P^5/40R^2L_s^2$,当 $L_P = L_s$ 时,对应的 x 即为 $\overline{FE}$,即 $\overline{FE} = L_s - L_s^3/40R^2$。

由几何关系可知,$\overline{AD} = R \cdot \sin\beta_0$,而 $\sin\beta_0 \approx \beta_0 - \beta_0^3/3! + \beta_0^5/5! - \cdots$,故

$\overline{AD} = R \cdot (\beta_0 - \beta_0^3/3! + \beta_0^5/5! - \cdots) = R \cdot [(L_s/2R) - (L_s/2R)^3/3 \times 2 \times 1 + \cdots]$

$= L_s/2 - L_s^3/48R^2$

则有

$$q = \overline{FE} - \overline{AD} = L_s - L_s^3/40R^2 - (L_s/2 - L_s^3/46R^2) = L_s/2 - L_s^3/240R^2 \quad (4\text{-}25)$$

式中: q——基本型单曲线的切线增长值;

β_0——基本型单曲线首或尾所采用的缓和曲线段的分别的总缓和曲线角;

α——路线“顺路导线”转角(即偏角)。

2. 基本型曲线的曲线元素

因曲线元素是控制曲线主点桩位与桩号的要素,此种曲线主点有 ZH、HY、QZ、YH、HZ 五个主点。ZH 点位可从 JD 沿后导线量一段距离得到,将这段距离叫切线长 T_h,同理 ZH 桩也是由 JD 桩号减去 T_h 得到。同时 HZ 桩位可从 JD 沿前导线方向量 T_h 得到,故 T_h 是曲线元素之一,QZ 点可从 JD 沿分解线量一距离 E_h 得到,曲线终点桩号可用 ZH 桩号加上曲线全长 L_h 得到,故基本型曲线主要曲线元素应为 T_h、E_h 和 L_h,至于 HY 和 YH 点可由 $x_h = L_s - \dfrac{L_s^3}{40R^2}$ 及 $y_h = \dfrac{L_s^2}{6R}$ 计算得到的切线支距,再从 ZH 和 HZ 丈量切线支距得到。

结合图 4-28,可得出基本型曲线的曲线元素,计算式见式(4-26):

$$\left.\begin{aligned} T_h &= T + q = (R + P)\tan\frac{\alpha}{2} + q \\ E_h &= (R + P)\sec\frac{\alpha}{2} - R \\ L_h &= L_y + 2L_s = (\alpha - 2\beta_0)\frac{\pi R}{180} + 2L_s \end{aligned}\right\} \tag{4-26}$$

式中:T_h——基本型单曲线的切线长(m);

E_h——基本型单曲线的外矢距(m);

L_h——基本型单曲线的曲线总长(m);

L_y——基本型单曲线上 HY 到 YH 之间的净圆曲线段长度(m);

α——路线转角(°)

L_s——缓和曲线长(m);

R——曲线半径(m)。

各主点桩号计算见式(4-27)。

$$\left.\begin{aligned} ZH\text{ 桩号} &= JD\text{ 桩号} - T_h \\ HY\text{ 桩号} &= ZH\text{ 桩号} + L_s \\ QZ\text{ 桩号} &= HY\text{ 桩号} + \frac{L_y}{2} \\ YH\text{ 桩号} &= QZ\text{ 桩号} + \frac{L_y}{2} \\ HZ\text{ 桩号} &= ZH\text{ 桩号} + L_h \end{aligned}\right\} \tag{4-27}$$

(三)基本型单曲线加密桩计算

对“顺路导线”测设法用支距公式(4-28)和偏角公式(4-29)进行加密桩的计算;对“自由导线”可用坐标法放样的办法进行计算,这里有个坐标折算问题。

$$\left.\begin{aligned} x &= R\sin\frac{180L_P}{\pi R} \\ y &= R\left(1 - \cos\frac{180L_P}{\pi R}\right) \end{aligned}\right\} \tag{4-28}$$

$$\left.\begin{aligned} \Delta_P &= \frac{90L_P}{\pi R} \\ S &= 2R\sin\frac{90L_P}{\pi R} \end{aligned}\right\} \tag{4-29}$$

下面只列示坐标计算公式，其推导过程从略。如图 4-28 所示，M、N 分别为 ZH 点至 HY 点及 HY 点至 QZ 点段的两个桩点，则由图可知：

①缓和曲线段内坐标计算见式(4-30)：

$$\left.\begin{aligned} x_M &= L_M - \frac{L_M^5}{40R^2L_s^2} \\ y_M &= \frac{L_M^3}{6RL_s} \end{aligned}\right\} \tag{4-30}$$

②进入净圆曲线段内坐标计算见式(4-31)：

$$\left.\begin{aligned} x_N &= q + R\sin\frac{180(L_N - L_s/2)}{\pi R} \\ y_N &= P + R\left[1 - \cos\frac{180(L_N - L_s/2)}{\pi R}\right] \end{aligned}\right\} \tag{4-31}$$

式中：L_N——曲线上任一点桩号与曲线起点(前半个曲线)桩号或终点(后半个曲线)桩号之差；

其余符号含义同前。

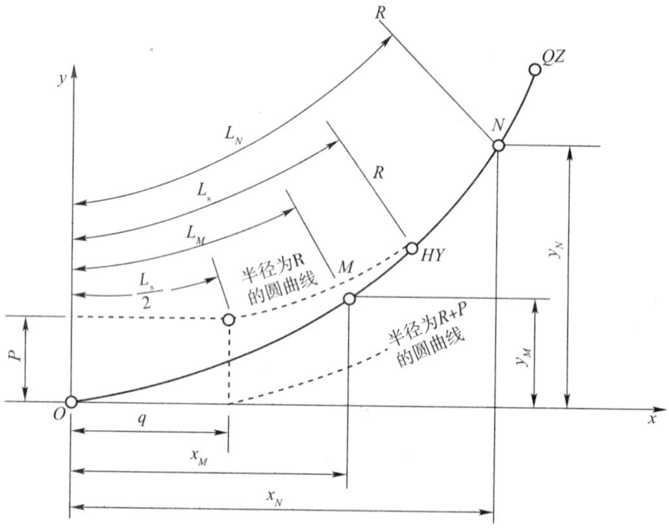

图 4-28 基本单曲线内部加密桩计算图

(四)基本型单曲线计算示例

【例 4-3】 某路段交点 JD_3 的桩号为 K3 + 782.98，路线转角 $\alpha = 12°36'06''$。该交点处根据实地地形并结合技术标准等条件设置成基本型曲线，曲线半径 R = 500m，缓和曲线长度 L_s = 50m，试计算曲线元素和主点里程，并计算曲线内加密桩点的切线支距坐标。

【解】 (1)曲线元素和主点里程计算

$$P = \frac{L_s^2}{24R} = \frac{50^2}{24 \times 500} = 0.21(\text{m})$$

$$q = \frac{L_s}{2} - \frac{L_s^3}{240R^2} = \frac{50}{2} - \frac{50^3}{240 \times 500^2} = 25.00(\text{m})$$

$$\beta_0 = \frac{L_s}{2R}(\text{rad}) = \frac{90L_s}{\pi R}(°) = \frac{90 \times 50}{3.1415 \times 500} = 2.86°$$

$$T_h = T + q = (R + P)\tan\frac{\alpha}{2} + q = (500 + 0.21) \times \tan\frac{12°36'06''}{2} + 25 = 80.23(\text{m})$$

$$E_h = (R + P)\sec\frac{\alpha}{2} - R = (500 + 0.21) \times \sec\frac{12°36'06''}{2} - 500 = 3.25(\text{m})$$

$$L_h = (\alpha - 2\beta_0)\frac{\pi R}{180} + 2L_s = (12°36'06'') - 2 \times 2.86 \times \frac{3.141\,5 \times 500}{180} + 2 \times 50 = 160.05(\text{m})$$

(2)主点桩号计算

ZH 桩号 = JD 桩号 − T_h = K3 + 782.98 − 80.23 = K3 + 702.75

HY 桩号 = ZH 桩号 + L_s = K3 + 702.75 + 50 = K3 + 752.75

QZ 桩号 = ZH 桩号 + L_h/2 = K3 + 702.75 + 160.05/2 = K3 + 782.78

HZ 桩号 = ZH 桩号 + L_h = K3 + 702.75 + 160.05 = K3 + 862.80

(3)加桩切线支距坐标计算

①按整桩号法排列桩号

曲线起点桩号为 ZH K3 + 702.75;曲线上第一个整桩的桩号为 + 720;其余各桩的桩号依次为 + 740, HY K3 + 752.75, + 760, + 780, QZ K3 + 782.78, K3 + 800, YH K3 + 812.80, + 820, + 840, HZ K3 + 862.80, K3 + 880

②计算缓和曲线段内各桩点的 x、y 值

ZH—HY 段:

以 K2 + 740 处的 x、y 为例,

$$\begin{cases} x = L_P - \dfrac{L_P^5}{40R^2L_s^2} = (740 - 702.75) - \dfrac{(740 - 702.75)^5}{40 \times 500^2 \times 50^2} = 37.25(\text{m}) \\ y = \dfrac{L_P^3}{6RL_s} = \dfrac{(740 - 702.75)^3}{6 \times 500 \times 50} = 0.34(\text{m}) \end{cases}$$

YH—HZ 段:

以 K3 + 840 处的 x、y 为例,

$$\begin{cases} x = L_P - \dfrac{L_P^5}{40R^2L_s^2} = (862.80 - 840) - \dfrac{(862.80 - 840)^5}{40 \times 500^2 \times 50^2} = 22.80(\text{m}) \\ y = \dfrac{L_P^3}{6RL_s} = \dfrac{(862.80 - 840)^3}{6 \times 500 \times 50} = 0.08(\text{m}) \end{cases}$$

③进入主圆曲线上任意桩点的坐标计算

计算 K3 + 780 处的 x、y:

$$\begin{cases} x = q + R\sin\left[\left(L_N - \dfrac{L_s}{2}\right)\cdot\dfrac{180}{\pi R}\right] \\ \quad = 25 + 500 \times \sin[(780 - 702.75 - 50/2) \times 180/(3.1\,415 \times 500)] = 70.30(\text{m}) \\ y = P + R\left\{1 - \cos\left[\left(L_N - \dfrac{L_s}{2}\right)\cdot\dfrac{180}{\pi R}\right]\right\} \\ \quad = 0.21 + 500 \times \{1 - \cos[(780 - 702.75 - 50/2) \times 180/(3.1\,415 \times 500)]\} = 2.94(\text{m}) \end{cases}$$

计算 K3 + 840 处的 x、y:

$$
\begin{cases}
x = q + R\sin\left[\left(L_N - \dfrac{L_s}{2}\right)\cdot \dfrac{180}{\pi R}\right] \\
\quad = 25 + 500 \times \sin[(862.80 - 840 - 50/2) \times 180/(3.1415 \times 500)] = 22.80(\mathrm{m}) \\
y = P + R\left\{1 - \cos\left[\left(L_N - \dfrac{L_s}{2}\right)\cdot \dfrac{180}{\pi R}\right]\right\} \\
\quad = 0.21 + 500 \times \{1 - \cos[(862.80 - 840 - 50/2) \times 180/(3.1415 \times 500)]\} = 0.21(\mathrm{m})
\end{cases}
$$

三、凸形单曲线计算

（一）曲线形式与设置条件

当由地形条件结合技术标准所选择的平曲线半径接近于现行《公路工程技术标准》（JTG B01）中规定的极限最小曲线半径且控制切线较短、地形特别困难时，平曲线可设置成凸形单曲线，即交点处各用一段等长的缓和曲线与相邻导线连接，构成凸形曲线，如图 4-29 所示。凸形单曲线在 *HH* 点存在曲率反向突变，不利于高速行车，因此只有在特殊困难地段才采用。

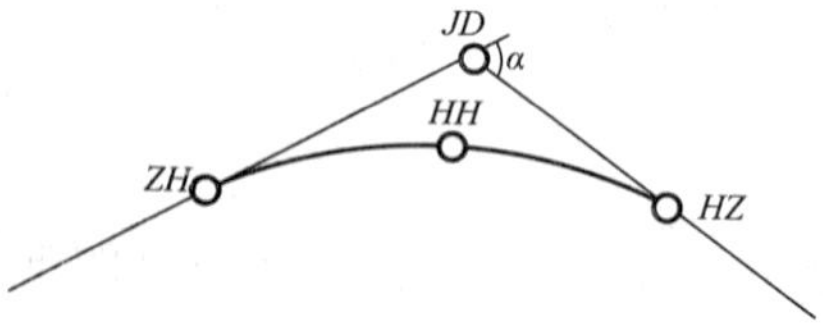

图 4-29　凸形单曲线设计

（二）曲线主点与曲线元素

凸形单曲线的曲线主点有 *ZH*、*HH*、*HZ* 三个主点。为使得凸形单曲线在 *HH* 点处的能够对接，其半径必须用式（4-32）进行反算：

$$
R = \frac{180L_s}{\alpha\pi} \tag{4-32}
$$

反算出的半径取两位小数，不得取整；否则，无法设置成凸形单曲线。

1. 曲线元素

凸形单曲线元素可以用基本型单曲线的元素计算公式计算，即由式（4-33）计算。

$$
\left.
\begin{aligned}
P &= \frac{L_s^2}{24R} \\
q &= \frac{L_s}{2} - \frac{L_s^3}{240R^2} \\
\beta_0 &= \frac{L_s}{2R}(\mathrm{rad}) = \frac{90L_s}{\pi R}(^\circ) \\
T_h &= (R + P)\tan\frac{\alpha}{2} + q \\
E_h &= (R + P)\sec\frac{\alpha}{2} - R \\
L_h &= (\alpha - 2\beta_0)\frac{\pi R}{180} + 2L_s
\end{aligned}
\right\} \tag{4-33}
$$

2. 主点里程

$$
\begin{aligned}
ZH\text{ 桩号} &= JD\text{ 桩号} - T_h \\
HH\text{ 桩号} &= ZH\text{ 桩号} + \frac{L_h}{2} \\
HZ\text{ 桩号} &= ZH\text{ 桩号} + L_h
\end{aligned}
$$

第六节　简单型和基本型复曲线设计原理与计算

一、简单型复曲线设计

(一)曲线形式与设置条件

简单型复曲线(图4-30)是由两个或两个以上不同半径的圆曲线直接连接而成。也就是两个曲线都不带缓和曲线的圆曲线直接连接后,再与相邻"顺路导线"连接。这种曲线的设置条件是在两相邻同向转角点当设置成两个单曲线时,中间直线段太短,且两曲线半径均大于或等于超高半径,而两曲线半径之比小于1.5时采用。

复曲线设计中,将不同半径的曲线的其中一个叫做主曲线,另一个叫做副曲线,主曲线定义为选定半径的那个曲线,副曲线定义为根据对接条件反算半径的那个曲线。主曲线可以是相邻曲线前面的那个曲线,也可以是相邻曲线的后面那个曲线。因此,反算副曲线半径分究竟前面的那个曲线是主曲线,还是后面的那个曲线是主曲线两种情况。

(二)曲线主点与元素计算

如图4-30所示,并设 $AB = T_{基}$,则

1. 副曲线半径的反算

当 R_2 为主曲线时,其半径已定,需反算的副曲线半径 R_1 为:

$$R_1 = \frac{T_{基} - T_2}{\tan\frac{\alpha_1}{2}} = \frac{T_{基} - R_2\tan\frac{\alpha_2}{2}}{\tan\frac{\alpha_1}{2}} \tag{4-34}$$

当 R_1 为主曲线时,其半径已定,需反算的副曲线半径 R_2 为:

$$R_2 = \frac{T_{基} - T_1}{\tan\frac{\alpha_2}{2}} = \frac{T_{基} - R_1\tan\frac{\alpha_1}{2}}{\tan\frac{\alpha_2}{2}} \tag{4-35}$$

2. 曲线元素

$$\left.\begin{aligned} T_1 &= R_1\tan\frac{\alpha_1}{2} \\ T_2 &= R_2\tan\frac{\alpha_2}{2} \\ L_1 &= \frac{R_1\alpha_1\pi}{180} \\ L_2 &= \frac{R_2\alpha_2\pi}{180} \end{aligned}\right\} \tag{4-36}$$

3. 主点里程

简单型复曲线是由两个简单型单曲线对接而成,因此其主点有 ZY_1、GQ、Y_2Z。

$$\left.\begin{aligned} ZY_1\text{桩号} &= JD\text{桩号} - T_1 \\ GQ\text{桩号} &= ZY_1\text{桩号} + L_1 \\ Y_2Z\text{桩号} &= GQ\text{桩号} + L_2 \end{aligned}\right\} \tag{4-37}$$

（三）简单型复曲线计算示例

【例 4-4】 如图 4-31 所示，某公路某路段的一段曲线设计为简单型复曲线。主曲线所在交点处的路线转角 $\alpha_1 = 76°05'$，副曲线所在交点处路线转角 $\alpha_2 = 49°05'$，实量基线长度为 800.00m，实地选定的主曲线半径 $R_1 = 600$m。试确定副曲线半径，并计算复曲线的曲线元素。

【解】 （1）反算副曲线半径

因 $R_主$ 已定，$T_主 = R_主 \cdot \tan(\alpha_主/2) = 600 \times \tan(76°05'/2) = 469.47$(m)，则

$T_副 = T_基 - T_主 = 800.00 - 469.47 = 330.53$(m)

$$R_副 = \frac{T_基 - T_主}{\tan\dfrac{\alpha_副}{2}} = \frac{T_基 - R_1 \cdot \tan\dfrac{\alpha_主}{2}}{\tan\dfrac{\alpha_副}{2}} = \frac{330.53}{\tan(49°05'/2)} = 723.89\text{(m)}$$

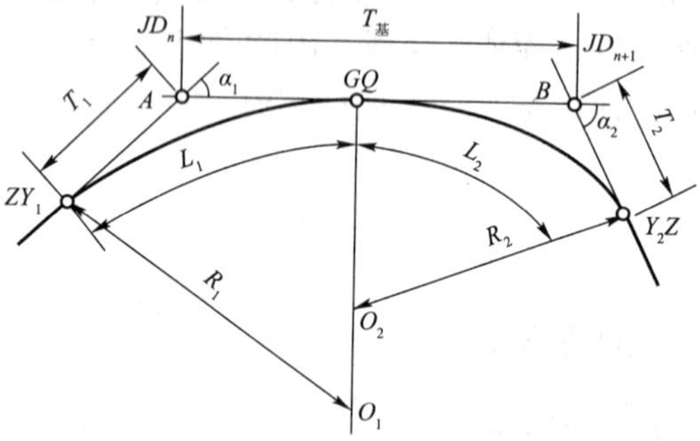

图 4-30 简单型复曲线

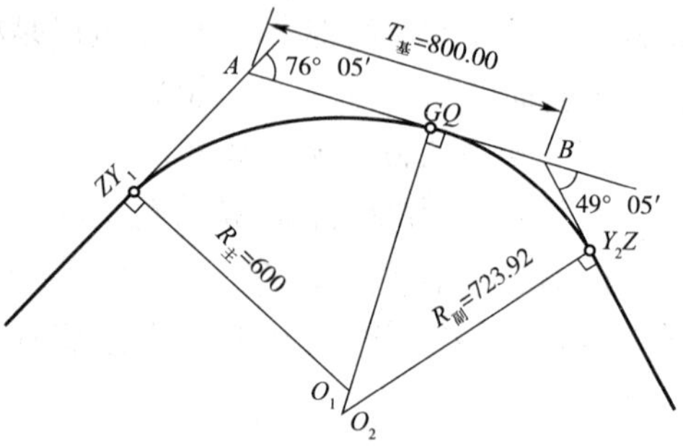

图 4-31 复曲线计算示例附图（尺寸单位：m）

（2）计算复曲线元素

计算结果见表 4-14。

复曲线元素计算结果 表 4-14

R(m)	α	T(m)	L(m)	E(m)	D(m)	备注
$R_主 = 600$	76°05′	469.47	796.72	161.84	142.22	$R_主$ 选定
$R_副 = 723.89$	49°05′	330.53	620.11	71.89	40.95	$R_副$ 反算

二、基本型复曲线设计

（一）曲线形式与设置条件

基本型复曲线是指两个不同半径的圆曲线相接处直接对接（不设缓和曲线），而两圆曲线和直线相接处需要分别设缓和曲线后再与相邻直线连接。曲线形式如图 4-32，这种曲线的设置条件是如果两相邻同向转角点间分别设置单曲线，中间直线段会太短而两同曲线半径皆小于超高半径且两圆曲线半径之比小于 1.5 时。

（二）基本型复曲线的曲线元素

1. 曲线半径及缓和曲线长度的确定

复曲线半径确定包括主曲线半径选择和副曲线半径的反算。主曲线缓和曲线长和半径可根据地形条件结合技术标准直接选定，副曲线半径及缓和曲线长度则要根据曲线对接要求和连接特征反算。如图 4-32 所示，设主、副曲线两分别设有缓和曲线 $L_{s主}$ 和 $L_{s副}$，为使两圆曲线在原公切点（GQ′）直接衔接，两缓和曲线的内移植必须相等，即 $P_主 = P_副 = P$。

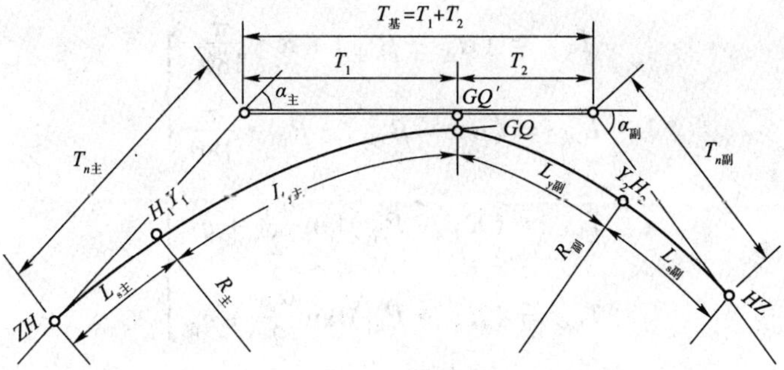

图 4-32 基本型复曲线

根据对接条件($P_主 = P_副$)有:

$$\frac{L_{s主}^2}{24R_主} = \frac{L_{s副}^2}{24R_副} \tag{4-38}$$

又由位于基线方向的主、副曲线设缓和曲线前的切线长相加后应等于基线总长的几何条件,得:

$$(R_主 + P_主)\tan\frac{\alpha_主}{2} + (R_副 + P_副)\cdot\tan\frac{\alpha_副}{2} = T_基 \tag{4-39}$$

解由式(4-38)和式(4-39)组成的联立方程组,得:

$$R_副 = \frac{T_基 - T_主}{\tan(\alpha_副/2)} - P_副 = \frac{T_基 - R_主\tan(\alpha_主/2)}{\tan(\alpha_副/2)} - P_主$$

同理可得:

$$L_{s副} = \sqrt{\frac{R_副}{R_主}}\cdot L_s \tag{4-40}$$

特别指出:如 $R_主 > R_副$,则 $C_主 > C_副$。因此在选择缓和曲线长度时,必须使 $C_副 \geqslant 0.035v^3$。

$$L_{s主} = L_{s副}\sqrt{\frac{R_主}{R_副}} \tag{4-41}$$

2. 基本型复曲线元素计算

$$P_主 = P_副 = P = \frac{L_{s主}^2}{24R_主} = \frac{L_{s副}^2}{24R_副} \tag{4-42}$$

$$\left.\begin{aligned} T_主 &= R_主\cdot\tan\frac{\alpha_主}{2} \\ T_副 &= T_基 - T_主 = R_副\cdot\tan\frac{\alpha_副}{2} \end{aligned}\right\} \tag{4-43}$$

$$\left.\begin{aligned} q_主 &= \frac{L_{s主}}{2} - \frac{L_{s主}^3}{240R_主^2} \\ q_副 &= \frac{L_{s副}}{2} - \frac{L_{s副}^3}{240R_副^3} \end{aligned}\right\} \tag{4-44}$$

$$\left.\begin{aligned} \beta_{0主} &= \frac{L_{s主}}{2R_主}\cdot\frac{180}{\pi} \\ \beta_{0副} &= \frac{L_{s副}}{2R_副}\cdot\frac{180}{\pi} \end{aligned}\right\} \tag{4-45}$$

$$\left.\begin{aligned} L_{y主} &= (\alpha_{主} - \beta_{0主}) \cdot R \cdot \frac{\pi}{180} \\ L_{y副} &= (\alpha_{副} - \beta_{0副}) \cdot R_{副} \cdot \frac{\pi}{180} \end{aligned}\right\} \tag{4-46}$$

$$\left.\begin{aligned} T_{h主} &= (R_{主} + P_{主}) \tan\frac{\alpha_{主}}{2} + q_{主} \\ T_{h副} &= (R_{副} + P_{副}) \tan\frac{\alpha_{副}}{2} + q_{副} \end{aligned}\right\} \tag{4-47}$$

$$\left.\begin{aligned} L_{h主} &= (\alpha_{主} - \beta_{0主}) \cdot R_{主} \cdot \frac{180}{\pi} + L_{s主} \\ L_{h副} &= (\alpha_{副} - \beta_{0副}) \cdot R_{副} \cdot \frac{180}{\pi} + L_{s副} \end{aligned}\right\} \tag{4-48}$$

式中：$P_{主}$、$P_{副}$ ——主曲线和副曲线内移值；

$q_{主}$、$q_{副}$ ——主、副曲线内移后分别顺前、后导线方向分别的切线增长值；

$\beta_{0主}$、$\beta_{0副}$ ——主、副曲线分别的缓和曲线角；

$T_{主}$、$T_{副}$ ——主、副曲线分别的内移前的切线长；

$L_{y主}$、$L_{y副}$ ——主、副曲线分别设置缓和曲线后，各自剩余的净圆曲线长；

$T_{h主}$、$T_{h副}$ ——主、副曲线设置缓和曲线后分别沿前、后导线方向的切线长；

$L_{h主}$、$L_{h副}$ ——主、副曲线分别的曲线长。

3. 基本型复曲线主点桩号推算

$$\left.\begin{aligned} ZH\text{ 桩号} &= JD\text{ 桩号} - T_{h主} \\ H_1Y_1\text{ 桩号} &= ZH_1\text{ 桩号} + L_{s主} \\ GQ\text{ 桩号} &= H_1Y_1\text{ 桩号} + L_{y主} \\ Y_2H_2\text{ 桩号} &= GQ\text{ 桩号} + L_{y副} \\ HZ\text{ 桩号} &= Y_2H_2\text{ 桩号} + L_{s副} \end{aligned}\right\} \tag{4-49}$$

（三）基本型复曲线计算示例

【例 4-5】 如图 4-33 所示，某山岭区三级公路，由现行《公路工程技术标准》（JTG B01），结合实地地形在 JD_{90} 和 JD_{91} 处设置成基本型复曲线。经实地测量和 JD_{90} 和 JD_{91} 处导线右角分别为 25°49′41″和 26°59′09″；两交点间的距离为 127.25m，JD_{90} 的里程为 K180 + 300.16。试选择复曲线形式和半径并计算主点和加桩点定位数据。

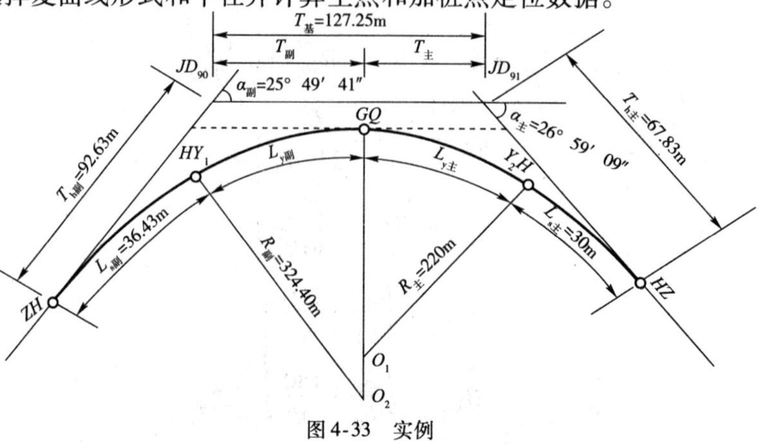

图 4-33 实例

【解】 (1)选定主曲线形式与半径(本例 JD_{91} 处为主曲线,JD_{90} 处为副曲线)

根据本段路线的等级和地形条件列出平面半径选择采用的有关技术标准(表4-15)。

有关技术标准 表4-15

道路等级与地形条件	极限最小半径(m)	一般最小半径(m)	不设超高的最小平曲线半径(m)	两同向曲线间最短直线长度(m)	两反向曲线间最短直线长度(m)	缓和曲线最小长度(m)
山岭区三级公路	30	65	350	180	60	25

根据选线要求,靠近基线处的中线应向曲线内侧偏离,且不超50cm,经反复试算,主曲线选在 JD_{91} 处,其半径为220m。因小于表4-14不设超高的最小半径(350m),故该主曲线应设缓和曲线,并取其长度为30m(为避免插入主曲线太多,一般取接近最小长度,本例最小长度为25m)。

(2)计算主曲线元素

已知主曲线半径 $R_{主}=220\text{m}$,主曲线处路线转角 $\alpha_{主}=26°59'09''=26.986°$,主曲线的缓和曲线长 $L_{s主}=30\text{m}$,计算下列数据:

主曲线内移值:$P_{主} = L_{s主}^2/24R_{主} = 30^2/(24\times220) = 0.17\text{m}$

设缓前主曲线切线长:$T_{主} = (R_{主}+P_{主})\tan(\alpha_{主}/2) = (220+0.17)\times\tan(26.986/2) = 52.83(\text{m})$

设缓后切线增长值:$q_1 = L_{s主}/2 - L_{s主}^3/240R_{主}^2 = 30/2 - 30^3/240/220^2 = 15.00(\text{m})$

设缓后主曲线切线长:$T_{h主} = (T_{主}+q) = 52.83+15.00 = 67.83(\text{m})$

主曲线缓和曲线角:$\beta_{01} = \dfrac{L_{s主}}{2R_{主}}\cdot\dfrac{180}{\pi} = \dfrac{30\times180}{2\times220\times3.1415} = 3.906°$

主曲线净圆曲线长:$L_{y主} = (\alpha_{主}-\beta_{01})\cdot R_{主}\cdot\pi/180 = (26.986-3.906)\times220\times 3.1415/180 = 88.62(\text{m})$

(3)计算副曲线元素

已知 $\alpha_{副} = 25°49'41'' = 25.828°$,$T_{基} = T_{主}+T_{副} = 127.25(\text{m})$,计算副曲线有关数据。

反算副曲线半径:$R_{副}+P = \dfrac{T_{基}-T_{主}}{\tan(\alpha_{副}/2)} = (127.25-52.83)/[\tan(25.828/2)] = 324.57(\text{m})$,故:$R_{副} = 324.57-0.17 = 324.40(\text{m})$

反算副曲线缓和曲线长度:因两曲线半径之比小于1.5,中间可直接对接;根据对接条件(各自的内移值应相等)有:

$$P = P_{主} = L_{s主}^2/24R_{主} = P_{副} = L_{s副}^2/24R_{副}$$

$$L_{s副} = L_{s主}\sqrt{\frac{R_{副}}{R_{主}}} = \sqrt{\frac{334.40}{220}}\times30 = 36.43(\text{m})$$

$$q_2 = \frac{L_{s副}}{2} - \frac{L_{s副}^3}{240R_{副}^2} = \frac{36.43}{2} - \frac{36.43^3}{240\times(324.40)^2} = 18.21(\text{m})$$

设缓后副曲线切线长:$T_{h副} = T_{副}+q_2 = 74.42+18.21 = 92.63(\text{m})$

副曲线缓和曲线角:$\beta_{02} = \dfrac{L_{s副}}{2R_{副}}\cdot\dfrac{180}{\pi} = \dfrac{36.43\times180}{2\times324.4\times3.1415} = 3.217°$

副曲线净圆曲线长:$L_{y副} = (\alpha_{副}-\beta_{02})\cdot R_{副}\cdot\pi/180 = (25.828-3.217)\times324.40\times 3.1415/180 = 128.02(\text{m})$

(4)推算主点桩号

本题第二个交点（即 JD_{91}）处的曲线为主曲线

	JD_{90}	300.16
−）	$T_{h副}$	92.63
	ZH	207.53
+）	$L_{s副}$	36.43
	HY_1	243.96
+）	$L_{y副}$	128.02
	GQ	371.98
+）	$L_{y主}$	88.62
	Y_2H	460.60
+）	$L_{s主}$	30.00
	HZ	490.60

（5）计算加桩坐标和偏角（表4-16）

加桩坐标和偏角计算表

表4-16

曲 线 桩 号	横距（m）	纵距（m）	偏角 Δ_i	附　　注	
ZH　K180 +207.53	0	0			
+210	2.47	0.00			
+220	12.47	0.03			
+230	22.47	0.16			
HY　K180 +243.96	36.42	0.68			
+260	42.50	1.48	9°53′20″		
+280	72.22	4.70	8°07′22″		
K180 +300			6°21′24″		
K180 +360			1°03′29″		
GQ　K180 +371.98			0°00′00″		
+380			1°02′40″		
K180 +400			3°38′55″		
+420			6°15′11″		
+440	50.44	3.04	8°51′27″		
YH　K180 +460.60	29.99	0.68			
+470	20.60	0.22			
+480	10.60	0.03			
HZ　K180 +490.60	0	0			

注：根据实地地形条件，本段曲线测设方法分别使用偏角法和支距法。两缓和曲线皆用支距法；仪器在公切点用偏角法施测主、副曲线的净圆曲线部分。表中偏角指相对于公切点的切线的偏角。

第七节 卵形和复合型复曲线设计原理与计算*

一、卵形复曲线设计

(一)曲线形式与设置条件

卵形复曲线亦称复曲线中间设置缓和曲线的复曲线,是指复曲线的两圆曲线间有缓和曲线段衔接过渡的曲线形式,如图4-34所示。

当由实地的地形、地物条件所选定的主、副曲线半径之比大于1.5时采用。在实际工作中,因为计算复杂,应尽量避免采用这种曲线。

(二)复曲线中设置缓和曲线的特点

两圆曲线间插入的缓和曲线段(图4-34中Y_1H—HY_2段加粗部分)有如下特点:第一,缓和曲线段两端点的曲线半径分别与相应圆的圆曲线半径一致;第二,较小半径圆曲线相对于大半径圆曲线内移一定距离;第三,以缓和曲线长度的一半分别插入两圆曲线间;第四,缓和曲线段中点通过内移距离的中心。有关特点的理论推证如下。

1. 复曲线中间缓和曲线段被原公切点中分

如图4-35所示,MB为一缓和曲线,M、A、B处的曲率半径分别为∞、R_1、R_2,切线分别为MN、AU、BN;TE是半径R_1的圆曲线,并在A点与缓和曲线公切;FS是半径为R_2的圆曲线,并在B点与缓和曲线公切。

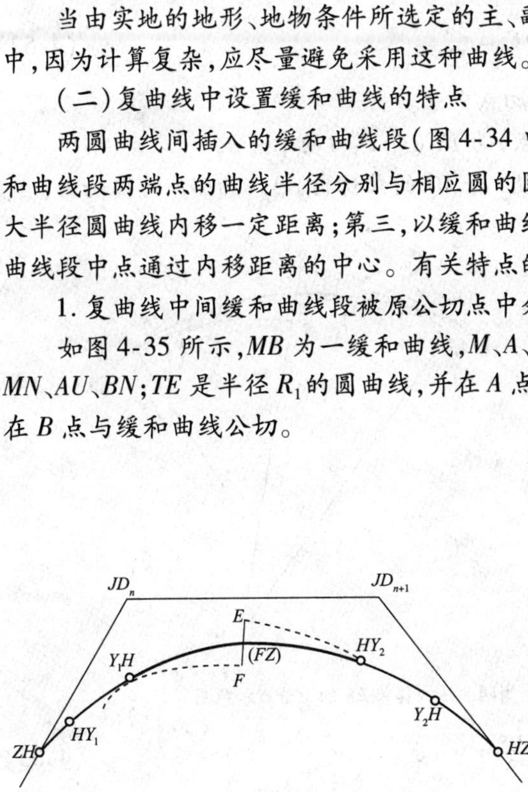

图4-34 卵形复曲线示意图

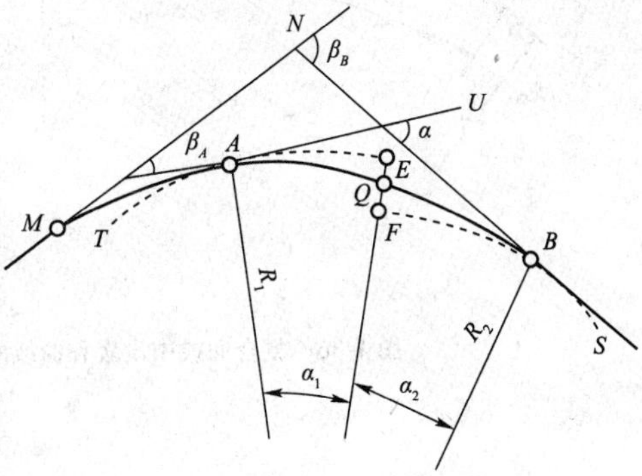

图4-35 复曲线中间缓和曲线段被原公切点中分示意图

令$MA = L_1$,$MB = L_2$,$AB = L_2 - L_1 = L_F$(即复曲线中间的缓和曲线段长度)。根据缓和曲线的几何性质(即$L_1R_1 = L_2R_2 = C$),对于已知L_F,则

$$\left.\begin{aligned} C &= \frac{L_F R_1 R_2}{R_1 - R_2} \\ L_1 &= \frac{C}{R_1} = \frac{L_F R_2}{R_1 - R_2} \\ L_2 &= \frac{C}{R_2} = \frac{L_F R_1}{R_1 - R_2} \end{aligned}\right\} \tag{4-50}$$

$$\left.\begin{aligned} \beta_A &= \frac{L_1^2}{2C} = \frac{L_F R_2}{2R_1(R_1 - R_2)} \\ \beta_B &= \frac{L_2^2}{2C} = \frac{L_F R_1}{2R_2(R_1 - R_2)} \end{aligned}\right\} \tag{4-51}$$

由图中几何关系：

因为

$$\alpha=\beta_B-\beta_A=\frac{L_{\mathrm{F}}}{2}\left(\frac{1}{R_1}+\frac{1}{R_2}\right)$$

又因为

$$\alpha=\alpha_1+\alpha_2=\frac{AE}{R_1}+\frac{BF}{R_2}$$

所以

$$\frac{L_{\mathrm{F}}}{2}\left(\frac{1}{R_1}+\frac{1}{R_2}\right)=\frac{AE}{R_1}+\frac{BF}{R_2}$$

显然

$$AE=BF=\frac{L_{\mathrm{F}}}{2} \tag{4-52}$$

由此可知，复曲线中间缓和曲线段被原公切点中分。

2. 复曲线中间缓和曲线的中点 Q（即 FZ 点）为 EF（即 P_{F}）的中分点

如图 4-36 所示，设 Δ_{AE} 为 AE 的弦切角、Δ_{AQ} 为 AQ 的弦切角、Δ_{BF} 为 BF 的弦切角、Δ_{BQ} 为 BQ 的弦切角。

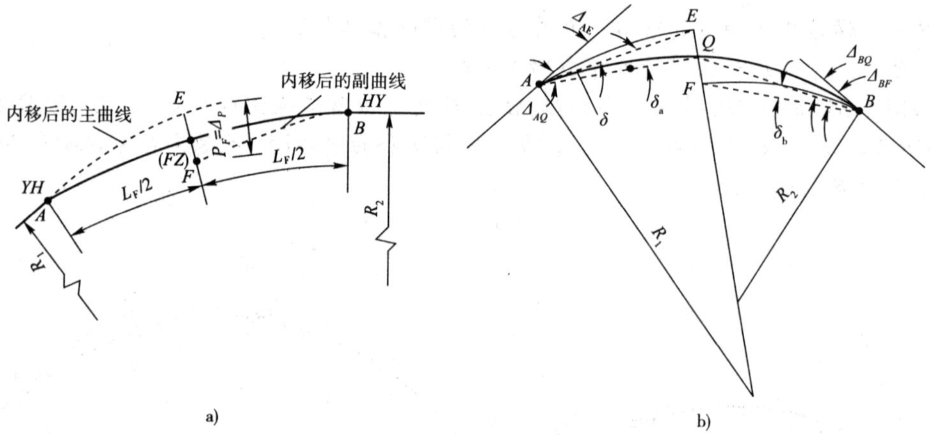

图 4-36　复合曲线中设缓和曲线的中点为两曲线内移差 EF 的中分点示意图

令

$$l_F=\frac{L_F}{2} \tag{4-53}$$

则：

$$\left.\begin{aligned}\Delta_{AE}&=\frac{l_{\mathrm{F}}}{2R_1}\\ \Delta_{BQ}&=\frac{l_{\mathrm{F}}}{2R_2}\end{aligned}\right\} \tag{4-54}$$

$$\left.\begin{aligned}\Delta_{AQ}&=\frac{l_{\mathrm{F}}}{2R_1}+\frac{l_{\mathrm{F}}^2}{6C}\\ \Delta_{BF}&=\frac{l_{\mathrm{F}}}{2R_2}+\frac{l_{\mathrm{F}}^2}{6C}\end{aligned}\right\} \tag{4-55}$$

上式中 $\frac{l_{\mathrm{F}}^2}{6C}$ 是根据缓和曲线弦切角（偏角）为缓和曲线角 1/3 的原理得出的。

$$\left.\begin{aligned}\delta_{\mathrm{a}}&=\angle EAQ=\Delta_{AQ}-\Delta_{AE}=\frac{l_{\mathrm{F}}^2}{6C}\\ \delta_{\mathrm{b}}&=\angle QBF=\Delta_{BF}-\Delta_{BQ}=\frac{l_{\mathrm{F}}^2}{6C}\end{aligned}\right\} \tag{4-56}$$

$$
\left.\begin{aligned} EQ &= AQ \cdot \delta_a = AE \cdot \delta_a = \frac{l_F^3}{6C} \\ QF &= BQ \cdot \delta_b = BF \cdot \delta_b = \frac{l_F^3}{6C} \end{aligned}\right\} \tag{4-57}
$$

由此可知，复曲线中间缓和曲线段的中点 Q 为 EF（即 P_F）的中分点。

（三）复曲线中间缓和曲线的计算

复曲线中间缓和曲线段的计算公式如下式：

设：

$$
L_F = \frac{C}{R_F} \tag{4-58}
$$

$$
P_F = P_1 - P_2 \tag{4-59}
$$

$$
L_F = \sqrt{24R_F P_F} \tag{4-60}
$$

式中：L_F——复曲线中间使用的一段缓和曲线长度；

P_F——复曲线主、副曲线内移值之差；

P_1、P_2——分别为复曲线之主、副曲线内移值；

$\frac{1}{R_F}$——两圆曲线的曲率差，即 $\frac{1}{R_F} = \frac{1}{R_2} - \frac{1}{R_1}$ 或 $\frac{1}{R_F} = \frac{R_1 - R_2}{R_1 R_2}$。

如图 4-37 所示的复曲线，由于圆曲线两端分别设置缓和曲线后，原公切点产生相对位移 ΔP（一般较小半径圆曲线在内），如 ΔP 值合适，即以 $P_F = \Delta P$ 插入缓和曲线段，其长度为：

$$
L_F = \sqrt{24P_F R_F} = \sqrt{\frac{24R_1 R_2 P_F}{R_1 - R_2}} = \sqrt{\frac{R_2 L_{s1}^2 - R_1 L_{s2}^2}{R_1 - R_2}} \tag{4-61}
$$

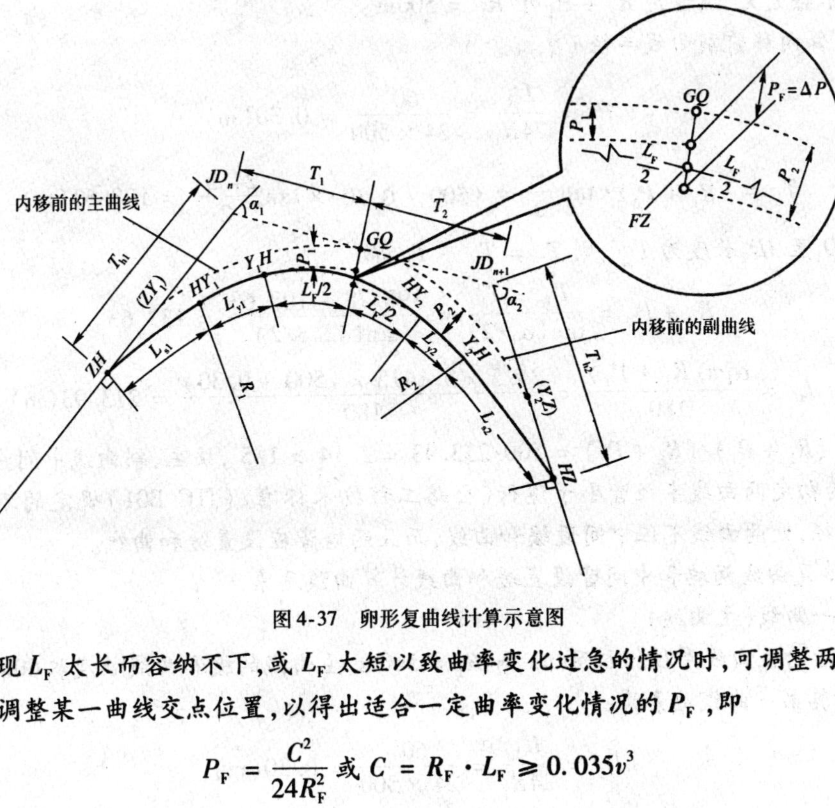

图 4-37　卵形复曲线计算示意图

如出现 L_F 太长而容纳不下，或 L_F 太短以致曲率变化过急的情况时，可调整两端缓和曲线长度或调整某一曲线交点位置，以得出适合一定曲率变化情况的 P_F，即

$$
P_F = \frac{C^2}{24R_F^2} \text{ 或 } C = R_F \cdot L_F \geqslant 0.035v^3 \tag{4-62}
$$

（四）卵形复曲线计算示例

【例4-6】 如图4-38所示，某山岭重丘区路线，计算行车速度 $v = 80\text{km/h}$；JD_1 处的路线转角 $\alpha_1 = 24°30'$；JD_2 处的路线转角 $\alpha_2 = 42°12'$；实测基线长度 $T_基 = 198.78\text{m}$。JD_1 的里程桩号为 K5 +423.01，已拟定 $R_1 = 400\text{m}$，$L_{s1} = 60\text{m}$。要求以两圆曲线间有缓和曲线段衔接设置复曲线（即卵形曲线），试作桩点布置计算。

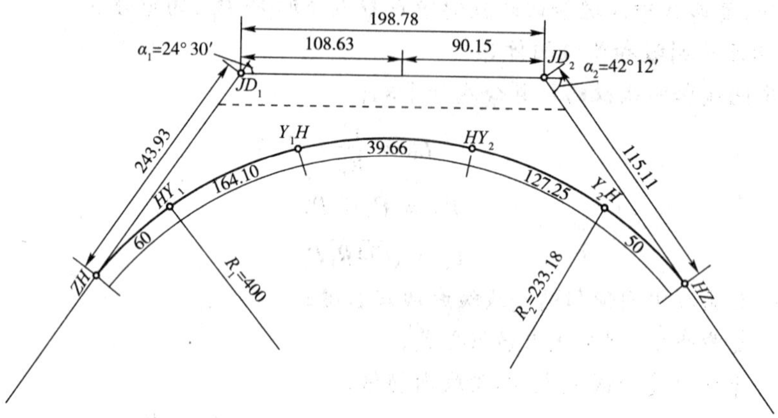

图4-38 卵形复曲线计算示例附图（尺寸单位：m）

【解】 （1）先假定主、副曲线皆不设置缓和曲线，试定主曲线和副曲线半径，并判别复曲线中是否设缓和曲线。

①根据实地地形控制条件，先选定内移前主曲线半径（$R_1 + P_1$）

经实地结合地形地物控制条件反复试定，认为主曲线半径选择500m左右较为合适，考虑 P_1 值不会太大，现设定 $R_1 + P_1$ 中 $R_1 = 500\text{m}$。

②反算内移前副曲线半径（$R_2 + P_2$）

$$P_1 = \frac{L_{s1}^2}{24R_1} = \frac{60^2}{24 \times 500} = 0.30(\text{m})$$

$$T_1 = (R_1 + P_1) \cdot \tan\frac{\alpha_1}{2} = (500 + 0.30) \times \tan\frac{24.5°}{2} = 108.63(\text{m})$$

设 JD_1 至 JD_2 长度为 $T_基$，则 $T_2 = T_基 - T_1$，故

$$R_2 + P_2 = \frac{T_基 - T_1}{\tan(\alpha_1/2)} = \frac{198.78 - 108.63}{\tan(42.3/2)} = 233.63$$

$$L_1 = \frac{\alpha_1 \pi (R_1 + P_1)}{180} = \frac{24.5 \times 3.1415 \times (500 + 0.30)}{180} = 213.93(\text{m})$$

③因 $(R_1 + P_1)/(R_2 + P_2) = 500/233.93 = 2.14 > 1.5$，故主、副曲线中间应设缓和曲线，又因为初定两曲线半径皆小于现行《公路工程技术标准》（JTG B01）规定的不设超高的平曲线半径，故两曲线不但中间设缓和曲线，而且两边皆应设置缓和曲线。

（2）按复曲线两端和中间皆设置缓和曲线计算曲线元素

①第一曲线（主曲线）

设缓后的主曲线半径仍取500m，即 $R_1 = 500\text{m}$，主曲线的缓和曲线长度取60m，即 $L_{s1} = 60\text{m}$，可计算第一曲线元素为：

$$P_1 = \frac{L_{s1}^2}{24R_1} = \frac{60^2}{24 \times 500} = 0.30(\text{m})$$

$$q_1 = \frac{L_{s1}}{2} - \frac{L_{s1}^3}{240R_1^2} = \frac{60}{2} - \frac{60^3}{240 \times 500^2} = 30(\mathrm{m})$$

$$T_{h1} = (R_1 + P_1)\tan\frac{\alpha_1}{2} + q_1 = (500 + 0.30)\tan\frac{24.5}{2} + 30 = 138.63(\mathrm{m})$$

$$L_{h1} = L_1 + \frac{L_{s1}}{2} = 213.93 + 60/2 = 243.93(\mathrm{m})$$

②第二曲线(副曲线)

计算时注意沿基线方向的 T 值跟未设缓前的 T 值相同(不加 q 值),即设缓前的 T'_2 = 设缓后的 T_2,而顺后导线方向 T 值侧应加 q。因设缓前后副曲线顺基线的切线长应保持不变,即:

$$T_2 = T_{基} - T_1 = 198.78 - 108.63 = 90.15(\mathrm{m})$$

而设缓后副曲线的 $R_2 + P_2 = T_2\cot\frac{\alpha_2}{2} = 90.15 \times \cot\frac{42.2}{2} = 223.63(\mathrm{m})$

现拟定 $L_{s2} = 50\mathrm{m}$,则有

$$R_2 + P_2 = 223.63(\mathrm{m})$$

$$\frac{L_{s2}^2}{24R_2} = \frac{50^2}{24R_2} = P_2$$

解此联立方程组,得

$$R_2 = 233.18,且\ P_2 = \frac{L_{s2}^2}{24R_2} = \frac{50^2}{24 \times 233.18} = 0.45(\mathrm{m})$$

$$q_2 = \frac{L_{s2}}{2} - \frac{L_{s2}^3}{240R_2^2} = \frac{50}{2} - \frac{50^3}{240 \times 233.18} = 24.96(\mathrm{m})$$

$$T_{h2} = (R_2 + P_2)\tan\frac{\alpha_2}{2} + q_2 = (233.18 + 0.45)\tan\frac{42.2}{2} + 24.96 = 115.11(\mathrm{m})$$

$$L_2 = \frac{\alpha_2\pi(R_2 + P_2)}{180} = \frac{42.2 \times 3.1415 \times 233.63}{180} = 172.08(\mathrm{m})$$

$$L_{h2} = L_2 + \frac{L_{s2}}{2} = 172.08 + 50 \div 2 = 197.08(\mathrm{m})$$

③中间缓和曲线段计算

$$P_F = \Delta P = P_2 - P_1 = 0.45 - 0.30 = 0.15(\mathrm{m})$$

$$R_F = \frac{R_1R_2}{R_1 - R_2} = \frac{500 \times 233.18}{500 - 233.18} = 436.96(\mathrm{m})$$

$$L_F = \sqrt{24R_FP_F} = \sqrt{24 \times 436.96 \times 0.15} = 39.66(\mathrm{m})$$

主曲线设缓后净圆曲线长 L_{y1}:

$$L_{y1} = L_1 - \frac{L_{s1}}{2} - \frac{L_F}{2} = 213.93 - \frac{60}{2} - \frac{39.66}{2} = 164.10(\mathrm{m})$$

副曲线设缓后净圆曲线长 L_{y2}:

$$L_{y2} = L_2 - \frac{L_{s2}}{2} - \frac{L_F}{2} = 172.08 - \frac{50}{2} - \frac{39.66}{2} = 127.25(\mathrm{m})$$

可见 L_{y1} 与 L_{y2} 均大于0, L_F 能被两个圆曲线容纳得下,即能插入主、副曲线中。

曲线总长 $L_h = L_{h1} + L_{h2} = 243.93 + 197.08 = 432.01(\mathrm{m})$。

(3)控制桩里程计算

	JD_1	K5 + 423.01
−)	T_{h1}	138.63
	ZH	K5 + 284.38
+)	L_{s1}	60.00
	HY_1	K5 + 344.38
+)	L_{y1}	164.10
	Y_1H	K5 + 508.48
+)	$\frac{L_F}{2}$	39.66/2
	FZ	K5 + 528.31
+)	$\frac{L_F}{2}$	39.66/2
	HY_2	K5 + 548.14
+)	L_{y2}	127.25
	Y_2H	K5 + 675.39
+)	L_{s2}	50.00
	HZ	K5 + 725.39
−)	L_h	441.01
	ZH	K6 + 284.38
+)	T_{h1}	138.63
	JD_1	K5 + 423.01(校核无误)

关于曲线内详细布点计算,在此限于篇幅不作阐述。例如主、副曲线部分的计算可参照前述的中间不设缓和曲线的复曲线计算方法。中间缓和曲线段桩点计算,可在复曲线中间的缓和曲线起点处(即如图 4-34 中 Y_1H 处)找一条切线作为 x 轴建立坐标系统完成布点计算。

二、复合型复曲线设计

(一)曲线形式与设置条件

复合型复曲线是指两个及两个以上的同向回旋线,在曲率相等处直接连接的组合形式,如图 4-39 所示。复合型复曲线除了用在受地形和其他特殊限制的地方外,正常路段上一般很少使用,多出现在互通式立体交叉的匝道线形设计中。

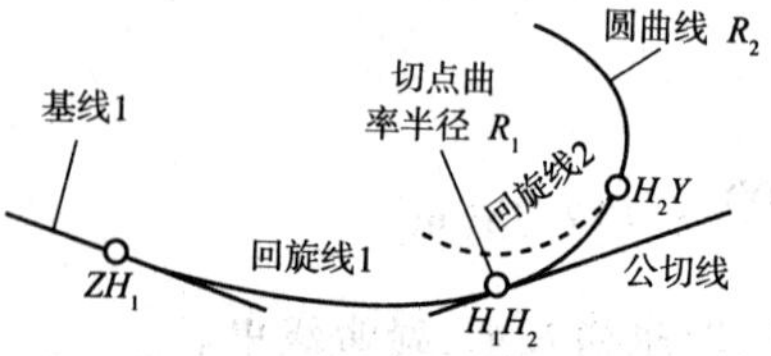

图 4-39　复合型复曲线的形式

复合型复曲线的两个回旋线参数 A_2 与 A_1 之比取 1∶1.5 为宜。

(二)曲线主点与元素计算

1. 第二个回旋线的半径和长度的反算

第一回旋线参数为 A_1,第二回旋曲线参数为 A_2。第一段回旋线与第二段回旋线衔接点半径为 R_1,第二段回旋线与圆曲线衔接点半径为 R_2。需反算的第二回旋线长度:

由

$$\left.\begin{aligned} A_1 &= \sqrt{R_1 L_{s1}} \\ A_2 &= \sqrt{R_2 (L_{s0} + L_{s2})} \\ A_1 : A_2 &= 1 : 1.5 \end{aligned}\right\}$$

可得:

$$L_{s0} + L_{s2} = \frac{1.5^2 R_1 L_{s1}}{R_2} \tag{4-63}$$

式中:L_{s1} ——第一段回旋线起点到第二段回旋线起点之间的曲线长(第一回旋线长度);

L_{s2} ——第一段回旋曲线终点到第二段回旋线终点的回旋曲线长;

L_{s0} ——第二段回旋曲线上曲率为零的点到第一回旋线终点之间的距离;

$L_{s0}+L_{s2}$ ——第二回旋线实际采用的回旋线长度。

实际设计时,可先选定 L_{s1} 和 R_2 等,反算 L_{s2} 后再求曲线元素定点。

2. 曲线元素

过去,复合型复曲线是以选定各个曲线的参数 A_1、A_2 等进行计算,下面介绍的是以导线为基准的计算公式。如图 4-40 所示,如果复合型复曲线只有两段回旋线对接而成,则该种曲线的主点有 ZH_1、H_1H_2、H_2Y ,有

$$\left.\begin{aligned} x_{h1} &= \frac{L_{s1}}{2} - \frac{L_{s1}^{\ 3}}{240R_1^{\ 2}} \\ y_{h1} &= \frac{L_{s1}^{\ 2}}{6R_1} \\ \beta_{01} &= \frac{L_{s1}^{\ 2}}{2R_1} \end{aligned}\right\} \tag{4-64}$$

$$T_{d1} = x_{h1} - y_{h1}\cot\beta_{01} \tag{4-65}$$

主点里程计算如下(图 4-40):

$$\left.\begin{aligned} ZH_1 \text{ 桩号} &= JD \text{ 桩号} - T_{d1} \\ H_1H_2 \text{ 桩号} &= ZH_1 \text{ 桩号} + L_{s1} \\ H_2Y \text{ 桩号} &= H_1H_2 \text{ 桩号} + L_{s2} \end{aligned}\right\} \tag{4-66}$$

以上介绍的只是复合型复曲线的部分公式及基本原理,其实这种曲线元素公式远不止这些,这里因篇幅所限,不予阐述。

前述各种曲线的详细布点计算皆指使用"顺路导线"为基础建立的"独立坐标系统"。其坐标值依取定不同的 x 和 y 轴而异。曲线计算中的 x、y 坐标分别是以曲线起点处或终点处切线为 x 轴的坐标系。测设时可灵活地采用不同的坐标系,如以曲线上某点切线为 x 轴的坐标系等。但应该注意须根据上述原理重新推导新的计算公式,以免发生差错。当将"独立坐标系"转换为大坐标系时,可借助数学中的坐标轴平移和旋转原理进行。

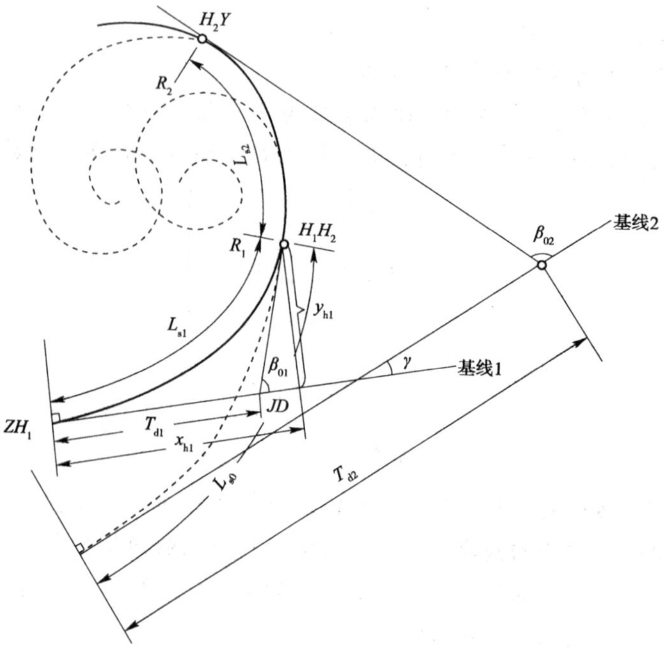

图 4-40　复合型复曲线元素计算示意图

第八节　C 形、简单 S 形及基本 S 形复曲线设计原理与计算

一、C 形复曲线设计

(一)曲线形式与设置条件

C 形复曲线为两同向回旋线在曲率为 0 处直接连接的形式,如图 4-41 所示。C 形复曲线的回旋线在相连接处的曲率均为 0,即相接处的曲率半径 $R=\infty$,相当于两同向回旋线中间直线长度为 0,对行车和线形都有一定影响,所以 C 形复曲线只有在特殊地形条件下的路段上方可使用。通常用在环形交叉的中心岛设计中。

(二)曲线主点与元素计算

如图 4-42 所示,C 形复曲线计算通常以相连接处的曲率均为 0 的那点作为基准原点,两边分别对称计算。这样就相当于两个基本型单曲线的计算。

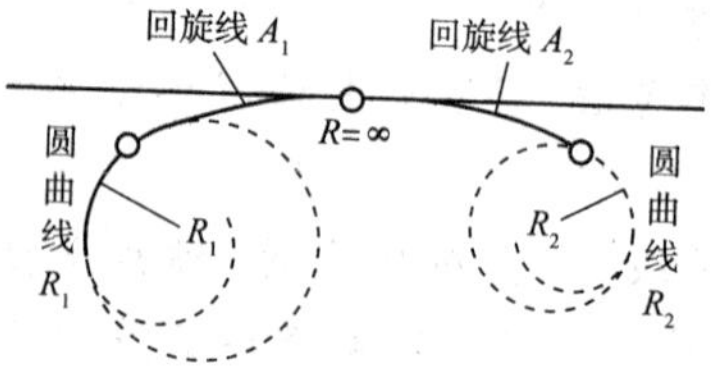

图 4-41　C 形复曲线

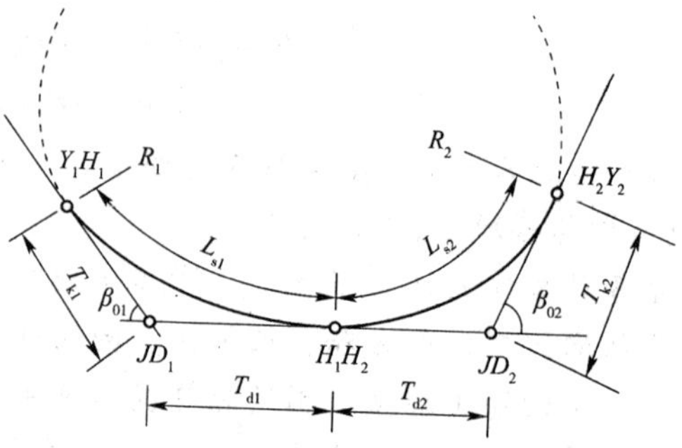

图 4-42　C 形复曲线计算图

$$P = \frac{L_s^2}{24R}$$

$$q = \frac{L_s}{2} - \frac{L_s^3}{240R^2}$$

$$\beta_{01} = \frac{L_{s1}}{2R_1}(\text{rad}) = \frac{90L_{s1}}{\pi R}(°)$$

$$\beta_{02} = \frac{L_{s2}}{2R_2}(\text{rad}) = \frac{90L_{s2}}{\pi R}(°)$$

$$\left.\begin{aligned} T_{d1} &= x_{h1} - y_{h1}\cot\beta_{01} \\ T_{d2} &= x_{h2} - y_{h2}\cot\beta_{02} \end{aligned}\right\} \tag{4-67}$$

式中：x_{h1}、y_{h1}——分别为以 H_1H_2 点为坐标原点并以该点切线为 x 轴时 Y_1H_1 点的横、纵坐标值；

x_{h2}、y_{h2}——分别为以 H_1H_2 点为坐标原点并以该点切线为 x 轴时 H_2Y_2 点的横、纵坐标值。

二、简单S形复曲线

简单S形复曲线属于反向复曲线，所谓反向复曲线，是指两个或两个以上半径不同，转向不同的圆曲线直接连接或插入缓和曲线后再连接的曲线组合形式。根据其是否插入缓和曲线可分为简单S形复曲线和基本S形复曲线两种形式。反向复曲线通常亦称S形复曲线。

(一)曲线形式与设置条件

简单S形复曲线指两相邻反向圆曲线直接连接后再与相邻导线连接的形式，如图4-43所示。这种曲线过去一般多用于四级公路上特困地段展线，如果用在高等级公路上，两个曲线半径均应大于不设超高的平曲线半径，以确保线形的平顺和协调。

(二)曲线主点和元素计算

如图4-43所示，反向复曲线的曲线主点有 ZY_1、GQ、Y_2Z，其中，YZY 亦称 GQ 点。

1. 副曲线半径反算

假定相邻两个交点的间距为基线长度 $T_基$，则由主曲线的半径 R_1 以及所在的路线转角 α_1 计算出主曲线的切线长 T_1。由此反算的副曲线的半径 R_2 为：

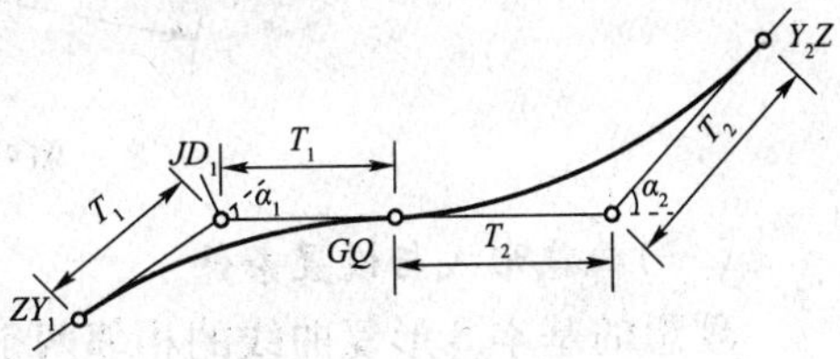

图4-43 简单S形复曲线

$$R_2 = \left(T_基 - R_1\tan\frac{\alpha_1}{2}\right)/\tan\frac{\alpha}{2} \tag{4-68}$$

2. 曲线元素计算

这种曲线可以看作两个简单型单曲线对接，曲线元素可分别用简单型单曲线的曲线元素公式计算。

$$\left.\begin{aligned} T_1 &= R_1\tan\frac{\alpha_1}{2} \\ T_2 &= R_2\tan\frac{\alpha_2}{2} \end{aligned}\right\} \tag{4-69}$$

$$T_{基} = T_1 + T_2 = R_1\tan\frac{\alpha_1}{2} + R_2\tan\frac{\alpha_2}{2} \tag{4-70}$$

$$\left.\begin{aligned} L_1 &= \frac{\alpha_1\pi}{180}R_1 \\ L_2 &= \frac{\alpha_2\pi}{180}R_2 \end{aligned}\right\} \tag{4-71}$$

$$L = L_1 + L_2 = \frac{\alpha_1\pi}{180}R_1 + \frac{\alpha_2\pi}{180}R_2 \tag{4-72}$$

3. 主点里程

$$\left.\begin{aligned} ZY_1\text{ 桩号} &= JD_1\text{ 桩号} - T_1 \\ GQ\text{ 桩号} &= ZY_1\text{ 桩号} + L_1 \\ Y_2Z\text{ 桩号} &= GQ\text{ 桩号} + L_2 \end{aligned}\right\} \tag{4-73}$$

三、基本S形复曲线

基本S形复曲线是指两相邻反向圆曲线各用一段回旋线对接后再相互连接的形式，与直线相接处视实际情况可设置或不设回旋线，如图4-44所示。

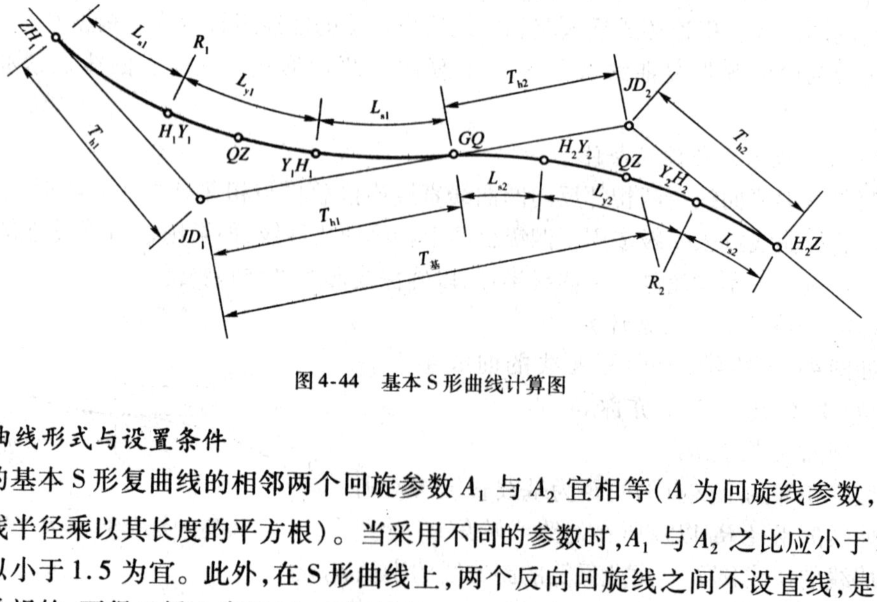

图4-44　基本S形曲线计算图

(一)曲线形式与设置条件

理想的基本S形复曲线的相邻两个回旋参数 A_1 与 A_2 宜相等（A 为回旋线参数，其值等于回旋线半径乘以其长度的平方根）。当采用不同的参数时，A_1 与 A_2 之比应小于2.0，有条件时以小于1.5为宜。此外，在S形曲线上，两个反向回旋线之间不设直线，是行驶力学上所希望的，不得已插入直线时，必须尽量地短，其短直线的长度或重合段的长度应符合下式。

$$S \leqslant \frac{A_1 + A_2}{40}\ (\mathrm{m})$$

式中：S——反向回旋线间短直线或重合段的长度(m)；

A_1、A_2——回旋线参数。

上面计算中间短直线长度的公式是根据超高折减率推导出来的。如果中间直线超过上述长度很多，则认为是两个基本型单曲线的组合曲线而不认为是S形曲线了。

基本S形复曲线的两圆曲线半径之比不宜过大，宜为下式：

$$\frac{R_2}{R_1}=1\sim\frac{1}{3} \tag{4-74}$$

式中：R_1——大圆半径(m)；

R_2——小圆半径(m)。

(二)曲线主点和元素计算

基本S形复曲线有 ZH_1、H_1Y_1、Y_1H_1、GQ、H_2Y_2、Y_2H_2、H_2Z 七个主点。

1. 副曲线半径和回旋线长度的反算

假定相邻两个交点的间距为基线长度 $T_基$，主曲线的半径为 R_1，缓和曲线长度为 L_{s1}，所在的路线转角为 α_1；副曲线的半径为 R_2，缓和曲线长度为 L_{s1}；所在的路线转角为 α_2。基本S形复曲线设计时，主曲线的半径和缓和曲线长度一般选定，副曲线的半径 R_2 以及缓和曲线长度为 L_{s2} 需要根据基线长度和对接条件反算：

$$T_基=T_{h1}+T_{h2}=(R_1+P_1)\tan\frac{\alpha_1}{2}+q_1+(R_2+P_2)\tan\frac{\alpha_2}{2}+q_2 \tag{4-75}$$

$$R_2+P_2=\frac{T_基-(R_1+P_1)\tan\dfrac{\alpha_1}{2}-q_1-q_2}{\tan\dfrac{\alpha_2}{2}} \tag{4-76}$$

$$\left.\begin{aligned}R_2+\frac{L_{s2}^2}{24R_2}&=\frac{T_基-\left[(R_1+P_1)\tan\dfrac{\alpha_1}{2}+\left(\dfrac{L_{s1}}{2}-\dfrac{L_{s1}^3}{240R_1}\right)+\left(\dfrac{L_{s2}}{2}-\dfrac{L_{s2}^3}{240R_2}\right)\right]}{\tan\dfrac{\alpha_2}{2}}\\ \frac{L_{s1}^2}{24R_1}&=\frac{L_{s2}^2}{24R_2}\end{aligned}\right\} \tag{4-77}$$

由此可知，上列联立方程组为一元三次方程，利用试算法或图解法解上列联立方程组就可求得副曲线的半径为 R_2 以及缓和曲线长度 L_{s2}。习惯上应先将解出的 L_{s2} 取整后，通过调整 R_2 半径，使两曲线满足对接要求。

2. 曲线元素计算

这种曲线可以看作两个简单型单曲线对接，曲线元素可分别用简单型单曲线的曲线元素公式计算。

$$\left.\begin{aligned}T_{h1}&=(R_1+P_1)\tan\frac{\alpha_1}{2}+q_2\\ T_{h2}&=(R_2+P_2)\tan\frac{\alpha_2}{2}+q_2\end{aligned}\right\} \tag{4-78}$$

$$\left.\begin{aligned}L_{y1}&=\frac{(\alpha_1-2\beta_0)\pi}{180}R_1\\ L_{y2}&=\frac{(\alpha_1-2\beta_0)\pi}{180}R_2\end{aligned}\right\} \tag{4-79}$$

$$L_h=L_{h1}+L_{h2}=L_{s1}+L_{y1}+L_{s1}+L_{s2}+L_{y2}+L_{s2} \tag{4-80}$$

3. 主点里程

基本S形复曲线7个主点的桩号推算如下。

$$
\left.\begin{aligned}
ZH_1\text{桩号} &= JD\text{ 桩号} - T_{h1} \\
H_1Y_1\text{ 桩号} &= ZH_1\text{桩号} + L_{s1} \\
Y_1H_1\text{ 桩号} &= H_1Y_1\text{ 桩号} + L_{y1} \\
HZH\text{ 桩号} &= Y_1H_1\text{ 桩号} + L_{s1} \\
H_2Y_2\text{ 桩号} &= HZH\text{ 桩号} + L_{s2} \\
Y_2H_2\text{ 桩号} &= H_2Y_2\text{ 桩号} + L_{y2} \\
H_2Z\text{ 桩号} &= Y_2H_2\text{ 桩号} + L_{s2}
\end{aligned}\right\} \tag{4-81}
$$

【例 4-7】 某平原区一级公路(设计车速 100km/h,极限最小半径为 400m,不设超高的最小半径为 4 000m)的某路段,在 JD_1 和 JD_2 间道路勘测设计过程中,现场实测得 JD_1 和 JD_2 处的路线转角分别为 18°12′00″(右转角)和 24°24′00″(左转角),两交点间距用视距仪测得距离为 1 680.96m,已知 JD_1 里程为 K1 +806.72,曲线半径采用 4 000m。如两交点处按简单 S 形曲线设计,试确定 JD_2 处的曲线半径并计算两曲线元素和主点里程,最后计算 JD_2 处平曲线上第一个 20m 凑整桩号的支距。

【解】 (1)计算 JD_1 的曲线元素

因采用半径为 4 000m,此值满足大于或等于不设超高的最小半径,故曲线形式为简单型曲线,因此曲线元素为:

$T_1 = R_1 \cdot \tan(\alpha_1/2) = 4\,000 \times \tan(18.2/2) = 640.70$ (m)

$E_1 = R_1 \cdot [\sec(\alpha_1/2) - 1] = 4\,000 \times [\sec(18.2/2) - 1] = 50.99$ (m)

$L_1 = \alpha_1 \cdot R_1 \cdot (\pi/180) = 18.2 \times 4\,000 \times (3.141\,5/180) = 1\,270.60$ (m)

(2)通过计算决定 JD_2 的曲线半径和形式

JD_1 和 JD_2 间距应为两个曲线的切线长之和,故 JD_2 处曲线的最大切线长为 $T_2 = T_{基} - T_1 = 1\,680.96 - 640.70 = 1\,040.26$ (m)。

$R_2 = T_2/\tan(\alpha_2/2) = 1\,040.26/\tan(24.4/2) = 4\,811.39$ (m)

当取 $R_2 = 4\,811.39$ (m)时的曲线半径大于超高半径,故符合设置简单 S 形曲线条件。

(3)计算 JD_2 的曲线元素和主点里程

①曲线元素:

$T_2 = R_2 \cdot \tan(\alpha_2/2) = 4\,811.39 \times \tan(24.4/2) = 1\,040.25$ (m)

$E_2 = R_2 \cdot [\sec(\alpha_2/2) - 1] = 4\,811.39 \times [\sec(24.4/2) - 1] = 111.17$ (m)

$L_2 = \alpha_2 \cdot R_2 \cdot (\pi/180) = 24.4 \times 4\,811.39 \times (3.141\,5/180) = 2\,048.98$ (m)

②JD_2 的里程:

JD_2 的里程 = JD_1 的里程 $- T_1 + L_1 +$ (两交点间距 $- T_1$) = (K1 +806.72) − 640.70 + 1 270.60 + (1 680.96 − 640.70) = K2 +476.88

③JD_2 处的曲线主点里程:

ZY 桩号 = JD_2 的里程 $- T_2$ = K2 +476.88 − 1 040.25 = K1 +436.63

YZ 桩号 = ZY 的里程 $+ L_2$ = K1 +436.63 + 2 048.98 = K3 +485.61

QZ 桩号 = ZY 的里程 + ($L_2/2$) = K1 +436.63 + (2 048.98/2) = K2 +460.87

(4)计算 JD_2 处平曲线上第一个 20m 凑整桩号的支距

曲线上第一个 20m 凑整桩的桩号为 K1 +440,该桩到曲线起点(即 ZY)的距离 L_P = (K1 +440) − (K1 +436.63) = 3.07(m),因此支距分别为:

$$x = R \cdot \sin[180L_P/(\pi R)] = 4\ 811.39 \times \sin[180 \times 3.07/(4\ 811.39\pi)] = 3.07(\text{m})$$

$$y = R \cdot \{1 - \cos[180L_P/(\pi R)]\} = 4\ 811.39 \times \{1 - \cos[180 \times 3.07/(4\ 811.39\pi)]\} = 0.00(\text{m})$$

第九节　道路平面设计方法与实例

如前所述的各类曲线计算是在曲线形式和半径已知的前提下进行计算的,实际上曲线形式和半径以及缓和曲线长度需要预先确定。这就涉及平面设计问题,所谓道路平面布置设计就是根据实地的地形地物条件,选定曲线的半径和形式以及缓和曲线长度,然后结合现行《公路工程技术标准》(JTG B01)确定出曲线形式和曲线半径以及缓和曲线长度,最后进行定位桩点的计算。选择曲线形式和半径时,必须符合现行《公路工程技术标准》(JTG B01)的要求,即只能大不能小。直线段的长度和缓和曲线的长度同时亦应符合《公路工程技术标准》的要求。曲线布设包括现场测设和纸上定线两种情况。下面主要介绍现场测设的计算问题。

一、一般规定与设计步骤

(一)一般规定

1. 平面线形要连续和协调

平面线形应直接、连续、均衡,并与地形相适应,与周围环境相协调。

2. 所有转角处均应设置曲线

各级公路不论转角大小均应敷设曲线,并宜选用较大的圆曲线半径。转角过小时,应调整平面线形。当不得已而设置小于7°的转角时,必须按规定设置足够长的曲线。

3. 避免设计成断臂曲线

两相邻曲线之间的直线段不应过短,两同向圆曲线间应设有足够长度的直线,否则应调整线形设置为单曲线或复曲线。两反向圆曲线间不应设置短直线段,否则应调整线形设置为S形曲线。六车道及其以上的高速公路,同向或反向圆曲线间插入的直线长度,还应符合路基外侧边缘超高过渡渐变率规定的要求。

4. 注意超高和加宽过渡

设计速度等于或小于40km/h的双车道公路,两相邻反向圆曲线无超高时可直接衔接;无超高有加宽时,应设置长度不小于10m的加宽过渡段;两相邻反向圆曲线设有超高,且地形条件特殊困难的路段,直线长度不得小于15m。设计速度等于或小于40km/h的双车道公路,应避免连续急弯的线形。地形条件特殊困难不得已而设置时,应在曲线间插入规定长度的直线或回旋线。

5. 平面线形的相关配合

(1)桥头引道与桥梁线形

桥梁及其引道的位置、线形应与路线线形相协调,使之视野开阔,视线诱导良好。各项技术指标应符合路线布设与总体设计的相关规定。高速公路、一级公路上的桥梁线形应与路线线形相协调,且连续流畅。桥梁、涵洞等人工构筑物同路基的衔接,其平、纵线形应符合路线布设的有关规定。桥梁、涵洞等人工构筑物上设置防撞护栏时,桥(涵)路衔接处的外侧护栏在平面上应为同一直线或曲线。

(2)隧道洞口连接线与隧道线形

隧道洞口连接线与隧道线形应与路线线形相协调，以利行车的安全与舒适，各项技术指标应符合路线布设与总体设计的相关规定。隧道洞口外连接线应与隧道洞口内线形相协调，隧道洞口外侧不小于3s设计速度行程长度与洞口内侧不小于3s设计速度行程长度范围内的平面线形不应有急骤的方向改变。高速公路、一级公路上的隧道分为上、下行分离的双洞时，其洞口连接线的布设应与路线整体线形相协调，并就近在适宜位置设置联络车道。隧道洞口同路基的衔接应符合路线布设的有关规定；隧道洞口同路基衔接处的宽度不一致时，在隧道洞口外连接线内应设置过渡段。

(3)线形与沿线设施的配合

线形设计应考虑到主线收费站、匝道收费站、服务区、停车区等沿线设施布设的要求，主线收费站范围内路线宜为直线或不设超高的曲线，不应将收费站设置在凹形竖曲线的底部。服务区、停车区及公共汽车停靠站等区段内，主线的主要技术指标可参照互通式立体交叉的有关设计规定。路线设计时应考虑标志、标线的设置，并与交通安全设施设计相互配合；标志、标线的设计应准确，充分体现路线设计意图；路侧设计受限制的路段，应合理设置相应防护设施，以保证安全。

(4)线形与环境的协调

线形设计应充分考虑到速度对视觉的影响，设计速度高的公路，线形设计和周围环境配合的要求应更高。公路线形应充分利用地形、自然风景，尽量少改变周围的地貌、地形、天然森林、建筑物等景观，使公路与自然融为一体，最大限度地保护环境。公路防护工程应采用工程防护与生态防护相结合的方式，减少对自然景观的影响，加大恢复力度，使公路工程与自然环境相和谐。宜适当放缓路堑边坡或将边坡的变坡点修整圆滑，使其接近于自然地面，增进路容美观。公路两侧的绿化应作为诱导视线、点缀风景以及改造环境的一种措施而进行专门设计。

(二)基本步骤

1. 查取采用的技术标准

根据道路的技术等级，从现行《公路工程技术标准》(JTG B01)查出设计车速 v、三个最小半径(极限最小半径、一般最小半径和不设超高的最小半径)、缓和曲线的最小长度、直线段的最短长度等主要技术标准的规定值。

2. 确定设计的控制因素

根据地形条件、地物控制、技术标准、导线布设、视察报告等确定控制因素。

3. 初步选定曲线半径

以控制因素并考虑相邻路段的总体协调情况初定平曲线形状和半径(包括缓和曲线长度等)；将试算的半径取成百米整数，如试算结果为102.28，则取百米整数为100，取定时注意既要符合标准又要满足控制因素。

4. 计算曲线元素

以上一步中最终确定的曲线半径计算所求交点处的平曲线元素，计算公式依曲线不同而异。

5. 决定曲线形式

根据计算结果，结合地形条件和技术标准看路线布置是否符合要求；如不符合再调整曲线；当确定出最终采用的曲线半径后，再与技术标准对比决定曲线形式。对于单曲线，要将初步取定的平曲线半径与技术标准规定的不设超高的平曲线半径对比，看是否是小于或等于不设超高的平曲线半径，如果是则应设计成基本型单曲线；否则，设计成简单型单曲线。另外，任何情况下采用的平曲线半径不得小于极限最小半径。换言之，只要实际采用的平曲线半径大于极限最小半径，就叫做符合技术标准。对于复曲线，主曲线半径选择一般先参照单曲线的选择方法，且主曲线半径和回旋线长度，既要满足控制条件又要符合技术标准，且应为百米或十米整数。复曲线中的副曲线需要反算，且反算出来的半径不得取整，否则，主、副曲线不能够对接，一般取两位小数。如果复曲线的主、副曲线半径之比不超过1.5，且两曲线半径均大于不设超高的平曲线半径时，设置成简单型复曲线；否则，设置成基本型复曲线。

二、平曲线初选半径的试算

无论何种形式的曲线均要涉及曲线半径的选择。这里需要指出的是，前面所述的半径计算公式 $R=\dfrac{v^2}{127(\mu+I_{横})}$ 是在汽车横向行驶稳定的基础上得出的，主要用于确定半径限值，即既要保证汽车转弯时行车的安全又要保证乘客有一定舒适性所确定的最小半径值，也就是现行《公路工程技术标准》(JTG B01)规定的三个最小半径(极限最小、一般最小和不设超高最小半径)。实际工作中的曲线半径确定既不能直接套用上述公式计算，也不宜直接采用技术标准最小值，而是符合技术标准。具体做法是先按控制要求试算出一个半径，然后对照标准确定曲线的最终半径和形式。

初选半径一般依据道路等级、技术标准、地形条件、地物控制、导线布设、特殊要求等反算。下面分别说明试算方法，注意试算时先不考虑曲线是基本型还是简单型等，一律先按曲线是简单型曲线考虑，一般试算时设法把上述的各种条件与曲线元素公式或切线支距、偏角公式建立联系进行试算。

(一)依据地形或地物条件初算半径

1.单条件控制反算半径

当曲线所在的顺路导线只有一个交点(单交点)，可用外距控制(即曲线中点控制)反算平曲线半径。

根据弯道内侧的固定建筑物，确定分角线方向曲线中点 QZ 点为控制点，现场用钢尺量出控制的外距值 E，并通过右角测量值计算出转角，即可反算出曲线半径。如图4-45所示，路线经过地区(该路为山岭重丘区高速公路)曲线分角方向上有一地物，实测得 JD 到地物的距离为 E_M，则试定曲线半径的控制因素为 $E_{控}$：

$$E_{控}=E_M-E_N-E_Q$$

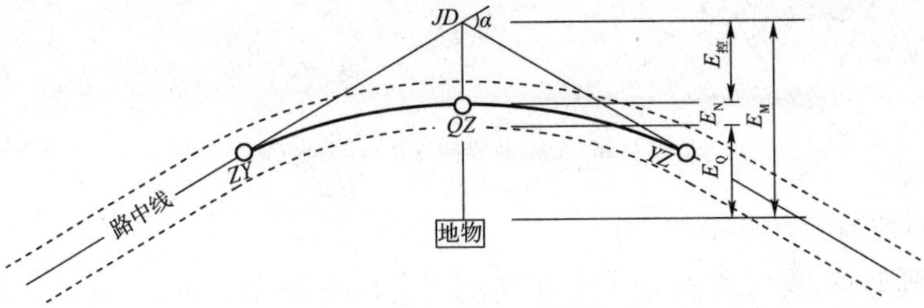

图4-45　单条件控制反算半径计算示意图

利用外距公式有：

$$R_{试} = \frac{E_{控}}{\sec\frac{\alpha}{2} - 1}$$

式中：$E_{控}$——控制外距；

E_N——道路半个建筑限界与路线外侧设计预留安全密度之和；

E_M——控制地物沿分角方向距离；

E_Q——安全距离。

2. 多条件控制反算半径

所谓多条件控制，就是指综合考虑曲线上各不同部位相应的控制要求来确定曲线半径和形式等。下面举例说明。

某路线某曲线段经过的实地地形条件如图 4-46 所示，路线拟从楼房和河间穿过并适当绕避悬崖。经技术经济初步比较，各自的权重为：挤占河岸 0.5，拆楼 0.3，劈崖 0.2。曲线选择时，首先应使得在河岸处路线部分不至于摆到河里，并尽量留够半个路基宽度和附属设施宽度，因此应以河岸作为控制因素之一；其次，曲线所经地段若有楼房，尽量不要拆迁，以降低工程造价。此处的路线可能两项控制都符合预想的结果，也可能只能满足一个，例如如果不拆房，路线可能向外摆挤占河道，导致河岸个别处作防护等，权衡二者利弊，并根据经济和特殊要求来抉择。另外，崖处尽量使路线不上悬崖以节省工程数量。因此，本段路线应分别按照河岸、悬崖、楼房控制确定曲线形式、曲线半径及缓和曲线长度。河岸和楼房控制要素皆为外距方向的 E 值，悬崖位于曲线前半段起点处控制因素应为切线方向某点的 y 值。

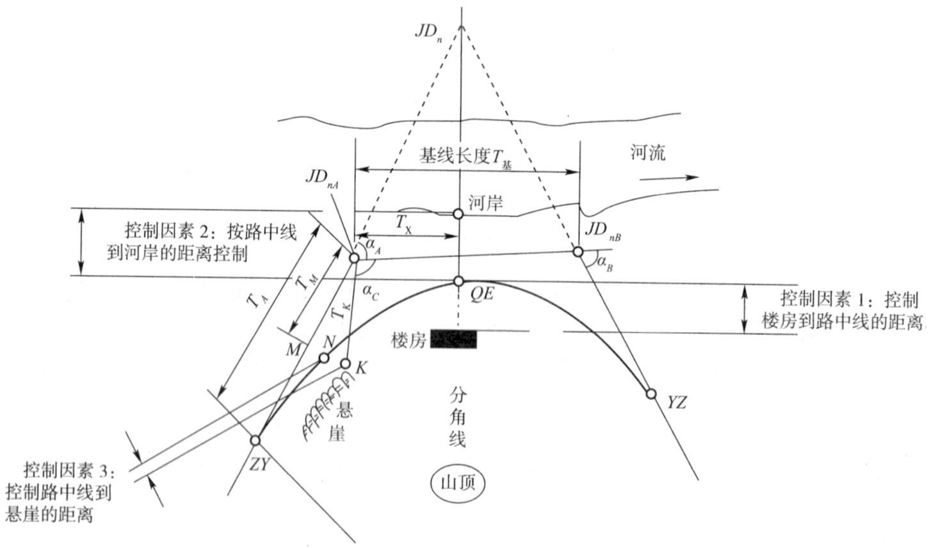

图 4-46　多条件控制反算半径示意图

(1) 按外距控制试算半径

为使图清晰起见，现将图 4-46 局部放大，如图 4-47 所示。可知：河岸和楼房均位于曲线外距方向，先不考虑楼房暂按河岸控制初定半径。设 JD_n 与 JD_{nA} 之间的间距为 a，JD_n 与 JD_{nB} 之间的间距为 b，路线转角分别为 α_A、α_B，基线长度为 $T_{基}$，则

$$a = \frac{T_{基} \cdot \sin\alpha_B}{\sin(\alpha_A + \alpha_B)}$$

$$E_X = \frac{a\sin\alpha_A}{\sin\left(180 - \dfrac{\alpha_A + \alpha_B}{2} - \alpha_A\right)} = \frac{a\sin\alpha_A}{\sin\left(\dfrac{3\alpha_A + \alpha_B}{2}\right)}$$

$$E_X + E_N = E_{控}$$

$$R_{试1} = \frac{E_{控}}{\sec[(\alpha_A + \alpha_B)/2 - 1]}$$

式中：E_X ——分角方向线与基线交点到 JD_n 的距离；

E_N ——道路半个建筑限界与线外侧设计预留安全宽度之和；

$E_{控}$ ——控制外距。

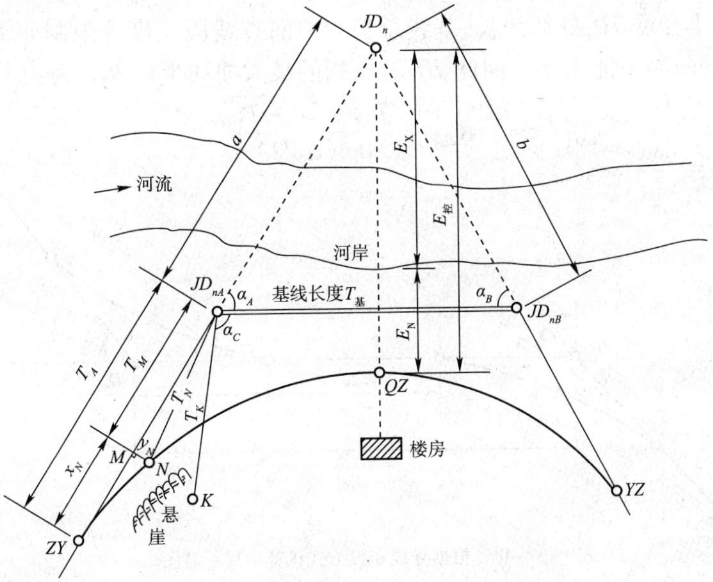

图 4-47　多条件控制反算曲线半径释义图

(2)用切线方向 y 值试算验证初定半径

在图 4-46 或图 4-47 中，设从 JD_{nA} 到曲线起点距离为 T_A；悬崖处切线点 M 到 JD_{nA} 距离为 T_M，JD_{nA} 到悬崖的控制距离为 T_K，实测控制悬崖处到 JD_{nA} 的连线与基线夹角为 α_C，并测得悬崖 K 处预计路线中位置 N 到悬崖最不利位置控制距离 y_M（即图 4-47 中 $y_M = NK$），则由图中几何关系可列出如下关系式：

$$\left.\begin{aligned}
T &= R\tan\frac{\alpha_A + \alpha_B}{2} \\
T_A &= T - a = T - \frac{T_{基}\sin\alpha_B}{\sin(\alpha_A + \alpha_B)} \\
x &= T_A - T_M = T_A - T_K\cos(\alpha_A + \alpha_C) \\
y_N &\approx \frac{x^2}{2R} \\
y_N &= T_K \cdot \sin(\alpha_A + \alpha_C) - y_M
\end{aligned}\right\}$$

式中：T——JD_n 到曲线起点(即 ZY)的距离，即虚交切线长；

x_N、y_N——分别为悬崖处最不利位置的切线横距和纵距。

解上列方程组可得第二次试算半径 $R_{试2}$：

$$R_{试2} = T_{基} \cdot \sin\alpha_B \cdot \left(2\sec\frac{\alpha_A + \alpha_B}{2} - \cos\frac{\alpha_A + \alpha_B}{2}\right)$$

比较计算得出的 $R_{试1}$ 和 $R_{试2}$，决定用哪一个作为最终控制。

(二)根据导线布设方式初算半径

对同向或反向复曲线，通常“顺路导线”对曲线形式的控制较严，现以两个相邻交点分别欲设单曲线为例。如图 4-48 所示，JD_1 与 JD_2 间用全站仪测得距离为 T_{AB}，各自的转角分别为 α_1 和 α_2，已知交点 JD_1 处曲线半径为 R_1，曲线形式为简单型曲线，缓和曲线长为 L_s，现确定 JD_2 处曲线半径。

JD_2 处曲线半径受 JD_1 处切线长、基线总长和中间直线段长度等限制而无法取得太大而又受技术标准的限制不能太小。因此 JD_2 处可用的最大曲线半径 $R_{2试}$ 为：

$$R_{2试} = \frac{T_{AB} - 2v - T_1}{\tan(\alpha_2/2)}$$

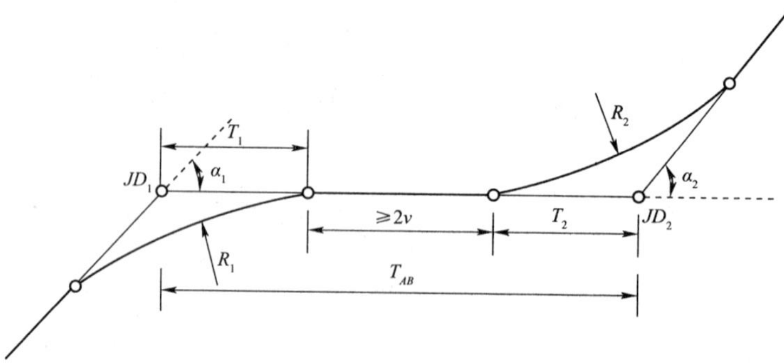

图 4-48　根据导线布设方式试算半径示意图

其中：

$$T_1 = (R_1 + P_1)\tan\frac{\alpha_1}{2} + q_1$$

$$P_1 = \frac{L_{s1}^2}{24R_1}$$

$$q_1 = \frac{L_{s1}}{2} - \frac{L_{s1}^3}{240R_1^2}$$

式中：v——计算车速。

一般将试算出的 R_2 试取为百米整数后，对照现行《公路工程技术标准》(JTG B01)并结合地形与地物等控制条件确定出最终采用的半径 R_2 后，即可计算 JD_2 处曲线曲线元素。如为简单型单曲线，则：

$$T_2 = R_2 \cdot \tan\frac{\alpha_2}{2}, L_2 = \alpha_2 \cdot \frac{\pi}{180} \cdot R_2, E_2 = R_2\left(\sec\frac{\alpha_2}{2} - 1\right)$$

(三)依据地形控制试算半径

当路线位于山岭重丘区或等级比较低的农村公路，为减少工程量和保护自然环境，路线常常依山顺势布置，即以地形来控制曲线半径。如图 4-49 所示的在等高线高程为 1 020 至

1 100 之间绕避两个山脊和一条山谷的路线布置中，JD_n 处曲线半径 R 选择时，先在山谷中选 A、B、C 三点作为曲线通过点，由图可知：

$$AC = 2R\sin\left(\frac{AC}{2R} \cdot \frac{180}{\pi}\right)$$

由上式可解算得 R，即为按地形条件选择的曲线半径。计算结果调整为整数为宜。

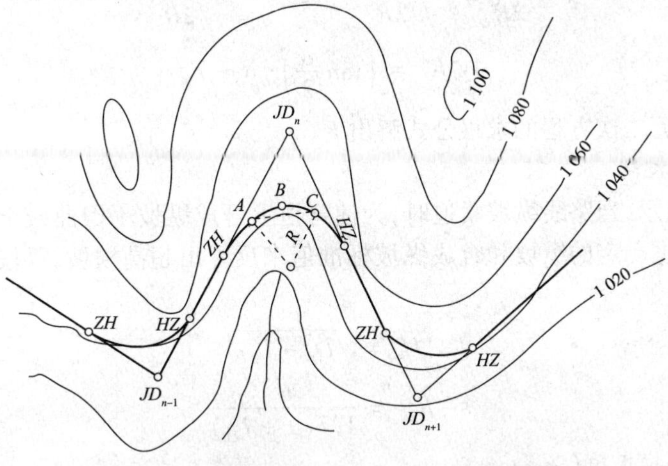

图 4-49　由地形条件确定平曲线半径示意图

(四)切线控制(即曲线起、终点控制)

有时路线为了控制曲线起终点位置，要求曲线的切线长满足一定条件，比如相邻的反向曲线间要求一定的直线长度，或者要求桥头或隧道洞口在直线上等，这时曲线半径就由控制的切线长来选定。如图 4-50 所示，JD_{n+1}处曲线半径应以下式计算。

$$R_2 = \frac{T_2}{\tan\dfrac{\alpha_2}{2}} = \frac{T_{基} - T_1 - S}{\tan\dfrac{\alpha_2}{2}}$$

(五)曲线长控制

当路线转角较小，为使曲线长度满足最短曲线长度 L_{min}，则曲线半径最小值可反算确定。如图 4-51 所示为一基本型单曲线设计中，预先选定了回旋曲线长 L_s，为确保整个曲线长能容纳得下 L_s，且至少留出的净圆曲线长不少于 L_s，则曲线的最小半径应为下式：

$$\alpha \cdot \frac{\pi}{180} \cdot R \geqslant 2L_s$$

$$R \geqslant \frac{360L_s}{\alpha\pi}$$

(六)曲线上任意点的支距控制

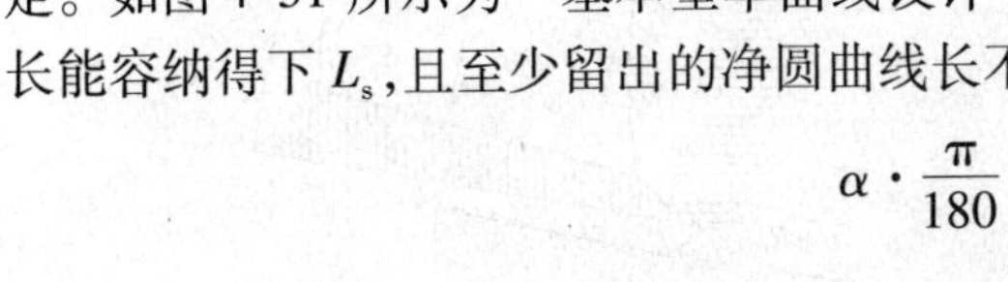

图 4-50　切线长控制确定平曲线半径示意图

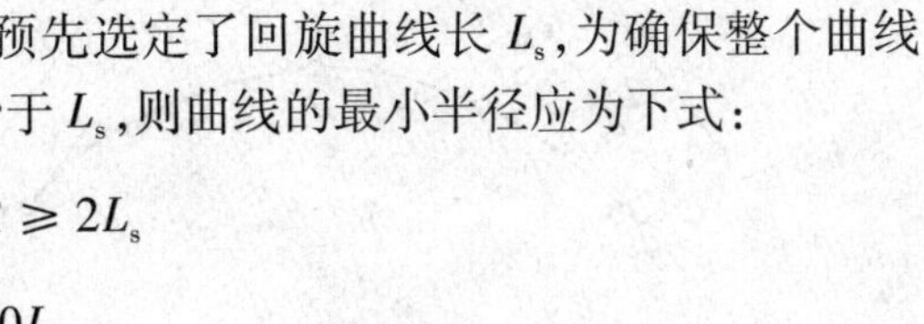

图 4-51　用曲线长控制确定平曲线半径示意图

有时路线由于桥涵人工构造物位置或原路改建的要求，控制曲线必须从任意点 P 通过时；可用试算法选择半径 R。其试算原理如图 4-52 所示。先实地量出 JD 至 M 点的距离和要求的支距 y_P（即 MP），初选半径 R，用试算法确定。

$$y_P \approx \frac{x_P^2}{2R} = \frac{(T - T_M)^2}{2R} = \frac{\left(R \cdot \tan\dfrac{\alpha}{2} - T_M\right)^2}{2R}$$

$$4y_P^2R^2 = \left(\tan\frac{\alpha}{2}\right) \cdot R - T_M$$

至此可用一元二次方程的求根公式解出 R。

（七）按纵坡控制

如图 4-53 所示，当路线纵坡紧迫时，为使弯道上合成纵坡不因曲线半径太小而超过规定值，这时，应根据已定的纵坡和合成纵坡标准值来反算出超高横坡，再按控制的超高横坡求得最小控制半径。

$$I_{超} = \sqrt{I_{合}^2 - I_{纵}^2}$$

$$R_{试} = \frac{v^2}{127(\mu + I_{超})}$$

式中：$I_{超}$——超高横坡度（%）；

$I_{纵}$——路线纵坡（%）；

$I_{合}$——合成纵坡（%）；

$R_{试}$——试算半径（m）；

μ——横向力系数；

v——设计车速（km/h）。

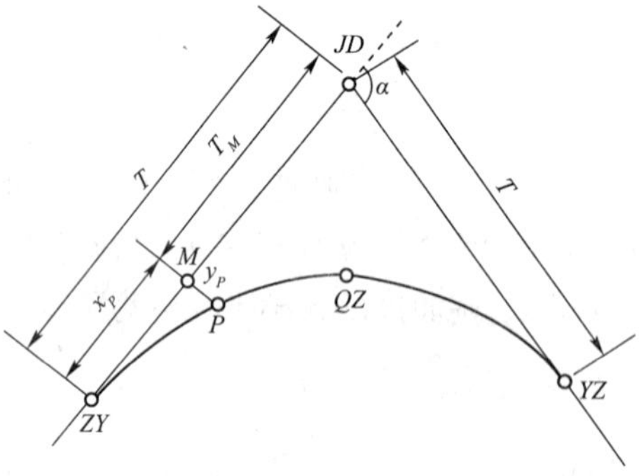

图 4-52　曲线上任一点控制反算曲线半径示意图

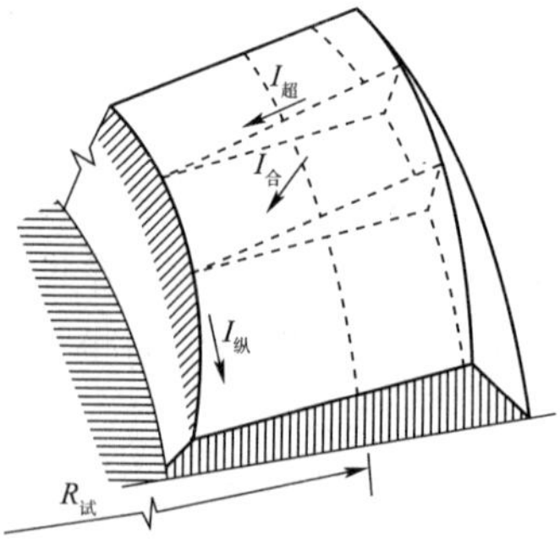

图 4-53　按纵坡控制反算曲线半径示意图

（八）按基线长度控制反算半径

按基线控制反算过去称为双交点法，亦即虚交点法。当路线偏角很大或受地形、地物障碍限制，无法钉设交点时，可在前后直线上选两个辅助交点 JD_A、JD_B，来代替交点 JD，铺设曲线选择半径。JD_A 与 JD_B 之间的连线叫基线，此时，曲线半径确定的具体做法可有以下两种。

1. 切基线法

当所选基线可以控制曲线位置，使所定曲线与基线相切时，叫切基线法。如图 4-54 所示，GQ 为公切点，量出转角 α_A、α_B 和基线长度 AB 后可反算半径。选择半径后还要检查是否合乎标准的要求等。切基线法，方法简便，计算容易，控制线位准确度高，是生产中较常用的方法。

2. 不切基线法

当选择基线不能控制曲线线位或切基线计算的半径不能满足标准要求时，则所设曲线不能与基线相切，只能按不切基线办法来选择半径。如图 4-55 所示，其方法是：先解三角形，得出 a、b，将其转换成单交点的曲线，然后再选半径即可。

下面，举两个例子来说明上述两种方法确定曲线半径的具体方法。

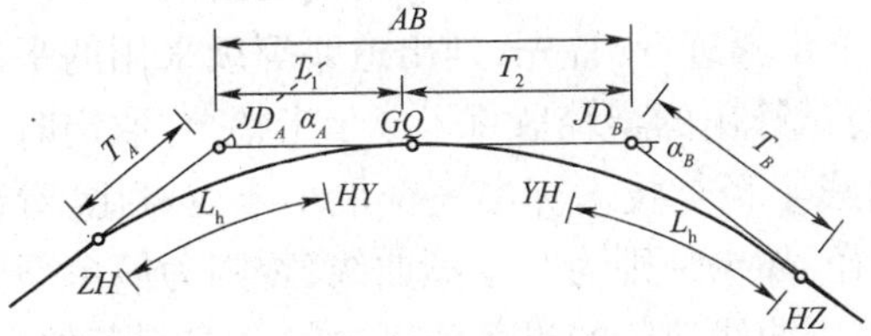

图 4-54 切基线的双交点法

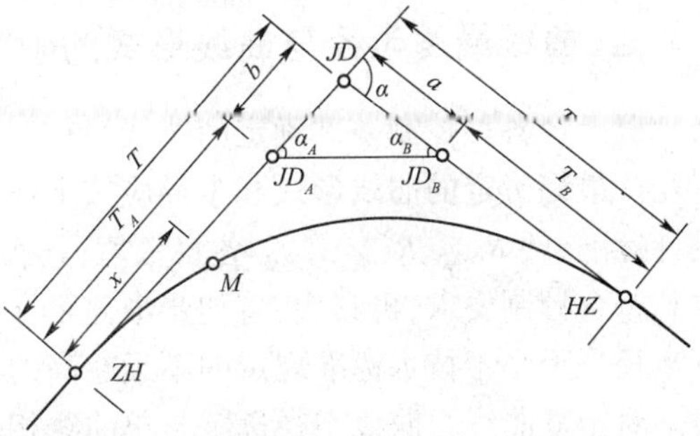

图 4-55 不切基线法

【例 4-8】 某交点为单圆曲线（简单型单曲线），交点桩号为 K0 + 879.90，其转角为 60°00′。如果要求切线长度为 80m：试确定圆曲线半径 R、验算切线长 T；并计算平曲线长 L 以及 YZ 点里程。

【解】 (1) $T = R \cdot \tan(\alpha/2) = 138.56 \times \tan(60°/2) = 80.00(\text{m})$

(2) $L = \dfrac{\pi}{180}(\alpha - 2\beta_0)R + 2L_s = 145.10\text{m}$

ZY 桩号 $= JD$ 桩号 $- T = \text{K0} + 879.90 - 80 = \text{K0} + 799.90$

YZ 桩号 $= ZY$ 桩号 $+ L = \text{K0} + 799.90 + 145.10 = \text{K0} + 945.00$

【例 4-9】 三级公路某交点，其转角为 33°59′15″，拟设置成如图 4-56 所示的基本型单曲线，如果缓和曲线长 L_s 取 40m，要求切线长不超过 65m，试确定平曲线半径取值范围。

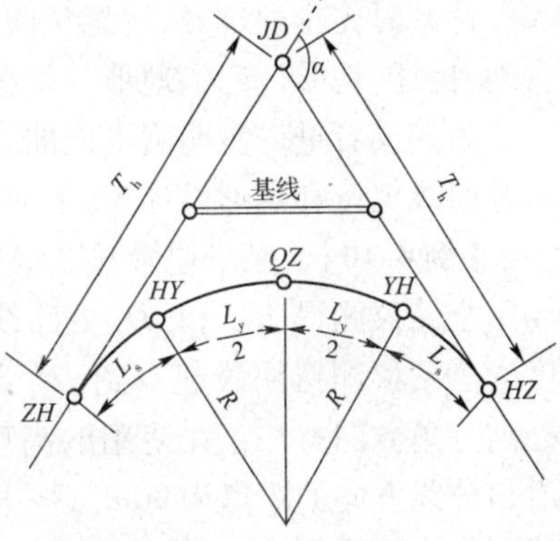

图 4-56 不切基线的双交点法

【解】 根据 $T_h = \left(R + \dfrac{L_s^2}{24R}\right) \cdot \tan\dfrac{\alpha}{2} + \dfrac{L_s}{2}$，得

$$65 = \left(R + \frac{40 \times 40}{24R}\right) \cdot \tan\frac{33°59'15''}{2} + \frac{40}{2}$$

解一元二次方程，得：$R = 146.79\text{m}$。

倘若 $T = 65.00\text{m}$，则令 $R = 146.79\text{m}$，可求得 $T = 64.98\text{m}$，此值并不等于 65.00m。此时可用如下公式再次解一元二次方程组，即：

$$T_h = \left(R + \frac{L_s^2}{24R}\right) \cdot \tan\frac{\alpha}{2} + \left(\frac{L_s}{2} - \frac{L_s^3}{240R^2}\right)$$

$$65 = \left(R + \frac{40 \times 40}{24 \times R}\right) \cdot \tan\frac{33°59'15''}{2} + \frac{40}{2} - \frac{40 \times 40 \times 40}{240 \times 146.79 \times 146.79}$$

再解一元二次方程，得：$R = 146.83\text{m}$。

查标准，三级公路（$v = 40\text{km/h}$）平曲线的 $R_{min} = 60\text{m}$，根据设置基本型单曲线的几何条件 $\alpha > 2\beta_0 = 2 \cdot \frac{90}{\pi} \cdot \frac{L_s}{R}$，得

$$33°59'15'' = 2 \times \frac{90}{\pi} \times \frac{40}{R}$$

即 $R > 67.43\text{m}$，所以 $67.43\text{m} < R \leqslant 146.83\text{m}$。

三、曲线最终半径与曲线形式的确定

以上经各种控制条件确定的曲线半径，只能是初定半径，并非是最终确定的曲线形式和半径。最终确定的曲线形式和半径应按下述三个步骤进行：首先，列出道路等级采用的平面设计标准，即 $R_{极限}$、$R_{一般}$、$R_{超高}$ 各自数值；其次，将试算出的半径取百米或十米整数，取定时要注意符合控制要求；再其次，将初步取定的平曲线半径与技术标准三个最小半径对比，看试算半径是否小于技术标准规定的不设超高的半径，如果是则为基本型曲线，否则为简单型曲线。对于复曲线主曲线半径选定与单曲线相似，主曲线选定的半径值既要符合控制条件，又要符合技术标准且应为百米或十米整数，而复曲线的副曲线半径不能取整，否则主、副曲线不能够对接，一般副曲线半径保留两位小数。

四、曲线元素计算和主点桩号推算

根据选择并确定的曲线形式、半径及回旋线长度，结合路线转角和交点桩号等已知数据计算平曲线元素。注意不同曲线形式的计算公式各不相同，切莫“张冠李戴”。计算完曲线元素紧接着进行主点桩号推算。

五、曲线内部加密桩号坐标计算

计算时先排列桩号，注意从曲线起点开始凑整桩号，之后每 20m 或 50m 一个整桩，注意占地、拆迁、地质、交叉、地形等加桩。

为使读者进一步明确平面曲线设计的具体方法，包括曲线形式、半径确定、技术标准应用及曲线定位和定形设计等，下面举一综合设计算例加以说明。

【例 4-10】 某平原微丘二级公路某路段如图 4-57 所示，该路段路基宽度 15m。实地现场用全站仪测得 JD_1 和 JD_2 处路线右角分别为 162°36′00″和 212°42′00″。并用具有 5ppm 精度的全站仪测得路线起点到 JD_1 的距离为 1 960.94m，JD_1 和 JD_2 的距离为 800.92m。JD_1 处内分角方向有一正在使用的高压铁塔（铁塔底面尺寸为 5m × 5m），实测高压铁塔到 JD_1 沿角分线方向的距离为 90m。按电力部门要求，在距离高压铁塔 15m 范围内，不得开挖和有建筑物。选线预计，本设计路段全部为挖方，平均挖深 1.5m，填方路堤边坡用 1∶1.5，挖方路堑边沟内边坡与路基同坡，外边坡与路堑同坡，底宽和深度各为 50cm。

试据上述条件，作 JD_1 和 JD_2 处路线设计。设计内容包括：

（1）按 JD_1 处路线从高压铁塔和 JD_1 之间通过的方案进行设计，试确定 JD_1 的曲线形式和半径、推算出 JD_1 的里程桩号并正确应用公式计算曲线的元素。

（2）如 JD_2 处设计为单曲线，通过计算确定 JD_2 处的可能的最大百米整数半径是多少？曲线形式应采用哪种？

(3)根据你自己设计和选择的 JD_2 处的曲线半径和平曲线形式，计算 JD_2 的里程桩号和 JD_2 处的平曲线元素。

(4)计算 JD_2 处平曲线上第一个 20m 凑整桩号的切线支距。

(5)计算 JD_2 处平曲线上第一个 20m 凑整桩号的切线偏角和弦长。

【解】 1. 依据题意画出导线图形，如图 4-57 所示。

2. 设计 JD_1 处曲线

JD_1 处曲线设计包括其形式和半径等。由题意可知，JD_1 高压铁塔 15m，加上预留路基放坡和边沟以及安全距离等预计共 26m。因此控制外距为：

$$E_{控}=90-26=64(\text{m})$$

(1)根据控制因素试算半径 R

本题控制因素为外距。

$$R_{试}=\frac{E_{试}}{\sec\frac{\alpha}{2}-1}=\frac{64}{\sec\frac{17.40}{2}-1}=5\ 000(\text{m})$$

(2)验算 JD_2 处的曲线能否布置得下

$$T_1=R_1\cdot\tan\frac{\alpha_1}{2}=5\ 000\times\tan\frac{17.40}{2}=765(\text{m})$$

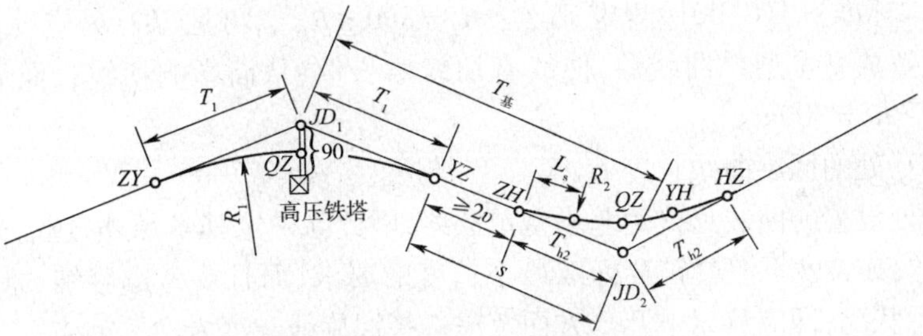

图 4-57 某路段导线图形

若取 $R_1=5\ 000\text{m}$，JD_2 处曲线难以布置下，需重新调整 JD_1 处的曲线半径。

(3)决定 JD_1 处曲线形式和最终曲线半径

经重新试算后将 JD_1 处曲线半径调整为 $R=2\ 500\text{m}$，因该半径值大于现行《公路工程技术标准》(JTG B01)规定的不设超高的最小半径(现行《公路工程技术标准》(JTG B01)规定的不设超高的平面曲线半径 2 500m，极限最小半径 150m)，故曲线形式为简单型单曲线。

(4)确定 JD_1 桩号为 K1 +960. 94

3. 计算 JD_1 处曲线元素并推算曲线主点桩号

(1) JD_1 处曲线元素

$$T_1=R_1\cdot\tan\frac{\alpha}{2}=2\ 500\times\tan\frac{17.40}{2}=382.55(\text{m})$$

$$E_1=R_1\cdot\left(\sec\frac{\alpha}{2}-1\right)=2\ 500\times\left(\sec\frac{17.40}{2}-1\right)=29.10(\text{m})$$

$$L_1=\frac{\alpha_1\pi R_1}{180}=17.40\times\frac{\pi}{180}\times2\ 500=758.83(\text{m})$$

(2)主点里程

JD_1 桩号：K1 +960. 94

ZY 桩号 $= JD_1$ 桩号 $- T_1 = \text{K}1 + 960.94 - 382.55 = \text{K}1 + 578.39$

YZ 桩号 $= ZY_1$ 桩号 $+ L_1 = \text{K}1 + 578.39 + 758.83 = \text{K}2 + 337.22$

QZ 桩号 $= Y_1Z$ 桩号 $- \dfrac{L_1}{2} = \text{K}2 + 337.22 - 379.42 = \text{K}1 + 957.81$

4. 确定 JD_2 处的平曲线形式及半径

(1)推算 JD_2 处桩号

JD_2 桩号 $= JD_1$ 桩号 $- T_1 + L_1 + s = 1\ 960.92 - 382.55 + 758.83 + (800.92 - 382.55)$
$= \text{K}2 + 755.57$

(2)确定 JD_2 处可能用到的最大平曲线半径

设计算车速(设计车速)为 v,则由题设条件得:

$$R_{2试} = \frac{T_{基} - 2v - T_1}{\tan\dfrac{\alpha_2}{2}} = \frac{800.92 - 2\times 80 - 382.55}{\tan\dfrac{35.70}{2}} = 802.34(\text{m})$$

取百米整数(调整半径只能往小取,不宜往大取),$R_2 = 800\text{m}$。

(3)最终确定 JD_2 处曲线形式和曲线半径

取 $R_2 = 800\text{m}$ 时,可保证直线段长度大于两倍的设计车速,满足直线设计技术标准。

设极限最小半径为 $R_{极限}$,一般最小半径为 $R_{一般}$,不设超高的最小半径为 $R_{超高}$,由现行《公路工程技术标准》(JTG B01)规定 $R_{极限} < R_2 = 800 < R_{超高}$,可见,$JD_2$ 处应设置成基本型单曲线。考虑设置成基本型单曲线后,曲线有切线增长值,从而影响切线长而导致半径的变化,故调整半径 $R_2 = 700\text{m}$。

5. 选择 JD_2 处的回旋曲线长度 L_{s2} 等

由于 JD_2 处设置的曲线形式为基本型单曲线,因此除确定其半径外,还需确定两端的回旋曲线长度 L_{s2},其长度不但要符合标准最小长度的要求,而且要考虑容纳、景观、视觉等要求,并接近理想状况,即应从以下几个方面考虑选择回旋线长度 L_{s2}:

首先,满足最小长度的要求,即 $L_{s2} \geqslant L_{smin} = 70\text{m}$。

其次,主曲线要容纳得下回旋线,即 $\alpha_2 \geqslant 2\beta_0$,其中,$\beta_0 = \dfrac{L_s}{2R} \times \dfrac{180}{\pi} = 2.51°$。

再其次,照顾视觉反映,即 $\dfrac{R}{3} \leqslant A = \sqrt{RL_s} \leqslant R$,其中,$A = \sqrt{RL_s} = \sqrt{700\times 70} = 221.36(\text{m})$。

可见,视觉验算稍有差异,但此项要求并非绝对要求,此处因差异不大,不予调整。

最后,尽量接近理想:$L_s : L_y : L_s \approx 1:1:1$ 或 $1:2:1$。

综合上述因素,经试算确定 JD_2 处曲线采用的缓和曲线(回旋线)长度为 $L_s = 70\text{m}$。

6. 计算 JD_2 处曲线元素

$$P = \frac{L_s^2}{24R} = \frac{70^2}{24\times 700} = 0.29(\text{m})$$

$$q = \frac{L_s}{2} - \frac{L_s^3}{240R^2} = \frac{70}{2} - \frac{70^3}{240\times 700^2} = 34.99(\text{m})$$

$$\beta_0 = \frac{180L_s}{2\pi R} = \frac{70}{2\times 700} \times \frac{180}{\pi} = 2.864\ 8°$$

$$T_h = (R_2 + P)\tan\frac{\alpha_2}{2} + q = (700 + 0.29) \times \tan\frac{35.70}{2} + 34.99 = 260.50(\text{m})$$

$$E_h = (R_2 + P)\sec\frac{\alpha_2}{2} - R_2 = (700 + 0.29) \times \sec\frac{35.70}{2} - 700 = 35.71(\text{m})$$

$$L_h = (\alpha_2 - 2\beta_0)\frac{\pi}{180}R_2 + 2L_s = (35.70 - 2 \times 2.864\,8) \times \frac{\pi}{180} \times 700 + 2 \times 70 = 506.16(\text{m})$$

$$L_y = (\alpha_2 - 2\beta_0)\frac{\pi}{180}R_2 = (35.70 - 2 \times 2.864\,8) \times \frac{\pi}{180} \times 700 - 366.16(\text{m})$$

7. JD_2 的曲线主点里程桩号

ZH 桩号 = JD_2 桩号 − T_h = K2 + 755.57 − 260.50 = K2 + 495.07

HY 桩号 = ZH 桩号 + L_s = K2 + 495.07 + 70 = K2 + 565.07

QZ 桩号 = HY 桩号 + $L_y/2$ = K2 + 565.07 + $\frac{366.16}{2}$ − K2 + 748.15

YH 桩号 = QZ 桩号 + $L_y/2$ = K2 + 748.15 + $\frac{366.16}{2}$ = K2 + 931.23

HZ 桩号 = YH 桩号 + L_s = K2 + 931.23 + 70 = K3 + 001.23

8. 计算 JD_2 处曲线上第一个 20m 凑整桩处切线支距

因为 JD_2 处曲线起点 ZH 桩号为 K2 + 495.07，第一个 20m 凑整桩号应为 K2 + 500，第一个凑整桩位处于回旋曲线段内。应用回旋曲线段内的切线支距公式，有：

$$L_P = 500 - 495.07 = 4.93(\text{m})$$

$$x = L_P - \frac{L_P^5}{40R^2L_s^2} = 4.93 - \frac{4.93^5}{40 \times 70^2 \times 700^2} = 4.93(\text{m})$$

$$y = \frac{L_P^3}{6RL_s} = \frac{4.93^3}{6 \times 70 \times 700} = 0.00(\text{m})$$

9. 计算 JD_2 处曲线上第一个 20m 凑整桩号的切线偏角和弦长

$$\beta_P = \frac{L_P^2}{2RL_s} \times \frac{180}{\pi} = \frac{4.93^2}{2 \times 700 \times 70} \times \frac{180}{\pi} = 0.0142°$$

$$\Delta_P = \frac{\beta_P}{3} = \frac{L_P^2}{6RL_s} \times \frac{180}{\pi} = \frac{4.93^2}{6 \times 700 \times 70} \times \frac{180}{\pi} = 0.004\,7°$$

$$s_P = \sqrt{x^2 + y^2} = \sqrt{4.93^2 + 0.00^2} = 4.93(\text{m})$$

上述计算应逐桩号计算，这里仅是为了阐述计算原理和方法只列举了少数几个桩点计算。计算出来的 x、y 是为了用切线支距或全站仪坐标法定点，而计算出来的 Δ_P 和 S_P 是便于用切线偏角法设定桩点。

第十节　顺路导线坐标系向高斯坐标系的转换

以往曲线设计采用的坐标为"顺路导线坐标系统"，即在每一个交点处都以曲线的起点或终点的切线作为 x 轴，并分别以曲线起点或终点作为坐标原点的坐标系统（下称小坐标系统）。当采用使用全站仪或 GPS 仪器放样时，通常采用统一的大测区高斯坐标系统（下称大坐标系统），需要编制逐桩坐标表，因此，须将小坐标系统的坐标统一折算为大坐标系统中的坐标。

道路平面位置是用坐标表示的。在勘测定线或施工放样以前，必须了解设计数据所提供的点的坐标采用的是哪一种坐标系。只有在坐标系统确定的条件下，才能进行坐标、距离、角度的计算和改正。

一、高斯投影坐标系

（一）国家3°带高斯正投影平面直角坐标系

工程建设是在地球曲面上进行的，而工程设计计算是在平面上进行的，这样就存在曲面上的数据向平面归算的问题，高斯平面直角坐标系就是在此基础上建立起来的。利用它可以解决曲面数据与平面数据的转换问题。在离中央子午线较近，地面平均高程较低的地区，不必考虑投影变形的影响，可直接采用国家统一的3°带高斯正投影平面直角坐标系。

高斯投影的研究中，可将地球椭球体作为圆球看待。如图4-58所示，在圆球表面上选定一个子午圈，将投影面卷成一个圆柱，套在圆球上并使其与选定的子午圈相切，这条切线*NBS*称为轴子午线（中央子午线）。*NAS*和*NCS*是2条和*NBS*经差为3°或1.5°并关于*NBS*对称的子午线。这样，球面上的轴子午线就完全地转移到圆柱面上。此外，将赤道面扩大使之与圆柱体相交，其交线*GH*即与轴子午线垂直。当将圆柱体从两极沿着圆柱轴线切开，并展开成平面时，圆柱体上的2条正交的直线，就是高斯平面直角坐标系统的坐标轴。其中由轴子午线投影的直线*NBS*是高斯平面直角坐标系的纵轴，称为*X*轴；而由赤道投影的直线*GH*是高斯平面直角坐标系的横轴，称为*Y*轴；*B*为坐标原点。由子午线*NAS*、*NCS*所包围而构成的带状称为投影带，若子午线*NAS*和*NCS*经差为6°，称为6°投影带，经若经差为3°，称为3°投影带。高斯平面具有三个特点：第一，投影后的中央子午线*NBS*，长度不变。第二，投影后的赤道保持垂直于*NBS*。第三，离开中央子午线的子午线投影是以两级为终点的弧线，离中央子午线越远，弧线的曲率越大，说明离中央子午线越远，投影变形越大。

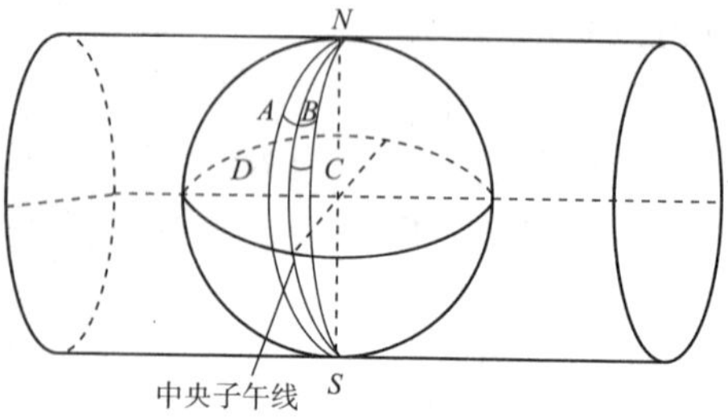

图4-58　高斯投影图

高斯投影为保角投影，即投影后角度不产生变形，但其长度则会变形，而且离开中央子午线越远，长度变形会越大。为了限制高斯投影的长度变形，就采用了分带投影的方法。即按一定经度差将地球椭球面划分成若干投影带。分带时既要控制长度变形使其不大于测图误差，又要使带数不致过多以免造成换带计算的麻烦。据此原则，将地球表面沿子午线划分成经差相等的瓜瓣形地带，以便分带投影。通常的分带方式是按经差为6°或3°来分，故称“六度带”或“三度带”。六度带自0°子午线起每隔6°自西向东分带，带号依次编为第1、2……60带（$6° \times 60 = 360°$）。三度带是在六度带的基础上再分的，带号依次编为第1、2……120带（$3° \times 120 = 360°$）。

我国的经度范围西边起自73°，东边至135°，可分成六度带共11个带或三度带共22个带（图4-59）。

三度带的轴子午线有一半与六度带的轴子午线重合，另一半与六度带的边缘子午线重合。

（二）高斯平面直角坐标系的建立

根据高斯平面投影带的特点，高斯平面直角坐标系按下述三个规则建立。

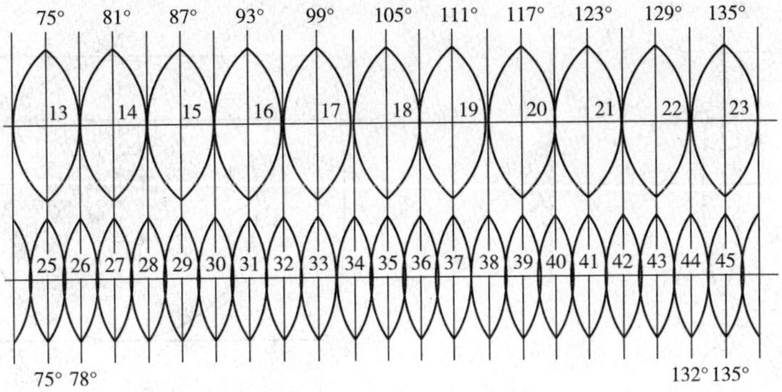

图 4-59 我国高斯投影坐标分带(六度带和三度带)

1. 坐标轴系

高斯投影的 X 轴是中央子午线 NBS 的投影,北方为正方向;Y 轴是赤道的投影,东方为正方向。

2. 坐标原点

高斯投影的坐标原点即中央子午线与赤道交点,用 O 表示。

3. 象限划分

高斯坐标的 4 个象限按顺时针 I、II、III、IV 顺序排列,如图 4-60 所示。

(三)投影带的中央子午线与编号

投影带的宽度以投影带边缘子午线之间的经度差 ΔL 表示。为避免高斯投影带的变形太大,投影带的宽度 ΔL 取 6°或者 3°。高斯投影根据经差 ΔL 逐带连续进行,即将地球曲面展开成平面。经差 ΔL 为 6°的六度带高斯投影平面,将全球分为 60 个 6°的投影带,各带的中央子午线的经度 L_o 与投影带的带号 N 有如下对应关系:

$$L_o = 6N - 3 \text{ 或 } N = \frac{L_o}{6} + 3 \tag{4-82}$$

经差 ΔL 为 3°的三度带高斯投影平面,将全球分为 120 个 3°的投影带,各带的中央子午线的经度 L_o与投影带的带号有如下对应关系:

$$L_o = 3N \tag{4-83}$$

根据我国在大地坐标系统中的经度位置(74° ~ 135°),从上述公式可见,我国用到的 6°带的带号 N 为 13 ~ 23,3°带的带号 N 为 25 ~ 45。

我国国家测量大地控制点均按高斯投影计算其高斯平面直角坐标。在图 4-61 中,球面点 P,大地坐标为(L_P,B_P)。图中的点 P' 是点 P 的高斯投影点,其高斯平面直角坐标是 X_P、Y_P 。X_P 表示 P 点在高斯平面上到赤道的距离。Y_P 包括投影带的带号、附加值 500km 和实际坐标 Y 的三个参数,即:

$$Y_P = \text{带号 } N + 500\text{km} + Y \tag{4-84}$$

例如,某地面点高斯平面直角坐标 X_P = 2 433 586.693m, Y_P = 38 514 366.157m。其中 X_P 表示该点在高斯平面上到赤道的距离,为 2 433 586.693m。根据式(4-84),该地面点所在的投影带带号 N = 38,是 3°带,地面点 Y_P 坐标的实际值 Y 为 14 366.157m(即去掉原坐标轴中带号 38,并减去附加值 500km,表示该地面点在中央子午线以东 14 366.157m;若 Y_P 坐标实际值 Y 带负号,则表示该地面点在中央子午线以西)。根据 Y_P 坐标的投影带带号,可以按式(4-83)推算投影带中央子午线的经度为 L_o = 114°。

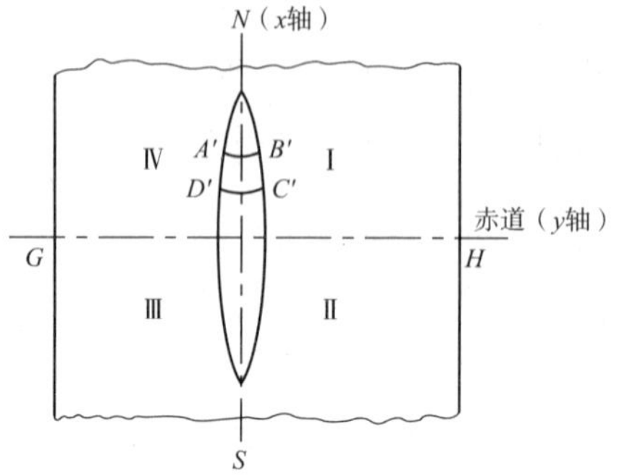

图4-60　高斯平面直角坐标系的象限

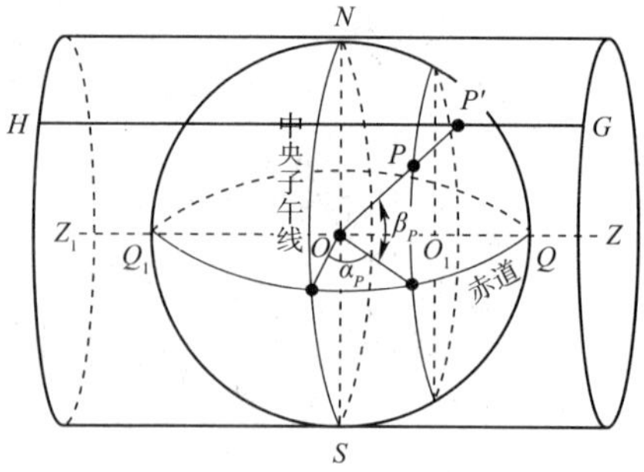

图4-61　按高斯投影计算高斯平面直角坐标

（四）逐桩坐标表的使用条件

1. 坐标系的种类

（1）国家3°带高斯正投影平面直角坐标系

当高斯投影子午线经差为6°时，称为6°投影带，若经差为3°，称为3°投影带。每一个高斯投影的6°带和3°带都有其自己的坐标轴和坐标原点。横坐标的计算是以轴子午线以东为正，以西为负；纵坐标的计算是以赤道以北为正，以南为负。为了使横坐标均为正值，我国轴子午线的横坐标值加上500km，即将坐标原点向西平移500km。

（2）补偿投影面的3°带高斯正投影平面直角坐标系

这种坐标系仍采用国家3°带高斯正形投影，但是投影的高程面不采用参考椭球面，而是选用一个高程参考面，借以补偿因高斯投影带来的长度变形。在这个高程参考面上，投影长度变形为零。

（3）任意带高斯正形投影平面直角坐标系

当采用任意带高斯正形投影平面直角坐标系时，将地面观测结果同样是归算到参考椭球面上，但不采用国家3°带统一的分带方法，而是选择过测区边缘或测区中央或测区内某一点的子午线作为中央子午线，借以补偿因实测结果归算至参考椭球面带来的长度变形。

（4）高程抵偿面的任意带高斯正形投影平面直角坐标系

这种坐标系通常是把投影的中央子午线选在测区的中央，地面观测值归算至测区的平均高程面上，按高斯正形投影计算平面直角坐标。这是综合补偿投影面的3°带高斯正投影平面直角坐标系和任意带高斯正形投影平面直角坐标系这两种坐标系优点的一种任意高斯平面直角坐标系，是工程中常用的测量坐标系统。

（5）工程独立平面直角坐标系

这是一种当测区面积较小时使用的独立平面直角坐标系，当测区面积较小时，认为该测区的球面为平面，不进行方向和距离改正，将地面点直接沿铅垂线投影到水平面上，把局部地球表面作为平面而建立的独立平面直角坐标系。这种坐标系统可与国家控制网联系，获取起算坐标及起始方位角；亦可采用假定坐标。

2. 坐标系的选择

在计算平面点位放样数据时，如果点的坐标处于不同的坐标系，要首先进行坐标换算（换算成统一的坐标系），再计算放样数据。

根据测区内原坐标系统，一般可作下列几种情况选择。

高速和一级公路要采用统一的高斯正投影3°带平面直角坐标系统；当采用高斯正投影

3°带或任意带平面直角坐标系统，投影面可采用1985年国家高程基准、测区抵偿高程或测区平均高程面。

三级和三级以下公路、独立桥梁、隧道及其他构造物等小测区，可不经投影，采用平面直角坐标系统在平面上直接进行计算；对于已在平面控制网的地区，应尽量沿用原有的坐标系统，如精度不符合要求，也应充分利用其点位，选用其中一点的坐标及含此点的方位角，作为平面控制的起算依据。

二、高斯坐标计算原理与逐桩坐标表编制

在路线勘测设计的技术文件中通常给出逐桩坐标表供施工放线使用，所谓逐桩坐标即各个中桩的坐标，其计算和测量的方法是按“从整体到局部”的原则进行的。

（一）逐桩坐标表的计算步骤

1. 计算导线点坐标

采用两阶段勘测设计的公路或一阶段设计但遇地形困难的路段，一般都要先做平面控制测量，而路线的平面控制测量多采用导线测量的方法，在有条件时也可采用全球定位系统（简称GPS）测量的方法。导线测量的方法，有经纬仪导线法、光电测距仪法和全站仪法。其中全站仪可以直接读取导线点的坐标，其他方法可以在得到各边边长及其夹角后，当外业观测值限差和导线闭合差均符合要求的前提下，采用平差方法并用坐标增量法逐点推算其坐标。用GPS定位技术观测，则可在测站之间不通视的情况下获得测点的三维坐标。

2. 计算交点坐标

当导线点经平差后的坐标精度满足要求后，即可展绘在图纸上。直接定线时，以导线点为依据，在现场直接用全站仪测得路线各交点的坐标；纸上定线的交点坐标可以在高精度大比例尺的地形图上量取。

3. 计算各中桩坐标

中桩坐标计算的步骤如下：

第一步，计算交点坐标并根据交点坐标计算路线转角，再结合 L_s 和 R 计算曲线元素；

第二步，计算曲线起（ZH 或 ZY）、终（HZ 或 YZ）点坐标；

第三步，计算直线或曲线上任意点坐标。

曲线上任一点坐标计算分两个步骤：首先以平曲线的直缓 ZH 点（或缓直 HZ 点）为坐标原点，以过原点的切线为 x 轴，过原点的半径方向为 y 轴，建立的局部坐标系来计算出切线支距小坐标，其次再将小坐标利用坐标转换公式换算为大地坐标。

（二）顺路导线设计要素计算

1. 交点处路线偏角计算

为便于说明，在此将拟计算的那个交点叫做本交点，路线前进方向的导线称为前导线；后面的导线叫做后导线，前导线上与本交点相邻的前面一个交点叫前交点，后导线上与本交点相邻的后面一个交点叫后交点。交点处路线偏角计算时，至少测量出3个交点的坐标后，才可计算交点的偏角，计算程序如下。

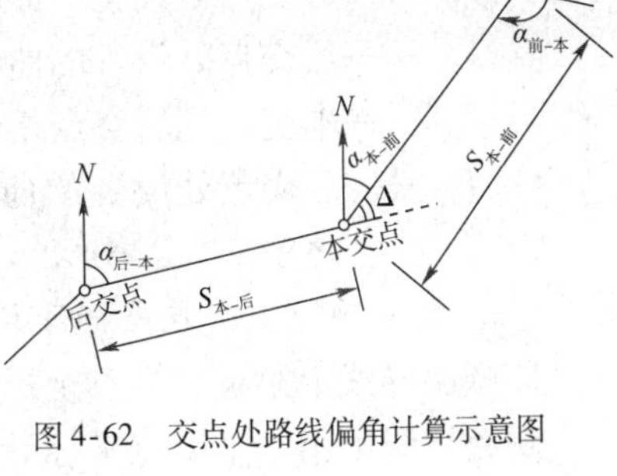

图4-62　交点处路线偏角计算示意图

如图4-62所示，设拟计算的某个交点坐标为 $X_{本}$、$X_{本}$，后交点的坐标为 $X_{后}$、$Y_{后}$，则：

(1)坐标增量

$$\Delta X = X_{本} - X_{后}$$
$$\Delta Y = Y_{本} - Y_{后}$$

(2)象限角

$$\beta = \arctan \frac{\Delta X}{\Delta Y}$$

(3)计算方位角 α

根据导线所在的象限,辨别坐标增量的正负后,结合象限角值,按表 4-17 提供的公式进行计算。

(4)路线偏角

交点的偏角采用下式计算:

$$\Delta = \alpha_{本-前} - \alpha_{后-本}$$

式中:Δ——任意一个交点的偏角(°),$\Delta > 0$ 表示平曲线右偏,$\Delta < 0$ 表示平曲线左偏;

$\alpha_{本-前}$——本交点与前交点连线方向的正坐标方位角(°);

$\alpha_{后-本}$——本交点与后交点连线方向的正坐标方位角(°)。

导线边所在的象限及其象限角与方位角的关系 表 4-17

导线边所在的象限	坐标增量的符号		象限角与方位角的关系
	$\Delta X = X_{本} - X_{后}$	$\Delta Y = Y_{本} - Y_{后}$	
第一象限	+	+	$\alpha = \beta$
第二象限	−	+	$\alpha = 180° - \beta$
第三象限	−	−	$\alpha = 180° + \beta$
第四象限	+	−	$\alpha = 360° - \beta$

2. 交点间距计算

交点间的距离,简称交点间距,采用下式计算:

$$\left.\begin{aligned} S_{本-后} &= \sqrt{(X_{后} - X_{本})^2 + (Y_{后} - Y_{本})^2} \\ S_{本-前} &= \sqrt{(X_{前} - X_{本})^2 + (Y_{前} - Y_{本})^2} \end{aligned}\right\}$$

3. 交点里程计算

交点里程采用下式计算:

$$L_{本交} = L_{后交} - 2T_{后} + L_{后} + S_{本-后} = L_{后交} + S_{本-后} - J_{后}$$

式中:$L_{本交}$——本交点的里程(m);

$L_{后交}$——后交点的里程(m);

$T_{后}$——后交点处设置的曲线的切线长(m);

$L_{后}$——后交点处设置的曲线的总长度(m);

$S_{本-后}$——本交点到后交点之间的距离(m);

$J_{后}$——后交点处设置的曲线的切曲差(校正值),其值为两倍的切线长与曲线长之差。

(三)顺路导线上交点坐标计算

1. 顺路导线上第一个交点坐标计算

顺路导线上第一个交点坐标计算原理如图 4-63 所示。

$$\left.\begin{aligned} X_{交1} &= X_{起} + S_{后-本}\cos\alpha_{后-本} \\ Y_{交1} &= Y_{起} + S_{后-本}\sin\alpha_{后-本} \end{aligned}\right\}$$

2. 顺路导线任意一个交点的坐标计算

如图4-64所示，顺路导线上任一个交点坐标计算如下：

$$\left.\begin{aligned} X_{本} &= X_{后} + S_{后-本}\cos\alpha_{后-本} \\ Y_{本} &= Y_{后} + S_{后-本}\sin\alpha_{后-本} \end{aligned}\right\}$$

式中：$X_{本}$、$Y_{本}$——分别为本交点的高斯坐标；

$X_{后}$、$Y_{后}$——分别为后交点的高斯坐标；

$S_{后-本}$——后交点到本交点之间的距离，此距离实地可用全站仪测定和钢尺丈量，当纸上定线时可用卡规卡定；

$\alpha_{后-本}$——后交点与本交点连线的正方位角。

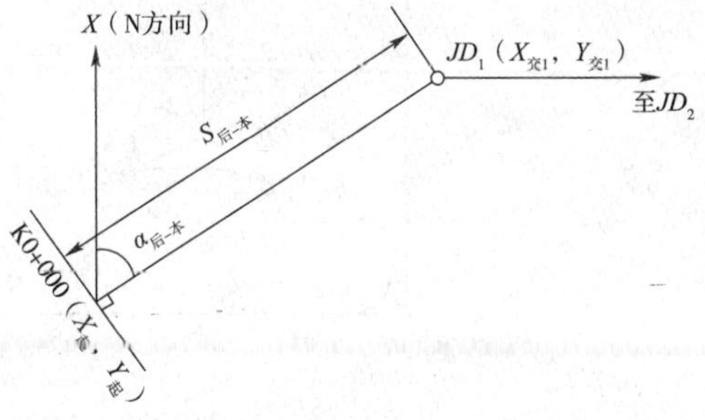

图4-63　顺路导线上第一个交点坐标计算示意图

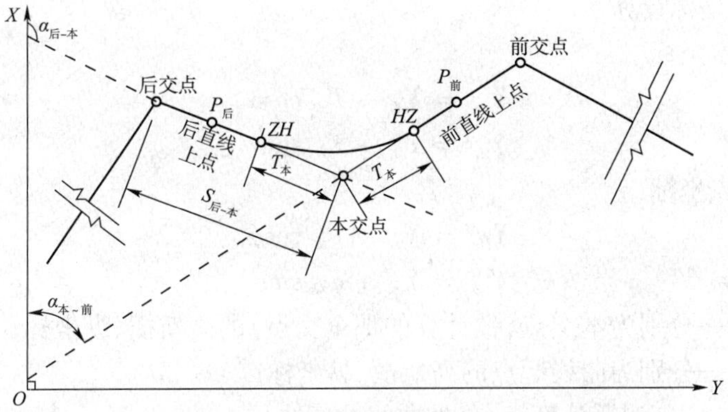

图4-64　交点坐标和曲线起终点坐标计算示意图

(四)中线直线段中桩坐标计算

1. 后导线（ZH点以前的直线段）上任意一点坐标

$$\begin{aligned} X_{后} &= X_{本} + (T_{本} + L_{ZH} - L_{x})\cdot\cos\alpha_{本-后} \\ Y_{后} &= Y_{本} + (T_{本} + L_{ZH} - L_{x})\cdot\sin\alpha_{本-后} \end{aligned}$$

2. 前导线（HZ点以后的直线段）上任意一点坐标

$$\left.\begin{aligned} X_{前} &= X_{本} + (T_{本} + L_{x} - L_{HZ})\cdot\cos\alpha_{本-前} \\ Y_{前} &= Y_{本} + (T_{本} + L_{x} - L_{HZ})\cdot\sin\alpha_{本-前} \end{aligned}\right\}$$

式中：$X_{本}$、$Y_{本}$——分别为本交点的高斯坐标；

$X_{后}$、$Y_{后}$——分别为后导线（ZH点以前的直线段）上任意一点的高斯坐标；

$X_{前}$、$Y_{前}$——分别为前导线（HZ点以后的直线段）上任意一点的高斯坐标；

$\alpha_{本-后}$——本交点与后导线上计算点连线的正方位角；

$\alpha_{本-前}$——本交点与前导线上计算点连线的正方位角；

L_{ZH}、L_{HZ}——分别为ZH和HZ点桩号（里程）；

$T_{本}$——本交点处曲线的切线长；

L_{x}——曲线上任一点加桩桩号（里程）；

其余符号意义同前。

（五）中线曲线段中桩坐标计算

中线曲线段中桩坐标计算原理如图 4-65 所示。

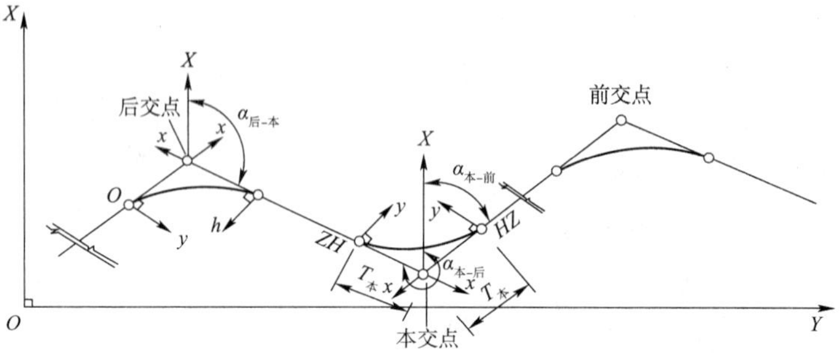

图 4-65　切线支距坐标系与高斯坐标系的关系

1. 曲线主点里程计算

曲线起点里程 = 交点里程 - 本交点处曲线的切线长；曲线中点里程 = 曲线起点里程 + 半个曲线长；曲线终点里程 = 曲线起点里程 + 整个曲线长。

2. 曲线主点坐标计算

（1）曲线起点坐标

$$X_{ZH} = X_{本} + T_{本}\cos\alpha_{本-后}$$
$$Y_{ZH} = Y_{本} + T_{本}\sin\alpha_{本-后}$$

（2）曲线终点坐标

$$X_{HZ} = X_{本} + T_{本}\cos\alpha_{本-前}$$
$$Y_{HZ} = Y_{本} + T_{本}\sin\alpha_{本-前}$$

式中：$X_{本}$、$Y_{本}$ ——分别为本交点（欲计算的那个交点）的高斯横、纵坐标；

X_{ZH}、Y_{ZH} ——分别为曲线起点的高斯横、纵坐标；

$T_{本}$ ——本交点（计算交点）处曲线的切线长；

$\alpha_{本-前}$ ——曲线所处的交点到相邻前一个交点连线的正方位角；

$\alpha_{本-后}$ ——曲线所处的交点到相邻后一个交点连线的正方位角；

X_{HZ}、Y_{HZ} ——分别为曲线终点的高斯横、纵坐标；

其余符号意义同前。

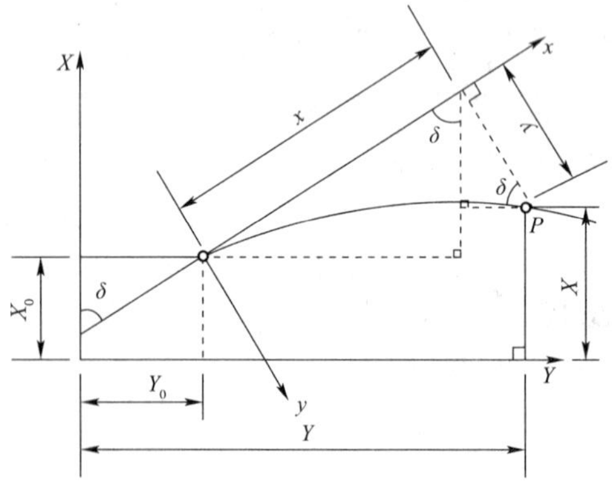

图 4-66　坐标轴的平移和旋转与点坐标换算关系

3. 曲线上中桩大地坐标计算

如图 4-66 所示，为右转曲线通常使用的大、小坐标系，可见小坐标系的坐标原点均为曲线起点或者终点，x 坐标轴均由原点指向交点方向，而 y 均指向曲线内侧。坐标换算根据曲线是前半个曲线还是后半个曲线，小坐标的原点位于大坐标第一、二、三、四哪个象限，左转还是右转分为十六种情况，其中位于第一象限左转曲线及右转曲线的大、小坐标系换算分别见图 4-67 和图 4-68。推导出的公式最终形式为下式。

$$\left.\begin{aligned} X &= X_0 + x\cos\delta - y\sin\delta \\ Y &= Y_0 + x\sin\delta + y\cos\delta \end{aligned}\right\}$$

图中和式中：X、Y——任意点在第一坐标系中的坐标(高斯坐标)；

X_P、Y_P——前半个曲线段任一点 P 的高斯坐标；

X_Q、Y_Q——后半个曲线段任一点 Q 的高斯坐标；

α——起算点与计算点连线的方位角；

x、y——任意点在第二坐标系中的坐标(切线支距坐标)；

X_0、Y_0——第二坐标系的坐标原点对于第一坐标系的坐标原点在 X 和 Y 方向上分别平移的距离(注意有正负之分)；

δ——两坐标系坐标轴所夹的锐角(小于90°)，顺时针为“正”，反时针为“负”。

上述的“第一坐标系”，在路线测量中即为高斯坐标系，而“第二坐标系”是指以 ZH(或 ZY)点或 HZ(或 YZ)点为坐标原点，切线方向为 x 轴的坐标系。所以，在计算曲线上任一点的高斯坐标时，一般应先算交点坐标，再计算该点在以曲线起点(ZH 或 ZY 点)或曲线终点(HZ 或 YZ)为原点的坐标系中的坐标，最后计算其高斯坐标(当公路控制导线已与高斯坐标联系时)。而曲线上任意点在第二坐标系中的坐标，实为用常规的切线支距法敷设曲线时所使用的坐标值。平移距离 X_0、Y_0 为曲线起点或终点在大坐标系中的坐标与高斯大坐标系原点的坐标差，旋转角度 δ 为各边的象限角。

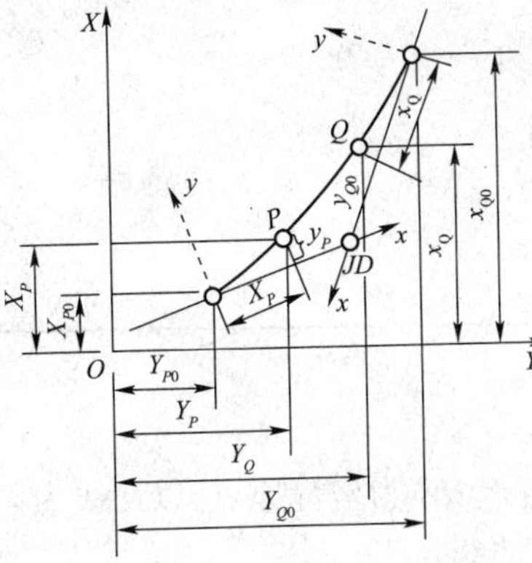

图 4-67　左转曲线及其大小坐标换算

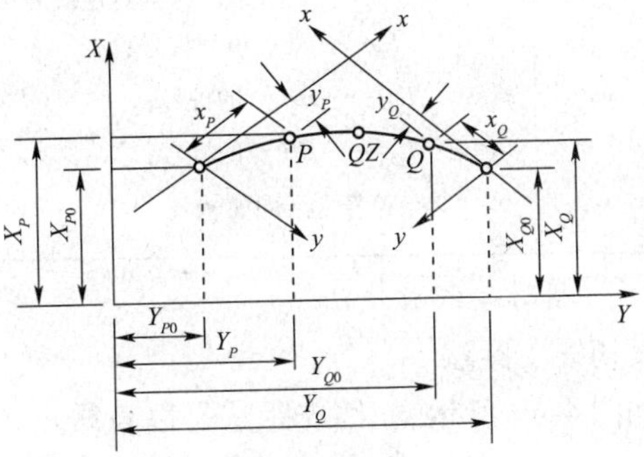

图 4-68　右转曲线及其大小坐标换算

为便于在实际工作中采用，将上述十六种情况推导出的公式进行归纳和总结于表 4-18 中。在曲线段中桩坐标计算时，必须特别指出的是公式不宜死搬教条，要注意灵活取值，尤其注意的是对于左偏曲线，前半个曲线上的 y 要反符号；对于右偏曲线，后半个曲线上的切线支距 y 要用反符号。同时还要注意坐标轴间夹角 δ 的正、反方向。

三、切线坐标与高斯坐标的应用

坐标计算的最终目的是利用坐标进行现场放线，一般采用的放样方法有三类：顺路导线测设法，适用于当只有切线支距坐标而没有高斯坐标时的情形，有切线支距法、偏角法、弦线支距法；另一类为采用全站仪放样中桩时的“自由测站法”，当有高斯坐标时，即采用全站仪以坐标法或极坐标法测设；采用 GPS 放样中桩时，用 RTK 法(Real - time kinematic，实时动态的厘米级定位技术)。这里主要介绍前两类中的几种中桩放样操作原理，具体方法将在后续章节中阐述。

公路曲线大地坐标计算公式　　表4-18

计算桩点或计算段落			坐标计算公式	
			横坐标	纵坐标
导线点和曲线起终点	交点	JD	$X_{本}=X_{后}+S_{后-本}\cos\alpha_{后-本}$	$Y_{本}=Y_{后}+S_{后-本}\sin\alpha_{后-本}$
	曲线起终点	ZH	$X_{ZH}=X_{本}+T_{本}\cos\alpha_{本-后}$	$Y_{ZH}=Y_{本}+T_{本}\sin\alpha_{本-后}$
		HZ	$X_{HZ}=X_{本}+T_{本}\cos\alpha_{本-前}$	$Y_{HZ}=Y_{本}+T_{本}\sin\alpha_{本-前}$
直线段	前直线		$X_{前}=X_{本}+(T_{本}+L_x-L_{HZ})\cos\alpha_{本-前}$	$Y_{前}=Y_{本}+(T_{本}+L_x-L_{HZ})\sin\alpha_{本-前}$
	后直线		$X_{后}=X_{本}+(T_{本}+L_{ZH}-L_x)\cos\alpha_{本-后}$	$Y_{后}=Y_{本}+(T_{本}+L_{ZH}-L_x)\sin\alpha_{本-后}$
曲线段	$X=X_0+x\cos\delta-y\sin\delta, Y=Y_0+x\sin\delta+y\cos\delta$ 式中：X_0、Y_0——曲线起点或终点在大坐标系中的坐标； X、Y——曲线上的任意点在大坐标系中的坐标； x、y——曲线上的任意点在小坐标系中的坐标，对左转曲线的前半个曲线及右转曲线的后半个曲线计算时，y 取负，其余条件 x 和 y 均取正； δ——两坐标轴所夹的锐角，顺时针为"+"，逆时针"－"；α 一般取两坐标轴所夹的象限角计算，也就是小坐标轴 x 相对于大坐标轴 X 旋转的象限角。如用方位角计算，以上公式当中，x、y 前后的正、负号可以自动取定； S——计算点至起算点之间的距离； α——起算点和计算点连线的正方位角； L_x——某点里程桩号； L_{HZ}——HZ 点的桩号； L_{ZH}——ZH 点的桩号； 其余符号含义同前			

(一)顺路导线放线法

1. 切线支距法

如图4-69所示，切线支距法是以直缓点 ZH 或缓直点 HZ 为坐标原点，以切线为 x 轴，过原点的半径为 y 轴，利用曲线上各点的 x_P、y_P 坐标测设曲线。

计算出曲线上各点的坐标后，按下列步骤进行曲线的测设

(1)首先利用曲线主点测设方法将曲线的 ZH(或 HZ)点准确放样出来。

(2)从 ZH(或 HZ)点开始，用钢尺或皮尺沿切线方向量 P 点的横坐标 x_P，得到垂足 N_P。

(3)在各垂足 N_P上用方向架定出垂直方向，量取纵坐标 y_P，定出点 P。

这种方法不累积误差，一般适用于地形起伏较大的地方。当地形平坦，可用纵距 y_P和弦长 S_P 交出 P 点，这样可不用方向架确定 y 的方向，实际工作中采用较多。

2. 偏角和弦长法

如图4-70所示，计算出各点的切线支距 x_P、y_P 后，计算出 P 点与 ZH(或 HZ)点切线的夹角 Δ_P(称为偏角)，以及曲线上任一点 P 到 ZH(或 HZ)点弦长 C_P：

$$\left.\begin{aligned}\Delta_P&=\arctan\frac{y_P}{x_P}\\C_P&=\sqrt{x_P^2+y_P^2}\end{aligned}\right\}$$

计算出缓和曲线和圆曲线上各点的偏角 Δ_P和弦长 C_P后，按下列步骤进行曲线的测设：

(1)将经纬仪置于 ZH(或 HZ)点进行测设，瞄准交点后，水平读盘归零。

(2)和曲线内侧拨偏角 Δ_i，确定 P_i 点的方向。

(3)沿 P_i 点的方向，从 ZH(或 HZ)点量弦长 C_i，定出 P_i 点。

这种方法也不累积误差，一般适用于地形开阔的地方。

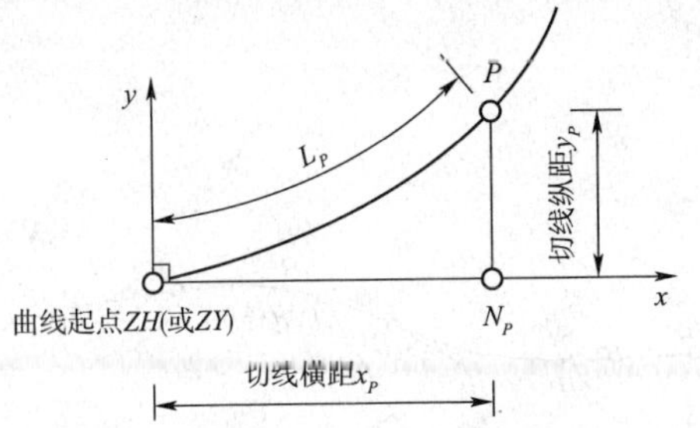

图 4-69　切线支距法测设平曲线原理

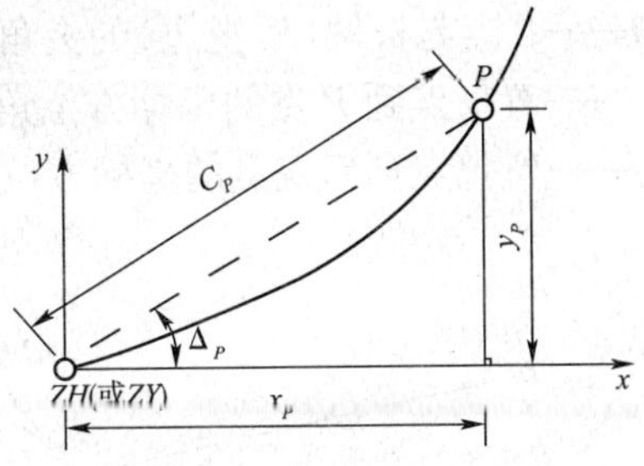

图 4-70　偏角法测设平曲线原理

(二)自由测站法

自由测站法属于极坐标法，放线的基本原理是以控制导线为根据，以极角和极距确定放样点。极坐标法一般采用全站仪以高斯坐标进行曲线测设，仪器可以设置在任意已知坐标的位置上。用极坐标法测设曲线，首先应知道置仪点和后视点及各个放样中桩的坐标，根据置仪点及放样中桩的坐标，计算两点间的距离以及极角，来放样中桩。根据极轴的不同，极坐标放样有两种方法：第一种方法是以测量坐标系统中的北方向为极轴，放样点的坐标方位角为极角；第二种方法是以后视边为极轴，放样点与后视边的夹角为极角。

1. 坐标轴北方向为极轴的放样步骤

(1)如图 4-71 所示，计算放样中桩 P 的坐标和置仪点到放样点 P 的坐标方位角 α_P。以及置仪点到放样点 P 的距离，即极距 S_P。

(2)转动全站仪，使全站仪上显示的水平角等于坐标方位角 α_P 后，将全站仪水平制动。

(3)沿全站仪视线方向，指挥前棱镜手移动。棱镜位于视线方向上后，测量棱镜与置仪点之间的距离。当测量出距离与极距 S_P 之差小于规定的桩位精度时，在地面定出放样点 P。

重复上述步骤，依次放样其余中桩。

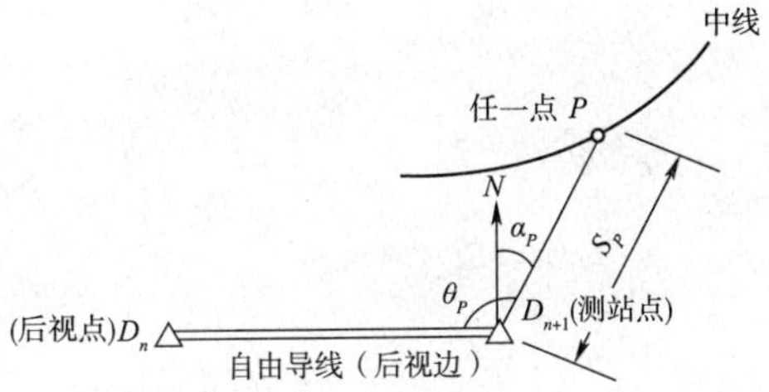

图 4-71　极坐标系

2. 坐标法放线操作原理

如果采用全站仪的放样功能进行中桩放样时，步骤如下：

(1)输入测站点和后视点的坐标并量取仪器高；

(2)计算放样中桩 P 的坐标，并在全站仪中输入放样点的坐标；

(3)转动全站仪，使全站仪上显示的水平角差(水平角差在全站仪屏幕显示为 dH，表示视线方向的方位角与方位角 α 的差值，由全站仪自动计算)为零后，全站仪水平制动；

(4)沿全站仪视线方向，指挥前棱镜手移动，棱镜位于视线方向上后，按测距键，显示的距离差，棱镜到置仪点的距离与极距 S_P 的差值，由全站仪自动计算。达到精度要求时，在地面定出放样点 P；

重复上述步骤，依次放样其余中桩。

3. 后视边为极轴的放样操作原理

如图 4-72 所示，图中 D_1、D_2……D_n 为自由导线点，JD_1、JD_2……JD_n 为顺路导线，P 为中

线上任一点，则以后视边为纵轴的放样步骤如下。

(1)计算放样中桩 P 的坐标、放样点 P 的极角 θ。

$$\theta = \alpha_{D-P} - \alpha_{D_2-D_1}$$

式中：θ——P 点与极轴(后视边)的夹角；

α_{D-P}——置仪点到 P 点的坐标方位角；

$\alpha_{D_2-D_1}$——置仪点到后视点的坐标方位角。

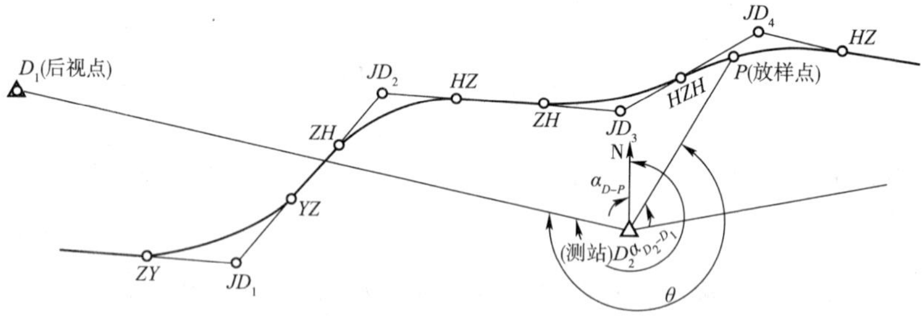

图 4-72　后视边为极轴时放样原理

(2)计算置仪点到放样点 P 的距离，即极距 S_P。

(3)全站仪或经纬仪瞄准后视点，水平读盘归零。

当 $\theta<0$ 时，逆时针转动拨角 θ，仪器水平制动；

当 $\theta>0$ 时，顺时针转动拨角 θ，仪器水平制动。

(4)沿仪器视线方向，指挥前棱镜手移动。棱镜位于视线方向上后，测量棱镜与置仪点之间的距离，当测量出距离与极距 S_P 之差小于规定的桩位精度时，在地面定出放样点 P。

以上介绍的是放样一个桩的步骤，当放样其他桩时可参照执行。

第五章 道路纵断面设计理论与方法

第四章介绍了道路的平面设计，最终设计出道路的中心线位置。本章研究道路的纵断面设计，是在平面设计的基础上设计出道路顶面的位置。纵断面设计的基本内容是确定纵坡设计线的位置和形状（包括纵坡设计坡度线的坡度、坡长，变坡点桩号、高程及竖曲线的半径、起终点位置），并计算纵坡设计线上每一个中桩位处的路基设计高程。纵坡设计的总体要求是符合技术标准、确保安全顺适、考虑自然条件、做到工程经济、满足平纵组合、保证高程配合、注重环境保护、力求景观协调。

第一节 道路纵断面与纵断面线形组成

一、道路纵断面与纵断面图的要素

（一）道路纵断面设计图

鉴于路线勘测定线是在道路尚未修建之前的高低不平的原地面上进行的，它只能表明路线的详细走向和位置，而不能说明道路顶面的具体位置，为解决这一问题，设计中引入道路纵断面的概念及纵断面图。沿着道路中线作一个竖向剖切面，此剖切面与原地面的交线，然后再展开（展开的含义是画在平铺图纸上），称为道路的纵断面地面线，在此基础上考虑一系列的因素设计出将来道路顶面大致位置线，将此线称为设计线。地面线和设计线分别反映了沿道路中线原地面的高低起伏和设计道路顶面起伏情况，并可以看出纵向土石方工程的挖填情况。把道路的平面图、纵断面图和横断面图结合起来，就能够完整地表达出道路的空间形状、大小及位置。因此纵断面设计主要是解决公路线形在纵断面上的位置、形状和尺寸问题。在纵断面图上不但有纵断地面线和设计线，还有平面直线与曲线、里程桩号、地面高程、设计高程、坡度、坡长标示及其土壤地质说明，同公路、铁路交叉点的位置及有关说明等。此外，图上还注有水准点的位置和高程，桥涵的类型、孔径、跨数、长度和设计水位。纵断面图是公路设计的主要技术文件之一，其样式已在第三章图 3-8 给出。

为读者进一步明确道路纵断面图，下面阐述其几何意义。纵断面设计是在道路中心线以及中心线处原地面起伏状态已知的前提下进行设计。在公路纵断面设计中，道路顶面位置是用紧贴于道路顶面的线条表示的，这条线在专业上就是上述的纵断面设计线。即纵断面设计的任务是确定纵断面设计线的位置。理论上，纵断面设计线的确定是根据汽车的动力特性、公路等级、地理条件以及工程经济性等，研究纵坡设计线的几何构成、技术指标和确定方法，以便达到行车安全迅速、工程经济及乘客舒适等。道路平面和纵断面的关系已于第三章图 3-7 表达。图 5-1 所示的是从纵断面图中单独拿出展示的地面线和设计线。地面线是在平面设计得到每个桩位置的基础上，以基平测量（沿线设置水准点，并测定其高程叫做基平测量）设置的水准点位置和测得的高程为依据，测定每个中桩的地面高程（称中平测量），再以里程桩号为横坐标，以地面高程为纵坐标，绘出的一条折线。其几何意义是相当于沿着道路中心线做一个竖向剖切面，此剖切面与原地面的交线。设计线是在地面线基础上，考虑技术标准、安全顺适、自然条件、工程经济、平纵组合和高程配合、环境保护等因素可拉出由坡度线和竖曲线构成的纵断面设计线，也就是路基顶面的大致位置线（准确地讲此位置为没有考虑超高和路拱时路基顶面的纵面位置），把这些设计绘制成图形，就是道路纵断面图。有了纵断面设计图，再结合每个桩号的横断面设计形状，就可以表达出道路实体的几何形状。其中，每个桩位横断面的断面形状是由纵断图上的设计填挖结合路基设施标准断面决定。例如，中心填挖如为填方时，根据断面形状的扩展可能是路堤或者是半填半挖路基；如中心填挖是挖方时，只能是路堑或半填半挖路基。纵断面设计的最终目的是，计算在设计线上每个桩号的设计高程，即路基设计高程。

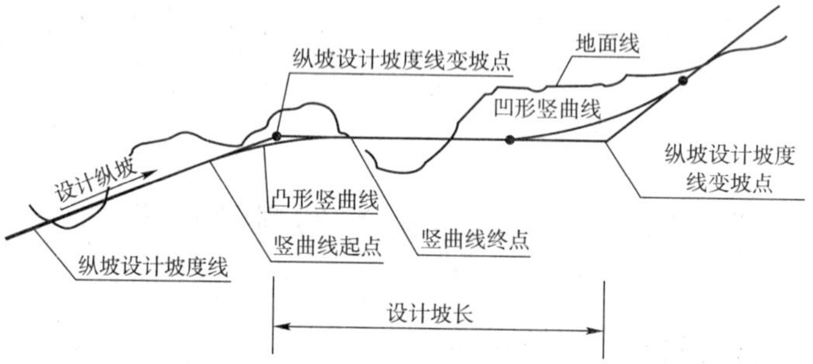

图 5-1　纵断面图上的地面线及纵断面设计线基本名词术语

必须指出，在施工图设计工作中，纵断面图上使用的地面线高程数据，是在勘测现场通过中平测量得到的，中平测量的结果是中桩桩号与对应的地面高程。若在初步设计中，纵断面图上使用的地面线高程数据，是在地形图上定线使用的桩号及其对应的地面高程，则是由等高线内插法得到。

（二）纵断面图的基本要素

如前已述，路线纵断面设计图是在平面设计的基础上进一步设计出的道路顶面位置的图形。路线纵断面设计图的基本要素有两线、八栏和五项图标。在道路纵断面设计图上，有两条贯穿整幅图的线条，即设计线与地面线，其中，设计线由坡度线和竖曲线构成。竖曲线是为保证行车安全和舒适，在不同坡度的坡段转折处，需要设置一段曲线进行缓和，把这一段曲线称为竖曲线。

如图 5-1 所示，在纵断面转坡点处设置的竖曲线有三个方面的作用：首先，缓和纵向变坡处行车动量变化而产生的冲击作用；其次，确保公路纵向行车视距；再次，将竖曲线与平曲线恰当组合，有利于路面排水和改善行车的视线诱导和舒适感。竖曲线分凸形和凹形两种。竖曲线设置后与纵坡线共同构成纵断面设计线，这条设计线的位置就是将来路基顶面的位置。

纵断面设计图上的八栏分别为里程桩号、土壤地质、地面高程、设计高程、坡度与坡长、设计填挖、平曲线位置、超高加宽。五项图标分别为水准点标示、竖曲线标示架、桥涵位置标示、水准点标示和里程桩标示。现分别阐述如下。

1. 纵断面图的图幅规格

道路纵断面设计图一般用 3 号图或加长 3 号图，画好图框和图标。图框与图纸左边空出装订线 25mm，上、下两边和右边周围各留 10mm，图框的线条应加粗到 1. 2mm。图框左上角画出长

4cm,宽1cm的矩形页码角标。绘制图线栏按照选定的里程比例尺和高程比例尺打格制表。

2. 纵断面图上的地面线

根据外业中平记录和纵断图上的里程桩号及其地面高程分别按照横向1:2 000、纵向1:200的比例对应画出纵断面地面线。首先选定纵坐标的起始高程,使绘出的地面线位于图上适当位置。一般是以10m整倍数的高程定在5cm方格的粗线上,以便于绘图和阅图。然后根据中桩的里程和高程,在图上按纵、横比例尺依次点出各中桩的地面位置,再用直线将相邻点一个个连接起来,就得到地面线。在高差变化较大的地区,如果纵向受到图幅限制时,可在适当地段变更图上高程起算位置,此时地面线将构成台阶形式。

3. 纵断面图上的设计线

(1)坡度线

坡度线是在地面线基础上,由设计拉坡确定。拉坡时至少考虑技术标准、安全顺适、自然条件、工程经济、平纵组合和高程配合、环境保护、景观协调等因素。设计拉坡是为了确定出纵断面设计线的变坡点里程桩号、高程以及变坡点两侧相应的坡度和坡长,并在图上画出来,与此同时,在图下方的栏目中标示画出来。设计拉坡的要经过试坡、调坡、核对、定坡的过程。根据纵坡设计计算设计高程。当路线的坡度线确定后,即可根据设计纵坡和两点间的水平距离,由一点的高程计算另一点的设计高程。

(2)竖曲线及其图标

在纵断面图上设置竖曲线后要与设计坡度线顺滑连接并加粗。此外,在图的上方或下方以如图5-2所示的竖曲线标示架(竖曲线图标)标示出来。标示架(竖曲线图标)是上端和下端带有竖线的半开口矩形,标示架的竖线要对齐变坡点里程桩号,并在线的左侧写上变坡点高程,右侧写变坡点里程桩号。半开口矩形一端与竖曲线起点桩号对齐,另一端与终点桩号对齐,半开口矩形内写竖曲线半径、切线长和外矢距。半开口矩形的开口方向对凹、凸两种竖曲线是不同的,凹曲线开口向上,凸曲线开口向下。

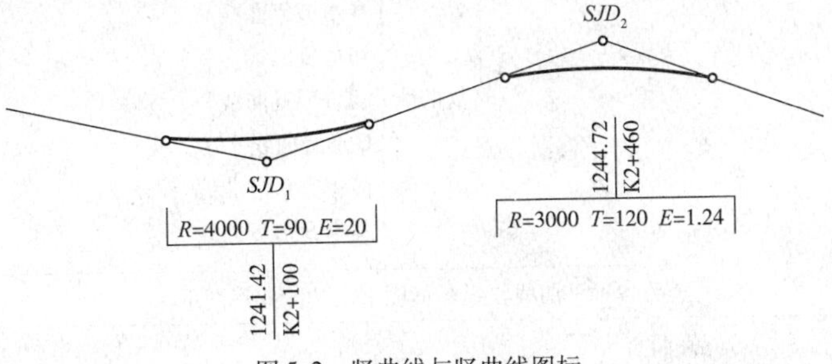

图5-2 竖曲线与竖曲线图标

4. 八个栏目

由图框左边向右量取5cm作一竖线表示坐标纵轴,并根据本张图的地面纵向起伏范围确定出纵坐标值并注记,当起伏较大时可分段设置纵轴的起点注记。在图的下方从下至上每隔8~10mm画一条横线构造出八个栏目分别表示土壤地质、坡度与坡长、地面高程、设计高程、填挖高度、里程桩号、直线及平曲线、超高加宽等。

(1)土壤地质:根据外业勘测组的调查结果分段填写,此栏的地质和土质情况一般是用土力学命名和概预算定额中的土名两种名称同时注明,例如,某粉质低液限黏土(软土),括号外边的为土力学命名,括号里面的为概预算定额中的命名。

(2)坡度与坡长:由设计拉坡后在此栏写出。坡度与坡长栏从左至右向上斜的直线表示上坡(正坡),下斜的表示下坡(负坡),水平的表示平坡。位于斜线或水平线上方的数字表示坡度的百分数,下方的数字表示坡长。

(3)地面高程:由外业中平测量得到,当纸上定线时在地形图上用等高线内插法求得。

(4)设计高程:路线每个桩号处对应于纵断面设计线上的高程。其值由纵断面设计线位确定后,逐个桩号推算而得。

(5)填挖高度:各桩的设计填挖高度是用同一桩号的设计高程与地面高程之差计算的。计算结果有正负之分:正号表示该桩号处为填方高度;负号为挖方深度。在图中专列的一栏注明填挖高度。

(6)里程桩号

按里程比例尺(1:2 000)标注百米桩和公里桩。人工画图时,一般在每 100m 写上阿拉伯数字 1、2、3 等,当用计算机自动成图时,注记部分整桩以及百米桩、千米桩及纵面地形变化点桩。

(7)平曲线栏

在纵断面平纵组合设计中,要参考平曲线大小以及转向来确定组合关系。为此需要将平曲线对应画在纵断面图的平曲线栏目中。在纵断面图上的平曲线是以平曲线曲率图标示的,常用基本型和简单型曲线的曲率图分别是半梯形和半矩形,左转曲线开口向上,右转曲线开口向下。不同的平曲线曲率图的画法见表 5-1。曲率图的转折点的平面桩号要与曲线主点桩号一一对应,如图 5-3 所示。

常用的平曲线及其在纵断面图上的表达 表 5-1

<table>
<tr><td colspan="3">道路曲线种类
- 单曲线
  - 简单型单曲线
  - 基本型单曲线
  - 凸形单曲线
- 复曲线
  - 简单型复曲线
  - 基本型复曲线
  - 卵形复曲线
  - 复合型复曲线
  - C 形复曲线
  - 简单 S 形复曲线
  - 基本 S 形复曲线</td></tr>
<tr><td colspan="3">道路各种平曲线在纵断面图上表达的曲率图形状</td></tr>
<tr><td rowspan="6">平曲线栏曲率图画法</td><td>平面直线</td><td>左转简单型单曲线</td></tr>
<tr><td> </td><td>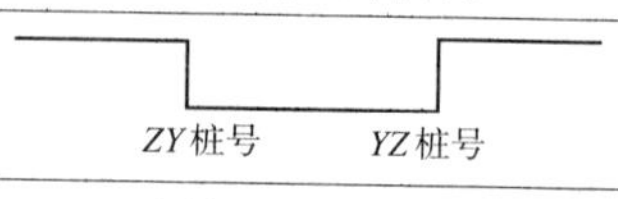</td></tr>
<tr><td>右转简单型单曲线</td><td>左转基本型单曲线</td></tr>
<tr><td>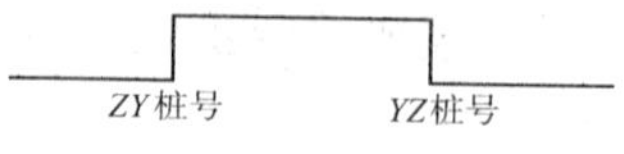</td><td>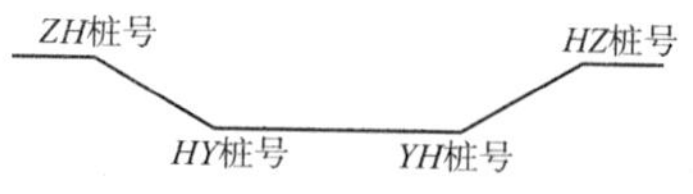</td></tr>
<tr><td>右转基本型单曲线</td><td>右转凸形单曲线</td></tr>
<tr><td>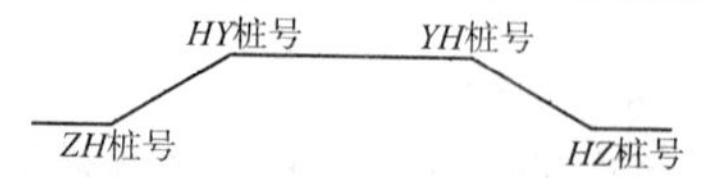</td><td>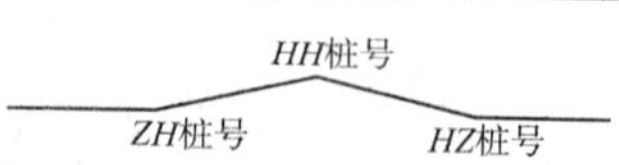</td></tr>
</table>

续上表

平曲线栏曲率图画法	左转简单型复曲线	右转简单型复曲线
		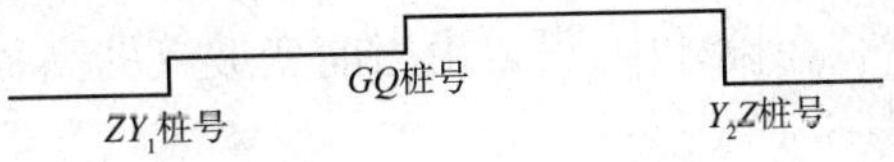
	左转基本型复曲线	右转基本型复曲线
		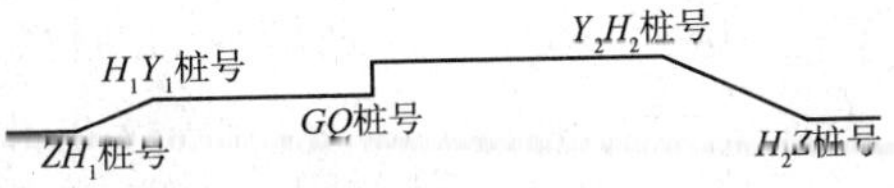
	卵形复曲线	
	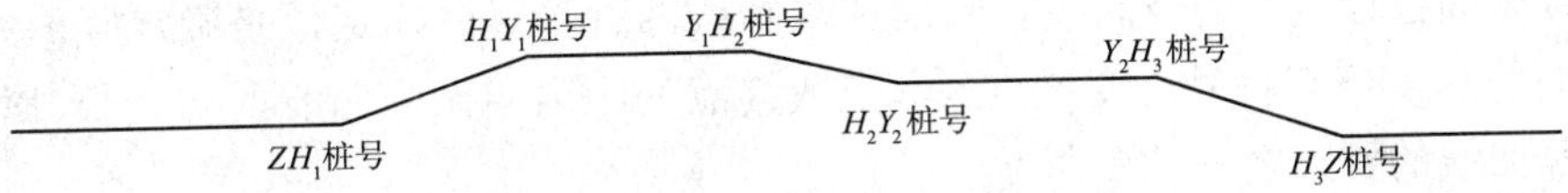	

(8)曲线超高:当平曲线设有超高时,可在纵断面图上标出。

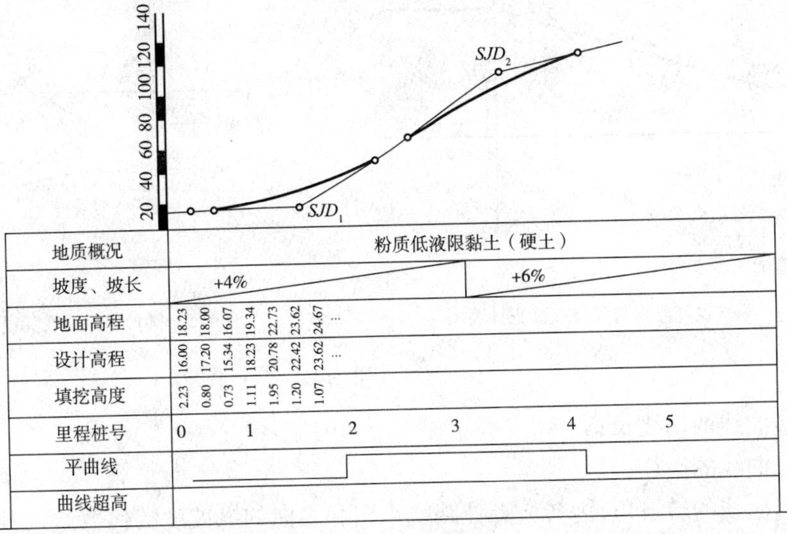

图 5-3　道路纵断面设计图上的线形要素

纵断面设计线完成后,要将设计线加粗,由于设计线由坡度线和竖曲线构成,所以加粗设计线的目的是区别于纵坡坡度线和竖曲线。而地面线和坡度线不加粗。当手工绘图时,用0.9~1.2mm 的笔宽加深设计线(设计竖曲线和部分的坡度线)。当用 AutoCAD 绘图时,使用 PEDIT 命令以上述图线宽度要求加粗设计线。

二、纵断面设计线的基本要素

纵断面设计线由设计坡度线和设计竖曲线构成,在设计中均需确定它的设计要求。

(一)坡度线设计要素

纵断面坡度的设计要素是变坡点平面位置、高程以及变坡点两侧的坡度与坡长,见

图 5-4。所谓变坡点是指纵坡设计线上、下坡的转折点，也称转坡点，用 *SJD* 表示。其平面位置是用里程桩号表示；纵面位置是用该点的高程表示。变坡点两侧的纵坡大小用百分数表示，例如 5%、3% 等，不过计算时常常换算为小数。

在设计中，可以由当前变坡点的高程和桩号依次推算紧后变坡点的高程。推算公式见式(5-1)。

$$H_{i+1} = H_i + (L_{i+1} - L_i) \cdot I_{纵} \tag{5-1}$$

式中：H_{i+1}——第 i 个变坡点的高程(m)；

H_i——第 $i+1$ 个变坡点的高程(m)；

L_{i+1}、L_i——分别为第 $i+1$ 和第 i 个变坡点的桩号；

$I_{纵}$——为第 i 和 $i+1$ 个变坡点之间的道路纵坡(%)。

（二）竖曲线及其设计要素

纵断面设计线上的竖曲线有圆形和抛物线两种。竖曲线定位是确定竖曲线的起点、中点(即顶点)和终点桩号。变坡点到起点或终点的距离叫做竖曲线的切线长，属于由计算而得的竖曲线的要素之一。

1. 圆形竖曲线

圆形竖曲线布置及其设计要素示意如图 5-5 所示。各设计要素计算见式(5-2)～式(5-5)。

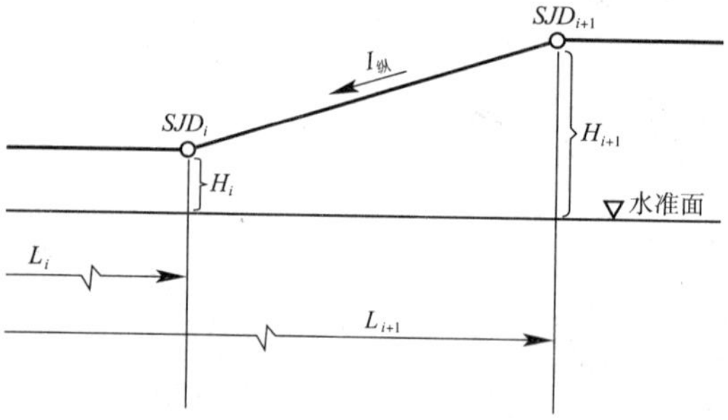

图 5-4　纵坡设计要素与变坡点高程计算图

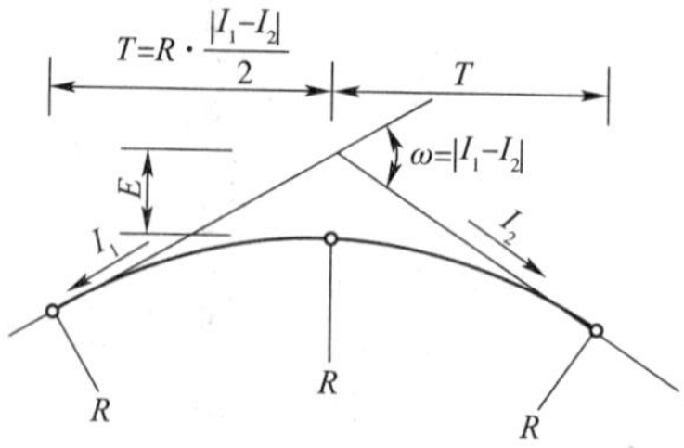

图 5-5　圆形竖曲线及其设计要素

$$T = R \cdot \tan\frac{\omega}{2} \tag{5-2}$$

式中：T——竖曲线的切线长；

R——竖曲线的半径；

ω——竖曲线的转坡角，为转坡点处路线来向和去向的纵坡度的代数差，坡度代入时化为小数代入。

由于竖曲线处的道路纵坡度比较小，可使用边坡点处路线来向 I_1 坡度与去向坡度 I_2 的道路纵坡度相减得到转坡角 ω，即 $\omega = I_1 - I_2$，故有：

$$T = R \cdot \tan\frac{\omega}{2} \approx R \cdot \frac{I_1 - I_2}{2} \tag{5-3}$$

竖曲线的曲线长为：

$$L = R \cdot \omega = R \cdot (I_1 - I_2) \tag{5-4}$$

由图 5-6 可知，$x'^2 + R^2 = (R + y')^2$，展开等式右边得：$x'^2 + R^2 = R^2 + 2Ry' + y'^2$，由于高次项可略去不计，上式变成 $2Ry' = x'^2$，经整理得：$y' = \dfrac{x'^2}{2R}$，由图可知 $x' \approx x$，$y' \approx y$，故有：

$$y = \frac{x^2}{2R}$$

当 $x = T$ 时，$y = E$，则

$$E = \frac{T^2}{2R} \tag{5-5}$$

2. 抛物线形竖曲线

取 xOy 坐标系，如图 5-7 所示，设变坡点相邻两坡段纵坡坡度分别为 I_1 和 I_2，它们有代数差用 ω 表示，即 $\omega = I_2 - I_1$。当 ω 为"正"时，表示凹形竖曲线；当 ω 为"负"时，表示凸形竖曲线。

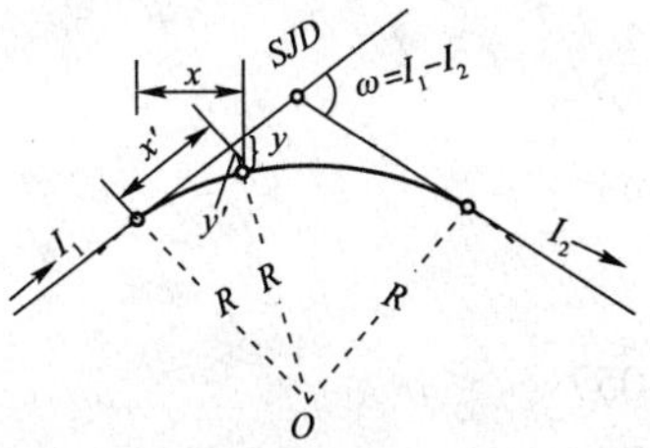

图 5-6　圆形竖曲线设计要素计算

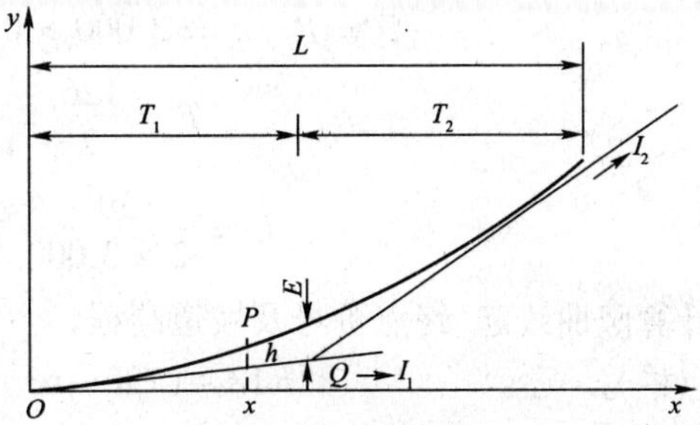

图 5-7　抛物线形竖曲线与设计要素

用二次抛物线作为竖曲线的基本方程式在图示坐标系下，二次抛物线一般方程为

$$y = \frac{1}{2k}x^2 + Ix$$

竖曲线上任一点 P 的斜率为

$$I_P = \frac{dy}{dx} = \frac{x}{k} + I$$

当 $x = 0$ 时，$I = I_1$；$x = L$ 时，$I = \frac{L}{k} + I_1 = I_2$，则

$$k = \frac{L}{I_2 - I_1} = \frac{L}{\omega}$$

抛物线上任一点 P 的曲率半径为

$$R = \left[1 + \left(\frac{dy}{dx}\right)^2\right]^{\frac{3}{2}} \Big/ \frac{d^2y}{dx^2}$$

将 $\frac{dy}{dx} = I$，$\frac{d^2y}{dx^2} = \frac{1}{k}$ 代入上式，得

$$R = k(1 + I^2)^{\frac{3}{2}}$$

因为 I 介于 I_1 和 I_2 之间，且 I_1 和 I_2 均很小，故 I^2 可以略去不计，则

$$R \approx k$$

得二次抛物线竖曲线基本方程式为

$$y = \frac{\omega}{2L}x^2 + I_1 x \text{ 或 } y = \frac{1}{2R}x^2 + I_1 x \tag{5-6}$$

无论是圆弧形竖曲线，还是抛物线形竖曲线，实际计算结果出入不大，习惯上多采用前者，为使得读者准确理解上述竖曲线诸要素计算公式的几何意义，下面举例说明用途。

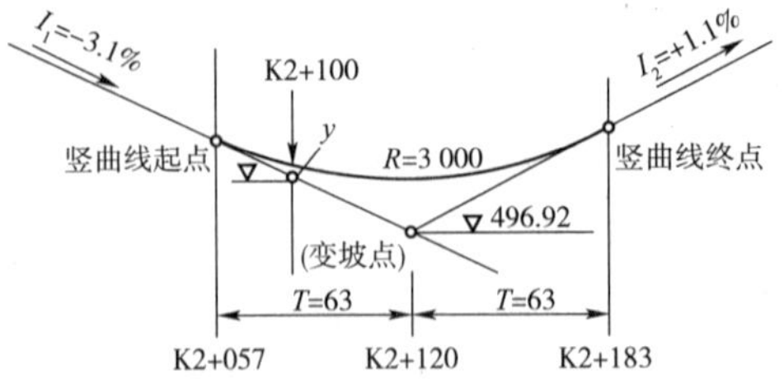

图 5-8　例 5-1 对应的竖曲线计算示意图(尺寸单位:m)

【例 5-1】　如图 5-8 所示,设竖曲线半径 $R=3\ 000$m,相邻坡段的坡度 $I_1=-3.1\%$,$I_2=+1.1\%$,变坡点的里程桩号为 K12 + 120,其高程为 496.92m。如果曲线上每隔 10m 设置一桩,试计算竖曲线上各桩点的高程。

【解】　①计算竖曲线设计要素

竖曲线转坡角 $w=I_2-I_1=[(+0.011)-(-0.031)]=0.042$,可见 $w>0$,应为凹形竖曲线。

按式(5-4)、式(5-3)、式(5-5)计算可得:

$$L=R\cdot w=3\ 000\times 0.042\%=126(\mathrm{m})$$

$$T=\frac{126}{2}=63(\mathrm{m})$$

$$E=\frac{30^2}{2\times 3\ 000}=0.60(\mathrm{m})$$

②计算竖曲线起、终点桩号及坡道高程

起点桩号	K12 + (120 − 63) = K12 + 057
起点高程	496.92 − 63 × 3.1% = 494.97(m)
终点桩号	K12 + (120 + 63) = K12 + 183
终点高程	496.92 + 63 × 1.1% = 497.61(m)

③计算各桩竖曲线高程

由于两坡道的坡度之差 $w=I_2-I>0$ 为正值,故为凹形竖曲线,y 取正号。计算出各桩的竖曲线高程后,即可在实地进行竖曲线的测设。

(三)设计线的在横断面图上的准确位置

由于要满足行车稳定和路面表面排水的需要,路面表面往往不是水平的,通常要设置路拱横坡度;在弯道上有时根据需要设置超高横坡度。而上述路拱或超高是从路基顶面就开始考虑的,如图 5-9 所示。在正常路段上,也有路拱,这样就必须定义设计线在横断面图上的位置。

设计线在纵断面图上的准确位置,是没有考虑路拱、超高和加宽时路基顶面的位置,相当于假定路基顶面是水平情况下的顶面高程位置。如图 5-10 所示,设计线在横断面图上的准确位置依公路等级而异,一般公路是路肩边缘,而高速公路定义为路面内侧边缘。

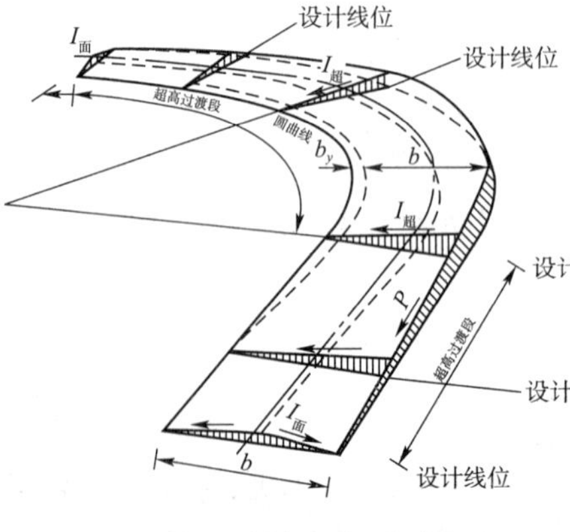

图 5-9　道路弯道超高示意图

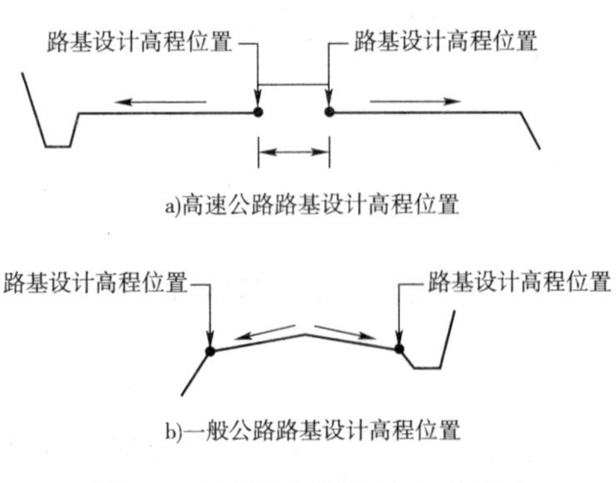

图 5-10　设计线在横断面图上的位置

在设计中也可以将设计线定义在非上述位置，如路面中心、路槽底面等位置，但必须要在设计文件总说明以及分项和分部工程设计文件中应分别予以阐明。

三、纵断面设计规定

（一）纵断面线形

纵面线形应平顺、圆滑、视觉连续，并与地形相适应，与周围环境相协调。凡个别技术指标接近或达到最大值的路段，应结合前后路段各技术指标设置情况，采用运行速度对连续上坡方向的通行能力与下坡方向的行车安全进行检验。纵坡以平、缓为宜，但最小纵坡不宜小于0.3%。采用平坡（0%）或小于0.3%的纵坡路段，应作专门的排水设计。

（二）越岭线纵坡

越岭线的纵坡应力求均匀，不应采用最大值或接近最大值的坡度，更不宜连续采用不同纵坡最大坡长值的陡坡夹短距离缓坡的纵坡线形。各级公路应避免采用最大纵坡值和不同纵坡最大坡长值，只有在为争取高度利用有利地形，或避开工程艰巨地段等不得已时，方可采用。连续上坡路段的纵坡设计，除上坡方向应符合平均纵坡、不同纵坡最大坡长规定的技术指标外，还应考虑下坡方向的行驶安全。路线交叉处前后的纵坡应平缓。位于积雪或冰冻地区的公路，应避免采用陡坡。平原地形的纵坡应均匀、平缓；丘陵地形的纵坡应避免过分迁就地形而起伏过大；山脊线和山腰线，除结合地形不得已时采用较大的纵坡外，在可能条件下应采用平缓的纵坡。

（三）竖曲线设置

在转坡点处都要设置竖曲线。竖曲线应选用较大的半径。当条件受限制时，宜采用大于或接近于竖曲线最小半径的“一般值”；地形条件特殊困难而不得已时，方可采用竖曲线最小半径的“极限值”。特别是相邻纵坡的代数差小时，应采用大的竖曲线半径。设计速度大于或等于60km/h的公路，竖曲线设计宜采用长的竖曲线和长直线坡段的组合。同向竖曲线间，特别是同向凹竖曲线间，如直线段接近或达到最小坡长时宜合并设置为单曲线或复曲线。

（四）土石方处理

纵坡设计应考虑填挖平衡，并利用挖方就近作为填方，以减轻对自然地面横坡与环境的影响。

第二节　道路纵断面坡度线设计的技术标准

在本章第一节曾指出，道路纵断面设计的根本任务是确定纵断面设计线的位置。这条设计线必须满足控制要素以及技术标准的要求，而技术标准是满足行车安全和舒适的最低限制值。由于纵断面设计线由坡度线和竖曲线构成，所以在此探讨纵坡设计坡度线的技术标准问题。纵断面坡度线设计的技术标准有八项，即最大纵坡、最小纵坡、最大坡长、最短坡长、平均纵坡、高原纵坡折减、合成纵坡、缓和坡段。为便于记忆，可分别概括为：“一大”、“一小”、“一长”、“一短”、“平”、“高”、“合”、“缓”。“一大”，指最大纵坡；“一小”，指最小纵坡；“一长”，指最大坡长；“一短”，指最短坡长；“平”，指平均纵坡；“高”，指高原纵坡折减；“合”，指合成纵坡；“缓”，指缓和坡段。

纵坡设计的一般要求，即是纵坡设计线确定要达到的最终目的，这个目的必须事先给出。

一、最大纵坡

最大纵坡是指在纵坡设计时,各级道路允许采用的最大坡度值。

(一)最大纵坡确定考虑的因素

1. 车辆类型

不同类型的车辆有着不同的动力性能和制动性能。其上坡时的爬坡能力与下坡时的制动效能也各不相同,因此对公路的最大纵坡要求均不相同。

2. 计算车速

由汽车的动力特性曲线可知,汽车的爬坡能力与行驶速度成反比,车速越高其爬坡能力越低。因此,在确定路线最大纵坡时必须以保证一定行驶速度为前提。

3. 自然条件

公路所经地区的地形、海拔高度、气候条件等也影响汽车的行驶条件和爬坡能力。

(二)最大纵坡制定原理

确定最大纵坡的方法通常有理论计算法、马力分摊法和实地调查法三种。

1. 理论计算法

理论计算法是结合汽车的动力性能和路况计算公式确定最大纵坡。一般以道路车流调查中出现几率最大的车型作为计算车型,如不能确定,则采用国产标准车型。采用第二章中的如下公式理论上反推最大爬坡度。

$$D = pv^2 + qv + w - \psi = 0 \tag{5-7}$$

$$\psi = \frac{f + I_{纵}}{\lambda}$$

式中:D——动力因数;

v——设计车速;

p、q、w——常数;

ψ——道路阻力系数;

f——滚动阻力系数;

$I_{纵}$——道路纵坡;

λ——海拔高度系数。

某汽车以满载在海平面高程3 000m以下的地区行驶($\lambda = 1$),滚动阻力系数$f = 0.01 \sim 0.02$的地面上行驶,整车质量$G = 91\ 135$kg,汽车的基本计算参数见表5-2,动力特性方程系数见表5-3,计算该车的最大爬坡能力、最高速度以及临界速度见表5-4。

某汽车的基本计算参数 表5-2

名称	发动机负荷率	机械效率(kN)	最大扭矩(kN·m)	最大功率扭矩(kN·m)	最大功率转速(r/min)	最大扭矩转速(r/min)
代号	U	η_T	M_{max}	M_N	n_N	n_M
取值	85%	0.85	352.8	316.0	3 000	1 300
名称	汽车阻风面积(m^2)	流线型系数	主传动效率	车轮有效半径(m)	车轮惯性系数	飞轮惯性系数
代号	A	K	i_0	γ	δ_1	δ_2
取值	91 135	0.90	6.33	0.49	0.03	0.04

动力特性方程中系数 a、b、c 计算值 表 5-3

挡位	Ⅰ	Ⅱ	Ⅲ	Ⅳ	Ⅴ
i_g	7.48	4.31	2.45	1.54	1.00
δ	3.27	1.77	1.27	1.12	1.07
$a(\times 10^{-9})$	-68 050	-131 760	-25 789	-787.57	-357.54
$b(\times 10^{-7})$	68 829	22 852	-7 384.2	2 091.75	1 230.2
$c(\times 10^{-6})$	26 871	15 483	8 801.3	-5 532.2	3 592.4

某汽车的最大爬坡能力 表 5-4

挡位	Ⅰ	Ⅱ	Ⅲ	Ⅳ	Ⅴ
临界速度 v_K(km/h)	5.06	8.67	14.31	18.52	17.20
最高速度 v_{max}(km/h)	11.70	20.30	35.70	56.90	87.50
最大动力因数 D_{max}(%)	28.60	16.50	9.30	5.80	3.70
最大爬坡坡度 I_{max}(%)	27.7~28.8	14.5~15.5	7.3~8.3	3.8~4.8	1.7~2.7

理论爬坡度的大小按汽车的动力特性图计算确定。往往计算值偏大,实际采用时不得不结合实际路况等因素调整。

2. 马力分摊法

马力分推法,以小客车相当于平坦地段上的平均行驶速度上坡,普通载重汽车大致能以计算行车速度的50%的速度上坡。一般以总量分摊的马力作为研究汽车爬坡性能的标准,普通载重汽车最大装载时,重量分摊的马力是 10 马力/t。鉴于我国目前不采用此法,在此限于篇幅不予阐述。

3. 实地调查法

实地调查法是根据一些国家有关纵坡的规定,从我国实际情况出发,对汽车、拖挂车和畜力车在坡道上行驶情况调查、试验和研究,并结合行车速度、行车安全、驾驶条件以及工程经济等因素制定,我国即采用此法。

现行《公路工程技术标准》(JTG B01)在制定最大纵坡的技术标准时做了大量的现场调查,现将调查报告部分内容摘录如下。

(1)汽车下坡行驶安全的调查分析

20 世纪 80 年代,四川省曾选择了 15 个不同纵坡及长度的路段进行了随车实验,当纵坡在 8% 以内,原解放牌汽车上坡,一般用二挡,时速在 10km/h 以内,坡长在 150m 以内汽车行驶及操作一般无异常感觉。据道班工人反映,当纵坡在 8.5% ~9% 以上时,手扶拖拉机下坡时行驶速度一般比上坡时提高 2 ~3 倍。纵坡小于 7% 时,当小雨或雨后的初晴阶段路面摩阻力减小,汽车往往发生打滑,易翻车。又据云南当时的实验资料,纵坡为 8.2%,坡长 285m,铺筑黑色路面后,上坡车速稍有提高,解放牌军车一般用一挡(夏天水箱开锅),时速为 13 ~16km/h,黄河牌汽车多为 20km/h,少数达到 30km/h。坡长 366m,其中有一处平曲线半径为 60m 时,解放牌军车上坡速度为 15km/h,黄河牌汽车上坡时速为 30km/h。下坡时速达 40km/h 左右。由于路面光滑,在下雨之初,下坡车辆易滑移,事故较多,1976 年 10 月发生 8 辆汽车接连翻到边沟的事故。

我国最大纵坡标准基本上源于 1972 年制定的《公路工程技术标准》,当时制定最大纵坡标准是着重分析研究汽车下坡行驶便利及安全的要求,以致发动机上坡时灭火,并且在爬坡时汽车机件的磨损也将增大。因此，通常应从汽车爬坡能力考虑对最大纵坡加以限制。从调查实验看，解放牌汽车单车在上坡时可用二档顺利通过坡长260m，坡度11%甚至更陡的坡段，但下坡相当危险，故极限纵坡主要从下坡考虑。调查7处行车事故地点发现，有5处坡度大于8%，坡长大于或等于360m，有1处坡度11%，坡长260m。被调查的路段上，凡有坡度大于8%，坡长大于或等于360m或坡长虽短但坡度很大（达11%～12%）的坡段者，多数发生过交通事故。

（2）对拖挂车的行驶要求

从调查实验资料来看，拖挂车上坡坡度大于8%用一挡，大于7%用二挡，也有用一挡的。为使拖挂车行驶不困难，坡度也不大于8%为宜。

（3）畜力车的行驶要求

畜力车在冰滑和黑色路面雨滑行驶时，应满足上下坡行驶的要求。例如，黑龙江、辽宁、河北省建议最大纵坡取8%为宜；四川建议三级公路拟铺筑黑色路面的最大纵坡以不大于7%为宜。

21世纪初，国内在制定现行最大纵坡标准时，根据上述的行车速度、行车安全、驾驶条件的各种实践要求并考虑工程经济等，最大纵坡一般规定为8%是合适的。考虑修建广大农村公路的需要，现行《公路工程技术标准》（JTG B01）将四级公路山岭重丘区的最大纵坡有所放大。对于交通量很小又无发展前途的农村公路的最大纵坡，是否再放大一点的问题，未作统一的规定。

德国对计算速度为120km/h的高速公路的最大纵坡规定为3%，因为小客车在3%的坡道上行驶，同水平路段上比较，只是保持自由速度方面有轻微的影响。在较陡的坡道上，其速度则随着上坡坡度的增大而逐步降低。在下坡道上，小汽车的速度略高于水平路段的速度，但也要受各种条件的限制。

综上所述，取3%、4%的最大纵坡适合于高速公路和一级公路平原微丘区以较高行车速度行驶；8%、9%的最大纵坡，适合于三、四级公路山岭重丘区低速行驶；5%、6%、7%的最大纵坡适合于80km/h、60km/h、40km/h的计算行车速度。

（三）最大纵坡技术标准

最大纵坡的技术标准见表5-5或现行《公路工程技术标准》（JTG B01）。

最大纵坡　　表5-5

设计速度（km/h）	120	100	80	60	40	30	20
最大纵坡（%）	3	4	5	6	7	8	9

注：1. 设计速度为120km/h、100km/h、80km/h的高速公路受地形条件或其他特殊情况限制时，经技术经济论证，最大纵坡值可增加1%。

2. 公路改扩建中，设计速度为40km/h、30km/h、20km/h的利用原有公路的路段，经技术经济论证，最大纵坡值可增加1%。

3. 二级及二级以下公路的越岭路线连续上坡（或下坡）路段，相对高差为200～500m时，平均纵坡不应大于5.5%；相对高差大于500m时，平均纵坡不应大于5%。任意连续3km路段的平均纵坡不应大于5.5%。

4. 高速公路、一级公路应论证采用合理的平均纵坡。对存在连续长、陡纵坡的路段应进行安全性评价。

最大纵坡标准（表5-5）已经在国内采用了几十年，从20世纪80年代就是这个标准，后来历次颁布的标准实质上只不过是对上述标准的验证而已。最初的技术标准与地形条件和行车速度有关，近年出台的技术标准已与地形条件脱钩。实践证明，初步应用最大纵坡标准的技术人员有时发生理解偏差的现象，为此，列出最初的设计车速与公路等级和地形条件的关系，见表5-6，仅供初次从事勘测设计的人员和首次学习勘测设计课程的高校本科生和研究生们参考学习。

公路等级和地形条件与设计车速的关系 表5-6

公路等级	高速公路			一级公路		二级公路		三级公路		四级公路	
地形条件	平原区	丘陵区	山岭区	平原微丘区	山岭重丘区	平原微丘陵区	山岭重丘区	平原微丘区	山岭重丘区	平原微丘区	山岭重丘区
计算行车速度（km/h）	120	100	80	100	80	80	60	60	30	40	20
最大纵坡度（%）	3	4	5	6	6	5	6	7	8	9	

二、最小纵坡

（一）最小纵坡制定原因

当路线纵坡制约边沟纵坡（即路线纵坡与边沟纵坡一起设计并取得一致时），考虑纵向排水的要求，需要规定路线最小纵坡问题。因此，现行《公路工程技术标准》（JTG B01）规定，在长路堑路段，以及其他横向排水不畅的路段，应采用不少于0.3%的纵坡。当然，像干旱地区，以及横向排水良好不产生路面积水的路段就没有必要规定最小纵坡了。还需指出，当路线纵坡与边沟纵坡分别单独设计时，此项规定可以不予考虑。

（二）最小纵坡的技术标准

最小纵坡不小于0.3%，一般情况下以不小于0.5%为宜。必须设计平坡或纵坡小于0.3%时，边沟应作纵向排水设计。在弯道超高横坡变段上，为使行车道外侧边缘不出现反坡，设计最小纵坡不宜小于超高允许渐变率。

三、最短坡长

最短坡长限制依据是使汽车行驶平顺，即防止变坡点过多，连续起伏产生超重和失重。

标准规定了各级公路的最短坡长可以按照表5-7选用，但平面交叉口、立体交叉的匝道以及过水路面可不在此限制之列。

各级公路最短坡长 表5-7

设计车速（km/h）	120	100	80	60	40	30	20
最短坡长（m）	300	250	200	150	120	100	60

四、最大坡长

（一）最大坡长限制的原理

为使汽车正常行驶，防止上坡熄火、降低车速、爬坡无力、水箱开锅，下坡制动失灵现象发生，要限制纵坡使用的最大长度。所谓最大坡长，是指汽车在坡道上行驶，当车速下降到最低允许速度时所行驶的距离。

理论上，当汽车在坡度小于或等于不限制长度的最大纵坡上行驶时，只要初速度大于允许速度，汽车至多减速到允许速度；当坡度大于不限制长度的最大纵坡时，为防止汽车行驶速度低于允许速度，应对其坡长加以限制。这里有一个理想的最大纵坡和不限制坡长的最大纵坡问题。所谓理想的最大纵坡，是指设计车型在油门全开的情况下，持续以 v_1（当 v_1 值较低时，一般取设计车速，当 v_1 较高时取最高速度）等速度行驶所能克服的坡度，该速度也称希望速度。设 I_1 为理想的最大纵坡，则由第二章中介绍的公式 $I_1 = \lambda D_1 - f$ 可知，汽车在具有不大于该坡度能以最高速度行驶。如果允许汽车降低速度，即由 v_1 降到 v_2 以争取更大的爬坡度 I_2，在此坡道上，汽车将以等速度行驶，这个速度叫做允许速度。与允许速度相对应的坡度 I_2 称为不限制坡长的最大纵坡，理论上该坡度应为 $I_2 = \lambda D_2 - f$。上述 I_1 和 I_2 两个坡度与车型和路况有关，表 5-8 列出了国产东风 EQ－140 车满载 75% 时，各计算行车速度下的理想的最大纵坡 I_1 和不限制坡长的最大纵坡 I_2。

理想的最大纵坡 I_1 和不限制坡长的最大纵坡 I_2 表 5-8

设计车速（km/h）	减速范围 v_1, v_2	滚动系数	动力因数（%）		海拔高度			
			D_1	D_2	$\lambda_1 = 1.19$	$\lambda_2 = 1.05$	$\lambda_3 = 0.93$	$\lambda_4 = 0.82$
120	80	1.0	2.3		1.7	1.4	1.1	0.9
	60			3.0	2.6	2.2	1.8	1.5
100	80		2.3		1.7	1.4	1.1	0.9
	55			3.2	2.8	2.4	2.0	1.6
80	80		2.3		1.7	1.4	1.1	0.9
	50			3.3	2.9	2.5	2.1	1.7
60	60	1.5	3.0		2.1	1.7	1.3	1.0
	40			3.5	3.5	2.7	2.2	1.8
40	40	2.0	5.4		4.4	3.7	3.0	2.4
	25			5.8	4.9	4.1	3.4	2.8
30	30		5.7		4.8	4.0	3.3	2.7
	20			5.8	4.9	4.1	3.4	2.8
20	20		5.8		4.9	4.1	3.4	2.8
	15			5.8	4.9	4.1	3.4	2.8

根据前述的希望速度和允许速度，可以得出对应于 v_1 的理想最大纵坡 I_1 和对应于 v_2 的不限制长度的最大纵坡 I_2。实际工作中将大于 I_1 的纵坡叫做陡坡，汽车在纵坡为 I_1 的坡道上将逐渐减速行驶；设初速度为 v_1，则终速度将不应低于 v_2，换言之，凡是大于 I_2 的纵坡长度应予以限制。否则，汽车在上坡时会出现发动机过热，下坡时制动失灵的现象。坡长限制计算的理论公式是建立在第二章中汽车行驶理论公式的基础上，具体形式如下。

由

$$\mathrm{d}S = v\mathrm{d}t \text{ 及 } a = \frac{\mathrm{d}v}{\mathrm{d}t}$$

得：

$$\mathrm{d}S = \frac{v}{a}\mathrm{d}v$$

$$S = \frac{1}{12.96}\int_{v_1}^{v_2} \frac{v}{a} \cdot \mathrm{d}v$$

$$a = \frac{\lambda g(D - \psi)}{\delta} = \frac{\lambda g(pv^2 + qv + w - \psi)}{\delta}$$

$$\lambda S = \frac{\delta}{12.96gp}\int_{v_1}^{v_2}\frac{v\mathrm{d}v}{pv^2 + qv + (w - \psi)}$$

令：$k = b^2 - 4a(c - \psi)$，$y = pv^2 + qv + (w - \psi)$。

若当 $k > 0$，即 $D_{\max} > \psi$ 时，加速行驶状态：

$$\lambda S = \frac{\delta}{12.96pg}\left[\frac{1}{2}\ln|y| - \frac{q}{2\sqrt{k}}\ln\left|\frac{2pv + q - \sqrt{k}}{2pv + q + \sqrt{k}}\right|\right]_{v_1}^{v_2} \tag{5-8}$$

当 $k = 0$，即 $D_{\max} = \psi$ 时，等速行驶状态：

$$\lambda S = \frac{\delta}{12.96pg}\left[\frac{q}{q + 2pv} + \ln\left|\frac{q}{2p} + v\right|\right]_{v_1}^{v_2} \tag{5-9}$$

当 $k < 0$，即 $D_{\max} < \psi$ 时，减速行驶状态：

$$\lambda S = \frac{\delta}{12.96pg}\left[\frac{1}{2}\ln|y| - \frac{q}{\sqrt{-k}}\arctan\frac{2pv + q}{\sqrt{-k}}\right]_{v_1}^{v_2} \tag{5-10}$$

公式符号含义与第二章相同，兹不重述。

利用上述原理和相关公式，可计算东风 EQ－140 载重车，从希望速度开始在大于限制长度的最大纵坡上减速行驶，当坡道终点速度下降到允许速度时，所行驶的距离（计算时取 $\lambda = 1.0$，$f = 1.5\%$），如表 5-9 所示。

国产东风 EQ－140 型载重汽车最大坡长计算表（单位：m） 表 5-9

设计车速(km/h)		120	100	80	60	40	30	20
希望速度(km/h)		80	80	80	60	40	30	20
允许速度(km/h)		60	55	50	40	25	20	15
挡位		Ⅴ	Ⅴ	Ⅴ	Ⅳ	Ⅳ	Ⅳ	Ⅳ
纵坡坡度(%)	2	1 535						
	3	654	829					
	4	419	521	619	2 681			
	5		380	448	594	495	298	110
	6			352	352	229	127	45
	7					149	80	29
	8						59	21
	9							16

上述只是理论上的值，实际上影响最大坡长的因素很多，比如车辆的油门开启程度、装载数量、道路条件和气候环境等。因此理论值只能最为参考，最大坡长必须结合资料考虑综合影响确定。

（二）最大坡长技术标准

各级公路的最大坡长可以按照下表 5-10 选用，但平面交叉口、立体交叉的匝道以及过水路面可不在此限制之列。

各级公路最大坡长　　表 5-10

设计车速(km/h)			120	100	80	60	40	30	20
纵坡坡度(%)	3	纵坡长度(m)	900	1 000	1 100	1 200	—	—	—
	4		700	800	900	1 000	1 100	1 100	1 200
	5		—	600	700	800	900	900	1 000
	6		—	—	500	600	700	700	800
	7		—	—	—	—	500	500	600
	8		—	—	—	—	300	300	400
	9		—	—	—	—	—	200	300
	10		—	—	—	—	—	—	200

(三)最大坡长和最短坡长的应用

最短坡长和最大坡长的作用是在实际设计坡长时,当某一坡度还没有达到极限最大坡长时,可以变换坡度,但长度应按照坡长限制进行折算,以确定出另一段的坡长值。

为使得读者进一步明确最短坡长和最大坡长的作用,下面举例说明。

假设有一段路线由 I_1 和 I_2 两段陡坡组成,其实际采用的坡长分别为 l_1 和 l_2,这两个坡度对应的最大坡长分别为 l_{1max} 和 l_{2max},由于 $l_1 < l_{1max}$,$l_2 < l_{2max}$,令坡长使用系数 $m_1 = \frac{l_1}{l_{1max}}$,$m_2 = \frac{l_2}{l_{2max}}$,则应在设计时应满足:

$$m_1 + m_2 \leqslant 1 \tag{5-11}$$

若 l_{1min} 和 l_{2min} 分别为最短纵坡长度,则必须使得:

$$\left.\begin{aligned} m_1 \geqslant m_{1min} = \frac{l_{1min}}{l_{1max}} \\ m_2 \geqslant m_{2min} = \frac{l_{2min}}{l_{2max}} \end{aligned}\right\} \tag{5-12}$$

【例 5-2】 某山岭重丘陵区二级公路某路段,拟在一定的长度内设置两个不同的坡度值,已知第一段设计坡度 $I_1 = 6.5\%$,如果下一段设计长度为 200m($l_2 = 200$m),且纵坡度 $I_2 = 7.5\%$ 时,则第一段纵坡最长可以设计多长?

【解】 由表 5-7 查得最短坡长均为 100m,由表 5-10 查得纵坡为 6.5% 时对应的最大坡长为 500m(即 $l_{1max} = 500$m);当纵坡 7.5% 时,对应的最大坡长为 300m(即 $l_{2max} = 300$m)。

因

$$m_2 = \frac{l_2}{l_{2max}} = \frac{200}{300} = 0.67$$

故

$$m_1 = (1 - m_2) = 1 - 0.33 = 0.67$$

且

$$l_1 \leqslant m_1 \cdot l_{1max} = 0.33 \times 500 = 165(\text{m})$$

可见,第一段纵坡最长可以设计 165m,现分别验算两段纵坡是否符合最大坡长和最短坡长的规定,由式(5-12)得:

而

$$m_{1\min} = \frac{l_{1\min}}{l_{1\max}} = \frac{100}{500} = 0.20$$

$$m_{2\min} = \frac{l_{1\min}}{l_{1\max}} = \frac{100}{300} = 0.33$$

$$m_1 > m_{1\min} \text{ 且 } m_2 > m_{2\min}$$

经验算，两段坡长分别符合最大坡长和最短坡长的规定，故所求值可以直接使用。

五、平均纵坡

(一)平均纵坡及其技术标准

如图5-11所示，平均纵坡是指在一定的长度范围内，纵向所克服的高差与水平距离之比。在纵坡设计当中，特别是地形起伏较大地区，设计者有可能多次使用最大纵坡，但如何控制最大纵坡的使用频率，使纵断面线形在整体上满足规范的要求。平均纵坡技术标准规定为连续上坡或下坡的任意3km的路段的平均纵坡不得大于5%～5.5%；平均纵坡计算见式(5-13)。

$$I_{平} = \frac{H_2 - H_1}{L_2 - L_1} \tag{5-13}$$

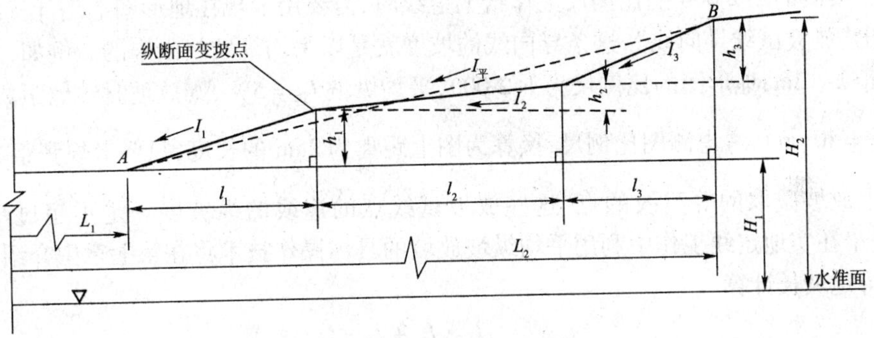

图5-11　平均纵坡含义示意图

(二)平均纵坡技术标准制定原理

平均纵坡是通过各地提供的不同高差的平均坡度与行车质量的关系资料分析提出的。各种路段调查结果见表5-11。

各种路段调查结果　　表5-11

各类路况与行车质量关系调查结果	相对高差(m)	平均纵坡(%)	相对高差(m)	平均纵坡(%)
汽车行驶正常且没有问题的路段	302	5.30	450	5.60
	500	5.74		
汽车下坡紧张并发生事故的路段	379	6.79	418	6.86
	420	6.41	730	5.80
汽车上坡水箱开锅且下坡制动失灵的路段	334	5.87	450	6.16
	507	6.08	510	6.24
	661	5.08	664	5.10
	1 075	4.90		
汽车上坡用二挡且水箱开锅的路段	390	5.61	462	5.88

图 5-12 是根据表 5-11 的调查资料，绘得路段长度和平均纵坡的关系图，经过分析后，可以看出行车有问题和行车无问题的点分别位于不同的区域内，故平均纵坡的极限值应位于行车有问题的区域下限与行车无问题的区域上限曲线之间。平均纵坡对应的长度合理确定，如定得太长，将导致陡坡集中；如规定过短，又将导致局部路段因平均纵坡的限制而引起工程量过分增加的情况。图 5-12 中 3km 位于两曲线转折处，可作为长度控制。为防止极端情况发生，规范规定了任何连续 3km 的路段的平均纵坡不宜大于 5.5%。

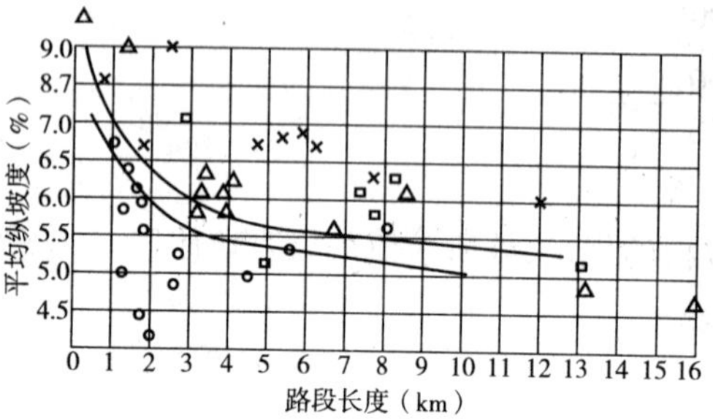

图 5-12　路段长度和平均纵坡关系图

○-上下坡没有问题的路段；△-上坡以二挡为主有时有开锅现象路段；□-汽车上坡有开锅，下坡有发热制动失灵的现象；×-汽车下坡紧张并发生过事故的路段

（三）平均纵坡的用途

平均纵坡主要有两种用途：其一是，纸上定线和实地选线纵面放坡；其二是，对连续上坡或下坡路段，在已定坡度和坡长段落的前提下，按平均纵坡控制确定未知坡度及坡长。

1. 纵面放坡

纵面放坡分纸上定线和实地定线两种场合下的纵面放坡。在初步设计工作中，当在航测或人工实测的 1:2 000 的比例尺上作纸上定线时，需要用卡规在地形图上用计算的卡规张距来定出“放坡试线导向线”，这条导向线的坡度就是以平均纵坡放出来的。例如，某地形图的等高距 $h=2\text{m}$，地形图的比例尺为 1:2 000，平均纵坡 $I_{均}=5\%$，则放坡时实地距离应为$d=\dfrac{h}{I_{均}}=\dfrac{2}{5\%}=40(\text{m})$，考虑测图比例尺，换算为图上距离为 2cm 的长度，只要卡规张距为 2cm 在地形图上放坡截取的等高线的点，这些放坡试线点的连线的纵坡度一定不超过平均纵坡 5%。关于在实地定线工作中利用平均纵坡放坡的具体操作技术将在第七章中介绍。

2. 待定坡长计算

$$I_{均}=\frac{l_1\cdot I_1+l_2\cdot I_2}{l_1+l_2} \tag{5-14}$$

式中：$I_{均}$——平均纵坡；

l_1——第一段设计纵坡为 I_1 的路段长度；

l_2——第二段设计纵坡为 I_2 的路段长度；

I_1、I_2——分别为第三段和第二段路线设计纵坡。

【例 5-3】　某山岭重丘陵区二级公路某路段，拟在一定的长度内设置两个不同的坡度值，已知第一段设计坡度 $I_1=8\%$ 时，相应设计路段长度 $l_1=120\text{m}$，如果下一段设计坡度 $I_2=6\%$，按照平均纵坡控制设计，最长可以设计多长？

【解】　由 $I_{均}=\dfrac{l_1\cdot I_1+l_2\cdot I_2}{l_1+l_2}$得：

$$5\%=\frac{120\times 8\%+6\%\times l_2}{120+l_2}$$

解方程，有：

$$l_2=360(\text{m})$$

由此可见，按照平均纵坡控制设计，还可接着设计坡度为 6% 的坡长可达 360m。

六、高原纵坡折减

(1)折减原因:高原地区因空气稀薄,动力性能下降,致使爬坡能力降低。

(2)考虑条件:海拔高度在 3 000m 以上的高原地区。

(3)折减标准:现行《公路工程技术标准》(JTG B01)规定的纵坡折减值见表 5-12。

纵坡折减值 表 5-12

海拔(m)	3 000 ~ 4 000	4 000 ~ 5 000	5 000 以上
折减值(%)	1	2	3

(4)主要用途:①验算山岭重丘区急弯陡坡地段的道路纵坡是否超限;②对急弯陡坡地段的平面线形和路线纵坡进行进一步调整。

七、合成纵坡

(一)合成纵坡及其技术标准制定原理

合成坡度是指在设有超高的平曲线上,路线的纵坡和弯道超高所组成的坡度,亦即流水方向坡度。用来检验低等级公路上急弯陡坡地段的纵坡度是否超限。合成纵坡技术标准是根据汽车在弯道上行驶的纵横组合稳定性分析结果制定的。

在坡道和弯道组合的路段上行车,除纵坡阻力外,还增加了弯道阻力,如遇到急弯陡坡,对行车不利,甚至发生危险。陡坡上的急弯还容易造成货载的偏重。所以在坡道和弯道组合的路段,为了防止汽车滑移和货载偏重等,应将纵坡与横坡组合控制在适当的范围以内。根据随车观察,在半径大于 30 ~ 40m 的一般弯道上,驾驶操作即不感困难,但这种观察仅限于原四级公路,车速一般不高,故三、四级公路的纵坡折减,原按规定从 50m 半径开始。关于在多大的半径下才考虑纵坡折减问题,曾有人提出不同的看法。有的人认为,二级公路山区大于 50m 以上的半径不必折减,使用多年也没有什么问题,因此,二级公路可根据实际情况折减。三、四级公路等于或小于 30m 的半径,可折减少点。从行车实际情况来看,通过折减后的小半径平曲线地段,行车情况要比没有折减纵坡地段好得多。

纵坡折减值确定的理论依据是汽车行驶的纵横组合稳定性分析结果得出的式(5-15)来计算,该公式由国外率先提出。

$$I_{合} = I_{纵_{max}} - \frac{(v/3.6)^2}{gR} I_{横} \tag{5-15}$$

式中:$I_{合}$——合成纵坡(%);

$I_{纵_{max}}$——最大极限纵坡(%);

v——设计车速(m/s);

$I_{横}$——弯道上最大超高横坡度(%);

R——曲线半径(m);

g——重力加速度(m/s^2)。

从上式可以看出纵坡 $I_{合}$ 与平曲线半径的关系。根据现行《公路工程技术标准》(JTG B01)规定的最大纵坡、超高横坡度和计算行车速度,得出计算结果,列于表 5-13 中。

将合成坡度控制在一定范围以内,其根本目的还是尽量避免急弯陡坡重叠在一起。但是,试算表明计算结果折减较少,同时考虑我国有人、畜力车通行等因素,因此,比国外规定合成坡度允许值还稍小一点。折减过多仅延长了路线，而且加大了工程造价。考虑现行《公路工程技术标准》(JTG B01)极限最小半径有所加大(原用 50m 的改为 60m，原用 25m 的改为 30m，按旧的折减方法，三、四级公路 60m 半径可不折减)，结合最大纵坡、坡长限制、平均纵坡以及在积雪严寒地区，合成坡度值应不大于 8% 等规定，现定合成坡度虽较旧的折减方法少折减了一些，看来使用起来不会有很大的问题。但毕竟缺少国内的实践经验，开始使用时，应严格控制。现行《公路工程技术标准》(JTG B01)中规定的合成坡度技术标准制定时考虑的项目及其相应项目的计算值列于表 5-13 中，使用时尽可能采用小一些的数值。

合成坡度的最大允许值 表 5-13

公路分类		计算行车速度 v(km/h)	最小半径 R(m)	最大纵坡 $I_{纵max}$(%)	最大超高横坡度 $I_{横max}$(%)	纵坡折减值 $\frac{(v/3.6)^2 I_{横}}{gR}$(%)	折减后的纵坡值 $I_{纵}$(%)	合成坡度允许值 $\sqrt{I_{横}^2+I_{纵}^2}$(%)	合成坡度极限值 $\sqrt{I_{纵max}^2+I_{横}^2}$(%)	采用值(%)
高速公路		120	650	3	10	1.74	1.26	10.08	10.44	10.0
		100	400	4	10	1.97	2.03	10.20	10.77	10.0
		80	250	5	10	2.20	2.98	10.43	11.18	10.5
一般公路	一级公路	100	400	4	10	1.97	2.03	10.20	10.77	10.0
		60	125	6	10	2.27	3.73	10.67	11.66	10.5
	二级公路	80	250	5	8	1.61	3.39	8.69	9.43	9.0
		40	60	7	8	1.68	5.32	9.61	10.63	10.0
	三级公路	60	125	6	8	1.81	4.19	9.03	10.00	9.5
		30	30	8	8	1.89	6.11	10.07	11.30	10.0
	四级公路	40	60	6	8	1.68	4.32	9.09	10.00	9.5
		20	15	9	8	1.68	7.32	10.84	12.04	10.0

(二)合成纵坡标准

合成纵坡标准参考值见表 5-14。

合成坡度标准参考值 表 5-14

公路等级	高速公路			一级公路		二级公路		三级公路		四级公路	
地形条件	平原区	丘陵区	山岭区	平原微丘区	山岭重丘区	平原微丘陵区	山岭重丘区	平原微丘区	山岭重丘区	平原微丘区	山岭重丘区
计算行车速度(km/h)	120	100	80	100	80	80	60	60	30	40	20
合成纵坡(%)	10.0	10.0	10.5	9.0	10.5	9.0	10.	9.5	10.0	9.5	10.0

(三)合成坡度计算与应用

合成纵坡大小是用路线纵坡与超高横坡度的平方和的平方根。计算式是通过推导得出的，并非直接使用勾股定理得出。

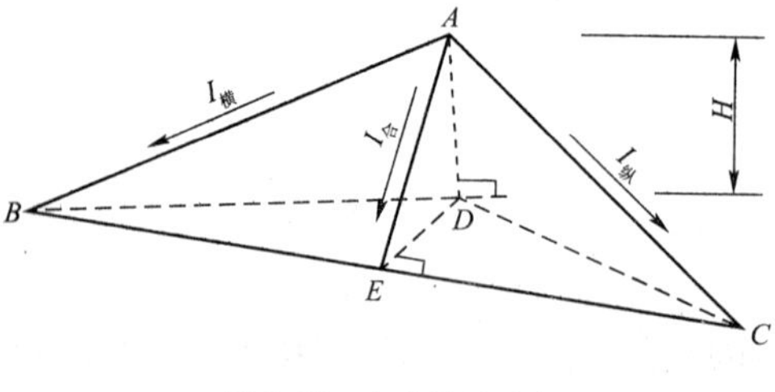

图 5-13 合成纵坡示意图

如图 5-13 所示，AE 为最大合成纵坡方向，AE 垂直于 BC，则有：

$$I_{合} = \frac{H}{DE}$$

因$\overline{DE} = \frac{\overline{BD}\cdot\overline{DC}}{\overline{BC}}$，而$\overline{BC} = \sqrt{\overline{BD}^2 + \overline{DC}^2}$，故

$$I_{合} = \frac{H}{DE} = \frac{H \cdot \overline{BC}}{\overline{BD} \cdot \overline{DC}} = \frac{H \cdot \sqrt{(\overline{BD})^2 + (\overline{DC})^2}}{\overline{BD} \cdot \overline{DC}} = \frac{\sqrt{H^2}}{\sqrt{(\overline{DC})^2}} + \frac{\sqrt{H^2}}{\sqrt{(\overline{BD})^2}} = \sqrt{I_{纵}^2 + I_{横}^2}$$

即：

$$I_{合} = \sqrt{I_{纵}^2 + I_{横}^2} \tag{5-16}$$

式中：$I_{合}$——合成坡度（%）；

$I_{横}$——超高横坡度或路拱横坡度（%）；

$I_{纵}$——纵坡（%）。

合成纵坡常用来检验山区路线急弯陡坡地段的平面设计和纵断面设计调整。下面举例说明。

【例 5-4】 某山岭重丘区三级公路的急弯陡坡地段，设计路线纵坡为 8%，该处位于超高平曲线上，超高横坡度拟采用 8%，问该路设计是否合理？如何调整才能合理？

【解】 由于该路段位于急弯陡坡地段，故需要验算合成纵坡值。

$$I_{合} = \sqrt{I_{纵}^2 + I_{横}^2} = \sqrt{8^2 + 8^2} = \sqrt{64 + 64} = 11.31\%$$

由此可见，合成纵坡超过规范规定，不合理，需要调整。调整办法可降低道路纵坡，如有困难，可通过调整平曲线半径来降低超高横坡度值，这样曲线半径要进一步加大才可。

八、缓和坡段

在设计中，当纵坡的设计达到限制坡长时，应设置一段缓坡，如图 5-14 所示。用以恢复在陡坡上降低的速度。一般缓和坡段的坡度应不大于 3%，长度不小于 100m。

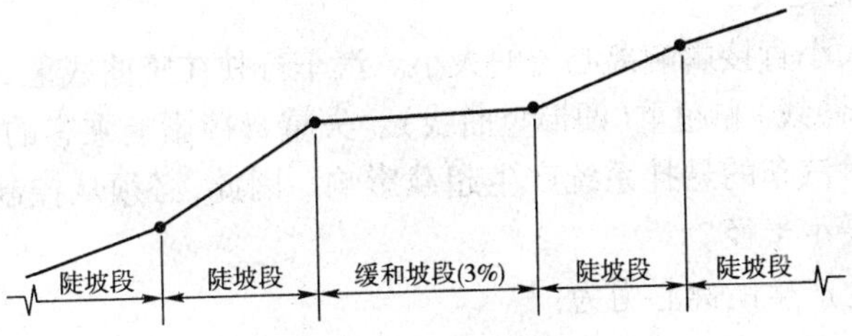

图 5-14 缓和坡段示意图

第三节 凸形竖曲线的设计标准与制定原理

如前所述，纵断面变坡点处设置的竖曲线分凸形和凹形两种，在确定其几何限值考虑的重点问题略有不同。竖曲线设计技术标准有凸形竖曲线和凹形竖曲线极限最小半径；凸形和凹形竖曲线一般最小半径及其最小长度。

对凸形竖曲线确定限值时主要考虑的问题是缓和纵面行车失重、满足最短行程时间和满足纵面行车视距的要求；对凹形竖曲线除满足缓和纵面冲击、避免行程时间过短外，还要满足夜间灯光照射和跨线桥下净空对视距的要求。

一、竖曲线设计标准

凸形竖曲线设计的技术标准见表 5-15。

竖曲线最小半径和最小长度

表 5-15

设计速度(km/h)	120	100	80	60	40	30	20
凸形竖曲线最小半径(m)	11 000	6 500	3 000	1 400	450	250	100
凹形竖曲线最小半径(m)	4 000	3 000	2 000	1 000	450	250	100
竖曲线最小长度(m)	100	85	70	50	35	25	20

$$R = \frac{Gv^2}{127F}(\mathrm{m}) \tag{5-17}$$

其中，$\frac{v^2}{R}$为离心加速度，现用 a 表示，将 v(m/s)化为 v(km/h)并整理得：$R = \frac{v^2}{13a}$。

二、竖曲线设计标准制定原理

（一）时间行程不得太短

竖曲线的最小长度要满足时间行程要求。竖曲线与平曲线相似，当竖曲线坡度角很小时，即使较大的半径，竖曲线长度也很短，这样容易使司机产生变坡很急的错觉。因此竖曲线的最小长度按 3s 的行程时间计算，即：

$$L_{\min} = \frac{v}{1.2} \tag{5-18}$$

式中：$L_{\min}$——按行程时间计算的竖曲线最小长度(m)；

v——设计车速(km/h)。

（二）离心力不宜过大

竖曲线半径的大小直接影响离心力的大小。汽车行驶在竖曲线上，由于离心力的作用，要产生失重(凸形竖曲线)和超重(凹形竖曲线)。失重直接影响乘客的舒适感，超重不仅影响乘车的舒适性还对汽车的悬挂系统产生超载影响。因此，必须从控制离心力不致过大来限制竖曲线的极限最小半径。

汽车在竖曲线上产生的离心力为：

$$F = \frac{G}{g} \cdot \frac{v^2}{R}$$

式中：F——离心力(kN)；

R——竖曲线半径(m)；

v——设计车速(km/h)；

G——汽车重量(kN)；

g——重力加速度(m/s^2)。

试验认为离心加速度 a 限制在 0.2 ~0.7m/s^2 比较适宜。但为了防止因冲击而造成的不舒适感以及视觉平顺等要求，限制 a = 0.278m/s^2 左右。

（三）满足纵面行车视距

1. 车、物在竖曲线以内时

车物在竖曲线以内时，最小半径或最小长度计算图式如图 5-15 所示，其实就是驾驶员视线正好通过竖曲线最高点时，能够在停车视距的长度范围内看到障碍物，并采取制动措施停下来的图形约束条件，据此可确定出竖曲线最小半径限值，即达到以上图形约束条件的前提下，找到竖曲线半径和视距、物高和视高的关系，此半径就是凸曲线最小半径，此时的竖曲线长度就是最小长度。这里的已知条件为：视高 h_1（$h_1=1.2$m）、物高 h_2（$h_2=0.1$m）和停车视距 S。

由约束条件：

$$S = S_1 + S_2 \quad (5\text{-}19)$$

$$\left.\begin{aligned} h_1 &= \frac{S_1^2}{2R} \\ h_2 &= \frac{S_2^2}{2R} \end{aligned}\right\} \quad (5\text{-}20)$$

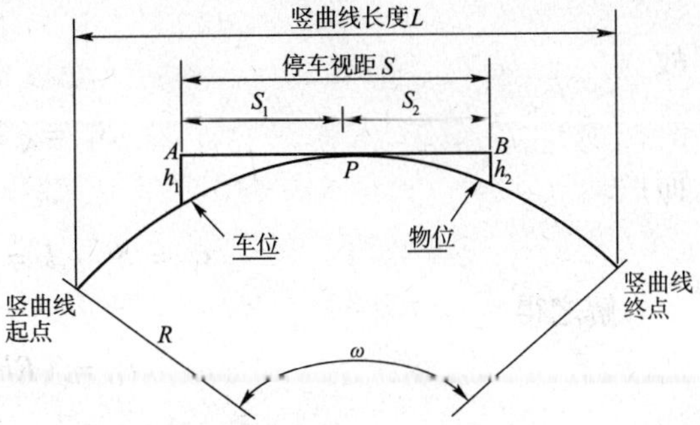

图 5-15　车、物在凸形竖曲线以内时的竖曲线视距（$S \ll L$ 时）

将式（5-18）代入式（5-19）得式（5-21）：

$$S = \sqrt{2R}(\sqrt{h_1} + \sqrt{h_2}) \quad (5\text{-}21)$$

式中：h_1——目高（视线高）（m），一般取 $h_1=1.2$m；

h_2——物高（目标高）（m），一般取 $h_2=0.1$m；

S_1——竖曲线顶点 A 距汽车驾驶员视点的距离（m）；

S_2——竖曲线顶点 A 距障碍点的距离（m）；

S——要求的行车视距，按停车视距考虑（m）。

将 h_1、h_2 的值代入式（5-21），并经整理得式（5-22）：

$$R_{min} = \frac{S^2}{3.98}(\text{m}) \text{ 或 } L_{min} = \frac{S^2\omega}{3.98}(\text{m}) \quad (5\text{-}22)$$

式中：ω——转坡角（%）；

S——停车视距（m）；

R_{min}——为最小竖曲线半径（m）；

L_{min}——竖曲线最小长度（m）。

2. 当车、物在竖曲线以外时

车、物在竖曲线以外时，最小半径或最小长度计算图式如图 5-16 所示，同样也是驾驶员视线正好通过竖曲线最高点时，能够在停车视距的长度范围内看到障碍物，并采取制动措施停下来的图形约束条件，据此确定竖曲线的最小半径和最小长度限值，即当停车视距 $S>$ 竖曲线长度 L 时，达到如图 5-16 图形约束条件条件的前提下，找到竖曲线半径和视距、物高和视高的关系，此半径就是凸曲线最小半径，此时的竖曲线长度就是最小长度。这里的已知条件为：视高 h_1（$h_1=1.2$m）、物高 h_2（$h_2=0.1$m）和停车视距 S。

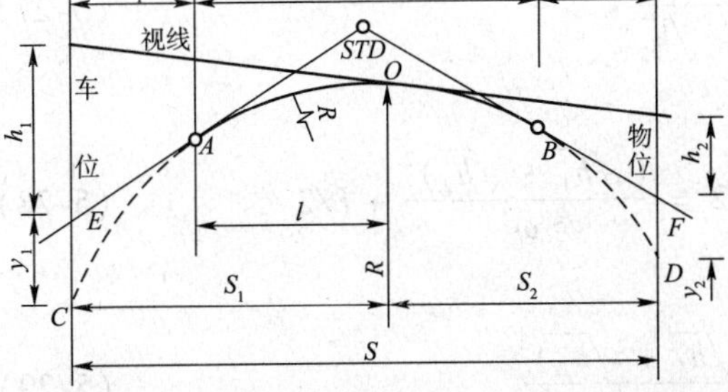

图 5-16　车、物在凸形竖曲线以外时的竖曲线视距（$S>L$ 时）

图 5-16 与图 5-15 不同之处是车和障碍物分别位于竖曲线之外，图上设定代号的含义与图 5-15 基本相同。由图 5-15 几何关系可知：

$$S = t_1 + t_2 + L \quad (5\text{-}23)$$

t_1、t_2 与 l 有关，将其转换为含有 l 变量的表达式，现设定 L 和 R 为常量（实际上为变数）。设视线切点 O 至 A 点距离为 $OA=l$，则 $OB=L-l$。

$$h_1=\frac{S_1^2}{2R}-\frac{t_1^2}{2R}$$

故

$$S_1=\sqrt{2Rh_1+t_1^2}$$

而：

$$t_1=S_1-l=\sqrt{2Rh_1+t_1^2}-l$$

解之得

$$t_1=(Rh_1/l)-l/2 \tag{5-24}$$

$$h_2=\frac{S_2^2}{2R}-\frac{t_2^2}{2R}$$

故

$$S_2=\sqrt{2Rh_2+t_2^2}$$

解之得

$$t_2=S_2-(L-l)=\sqrt{2Rh_2+t_2^2}-(L-l)$$

$$t_2=[Rh_2/(L-l)]-(L-l)/2 \tag{5-25}$$

将式(5-24)、式(5-25)代入式(5-23)，得到式(5-26)。

$$\begin{aligned}S&=t_1+t_2+L=(Rh_1/l)-l/2+[Rh_2/(L-l)]-(L-l)/2+L\\&=(Rh_1/l)+L/2+[Rh_2/(L-l)]\end{aligned} \tag{5-26}$$

可见 S 为 l 的函数，S 的极限值所对应的 l 即为 L 的最小值 L_{min}。现将 S 对 l 求导，并令 $\frac{dS}{dl}=0$，则有：

$$\frac{dS}{dl}=\frac{-Rh_1}{l^2}+\frac{Rh_2}{(L-l)^2}=0$$

解之得

$$l=\frac{\sqrt{h_1}}{\sqrt{h_1}+\sqrt{h_2}}L \tag{5-27}$$

将式(5-27)代入式(5-26)并化简得：

$$S=R/L(\sqrt{h_1}+\sqrt{h_2})^2+L/2=\frac{(\sqrt{h_1}+\sqrt{h_2})^2}{\omega}+L/2 \tag{5-28}$$

因此得竖曲线最小长度 L_{min}，见式(5-29)。

$$L_{min}=2S-\frac{2(\sqrt{h_1}+\sqrt{h_2})^2}{\omega} \tag{5-29}$$

取 $h_1=1.2m$，$h_2=0.1m$，则有：

$$L_{min}=2S-\frac{2(\sqrt{1.2}+\sqrt{0.1})^2}{\omega}$$

即

$$L_{min}=2S-\frac{3.98}{\omega}$$

根据 $L=R\omega$ 的关系，则有竖曲线最小半径 R_{min} 为式(5-30)。

$$R_{min}=\frac{2S}{\omega}-\frac{3.98}{\omega^2}\quad(\text{m}) \tag{5-30}$$

根据上述公式的推演过程和结果可知，当车辆和障碍物位于竖曲线之内($S<L$)计算的最小长度 L_{min}，要大于当车辆和障碍物位于竖曲线之外($S>L$)计算的 L_{min} 结果。故确定凸形竖曲线最小长度应满足的视距条件，要以 $L_{min}=\frac{S^2\omega}{3.98}$ 作为控制。

表 5-16 是我国现行《公路工程技术标准》(JTG B01)中，对凸形曲线最小半径和最小长度采用的计算公式及其取值。表中的竖曲线最小半径，是由竖曲线的最小长度和可能的最大转坡角反算得出的。

凸形竖曲线最小半径和最小长度的确定依据 表 5-16

计算行车速度(km/h)	停车视距 D(m)	缓和冲击 $L_{min}=v^2\omega/360$(m)	视距要求 $L_{min}=S^2\omega/398$(m)	采用值 L_{min}(m)	现行《公路工程技术标准》(JTG B01)规定值		
					极限最小半径 $R_{min}=1\,000L_{min}/\omega$(m)	一般最小半径 R(取极限的 1.5 倍)(m)	竖曲线最小长度(用最小半径乘以转坡角)(m)
120	210	40.0ω	111ω	110ω	11 000	17 000	100
100	160	27.8ω	64.5ω	65ω	6 500	10 000	85
80	110	17.8ω	30.2ω	30ω	3 000	4 500	70
60	75	10.0ω	14.1ω	14ω	1 400	2 000	50
40	40	4.4ω	4.1ω	4.5ω	450	700	35
30	30	2.5ω	2.3ω	2.5ω	250	400	25
20	20	1.1ω	1.0ω	1.0ω	100	200	20

第四节 凹形竖曲线设计的技术标准与制定原理

凹形竖曲线的设计标准是指车辆行驶在凹形竖曲线上时，在满足行车安全、顺适的同时满足跨线桥下净空、夜间前灯照射、缓和冲击以及时间行程要求所应有的最小半径或最小长度。

一、凹形竖曲线设计标准

现行《公路工程技术标准》(JTG B01)规定的凹形竖曲线的最小半径和最小长度见表 5-17。

各级公路竖曲线最小半径和最小长度汇总 表 5-17

计算行车速度(km/h)		120	100	80	60	40	30	20
凹形竖曲线最小半径		4 000	3 000	2 000	1 000	450	250	100
凸形竖曲线最小半径	一般最小值	11 000	6 500	3 000	1 400	450	250	100
竖曲线最小长度(m)		100	85	70	50	35	25	20

竖曲线极限最小半径是缓和行车冲击和保证行车视距所必需的最小值，该值只有在地

形受限制迫不得已时才采用。通常为了使行车有较好的舒适条件,设计时多采用大于极限最小半径的1.5~2.0倍,此值即为竖曲线设计的一般最小半径值。由表5-17可知,凹形竖曲线一般最小半径值与极限半径值之间的比值,随设计车速减小而增大。

二、凹形竖曲线设计标准制定原理

(一)夜间行车前灯照射长度要求*

夜间行车前灯照射长度要求是指考虑夜间行车前灯照射视距所应有的凹曲线最小半径。

当凹形竖曲线半径较小时,夜间行车前灯受照射角的限制,只能照到一定范围,若照射距离小于要求的视距长度,则无法保证行车安全。按此控制条件即可推导出凹形竖曲线最小半径公式。如图5-17所示,设前灯高度为h,向上照射角为δ,由竖曲线计算公式可知:

$$\overline{BC} \approx \frac{S^2}{2R}, \text{即 } R = \frac{S^2}{2\overline{BC}}$$

由图5-17可知,

$$R \approx \frac{S^2}{2(h + S\tan\delta)} \tag{5-31}$$

式中:R——凹形竖曲线的半径(m);

S——前灯照射距离(m),按规定的视距长度取值;

h——前灯高度(m),取$h=0.75\text{m}$;

δ——前灯向上的照射角,取$\delta=10°$。

将上述取值代入式(5-31),并考虑量纲转化,得:

$$R_{min} = \frac{S^2}{1.50 + 3.49S} \tag{5-32}$$

(二)跨线桥下净空高度要求*

1. 当视距长度小于竖曲线长度L时

车辆行驶在跨线桥的下方时,由于视线被桥梁上部结构遮挡,易造成由车辆视线高度看到障碍物时安全距离不足的现象。为满足安全距离,需符合图5-18所示的图形约束条件。

设h为桥下净空高度,即图5-18中的AC,根据规范此高度取4.5m;h_1为视线高度,一般载重车的视线高度,即取1.5m;h_2为障碍物高度,一般取0.75m;S为安全停车视距。

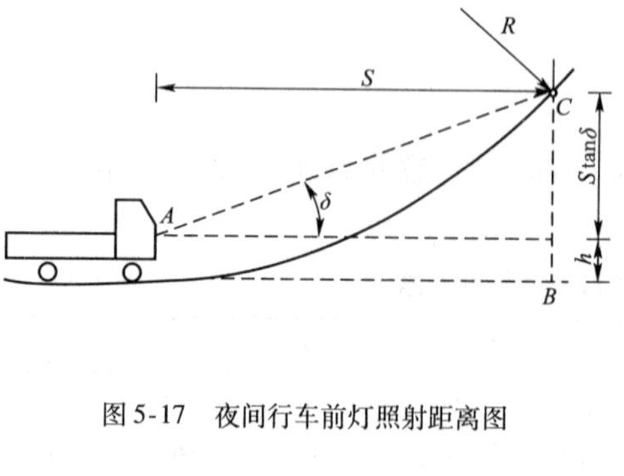

图5-17　夜间行车前灯照射距离图

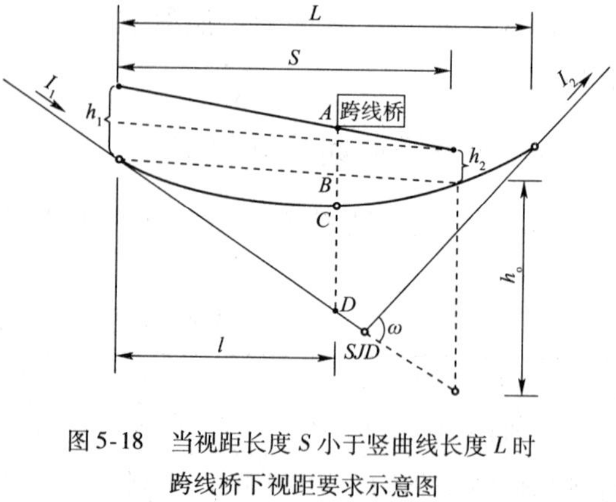

图5-18　当视距长度S小于竖曲线长度L时跨线桥下视距要求示意图

根据图形约束条件,可列出跨线桥下的净空高度h的表达式为:

$$h = AC = AB + BD - CD \tag{5-33}$$

由图可知，

$$\left.\begin{aligned}AB &= h_2 + \frac{h_1 - h_2}{S}l\\ BD &= h_0\frac{l}{S}\\ CD &= \frac{l^2}{2R}\end{aligned}\right\}\tag{5-34}$$

其中：$h_0 = \frac{S^2}{2R}$。

将式(5-34)代入式(5-33)中，得到式(5-35)。

$$h = h_2 + \frac{h_1 - h_2}{S}l + \frac{Sl}{2R} - \frac{l^2}{2R}\tag{5-35}$$

显然，h 是 l 的函数，l 为自变量，h 为因变量。为求得 h 最小值，需将 l 对 h 求导，并令导数值等于零，即：

$$\frac{\partial h}{\partial l} = \left(h_2 + \frac{h_1 - h_2}{S}l + \frac{Sl}{2R} - \frac{l^2}{2R}\right)' = \frac{h_1 - h_2}{S} + \frac{S}{2R} - \frac{l}{R} = 0$$

解得：

$$l = \frac{R(h_1 - h_2)}{S} + \frac{S}{2}\tag{5-36}$$

将 l 代入式(5-35)，得：

$$\begin{aligned}h &= h_2 + \frac{h_1 - h_2}{S}l + \frac{Sl}{2R} - \frac{l^2}{2R} = h_2 + \left(\frac{h_1 - h_2}{S} + \frac{S}{2R} - \frac{l}{2R}\right)\cdot l\\ &= h_2 + \left[\frac{R(h_1 - h_2)}{S} + \frac{S}{2}\right]\cdot\left\{\frac{h_1 - h_2}{S} + \frac{S}{2R} - \frac{1}{2R}\left[\frac{R(h_1 - h_2)}{S} + \frac{S}{2}\right]\right\}\end{aligned}$$

经过化简，得：

$$h = h_2 + \left[\frac{R(h_1 - h_2)}{S} + \frac{S}{2}\right]\cdot\left(\frac{h_1 - h_2}{2S} + \frac{S}{4R}\right) = h_2 + \frac{1}{2R}\left[\frac{R(h_1 - h_2)}{S} + \frac{S}{2}\right]^2\tag{5-37}$$

式(5-37)中的 h 即是 h 的最大值，记为 $h = h_{\max}$，对式(5-37)进一步化简整理得：

$$h_{\max} = h_2 + \frac{1}{2R}\left[\frac{R(h_1 - h_2)}{S} + \frac{S}{2}\right]^2$$

$$h_{\max} = h_2 + \frac{R(h_1 - h_2)^2}{2S^2} + \frac{S^2}{8R} + \frac{1}{2}(h_1 - h_2)$$

$$Rh_{\max} = Rh_2 + \frac{R^2(h_1 - h_2)^2}{2S^2} + \frac{S^2}{8} + \frac{R}{2}(h_1 - h_2)$$

$$\frac{(h_1 - h_2)^2}{2S^2}R^2 + \left[h_2 + \frac{1}{2}(h_1 - h_2) - h_{\max}\right]R + \frac{S^2}{8} = 0\tag{5-38}$$

式(5-38)是一个一元二次方程，为求解方便，令 $a = \frac{(h_1 - h_2)^2}{2S^2}$，$b = \frac{h_1 + h_2 - 2h_{\max}}{2} = -\left[h_{\max} - \frac{1}{2}(h_1 + h_2)\right]$，$c = \frac{S^2}{8}$。

解一元二次方程有：

$$R=\frac{-b\pm\sqrt{b^2-4ac}}{2a}$$

$$=\frac{\left[h_{max}-\frac{1}{2}(h_1+h_2)\right]-\sqrt{\left[h_{max}-\frac{1}{2}(h_1+h_2)\right]^2-4\times\frac{(h_1-h_2)^2}{2S^2}\times\frac{S^2}{8}}}{\frac{(h_1-h_2)^2}{S^2}}$$

$$=\frac{\left[h_{max}-\frac{1}{2}(h_1+h_2)\right]-\sqrt{\frac{1}{4}(h_1+h_2)^2+h_{max}^2-h_{max}(h_1+h_2)-\frac{(h_1-h_2)^2}{4}}}{\frac{(h_1-h_2)^2}{S^2}}$$

$$=\frac{\left[h_{max}-\frac{1}{2}(h_1+h_2)\right]-\sqrt{h_{max}^2-h_{max}(h_1+h_2)+h_1h_2}}{\frac{(h_1-h_2)^2}{S^2}}$$

$$=\frac{\left[h_{max}-\frac{1}{2}(h_1+h_2)\right]^2-[h_{max}^2-h_{max}(h_1+h_2)+h_1h_2]}{\frac{(h_1-h_2)^2}{S^2}\left\{\left[h_{max}-\frac{1}{2}(h_1+h_2)\right]+\sqrt{h_{max}^2-h_{max}(h_1+h_2)+h_1h_2}\right\}}$$

$$=\frac{h_{max}^2+\frac{1}{4}(h_1+h_2)^2-h_{max}(h_1+h_2)-h_{max}^2+h_{max}(h_1+h_2)-h_1h_2}{\frac{(h_1-h_2)^2}{S^2}\left[\frac{1}{2}(h_{max}-h_1)+\frac{1}{2}(h_{max}-h_2)+\sqrt{h_{max}^2-h_{max}(h_1+h_2)+h_1h_2}\right]}$$

$$=\frac{S^2\left[\frac{1}{4}(h_1+h_2)^2-h_1h_2\right]}{(h_1-h_2)^2\left[\frac{1}{2}(h_{max}-h_1)+\frac{1}{2}(h_{max}-h_2)+\sqrt{h_{max}^2-h_{max}(h_1+h_2)+h_1h_2}\right]}$$

$$=\frac{S^2}{2(h_{max}-h_1)+2(h_{max}-h_2)+4\sqrt{(h_{max}-h_1)(h_{max}-h_2)}}$$

$$=\frac{S^2}{[\sqrt{2(h_{max}-h_1)}+\sqrt{2(h_{max}-h_2)}]^2} \tag{5-39}$$

由于此时的 R 为竖曲线的最小半径 R_{min}，故有：

$$R_{min}=R=\frac{S^2}{[\sqrt{2(h_{max}-h_1)}+\sqrt{2(h_{max}-h_2)}]^2} \tag{5-40}$$

取桥下净空高度为4.5m，即 $h_{max}=4.50m$；为安全起见，驾驶员的视线高度取载重车的视线高度，即 $h_1=1.50m$；h_2 取载重车的前灯照射高度，即 $h_2=0.75m$。将上述取值代入上式，可得当车物在竖曲线以内时，满足跨线桥下净空高度要求的竖曲线最小半径为：

$$\begin{aligned}R_{min}=R&=\frac{S^2}{[\sqrt{2(h_{max}-h_1)}+\sqrt{2(h_{max}-h_2)}]^2}\\&=\frac{S^2}{[\sqrt{2\times(4.50-1.50)}+\sqrt{2\times(4.50-0.75)}]^2}=\frac{S^2}{26.92}\end{aligned} \tag{5-41}$$

考虑到竖曲线半径与长度的关系，即 $L_{min}=\omega R_{min}$，得出竖曲线最小长度为：

$$L_{min}=\omega R_{min}=\frac{S^2\omega}{[\sqrt{2(h_{max}-h_1)}+\sqrt{2(h_{max}-h_2)}]^2}$$

$$= \frac{S^2\omega}{[\sqrt{2 \times (4.50 - 1.50)} + \sqrt{2 \times (4.50 - 0.75)}]^2}$$

$$= \frac{S^2\omega}{26.92} = \frac{S^2 \cdot |I_1 - I_2|}{26.92} \tag{5-42}$$

式(5-42)是直接按步骤推证出来的，虽然看起来冗长，但是步骤详实，直观明确。式(5-42)也可以用式(5-38)借助如下简便办法推出：

$$\frac{(h_1 - h_2)^2}{2S^2}R^2 + \left(\frac{h_1 + h_2 - 2h_{max}}{2}\right)R + \frac{S^2}{8} = 0$$

$$4(h_1 - h_2)^2R^2 + 4S^2(h_1 + h_2 - 2h_{max})R + S^4 = 0$$

由于 $-(h_1 + h_2 - 2h_{max}) = (h_{max} - h_1) + (h_{max} - h_2)$，且 $(h_1 - h_2)$ 可改写成 $(h_{max} - h_2) - (h_{max} - h_1)$ 故有：

$$4R^2[(h_{max} - h_2) - (h_{max} - h_1)]^2 - 4RS^2[(h_{max} - h_1) + (h_{max} - h_2)] + S^4 = 0$$

$$4R^2(\sqrt{h_{max} - h_2} + \sqrt{h_{max} - h_1})^2(\sqrt{h_{max} - h_2} - \sqrt{h_{max} - h_1})^2 - 4RS^2[(h_{max} - h_1) + (h_{max} - h_2)] + S^4 = 0$$

$$[2R(\sqrt{h_{max} - h_2} + \sqrt{h_{max} - h_1})^2 - S^2][2R(\sqrt{h_{max} - h_2} - \sqrt{h_{max} - h_1})^2 - S^2] = 0$$

即：

$$2R(\sqrt{h_{max} - h_2} + \sqrt{h_{max} - h_1})^2 - S^2 = 0$$

$$R_{min} = R = \frac{S^2}{2(\sqrt{h_{max} - h_2} + \sqrt{h_{max} - h_1})^2} \tag{5-43}$$

取桥下净高 $h_{max} = 4.5$m；视高 $h_1 = 1.5$m；物高 $h_2 = 0.75$m 代入上式得竖曲线最小长度为：

$$R_{min} = \frac{S^2}{2(\sqrt{h_{max} - h_2} + \sqrt{h_{max} - h_1})^2}$$

$$= \frac{S^2}{2 \times (\sqrt{4.5 - 0.75} + \sqrt{4.5 - 1.5})^2} = \frac{S^2}{26.92} \tag{5-44}$$

2. 当视距长度大于竖曲线长度 L 时

如图 5-19 所示，设 h 为桥下净空高度，即图中的 AC，此高度根据规范取 4.5m；h_1 视线高度，一般载重车的视线高度取 1.5m；h_2 为障碍物高度，一般取 0.75m；S 为安全停车视距 。

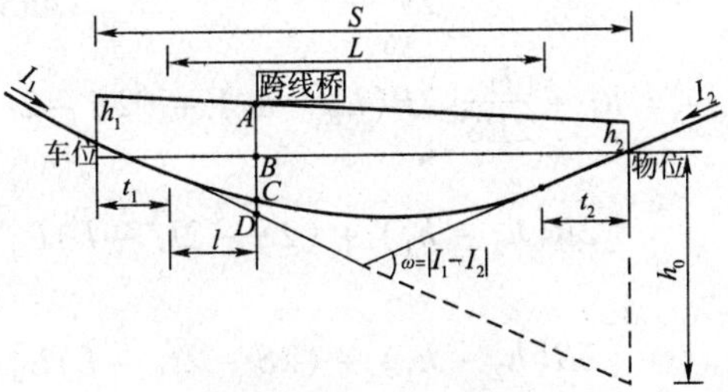

图 5-19　当视距长度 S 大于竖曲线长度 L 时跨线桥下视距要求示意图

由图中几何关系可知，

$$h = AC = AB + BD - CD \tag{5-45}$$

$$\left.\begin{aligned} AB &= h_1 + \frac{h_2 - h_1}{S}(t_1 + l) \\ BD &= h_0 \cdot \frac{t_1 + l}{S} = \left[\frac{(L + t_2)^2}{2R} - \frac{t_2^2}{2R}\right] \cdot \frac{t_1 + l}{S} \\ CD &= \frac{l^2}{2R} \end{aligned}\right\} \tag{5-46}$$

其中：$t_2 = S - t_1 - L$；$h_0 = \frac{(L + t_2)^2}{2R} - \frac{t_2^2}{2R}$。

将式(5-46)代入式(5-45)中，得到式(5-47)。

$$h = h_1 + \frac{h_2 - h_1}{S}(t_1 + l) + \frac{L(t_1 + l)}{2RS}(2S - 2t_1 - L) - \frac{l^2}{2R} \tag{5-47}$$

上式中 h 为 l 的函数，将 h 对 l 求导得：

$$\frac{\partial h}{\partial l} = \frac{h_2 - h_1}{S} + \frac{(2S - 2t_1 - L)L}{2RS} - \frac{l}{R}$$

令$\frac{\partial h}{\partial l}=0$，反解出 l，即为满足跨线桥下安全净空高度所应有的最佳 l 值。

$$l = \frac{R(h_2 - h_1)}{S} + \frac{(2S - 2t_1 - L)L}{2S} \tag{5-48}$$

将 l 值代入式(5-47)，即为满足跨线桥下安全净空高度应有的 h。

$$\begin{aligned}
h &= h_1 + \frac{h_2 - h_1}{S}(t_1 + l) + \frac{L(t_1 + l)}{2RS}(2S - 2t_1 - L) - \frac{l^2}{2R} \\
&= h_1 + \frac{h_2 - h_1}{S}\left\{t_1 + \left[\frac{R(h_2 - h_1)}{S} + \frac{(2S - 2t_1 - L)L}{2S}\right]\right\} + \\
&\quad \frac{L\left\{t_1 + \left[\frac{R(h_2 - h_1)}{S} + \frac{(2S - 2t_1 - L)L}{2S}\right]\right\}}{2RS}(2S - 2t_1 - L) - \\
&\quad \frac{\left[\frac{R(h_2 - h_1)}{S} + \frac{(2S - 2t_1 - L)L}{2S}\right]^2}{2R} \\
&= h_1 + \frac{t_1(h_2 - h_1)}{S} + \frac{R(h_2 - h_1)^2}{S^2} + \frac{(2S - 2t_1 - L)L}{2S^2}(h_2 - h_1) + \frac{t_1(2S - 2t_1 - L)L}{2RS} + \\
&\quad \frac{(2S - 2t_1 - L)(h_2 - h_1)L}{2S^2} + \frac{(2S - 2t_1 - L)^2L^2}{4RS^2} - \frac{1}{8RS^2}[2R(h_2 - h_1) + (2S - 2t_1 - L)L]^2 \\
&= h_1 + \frac{t_1}{2RS}[2R(h_2 - h_1) + (2S - 2t_1 - L)L] + \frac{h_2 - h_1}{2S^2}\cdot \\
&\quad [2R(h_2 - h_1) + (2S - 2t_1 - L)L] + \frac{(2S - 2t_1 - L)L}{4RS^2}\cdot \\
&\quad [2R(h_2 - h_1) + (2S - 2t_1 - L)L] - \frac{1}{8RS^2}[2R(h_2 - h_1) + (2S - 2t_1 - L)L]^2 \\
&= h_1 + \frac{[2R(h_2 - h_1) + (2S - 2t_1 - L)L]}{2RS^2}\cdot\left\{St_1 + R(h_2 - h_1) + \frac{(2S - 2t_1 - L)L}{2} - \right. \\
&\quad \left.\frac{1}{4}[2R(h_2 - h_1) + (2S - 2t_1 - L)L]\right\} \\
&= h_1 + \frac{[2R(h_2 - h_1) + (2S - 2t_1 - L)L]}{2RS^2}\cdot\left[St_1 + R(h_2 - h_1) + \frac{(2S - 2t_1 - L)L}{2} - \right. \\
&\quad \left.\frac{R}{2}(h_2 - h_1) - \frac{L}{4}(2S - 2t_1 - L)\right]
\end{aligned}$$

$$h = h_1 + \frac{[2R(h_2 - h_1) + (2S - 2t_1 - L)L]}{2RS^2} \cdot [St_1 + \frac{R}{2}(h_2 - h_1) + \frac{L}{4}(2S - 2t_1 - L)]$$

即：

$$h_{max} = h_1 + \frac{1}{2RS^2} \cdot \left[2St_1 + R(h_2 - h_1) + \frac{L}{2}(2S - 2t_1 - L)\right] \cdot \left[R(h_2 - h_1) + \frac{L}{2}(2S - 2t_1 - L)\right] \quad (5\text{-}49)$$

上式中 t_1 为公式推证过程中引入的自变量，它是 h_{max} 的函数，可利用求导方法消除。

$$\frac{\partial h_{max}}{\partial t_1} = \frac{1}{2RS^2} \cdot \left\{(2S - L)\left[R(h_2 - h_1) + \frac{L}{2}(2S - 2t_1 - L)\right] - \left[2St_1 + R(h_2 - h_1) + \frac{L}{2}(2S - 2t_1 - L)\right]L\right\}$$

令 $\frac{\partial h_{max}}{\partial t_1} = 0$，反解出 t_1，即：

$$L\left[2St_1 + R(h_2 - h_1) + \frac{L}{2}(2S - 2t_1 - L)\right] = (2S - L)\left[R(h_2 - h_1) + \frac{L}{2}(2S - 2t_1 - L)\right]$$

$$2St_1L + R(h_2 - h_1)L + \frac{L^2}{2}(2S - 2t_1 - L) = (2S - L)R(h_2 - h_1) + \frac{L}{2}(2S - L)(2S - 2t_1 - L)$$

$$2LSt_1 = 2R(S - L)(h_2 - h_1) + L(S - L)(2S - 2t_1 - L)$$

$$2LSt_1 = 2R(S - L)(h_2 - h_1) + L(S - L)(2S - L) - 2L(S - L)t_1$$

$$[2LS + 2L(S - L)]t_1 = 2R(S - L)(h_2 - h_1) + L(S - L)(2S - L)$$

$$2L(2S - L)t_1 = (S - L)[2R(h_2 - h_1) + L(2S - L)]$$

$$t_1 = \frac{(S - L)[2R(h_2 - h_1) + L(2S - L)]}{2L(2S - L)} = \frac{R(S - L)(h_2 - h_1)}{L(2S - L)} + \frac{S - L}{2} \quad (5\text{-}50)$$

将式(5-50)代入式(5-49)，得：

$$h_{max} = h_1 + \frac{1}{2RS^2} \cdot \left\{\frac{2RS(S-L)(h_2-h_1)}{L(2S-L)} + S(S-L) + R(h_2-h_1) + \frac{L}{2}\left[2S - \frac{2R(S-L)(h_2-h_1)}{L(2S-L)} - S + L - L\right]\right\} \cdot \left\{R(h_2-h_1) + \frac{L}{2}\left[2S - \frac{2R(S-L)(h_2-h_1)}{L(2S-L)} - S + L - L\right]\right\}$$

$$h_{max} = h_1 + \frac{1}{2RS^2} \cdot \left[\frac{2RS(S-L)(h_2-h_1)}{L(2S-L)} + S(S-L) + R(h_2-h_1) + \frac{LS}{2} - \frac{R(S-L)(h_2-h_1)}{2S-L}\right] \cdot \left[R(h_2-h_1) + \frac{LS}{2} - \frac{R(S-L)(h_2-h_1)}{2S-L}\right]$$

$$h_{max} = h_1 + \frac{1}{2RS^2} \cdot \left[\frac{R(S-L)(h_2-h_1)(2S-L)}{L(2S-L)} + \frac{S(2S-L)}{2} + R(h_2-h_1)\right] \cdot \left[\frac{2R(2S-L)(h_2-h_1) + LS(2S-L) - 2R(S-L)(h_2-h_1)}{2(2S-L)}\right]$$

$$h_{max} = h_1 + \frac{1}{2RS^2} \cdot \left[\frac{2R(S-L)(h_2-h_1) + SL(2S-L) + 2LR(h_2-h_1)}{2L}\right] \cdot \left[\frac{2RS(h_2-h_1) + LS(2S-L)}{2(2S-L)}\right]$$

$$h_{max}=h_1+\frac{1}{2RS^2}\cdot\left[\frac{2RS(h_2-h_1)+SL(2S-L)}{2L}\right]\cdot\left[\frac{2RS(h_2-h_1)+LS(2S-L)}{2(2S-L)}\right]$$

$$h_{max}=h_1+\frac{1}{2RS^2}\cdot\frac{S}{2(2S-L)}\cdot\frac{S}{2L}\cdot[2R(h_2-h_1)+L(2S-L)]^2$$

$$h_{max}=h_1+\frac{[2R(h_2-h_1)+L(2S-L)]^2}{8RL(2S-L)} \tag{5-51}$$

考虑到 $L=R\omega$，用式(5-51)反算解出 R：

$$(h_{max}-h_1)8R^2\omega(2S-R\omega)=4R^2(h_2-h_1)^2+R^2\omega^2(2S-R\omega)^2+4R^2\omega(h_2-h_1)(2S-R\omega)$$

$$16\omega SR^2(h_{max}-h_1)-8\omega^2R^3(h_{max}-h_1)=4R^2(h_2-h_1)^2+4S^2R^2\omega^2+\omega^4R^4-4S\omega^3R^3+8\omega SR^2(h_2-h_1)-4\omega^2R^3(h_2-h_1)$$

$$R^2[16\omega S(h_{max}-h_1)-4(h_2-h_1)^2-4S^2\omega^2-8\omega S(h_2-h_1)]=R^3[8\omega^2(h_{max}-h_1)-4S\omega^3-4\omega^2(h_2-h_1)]+\omega^4R^4$$

$$\omega^4R^2+[4\omega^2(2h_{max}-h_1-h_2)-4S\omega^3]\cdot R+4(h_2-h_1)^2+4\omega^2S^2+8\omega S(h_2-h_1)-16\omega S(h_{max}-h_1)=0$$

以上是一元二次方程，令：

$$\left.\begin{aligned}a&=\omega^4\\b&=4\omega^2(2h_{max}-h_1-h_2)-4S\omega^3\\c&=-[4(h_2-h_1)^2+4\omega^2S^2+8\omega S(h_2-h_1)]-16\omega S(h_{max}-h_1)\end{aligned}\right\} \tag{5-52}$$

利用求根公式解算得：$R=\dfrac{-b\pm\sqrt{b^2-4ac}}{2a}$

$$\begin{aligned}b^2&=[4\omega^2(2h_{max}-h_1-h_2)-4S\omega^3]^2\\&=16\omega^4(2h_{max}-h_1-h_2)^2+16S^2\omega^6-32S\omega^5(2h_{max}-h_1-h_2)\\4ac&=4\omega^4[4(h_2-h_1)^2+4S^2\omega^2+8\omega S(h_2-h_1)-16\omega S(h_{max}-h_1)]\\&=4\omega^4[4(h_2-h_1)^2+4S^2\omega^2+8\omega S(h_2-h_1-2h_{max}+2h_1)]\\&=16(h_2-h_1)^2\omega^4+16S^2\omega^6+32S\omega^5(h_2+h_1-2h_{max})\\b^2-4ac&=16\omega^4(2h_{max}-h_1-h_2)^2+16S^2\omega^6-32S\omega^5(2h_{max}-h_1-h_2)-\\&\quad16(h_2-h_1)^2\omega^4-16S^2\omega^6-32S\omega^5(h_1+h_2-2h_{max})\\&=16\omega^4[(2h_{max}-h_1-h_2)^2-(h_2-h_1)^2]\\&=16\omega^4[4h_{max}^2+(h_2+h_1)^2-4h_{max}(h_2+h_1)-(h_2-h_1)^2]\\&=16\omega^4[4h_{max}^2+4h_1h_2-4h_{max}(h_2+h_1)]\\&=64\omega^4[(h_{max}-h_1)(h_{max}-h_2)]\end{aligned}$$

$$\sqrt{b^2-4ac}=8\omega^2\sqrt{(h_{max}-h_1)(h_{max}-h_2)}=8\omega^2h_{max}\sqrt{\left(1-\frac{h_1}{h_{max}}\right)\left(1-\frac{h_2}{h_{max}}\right)}$$

$$\begin{aligned}R&=\frac{-b\pm\sqrt{b^2-4ac}}{2a}=\frac{4S\omega^3-4\omega^2(2h_{max}-h_1-h_2)-8\omega^2h_{max}\sqrt{\left(1-\frac{h_1}{h_{max}}\right)\left(1-\frac{h_2}{h_{max}}\right)}}{2\omega^4}\\&=\frac{2S}{\omega}-\frac{2}{\omega^2}(2h_{max}-h_1-h_2)-\frac{4h_{max}}{\omega^2}\sqrt{\left(1-\frac{h_1}{h_{max}}\right)\left(1-\frac{h_2}{h_{max}}\right)}\end{aligned}$$

$$R = \frac{2S}{\omega} - \frac{4h_{max}}{\omega^2}\left[1 - \frac{h_1 + h_2}{2h_{max}} + \sqrt{\left(1 - \frac{h_1}{h_{max}}\right)\left(1 - \frac{h_2}{h_{max}}\right)}\right]$$

由 $L_{min} = \omega R_{min}$，得

$$L_{min} = 2S - \frac{4h_{max}}{\omega}\left[1 - \frac{h_1 + h_2}{2h_{max}} + \sqrt{\left(1 - \frac{h_1}{h_{max}}\right)\left(1 - \frac{h_2}{h_{max}}\right)}\right] \tag{5-53}$$

式中：L_{min}——竖曲线最小长度（m）；

h_{max}——跨线桥下设计净空（m），取4.5m；

h_1——驾驶员的视线高度（m），取1.5m；

h_2——障碍物高度（m），取0.75m；

将上述数据代入式（5-53）得到：

$$L_{min} = 2S - \frac{26.92}{\omega} \tag{5-54}$$

比较两式的数值大小，应以 $L_{min} = \frac{S^2\omega}{26.92}$ 计算出的结果作为有效控制。表5-18所示为按照上述原理制定凹形竖曲线最小半径和最小长度标准的计算参数的取值。

凹形竖曲线最小半径和最小长度标准制定计算参数和取值 表5-18

计算行车速度（km/h）	停车视距 D（m）	缓和冲击 $L_{min} = \frac{v^2\omega}{360}$（m）	夜间行车照明 $L_{min} = \frac{S^2\omega}{150 + 5.24S}$（m）	桥下视距 $L_{min} = \frac{S^2\omega}{26.92}$（m）	采用值 L_{min}（m）	现行《公路工程技术标准》（JTG B01）规定值		
						极限最小半径 $R_{min} = 180L_{min}/\omega$（m）	一般最小半径（m）	竖曲线最小长度（m）
120	210	40ω	35.3ω	16.4ω	40ω	4 000	6 000	100
100	160	27.8ω	25.9ω	9.5ω	30ω	3 000	4 500	85
80	110	17.8ω	16.7ω	4.4ω	20ω	2 000	3 000	70
60	75	10.0ω	10.4ω	2.1ω	10ω	1 000	1 500	50
40	40	4.4ω	4.4ω	0.6ω	4.5ω	450	700	35
30	30	2.5ω	2.9ω	0.3ω	2.5ω	250	400	25
20	20	1.1ω	1.6ω	0.2ω	1.0ω	100	200	20

（三）时间行程要求

与平曲线相似，当竖曲线坡度角很小时，即使较大的半径，竖曲线长度也很短，这样容易使司机产生变坡很急的错觉。因此竖曲线的最小长度按3s的行程时间计算。

（四）缓和冲击要求

与凸形竖曲线相似，车辆行驶在凹形竖曲线上。同样也有冲击作用，只不过是超重作用，其计算公式和取值与凸形竖曲线相同。

第五节 路基纵断面设计方法与纵断面图的绘制

一、纵断面图的识读

路基纵断面设计图，是在平面线形确定的基础上，反映路基顶面（不计路拱和超高加宽）所在的位置。它是由上、下两部分内容组成的，上部主要用来绘制地面线和纵坡设计线，下

部是伴随绘图的各个栏目。

在纵断面设计图的上半部，从左至右有两条贯穿全图的线。一条是细的折线，线宽一般为0.3～0.5mm，表示沿中线走向的实际地面起伏线，即纵断面地面线。它是以里程为横坐标、高程为纵坐标，并根据中平测量成果的中桩地面高程绘制的。为了明显反映地面的起伏变化，一般里程比例尺取1∶2 000或1∶1 000，个别地段取1∶500；而高程比例尺则比里程比例尺大10倍，取1∶200或1∶100，个别路段取1∶50。图中另一条线，是线宽一般为0.9～1.2mm的粗实线，即为纵断面设计线。它是由坡度设计线和竖曲线构成，是在地面线的基础上，考虑技术标准、安全顺适、平纵组合、自然条件、高程配合、工程经济、环境保护和景观协调等方面的因素设计出来的。另外，这两条线上下标有各种注示。这些注示包括竖曲线及其要素的标示架，沿线桥涵及人工构造物的位置、结构类型、孔数和孔径，与道路、铁路交叉的桩号及路名，沿线跨越的河流名称、桩号、常水位和最高洪水位，水准点位置、编号和高程，断链桩位置、桩号及长短链关系等。

在纵断面设计图的下部，有若干栏目。主要用来填写有关内容，填写时自下而上分别填写：土壤地质说明、坡度/坡长、地面高程、设计高程、填挖高度、里程桩号、直线与平曲线、超高加宽（视需要而标注）、设计排水沟沟底线及其坡度、距离、高程、流水方向（视需要而标注）。

二、纵断面图作图计算

1. 转坡点和坡度线上任意桩高程计算

令设计坡度为I，起算点的高程为H_0，推算点的高程为H_P，推算点至起算点的水平距离为D，则设计坡度线上任意一点的高程为：

$$H_P = H_0 + ID \tag{5-55}$$

式中，上坡时I为正，下坡时I为负。

2. 竖曲线定位桩号和高程改正值计算

在路线纵坡变更处，为了行车平稳和视距的要求，在竖直面内应以曲线衔接，这种曲线称为竖曲线，如图5-20所示。竖曲线有凸形和凹形两种，形状有圆曲线和二次抛物线两种，常用前者。

如图5-21，设变坡点两侧相邻路线来向和去向道路的纵坡坡度分别为I_1、I_2，实际采用的竖曲线半径为R，则竖曲线设计元素计算如下。

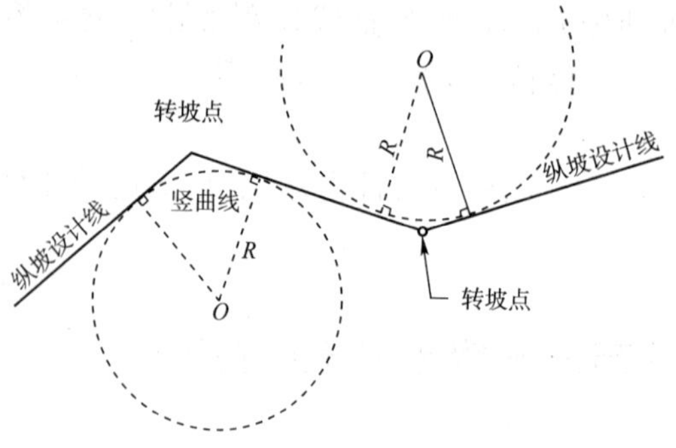

图5-20　在转坡点设置的竖曲线示意图

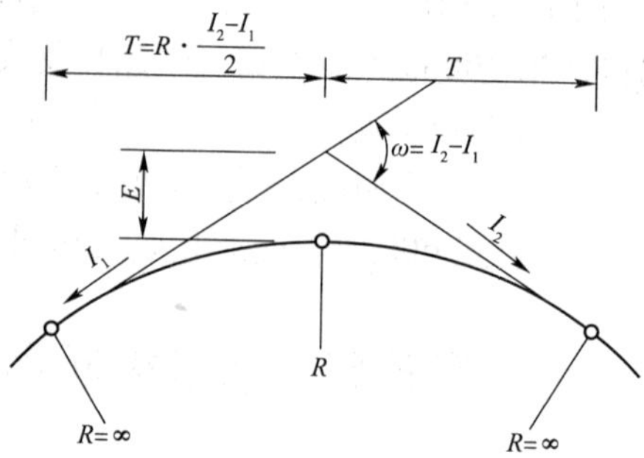

图5-21　竖曲线元素示意图

由于竖曲线的转坡角ω很小，故可认为：

$$\omega = I_2 - I_1 \tag{5-56}$$

曲线长：

$$L = \omega R \tag{5-57}$$

又因为 ω 很小，竖曲线的切线长为：

$$T = \frac{1}{2}R(I_2 - I_1) \tag{5-58}$$

同理，可导出上任一点 P 距切线的纵距（亦称高程改正值）计算公式：

$$y = \frac{x^2}{2R} \tag{5-59}$$

式中：x——竖曲线任一点 P 至竖曲线起点或终点的水平距离。

y 值在凹形竖曲线中为正号，在凸形竖曲线中为负号。

由上式可推导出竖曲线外距公式：

$$E = \frac{T^2}{2R} \tag{5-60}$$

上述的道路纵坡 I_1 和 I_2 有正负之分：上坡为正，下坡为负。计算转坡角时，要分别化成小数代入计算。

三、纵断面设计图作图步骤

纵断面采用直角坐标，以横坐标表示里程桩号，纵坐标表示高程。为了明显地反映沿着道路中线地面起伏形状，通常横坐标比例尺采用 1∶2 000（城市道路采用 1∶500～1∶1 000），纵坐标采用 1∶200（城市道路为 1∶50～1∶100）。

1. 布置图幅

如图 5-22 所示，纵断面图采用坐标纸，图幅一般用 3 号图或加长 3 号图，画好图框和图标。图框与图纸左边空出装订线 25mm，上、下两边和右边周围各留 10mm，图框的线条粗细应加粗到 1.2mm。图框左上角画出长 4cm，宽 1cm 的矩形页码角标。绘制图线栏按照选定的里程比例尺和高程比例尺打格制表。

2. 画出栏目

如图 5-22 所示，由图框左边向右量取 5cm 作一竖线表示坐标纵轴，并根据本张图的地面纵向起伏范围确定出纵坐标值标记并注记。当起伏较大时可分段设置纵轴的起点注记。在图的下方从下至上每隔 8～10mm 画一条横线构造出八个栏目分别表示地质说明、坡度/坡长、地面高程、设计高程、填挖高度、里程桩号、直线/曲线、超高加宽等。

图的下部栏目，一般注有有关测量及纵坡设计的资料，主要包括以下内容：

(1) 里程桩号栏　按里程比例尺标注百米桩和公里桩。

(2) 直线/曲线栏　按里程表明路线的直线和曲线部分。曲线部分用曲线的曲率图（折线）表示。对简单型单曲线，用半开口矩形表示。开口向下时表示路线右转，开口向上时表示路线左转；对基本型单曲线，用半开口梯形表示。开口向下时表示路线右转，开口向上时表示路线左转；在开口内，注明交点编号和圆曲线半径，带有缓和曲线者应注明其长度。在不设曲线的交点位置，用锐角折线表示。

(3) 地面高程栏　按中平测量成果填写相应里程桩处的地面高程。

(4) 设计高程栏　根据纵坡设计线的位置，推算出在各里程桩处的设计高程。

(5) 填挖高度栏　该栏列示特征桩号的地面高程与设计高程的差值。

(6)坡度/坡长栏　从左至右向上斜的直线表示上坡(正坡),下斜的表示下坡(负坡),水平的表示平坡。斜线或水平线上的数字表示坡度的百分数,下面的数字表示坡长。

(7)地质说明栏　根据外业调查组资料分段标明路段的土壤地质情况。

(8)超高加宽栏　一般的纵断面图没有此栏,有的高速公路设计列示有超高加宽栏。

3. 标注桩号

按里程比例尺(1:2 000)标注百米桩和公里桩。人工画图时每100m写上阿拉伯数字1、2、3等,当用计算机自动成图时,需注记百米桩、千米桩和纵面地形变化点桩,如图5-22所示。

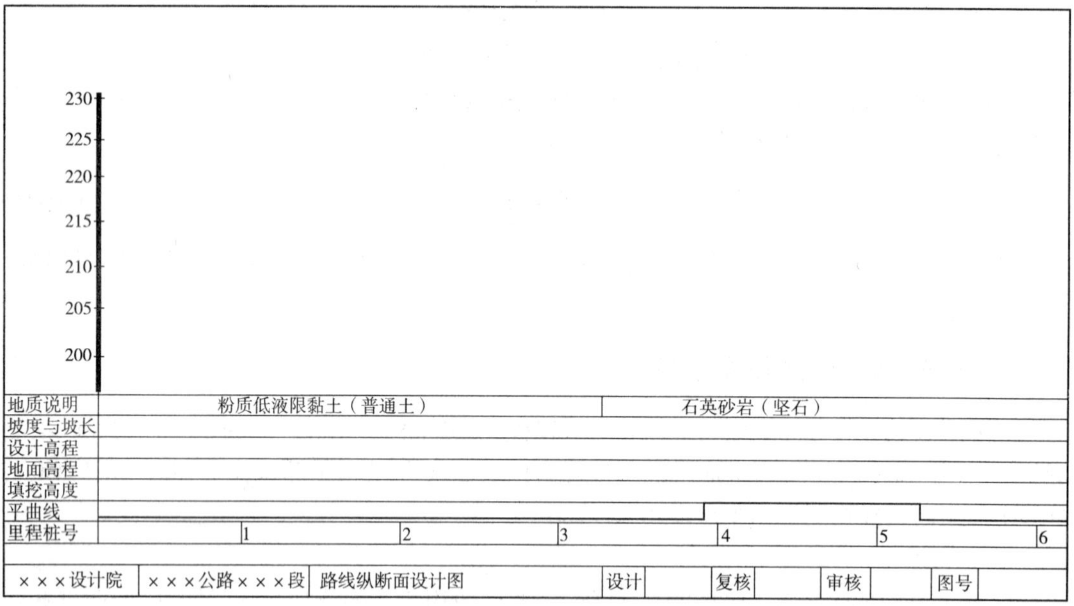

图5-22　纵断面图布图、栏目划分和桩号标注方法

4. 绘地面线

根据外业中平记录和纵断图上的里程桩号及其地面高程分别按照横向1:2 000、纵向1:200的比例对应点出横断面地面线。首先选定纵坐标的起始高程,使绘出的地面线位于图上适当位置。一般是以10m整倍数的高程定在5cm方格的粗线上,便于绘图和阅图。

某路线通过中平测量得到纵断面设计图地面线资料,见表5-19。

纵断面设计图地面线资料　　表5-19

里程桩号	地面高程(m)	里程桩号	地面高程(m)	里程桩号	地面高程(m)
K0+000	198.28	+126	215.73	K0+260	214.25
+020	198.30	K0+140	214.8	+280	214.40
+035	201.64	+145	214.80	+300	214.82
+040	202.12	+165	212.40	+320	215.11
+055	204.90	+173	212.39	+335	215.80
+060	205.10	+180	212.46	+354	205.16
+063	208.80	K0+200	212.42	+360	210.00
K0+100	210.80	+202	212.37	+366	206.54
+107	211.23	+223	214.96	+371	202.41
+120	214.36	+240	214.50	+380	201.80

续上表

里程桩号	地面高程(m)	里程桩号	地面高程(m)	里程桩号	地面高程(m)
+394	202.61	+505	219.46	K0 +614	216.54
K0 +400	202.19	+516	213.03		
+409	203.21	+531	207.97		
+413	203.10	+540	267.02		
+437	218.63	+548	206.37		
+447	221.76	+560	206.52		
+460	226.00	+572	207.20		
+464	226.39	+580	208.33		
+481	214.99	K0 +600	214.42		
K0 +500	221.12	+603	215.86		

然后根据中桩的里程和高程，在图上按纵、横比例尺依次点出各中桩的地面位置，再用直线将相邻点一个个连接起来，就得到地面线，如图 5-23 所示。在高差变化较大的地区，如果纵向受到图幅限制时，可在适当地段变更图上高程起算位置，此时地面线将构成台阶形式。

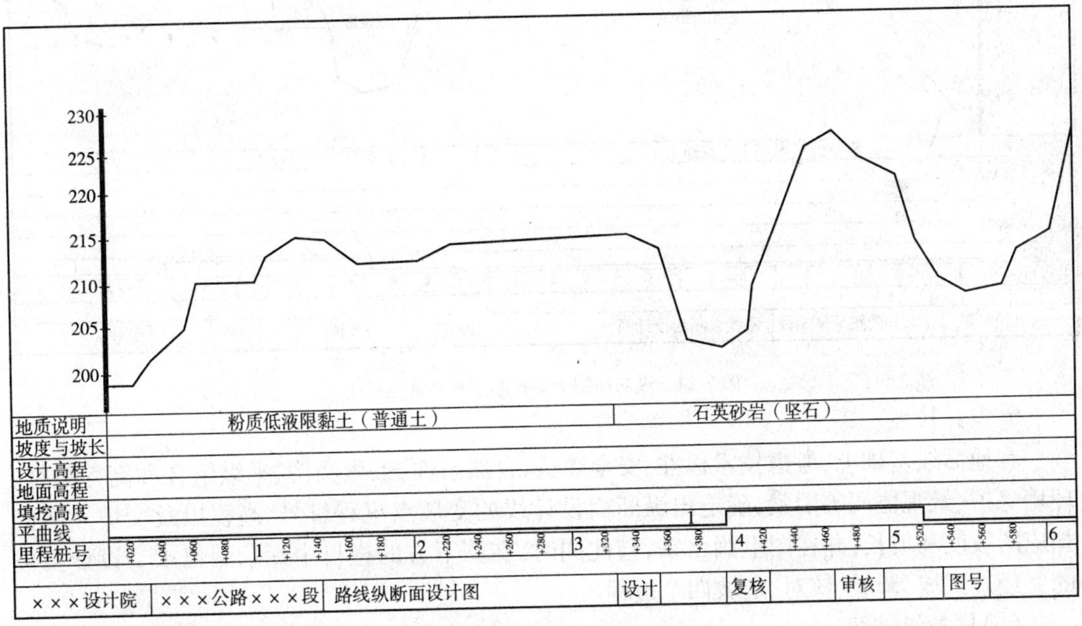

图 5-23　纵断面图上的地面线绘制

5. 标注控制点和经济点

控制点是指影响纵坡设计的高程控制点，如路线起、终点，越岭垭口，重要桥涵，地质不良地段的最小填土高度、最大挖深，沿溪线的洪水位，隧道进出口，平面交叉和立体交叉点，铁道道口，城镇规划控制高程，以及受其他因素限制路线必须通过的高程控制点等。山区道路还有根据路基填挖平衡关系控制路中心填挖值的高程点，称为经济点。它是用“路基断面透明模板”在横断面图上得到的。该模板可用透明描图纸或透明胶片制成，其上按横断面测图比例绘出路基宽度（挖方段应包括边沟）和各种不同边坡坡度线。使用时将模板扣在断面图上使中线重合，上下移动，使填、挖面积大致相等，此时模板上路基顶面到中桩地面线的高差为经济点位置。对于山岭重丘区的公路，除应标出控制性质的控制点以外，还应考虑各横断面上填挖基本平衡的经济点。

（1）当地面横坡不大时，可在中桩地面高程上找到填方和挖方基本平衡的高程，纵坡通过此高程时，在该横断面上挖方数量基本上等于填方数量，则此高程为经济点。

（2）当地面横坡较陡，填方往往不易填稳，且坡脚伸得很远时，用多挖少填或全部挖出路基的方法比砌筑护脚经济，这时多挖少填或全挖路基的高程为经济点。

（3）当地面横坡很陡，无法填方时，需砌筑挡土墙，因此，尚需全部挖出路基或深挖，此时全挖路基或深挖路基的高程也是经济点。

需要指出的是，经济点并不一定是填挖平衡的点。控制点和经济点标注结果见图 5-24。

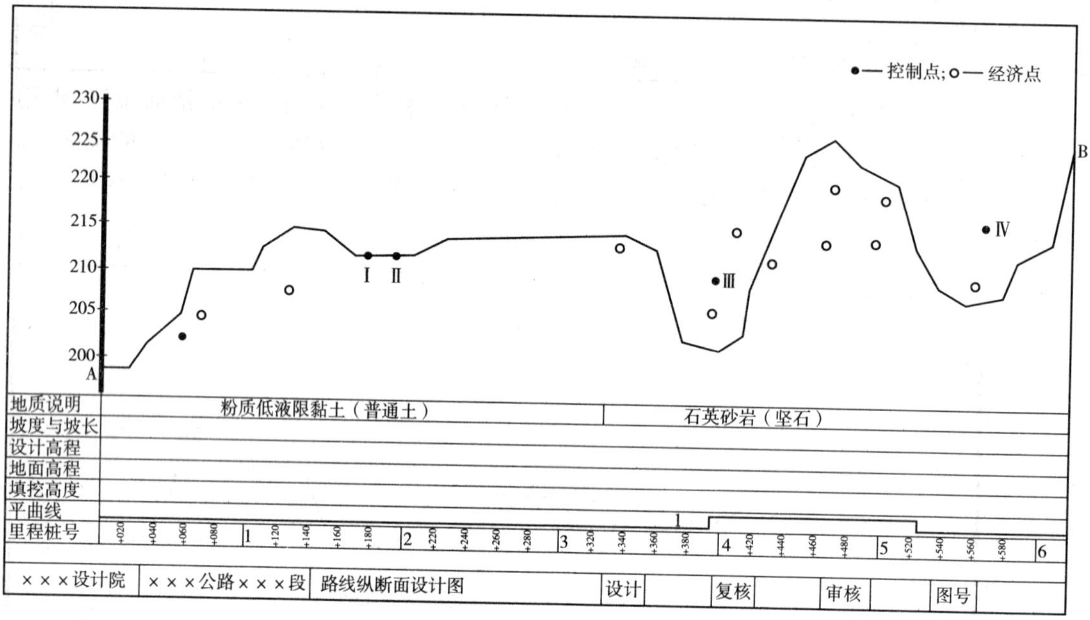

图 5-24　纵断面图上的控制点和经济点标注

6. 设计拉坡

在地面线基础上，考虑技术标准、安全顺适、自然条件、工程经济、平纵组合和高程配合、环境保护、景观协调等因素，确定出纵断面设计线的变坡点里程桩号、高程以及变坡点两侧相应的坡度和坡长，并在图上画出来，与此同时，在图下方的栏目中标示画出来。设计拉坡的要经过试坡、调坡、核对、定坡四个过程。

（1）试拉纵坡线

如图 5-25 所示，在已标出控制点、经济点的纵断面图上，根据技术标准、选线意图，结合地面起伏变化，本着以控制点为依据，照顾多数经济点的原则，在这些点位间进行穿插与取直，试定出若干直坡线。对各种可能坡度线方案反复比较，最后定出既符合技术标准，又满足控制点要求，且填挖较经济的设计线作为初定坡度线。

在图 5-25 中，根据上述原则确定了①、②、③、④、⑤五段纵坡设计线，其中①段为考虑起点 *A* 高程并满足控制和经济点要求确定的；②段是考虑控制点Ⅰ、Ⅱ拉出的；③段是考虑桥涵布设以控制点Ⅱ为主拉出的；④段是考虑上方填挖经济并以控制点Ⅳ为基准拉出的；⑤段是考虑控制点并照顾经济点且结合该段端点 *B* 高程而拉出。目前它们互不相交，待后面来调整。

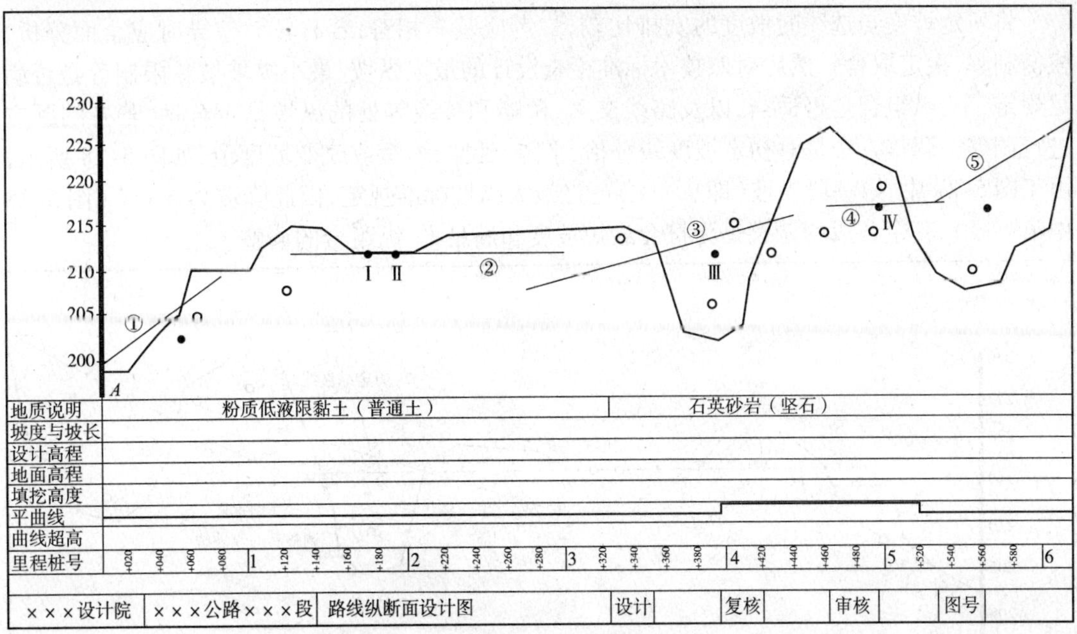

图 5-25　试拉出的纵坡线

(2)初定纵坡线

试拉的纵坡线是根据控制点和经济点分段确定出来的，通过初定、延长等将这些纵坡线相交，得出变坡点新的位置，然后在坐标纸上用一对三角板推拉得出初定设计坡度和变坡点的位置和高程。将图 5-25 的各段纵坡坡度线延伸，穿出变坡点，得到如图 5-26 所示的各变坡点位置分别为 K0 +110、K0 +360、K0 +420 及 K0 +520。

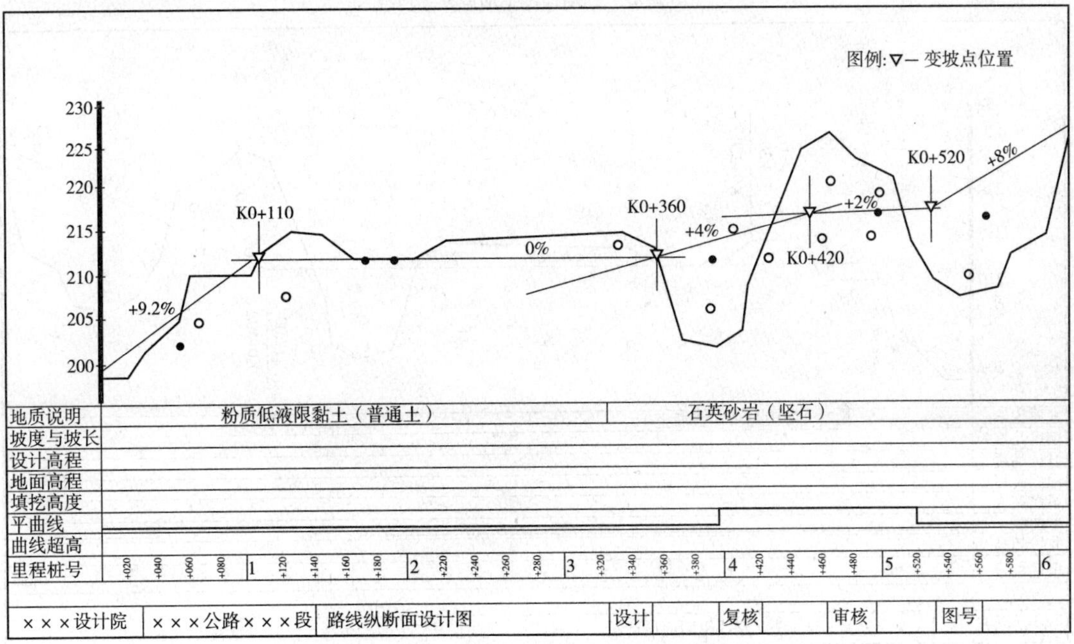

图 5-26　纵断面图上的穿线交点确定变坡点位置示意图

(3)调整纵坡度

将所定坡度与选线时坡度的安排比较，二者应基本相符，若有较大差异时应全面分析，权衡利弊，决定取舍。然后对照技术标准检查设计的最大纵坡、最小纵坡坡长限制等是否满足规定，平、纵组合是否适当，以及路线交叉、桥隧和接线等处的纵坡是否合理，若有问题应进行调整。调整方法是对初定坡度线平抬、平降、延伸、缩短或改变坡度值，如图 5-28 所示，由于图 5-27 中，第一段纵坡（即 9.2%）超过最大纵坡标准规定，因此降坡为 6.0%（图 5-28 中第一段），其余各段的调整是为符合最短坡度和满足平、纵组合的调整。

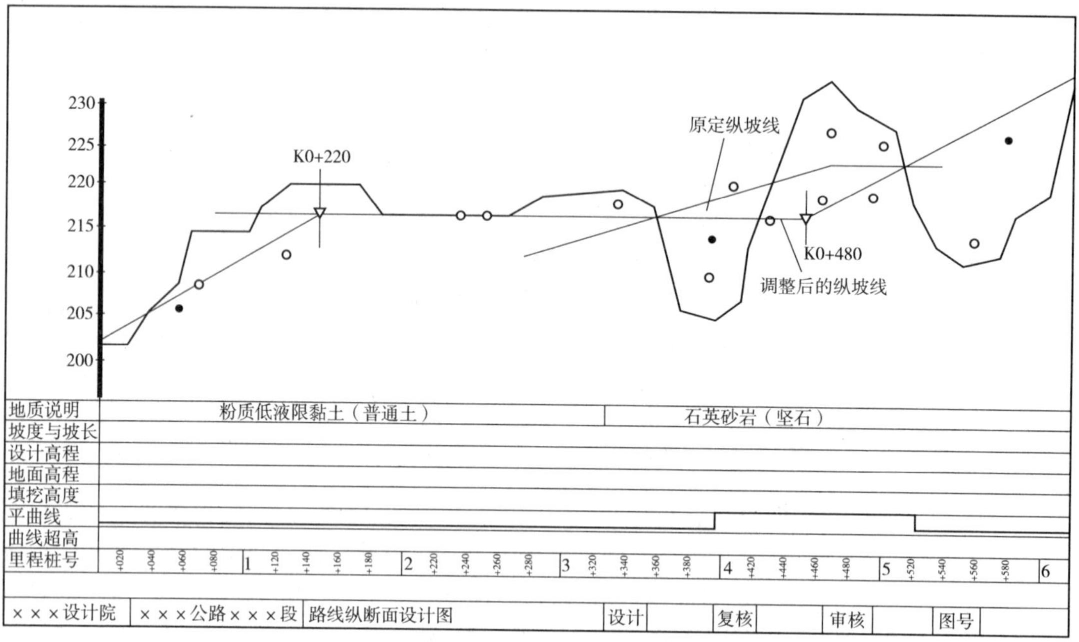

图 5-27　纵断面图上的调整纵坡线

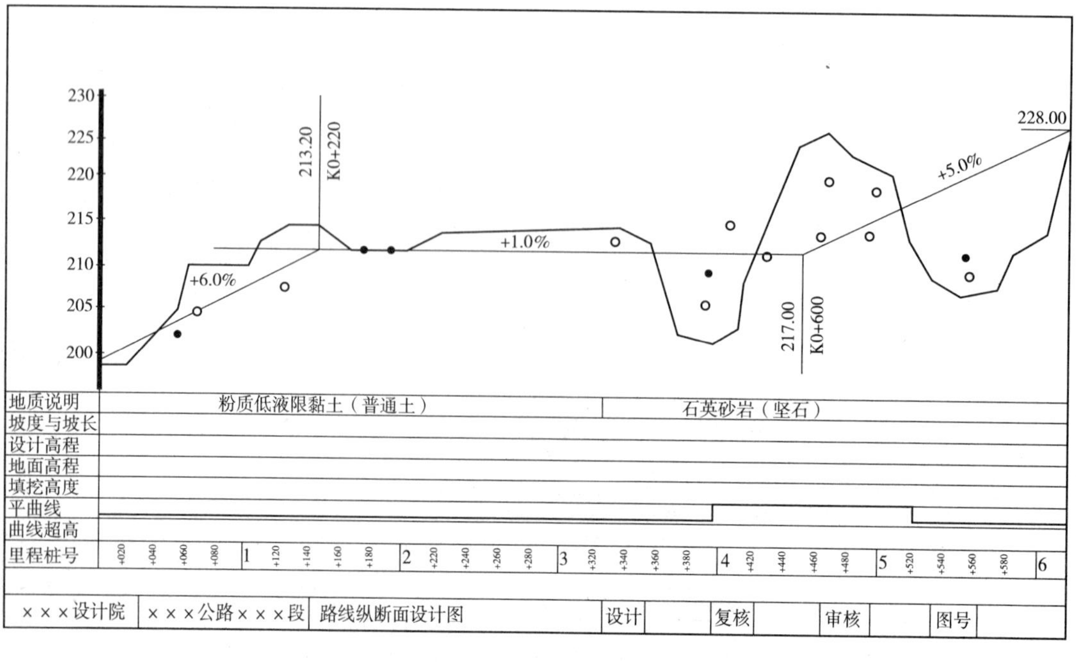

图 5-28　纵断面图上最终确定的纵坡线

(4)核对纵断面

选择有控制意义的重点横断面，如高填深挖、地面横坡较陡路基、挡土墙、重要桥涵以及其他重要控制点等，在纵断面图上直接读出对应桩号的填、挖高度，用“路基横断面透明模板”在横断面图上“戴帽子”，检查是否填挖过大、坡脚落空或过远、挡土墙工程过大、桥梁过高或过低、涵洞过长等情况，若有问题应及时调整纵坡。在横坡陡峻地段核对工作更显重要。

(5)确定纵坡线

如图5-28所示，经调整核对无误后，逐段把直坡线的坡度值、变坡点桩号和高程确定下来。初定坡度值可用三角板推平行线法确定，要求取值到千分之一，即0.1%。相邻变坡点桩号之差为坡长。变坡点高程是由纵坡度和坡长依次推算而得。由于图上可能有误差积累，故最后定坡时，要根据确定的坡度和坡长重新计算一遍变坡点高程，并重新点一遍设计线，看最终合适后才可定坡。调整后最终确定的纵坡设计结果应标明其里程桩号、相邻坡度及坡长并计算变坡点高程、桩号。变坡点桩号应调整成十米整桩号处，坡度一般尽量取成整百分位整数，如1%，6%等，实有困难可保留一位百分位小数，如-6.8%，+7.2%等。

7. 设置竖曲线

设置方法将在下一节中介绍。图5-29为竖曲线设置结果和竖曲线图标。

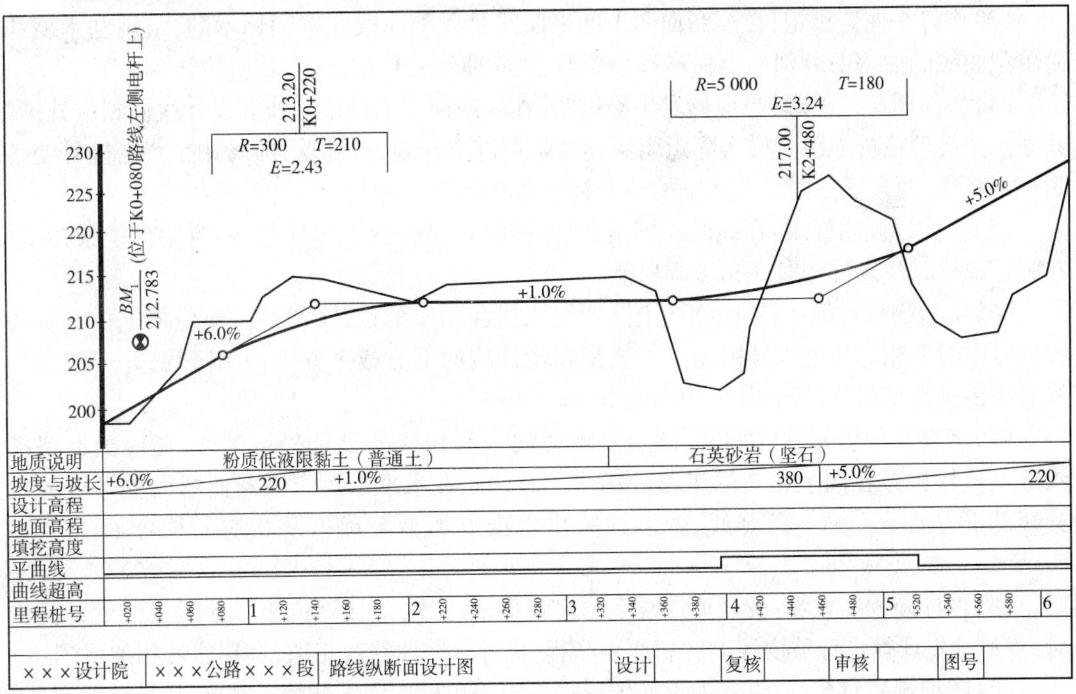

图5-29 纵断面图上的纵坡线和设计竖曲线

8. 设计高程计算

根据纵坡设计计算设计高程。当路线的纵坡确定后，即可根据设计纵坡和两点间的水平距离，由一点的高程计算另一点的设计高程。

9. 补填其他栏

(1)设计填挖高度

在图中有专列的一栏注明填挖高度。各桩的设计填挖高度是用同一桩号的设计高程与地面高程之差计算的。计算结果有正负之分:正号表示该桩号处为填方高度;负号为挖方深度。

(2)坡度/坡长栏

从左至右向上斜的直线表示上坡(正坡),下斜的表示下坡(负坡),水平的表示平坡。斜线或水平线上的数字表示坡度的百分数,下面的数字表示坡长。

10. 修整设计线

手工绘图时用0.9~1.2mm的笔宽加深设计线(设计线包括设计竖曲线和部分设计坡度线)。当用CAD绘图时使用PEDIT命令加粗设计线。

11. 图上作注记

在图上注记有关资料,如水准点、桥涵桩号和孔径形式等。

四、纵断面图作图注意事项

(1)所用比例要协调:绘制纵断面设计图时注意纵横比例的协调,一般公路纵断面图的比例为1:2 000,横向比例为1:200,如横向比例变化时相应纵向比例按此规则变化。

(2)注意布图的调整:有时在点绘地面线时,一张图由于纵向起伏过大,画不到整张就超过图幅,发生这种情况时,可将坐标轴平移重新标注后再点绘地面线。

(3)作好平曲线标记:在纵断面图上的平曲线是以平曲线曲率图标示的,常用基本型和简单型曲线的曲率图分别是半梯形和半矩形,左转曲线开口向上,右转曲线开口向下。

(4)关注断链的处理:当现场发生断链时,在纵断面图上的地面线和设计线做相应处理。其办法是将理论桩号距离按实际距离画,亦即,短链空开画,长链重叠画;并在新老桩号处各画一条竖线,顺竖线方向写上接链的新老桩号和断链的长短。

(5)竖曲线画出标示:在纵断面图上,竖曲线除在设计线上体现外,还应用标识架标出,在画标识架时注意桩号对齐和协调规范。

(6)结构物桩号标注:纵断面图上除两线八栏和相应的设计栏目外,还应根据桥涵等位置桩号在图上相应的里程处标明。方法是在设计线的上方或下方画一条竖线,并于线左顺线写出桥涵类型名称,线右写出相应的桩号。

(7)水准点位置标注:纵断面图上除前述线条和相应的设计栏目等外,还应根据路线水准点位置桩号在图上相应的里程处标明。方法是在水准点对应纵断面图的桩号处的设计线的上方或下方画一条竖线,并顺线写出水准点类型名称以及相应的桩号如图5-29所示。

(8)设计高程要核算:设计坡度线上的高程如前已述,当计算位于竖曲线段的设计高程时,一般是先计算设计坡度线上的切线点高程,再计算竖曲线改正值,利用二者相加得到。

(9)图纸规格宜统一:纵断面设计图应按规定采用标准图纸和统一规格,以便装订成册。

在纵断面设计图作图过程中,通常要做相关计算,后面将结合实例,介绍一些计算方法。

第六节　纵断面设计因素和注意事项*

如前已述,纵坡设计的基本内容是确定纵坡设计线的位置和形状,包括纵坡设计坡度线的坡度、坡长、变坡点桩号和高程及竖曲线的半径和起终点位置,并计算纵坡设计线上每一个中桩位处的路基设计高程。设计线确定是否科学、合理,不但关系到道路功能的正常发挥,还涉及技术条件、工程造价和环境保护,同时牵扯一系列的其他问题。如果处理不当,不但技术标准和技术条件不能充分发挥,工程造价成倍增加,还会引发出不少工程质量问题并埋伏工程隐患。因此,断面设计中纵断面设计线的确定至关重要,考虑因素务必周全。

一、纵断面设计考虑的因素

纵断面设计考虑的因素主要有符合技术标准、确保安全顺适、力求工程经济、考虑自然条件、注意平纵组合、保证高程配合、保护沿线环境、力求景观协调八个方面。第一,符合技术标准。在本章第二、三、四节对纵断面设计技术标准制定的理论、原理及结果做了详细的探讨,这些标准大都是以行车安全为前提制订出来的。所谓符合技术标准,是说在一般情况下,纵断面设计必须符合其相应的技术标准,只有特殊场合下才允许有超标设计但需论证并经批复。第二,确保安全顺适。安全顺适是纵断面设计中坡度和坡长以及竖曲线设计中综合的线形指标要求。第三,力求工程经济。一切的设计是以技术上可行,经济上合理为前提,因此必须考虑工程经济的影响。第四,考虑自然条件。道路是位于自然界中的结构物,不但受到行车作用,而且受到自然因素的综合作用影响,这些因素必须在设计中作具体的考虑。第五,注意平纵组合。平面线形与纵断面线形的组合设计,是线形设计的最后阶段,即线形调和的问题。公路标准高低不同,其必要性也不一样。对较高等级的公路在进行平、纵面组合设计时,突出的是要满足驾驶人员的视觉与心理的要求,这是因为驾驶人员以高速行车时,是通过视觉、运动感觉和时间变化的感觉来判断线形的。视觉是连接公路与汽车的媒介,公路的线形、周围的景观、标志的表示以及其他有关公路的情况,大都是以驾驶人员的眼为媒介从视觉感受到的。总的要求是,线形设计要使驾驶人员保持视觉和行车速度的连续性,并有足够的舒适感和安全感,使视觉与心理反应达到均衡。判别平纵组合的方法可归纳为计算机动态模拟法、既有经验判别法、平面曲率图与纵面坡度图的组合分析法、透视图分析法四种。规范推荐采用透视图分析法。其中,计算机动态模拟法只是现在提出的一种设想,有望在未来实现。第六,保证高程配合。在测设路线过程中通过障碍是不可避免的,如铁路、水渠、其他道路等,这就要求设计高程上的配合。第七,保护沿线环境。环境保护是造福子孙后代的工程,也是我国的重要国策,必须认真做好。由于纵断面设计中线位的高低会破坏自然地面和地下资源的平衡。所以,在路线选线中就要考虑到对将来纵面设计的影响,一般采取避让措施。倘若不能避让,则要采取有效措施,尤其注意保护植被和农田,保护地上和地下的名胜古迹和文物、矿产资源和水资源。例如,路线下遇有农民使用的水质较好的矿泉水井,可适当提高路线、下设通道防止掩埋,方便于民等。再如,有些地下资源如不能绕避也不能掩埋时,纵断面设计线位置要满足大跨桥梁通过方案要求的桥下净空等等。第八,力求景观协调。关于景观协调问题,目前国内外尚无具体指标,根据国内外积累的一些经验,建议在进行环保和景观设计时,重点考虑全程景观设计,即应在公路的规划、选线、设计、施工全过程中重视景观要求。尽量少破坏沿线景观,避免深挖高填。应能提供视野的多样性,力求与周围的风景自然地融为一体。不得已时可通过修整、植草皮等措施加以补救。应进行综合绿化处理,避免形式和内容上的单一化,将绿化视作引导视线、点缀风景以及一种技术措施进行专门设计。环境保护和景观设计中,要牢牢树立“不破坏就是最大的保护”的理念。

纵断面设计考虑因素，是前人的经验和近年科学研究与大量工程实践的概括和总结。为使得读者全面准确把握纵断面设计考虑因素，以引导设计人员规范设计、少走弯路、有的放矢地更加科学、合理地设计，下面先列出这些因素(表5-20)，然后稍加详细地给出考虑这些因素的理由和需要注意的问题。

道路纵断面设计考虑的因素 表5-20

<table>
<tr><th colspan="2">考虑因素</th><th colspan="5">具体指标或基本要求</th></tr>
<tr><td rowspan="3">1</td><td rowspan="3">符合技术标准</td><td rowspan="2">坡度线</td><td>①最大纵坡</td><td>②最小纵坡</td><td>③合成纵坡</td><td>④纵坡折减</td></tr>
<tr><td>⑤最大坡长</td><td>⑥最短坡长</td><td>⑦平均纵坡</td><td>⑧缓和坡段</td></tr>
<tr><td>竖曲线</td><td colspan="2">①凸形竖曲线的最小半径</td><td colspan="2">②凹形竖曲线的最小半径</td></tr>
<tr><td rowspan="3">2</td><td rowspan="3">确保安全顺适</td><td colspan="3">①避免采用极限指标</td><td colspan="2">②纵坡起伏不宜过大过频</td></tr>
<tr><td colspan="3">③缓坡宜长、陡坡宜短</td><td colspan="2">④越岭垭口处的坡度宜缓</td></tr>
<tr><td colspan="3">⑤连续上坡不设反坡</td><td colspan="2">⑥小桥涵等处避免出现驼峰状纵断面</td></tr>
<tr><td rowspan="4">3</td><td rowspan="4">考虑自然条件</td><td colspan="3">①挖方地段考虑边沟排水</td><td colspan="2">②长期冰冻地区，纵坡不宜过大</td></tr>
<tr><td colspan="3">③地质不良地段挖方不宜过深</td><td colspan="2">④低湿地段保证最小填土高度</td></tr>
<tr><td colspan="5">⑤地质不良地段提高线位以桥穿过</td></tr>
<tr><td colspan="5">⑥综合考虑地形、地质、地貌、气候、土壤、水文</td></tr>
<tr><td rowspan="2">4</td><td rowspan="2">力求工程经济</td><td colspan="3">①纵横填挖平衡</td><td colspan="2">②不深挖高填</td></tr>
<tr><td colspan="3">③尽量减少支挡工程</td><td colspan="2"></td></tr>
<tr><td rowspan="6">5</td><td rowspan="6">注意平纵组合</td><td colspan="5">原则：视觉上自然引导视线、平竖曲线大小宜均衡、合成纵坡应选择适当</td></tr>
<tr><td colspan="3">①平竖重合应当平包竖</td><td colspan="2">②平竖曲线大小要均衡</td></tr>
<tr><td colspan="3">③同向直线不够要变复</td><td colspan="2">④避免凸顶凹底拐反弯</td></tr>
<tr><td colspan="3">⑤避免凸顶凹底设小弯</td><td colspan="2">⑥避免长陡坡下拐小弯</td></tr>
<tr><td colspan="3">⑦避免大凹曲线拐小弯</td><td colspan="2">⑧避免长平曲线多起伏</td></tr>
<tr><td colspan="3">⑨避免上下坡中拐小弯</td><td colspan="2">⑩明联凹、暗配凸要做到</td></tr>
<tr><td rowspan="2">6</td><td rowspan="2">保证高程配合</td><td colspan="3">①路线交叉口的高程协调</td><td colspan="2">②路线与铁路交叉高程的协调</td></tr>
<tr><td colspan="5">③路线与管线、电线、灌渠等交叉时高程的协调</td></tr>
<tr><td rowspan="2">7</td><td rowspan="2">注重环境保护</td><td colspan="3">①保护植被和农田</td><td colspan="2">②保护地上和地下的名胜古迹文物</td></tr>
<tr><td colspan="3">③保护矿产资源和水资源</td><td colspan="2"></td></tr>
<tr><td rowspan="7">8</td><td rowspan="7">力求景观协调</td><td colspan="5">原则：全程景观设计、结合绿化处理、边坡自然融合、不得破坏生态平衡</td></tr>
<tr><td colspan="5">①“透”、“露”、“封”、“诱”结合，突出自然景观</td></tr>
<tr><td colspan="3">②平面裁弯取直，曲线连续流畅</td><td colspan="2">③纵面填挖取平，消除反向倒坡</td></tr>
<tr><td colspan="3">④灵活确定坡率，边坡自然流畅</td><td colspan="2">⑤研究挡墙景效，适应地形变高</td></tr>
<tr><td colspan="3">⑥生态区域分段，设计动感景观</td><td colspan="2">⑦注重细部处理，增加路容美观</td></tr>
<tr><td colspan="3">⑧修饰遗留堆坑，绿化恢复生态</td><td colspan="2">⑨绿化树草适宜，提高防护效果</td></tr>
<tr><td colspan="3">⑩沿线构造物设计，安全且有特色</td><td colspan="2"></td></tr>
</table>

二、纵断面设计因素分析

(一)符合技术标准

1. 一般情况符合标准

在一般情况下按照现行《公路工程技术标准》(JTG B01)(以下简称《技术标准》)执行,注意检查以下几个方面。

(1)纵坡设计线须符合的标准

纵坡设计时视实际情况应分别符合《技术标准》中规定的最大坡度、最小纵坡、最短坡长、最大坡长、高原纵坡折减、平均纵坡、合成纵坡、缓和坡段的规定以及竖曲线最小半径限制值。

各级公路设计的道路最大纵坡不得超过《技术标准》规定的最大纵坡;路堑地段需要设置边沟,路线纵坡和边沟纵坡一同拉坡且坡度相同时,为保证边沟排水要求,路线纵坡不得小于《技术标准》规定的最小纵坡;各级公路最大纵坡长度不得超过《技术标准》规定的最大坡长;变坡点的长度要符合最短坡长的规定;海拔高度超过3 000m时要降低纵坡,即按照《技术标准》高原纵坡折减的规定设置纵坡;当路线连续上陡坡,要抽查任意3km的纵坡应符合平均纵坡的规定;当路线位于急弯陡坡地段,要验算弯道的超高横坡度和路线纵坡两种坡度合成方向的纵坡度,使其不得超过合成纵坡的要求,如果超过可通过降低纵坡或调整加大平面曲线半径的间接措施使其满足要求;连续用接近最大纵坡的坡度上坡,要设置缓和坡段,其长度需符合《技术标准》规定的不大于3%且长度不小于100m的要求,以恢复汽车连续上陡坡丧失的动力性能;为保证行车安全和顺适,所有转坡点设置的竖曲线,其半径必须大于《技术标准》规定的竖曲线最小半径的要求。

(2)调整平曲线须符合标准

纵断设计时平曲线设计已完成,一般不予调整,如特殊原因需调整平曲线半径时,应符合《技术标准》不设超高的最小半径、极限最小半径、一般最小半径的规定。另外,直线和缓和曲线的设置也应符合《技术标准》关于直线的最小长度和缓和曲线合理长度的要求。

(3)设计竖曲线须符合标准

竖曲线半径及长度应符合《技术标准》规定的凸、凹形竖曲线最小长度和最小半径值。

2. 特殊场合论证报批

当因故致使设计难以符合《技术标准》要求时,应单独列出原因及处理措施,报上级部门批复后实施。

(二)保证安全舒适

纵坡设计中,要求纵坡起伏不宜太大、太频繁且尽量避免采用极限指标,缓坡宜长、陡坡宜短。如图5-30所示,越岭线垭口处的坡度宜缓。两相邻变坡点间的坡长不宜太短,如果太短宜改设复合竖曲线(图5-31)。此外,应避免在小桥涵等处设置驼峰状纵断面(图5-32)。

图5-30 越岭线垭口以及纵坡度

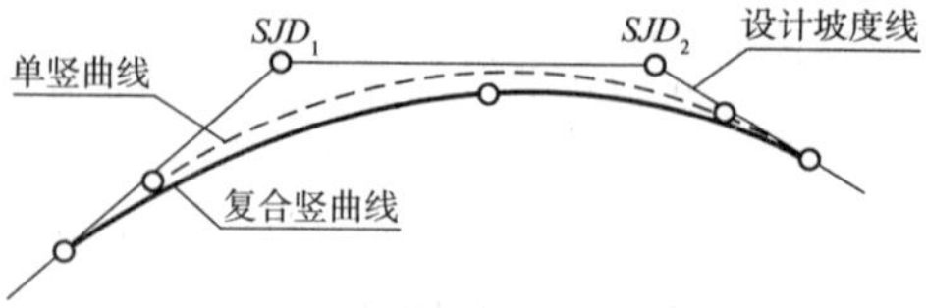

图 5-31　复合竖曲线

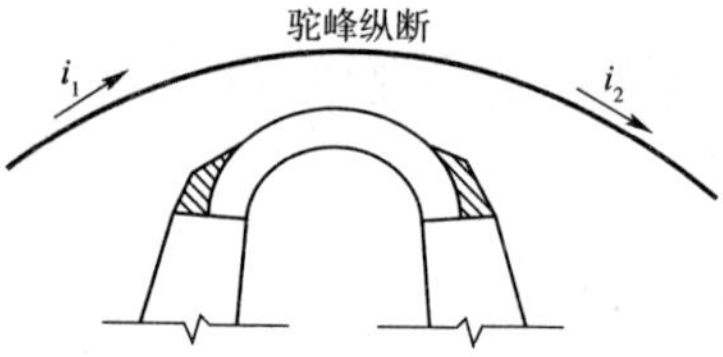

图 5-32　在桥涵处的驼峰状纵断

(三)注意平纵组合

现代道路设计应满足视觉连续和速度连续。平面和纵断面的组合效果会直接影响司乘人员的视觉和生理感觉。视觉的扭曲和生理踌躇感会影响到行车的安全性和速度的连续性。设计时要在视觉上自然引导视线、保证平竖曲线半径大小平衡并选择适当的合成纵坡。线形组合设计中,各技术指标除应分别符合平面、纵断面规定值外,还应考虑横断面对线形组合与行驶安全的影响。在确定平面、纵断面的各相对独立技术指标时,除应保证各自相对均衡、连续外,还应考虑与之相邻路段的各技术指标值的均衡、连续。线形组合设计除应保持各要素间内部的相对均衡与变化节奏的协调外,还应注意同公路外部沿线自然景观的适应和地质条件等的配合。

1. 线形组合效果

关于道路线形组合效果的优劣,源于20世纪上半叶欧美修建的国家高速公路的体会。国外当时对平面线形组合形式提出六种基本形式,见表5-21。

(1)平面直线与纵断面直线的组合效果

表5-21中编号为a的情形平面直线与纵断面直线组合。这样空间线形要素有利于超车和城市道路管线的敷设。当两者长度均较大时,公路线形会显得单调,易使驾驶员疲劳,一旦过多超速行驶,会导致车祸,所以力求避免两种直线均长的情况。对于等级高的公路,就要通过设置道路旁边的绿化、自然景观与路两侧建设造型别致的建筑设施来调节视线。

平、纵线形立体组合图形　　表5-21

编　号	平面要素	纵断面要素	立体线形要素
a	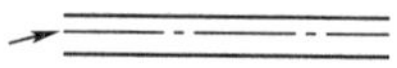 直线	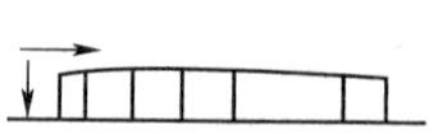 直线	 具有恒等坡度的直线
b	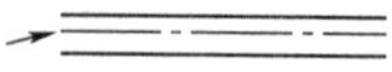 直线	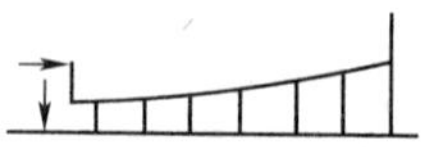 曲线	 凹形直线
c	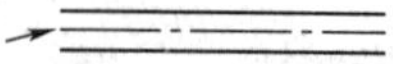 直线	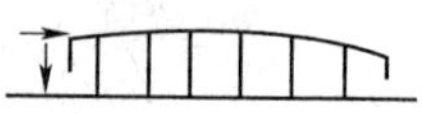 曲线	 凸形直线

续上表

编　号	平面要素	纵断面要素	立体线形要素
d	 曲线	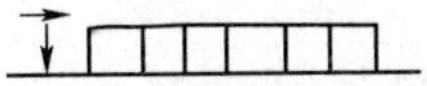 直线	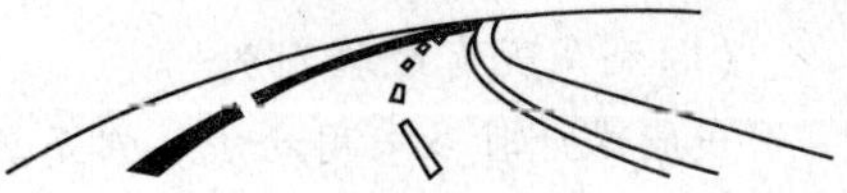 具有恒等坡度的曲线
e	 曲线	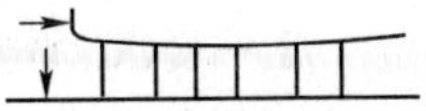 曲线	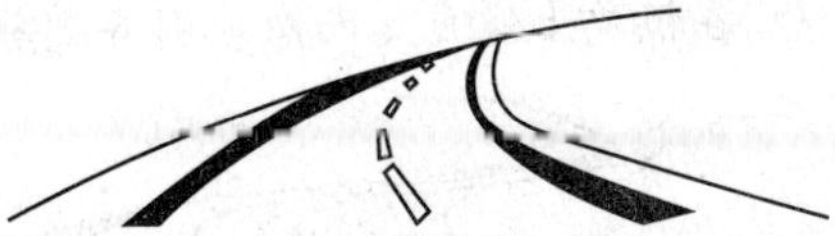 凹形曲线
f	 曲线	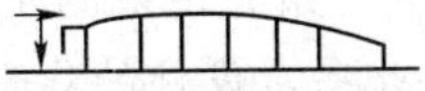 曲线	 凸形曲线

(2)平面直线与凹形竖曲线的组合效果

平面直线与凹形竖曲线的组合(表5-21中编号为b的情形)有较好的视距效果。但是凹形竖曲线的长度不宜过短,以避免产生突折感。如长直线内需设两个凹形竖曲线时,两曲线之间的直坡段不能太短,以免产生“虚设凸曲线”的错觉。长直线的末端要避免插入凹形竖曲线。

当凹形竖曲线设在距平曲线较远的直线上,且坡差较大而竖曲线半径较小时,驾驶员可能将前方坡段的坡度看得比实际陡,其错觉程度随坡差的增大及竖曲线半径的减小而加剧,特别严重时,还将导致动力撞坡,有时因车速过高而导致交通事故。因此设计中应尽量选择半径大于100倍v(v以km/h为单位)的竖曲线。

(3)平面直线与凸形竖曲线的组合效果

平面直线与凸形竖曲线的组合(表5-21的编号为c的情形)往往导致视距条件差及视觉的单调,连续可见长度随凸形竖曲线半径的减小而变短。连续可见长度过短时,将因视距不良或不足导致交通事故。事故率随平、竖曲线半径的减小而增大。其平曲线左弯比右弯更不利。

(4)平面曲线与纵断面直线的组合效果

平面曲线与纵断面直线的组合(表5-21的编号为d的情形)时应把握以下两点:

①具有超高的小半径平曲线若与具有纵坡的纵断面直线组合时,要选择适宜的合成坡度。合成坡度过大对行车不利,合成坡度过小对排水不利,且影响行车。合成坡度的最大允许值虽已做了规定,但在进行平、纵面组合且条件可能时,最好小于8%。

②长陡坡下不应设小半径平曲线,并应考虑合成纵坡。

(5)平面曲线与竖曲线的组合效果

表5-22中编号为e、f的情形为平面曲线与竖曲线的组合。竖曲线若与平曲线重合,竖曲线包含在平曲线之内,即竖曲线起终点桩号落在平曲线起终点桩号范围以内,为良好的线形组合。条件受限制时,特别应注意前后地形、技术指标运用等对实际行驶速度的影响,其

运行速度与设计速度之差不应大于20km/h。

2. 判断平面线形与纵断面线形组合的方法

归纳国内外目前的经验，可以得出以下几种方法来判别线形组合优劣。

(1)利用既有经验判别

一般设计时多采用此法。它是总结现行《公路路线设计规范》(JTG D20)和《技术标准》给出的组合原则，这些原则概括如下几个方面。

①平竖重合宜当平包竖

在视觉上能自然而然地引导驾驶人员视线，是平、纵组合线形最根本的要求。为了达到这一要求，当竖曲线与平曲线组合时，竖曲线宜包含在平曲线之内且平曲线应稍长于竖曲线，这种布置通常称为平曲线与竖曲线对应。其优点是，当车辆驶入凸形竖曲线的顶点之前，就能清楚地看到平曲线的始端，辨明弯道的去向，不致因判断错误而发生事故。图5-33是按此要求设计的线形，既顺适又美观。

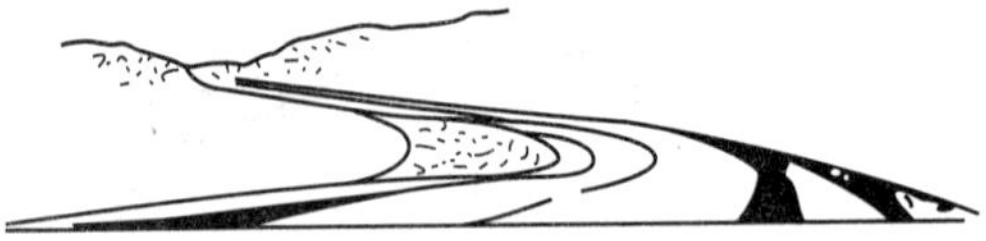

图5-33 平曲线与竖曲线组合良好的线形

当平曲线与竖曲线重合时，平曲线与竖曲线的合理与否组合关系如图5-34所示。平、纵线形组合设计原则为宜相互对应。当平、竖曲线半径均较小时，其相互对应程度应较严格；随着平、竖曲线半径的同时增大，其对应程度可适当放宽；当平、竖曲线半径均大时，可不严格相互对应。

图5-34中，平曲线的组合中适宜的组合是平曲线包住竖曲线，即在设计时控制平曲线起点桩号要小于竖曲线起点桩号；平曲线终点桩号大于竖曲线终点桩号。最理想的情况是将竖曲线的起、终点落在回旋曲线(缓和曲线)段内。而不适宜的组合是平竖曲线错位。或竖曲线包住平曲线。另外，防止太长的平曲线内设置很短的竖曲线。

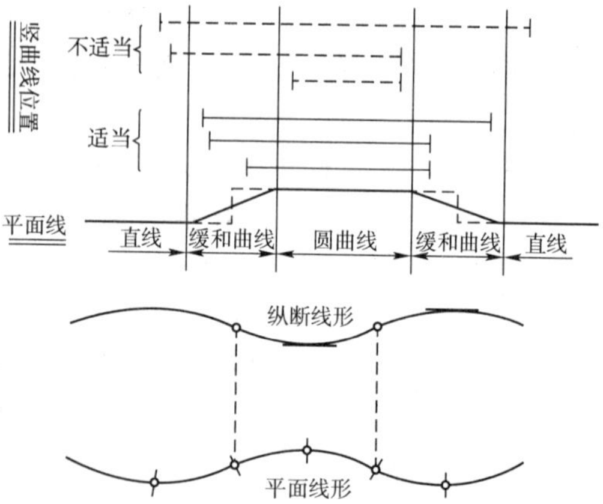

图5-34 平曲线与竖曲线的合理与否组合关系

②平竖曲线大小要均衡

要保持平曲线与竖曲线大小的平衡。平曲线与竖曲线的大小如果不平衡，较小的曲线特别醒目并给人以不愉快的感觉，失去了视觉上的均衡性。图5-35为大的平曲线上布置大的凹形竖曲线使得视觉达到平衡的情形，说明布置得当的情形，视觉良好。图5-36为大的平曲线上插入一个小的凹形竖曲线造成视觉失去平衡的现象，同时也是视觉失去平衡和视觉不良的情形。

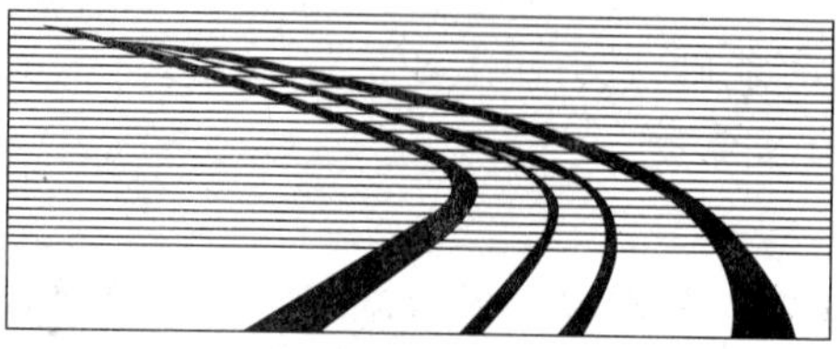

图5-35 视觉良好

图5-36 视觉失衡

根据经验,平曲线半径如果不大于1 000m,竖曲线的半径大约为平曲线的10~20倍时,便可达到平衡。现将联邦德国的具体经验值列于表5-22,供参考。

平、竖曲线半径的平衡　　表5-22

平曲线半径(m)	竖曲线半径(m)	平曲线半径(m)	竖曲线半径(m)
500	10 000	1 100	30 000
700	12 000	1 200	40 000
800	16 000	1 500	60 000
900	20 000	2 000	100 000
1 000	25 000		

③明弯应配凹,暗弯要配凸

如图5-37所示,明弯与凹形曲线配合,暗弯与凸形曲线结合,是良好的线形。否则,会给司机感觉到近路不走故意爬坡的感觉。在这种线形组合设计中,采用透视图法可判别线形组合的优劣。

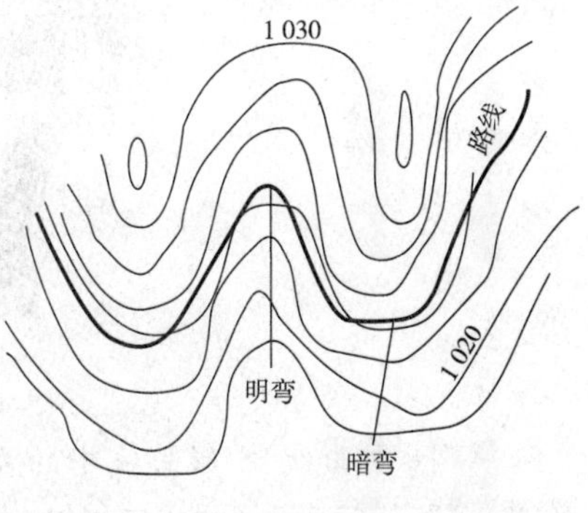

图5-37　明弯与暗弯示意图

④避免凸顶凹底拐反弯

避免凸形竖曲线的顶部或凹形竖曲线的底部作为反向曲线的转向点。《技术标准》规定凸形竖曲线的顶部或凹形竖曲线的底部,不宜同反向平曲线的拐点重合。前者线形不能引导视线,而且要达到顶点才发现要向相反的方向转弯,驾驶操作上是危险的。后者主要是对排水不利,见图5-38所示。

图5-38　平曲线始于凸形竖曲线

⑤避免凸顶凹底设小弯

半径小的圆曲线起、讫点,不宜接近或设在凸形竖曲线的顶部或凹形竖曲线的底部。如果在凸形竖曲线的顶部有小半径的平曲线,不仅不能引导视线而且要急转方向盘,行车是危险的。凹形竖曲线的底部如果有小半径的平曲线,就会出现汽车加速时而急转弯,行车也是危险的。所以在凸形竖曲线的顶部或凹形竖曲线的底部,应避免插入小半径平曲线。

⑥避免长平曲线多起伏

为避免出现多个凹凸竖曲线,因此在长的平曲线应避免出现几个起伏的纵坡。这种线形,多在平曲线半径很大并接近直线时出现的。其缺点是,将整个线形切断,只能看到眼前与远处,而看不见中间凹下的部分,致使驾驶人员产生踌躇和不安全感(图5-39)。

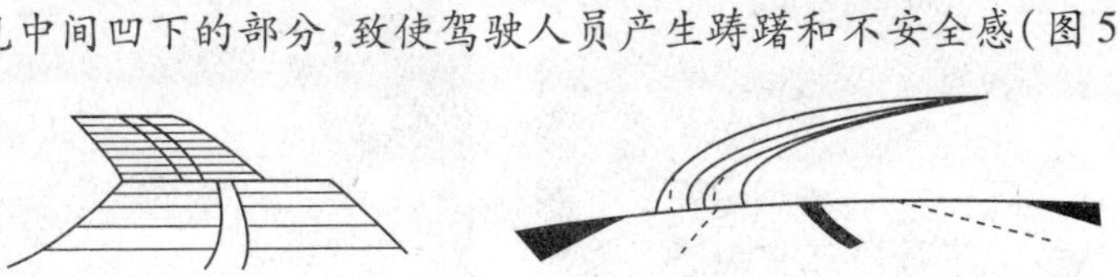
图5-39　长平曲线多起伏情况下的路线下陷现象

⑦同向直线不够要变复

两竖曲线间最好有不小于3s行程的直坡段,若同向直线段不够,可改设竖的复曲线。

⑧避免上下坡中拐小弯

尽量避免在上陡坡或下陡坡过程中设置小半径的平曲线，否则，因司机频繁操作方向盘，会带来不安全感。

⑨避免长陡坡下拐小弯

如图5-40所示，在长陡坡尽头不宜设置小半径的平曲线，否则会出现坡的尽头着急操作方向盘，不但线形不好，而且有时会对行车不利甚至诱发行车事故，因此要避免。

图5-40　长陡坡下设置小半径平曲线情形

另外，复曲线、S形曲线中的左转圆曲线不设超高时，应采用运行速度对其安全性予以验算。设计速度大于或等于60km/h的公路，应注重路线平、纵线形组合设计。设计速度等于或小于40km/h的公路，可参照执行。六车道及其以上的高速公路，应重视直、曲线（含平、纵面）间的组合与搭配，应在曲线间设置足够长的回旋线或直线，使其衔接过渡顺适，路面排水良好。

（2）利用透视图分析

此种方法是将道路及周围地形在设计中作成透视图来分析研究线形优劣（图5-41），它是最常用和最直观的方法，尤其对复杂的线形组合分析尤为适用。道路透视图有结构线透视［图5-41a）］、全景透视［图5-41b）］、动态透视三种。结构线透视图直观、快捷，但与实际有一定出入；全景透视能较好反映视觉，但计算工作量大；动态透视图能较真实模拟驾驶员视觉，但对软、硬件要求更高；绘制透视图程序要求输入桩号和视线高后计算机自动绘制。关于透视图的做法，限于本书篇幅，在此不再阐述，请读者参考有关专著。

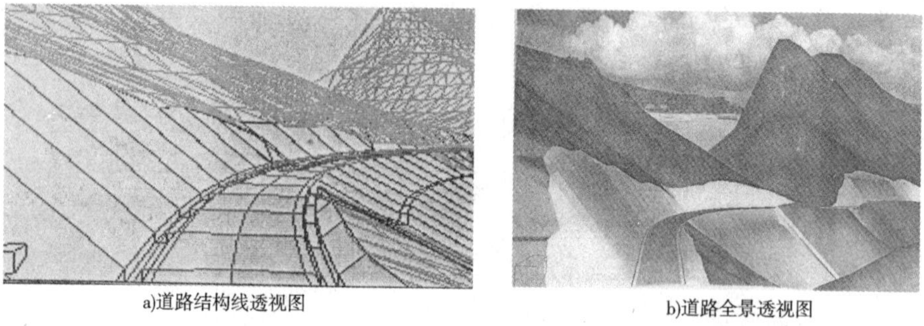

a)道路结构线透视图　　b)道路全景透视图

图5-41　道路透视图

(3)利用计算机动态模拟

这是一种直观的仿真模拟，要求开发此种软件的人员具有高超的计算机技术，它涉及计算机图形学、计算机绘图系统和专业知识。

(4)利用纵断面图栏、线判别

在纵断面图上有八栏、两线，其中一个栏目为平曲线栏，它标示了平曲线的起终点位置与左、右转弯情况，当纵坡设计初步完成后，可选择竖曲线，并计算其起、终点桩号，然后用竖曲线标示架(即竖曲线图标)标明竖曲线的起终点位置，据此可进行判别和调整。

(5)利用曲率图和坡度图判别

为判别平纵线形组合的优劣，可利用曲率图及坡度图判定。其判定点就是比较曲率图上的零点和坡度图上的零点(图5-42、图5-43)。在线形图上表示的曲率零点和坡度的零点处于同一位置或几乎处于同一位置是一种不好的组合。如图5-42所示，点A和B在纵面线形顶部与平面线形弯曲点重合时，不仅视线没有引导，排水也发生困难。在点C上，平面线形的弯曲点与纵面线形的凹处一致，虽然没有视线诱导上的问题，但排水却成问题。与上述相反，图5-43所示曲率图的零点与坡度的零点交错，遵守平曲线和竖曲线重合的线形设计原则，可得到良好的立体线形。因此，利用线形图上零点是否交错，是判别平纵组合是否协调的有效方法之一。

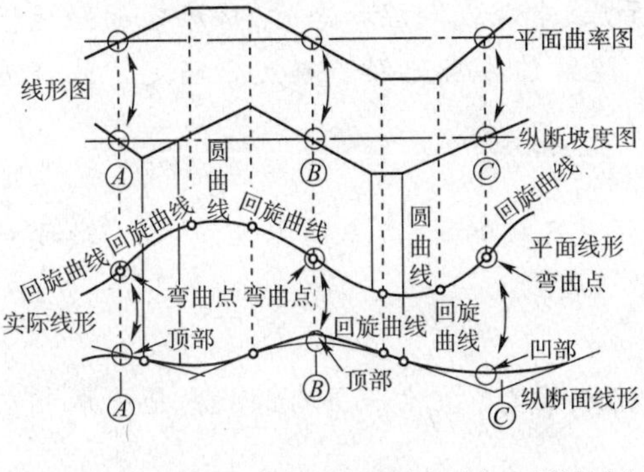

图5-42 曲率图的零点与坡度的零点重合(不利组合)

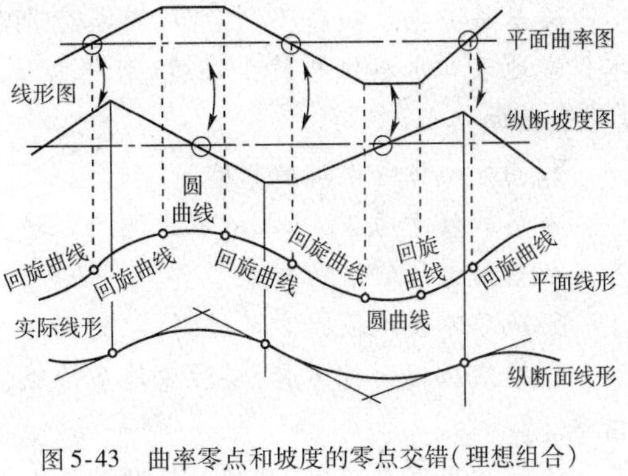

图5-43 曲率零点和坡度的零点交错(理想组合)

(四)考虑自然条件

对沿线自然条件(地形、地质、地貌、气候、土壤、水文)综合考虑。

1.挖方路段考虑边沟排水

当路线纵坡、边沟纵坡一同设计并且一致时，边沟纵坡一般为0.3%~0.5%(特殊不小于0.2%)；当单独设计排水边沟纵坡时则不考虑。

2.沿河线高出洪水线0.5m以上

沿河路线路基高程一般应高出表5-23所规定的洪水频率计算水位0.5m以上。对于桥涵高程，应在桥涵设计洪水频率洪水位以上，并考虑结构厚度及涵洞的覆土要求。

桥涵设计洪水频率 表5-23

公路等级	设计洪水频率				
	特大桥	大桥	中桥	小桥	涵洞及小型排水构造物
高速公路	1/300	1/100	1/100	1/100	1/100
一级公路	1/300	1/100	1/100	1/100	1/100

续上表

公路等级	设计洪水频率				
	特大桥	大桥	中桥	小桥	涵洞及小型排水构造物
二级公路	1/100	1/100	1/100	1/50	1/50
三级公路	1/100	1/50	1/50	1/25	1/25
四级公路	1/100	1/50	1/50	1/25	不作规定

注:①二级公路的特大桥以及三、四级公路的大桥,在河床比降大、易于冲刷的情况下,宜提高一级设计洪水频率验算基础冲刷深度。

②沿河纵向高架桥和桥头引道的设计洪水频率应符合本标准第5.0.2条路基设计洪水频率的规定。

③多孔中小跨径的特大桥可采用大桥的设计洪水频率。

3. 低湿地段保证最小填土高度

考虑到地面水会影响路基的干湿类型,潮湿和过湿的路基不但强度不足,而且稳定性很差。为确保路基稳定,路基顶面需要离开原地面一定的高度,这个高度的最小界限叫做最小填土高度。

4. 受水威胁的路基要满足临界高度要求

长期地表积水地区或地下水位较浅时,应满足路基临界高度的要求。

路基临界高度指在不利季节,路基分别位于干燥、中湿或潮湿状态时,路床顶面距地下水位或地表积水水位的最小高度,可根据土质,气候条件按当地经验确定。确定方法详见《路基路面工程》教材。

5. 高原地区考虑纵坡折减

当路线处于海拔3 000m以上的高原地带,因该地气候稀薄,汽车动力性能下降,故要对各级公路最大纵坡进行折减。

6. 地质不良地段挖方不过深,以防塌方

当路线出现大挖方时,要注意地质情况,控制挖方深度不宜太深并有的放失地采取相应措施。

上述临界高度确定,关键是让路基土处于干燥或中湿状态。对已有路基干湿类型的确定和新建路基干湿类型的确定方法不同。拟建路基干湿类型的确定分为三个步骤:第一步,计算路槽底面距地下水位或地表长期积水的高度;第二步,根据自然区划、土质等查路基临界高度表确定 H_1、H_2、H_3;第三步,根据以上两条结合路基干湿类型表(表5-24)判定。而对已有路基干湿类型的确定按如下步骤:首先,据自然区划和路基土质从分界稠度表(表5-25)中查出各分界稠度;其次,测定并计算路槽底面以上80cm范围各分层平均稠度 w_c;再次,根据以上两项计算结果结合路基干湿类型表判定。

路基干湿类型 表5-24

路基干湿类型	路床顶面以下800mm深度内平均稠度 w_c 与分界稠度 w_{c1} 的关系	一般特征
干燥	$w_c \geq w_{c1}$	土基干燥稳定,路面强度和稳定性不受地下水和地表积水影响。路基高度 $H_0 > H_1$
中湿	$w_{c1} > w_c \geq w_{c2}$	土基上部土层处于地下水或地表积水影响的过渡带区内。路基高度 $H_2 < H_0 \leq H_1$

续上表

路基干湿类型	路床顶面以下800mm深度内平均稠度 w_c 与分界稠度 w_{c1} 的关系	一般特征
潮湿	$w_{c2} > w_c \geq w_{c3}$	土基上部土层处于地下水或地表积水毛细影响区内。路基高度 $H_3 < H_0 \leq H_2$
过湿	$w_c < w_{c3}$	路基极不稳定,冰冻区春融翻浆,非冰冻区软弹土基经处理后方可铺筑路面。路基高度 $H_0 \leq H_3$

注:①H_0 为不利季节路床顶面距地下水或地表积水水位的高度。

②地表积水指不利季节积水20d以上。

③H_1、H_2、H_3 分别为干燥、中湿和潮湿状态的路基临界高度。

④划分土基干湿类型以平均稠度 w_c 为主,缺少资料时可参照表中一般特征确定。

⑤平均稠度 $w_c = (w_L - \bar{w})/(w_L - w_p)$,其中,$\bar{w}$ 为土的平均含水率:w_L 和 w_p 分别为土的液限和塑限含水率。

路基干湿状态的分界稠度建议值 表5-25

土质类别 \ 干湿状态	干燥状态	中湿状态	潮湿状态	过湿状态
	$w_c \geq w_{c1}$	$w_{c1} > w_c \geq w_{c2}$	$w_{c2} > w_c \geq w_{c3}$	$w_c < w_{c3}$
土质砂	$w_c \geq 1.20$	$1.20 > w_c \geq 1.00$	$1.00 > w_c \geq 0.85$	$w_c < 0.85$
黏质土	$w_c \geq 1.10$	$1.10 > w_c \geq 0.95$	$0.95 > w_c \geq 0.80$	$w_c < 0.80$
粉质土	$w_c \geq 1.05$	$1.05 > w_c \geq 0.95$	$0.90 > w_c \geq 0.75$	$w_c < 0.75$

注:w_{c1}、w_{c2}、w_{c3} 分别为干燥和中湿、中湿和潮湿、潮湿和过湿状态路基的分界稠度,w_c 为路床顶面以下800mm深度内的平均稠度。

(五)力求工程经济

1.纵横向填挖平衡

纵坡设计线确定时,尽量将设计线的位置放到使按路线段落控制的纵向挖方与填方大致相等处;另外,横断面上每一个桩号处都能找到使其挖方和本桩处的填方大致相等的路线高度位置。设计中将这些点叫土方经济点。拉坡时把这些经济点在图上作适当的标注,按照顾多数经济点的原则就可以满足纵横填挖平衡原则。

2.尽量不深挖高填

深挖路堑常常需要做支挡和防护工程,不但造价大,而且往往引发地质灾害,同时对环保不利;另外,过高的路堤不但土方量大,而且边坡放坡过长,占地多,不但不经济且如不增加造价采取边坡稳定措施,则边坡稳定性难以保证。故一般情况下纵断面设计线在纵面高度上尽量避免深挖高填。

3.力求减少挡土墙

一般在路基尚不稳定的路堤和路堑地段设置挡土墙,如在纵坡设计时有意识地避免深挖和高填并避开不良地质地段就可以减少挡土墙,并力求使工程进一步经济。

(六)注意高程配合

1.主要控制点的高程限制

设计纵断面时,首先要标注控制点和经济点,控制点实际上是按桩号在纵断设计的高程控制点。这些点分为不能上下的点、能上不能下的点及能下不能上的点三种。对于控制点高程进行认真研究，合理控制，如路上有管道、城市道路地坪高程等。

2. 平交和立交点高程配合

道路与铁路平面交叉时，注意公路设计线在该处最好设计一段平坡，并将设计线高程与道轨顶面高程取得一致；当为立体交叉时，如公路下穿应符合公路建筑限界的要求；当公路上跨应符合铁路建筑限界的要求。道路与相邻道路平交时，注意测定相邻道路数百米的道路纵断面，以便作出正确的平交等高迹线设计。

3. 人工构造物处高程配合

4. 农田灌溉等混合交通各方面的配合

三、纵断面设计注意事项

公路纵断面设计时，注意事项概括如下。

1. 竖曲线设置

(1) 在越岭线的回头曲线地段不宜设竖曲线；

(2) 大、中桥上不宜设置竖曲线；

(3) 避免在小桥涵处出现"驼峰式"纵坡；

(4) 注意平面交叉口纵坡及两端接线要求；

(5) 如控制点制约可用纸上移线的方法局部修改原定平曲线。

2. 极限纵坡使用

(1) 不可轻易采用极限值；

(2) 受限较严，才可采用；

(3) 考虑人的视觉，心理和安全感进行设计。

3. 最短纵坡使用

(1) 坡长是指纵断面两变坡点之间的水平距离，坡长不宜过短；

(2) 对连续起伏路段坡度应尽量小。

4. 各种地形条件下的纵坡设计

(1) 平原微丘地形的纵坡应均匀平缓，注意保证最小填土高度和最小纵坡的要求，丘陵地形应避免过分迁就地形而起伏过大，注意纵坡应顺适不产生突变。

(2) 山岭重丘地形的沿河线应尽量采用平缓坡度，坡长不应超过限制长度，纵坡坡度不宜大于6%，注意路基控制高程的要求。

(3) 越岭线的纵坡应力求均匀，尽量不采用极限的坡度，更不宜在连续采用极限长度的陡坡之间夹短的缓和坡段，越岭路线一般不宜设置反坡。

(4) 山脊线和山腰线除结合地形不得已时采用较大纵坡，在可能条件下纵坡应缓些。

5. 相邻竖曲线的衔接

相邻两个同向凹或凸形竖曲线特别是同向凸形竖曲线之间，如果直坡段不长则应取消直坡段，将两竖曲线合并为单曲线或复曲线避免出现断背曲线，这样要求对行车是有利的。相邻反向竖曲线之间，为使超重与失重之间和缓过度，中间最好插入一段直坡段，如两竖曲线半径接近极限值时，这段直坡段至少应为计算行车速度3s行程，当半径比较大时也可直接连接。

6. 竖曲线半径的选用

竖曲线应选用较大半径，当受限制时可采用一般最小值，特殊困难方可用极限最小值，坡差小时应尽量采用大的竖曲线半径，视觉要求的最小竖曲线半径，凹形半径满足设计车速的100倍，凸形是150～160倍。

第七节　竖曲线设计方法

在纵断面设计坡度线完成后，要进行竖曲线设计。完成的纵断面设计坡度线上要标有变坡点的位置（里程桩号）、变坡点的高程、变坡点两侧相邻纵坡的坡度，在此基础上进行竖曲线设计。竖曲线设计时，应先根据控制因素选定竖曲线半径，然后计算竖曲线元素，最后推算出竖曲线的起终点里程和竖曲线上任意一个桩号的设计高程。下面介绍其设计方法。

一、竖曲线半径的选定

竖曲线半径一般依据竖曲线要素并结合控制因素和技术标准确定。竖曲线要素为竖曲线长度 L、切线长度 T 和外距 E。如图5-44所示，设 R 为竖曲线半径，ω 为两纵坡段的变坡角，则由几何关系得曲线长度 L 为：

$$L = R \cdot \omega = R \cdot (I_1 - I_2)$$

因纵坡很小，可忽略切线与其投影的距离差，即实际计算时，切线长 T 采用的是水平距离。而当 ω 很小时，则：

切线长：

$$T \approx \frac{1}{2}L = \frac{R}{2}(I_1 - I_2)$$

由已知 ω 与 T，则可求曲线半径：

$$R = \frac{2T}{\omega}$$

由图5-44得出下列关系：

$$(R + E)^2 - T^2 = R^2, E = \frac{T^2}{2R + E}$$

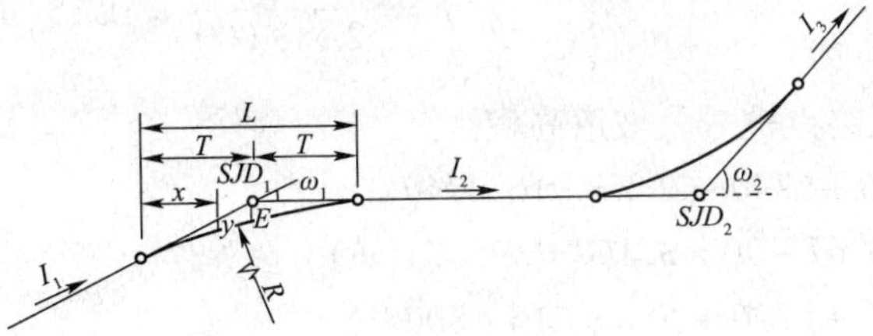

图5-44　竖曲线及要素计算示意图

（图中 SJD 为变坡点）

E 与 $2R$ 相比甚小，忽略不计，则：

$$E = \frac{T^2}{2R} = \frac{R(I_1 - I_2)^2}{8}$$

根据控制因素，利用下式反算出竖曲线半径。

$$R = \frac{8E}{|I_1 - I_2|^2}$$

反算出半径后，再将其半径对照技术标准取整，这里所指的技术标准是指《技术标准》中规定的竖曲线的最小长度和最小半径，再用取整后的半径重新计算竖曲线元素，最后反复比较认为合适后确定出最终采用的竖曲线半径。

二、竖曲线元素、改正值和高程计算

为了具体计算竖曲线上高程，竖曲线中间各点纵横坐标 x、y 值按下式计算：

$$y = \frac{x^2}{2R} \tag{5-61}$$

式中：x——竖曲线起讫点至所求桩号之间的距离；

y——竖曲线各点的纵距，当 $x = T$ 时，$y = E$。

对于凸形竖曲线：设计高程 = 未设竖曲线时设计纵坡线上在计算桩号处的设计高程 $-y$；

对于凹形竖曲线：设计高程 = 未设竖曲线时设计纵坡线上在计算桩号处的设计高程 $+y$。

【例 5-5】 如图 5-45 所示，设竖曲线半径 $R = 3\ 000\text{m}$，相邻坡段的坡度 $I_1 = +3.1\%$，$I_2 = +1.1\%$，变坡点的里程桩号为 K16 +770，其高程为 396.67m。如果曲线上每隔 10m 设置一桩，试计算竖曲线上各桩点的高程。

【解】 1. 计算竖曲线元素

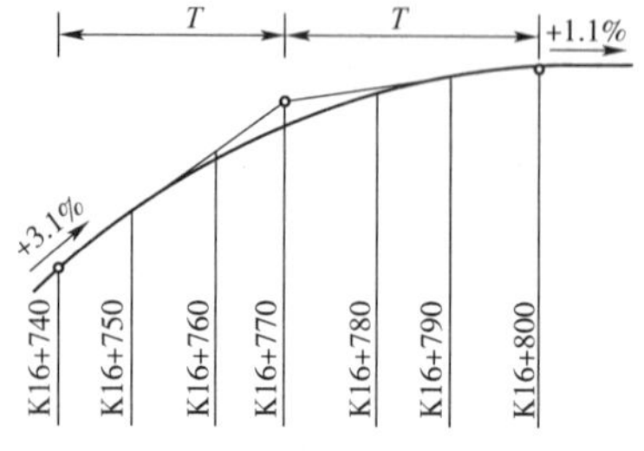

图 5-45　例 5-5 示意图

因转坡角 $\omega = I_1 - I_2 = +3.1\% - (+1.1\%) = +2.0\% = +0.02$。

$$L = R \cdot \omega = 3\ 000 \times 0.02 = 60(\text{m})$$

$$T = \frac{60}{2} = 30(\text{m})$$

$$E = \frac{30^2}{2 \times 3\ 000} = 0.15(\text{m})$$

2. 计算竖曲线起、终点桩号及坡道高程

起点桩号　K16 + (770 − 30) = K16 + 740

起点高程　396.67 − 30 × 3.1% = 395.74(m)

终点桩号　K16 + (770 + 30) = K16 + 800

终点高程　396.67 + 30 × 1.1% = 397.00(m)

3. 计算各桩位的设计高程

由于两坡道的坡度均为正值，且 $I_1 > I_2$，故为凸形竖曲线，y 取负号。计算结果见表 5-26。

各桩竖曲线高程计算　　表 5-26

桩　号	至竖曲线起点或终点的平距 x(m)	高程改正值 y(m)	坡道高程 (m)	竖曲线高程 (m)	备　注
K16 +740	0	0.00	395.74	395.74	竖曲线起点
+750	10	-0.02	396.05	396.03	
+760	20	-0.07	396.36	396.29	
+770	30	-0.15	396.67	396.52	变坡点
+780	20	-0.07	396.78	396.71	
+790	10	-0.02	396.89	396.87	
+800	0	0.00	397.00	397.00	竖曲线终点

计算出各桩的竖曲线高程后，即可在实地进行竖曲线的测设。

三、竖曲线设计方法实例

实际工作中竖曲线设计步骤是：首先根据控制要素试算竖曲线半径，然后再结合技术标准确定竖曲线半径。在此基础上计算竖曲线元素进而确定竖曲线起点和终点桩号，最后计算位于竖曲线段内各桩点设计高程。下面举例说明设计方法。

【例 5-6】 如图 5-46 所示，某山岭区二级公路（设计车速 80km/h），已知某道路路线设计变坡点桩号为 K2 +300，设计高程 1 013.380m；变坡点处路线来向和去向的道路纵坡分别为 -3% 和 +5%，变坡点前方路线来向的 K5 +180 桩号处有一个 1—3m 的石拱涵，石拱涵矢跨比为 1/2，净跨径为 3m，涵洞净高为 4.5m，拱圈厚度为 20cm。要求涵顶填土高度为1.5m，涵位处河沟地面高程为 1 021.480m，去除清底 20cm 后为涵底高程。试作如下设计：

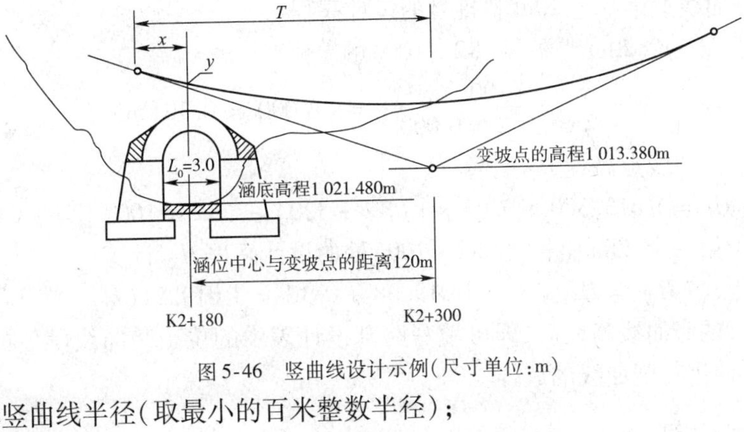

图 5-46　竖曲线设计示例(尺寸单位：m)

（1）选择竖曲线半径（取最小的百米整数半径）；

（2）计算竖曲线上第一个 50m 整桩号处的路基设计高程。

（山岭区二级公路凹形竖曲线一般最小半径和极限最小半径分别为 3 000m 和 2 000m）

【解】　（1）计算涵位中心桩号处的竖曲线 y 值

①计算涵位中心桩位竖曲线上的设计高程：

涵底高程 + 涵洞净高 + 拱圈厚度 + 拱顶填土厚度

=（1 021.480 -0.200）+4.500 +0.500 +1.500 =1 027.780（m）

②计算涵位中心桩号处设计坡度线上的高程

设计坡度线上的高程 = 变坡点高程 + 120 × 0.03 = 1 013.380 + 3.60 = 1 016.980(m)

③计算涵位中心桩号处的竖曲线 y 值

y = 涵位中心桩号处竖曲线上设计高程 − 涵位中心桩号处设计坡度线上的高程

= 1 027.780 − 1 016.980 = 10.80(m)

(2)用 y 值反算竖曲线半径

$$y = \frac{x^2}{2R} = \frac{(120 - T)^2}{2R} = \frac{\left[120 - \frac{(I_1 - I_2) \cdot R}{2}\right]^2}{2R}$$

$$10.80 = \frac{x^2}{2R} = \frac{(120 - T)^2}{2R} = \frac{\left[120 - \frac{(-0.03 - 0.05) \cdot R}{2}\right]^2}{2R}$$

$$21.60R = (120 + 0.04R)^2$$

解之得:R = 6 000(m)。

此半径满足山岭区二级公路凹形竖曲线一般最小半径(3 000m)和极限最小半径(2 000m)的要求,因此 R = 6 000m 既满足控制要求,又符合技术标准,作为最终确定的竖曲线半径。

(3)计算竖曲线元素和起终点里程

①竖曲线的切线长 T

$$T = \frac{I_1 - I_2}{2}R = \frac{-0.03 - 0.05}{2} \times 6\ 000 = 240(\mathrm{m})$$

②竖曲线起终点里程

竖曲线起点里程 = 变坡点里程 − T = K2 + 320 − 240 = K2 + 080

竖曲线终点里程 = 变坡点里程 + T = K2 + 320 + 240 = K2 + 560

(4)计算竖曲线上第一个 20m 整桩号的设计高程

①竖曲线上第一个 20m 整桩号(K2 + 100)的 y 值

$$y = \frac{x^2}{2R} = \frac{(100 - 60)^2}{2 \times 6\ 000} = \times 6\ 000 = 0.13(\mathrm{m})$$

②K2 + 100 处切线点高程 $H_{切}$ 计算

$$H_{切} = H_0 + ID = 1\ 013.380 + 0.03 \times [(\mathrm{K2} + 320) - (\mathrm{K2} + 100)] = 1\ 019.38(\mathrm{m})$$

③竖曲线上第一个 20m 整桩号(K2 + 100)处的设计高程 $H_{设}$ 计算

$$H_{设} = H_{切} + y = 1\ 019.38 + 0.13 = 1\ 019.51(\mathrm{m})$$

计算出各桩的竖曲线高程后,即可填写路基设计表中的位于竖曲线段各桩号的设计高程栏,亦可在实地进行竖曲线的放样。

四、竖曲线作图

在纵断面设计图上要将竖曲线画出。竖曲线在纵断面坡度设计线完成并在竖曲线计算完毕后进行。竖曲线在纵断面图上有两个方面的工作要做:其一是,在纵断面设计线完成后,按照比例在变坡点处补画出竖曲线;其二是,用竖曲线图标(也称标示架)标出竖曲线所在变坡点的桩号、高程以及起、终点位置,竖曲线元素。设计时要从某个变坡点开始,按照计算出的竖曲线起点和终点桩号,用卡规在图上卡出起、终点位置,然后根据图上的算出的外距和一些点的改正值,用曲线板画出竖曲线,最后在其上方或下方用竖曲线图标标示出竖曲线,如图 5-29 所示。

在纵断面图上设置竖曲线后要与设计坡度线顺滑连接并加粗。此外,在图的上方或下方以竖曲线标示架标示出来。标示架是上端和下端带有竖线的半开口矩形,标示架的竖线要对齐变坡点里程桩号,并在线的左侧写上变坡点高程,右侧写变坡点里程桩号。半开口矩形一端与竖曲线起点桩号对齐,另一端与终点桩号对齐,半开口矩形内写竖曲线和竖曲线的外矢距及切线长。半开口矩形的开口方向对凹、凸两种竖曲线是不同的,凹曲线开口向上;凸曲线开口向下,并在半开口矩形内填写竖曲线半径、切线长和外距。

第六章　道路横断面设计理论与方法

道路勘测与施工放样文件是借鉴用三面视图表达工程结构物的思路，将道路实体设计结果用其平面、纵断面和横断面表达。道路勘测需要编制的技术文件除路线平面设计图、纵断面设计图外，必须有横断面设计图才能完整表达道路设计实体。路线横断面设计图既是道路实体设计的主要技术文件，同时也是施工的依据之一。

第一节　道路横断面设计的概念与横断面组成

平面设计最终是体现在沿着道路中心线布置的一系列桩点，这些桩点的连线就是道路中心线；在平面设计的基础上做出的纵断面设计，实际上是在具有高低起伏的地面上设计出道路顶面将来的位置。有了平面和纵断面还不能完整地表达出道路实体空间形状，因为平、纵设计完成再将其结合后，在几何意义上来讲，实际上是设计出一条道路中心的空间曲线，这就不能交付施工，更不能让施工单位按照设计意图施工出道路实体。为解决这一问题，还得结合横断面设计来构成完整的道路几何实体，从而形成完整的平、纵、横设计文件。图6-1是在第四章和第五章道路平面设计图几何意义基础上，做出的横断面示意图，这个图相当于以纵断面道路顶面为基准做出每个桩号处将来路基横向轮廓和尺寸的一个设计，这实际上就是横断面设计。横断面图是公路主要的技术设计文件之一，横断面设计结果反映了路基的形状和尺寸。

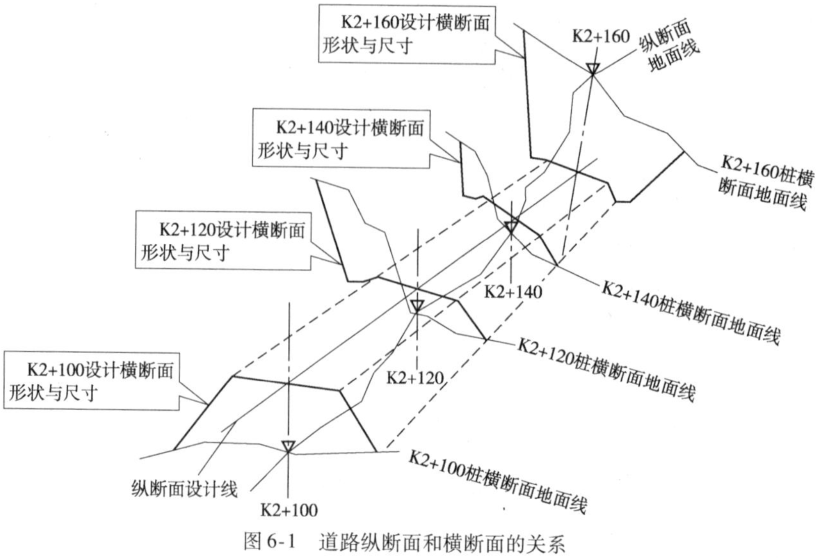

图6-1　道路纵断面和横断面的关系

一、路基横断面的基本形式和设计要素

(一)路基横断面设计图的样式

路基横断面设计,用横断面设计图表达,见图6-2,它是由中心填挖高度、横断面地面线、设计断面轮廓和尺寸及图注共同构成。图中,粗实线表示横断面设计轮廓形状和尺寸,细实折线是横断面地面线,其几何意义是垂直于路线中线作一个竖向剖切面,此面与原地面的交线,可由横断面测量得到。横断面设计图注(图下书写的数字)是本桩位处横断面设计数据,每行数据和字母含义见表6-1。

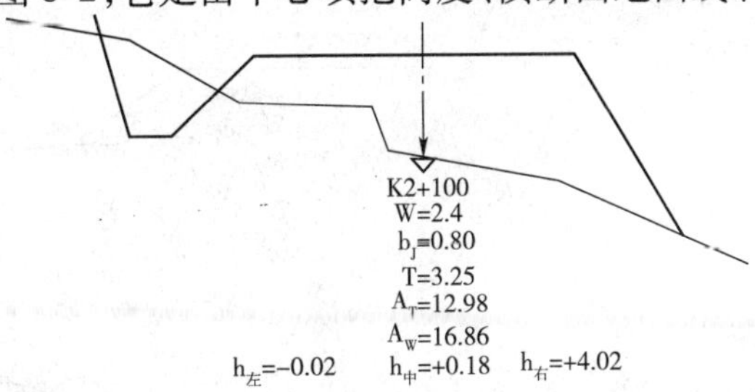

图6-2　路基横断面设计图的样式(尺寸单位:m)

路基横断面设计图图注含义　　表6-1

符号	含义	示例	符号	含义	示例	符号	含义	示例
KX + XX	里程桩号	K2 + 100	W	挖方深度(m)	W = 2.4	$h_左$	路基左侧超高值(m)	$h_左$ = -0.02
T	填方高度(m)	T = 3.25	A_T	填方面积(m^2)	A_T = 12.98	$h_中$	路基中线超高值(m)	$h_中$ = +0.18
b_J	路基加宽(m)	b_J = 0.80	A_W	挖方面积(m^2)	A_W = 16.86	$h_右$	路基右值超高值(m)	$h_右$ = +0.62

(二)横断面的基本形式

横断面设计中要逐桩确定横断面设计图,在每个桩位处垂直于路中线方向作一竖剖面,这个剖面与地面交线和这个桩位处设计断面形状构成的轮廓线叫做这个桩的横断面,这个横断面用图形表示,称为横断面图。横断面设计中,首先通过外业勘测组的横断面组按照测量规则和要求进行横断面地面线测量。横断面地面线测量结果是每个中桩桩号对应的横断面地面高程。路基的基本断面形式主要有路堤、路堑、半填半挖和不填不挖四种基本形式。每一个桩位的断面形式究竟是哪一种,这要视原地面起伏状况、设计填挖和设计断面形状及尺寸决定。图6-3为纵断面设计线和地面线的关系。每一种断面形式都有其横断面的组成和要求。此外,这几种形式和纵断面设计坡度线的位置有密切的关联。当某桩号处坡度线上的高程和地面线上高程之差为正,即中心为填方时,可能形成的断面形式只能是路堤或半填半挖路基;当某桩号处的设计线与地面线之差为负时,只能是形成路堑或半填半挖形式。

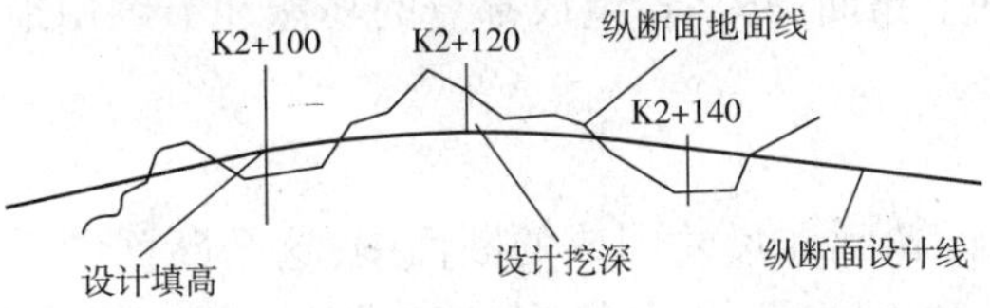

图6-3　纵断面设计线与地面线的关系示意图

有时,路基的横断面与支挡和防护工程一同设计,如图6-4所示。

路堤是指在原地面上用土、石或其他材料填筑起来的路基[图6-5a)]。路堤有高路堤、一般路堤和低路堤之分。路堤填高大于20m的为高路堤;路堤填高小于20m大于1m的为一般路堤;路堤填高小于1m的为低路堤。

路堤施工测量,也称施工放样,是在路线恢复定线后,将路基基底宽度、护坡道宽度、边沟位置、公路界桩等确定下来。

路堑是指从原地面向下挖而成的路基[图6-5b)]。在起伏地段,为了缓和道路纵坡,遇到高地时需要开挖路堑。高等级公路为了与两旁隔离也有做成路堑式的。

(三)路基横断面的基本要素

在进行路基路面施工放样以前,应首先了解路基路面设计的基本要素,即基本参数,以便

在进行放样测量时计算放样数据。路基路面的设计计算参数主要包括路基宽度,路面宽度,排水沟渠的宽度和边坡坡度,路基填挖高度,路堤路堑的边坡坡度,路基的超高和加宽值等。

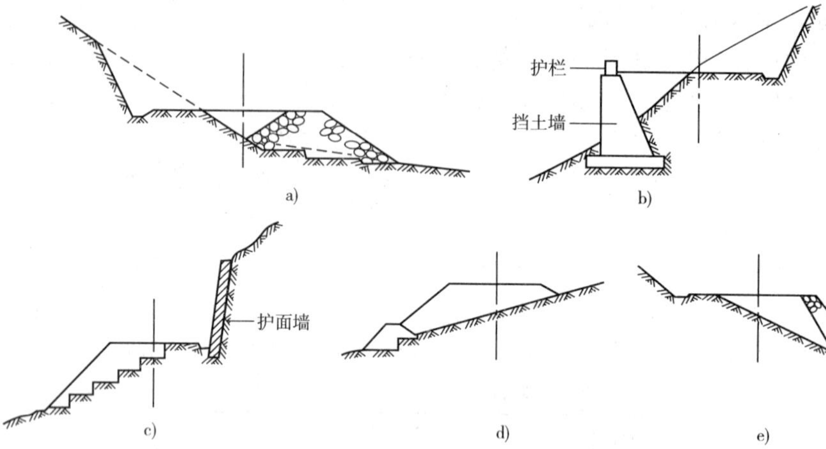

图 6-4 带有防护工程的路基横断面形式

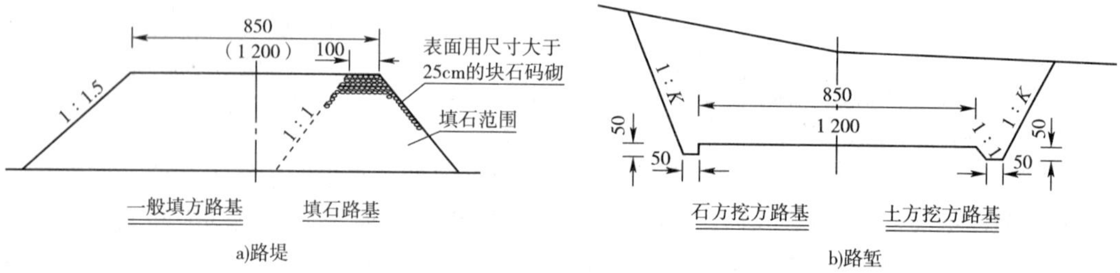

图 6-5 路堤与路堑(尺寸单位:cm)

1. 设计标准

道路宽度的技术标准包括各级公路的行车道宽度、中央分隔带宽度、路缘带宽度、土路肩和硬路肩宽度、错车道和超车道宽度等技术标准。

标准规定的路基宽度,是根据不同车速条件下路面、路基各组成部分的功能和节约用地等要求规定的。

2. 路基宽度

由于横断面设计图是由地面线和横断面设计轮廓和尺寸围成的断面图,这个断面图是按照中桩桩号逐桩绘制的,设计断面轮廓由路基顶面宽度,设计内、外边坡及地面线等构成,所以在设计时必须确定出道路设计路基宽度,这个宽度确定原理和方法,将在本章第四节中详细介绍。公路路基宽度是指行车道与路肩宽度之和,它是根据路基路幅内各组成部分的宽度确定的。通常,道路宽度确定包括路面宽度、路肩宽度、中央分隔带宽度的确定。在理论上确定路面宽度是根据每个车道的宽度乘以车道数计算的。而在设计当中,一般是根据道路所处的地形条件并结合公路等级和投资大小等因素直接从技术标准中选定。

3. 边坡坡度

路基边坡坡度通常以 $1:m$ 的形式表示,即:

$$i = h : d = 1 : m$$

式中:m——边坡坡度(%);

h——边坡上任意两点的高差(m);

d——边坡上任意两点的水平距离(m)。

4. 路基加宽

汽车以一定的速度转小弯时，所占的宽度要比直行时略宽些，这是由于汽车在曲线路段上行驶时，后轮轨迹偏向曲线内侧所致。为适应行车需要，在半径较小的弯道内侧相应增加路面、路基宽度，称为弯道加宽（亦称平曲线加宽）。但当汽车以一定的速度转半径很大的弯时，汽车所占路面宽度和直行时基本相同，所以不必要加宽路面。以上所述的大小半径界限在我国标准中规定为250m。路面加宽时，习惯上只加宽原路面内侧。

5. 路基超高

为抵消车辆在曲线路段上行驶时所产生的离心力，在该路段横断面上设置的外侧高于内侧的单向横坡，称为超高。当汽车行驶在设有超高的弯道上时，汽车自重分力将抵消一部分离心力，从而提高行车的安全性舒适性。超高设于圆曲线范围内，两端用过渡段与直线相连。从直线段的双向横坡渐变到圆曲线段的超高单向横坡的过渡段称为超高缓和段。

二、横断面设计图中的地面线测量

路基横断面地面线测量的程序是：首先，确定横断方向；其次，找地形特征点；再次，进行横断施测。

（一）确定横断方向

横断方向确定至关重要，如若找错，则会得出与实际地形不吻合的地面起伏状态，测量将失去意义。横断方向对直线段和曲线段分别定义，如图6-6a）、b）所示。直线段的横断方向定义为垂直于路线方向；曲线段的横断方向定义为垂直该点的切线方向。横断方向可用仪器寻找或用专用方向架[图6-7c）]寻找。方向架由方向杆、上弦杆和下弦杆组成，上、下弦杆相互垂直，方向杆可以做全圆转动。转动到预定方向后可用花螺丝作暂时固定。下面是用方向架确定横断方向的测量口诀，供参考。

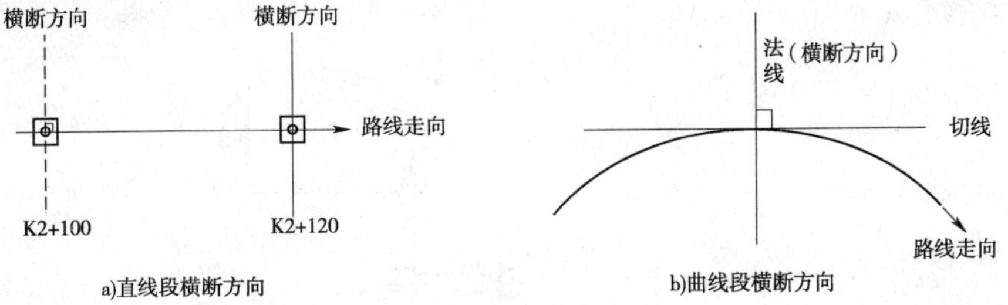

图6-6　横断方向确定

（1）直线段路段：测设口诀是“上瞄前，下为横”。就是说，利用横断面测量十字架的上弦杆瞄准中线上相邻的桩上花杆，下弦杆所指的方向就是横断面方向[图6-6a）]。

（2）净圆曲线段：测设口诀是“上瞄弦，方瞄切；方瞄弦，下为横”。首先在相邻两个桩的第一个桩上树立花杆，利用横断面测量十字架的上弦杆瞄准弦线，方向杆瞄准切线，然后将十字架移动到下一个相邻桩点上，利用方向杆瞄准弦线，下弦杆所指的方向就是横断面方向[图6-7a）]。

（3）回旋曲线段：回旋曲线段确定横断方向的原理如图6-7b）所示。测设时需先计算出切切交点到曲线起点沿着主切线的距离 T_d 值，再用十字架确定横断方向。具体做法是先用钢尺从曲线起点沿主切线方向量取 T_d 值得切切交点 N，再将十字架置于曲线上任一点，用上弦杆瞄准 N，下弦杆为横断方向。故测设口诀为“利用 T_d 定出 N，“上瞄弦”“下为横”其意思是，利用 T_d 值找到节切交点 N，将方向架置于曲线上任一桩点 Q，利用上弦杆瞄准 N，下弦所指的方向即为横断面方向。

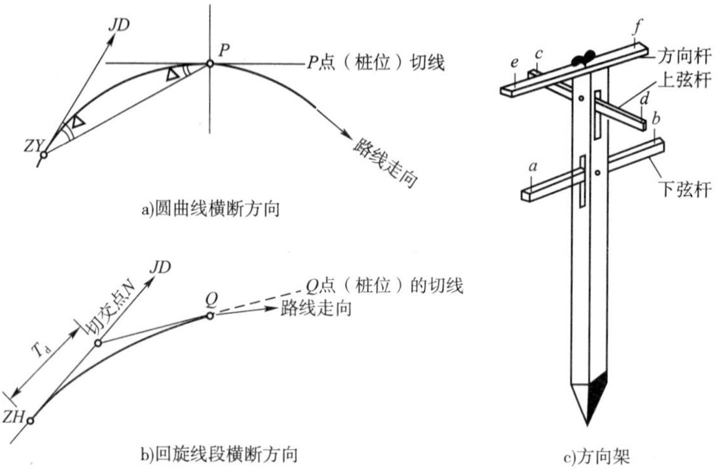

图 6-7　方向架(十字架)

特别指出，在曲线段横断面测量中，将曲线起点的切线叫做主切线，把曲线上任一点的切线与主切线的交点称为切切交点[图 6-7b)中的 N 点]。

(二)找地形特征点

横断面地形特征点，实际上就是指横断方向上地面高低起伏转折的变化交界点，测量前首先找到这些点，然后测量这些点彼此之间的相对高差和水平距离。

(三)横断面施测

横断面施测的方法依据实地地形、测量精度、使用的仪器等的不同而异。通常有皮尺花杆法、抬杆法、钓鱼法、水准仪法、手水准花杆法、坡度仪法、经纬仪法、全站仪法等，图 6-8 是皮尺花杆法操作示意图。

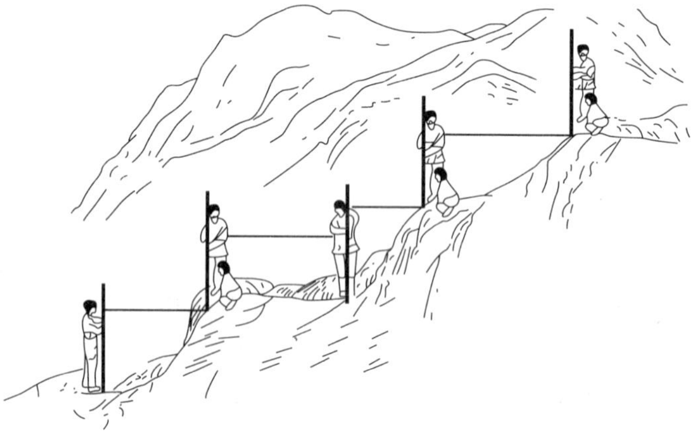

图 6-8　皮尺花杆法操作示意图

三、横断面图的类型

路基横断面设计图有两种：一种是逐桩横断面设计图，简称横断面设计图，通常每个桩号都给出。另一种为标准横断面设计图，是按照段落给出，简称标准横断面图。以上所介绍的均是逐桩横断面设计图。路基标准横断面设计图的样式见图 6-9。

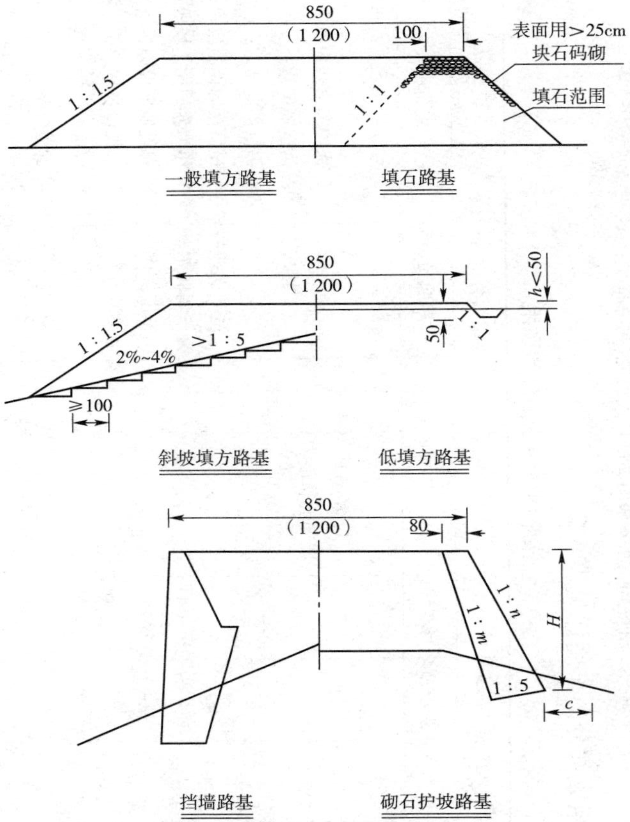

K值

黏土	0.75
土夹石、石土	0.5
泥质页岩	0.5
风化石英砂岩	0.5
灰质页岩	0.33
花岗岩	0.33
石灰岩	0.2

b值

H	b
≤1	80
>1~2	100
>2~4	100

c值

黏土	150
土夹石	100
软石	60
坚石，次坚石	30

m：n值

H(m)	m	n
≤5	0.30	0.50
≤10	0.50	0.67
≤15	0.60	0.75

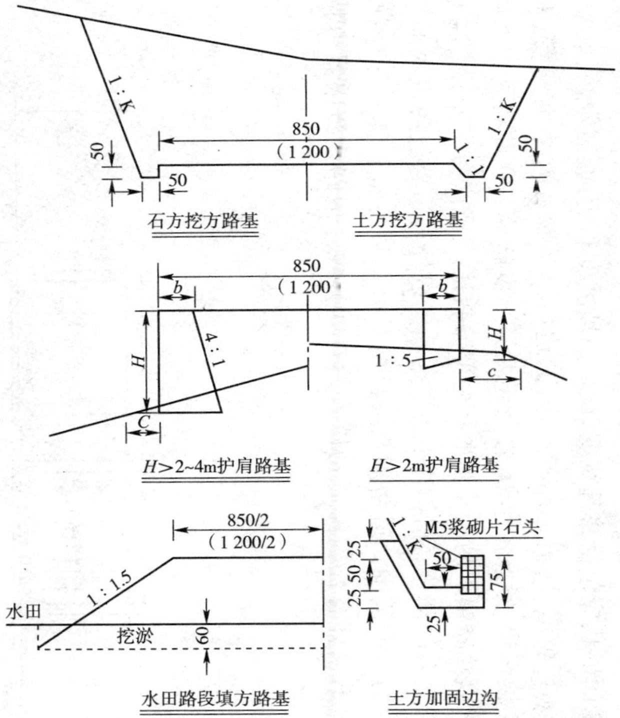

说明：

1.本图尺寸除说明外，均以厘米计。

2.挡土墙结构尺寸详见挡土墙设计图。

3.路基宽度分30m、12m和8.5m三种规格，分段桩号详见第一篇总说明。

图6-9　路基标准横断面设计图的样式

四、路基横断面基本组成

一个完整的设计断面形状应包括路基宽度、设计边坡坡度和边沟、截水沟、取土坑、弃土堆等的形状和尺寸等，如行车道、路肩、分隔带、边沟、边坡以及截水沟、护坡道等，对于高速公路，还有变速车道、爬坡车道、紧急停车带、慢行道及路上设施等。在此将这些组成部分分为路幅内的尺寸和形状以及路幅外的尺寸和形状两部分叙述，如图6-10所示。这里路幅内是指路基两侧路肩边缘之内的部分；而路幅外是指路幅内以外与道路红线以内的部分。路幅内指道路建筑限界内的宽度范围。道路建筑限界指对道路和桥面上以及隧道中，规定的一定高度和宽度范围内不允许有任何障碍物侵入的空间界限。道路建筑限界由技术标准规定。

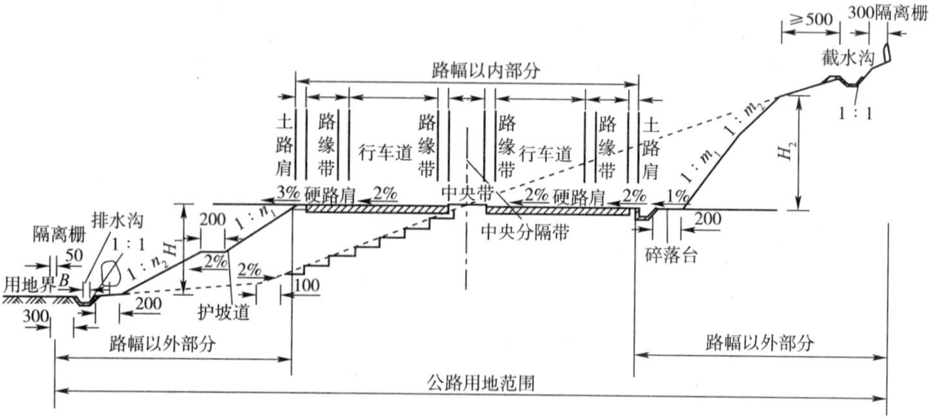

图6-10 路基横断面的详细组成(尺寸单位：cm)

路基各组成部分的作用详见表6-2。

横断面各组成部分的作用 表6-2

名称	路幅外组成			路幅内各部分组成				
	边沟	截水沟	护坡道	行车道	中间带	路缘带	硬路肩	土路肩
作用	排除路面积水	拦截由路基上方流向路基的水流	保护路基边坡	供车辆行驶	1. 分隔往返车流，增加通行能力； 2. 防止错认对向车道； 3. 避免中途调头； 4. 可作设置标志和交管设施场地； 5. 有利夜间行车安全； 6. 提供埋管或预留专用场地	诱导视线并为车辆偶尔驶出车道提供安全保障	1. 保护车道结构稳定； 2. 供车辆停靠； 3. 提供侧向余宽； 4. 提供路用设施位置； 5. 作为养护操作场地； 6. 埋设地下设施； 7. 增加弯道视距； 8. 可供人、自行车通行； 9. 增加公路美观； 10. 作为警用专道	保护硬路肩

（一）路幅内设计断面形式及其宽度

1. 行车道

行车道是公路横断面最基本的元素，车道宽度是公路横断面的基本特征，车道为车辆出行提供通行条件，车道的宽度和路面状况影响车辆行驶的安全性和舒适性。一条公路的车道数主要根据该路的预测交通量来选定。美国《公路通行能力手册》（2000 年版）提供了一些被广泛采用的车道数测算方法。

我国公路目前规定为一、二、三、四级和高速公路五个等级。四级公路标准低，一般为单车道或双车道；二、三级公路为我国常见的公路，一般为双车道或加宽双车道；一级公路和高速公路的通行能力大，因此一般为四车道、六车道和八车道，中间用分隔带将两个方向行驶的车辆分开，以保证车安全。高速公路和具有中央分隔带的一级公路路幅内道路断面形式见图 6-11a），其他各级公路路幅内设计断面形式见图 6-11b）。

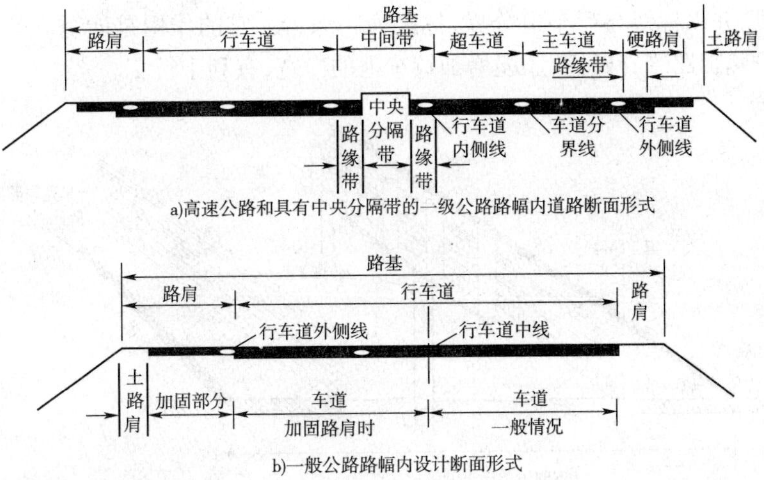

图 6-11　各级公路路幅内道路断面形式

车道宽度由一条车道的宽度和车道数来决定。一条车道的宽度必须能够满足设计车辆安全行驶并能为相邻车道上的车辆提供余宽。影响车道宽度的因素除车辆宽度和余宽外，还有设计车速、设计交通有无路肩以及会车等情况。

行车道应设置排水路拱横坡。从理论上讲实际路面排水应采用不同的路拱形状，如抛物线形、折线叠加圆曲线形和改进的抛物线形等。对有中央分隔带的公路，通常设置单向横坡，其最高点一般位于中央分隔带的边缘。由于排水的需要，双幅行车道必须往两个方向设置横坡，此时路拱线应置于两个车道的接合部。

2. 硬路肩

硬路肩的功能和作用见表 6-2。路肩也应设置适当的横坡以利于排水，路肩横坡坡度的取定应在考虑排水的前提下尽量使其不影响车辆适当占用路肩。路肩的横坡与相邻的行车道横坡相同，或者比行车道横坡大 1% ~2% 。

3. 路缘带

在高速公路上一般设置用于诱导视线的路缘带，路缘带靠近中央分隔带的两侧，在路面形成后以标线划出范围，一般距离中央分隔带的边缘 0.5m 范围的路面部分被划作路缘带。

路缘带的作用是用于诱导视线、支撑路面以及提供侧向余宽。

4. 土路肩

高速公路的硬路肩外侧和没有硬路肩的公路上都应设置土路肩，土路肩的主要作用可归纳为五个方面：第一，提供临时停车的位置；第二，提供硬实稳定且与行车道保持一定安全距离的表面；第三，养护和紧急停车使用；第四，横向支撑路面并承载道路设施，包括防撞护栏等；第五，改善行车视距。在有硬路肩的地方，土路肩主要起承载道路设施和改善行车视距两种作用。

高速公路和一、二级以下没有硬路肩的公路，土路肩的宽度一般为 0.75m，横坡一般为 2% ~3%。靠近城镇或混合交通量很大的二级以下公路的土路肩应加固。

5. 中间带

在高速公路和一级公路上要设置中间带。中间带是由中央分隔带和两侧路缘带组成。如图 6-12 所示，分隔带周边一般是用路缘石砌筑，高于路面。在分隔带两侧与行车道之间保留一定宽度，并以标线与行车道分界，称之为路缘带。它的作用是能诱导驾驶人员视线、避免车辆与分隔带路缘石碰撞，还能增加行车道的净宽，有利于行车。

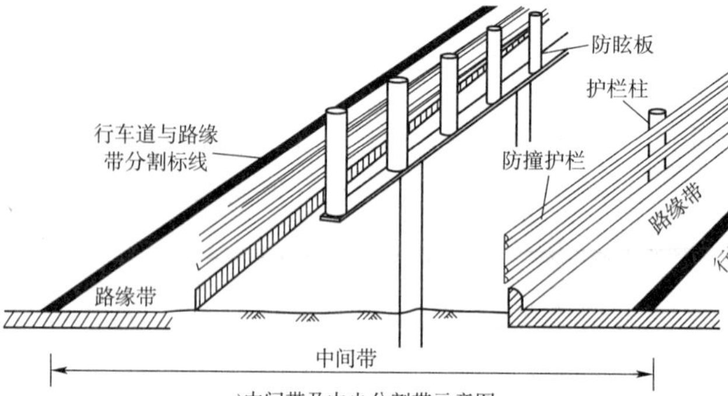

a)中间带及中央分割带示意图

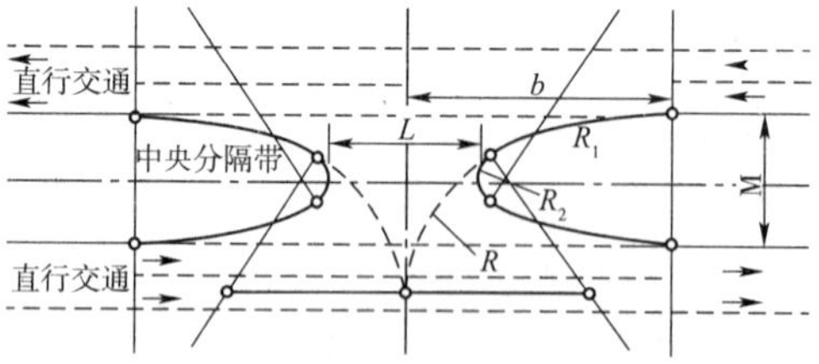

b)中央分割带的开口

图 6-12 中间带

中间带除特殊需要外，应尽量伸长，不要过多的断开，尤其是在紧靠交叉口处，若将中间带断开，容易造成车流紊乱。中间带宽度一般为 2 ~4.5m。

6. 爬坡车道

爬坡车道是设置在陡坡路段行车道外侧专供车辆上坡使用的车道，如图 6-13 所示。因为最大纵坡的确定，是考虑了小客车能以平均速度行驶，载重汽车降低车速行驶，但是，当载重汽车的混合率大时，则要降低爬坡路段的通行能力，这时应设置爬坡车道。设置爬坡车道后，将易受坡度影响的低速车分流到爬坡车道上行驶，干道上则保证车辆快速行驶，这样既发挥经济效益，又避免了强行超车，保证安全。欧洲某些国家将增设爬坡车道作为改进公路交通安全的一项措施。

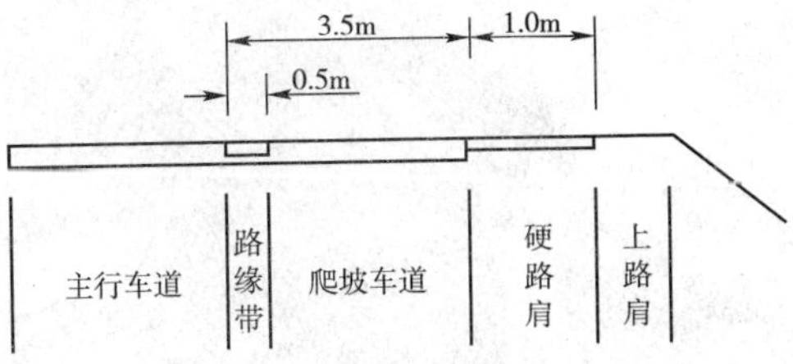

图 6-13　爬坡车道

《技术标准》规定：高速公路和一级公路、二级公路的连续上坡路段，当行驶速度、通行能力、安全等受到载重汽车影响时，宜设置爬坡车道。在实际设计中，宜选择需要设置而又合适的路段设置爬坡车道。

7. 变速车道

变速车道是加速车道与减速车道的总称。加速车道的功能，是为驶入干道的车辆在汇入干道车流之前，能安全加速以保证汇流所需的距离而设的。减速车道，是为保证车辆驶出高速公路时，能安全减速而设的。

变速车道有定向式和平行式两种，如图 6-14 所示。加速车道一般多用定向式，有时也用平行式；减速车道原则上用定向式。

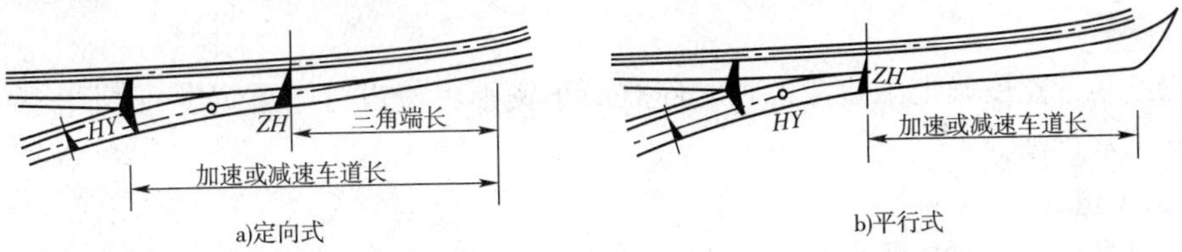

图 6-14　变速车道

互通式立体交叉的变速车道与服务区、车站等处的变速车道，由于各自的特点不同，对其要求也不尽相同。例如公共汽车停车道，除应设变速车道外，还应设二次变速车道（从减速车道的终点到停车道的起点及从停车道的终点到加速车道的起点的路段，分别叫做二次减速车道、二次加速车道，统称二次变速车道）。我国变速车道宽绝大多数采用 3.0m。国外规定，高等级公路停车道、变速车道的宽度为 3.5m；一般公路的停车道、变速车道的宽度也是 3.5m，但不得已时，可减少到 3.0m；平面交叉处的变速车道宽度为 3.0m。这些规定可以参考。

8. 避险车道

在连续长陡下坡（坡度大于 4%）路段，应结合交通安全评价论证是否需要设置避险车道以及在适当地点设置避险车道，以供失控的车辆强制减速并停下来，如图 6-15 所示。失控车辆一般是由于机器过热或机械发生故障致使制动失灵，或者因调挡失灵而使驾驶者失去对车辆的控制所造成的。

避险车道可修建在主线直线段上合适的位置，并应修建在失控车辆不能安全转弯的主线弯道之前以及坡底人口稠密区之前，以保证公路上其他车辆、失控车辆的驾驶人员以及沿坡道位于坡底的居民的安全。避险车道宽度不应小于 4.5m。

图 6-15　避险车道

9. 紧急停车带

高速公路和一级公路右侧硬路肩宽度小于 2.5m 时，应设置紧急停车带。高速公路、一级公路的特长桥梁、隧道，根据需要设置紧急停车带，其间距不宜大于 750m；二级公路根据需要可设置紧急停车带，其间距按实际情况确定。

紧急停车带的设置间距和尺寸，必须考虑故障车辆可能行驶的距离和可能摆动的距离。间距不宜大于 2km，宽度一般为 5.0m，有效长度一般为 50m，并设置 100m 和 150m 左右的过渡段。紧急停车带是与车道平行设置的，需要一个斜的缓和长度，有效长度的确定应考虑车辆最大长度。

紧急停车带宽度确定主要考虑临时停放的车辆不得侵占行车道宽度，且不影响行车道上的车辆正常行驶。

10. 错车道

错车道是指在单车道的公路上可通视路段的一定距离内，供车辆交错避让对向车辆用的一段加宽车道。

采用 4.5m 单车道路基的四级公路，应间隔适当距离（300m 左右）设置错车道。错车道应设在有利地点，使驾驶员能看到相邻两错车道间驶来的车辆。错车道的路基宽度不应小于 6.5m，有效长度应不小于 20m，错车道应和主线车道一样进行铺装加固。错车道两端应设过渡段与主线相连。其平面布置图如图 6-16 所示。

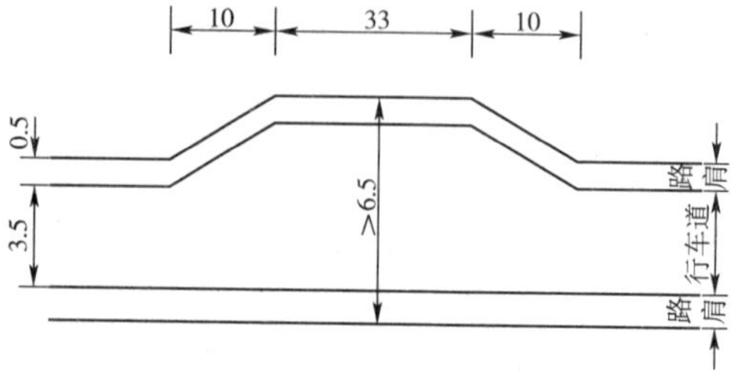

图 6-16　错车道（尺寸单位：m）

11. 路拱坡度

为使路面上的雨水及时排除，路面表面做成中间高两边低的拱形，称为路拱。路拱坡度的横向倾斜度，以百分率来表示，称为路拱横坡。不同路面的路拱横坡应根据路面类型、从有利于路面排水同时兼顾行车安全考虑,按表6-3的规定采用。在具体选用时,应注意在干旱和有积雪、浮冰地区,应采用低值,多雨地区采用高值;当道路纵坡较大、路面较宽、行车速度较高,或交通量和车辆载重量较大,或常有拖挂车行驶时,应采用低值,反之则采用高值。土路肩的横向坡度较路面横坡大1.0%~2.0%。

不同路面的路拱横坡　表6-3

路面类型	路拱横坡(%)	路面类型	路拱横坡(%)
沥青混凝土、水泥混凝土路面	1.0~2.0	碎砾石等粒料路面	2.5~3.5
其他黑色路面、整齐石块	2.5~3.5	低级路面	3.0~4.0
半整齐石块、不整齐石块	2.0~3.0		

在设有超高的横断面上,对于路面外侧的路肩横坡设计应避免过大的横坡转折,为了满足行车要求,外侧路肩采用与路面超高大致相同的坡度。

(二)路幅外设计断面形式及其宽度

1. 护坡道

当路肩边缘与路侧取土坑底的高差 h 小于或等于2m时,取土坑内侧边坡可与路基坡脚相衔接,并采用路堤边坡坡度;当高差 h 大于2m时,为确保路基稳定应设置1m的护坡道;当高差大于6m时,应设置宽2m的护坡道,如图6-17所示。

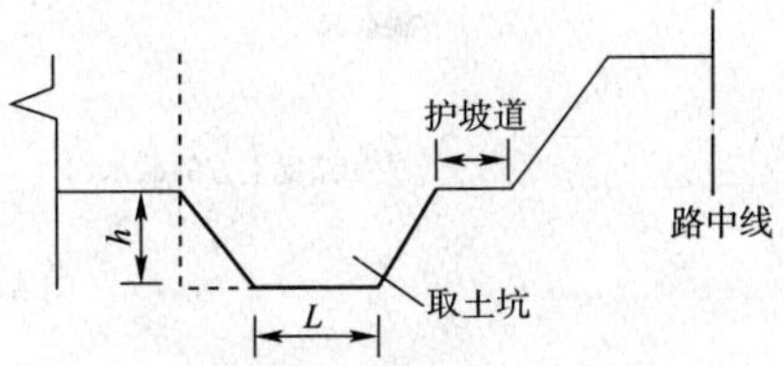

图6-17　护坡道

2. 边沟

边沟用于挖方地带和填方高度小于挖方深度的矮路堤及其个别的平原区低填土路堤,其作用是排除路面积水。边沟的设计断面形状有梯形、矩形、流线型、三角形和蝶形,分别适用于一般土质路基、石质路基、沙漠地区路基、机械开挖的路基和山区傍山路基。常用的边沟形状及断面尺寸见图6-18。

边沟布置时应注意以下问题:

(1)边沟长度不得大于500m,以防边沟水聚积漫流而溢出边沟,即每隔500m左右设边沟排水沟渠。

(2)边沟的纵坡不得小于0.5%以利排水。

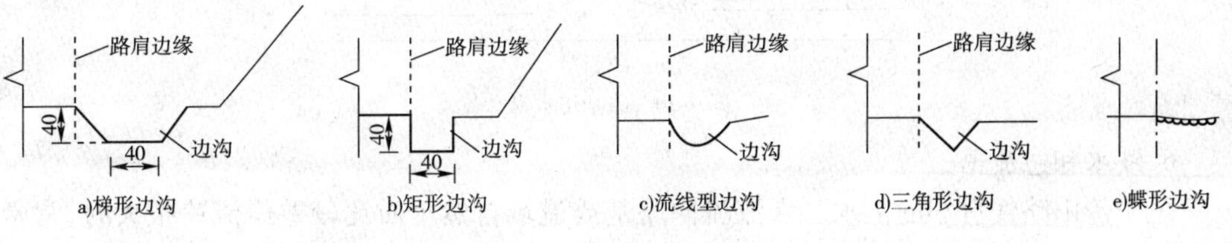

图6-18　边沟形状(尺寸单位:cm)

(3)路堤和路堑相接处的边沟应用跌水或急流槽引下路堤到自然沟渠,以防冲毁路堤边坡。

(4)低等级公路具有回头曲线路段的边沟,边沟布置不宜沿回头弯漫流,应将上下回头曲线处的边沟水利用跌水或急流槽设施引向自然沟渠。

3. 路基的边坡

路基边坡一般用边坡的坡度表示。边坡的坡度是指边坡上任意两点的竖向高差和水平距离之比。设计坡度以边坡石质和土质不同而异。路基边坡的坡度选择是根据路基的地质、水文和土质等条件确定，在选择坡度时以保证边坡稳定、不塌方为宗旨。

4. 截水沟

截水沟布置在路堤上方或路堑上方，用于拦截由路堤或路堑上方流向路基的水流，保持路基稳定。截水沟的布置时要注意截水沟离开路堤坡角或路堑坡顶的距离，一般形式见图6-19。

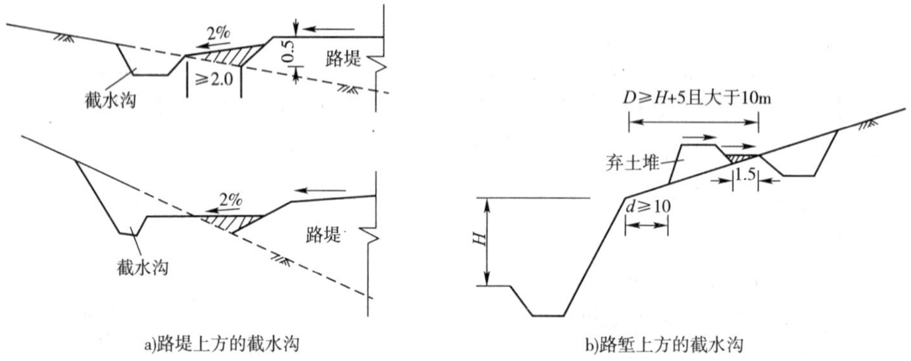

图6-19　路基截水沟（尺寸单位：m）

5. 排水沟

排水沟是设置在路幅以外，排除各种流向路基水流的专门沟渠，如边沟出口、截水沟出口及受地形限制无法引向自然沟渠，为保证路基安全而设置的排水沟。排水沟的尺寸依设计流量确定，有关的计算请参照明渠均匀流的计算方法，在此不在阐述。路基排水沟设置如图6-20所示。

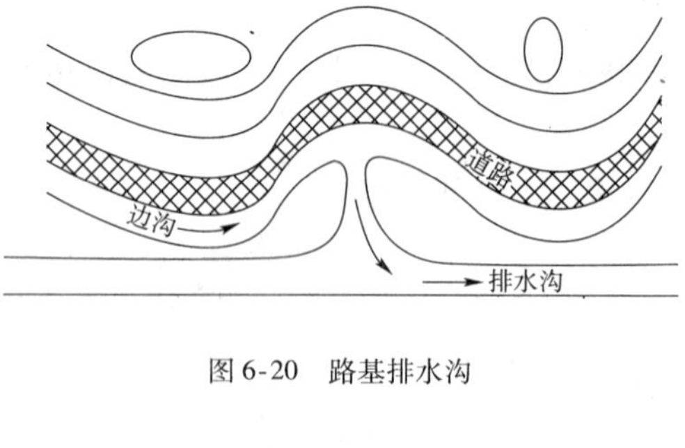

图6-20　路基排水沟

6. 跌水和急流槽

位于傍山路线有小的汇水区水流流向路基或流域自然土质比较差但流速很大时，常常以跌水或急流槽将水流引向路基处的涵洞排除。设置跌水和急流槽的主要目的是减缓水流速度，将水流引导到路基设施中，其主要构造和形式见图6-21。

7. 取土坑

如图6-22 所示，取土坑是路基填土时，采用就地开挖路边原地面而形成的遗留土坑。在开挖后要注意排水、整平以及覆土还田。具体设置要求详见公路路基路面工程类书籍。

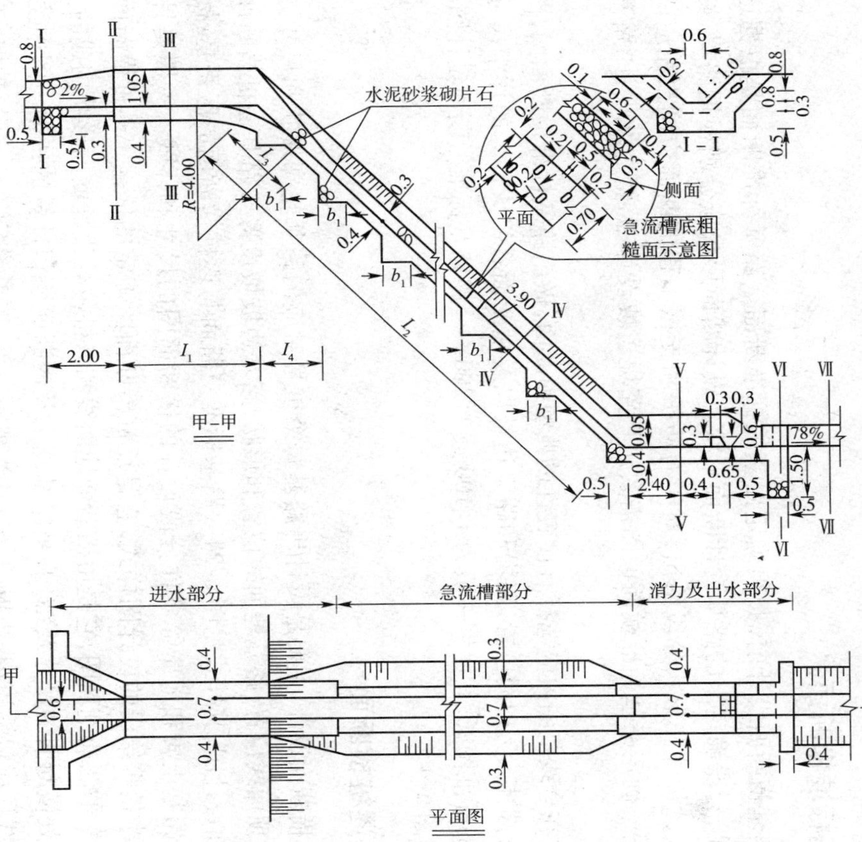

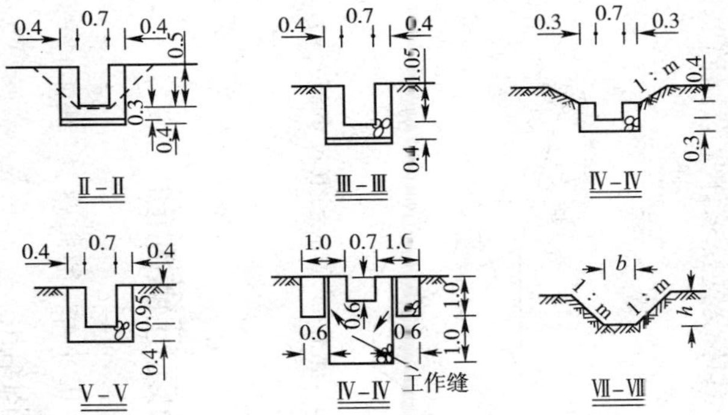

连接排水沟的吊沟部分尺寸表（$Q=0.5m^3/s$）

尺寸(m) \ 部分 / 沟底坡度	进水槽 l_1	急流槽 l_2	过渡段 l_3	防滑平台 b_1	每个平台水平间距 摩擦系数 $f=0.3$	每个平台水平间距 摩擦系数 $f=0.5$
1：0.75	5.10	≥5.90	3.45	0.8	1.70	3.30
1：1.0	3.90	≥4.50	2.25	0.8	1.70	3.30
1：1.25	3.35	≥3.90	1.70	0.9	2.00	5.00
1：1.5	3.05	≥3.60	1.40	0.9	2.00	5.00

连接排水沟的吊沟工程数量表（$Q=0.5m^3/s$）

工程项目	进水部分	急流槽部分			消力及出水部分
		沟底	防滑平台	伸缩缝	
材料名称	水泥砂浆砌片石			沥青麻筋	泥砂浆砌片石
数量 单位 / 沟底坡度	m^3	m^2/m	m^3/个	m^2/个	m^3
1：0.75	14.84	1.06	0.55	0.63	7.94
1：1.0	11.92	0.90	0.42	0.63	7.91
1：1.25	10.50	0.82	0.42	0.63	7.89
1：1.5	9.71	0.77	0.35	0.63	7.88

图6-21　跌水和急流槽(尺寸单位:m)

8. 弃土堆

如图 6-23 所示,弃土堆是在路堑开挖时,在剩余土方废弃地点遗留下的土堆,设置时要注意不要因此引起其他影响路基安全稳定的不良反应。具体设置要求详见公路路基路面工程类书籍。

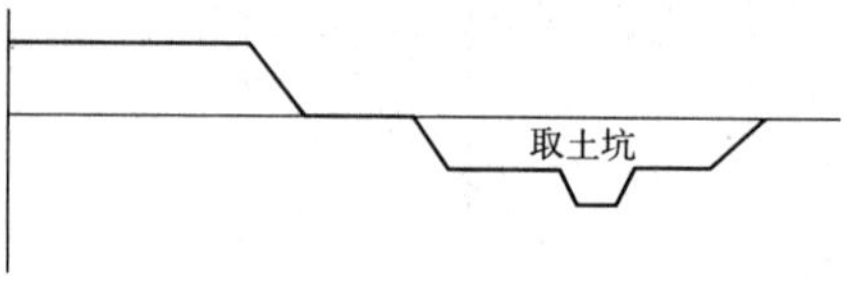

图 6-22　取土坑设置示意图

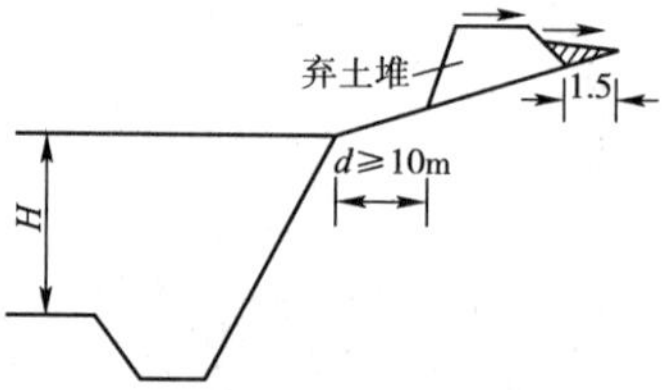

图 6-23　弃土堆设置示意图(尺寸单位:m)

第二节　路基标准横断面与逐桩横断面

一般路基横断面设计中,一般要包括:路堤、路堑、半堤半堑、护肩路基、挡土墙路基、砌石路基等。设计中分标准横断面和逐桩横断面两类断面图给出。

一、路基标准横断面

在进行路基横断面设计前,必须确定路基的标准断面。路基标准断面是根据道路土质和石质情况,分段确定出的路基设计断面形状。设计断面形状应分别根据路堤、路堑以及半填半挖设计尺寸和形状分段给出,对于有防护和支挡工程的断面应画出相应的防护和支挡示意图。确定路基标准横断面图需要进行路堤边坡设计、路堑边坡设计、路基细部设计。

一条公路在全线范围内应选择有代表性的典型横断面,做出路基标准横断面图,图中应注明用地界限,护栏、防护网位置,路堤和路堑边坡以及横断面各组成部分的详细尺寸和布置,作为施工的标准图式,其比例一般为 1∶100 或 1∶200。公路路基标准横断面设计图样式,见本章前面的图 6-4。

二、路基逐桩横断面

路基逐桩横断面设计,主要是设计出路基每个桩号对应的路基轮廓形状和尺寸。路基轮廓包括路基顶面线位置、路基地面线位置和形状,路基边坡坡度等。路基逐桩横断面设计图,亦称横断面设计图,其样式见图 6-24。路基标准横断面与逐桩横断面的区别是:标准横断面图是根据路基土质和地质等条件分段设计的横断面图的尺寸和样式。一般是针对路堤、路堑、半填半挖等给出的设计图样式,它是逐桩横断面图确定的依据。逐桩横断面图是每一个中桩位置的法向剖面图,它是由横断面地面线和该桩位处设计断面形状围成的,用来反映每个桩位处横断面的尺寸及结构,是路基施工及横断面面积计算的依据。图中绘出的地面线和设计线还应包括边沟、边坡、开挖台阶、视距台等,地界、挡土墙、驳岸、护坡、护脚等构造物均可绘于本图上,并注明其起讫桩号、圬工种类及断面尺寸(另绘有防护工程设计图的,只注明起讫桩号),比例一般用 1∶200。

路基逐桩横断面设计图应按桩号绘出，绘制时首先点绘横断面地面线，然后按照“路基设计表”中绘出的中心填挖高度，结合路基宽度、边坡、边沟设计断面形状“戴帽”，最后在每个断面的横断面设计图上写出桩号、填挖高度、超高值、加宽值及填方和挖方面积。

一个完整的横断面设计图，不但要按严格的比例尺（一般为 1∶200）画出由横断面地面线、设计断面轮廓和尺寸围成的横断面设计图，同时还要在图正下方标示出这个断面的里程桩号、填挖高度、填方面积 A_T、挖方面积 A_w，当断面有加宽时还应标注出加宽 b_J，若有超高时还要注明左、中、右超高值 $h_{左}$、$h_{中}$、$h_{右}$（图 6-24），另外，横断面图的地面线要用细实线画，设计轮廓尺寸要用粗实线画。

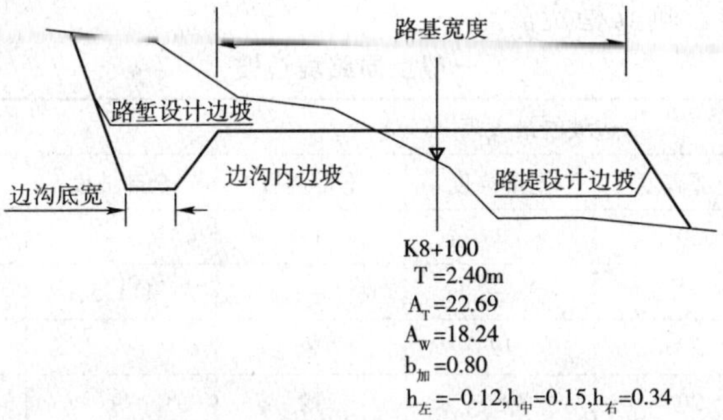

图 6-24　路基逐桩横断面设计图

第三节　一般路基边坡设计

路基横断面设计图中涉及路基边坡的确定，需要进行边坡设计后才可设计出路基横断面，因此路基边坡设计是必不可少的工作。

一、路基边坡及其确定原则

路基横断面设计，主要是设计出路基每个桩号对应的路基轮廓形状和尺寸。路基轮廓包括路基顶面线位置和宽度、路基地面线位置和形状、路基边坡坡度等。路基边坡坡度是指边坡上任意两点的竖向高差和水平距离的比值，并将比值结果换算为分子为 1 的比数形式，如1∶1.5、1∶0.5 等。路基边坡的坡度选择是根据路基的地质、水文和土质等条件确定，在选择坡度时以保证边坡稳定、不塌方且断面经济为宗旨。

路基边坡确定有三种方法：工程地质法、经验法以及稳定性验算法。经验法指遵照一些经验、表格来选取边坡坡度，适用于一般性的路基和填土高度不很高的路基。稳定性验算法是指在经验选择的基础上经过路堤稳定性验算决定边坡坡度。对于特殊路基，如高路堤、陡坡上的路堤和深挖路堑，需经过外业土石质调查，确定物理特性参数后，再经过路堤稳定性验算，才能确定正确的边坡坡度。对于因故设计的边坡坡度无法放缓时，可设置挡土墙工程。关于陡坡路堤、深挖路堑和挡土墙的设计计算，在《路基路面工程》教程中均有介绍，在这里不作详述，下面仅介绍填方路基边坡和挖方路堑边坡一般性的选择问题。

填方路基边坡形状，一般采用直线形。当边坡较高或浸水时，常采用上陡、下缓的折线形或台阶形。

填方路基边坡坡度，应根据填料的物理力学性质、气候条件、边坡高度及基底的工程地质和水文地质条件进行合理选定。

二、路基经验边坡参考值

（一）填方路堤边坡

1.一般土质路堤边坡

如路堤基底土质良好，承载力足够，可参照表6-4选定土质路堤边坡坡度。若边坡高度超过表列的总高度时，应按高路堤另行设计，并验算边坡的稳定性，验算方法有圆弧滑动面法和直线滑动面法等。填方路堤处，如果原地区的自然横坡陡于1:5时，在填筑前需将地面挖成梯台，台阶必须具有抗剪功能，故台阶宽度不小于2m，台阶顶面应做成2%～3%的反向横坡，以防路基滑动而影响其稳定。

一般土质路堤边坡 表6-4

填料种类	边坡的最大高度(m)			边坡坡度		
	全部高度	上部高度	下部高度	全部坡度	上部坡度	下部坡度
黏性土、粉性土、砂性土	20	8	12	—	1:1.5	1:1.75
砾石土、粗砂、中砂	12	—	—	1:1.5	—	—
碎(块)石土、卵石土	20	12	8	—	1:1.5	1:1.75
不易风化的石块	20	8	12	—	1:1.3	1:1.5

2.浸水路堤边坡

坡度在设计水位(设计洪水频率计算水位+壅水高+波浪侵袭高0.5m)以下部分，视填料情况应采用1:1.75～1:1.20；在常水位以下部分可采用1:2.0～1:3.0；若用渗水性较好的土填筑路堤，可采用较陡的边坡。另外，应根据水流等情况采取边坡加固及防护措施。

3.填石路堤边坡

在岩石地段的半填路基或跨越深沟的路堤，通常利用挖方路基的石料进行填筑。浸水路基的受水淹部分，可用开山石料或天然石料(漂、砾石)进行填筑。当石料不足时，也可在路基外部填石，内部填土，并在填石部分与填土部分的接合面设置反滤层，以防止填土流失，保证路基稳定。

填石路基的坡面应采用大于25cm的石块码砌，高等级公路应用浆砌片石并勾缝。坡度可采用1:1。

当填石路基边坡采用大于40cm的开山片石砌筑(错缝、排紧)，称为砌石路基，砌石路基边坡坡度可根据砌石高度按表6-5确定，见图6-25。

砌石路基边坡坡度 表6-5

高度 H(m)	外坡坡度 $1:n_1$	内坡坡度 $1:n_2$
≤5	1:0.5	1:0.3
≤10	1:0.67	1:0.5
≤15	1:0.75	1:0.6

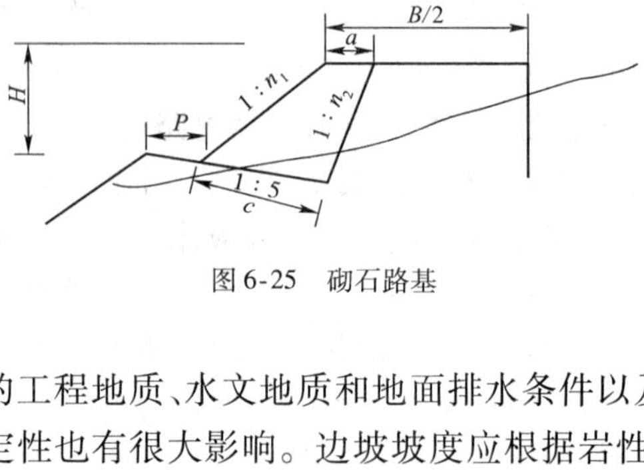

图6-25 砌石路基

（二）挖方路堑经验边坡

路堑或挖方路基边坡的稳定性主要和当地的工程地质、水文地质和地面排水条件以及施工方法有关。此外，地貌、气候等因素对其稳定性也有很大影响。边坡坡度应根据岩性、地质构造、岩石的风化破碎程度、边坡高度、地下水和地面水的情况及施工方法等因素综合分析确定。应结合上述因素，参考稳定的自然山坡和人工边坡(已建道路的边坡)的坡度等，论证地确定路堑边坡。当路堑边坡为均质或薄层互层，且高度不大时，宜采用直线形边坡；当边坡较高或由多层土组成时，宜采用折线形边坡；若边坡由多层土组成且很高，或是易风化的软质岩石边坡及松散粗粒土类边坡，宜采用台阶式。

1. 一般土质路堑边坡

土质（包括粗粒土）路堑边坡应根据边坡高度、土的密实程度、地下水和地面水的情况、土的成因及生成年代等因素来确定，一般可根据试坑开挖密实程度参照表6-6选用。用经验法划分土的密实程度，见表6-7。一般土质边坡的挖方高度不宜超过30m。

土质挖方边坡坡度表　　表6-6

密实程度	边坡高度（m）	
	<20	20~30
胶结	1:0.3~1:0.5	1:0.5~1:0.75
密实	1:0.5~1:0.75	1:0.75~1:1.0
中密	1:0.75~1:1.0	1:1.0~1:1.5
较松	1:1.0~1:1.5	1:1.5~1:1.75

注：①边坡较矮或土质比较干燥的路段，可采用较陡的边坡坡度；边坡较高或土质比较潮湿的路段，可采用较缓的边坡坡度。

②开挖后，密实程度很容易变松的砂土及砂砾等路段，应采用较缓的边坡坡度。

③当挖方边坡高度超过30m时，其边坡坡度应根据现场情况，调查附近天然山坡及人工边坡的状况后论证确定。对于采用大爆破施工及地震烈度较高的路段，应适当放缓边坡。

土的密实程度划分表　　表6-7

分　级	试坑开挖情况
较松	铁锹很容易铲入土中，试坑坑壁很容易坍塌
中密	天然坡面不易陡立，试坑坑壁有掉块现象，部分需用镐开挖
密实	试坑坑壁稳定，开挖困难，土块用手使力才能破碎，从坑壁取出大颗粒处能保持凹面形状
胶结	细粒土密实度很高，粗颗粒之间呈弱胶结。试坑用镐开挖很困难，天然坡面可以陡立

2. 岩石路堑边坡

岩石挖方边坡坡度应根据岩性、地质构造、岩石的风化破碎程度、边坡高度、地下水和地面水的情况及施工方法等因素综合分析确定。应特别注意岩体中的构造面（层理、节理、不整合面、断层等）的情况，构造面往往成为控制边坡坡度的主要因素。在一般情况下，可参照表6-8确定。

岩石路基边坡坡度参考表　　表6-8

岩石种类	风化破碎程度	边坡高度（m）	
		<20	20~30
1. 各种岩浆岩 2. 厚层石灰岩或硅、钙质砂砾岩 3. 片麻、石英、大理岩	轻度	1:0.1~1:0.2	1:0.1~1:0.2
	中等	1:0.1~1:0.3	1:0.2~1:0.4
	严重	1:0.2~1:0.4	1:0.3~1:0.5
	极重	1:0.3~1:0.75	1:0.5~1:1.0

续上表

岩石种类	风化破碎程度	边坡高度(m)	
		<20	20~30
1. 中薄层砂、砾岩 2. 中薄层石灰岩 3. 较硬的板岩、千枚岩	轻度	1:0.1~1:0.3	1:0.2~1:0.4
	中等	1:0.2~1:0.4	1:0.3~1:0.5
	严重	1:0.3~1:0.5	1:0.5~1:0.75
	极重	1:0.5~1:1.0	1:0.75~1:1.25
1. 薄层砂、页岩 2. 千枚岩、云母、辉绿岩、滑石片岩及炭质页岩	轻度	1:0.2~1:0.4	1:0.3~1:0.5
	中等	1:0.3~1:0.5	1:0.5~1:0.75
	严重	1:0.5~1:1.0	1:0.75~1:1.25
	极重	1:0.75~1:1.25	1:1.0~1:1.5

表6-8中的岩石风化破碎程度参考表6-9确定。

岩石的风化破碎程度划分表 表6-9

分级	外观特征				
	颜色	矿物成分	结构构造	破碎程度	强度
轻度	较新鲜	无变化	无变化	节理不多，基本上是整体，节理基本不张开	基本上不降低，用锤敲很容易回弹
中等	造岩矿物失去光泽，色变暗	基本不变	无显著变化	开裂成20~50cm的大块状，大多数节理张开较小	有减低，用锤敲声音较清脆
严重	显著改变	有次生矿物产生	不清晰	开裂成5~20cm的碎石状，有的节理张开较多	显著降低，用锤敲声音低沉
极重	变化极重	大部成分已改变	只具外形、矿物间已失去结晶联系	节理极多，爆破以后多呈碎石土状，有时细粒部分已具塑性	极低，用锤敲时不易回弹

第四节　路基横断面设计的技术标准

路基横断面设计的技术标准主要研究确定路基宽度各组成部分的设计限值问题。路基宽度指路基顶面左侧外边缘到右侧外边缘的总水平距离，它是根据路基路幅内各组成部分的宽度确定的，包括路面宽度、路肩宽度、中央分隔带宽度等。在理论上确定路面宽度是用每个车道的宽度乘以车道数计算的，而在设计当中，是根据道路所处的地形条件等因素从技术标准中选定的。标准规定的路基宽度，是根据不同车速条件下路面、路基各组成部分的功能和节约用地等要求规定的。

我国道路横断面设计的技术标准主要是道路宽度设计的技术标准，即路基各部分宽度标准，包括各级公路的行车道宽度、中央分隔带宽度、路缘带宽度、土路肩和硬路肩宽度、错车道和超车道宽度等技术标准。本节主要介绍技术标准当中行车道宽度和车道数确定原理，以及土路肩和硬路肩宽度的确定。

一、路基横断面车道宽度标准

行车道宽度是安全行车所必需的宽度，是指在保证公路的通行能力下使车辆有秩序地按要求车速前进的路面宽度。一个车道的宽度取决于三个方面:一是设计车型的横向尺寸;二是车辆的行驶速度;三是车辆间或车辆与路肩之间的安全距离。

(一)行车道宽度标准确定原理

行车道宽度确定有理论计算法和横向排列法两种方法。前者适用于交通量资料比较明确的各级公路和城市道路,后者主要用于交通量不很明确或在规划中的城市道路。

1.理论计算法

理论计算法是由理论车道数乘以一个车道的宽度确定行车道宽度。理论车道数的计算是根据设计高峰小时交通量除以一个车道的设计通行能力而算得的。设计高峰小时交通量是依据小时交通量曲线上取第30位小时交通量确定或依据路网规划及经验公式计算。设计通行能力是由可能通行能力乘以道路服务水平的(V/C)值确定,而可能通行能力(即实际通行能力)又是由基本通行能力(即理论通行能力)乘以各种系数确定,其中基本通行能力可用车头时距法或车头间距法计算。由理论计算法计算行车道宽度见式(6-1)。

$$B = n \cdot b \tag{6-1}$$

$$n = \frac{V_D}{C_D}$$

每条车道宽度包括汽车宽度和富余宽度,即:

$$b = a + \frac{x}{2} + y$$

式中:B——行车道宽度(m);

n——车道数,理论计算出来的车道数取整数(条);

b——一个车道宽度(m);

V_D——设计小时交通量(pcu/h);

C_D——一个车道的设计通行能力(pcu/h);

a——一辆车的宽度(m);

x——车辆并行余宽(m);

y——车辆之间的富余宽度(简称余宽)(m)。

理论车道数分四个计算步骤:首先,换算为小汽车的交通量并换算为最大方向交通;其次,计算理论通行能力和可能通行能力及设计通行能力;再次,计算单向车道数;最后,验算通行能力。

单车道和一般双车道公路行车宽度的确定稍有差异,注意双车道有两条车道,实际车道数的取定规则是:高速公路和一级公路,各路段的车道数应根据设计交通量、采用的服务水平确定,当车道数为四车道以上时,应按双数增加,即可加至六个车道或八个车道等,目前我国公路车道数一般为单车道、双车道、四车道、六车道、八车道。二、三级公路基本上是双车道。但二级在平原、微丘区,当混合交通量大时,可用画线办法将快、慢车道分开,实际上是两个快车道、两个慢车道。这样处理,因缺乏超车车道,一般情况只能尾随行车,欲达到80km/h的速度是困难的。

双车道的公路,往返方向的车道数一般是相同的。

2.横向排列法

横向排列法是按照车道划分原则确定行车道宽度的。一般在城市道路上,距离中央分隔带最近的是小汽车道,其次是载货汽车道,最外侧是公交车道,由于上述每个车道行驶的车辆宽度不同,因此划分每个车道的宽度是不同的,见图6-26。

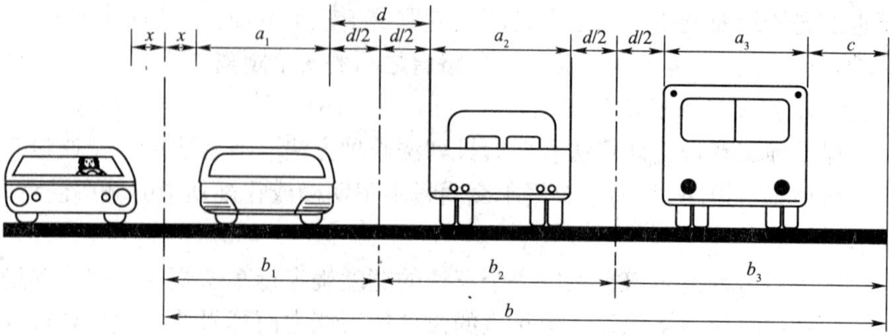

图6-26　横向排列法确定城市道路行车道宽度原理示意图

(1)城市道路横向排列法车道宽度确定原理

一般而言,车道宽度可按式(6-2)确定。

$$b = \Sigma b_i = b_1 + b_2 + b_3 + \cdots + b_n \tag{6-2}$$

式中:b——行车道宽度,即路面宽度;

b_i——由车道布局排列的车道宽度,含车辆本身宽度和车辆之间余宽,车辆之间余宽含超车、错车、并行余宽。

(2)双车道公路横向排列法车道宽度确定

计算双车道的宽度时,要考虑汽车本身的宽度、横向摆动幅度以及车辆间的安全间隙,如图6-27所示,双车道公路一般为混合交通,车辆可双向行驶,并经常有快车超越慢车的现象,故应满足错车、超车行驶所必需的余宽,行车道宽度可按式(6-3)计算。

$$b = a + c + 2x + 2y \tag{6-3}$$

式中:b——车道总宽度,即路面宽度;

a——车辆本身的宽度,取设计车辆宽;

y——车与路面外缘之间距离;

x——车辆并行时车间富余宽度;

c——车辆轮胎外缘之间宽度。

(3)有中央分隔带的行车道宽度确定

四车道以上的高速公路或一级公路,一般设有中央分隔带。分隔带两侧的行车道只有同向行驶的汽车,如图6-28所示。此时,车速和交通组成及大型车的混入率对行车道宽度确定有较大影响。单侧行车道宽度计算见式(6-4)。

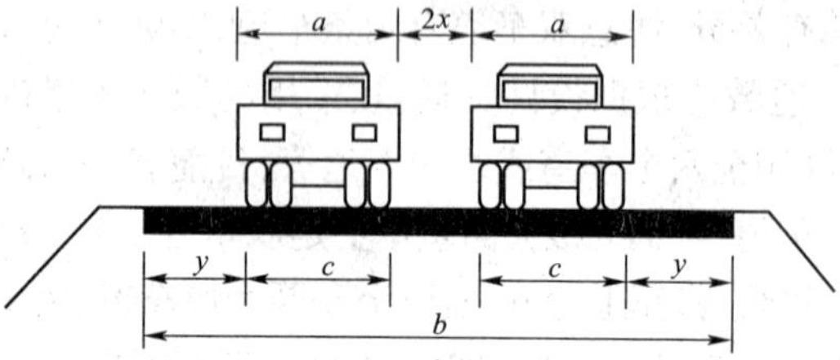

图6-27　横向排列法确定双车道公路宽度原理示意图

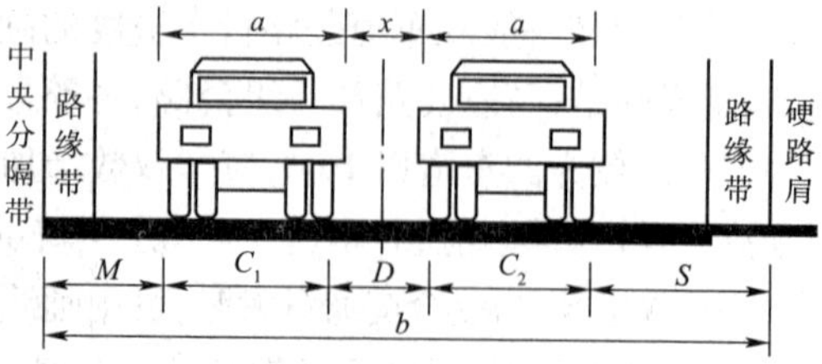

图6-28　横向摆布法确定有中央分隔带公路车道宽度原理示意图

$$b = S + D + M + C_1 + C_2 \tag{6-4}$$

$$S = 1.03 \times 10^2 \cdot v_1 + 0.56$$

$$D = 6.6 \times 10^{-5} \cdot (v_2^2 - v_1^2) + 1.49$$

$$M = 1.03 \times 10^{-2} \cdot v_2 + 0.46$$

式中：C_1、C_2——汽车后轮外缘间距，普通汽车1.60m，大型车2.30m；

S——后轮外缘与车道外侧之间的安全间隙；

D——两汽车后轮外缘之间的安全间隙；

M——后轮外缘与车道内侧之间的安全间隙；

v_1、v_2——分别为被超汽车与超车汽车的车速。

当车速取120km/h时，由上式计算结果为3.75m。

（二）行车道宽度设计的技术标准

行车道宽度应该满足车辆行驶，双车道公路还应满足错车、超车行驶所必需的余宽；四车道公路还应满足车辆并列行驶所必需的余宽。行车道宽度系根据设计车辆最大宽度(2.5m)加错车、超车所必需的余宽确定的。但是错车或超车所需的宽度，又随着车速和交通量的变化而变化，故要想确定一个完全合理的数值是不容易的。因此宜采取实验的方法或经验来确定。

德国、意大利、日本的高速公路以及东欧国家的一级公路等的车道宽度均为3.75m。美国各州公路工作者协会认为，各种公路的合乎理想的车道宽度是12英尺(3.66m)，不宜大于13英尺(3.97m)。美国有的城市将车道宽度减为11英尺，甚至10英尺。我国有的城市曾经将行车道宽度划为4m，实践表明其行车效果并不理想。

必须强调，从增加通行能力和保证安全的角度出发，行车道宽度设计应该使成列的车辆能有秩序地行驶，并保证安全行车所必需的宽度。

按上述原理计算出的双车道宽度并不是很宽，但我国现行《公路工程技术标准》中仍列有9m宽的行车道，这是作为加宽的双车道考虑的，国内不少省市的公路及市郊公路上采用这种宽度的还不少，实践证明，效果较好。此时应注意在两侧画线将快、慢车道分开。

《公路工程标准》(JTG B01—2003)在规定路基断面各部分宽度的同时，对路基总宽度也做出规定。根据本次修订全国调研，这种“双控”规定容易引起理解和执行上的偏差，故在《公路工程技术标准》(JTG B01—2014)修订中改路基宽度“双控”为“单控”方式，即取消对路基总宽度的指标规定，只规定公路路基横断面中各部分宽度，包括发挥各部分基本功能和与行车安全性密切关联的“最小值”指标，以鼓励根据公路项目综合建设条件，因地制宜选用横断面布置形式和宽度。

特别指出，公路路基横断面中各组成部分宽度应以满足行车安全要求为前提，根据项目交通功能、各组成部分所具备功能、设计交通量以及沿线地形等建设和通行条件综合确定。在具体项目横断面形式选择时，尤其是在各类构造物与路基宽度变化路段，应首先保持与驾驶员安全行车密切相关的行车道、路缘带，包括侧向余宽的连续性。

由于一般公路项目设计和服务的交通量均为双向、等值的，因此，除局部单一方向设置的辅助车道、加(减)速车道、紧急停车带、避险车道、爬坡车道等外，一般公路路基横断面中各部分宽度上、下行方向应对称设置。

公路横断面布置形式一般分为整体式断面形式和分离式断面形式。图6-29为高速公路和一级公路整体式断面形式的示意图。图中，左侧为六车道断面形式，右侧为四车道断面形式。

高速公路和一级公路应根据地形、地貌等实际条件，因地制宜选用(或分段选用)整体式和分离式断面形式。在山岭、丘陵地段或地形受制约地段，采用整体式断面工程量过大时，宜采用分离式断面形式。在沙漠、戈壁和草原等地区，有条件时宜采用分离式断面形式或宽中央分隔带的整体式断面形式。图 6-30 为高速公路和一级公路分离式断面形式的示意图。

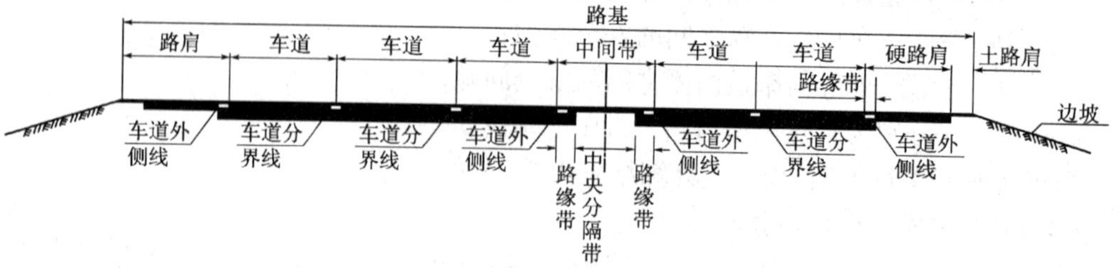

图 6-29　高速公路、一级公路整体式断面形式示意图

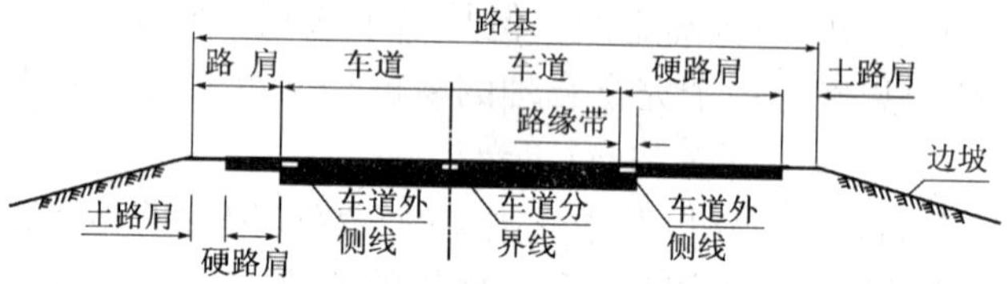

图 6-30　高速公路、一级公路分离式断面形式示意图(右幅断面)

根据相关专题研究，多车道公路当双向车道数达到十条及以上时，不宜采用整体式断面，推荐采用内、外幅分离的复合式断面布置形式。图 6-31 和图 6-32 为高速公路复合式断面典型形式。

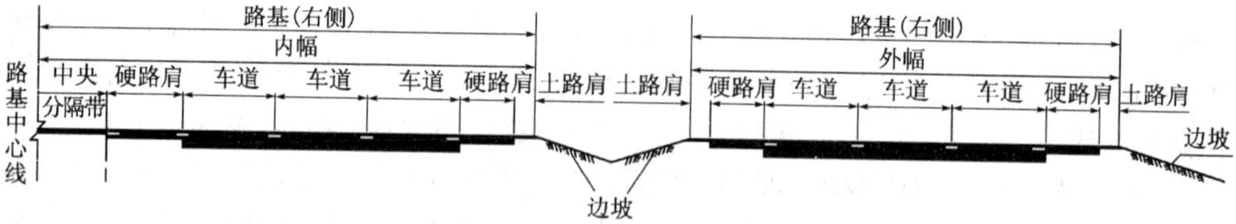

图 6-31　高速公路复合式断面形式示意图(内、外幅路基分离)

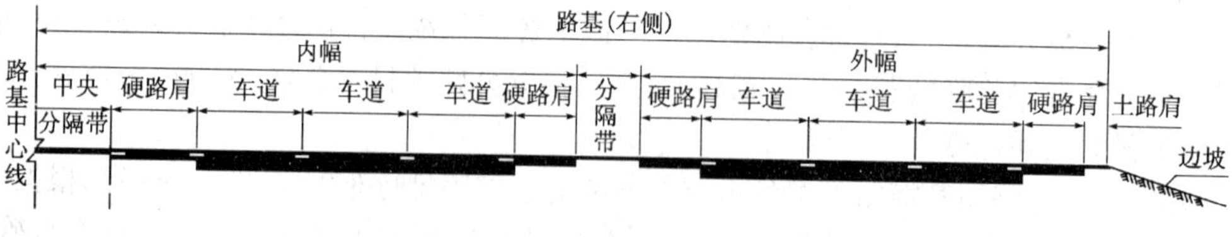

图 6-32　高速公路复合式断面形式示意图(内、外幅整体式)

二、三、四级公路为典型的双车道公路(四级公路可能出现单车道的情况)，采用无分隔的双向混合交通组织方式，一般应采用整体式断面形式。图 6-33 为典型的双车道公路横断面形式。

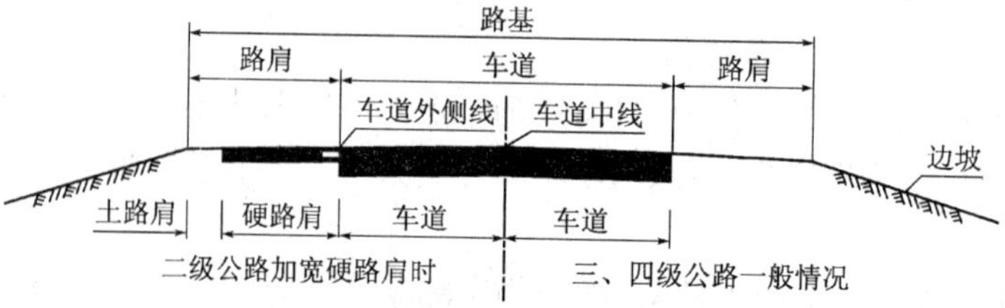

图 6-33　二、三、四级典型断面形式示意图

二级公路作为城乡接合部、混合交通量大的集散公路，可根据实际需要加宽右侧硬路肩设置慢车道。设置有慢车道的二级公路，应严格限制车辆运行速度，禁止车辆随意穿越，以避免车辆占用对向车道超车和车辆随意掉头等影响安全的现象。

《技术标准》规定的行车道宽度见表6-10。

车 道 宽 度 表6-10

设计速度(km/h)	120	100	80	60	40	30	20
车道宽度(m)	3.75	3.75	3.75	3.50	3.50	3.25	3.00

注：①八车道及以上公路在内侧车道(内侧第1、2车道)仅限小客车通行时，其车道宽度可采用3.5m。

②以通行中、小型客运车辆为主且设计速度为80km/h及以上的公路，经论证车道宽度可采用3.5m。

③四级公路采用单车道时，车道宽度应采用3.5m。

④设置慢车道的二级公路，慢车道宽度应采用3.5m。

⑤需要设置非机动车道和人行道的公路，非机动车道和人行道等的宽度，宜视实际情况确定。

二、路肩宽度确定

借鉴国外经验并考虑我国实际情况，公路路肩功能主要依据项功能和设计速度确定。原则上尽量采用较窄的路肩，同时要充分利用路肩以发挥其应有作用。

根据以上原则确定的路肩宽度一般均为1.0~1.5m，最小的0.5~0.75m，行人车辆较多的地段为1.5~2.5m，有履带车行驶时为3.0m。据调查，填方路基通车后，宽度损失约为0.2m左右，这也是考虑路肩宽度的因素之一，实际上路肩宽度确定中应把当车辆因故停靠在路肩上不妨碍其他车辆正常通行和确保停靠车辆与行车道有足够安全净距作为确定路肩宽度的主要依据。

高速公路和作为干线的一级公路之右侧硬路肩宽度为3.00m，最小值为1.50m，这主要考虑我国公路货运车型向大型的5轴和6轴车型集中，而此类车型的基本宽度均为2.50m，为满足大型货运车辆时故障车停靠在硬路肩上的需要，并减少其对相邻车道通行与安全的影响。

一级公路的硬路肩宽度，在平原、微丘区大于或等于2.50m，主要考虑可以临时停靠一辆载重汽车；山岭、重丘区主要考虑工程量大，在受地形限制及其他特殊情况的路段可减为1.50m。

高速公路和一级公路，除设硬路肩外，还应设不小于0.5m的保护性路肩。保护性路肩位于公路的最外侧，是为了保护路面和路基而设置的，属于路肩的一部分，但不在公路限界以内。

路缘带标明行车道外侧的一定宽度，诱导驾驶人员视线，提供了一部分必要的侧向净宽，当汽车越出行车道时，能保证安全行驶。因此，高速公路和一级公路应在路肩宽度内设右侧路缘带，其宽度一般为0.5m。

为保证行车安全，考虑到八车道高速公路小客车因事故等临时紧急行车的需要，有条件时应设置左侧硬路肩，鉴于内侧车行道上行驶车辆以小汽车为主，故规定左侧硬路肩包括左侧路缘带宽度采用2.50m。

二级公路路肩宽度，在平原、微丘区一般为1.5m。考虑到西北等地区，如青海、新疆、西藏有些地方占地问题不大，工程量增加不多，这些地区的干线公路上虽然混合交通少，但车队集体运行的情况较多，若路肩上可以停一辆载重汽车，就能保障车辆正常运行，因此，这些路段的路肩宽度为2.5m。但在一般地区没有特殊需要，不宜采用2.5m宽的路肩。

三级公路路肩宽度规定为0.75m。这主要考虑三级公路数量较大,在山岭、重丘区工程量大,不能太宽;平原、微丘区又因占地等原因不能采用宽路肩。

二、三、四级公路在村镇附近以及混合交通量大的地段,路肩应予加固,以充分利用,并用画线办法将快慢车道分开,效果更好。

为了保持侧向净宽,《技术标准》规定在路肩上设置路上设施时,应增加所需的宽度。例如设置护栏工程的宽度等。

路肩宽度应符合表6-11的规定。

路 肩 宽 度 表6-11

公路等级(功能)		高速公路			一级公路(干线功能)	
设计速度(km/h)		120	100	80	100	80
右侧硬路肩宽度(m)	一般值	3.00 (2.50)	3.00 (2.50)	3.00 (2.50)	3.00 (2.50)	3.00 (2.50)
	最小值	1.50	1.50	1.50	1.50	1.50
土路肩宽度(m)	一般值	0.75	0.75	0.75	0.75	0.75
	最小值	0.75	0.75	0.75	0.75	0.75
公路等级(功能)	一级公路(集散功能)和二级公路			三级公路、四级公路		
设计速度(km/h)		80	60	40	30	20
右侧硬路肩宽度(m)	一般值	1.50	0.75	—	—	—
	最小值	0.75	0.25			
土路肩宽度(m)	一般值	0.75	0.75	0.75	0.50	0.25(双车道) 0.50(单车道)
	最小值	0.50	0.50			

注:①正常情况下,应采用"一般值";在设爬坡车道、变速车道及超车道路段,受地形、地物等条件限制路段及多车道公路特大桥,可论证采用"最小值"。

②高速公路和作为干线的一级公路以通行小客车为主时,右侧硬路肩宽度可采用括号内数值。

高速公路、一级公路应在右侧硬路肩宽度内设置右侧路缘带,其宽度为0.50m;而当采用分离式断面时,应设置左侧硬路肩,其宽度应符合表6-12规定。左侧硬路肩宽度包含左侧路缘带宽度。对于八车道以上的高速公路宜设置左侧硬路肩,其宽度应不小于2.5m。左侧硬路肩宽度包含左侧路缘带宽度。

分离式断面高速公路、一级公路左侧路肩宽度 表6-12

设计速度(km/h)	120	100	80	60
左侧硬路肩宽度(m)	1.25	1.00	0.75	0.75
左侧土路肩宽度(m)	0.75	0.75	0.75	0.50

三、各级公路中间带宽度

结合国内外使用经验,中央分隔带宽度应从对向隔离确定时,安全防护的主要功能出发,综合考虑中央分隔带护栏的形式和防护能力确定。我国现行《公路工程技术标准》中并未具体规定各级公路中间带宽度,但考虑作为设计人员需要参改,现将《公路工程技术标准》(JTG B01—2003)中的规定列于表6-13中。

表 6-13

中间带宽度

设计速度(km/h)		120	100	80	60
中央分隔带宽度(m)	一般值	3.00	2.00	2.00	2.00
	最小值	2.00	2.00	1.00	1.00
左侧路缘带宽度(m)	一般值	0.75	0.75	0.50	0.50
	最小值	0.75	0.50	0.50	0.50
中间带宽度(m)	一般值	4.50	3.50	3.00	3.00
	最小值	3.50	3.00	2.00	2.00

注:"一般值"为正常情况下的采用值;"最小值"为条件受限制时可采用的值。

四、各级公路路基宽度

各级公路路基宽度为车道宽度与路肩宽度之和,当设有中间带、加(减)速车道、爬坡车道、紧急停车带、错车道等时,应计入这些部分的宽度。

根据现行《公路路线设计规范》(JTG D20),各级公路路基宽度可符合表 6-14 规定,仅供参考。

表 6-14

各级公路路基宽度

公路等级		高速公路、一级公路								
设计速度(km/h)		120			100			80		60
车道数		8	6	4	8	6	4	6	4	4
路基宽度(m)	一般值	42.00	34.50	28.00	41.00	33.50	26.00	32.00	24.50	23.00
	最小值	40.00	—	26.00	38.50	—	24.50	—	21.50	20.00

公路等级		二级公路、三级公路、四级公路					
设计速度(km/h)		80	60	40	30	20	
车道数		2	2	2	2	2 或 1	
路基宽度(m)	一般值	12.00	10.00	8.50	7.50	6.50 (双车道)	4.50 (单车道)
	最小值	10.00	8.50	—	—	—	

注:①"一般值"为正常情况下的采用值;"最小值"为条件受限制时可采用的值。

②八车道高速公路路基宽度"一般值"为设置左侧硬路肩、内侧车道采用 3.50m 时的宽度;八车道高速公路路基宽度"最小值"为不设置左侧硬路肩、内侧车道采用 3.75m 时的宽度。

二级公路因交通量、交通组成等需设置慢车道的路段,设计速度为 80km/h 时,其路基宽度可采用 15.0m,设计速度为 60km/h 可采用 12.0m。四级公路宜采用双车道路基宽度,交通量小的路段,可采用单车道 4.50m 路基宽度。确定路基宽度时,中央分割带宽度、左侧路缘带宽度、右侧硬路肩宽度、土路肩宽度等"一般值"和"最小值"应同类项相加。

第五节　道路弯道加宽设计

道路横断面设计中,当道路加宽时,设计宽度要在正常路段宽度的基础上加宽。一般在道路弯道上且只限于小半径平曲线上才加宽。之所以加宽,是因为汽车在曲线路段上行驶时,后轮轨迹偏向曲线内侧所致。

一、道路弯道加宽与加宽段

（一）弯道的加宽

汽车以一定的速度行驶在小半径平曲线上时，由于所占的宽度要比直行时略宽些，故道路行车道应做相应加宽。其中，小半径平曲线在我国标准中规定为半径小于250m的平曲线。为适应行车需要，在半径较小的弯道内侧相应增加路面、路基宽度，称之为弯道加宽（亦称平曲线加宽）。但当汽车以一定的速度转半径很大的弯时，汽车所在路面宽度和直行时的基本相同，所以不必要加宽路面。路面加宽时，习惯上只加宽原路面内侧。

圆曲线上的加宽值由几何需要的加宽值（简称几何加宽值）和汽车转弯时摆动需要的加宽值（简称摆动加宽值）两部分组成。

（二）加宽段

道路加宽后，在若干个桩号处的加宽值全部相等的路线段落，叫做全加宽段，也是该曲线加宽值最大的路线段落。全加宽段依曲线半径不同而异。图6-34为简单型单曲线和基本型单曲线的加宽示意图。对于简单型单曲线，由于没有缓和曲线段，全加宽段是将全曲线同步加宽，即 *ZY* 至 *YZ* 段；对于基本型单曲线，由于设有缓和曲线段，全加宽段是将净圆曲线段同步加宽，即 *HY* 至 *YH* 段。加宽时有一个过渡过程，这个过渡需要的长度对应的路线段落，叫做加宽过渡段。在图6-35中，对于简单型单曲线，由于没有缓和曲线段，加宽过渡段一般在曲线以外另取一段10～15m的直线段作为加宽过渡段；对于基本型单曲线，由于设有缓和曲线段，加宽过渡段通常取缓和曲线段全长，即 *ZH* 至 *YH* 段以及 *YH* 至 *HZ* 段。

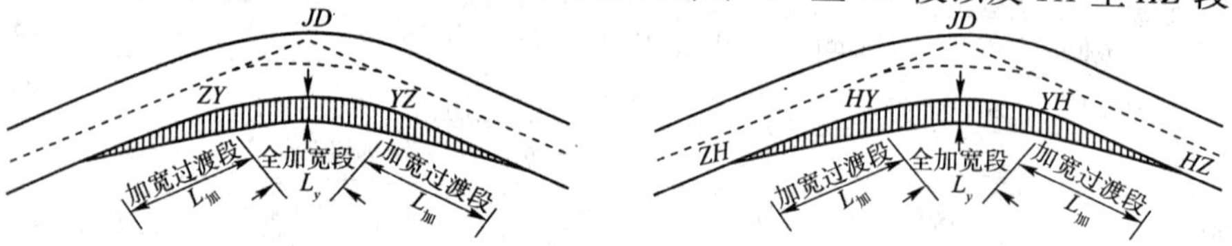

a)简单型单曲线　　b)基本型单曲线

图6-34　道路弯道加宽示意图

二、加宽值计算与确定

加宽值是指道路加宽后的宽度与未加宽前的原宽度之差。加宽值分全加宽段的加宽值和过渡段的加宽值。

加宽值计算是指全加宽段和加宽过渡段内每一个桩号处的加宽值。

（一）全加宽值计算原理

全加宽段内的加宽值，由几何需要的加宽值（简称几何加宽值）和汽车转弯时摆动的加宽值（简称摆动加宽值）两部分组成。

1. 几何全加宽值

几何全加宽值也叫圆曲线上的理论加宽值。圆曲线上的理论加宽值计算原理是基于汽车行驶在小半径平曲线上时，外轮廓尺寸的左前和右后所占的道路宽度要比正常道路宽度增加的那部分宽度。几何全加宽值需要分别考虑汽车和半挂车两种设计车型进行计算。

（1）汽车全加宽值

如图6-35所示，设 b 为一个车道加宽值，R 为道路弯道中心的平曲线半径（m），A 为设计车长（m），对普通载重汽车指后轴至前保险杠的距离，对半挂车为当量车长。则由图6-30

中的几何条件关系可知：

$$b_{汽} = R - (R_1 + B) = R - \sqrt{R^2 - A^2} = R - \left(R - \frac{A^2}{2R} + \frac{A^4}{8R^3} - \cdots\right) \approx \frac{A^2}{2R} \qquad (6\text{-}5)$$

(2)半挂车加宽值

如图6-36所示，对于半挂车，其几何加宽值相当于两辆汽车的加宽值之和，即：

$$b_{挂} = b_1 + b_2 = \frac{A_1^2}{2R} + \frac{A_2^2}{2R}$$

令 $A^2 = A_1^2 + A_2^2$，即

$$b_{挂} = \frac{A^2}{2R} \qquad (6\text{-}6)$$

式中：b——一个车道加宽值(m)；

R——道路弯道中心的平曲线半径(m)；

A——设计车长(m)，对普通载重汽车指后轴至前保险杠的距离，对半挂车为当量车长。

A_1——牵引车保险杠至第二轴的距离(m)；

A_2——第二轴至拖车最后轴的距离(m)。

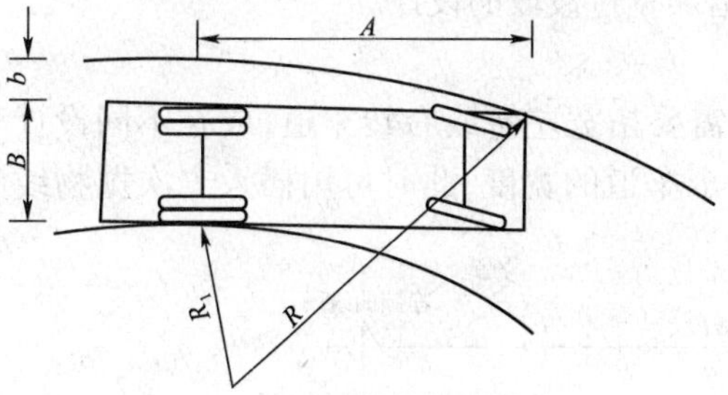

图6-35　汽车加宽值计算原理示意图

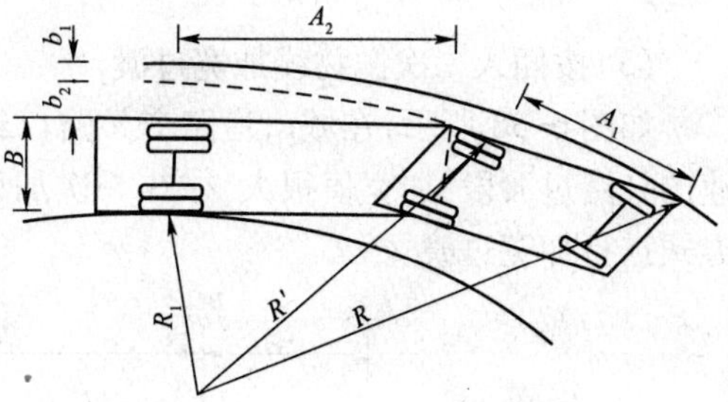

图6-36　半挂车加宽值计算原理示意图

2. 摆动加宽值

实测汽车转弯摆动加宽值可按照经验公式(6-7)计算：

$$b_{摆} = \frac{0.05v}{\sqrt{R}} \qquad (6\text{-}7)$$

3. 全加宽值计算

全加宽值由几何加宽值和摆动加宽值两项相加确定。对于单车道，全加宽值按式(6-8)计算；多车道在式(6-8)的计算结果上乘以车道数量。

$$b_{加} = b_{挂} + b_{摆} = \frac{A^2}{2R} + \frac{0.05v}{\sqrt{R}} \qquad (6\text{-}8)$$

4. 道路加宽的技术标准

为便于设计，在上述理论基础上通过计算和适当调整给出了各级公路的全加宽标准，见表6-15，在设计时可直接采用。

全加宽值参考表　　表6-15

加宽类别	汽车轴距加前悬(m)	平曲线半径(m)								
		250~200	200~150	150~100	100~70	70~50	50~30	30~25	25~20	20~15
一	5	0.4	0.6	0.8	1.0	1.2	1.4	1.8	2.2	2.5
二	8	0.6	0.7	0.9	1.2	1.5	2.0	—	—	—
三	5.2+8.8	0.8	1.0	1.5	2.0	2.5	—	—	—	—

四级公路和山岭、重丘区的三级公路采用第一类加宽值，其余各级公路采用第三类加宽值。对不经常通行集装箱运输的半挂车的公路，可采用第二类加宽值。

（二）加宽过渡段内加宽值计算原理

为了使路面和路基均匀变化，需要设置一段从加宽值为零逐渐变化到全加宽值的过渡段，称之为加宽过渡段。加宽过渡段一般设置在缓和曲线段范围内，如平曲线内没设缓和曲线，则应另设加宽过渡段。过渡段内的加宽值与加宽过渡方式有关。

1. 加宽的过渡方式

（1）直线比例方式加宽过渡

直线比例方式加宽过渡，即加宽过渡段任一点的加宽值与该点到加宽过渡段起点的距离同加宽过渡段全长的比率成正比，如图6-37所示。

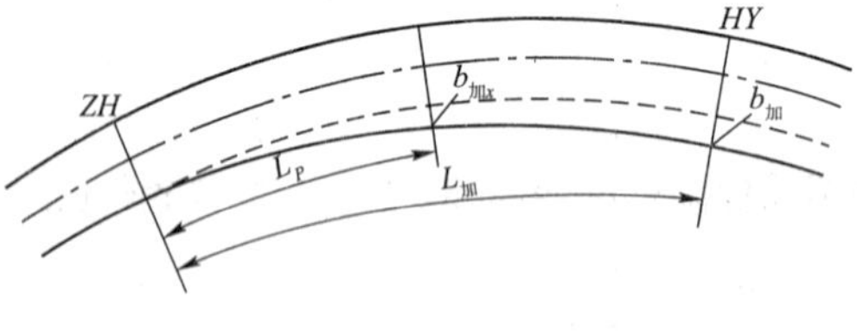

图6-37　按直线比例方式加宽过渡

（2）按插入高次抛物线的方式加宽过渡

采用这种方法得到的加宽过渡段路面边缘线圆滑、顺适，适用于高速公路、一级公路、对路容有较高要求的二级公路以及城市交叉口拓宽车道加宽过渡段的设计。

（3）按插入二次抛物线加宽过渡

如图6-38所示，在城市道路交叉路口经常需要拓宽左转或右转车道，或在不同设计车速的公路过渡段，加宽值很大，往往一次加设一个车道的宽度，此时可用插入二次抛物线的方式进行加宽过渡。

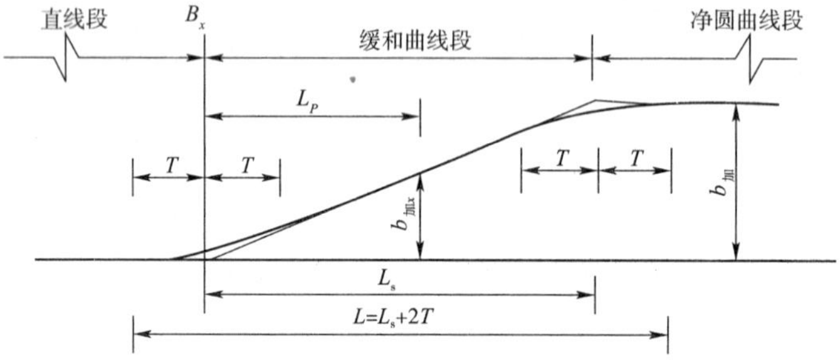

图6-38　按插入二次抛物线方式加宽过渡

2. 各种过渡方式的加宽值计算

（1）直线比例方式加宽过渡（图6-32）

$$b_{加x} = K \cdot b_{加} \tag{6-9}$$

$$K = \frac{L_p}{L_{加}}$$

式中：$b_{加x}$——加宽过渡段上任一点（即任一桩号）的加宽值；

$b_{加}$——行车道全加宽值；

L_P——曲线上任一点到曲线起点之间的水平距离；

$L_{加}$——加宽缓和段长度。

（2）按插入高次抛物线的方式

加宽过渡段内任一点的加宽值 $b_{加x}$ 按下列公式计算。

$$b_{加x} = (4K^3 - 3K^4) b_{加} \tag{6-10}$$

$$K = \frac{L_P}{L_{加}}$$

(3)按插入二次抛物线的方式(图6-33)

对于设有缓和曲线的公路弯道,按上述第一种方法处理以后的加宽过渡段其起终点的曲率并不连续,为弥补这一缺陷,使得加宽过渡段的路面边缘平顺、优美,在 HZ 点和 YH 点(YH)插入二次抛物线。加宽过渡段按下述三个区段设计。

$$\left.\begin{aligned} b_{加x} &= \frac{L_P^2}{4TL}\cdot b_{加} \quad (-T < L_P < T) \\ b_{加x} &= \frac{L_P^2}{T}\cdot b_{加} \quad (T < L_P \leqslant L - T) \\ b_{加x} &= \frac{L_P}{L_s}\cdot b_{加} - \frac{(L_P - L + T)^2}{4TL}\cdot b_{加} \quad (L - T < L_P \leqslant L + T) \end{aligned}\right\} \tag{6-11}$$

式中:T——二次抛物线的切线长(m),当 $L\geqslant 50$m 时,可取 $T\geqslant 10$m,当 $L<50$m 时,可取 $T=5$m;

L——加宽总长度(m);

L_s——缓和曲线长度(m);

L_P——加宽过渡段内任一点到过渡段起点的长度(m);

$b_{加}$——行车道全加宽值(m);

$b_{加x}$——加宽过渡段内任一点加宽值(m)。

无论是加宽过渡段还是全加宽段,加宽计算需按桩号逐桩计算。计算按中桩路线桩号为准,这个桩号落在哪一段,就按哪一段的公式套用计算。

(三)加宽值计算示例

为使读者进一步理解上述加宽值公式和加宽标准(表6-15)的应用,现举例加以说明。

【例6-1】 某平原微丘区二级公路,已知 JD_5 处路线右转角 $\alpha=60°$,里程桩号为K8+240.98。根据实地条件结合技术标准要求选定的平曲线半径为200m,缓和曲线长取定为70m。该路路基宽15m,路面宽12m,路面采用沥青混凝土,路拱横坡1.5%,路肩拱坡2%,超高横坡度为8%。试据题意设计直线段和曲线段道路宽度,并计算曲线段各桩号处路面的加宽值。

【解】 由平原微丘区二级公路,查《技术标准》确定本级公路需要设置加宽。由平曲线半径200m,查《技术标准》可知,本段曲线既加宽又超高。设计时先作平面计算,然后做加宽设计。

(1)中线主点桩号计算

①计算道路中心线曲线段的曲线元素:

$$P = \frac{L_s^2}{24R} = \frac{70^2}{24\times 200} = 1.02(\text{m})$$

$$q = \frac{L_s}{2} - \frac{L_s^3}{240R^2} = \frac{70}{2} - \frac{70^3}{240\times 200^2} = 34.96(\text{m})$$

$$\beta_0 = \frac{L_s}{2R}\times\frac{180}{\pi} = \frac{70}{2\times 200}\times\frac{180}{\pi} = 10.0268°$$

则

$$T_h = (R+P)\tan\frac{\alpha}{2} + q = (200+1.02)\tan\frac{40°}{2} + 34.96 = 108.13(\text{m})$$

$$E_h = (R+P)\sec\frac{\alpha}{2} - R = (200+1.02)\sec\frac{40°}{2} - 200 = 13.92(\text{m})$$

$$L_h = (\alpha - 2\beta_0)\frac{\pi}{180}\cdot R + 2L_s = (40° - 10.0268°\times 2)\frac{\pi}{180}\times 200 + 140 = 209.63(\text{m})$$

②推算主点桩号

ZH 点桩号:$JD - T_h$ = K8 + 240.98 − 108.13 = K8 + 132.85

HY 点桩号:$ZH + L_s$ = K8 + 132.85 + 70 = K8 + 202.85

QZ 点桩号:$ZH + \frac{L_h}{2}$ = K8 + 132.85 + 209.63/2 = K8 + 237.67

HZ 点桩号:$ZH - L_h$ = K8 + 132.85 + 209.63 = K8 + 342.48

YH 点桩号:$HZ - L_s$ = K8 + 342.48 − 70 = K8 + 272.48

③确定曲线详细加密点桩号

按整桩号法每 50m 一桩,暂不考虑地形、占地、拆迁、交叉等加桩:

K8 + 100;*ZH* K8 + 132.85; + 140; + 160; + 180; + 200;*HY* K8 + 202.85; + 220;*QZ* K8 + 237.67; + 240; + 260;*YH* K8 + 272.48; + 280; + 300; + 340;*HZ* K8 + 342.48; + 360……

(2)横断面曲线加宽计算

确定道路正常直线路段和大半径(不设加宽)时的宽度:在此取路面宽为 9m,路肩宽两边各取 1.5m,因此路基总宽取 15m(其中路面横坡取 1.5%,路肩横坡取 2%)。

确定加宽曲线的全加宽值:加宽半径限值为 250m(即当曲线半径小于 250m 时应加宽,否则不加宽),加宽时一般只加宽曲线内侧的路面。当半径为 200m 时,采用表 6-14 中第三类全加宽值,即 $b_{加} = 0.80$m。

计算加宽过渡段及全加宽段各桩号的加宽值时,须注意在 $HY - YH$ 段内加宽值为一定值,即为$b_{加} = 0.80$m;在 $ZH - HY$ 段内的加宽值需用公式计算。

例如 K8 + 150 桩:

$$\frac{L_P}{L_s} b_{加} = \frac{140 - 132.86}{70} \times 0.8 = 0.8(\text{m})$$

其余各桩号处加宽值计算结果列于表 6-16。

路面加宽计算结果　　表 6-16

桩　号	各桩加宽值(m)	路基宽度(m)		计算公式	说明
		左	右		
K8 + 100	0.00	6.00	6.00		加宽过渡段
ZH K8 + 132.86	0.00	6.00	6.00		
+ 120	0.08	6.00	6.08		
+ 140	0.31	6.00	6.31		
+ 160	0.53	6.00	6.53		
+ 200	0.78	6.00	6.78		
HY K8 + 202.86	0.80	6.00	6.80	$b_{加x} = \frac{L_P}{L_s} \cdot b_{加}$ $B_{右} = B/2 + b_{加x}$ $B_{左} = B/2$	全加宽段
+ 220	0.80	6.00	6.80		
QZ K8 + 237.68	0.80	6.00	6.80		
+ 240	0.80	6.00	6.80		
+ 260	0.80	6.00	6.80		
YH K8 + 272.49	0.80	6.00	6.80		加宽过渡段
+ 280	0.71	6.00	6.71		
+ 300	0.49	6.00	6.49		
+ 320	0.26	6.00	6.26		
+ 340	0.03	6.00	6.03		
HZ K8 + 342.49	0.00	6.00	6.00		

第六节　道路弯道超高设计

一、道路弯道超高的概念

概括地讲，弯道超高是指在道路曲线设计中，故意将弯道段外侧抬高、内侧降低的现象。在该路段横断面上设置的外侧高于内侧的单向横坡，称为超高。之所以设置超高，是因为汽车行驶在平面曲线上时，由于做圆周运动，有离心力，而且离心力的大小与曲线半径和车速有关，车速越高、半径越小，其离心力越大。当离心力过大会诱发翻车和侧滑事故，为抵消车辆在曲线路段上行驶时所产生的离心力，在弯道段内设置超高，汽车自重分力将抵消一部分离心力，另一部分由路面与轮胎之间的摩擦力抵消。从而提高行车的安全性和舒适性。超高设于圆曲线范围内，两端用过渡段与直线相连。过渡段设置是为了从直线段的双向横坡渐变到圆曲线段具有超高单向横坡。为实现超高过渡而设置的过渡段称之为超高缓和段。图 6-39 为弯道超高以及各断面的横坡变化。

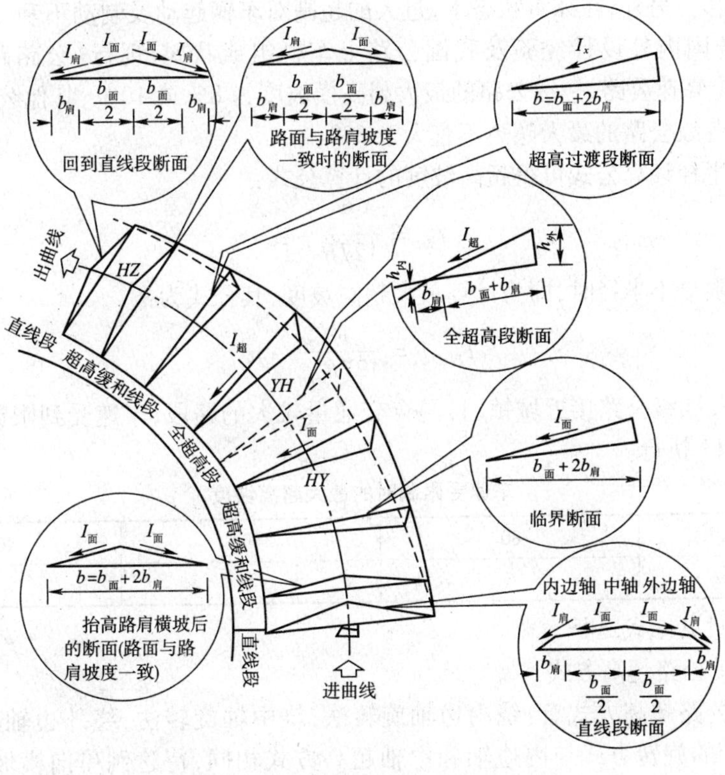

图 6-39　弯道超高以及各断面的横坡变化

$b_{面}$-路面宽度；$b_{肩}$-路肩宽度；$I_{面}$-路面横坡度；$I_{肩}$-路肩横坡度；$I_{超}$-超高横坡度；I_x-超高过渡段任一断面的超高横坡度；b-路基全宽

二、道路弯道超高设计的内容

超高设计所计算的是：每一个桩号处路基的左侧、中间、右侧在超高过渡过程中和超高后的设计高程与原路基设计高程的高差（超高值），如图 6-40 所示。

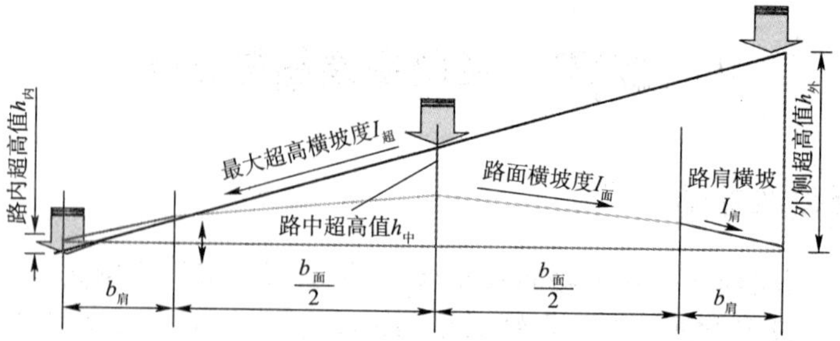

图 6-40　弯道超高断面左、中、右超高值示意图

三、超高计算程序和方法

(一)确定最大超高横坡度

最大超高坡度的限值与气候条件、地形、地区、汽车以低速行驶的频率、路面施工的难易程度等因素有关。从保证汽车转弯时有较高速度和乘客舒适性的角度来看,超高横坡度应尽量大一点,但考虑车辆组成不同,车速不一,特别是在弯道上停车,超高横坡度过大有可能向弯道内侧滑移。另外,在冰雪状态下,过大的超高对车辆起动及制动不利。综合考虑以上各种因素,结合国内外设计经验及我国公路上车辆组成状况,现行《公路路线设计规范》(JTG D20)规定高速公路、一级公路的最大超高横坡度为 8% 或 10%,其他公路为 8%,在积雪、严寒地区,各级公路的最大超高不宜大于 6%。

由平曲线半径计算公式可得超高坡度的计算公式:

$$I_{超} = \frac{v^2}{127R} - \mu \tag{6-12}$$

当采用极限最小半径时,即为计算最大超高坡度,其公式为:

$$I_{超max} = \frac{v^2}{127R_{min}} - \mu \tag{6-13}$$

对于二、三、四级公路接近城镇,且混合交通量较大的路段,车速受到限制时,其最大超高值可按表 6-17 执行。

车速受限制时的最大超高坡度　　表 6-17

设计车速(km/h)	80	60	40,30,20
最大超高值(%)	6	4	2

(二)超高过渡方式选择

1. 无中间带公路超高方式

无中间带公路超高方式有:绕内边轴旋转法,绕中轴旋转法,绕外边轴旋转。绕外边轴旋转,前两步的旋转方式与内边轴和中轴超高方式相同,待达到单向横坡后,整个断面仍绕外侧车道边缘旋转,直至达到超高横坡度为止。新建公路一般宜采用绕内边轴旋转法;改建公路可采用绕中轴旋转法,但绕外边轴旋转方法一般很少采用,仅在特殊设计时采用(强调路容美观,外侧因受条件限制不能抬高等)。无中央分隔带道路超高过渡如图 6-41所示。

2. 有中央分隔带公路的超高方式

有中央分隔带的超高方式有上下行车道统一绕中间带的中心线旋转作超高过渡、上下行车道分别绕各自的路面中线旋转作超高过渡、上下行车道分别绕各自的路面内侧边缘旋转作超高过渡三种方式。为了行车舒适和满足路面排水要求,通常按控制设超高后行车道外边缘的渐变率作为超高缓和段长度的确定原则。

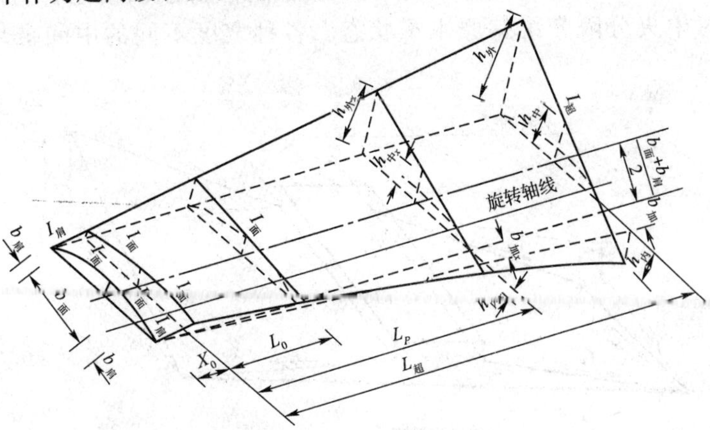

a)绕内边轴旋转

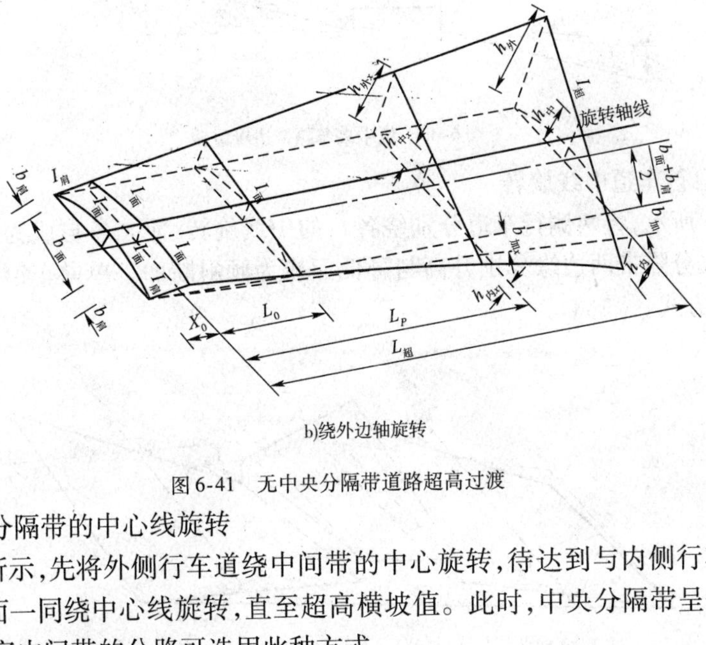

b)绕外边轴旋转

图 6-41　无中央分隔带道路超高过渡

(1)绕中央分隔带的中心线旋转

如图 6-42 所示,先将外侧行车道绕中间带的中心旋转,待达到与内侧行车道构成单向横坡后,整个断面一同绕中心线旋转,直至超高横坡值。此时,中央分隔带呈倾斜状。采用宽度小于 4m 的窄中间带的公路可选用此种方式。

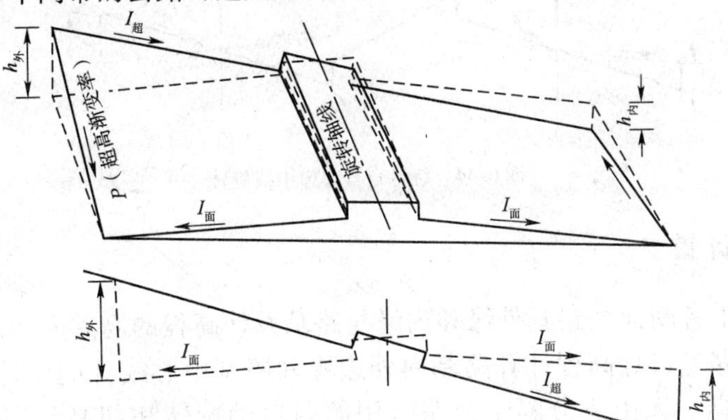

图 6-42　绕中央分隔带中心线旋转

(2)绕中央分隔带边缘旋转

如图6-43所示,将两侧行车道分别绕中央分隔带边缘旋转,使之各自成为独立的单向超高断面,此时中央分隔带维持原水平状态。各种宽度不同的中间带均可选用此种方式。

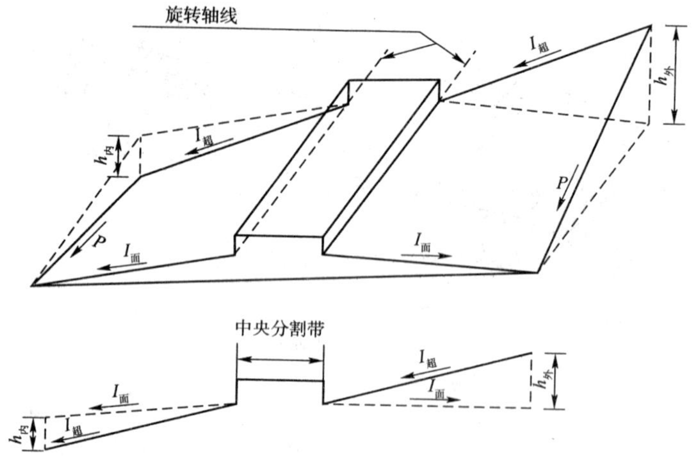

图6-43 绕中央分隔带边缘旋转

(3)绕各自行车道中线旋转

如图6-44所示,将两侧行车道分别绕各自的中线旋转,使之各自成为独立的单向超高断面,此时中央分隔带两边缘分别升高与降低而成为倾斜断面。单向车道数大于四条的公路可采用此种方式。

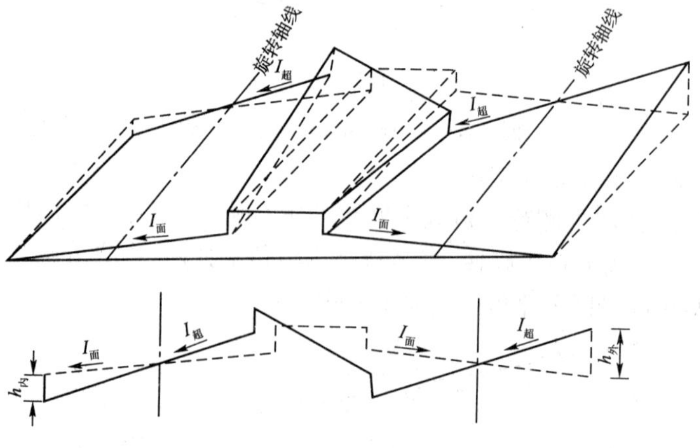

图6-44 绕各自行车道中线旋转

四、超高值计算

超高缓和段上各断面处路基外缘和内缘与路基设计高程的高差 h 叫超高值。计算超高值后即可根据路基设计高程计算路基内外边缘和路基中心线处的设计高程,这些高程是弯道施工的依据。无中央分隔带公路常用的内边轴旋转法超高计算见表6-18所列公式。

内边轴旋转超高计算公式表　　表 6-18

超高值	计算公式	
	$L_P \leq L_0$	$L_P > L_0$
$h_{外}$	$b_{肩} \cdot I_{肩} + (b_{肩} + b_{面}) \cdot I_{超}$	
$h_{中}$	$b_{肩} \cdot I_{肩} + (b_{面}/2) \cdot I_{超}$	
$h_{内}$	$b_{肩} \cdot I_{超} - (b_{肩} + b_{加}) \cdot I_{肩}$	
$h_{外x}$	$b_{肩} \cdot (I_{肩} - I_{面}) + [b_{肩} \cdot I_{面} + (b_{肩} + b_{面}) \cdot I_{超}] \cdot (L_P/L_{超})$	
$h_{中x}$	$b_{肩} \cdot I_{肩} + (b_{面}/2) \cdot I_{面}$	$b_{肩} \cdot I_{肩} + (b_{面}/2) \cdot (L_P/L_{超}) \cdot I_{超}$
$h_{内x}$	$b_{肩} \cdot I_{肩} - (b_{肩} + b_{加x}) \cdot I_{面}$	$b_{肩} \cdot I_{肩} - (b_{肩} + b_{加x}) \cdot (L_P/L_{超}) \cdot I_{超}$

注：$b_{面}$——路面宽度(m)；

$b_{肩}$——路肩宽度(m)；

$I_{面}$——路拱横坡度；

$I_{肩}$——路肩横坡度；

$I_{超}$——超高横坡度；

$L_{超}$——超高缓和段长度(或缓和曲线长度)(m)；

x_0——路肩横坡由 $I_{肩}$ 变为 $I_{面}$ 所需距离，一般可取 1.0(m)；

L_0——与路拱同坡度单向超高点至超高缓和段起点的距离(m)；

L_P——超高缓和段起点到缓和段任一桩号之间的距离；

$h_{外}$——路基外缘超高值(m)；

$h_{中}$——路中线处超高值(m)；

$h_{内}$——路基内缘超高值(m)；

$h_{外x}$——L_P 距离处路基外缘超高值(m)；

$h_{中x}$——L_P 距离处路中超高值(m)；

$h_{内x}$——L_P 距离外路基内缘超高值(m)；

$b_{加}$——路面全加宽值(m)；

$b_{加x}$——L_P 距离处路面加宽值(m)。

超高值计算的步骤是：首先，计算临界长度 L_0；其次，对比 L_P 与 L_0 的大小；再次，正确使用公式计算超高值。

【例 6-2】 某平原微丘区二级公路，已知 JD_5 处路线右转角 $\alpha = 60°$，里程桩号为 K8 + 240.98。根据实地条件结合技术标准要求选定的平曲线半径为 200m，缓和曲线长取定为 70m。该路路基宽 15m，路面宽 12m，路面采用沥青混凝土，路拱横坡 1.5%，路肩拱坡 2%，超高横坡度为 8%。试据题意设计直线段和曲线段道路宽度，并计算曲线段各桩号处路面的加宽和超高值。若 K8 + 140 和 K8 + 160 两个桩号处设计高程均为 1 092.96m，试计算这两处路基超高后道路弯道左、中、右的设计高程。

【解】 此二级公路处于平原微丘区，平曲线半径 200m，查《技术标准》可知，本段曲线既加宽又超高。设计时先作平面计算，然后做加宽设计，最后作超高设计。平面计算与加宽设计与【例 6-1】相同，本题只做超高设计。

(1)计算各桩号超高值(按内边轴旋转法)

①计算全超高段(从 $HY - QZ - YH$)的全超高值

各桩号的超高值(全超高段内各桩号左、中、右的超高值皆相等)

由题意可知：$b_{肩} = (15 - 12)/2 = 1.5$(m)，$b_{面} = 12$(m)，$I_{肩} = 2\%$，$I_{面} = 1.5\%$。

其中 $I_{超}$ 为 8%，设全超高段内外侧、中间和内侧的超高值分别为 $h_{外}$、$h_{中}$、$h_{内}$，则

$$h_{外} = I_{肩} \cdot b_{肩} + (b_{面} + b_{肩}) \times I_{超} = 1.5 \times 2\% + (12 + 1.5) \times 8\% = 1.11(\text{m})$$

$$h_{中} = b_{肩} \times I_{肩} + \frac{b_{面}}{2} \times I_{超} = 1.5 \times 2\% + \frac{12}{2} \times 8\% = 0.51(\text{m})$$

$$h_{内} = b_{肩} \cdot I_{肩} - (b_{肩} + b_{加}) \times I_{超} = 1.5 \times 2\% + (1.5 + 0.8) \times 8\% = -0.15(\text{m})$$

②超高过渡段（*ZH* – *HY* 及 *YH* – *HZ* 段）内各桩点左、中、右超高值计算

a. 计算临界长度 L_0

设缓和段长为 L_s，路面横坡 $I_{面}$，超高横坡度为 $I_{超}$，由双坡段面路拱过渡到单坡段面路拱所使用的长度为 L_0，则：

$$L_0 = \frac{I_{面}}{I_{超}} \cdot L_s = \frac{1.5\%}{8\%} \times 70 = 13.13(\text{m})$$

b. 计算过渡段各桩号点 $h_{外x}$、$h_{中x}$、$h_{内x}$ 值

例如 K8 +140 的超高值，设本桩号路基内、中、外的超高值分别为 $h_{外x}$、$h_{中x}$、$h_{内x}$。

因为：

$$L_P = 140 - 132.86 = 7.14(\text{m}) < L_0 = 13.13(\text{m})$$

所以：

$$h_{外x} = b_{肩} \times (I_{肩} - I_{面}) + [b_{肩} \cdot I_{面} + (b_{面} + I_{肩}) \cdot I_{超}] \frac{L_P}{L_{超}}$$

$$= 1.5 \times (2\% - 1.5\%) + [1.5 \times 1.5\% + (1.5 + 12) \times 8\%] \times \frac{7.14}{70} = 0.18(\text{m})$$

$$h_{中x} = b_{肩} \cdot I_{肩} + \frac{b_{面}}{2} \cdot I_{面} = 1.5 \times 2\% + \frac{12}{2} \times 1.5\% = 0.12(\text{m})$$

$$h_{内x} = b_{肩} \cdot I_{肩} - (b_{肩} + b_{加x}) \times I_{面} = 1.5 \times 2\% - \left(1.5 + \frac{7.14}{70} \times 0.8\right) \times 1.5\% = 0.01(\text{m})$$

例如 K8 +160 的超高值：

因为：

$$L_P = 160 - 132.86 = 27.14(\text{m}) > L_0 = 13.13(\text{m})$$

所以：

$$h_{外x} = b_{肩} \times (I_{肩} - I_{面}) + [b_{肩} \cdot I_{面} + (b_{面} + b_{肩}) \cdot I_{超}] \frac{L_P}{L_{超}}$$

$$= 1.5 \times (2\% - 1.5\%) + [1.5 \times 1.5\% + (1.5 + 12) \times 8\%] \times \frac{27.14}{70} = 0.43(\text{m})$$

$$h_{中x} = I_{肩} \cdot b_{肩} - \frac{b_{面}}{2} \frac{L_P}{L_{超}} \cdot I_{超} = 1.5 \times 1.5\% + \frac{12}{2} \times \frac{24.11}{70} \times 8\% = 0.12(\text{m})$$

$$h_{内x} = b_{肩} \cdot I_{肩} - (b_{肩} + b_{加x}) \cdot I_{超} \cdot \frac{L_P}{L_{超}}$$

$$= 1.5 \times 1.5\% - \left(1.5 + \frac{27.14}{70} \times 0.8\right) \times \frac{27.14}{70} \times 8\% = -0.01(\text{m})$$

（2）计算路基内、中、外的设计高程

以 K8 +160 桩为例，路基内、中、外的设计高程如下：

①路左设计高程 $H_{左}$

因本题为右转曲线，故路左位于弯道外侧，因此可得 K2 +160 路左设计高程为 $H_{左}$：

$$H_{左} = H_{设} + h_{外x} = 1\,092.96 + 0.43 = 1\,093.39(\text{m})$$

式中：$H_{设}$——路基位于 K8 +160 处的设计高程。

②路中设计高程 $H_{中}$

$$H_{中} = H_{设} + h_{中x} = 1\,092.96 + 0.21 = 1\,093.17(\mathrm{m})$$

③路右设计高程 $H_{右}$

$$H_{右} = H_{设} + h_{右x} = 1\,092.96 + (-0.01) - 1\,092.95(\mathrm{m})$$

超高计算时，要特别注意超高方向，始终按照外超高、内加宽原则进行。本例为右转曲线，故左侧抬高，右侧降低，反之亦然。超高计算结果要填在路基设计表中。

第七节　路基横断面设计方法与技术文件

路基横断面设计的技术成果包括：（一）逐桩横断面设计图；（二）路基标准横断面设计图；（三）路基设计表；（四）路基土石方数量计算及调配表；（五）其他图、文、表资料。

横断面设计目的有二：第一，为路基施工提供资料数据；第二，为计算路基土石方提供面积资料。如前已述，路基横断面设计图由原地面横断面地面线、设计填挖高度和设计断面形状和尺寸决定。横断面地面线采用现场测量的方法完成。设计填挖是由纵断面设计高程和原地面高程相减得到的。设计断面形状和尺寸是依据该桩位处的地面起伏状态、设计填挖高度和路基宽度、路基边坡等决定。因此，横断面设计时，要认真检查设计使用的原始数据和计算数据的准确和可靠性，使路基既要有足够的强度和稳定性，又要利于施工，经济节约。

一、路基横断面设计图的要素和制作要求

为规范设计文件，现将路基横断面设计图的要素和制作要求列于表 6-19。

路基横断面设计图的要素和制作要求　　表 6-19

1. 合理布置图幅	图幅大小一般用 3 号图或加长 3 号图，画好图框和图标。图框与图纸除左边空出装订线 25mm，外上、下两边和右边周围各留 10mm，图框的线条粗细应加粗到 1.2mm。图框左上角画出长 4cm、宽 1cm 的矩形页码角标。绘制图线栏按照选定的里程比例尺和高程比例尺打格制表	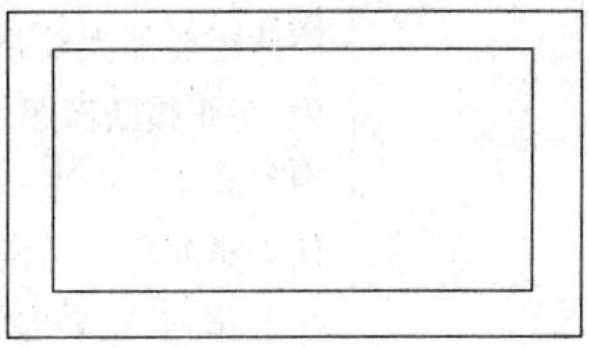
2. 角标注明张数	每张横断面设计图的右上角要写明本段共几页、本张为第几页，同时写出本页的开始桩号到结束桩号	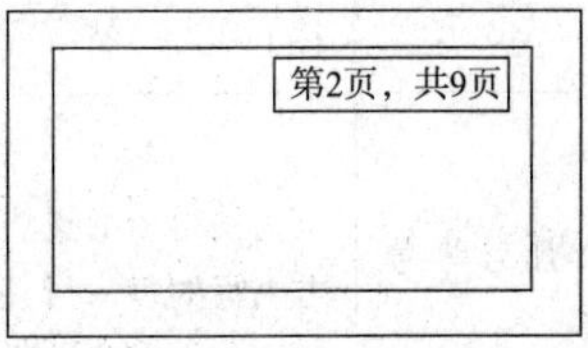
3. 分清左右横断	绘制横断面图时切勿把左右横断弄反，为此建议现场成图，如用现场实测资料室内成图建议手工记录和电子记录同时备份	
4. 桩位线角标记	每个横断面设计图要标出中心桩号，并在横断图的中心桩号处画一条短竖线，竖线与地面线的交点处同时画一小的倒三角标明中心桩位	

<table>
<tr>
<td>5. 超高和加宽路基横断面图画法</td>
<td>当路基有超高和加宽时,在路基横断面设计图上要注明。当绘制超高和加宽桩的横断面图时,其路基宽度按设计公路等级相应的宽度确定,顶面一般水平而不画出路拱,当某个桩位有超高和加宽时,要在横断图上体现出来。有加宽时要按加宽的位置和加宽值相应增加其宽度;有超高时横断面的顶面要画成与超高横坡度一致的斜线。超高和加宽值与相应的超高和加宽方式有关,绘制时需计算或从已有的设计文件路基设计表中找出其计算结果</td>
<td>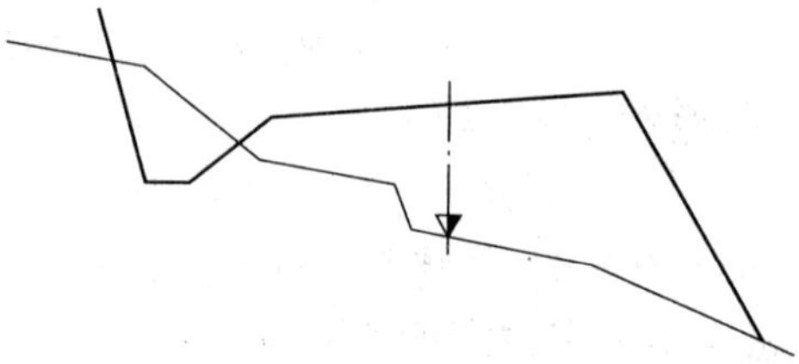
本桩断面数据表
<table>
<tr><td>里程桩号</td><td colspan="6">K2 + 100</td></tr>
<tr><td>填挖高度</td><td colspan="6">T = 3.25</td></tr>
<tr><td>填方面积</td><td colspan="6">A_T = 12.98</td></tr>
<tr><td>挖方面积</td><td colspan="6">A_W = 16.86</td></tr>
<tr><td rowspan="2">路基加宽</td><td colspan="3">左</td><td colspan="3">右</td></tr>
<tr><td colspan="3">$b_{左}$ = 0.80</td><td colspan="3"></td></tr>
<tr><td rowspan="2">路基超高</td><td colspan="2">左</td><td colspan="2">中</td><td colspan="2">右</td></tr>
<tr><td colspan="2">$h_{左}$ = −0.15</td><td colspan="2">$h_{中}$ = 0.22</td><td colspan="2">$h_{右}$ = 1.20</td></tr>
</table>
</td>
</tr>
<tr>
<td>6. 逐个桩号作图,从下往上绘制</td>
<td>横断面设计图要求每个桩号都要画出设计图,即逐桩作图。在横断面图上每个横断面的排列次序是从下往上。每张图排列得的列数和行数是由的各个横断面绘制范围决定的。一般对高等级公路左右各 50 ~ 100m,低等级公路左右各 30 ~ 50m,同时考虑当遇到大填大挖时为防止横断戴帽时不至于使得设计断面边坡与地面线相交时落空,因此还要加大绘制范围。基于上述原因,每张横断面图上可以绘制的横断面图只有 1 ~ 3 列。当只有一列时,从下往上排列桩号。两列时每列都是从下往上排列;三列时,从右下角开始从下往上,中间列从上往下,最左列从下往上</td>
<td>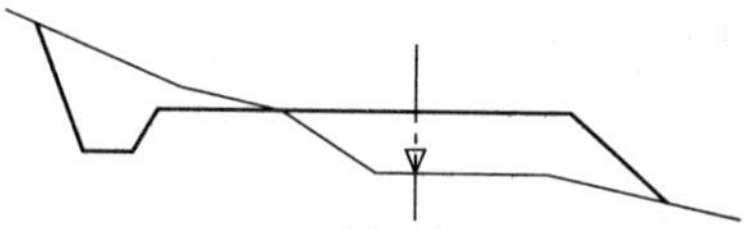
K1+840
T =2.24
A_T=18.62
A_W=8.32
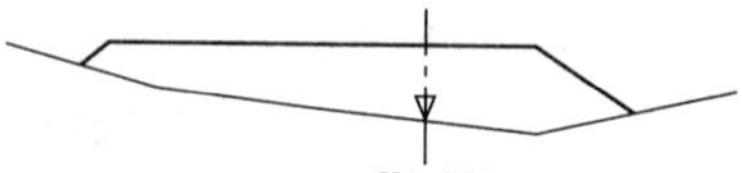
K1+820
T =1.24
A_T=26.98
A_W=0.00
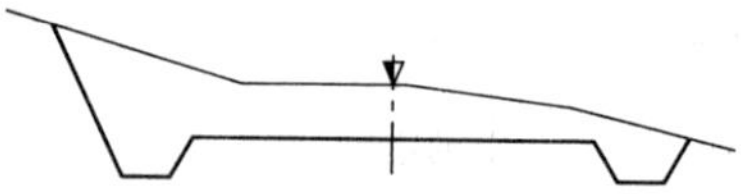
K1+800
W =4.58
A_W=36.74
A_T=12.72</td>
</tr>
<tr>
<td>7. 加号等号对齐</td>
<td>为使得图纸整洁规范,绘图时在图下方书写的每一行注记的加号和等号要一一与中心桩位的短竖线对齐</td>
<td>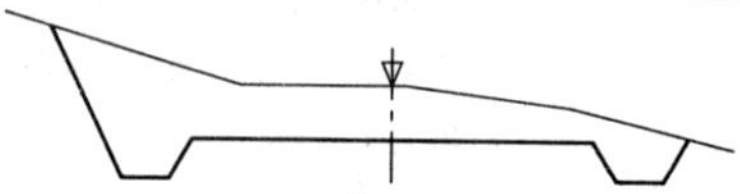
K1+760
W =4.58
A_W=36.74
A_T=12.72</td>
</tr>
<tr>
<td>8. 注意线条粗细</td>
<td>一般横断面图上的地面线为 0.3 ~ 0.5mm 宽的细实线,设计断面形状要加粗成 0.6 ~ 0.9mm 宽的粗实线</td>
<td>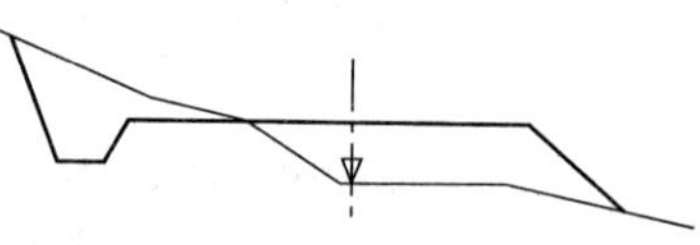
K1+760
W =4.58
A_W=36.74
A_T=12.72</td>
</tr>
</table>

二、横断面设计图上的计算

(一)路基设计填挖高度计算

$$T = H_{设} - H_{地} \text{ 或 } W = H_{设} - H_{地} \quad (6\text{-}14)$$

式中:T——路中心填方高度(m);

W——路中心挖方深度(m);

$H_{设}$——路基设计高程(m);

$H_{地}$——地面高程(m)。

(二)横断面面积计算

在编制公路施工组织计划和工程概预算时,还需要确定全线的路基土石方数量,而土石方数量是利用横断面积来计算的,因此需计算横断面积。

1. 解析法

(1)梯形公式法

$$A = \frac{b_{上} + b_{下}}{2} \cdot T \quad (6\text{-}15)$$

式中:T——路基填方高度(m);

$b_{上}$——路基顶面宽度(m);

$b_{下}$——路基底面宽度(m)。

(2)坐标法

如图6-45所示,由解析几何公式很容易推出面积计算公式如下:

$$A = \frac{1}{2}\sum_{i=1}^{n}(x_i y_{i+1} - y_i x_{i+1}) \quad (6\text{-}16)$$

式中:x、y——分别为设计线和地面线围成面积的各折点坐标(m)。

坐标法计算精度较高,但方法较繁,适用于计算机计算。路基土石方多采用表格计算法。

2. 图解法

(1)积距法

如图6-46,积距法的原理是:按单位宽度 b,把断面积切割成若干梯形与三角形条块,则第一小块面积为其平均高度 h_1 与 b 乘积,即 $A_1 = b \cdot h_1, A_2 = b \cdot h_2 \cdots\cdots A_n = b \cdot h_n$,总面积为:

$$A_1 = A_1 + A_2 + \cdots + A_n = b \cdot h_1 + b \cdot h_2 + \cdots + b \cdot h_n = b\sum_{i=1}^{n} h_i \quad (6\text{-}17)$$

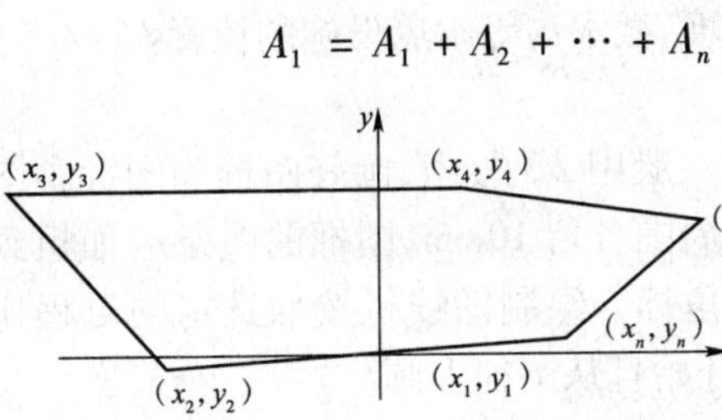

图6-45　坐标法

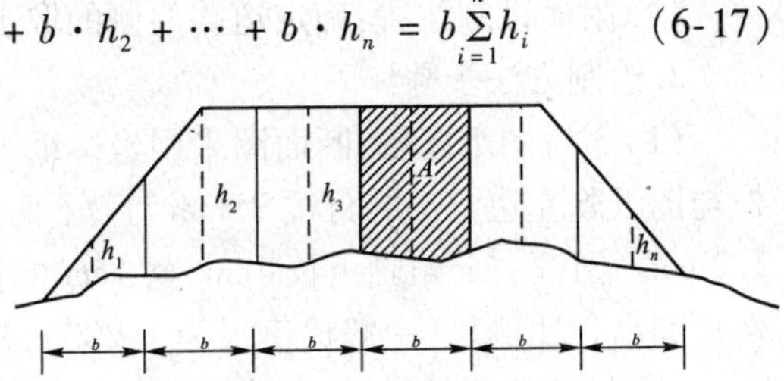

图6-46　积距法求横断面的面积示意图

通常横断面图都是绘在方格厘米纸上的,直接可以用厘米格上5mm宽(等于1m)来划分横断面。平均高度总和 Σh_i 一般是用"卡规法"或用"纸条法"来积距,其中纸条法多适用于求较大面积的积距。

（2）数格法

由于横断面设计图是绘制在坐标纸上的，而绘图比例尺为 1∶200，因此可以用数格的办法确定，即人工读取由横断面地面线与设计断面轮廓围成区域内的整厘米格和毫米格数。因为一个 cm^2 的面积为 $4m^2$ 所示，一个 mm 的面积为 $0.04m^2$，二者相加，即可得到横断面积。

3. CAD 法

这种方法是利用 AutoCAD 计算机辅助设计软件自动计算面积的“AREA”命令来计算。由计算机绘制横断面图后，先键入“AREA”命令，当出现命令提示，再用鼠标指定计算区域，便可显示面积数值，通常用此命令时，需配合“boundary”命令首先创建区域边界才可执行。

三、路基横断面图的绘制

（一）一般路基横断面图的绘制

路基横断面的组成除有与行车有关的路幅宽度外，还有与路基工程、排水工程、环保工程有关的各种设施。这些设施的位置和尺寸均应在横断面设计图中有所体现。路基横断面形式和尺寸实际上在确定路线平面位置时就已经有了考虑，在纵断面设计中又根据路线标准和地形条件确定了路基的合理高度。特别是工程艰巨路段已仔细作了分析研究，拟定了横断面方案。因此，施工阶段的横断面设计是在总结上述工作的基础上把它具体化或者基于变更设计考虑，同时作为核算土石方数量和施工的依据。

横断面设计，必须结合地形、地质、水文等条件，本着节约用地的原则，选用合理的断面形式。在施工现场，当设计单位给出的横断面设计图不很合理时，考虑技术、经济和环境等因素，确实理由充分时，可以提出变更设计，以满足行车顺适、工程经济、路基稳定且便于施工和养护的要求。

1. 作图数据准备

（1）确定路基宽度：路基宽度一般在路基设计表中可查得。但当路线处于改建段落时，则可根据其功能、任务和交通量等条件确定公路等级，再结合技术标准确定。

（2）确定路基边坡：路基边坡可在设计文件路基标准断面图中查到或得到启示，实际设计时，可对改建路段路基边坡设计结合现场实况进行复核。对高路堤或陡坡上的路堤要进行稳定核算后确定出合理的边坡坡度。

（3）取定边沟尺寸：路堑或矮路堤边沟依靠其功能确定。一般内边坡与路堤边坡一致，外侧边坡与路堑挖方一致，底宽和深度依照流量大小决定。

（4）附属设施位置：确定道路两侧的取土坑、弃土堆、截水沟等附属设施的位置。

2. 绘制方法步骤

（1）布置图纸图幅：断面图采用坐标纸，图幅大小一般用 A3 号图，画好图框和图标。图框与图纸除左边空出装订线 25mm，上、下两边和右边周围各留 10mm，图框的线条应加粗到 1.2mm。图框右上角画出长 4cm、宽 1cm 的矩形页码角标。绘制图线栏按照选定的里程比例尺和高程比例尺（一般比例尺为 1∶200），从左下角开始且从下往上画。

（2）标注里程桩号：路基横断面设计图是逐桩给出的，每个横断面要写明桩号。根据图幅大小和比例尺安排每章图上能够布置的横断面的数量，一般可以布置 1 ~ 3 列，每个桩号处习惯上划一条短点划竖线，在竖线上用小倒三角形表示中心桩位。下方将要书写的每一行注记的加号和等号要一一与中心桩位的点划竖线对齐。按规定每章图的开始桩号和结束桩号都要先写千米数（公里数）后再写路线桩号。

(3)绘横断地面线：在计算纸上绘制横断面的地面线。经过勘测的地面线必须使用现场测绘数据绘制；若是纸上定线，可从大比例尺的地形图上内插获得。在计算机辅助设计中，可借助CAD软件利用"LINE"命令绘制，在命令提示后向计算机输入横断面各变化点相对于中桩的坐标，由计算机自动绘制。

(4)标注设计填挖：从"路基设计表"中抄入路基中心填挖高度并标注于图上。填方高度采用"T"表示，挖方高度采用"W"表示。

(5)标注加宽超高：对于有超高和加宽的曲线路段，还应抄入"左高"、"右高"、"左宽"、"右宽"等数据。

(6)横断设计戴帽：横断设计戴帽就是在地面线已经绘制的前提下，将路基设计断面按照其形状和尺寸叠画在地面线图上形成路基横断面设计图的过程。绘图可以手工绘制或由计算机完成，手工绘制可以使用横断面透明模板或直接画线绘制，手工绘制要求及步骤如下：

①根据现场调查所得来的土壤、土质、水文资料，参照标准横断面图，画出路幅宽度，填或挖的边坡坡线，在需要设置各种支挡工程和防护工程的地方画出该工程结构的断面示意图；

②用卡规在图上依照本桩的设计填挖顺桩位的短竖线处由中桩的桩位点开始从上或下截取设计填挖数值。

③在截取点上按设计路基宽度画一条横线，其长度为路基宽度，横线的两个端点分别表示左、右路基边缘点；

④依照路基左、右各自的设计边坡，分别从左、右路基边缘点开始做路基两侧各自的边坡线与地面线相交，有边沟顺便把它按尺寸和位置绘制出来。

(7)注出土石方量：在图上计算土石方数量，并标注到设计图上。填方数量用"A_T"表示；挖方数量用"A_W"表示。

(8)修饰描绘成图：画出断面附属构造。根据综合排水设计，画出路基边沟、截水沟、排灌渠等的位置和断面形式，必要时需注明各部分尺寸。此外，对于取土坑、弃土堆、绿化等也尽可能画出。经检查无误后，修饰描绘。

(二)加宽路基横断面图的绘制方法

1. 加宽路基横断面图的基本样式

汽车以一定的速度转小弯时，由于汽车在曲线路段上行驶时，后轮轨迹偏向曲线内侧，所占的宽度要比直行时略宽些，故在半径较小的弯道应增加路面、路基宽度，称为弯道加宽(亦称平曲线加宽)。上述的小半径在我国标准中规定为250m的界限。路面加宽时，习惯上只加宽原路面内侧。

加宽路基横断面图(图6-47)与一般路基横断面图比较，只是路基宽度的不同，另外，在横断面标注时，不但要写出里程桩号、填挖数值、挖方和填方体积，还要标明加宽数值和部位。

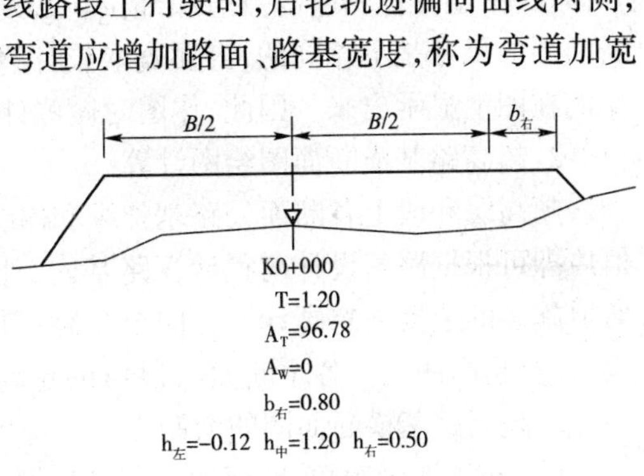

图6-47 加宽路基横断面图

2. 加宽路基横断面图绘制方法

(1)布置图纸图幅：断面图采用坐标纸，图幅大小一般用A3图，画好图框和图标，要求与一般路基横断面图幅相同。

(2)标注里程桩号:根据图幅大小和比例尺,安排每章图上能够布置的横断面的数量,并在每个拟画的横断面处标注出里程桩号,要求同一般路基横断面一致。

(3)绘横断地面线:在计算纸上绘制横断面的地面线。地面线是利用现场测绘数据绘制。

(4)标注设计填挖:从“路基设计表”中抄入路基中心填挖高度并标注于图上。填方高度用“T”表示,挖方高度用“W”表示。

(5)标注加宽超高:对于有超高和加宽的曲线路段,还应抄入路基左、中、右的超高值 $h_{左}$、$h_{中}$、$h_{右}$ 以及左或右的加宽值 $b_{左}$ 或 $b_{右}$。

(6)横断设计戴帽:当人工画线时,绘制要求及步骤如下:

①基本要求同一般路基横断面设计图相似,只是注意在画路基宽度时要按照路基左、右两侧实际加宽后的路基全宽来画。

②在桩位画一条竖线,用卡规在图上依照本桩的设计填挖顺桩位的短竖线处由中桩的桩位点开始从上或下截取设计填挖数值。

③在截取点上按设计路基宽度画一条横线,在横线上按照计算或查取的包括加宽在内的左、右半个路基宽度分别截取出路基左、右边缘点。

④依照路基左、右各自的设计边坡,分别从左、右路基边缘点开始做路基两侧各自的边坡线与地面线相交,有边沟顺便把它按尺寸和位置绘制出来。

(7)注出土石方量:在图上计算土石方数量,并标注到设计图上。填方数量用“A_T”表示;挖方数量用“A_W”表示。

(8)修饰描绘成图:画出断面附属构造。根据综合排水设计,画出路基边沟、截水沟、排灌渠等的位置和断面形式。必要时需注明各部分尺寸。此外,对于取土坑、弃土堆、绿化等也尽可能画出。经检查无误后,修饰描绘。

(三)超高路基横断面的绘制

1. 超高路基横断面图的样式

超高设于圆曲线范围内,两端用过渡段与直线相连。从直线段的双向横坡渐变到圆曲线段,具有超高单向横坡的过渡段称为超高缓和段。

超高路基横断面图与一般路基横断面图比较,只是由于路基超高使得路基顶面线呈现具有超高横坡度的斜面。另外,在横断面标注时,不但要写出里程桩号、填挖数值、挖方和填方体积外,还要标明超高数值和部位。必须指出,超高路基横断面图尽管形式相似,但每个断面图的尺寸是不相同的,需要查取或计算每个桩号的超高值。作图时需要把这种变化按比例在图上显示出来。因此,作图时做些计算是必不可少的。

2. 超高路基横断面图绘图计算

超高缓和段上各断面处路基外缘和内缘与原路基设计高程之差 h 叫超高值。计算超高值后即可根据路基设计高程计算路基内、外边缘和路基中心线处的设计高程。这些高程是弯道施工的依据。超高计算分四个步骤:首先,确定超高横坡度;其次,选择超高方式;再其次,计算超高曲线上各个断面(桩号)的超高值;最后,给出路基各个断面左、中、右的超高值。

3. 超高路基横断面图的绘制方法

(1)布置图纸图幅:断面图采用坐标纸,图幅大小一般用 A3 号图,画好图框和图标及角标。作图要求和图纸规格与一般路基横断面图相同。

(2)标注里程桩号:方法同加宽路基横断面绘制方法。

(3)绘横断地面线:利用现场测绘数据绘制,在计算纸上绘制横断面的地面线。

(4)标注设计填挖:从“路基设计表”中抄入路基中心填挖高度并标注于图上。填方高度用“T”表示,挖方高度用“W”表示。

(5)标注加宽超高:有超高时横断面的顶面要画成与超高横坡度一致的斜线。对于有超高和加宽的曲线路段,从路基设计表上抄入或现场复核或设计计算的本页各个桩号的路基左、中、右的超高值标于图上。

(6)横断设计戴帽:当人工画线时,绘制基本要求与无超高及加宽路基横断面图一致,步骤如下:

①用卡规在图上依照本桩的设计填挖顺桩位的短竖线处由中桩的桩位点开始从上或下截取设计填挖数值;

②在截取点上按设计路基宽度先画一条水平横线,在横线上按照计算或查取的包括加宽在内的左、右半个路基宽度,分别截取出路基左、右边缘点。再按照图上已写的路基左、中、右的超高值从路基左、右边缘分别竖向截取超高值,连接成斜线,斜线的斜率为超高横坡度。

③依照路基左、右各自的设计边坡,分别从左、右路基边缘点开始做路基两侧各自的边坡线与地面线相交,有边沟顺便把它按尺寸和位置绘制出来。

(7)注出土石方量:在图上计算土石方数量,并标注到设计图上。填方数量用“A_T”表示,挖方数量用“A_W”表示。

四、路基设计表的填写方法

路基设计表是公路设计文件的组成内容之一,它是平、纵、横等主要测设资料的综合。表中填列所有整桩、加桩及填挖高度、路基宽度(包括加宽)、超高值等有关资料,为路基横断面设计的基本数据,也是施工的依据之一。

路基设计表(表6-20)的填算方法如下:

第(1)栏“里程桩号”由外业勘测的中桩记录本中抄录。

第(2)栏“平曲线”中,应列出交点编号、转角大小和平曲线半径,供计算加宽超高之用。

第(3)栏“变坡点高程桩号及纵坡坡度、坡长”是从纵断面设计图中抄录,应列出变坡点的桩号、设计高程,纵坡坡长及相应的纵坡度。

第(4)栏“竖曲线”是从纵断面设计图上抄录的,应列出竖曲线起、终点桩号,竖曲线半径、切线长及外距。

第(5)栏“地面高程”由外业勘测的中平测量记录本中抄录。

第(6)栏“设计高程”在直坡段为切线高程,在竖曲线段应考虑“改正值”,用公式 $Y=X^2/2R$ 算出,其中 X 为各桩距竖曲线起点或终点的距离,R 由第(4)栏或直接由纵断面图上抄录,凹形竖曲线改正值为正数,凸形竖曲线改正值为负数。“设计高程”在竖曲线内,则为该桩号的切线高程与改正值的代数和。

第(7)、(8)栏的“填”、“挖”是第(6)栏与第(5)栏之差,正数为填,负数为挖。

第(9)、(10)栏为左、右路基宽度,当圆曲线半径小于或等于250m时,应考虑平曲线内侧加宽;高速公路路基宽度为左土路肩、左硬路肩、左行车道、左路缘带、中分带、左路缘带、右行车道、右硬路肩、右土路肩宽度之和。

第(11)、(12)、(13)栏为路基两侧边缘及中桩与设计高程的差,当圆曲线半径小于不设超高最小半径时,应考虑平曲线段超高。

第(14)栏“填”为第(7)栏与第(12)栏之和。

第(15)栏“挖”为第(8)栏与第(12)栏之差。

路基设计表

表 6-20

里程桩号	平曲线		设计纵坡	竖曲线		设计高程	地面高程	填挖值		路基宽度		路基各断面超高值		
	左	右		元素	y 值			填	挖	左	右	左	中	右
(1)	(2)		(3)	(4)		(5)	(6)	(7)		(8)		(9)		
K8 +120			44% 600	K8 +177		90.16	97.62		7.46	6.00	6.00	0.00	0.12	0.00
ZH K8 +132.86						90.67	88.23		7.06	6.00	6.00	0.00	0.12	0.00
+140		JD_5 路线转角40° 00′ 00″ 曲线半径 R=200，缓和曲线长 L_s=70				90.96	95.52		4.56	6.00	6.08	0.18	0.12	0.01
+160						91.76	98.61		6.85	6.00	6.31	0.50	0.25	−0.01
+180				R=3 600 T=63 E=1.10（凸形竖曲线）	0.00	92.56	98.12		5.56	6.00	6.53	0.82	0.35	−0.08
K8 +200					0.00	93.36	96.32		1.60	6.00	6.78	1.10	0.43	−0.15
HY K8 +202.86					0.00	93.47	95.15		1.68	6.00	6.80	1.11	0.51	−0.15
+220					0.00	94.16	94.46	0.30		6.00	6.80	1.11	0.51	−0.15
QZ K8 +237.86					0.26	94.61	92.14	2.73		6.00	6.80	1.11	0.51	−0.15
+240			94.96 +240		1.10	93.86	92.63	2.33		6.00	6.80	1.11	0.51	−0.15
+260					0.55	93.81	92.78	1.58		6.00	6.80	1.11	0.51	−0.15
YH K8 +272.49					0.26	93.63	89.16	4.83		6.00	6.80	1.11	0.51	−0.15
+280					0.07	93.69	88.75	5.01		6.00	6.71	1.06	0.45	−0.13
K8 +300					0.00	93.16	89.44	3.72		6.00	6.49	0.61	0.31	−0.07
+320			−3% 400	K8 +303		92.56	88.13	4.43		6.00	6.26	0.33	0.12	0.00
+340						92.96	84.44	8.52		6.00	6.03	0.04	0.12	0.00
HZ K8 +342.49						91.88	82.12	9.76		6.00	6.00	0.00	0.12	0.00
K8 +360						91.36	89.11	2.25		6.00	6.00	0.00	0.12	0.00

续上表

里程桩号	施工时中桩填挖		路基边坡坡度		护坡道设置		边沟设计数据				坡脚或坡顶与中桩的距离	
	填	挖	左	右	宽度	边坡	形状	底宽	沟深	内坡	左	右
(10)	(11)		(12)		(13)		(14)				(15)	
K8 +120		7.58	1:1	1:1			梯形	0.50	0.50	1:1.5	用逐次逼近法定	
ZH K8 +132.85		7.18	1:1	1:1			梯形	0.50	0.50	1:1.5	用逐次逼近法定	
+140		4.68	1:1	1:1			梯形	0.50	0.50	1:1.5	用逐次逼近法定	
+160		7.10	1:1	1:1			梯形	0.50	0.50	1:1.5	用逐次逼近法定	
+180		5.91	1:1	1:1			梯形	0.50	0.50	1:1.5	用逐次逼近法定	
K8 +200		2.03	1:1	1:1			梯形	0.50	0.50	1:1.5	用逐次逼近法定	
HY K8 +202.86		2.19	1:1	1:1			梯形	0.50	0.50	1:1.5	用逐次逼近法定	
+220	0.81		1:1.5	1:1.5	1.50	1:1.5					用坡度样板法定	
QZ K8 +237.86	3.24		1:1.5	1:1.5	1.50	1:1.5					用坡度样板法定	
+240	2.84		1:1.5	1:1.5	1.50	1:1.5					用坡度样板法定	
+260	2.09		1:1.5	1:1.5	1.50	1:1.5					用坡度样板法定	
YH K8 +272.49	5.34		1:1.5	1:1.5	1.50	1:1.5					用坡度样板法定	
+280	5.46		1:1.5	1:1.5	1.50	1:1.5					用坡度样板法定	
+300	4.03		1:1.5	1:1.5	1.50	1:1.5					用坡度样板法定	
+320	4.55		1:1.5	1:1.5	1.50	1:1.5					用坡度样板法定	
+340	8.62		1:1.5	1:1.5	1.50	1:1.5					用坡度样板法定	
HZ K8 +342.49	9.88		1:1.5	1:1.5	1.50	1:1.5					用坡度样板法定	
+360	12.37		1:1.5	1:1.5	1.50	1:1.5					用坡度样板法定	

注：表中数字单位皆为 m；边坡坡度以 1∶*m* 表示。

第八节　土石方数量的计算与调配

路基土石方是公路工程的一项主要工程量，在公路设计和路线方案比较中，路基土石方数量的多少是评价公路测设质量的主要技术经济指标之一。在编制公路施工组织计划和工程概预算时，还需要确定分段和全线的路基土石方数量。

土石方调配的目的是为确定填方用土的来源、挖方弃土的去向，以及计价土石方的数量和运量等。通过调配合理地解决各路段土石方平衡与利用问题，使从路堑挖出的土石方，在经济合理的调运条件下移挖作填，达到填方有所"取"，挖方有所"用"，避免不必要的路外借土和弃土，以减少占用耕地和降低公路造价。土石方计算与调配的主要任务是，计算路基土石方工程数量，合理进行土石方调配，并计算土石方的运量，为编制公路工程概（预）算、公路施工组织、施工计量支付提供依据。

一、路基土石方来源与计算

（一）路基土石石方来源

路基分路堤、路堑和半填半挖路基。路堤和半填半挖路基填方用土来源分为三种：第一种为路边取土，即在路基旁边开挖取土来填筑路基；第二种为利用挖方剩余土纵向运来填筑路基，这种情况叫做土石方调配；第三种为土场取土，即在固定的取土场开挖取土来填筑路基。

（二）路基土石方计算

路基土石方计算工作量较大，加之路基填挖变化的不规则性，要精确计算土石方体积是十分困难的。在工程上通常多采用近似计算。

1. 横断面面积计算

路基横断面为不规则几何图形，其面积计算方法有积距法、几何图形法、求积仪法，坐标法、CAD 法、方格法等多种方法。通常一般用积距法和坐标法。

坐标法计算精度较高，但方法较繁，适用于计算机计算。路基土石方多采用表格计算。

2. 两断面间土石方数量计算

(1)平均断面积法

假定两相邻断面间为一棱柱体，如图 6-48 所示，按平均断面积法计算公式为：

$$V = \frac{1}{2}(A_1 + A_2)L \tag{6-18}$$

式中：A_1、A_2——两相邻断面各自的面积（m^2）；

L——两相邻断面的间距（m），即两相邻断面的桩号差。

平均断面法计算简单、实用，是公路上目前常采用的方法。但其精确度较差，该法只有当两相邻断面面积 A_1、A_2 相差不大时才较准确。

(2)棱台体积公式法

当 A_1、A_2 相差较大时，则按棱台体积公式则更为接近，其公式如下：

$$V = \frac{1}{3}(A_1 + A_2)L\left(1 + \frac{\sqrt{m}}{1 + m}\right) \tag{6-19}$$

式中：$m = \frac{A_1}{A_2}$，其中 $A_2 > A_1$。

由上式可知，当 $A_1 = A_2$ 时，

$$V = \frac{1}{2}(A_1 + A_2)L \tag{6-20}$$

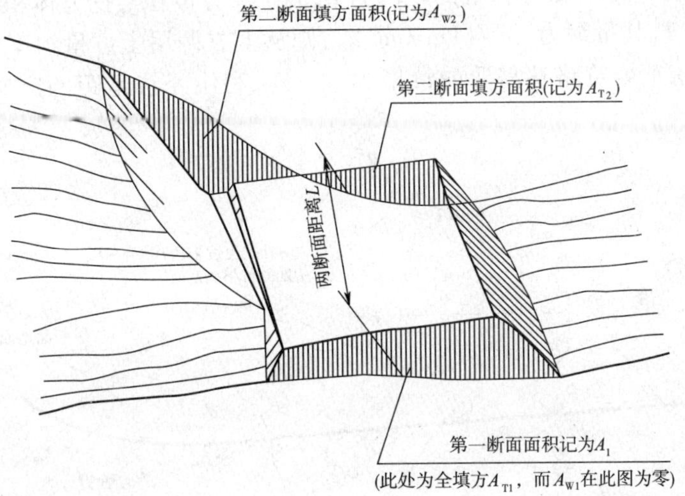

图 6-48　平均断面法

若 $A_1 = 0$ 时，

$$V = \frac{1}{2}A_2 \cdot L \tag{6-21}$$

由此可知，平均断面法的计算结果是偏大的。

有的专家认为，式(6-18)与式(6-19)比较虽然有差异，但由于相邻断面之间原地面起伏状态会相互抵消，再精准的公式是没有意义的，用其中任意一个均可以。

二、土石方的调配原则与程序

(一)土石方的调配原则

1. 横向平衡再纵调

在半填半挖断面中，应首先考虑在本路段内移挖作填进行横向平衡，然后再作纵向调配，以减少总的运输量，即指土石方调配应按先横向后纵向的次序进行。横向调运是指将本桩位内的挖方直接横向调运用作填方，达到横向平衡。纵向调运则是将本桩多余的挖方(叫挖余)纵向运至其他桩号填筑或其他桩号的挖余土石运至本桩不足的填方(叫填缺)进行填筑。由于横向调运就近填挖，运量小，先横向后纵向调运可减少总运输量。

2. 不宜跨沟上坡调

土石方调配应考虑桥涵位置对施工运输的影响。由于一般大沟处往往阻断调土车辆通行，因此不作跨越调运，同时尚应注意施工的可能与方便，尽可能避免和减少上坡运土。

3. 经济运距范围调

为使调配合理，必须根据地形情况和施工条件，选用适当的运输方式，确定合理的经济运距，用以分析工程用土是调运还是外借。

经济运距是指就地挖土填筑路基的费用与远调土填筑路基费用持恒时对应的运距。

如图 6-49 所示，上方路基土经过横向利用后有剩余的土方，拟调配到下方作填缺使用。设路基挖方重心到填方重心的距离为 L；假定填方体积与挖方体积相等，都是 V；远距离运费单价为 T，其量纲为[元/(km · m^3)]，则从上方调用土方量为 V 需要的资金为 $L \cdot T \cdot V$；而就近挖土填筑路基需要的价格为 $B \cdot V$。利用经济运距的定义，二者价格持恒，得到：

$$L \cdot T \cdot V = B \cdot V$$

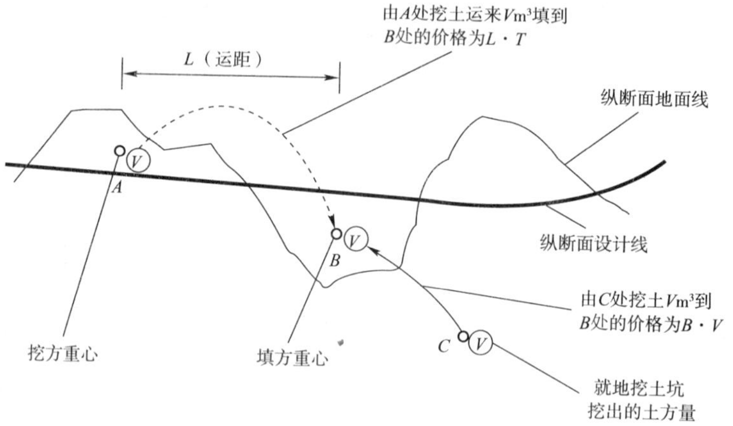

图 6-49　经济运距释义图

整理得：

$$L = \frac{B}{T} \tag{6-22}$$

考虑概算和预算中的免费运距 $L_{免}$，得经济运距：

$$L_{经} = \frac{B}{T} + L_{免} \tag{6-23}$$

式中：B——借方单价（元/m^3）；

T——远运运费单价[元/(m^3 · km)]；

$L_{免}$——免费运距(km)。

也就是说纵向调运的最远距离一般应小于经济运距。路基填方的土石来源，一是路上的纵向调运，二是就近在路基外借土。一般情况下，距离较近时纵向调运是比较经济的，但是如果调运的距离过长，以至于运价超过了在附近借方的费用时，纵向移挖作填就不如借方经济了。因此，是“调”还是“借”有一个限度问题，按费用经济计算的纵向调运的最大限度距离，即经济运距。

根据定额规定，土方作业包括挖、装、运、卸四项，在规定的距离内（一般人工运输为 20m，轻轨运输 50m，汽车运输为 100m）只按方量计价，不另计运费。超出的运距叫超运距，超运距按下式计算：

$$L_{超} = L_{经} - L_{免} \tag{6-24}$$

在纵向调运计算运距时应扣除免费运距 $L_{免}$。

在调配时,应综合考虑不同的施工方法、运输条件、施工机械化程度及地形情况,选择合理的经济运距,在取土弃土不受限制的路段,纵向调运运距应小于经济运距。

土方调配“移挖作填”固然要考虑经济运距问题,但这不是唯一的指标,还要综合考虑弃方或借方占地,赔偿青苗损失及对农业生产影响等。有时移挖作填虽然运距超出一些,运输费用可能稍高一些,但如能少占地甚至不占地,少影响农业生产,这样对整体来说也未必是不经济的。

4. 不同土石分别调

不同的土方和石方应根据工程需要分别进行调配,以保证路基稳定和人工构造物的材料供应。

5. 回头上下优先调

位于山坡上的回头曲线路段,要优先考虑上下线的土方竖向调运。

6. 借弃土方共协商

对于借土和弃土应事先同地方商量,妥善处理。借土应结合地形、农田规划等选择借土地点,并综合考虑借土还田,整地造田等措施。弃土应不占或少占耕地,在可能条件下宜将弃土平整为可耕地,防止乱弃乱堆,尤其要避免堵塞河流,损坏农田。

7. 用土方调配复核平衡式检查

土石方调配后,应按下式进行复核检查:

$$\left.\begin{aligned}&\text{横向调运} + \text{纵向调运} + \text{借方} = \text{填方}\\&\text{横向调运} + \text{纵向调运} + \text{弃方} = \text{挖方}\\&\text{挖方} + \text{借方} = \text{填方} + \text{弃方}\end{aligned}\right\} \tag{6-25}$$

以上检查一般是逐页进行复核的,如有跨页调配,须将其数量考虑在内,通过复核可以发现调配与计算过程有无错误。经核证无误后,即可分别计算计价土石方数量、运量和运距等,为编制施工预算提供土石方工程数量。

(二)土石方调配方法

土石方调配方法有多种,如累积曲线法、调配图法、表格调配法等。由于表格调配法不需单独绘图,直接在土石方表上调配,具有方法简便、调配清晰的优点,是目前广泛采用的方法。

表格调配法又可有逐桩调运和分段调运方式,一般多采用分段调运。表格调配法的方法步骤如下。

1. 准备工作

调配前先要对土石方计算进行复核,确认无误后方可进行,调配前应将可能影响调配的桥涵位置、陡坡、深沟、借土位置、弃土位置等条件标于表旁,供调配时考虑。

2. 横向调运

(1)确定经济运距。

(2)根据填缺、挖余情况结合调运条件拟订调配方案,确定调运方向和调运起讫点,并用箭头表示。

(3)计算调运数量和运距。

调配的运距是指计价运距。就是调运挖方重心到填方重心的距离减去免费运距。调运挖方和填方重心可根据土石方情况估定(一般也可以近似采用挖方或填方路段的中点位置)。计价运距以10m为一个运距单位标于箭头旁边。

(4)计算借方数量、废方数量和总运量。

借方数量 = 填缺 - 纵向调入本桩的数量

废方数量 = 挖余 - 纵向调出本桩的数量

总运量 = 纵向调运量 + 废方调运量 + 借方调运量

计算后分土、石填入表中。

(5)复核:

①横向调运复核。

填方 = 本桩利用 + 填缺

挖方 = 本桩利用 + 挖余

②纵向调运复核。

填缺 = 纵向调运方 + 借方

挖余 = 纵向调运方 + 挖余

③总调运量复核。

挖方 + 借方 = 填方 + 废方

以上复核一般是按逐页小计进行的,最后应按每公里合计复核。

(6)计价土石方是指概预算编制中需单独计算费用的土石方数量。土石方中所有的挖方都应予以计价。但对于填方则不然,因为移挖作填的调配运方已在挖方中计算了费用,若再计价则会形成双重计价。因此不应再计价,只有在路外的借方才计价。因此,计价土石方必须通过土石方调配后才能确定其数量。

计价土石方 = 挖方数量 + 借方数量

一般工程中指的某公路的土石方总数量,就是指计价土石方总数量。

(三)土石方调配辅助计算

1. 压实换算系数

压实方与天然密实方间换算系数的运用举例说明如下。

某路线(二级及以上公路),取其中一段进行分析,设其挖方数量为1 000m^3,其中松方为200m^3、普通土为600m^3、硬土为200m^3;填方数量为1 200m^3;本断面挖方可利用数量为900m^3,其中松土100m^3、普通土600m^3、硬土200m^3;可调本段的远运利用方量为200m^3天然方(按普通土计)。

对上面的数量,可做如下分析。

本桩利用方:$100 \div 1.23 + 600 \div 1.16 + 200 \div 1.09 = 782m^3$(压实方)。

远运利用方:$200 \div 1.16 = 172m^3$(压实方)。

借方:$1\ 200 - 782 - 172 = 246m^3$(压实方)。

弃方:$100m^3$(天然方)。

2. 平均运距

土方调配的运距,一般是指平均运距,所谓平均运距是指从挖方体积的重心到填方体积的重心之间的距离。在工作中为了简化计算起见,平均运距可用挖方断面间距中心至填方断面间距中心的距离计算。纵向调配时,当其平均运距超过定额规定的免费运距时,应按其超运运距计算土石方运量。所谓免费运距是指包含在定额内的运输距离。

3. 计价土石方

在土石方调配中，所有挖方，无论是弃掉或者调走，都应予以计价；但对于填方则不然，它要根据用土来决定，如果是路外借土就需计价，因此计价土石方的数量必须通过土石方调配后来确定。其数量为：

$$计价土石方数量 = 挖方数量 + 借方数量 \tag{6-26}$$

4. 运量

土石方运量为平均运距与土石方调配数量的乘积。工程定额是将平均运距每10m划为一个运输单位，称为“级”，20m为两个运输单位，称为二级，余类推。

$$总运量 = 调配(土石方) \times n \tag{6-27}$$

式中：n——平均运距单位(级)，其值为 $n = \frac{L - L_{免}}{10}$；

L——平均运距；

$L_{免}$——免费运距。

三、表格法土石方调配示例

路基土石方数量计算表(表6-21)是土石方数量计算的常用表格，其内容包括土石方数量计算和土石方调配。现以该表所列K16+000～K16+200段土石方计算为例，说明其计算方法。以相邻桩号之间的土石方为计算单元，如K16+000～K16+017，计算长度为17m(第8栏)，则平均挖(第5栏)、填(第6或7栏)面积乘以距离即得该计算单元的填、挖数量。表中挖方数量按估计的百分比分类，填方分为填土与填石(表中9～23栏)。

按照调配原则，首先在各计算单元内作横向平衡。例如在第三计算单元(+025～+037)内作横向平衡，可利用第13栏中开挖的普通土103m^3(天然方)移做填方103÷1.16=89m^3(压实方)，第15栏中开挖的硬土52m^3(天然方)移做填方52÷1.09=47m^3(压实方)，第23栏中填石方60+24=84m^3(天然方)，应从开挖石方中利用84×0.92=77m^3(第26栏)，开挖石方(第19及21栏)共259+104=363m^3(天然方)，已利用77m^3，余下286m^3以石代土作填方286÷0.92=311m^3(填于第24、25栏第三单元横线下)，平衡后填缺469-89-47-311=21m^3(压实方)(填于第27栏)。在调配过程中，要特别注意天然方和压实方换算系数的正确使用。

横向调配完成后，在表上得出填缺和挖余土、石方数量，然后进行纵向调配。从挖余、填缺栏目中可以看出，+050～+080段，挖余硬土(第30栏)113+145+89=347m^3(天然方)、挖余石(第31栏)451+582+358=1391m^3(天然方)，而相邻的+080～+100段，填缺土方(第27栏)60+210+144=414m^3(压实方)、填缺石方(第28栏)99+442+336=887m^3(压实方)。可以依近做纵向调配：硬土347m^3(第32栏)调入下段作填方347÷1.09=318m^3(压实方)；填石877m^3需利用天然石方877×0.92=807m^3，还有414-318=96m^3(压实方)可以以石代土回填，即利用石方96×0.92=88m^3(天然方)。到此填挖平衡，剩余石方1 391-807-88=496m^3(天然方)作废方处理，填入相应栏目(如第32栏纵向调配图)。

路基土石方数量计算表

表6-21

桩号	横断面积(m²) 挖	横断面积(m²) 填 土	横断面积(m²) 填 石	平均面积(m²) 挖	平均面积(m²) 填 土	平均面积(m²) 填 石	距离(m)	挖方分类及数量(m³) 总数量	土 松土 %	土 松土 数量	土 普通土 %	土 普通土 数量	土 硬土 %	土 硬土 数量	石 软石 %	石 软石 数量	石 次坚石 %	石 次坚石 数量	石 坚石 %	石 坚石 数量	填方数量(m³) 土	填方数量(m³) 石	利用方数量(m³)/换算系数及运距单位 本桩利用 普通土	本桩利用 硬土	本桩利用 石	填缺 土	填缺 石	挖余 普通土	挖余 硬石	挖余 石	远运利用纵向调配示意	备注
1	2	3	4	5	6	7	8	9	10	11	12	13	14	15	16	17	18	19	20	21	22	23	24	25	26	27	28	29	30	31	32	33
K16+000	60.0																															
+017	82.2			71.1			17	1209				242		121				604		242								242	121	846	石460/0.92 硬土121/1.09 普通土135/1.16	1.(4)、(7)、(23)栏中“*”表示砌石头。
+025	86.4		10.0 *4.0	84.3		5.0 *2.0	8	674			20	135		67				337	20	135		40 *16			52/0.92			135	67	420	调至上公里	
+037		78.0		43.2	39.2	5.0 *2.0	12	518				103		52				259		104	468	60 *24	103/1.16 (286/0.92)	52/1.09	77/0.92	21					石(130/0.9) 普通土135/1.16	2.(24)、(25)、(32)栏中“( )”表示以石代土。
+041		69.6			73.8		4												30		295					295					石(54/0.92)	
+050	78.4			39.2	34.8		9	353						71				176		106	313		(228/0.92)	71/1.09						54		
+060	24.4			56.4			10	564						113				282		169									113	451		3.(24)、(25)、(26)、(32)栏中“( )”表示压实与天然方换算系数。
+072	86.6			60.6			12	727						145				364		218									145	582		
+080	25.0			55.9			8	447						89			50	224		134									89	358	②	
+086		24.6	54.6	12.5	12.3	27.3	6	75						15				37		23	74	164		15/1.09	60/0.92	60	99					
+094		28.0	56.0		26.3	55.3	8														210	442				210	442				硬土347/1.09	4.(24)、(25)、(26)、(32)栏中分子数字在计算运输时应注意乘以相适应的运输增运系数。
+100		20.0	56.0		24.0	56.0	8														144	336				144	336				石807/0.92(88/0.92) 废方(石)496×②	
+108		24.0	44.0		22.0	50.0	8														176	400				176	400				硬土99/1.09	
+114	24.0		*2.0	12.0	12.0	22.0 *1.0	6	72						14				36		22	72	132 *6		14/1.09	58/0.92	59	75				石：(133/0.92) 437/0.92	5.(32)栏中废方为数量乘以运距单位。
+124	46.0		*1.0	35.0		*1.5	10	350						70				175		105		*15			14/0.92				70	266	①	
+140	16.0	8.0		31.0	4.0	*0.5	16	496						99				248		149	64	*8		70/1.09	8/0.92				20	389		
+160	42.0	6.0		29.0	7.0		20	580						116				290		174	140		(31/0.92)	116/1.09						433		
+180	62.0			52.0	3.0		20	1040						208				520		312	60			65/1.09					143	832		
+190	14.0	21.0		38.0	10.5		10	380						76				190		114	105		(32/0.92)	76/1.09						272		
+200		36.0		7.0	28.5		10	70						14				35		21	285		(56/0.92)	14/1.09		211					石：(194/0.92)	
小计							200	7 555				480		1270				3777		2028	2406	1574 *69	103/1.16 (633/0.92)	493/1.09	269/0.92	1176	1352	377	777	4903	普通土：377 硬土：567 石：1 267(599)	

第七章　道路选线与定线技术

第一节　公路选线的任务与路线方案选择

一、道路选线的目的和任务以及原则

道路选线是在路网规划的基础上进行的。表 7-1 为公路网规划的基本原则,表 7-2 为城市道路网规划的技术指标,以供参考。选线组最主要的任务是根据公路的使用任务和性质,按既定的技术标准和路线方案,结合实际地形地质条件,从全局着眼,局部入手,综合考虑线形与人工构造物,近期与远景,局部与整体,以及使用质量与工程造价等关系,选择合适的定线方法,将设计路线交点和转点在实地上标定出来,也就是实地定线。

道路网规划的基本原则　　表 7-1

序　号	基本原则概要	重点考虑的问题		
1	要与其他各种运输方式配合	①密切配合	②互相协调	③综合配套
2	处理好路网与原有道路关系	①尽力利用	②进行改善	③逐步提高
3	既要分期修建又可适度超前	①工程经济	②运营成本	③远近结合
4	合理选择道路的网形及密度	①密度应小	②线路宜短	③运效要高
5	协调好路线规划与建设方案	①农田水利	②国土利用	③城乡规划
6	科学评价和采用最终路线方案	①经济比较	②技术比较	③财务评价
		④安全评估	⑤环境评价	⑥社会评价

城市道路网的类型与规划的技术指标　　表 7-2

项　　目	城市道路网类型和技术指标	
城市道路网的类型	方格网式道路	放射环式道路网
	自由式道路网	混合式道路网
城市道路网规划的技术指标	非直线系数	非直线系数 = 实际长度/空间长度
	道路网密度	道路网密度 = 道路总长/用地面积
	道路面积密度	道路面积密度 = 道路面积/用地面积
	居民拥有道路面积密度	居民拥有道路面积密度 = 道路用地总面积/居民总人口

(一)选线的目的

根据道路的性质、任务、等级和标准,结合地形、地质、地物及其他设施条件,综合平、纵、横三方面的因素,在实地或纸上选定道路路线的平面位置。

(二)选线的任务

通过纸上或实地选线,确定道路中线的平面位置,包括:

(1)决定道路走向和总体布局(选大带);

(2)选择路线的起、终点和据点(选大点);

(3)选定道路导线的交点和转点(选小点)。

(顺便初选曲线形式并初算曲线元素,大致确定控制道路曲线的主点)

(三)选线的原则

公路选线应遵守的一般原则见表7-3。

公路选线的一般原则 表7-3

项目	主要原则	
主观因素	基本走向	依据主观因素,考虑客观因素。主观因素包括路线总向、道路等级、网中地位
客观因素	交通布局	工矿企业;城镇布局;土地开发;自然条件
	技术标准	尽量采用较高的标准;也要照顾工程量大小
	农业配合	少占田地、修路造田、水利灌溉、土地规划
	水文地质	应尽量绕避不良地质;当必须穿越,应缩小范围
	环境保护	保护名胜古迹;路与景观协调;减少占地拆迁;避免布局分割;减少噪声影响
	路桥关系	特大桥:控制路线走向;大中桥位:原则服从路线走向;小桥涵洞:服从路线

二、选线的方法

(一)现场选线

现场选线是由选线人员,根据设计任务书的要求,在现场实地进行勘察测量,经过反复比较,直接选定路线的方法。二级公路、三级公路、四级公路可采用现场定线,有条件或地形条件受限制时,可纸上定线或纸上移线并现场核定的方法。

现场选线的特点是简便、切合实际;实地容易掌握地质、地形、地物情况,做出的方案比较可靠;定线时一般不需要大比例尺地形图。现场选线适用于一般等级较低、方案比较明确的公路。

(二)纸上选线

纸上选线是在已经测得的比例尺为1:2 000的地形图上,进行路线布局、方案比选,从而在纸上确定路线,再将此路线放到实地的选线方法。高速公路、一级公路应采用纸上定线并现场核定的方法。纸上选线的一般分四个步骤:首先,实地敷设导线;其次,实测地形图(可用人工或航测法);再次,纸上选定路线;最后,实地放线。

纸上选线的特点是野外工作量较小,定线不受自然因素干扰;能在室内纵观全局,结合地形、地物、地质条件,综合平衡平、纵、横三方面因素,所选定的路线更为合理。纸上定线必须要有人工实测或航测大比例尺的地形图。

(三)自动化选线

自动化选线是先用航测方法测得航测图片,再根据地形信息建立数字地形模型(即数字化的地形资料),把选线设计的要求转化为数学模型,将设计数据输入计算机,则计算机按照一定的程序进行自动选线、分析比较、优化,最后通过自动绘图仪和打印机将全部设计图表输出。

三、路线方案比较

路线方案比较是在选择各种路线方案的基础上，通过技术、经济、财务、环境、安全、社会评价和评估的基础上进行的，具体比较包括原则性方案比较和详细方案比较，原则性比较的具体内容可参考表7-4。

路线方案比较项目和内容　　表7-4

比较项目		具体内容
原则性方案比较	功能任务比较	道路意义、性质和任务要求；战备、支农和综合利用方针
	综合地位比较	道路在铁路、公路和航道等网系中的作用；沿线规划关系与沿线水利设施等的配合
	综合影响比较	沿线地形自然条件对道路的影响；道路等级和技术标准对任务性质影响；建材来源，施工条件、工程数量、三材用量对运营、施工和养护的影响
	费用标准比较	方案的工程费用和采用的技术标准对比
	文物资源联系	路线与历史文物、旅游胜地、矿产资源等的联系
详细的方案比较	技术指标比选	道路长度及其沿长系数；沿长系数＝路线方案实际长度/起终点间直线距离
		转角数及每公里转角数
		路线总转角的平均度数；总转角的平均度数＝各转角之和/转角个数
		最小曲线半径的使用个数
		使用回头曲线的个数
		与既有铁路、公路的交叉数目
		限制车速的路段长度
	经济指标比选	路基土石方挡土墙工程数量
		桥涵、隧道的工程数量、主要材料数量
		拆迁建筑物、管线、征地数量
		投资成本效益比、工程总造价、投资回收期

四、路线方案选择程序和步骤

路线方案选择程序和步骤见表7-5。

路线方案选择程序和步骤　　表7-5

选线程序与步骤		具体内容
选线程序	搜集地形图与资料	搜集与路线方案有关的规划、计划、统计等资料及各种比例尺的地形图
	图上研究可能走向	根据确定了的公路等级和方向，先在小比例尺的地形图上结合搜集的资料，初步研究各种可能的路线走向
	纸上拟定路线方案	按室内初步研究提出的方案进行实地调查，连同野外调查中发现的新方案，坚持跑到、看到、调查到各个可能的方案
	实地勘探指标汇总	实地踏勘各个路线方案；分项汇总各个指标报告

续上表

选线程序与步骤		具体内容
选线步骤	全面布局	首先,确定路线带的起点、据点和终点;其次,确定基本走向;再次,确定大的控制点(如沿某河或越某岭等)
	逐段安排	在起点、据点和终点间加密控制点
	具体定线	在加密控制点间选出控制路线的交点和转点

五、路线总体布局和方案比较

路线的总体布局和方案比较是通过视察与初测完成的。视察是通过室内研究和野外实地考察,论证并确定路线的基本走向、主要控制据点、技术标准和技术指标等;初测是两阶段勘测设计的第一阶段,是根据批准的任务书和视察报告已经确定的路线走向、控制点和路线等级标准基础上进行的外业调查和勘测工作。从路线视察到初测的整个过程是由面到带、由带到线、由线到点的由粗略到精细的过程。

第二节　平原微丘区道路选线

地形条件在很大程度上决定着路线的技术标准、线形的平顺程度和工程量的大小。进行公路的测设及正确运用技术标准,需要具体分析沿线地形。在道路勘测设计中,根据地形特征的描述,以地形的形态特征、相对高差、倾斜度及平整度等分为两类地区:即平原微丘与山岭重丘区。

一、选线时的地形条件划分

平原微丘区是平原地形和丘陵地形的总称。平原地形指一般平原、山间盆地、高原(高平原)等。地形平坦,无明显起伏,地面自然坡度一般在3°以内。微丘地形地面自然坡度在20°以下,相对高差在100m以下的起伏不大的丘陵;同时也指河湾顺适,地形开阔且有连续的宽缓台地的河谷地形,河床坡度大部分在5°以下,地面自然坡度在20°以下,沿河设线一般不受限制,路线纵坡平缓或略有起伏。

山岭重丘地形是指山岭地形和重丘陵地形的总称。山岭地形指山脊、陡峻山坡、悬岩、峭壁、峡谷、深沟等,地形变化复杂,地面自然坡度大部分在20°以上,路线平、纵、横面大部分受地形限制。重丘地形指连绵、起伏的山丘,具有深谷和较高的分水岭,地面自然坡度一般在20°以上。路线平、纵面大部分受地形限制。高原地带的深侵蚀沟,以及有明显分水线的绵延较长的高地。地面自然坡度多在20°以上,路线平、纵、横面大部分受地形限制。

上述各类地区选线时,应合理利用地形,正确运用技术标准,妥善处理远期与近期和整体与局部的关系;结合地形、地质、水文、气象等筑路自然条件,充分考虑农业、环保等方面的要求,注意与铁路、航运、空运、管道等运输的配合、协调,保证线形的均衡性。通过综合研究分析,认真进行方案比选。不同的路线方案应对其工程造价及对自然环境和社会环境的影响进行多方位的论证和分析,即要考虑工程量大小,投资多少,又要考虑技术标准、施工条件、养护管理、经济效益、生态环境、交通运营等方面的利弊得失,经过这样的论证比较,就能选用较好的技术经济等指标。

选线时,首先在路线的起、终点间,把经过的城镇、厂矿、农场及风景文物点作为大的控制点；在控制点间，通过实地视察根据地形条件和水文条件进一步选择中间控制点，一般较大的建筑群、水电设施、跨河桥位、洪水泛滥线以外及其必须绕越的障碍物，均可作为中间控制点；在中间控制点之间，如果没有充分的理由，一般不再设置转角点。

二、平原地区路线选线

平原地区自然特征是地形平坦、河流密布、管网较多、建筑较密。路线特征是路线平、纵、横易保证，路线为避让地物布设，平面线形顺直、纵面坡度平缓。平原区选线时注意的问题是：路线的基本走向与道路的主客观条件相适应；正确掌握和灵活运用技术标准；正确处理好路线与农业、城镇、桥位之间的关系；注意土壤、水文、地质确保路基稳定；重视环境保护工作以及景观协调。

（一）以平面线形为主导安排路线

平面线形应采用较高的技术指标。可能条件下争取采用转角适当、半径较大的长缓的平曲线线形，如果转弯从较远处就应开始偏离以争取小偏角。避免采用长直线，但不应为避免长直线而随意转弯。

平原区路线在确定路线走向时，首先把握总的方向内的经过地点，即据点或控制点。如城镇、工厂、农场以及文物风景地点作为大的控制点，然后在大的控制点之间进行实地勘察，了解农田优势和地物分布情况，注意路线需要绕越的位置和范围，如大片建筑物、水电设施、高压电塔杆、寺庙、文物古迹、沼泽洼地、湖泊池塘的避让点作为中间控制点，除上述建筑物外，其他建筑物可不考虑绕避应尽量拆除，但要考虑经济和物权法的允许情况。此外，过河桥位为必经之路，理所应当地作为中间控制点。

【例 7-1】 某平原区干线公路的某路段图 7-1，路线分为前后两段选线，各段考虑问题略有不同，前半段系考虑河流、湖泊和居民区情况，穿越螃蟹湖、绕开红星镇；后一段用正交桥位通过新丰江，考虑地势高处的石灰厂的便利。故全线选择新丰、普安桥位以及螃蟹湖、石灰厂和红星镇作为控制点。

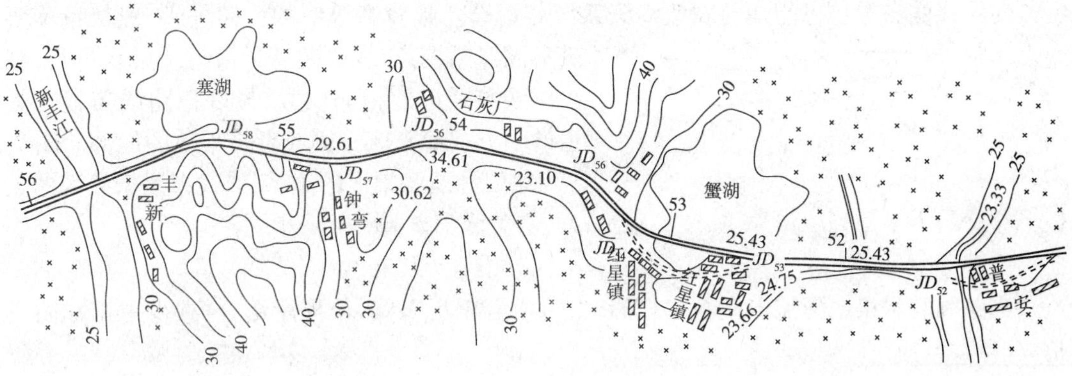

图 7-1　平原区路线选线实例

（二）处理好路线与农业的关系

关键要支援农业、少占农田，尽量做到修路造田。同时要解决好路线与农田规划、农业灌溉水利设施的关系。具体做法要把握以下三个方面：

1. 适当绕田布线

布设路线时，应少占良田、修路造田、造福于民、支援农业、配合水利。关键要掌握一个合适的度，把握既不片面要求路线顺直而占用大面积的良田，也不片面要求少占耕地而过分地降低线形标准。大片良田地段可用高架桥或隧道通过，虽然造价是大些，但从造福子孙后代的千年大计考虑也是可行的。过去我国对占用农田问题普遍重视不够，原因之一是一些小型勘测设计公司或大的勘测设计单位派了很少的人员承担了大量的勘测设计任务，而他们的技术人员远远不足，造成以“纸上谈兵”为主，到现场勘测频率、深度和广度均不足，结果是工程造价不但没有降低，线形标准提高不多，反而占了不少耕地，还由此引发了不少社会矛盾和不和谐、不安定因素。看来这个问题不但要从技术上解决，而且还应从建立科学合理的政策与法规上去控制。下面就技术上对特殊场合采取的合理措施，略作介绍。

图7-2为某山前平原区路线绕避良田的方案，虚线为原路线，经过大片良田。为少占耕地，路线改为图中实线方案，即山脚下通过。这样一来，路线不但没有丧失功能，也基本解决了占地问题。

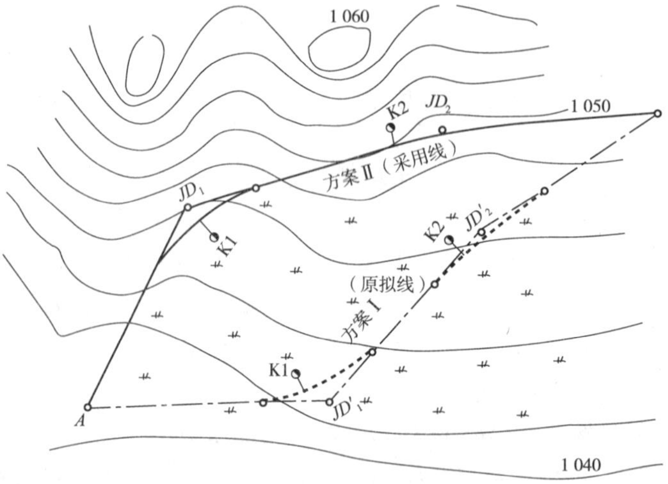

图7-2　平原区路线绕田布线实例

2. 渠道上方布线

使路线的布置尽可能地与农业灌溉系统相配合。除较高等级的公路外，一般尽量不要破坏灌溉系统，布线要注意尽量与干渠相平行，减少路线与渠道的相交次数，最好把路线布置在渠道的上方非灌溉区一侧或者是渠道的尾部。图7-3为路线和灌溉渠道的关系，路线布置于灌区的上方，避免分割支流。

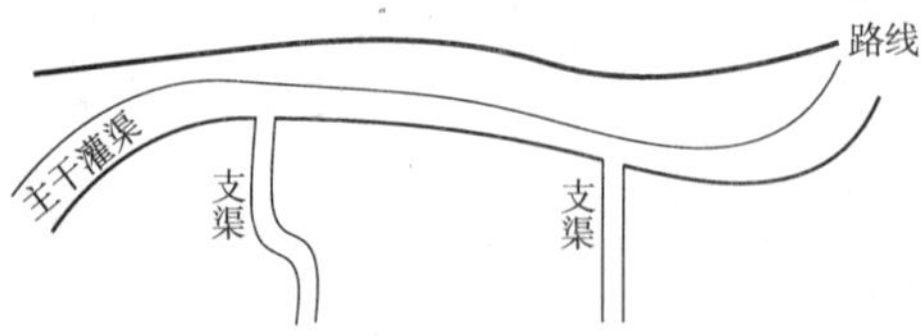

图7-3 平原区路线灌渠上方布线实例

3. 沿着渠堤布线

当路线和水渠或河流走向基本相同时，可沿着渠堤布线，使堤岸结合、减少占田和防洪抗灾。

图7-4为某平原区公路某路段，在线中采用人工运河和路堤相结合，且使路线布置在南岸上，跨越支流少，减少了桥涵数量，减少占用耕地，路线较平顺，而且还考虑了路基占用鱼塘的问题，可考虑将鱼塘另一侧拓宽，取土筑路，扩大水塘使之得到补偿。

4. 地势高处布线

虽然是平原区，但地面仍然有高低之别。如果条件允许，地势低的地方水文地质条件差，容易引发路基病害。可以在地势高的分水岭布线，确保路基水文稳定。由于该处土壤干燥，地下水位低，居民聚集和城镇较多，路线可以更多地为经济建设服务和便于民众出行考虑；一般高处路基稳定性容易保证，借土方便、桥涵工程量少，且对农田灌溉干扰小。图7-5为平原区某路段的两种路线方案，一个是高处布置A方案，另一种是低处布置B方案。A方案长4.66km。占地层44.65亩，土石方34 860m^3，走高处；B方案长4.48km。占地层58.88亩，土石方32 760m^3，走低处；桥梁工程数量A方案少于B方案；尽管A方案的路线略长于B方案，但少占地14.23亩，且桥涵和排水工程量少，路基也较稳定，且路线联系的居民点多，故A方案优于B方案。

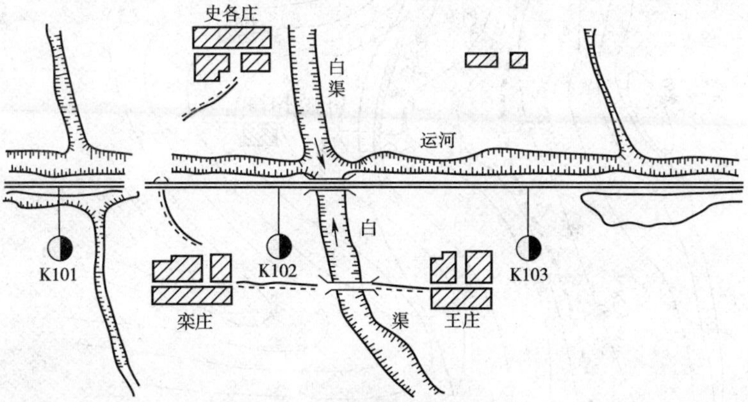

图7-4　河堤与路堤相结合

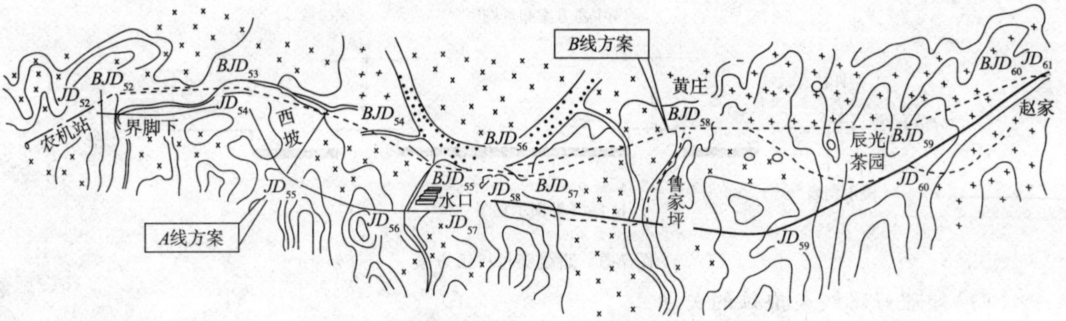

图7-5　路线走高处与走低处布线方案比较

（三）处理好公路与城镇的关系

处理好路线与城镇居民点的关系的基本原则是靠村不进村，利民不扰民。路线穿越村镇有绕避和穿越两种方案。具体做法上要注意以下三个方面：

1. 干线公路尽量地绕避村镇

平原地区城镇较多，居民集中，经济、文化较为发达，人文环境丰富，选线时应以绕避为主。因为内部穿越不仅降低过境车速，而且给居民生活和生产带来不便，有时可能会诱发交通事故。图7-6为某公路通过村镇方案，原定方案在K25～K26之间设桥过河走对岸，这样不便于与村镇联系，经比较决定穿村通过，K27附近穿村路段以三块板通过，为保护村镇及道路安全顺河岸修筑了浸水挡土墙。

2. 改为城市道路穿越村镇

为带动农村经济发展，方便人们出行，一般公路应尽量穿越村镇，但要以三块板式路穿村，即将机动车道、非机动车道及人行道分开设计，而且要设计出绿带，两边要规划出自行车道。

3. 高速干线与城市环线连接

我国各省会城市大都规划了城市环线高速公路，干线高速经过省地城市时最好与城市环线连接。

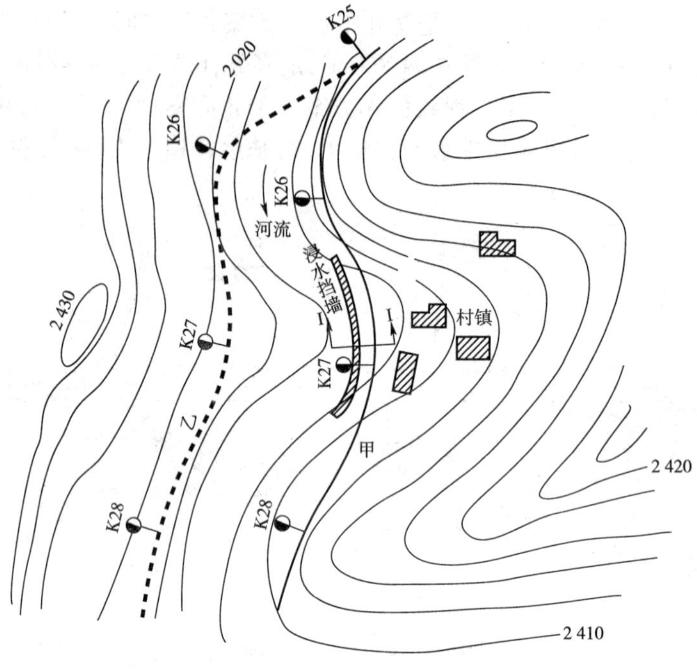

a)甲乙方案布局图

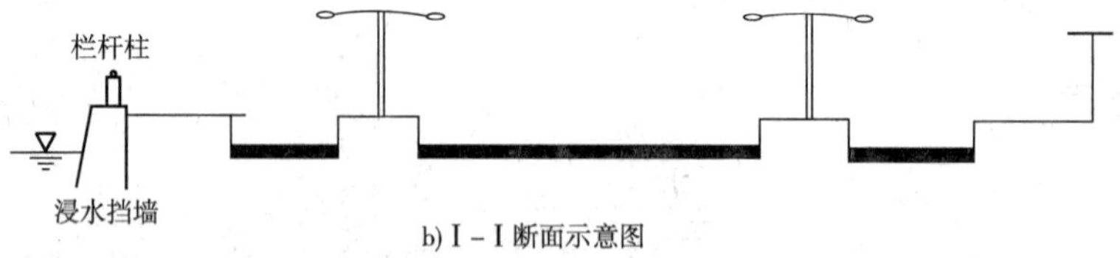

b) I－I 断面示意图

图 7-6　路线穿越村镇方案

(四)处理好路线与桥位的关系

路、桥综合考虑。既要防止只考虑路线顺直、不顾桥位条件,增加桥跨的难度;又要防止片面强调桥位,使路线绕线过长,标准过低的做法。具体做法上要注意以下三个方面:第一,特大和大桥路线服从桥位;第二,中、小桥涵服从路线走向;第三,要通过比较选择合理的桥位方案。当桥位位于变迁较大的弯曲河段上,难以选择合适的桥位时,可以考虑改移河道方案。图 7-7 为桥位方案与改移河道示意图。

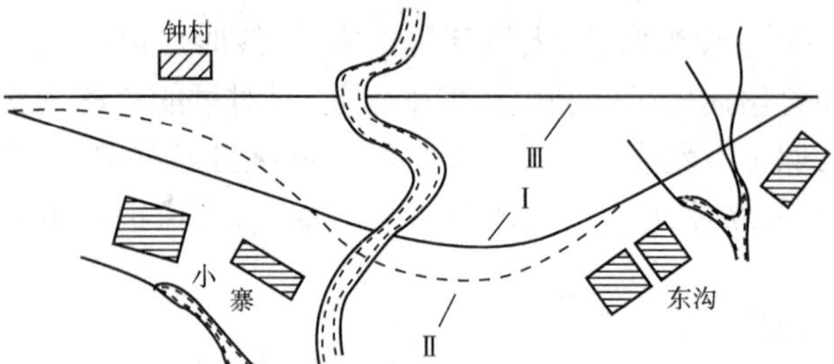

a)桥位方案比较

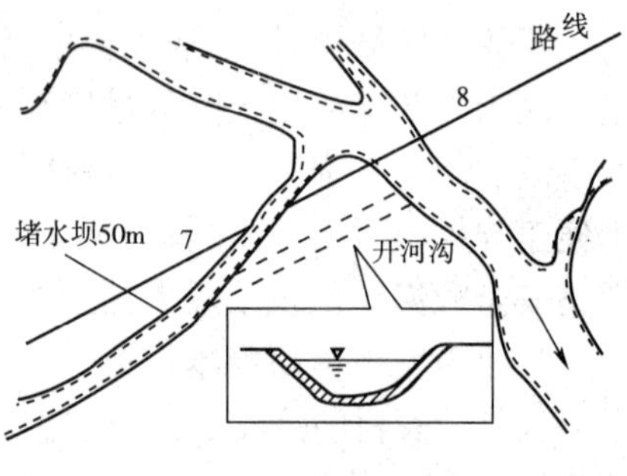

b)局部改移河沟

图 7-7　桥位方案与改移河道示意图

(五)注意土壤水文和路基稳定

平原区也有地势高低起伏,注意水系关系。为保证路基稳定,注意避让鱼塘、泥沼等土质极软地段,如不能避让,则提出整治措施。

第三节　山岭区路线选线

山岭地区自然特征是:地形复杂、山高谷深、水系分明;石多土薄、地质复杂;水文条件复杂;气候条件多变。路线基本类型有:沿溪线、山脚线、山腰线、山顶线、越岭线五种路线类型。

一、沿溪线

沿溪线也叫沿河线,如图 7-8 所示。路线基本沿着自然河沟或溪沟布置的路线,这是山岭重丘区最为常用的路线布局。沿溪线成为山区选线中首先考虑的路线方案,之所以选择沿溪线,是由于溪谷地面纵坡一般比较平缓,常有台地可以布线,除上游和中游个别地段外,一般不超过山区公路允许的最大纵坡,而且由于山区居民常居住于傍山一侧,方便居民出行。在材料方面,由于溪谷内一般常有是砂石材料,水源也很充足,便于施工和养护。但是沿溪线也有许多不利的因素,主要表现在溪谷一侧较窄,两岸台地常被溪沟截断,溪流又多为曲流且两岸横坡不对称,呈现凹岸较陡而凸岸较缓的态势,如果沿着一岸设线,则常常是陡岸和缓岸交替出现,溪流大小呈现季节性变化。由于溪流平时流量小,但一遇暴雨,山洪骤然而至,洪流夹带泥沙、砾石、树木、草根等冲积物下泄,冲刷两岸,对设计施工不合理的路基常常造成水毁,溪沟两岸也存在不良地质情况,寒冷地区的峡谷因日照少,常有积雪,雪崩等现象,常给路线布线带来不便。

图 7-8　山岭地区沿溪路线

沿溪线一般均以溪流为主导方向,路线绕流穿行,路线走向明确,除个别冗长河曲外,一般路线无大的方案问题。故沿溪线主要问题是解决将路线放到哪一岸可以利用较好的沟谷和岸坡而且又可避免不良地质条件的影响。线位高低等成为选线中考虑的重点。

特别指出,沿溪线并不是山脚线,它与山脚线是有区别的,图 7-9 为二者的区别。沿溪线选线时,主要考虑河岸选择、路线高度和跨河地点三个主要问题,并注意沿河局部地形和地貌的合理处理。

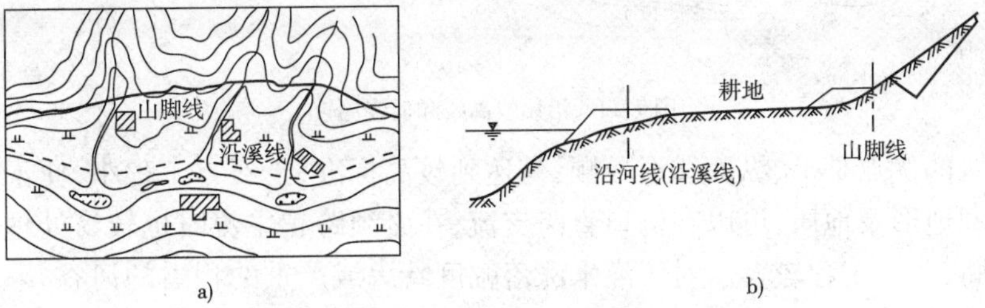

图 7-9　山岭地区沿溪路线与山脚线的区别

（一）河岸选择

河岸尽量选在有利路线布置的那一岸。首先，考虑地形地质条件。路线应选择在地形宽坦、有阶地可利用、支沟较少、沟长较短的那一岸；其次，地质水文及地质条件良好的一岸。再次，气候条件。积雪和冰冻地区：选在阳坡和迎风的那一岸。第四，服务条件。除高速、一级公路，一般尽量选在村镇较多较密的那一岸。为此，沿溪线的需要避让和通过的控制点主要是地质不良地段、其他工程干扰地段、城镇村庄和跨河建桥地点等。如图 7-10 所示为河岸选择示例。甲方案从原河岸继续前行不换岸，但遇到两处悬崖，路线需开挖悬崖做防护工程通过；乙方案从 A 点和 B 点跨河后到达对岸开阔台地，视线好；但需建中桥两座，两种方案各有利弊，要论证比较决定。

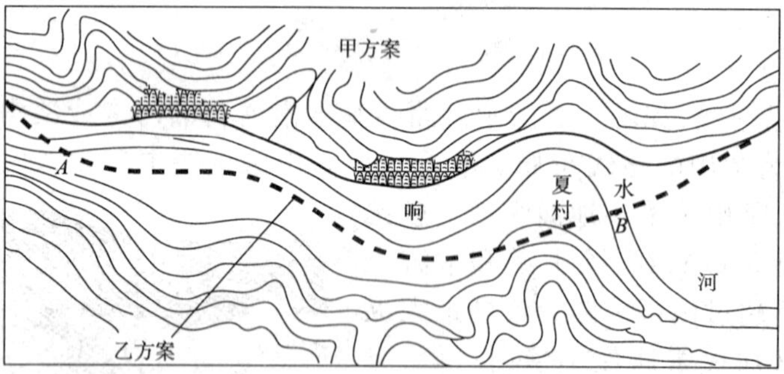

图 7-10　沿溪线跨河换岸比较线

（二）路线高度

沿溪线在不受洪水淹没和破坏的前提下，路线高度有低线方案和高线两种方案，如图 7-11所示。低线指路基高出设计水位包括浪高加安全高度不多，路基一侧临水很近的路线。如河谷岸坡有较低的平整台地，地质、水文条件好，且不受洪水影响，高线指中期高出设计水位很多，完全不受洪水威胁的路线。采用高线在相当程度上取决于较高台地的利用程度以及临河低线不适宜的情况。

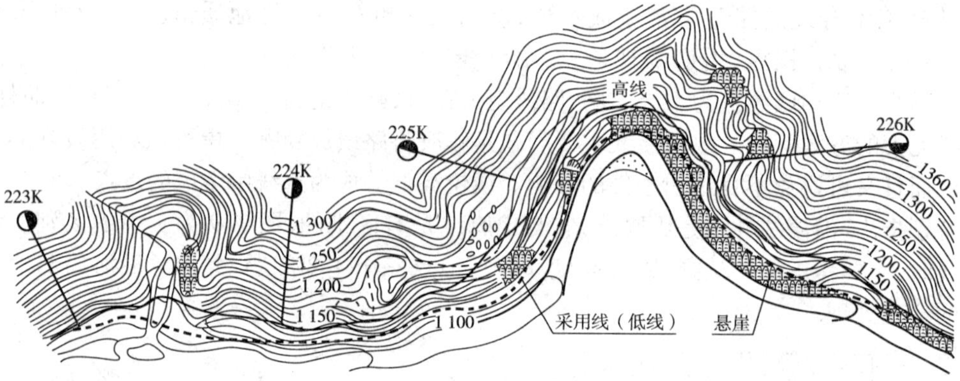

图 7-11　沿溪线高线和低线比较

采用低线的优点是平、纵面线形较顺，易达到较高标准，土石方工程小，便于利用有利地形和避让不利地形及地质，可以在沟口直跨支流，在必须跨越主流时也较易处理。最大缺点是受洪水威胁，防护工程较多。对于灌水涨落幅度特大或严重的积雪的河谷，采用低线很不利，对于遇到 V 形的峡谷，平、纵面线形受地形与洪水位限制，活动余地不大，若岸壁崖顶高时，在翻越崖顶时工程量太大。但采取各种工程措施使之能在崖脚布线时，这种低线方案还是可行的。

高线主要优点是免受洪水威胁,节省防护工程,路基稳定,若有大段较高台地利用时,可使土石方工程减少。但由于有利地形多数情况下并不连续,其间或有深沟相间,或有山埂开裂阻隔,或相邻台地高差很大,这就会迫使路线承受山势弯绕,线形差;另外山坡制品多,路基需要的挡土墙工程量大,跨越支沟的桥涵工程量也大。此外,高线如要避让不良地质段以及跨河换岸时,都较低线困难。

一般路线多以低线位为主,但必须做好洪水位的调查,以保证路基稳定和安全。路线走多高,主要考虑洪水对路基的威胁。因此,选线中要做好洪水调查工作,掌握水流变化规律,把路线布设在规定的设计洪水位以上,十分必要。一般原则是,当出现设计洪水水位时,应能保证路基不受冲刷,使路基稳定坚固,路线畅通;对更大的洪水则考虑宁淹勿冲,路线虽短时中断运行,但路基和人工构造物不遭水毁;对交通量很小的低级道路,如提高路线高度会使工程量增大很多时,可允许路基被一定频率的洪水淹没。

在一段沿溪线中,为了利用有利地形和避让不利地形地质条件,往往交替使用低线与高线。这样路线由低处升到高处、复由高处降到低处,都需要选择一段适宜的升(降)坡展线地段,以实现二者的过渡。

(三)跨河地点

跨河地点,即桥位方案,其选择原则是应慎重选择跨河桥位,处理好桥位与桥头路线的关系。通常适合跨河的地点有三种情况:第一种是利用“S”形河段跨河,如图7-12a)所示;第二种是利用河曲河段跨河,如图7-12b)所示;第三种是改善桥头线形的正交方式跨河,如图7-12c)所示。

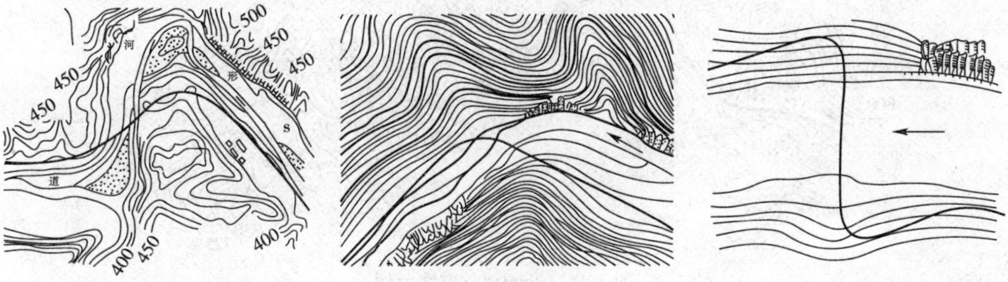

a)利用“S”形河段跨河　　b)利用河曲河段跨河　　c)改善桥头线形的正交方式跨河

图7-12　沿溪线适宜的跨河地点

(四)特殊地段路线方案

1.通过河谷地段的路线方案

山区河谷,由于水流的浸蚀作用,常形成浅盆形、U形及V形三种河谷形态。下面分别叙述这三种河谷形态的选线要点。

(1)浅盆形河谷的路线方案

浅盆形河谷比较开阔,从溪岸到山坡有较宽的台地,台地上农田、村镇居民点多。浅盆形河谷布线一般有傍山、傍河或中穿三种走法,如图7-13所示。

傍山走,沿较高台地内缘修建路基较为有利,其优点是:不占或少占农田,不受洪水威胁,路基强度高,但遇窄而短的台地,其间有山坳或山埂阻隔,以及高差很大的相邻台地,则考虑用适当的纵坡或平曲线穿插其间,以求合理利用有利地形。

傍河走,坡度均匀平缓,线形顺适,路基需按设计水位考虑,做防护工程;如将公路跃进与河堤相结合，桥闸结合，有利于防止灌水、保护农田。对于个别弯曲的小溪沟，可局部改迁，以便线形顺适。

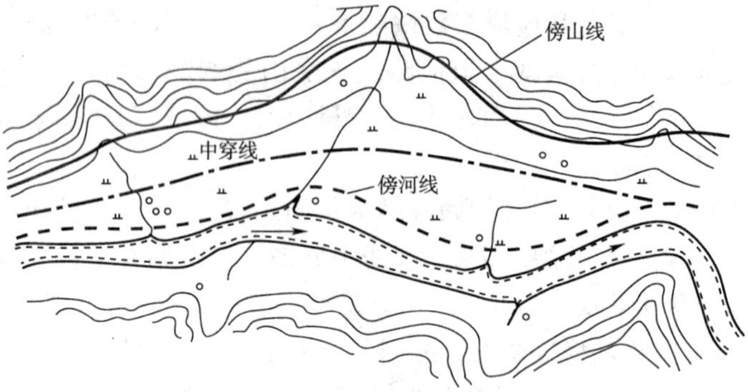

图 7-13　路线在河谷断面的三种走法

中穿方案线形标准高，但占田多，路基稳定性差，一般不宜采用。

图 7-14 所示为某地一段沿溪线，河谷呈浅盆形，根据地形和居民点条件，在阳平一段傍河走，河堤与路堤相结合，在小源对岸一段傍山走，因河谷曲折不利于布线，傍山走较顺适；在 $JD_9 \sim JD_{10}$之间，采取改河方案以求线形顺直，改河以后，靠山一侧还可开垦为耕地。

图 7-14　开阔河谷路线示例

(2) U 形河谷的路线方案

U 形河谷的横断面较窄，如图 7-15 所示，由于侧向较大，两岸多不对称，凹岸陡而凸岸缓，河弯、蛇曲较为发育，溪谷比较大而常水位较小，若遇害山洪暴发，则流速大而冲刷力猛。在这种窄谷布线，有临溪与山腰两种方案。临溪为一般人所推荐，因为它比山腰线土石方工程小，平、纵线形好些，但有大量的浸水挡土墙工程，在可能引起冲刷边坡的溪岸，需要做导流、挡水等调治构造物。山腰线支挡工程多，废方处理困难，且容易侵占河床，若遇到支沟，需绕进绕出，增加桥高或涵长，但是山腰线用于避开山洪冲刷，避开临溪的悬崖陡壁困难地段以及支沟下游冲积扇的桥梁和导流工程来说，又是可行方案。

(3) V 形河谷的路线方案

V 形河谷及为峡谷，两岸常常是陡崖峭壁。遇到这种溪谷，路线能够提升，绕过崖顶选择有利地带通过，是一种较好的方案。当崖顶过高，上下崖展线困难，或峡谷不长，则宜采用穿过峡谷的方案。穿过时可根据峡谷宽度、水流状况采用不同的布线方式。当河床较宽，水流不深，压缩部分河床而引起洪水位抬高不多时，可考虑占河筑路，如图 7-16 所示。若河床较窄，不宜过分压缩河床时，则可采用筑路与河道整治相结合的办法，通过对河槽开挖整治中得到补偿；当河床很窄，水流很急，不宜侵占河床时，也可视石质稳定状况在崖壁上开挖台口式路基，如图7-17所示。

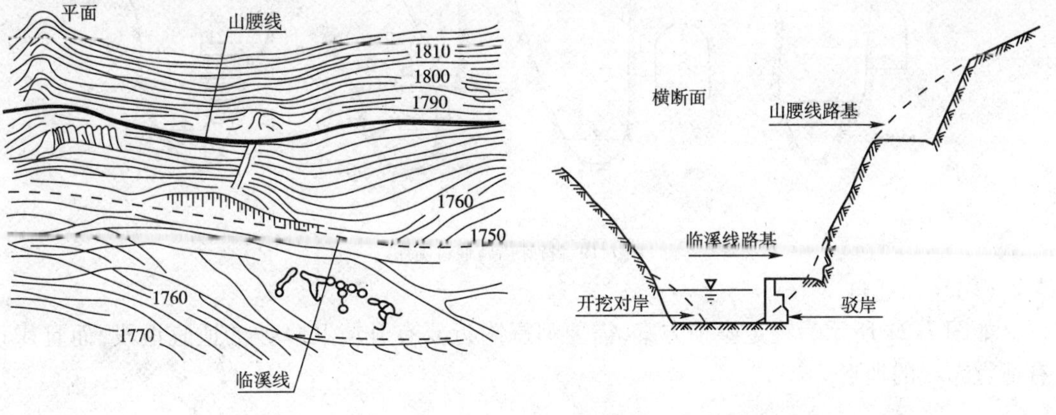

图7-15　U形窄谷布线

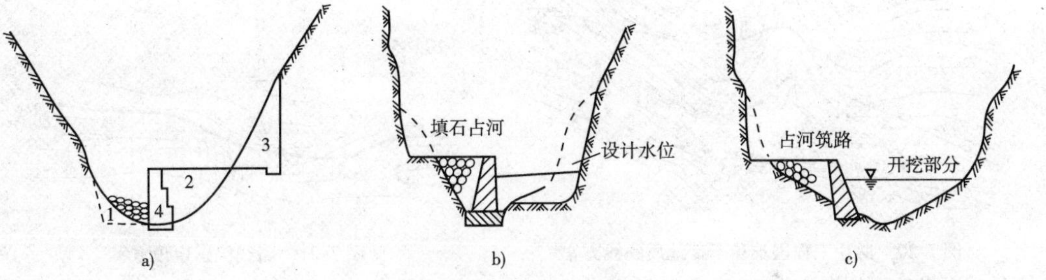

图7-16　占用河道筑路

石质较好的临河陡崖地段，可在石壁上强行开出路基，如图7-18所示。当抬高路线的线位时，应注意纵面高低过渡的均匀；而当采用低线位时，应注意废方堵河、改变水流方向和抬高水位的影响。

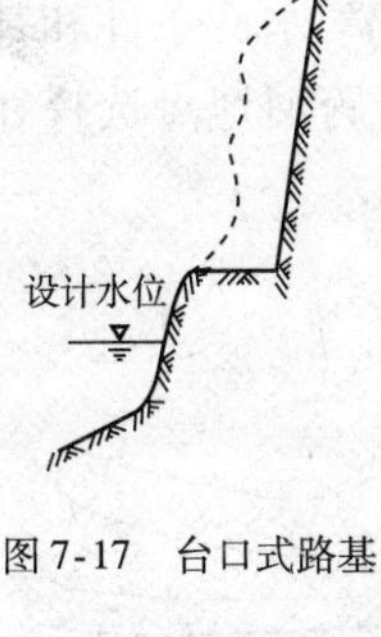

图7-17　台口式路基

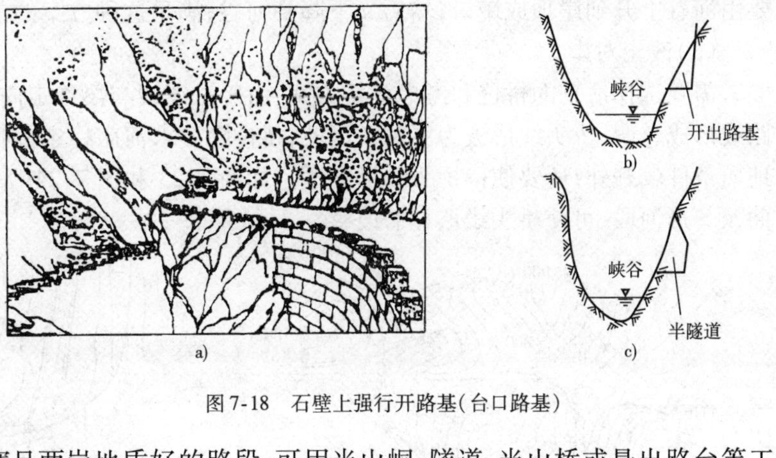

图7-18　石壁上强行开路基(台口路基)

对个别或河段不够宽且两岸地质好的路段，可用半山峒、隧道、半山桥或悬出路台等工程措施通过如图7-19所示。

2. 通过悬崖峭壁河岸的路线方案

对于困难工程集中地段和不良地质地段，原则上以避让为主。如图7-20所示，有三种可能的避让方案：一是及早提升线位，二是绕走崖顶部通过；三是改走对岸。

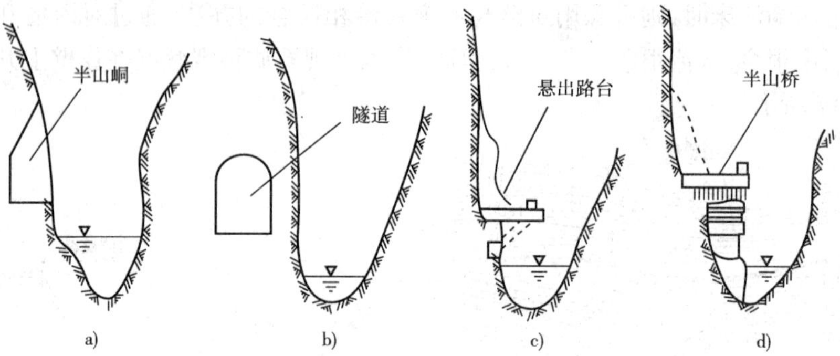

图 7-19　特殊措施通过陡崖

(1)崖顶通过

如图 7-21 所示为绕走崖顶方案,需要河岸附近要有升坡及降坡的适宜地段,而且崖顶有适宜布线的地形。

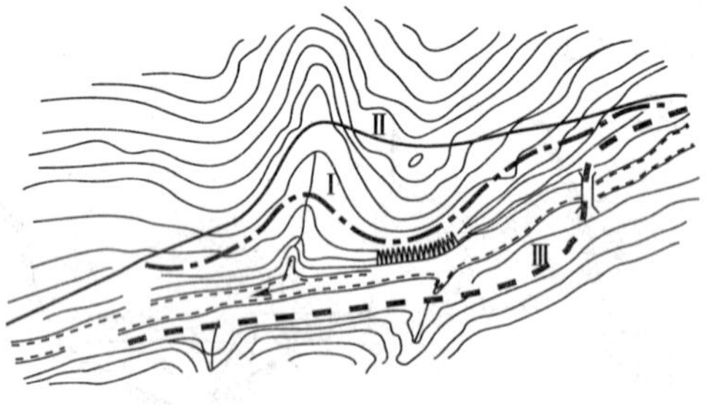

图 7-20　避让工程困难和不良地质路线方案

Ⅰ-从崖顶通过;Ⅱ-从支脊垭口通过;Ⅲ-绕走对岸

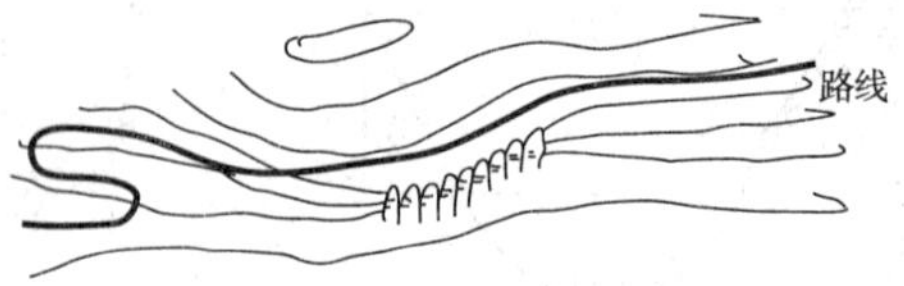

图 7-21　路线绕走崖顶方案

(2)支脊内垭口穿过

若困难工程集中地段位于大河湾的支脊内,常有低垭口,利用这种垭口绕避困难地段是一个较好的方案,如图 7-22 所示。无论是从崖顶通过,还是从支脊内低垭口通过,路线都需要由河谷上升到崖顶或垭口,然后又下降到河谷,满足这种方案的前提时,方可采用。

(3)改走对岸

需要选择适宜的桥位和考虑建桥方案,由于沿溪线与溪谷走向平等,路线跨河时往往使路线形成急弯,桥头线形极为不利。因此,桥位除要求河床稳定、河面较窄、水文条件和基础地质条件较好外,还要使得桥头线形顺适。如图 7-23 和图 7-24 所示,若跨河地点选择在河曲及 S 形河段,可使桥头线形显著改善。

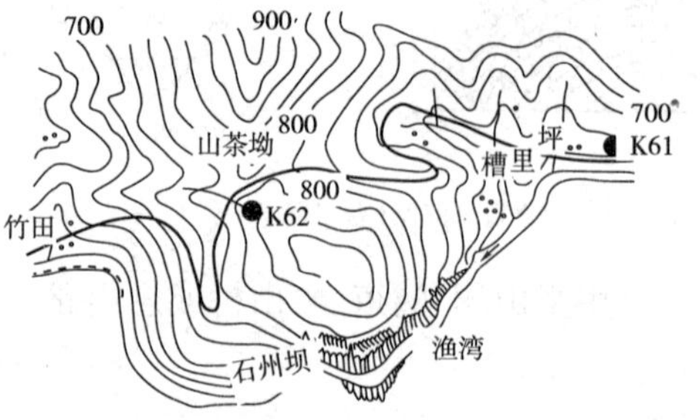

图 7-22　绕走支脊垭口的方案

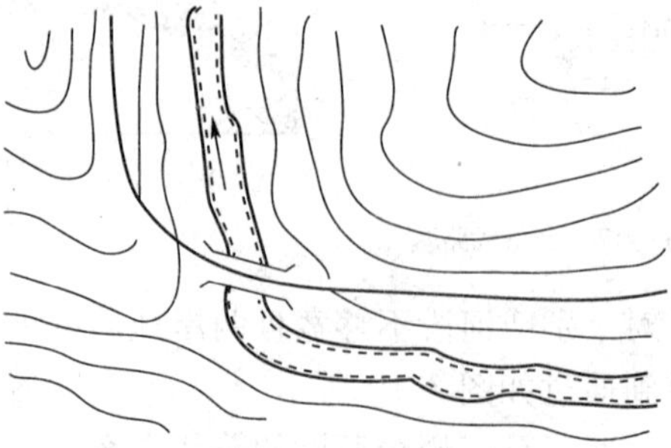

图 7-23　利用河曲跨河

要尽量避免在直河段跨河,必须跨越时,中小桥可适当考虑斜交;对大中桥不宜斜交时,可对桥头路线作适当处理，争取较大的转变半径，如图 7-25 所示。

如图 7-26 所示为沿响水河一段路线，北岸因地形陡峻，有断续陡崖，路线改走南岸。到夏村后前方又遇陡崖，只好又返回北岸。这样在 3km 内跨河两次，需建中桥两座，究竟是开辟悬崖开道还是修建两座桥梁，要进行技术经济比较来确定。如路线不跨河，虽需集中开挖一段石方，但较建桥经济得多，可以不跨河，换岸为宜。

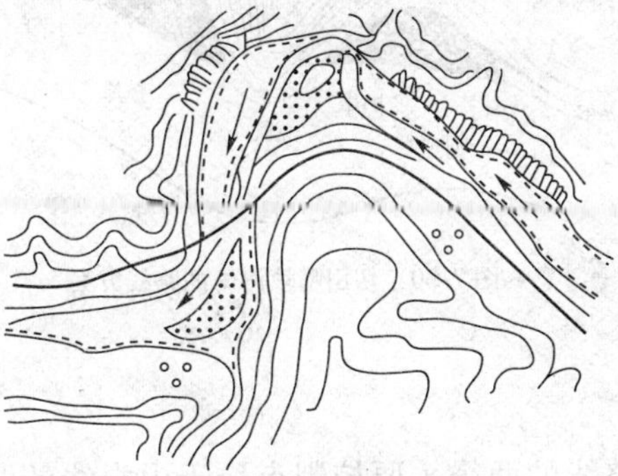

图 7-24　利用 S 形河段跨河

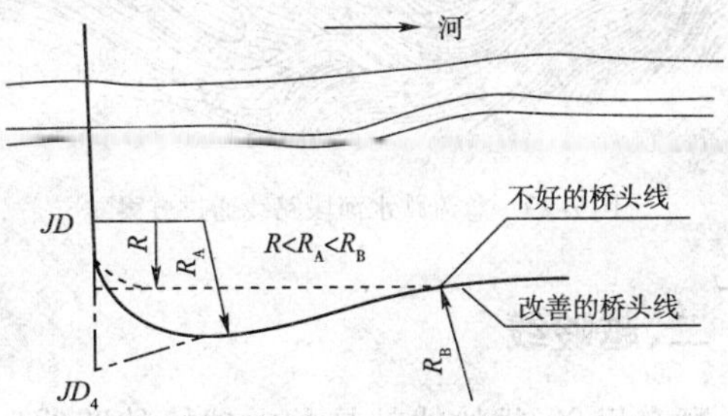

图 7-25　桥头线形的改善

如图 7-27 所示，达沟两岸有两处大型岩堆，很难根治。路线跨河避让，虽然多建两座桥，但避开了地质不良地段，减少土石方数量，对施工、运营和养护也较方便。因此这种场合跨河换岸应是首选方案。

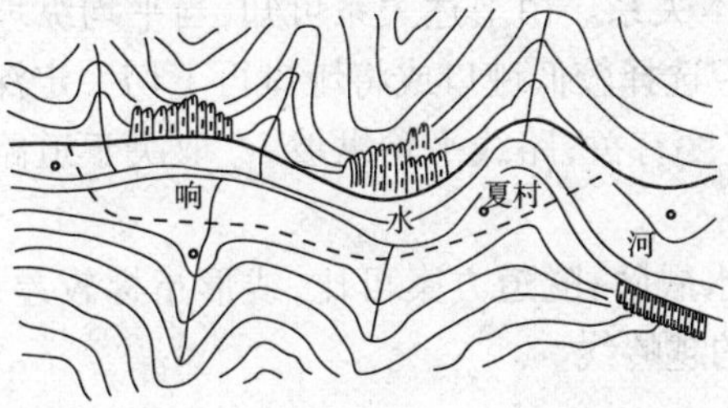

图 7-26　跨河换岸与悬崖开路的比较

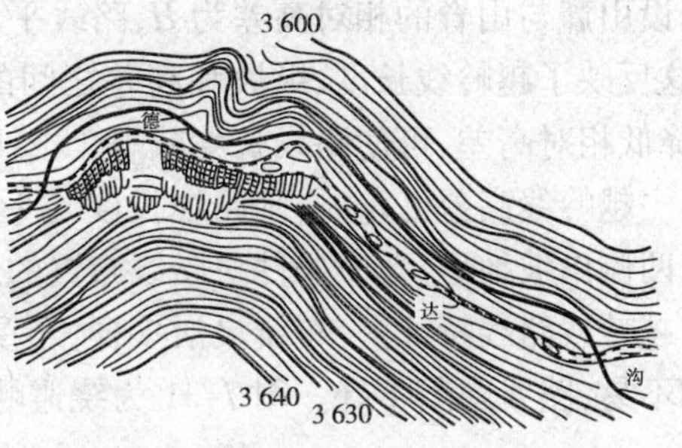

图 7-27　跨河换岸实例

3. 河弯或蛇曲地段

如图 7-28 所示，对于河弯、蛇曲地段，可有三种走法：一是随河弯绕山嘴走；二是改移河道；三是两次跨河取直路线。采用哪种走法要通过技术经济比较决定，一般是交通量大的干线宜取直，而等级低的支线则采用工程量小的方案。

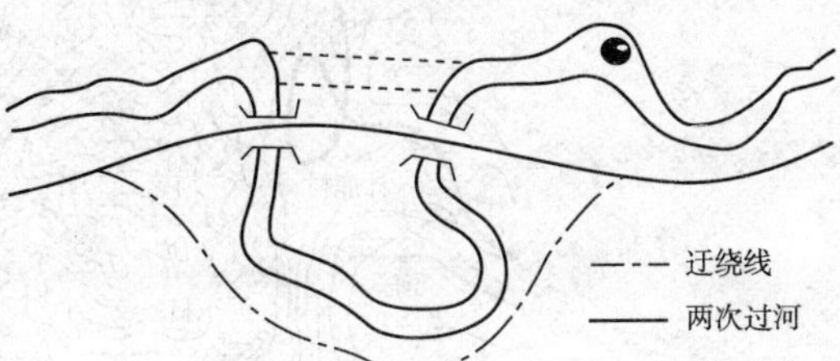

图 7-28　河湾处路线通过方案示意图

4. 通过急流或跌水河段的路线方案

在山区溪谷内，常有急流、跌水河段，河床纵断面会在短距离内突然下落几米至几十米，路线自上游贴近溪谷底部进入跌水河段，以不超过最大纵坡的坡度下降，当进到下游时应已经高出溪谷底部很多，为了尽快降低线位，必须利用支谷或山坡展线下降，如图 7-29 所示。这种方案也是通过水库地区的主要路线方案，但要注意通过水库地区时，应考虑水库坍岸、基底沉陷的影响，以确保路基稳定。

5. 通过河曲地段的突出山嘴方案

河曲地段的突出山嘴,可考虑深路堑或短隧道方案;对一般的河曲地段,可考虑设置护岸的改河方案,以提高路线技术指标,如图7-30所示。

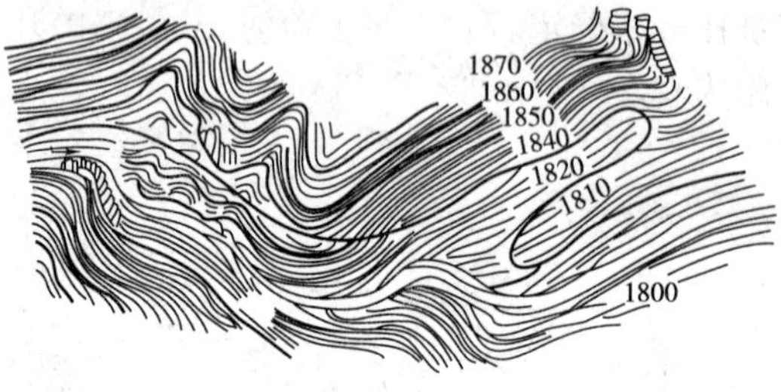

图7-29 急流跌水河段路线通过方案

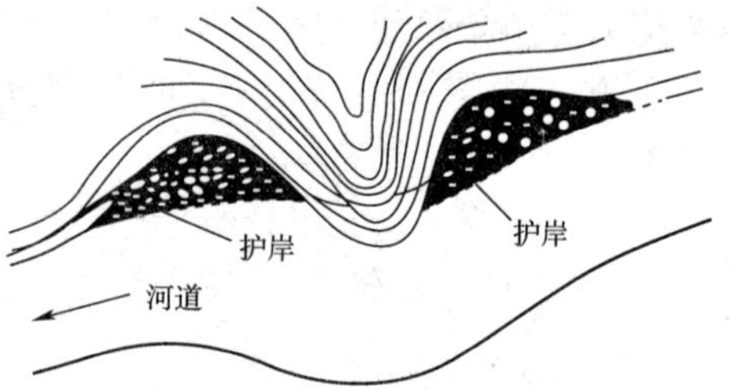

图7-30 切山嘴填河湾的路线方案

二、越岭线

顾名思义,越岭线就是翻山越岭的路线。当路线的两个主要控制点位于山脊线的两侧山麓时,路线需从一侧山麓翻过山脊至另一侧山麓,这种路线即为越岭线。由于山脊与山麓之间具有一定的高差,山脊两侧山坡的地面坡度,远大于汽车行驶所能克服的最大纵坡,因而路线不能径直越过山脊,必须用延长路线的方法,使公路按规定的纵坡克服山麓与山脊的高差。

设山麓与山脊的相对高差为 H,路线平均纵坡为 $I_{均}$,则由山麓至山脊的路线长度为 $H/I_{均}$,这反映了越岭线长度、纵坡和高差之间的基本关系。由上述关系可知,当平均纵坡一定时,降低相对高差,可使路线长度减短。选线时应选择较低垭口或将垭口再下切一定深度通过。当越岭线高差已定时,则路线长度与平均坡度有关,路线平均纵坡 $I_{均}$ 取决于道路等级以及两侧山坡地形、地质条件对路线布置的影响。

越岭线路线特征是:布线灵活多样,不受洪水威胁;隧道方案可比;线形指标较差;施工养护不易;路线隐蔽不好。图7-31为绕避峡谷的越岭线。

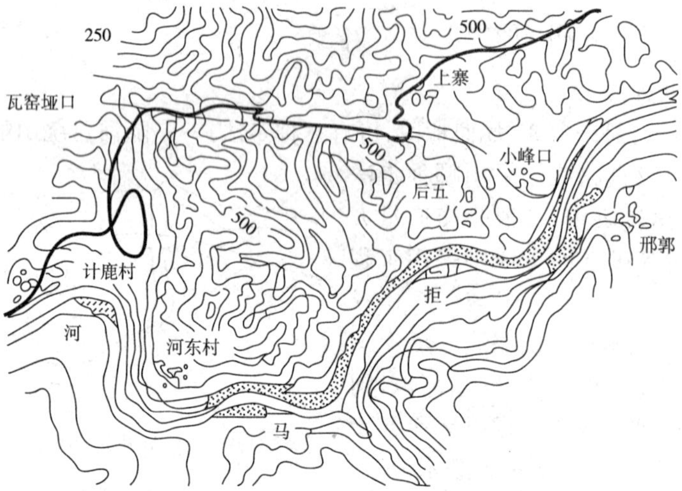

图7-31 山岭地区越岭路线绕避峡谷的路线

越岭路线选线主要考虑垭口位置选择、过岭高程确定、垭口两侧展线方案这三个要点。

(一)垭口位置选择

垭口选择应在符合路线总方向的前提下,综合各方面因素,从可能通过的垭口中根据其标高、位置、两侧地形与地质条件、垭口的地质条件、气候条件反复比较确定。

选择垭口通常利用国家现有的1:10 000等高地形图或航测影像图,在基本符合路线总方向的范围内,与两侧山坡展线方案结合在一起选择地质条件好的低垭口。

如果越岭高差较小,地质条件稳定,展线降坡后能与山麓控制点直接地衔接,不需延长路线,这种垭口最为理想。如垭口虽低,但地质条件不好,或两侧山坡不适于展线,或展线后与山麓控制点接线不顺,则应稍微偏离总方向上另行选择。对于高寒山区,高程低的垭口对行车和养护条件都有利,有时需适当偏离路线总方向找低垭口通过。

垭口是否适宜要看三个条件:第一,垭口两侧的地形能否展线。垭口以下的两侧山坡线是越岭线的主要组成部分,山坡的地形、地质条件直接影响路线的质量、造价和路线的稳定。当过岭地段山坡平缓,垭口又宽厚时,一般宜用浅挖或低填方式展线。陡坡悬崖、深沟割切,有滑坡、崩坍地质问题的山坡,都不适合布线;若自垭口下来的路线不能绕避这些不良地形、地质条件时,就需另择垭口。若地形、地质条件好,即使偏离总方向远一点,或者高差稍大一点,也可能是合理的。第二,垭口处的地质条件是否合适。垭口通常是地质构造薄弱带和断层破碎带常常集中发生的地带,也常有不良地质现象的山脊凹陷地带,是能否深挖的决定因素。若考虑不周,会形成路基边坡坍塌堵车,造成后患,因此选线时要特别注意。这是由于修建路基开挖边坡,就要破坏原来垭口处岩层的天然平衡状态,当垭口下切深度越大,这种影响就越为严重。因此选择垭口,要对其地层构造情况进行实地调查,如图7-32所示。对软弱层型、构造型和松软土侵蚀型垭口,只要注意岩层产状及水的影响,路线通过一般问题不大;对断层破碎带型及断层陷落型垭口,一般应尽量避开,必须通过时须查清破碎带的大小及程度,选择有利部位,并做好可靠的工程措施。地质条件恶劣的垭口,则坚决不应考虑。第三,施工难易程度与国防战备。深挖垭口,工程集中、废方大、施工面狭小,因而工期较长,同时,战时修复也较慢,因此,对于工期紧迫和国防性公路,不宜采用深挖。

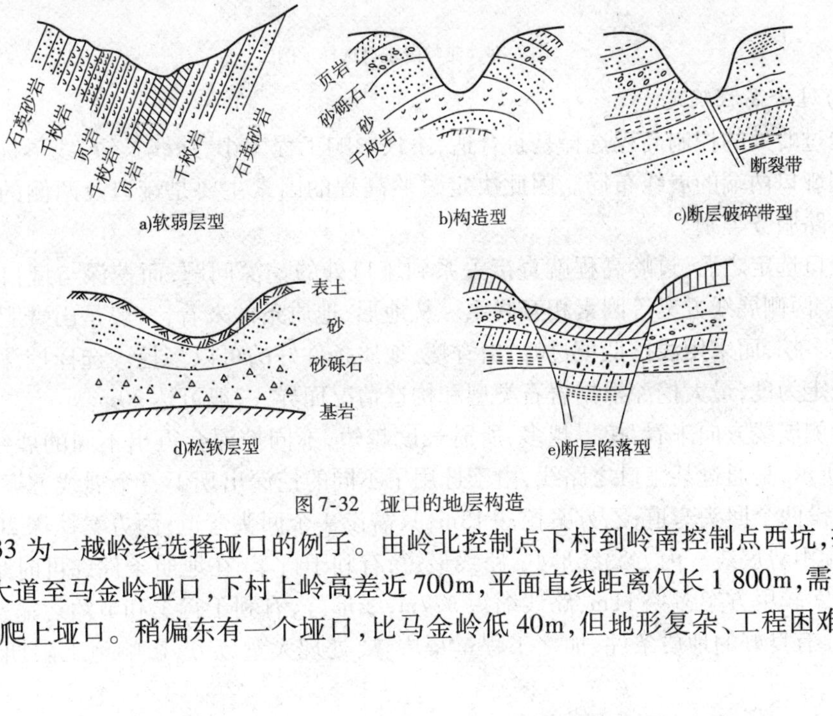

图7-32 垭口的地层构造

图7-33为一越岭线选择垭口的例子。由岭北控制点下村到岭南控制点西坑,按总方向可沿人行大道至马金岭垭口,下村上岭高差近700m,平面直线距离仅长1 800m,需展长路线14km方可爬上垭口。稍偏东有一个垭口,比马金岭低40m,但地形复杂、工程困难,不宜选

用。偏西有浯田岭垭口，较马金岭低 90m，由此可节省展线 2km，且上、下岭地形适于布线，故推荐走浯田岭垭口通过。

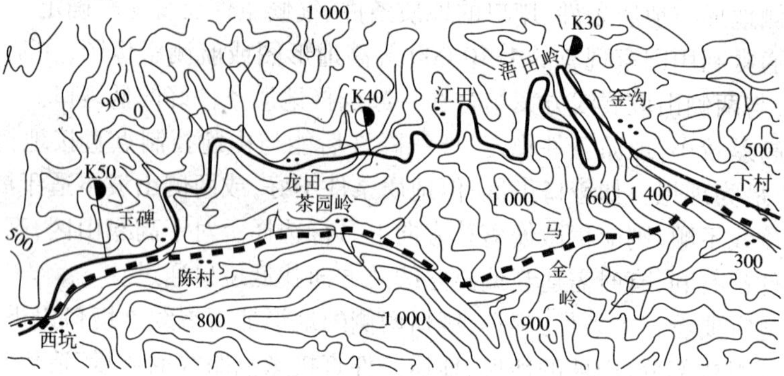

图 7-33　越岭线垭口选择示例一

如图 7-34 所示，砂甸至塘下公路，循总方向有仙狐亭垭口（高程 840m），偏离总方向有拾花亭垭口（高程 270m）。经实地勘探，两方案里程差不多原因是仙狐亭距砂甸太近，越岭需要山坡上展线，而拾花亭距砂甸及塘下之距离与两展线所需之长度适当，因而线形较顺适，加之高程低，因此最后选用拾花亭垭口。

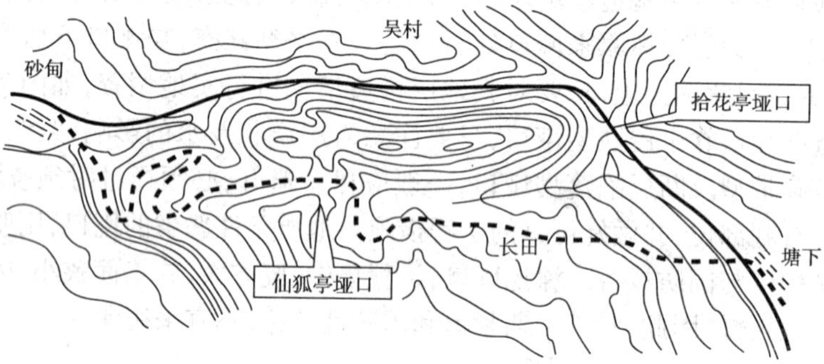

图 7-34　越岭线垭口选择示例二

（二）过岭高程确定

路线过岭处的控制高程选择是否合适，不仅影响工程大小、路线长短、线形标准，而且直接关系到垭口两端的展线布局。因此决定过岭高程的因素主要是垭口及两侧的地形、地质条件和道路服务类别。

当垭口选定之后，过岭高程就直接关系到垭口处的挖深问题，而挖深与垭口处的地形、地质条件、两侧展线方案等因素相互联系。从地形、地质条件来看，一般是山脊肥、地质条件差的不宜多挖，而采用浅挖低填过岭，山脊瘦、地质条件好的可以多挖。选择挖深时，以不危及路基稳定为度，最大挖深根据岩石类型和构造情况而异，一般可达 20m。

从两侧展线方向来看，挖得越多，所需长度越短，不同挖深会得出不同的展线方案。如图 7-35 所示，是通过某垭口之路线，由于选用了不同的挖深出现了三个展线方案：甲方案浅挖 9m，需设两个回头弯道；乙方案挖深 13m，只需设一个回头弯道；丙方案挖深 20m，不设回头弯道，顺山势展线。丙方案线形好，路线最短，有利于行车，在地质条件许可时是较好的方案。丙方案较甲方案多挖 11m，路线缩短 377m，线形好，有利于行车和节约运输费用。但深切垭口，要有良好的地质条件，加之工程量集中，要处理大量废方，影响施工限期，这是在方案比较中值得慎重考虑的因素。

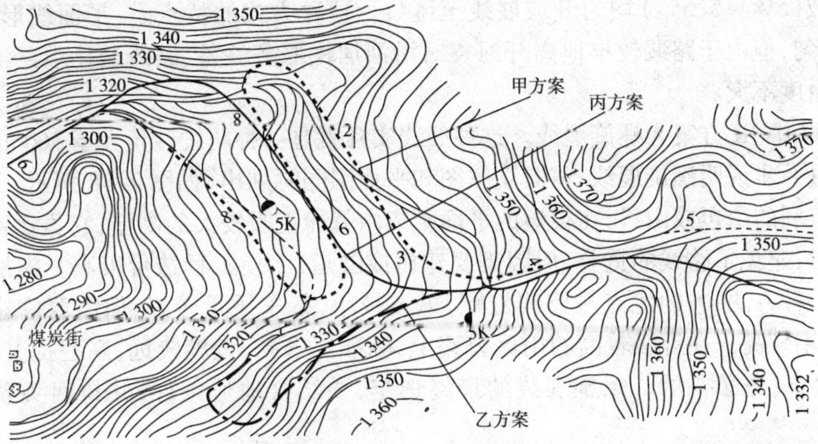

图 7-35　垭口采用不同挖深的展现布局

当垭口切深 20m 而又不宜作路堑或山坡展线困难时，可考虑用隧道过岭。采用隧道具有路线短、线形好、不破坏自然环境等优点，在高寒地区降低了海拔，不受冰冻积雪影响，大大改善了行车条件，这是现代道路建设，特别是高等级公路建设中的首选方案。

图 7-36 为某公路越岭线采用隧道方案的实例。以隧道穿越的甲方案较垭口翻越的乙方案路线缩短 2 552m，土石方减少近 10 万 m^3，涵洞减少 22 道共长 220m，防护工程减少 4 处共计 $400m^3$，大于 7% 以上的纵坡路段乙方案有 14 处共长 1 160m，甲方案只有 3 处共长 430m，半径小于 30m 平曲线乙方案有 7 个，甲方案只有 1 个。但是隧道较高，受地质条件影响较大，施工技术比较复杂，采用时需要作技术经济比较。

(三)垭口两侧的展线方案

展线就是采用延长路线的办法逐渐升坡，克服高差。

经过视察和踏勘测量，确定了垭口和两侧山麓起点之后，就进一步在山麓起点和垭口之间的山坡上进行路线的详细布局。由于期间的详细地形和地质条件变化很大，不可能一次就把路线布局确定下来，这就需要通过试坡布线，定出中间控制点，在控制点之间逐段展线布局，最后形成路线的整体。

1. 展线方式

展线的基本形式有自然展线、回头展线、螺旋展线三种，如图 7-37 所示。

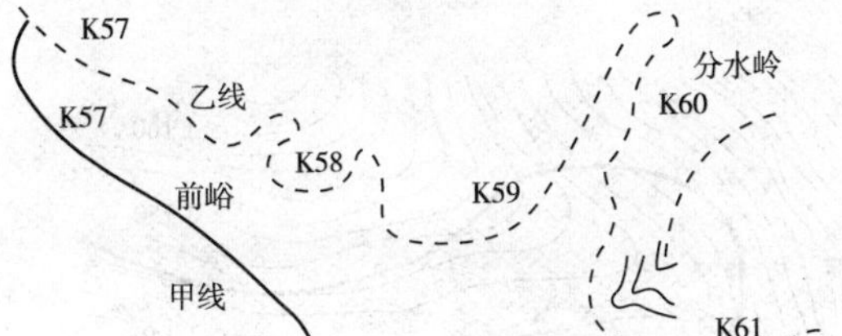

图 7-36　采用隧道越岭

图 7-37　自然展线和回头展线以及螺旋展线

图7-37中Ⅰ方案为自然展线。当山坡平缓、地质稳定时，路线利用有利地形以小于或等于平均纵坡（5%～5.5%）均匀升坡展线至垭口。这种方式的特点是：平面线形较好，里程短，纵坡均匀，但由于路线较早地离开河谷对沿河居民服务性差，路线避让艰巨工程和不良地质的自由度不大。

图7-37中Ⅲ方案为螺旋展线。这种展线实际就是一种路线转角大于360°的回头展线形式。为进一步说明螺旋展线，将其立体图和平面图同时列出，如图7-38所示。其特点是：路线利用有利的山包或山谷，在很短的平面距离内就能克服较大的高差，它虽比回头曲线有较好的线形，避免了路线的重叠，但因需要建桥或隧道，将使工程造价很高。螺旋展线是山区展线的一种方法，它的优点是路线舒顺，纵坡较小，行车质量较好，但需要修建旱桥或隧道，工程费用较高。在等级较高的山区公路上，标准要求高，盘旋较远，高程提升较大，采用这种展线形式是必要的。螺旋展线的最终选定，要结合地形条件，并与回头展线相比较权衡。

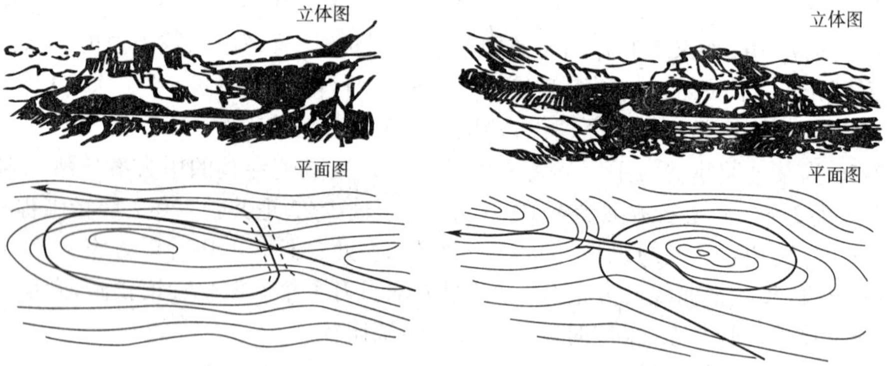

图7-38　螺旋展线示意图

图7-37中Ⅱ方案，为回头展线。路线沿溪至岭脚，然后利用平缓山坡用回头曲线展线升坡至垭口。其特点是：平曲线半径小，同一坡面上下线重叠，对施工、行车和养护都不利，但能在短距离内克服较大的高差，并且回头曲线布线灵活，利用有利地形避让艰巨工程和地质不良地段比较容易。回头展线应尽量利用山谷（主沟、侧沟）、支脉（山嘴、山脊）和平缓山坡等有利地形，并应尽量避免在一个山坡上布设较多和相距很近的回头曲线。适宜设置回头曲线的地形如图7-39所示，回头曲线合适的回头地点有平缓的山坡回头、合适的山坳回头、合适的山脊回头、合适的山包回头等。

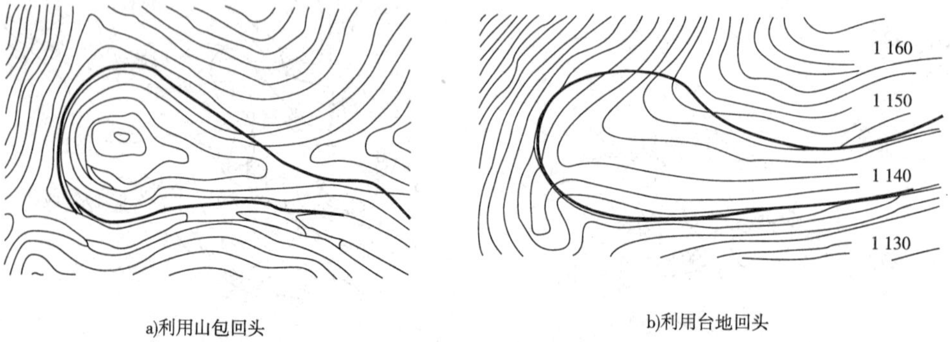

a)利用山包回头　　b)利用台地回头

图　7-39

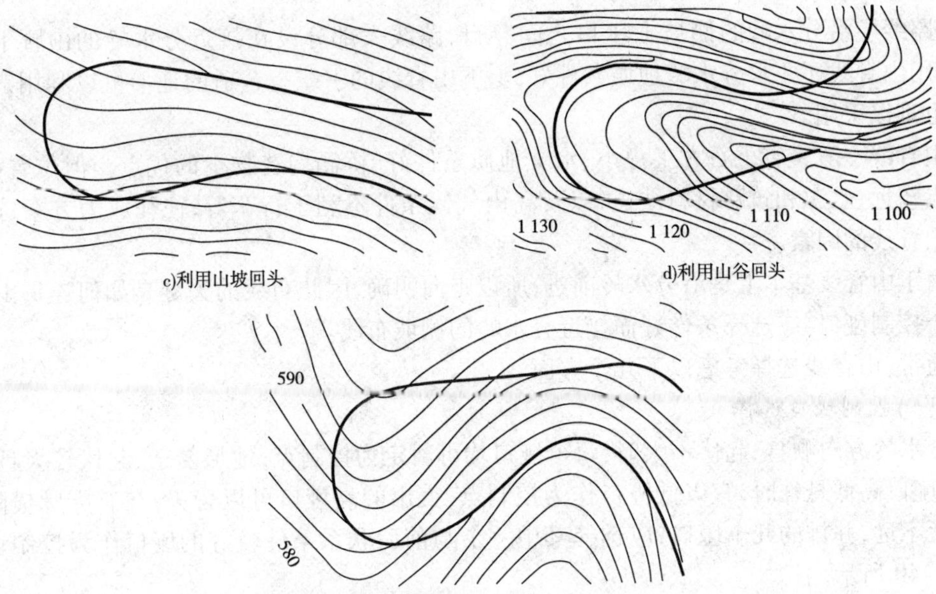

c)利用山坡回头　d)利用山谷回头

e)利用山脊回头

图 7-39　设置回头曲线地形

2. 试坡布线

试坡是指以平均纵坡放坡试线的过程。它是回头展线过程中必不可少的环节。试坡时，通常先固定垭口，由已定控制线开始，自上而下，视野开阔，便于争取有利地形。试坡用的工具有带角手水准和经纬仪，有条件时带上 GPS 仪器。坡度一般按规定的平均坡度。试坡是为了初步摸清路线高差情况及了解展线方案的可能性，因此试坡前要对整个地物和地质情况有个初步、全面的了解，以便确定路线大致走法。

特别指出，试坡时中间控制点的选择至关重要。首先要注意选择最适宜于展线的地带。就是路线进入该地带后，能争取较长的延伸路线，少设回头弯；必须设置时，在同一山坡上下线要有适当间距，往返次数越少越好。因此回头弯位置为一种控制点。

其次是当试坡中遇到的地质不良地段和工程艰巨地段，要把路线适宜通过的合适地点作为控制点暂定下来，然后与前后控制点相连，研究期间的纵坡是否符合规定的坡度。若坡度符合或略小于规定值，即可将此点作为控制点定下；若纵坡过大无法调整时，则应另找比较线。对于必须联系的中间居民点、林场或工矿，也应作为中间控制点。当一系列中间控制点确定之后，一条路线方案的轮廓也就基本确定了。当在主要控制点间可能有几个方案时，必须经过比较，提出推荐方案供定线采用。

三、山脊线

山脊线是一种大体沿山脊或山顶布设的路线。连续而又平直的山脊通常是很少的，因此长距离的纯粹山脊线比较少见。国内最长的山脊线是西（安）兰（州）公路华家岭段长达 50 余公里的山脊线。山脊线一般为较短的里程，并且是作为越岭线的中间连接段或沿河线的比较线而考虑的。

采用山脊线首先要求分水岭的位置和方向不能偏离总方向太远；此外应选山脊顺直平缓、起伏不大、岭肥脊宽的理想地带，使路线大部分或全部设在分水岭上。但高山地区的分水岭常常是峰峦、垭口相间排列，有的相对高差很大，这种地形山脊线，则为一些较低垭口所控制，路线应沿分水岭的侧坡在垭口之间穿行，路线大部分设在接近分水岭的山腰上。此外，采用山脊线还要求分水岭地质条件好，上下山脊线的引线有合适的地形可以利用，否则，再好也难以采用。

山脊线一般具有土石方工程小、水文地质条件好、桥涵构造物少的优点。但位置高，离居民点较远，水源和筑路材料缺乏，以及高山气候条件不利于行车等，往往成为方案选择中放弃山脊线的因素。

由于山脊线基本上是沿分水岭前进，所以走向明确，因此布线的关键是如何连贯山脊上的各个控制垭口，应选择条件好而接近分水岭的侧坡布线。

通常，山脊线选择考虑以下几个方面。

(一)控制垭口选择

分水岭方向顺直、起伏不大时，每个垭口均可暂定为控制点；地形复杂、起伏较大且较频繁，各垭口高低悬殊时，宜以低垭口作为控制点，突出的高垭口可以舍去；在有支脉横隔时，对相距不远，并排的几个垭口，应选择其中一个与前后联系条件较好的垭口作为控制垭口，如图 7-40 所示。

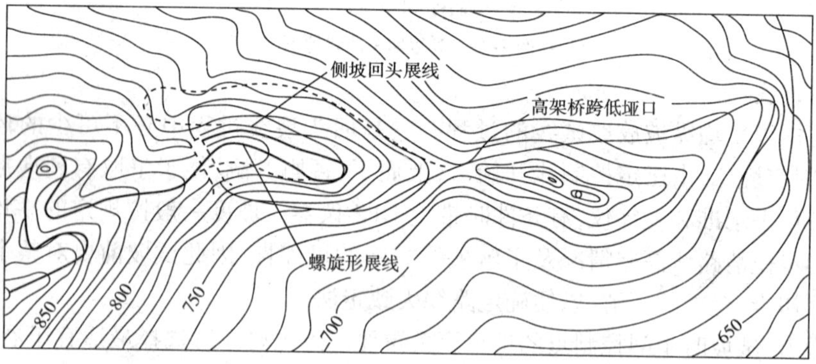

图 7-40　山脊线控制垭口和侧坡选择

(二)侧坡选择

接近分水岭的侧坡是主要布线地带，选择哪一侧坡通过，要综合分析比较决定。当分水岭宽阔、起伏不大时，路线以设在分水岭顶部为宜。如需将路线设在两侧山坡时，应选择坡面较整齐，横坡较缓，地质、水文情况良好，以及积雪、冰冻和支脉分布较少的一侧。

一般选择坡面整齐、横坡平缓、路线短捷、地质稳定、无支脉横隔的向阳山坡布线较为理想。

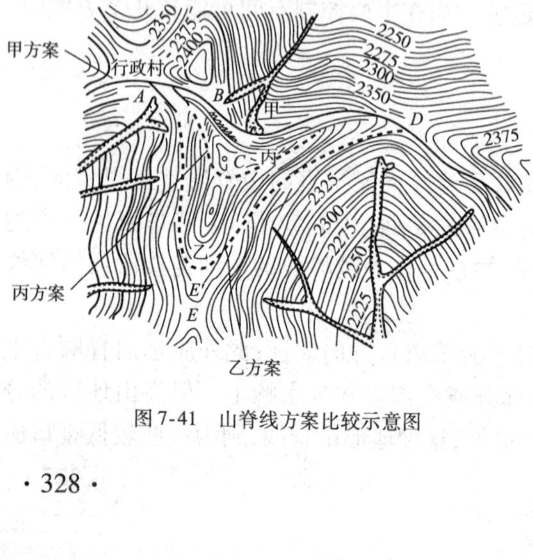

图 7-41　山脊线方案比较示意图

(三)控制垭口间的平均坡度

两控制垭口间应力求距离短捷，坡度平缓。若控制垭口间平均坡度超过规定，则应视具体地形、地质条件，采取深挖、旱桥、隧道等工程措施，也可利用侧坡、山脊有利地形展线。

为了照顾前后有利地形，有时要用起伏坡。如图 7-41 所示，乙线自 D 用 5% ~ 5.5% 向 E 试坡，定出 E'，检查 AE' 平均坡度为 3%，使乙线得到合理的最短长度。

图 7-42 为一山脊线布线实例。路线首先由山下采用回头展线，升坡到山脊(图中

A 段）；路线上到山脊后，循分水岭前进，遇山脊高峰，乃选择有利一侧山坡布线（如图中 *B* 段所示）；如线路继续前进，遇见个别低垭口（如图中 *C* 点），前后路段又无法再低，乃考虑用路堤或建旱桥通过；如垭口出现陡坎，按具体情况采用螺旋式展线（如图中 *D* 段）或加展线升坡前进；当山脊自然坡度接近路线最大纵坡时，可寻求较缓山坡，适当展线前进（如图中 *E* 段）；当山脊自然坡度超过规定最大纵坡时，需选择有利地形进行展线（如图中 *F* 段所示）。

山脊线有曲折和起伏是不可避免的，但不要使其过于急促与频繁。对于平、竖曲线和视距等指标要掌握得高些，以取得较好的平、纵线形。同时顾及工程量大小和断面合理，并确保路基稳定安全。

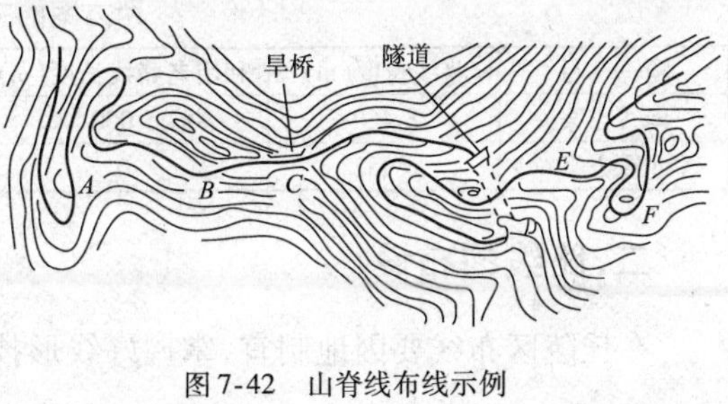

图 7-42　山脊线布线示例

第四节　丘陵区道路选线

丘陵区是介于平原和山岭之间的地形，其特征是宽脊低岭，山丘连绵，分水岭多，垭口不高，常存在路路可通的情况。根据地形起伏轻重不同和对路线布设的限制程度分为重丘区与微丘区两类。前者近似于山岭地区，技术指标的掌握与山岭区大致相同；后者近似于平原地区，技术指标的掌握则近于平原区。但是，丘陵区毕竟有它本身的特点，在选线方面，应按丘陵区地形分布规律进行分析，寻求合理的方案。

一、路线走向的选择

丘陵区路线，一般情况下应按地形大势来选定它的走向合理的方案往往不是最直最短的路线，因为丘陵区路线平、纵、横三方面制约较严，路线直达会造成高填深切，工程量大，占田过多，破坏自然景观和生态平衡。但也不是随地形变化而变化，不填不切的过分曲折、起伏频繁的路线，会使行车条件恶化，达不到公路使用性质和任务的要求。因此选线首先要摸清路线总方向所规定经过的主要控制点之间的地形情况。为此，可利用国家已有的小比例地形航摄像片，顺总方向两侧寻找路线可能通过的山沟、山脊和垭口，掌握地形变化的规律；然后深入实际，通过视察和初步测量，做到不遗漏任何一个可以考虑的方案，最后选择几个可行的方案进行比较，确定路线走哪个山沟，翻越哪道山梁，穿哪个垭口，在什么地方跨河，先靠近哪个村镇等，从而建立一系列中间控制点。

当路线总方向上的局部地形是很长的分水岭时，在岭的两侧必有山沟。丘陵区分水岭虽多为宽脊，但平面上往往曲折而纵断面起伏频繁，路线只能利用宽脊的垭口作为中间控制点，路线布置在脊的两则山坡上，这就要比较两侧山坡和山沟内土地种植情况、支沟分布情况、农田水利设施和居民点的分布情况。一般应走土地产量低、支沟少、对水利设施干扰少和为居民点服务好的一侧。

当路线总方向上的局部地形是连续跨越几道山梁和山沟时，低垭口和窄山沟以可考虑作为中间控制点。如局部地形是比较宽的田垄，路线则不能盲目求直，应选择田垄较窄处或期间有稍高地势处作为中间控制点跨过，这样路线占用高产田少，且路基稳定性好。

图 7-43 为丘陵区一条三级公路中一段路线的方案选择情况。路线总方向上规定经过甲和乙两城镇，北线方案以 *A*、*B* 为中间控制点；南线方案以 *C*、*D* 为中间控制点，*B* 处一带为

大片高产田，A 区一带支沟多而乱。南线方案从甲至 C 可利用大段老路所经地区没有高产田。表7-6是两方案的主要指标比较。由表可见，北线虽里程短1.568km，但在 B 处占用大片平田，比南线方案多占农田58亩；南线方案除少占田外，尚可利用老路5km，联系集镇 E，故推荐走南线方案。

两方案的主要指标比较 表7-6

项　目	路线长度(m)	利用老路线长度(m)	占用耕地(亩)	土石方工程量(m^3)	工程投资(万)
南线方案	8 460	5 000	28	46 820	2 786
北线方案	6 982	0	86	98 764	4 219

二、路线的布设

在丘陵区布线要因地制宜，掌握好线形技术指标。一般是微丘地形按平原区掌握，而重丘区则按山岭区方式处理。等级高的路线要强调线形平顺，路线只和地形大致相适应，不迁就丘陵区微小地形的变化；等级低的则较多考虑小地形的变化，以节省工程投资。各级路线都要避免不顾纵坡起伏，片面追求长直线，或不顾平面过于弯曲，片面追求平缓纵坡的倾向。应注意平、纵、横三方面协调，并考虑驾驶员和乘客的视觉和心理效应及行车速度连续性。

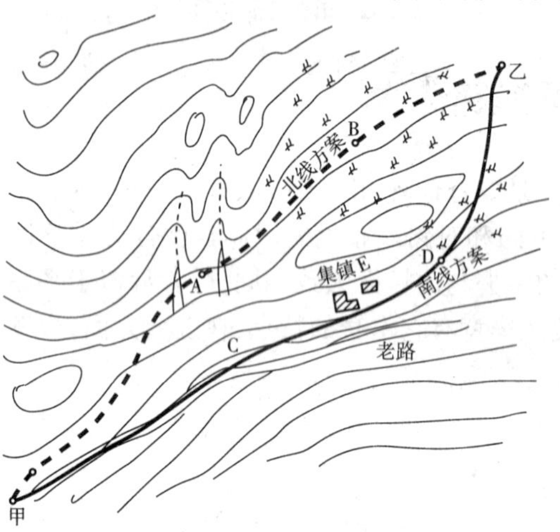

图7-43　丘陵区布线示例

丘陵区路线，还要考虑横断面设计的经济合理性。在一般横坡平缓地段，可采用半填半挖或填多于挖的地基；横坡较陡的地段，则宜采用全挖或挖多于填的路基，并要注意纵向土石方平衡，以减少废方和借方，尽量不破坏或少破坏自然景观。

丘陵区农林业均比较发达，土地面积很广，低地大都是水稻田，坡地多为旱作物和经济林，小型水利设施多，布线时要注意支援农业，尽可能和当地的整田地及水利规划密切配合。

根据上述要求，针对不同地形地带，采用不同布线方式。

(一)微丘陵地区选线

在微丘陵地区选线时的总体原则是：平面线形应充分利用地形，处理好平、纵线形的组合。不应迁就微小地形，造成线形迂回曲折，也不宜采用长直线，造成纵面线形起伏。

当路线所经地带的地形比较平坦时，其间又无地质、地物障碍影响，可按平原区以直线方向主导的原则布线；如有障碍或应联系的地点，则加设中间控制点，相邻控制点间仍以直线相连，凡路线转折处，均应设置与地形适应的长缓曲线。

在具有较陡的横坡地带，两个已定控制点间，如无地形、地物、地质上的障碍，路线应沿匀坡线布设。匀坡线是两点间顺自然地形以均匀坡度所定的地面点的连线，如图7-44所示，这种坡线常需多次试放才能求得。两个已定控制点间如有障碍，则在障碍处加设控制点，相邻控制点间仍沿匀坡线布置。

路线遇横坡较缓的起伏地带，如走直线，纵向坡势必加大，就会出现高填深切；如走匀坡线，路线迂回，里程增长，不合理。因而走匀坡线与直线之间，选择平面顺适、纵坡均衡的地势穿过较为适宜。但路线具体位置,要视地形起伏程度及路线等级要求而定。对于较小的起伏,在坡度和缓前提下,考虑平面与横断面之关系,一般是低级路工程宜小,路线可偏离直连线稍远,如图7-45所示方案Ⅱ;高等级路线定得离直连线近些,如图7-45所示方案Ⅰ;高速公路尽量走直线。

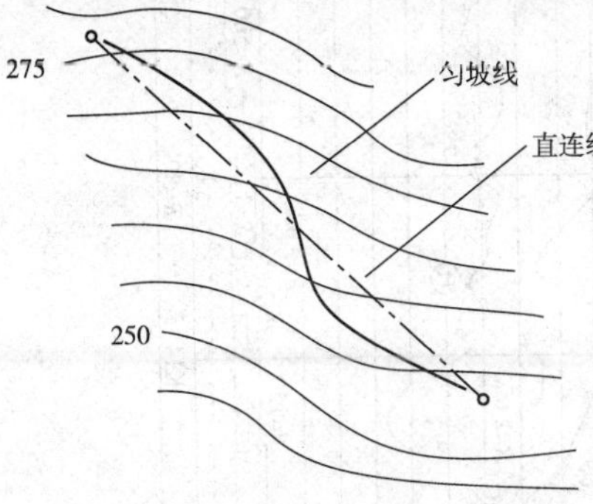

图7-44　丘陵地区路线的匀坡线

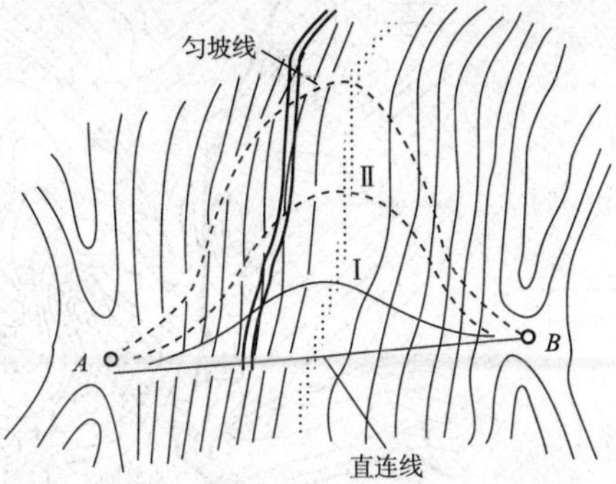

图7-45　丘陵地区较小起伏地带的路线方案

(二)重丘陵地区线

重丘陵地区线路线应随地形变化布设,在确定路线平、纵面线位的同时,应注意横向填挖的平衡。在横坡较缓的地段,可采用半填半挖或填多于挖的路基;位于横坡较陡的地段,可采用全挖或挖多于填的路基。应注意挖方边坡的高度,不致因挖方边坡过高而失去稳定。同时还应注意纵向土、石方平衡,以减少废方与借方。平、纵、横三个面应综合设计,不应只顾纵坡平缓,而使路线弯曲、平面标准过低;或者只顾平面直捷,纵面平缓,而造成高填深挖,工程过大的后果;或者只顾工程经济,过分迁就地形,而使平、纵面过多地采用极限或接近极限的指标的情况。冲沟比较发育的地段,高速、一级公路和二级公路可考虑采用高路堤或高架桥的直穿方案;三、四级公路则宜采用绕避方案;地质不良地段,应以绕避为主;当不得已必须通过时,应调整平、纵线形,恰当掌握标准,以尽量少扰动的方式通过,并采取必要的工程防护措施及排水设施,确保边坡及路基稳定。

对于较大的起伏地带,两侧高差常不相同,高差大的一侧的坡度常常是决定因素,一般以高差大的一侧为主,结合山顶的挖深和谷底的填高来确定路线的平面位置。如图7-46所示,*AB* 间跨一谷地,靠 *A* 一侧高差大、坡度陡,当山顶 *A* 可多挖,谷底 *B* 可多填时,路线放坡可得 *ADB* 线;若 *A* 少挖,谷底 *B* 少填时,放坡可得 *ACB* 线。

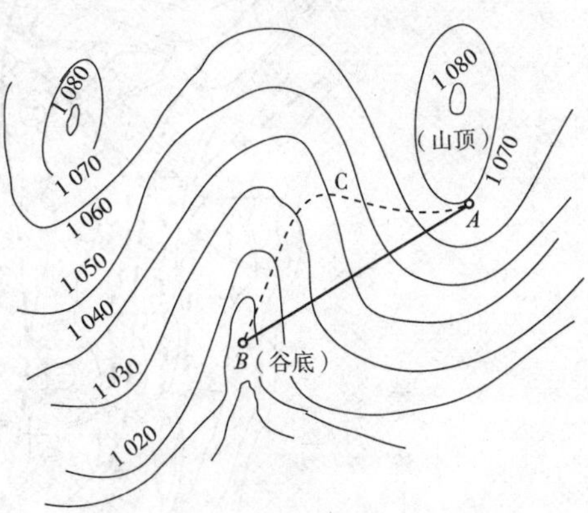

图7-46　丘陵地区较大起伏地带路线方案

有时,在两个已定控制点间,因地形、地质或地物上的障碍,路线会突破直线与匀坡线的限制,这种为避让障碍所定的中间控制点,应视为又增加一个已定的控制点。这一控制点把原来的两定点间路线分割成两段,在这两段内分别按直连线与匀坡线之间的原则通过。

重丘陵区路线选择是否合理,会涉及纵断面形态和土石方数量。图7-47为两种路线方案(实线方案和虚线方案)对纵断面的影响。

总之,在丘陵地区选线,由于可通过路线方案较多,各路线方案之间的优缺点不很突出。因此,应特别强调多跑、多看、多问,经过详细分析比较,然后决定一条最合适的路线。对于地方性路线,特别要征求当地政府及群众的意见,以使公路发挥它在公路运输网中应有的地位和作用。

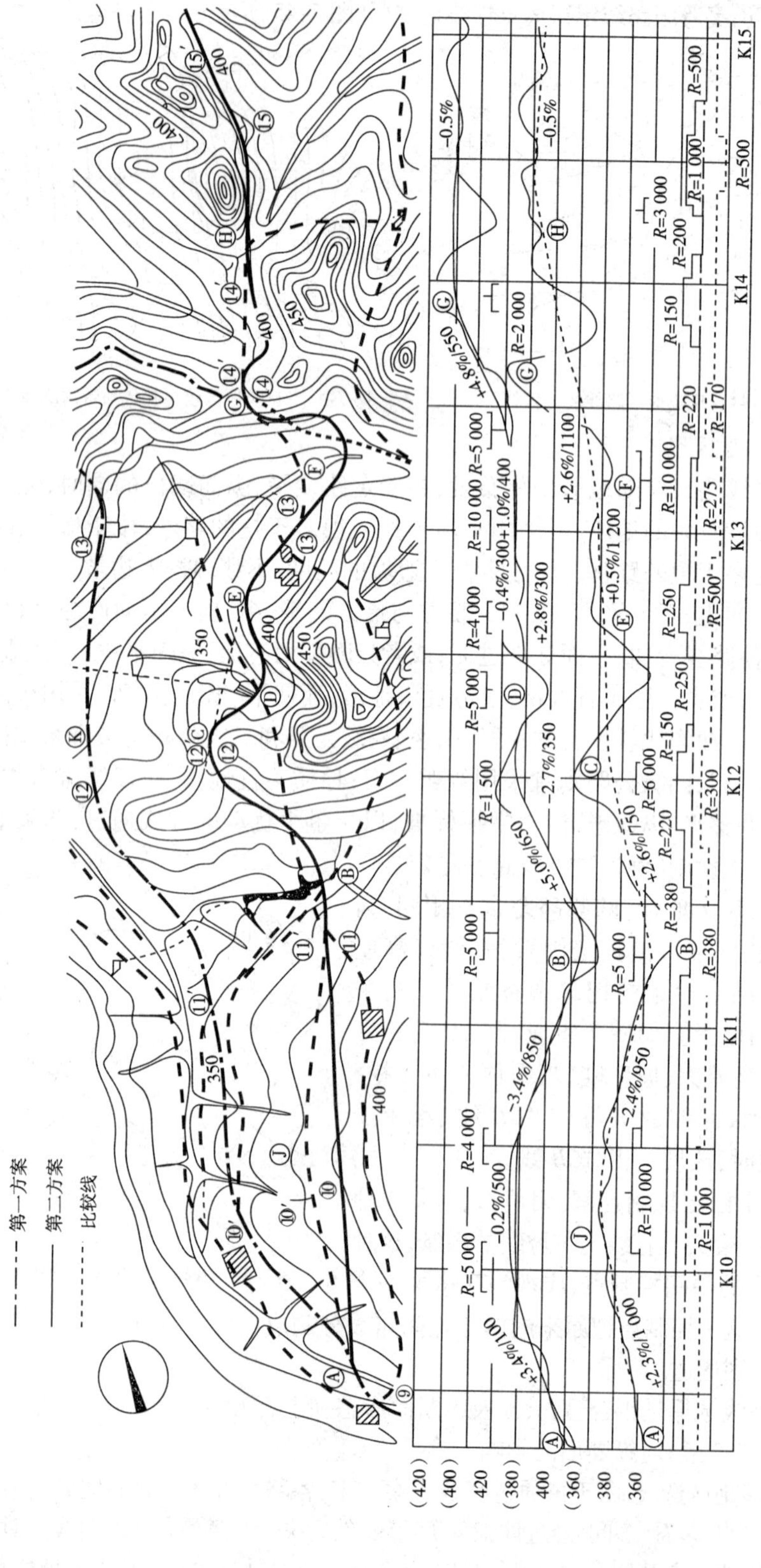

图7-47　丘陵地区路线平面线位影响纵面关系

第五节　滑坡地区公路选线

滑坡常危及路线安全，引发次生灾害。选线时科学判定滑坡可能性，合理避让和整治十分重要。

一、滑坡的特征和滑坡要素与分类

（一）滑坡的特征和滑坡要素

滑坡是边坡岩体主要在重力作用下沿贯通的剪切破坏面发生滑动破坏的现象。滑坡是斜坡破坏的形式之一，斜坡的破坏形式主要有崩落和滑落两大类，见表7-7，根据不同又可体现为图7-48几种形式。

路基边坡变形破坏类型、特征、破坏机制与形态　　表7-7

变形破坏 类型	变形破坏 亚型	变形破坏特征	变形破坏机制	破坏面形态
崩落		边坡上局部岩体松动、脱落，主要运动形式为自由坠落或滚动	拉裂。岩体存在临空面，在结合力小于重力时，发生崩塌	
滑落	平面型	边坡岩体沿某一结构面整体向下滑移	剪切—滑移。结构面临空，坡脚岩层被切断，或坡脚岩层挤压剪切	层面或贯通性结构面形成滑动面
	圆弧型	土质及散体结构的边坡，沿圆弧形滑动面滑移，坡脚隆起	剪切—滑移。内摩擦角偏低，坡高、坡角偏大	圆弧形滑动面
	楔形体	两个或三个结构面组合而成的楔形体，沿两个滑动面交线方向滑动	剪切—滑移。结构面临空	两个以上滑动面组合

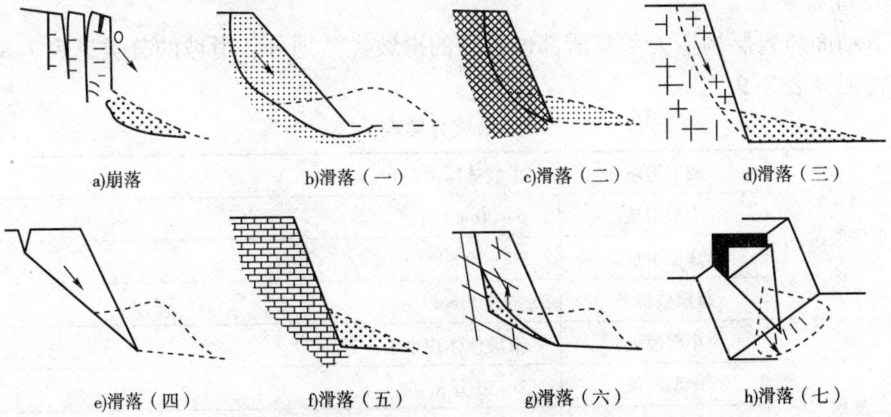

图7-48　斜坡破坏形式

崩塌是高陡的边坡岩体突然发生倾倒崩落，岩块翻滚撞击而下，堆积于坡脚的现象。

大规模的岩体崩塌也称山崩，其体积可达数千万甚至上亿立方米。小规模的崩塌称坠石，一般其体积仅数立方米或数十立方米。在坚硬岩体中发生的崩塌也称岩崩。在土体中发生的则称土崩。

岩崩的形成机理是由于边坡被陡倾裂隙深切，在外力及自重力的作用下逐渐向坡外倾斜、弯曲，陡倾裂隙被拉开，岩体下部因弯曲而被拉裂、折断，进而倾倒崩塌。有时，在坚硬岩层的下部存在有软弱岩层，当它发生塑性蠕变（塑性流动或剪切蠕变）时，则可导致上部岩层深陷、下滑、拉裂以至倾倒崩塌。下部有洞穴或采空，岩体沉陷、陷落，将边部岩体挤出，发生倾倒崩塌。滑坡的构造和滑坡的形态特征如图 7-49 所示；滑坡的要素如图 7-50 所示。

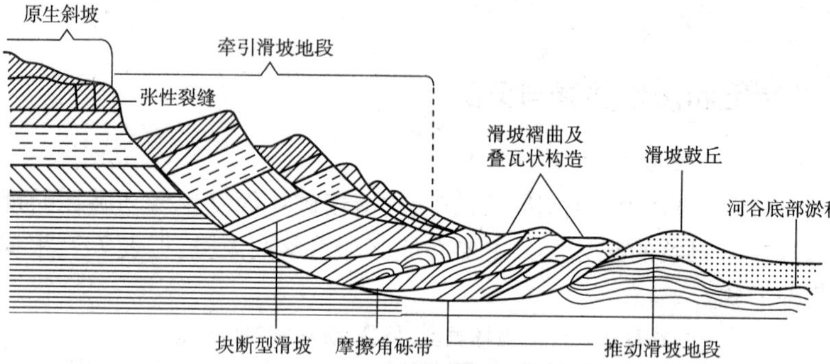

图 7-49　滑坡的形态及特征

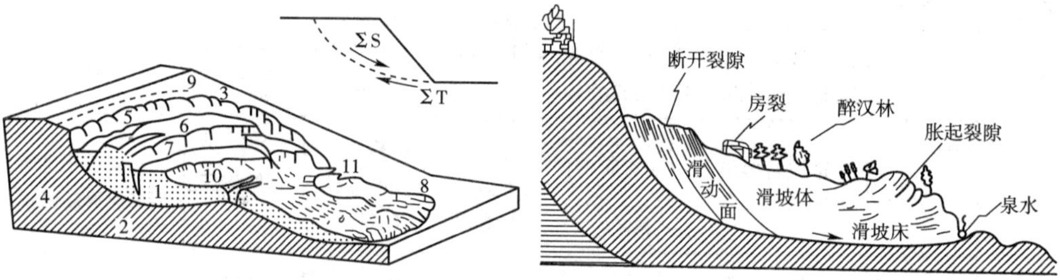

a)　　b)

图 7-50　滑坡要素示意图

1-滑坡体；2-滑床面；3-滑动周界；4-滑坡床；5-滑坡后壁；6-滑坡台地；7-滑坡台坎；8-滑坡舌；9-后缘拉张裂隙；10-鼓胀裂隙；11-扇形张裂隙

（二）滑坡分类

按滑动面与岩层构造关系及滑部位划分的滑坡类型划分。滑坡的分类见表 7-8，滑坡类型及其特征见表 7-9。

滑坡分类表　　　表 7-8

按滑坡体厚度	浅层滑坡	滑坡体厚度在 6m 以内
	中层滑坡	6 ~ 20m
	深层滑坡	20 ~ 30m
	超深层滑坡	超过 30m 以上
按滑坡的规模大小	小型滑坡	滑坡体体积小于 3 万 m^3
	中型滑坡	3 ~ 50 万 m^3
	大型滑坡	50 ~ 300 万 m^3
	巨型滑坡	超过 300 万 m^3
按形成的年代	新滑坡	由于开挖山体所形成的滑坡
	古滑坡	久已存在的滑坡，其中又可分为死滑坡、活滑坡、及处于极限平衡状态的滑坡
按力学条件	牵引式滑坡	滑坡体下部先行变形滑动，上部失去支撑力量，因而随着变形滑动
	推动式滑坡	上部先滑动、挤压下部引起变形和滑动

滑坡类型及其特征表　　表 7-9

划分依据	名称类型		滑坡的特征
按滑坡物质组成成分	覆盖层滑坡	黏性土滑坡	黏性土本身变形滑动,或与其他成因的土层接触面或沿基岩接触面而滑动
		黄土滑坡	不同时期的黄土层中的滑坡,并多群集出现。常见于高阶地前缘斜坡上
		碎石滑坡	各种不同成因类型的堆积层体内滑动或沿基岩面滑动
		风化壳滑坡	风化壳表层间的滑动。多见于岩浆岩(龙其县花岗岩)风化壳中
	基岩滑坡	均质滑坡	发生在层理不明显的泥岩、页岩,泥灰岩等软弱岩层中,滑动面均匀光滑
		切层滑坡	滑动面与层面相切的滑坡,在坚硬岩层与软弱岩层相互交替的岩体中的切层滑坡等
		顺层滑坡	沿岩层面或裂隙面滑动,或沿坡积层与基岩交界面或基岩间不整合面等滑动
	特殊滑坡		如融冻滑坡、陷落滑坡等

二、滑坡发生的条件与滑坡识别

(一)滑坡发生的条件

滑坡地区路线选线时,必须明确滑坡发生的条件,才能有针对性地采取措施,下面将简述滑坡发生条件,并提出防止措施。

1. 地形条件

在地貌上要有一个有效临空面。斜坡在 20° ~ 40°易发生滑坡。河流的凹岸易发生滑坡。

2. 地层岩性

第四纪黏土、黄土(松散);第三纪白垩纪泥岩、页岩、砂岩、红土(成岩、半成岩);老地层的泥岩、页岩、煤系地层;泥质类变质岩(板岩、千枚岩、片岩);泥质夹层(滑动面);泥质类岩石最容易产生滑坡,如图 7-51、图 7-52 所示。

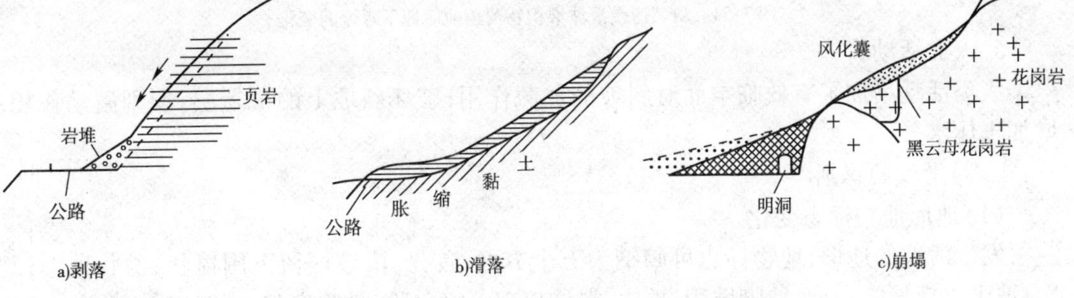

图 7-51　坡体中几种强风化营力活跃带所造成的斜坡破坏形式

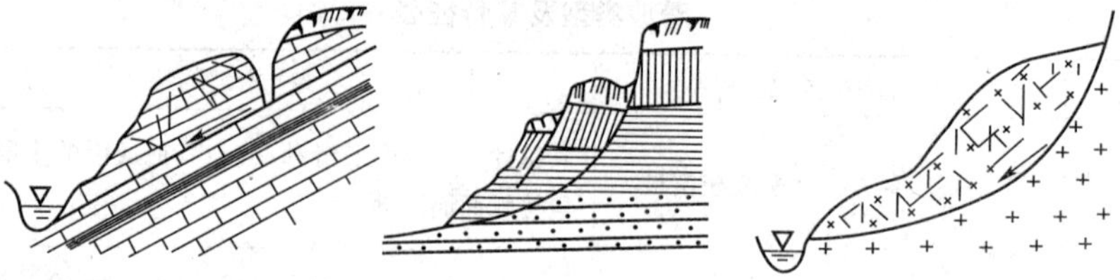

图 7-52　滑坡类型

3. 构造条件

滑坡滑动面发生的部位与地质构造密切相关。断层、节理，不整合面以及不同岩层界面均有可能形成滑动面，如图 7-53 所示。

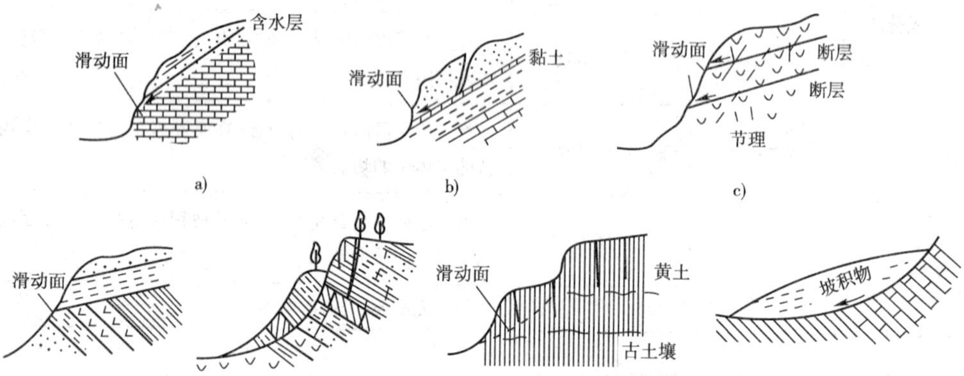

图 7-53　滑坡滑动面与地质构造关系示意图

4. 水文地质条件

水文地质条件包括降水及地下水（增加滑坡体的重量；产生浮托力；改变岩土的强度；水体运动有促进作用），斜坡受滑坡堆积物覆盖前后地下水流变化如图 7-54 所示。

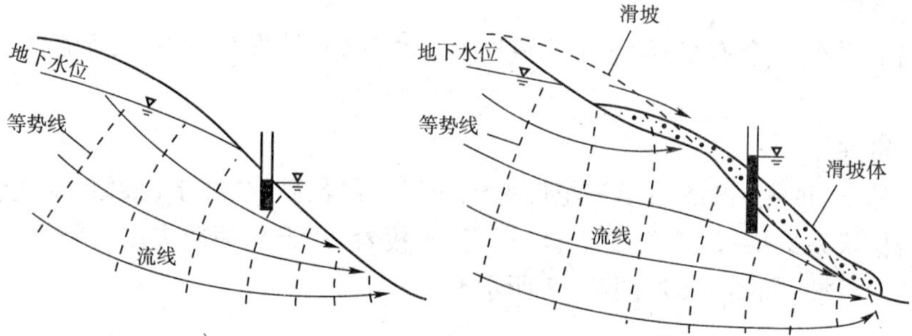

图 7-54　斜坡遭受滑坡堆积物覆盖前后地下水流的变化

5. 人类活动

人类活动增加了有效临空面对斜坡的加载作用；破坏斜坡上的覆盖层；加剧震动作用；增加土体水分。

（二）滑坡的识别

（1）地形地物标志变化

发生滑坡的地形、地物标志可归纳为五个方面：首先，滑坡区留下围椅状、槽状地形；其次，坡上出现异常台坎，坡脚堆积；再次，滑体出现多级台阶、鼻状突起；第四，滑体上出现“醉汉林”、“马刀树”；第五，房屋出现开裂、倾斜、沉降等。

(2)岩土体结构构造异常

发生滑坡的岩石或土体构造有以下几个方面的明显变化:首先,有扰动、松动、挤压揉皱、擦痕、受水浸润等;其次,滑体的地层产状、层位、断层与外围的不一致,地层的产状乱、异常,有时伴随出现小型坍滑现象;再其次,有被泥、石充填的张裂隙。

(3)水文地质条件改变

发生滑坡的地方,其含水层位、水位、泉水流量等有变化;在滑体后缘的断臂上,常有地下水渗出;在滑体的前缘有成排的泉水。

(4)滑坡边界及滑床有痕迹

在滑坡区,滑坡边界及滑床有痕迹。一般在滑坡后壁上有擦痕;滑体前缘由舌状突起、揉皱、断裂;滑体周边两侧常有沟、断裂、擦痕;滑床上有磨光面、黏粒物质夹磨光角砾。

(三)滑坡地区公路选线

1. 滑坡地区公路选线原则

滑坡群路段路线应以绕避为宜。对大型复杂的滑坡,宜首先考虑绕避,如绕避有困难或路线增长过多时,应结合滑坡的稳定程度,处治的难易,从经济与施工等方面对绕避和整治方案综合比较后加以取舍。对于小型滑坡,一般可不绕避,但应根据其滑动原因和稳定性采取排水、支挡、减载等措施进行处理;对于中型滑坡,一般也可考虑通过,但需慎重考虑其稳定性,选择有利部位通过,并采取相应的工程处治措施。

如图7-55所示,当路线无法绕避而必须通过滑坡段时,在滑坡的上缘或下缘通过比中部通过好。通过滑坡的上缘,以挖方路基为宜,以减轻滑体重量;通过下缘,以路堤为宜,以增加其抗滑力。

山区溪谷通常是地质、地貌比较复杂地段,两岸滑坡、岩堆、泥石流等不良地质较多。路线通过这些地段总的原则是避强制弱,避重就轻,加强调查,综合防治。防治主要措施是消灭、减轻水对滑坡体危害与增强滑坡体的平衡条件。路线以浅堑方式自上方通过,可减轻滑坡体上方压力;以路堤加挡墙方式从滑坡体下方通过,增强滑坡体稳定,不论是在上方或在下方通过,都要做好排水设施。对大型滑坡,选线时务必绕避。

2. 不能绕避时的防治措施

(1)排水防渗

截断和排出所有流入滑坡范围内的地表水。抽出所有在滑坡范围内的井里的地下水和排去所有积水洼地里的水。填塞和夯实所有的裂缝,防止表面水渗入以下分别为排水沟及排水廊道示意图,如图7-56、图7-57所示。

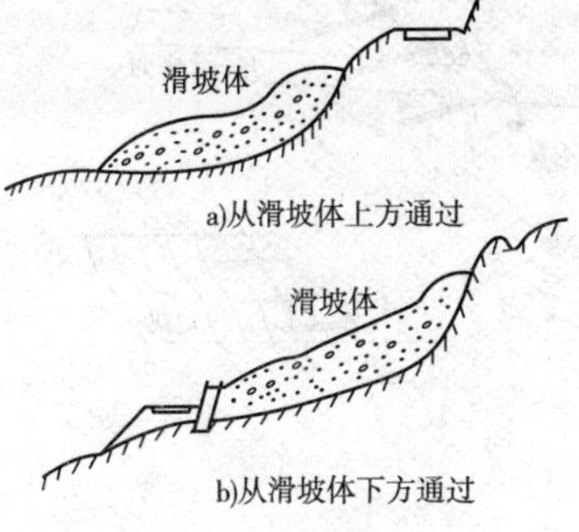

图7-55 滑坡地段路基布置

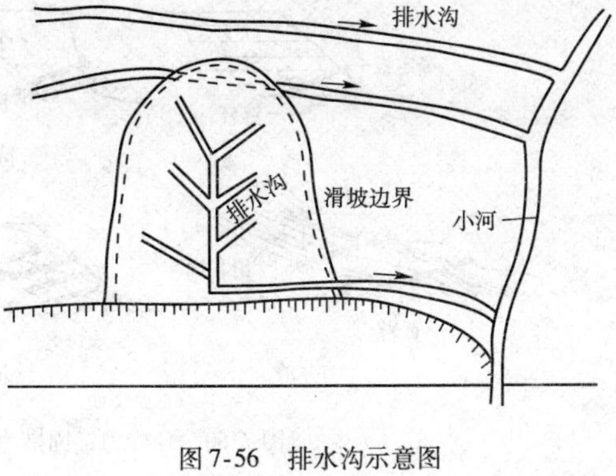

图7-56 排水沟示意图

(2)削坡、减重、反压

将较陡的边坡减缓或将其上部岩体削去一部分并把削减下来的土石堆于滑体前缘的阻滑部位，使之起到降低下滑力，又增加抗滑力，增加边坡稳定性的作用，如图 7-58 所示。

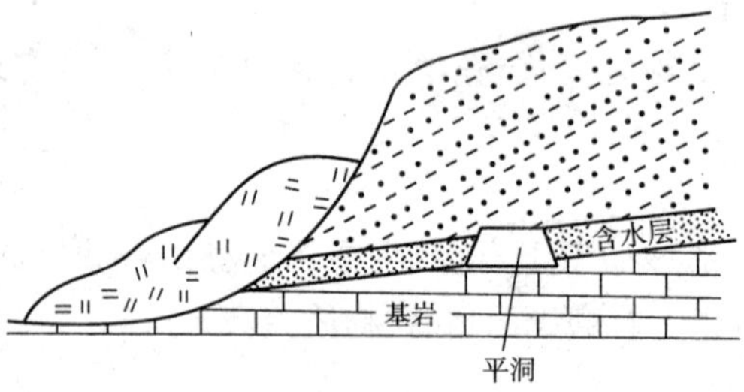

图 7-57　排水廊道示意图

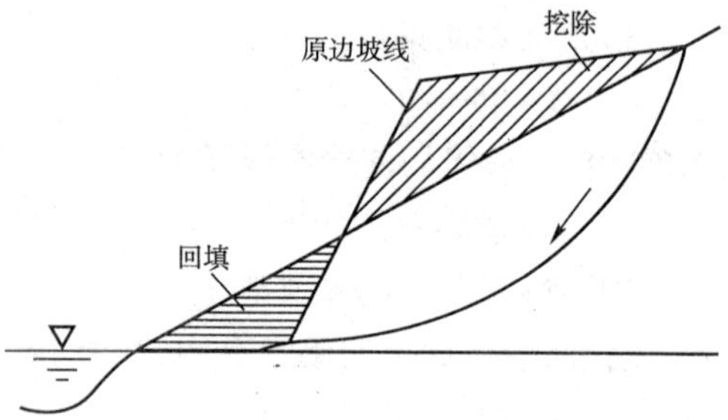

图 7-58　削坡处理示意图

(3)修建支挡建筑物

在不稳定边坡岩体下部修建挡土墙或支撑墙，靠挡墙本身的重量支撑滑移体的剩余下滑力。

挡墙的主要形式有浆砌石挡墙、混凝土或钢筋混凝土挡墙等，如图 7-59 所示。

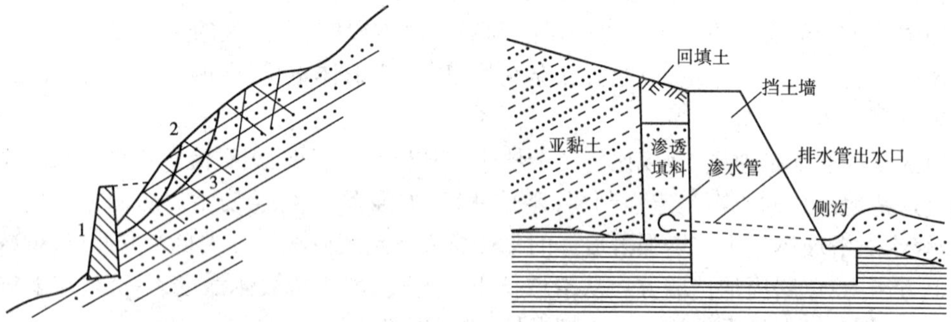

a)无排水措施挡墙

b)有排水措施挡土墙

图 7-59　滑坡挡墙示意图

1-挡墙；2-不稳定体；3-滑动面

(4)锚固措施

利用预应力钢筋或钢索锚固不稳定边坡岩体，是一种有效的防治滑坡和崩塌的措施，如图 7-60 所示的是几种锚固措施。

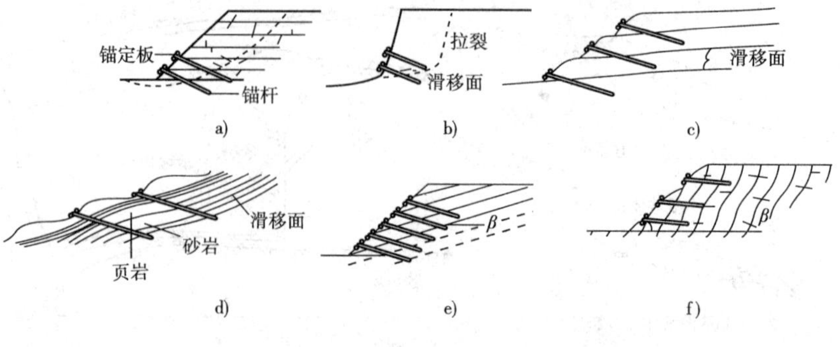

图 7-60　预应力锚固措施防治滑坡示意图

第六节　泥石流地段选线

泥石流是山地沟槽或河谷在暂时性急水流与其流域内大量土石互相作用形成的洪流过程和现象。泥石流由固体土石与液体水组成,固体物质含量有时超过水体量。其特点是过程短暂,发生突然,结束迅速,复发频率高,对路基危害大,因此正确掌握泥石流的发生和发展规律及时提出防设措施也是选线的任务之一。

一、泥石流的形态和特征

1. 泥石流形态

泥石流的形态分为形成区、流通区、堆积区,如图 7-61 所示。

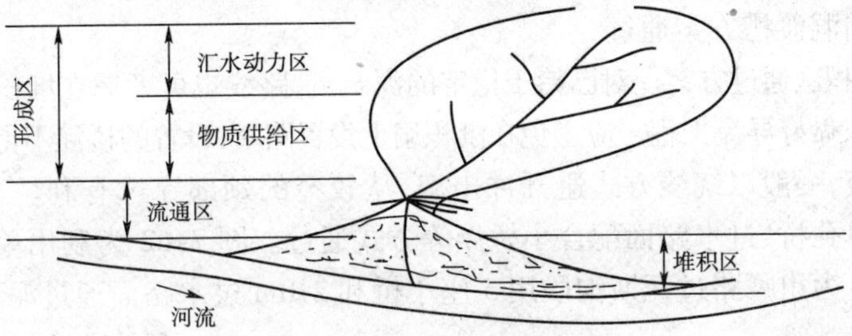

图 7-61　泥石流形态

2. 地质地貌特征

汇水区特征是具有黏土,能造成巨大山麓堆积和坚硬的石灰岩、片岩及火成岩等岩块。黏土部分一般不大于固体部分的 25% ~30%;其余的为砂、小碎石、砾石、巨砾,水也是泥石流组成的部分之一。泥石流保持着直线运动的方向作整体运动,在静止时固结,各组成部分通常不会分散。位于山洪泥石流流经道路上的建筑物及在石流横向上的防护物易受破坏,顺河床方向及坡度为 5% ~6% 的冲积锥底部将被沉积物所覆盖。

流态特征受控于水体量与固体物质比值及固体物质的粒径级配。流态分为紊动流、扰动流和蠕动流。宾汉体流变模式适用于泥浆;牛顿体流变模式适用于固体物质较少的泥石流。

3. 泥石流的形成机制

泥石流的物质成分为水石质、泥石质及泥水质,其补给方式通常为雨水型、冰川型。暴发的起因有融雪型泥石流、溃决型泥石流、地震型泥石流、火山型泥石流。受力性质通常有土力型(滑坡型和崩塌型)和水力型(坡面侵蚀型及河床侵蚀型)两种类型。

4. 形成条件

(1)地形地貌条件

当上游有广阔的盆地式汇水面积,而其周围山坡较陡时,则有利于大量水流迅速汇聚而产生强大的冲刷力。当中游纵坡降 5% ~6% 或更大,可作为搬运流通沟槽;而下游坡度急速变缓,一般为 2% ~5%,且有开阔缓坡作为泥石流的停积场所。

(2)地质环境条件

在汇流区内,必须是各种天然或人工松散土石堆积层发育;或其为区域大断裂破碎带、强烈构造揉皱带以及各种易风化岩层的风化破碎带,且分布广、厚度大。

(3)水文气象条件

有短期暴雨或冰雪突然溶化水汇流,具有强大的冲刷能力。在干旱或半干旱的山区往往具备上述水文气象条件。

5. 泥石流地区选线原则

在泥石流地段进行工程地质选线，应视泥石流的类型、分布、规模、发育阶段和处治的难易程度等因素进行综合考虑，科学选择路线走向，合理布设路线位置。

(1) 尽量采取绕避方案。对规模大、活动性强或泥石流集中发育的路段，路线以绕避为宜。

(2) 控制线路位置和高程。在泥石流堵河或淤积严重的路段，应视泥石流的规模、活动性和对河道的堵塞、淤积情况以及河道摆动的趋势等确定线路位置和高程。

(3) 采取多次跨河方案。当沿河两岸均有泥石流发育时，线路宜选在泥石流相对轻微的一岸，必要时可考虑多次跨河。

(4) 设置桥梁跨越方案。路线不宜布设在处于发育阶段的泥石流堆积区内。当流通区有狭窄稳定的沟床可以利用时，可考虑提前抬高线位，设桥跨越。如没有建桥条件时，也可考虑以隧道或明洞渡槽方案通过。

(5) 可用堆积区通过方案。对已趋于稳定的泥石流，路线也可考虑在堆积区通过，但应确保泥石流排泄通畅，做好导流工程。应避免在洪积扇上设置路堑，设置的桥涵不得压缩沟床断面。

路线遇源流，一般以绕线方式避开冲击扇，从较窄的颈部穿过有利。当无法绕线时，可视具体情况用单孔桥、过水路面配合小桥涵等方式通过。图 7-62 为利用单孔桥和明洞跨过泥石流；图 7-63 为川藏路过瓦斯沟段用 3 座小桥和 210m 过水路面通过泥石流的实例。

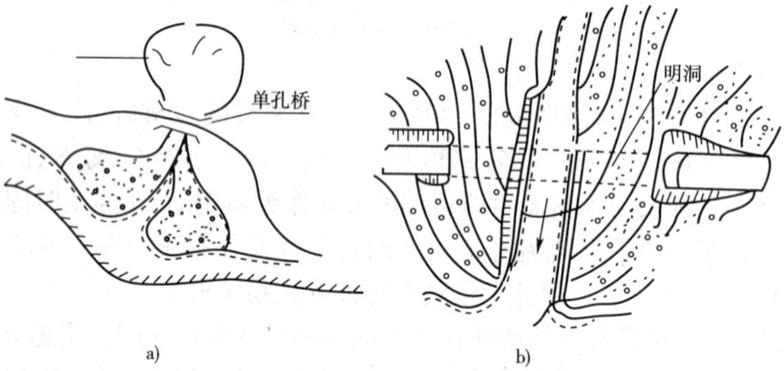

图 7-62 采用单孔桥和明洞跨过泥石流

6. 不能绕避的防治措施

如不能绕避针对其形成条件及形成机制以及不同性质的泥石流类型，应分别对待。尽可能保持水土不产生流失，上游沟谷两岸的斜坡予以加固；中游以拦挡为主，同时减缓沟床纵坡支挡；下游以疏导为主，尽可能减少淤积，一般以避开为宜。如必须通过泥石流时，要尽可能做到合理布局，以少受泥石流龙头直接威胁为宜。交通线路的通过方案中，可在扇前避绕、扇后避绕及扇身通过的几种方案中，择优通过。不论采取何种工程措施，事先应对泥石流流速、流量以及预计拦挡导流建筑的尺寸予以充分调查与计算，选用或建立适当的工程技术措施，如图 7-64、图 7-65 所示的为泥石流拦挡墙和泥石流格栅坝示意图。

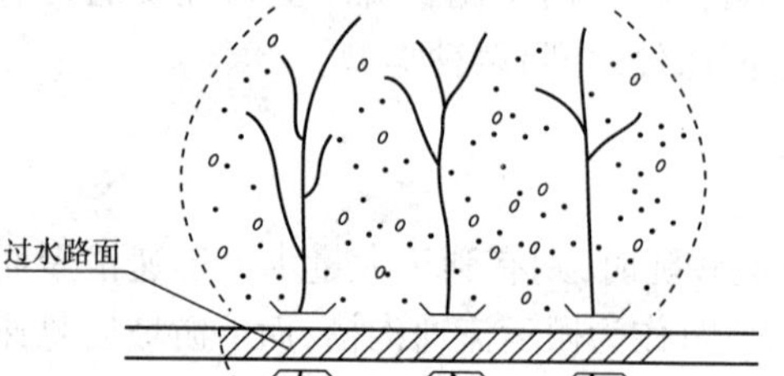

图 7-63 小桥与过水路面结合穿过泥石流实例

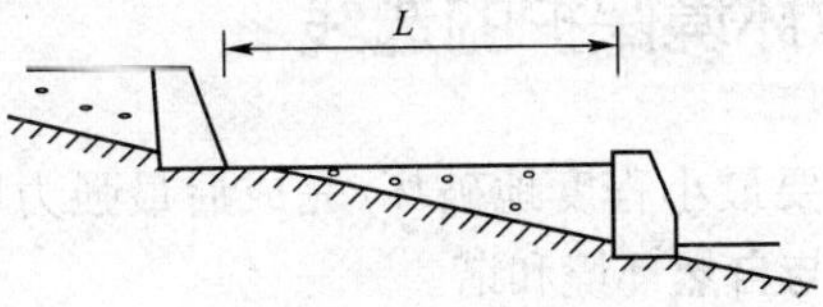

图 7-64　泥石流拦挡墙

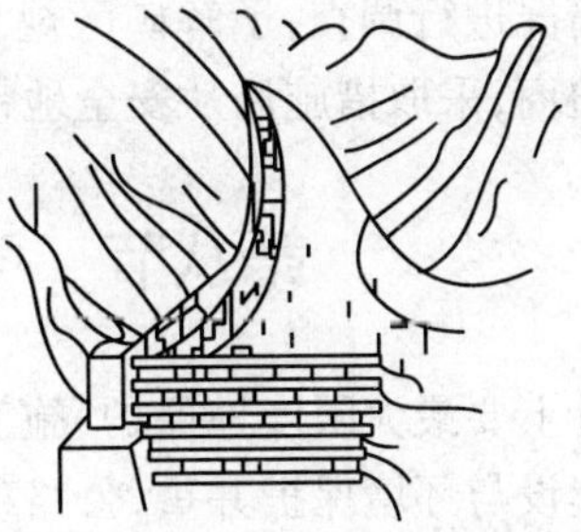

图 7-65　泥石流格栅坝

第七节　岩溶区和采空区选线

一、岩溶区路线

在岩溶地区进行工程地质选线，应尽可能避开岩溶强烈发育的地段，将路线布设在溶蚀程度低，岩溶不发育的部位通过。

路线原则上宜避开规模较大的断裂带（尤其是区域性张性断裂带）、可溶岩与非可溶接触带、有利于岩溶发育的褶皱轴、岩溶水富集区或排泄带。

若绕避有困难，应尽可能使路线与其正交或斜交，选择最窄、最易于采取工程措施的部位通过。例如，在孤峰平原区布线时，路线应尽可能选择在地下水埋藏较深，地下水位变幅较小且覆盖层较厚的部位通过。在峰丛洼地、溶丘洼地、峰林谷地布线时，应将线路选择在高程高于岩溶水的最高洪水位的洼地和谷地边缘通过；沿河谷布线宜选在岩溶发育较弱的一岸，高程宜应尽可能避开水平径流带。越岭线宜布设在地下分水岭中通过，高程以选定在垂直渗流带中为宜。

路线经过岩堆，首先要调查其稳定性。凡岩堆表面长满草木，无新鲜石块，岩堆体胶结密实的，可视为已稳定，否则为不稳定。不稳定岩堆，路线应予绕避。路线通过岩堆，宜在下方用路堤形式，目的是加强其稳定性。对已稳定岸堆，可修浅路堑通过，上下则均应修建挡墙加以防护，如图 7-66 所示。

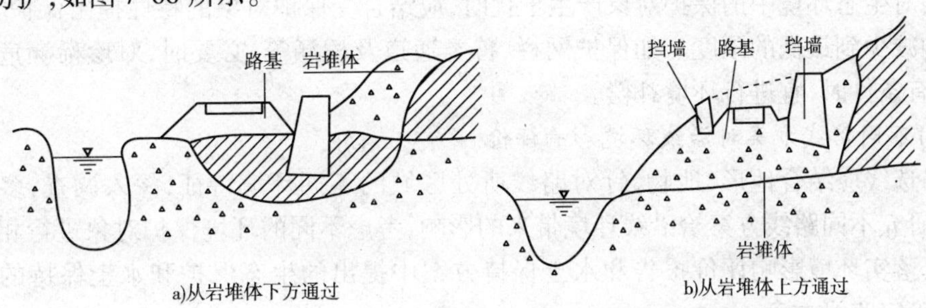

图 7-66　岩石堆地段的路基布置

二、采空区路线

对开采密集、年代较早不易查明或工程处治困难的大型采空区，线路以绕避为宜，当绕避有困难时，应在专项勘察的基础上，尽可能选择矿层薄、埋深大、倾角缓和垂直于矿层走向等的有利部位对采空区进行必要的处理后通过。对正在开采或批准计划开采的矿区，应对矿区的开采情况进行调查，了解矿区规划，为避免压矿，路线应尽可能绕避，必须通过时，应与有关部门协商，采取措施后从安全地带通过。

第八节　考虑环境保护的选线

坚持设计上要最大限度地保护、施工中要最小程度地破坏，完成后最强力度地恢复，力争实现公路建设与环境保护并重，公路项目与自然环境和谐。

（一）重视总体布局阶段的环境研究

路线主要控制点和大走廊带选择，应综合考虑地形、地质、水文、生态等因素，处理好与自然保护区、风景名胜区、湿地、饮用水源保护地、地质公园等环境敏感地区的关系，选择好桥隧建设方案，避免产生对环境的负面影响。同时，要充分论证技术标准，合理确定不同路段的设计速度、路基宽度。环境敏感点附近的路段，宜采用较高的平、纵指标，避免设置急弯、陡坡、爬坡车道等。

（二）综合分析筑路对社会环境的影响

公路社会环境保护设计应调查、搜集公路沿线的土地资源、农田水利设施、建筑物、行政区划、人文景观等社会环境现状及其远景发展规划，并进行综合分析，论证公路建设与社会环境的相互影响关系。

公路社会环境保护设计应立足于对社会环境的开发和利用，使公路建设产生更多的社会效益。

公路选线应全面考虑其两侧的社会自然环境，合理保护土地资源，避免不利的地质条件及对名胜古迹的危害，为了满足沿线人民出行及田间耕作的需要，还应设置足够数量的跨线桥、通道等。公路选线不能只单纯地视其为一个几何图形，而应视其为一个美学实体；不能只单纯看它是一个静止的形状，而应将其看成一个动态的形状。

（三）注重生态环境保护措施

公路应避让环境敏感点，如：自然保护区、水源保护地、森林、草原、湿地、野生动植物保护区、文物集中地等。

减少对原有水系、农田灌溉系统以及路面径流对饮用水源和养殖水体的影响。

公路对生态环境中的保护对象产生干扰时，应结合受保护对象的特性提出保护方案，将不利影响减少到最低的限度。如保护网栏、兽类通道及桥涵等，必要时，对珍稀濒危植物迁地保护，有条件时，宜进行环境补偿。

（四）不同路线方案对沿线环境影响评价

公路选线应结合地形、地物，针对路线所处区域的不同环境特征，深入调查，多方案比选，充分研究不同路线方案给沿线环境带来的影响，考虑不同的环境保护对象进行相应的设计。认真落实环境影响评价报告和水土保持方案中提出的生态保护和水土保持的各项要求，合理确定路线方案。

（1）平原、微丘区公路应着重考虑填方、取土、弃土对农业资源、土壤耕作条件、农田水利排灌系统的影响；考虑路面径流对养殖业水体的影响。

（2）重丘、山岭区公路应着重论证以下影响因素：高填、深挖对自然景观和植被、分割与阻隔对珍稀动植物资源、水土流失开挖、废方堆弃、爆破作业等诱发地质灾害的影响。

（3）绕城线或接城市出入口的公路应着重论证拆迁以及阻隔出行、交往的影响。

(4)处理好路线及其结构物的设计要素。注意路线及其结构物的所有设计要素,尽可能与地形地貌相吻合,使工程填挖方总量降到最低。

(五)合理安排路线与人文景观关系

力争实现车在景中走,人在画中游。人对景观的印象是通过视点、视角等空间位置来决定的。充分利用平、纵曲线,展示标志性景观,避免割断生态景观空间与视觉景观空间的联系,给驾驶人员和乘客以赏心悦目和美的享受。

第九节　道路纸上定线方法

定线就是在选线布局之后,具体标定出公路的中心线。它是根据上级批准的任务书或初步设计已定的路线走向、主要控制点和技术标准在进行公路详细技术测量时进行的。公路定线是公路选线的第三个步骤,就是具体落实公路中线确切位置的工作。其任务是在路线总体布局和逐段安排的基础上,按照已定的技术标准,结合地形、地质及其他沿线条件,综合考虑平、纵、横三方面因素,合理安排、定出路线中线位置。它包括:在平面上定出交点平曲线半径;在纵断面上初定坡度;在横断面上初估公路中心填挖尺寸和边坡坡率。跨越水道时,从路线和构造物的最佳方案出发,合理确定跨越平面位置和高度。

定线分纸上定线和实地定线。纸上定线是在大比例尺的地形图上,作出选定路线方案的平、纵、横设计以及各种结构物设计。采用纸上定线方法作出的设计文件为初步设计文件。

定线是公路设计中很关键的一环,它不仅要解决工程、经济方面的问题,而且对公路与周围环境的配合,公路与生态平衡的关系,公路本身线形的实用、美观,以及驾驶员的视线和心理反应等问题都必须在定线过程中给予充分的考虑。

公路定线除受地形、地质及地物等有形的制约外,还受技术标准、国家政策、社会环境、美学以及其他因素制约。因此,要求定线人员除必须具有广博的知识和熟练的定线技巧外,还必须具有精益求精的工作精神,充分掌握路线的任务、性质及要求,吃透路线所经地区的地形、地质情况,反复试线,多作方案比较,以求在众多相互制约的因素中,得出一条最佳的路线方案。

影响定线的因素很多,涉及的知识面广。必须征询当地有关部门的意见,同时应吸收水文、地质等专业人员参加。

一、纸上定线

纸上定线是在大比例尺(一般用1:500~1:2 000)地形图上具体确定道路中线的位置。平原微丘区定线时,可直接选导线(直接选交点和转点)。定线过程中,要尽量采用高的标准,即线形要流畅,并合理地避让地物。因山岭重丘区定线比较复杂,下面只介绍山岭重丘区的越岭线的纸上定线。纸上定线的工作步骤如下。

(一)初定放坡试线导向线

所谓放坡试线导向线是指用卡规在定线用的高精度地形图上,以平均纵坡在等高线上截取的各坡度点的连线,分初定放坡试线导向线和调整放坡试线导向线两种。前者是只考虑纵坡条件下用卡规卡出的导向线;后者是在前者基础上为避让地物、利用地形、考虑标准等前提下重新用卡规对前者卡定和调整后的导向线。两者确定前均需在地形图上根据路线的起始点和中间控制点,提出路线走法的各种可能方案,经过分析比较,做好路线的整体布局。在纸上放坡，标出坡度线是用如图 7-67 所示的方法，设 A、B 两点为越岭线山上和山下的两控制点。先用所选用的平均纵坡 $I_{均}$（5.0% ~5.5%，视相对高差而定），按 $L=h/I_{均}$ 算出克服两等高线的高差所需的平距，此平距 a 是在地形图上用卡规卡出的距离，即卡规张开的距离，因此亦称为卡规张距。

初定放坡试线导向线的纵坡坡度是用平均纵坡值(5%)。用卡规在地形图上放坡的过程，实质上是依据平均纵坡结合相邻等高线间距算出卡规张距，利用卡规，截取相邻等高线之间的放坡点。

之所以放坡，是为了拉长路线，降低纵坡，从而克服高差。如图 7-68 所示，A 为山顶处的垭口，D 为山脚下一点，路线从 D 到 A，倘若 A、D 两点直接上坡，因高差太大，超过最大纵坡规定，因此通过迂绕 B、C 两点拉长路线，从而达到克服高差，降低纵坡，在专业上叫做展线。这里还需进一步指出，在实地展线是利用手水准(坡度仪)配合花杆进行；在地形图上是用卡规以张距来进行试坡。

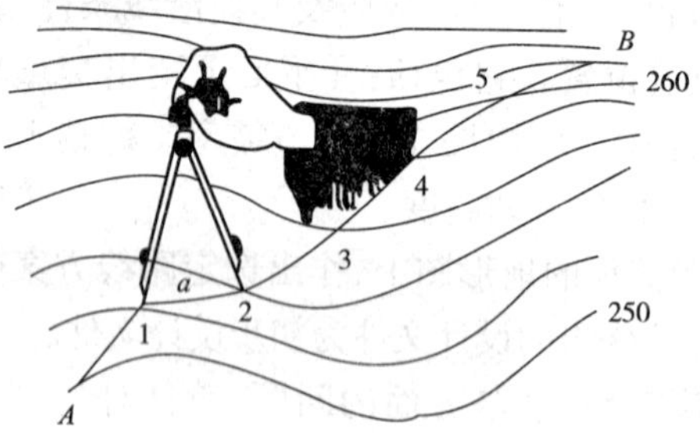

图 7-67　初定导向线方法

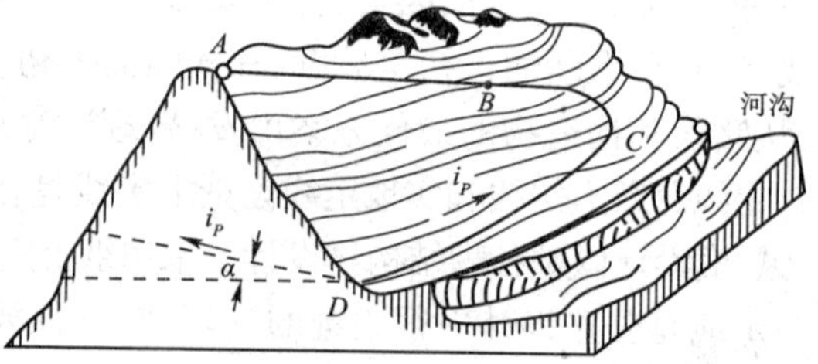

图 7-68　展现放坡示意图

现将实地如图 7-68 所示的地形用 1∶2 000 比例尺的纸上定线地形图表示结果，如图 7-69所示。如图 7-68 所示，已知相邻两等高线的高差 $h=2\text{m}$，平均纵坡 $I_{均}$ 采用 5%，则卡规张距 $=2/5\%=40(\text{m})$，即以 5% 的坡度克服 2m 高差所需的平距应为 40m。如在 1∶2 000 比例尺的地形图上，折算得卡规张距应为 2cm，然后将卡规两脚开到平距为 40m 的长度。

图 7-69　用 1∶2 000 的地形原图纸上定线

初定放坡试线导向线时可沿路线走向转动卡规依次在等高线上截点前进,如图7-70上的 *a*、*b*、*c*……*m*、*n* 各点。按此法从 *A* 点到 *D* 点如图9-70所示依次放坡。如放到 *D* 点时位置和高程均是 *D* 点,说明按此方案布线坡度可行。如所放坡度高程达不到 *D* 点,则根据图上等高线可看出所余调节值的大小,于是采取加大平均坡度或延长路线的办法来克服此高差。相反则采用减小平均坡度或缩短路线的办法解决,连接这些点所构成的线叫做初定放坡试线导向线,亦称原坡度线。

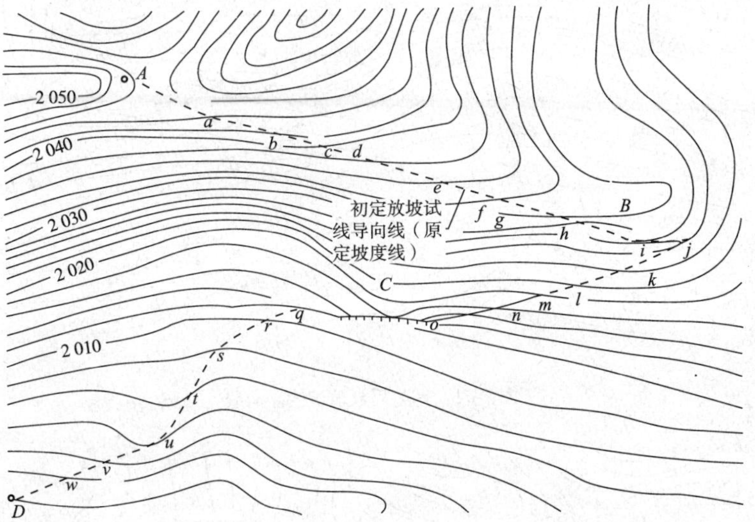

图7-70　原定放坡试线导向线

(二)调整放坡试线导向线

如图7-71所示,用上法作出的初定放坡试线导向线(如图7-70所示的由 *A*-*a*-*b*-*c*……*u*-*v*-*w*-*D* 所构成的虚线),由于涉及等高线稀密变化的影响而成为一系列短折线,如把折线转折处都布置成交点,显然不能满足平面线形的要求。同时可以看出,这条折线对利用地形、避让地物和艰巨工程并不都是经济合理的。如 *C* 点处路线刚好从陡崖中间通过,如将 *DC* 段的坡度由5.0%调整到5.2%,则可从岩上开阔地带通过;*B* 点处路线如在坡度转折线 *j* 点处回头,由于该处地表横坡陡,回头线工程量很大,于是把 *CB* 段坡度加大成5.3%,则可利用 *Bh* 段处的平缓山坡加减。由于前两段坡度都大于5.0%,故后一段(*BA* 段)坡度小于5%也能上到垭口 *A* 点,这样也符合路线越高,平均纵坡应越小的要求。结合地形在三段采用不同的坡度值,然后再分段按调整后的坡度重新放坡,如图7-71中 *A*-*a*-*b*-*c*-*d*-*e*-*f*-*g*-*h*-*i*-*j*-*k*-*l*-*m*-*n*-*D* 的折线,这条线一般称为修正放坡试线导向线,亦称调整后的坡度线。

将初定放坡试线导向线之所以调整成修正放坡试线导向线,其根本原理是:用卡规截取相邻等高线间的卡规张距时,可在相邻等高线间连续截取,或在同一条等高线上依线顺势截取后,再截取下一条等高线上的放坡点。所以,可以调整放坡试线导向线。调整时,应根据技术指标要求,结合横坡变化,先确定出必须通过或必须绕避的路线段落或控制点,然后再调整放坡试线导向线(亦即作修正导向线)。

(三)拟定顺路导线

此步骤属于直线型定线法的操作步骤。拟定顺路导线时,根据调整后的放坡试线导向线(即图7-71中的调整后的坡度线)的走向,以控制点为主并照顾多数调整放坡试线过程中卡出的坡度点的拟合原则，结合路线中线和顺路导线的关系，拟定出顺路导线，如图 7-72 中由 $D\text{-}JD_1\text{-}JD_2\text{-}JD_3\cdots\cdots JD_7\text{-}A$ 构成的折线即为顺路导线所示。

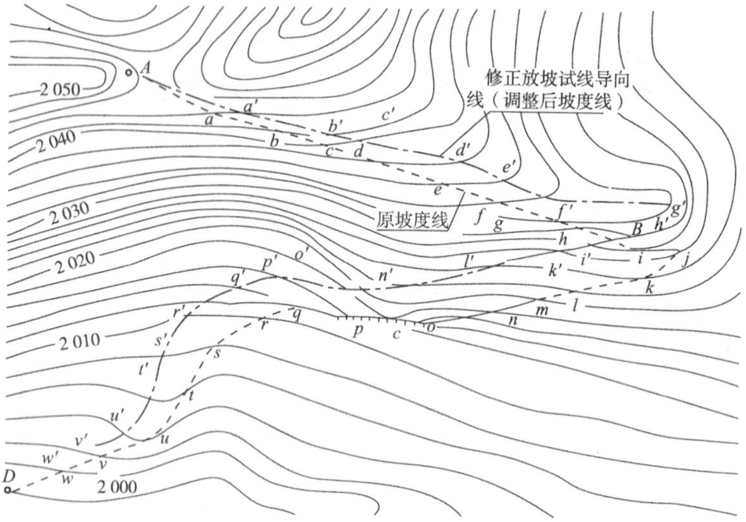

图 7-71　调整后放坡试线导向线

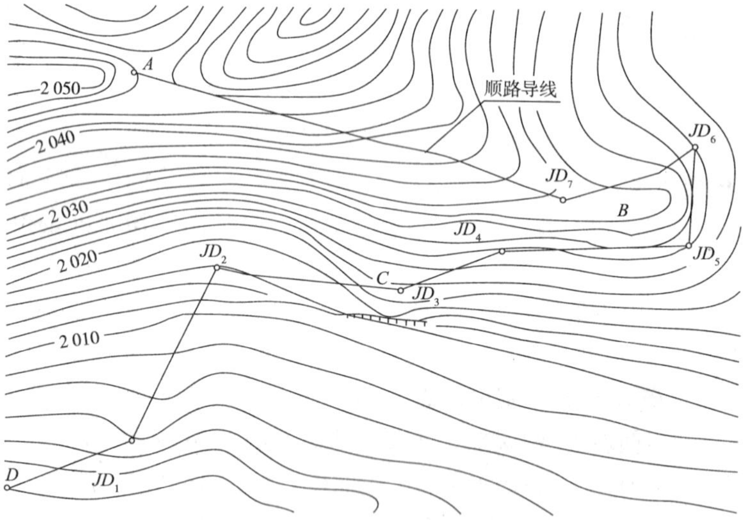

图 7-72　调整放坡试线导向线

拟定顺路导线的过程中，考虑到调整放坡试线导向线仍然是条折线，可根据平面线形标准的要求，结合横坡变化情况，确定必须通过的点，适当照顾的点和可以不考虑的点，采取以点连线、以线交点的方式定出顺路导线，这项工作习惯上称为平面"试线"。顺路导线确定后，可用正切法测量路线转角，在图上敷设曲线。对于以曲线为主的路线，则先把控制性较严的点固定下来，可先不用拟定顺路导线而用曲线型定线法，即用活动曲线尺放在图上使其紧靠各固定点，并与沿线地形相适应。调整曲线尺直到获得最适宜的路线。沿路线中线在图上地形纵横向变化处敷设加桩，标出地面高程，再点绘纵断面地面线，并按纵坡要求、土石方平衡及路基稳定等因素来设计纵坡，量出各桩的设计高程。

特别指出，拟定顺路导线时，需要明确各类曲线的导线形式，如图 7-73 所示：第一种，单曲线和小回头曲线导线；第二种，复曲线和虚交单曲线的导线；第三种，大回头曲线导线；第四种，平回头曲线导线。

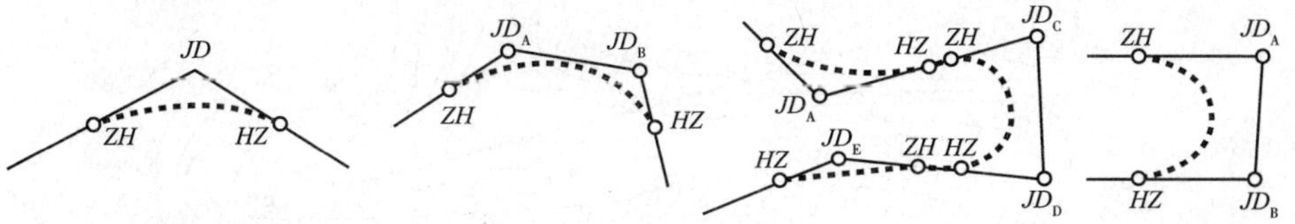

图 7-73　各类曲线的导线形式

(四)定出道路中线

拟定出顺路导线后，下一步为定出道路中线，如图 7-74 所示。

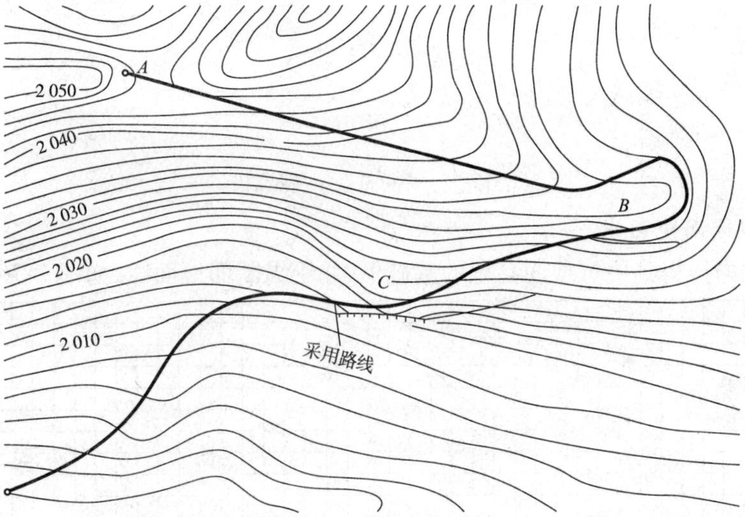

图 7-74　定出道路中线

1. 直线型定线法(传统方法)

利用导向线各点的可活动性，按照照顾多数，注意重点的原则，掌握与该路等级相应的几何标准，先用直线尺试穿出与较大地形相适应的一系列直线，然后用适当的曲线把相邻直线连接起来。

2. 曲线型定线法

根据导向线上各点控制性严宽的程度，参照设计道路标准的要求，地形复杂转折较多，且转变处控制较严时，也可先定曲线，后用直线把曲线顺滑地连接起来。曲线型定线法定线时，先使一系列圆弧去拟合控制较严的地段或部位，然后把这些圆弧用适当的缓和曲线连接起来，具体操作随后介绍。

上述两种方法，并无本质上的区别，但手法不同，计算过程及成果表示方式也不相同，由于适用性的差异，有的甚至从线形设计质量上有所反映。一般讲，前者适用于地形简易的平原微丘区，后者适用于地形与地物复杂的丘陵和山岭地区。

(五)截取桩点并内插高程

在初定的中线上依次截取桩点，注意整桩和加桩设定，在等高线之间的桩点进行高程内插，求出每个中桩的地面高程，如图7-75所示。

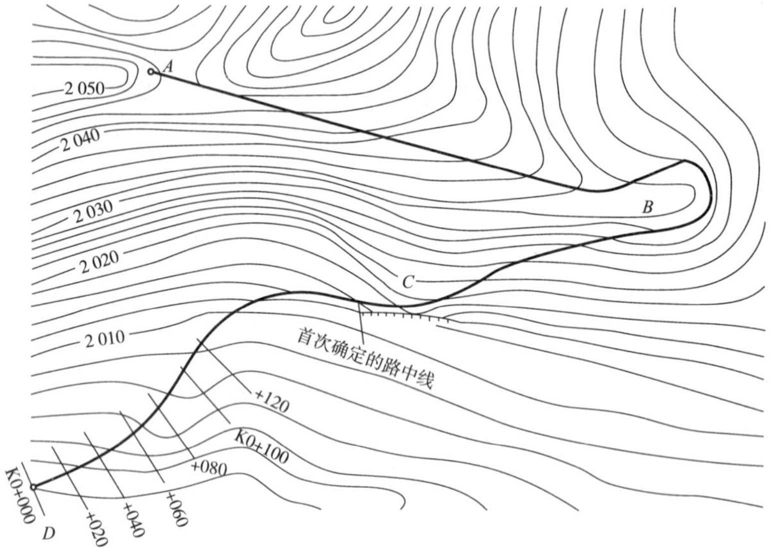

图7-75　截取桩点并内插高程

（六）绘纵断面地面线

在等高线内插得到中桩地面高程的基础上，并绘纵断面地面线，如图7-76所示。

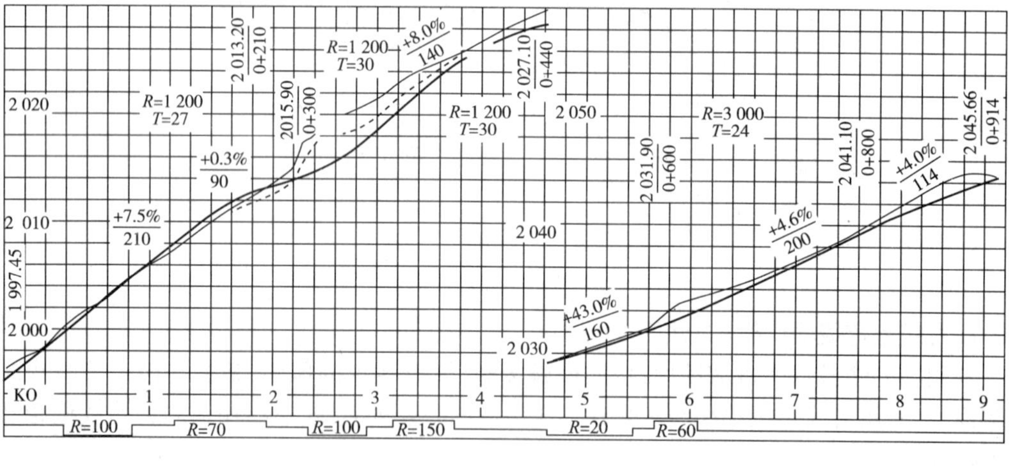

图7-76　纵断面图

（七）第一次设计纵断面

用等高线高程内插法量出路线穿过每一等高线处的桩号及高程，绘制路线地面线的纵断面。设计者根据地形图，把竖向需要控制的各特征点（如为保证桥涵净空的最小高度等）的高程分别用不同符号注在图上标注填挖控制点。然后依照平面试线的方法确定纵坡设计线。定纵坡设计线应参考试线时的理想纵坡，纵坡要符合该级公路技术标准要求，努力争取满足各种控制以及纵坡线形平面线形的配合。

（八）绘制横断面地面线并第一次横断面戴帽

在垂直每个中桩的左右一定宽度范围内，内插中桩左右的横向地面高程，绘制横断面地面线。如图7-77中K0＋200～K0＋400之间的K0＋280为控制断面，该断面挖方较大，该处纵坡已是极限值无法调整，如将路线外移至崖顶边缘①通过，线形并无多大变化，但挖方工程减少很多，宜作为采用线。

(九)控制点和经济点标注

找出纵、横断面控制点和经济点，由于横、纵反过来影响平面中线，故在坡度点上确定更为合理的横断面上的位置，如图7-78所示，图中△为控制点，○为经济点。

(十)第二次调整平面线形

找出纵横断面经济点，然后以控制点为主，照顾多数经济点的原则调整中线。为了更经济合理的定出路线，将纵面上量出各桩的设计高度，在平面"试线"相应的各桩的横断面左右方向上点出与上述设计高程相等的点，这些点的连线是既具有理想纵坡、横断面中线调和，又不挖不填的经济线，但这条线又成了一条转折多的折线。于是根据平面线形要求作修正后再定出中线，这叫改正后的中线，这是一条比较理想的中线，如图7-79所示。

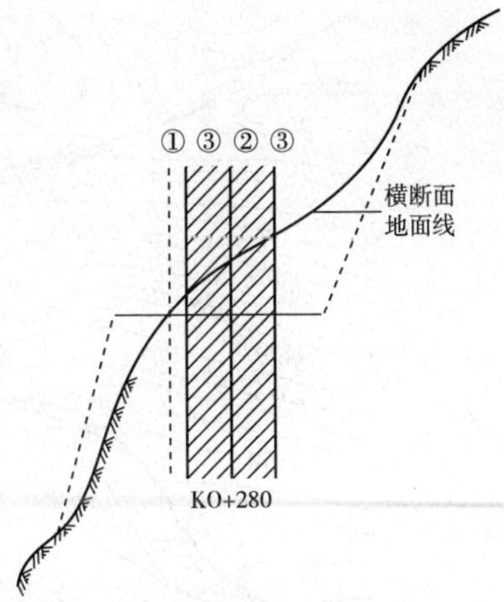

图7-77　路线横断面的最佳位置示意图

①-修正导向线位置；②-最佳路基中线位置；③-路线可以左右移动的范围

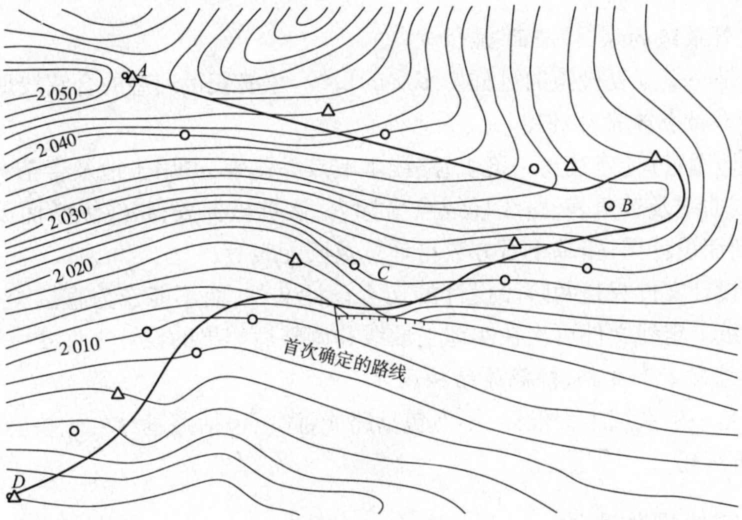

图7-78　控制点与经济点的标注

△-控制点；○-经济点

(十一)二次点绘纵、横断面

根据设计纵坡，检查所定路线是否经济合理，如填挖过大，应进行修改。修改是调整纵坡还是改移中线，或两者都改，应在对平、纵、横三面充分研究后确定。越岭线上，一般纵坡灵活性不大，常常要平、纵面同时考虑。

(十二)最终确定(第3次)中线

纸上定线是一个反复试验的过程，在某限度内，试线越多，那么最后的成品就越好，直到无论采取什么措施都不能显著节省工程数量或增进美感时，才可认为纸上定线工作已告完成。纸上定线要经过多次反复比较、多次的试线，才能获得理想的合宜线形。

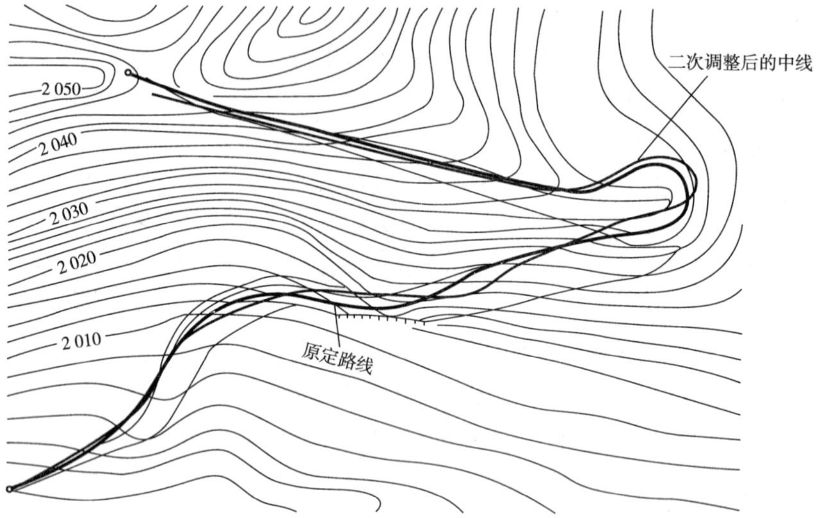

图 7-79 第二次调整平面线形

(十三)再次点绘纵、横断面地面线

按照第三次调整后的中线,从路线起点沿路线方向用卡规依次截桩取点,并用等高线高程内插法求得每个中桩的地面高程,再在每个中桩作横向地面线点绘数据,即可点绘纵、横断面地面线。

(十四)设计最终的纵、横断面

纸上定线是一个反复检验的过程。多次的试线,才能获得理想的合宜线形。

(十五)制作做初步设计的图、文、表文件

如道路用地图;拆迁建筑物一览表;路线水准点一览表;占用土地及青苗补偿表;路线平面设计图;直线曲线及转角表;路线导线点坐标表;逐桩坐标表;路线纵断面设计图;路基设计表;路基横断面设计图;路基土石方数量计算及调配表等;

纸上定线设计文件只是两阶段设计的初步设计文件,而不能作为直接交付施工的技术文件。只有将纸上定线文件再次在实地上放线并调整后作出的设计文件才可交付施工。

(十六)路基防护和支挡、桥涵等结构设计

道路设计是一项系统工程设计,不但包括路线,尚应包括路基、路面、桥隧等。在此限于本书篇幅,不再阐述。

二、纸上定线操作方法

纸上定线的具体操作方法分为直线型定线法和曲线型定线法两种。前者是先定出顺路导线,再在转折处配置曲线;后者是直接用曲线拟合。下面分别予以阐述。

(一)直线型定线法

根据选线布局的路线方案和该路的等级和相应的几何标准,试穿出一系列与形相适应的直线作为路线基本单元,然后在两直线转折处用曲线予以连接的定线方法,此即传统穿线交点定线法。路线上每一线段的大体方向,平原微丘区应以定下的控制点为依据,山岭重丘区应参照定线初期选定的导向线试定,路线的最终方案是要经多方面的分析比较才确定下来的。

道路中线确定后,接下来标定路线,需要根据选定的圆曲线半径及缓和曲线计算平曲线要素、曲线主点桩及加桩里程、逐桩坐标等。这些数据是否正确取决于交点坐标采集的精度，通常交点坐标采集有两种办法：

1. 直接采集法

即在绘有格网的地形图上读取各交点坐标，因地形图的比例尺一般采用1:2 000，即图上1mm代表实地2m，因此一般只能读到米。此法适用于交点前后直线方向和位置限制不严的情况。

2. 间接推算法

即先定交点两侧相邻的前、后直线，从而间接推算交点坐标法。当某交点的前、后导线方向及限制较严时，可无固定前、后直线（即在直线上读取两个点的坐标），再用相邻直线相交的解析法公式计算交点坐标。

如图7-80所示，已知交点后直线上两点的坐标为$D_1(x_1,y_1)$和$D_2(x_2,y_2)$，前直线上两点坐标为$D_3(x_3,y_3)$和$D_4(x_4,y_4)$，则交点坐标(x_J,y_J)由下式计算：

$$k_1=\frac{y_2-y_1}{x_2-x_1},k_2=\frac{y_4-y_3}{x_4-x_3}$$

$$x_J=\frac{k_1x_1-k_2x_3-y_1+y_3}{k_1-k_2}$$

$$y_J=k_1(x_2-x_1)+y_1$$

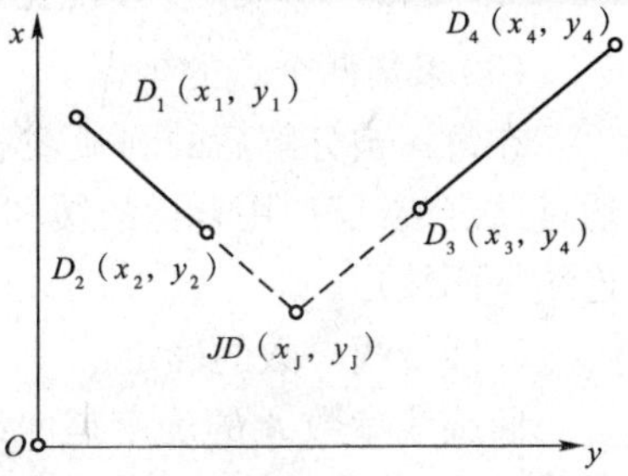

图7-80　间接推算法原理图

（二）曲线型定线法

曲线型定线与传统的先定直线，后定曲线的直线型法相反。首先是根据地形，地物条件设置合适的圆曲线，然后把这些圆曲线用适当的缓和曲线连接起来，当相邻圆曲线之间相距较远时，也可以根据需要插设适当的直线段，形成以曲线为主的连续线形。其基本原理如图7-81所示。

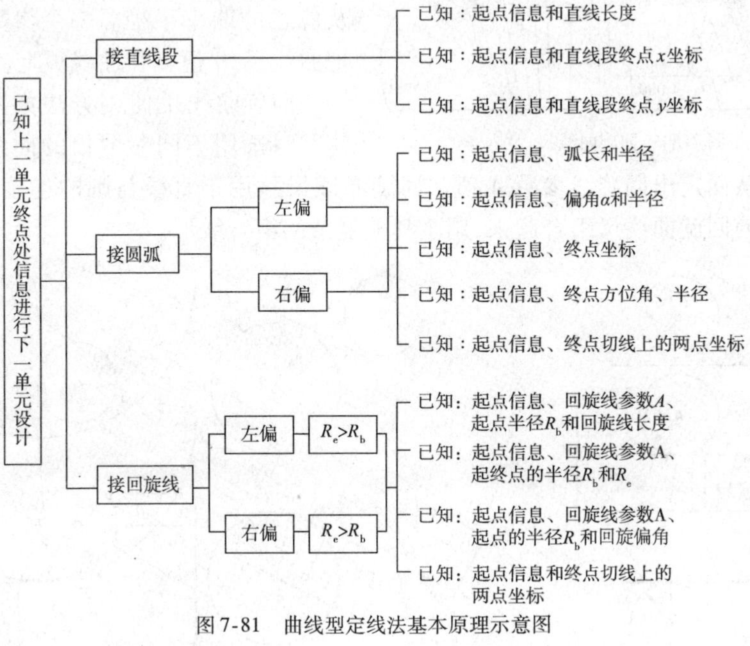

图7-81　曲线型定线法基本原理示意图

1. 曲线型定线法的定线步骤

（1）徒手画线绘出路线草图

在地形图上根据路线布局所确定的定线走向和限制较严的控制点，徒手画出线形顺适、平缓并与地形相适应的路线概略位置,如图 7-82 所示。

(2)用曲线弯尺拟合徒手画线

选用圆心和不同半径的圆曲线弯尺拟合徒手画线,把该画线分解成若干个数学单元——圆弧和直线,形成一个圆弧和直线组成的具有错位(即设缓和曲线后圆曲线的内移值)的间断线形。选取最逼近徒手画线并符合该级道路线形设计要求的圆曲线半径作为设计半径,如图 7-83 所示。

图 7-82　曲线型定线法徒手画线

图 7-83　曲线型定线法生成的初始设计示意图

(3)采集两个点的坐标

在每一被分解后的圆弧或直线上各采集两个点的坐标,从而将直线的圆周固定下来。通过试定或试算,用合适的缓和曲线将固定的线形单元顺滑地连接,形成一条以曲线为主的连续平面线形。

2. 回旋线参数的确定

回旋线参数 A 的确定是曲线型定线法重要的环节,常用的方法有:回旋曲线尺法,回旋曲线表法、公式试算法以及解析法等,现分别叙述如下。

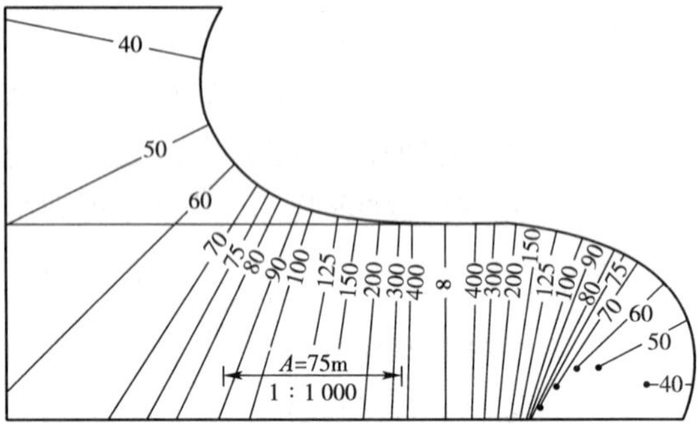

图 7-84　回旋曲线尺

(1)回旋曲线尺法

如图 7-84 所示,回旋曲线尺是根据回旋线相似性特点制作的,通常为米制,比例尺为 1∶1 000,外形为刻有主切线的 S 形曲线,在各个位置上刻出整数半径的法线方向及位置的曲率半径。一个参数值 A 对应一把曲线尺,A 值刻在曲线板上。

回旋曲线尺使用方法如图 7-85 所示,使用时选用不同参数值的曲线尺去逼近相邻线形单元,从而定出回旋线参数 A 值。回旋曲线尺除用于直线与圆的连接、S 形、卵形曲线外,还可以使回旋曲线尺组合起来,用于其他复杂的组合线形。

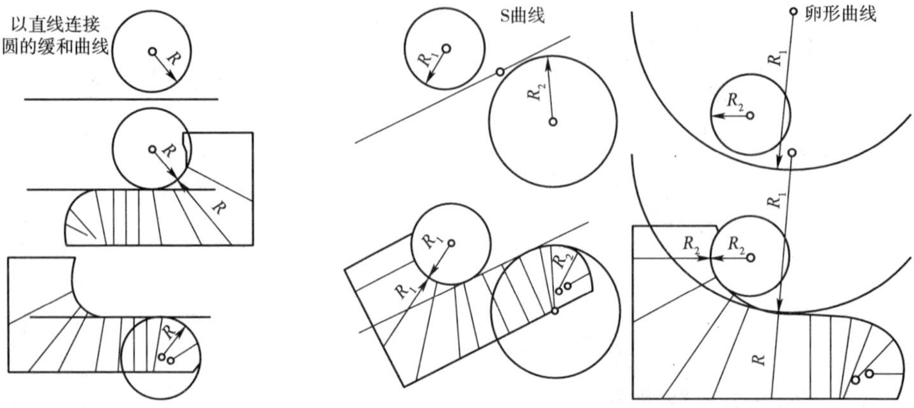

a)曲线与直线连接　　b)曲线与曲线连接

图 7-85　回旋曲线尺的应用示意图

(2)回旋曲线表法

①用单位回旋曲线表

单位回旋曲线表是参数 $A=1$ 时的回旋曲线要素表，计算其他不同参数 A 的回旋曲线要素时，对单位回旋曲线表中有长度量度的要素值乘以 A 即可。对于无长度量度的要素可直接采用。

②用整参数 A 回旋曲线表

整参数 A 回旋曲线表中的要素值都是按整参数 A，以不同的整数半径 R 为自变量计算出来的。这种回旋线表实际上是回旋曲线尺的数字化表示，用途是相同的。

(3)近似计算法

如图 7-85 示，对于卵形、S 形曲线回旋线参数 A 可用下公式计算：

$$A = \sqrt[4]{24dR_L^3}, A = \sqrt[4]{24dR_S^3} \tag{7-1}$$

式中：d——圆弧之间的距离；

R_L、R_S——分别为卵形和 S 形曲线的换算半径，按以下公式计算，

$$R_L = \frac{R_1 R_2}{R_1 - R_2}, R_S = \frac{R_1 R_2}{R_1 + R_2} \tag{7-2}$$

R_1、R_2——分别为大圆和小圆半径。

A 值算出后，先检查是否满足 $\frac{R}{3} \leqslant A \leqslant R$ 要求，若不满足，可调整圆弧位置，使得 D 变化后重新计算 A 值，直到满足为止。如图 7-86a)所示，对于 S 形曲线，因为它是由两条回旋线构成，为简化计算，可以采用相同的参数 A 值，利用回旋曲线尺直接画出。当两个参数不同的 S 形曲线时，计算较为繁琐。对于如图 7-86b)所示的卵形复曲线，关键是找到合适的 d 值。当 $R_1 > R_2$ 时，将图 7-86b)放大，如图 7-86c)所示，定线时需确定下列各值：

$$L_p = \overset{\frown}{D_1 D_2}, L_{D_1} = \overset{\frown}{MD_2}, L_{D_2} = \overset{\frown}{MD_2}$$

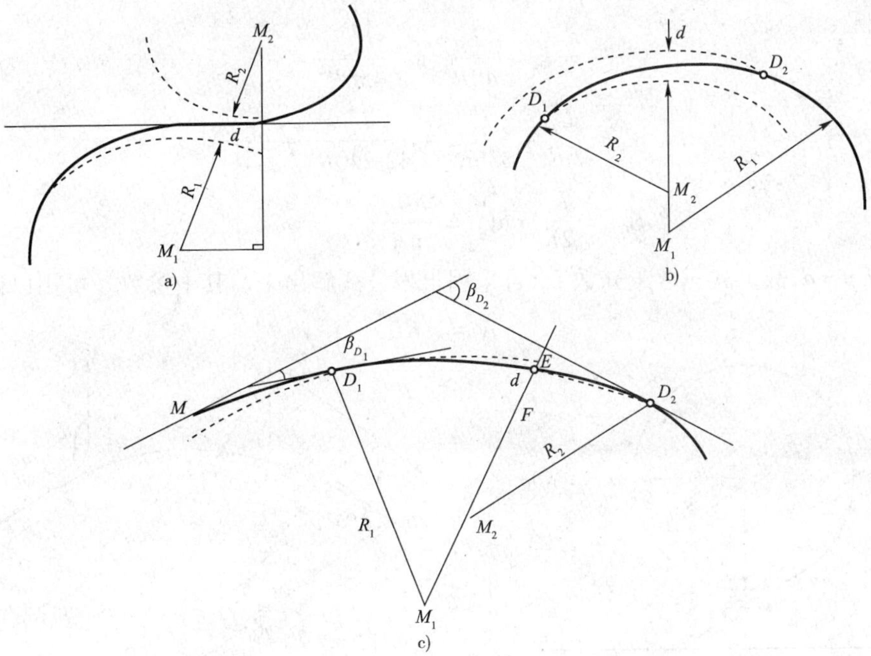

图 7-86　S 形、卵形曲线布置图

(4)解析计算法

解析计算法是根据几何关系,建立含有参数 A 的方程式,通过计算精确求解 A 值,进而计算各线形衔接点的坐标及定线数据。

①直线与圆曲线连接计算

图 7-87 所示为直线与圆曲线的连接形式,已知直线上两点 $A(X_A, Y_A)$、$B(X_B, Y_B)$ 和圆周上两点 $C(X_C, Y_C)$、$D(X_D, Y_D)$。

圆心坐标:

$$\theta = \arccos \frac{S}{2R} \tag{7-3}$$

$$\alpha_M = \alpha_{CD} + \xi\theta \tag{7-4}$$

式中:$\xi = \mathrm{sgn}(R)$,R 的符号规定为右转取正,左转取负;

α_{CD}——C 至 D 直线方位角。

$$\left.\begin{aligned} x_M &= x_{CD} + R\cos\alpha_M \\ y_M &= y_{CD} + R\sin\alpha_M \end{aligned}\right\} \tag{7-5}$$

设:

$$k = \frac{y_B - y_A}{x_B - x_A} \tag{7-6}$$

则直线与圆曲线的距离:

$$d = \frac{|k(x_M - x_A) - (y_M - y_A)|}{\sqrt{1 + k^2}} - R \tag{7-7}$$

当直线与圆曲线之间用回旋线连接时,需确定回旋线长度及其参数。如图 7-88 所示,由回旋线的几何关系,可得:

$$p = p_1 = y_h + R\cos\beta - R \tag{7-8}$$

$$x_h = L_s - \frac{L_s^3}{40R^2} + \frac{L_s^5}{3\,456R^4} - \cdots$$

$$\left.\begin{aligned} y_h &= \frac{L_s^2}{6R} - \frac{L_s^2}{336R^2} + \frac{L_s^4}{42\,240R^4} + \cdots \\ \beta_{0_i} &= \frac{L_s}{2R}(\mathrm{rad}) = \frac{90L_s}{\pi R} \end{aligned}\right\} \tag{7-9}$$

由于 $p = d$,故上式只含未知数 L_s,可采用求根公式解出来。其中参数 A 可用以计算:

$$A = \sqrt{RL_s} \tag{7-10}$$

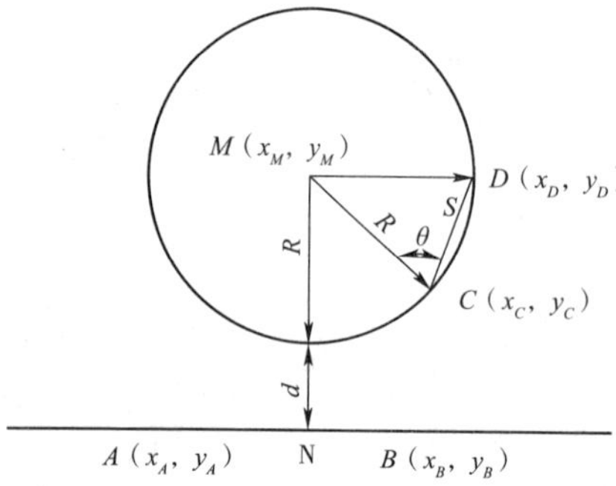

图 7-87　直线与圆曲线的连接

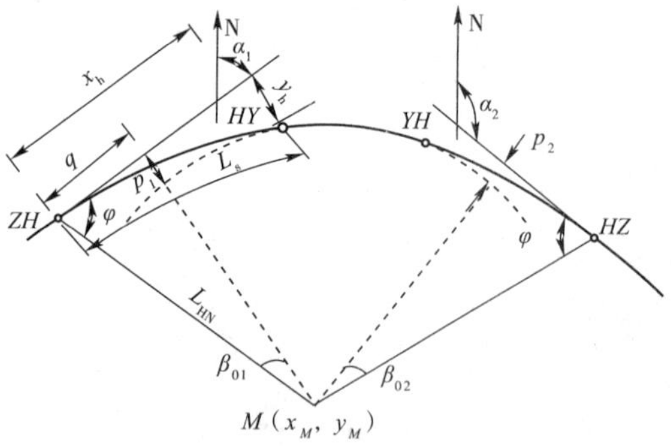

图 7-88　直线与圆曲线用回旋线连接计算图

②两反向曲线连接计算

如图 7-89 所示，已知相邻两圆的半径为 R_1，R_2 以及其上各点的坐标，用上述方法算出圆心坐标 $M_1(x_{M1},y_{M1})$、$M_2(x_{M2},y_{M2})$后，可以计算下列各数值。

两圆曲线间距：

$$M_1M_2 = R_1 + R_2 + d = \sqrt{(x_{M2} - x_{M1})^2 + (y_{M2} - y_{M1})^2} + d \tag{7-11}$$

$$d = |M_1M_2 - R_1 - R_2| = [\sqrt{(x_{M2} - x_{M1})^2 + (y_{M2} - y_{M1})^2}] - R_1 - R_2 \tag{7-12}$$

设计时，使得两回旋曲线参数 A_1 和 A_2 尽量相等，当采用不同参数时，A_1、A_2 之比值以控制在 2.0 为宜。令 $k = \dfrac{A_1}{A_2}$，则：

$$M_1M_2 = \sqrt{(R_1 + R_2 + p_2 + p_1)^2 + (q_2 + q_1)^2} \tag{7-13}$$

$$p_i = y_i + R\cos\beta_{0_i} - R_i \tag{7-14}$$

$$q_i = x_i - R\sin\beta_{0_i} \tag{7-15}$$

$$\left.\begin{aligned} x_i &= 2R_i\beta_{0_i}\left(1 - \frac{\beta_{0_i}^2}{10} + \frac{\beta_{0_i}^4}{216} - \frac{\beta_{0_i}^4}{9360} + \cdots\right) \\ y_i &= \frac{2}{3}R_i\beta_{0_i}^2\left(1 - \frac{\beta_{0_i}^2}{14} + \frac{\beta_{0_i}^4}{440} - \frac{\beta_{0_i}^4}{25200} + \cdots\right) \\ \beta_{0_2} &= \frac{1}{k^2}\left(\frac{R_1}{R_2}\right)^2\beta_{0_1} \end{aligned}\right\} \tag{7-16}$$

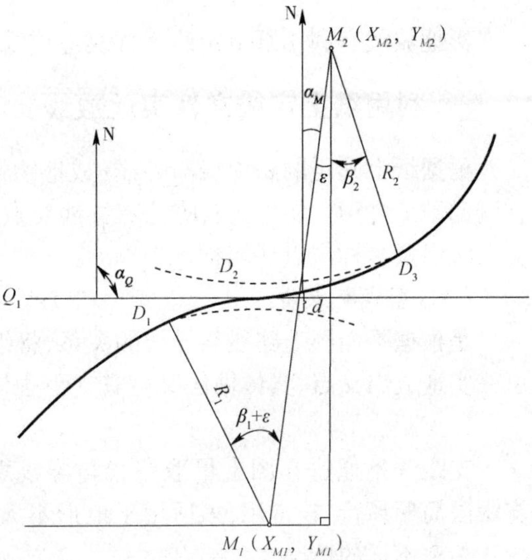

图 7-89　两反向曲线的连接

由式(7-11)和式(7-13)可建立含 β_{0_1} 的方程：

$$F(\beta_{0_1}) = (R_1 + R_2 + p_2 + p_1)^2 + (q_2 + q_1)^2 - (R_1 + R_2 + d)^2$$

即：

$$2(R_1 + R_2)(p_2 + p_1 - d) + (q_2 + q_1)^2 + (p_1 + p_2)^2 - d = 0$$

以上为二次方程，可先用求根公式解出 β_{0_1}，进而可求得 β_{0_2}：

$$\left.\begin{aligned} A_1 &= R_1\sqrt{2\beta_{0_1}} \\ A_2 &= R_2\sqrt{2\beta_{0_2}} \end{aligned}\right\} \tag{7-17}$$

③两同向曲线连接计算

两同向曲线的连接关系见图 7-86b)，按照前述相似的方法，可以求得两个圆心的坐标，用下式计算两弧间距、圆心间距和回旋曲线参数。

两圆弧的间距为：

$$d = |R_1 - R_2 - \overline{M_1M_2}| \tag{7-18}$$

由图 7-86b)的几何关系，得

$$\overline{M_1M_2} = \sqrt{(R_1 + p_1 - R_2 - p_2)^2 + (q_2 - q_1)^2} \tag{7-19}$$

同理，可建立含 β_{0_1} 的方程，可用求根公式解出 β_{0_1}，则可用下式求得 β_{0_2}、A：

$$\beta_{0_2} = \frac{A_1}{A_2}\beta_{0_1} \tag{7-20}$$

回旋线参数：

$$A = R_1 \sqrt{2\beta_{0_1}} \tag{7-21}$$

综上所述，解析法计算精度高，但计算冗长，公式较多，人工手算繁琐，一般采用计算机辅助程序计算较为便利；曲线弯尺法操作简单，且易于修改线形，但精度较低，操作时注意修正。

第十节　道路实地放线方法

实地放线有利用纸上定线文件实地放线和在现场直接选线并完成定线两种情形。

一、利用纸上定线文件实地放线

根据纸上确定的路中线与导线（或地物特征点）关系，即可将路线位置定设到实地，以供详测和施工之用。实地放线方法有穿线交点法（包含支距法和解析法）、拨角量距法、直接定交点法以及坐标定点法四种。

（一）穿线交点法

是根据平面图上路线与导线的关系，将纸上路线的各条边独立地放到实地，延长直线即可在实地放出交点，具体做法又可有支距法与解析法两种。

1. 支距法

支距法是通过在图上量取路线与导线之间的距离，再到实地放支距，如图 7-90 所示。支距法简便易行，较常用，多适用于地形不太复杂，地物障碍少，不需要用坐标控制，路线与导线相离不远的情况。

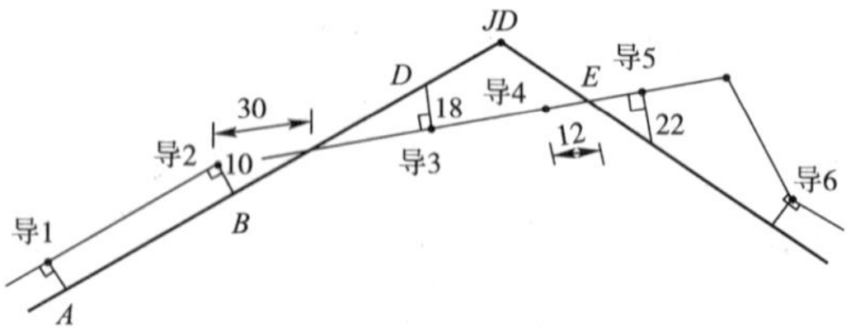

图 7-90　支距法放线

在图 7-90 中，导 1、导 2……为测图导线点，图上和实地都有此点；带 JD 的粗线为顺路导线，只有图上有，实地没有，拟将其放到实地。只要在图上从导 1、导 2……分别作垂线与顺路导线交出若干个交点 A、B、C……用卡规按比例量出导 $1-A$、导 $2-B$ 的图上距离，再换算到实地，即可得出顺路导线边，一条边上至少画出三个点，然后同骑马桩法交出路线交点的方法。

2. 解析法

是用经纬距计算图上路线与导线关系，再按极坐标原理在实地放出各路线点的方法。解析法计算较准确，精度较高，但较繁杂，适用于地形较复杂，直线较长、线位控制要求较高的情况。

图 7-91 为穿线交点法中解析法放线和计算示意图，图中导 1、导 2 为测图控制点，JD_A 和 JD_B 顺路导线点，M 为两导线的交点，γ 为夹角，已知测图导线导 1、导 2 等位置及其坐标 (X_1, Y_1)、(X_2, Y_2)……且知顺路导线的坐标 (X_A, Y_A)、(X_B, Y_B)。请列出用解析法计算的代数表达式，并简述放线步骤。

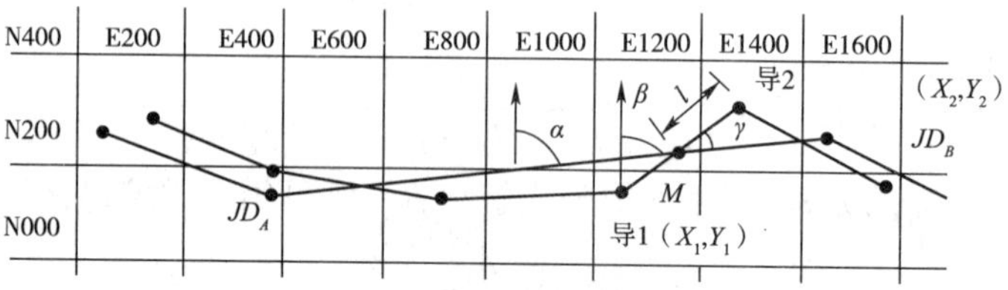

图 7-91　解析法放线示意图

(1)计算象限角 β_{1-2}、β_{A-B}

从平面图上量得纸上路线的交点 JD_A 和 JD_B 的坐标(X_A,Y_A),(X_B,Y_B),则 JD_A-JD_B 的象限角 β_{A-B}为:

$$\tan\beta_{A-B}=\frac{\Delta Y}{\Delta X}=\frac{Y_B-Y_A}{X_B-X_A} \tag{7-22}$$

导 1 到导 2 的象限角 β_{1-2}为:

$$\tan\beta_{1-2}=\frac{\Delta Y}{\Delta X}=\frac{Y_2-Y_1}{X_2-X_1} \tag{7-23}$$

(2)计算方位角 α_{1-2}、α_{A-B}

根据坐标增量的正负号和象限角与方位角的关系,计算方位角,若在第一象限:$\alpha_{1-2}=\beta_{1-2}$;若在第二象限:$\alpha_{1-2}=180°-\beta_{1-2}$;若在第三象限:$\alpha_{1-2}=180°+\beta_{1-2}$;若在第四象限:$\alpha_{1-2}=360°-\beta_{1-2}$。

(3)计算夹角 γ

$$\gamma=\alpha_{A-B}-\alpha_{1-2} \tag{7-24}$$

(4)求 M 点的坐标

$$\begin{cases}\dfrac{Y_2-Y_M}{X_2-X_M}=\dfrac{Y_2-Y_1}{X_2-X_1}\\[2ex]\dfrac{Y_B-Y_M}{X_B-X_M}=\dfrac{Y_B-Y_A}{X_B-X_A}\end{cases}$$

$$l=\frac{X_2-X_M}{\cos\beta}=\frac{Y_2-Y_M}{\sin\beta} \tag{7-25}$$

导 2 到 M 的距离:

$$l=\sqrt{(X_2-X_M)^2+(Y_2-Y_M)^2} \tag{7-26}$$

式中:X_1、Y_1、X_2、Y_2——分别为导 1、导 2 的横、纵坐标;

X_A、Y_A、X_B、Y_B——分别为 A、B 点的横、纵坐标。

穿线交点法之解析法的放线方法:置经纬仪于导 1,后视导 2,丈量距离 l 得 M 点;移动经纬仪于 M,后视导 2,转动 γ 角确定 JD_A-JD_B 方向;延长直线,用骑马桩法交出 JD_A,上钉小钉标点。穿线交点法放线过程中延伸直线时,必须采用正倒镜分中法;在放线现场,两条相邻导线边找出交点的方法,必须采用骑马桩法。

(二)拨角法

拨角法是根据在图上求得的经纬距,计算每条线的距离、方向、转角和各控制桩的里程,按此资料直接拨角量距定出交点,不必再穿线定点。拨角法计算较繁,但外业工作不需穿线,速度较快,其放线精度受原始资料的可靠程度和放线累计误差影响大。

测量时只需输入置仪点、后视点、待放点的坐标值即可,由仪器内电脑自动完成角度和距离等有关数据计算。

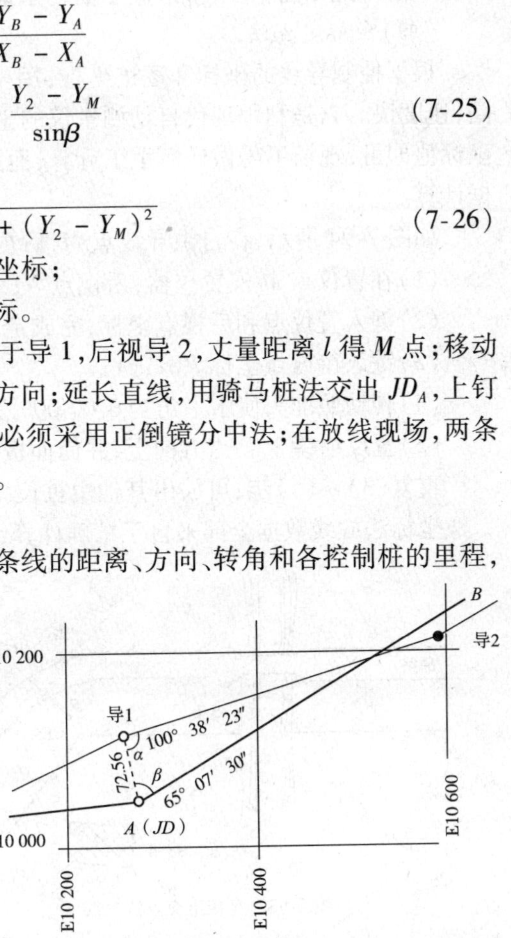

图 7-92

【例 7-2】 如图 7-92 所示,已知导 1 的坐标 $X_1=10\ 117$,$Y_1=10\ 259$;由导线计算资

料抄得导 1 至导 2 的象限角 NE72°14′07″,从平面图上量的路线交点 A、B 的坐标 $X_A=10\ 268$,$Y_A=10\ 045$,$X_B=12\ 094$,$Y_B=11\ 186$。试计算拨角量距法的放线数据。

【解】 导 1 到 A 的象限角为:

$$\beta_{1-A}=\arctan\frac{Y_A-Y_1}{X_A-X_1}=\arctan\frac{10\ 268-10\ 259}{10\ 045-10\ 117}=\arctan 0.125=\mathrm{SE}7°07'30''$$

导 A 到 B 的象限角为:

$$\beta_{A-B}=\arctan\frac{Y_B-Y_A}{X_B-X_A}=\arctan\frac{12\ 094-10\ 268}{11\ 186-10\ 045}=\arctan 1.60035=\mathrm{NE}58°00'00''$$

路线起点与导线的角度关系为:

$$\angle 导2-\angle 导1-\angle A=180°-(7°07'30''+72°14'07'')=100°38'23''$$

$$\angle 导1-\angle A-\angle B=58°00'00''+7°07'30''=65°07'30''$$

导 1 − A 的距离:

$$l=\frac{X_A-X_1}{\cos\beta_A}=\frac{10\ 045-10\ 117}{\cos 7°07'30''}=72.65(\mathrm{m})$$

(三)直接定交点法

在地形平坦、视线开阔、路线受限不很严时,路线位置可直接根据地物明显目标确定,如图 7-93 所示,交点 JD 即可由桥头、电杆和房角的相对距离(分别为 50m、20m 和 35m)量距交会确定。此方法精度差,适用于活动余地较大的路线。

(四)坐标定点法

根据控制导线的坐标和逐桩坐标,用全站仪等可方便地放出各中桩的桩位。此法精度高,速度快。它是利用现代自动测量仪的坐标计算功能,只需输入置仪点、后视点、待放点的坐标值即可,现场不需做任何手工计算,而是由仪器内置电脑自动完成角度和距离等有关数据计算。

如图 7-94 所示,在自由导线点 M,后视 N,放样中桩 P 的步骤如下:

(1)在置仪点 M 安置仪器,后视点 N;

(2)键入置仪点和后视点坐标,完成定向工作;

(3)键入待放点坐标 $P(x,y)$;

(4)转动照准头使水平角为 0°00′00″,完成待放点 P 定向;

(5)置反射镜于 P 点方向上,并使面板上显示 0.000m 时,即为 P 点的精确定位。

重复(3)~(5)步,可放出其他中桩位。当改变置仪点的位置后,要重复(1)~(5)步。

坐标法放线数据全部来自于精确计算,放线精度高,可用于直线或曲线的标定。

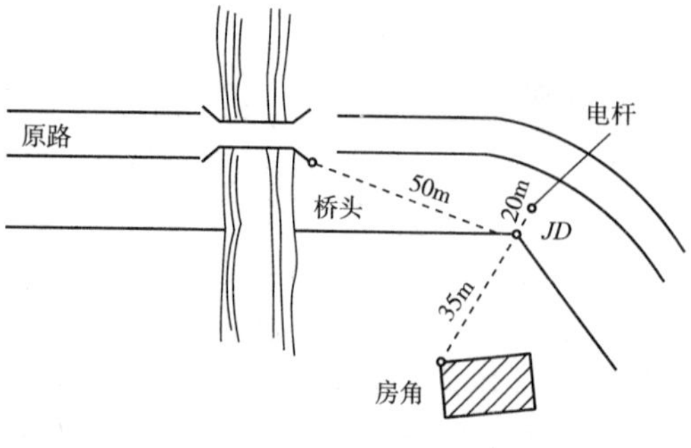

图 7-93 直接定交点法放线

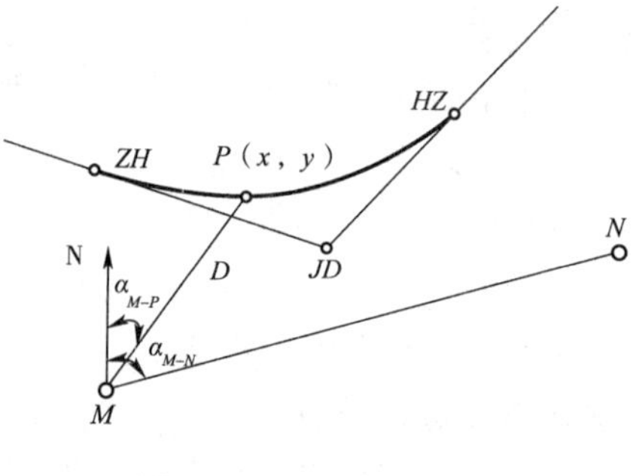

图 7-94 坐标定点法放线

二、在现场直接选线并完成定线

如前已述，定线分纸上定线和实地定线。纸上定线是在大比例尺的地形图上，作出选定路线方案的平、纵、横设计以及各种结构物设计。根据纸上定线结果，作出的设计文件，叫做初步设计文件；直接由实地定线方法或由地形图上做出的设计文件二次实地放线后作出交付施工的设计文件，叫做施工图设计文件；在技术上特别复杂的地段，还应在初步设计与施工图设计阶段之间增加一项技术设计；采用施工图设计文件由施工单位在实地定线叫做施工放线。初步设计文件和技术设计文件不能直接交付施工，只有在实地上放线后重新做出的施工图文件，才可以交付施工。这里介绍的是直接在实地上的选线组的定线，而非整个路线勘测工作，详细内容将在第十二章中介绍。

直接选线并完成定线，常用在二级以下公路或在不具备供定线的大比例尺地形图时的各级公路，都到现场实地定线。由于它面对实际地形、地物、地质及水文等条件，原则上要求定线人员至少有二十年以上有丰富的实践经验和较高的理论水平的高级工程师以及以上职务的人员担任，并能吃苦耐劳，多跑、多看、多问，充分掌握第一手资料，反复试定，多次改进，从而定出好的路线方案。

(一)平原微丘陵地区的直接定线

平原微丘区一般地形条件下的定线因地形平坦，一般还需放坡的定线。通常只是以点定线，以线交点，即先定出控制点间小控制点，再以小控制点穿出直线。

如图7-95所示，某平原微丘区某路段在 JD_1 和 JD_2 及其前后相邻导线边选择示意图，现场为避让电子城和铁路率先按 d_1 和 d_2 安全距离选择了 ZD_1 和 ZD_2；接着以按避让电杆的 d_3 和 d_4 距离选定 ZD'_1，与此同时在清水河岸某处直接选定了 JD_2，至此以点定线完成，即以 ZD_1 和 ZD_2 定出拟设 JD_1 处的后导线，并以 ZD_1 和 JD_2 定出 JD_1 处的前导线。

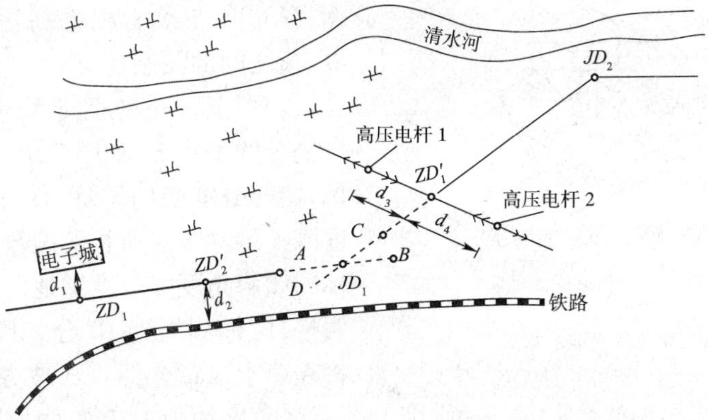

图7-95　平原微丘区直接选线、定线示例

用上述方法前、后导线敷设完成后，再用骑马桩法确定 JD_1 的准确位置。其方法是：在后导线上找到 JD_1 附近设 A、B 两点，再在前导线上的 JD_1 附近设 C、D 两点，最后以 A、B、C、D 四个点用骑马桩法定出 JD_1。

上述定线方法是基于在平原及微丘区纵坡一般不受限制，平面上除避免占用良田、好地或绕越其他障碍外，路线一般都比较顺适，定线时一般前点一人，后点一人，中间点两人，跑点一人，指挥一人。前点是根据路线总方向和地形地物情况，初步定出路线中线；中间点在综合考虑前后两条导线后落实交点位置，测出转角，并提出曲线半径的推荐值；后点主要是敷设交点桩和标志桩，有时也根据定线者的意图，对交点位置作出适当移动。定线的主要负责人（指挥者）一般在中间点位置处指挥。

（二）山岭重丘陵地区的直接定线

山岭重丘区的直接定线一般是需放坡的定线，常用于山岭重丘区的越岭线的定线。

在山区由于地形复杂，路线平纵面常受限制，且沿线多树阻碍视线，给定线带来一定困难。定线一般分成放坡、定点和测角三步。放坡由两人组成，并由有经验的技术人员担任，其任务是根据实地地形和相关标准要求，处理好控制点间纵坡的合理布置问题，实际上就是现场设计纵坡。放好坡后应用显著标志将坡度和坡长在实地中标出来。由于放坡者位于两者之前，故放坡者应对视察或初步测量所定的路线总方向、大控制点有所了角，在某些控制点间还必须反复试坡查看。紧接放坡后面是定线，定线仍分前点、后点和中间点。在山区由于地形复杂，有时还需要将交点的转角和交点间中线的视距长度测出后，才能合理的布出中线（如回头弯处），故定线后便是测角。因此，在山区公路定线时，定线组一般包括放坡、定点、测角等几个小组。

1. 放坡定线的意义与器具

在第七章第二节介绍的纵断面设计技术标准中，我们学习了最大纵坡和平均纵坡的概念。纵面放坡尽管在具有高低起伏的原地面上进行，看起来似乎与平均纵坡没有关系，但大量的实践表明：如果在原地面上选择的路线坡度能够按照平均纵坡来控制，就能够避免在将来的纵断面设计中出现太大的高填方和深挖方现象，使得纵坡设计趋于合理。换言之，坡度线设计指标的综合控制，不能只依赖于已测好的纵断面的地面线上设计定坡，因为它会受到已定平面线和纵断面地面线的限制，因而应重点放在定线前的就地放坡工作上。因此，放坡是定线中一个重要的环节，它在争取高程，加速测设进度和合理拉坡中举足轻重。在越岭线和高程起控制作用的路线上，定线时只要在原地面上放好坡度，既可使将来设计的纵坡均衡，又可让布线者根据高程情况，处理好平、纵、横之间的关系。

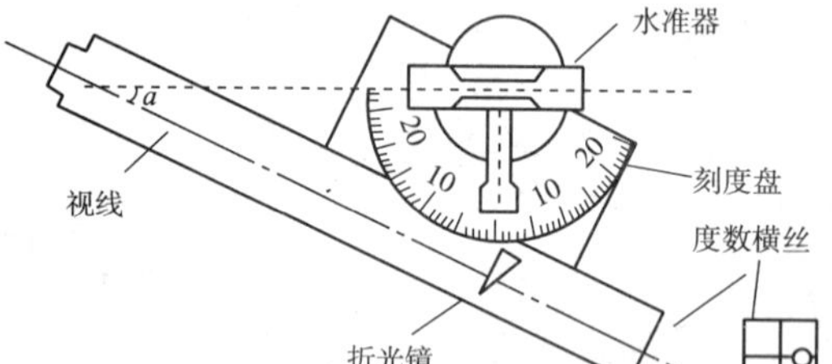

图 7-96　带角手水准示意图

习惯上，一般公路选线中的放坡都采用便于携带的手水准，如图 7-96 所示，瞄准前方目标，旋转分度圈的游标，使气泡居中，此时，分度圈上游标零点所指的度数，即为视线高至目标的倾斜角度。分度圈地以度为单位，每度为两格，游标刻划到 10 分。具体放坡定线方法将在第十二章介绍。放坡方法可分为按平均坡度放坡与放真坡两种放坡方式。手水准上每一竖角度约为 1.75% 的坡度。表 7-10 为坡度和角度的关系。

手水准上坡度（%）和角度的关系　　表 7-10

度数	0°00′	1°00′	1°30′	2°00′	2°30′	3°00′	3°30′	4°00′	4°30′	5°00′
坡度	0.88	1.75	2.63	3.50	4.38	5.25	6.13	7.00	7.88	8.75

需放坡的定线的程序可概括为七个步骤：第一步，分段安排路线。第二步，纵面放坡并定出导向线。第三步，作修正导向线。第四步，穿线定出交点。第五步，粗测右角。第六步，纵断面试拉坡。第七步，交点设置曲线。这里只是提示步骤，详细内容将在第十二章中介绍。在此重点阐述上述步骤的第二步，即纵面放坡。

2. 纵面放坡的坡度控制措施

纵面放坡的坡度控制有以下两种措施。

(1)按平均坡度放坡

平均纵度是指连续上坡或下坡路段任意三公里的相对高差与水平距离的比值,一般用5.0% ~5.5%。平均纵坡是为了适应汽车在连续爬坡过程中随着高度的增加,其发动机的功率将逐渐减小的特点。但它没有反映道路的等级,如按此指标控制,在相同高差下,高等级的公路和低等级的公路都用同样大小的平均坡来控制,则显得不够合理。故在实际应用此指标时,应以该级路最大纵坡的2/3 作为平均坡度,和上述指标同时使用,就显得合理些。

平均纵坡主要是对整条路线或某一长度范围的路线起控制作用,因此在视察、初步测量控制全线坡度时用此指标放坡。在详测中也常用平均坡度从越岭点向下放坡,以便确定山下的起坡点,同时掌握中间的情况,以便定线放坡时能结合地形调整坡度。

(2)按实际设计纵坡放坡

定线所放的坡度基本上就是纵断面的设计坡度。它是从实际地形出发,根据路线的位置和可能出现的大小,按标准规定的纵坡控制值,将大、小坡和长、短坡综合使用。在山区公路定线中,一般都采用此法放坡。

坡度值控制的准确度,除取决于角度的大小外,与距离也有直接关系。

3. 纵面放坡的距离和高差确定

(1)目估距离和高差

如果工程技术人员丰富的实践工作经验,用目估的距离和最后实际丈量的距离基本吻合,可以目估高差和长度,需要有绝对把握时,才采用此方法。除以上各方法外,也可由放坡者用步测点间的距离。

(2)用手水准读视距

在每放完一次坡度后,可用手水准读花杆的视距而测得距离。手水准镜筒前方物镜为一方形,可利用其方形的上下线,在花杆上所卡的读数乘以放大倍数而得实际距离。此放大倍数可根据所用的手水准,在放坡前事先测出来。距离长也可用手水准物镜上的水准管居中时的十字丝位置,读半数乘以 2 倍和放大倍数,从而测得实际距离。

(3)用花杆量测距离

由执花杆者量每一测点间的杆数,乘以花杆长度而得距离。量测时花杆必须放平。

(4)光电测量距离

用手将红外测距头和小型棱镜配合测距,一般较准确,但需将电源电量备足。

4. 放坡时应注意的问题

在高程起控制作用的路线中,定线时应严格控制纵坡,防止坡度偏大造成返工,坡度偏小损失高程使路线增长。放坡应注意以下四个方面的问题。

(1)要分清坡度线长度与路线长度

由于在实地放坡的坡度线并不一定就是公路的中线,坡度线的长度不是公路中线的长度,故放坡时的坡长应略低于规定坡长值。在纵坡设计时,当纵坡度大于某一坡度值时其坡长应有所限制,而在一定长度路段上,其坡度的平均值也不应超过某一定值。

(2)注意小半径平曲线的纵坡折减

在山区和丘陵地区,地表总是蜿蜒曲折和高低起伏的,为了适应地形变化并保证计算行车速度和安全行车,路线在平面上必有转折处,当转折半径较小时,应注意合成坡度的影响。

这种情况要考虑路线就不能按照常规纵坡放坡，就得考虑纵坡折减。

如图7-97所示，路线在山沟处要转折，放坡者应根据山沟的地形，判断可能敷设多大的半径，考虑纵坡折减后相应的能放多大的坡度，同时要判断路线在何处过沟，才能敷出符合要求的曲线半径值，而放坡路线也应适应路线的位置过沟。

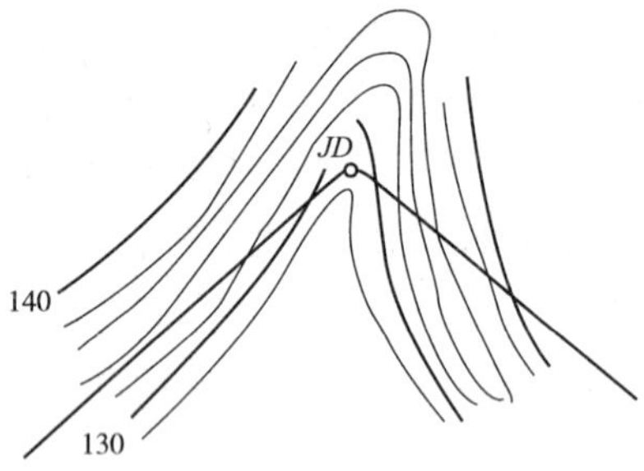

图7-97　路线围绕山嘴放坡示意图

(3)要结合地形和地质等选择放坡线

要根据地形、地质情况、路线长短、坡度大小来取定。放坡者应熟悉地形，如地形好，今后路线平面顺适、横坡挖填小，坡度就放大些；如前面遇到陡岩，为了使路线从岩顶通过，就得提前冲坡。总之，放坡时要结合地形、利用地形，在满足标准要求下，灵活使用坡度和坡长。

图7-98是山嘴（山埂处）坡度的放法。放坡者放在A点前面遇到山嘴，此时就应根据山嘴的厚薄情况，结合从A点到山嘴的嘴部B点的距离，以及B点的转角大小，来判断今后路线是绕山嘴通过，还是由A到C挖路堑直穿等，从而确定坡度是从A到C直放，还是从A经B到C绕放。只有坡度线和路线一致，到C点后高程才能顺利衔接。如A到C直线距离只有60m，用5%的坡度下放到C点可下降3m，而从A经B到C绕放距离有120m，如仍用5%地坡度下放，到C则可下降6m，这样两者在高程上就差了3m。如放坡者是绕放，而今后定线时路线又是直穿，60m下降6m，其坡度就不是5%而变成10%了，这就超过了规定的最大坡度值。因而绕放只能用2.5%的坡度，才能满足路线直穿的要求。

(4)运用好正确的坡度传递方法

利用手水准和花杆来传递坡度，是放坡过程中常用的方法。如图7-99所示，放坡者从上往下用5%的坡度放坡，放到A点前面有一垭口，垭口最高点B高程高于A点，视线受阻不能继续往前放。此时放坡者和执花杆者利用手水准测水平的方法，把A到B点的高差测出来，然后在垭口另一侧用同样办法，测出与A点同高程的C点。准确估计从A到C的距离（如为40m），如AC段仍用5%的坡度下放，到C点可下降2.0m设为E点，然后从E继续往前放.这样不变换坡度就直接穿过了垭口。

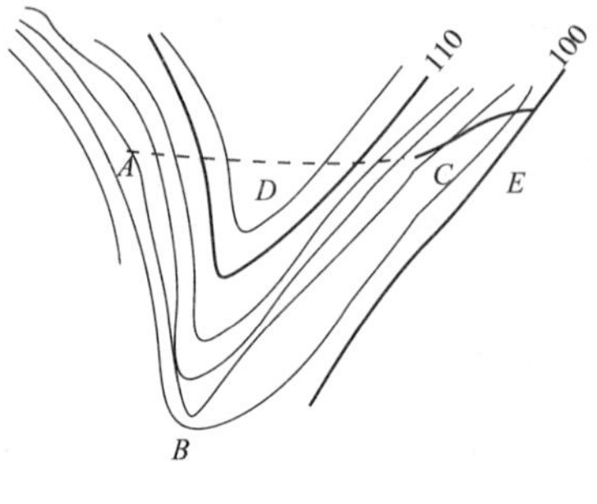

图7-98　山嘴放坡示意图

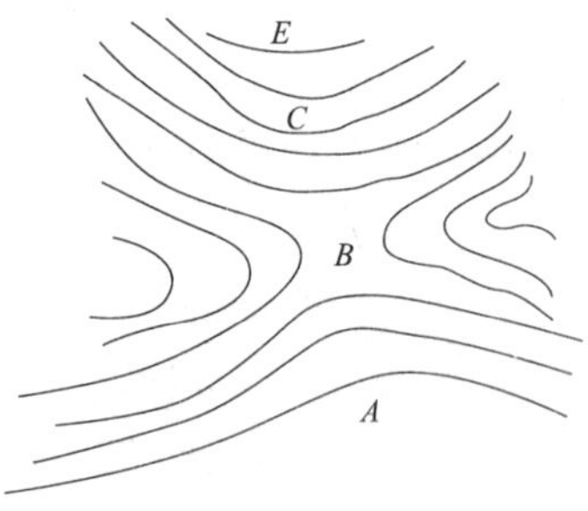

图7-99　坡度的传递示意图

5.手水准花杆放坡的方法

如图7-100a)所示，放坡一般由8～10名技术人员组成，其中2～3人可以确定一段坡度。甲拿手水准和花杆，乙拿花杆和坡度旗。开始放坡时，甲首先将花杆立于起坡点，乙沿路线前进方向在拿手水准者视线能看见的前方竖直花杆，甲在起坡点上根据应放的坡度值，在手水准上的游标盘拨成相应的角度数，从花杆上一固定高度看乙花杆上同一固定高度，指挥乙或上或下，到达要求位置后，乙于所站的地方留下坡度旗（一般用红布条或麻纸染红作标记），乙所拿花杆的同一高度供甲到达后作为下一杆的起点［图7-100b)］。此标志即让后面甲到达后很快能找到位置，更主要的是让定线者到达后一眼应可看到高程点的位置。在变坡点处，为了以示区别，一般都挂红、白旗，以提醒定线者注意此处变坡了。同时变坡的旗上标明坡长和坡度。就这样依次落坡插旗直到到达目的为止。

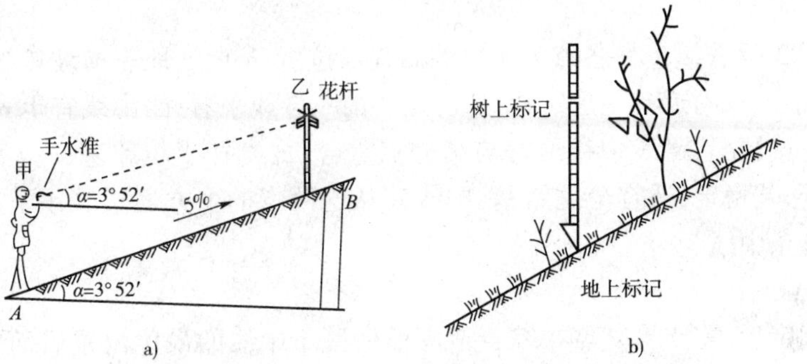

图7-100　具体放坡方法示意图

在放坡时如人手不足，地表植物少且视线开阔的个别地段，可二人放坡。其中一个人既拿手水准，又兼插坡度旗。其方法是先在起坡点坡度旗杆上挂出与眼睛同高的点，然后沿路线前进方向，到要标第二处坡度旗时停下来，用要求的坡度倒看第一坡度旗，自己上下移动定出坡度。旗杆上所挂的高度应与视线同高，否则放出的坡度会因旗子挂的高度不一而产生误差。

6. 定线方法

(1)定前点

前点的点位是根据放坡者所标的坡度旗（即高程点）重新穿出路线的导线而定出的，导线或中线上的高程点在平面和高程上的关系随地形横坡的大小而定，如图7-100所示。

图7-101a)地表横坡平坦，一般1∶5以下，放坡者所示高程点在A点，穿线时把公路中线放在A点的上方或下方，今后此断面挖方路基或填方路基的工程量变化都不大，对路基稳定也无影响。当然最好是中线与A点重合，使横向挖填能相互平衡；或中线在A点稍上方，使挖方稍多于填方。图7-101b)为当地表横坡一般为1∶5～1∶2时，从工程经济来看最好是使中线和高程点重合，即成半挖半填路基。图7-101c)为地表横坡大于1∶2的情形，为了保证路基稳定，中线必须摆在坡度点上方，需要确定摆在上方的距离。如坡度过陡，路基要设成全挖路基，那么中线距坡度点的距离至少要留够半个路基宽度，同时考虑到外边沿的稳定情况和安全距离，一般还应稍宽一点。

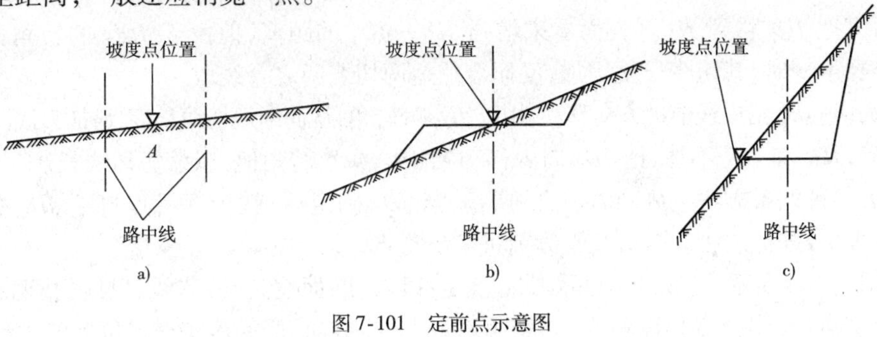

图7-101　定前点示意图

以上是从导线和中线上高程点的关系得出公路导线和中线应摆动的最优位置,但交点间每一条中线都有一定的长度,而当中的地形是有所变化的,所以,单从断面的角度来看,每个断面都能找到一个中线的最优位置,此称为断面控制点。这样一条中线上往往就有若干个断面控制点。加之有时还有地物的控制点。以上各点如定线时都要照顾到,那就使中线成了一系列短折线了。因此就要分析哪些点必须要通过,哪些点可以适当兼顾,而哪些点则可不考虑。经过分析后将应能通过的点连成线。作了上述工作标出公路导线和中线位置,才能定线。

如图 7-102 所示,a、b、c 各点为所放的高程点位置,a 点处地表横坡较缓,路线从上下方通过都可以,但 a 点附近有一建筑物,从已定的前一导线来看,路中线宜走 a 点下方通过;根据 b 点处的横坡情况,路线中线最好与高程点重合,成半挖半填路基;c、d 两点山的横坡较陡,为了保证路基稳定,适宜全挖路基,中线宜从这两点的上方通过。作了上述分析后才穿出 $JD_6 - JD_7$ 这条中线。

(2)定交点

导线点确定后,需要将交点在综合考虑前后两条中线的最优位置后而定出。交点定完后,即可测出转角,并根据曲线部分所放的坡度和曲线的最优位置(一般用外距 E 值控制),提出曲线半径的推荐值。半径确定后,用便携式计算机,计算出曲线元素,包括切线长 T、曲线长 L 和外矢距 E 等所需数据。

半径和缓和曲线确定后,可计算切线长,就可判断前后交点间距离是否定够,如不够则应采取补救措施使其满足标准要求。如图 7-103 所示,当测出 JD_7 的转角,按要求定出半径后,发现 JD_6—JD_7 之间的距离不够,定线者可根据实际情况用下列措施进行调整。

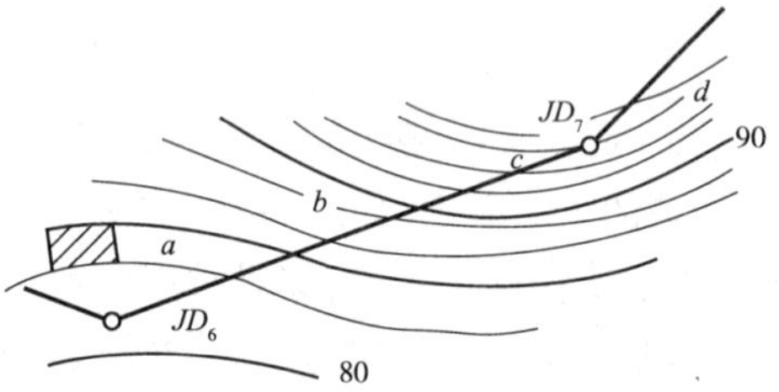

图 7-102　定线示意图

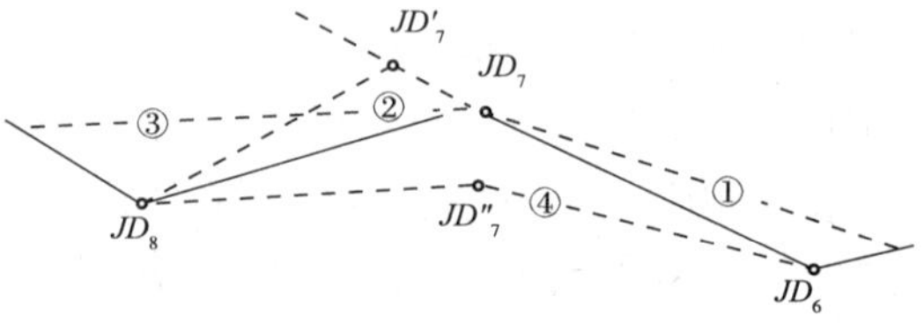

图 7-103　距离不够时,调整措施

首先,当 JD_5—JD_6 之间的距离足够时,可指挥后点把交点 JD_6 沿中线后退一定位置,这既增长了 JD_6—JD_7 之间的距离,同时又减小了交点 JD_7 的转角,在半径不变时,相应的切线长减短,从而增长了两交点间的直线段。

其次,沿 JD_6—JD_7 中线,把 JD_7 延长 JD',这时可把 JD'_7—JD_8 的中线向内平移。如 JD_8 不动,而只把 JD_7 移到 JD'_7,表面看来增强 JD_6—JD_7 的距离,但由于 JD'_7 的转角比 JD_7 处大,在半径不变时,其切线长就增加,反而会缩短两切线间之直线段。

再次,把 JD_8 沿中线前进方向移动,用以 JD_7 处转角,从而缩短切线长度,增加直线段长度。

最后,JD_6 和 JD_8 不动,把 JD_7 向内移动到 JD_7,减小转角值,以缩短切线长。

以上各种调整方法也可同时综合进行。当 JD_7 确定后,就指挥后点打下 JD_6 交点的地平桩、标志桩,挂标志旗。然后又继续前进定下交点。

如图 7-104 所示,定线的方法实质上就是:以点(断面控制点)连线、以线(指两相邻不同的导线)交点(交出交点)、以角度(指转角)控制导线方向,最后落实交点位置的过程。

要定好一条路线是一件很不容易的不断反复的过程，要求定线者重视调查研究，掌握实地情况，多跑多看，多反复研究比较，才能定出合理的线位。

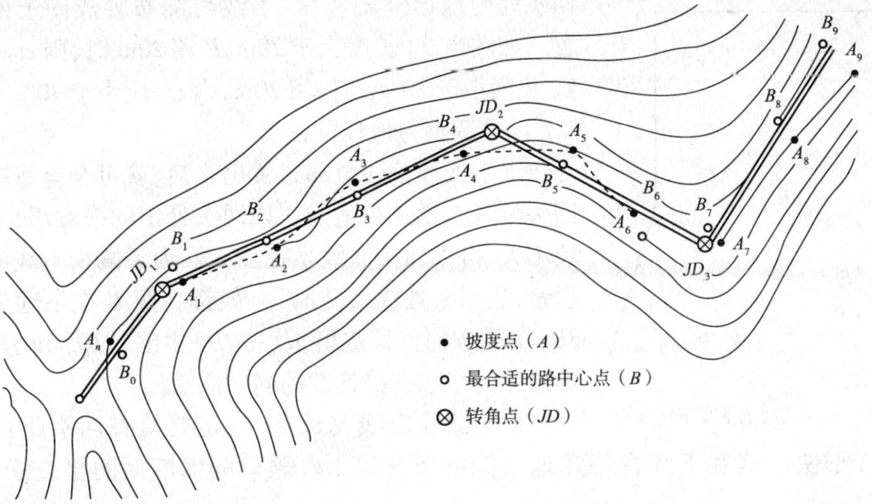

图 7-104　放坡定线示意图

7. 回头曲线的定线方法

在山区布线，有时为了延展路线而设置回头曲线。回头曲线分大头线、小头线和平头线，图 7-105 为大回头曲线及其导线，它是一种常用的回头曲线形式，由后切线、前切线后交点（$JD_{后}$）和前交点（$JD_{前}$）及曲线起点 ZY、曲线终点 YZ 及圆心 O 构成。回头曲线的布设方法很多，在此只介绍采用切基线的快速定线方法。设回头曲线最小半径 $R=20\text{m}$，其定线步骤和方法如下。

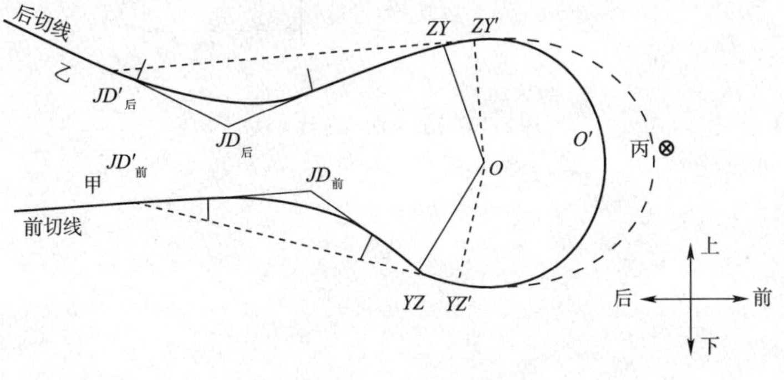

图 7-105　回头曲线及其导线

（1）回头位置选择

首先根据地形情况，控制好回头位置。一般用加减曲线的端部基线 AB 来控制。

（2）放坡高程点确定

根据布设回头曲线处地表的地面横坡和放坡者所放的高程点，当外线挖方高度大于下线填方高度，摆好上线，即图中的 JD_4—JD_{5-B}线。

（3）回头上下线安排

如图 7-106 所示，将经纬仪安置在 A 点，后视 JD_4 后，转 90°定出 AB 基线，并准确丈量其长度，设为 L_0，在 A 点当 $\alpha=90°$，$R=20\text{m}$，反算 B 处的转角，用曲线盘在 B 处后视 A 点后拨出此转角，其方向就是回头线下线 B 处的转角，用曲线盘在 B 处后视 A 点后拨出此转角，其方向就是回头线下线 BC 的方向。根据基线 AB 的长度和回头处的地形开阔程度，下线可能布置成图上的几种位置。如图当 T_B 长度大于 20m，R 用 20m 时，则 $\alpha_B>90°$；如 T_B 长度小于 20m，R 仍用 20m，则 α_B 应小于 90°。

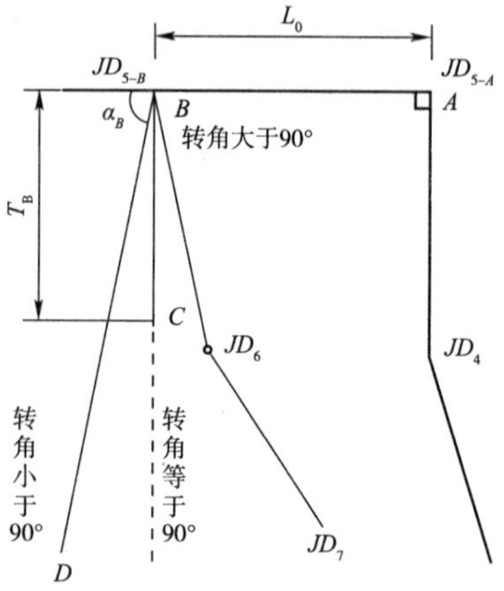

图 7-106　回头曲线上下线布置检查

(4)调整为最佳位置

上下线和基线全部布置出来后，就可全盘看一下整个回头位置布置是否适当。如回头处山的横坡缓，上下线挖填不大，可把回头曲线半径加大。为了减少下线的填方工程量，当回头处横坡陡时，一般都在距 B 点不远处设交点 JD_6 上线方向偏移定出 JD_6—JD_7 中线。JD_6 和 JD_{5-B} 点处的曲线可组成直接连续的同向曲线。

回头曲线定线完成后，一定要检查回头颈口的横断面，以便于回头上线和下线在特殊地段能够布置得下。颈口的横断面的检查示意图，如图 7-107 所示。

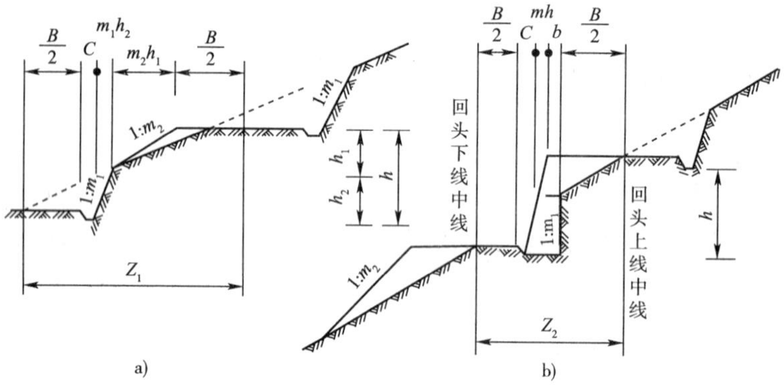

图 7-107　回头曲线定线方法

第八章　道路平面与立体交叉设计

第一节　道路平面交叉设计基础知识

道路与道路或铁路在同一平面上相交的地方称为交叉口。图 8-1a) 为某道路平面交叉口的交通状况,可以看出道路交叉口是各类车辆、行人汇集的地方,有着较为复杂的交通状况。大量的实际调查和研究表明:交叉口的几何形状、交通组织、交通控制方式等对于道路的使用效率、安全情况[图 8-1b)]行车速度、运营费用和通行能力有非常重要的影响。各种车辆和行人都要在交叉口处汇集通过,所以解决交叉口的交通冲突问题也变得越来越复杂。就理论方面分析有两种解决办法:一是空间分离,如渠化、立交等;另一种为时间分离,如信号控制法、多路停车法及让步法等。平面交叉口的设计要求可概括为两个方面:其一是,保证车辆和行人能以最短的时间通过;其二是,保证转弯车辆的行车稳定和排水要求。为此首先要保证相交道路上所有车辆与行人交通的流畅和安全;其次,保证交叉口范围内的地面水迅速排除;平面设计中强调正确选择交叉口的位置和形式,确定各组成部分的几何尺寸,合理布置各种交通设施;交叉口立面设计中做出路口各部高程迹线;雨水口、排水管道的布置要合理。最后要验算交叉口的通行能力。平面交叉口的设计内容主要包括平面设计、立面设计和交通组织设计。首先,平面设计:选择交叉口形式,确定各部分尺寸;其次,立面设计:确定交叉口高程,布置排水系统;再次,交通组织和设施设计:验算通行能力,布置交通设施。

a)平面交叉口

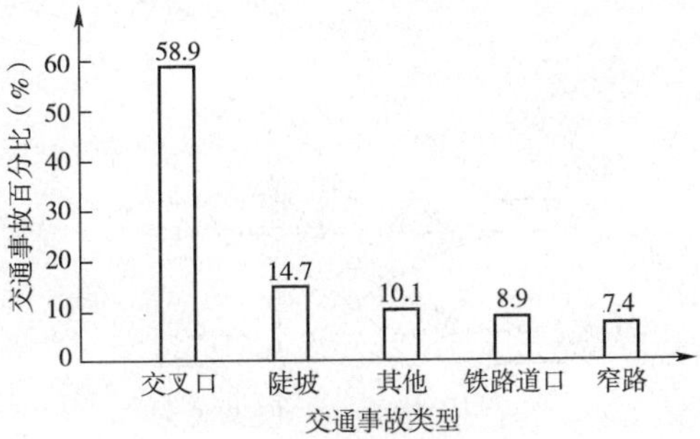

b)交叉事故率分布

图 8-1　道路平面交叉口与交通事故率分布

一、交叉口的交通流线

为分析交叉口的交通状况,将交叉口处每一个可能的车流方向用一条表示行进方向的带箭头的线代替,这条带箭头的表示车流行进方向的线称为交通流线,如图 8-2 所示,带箭头的线为交通流线。图中示出了直行车的交通流线、直左车的交通流线、左转车的交通流线、右转弯车的交通流线。交叉口交通流线会产生交错点,交错点分合流点、分流点和冲突点。冲突点最有可能撞车,左转弯车辆最易产生冲突点,故设计时考虑如何避免或尽量减少车辆之间的冲突。

二、交叉口的交错点

在进出交叉口的车辆中不同行驶方向的车辆之间的交错,按照类型分为分叉点、汇合点和冲突点,如图 8-3 所示。

(1)分叉点(分流点)△:同一行驶方向的车辆向不同方向分开的地点。

(2)汇合点(合流点)□:来自不同行驶方向的车辆以较小角度向同一方向汇合的地点。

(3)冲突点(交叉点)○:来自不同行驶方向的车辆以较大角度相互交叉的地点。

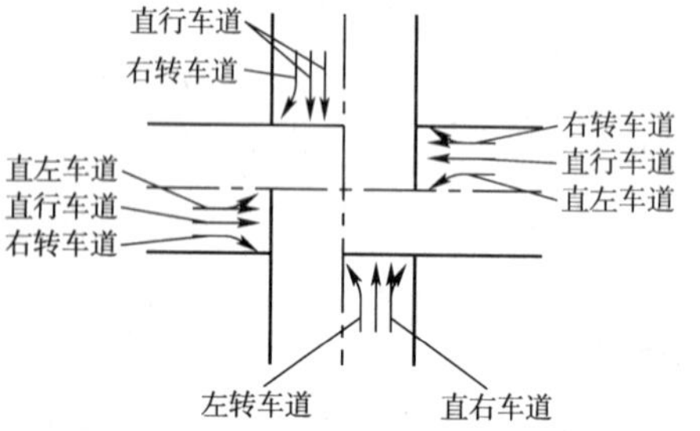

图 8-2 道路平面交叉口的交通流线

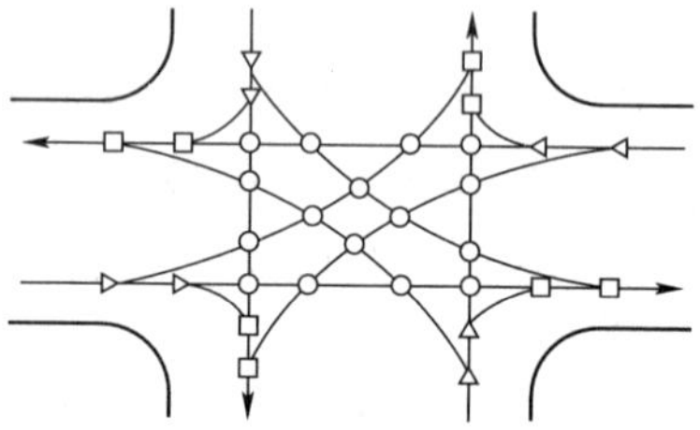

图 8-3 道路平面交叉口的交通流线的交错点

在交错点中,冲突点是最容易产生正面撞车或正侧面撞车的地点。平面交叉口设计中一般采取适当的交通组织设计可减少冲突点,但无法彻底消灭冲突点,因此设计中尽量减少冲突点。如果设置互通式立体交叉就可以彻底消灭冲突点。冲突点数量随着道路条数的增加而伴随增加,如图 8-4 所示。

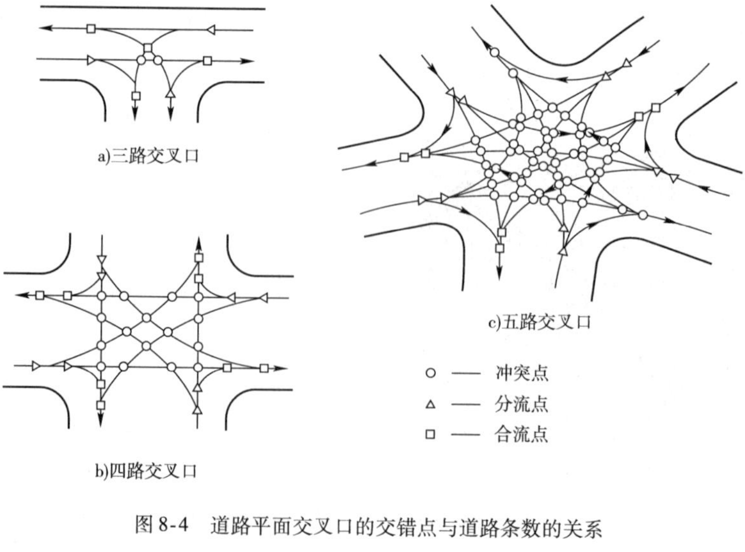

图 8-4 道路平面交叉口的交错点与道路条数的关系

三、平面交叉口的类型

1. 按交叉口几何形状分类

(1)十字形交叉口:十字形交叉口如图 8-5 所示,是最基本的交叉口方式。具有形式简单,交通组织方便,街角建筑易处理等特点。适用于相同等级或不同等级的道路交叉。

(2)T形交叉口:T字形交叉口如图8-6所示,具有视线良好,行车安全的特点。

(3)X形交叉口:X字形交叉口如图8-7所示,这种交叉口的缺点是当锐角过小时,对交通不利,街口建筑也较难处理。

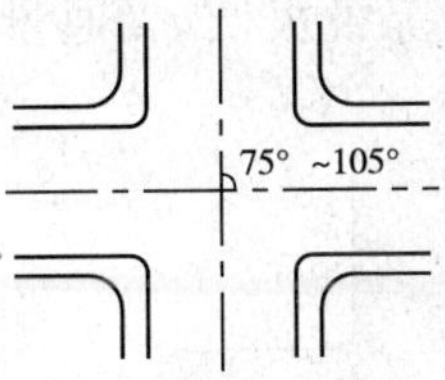

图8-5 十字形平面交叉口

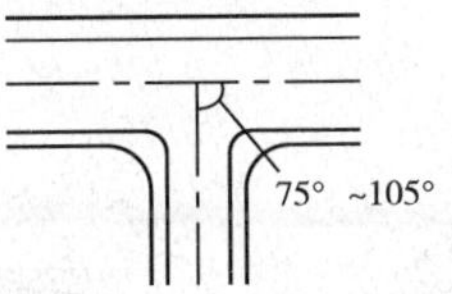

图8-6 T字形平面交叉口

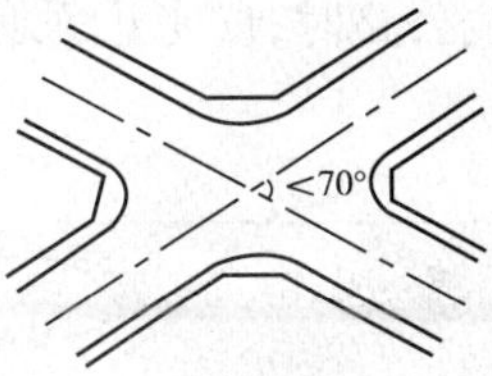

图8-7 X字形平面交叉口

(4)Y形交叉口:Y字形交叉口如图8-8所示。斜交角度应大于45°~60°;当不满足此项要求时,可采取改斜交为十字交叉、改Y形交叉为T形交叉、改建斜交角度过小的X形、Y形交叉;改小交角为大交角。可开辟左、右转专用车道。

(5)错位交叉口(双T形):双T形字形交叉口如图8-9所示。其缺点是近距离错位交叉距离短,交织长度不足,易使进出错位交叉口的车辆不能顺利行驶,从而阻碍直行道路上的交通,因此宜避免。

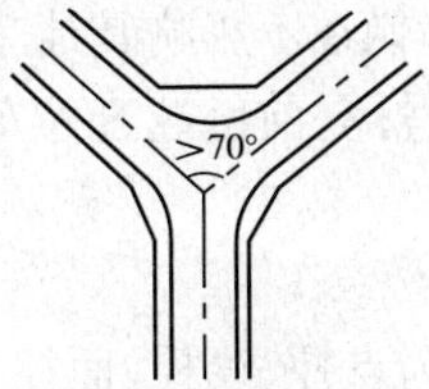

图8-8 Y字形平面交叉口

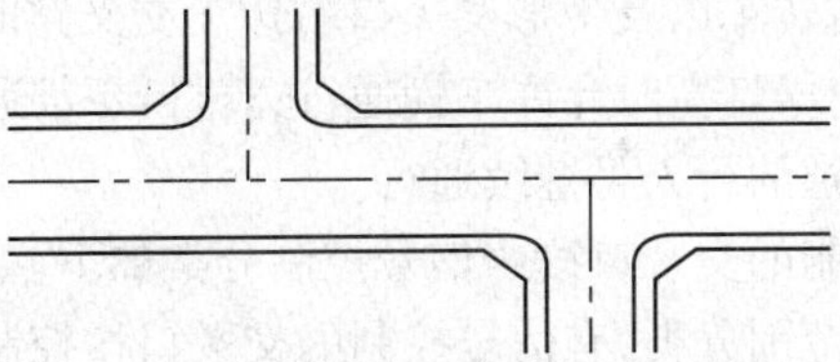

图8-9 Y字形平面交叉口

(6)多路交叉:如图8-10所示,多路交叉也叫复合型交叉(五路及以上),起到突出中心的效果,但缺点是用地大,给交通组织带来较大困难。可设置中心岛,改为环形交叉。设计时应尽量避免或简化复杂的多路交叉口。简化方法主要有改建成环形交叉口和调整交通两种方法。而调整交通主要是把双向交通改为单向交通,以及把双向交通改为单向交通。

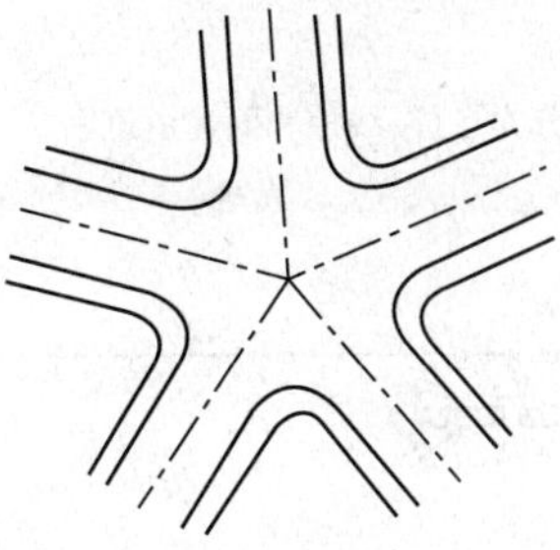

a)

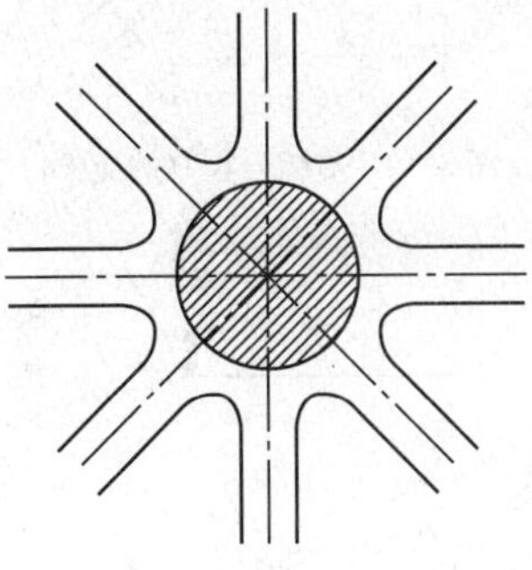

b)

图8-10 多路平面交叉口与环形平面交叉口

2. 按交通信号控制方式分类

按交通信号控制方式分类分为无信号控制交叉口和有信号控制交叉口。

(1)无信号控制交叉口

无信号控制交叉口分为“主路优先”和“无优先”两种。可设置“停车”或“让行”标志,如图 8-11 所示。“主路优先”指当被交公路等级较低、交通量较小或相交公路中有一条为干线公路时,应考虑采用;“无优先”一般仅用于相交公路等级很低、交通量不大的情况。

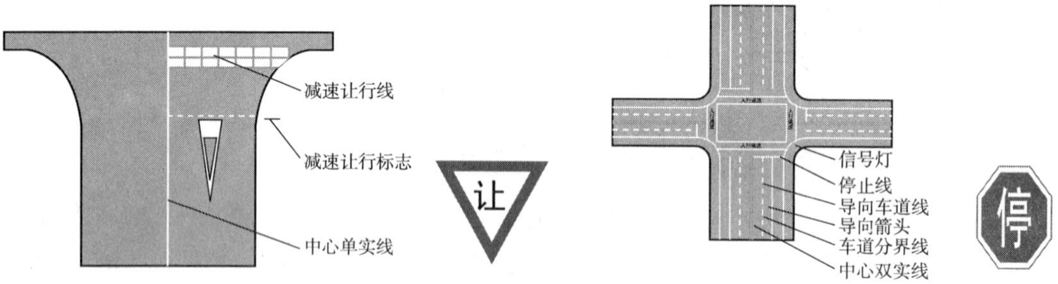

图 8-11 无信号控制平面交叉口路面标线和交通标志

(2)有信号控制的交叉口

当各相交公路的功能和等级相同、交通量或行人数量很大时可采用有信号控制交叉。有信号控制的交叉口灯管信号设置红灯、绿灯、黄灯。红灯亮时,允许车辆通行。在无专用右转相位时、右转车以及 T 形交叉口右边无交叉路时,直行车辆在不影响其他车辆和行人的情况下可通行;绿灯亮时允许车辆通行;黄灯:不准通行,但黄灯亮前已越过停车线的车辆和已进入人行横道的行人可继续通行。

有信号控制的交叉口按照信号控制分类如下。

①按控制范围分类:有信号控制的交叉口按控制范围分为点控、线控、面控三类,如图 8-12 所示。单个交叉口交通信号控制称为点控;干线交叉口交通信号协调控制的方法称为线控;区域交通信号控制系统称为面控。

②按控制方法分类:分为定时信号控制和感应信号控制两种,如图 8-13 所示。

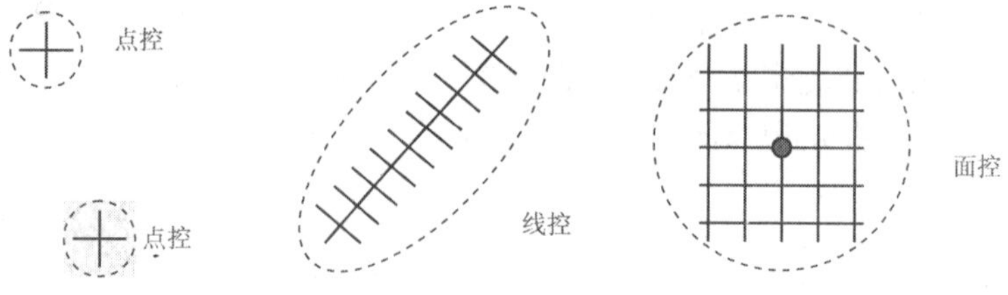

图 8-12 有信号控制的交叉口按照信号控制分为点控、线控和面控示意图

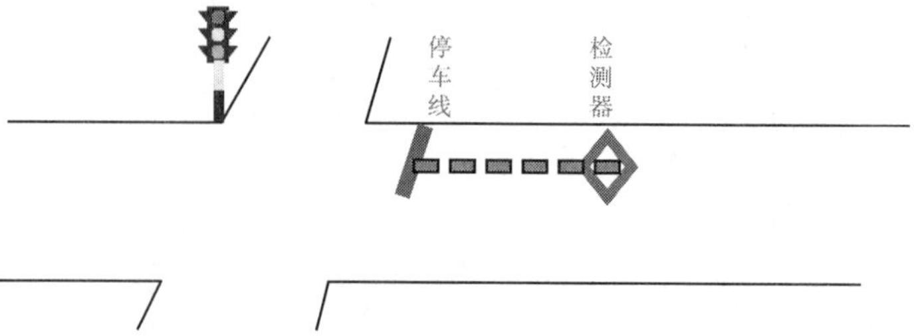

图 8-13 有信号控制的交叉口按照控制方法分定时信号和感应信号示意图

四、平面交叉口设计原则与设计要求

平面交叉口设计原则可概括为五点：首先，形式宜简单。如采用正交或接近正交的十字交叉、T形交叉。其次，功能要突出。选择交叉口类型与形状要依据相交道路的功能、性质（相交条数及角度）、等级、设计速度、交通量、转向车流的分布、地形地物来选择，突出使用功能。再次，组织须合理。要做好交叉口车辆、行人的交通组织设计；第四，高程要合适。交叉口的竖向设计应符合行车舒适、排水迅速和美观的要求；第五，速度应适宜。公路上平面交叉口范围内的设计速度原则上与路段上的设计速度一致。两相交公路的等级或交通量相近时平面交叉范围内的设计速度可适当降低，但不得低于路段设计速度的70%；平面交叉右转弯车道的设计速度不宜大于40km/h，左转弯车道的设计速度不宜大于20km/h。对于城市道路，交叉口内的设计速度应按各级道路设计速度的0.5～0.7倍计算，直行车取大，转弯车取小。《技术标准》对平面交叉口设计要求概括如下。

1.公路与公路平面交叉

平面交叉位置的选定应考虑公路网规划、地形和地质条件、经济与环境因素等；平面交叉形式应根据相交公路的功能、等级、交通量、交通管理方式和用地条件等确定；平面交叉范围内的路段宜采用直线并尽量正交，当必须斜交时，斜交角应大于45°，当采用曲线时，其半径宜大于不设超高的最小圆曲线半径。纵坡应平缓，坡段较短时，其长度应符合最小坡长的规定，并对称布置于交叉点的两侧，紧接该段的纵坡应小于3%，特殊情况应不大于5%；平交范围内必须通视，应保证必要的停车视距和信号（或标志）的识别距离。

平面交叉的间距根据交织段长度、左转车道长度、减速车道长度、行车安全、通行能力、视距及识别距离等因素确定。一般平面交叉的最小间距见表8-1。

平面交叉的最小间距 表8-1

公路等级	一级公路			二级公路	
公路功能	干线公路		集散公路	干线公路	集散公路
	一般值	最小值			
间距(m)	2 000	1 000	500	500	300

2.公路与乡村道路相交

高速公路与乡村道路相交叉必须设置通道或天桥；一级公路与乡村道路相交叉宜设置通道或天桥；二级公路与乡村道路相交叉应设置平面交叉；地形条件有利或公路交通量大时宜设置通道或天桥；二级及其以上公路位于城镇或人口稠密的村落或学校附近时，宜设置专供行人通行的人行地道或人行天桥。

车行通道的净空包括净高和净宽。通行拖拉机、畜力车时净高应大于或等于2.70m；通行农用汽车时应大于或等于3.20m；净宽应根据交通量和通行农业机械类型选用，应不小于4.00m；通道过长，或敷设人行道或排水渠时，宜视情况增宽；车行天桥桥面净宽宜按交通量和通行农业机械类型可选用4.50m或7.00m；人行通道净高应大于或等于2.20m，其净宽应大于或等于4.00m；人行天桥桥面净宽应大于或等于3.00m。

3.公路与铁路平面交叉

高速公路、一级公路与铁路相交时，必须设置立体交叉。其他道路可以采用部分平面交叉，平交时，交叉角宜为正交，必须斜交时，交叉角应大于45度；道口应符合侧向瞭望视距的规定。侧向最小瞭望视距是指汽车驾驶者在距道口相当于该级公路停车视距，并不小于

50m 处应能看到两侧铁路上火车的范围。在接近铁路道口的路面上应划有如图 8-14 所示的标线，并在道口处设置道口标志。

4. 道口处的平面线形和纵坡

铁路路线以直线为宜，公路路线应为直线，公路直线长度由铁路钢轨外侧起不小于 50m，并应有不小于 16m 的水平段，紧接水平路段的纵坡，一般不大于 3%，困难地段应不大于 5%。道口铺砌长度应延伸至铁路钢轨外侧以外 2.0m，道口标志在车辆驶向道口方向的右侧或上方，设置道口标志处至道口之间路段范围内，不得另有平面交叉，铁路道口标志如图 8-15 所示。

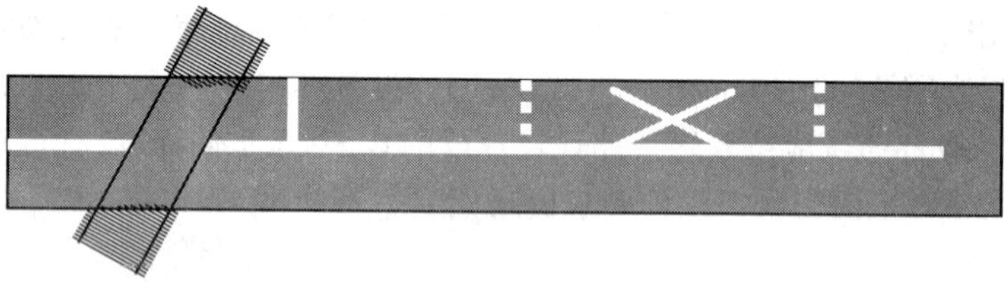

图 8-14　铁路道口侧向瞭望视距

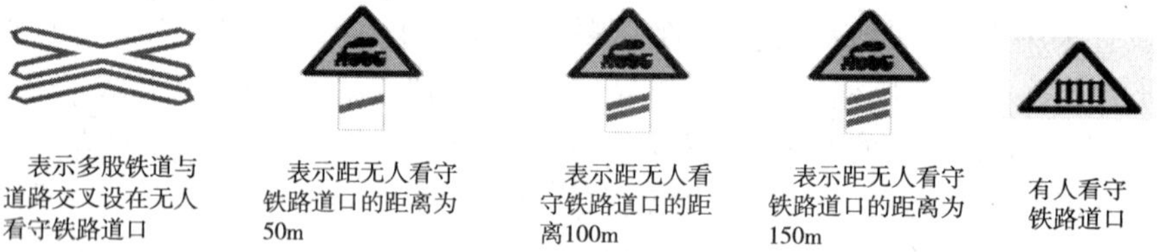

图 8-15　铁路道口标志

当道口两侧公路为路堤时，应设置护栏，道口标志到道口距离见表 8-2。

道口标志到道口的距离　　表 8-2

公路计算车速(km/h)	100	80	60	≤40
道口标志至道口冲突点的距离(m)	200	150	100	60

五、设计需收集的资料

平面交叉口是在掌握大量资料和原始数据的基础上进行的，因此设计时需收集相交道路的条数和等级、车辆和行人的估算交通量、路口车辆设计速度、相交道路的设计纵坡及横断面、交叉口的地形、交叉口周围的房屋建筑和排水管道等资料。

第二节　道路平面交叉口设计

一、交叉口的交通组织

如前已述，由交叉口交通特性分析得出左转弯车辆造成的冲突点最多，因此，如何正确处理和组织左转弯车辆是交叉口设计的关键。交错点的数目与相交道路条数不成线性增长，见表 8-3。由表可知，冲突点数量与交叉道路条数有关，相交道路越多，冲突点就越多，应尽量避免五条及以上道路相交。

表 8-3

交错点的数目

交错点类型	无信号控制			有信号控制		
	相交道路的条数			相交道路的条数		
	3 条	4 条	5 条	3 条	4 条	5 条
分流点	3	8	15	2 或 1	4	4
合流点	3	8	15	2 或 1	4	6
左转车流冲突点	3	12	45	1 或 0	2	4
直行车流冲突点	0	4	5	0 或 0	0	0
交错点总数	9	32	80	5 或 2	10	14

由此可见，交叉口交通组织的重点是车辆交通组织，而交叉口车辆交通组织的重点应是解决左转和直行车辆的交通组织。

(一)车辆交通组织

1. 设置专用车道：用路面标线分隔，使左、直、右分道行驶，与此同时在临近交叉口处设相应标志牌，如图 8-16 所示。

a)车辆交通组织路面标线示意图

分向行驶车道　　直行右转合用车道　　直行左转合用车道

b)左、直、右专用车道分道行驶的标志牌标识示意图

图 8-16　设置专用车道的车辆交通组织

2. 对左转弯车辆进行专门的组织

对左转弯车辆进行专门的组织措施由设置专用左转车道、实行交通管制在规定时间内不准左转、左转变右转三种措施。图 8-17 为绕街坊变左转为右转示意图。

3. 渠化交通组织

渠化交通是指在道路上设置交通岛、隔离设施、绿带等使得车辆如同水渠里水流一样，互不相干，各行其道。渠化交通组织措施主要有以下几种：第一，分离车辆。利用分车线、分隔带或交通岛，分离不同行驶方向和速度的车辆，避免车辆相互侵占车道，干扰行车路线；第二，限制方向。限制车辆行驶方向，使斜交对冲的车流变为直角交叉或锐角交织，使不同行驶方向的车辆，在临近交叉口时就划分车道分别行驶；第三，划分板块。在道路上划分快、慢车道，保证车辆正常行驶；第四，拓宽车道。适当拓宽交叉口，增设车道数。最常用的渠化交通的方式是设置交通岛。这些交通岛按功能和布置位置可分为方向岛、中心岛、分隔岛、安全岛等。图 8-18 为渠化交通组织示意图。

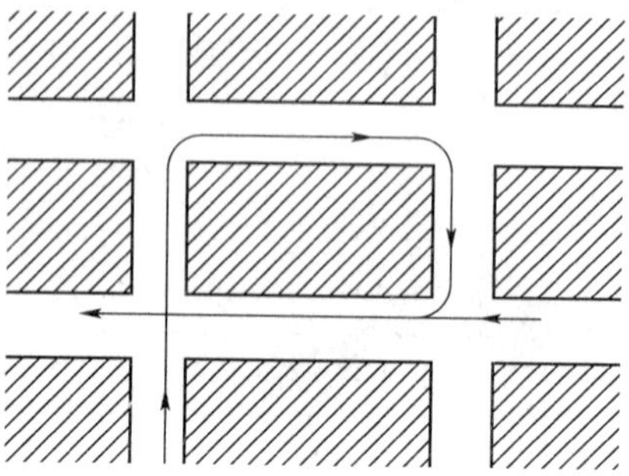

图 8-17　绕街坊变左转为右转示意图

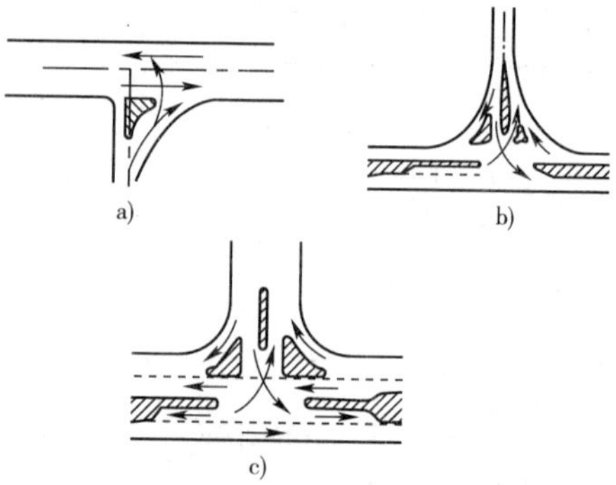

图 8-18　渠化交通组织示意图

4. 调整交通组织

一般对旧城改建有困难的道路，可限制车辆行驶、控制行驶方向、组织单向交通。图 8-19为调整交通组织示意图。

图 8-19　调整交通组织示意图

(二)行人交通组织

1. 人行横道

人行横道的主要任务是组织行人安全过街，如图 8-20a)所示。车辆不多的交叉口的人行横道可布置在交叉口后退 3 ~4m 处；车流人流较多的交叉口，人行横道线要尽可能布置在缘石半径的切点以外，可使行人过街距离较短。

2. 行人立交

当兼顾汽车通行时，人行天桥[图 8-20b)]的桥下净高至少 4.5m；无轨电车通行，至少 5.5m。地下通道[图 8-20c)]净高一般不低于 2.5m；净宽：至少 3m。

图 8-20　交叉口人行道、人行天桥与地道设置示意图

二、道路平面交叉口的视距和圆曲线半径

(一)交叉口的视距和识别距离

1. 视距三角形

如图 8-21 所示，由相交道路的停车视距所组成的三角形称为视距三角形，在视距三角形范围内不能有任何阻挡驾驶员视线的障碍物。

确定视距三角形的步骤是:首先,确定停车视距;其次,找出行车最危险冲突点;再次,从最危险的冲突点向后沿行车轨迹各量取停车视距 S;最后,连接末端构成视距三角形。

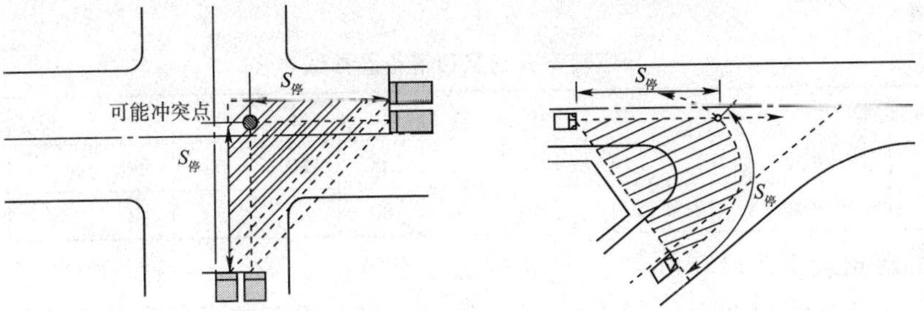

a)十字交叉口视距三角形　　b)Y形交叉口视距三角形

图 8-21　视距三角形

2. 交叉口识别距离

为保证车辆安全顺利通过交叉口,应使驾驶员在交叉口之前的一定距离能识别交叉口的存在及交通信号和交通标志等,这一距离称为识别距离。

对于无任何控制的交叉口,如为等级低、交通量非常小,车速不高的交叉口可采用各条相交道路的停车视距。有信号控制的交叉口,在车辆正常行驶条件下,识别距离为使驾驶员能看清交通信号和显示内容,能有足够时间制动减速直至停车,但这种制动停车并非急刹车。

有停车标志控制的交叉口识别距离可按下列公式计算:

$$S_{识} = \frac{v}{3.6}t + \frac{v^2}{26a}(\mathrm{m}) \tag{8-1}$$

式中:v——路段设计速度(km/h);

α——减速度,$a = 2\mathrm{m/s^2}$;

t——识别时间,包括驾驶员的反应时间和制动生效时间,公路上识别时间可取10s,城市道路上可取6s。

(二)交叉口的圆曲线半径

交叉口的圆曲线半径可按下列公式计算:

$$R = \frac{v^2}{127(\mu \pm I_{横})} \tag{8-2}$$

横向力系数 $\mu = 0.15 \sim 0.20$;超高横坡 $I_{横} \leqslant 2\%$ 为宜,最大不应超过 6%。

1. 分道转弯式交叉口最小圆曲线半径

分道转弯式交叉口是指通过设置导流岛、划分车道等措施,使单向右转或双向左、右转车流以较大半径分道行驶的平面交叉,如图 8-22 所示。

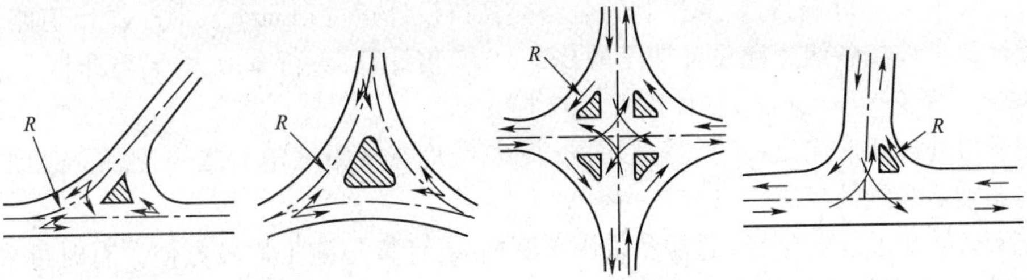

a)　b)　c)　d)

图 8-22　分道转弯式交叉口设置示意图

当右转弯车辆较多时,保证右转车辆以规定速度分道行驶所需的最小圆曲线半径 $\mu=0.16\sim0.20$,一般值采用 $I_{横}=2\%$,极限值采用 $I_{横}=6\%$。分道转弯式交叉口最小圆曲线半径见表 8-4。

分道转弯式交叉口最小圆曲线半径 表 8-4

右转弯车速(km/h)		80	70	60	55	50	45	40	35	30	25	20
最小半径	一般值	280	210	150	120	100	80	60	50	35	25	15
	极限值	230	170	120	100	80	65	50	40	30	20	12

2. 加铺转角式交叉口转角半径(转角的缘石半径)

加铺转角式交叉口如图 8-23 所示。此类交叉口多用于交通量小且车速不高的低等级道路相交。这种交叉口上的横向力系数 $\mu=0.15\sim0.20$ 为宜,路面横坡 $I_{横}=2\%$。

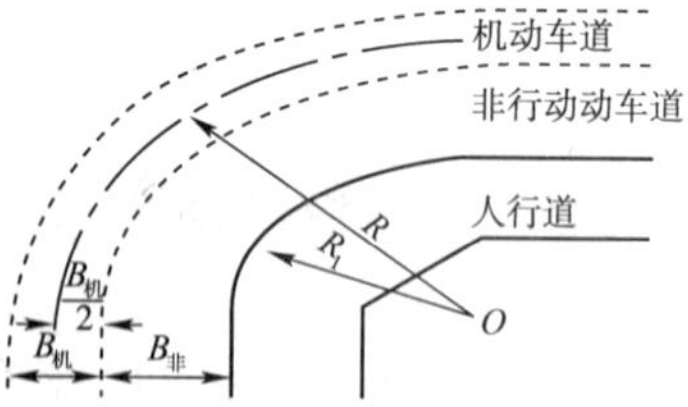

图 8-23 加铺转角式交叉口设置示意图

加铺式交叉口转角半径可按下列(10-3)公式计算:

$$R_1 = R - \left(\frac{B_{机}}{2} + B_{非}\right) \quad (\mathrm{m}) \tag{8-3}$$

式中:R_1——未考虑机动车道加宽时转角缘石半径;

R——右转车道中心线半径(m)。

三、交叉口的车道数和设计速度

交叉口进口道车道宽度,较平交范围内所有车道的宽度应略宽于路段上的车道宽度,一般小汽车车道宽度不小于 3m;混入普通汽车和铰接车的车道、左、右转专用车道宽度不小于 3.5m,最小 3.25m。

(一)进口道车道数量

进口道直行车道数计算公式为:

$$n = \frac{V_{直}}{C_{直}} \tag{8-4}$$

式中:n——进口道直行车道数;

$V_{直}$——交叉口直行设计小时交通量(pcu/h);

$C_{直}$——交叉口直行车道设计通行能力。

当 n 值接近整数时,取整数;小于整数时,多余直行交通量与右转或左转交通量可组合在直右或直左车道上。

(二)平面交叉口的设计速度

公路交叉口,直行交通的设计速度原则上与路段上的设计速度一致;有信号控制的公路交叉口设计速度宜折减,有信号控制的公路交叉口设计速度(km/h);对于城市道路,交叉口内的设计速度应按各级道路设计速度的 0.5~0.7 倍计算,直行车取大,转弯车取小。

(三)平面交叉口的视距与转角的缘石半径

交叉口处红线应满足视距三角形的要求,红线应在视距三角形之外,视距三角形内不得有影响驾驶员视线的障碍物。

交叉口转角的缘石半径,通常多采用单圆曲线,计算与施工均较方便。有时可采用多圆心复曲线,这种曲线适用于设计车辆为大型汽车或用于转角处建筑物已形成、用地紧张的交叉口。转角处的缘石半径大小的影响转弯车辆的最小半径。

交叉口转角的缘石半径大小的影响因素有三个方面：第一是，专用非机动车道系统。交叉口转弯半径至少3m，一般5m；第二是，进口道车道数。如进口道为一车道，应适当加大缘石半径，以便扩大停车线断面附近车行道宽度；第三是，机动车道加宽的影响。

四、道路平面交叉口拓宽设计

交叉口拓宽的目的是为了增加交叉口的通行能力。交叉口拓宽的车道数一般应比路段单向车道数多增加一至二条车道，拓宽的每条车道宽度，应尽量与路段保持一致，车道宽度最窄不得小于3m，一般在3～3.5m之间。

（一）拓宽位置的选择

左转车道设置方法一般是在进口道左侧拓宽。通常有压缩中间带法和中线偏移法两种方法。

1. 压缩中间带法

压缩中间带法是利用中间带向进口道左侧拓宽设置左转车道，如图8-24a）所示。

2. 中线偏移法

中线偏移法占用对向车道设置左转车道偏移，如图8-24b）所示。

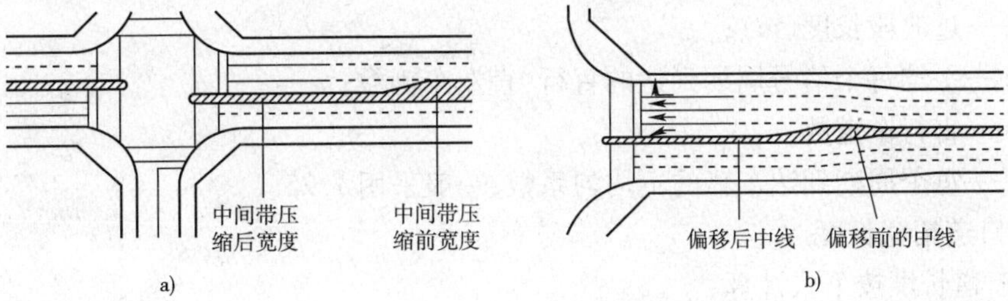

图8-24　加铺转角式交叉口设置示意图

右转车道设置方法是在进口道的右侧拓宽或同时在出口道的右侧拓宽右转车道。

（二）拓宽车道长度计算

1. 左转弯车道长度计算

为使最后一辆左转车能在左转车车列后端安全停车，左转车道长度应为停车车列长度与车辆减速所需长度之和。图8-25为拓宽左转弯车道示意图，左转弯车道长度按下列公式计算：

$$L_{左} = L_{停车} + \max\{L_{减速}, L_{过滤}\} \tag{8-5}$$

式中：$L_{左}$——左转车道长度（m）；

$L_{停车}$——每信号周期内左转车停车车列长度（m），$L_{停车} = n_{左} \cdot S_{均}$；

$n_{左}$——左转弯等候车辆数；

$S_{均}$——停候车辆的平均车头间隔，一般取6～9m；

$L_{减速}$——左转车减速所需长度（m），$L_{减速} = \dfrac{(\nu_{设}/3.6)^2 - (\nu_{末}/3.6)^2}{2a} = \dfrac{\nu_{设}^2 - \nu_{末}^2}{26a}$；

$L_{过渡}$——过渡段长度（m），$L_{过渡} = \dfrac{\nu_{设}}{3.6} \times 3 = \dfrac{\nu_{设}}{1.2}$（m），横移一个车道约需3s的时间。

2. 右转弯车道长度计算

右转弯车道长度的确定，应使右转车能从停候的最后一辆直行车（或直左车）后面驶入拓宽车道为基准。图8-26为拓宽右转弯车道示意图，右转弯车道长度按式（8-6）计算。

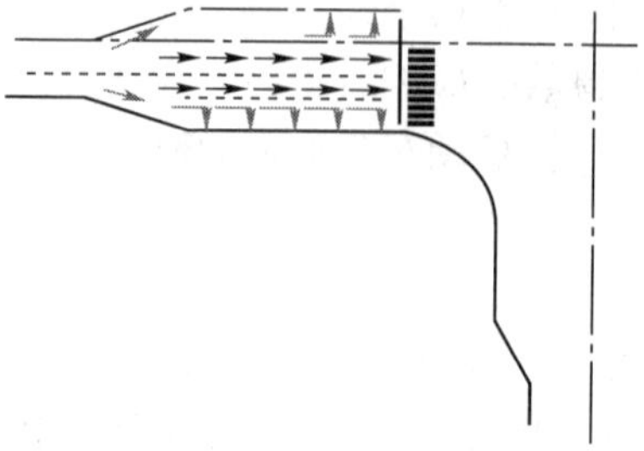

图 8-25 拓宽左转弯车道示意图

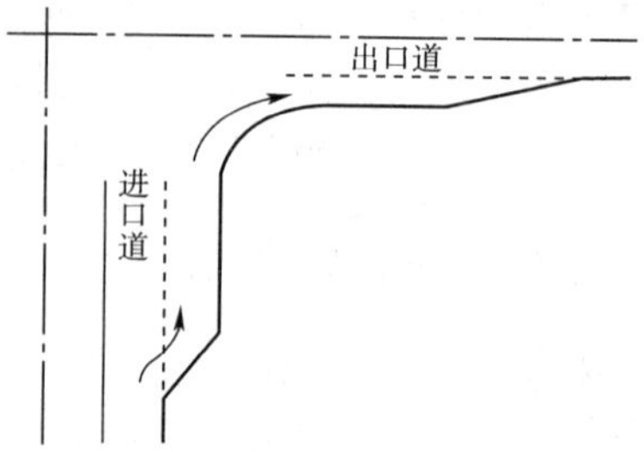

图 8-26 加铺转角式交叉口设置示意图

$$L_{拓} = n_{红黄}S_{均} + L_{过渡} \tag{8-6}$$

式中：$L_{拓}$——拓宽车道长度；

$n_{红黄}$——一个信号周期的红灯和黄灯时间内到达最右侧直行车道的停候车数，$n_{红黄} = \frac{n_{均}}{n_{直}} \cdot \frac{T_{周} - T_{绿}}{T_{周}} \cdot \zeta$；

$S_{均}$——停候车辆的平均车头间隔，一般取 6 ~ 9m；

$L_{过滤}$——过渡段长度(m)；

$n_{均}$——平均每个信号周期到达的直行/直左车辆数；

$n_{直}$——直行车道数；

ζ——每个周期到达车辆的不均匀系数，一般采用 1.25。

3. 出口道拓宽长度

加速车道长度按下式计算：

$$L_{加} = L_{车} + L_{过} \tag{8-7}$$

$$L_{加} = \frac{\nu_{末}^2 - \nu_{初}^2}{2a_{均}} + L_{过} \tag{8-8}$$

式中：$L_{加}$——加速拓宽车道长度(m)；

$L_{车}$——车辆加速所需长度(m)；

$L_{过}$——过渡段长度(m)；

$\nu_{末}$——车辆加速后的末速度(m/s)；

$\nu_{初}$——车辆右转时的初速度(m/s)；

$a_{均}$——车辆平均加速度(m/s^2)。

第三节　有信号控制十字交叉口的通行能力计算

交叉口通行能力计算的目的是用于确定车道数等交叉口设计技术指标。交叉口车道数的确定包括：选定交叉口的形式，进行交通组织设计，并根据设计年限的高峰小时交通量和不同行驶方向的交通组成初定车道数。

交叉口通行能力定义为交叉口所有进口道一个小时内所能通过的最大交通量为所有进口车道设计通行能力之和。要求车道通行能力总和大于高峰小时交通量，且交叉口车道数不应小于路段上的车道数。

有信号控制的交叉口通行能力，取决于信号周期及每个周期绿灯时间内所通过的车辆数，有信号控制的交叉口通行能力计算方法较多，一般多采用停车线法计算。

当高峰小时内进入交叉口的左转车多于3pcu/周期或4pcu/周期，应增设左转专用车道。高峰小时内进入交叉口的右转车多于4pcu/周期，应增设右转专用车道。由于十字交叉口的车道有直行车道、直左车道、直右车道、直左右车道四种类型，所以，设计通行能力应分别计算再相加。

一、进口道没有专用左转车道和右转车道的设计通行能力

(一)一条直行车道的设计通行能力

进口道没有专用左转车道和右转车道，只有直行车道(图8-26中的直行车道)，此时设计通行能力计算如下。

设：$T_{均}$为一个周期内直行车通过停车线的平均时间间隔(s)，如图8-27所示，大型车取3.5s，小客车取2.5s；$T_{绿}$为绿灯周期；T_1为第一辆车启动并通过停车线的时间，一般取2.3s；则：

$\frac{T_{绿}-T_1}{T_{均}}$为绿灯时间内连续通过停车线的时间间隔数；

$\frac{3\,600}{T_{周}}$为一个小时之内的周期数；

$\left(\frac{T_{绿}-T_1}{T_{均}}+1\right)\cdot\frac{3\,600}{T_{周}}$为一个小时之内通过的车辆数。

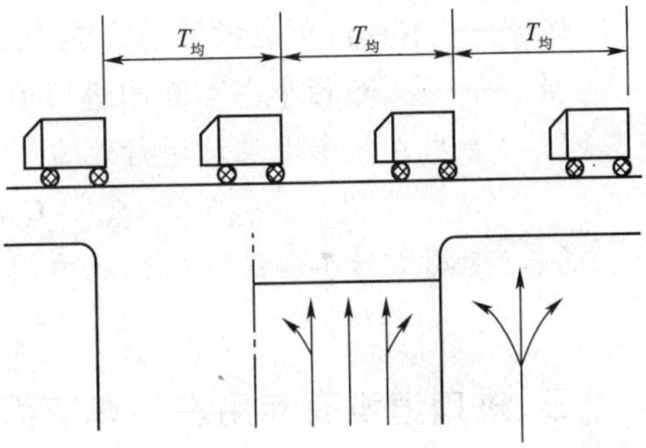

图8-27　$T_{均}$释义示意图

故一条直行车道的设计通行能力$C_{直}$为：

$$C_{直}=3\,600\psi_{直}\left(\frac{T_{绿}-T_1}{T_{均}}+1\right)\cdot\frac{1}{T_{周}} \tag{8-9}$$

式中：$\psi_{直}$——直行车修正系数，一般取0.9左右；

其余符号含义同前。

(二)直行和转弯混合车道的通行能力

进口道设有直行和转弯混合车道(图8-26中的直行车道)，此时直行和转弯混合车道的通行能力，一般是用直行车道通行能力进行折减得到。

1. 一条直右车道的设计通行能力

一条直右车道的通行能力一般与直行车道的通行能力相当，即：

$$C_{直右}=C_{直}=3\,600\psi_{直}\left(\frac{T_{绿}-T_1}{T_{均}}+1\right)\cdot\frac{1}{T_{周}} \tag{8-10}$$

2. 一条直左车道的设计通行能力

一条直右车道通行能力是按直行车道通行能力折减，即：

$$C_{直左}=C_{直}\left(1-\frac{\lambda'_{左}}{2}\right) \tag{8-11}$$

式中：$\lambda'_{左}$——直左车道中左转弯车辆所占比例。

上式的理论意义是指在左直混行车道中，通过 1 辆左转车相当于通过 1.5 辆直行车，所以：

$$C_{直左} = C_{直} - C_{直} \cdot \lambda'_{左} \cdot 0.5 \tag{8-12}$$

3. 一条左直右车道的设计通行能力

一条右直右车道的设计通行能力与直右车道通行能力接近，即：

$$C_{直左右} = C_{直左} \tag{8-13}$$

二、进口道设有专用左转车道和右转车道的设计通行能力

进口道设有专用左转车道和右转车道如图 8-28 所示中的转弯车道，此时设计通行能力如下。

（一）进口道设计通行能力

$$C_{本} = (1 - \lambda_{左} - \lambda_{右})\Sigma C_{直} \tag{8-14}$$

式中：$C_{本}$——设有专用左右转车道时，本进口道设计通行能力（pcu/h）；

$\Sigma C_{直}$——本直行车道设计通行能力之和（pcu/h）；

$\lambda_{左}$、$\lambda_{右}$——左、右转车占本断面进口道车辆的比例。

（二）专用左转车道设计通行能力

$$C_{左转} = \lambda_{左} \cdot C_{本} \tag{8-15}$$

（三）专用右转车道设计通行能力

$$C_{右转} = \lambda_{右} \cdot C_{本} \tag{8-16}$$

三、进口道设有专用左转车道而未设专用右转车道

（一）进口道设计通行能力

$$C_{本左} = \frac{\Sigma C_{直右}}{1 - \lambda_{左}} \tag{8-17}$$

（二）专用左转车道设计通行能力

$$C'_{本} = \lambda_{左} \cdot C_{本左} \tag{8-18}$$

式中：$C'_{本}$——经折减后本断面进口能的设计通行能力（辆/h）；

其余符号意义同前。

四、通行能力的验算

对面进口道左转车对本断面各种直行车通行能力的折减。在一个信号周期内，对面到达的左转车超过 3 ~4 辆时，应折减本面各种直行车道的通行能力。

$$C'_{本} = C_{本} - n_{直}(C_{左对} - C'_{左对}) \tag{8-19}$$

式中：$C'_{本}$——折减后本断面进口道的设计通行能力（辆/h）；

$C_{本}$——本断面进口道的设计通行能力（辆/h）；

$n_{直}$——本断面各种直行车道数；

$C_{左对}$——对断面进口道左转车的数量（辆/h）；

$C'_{左对}$——不影响本断面各种直行车道通行能力的对面左转车数量（辆/h）。

【例 8-1】 十字交叉口进口车道如图 10-28 所示。各方向绿灯时间均为 52s，交叉口周期时长 110s，各面进口道的右转车比例均为 20%、左转车比例均为 10%，东西方向

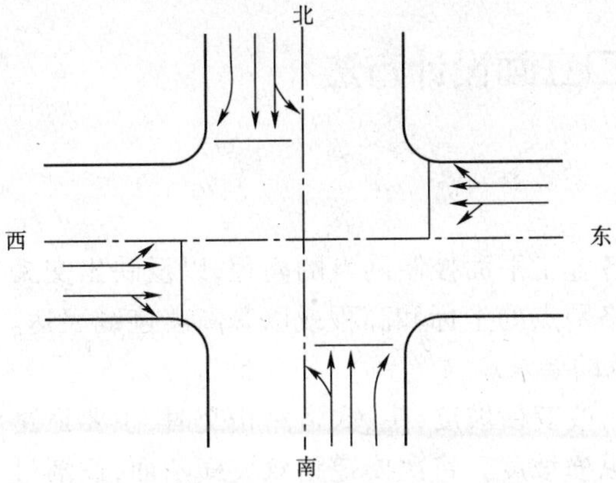

图 8-28　十字交叉口进口车道图

直左车道中左转车的比例为 20%，南北方向直左车道中左转车的比例为 25%，驾驶员看见绿灯亮后启动车辆并通过停车线的平均时间 2.3s，车辆通过停车线的时间间隔为 2.5s，直行车修正系数为 0.9。不影响本断面直行车的对面进口道左转车的数量为 3 辆/周期。求交叉口的通行能力。

【解】　(1)南北东西方向绿灯时间一致，因此各方向一条直行车道的设计通行能力均为

$$C_S = \frac{3\,600}{T}\left(\frac{T_{绿} - T_1}{T_{均}}\right)\phi = \frac{3\,600}{110} \times \left(\frac{52 - 2.5}{2.3} + 1\right) \times 0.9 = 737(辆/h)$$

(2)南北方向一个进口道通行能力计算：

南北方向设有专用右转车道没有左转车道。其中，一条直左车道的设计通行能力为

$$C_{Sl} = C_S\left(1 - \frac{\beta'_l}{2}\right) = 737 \times \left(1 - \frac{0.2}{2}\right) = 663(辆/h)$$

则一个进口道设计通行能力为

$$C_{er} = \frac{\Sigma C_S + C_{Sl}}{1 - \beta_r} = \frac{C_S + C_{Sl}}{1 - \beta_r} = \frac{737 + 663}{1 - 0.2} = 1\,750(辆/h)$$

检验对面左转车是否会影响本断面进口道的通行能力：

不影响本断面直行车的对面进口道左转车的数量为 $C'_{左对} = 3 \times \frac{3\,600}{110} = 98$(辆/h)，一个进口道对面左转车数量为 $C_{左对} = C_{er} \times \beta_l = 1\,950 \times 0.1 = 195$(辆/h)，由于 $C_{左对} > C'_{左对}$，因此折减后的一个进口道通行能力为：

$$C'_{er} = C_{er} - n_S(C_{左对} - C'_{左对}) = 1\,750 - 2 \times (195 - 98) = 1\,556(辆/h)$$

(3)东西方向一个进口道通行能力计算：

东西方向没有专用转弯车道。其中，一条直右车道的设计通行能力为 $C_{Sr} = C_S = 737$(辆/h)，一条直左车道的设计通行能力为：

$$C_{Sl} = C_S\left(1 - \frac{\beta'_l}{2}\right) = 737 \times \left(1 - \frac{0.2}{2}\right) = 663(辆/h)$$

则一个进口道设计通行能力为 $C_e = C_{Sr} + C_{Sl} = 737 + 663 = 1\,400$(辆/h)。

(4)检验车对面左转车是否会影响本断面进口道的通行能力：

不影响本断面直行车的对面进口道左转车的数量为：$C'_{左对} = 3 \times \frac{3\,600}{110} = 98$(辆/h)，一个进口道对面左转车数量为 $C_{左对} = C_e \times \beta_l = 1\,400 \times 0.1 = 140$(辆/h)，由于 $C_{左对} > C'_{左对}$，因此折减后的一个进口道通行能力为：

$$C'_e = C_e - n_s(C_{左对} - C'_{左对}) = 1\,400 - 2 \times (140 - 98) = 1\,316(辆/h)$$

(5)计算交叉口总通行能力：

$$1\,311 \times 2 + 1\,556 \times 2 = 5\,744(辆/h)$$

第四节　平面交叉口立面设计方法

一、交叉口竖向设计的目的和原则

交叉口竖向设计就是要确定交叉口范围内各施工平面控制网点的高程，以反映出交叉口处道路表面的形态。这种起伏形态通常以方格网点的坐标和高程或以等高轨迹线表达。交叉口竖向设计要同时满足行车、排水、建筑艺术的要求。

相同等级道路相交时，一般各自的纵坡不变，改变横坡度；主、次道路相交时，主要道路的纵、横断面均维持不变，适当改变次要道路的纵横坡度。将次要道路双坡横断面，逐渐过渡到与主要道路纵坡相一致的单坡横断面，以保证主要道路的交通便利；路口纵坡度宜不大于2%，困难情况下应不大于3%；横坡要平缓些，一般不大于路段横坡，以利于行车；交叉口立面设计标高应与周围建筑物的地坪高程协调一致；纵坡方向设计时至少应有一条道路的纵坡方向背离交叉口；交叉口范围布置雨水口时，应不使地面水流过交叉口的人行横道，或在交叉口内产生积水，也不应流入另一条道路。因此进水口应设在人行横道处地面水流方向的上游和设计等高线的低洼处。

二、交叉口竖向设计的形式

交叉口竖向设计最终确定交叉口处各点高程，为施工提供高程依据，另外，要画出等高轨迹线，并判别和评价行车稳定和排水情况。这种等高轨迹线的主要形式，主要取决于交叉范围相交道路的纵坡、横坡及地形。通常有以下几种形式。

(一)凸形地形

如图8-29a)所示，相交道路的纵坡均由交叉口中心向外倾斜设计：纵坡不变，横坡稍做变化排水：让地面水向交叉口四个街角的街沟排除，交叉口内不需设置雨水口。

(二)凹形地形

如图8-29b)所示，相交道路的纵坡均向交叉口中心倾斜：中心抬高，纵坡方向和坡值变化排水：交叉口四个角上的低洼处设置进水口。

(三)分水线地形

如图8-29c)所示，3条道路纵坡向外，1条向交叉口中心倾斜。排水横坡度向着交叉口的路口上人行横道上游设置进水口。

(四)谷线地形

如图8-29d)所示，3条道路纵坡向交叉口中心倾斜，1条纵坡向外；排水横坡度向着交叉口的路口在人行横道上游设置进水口。

(五)斜坡地形

如图8-29e)所示，相邻两条道路纵坡向交叉口中心倾斜，另两条向外倾斜，相交道路纵坡不变，将两条道路的双向横坡逐渐过渡为单向横坡，使交叉口形成单向倾斜的斜面。排水横坡度向着交叉口的路口在人行横道上游设置进水口。

(六)马鞍形地形

如图8-29f)所示，相对两条道路纵坡向交叉口中心倾斜，另两条向外倾斜。坡度向着交叉口的路口在人行横道上游设置进水口。当位于水平地形上，设计中可将交叉口的设计高程稍微抬高一些即可成为凸形,这是一种特殊形式。

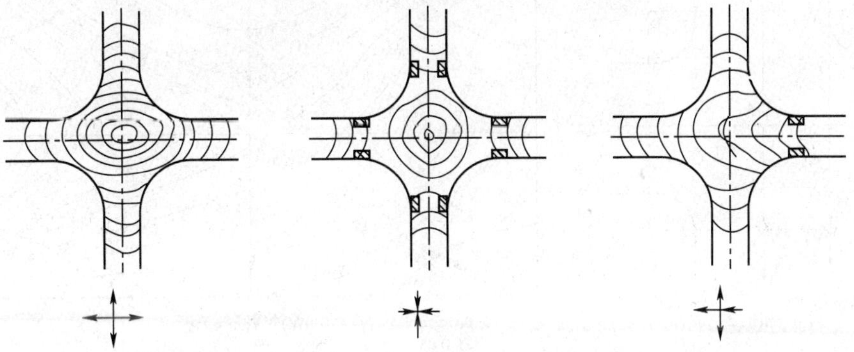

a)凸形地形等高轨迹线图式之一　b)凹形地形等高轨迹线图式之一　c)分水岭地形等高轨迹线图式之一

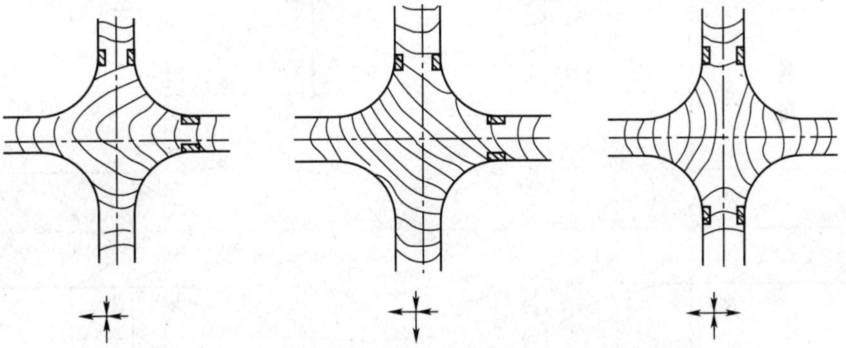

d)谷形地形等高轨迹线图式之一　e)斜坡地形等高轨迹线图式之一　f)马鞍形地形等高轨迹线图式之一

图 8-29　环形交叉口立面设计形式示意图

三、平面交叉口竖向(立面)设计方法

平面交叉口立面设计方法主要有方格网法、设计等高线法、方格网设计等高线法,如图8-30所示。方格网法是指在交叉口范围内以相交道路中心线为坐标基线打方格网,测出方格点上的地面高程,并求出设计高程,从而计算出施工高度。设计等高线法是在交叉口范围内选定路脊线和高程计算线网,并计算其上各点的设计高程,勾绘交叉口设计等高线,最后标出各点施工高度。两种方法的比较:设计等高线法更能清晰反映交叉口的立面设计形状,但等高线上的高程点在施工放样时不如方格网法方便。方格网设计等高线法结合了两种方法的优点。

(一)方格网设计等高线法立面设计的步骤

步骤主要是路段上设计等高线绘制和交叉口上设计等高线绘制。

1. 搜集资料

搜集交叉口的测量、交通、排水、道路等资料。

2. 绘平面图

确定交叉口设计范围,即缘石半径切点以外 5 ~ 10m 作为绘制范围。绘制交叉口平面图。

3. 绘制设计等高线

确定设计图式和等高线间距(高差),取偶数 0.02 ~ 0.10m,便于计算。调整等高线。

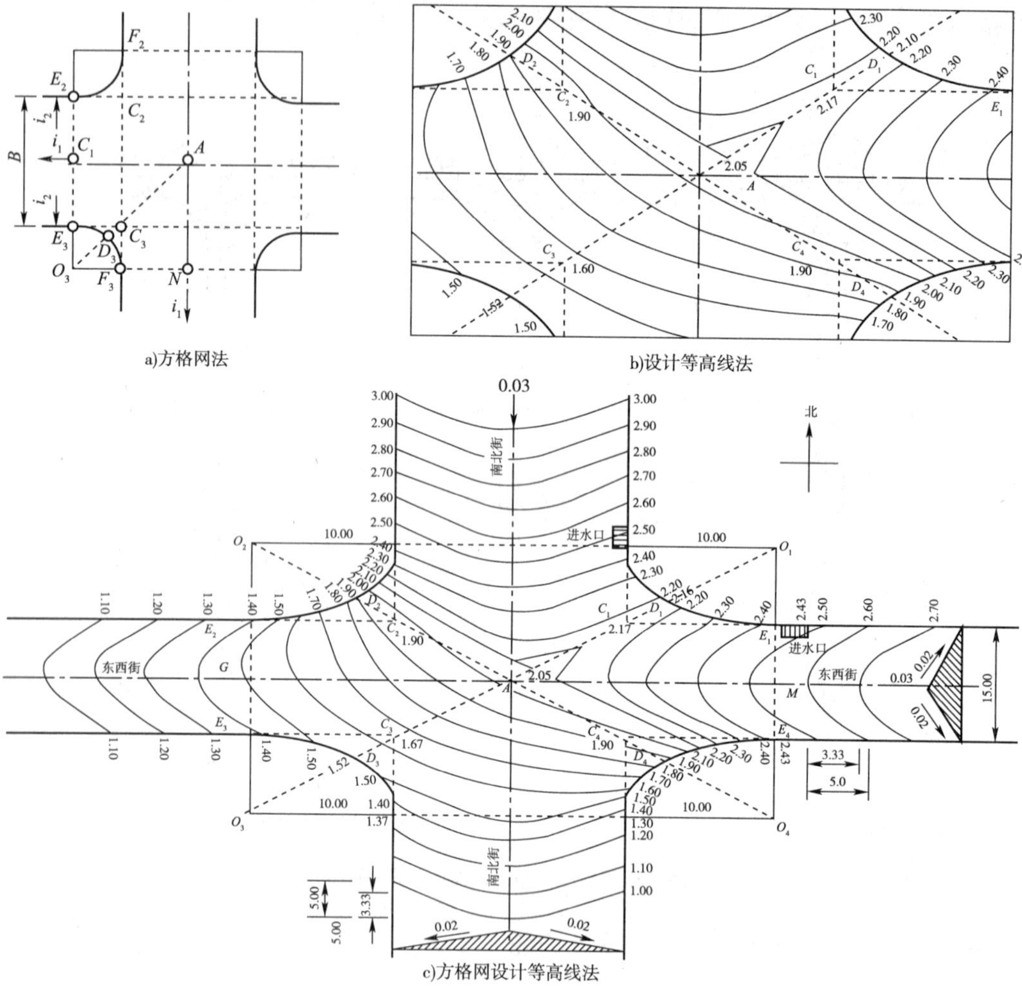

a)方格网法　b)设计等高线法　c)方格网设计等高线法

图 8-30　方格网法、设计等高线法、方格网设计等高线法示意图

4. 计算施工高度

施工高度是施工时据以控制的高度，其值等于设计高程与地面高程之差。

（二）设计等高线的绘制方法

1. 路段设计等高线的计算和画法

(1)确定路中等高线位置

在行车道中心线上根据设计纵坡度定出某一整型数的设计高程点位置。设相邻设计等高线高差为 h，计算中心线上相邻等高线的水平间距 l_1，根据 l_1 确定中心线上其余等高线位置。

(2)取定路边缘等高线位置

确定等高线在边缘线(边沟)上沿纵坡上方偏移的水平距离 l_2，根据 l_2 定出行车带边缘线上其余等高线的位置。

(3)连接同一等高线上的各点

即得设计等高线表示的道路路段立面设计图。

2. 交叉口上设计等高线的绘制

平面交叉口立面设计时，需要选择合适的路脊线和高程计算线网。关键是确定路脊线，所谓路脊线是指路拱顶点的连线，通常是对向车辆行驶轨迹的分界线，即行车道的中心线。

路脊线选择原则是考虑交叉口上行车平顺,排水顺畅及交叉口的均衡美观。交叉口上路脊线和控制高程的确定,一般是以路脊线的交点为其控制高程位置。

交叉口上设计等高线的绘制步骤概括为两点:第一,确定高程计算线网并计算高程计算线上各点的设计高程。高程计算线网是指立面设计中计算交叉口范围内各点高程必需的辅助线。高程计算线网的确定方法有方格网法、圆心法、等分法、平行线法等。第二,确定高程计算线网并计算高程计算线上各点的设计高程。

(1)用方格网法确定高程计算线网

如图8-31a)所示,根据路脊线交点 A 的控制高程 h_A,逐一求出其他点的设计高程,用内插法求缘石曲线和路脊线上其他各点的设计高程:如 E_3D_3 弧线上,插入等高线的条数根据内插法确定。

(2)用圆心法确定高程计算线网

如图8-31b)所示,在路脊线上根据施工需要每隔一定距离(或等分)定出若干点,把这些点分别与相应的缘石转弯半径的圆心连成直线,即得交叉口高程计算线网。

(3)用等分法确定高程计算线网

如图8-31c)所示,把交叉口范围内的路脊线分为若干等分,然后在相应的缘石曲线上也分成同样数量的等分,依顺序连接这些等分点,即得交叉口高程计算线网。

(4)用平行线法确定高程计算线网

如图8-31d)所示,先把路脊线交点与各转角的圆心连成直线,然后根据施工需要把路脊线分成若干点,通过这些点作平行线交于缘石曲线,即得高程计算线网。

下面,介绍方格网设计等高线法作平面交叉口的立面设计示例,供参考。

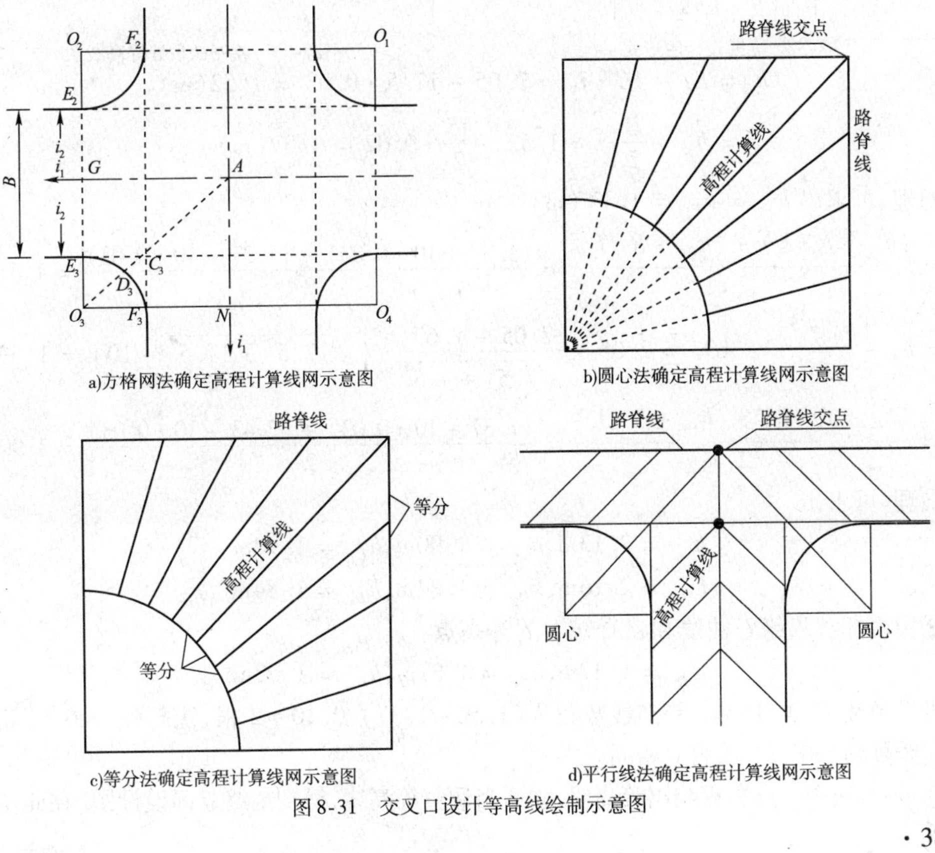

a)方格网法确定高程计算线网示意图

b)圆心法确定高程计算线网示意图

c)等分法确定高程计算线网示意图

d)平行线法确定高程计算线网示意图

图8-31　交叉口设计等高线绘制示意图

【例 8-2】 某交叉口的立面设计图式选定如图 8-32 所示的形式。已知相交道路的路中心线、街沟纵坡 $i_1 = i_3 = 0.03$，路面横坡 $i_2 = 0.02$，车行道宽度 $B = 15\text{m}$，缘石半径 $R = 10\text{m}$，交叉口中心高程为 2.05m，等高线间距 h 采用 0.10m，试使用方格网设计等高线法绘制交叉口的立面设计图，并把缘石曲线上的高程点平均分配。

【解】 (1)绘制路段上设计等高线

$$l_1 = \frac{h}{i_1} = \frac{0.10}{0.03} = 3.33(\text{m}) \quad l_2 = \frac{B}{2} \cdot \frac{i_2}{i_3} = \frac{15}{2} \cdot \frac{0.02}{0.03} = 5.00(\text{m})$$

设计高程为 2.10m 的等高线在东西道路中心线上的位置在交叉口中心点向右偏移 1.665m。

设计高程为 2.00m 的等高线在东西道路中心线上的位置在交叉口中心点向左偏移 1.665m。

(2)绘制交叉口上设计等高线

①如图 8-33 所示，根据交叉口中心高程 h_A，逐一求出其他点的设计高程。

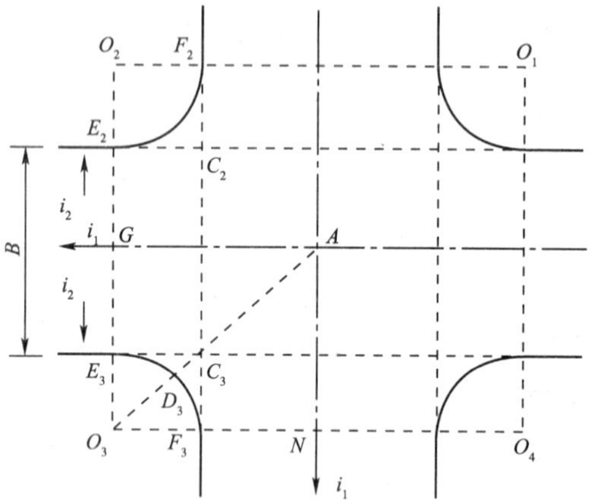

图 8-32 立面设计图形式

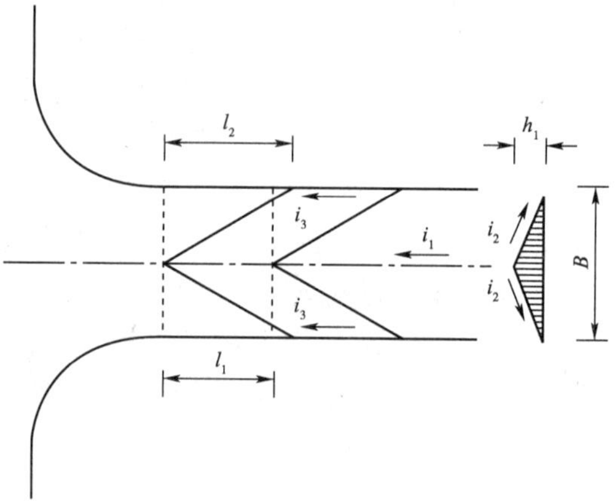

图 8-33 绘制的设计等高线图

$$h_G = h_A - AG \cdot I_1 = 2.05 - 17.5 \cdot 0.03 = 1.52(\text{m})$$

$$h_{E_2} = h_G - \frac{B}{2} I_2 = 1.52 - \frac{15}{2} \cdot 0.02 = 1.37(\text{m})$$

同理，可求出 $h_{F_3} = h_{F_4} = 1.37$ (m)

$$h_{\epsilon_3} = \frac{(h_{E_3} + R \cdot I_3) + (h_{F_3} + R \cdot I_3)}{2} = \frac{(1.37 + 10 \cdot 0.03) + (1.37 + 10 \cdot 0.03)}{2} = 1.67(\text{m})$$

$$h_{D_3} = h_A - \frac{h_A - h_{C_3}}{AC_3} \cdot AD_3 = 2.05 - \frac{2.05 - 1.67}{\sqrt{7.5^2 + 7.5^2}} \cdot (\sqrt{17.5^2 + 17.5^2} - 10) = 1.52(\text{m})$$

$$h_{C_2} = \frac{(h_{E_2} + R \cdot I_3) + (h_{F_2} + R \cdot I_3)}{2} = \frac{(1.37 + 10 \cdot 0.03) + (2.43 + 10 \cdot 0.03)}{2} = 1.90(\text{m})$$

同理，可求出

$$h_{C_1} = 2.13\text{m}, h_{C_2} = 1.90\text{m}, h_{C_4} = 1.90\text{m}$$
$$h_{D_1} = 2.16\text{m}, h_{D_2} = 1.84\text{m}, h_{D_4} = 1.84\text{m}$$

②用内插法求缘石曲线和路脊线上的等高点：

$$h_{E_3} = 1.37\text{m}, h_{F_3} = 1.37\text{m}, h_{D_3} = 1.52\text{m}$$

缘石弧线 E_3D_3 上应有等高线数目为 $(1.52 - 1.37)/0.10 \approx 2$ 根，缘石弧线 D_3F_3 上应有的等高线数目与 E_3D_3 弧线上相同。

③最后，根据各点高程绘出等高线，并适当调整等高线，得到最终立面设计图(在此从略)。

第五节　道路平面环形交叉口设计

一、环形交叉口的特点和适用条件

(一)环形交叉口的特点

环形交叉口无信号灯,无需停车,避免冲突点,提高行车安全性交通组织方便,尤其对多道和畸形交叉口更为有效;中心岛绿化等能美化环境。其缺点是占地面积较大,增加绕岛行驶距离且通行能力不大,由于绕岛车辆交织,车速较低。斜坡较大的地形或桥头引道上,道路纵坡≥3%时或有大量非机动车和行人的交叉口不宜采用。

(二)环形交叉口的适用条件

环形交叉口适用于多路交汇及转弯交通量大的、相交道路中心线之间的夹角大致相似,以及远期规划需要修建立交的近期过渡要求的路口。

二、环形交叉口的组成

环形交叉口组成如图8-34所示。

(一)中心岛

形状一般多用圆形,有时也用椭圆形、卵形、方形圆角和菱形;主次道路相交时宜采用椭圆形;交角不等的畸形交叉可采用复合曲线形。尺寸以半径大小表示。

(二)交织段

交织就是两条车流汇合交换位置后又分离的过程。环形交叉口设计中,交织段内以交织段长度 L 控制。交织长度定义为进环和出环的两辆车辆,在环道行驶时相互交织,交换一次车道位置所行驶的距离,称为交织长度,交织长度大小主要取决于车辆在环道上的行驶速度,交织长度最小应不小于4s的行驶距离。两个路口之间有足够的距离,使在该环道上行驶的车辆,均可在合适的时间相互交织,该段距离称为交织段长度 $L_{交}$,如图8-35所示。

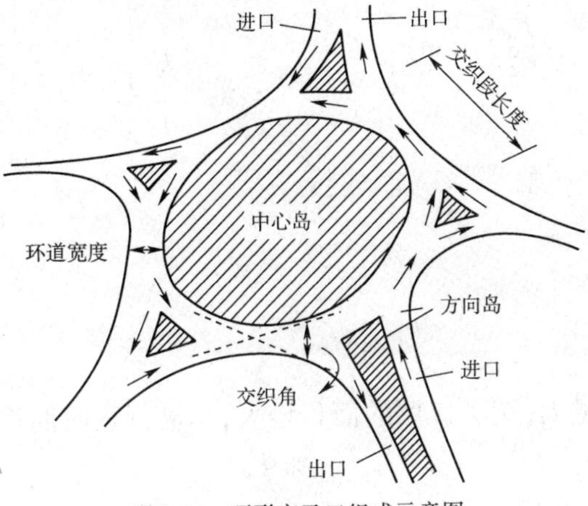

图8-34　环形交叉口组成示意图

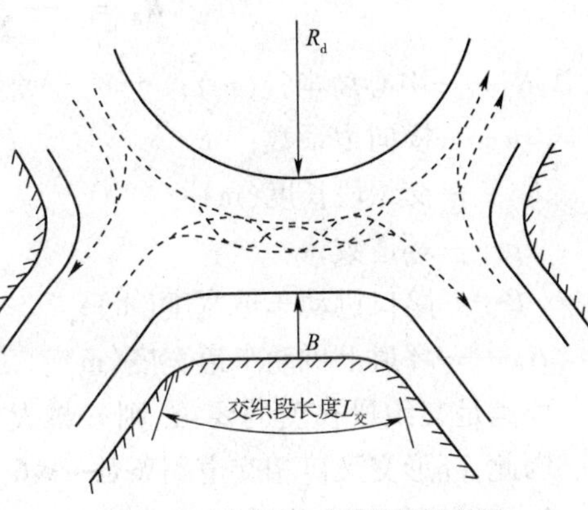

图8-35　环形交叉口交织长度示意图

(三)交织角

交织角是进环车辆轨迹与出环车辆轨迹的平均相交角度。它以距右转车道的外缘1.5m和中心岛边缘1.5m的两条切线交角来表示的,如图8-36所示。

(四)环道宽度

环形交叉口的环道宽度决定于交通量和通行能力,一般为三个车道的宽度,如图8-37所示。

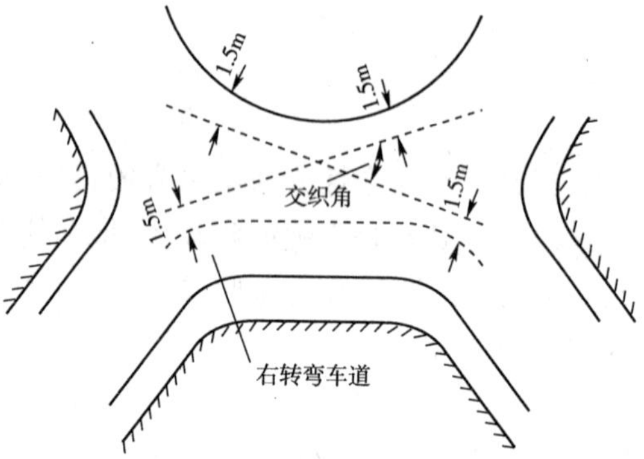

图8-36 环形交叉口交织角示意图

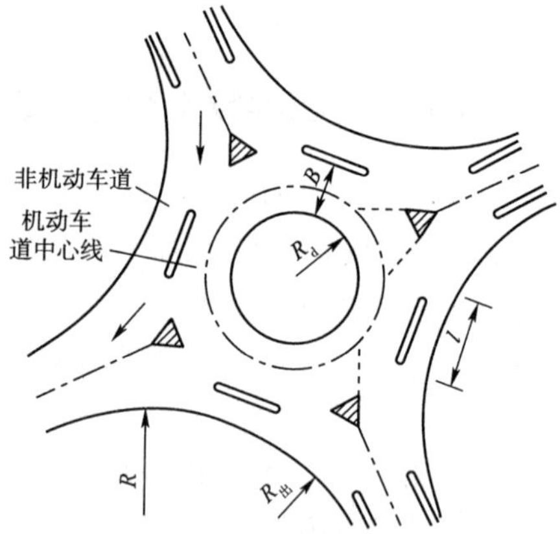

图8-37 环形交叉口的环道宽度

(五)进出口曲线半径和外缘石

半径大小决定于环道设计速度,环道外缘石平面行驶常用反向曲线。

(六)环道横断面

环道横断面大小与行车平稳和排水有关。

三、环形交叉口设计要素

(一)中心岛半径计算

1.根据行车速度计算

中心岛的半径必须满足两个路口之间的最小交织段长度的要求。

$$R_d = \frac{v^2}{127(\mu \pm I_{横})} - \frac{B_{机}}{2} \quad (m) \tag{8-20}$$

中心岛的半径也可以根据交织长度计算:

$$R_d = \frac{n(L_{交} + B)}{2\pi} - \frac{B_{机}}{2} \quad (m) \tag{8-21}$$

式中:R_d——中心岛半径(m);

u——横向力系数;

$L_{交}$——交织段长度(m);

n——环道数;

B——路口机动车道宽度(m);

$B_{机}$——环道上机动车道宽度(m)。

要满足交织段长度的要求,则n越大,R_d越大,交叉口用的面积增大,车辆行程时间增长。因此,环形交叉口相交道路条数$n \leqslant 6$。

2.按交织段长度验算

根据行车速度确定R_d后,按下列公式验算$L_{交}$是否符合要求。

$$R_d = \frac{n(L_{交} + B)}{2\pi} - \frac{B_{机}}{2} \quad (m) \tag{8-22}$$

$$L_{交} = \frac{2\pi}{n}\left(R_{d} + \frac{B_{机}}{2}\right) - B \tag{8-23}$$

$$或\ L_{交} = \frac{2\pi\alpha}{360}\left(R_{d} + \frac{B_{机}}{2}\right) - B \tag{8-24}$$

式中：α——相邻道路中心线所形成的夹角，当夹角不相等时取最小夹角值。

公路环形交叉口的中心岛直径，宜采用 50 ~ 80m，城市道路环形交叉口的中心岛直径，宜采用 40 ~ 60m。

（二）环道的宽度

决定于相交道路的交通量和交通组织，一般设置三条机动车道，不宜设置过多。绕岛车道、交织车道、右转车道；当中心岛半径为 20 ~ 40m 时，机动车道宽度均采用 15 ~ 16m；非机动车道宽度一般不宜超过 8m。

（三）环道的交织角

交织角大小取决于环道宽度和交织段长度；交织角越小，行车就越安全；交织角以控制在 20° ~ 30°之间为宜。

（四）环道进出口的转弯半径

决定于环道的设计速度；环道进口的曲线半径应接近于或小于中心岛半径；环道出口曲线半径可较进口半径大一些，但不要相差太大，以便车辆加速驶出环道。

（五）环道的横断面形式

与行车平稳和排水有很大关系，通常路拱脊线设在交织车道的中间，在进出环道处，横坡度的变化应缓和，中心岛四周应设置雨水口，保证环道上积水的排除，在进出口之间一般设方向岛。

（六）环道的外缘石

从提高路面利用率考虑，环道外缘石宜采用直线圆角型。

四、环形交叉口的通行能力

环形交叉口的通行能力计算是以三种假设为前提的。这些假设有：第一，左、直、右车辆均做交织运行；第二，各进口道左、直、右转车辆数相等；第三，不考虑非机动车和行人的影响。环形交叉口通行能力计算示意如图 8-38 所示。

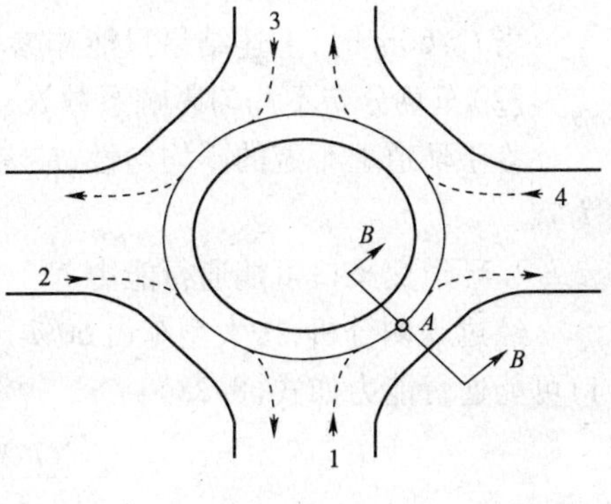

图 8-38　环形交叉口通行能力计算示意图

1. 当环道上只有一条车道时

如果环道上只设一条车道，此时通过任意交织断面 B-B 的直、左、右车辆必须顺序驶过 A 点，则 A 进口道通行能力为：

$$N_A = N_{左1} + N_{直1} + N_{右1} + N_{左2} + N_{直2} + N_{左3}$$

通常情况下，各进口道驶入的车辆数相差不大，假设各进口道的左、直、右车辆交通量相等时，则

$$N_A = 3N_{左} + 2N_{直} + N_{右}$$

再假设进口道左转和右转车大致相等，则

$$N_A = 2(N_{左} + N_{直} + N_{右})$$

整个环道通行能力 $N_{环}$ 为：

$$N_{环} = 4(N_{左} + N_{直} + N_{右})$$
$$N_{环} = 2N_A(辆/h)$$

2. 当环道上设有两条及以上车道时

当两条以上的环道车道中其中一条为专用右转车道，其余为绕岛和交织行驶车道，由于右转车不参与交织，则环形交叉口总通过量 $N_{总}$ 为

$$N_{总} = N_{直、左} + N_{右}$$

式中：$N_{直、左}$——各交汇道路进口道的直行和左转车通过量(辆/h)；

$N_{右}$——各交汇道路进口道的右转车通过量(辆/h)。

设 A 点车流是均匀的，t_i 为左、直、右车辆通过交织断面的车头时距，则 A 进道的通行能力 N_A 为：

$$N_A = 3\,600/t_i \tag{8-25}$$

当汇交道路驶入环道交通量基本相等，且左右车辆比例相同时，环道通行能力 $N_{环}$ 为：

$$N_{环} = 2N_A = 7\,200/t_i \tag{8-26}$$

设 p 为右转车辆在总交通量中所占的百分比，则有

$$N_{环} = 7\,200/t_i + 0.5N_{环} \cdot p$$
$$N_{环} = 7\,200/[t_i(1 - 0.5p)] \tag{8-27}$$

式中：t_i——左转和直行车辆通过交织断面的车头时距(s)。

正常行驶状态，$t_i = 3.6$s；机动车高峰时，$t_i = 3.1$s；非机动车高峰时，$t_i = 3.6 \sim 3.9$s。

3. 对环形交叉口总通行能力 $N_{总}$ 的修正

(1)交织段影响系数 α

据观测，交织段长度大小对通行能力的影响为：当环道平均车速为17km/h左右时，对于30m长的交织段长度的通行能力影响系数为1；当环道平均车速为20km/h左右时，而交织段长度为60m时，其影响系数为1.2，而当交织段长度在30～60m时，其影响系数为：

$$\alpha = \frac{3l}{2l + 30}$$

式中：l——交织段长度(m)。

当 $l > 60$m 时，上述结果只能作参考。

(2)车辆分布不均匀影响系数 β

鉴于环道上车流的不均匀性，应考虑车辆分布不均匀的影响，根据经验，$\beta = 0.75 \sim 0.85$ 为宜。

4. 环道交叉口可能通行能力 $N_{总}$

经过观测分析，按大型车占60%，小型车占30%，挂车占10%，求得 α、β 后，则环道交叉口可能通行能力如式(8-28)：

$$N_{环} = \frac{7\,200}{t_i(1 - 0.5p)} \cdot \frac{3L_{交}}{2L_{交} + 30} \cdot \beta(辆/h) \tag{8-28}$$

式中：β——系数，由试验路确定。

第六节　道路立体交叉设计

利用跨线构造物使道路与道路(或铁路)在不同水平面相互交叉的连接方式，称为立体

交叉，简称立交。立交常用于高速公路、一级公路、城市快速路和部分城市主干路。立体交叉采用了空间分离车流，控制了相交道路车辆的出入，减少了对高速道路或城市快速路的干扰，消除或减少了冲突点；车流可连续运行，提高了道路的通行能力；节约了运行时间和燃料消耗。立体交叉由跨线结构物、正线（主线）、匝道、变速车道、出口和入口构成。

道路立体交叉设计包括立体交叉的组成、类型和设置条件，立体交叉的规划与选型，分离式立体交叉、互通式立体交叉的设计，立体交叉匝道与变速车道设计，立交辅助设施设计等。

一、立体交叉的组成与设置条件

（一）立体交叉的组成

立体交叉的组成如图 8-39 所示。由跨线结构物、正线（主线）、匝道、变速车道、出口和入口组成。立体交叉有各种类型，其分类见表 8-5。

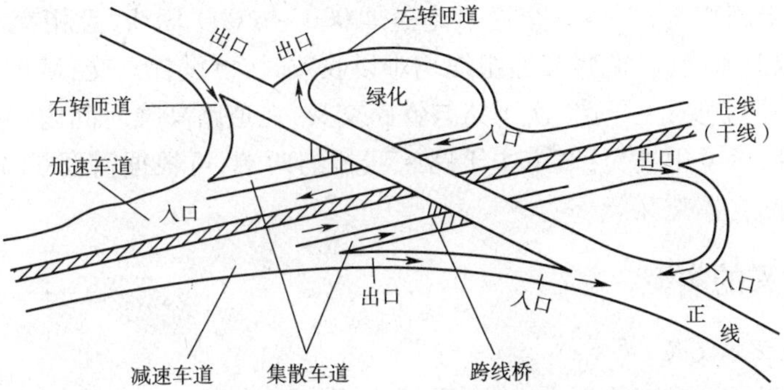

图 8-39　立体交叉的组成示意图

立体交叉分类　　表 8-5

分类方法	基本形式	主要类型	
按结构物形式分类	道路与道路立交		
	道路与铁路立交		
按跨越方式分类	上跨式立交	高架道路、跨线桥	
	下穿式立交	地道和高速公路上人行、汽车、拖拉机通道	
按交叉功能分类	车行立交	机动车与非机动车分道混行立交	
		机动车与非机动车分层分行立交	
	人行立交	人行天桥	
		人行地道	
按有无匝道连接分类	分离式立交	完全分离式	
		分离式两层	
		分离式三层	
	互通式立交	部分互通式	菱形
			苜蓿叶形
		完全互通式	喇叭形
			定向式
			环形（两层、三层、四层）
			梨式
			组合式

（二）立体交叉的设置条件

1. 公路设置立交的条件

（1）道路与铁路交叉时

高速公路、一级公路与铁路相交、因地形条件限制而采用平交危及行车安全时，与大量调车作业的铁路线路相交时必须设置立体交叉。当地形条件允许，经过技术经济比较确定为合理，修建铁路与道路立交时，可根据需要同时修建与铁路平行而距离较近的道路与主干路的立体交叉，确有特殊需要，应采用立交。

（2）公路与公路交叉时

高速公路与高速公路或其他公路相交时，必须采用立交；一级与其他交通量大的公路相交时，宜采用立交。

2. 城市道路设置立交的条件

主干路与主干路相交，当路口交通量超过 4 000 ~ 6 000 辆/h，且相交道路为四车道以上，并对平交采取改善措施，调整交通组织均难以收效时，可设置立交；城市快速路与其他城市道路相交，宜采用立交；主干路、次干路与铁路交叉，在道路高峰时间内经常发生一次封闭时间超过 15 分钟，可采用立交；城市主干路跨线桥的两端，可根据需要扩建桥梁边孔，修建主干路与滨河路的立体交叉。

二、立体交叉的类型

（一）分离式立体交叉

分离式立体交叉又称简单立交，指上下层之间互不连通的立体交叉形式。其构造特点是：仅设跨线构造物一座，使相交道路直行车流空间分离，上、下道路无匝道连接的交叉方式。分离式立体交叉具有立交结构简单，占地少，造价低，但相交道路的车辆不能转弯行驶的特点。适用于高速道路与铁路或次要道路之间的交叉。

分离式立体分为完全分离式、分离式两层和分离式三层立交。相交路线之间完全不能互通，只允许直行车流行驶的立体交叉称为完全分离式；保证其中一条交通量较大的道路上车流的畅通无阻，另一方向直行和两方向的左、右转车辆在桥下平面交叉称为分离式两层；一方向采用地道桥，另一方向采用跨线桥，中间原地平面供左右转车辆（交通量不太大）和非机动车行驶叫做分离式三层。

（二）互通式立体交叉

互通式立体交叉的是由上下层之间用匝道或其他方式连接的立体交叉构成：设跨线构造物使相交道路空间分离，且上、下道路有匝道连接，以供转弯车辆行驶的交叉方式。特点：车辆可转弯行驶，全部或部分消灭了冲突点，各方向行车干扰较小，但立交结构复杂，占地多，造价高。

互通式立体交叉分为部分互通式、完全互通式。

1. 部分互通式立体交叉

相交道路的车流轨迹线之间至少有一个平面冲突点的交叉。适用于当个别方向的交通量很小或分期修建时，高速道路与次要道路相交或用地和地形等限制时可采用这种类型立交。部分互通式立体交叉的代表形式主要有菱形立交、部分苜蓿叶形立交。

（1）菱形立交

图 8-40 为菱形立体交叉，由四条匝道呈菱形连接相交道路的立体交叉，保证主线直行

车快速通畅。其特点是占地少、结构简单、造价低，主线一般为下穿式，次线上可通过渠化或设置信号灯等措施来组织交通；适用于主次道路相交、次路上交通量不大的交叉口。

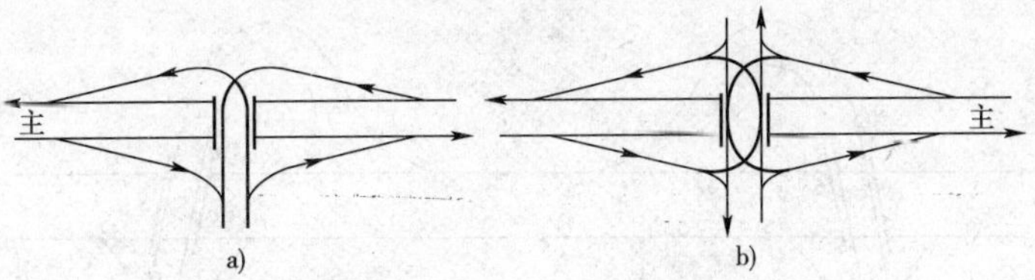

图 8-40　菱形立体交叉示意图

（2）部分苜蓿叶形立体交叉

部分苜蓿叶形立体交叉保证主线直行车快速通畅，次要道路由于设置的匝道不全而具有平面交叉的情况，如图 8-41 所示。其特点是通行能力比菱形立交大、占地较大。适用于主次道路相交、或城市用地拆迁困难的交叉口，根据转弯交通量的大小或场地的限制选择。部分苜蓿叶式立交叉可分为对角象限部分互通以及相邻象限平交全互通的形式。

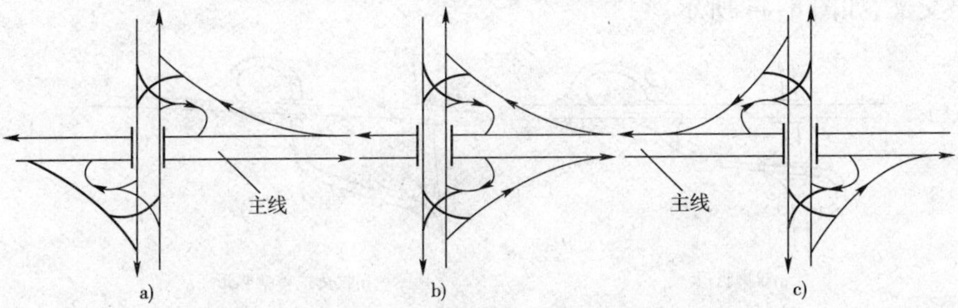

图 8-41　部分苜蓿叶形立体交叉示意图

2. 完全互通式立体交叉

完全互通式立体交叉指相交道路的车流轨迹线全部在空间分离的交叉。其特点是各转向都有专用匝道，适用于高速道路之间及高速道路与其他高等级道路相交；完全互通式立交的主要代表形式有苜蓿叶形、喇叭形、Y 形、X 形等。

（1）苜蓿叶形立体交叉

苜蓿叶形立体交叉如图 8-42 所示。其特点是无冲突点，占地面积大，左转绕行距离长，环圈式匝道车速低，存在交织。适用于高速道路之间的立交，城市道路采用较少。当带有集散车道时，关键是消除交织，即将转弯车辆从直行车道上分离出来，以保证主线上直行车不受转弯车辆出入主线的干扰。图 8-42b）为 20 世纪 80 年代建设的北京建国门苜蓿叶形立体交叉，有效地实现了机动和非机动车辆的分离。

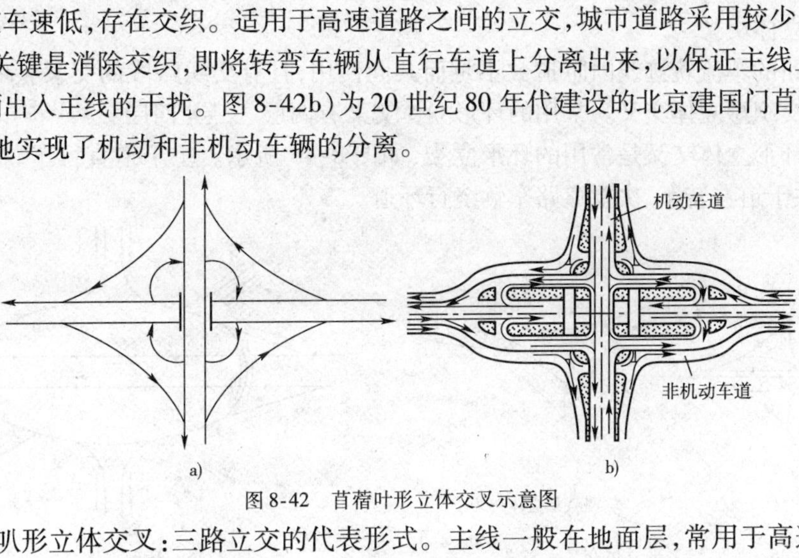

图 8-42　苜蓿叶形立体交叉示意图

（2）喇叭形立体交叉：三路立交的代表形式。主线一般在地面层，常用于高速和郊外的三路交叉。

经环形左转匝道驶入正线(或主线)叫做 A 式;经环形左转匝道驶出正线(或主线)称为 B 式。当正线(或主线)交通量大时,宜采用 A 式,如图 8-43 所示。

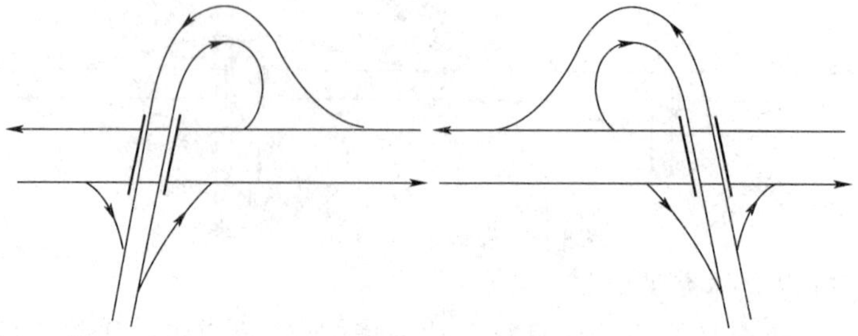

a)A式　　　　b)B式

图 8-43　苜蓿叶形立体交叉示意图

简单喇叭形 B 式是指经环形左转匝道驶出正线(或主线)、收费式喇叭形立交,可用于四路、三路交叉,如图 8-44 所示。

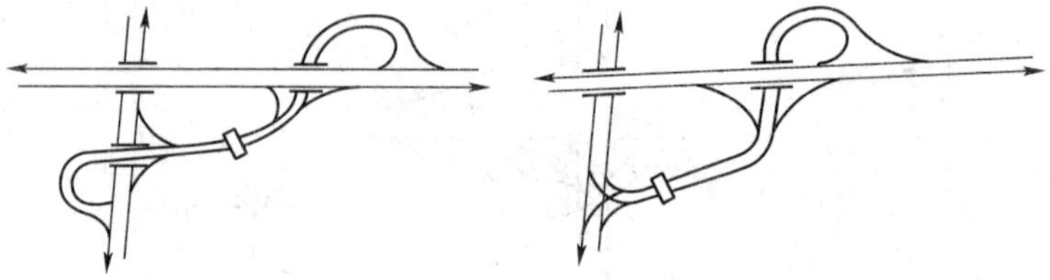

a)双喇叭形　　　　b)收费式单喇叭形

图 8-44　收费式双喇叭形四路交叉示意图

3. 定向式 X 形立体交叉

X 形的特点是各个方向车辆均设有直接的连接匝道,是互通式立交的最高形式。适用于一般用于直行与转弯交通量均较大的高等级道路相交处,如图 8-45a)所示。

4. Y 形立体交叉

Y 形立体交叉的特点是正线与立交匝道作为一体设计,行车方向最易识别,无交织,无冲突点,转弯路线短捷,平面线形好,但构造物多,造价高,如图 8-45b)所示。

5. 环形立体交叉

相交道路的车流轨迹线因匝道数不足而共同使用,且有交织路段的交叉。环形立体交叉的特点是交织型立体交叉。常用的环形立体交叉有两层、三层、四层。

两层式环形立体交叉是常用的环形立交,如图 8-46 所示。主干道直行车、右转车直接通过路口,主干道左转车、次要道路车辆绕行环道。

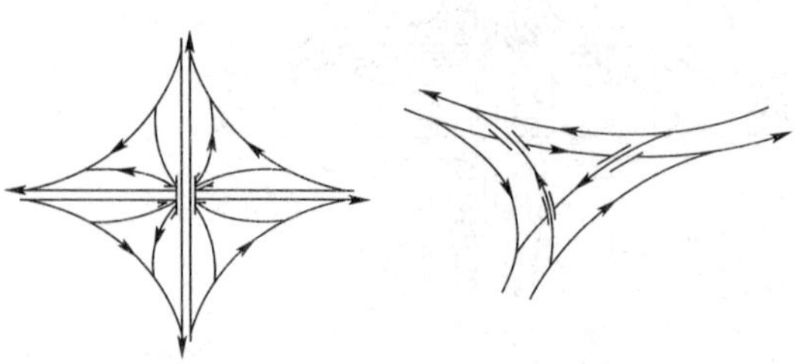

a)X形立体交叉　　　　b)Y形立体交叉

图 8-45　X 形与 Y 形立体交叉示意图

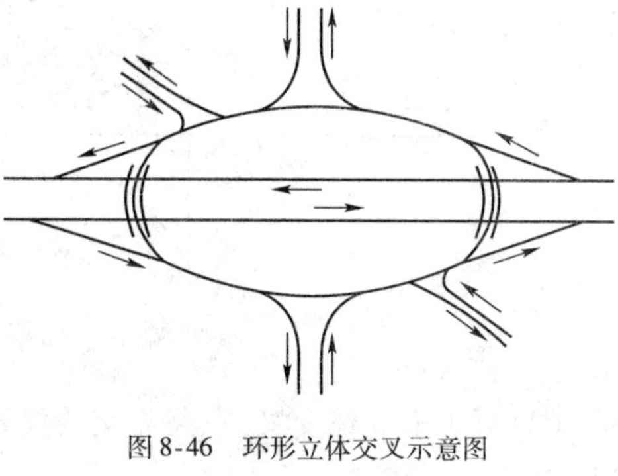

图 8-46　环形立体交叉示意图

6. 迂回式立体交叉

如图 8-47 所示，迂回式立体交叉的特点是延长左转弯车行线，左转弯车辆先右转跨越相交道路，迂回 180°汇入相交道路，占地比全苜蓿叶形减少约 20% ~25%，但左右转车辆需交织 ·段距离。适用于主、次道路相交，且主干路位于宽阔地带处的情形。

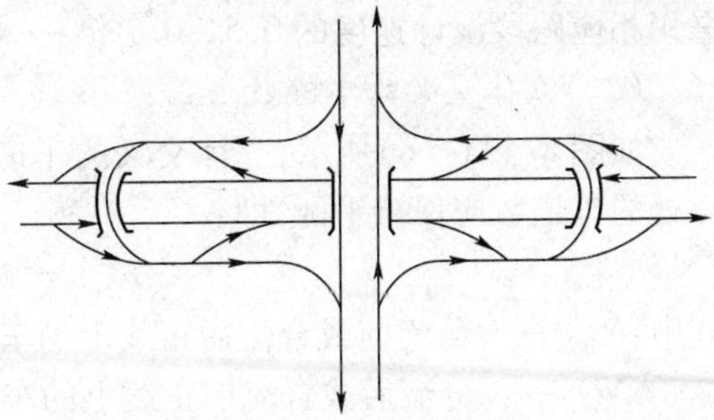

图 8-47　迂回式立体交叉示意图

三、立体交叉设计

（一）立体交叉的间距

立体交叉的间距，为前一个立交匝道上车辆驶入主线的合流点到后一个立交主线上车辆驶出至匝道的分流点之间的距离，如图 8-48 所示。立体交叉的间距要均匀分散交通量，且要有足够的交织段长度，最小交织段长度为 150 ~200m。

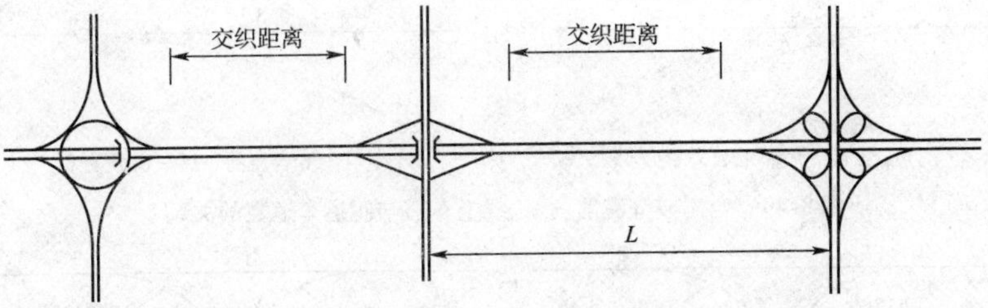

图 8-48　立体交叉间距示意图

立体交叉间距选择宜满足以下要求：

1. 保证判别交通标志的时间

城市中判别交通标志的距离一般为 500m。高速公路互通式立体交叉判别交通标志牌通常设置在三处：第一指示标志设在距立交 2km 处，第二指示标志设在距立交 0.4 ~0.8km 处，第三指示标志设在立交匝道出入口处。

2. 确保平纵曲线衔接合理

如果连续两座立交均是上跨相交道路，则间距过小，将导致连续的“驼峰”，对行车平顺性不利。

3. 立体交叉的合理间距

据大量路段立体交叉调研和分析认为：公路最大间距以不超过 30km 为宜、最小间距不应小于 4km；城市道路互通式立交的间距一般比公路小，最小间距按正线计算行车速度为 80km/h、60km/h 和 50km/h，一般可分别采用 1km、0.9km 和 0.8km。

（二）立体交叉的设计速度

1. 直行方向设计速度

一般情况下，分离式、定向式、苜蓿叶式、三至四层环形立交的立交范围内直行方向设计速度应采用与路段相同的设计速度。菱形、部分苜蓿叶形立体交叉中有平面交叉的直行车流设计速度可采用相应路段设计速度的 0.5 ~0.7。

2. 匝道设计速度

匝道的设计速度应为立交直行车流设计速度的 0.5 ~0.7，并取决于立体交叉的类型。

3. 环形立体交叉的设计速度

分离式、定向式、苜蓿叶式、三至四层环形立交的立交范围内直行方向设计速度应采用与路段相同的设计速度；菱形、部分苜蓿叶形立体交叉中有平面交叉的直行车流设计速度可采用相应路段设计速度的0.5~0.7倍；一般采用25~35km/h速度。

（三）立体交叉的车道数

如图8-49a)、b)所示，立体交叉的车道数是按车道数平衡原则确定的，即分叉点和汇合点处的车道数应保持平衡，即：

$$N_{分前} = N_{分后} + N_{分匝} - 1 \tag{8-29}$$

式中：$N_{分前}$——分流前或合流后正线上的车道数；

$N_{分后}$——分流后或合流前正线上的车道数；

$N_{分匝}$——分流后或合流前匝道上的车道数。

分叉点和汇合点处的车道数应保持平衡及“基本车道数”。基本车道数是指干道必需的车道数。如图8-50所示为立体交叉车道数与平衡原则示意图。

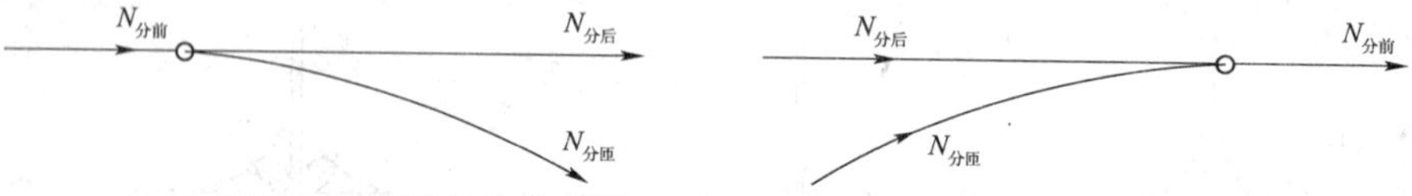

a)分流前、后车道数关系　　b)合流前、后车道数关系

图8-49　合流或分流前、后正线上车道与匝道车道数的关系

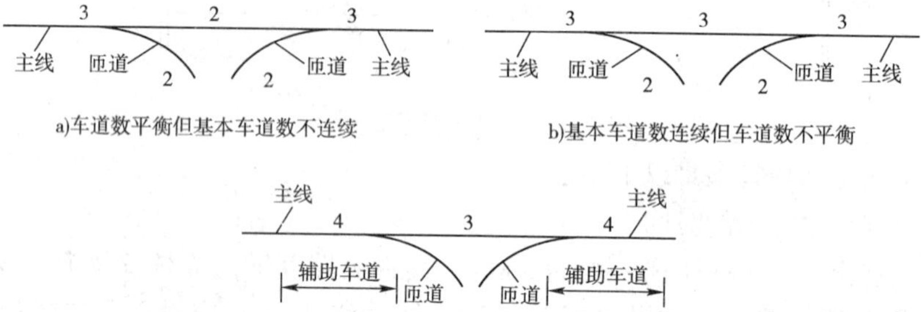

c)车道数平衡且基本车道数连续

图8-50　立体交叉车道数与平衡原则示意图

（四）立体交叉的匝道设计

如图8-51所示，匝道是连接立体交叉上下路线的交换道。匝道有外环匝道、内环匝道之分。匝道同道路或相交路线的交点叫做起点或终点。

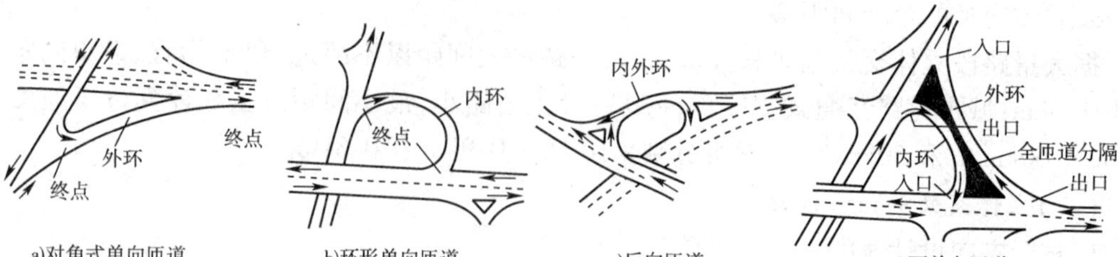

a)对角式单向匝道　b)环形单向匝道　c)反向匝道　d)两单向匝道

图8-51　立体交叉的匝道示意图

1. 匝道的类型

匝道也可分为右转弯匝道、环形匝道、定向式匝道和迂回式匝道四种。

（1）右转弯匝道

如图8-52所示，直接从主干线右转弯驶出并右转进入主线的匝道，属于右进右出式。

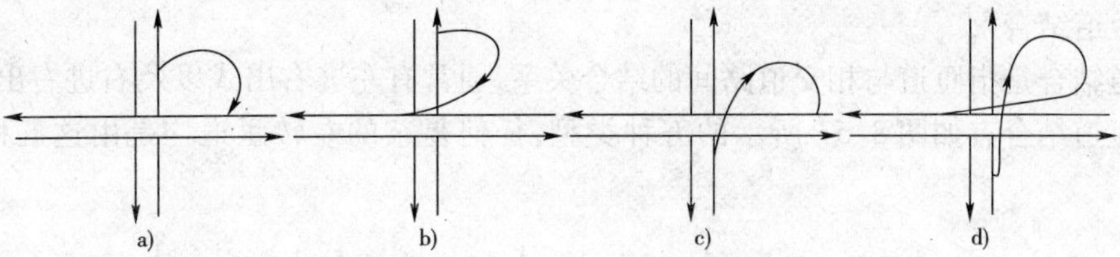

图 8-52　立体交叉的右转匝道示意图

(2)环形匝道

如图 8-53 所示,左转车辆先驶过正线跨线构造物,然后向右回转约 270°达到左转的目的。它属于右进右出式,不需设构造物,但匝道线形指标差。环形匝道多用于左转弯行驶的匝道形式,属于间接式。

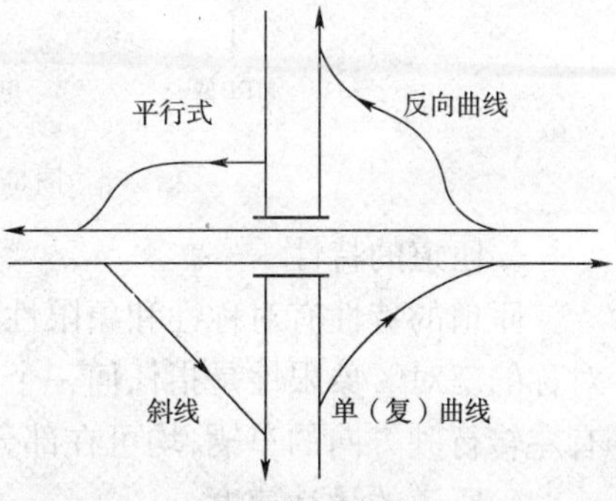

图 8-53　立体交叉的环形匝道示意图

(3)定向式匝道

定向式匝道有直接和半直接两种接入方式,即左出左进直接式,以及左出右进半直接连接,如图 10-54 所示。

(4)迂回式匝道

迂回式匝道有右出右进和右出左进两种接入方式,如图 8-55 所示。

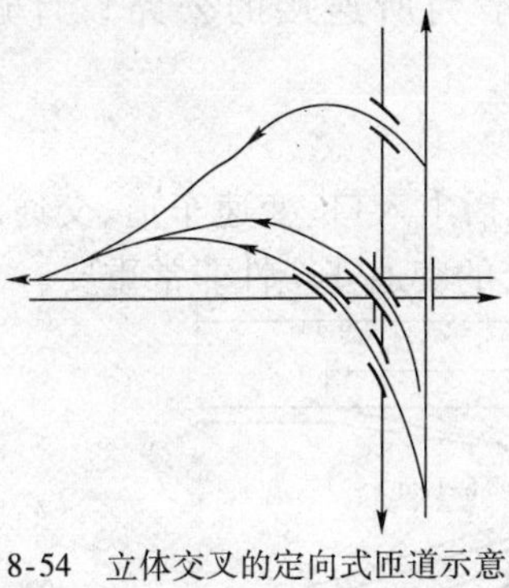

图 8-54　立体交叉的定向式匝道示意图

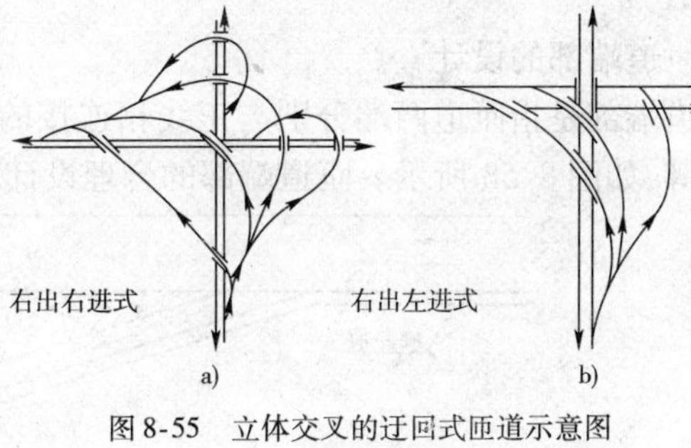

图 8-55　立体交叉的迂回式匝道示意图

(5)左转弯匝道

左转弯匝道有十种接入方式,如图 8-56 所示。

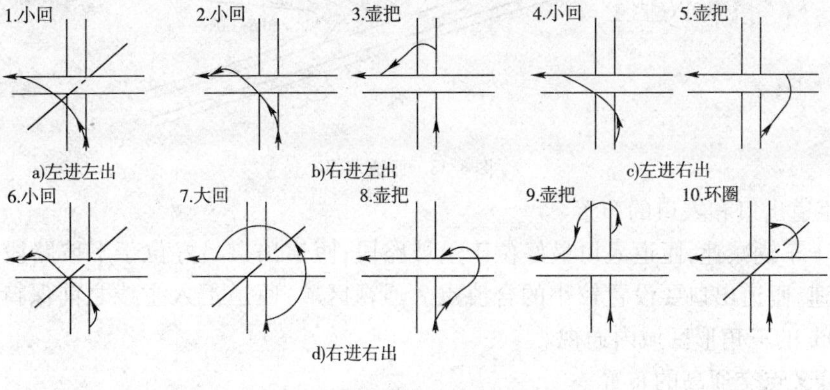

图 8-56　左转弯匝道结合类型示意图

2. 匝道结合

匝道结合是指匝道与相交道路间的结合关系,通常有左进右出式以及右进右出式,对于左转弯匝道结合有如图 8-57 所示的五种类型,任何复杂的左转匝道均是由这五种演变而来的。

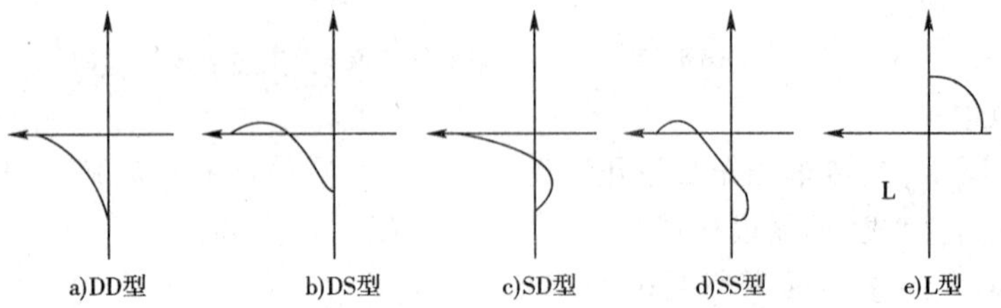

图 8-57 左转弯匝道结合类型示意图

3. 匝道的特性

匝道的特性有对称性和象限性。对称性有自身斜轴对称、自身无对称轴,但可分为相互对称的三对。象限性是指任何一个方向左转的车辆,均可在所有象限内完成左转弯运行;所有左转行驶方向的车辆,均可在部分象限内完成左转弯运行。

4. 匝道的设计速度

匝道的设计速度主要是根据相交道路的等级、转弯交通量的大小以及用地限制和建设费用等条件选定,一般而言,匝道的设计速度一般为所连接的公路设计速度的 50% ~70% 。

5. 匝道端部的设计

匝道端部是指匝道两端分别与正线相连接的部分,包括出入口、变速车道、交通岛及辅助车道等,如图 8-58 所示。匝道端部的合理设计对于立交的交通安全性非常重要。

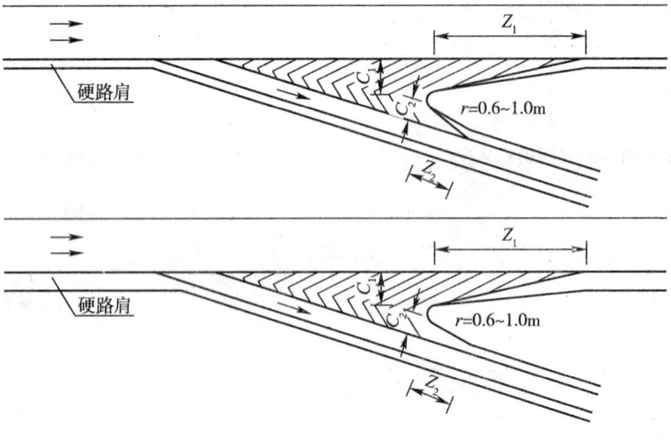

图 8-58 匝道端部

(1)匝道出口和入口的布置

为便于车辆减速,匝道入口最好位于上坡路段;匝道出口最好位于下坡路段,以利于重型车辆加速,匝道出口要设置较小的合流点。通视区域:匝道汇入主线之前保持主线 100m 和匝道 60m 的三角形区域内通视。

(2)分叉点交通岛的布置

为了安全,交通岛端部应做适当偏移,并用缘石砌成圆弧形,其半径为 0.6 ~1.0m,如图

8-58 所示。

(3)汇合点交通岛的布置

交通岛端部不用偏移,通常在主线的路肩上设置交通岛的端部;要保证较小的合流点,在宽路肩的主线上,交通岛端部要适当延长,如图 8-59 所示。

图 8-59 汇合点交通岛布置

(4)端部出口或入口的横断面布置

如图 8-60 所示,从行车安全和排水等方面考虑,当主线为直线或与匝道弯曲方向一致时,匝道与主线的横坡倾斜方向一致,当主线与匝道弯曲方向相反时,匝道与主线的横坡倾斜方向相反。

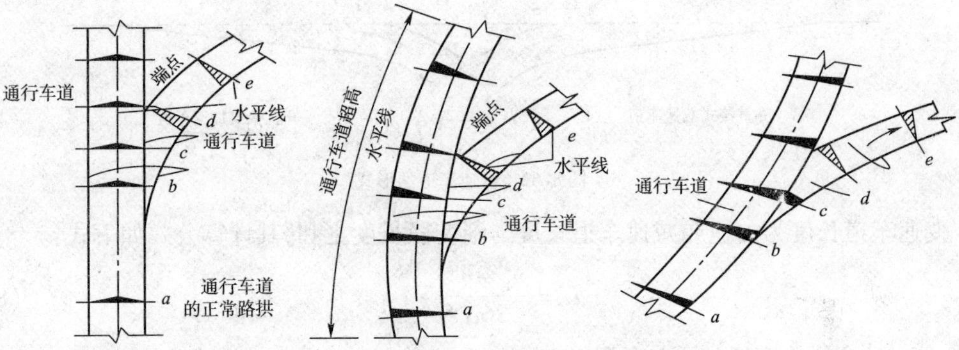

图 8-60 匝道端部横断面布置

6. 匝道口的净距

为保证行车安全,匝道口要有足够的净距,如图 8-61 所示,设计时可参考表 8-6。

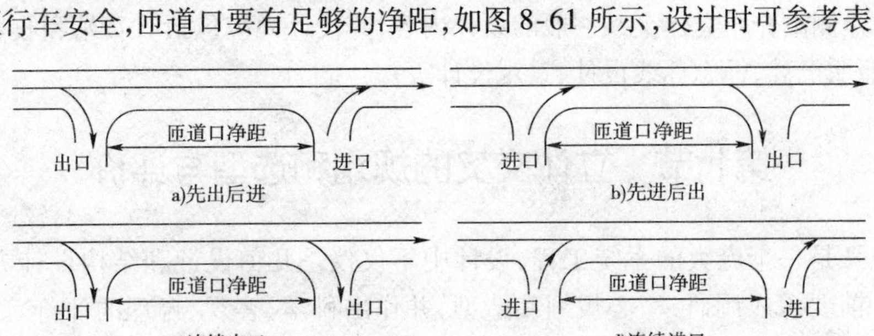

图 8-61 匝道口的净距

匝道口的最小净距　表 8-6

干道计算行车速度(km/h) / 图号	80	60	50	40
a)	55	40	35	30
b)、c)、d)	110	80	70	60

（五）变速车道设计

变速车道的形式有平行式和直接式两种。平行式是在正线外侧平行增设的一条附加车道，原则上加速车道采用平行式。平行式变速车道端部应设渐变段与正线连接，立交直行方向交通量较大时宜采用。直接式不设平行路段，由正线斜向渐变加宽，形成一条与匝道连接的附加车道。

原则上减速车道采用直接式，另外，加速车道较短或双车道的变速车道宜采用直接式，平行车道形式如图 8-62 所示。

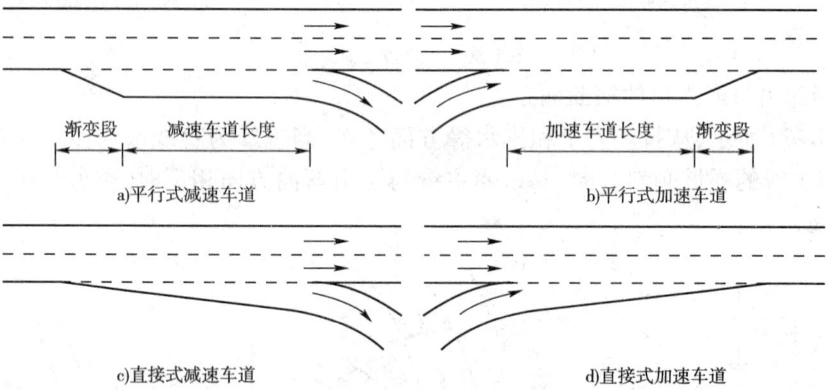

图 8-62　变速车道的形式

变速车道长度为加速或减速车道长度与渐变段长度之和，其计算公式如下式：

$$L = \frac{v_1^2 - v_2^2}{26\alpha} + L_{过渡} \tag{8-30}$$

式中：v_1——主线上车辆的平均行驶速度(km/h)；

v_2——匝道上车辆的平均行驶速度(km/h)；

α——车辆平均加、减速度(m/s^2)，$\alpha_{加} = 1.5 \sim 3.0 m/s^2$，$\alpha_{减} = 0.8 \sim 1.2 m/s^2$。

上述只是侧重介绍立体交叉一般的设计内容，其设计尚应包括收费站和收费广场设计、排水设计、照明设计、标志标线设计、景观设计等。

第七节　立体交叉的规划和选型与评价

立体交叉是一个庞大的系统工程，设计中不仅仅是几何设计和结构设计方面，更重要的是在设计前要深入调研，精心规划和造型，并作出科学、客观、合理的评价。下面以图表和示例的方式简要介绍其规划、造型与评价内容。有关更为详细的内容请读者参阅相关专著。

立体交叉的规划和选型包括立体交叉的组成、类型和设置条件，通常是对分离式立体交叉、互通式立体交叉、立体交叉的规划与选型，还应评价上跨式和下穿式立交的优缺点和适用性，以及各种立交类型的交通特点和适用条件。立体交叉选择应遵循交通的系统特性、交道路等级和流量考虑我国交通结构的特点、节约用地和降低造价及发挥经济效益的基本原则，此外还要注意环境保护与景观的协调。立交形式选择应考虑的因素如图 8-63 所示，供参考。

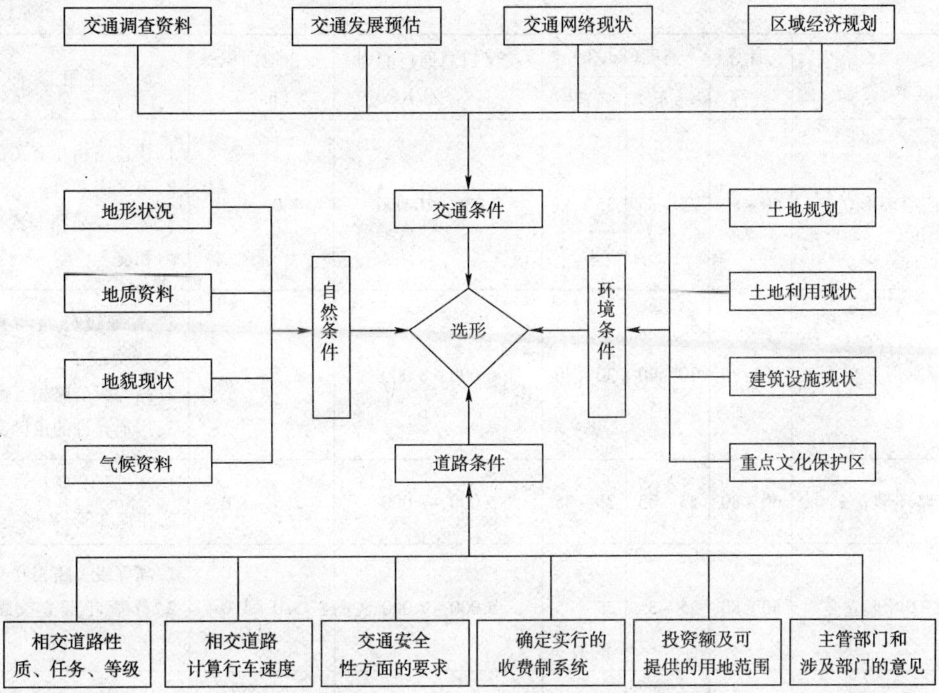

图 8-63 立体交叉选型考虑因素

互通式立体交叉选择可参考表 8-7。

互通式立体交叉选择 表 8-7

项目 立交形式	计算行车速度(km/h)			交叉口总通行能力 (辆/h)	占地面积 (hm^2)	适用条件
	直行	左转	右转			
定向形立交	80～100	70～80	70～80	13 000～15 000	8.5～12.5	1. 高等级公路相互交叉; 2. 高等级公路与市郊快速路交叉
苜蓿叶形立交	60～80	30～40	30～40	9 000～13 000	7.0～9.0	1. 高等级公路相互交叉; 2. 高等级公路与快速路、主干路相交; 3. 用地允许的市区主要交叉口
部分苜蓿叶形立交	30～80	25～35	30～40	6 000～8 000	3.5～5.0	1. 高等级公路与快速路、主干路相交; 2. 苜蓿叶形立交的前期工程
菱形立交	30～80	25～35	25～35	5 000～7 000	2.5～3.5	1. 高等级公路与次要道路相交; 2. 快速路与主干路相交

续上表

立交形式 \ 项目	计算行车速度(km/h)			交叉口总通行能力(辆/h)	占地面积(hm^2)	适用条件
	直行	左转	右转			
三、四层环形立交	60~80	25~35	25~35	7 000~10 000	4.0~4.5	1. 快速路相互交叉; 2. 市区交叉口; 3. 高等级公路与次要道路相交
喇叭形立交	60~80	30~40	30~40	6 000~8 000	3.5~4.5	1. 高等级公路与快速路相交; 2. 高等级公路相互交叉; 3. 用地允许的市区交叉口
三路环形立交	60~80	25~35	25~35	5 000~7 000	2.5~3.0	1. 高等级公路相互交叉; 2. 市区 T 形、Y 形交叉口
三路子叶形立交	60~80	25~35	25~35	5 000~7 000	3.0~4.0	1. 高等级公路相互交叉; 2. 苜蓿叶形立交的前期工程
三路定向形立交	80~100	70~80	70~80	8 000~11 000	6.0~7.0	1. 高等级公路相互交叉; 2. 地形适宜的双向分离式道路相交

注:相交道路按 6 车道计,交通量为当量小汽车。

立体交叉形状与结构选择和方案比较的方法通常是对立交几何形状及结构的选择与设计方案比较。其具体方法有综合评价法和技术经济比较法两种。综合评价法是指建立综合评价指标体系,通过各影响因素权重的计算和综合分析比较,以寻求整体最优或较优的立交方案,作为决策的依据;技术经济比较法是直接计算各立交方案的技术、使用及经济指标值,逐项进行对比分析,选出最佳方案。立体交叉综合评价体系如图 8-64 所示。

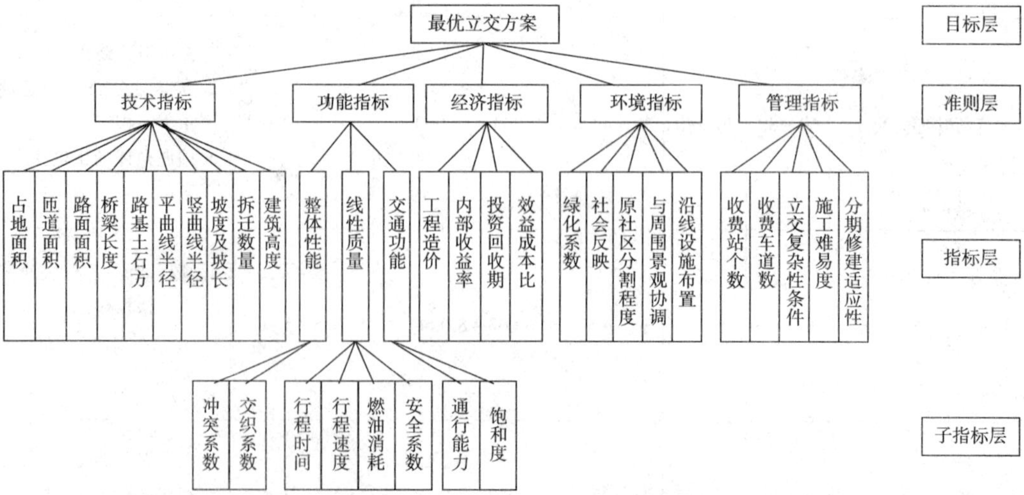

图 8-64　立体交叉方案综合评价指标体系

通常立体交叉方案比较是将各技术指标列成表格进行比较计算。表 8-8 为立体交叉综合评价计算示例,表 8-9 为采用技术经济比较法对立体交叉方案的比较示例,供参考。

立体交叉综合评价计算表　　表 8-8

比较项目			综合重要度	方案一 菱形立交		方案二 半苜蓿叶立交	
				隶属度	分项评价值	隶属度	分项评价值
技术指标(0.2)	匝道长度(0.3)		0.06	0.08	0.048	0.60	0.036
	路基土石方数量(0.2)		0.04	0.75	0.045	0.63	0.038
	路面面积(0.2)		0.04	0.78	0.047	0.50	0.030
	平曲线半径(0.3)		0.06	0.60	0.036	0.75	0.045
功能指标(0.4)	整体性能(0.3)	冲突系数(0.5)	0.06	0.60	0.036	0.80	0.048
		交织系数(0.5)	0.02	0.65	0.039	0.90	0.054
	线形质量(0.4)	行程时间(0.13)	0.02	0.70	0.042	0.60	0.036
		行驶速度(0.20)	0.03	0.60	0.036	0.65	0.039
		燃油消耗(0.06)	0.01	0.70	0.042	0.72	0.043
		安全系数(0.61)	0.10	0.60	0.036	0.75	0.045
	交通功能(0.3)	通行能力(0.5)	0.06	0.72	0.043	0.81	0.048
		饱和度(0.5)	0.06	0.70	0.042	0.75	0.045
经济指标(0.4)	工程造价(0.3)		0.12	0.83	0.050	0.62	0.037
	内部收益率(0.3)		0.12	0.85	0.051	0.62	0.037
	投资回收期(0.2)		0.08	0.86	0.051	0.3	0.037
	效益成本比(0.2)		0.08	0.85	0.051	0.67	0.040
综合评价值			1.00	0.70		0.66	

采用技术经济比较法进行立体交叉方案比较表　　表 8-9

比较指标		单位	方案一 苜蓿叶立交	方案二 环形立交	方案三 定向形立交
技术指标	占地面积 F	hm^2	51.9	8.5	8.1
	匝道总长度 L_1	km	5.8	2.03	2.74
	主线车道长度 L	km	14.6	5.84	6.37
	匝道路面面积 S_1	m^2	18 850	6 600	8 900
	主线路面面积 S	m^2	49 720	19 940	2 160
	跨线桥总长度 L_0	m	184	516	1 044
	路基土石方 W	m^3	179 840	211 810	210 320
使用指标	左转运行时间 $T_{左}$	s	150	106	81
	右转运行时间 $T_{右}$	s	74	80	79
	$T_{左}+T_{右}$	s	224	186	160
	最佳左转运行时间 $t_{左}$	s	229	173	136
	最佳右转运行时间 $t_{右}$	s	115	134	133
	$t_{左}+t_{右}$	s	344	307	269

续上表

比较指标		单位	方案一	方案二	方案三
			苜蓿叶立交	环形立交	定向形立交
经济指标	总造价 C	万元	5 861	6 416	7 038
	每年养护费用 A	万元	295	271	277
	每年运输费用 B	万元	2 095	1 890	1 750
	$A+B$	万元	2 390	2 161	2 027
比较结果				推荐	

以上只是作为示例，以使读者明确方案评价主要应做哪几方面的工作。实际上随着环保、地震等评估项目的逐步普及和执行，以及土地政策的严控，立体交叉评估与评价中涉及更多的项目，尤其要注重地质及地震、环境与景观照明与建筑艺术等诸多方面，还要注重土地占用和复垦评价，由于立体交叉占地量大，而国内土地又是不可恢复的有限资源，因此笔者建议在设计立体交叉绿化区域时是否可以建立一个小型农场，在绿化区内考虑种植具有观赏效果的农作物，如油菜花、葫芦、向日葵、胡麻之类的可开花植物，这些农作物可用立交排水灌溉，一举两得，这样可最大限度地发挥土地原有作用并尽可能减少立交占地范围内的土地丧失农作物种植能力带来的经济损失，使立体交叉兼有服务交通、支援农业的双重功能。

第九章　道路网规划与可行性研究*

第一节　道路勘测设计基本程序

从道路的规划、勘测、设计直到施工乃至竣工验收，是按照一定的程序进行的。关于道路勘测设计程序问题，目前国内专家认识不太一致。有的认为从可行性研究开始，有的则认为从野外踏勘测量开始。为使读者了解公路建设的整个过程，将建设程序及其关系列于图9-1，以供参考。

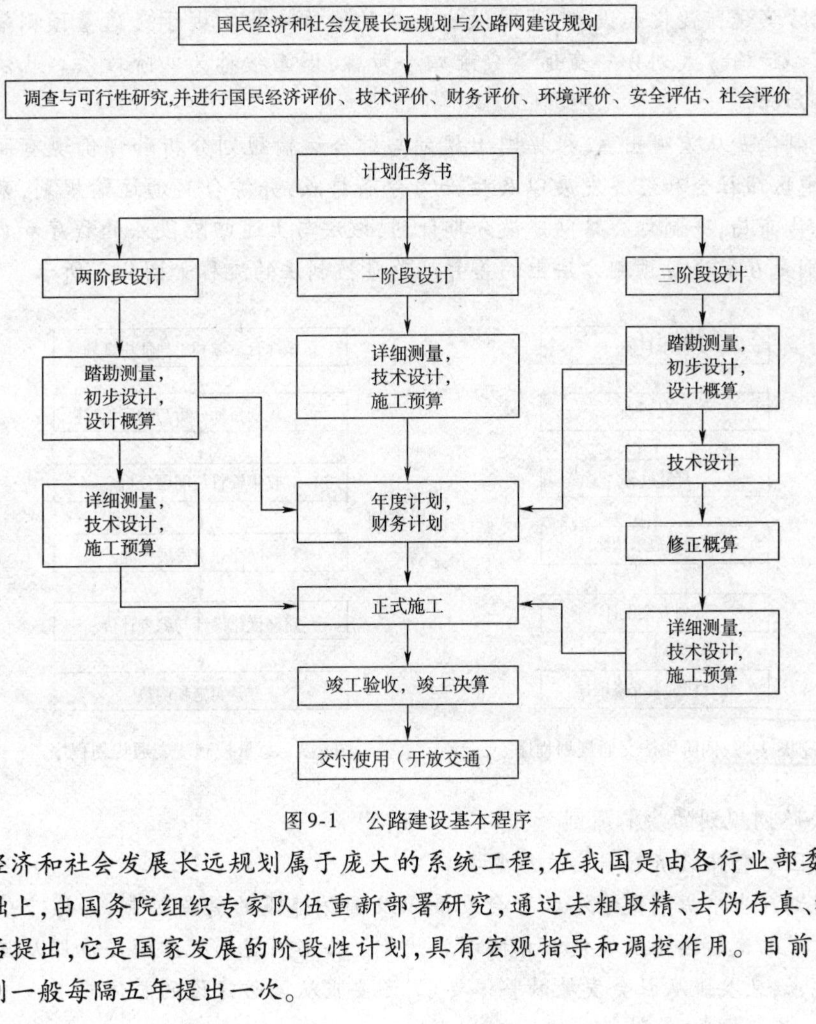

图9-1　公路建设基本程序

国民经济和社会发展长远规划属于庞大的系统工程，在我国是由各行业部委提出行业规划的基础上，由国务院组织专家队伍重新部署研究，通过去粗取精、去伪存真、科学论证、合理调整后提出，它是国家发展的阶段性计划，具有宏观指导和调控作用。目前，我国的这种长期规划一般每隔五年提出一次。

一、公路网规划

(一)公路网规划及其研究方法

国民经济发展总体规划中,与公路规划关系最直接、最密切的有综合交通规划和国土资源规划。交通规划中的公路网规划是关于公路发展的长远计划和总体设计,也是一个国家或地区综合交通规划的重要组成部分。而综合交通规划又是这个国家或地区国民经济发展规划的重要环节。公路网是综合交通运输网的子系统,其轮廓、结构、组成以及设计方案,取决于各种运输方式的合理分工状况,受约束于各运输点之间运输量的特性。

公路规划的目的是通过深入细致的调查研究,系统地分析和评价现有公路的交通状况,根据区域经济和社会发展及交通客货流的分布特点,科学预测交通量的发展趋势,提出高速公路发展的总体目标和总布局。对高速公路路线走向,重要控制点选择,提出多种布局方案,通过对路线地位、功能和作用,以及建设资金、路网交通量分布等条件比较,从中择优。

公路网规划研究的方法通常有四阶段法和总量控制法两种。四阶段法是以 OD 调查为基础,获得目前客货流量和流向,应用交通量的生成模型、分布模型、分配模型等有关模型进行交通量预测,即预测未来的客货流出行分布及不同运输方式的分担比例,采用不同的方法对路段交通量进行分配预测,最后根据路段上的交通量分配值建立不同的目标函数,对高速公路的规划方案进行优化和设计,同时做出相应的决策安排。由于交通量预测采用了出行→出行分布→运输方式划分→交通量分配四个步骤,因而被称为四阶段法。此法的基本程序如图 9-2 所示。

总量控制法是从宏观出发,根据国土规划与综合运输规划分析和评价现有高速公路系统,充分考虑区域社会和经济发展以及生产力分布特点,并综合交通运输规划,来确定高速公路网的总体布局,并制订公路网建设分期计划,该法与上述四阶段法的程序和内容大同小异,主要区别是在交通量预测方法上的差异。总量控制法的流程如图 9-3 所示。

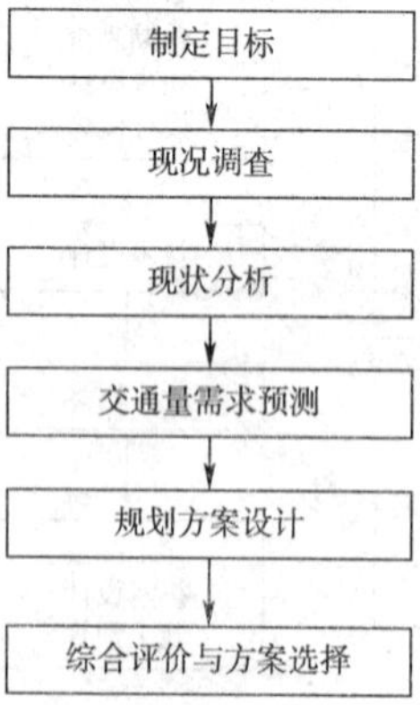

图 9-2　四阶段法交通规划程序

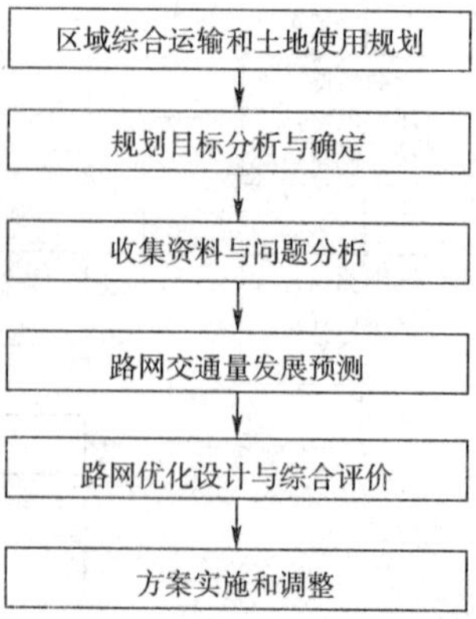

图 9-3　总量控制法交通规划程序

(二)公路网规划的基本原则

1. 满足国家整体经济和社会发展需要

公路规划应当根据国民经济和社会发展以及国防建设的需要编制,与城市建设发展规划和其他方式的交通运输发展规划相协调。就是说公路网规划既要满足和服从国民经济发展的整体要求,又要服从社会发展的整体要求,还要服从国防建设的总体要求。

经济学理论认为，公路建设需求是发展国民经济和方便人民生活的派生需求，是依附于国家富强、经济繁荣、人民生活幸福和国家安全的需求而存在的。公路是国民经济的基础结构，公路规划必须纳入国民经济整体发展的大体系之中。公路规划编制的科学性就在于必须符合国家的整体经济发展战略，适应国民经济和人民生活对运输的需求。服从国民经济发展的全局需要，既不过度超前国民经济发展而形成浪费，也不滞后造成“瓶颈”而制约国民经济的发展。公路规划应有全局观念，应服从全国一盘棋的需要。

公路规划必须服从社会发展的总体要求。社会发展就是一个国家由落后的不发达或欠发达状态向先进的发达状态的过渡和转化，其内容包括经济、科技、政治、文化、教育和环境保护等多方面的发展。我国社会发展的特点之一是在不同地域之间的不平衡。由于历史、自然和现实的原因，就社会进步和经济发展的速度来说，近二十年东部沿海区域比中部和西部地区要快得多，这样在东部和西部之间，社会发展的差距越来越大。交通基础设施不完善，交通网络短缺是制约中西部地区社会进步和经济发展的关键因素之一。

公路规划应服从国防建设的总体要求。实现我国国民经济和社会发展的远景目标，必须要有和平稳定的社会环境，而巩固国防是保证社会经济稳定发展的前提。公路规划必须服从国防总体建设需求的规定，体现了公路交通对国防的重要意义，反映了公路具有重要的政治功能。在现代化国防建设上，公路是非常重要的一部分。现代战争科技含量高，机械化程度高，时间要求紧迫，军需供给量大，因而需要的公路多，标准高。在《公路法》等诸多的公路法律法规中，都对公路规划的“国防需要”均有明确的规定。

2. 尽量不占耕地并最大限度地节约用地

公路规划要最大限度地节约用地，并与农田水利和国土利用以及城乡规划相适应。公路建设用地规划应当符合土地利用总体规划，当年建设用地应当纳入年度建设用地计划。

由于公路建设需要占用相当数量的土地资源，涉及国家土地资源的合理开发应用问题，而土地是不可再生的稀有资源，是人民世代繁衍生息必须依赖的资源，因此节约土地和最大限度地保护耕地已成为刻不容缓的头等大事。因此，公路路网建设必须服从国土规划的统一要求。

我国对于土地管理的主体法规是《中华人民共和国土地管理法》，该法确认对全国土地资源实行统一管理体制；确定国家土地管理局主管全国土地并负责土地的统一管理工作，负责制定土地政策、法规，统一土地资源和城乡地籍等，制订土地资源利用计划、规划和土地后备资源开发规划、计划，统一审核征用、划拨建设用地，统一查处土地权属纠纷，实施土地监察和土地管理。

任何公路规划，必须服从《公路法》和有关土地管理的法律、法规、规章的规定，从全民族的根本利益出发，服从国家的统一管理与规划，在合理规划公路网同时，采用先进的科技手段，优化公路设计和施工，节省占用耕地，实现经济的可持续发展。

3. 与其他方式的发展规划相协调

公路规划要与各种运输方式的发展规划密切配合、互相协调、综合配套。公路规划要与城市建设规划相协调、与其他方式的交通运输发展规划相协调。公路，尤其是高速公路，是国家公路网的重要组成部分，高速公路的规划不能脱离公路的整体规划而单独进行；整个国道和省道主干线公路网络实行统一规划。统一规划可以和国家经济建设和区域发展密切结合，可以使各种等级公路布局合理，互相衔接；可以有效地协调五种运输方式，使之充分发挥特长，达到最有效的资源配置与其他交通运输方式协调也是公路规划应遵循的重要原则，要按其技术经济特点组成分工协作、有机结合、联结贯通、布局合理的交通运输综合体。

在一个社会中,城市是交通枢纽,是政治、经济、文化发展中心,尤其大城市,对于社会的经济发展具有举足轻重的作用。大城市一般具有较为厚实的工业基础和科技力量,交通运输比较方便,市场容量较大,信息灵通,在国家和社会发展中起领导作用。但是,大城市自身在发展中又存在用地、用水、交通拥堵、环境污染、住房紧张等问题。因此,城市建设发展规划显得非常重要。城市内交通主要依靠城市道路,城市间交通主要依靠公路,城市道路与城市间公路有着十分密切的关系。如果在城市规划中,与城市道路之间的衔接不好,很容易形成城市出入口的"瓶颈"。城市道路作为城市基础设施建设的重要组成部分,城市功能发挥的基本保证,也是人民生活的重要物质保障通道。城市道路与公路的顺畅衔接,可以发挥城市作为主枢纽的中转和集散功能。公路规划与城市建设相协调,对于改善居民的居住条件,加快城市现代化建设进程,推动商业、服务业、房地产发展举足轻重。对解决城市交通拥堵和改善城市环境以及将水、暖、电、气、通信等各项事业的发展纳入科学、规范的轨道有推动作用。

公路规划与城市建设发展规划相协调的原则,还体现在一系列有关公路的法律、法规中,例如,对公路与城市道路的联结及规划公路和村镇时,做了"保持合理距离"、"防止造成公路街道化,影响公路的运行安全与畅通"的规定。《中华人民共和国公路管理条例实施细则》中规定,现有国道、省道改建时,要"靠城不进城"、"避开城区另辟新线"。还规定地级市及其以上的大中城市出入口道路与干线公路连接处,已规划为城市范围,但尚未形成街道的路段,其公路建设规划、计划及其实施,以当地城建部门为主,公路部门配合完成。

公路运输在综合交通运输体系中有着特殊的重要作用,它既可以独立完成运输生产活动的全过程,实现"门到门",也可以为其他运输方式集散旅客与货物。鉴于上述规律,在公路规划时,要与其他运输方式发展相协调,才能最大限度地发挥公路及其他四种运输方式的优势,建立起适合我国社会主义市场经济发展的现代化综合交通运输体系。

4. 公路网规划尚应注意的其他问题

公路网与原有道路的关系是既分期修建又适度超前。本着尽量利用、进行改善、逐步提高、工程经济、运营成本低、远近结合、道路网形及道路密度应小、线路宜短、运效要高的原则,最终路线方案选择时要做好"两个比较、两项评价、两项评估",即技术比较和经济比较,财务评价和社会评价,安全评估和环境评估。

(三)我国公路发展规划的编制与审批权限

我国公路规划的管理体制是依据公路的分类方法形成的。所谓公路规划的管理体制,就是关于公路发展规划责任的分工、规划方案的编制及规划方案的审查批准权限制度的总称。

1. 国道发展规划的编制与审批权限

国道规划由国务院交通主管部门会同国务院有关部门并商国道沿线省、自治区,协调人民政府编制,报国务院批准。《中华人民共和国公路管理条例》也明确规定了公路规划的编制及规划方案审批的责任部门和审批程序。

对于国道的发展规划编制,主要的责任部门是中华人民共和国交通运输部,该部负责国道发展规划编制的具体操作事宜。交通运输部在编制国道发展规划过程中,必须会同国务院有关部门,听取其意见和建议;在编制国道发展规划时,还要同国道沿线的省、市、自治区人民政府共商有关事宜,听取其意见或寻访。国道发展规划的最后审批权是国务院,申报责任部门是中华人民共和国交通运输部。交通运输部制定的国道发展规划只有经国务院批准后方可有法律效力,才可以予以实施。

2. 省道发展规划的编制与审批权限

省道规划由省、自治区、直辖市人民政府交通主管部门会同同级有关部门并商省道沿线下一级人民政府编制,报省、自治区、直辖市人民政府批准,并报国务院交通主管部门备案。

省道发展规划的主要编制责任部门是省、自治区、直辖市的交通厅或交通局,这些部门负责省道发展规划编制的具体操作事宜。在省道发展规划的编制过程中,省、自治区、直辖市交通主管部门要与同级其他有关部门(例如省发展计划委员会、财政厅、公安厅、建设厅等)共商,听取这些部门的意见和建议;省、自治区、直辖市交通主管部门在编制省道发展规划时,要同省道沿线下一级人民政府共商规划事宜,听取他们的意见和建议;省道发展规划的最后审批权是省、自治区、直辖市人民政府,申报责任部门是省、自治区、直辖市交通厅(局)。省道发展规划只有经省级人民政府批准后方可有效,才可以付诸实施。省道发展规划必须与国道发展规划相协调。交通运输部作为专业主管部门对省道发展规划有指导责任,为此,省道发展规划必须报交通运输部备案。

3. 县道发展规划的编制与审批权限

县道规划由县级人民政府交通主管部门会同同级有关部门编制,经本级人民政府审定后,报上一级人民政府批准。

县道发展规划编制的主要责任部门是县人民政府交通主管部门,也就是县交通局具体负责县道发展规划编制的操作事宜。在县道发展规划的编制中,县交通局要会同同级有关部门共商编制公路发展规划的相关事宜;县道发展规划方案首先应当由县级人民政府审查批准,后呈报上级人民政府审批。县道发展规划的最后批准权是县所在地上一级人民政府,只有经过上一级人民政府批准后的县道发展规划才具有法律效力,方可付诸实施。县道发展规划方案的最后批准机关在对规划核批后,应报省级人民政府交通主管部门备案;县道发展规划的编制,应当与省道的发展规划相协调。

4. 乡道发展规划的编制与审批权限

乡道规划由县级人民政府交通主管部门协助乡、民族乡、镇人民政府编制,报县级人民政府批准。

乡道发展规划编制的责任部门是县级人民政府交通主管部门,县级交通主管部门有公路交通专业人员,而一般的乡、镇政府不一定具有搞公路规划的专业人员,所以应由县级人民政府交通部门具体编制县辖区内各乡、镇的乡道发展规划,也便于与本县县道公路发展规划相协调。在搞乡道规划时应当结合当地实际,适应地方社会经济发展的需要,因此,乡、镇人民政府应当参与乡道发展计划的编制,县交通主管部门应当自始至终充分地听取乡、镇政府和当地人民群众的意见。乡道发展规划的审批权在县级人民政府。县交通局在与乡镇人民政府共同制定好乡道发展规划方案后应报县人民政府审批,只有经过县人民政府审批批准后的乡道发展规划才有法律效力。乡道的发展规划在经县级人民政府批准后,还应报批准机关(县级)的上一级人民政府交通主管部门备案。

5. 专用公路规划及审批权限

如前面所述,专用公路就是专供或主要供某特定工厂、矿山、农场、油田、电站、旅游区、军事要地等与外部联结的公路,它由专用部门或单位自行规划、建设、使用和维护。专用公路规划由专用公路的主管单位编制,经其上级主管部门审定后,报县级以上人民政府交通主管部门审核。专用公路规划应当与政府编制的国道、省道、县道和乡道规划相协调。当县级以上人民政府交通主管部门发现专用公路规划与国道、省道、县道乡道规划有不协调时，应提出修改意见，专用公路主管部门和单位应当作出相应的修改。当专用公路的专用性质因故发生变化时，例如水电站建设专用公路因项目竣工或者军事基地专用公路因军事基地搬迁等，经专用部门或单位申请，省级政府公路主部门批准，可以改划为省道或县道。

（四）公路发展规划变更调整的程序和审批

我国现阶段国民经济增长速率高、新兴产业不断出现并成长壮大，产业结构处于变动之中，因此，为适应经济社会需求而编制的公路网规划在实施中常常因经济形势的变化而需要调整，这就需要为公路规划的变更与调整制定法规程序和审批权限，以保证公路建设的科学、有序。

国道规划的局部调整由原编制机关决定。国道规划需要作重大修改的，由原编制机关提出修改方案，报国务院批准。经批准的省道、县道、乡道公路规划需要修改的，由原编制机关提出修改方案，报原批准机关批准。

国道规划的变更与调整，由国务院交通主管部门，即国道规划的编制责任部门——交通运输部决定与执行；国务院交通主管部门在决定原国道规划的变更与调整时，应会同国务院有关部门，并听取其意见和建议。对于国道变更与调整中的重大项目，所谓的重大修改，是指在交通运输部会同国务院有关部门就有关修改方案取得一致意见后，应报国务院批准，而对于局部的小的修改，则可由交通运输部会同有关部门和国道两侧省级人民政府协商一致后决定；经批准的省道发展规划的局部变更与调整，应经由省、自治区、直辖市人民政府批准，对批准后的修改方案还应报交通运输部备案；经批准的县道规划的变更与调整，应由县级人民政府交通主管部门会同同级有关部门提出修改方案，经本级人民政府审定批准，并报上一级人民政府批准；经批准的乡道规划的局部调整与变更，须由县级人民政府交通主管部门协助乡、民族乡、镇人民政府提出修改方案，报县级人民政府批准。

二、高速公路项目的可行性研究

可行性研究是工程项目的建设前期广泛采用的一种技术经济方法，工程项目可行性研究是指在项目决策前，通过对该项目的有关工程、技术、经济等方法条件和情况进行深入全面的调查、研究、分析、预测，对各种可能的实施方案进行比较，并对项目建成后的经济效益进行测算和评价的一种科学的分析活动，由此为该项目投资决策推荐可行方案，为设计任务书的编制、审批提供科学的依据。其实质就是论证工程项目在技术上的可能性和经济上的合理性，建设条件是否具备，效益是否最佳，以提供决策依据，保证工程的经济效果。

可行性研究是项目前期工作的重要内容，它从项目实施建设的全过程、多角度考察分析项目的可行性，其目的是回答该项目是否有必要建设，是否有可能建成，如何进行建设，能够给社会带来多大的利益，其结论为投资者的最终决策提供直接的依据。

技术可行性有两层含意：一是研究某项目采用现代技术是否可能办到，二是研究完成某项目需要采用何种技术。

经济合理性是可行性研究的核心，就是如何把有限的资源分配到各种不同的用途中去。一个国家或地区的资源是有限的，某种资源用于某一方面，就会减少另一方面对资源的可使用量；满足一个目标，就可能牺牲另一个目标为代价。这显然存在一种权衡，国家必须在资源的各种可能用途中,根据他们对实现国家基本目标的贡献做出抉择。可行性研究的一个重要任务是以一种人们容易接受的方式分析比较资源各种用途对国家基本目标贡献的大小,从而选择出最佳用途。

项目实施的可能性是对建设该项目的主客观条件所做的分析和结论,投资估算和资金来源是最重要的研究内容。还有其他一些条件,如设计、施工力量,原材料供应,水、电、土地、气候以及交通运输条件等都影响项目的实施可能性。

(一)高速公路项目可行性研究的特点

高速公路项目的自身特点决定了其可行性研究的特点

1. 从系统工程学角度去研究

高速公路项目可行性研究要立足于全社会的公路交通量,包括公路运输量、公路交通量和客货流起讫点情况。为此,必须分析研究运输量、交通量的地域社会经济发展现状、资源特征、产业结构,预测其未来的发展速度、发展水平,还要调查分析研究其他运输方式的运输能力及其对运输量的分流量。

2. 进行认真的财务分析和评价

有的高速公路是贷款修建的经营性项目。对于高速公路项目,不仅要进行国民经济分析和评价,还要进行财务分析和评价。甚至还要研究收费标准,然后计算过路费收入,动态计算贷款偿还年限,特别是贷款修建的高速公路,收费公路管理机构是经营性的经济实体,财务分析则不仅需要计算贷款偿还年限,还要计算偿还年限后收费所得,无论哪一种情况都要考虑收费对交通量分配的影响。

3. 给国民带来的隐性效益分析

在考虑高速公路建设项目投资收益时,要把着眼点放在满足社会经济发展的需要上,高速公路建设项目投资产生的效益大部分不应该是在运输行业内部,而在它的外部,主要反映在用户身上,其效益的计算不是像工业项目一样,可以通过项目实施后的产品销售收入计算,而主要是该项目实施后给国民经济和社会节约的费用来计算。

4,设定多方案进行比较和选择

在费用的计算上,由于高速公路建设项目在基础设施方面需要投入大量的稀缺资源,如土地、钢材、水泥等,因此,在进行高速公路项目可靠性研究和经济评价时,必须特别注意方案的比选,在满足相同目标的各种可替代方案中,找出投入最小的方案,尽可能减少建设期和营运期的消耗。

(二)高速公路项目可行性研究的内容

高速公路项目可行性研究的主要内容应包括:项目建设依据、历史背景;建设地区综合运输网的交通运输现状和建设项目在交通运输网中的地位及作用;原有公路的技术状况及适应程度;论述建设项目所在地区的经济特性,研究建设项目与经济发展的内在联系,预测交通量、运输量的发展水平;建设项目的地理位置、地形、地貌、地质、地震、水文、气候等自然特性,建筑材料来源及运输条件;不同建设方案的线路起讫点和主要工程数量、征地拆迁数量,估算投资;提出资金筹措方式,以及勘测设计、施工计划安排;确定运输成本及有关经济参数,进行经济评价、敏感性分析。收费公路项目需做出财务分析和评价后,推荐最优方案,同时提出存在问题和有关建议。

按照可行性研究的工作深度,可分为预可行性研究(初步可行性研究)和工程可行性研究。两者在研究上述内容时,要求有所不同。预可行性研究重点阐述建设项目的必要性,通过勘察和调查研究,提出建设项目的规模、技术标准,进行简要的经济效益分析,审批后作为编制项目建议书的依据。工程可行性研究则通过必要的测量、地质勘探,在认真调查研究、占有必要资料的基础上,对不同建议方案从经济、技术上进行综合论证,提出推荐建设方案,审批后作为编制计划任务书的依据。

(三)高速公路项目可行性研究的步骤

1. 接受任务和签订合同

高速公路项目可行性研究由项目业主自行委托有资格的工程勘测设计单位承担。项目业主和受委托单位签订的合同中一般应包括:进行该项目可行性研究的依据,研究的范围和内容,研究工作的质量和进度,研究费用及其支付方法,合同双方的责任和义务,协作方式和关于违约处理的方法等主要内容。

2. 组织准备与计划安排

受委托单位应根据工作内容组织项目小组,确定项目负责人和专业负责人。承担研究工作的人员,必须是由具有较丰富的公路规划、勘测设计、施工经验并具备宏观经济、公路经济、交通工程等相关知识的专门人才组成。项目负责人还应具备广博的常识、远大的目光、较高的领导水平和丰富的工作经验。研究组一般包括如下人员:项目负责人,工程经济人员,交通工程人员,线路工程人员,路基路面工程人员,地质水文人员,桥梁与隧道人员、工程概预算人员等。

3. 调查研究与资料搜集

在明确项目建设意图和要求的基础上,撰写调查研究提纲,组织有关专业人员赴现场进行实地调查和专题调查,包括经济调查、交通量调查、路况调查、地形图或航测照片定线、线路桥隧勘探、地质调查、建筑材料调查,以及必要的线路桥隧测量和地质勘查钻探工作。通过这些调查,广泛搜集项目所在地经济、社会、自然资源、环境、交通、运输等方面的资料,并以科学的方法对资料进行整理、分析,为技术方案设计和技术经济评价提供可靠的依据。

4. 方案设计与经济分析

在搜集、整理了一定的设计资料和技术经济基本资料的基础上,深入地分析、研究,包括公路运输量、交通量的预测和评价,工程规模与技术标准研究,线路和桥隧方案研究,建筑材料供应,环境保护工作研究,工程量分析与估算,投资估算及资金来源研究,经济评价,建设工程安排等。通过研究提出若干种可供选择的建设方案和技术方案,并进行比较和评价,从中选择或推荐最佳的建设方案。

5. 编写报告并绘制图表

在对建设方案和技术方案进行技术经济论证和评价后,组织研究人员分别编写详尽的可行性研究报告,在报告中推荐一个或几个项目建设方案,也可以提出项目不可行的结论意见或项目改进的建议,研究报告须按《公路建设项目可行性研究报告编制办法》的格式和要求编写。

6. 研究报告的上报及评审

按现行规定,大中型建设项目的可行性研究报告,由主管部,各省、市、自治区或专业公司负责预审,报国家发改委或委托有关单位审批。重大项目和特殊项目的可行性研究报告,由国家发改委会同有关部门预审,报国务院审批。小型项目的可行性研究报告按隶属关系由各省、市、自治区主管部门审批。

三、高速公路建设的国民经济评价

高速公路具有投资大、工期长、配套设施多的特点。其投资建设涉及国家经济、政治、军事、文化以及其他行业，意义十分重大，因此，要使得高速公路建设项目获得最好效果，必须要进行严密、科学的可行性研究。

高速公路可行性研究，要从技术、财务、经济、社会生态环境、组织管理五个不同侧面进行分析论证。而高速公路的国民经济评价则是重要的评价项目，尤其是对国家的基础设施和公益事业项目，国民经济评价结果是决定项目是否实施的决策依据。

1. 高速公路国民经济评价

国民经济评价的主要目的在于以较省的投资、较快的时间、较少的投入获得最大的效益，而不给后人造成负面影响，即如何更有效地利用国家的有限资源，最大限度地促进国民经济的增长和人民物质文化水平的提高。我国现行的项目经济评价分为两个层次，即财务评价和国民经济评价。财务评价是在国家财税制度和价格条件下，从企业财务角度分析，预测项目的费用与效益，考察项目的获利能力、清偿能力和外汇效果等财务状况，以判别项目在财务上的可行性。而国民经济评价则是从国家的、社会的角度来考察项目，分析计算项目需要国家付出的代价和对国家的贡献，以判别项目的经济合理性。通常以国民经济评价结论作为项目取舍的主要依据。

2. 高速公路国民经济评价的特点

高速公路国民经济评价与其他工业项目的国民经济评价相比，有以下不同的特点。

(1) 高速公路项目国民经济评价是以谋求社会效益为目的的，所谓社会效益，指的是项目对国家全体人民作出的贡献，它既包括能用货币度量的经济效益，也包括难以用货币计量的非经济效益，也就是高速公路所表现出来的巨大的外部效益，亦即高速公路对社会经济发展和人民生活带来的巨大效益；这种效益项目自身也许是不明显的，而是通过推动地区经济繁荣和改善人民生活实现的。另外，高速公路也会带来一定的负效益，例如，对自然环境带来的不良影响，产生的噪声和空气污染等。在这种情况下，高速公路产生的社会效益就是正效益与负效益相抵后的正效益。高速公路可以用货币计算的经济效益，是可行性研究中计算的经济效益，即由高速公路本身产生的，并用影子价格作为计算依据。而高速公路产生的巨大的社会效益，目前难以量化，只能在可行性报告中进行定性的描述，在计算 *ENPV*、*EIRR* 等评价指标时无法计入。

(2) 高速公路项目的效益不完全是用项目实施后产品销售收入来衡量的，主要是用项目实施后给国民经济和社会带来的成本节省来衡量的，用它对整个社会或地区经济发展所作出的贡献来衡量，体现为有项目相对于无项目时对运输成本节省及项目带来的其他效益。

(3) 高速公路项目的国民经济评价必须充分考虑货币的时间价值，这里的货币时间并不是项目现金注入流出的时间，而是经济成本和经济效益发生的时间。在高速公路项目经济评价的指标 *EBCR*、*ENPV*、*EIRR* 和经济投资回收期 T 的计算中，都离不开时间价值原理。

(4) 高速公路项目国民经济评价要求以经济学的影子价格计算成本的效益。评价中对成本和效益的贴现不能采用市场利息率而采用社会折算率；涉及外贸投入要素资源的计算不能用现行的外贸汇率，而采用折算后的影子汇率；施工人员和设计人员的工资不能用实际支付的货币工资数而采用影子价格计算；投入要素资源不能用实际支付的市场价格而用调整后的影子价格等。在上述各种影子价格的计算中应用了经济学中许多重要的经济学概念,如边际成本、机会成本等,它们反映的都是对国民经济收入的减少和增加,其出发点是整个国民经济。

3. 高速公路国民经济评价的意义

从事社会再生产活动需要一定数量的经济资源,经济资源由劳动资源、自然资源和社会产品组成,这是社会再生产的三个基本要素。一定时期、一定社会生产力发展水平条件下社会上所拥有的经济资源是有限并稀缺的,对任何一项人类的社会投资,都有多种可供筛选的项目类别。在实现既定目标的每一具体项目里,又有多个不同的实现途径。正是由于资源的独缺性和经济活动类别及目标的多样性,才有必要在备选的各项目之间进行选择,以便最有效地使用与配置这些稀缺资源,使之产生最大的社会经济效益。而高速公路项目的经济评价是筛选最优项目的最主要途径。

国民经济是一个国家的宏观经济,国民经济评价就是站在国家宏观经济的高度,以国家根本利益为联系点,去评价分析高速公路项目的得与失,找出对全社会而言最佳的公路建设方案,它不是以某个企业为联系点,也不是以某个人的私利为出发点,它追求的是对全体国民的最大利益。国民经济评价中采用的主要评价指标,如经济内部收益率、经济净现值以及体现国家宏观经济意图的影子价格、影子汇率和社会折现率等国家参数,可以从宏观、综合平衡的角度考察项目对国民经济的净效益,促进国家资源优化配置。

我国在高速公路的建设中,建成了一批经济效益和社会效益好的建设项目。但有一些项目决策依据不足,决策程序不严,决策方法不当,导致决策失误,造成项目建成投产后生产经济的浪费,使国家蒙受很大损失。在实现项目决策科学化和民主化的过程中,特别是建立科学的、实用的国民经济一应俱全的方法和评价参数,对于加强投资宏观管理,保证资源的最佳利用,促进经济结构的合理化,具有十分重要的意义。

四、公路建设环境评价

(一)公路建设对环境的影响

1. 对生态环境的影响

公路对生态环境的影响包括新建公路对动、植物生活环境的影响,对占用土地造成的土壤流失的影响,对农作物环境的影响,以及对水环境的影响等。

2. 对大气环境的影响

公路对大气环境的影响主要是指公路在建设当中产生的扬尘和在道路通车以后车辆排放的污染。在施工期间,公路施工的特点之一是大量开挖土基,少则几十万立方米,多则上百万立方米,造成的粉尘污染相当严重。公路运营期产生的污染主要来自汽车的尾气。汽车尾气中含有一氧化碳、氮氧化物、黑烟等,对空气的污染十分严重。

3. 对声音环境的影响

公路对声音环境的影响主要指公路产生的噪声。噪声是一种公害,影响着人们的生活环境。公路产生的噪声来自于两个方面:施工期间各种施工机械产生的噪声和运营期车辆在公路上运行所产生的噪声。公路噪声除发动机和车体所产生的噪声以外,特别严重的是高速行车时车轮与路面强烈摩擦时产生的声音,加上路堤提高,噪声能波及很远的地区。噪声的大小与车速成正比,随车速的增加而增加,当车辆加速时,噪声增长约为 2~9dB,重型汽车的噪声比轻型汽车大。另外,交通噪声还与道路纵坡和交通量的大小有直接关系。当交通量小于 1 000 辆/h,噪声与交通量近似呈正比关系。

4. 对自然景观的影响

公路对自然景观的影响主要表现在公路构造物与自然景观的不协调,尤其是公路穿越旅游区或旅游景点时,这种影响更为重要。因此,在公路设计中运用美学,提高公路线形设计质量,改善公路及其周围环境,增进交通安全,为驾驶员、乘客提供舒适的旅行环境,减少对原来自然景观的破坏,点缀和丰富道路两侧的自然景观。当地形情况不同时,公路线形组合应该随之变化。对于平原微丘区,地势比较平缓,路基的填、挖不大,平、纵曲线半径都很大,因此,视线不易受到限制,透视可以很远,不过容易形成视觉上的单调,这时应当通过道路两侧的绿化和美化处理来进行协调。

5. 景观绿化对高速公路环境的影响

人们对高速公路的要求已不再是从一处到另一处的通道,而是能承担足够的交通量,并具有自身的优美流畅线形,富有行车诱导性以及与周边环境景观统一协调的设施。设计良好的高速公路能同时满足人、车、路、环境及景观的要求,将人、车、路、环境构成一个统一的整体,这就对景观设计提出了很高的要求。一方面,强调道路的空间线形组合良好,使人赏心悦目,并能完全满足车辆高速行驶的动态需要,同时为驾驶员和乘客提供一种令人愉快和兴奋的环境;另一方面,强调道路与沿线的绿化、设施和环境等构成一个整体,使得公路以外的人俯视公路时不认为它是一个孤立的带状结构物,而其本身就是环境的一部分。显然,这就凸显了景观,尤其是景观绿化对公路建设的重要性。

(二)环境保护评价内容

1. 分部工程的环保

鉴于公路各组成部分不同而赋予的环保任务各异。路基工程在施工及竣工后,结合造地还田与疏导排水,各部分相互协调配套,可使工程稳定坚固,外观顺适优美,同时能起到防止水土流失的作用。

路面工程对路基起保护作用,同时也起着防尘、防水,保护公路沿线环境不被污染的作用。桥梁涵洞工程设计与施工中重视对公路路域景观环境的影响,可起到美化环境的作用。排水工程对公路工程的整体性和稳固性有特殊的作用,可以防止路基路面水及水中含有的油污、有害元素直接进入农田,避免耕地淹没、土壤污染。防护工程确保路基稳定,减少水土流失,直接起到环境保护作用。

2. 高速公路生态绿化

高速公路绿化是驾驶员和游客视野范围内的主要视觉对象,绿化能吸尘防噪、净化空气,能固土护坡及防止水土流失。规整亮丽的树木花草,不仅可以给人以优美、舒适的享受,还能有效地起到防眩遮光的作用,保障行车安全。公路景观绿化是在路域范围内种植绿色植物,从而提高运营条件和环境质量,美化和丰富沿线景观。公路景观绿化是以种植绿色植物为中心,涉及防护、灌溉、整地等种植基础和配套工程的一项综合工程。其范围包括带(上、下边坡及平台)、线(土路肩和分隔带)、面(交叉区、弃土场、构造物周围)、块(管理服务区和苗圃)等,通过设计、施工、验收、管护等环节,共同构成景观生态绿化体系。

绿化能使本来生硬、单调的公路线形变得丰富多彩,创造出许多优美的景观;能使裸露的挖方路堑岩石边坡披上绿装,使新建公路对周围环境景观的负面影响降低;能使公路两侧的自然及人文景观资源与环境景观有机结合、协调,使公路构造物(如:立交桥、服务停车区、收费区、管养站区)巧妙地融入到周围的环境之中,给高速公路的使用者,即驾驶员及乘客提供优美宜人、舒适和谐的行车环境。

（三）环境评价要点

第一，设计要素是否结合实际。设计者通过效果图表达设计理念，如果植物造景根本不适应当地条件，那么在施工中就无法体现设计意图。

第二，绿化与地下管网、架空线路有无矛盾。在埋有地下管网的地段上盲目栽植大型乔灌木，结果使植株生长长势减弱，甚至因根系无法伸展，吸取不到所需养分而死亡；在有架空电线的下面，盲目栽植悬铃木等大型乔木，因此产生树、线矛盾，不得不疏枝，影响了美化效果，更严重的是台风季节，因疏枝不及时，会造成线路中断，并给人民生命财产带来危害。

第三，是否具有片面性。片面强调绿化，过分强调当时景观效果，不重视生长规律，不考虑苗木成活率及生长，采用大规格苗木和全树冠的大树移植；有的绿地同一空间中设计成上中下三层，等上层乔木生长茂盛后，下层已经没有了；有的设计密度过大，第二年就必须大量疏枝或搬迁移植。在确立高速公路绿化原则时，对如何结合实际，体现高速的特色，要做大量的考察和论证，应充分考虑当地自然环境和气候条件，因地制宜，适地适树，绿美结合，注重效益，充分利用当地丰富的苗木资源，近地取苗、近地种植、大大提高苗木的移栽成活率。如果忽视道路的交通功能，隔离带或行道树带内栽植树型不紧凑的灌木或分叉点低的乔木，影响步行或骑车；在较窄的隔离带上密植大量的乔灌木，阻挡了行车视线，在环岛上，这一矛盾更为突出。

第四，植物品种选择是否得当。如果配置不合理，造成个别苗木生长僵化。有的道路选择了不适合的树种做行道树，由于不适应当地的生态环境而逐渐死亡，不但造成经济损失，而且影响绿化的整体效果。

（四）高速公路生态绿化形式的选择

1. 生态绿化形式的功能要与景观兼顾

高速公路绿化应以满足交通功能要求为主，兼顾景观舒适性、生态适应性以及经济实用性，即保证高速公路的交通功能，绿化中要加强水土保持、视线诱导、标志、指示、防眩、遮蔽等功能；合理规划公路的人文景观和自然景观，使高速公路成为一条景观走廊；设计合理的植物群落演替方向，较快地达到土壤稳定，并能够长期保持生态系统的平衡，从根本上控制生态工程管理成本；要在有限的资金条件下，优化设计，结合自然恢复和人工种植等多种方法，开展生态工程建设。

2. 设计手法应突出简洁及多样化

在设计手法上突出简洁、大方，多采用大色块，避免繁杂；根据本地区地形地貌及生态特点，遵循“因地制宜、景观协调、易于养护”的原则，努力克服不利因素，力求提供一个高效和谐的交通环境。根据不同的自然条件，创造不同层次、不同环境空间绿化效果。如在互通区，绿化面积比较宽阔，因此为体现景观层次，某高速互通区的设计大多是上层景观以乔木如榉树、广玉兰、杜英等为主，中层景观以小乔木和大灌木如四季桂、红枫、樱花、紫薇等为主，而下层景观则以色块如红叶石楠、红帽子月季、连翘为主，并结合实际地形和立地条件进行规划设计，融入设计者的设计理念和实际思想，取得的效果美不胜收，与此同时，强调整体布局的统一性，从而提高高速公路“绿色通道”的生态效益、社会效益及景观效益。

3. 中央分隔带的防眩和诱导功能发挥

中央分隔带以防眩和诱导功能为主，中央分隔带的树种，应选择抗逆性强、耐修剪、生长慢，且保持选型的植物。中央分隔带的绿化有多种用途：它可使路容美观、还可诱导路线方向，防止对向来车眩光照射，对行车安全起到综合效果。选择原则：树高1.5～1.8m，抗逆性、抗病虫害能力强，易植、易成活、易修剪、见效快、自身污染小，且不影响交通安全。同时还需根据植物的季节变化，选择丰富多彩，姿态优美者。某高速就是在满足中分带功能和景观的情况下，加以考虑生态、人文、地理等因素进行规划设计的。其中采用了低密灌木丛如葱兰、金叶女贞、红叶石楠等，同时将它们植株密集，修剪得体，显得整齐美观，使人感到生气盎然。在中央分隔带中间种植红花石榴、西府海棠、紫薇等花期较长，显得鲜艳夺目的花木，香郁扑鼻，驾乘人员经此会感到心旷神怡。同时也结合种植蜀烩、红枫、龙柏、红叶李等达到株株亭亭玉立，显得挺拔美丽。在其中还因地制宜地种植石楠球、瓜子黄杨球等球型苗木品种优化景观，增强景观的多样性，以求景观多变，使绿化、功能、生态、美观达到最佳效果。

4.路侧绿化带与水土保持之间的合理选择

路侧绿化带以水土保持、固坡为主。注意与路侧自然景观相协调，适当考虑与绿色通道的协调，并根据路外景观适当采取景观通透和遮挡等设计手法；在公路用地范围内采用乔灌结合，形成垂直方向上的植物景观，空间围合较好，绿色量大，改善生态环境效果好，特别是路两旁有令人不愉快的物体，如墓地、垃圾场，通过种植不同的树木，如：雪松、香樟、黄山栾树、广玉兰、榉树等形成一道绿色屏障，在靠近路面的边坡处以群落种植红叶李、四季桂、木芙蓉、夹竹桃等灌木改善公路两侧景观，在比较宽些的平坡段适当增加景观层次和景观的多样性，呈现出“车在景中行，人在画中游”的舒畅、轻松感觉。

5.立体交叉景观和植物选择与配合效果

对于互通立交绿化，高速公路的规划设计采取以优化植物配植为主，强调生态绿化；四季有花，四季常青，突出季相效果；立体绿化层次分明，突出层次效果；以丛植为主，注重涵养水源；在创造良好生态群落的前提下，追求景观效果，力求做到生态性与视觉效果上的有机结合。

选择高速立交绿化景观植物时，要注意一般立交面积相对较大，且与别处相比小气候条件明显优越，在植物选择上也不完全等同于其他地段。某高速公路有12处互通立交选定苗圃景观绿化模式，所形成的苗圃景观不仅为公路绿化增添了景致，同时增加了经济效益，提高地区生活水平。选择原则为收益快、质量好、抗性强、易管理、易养护的植物。所选植物用香樟、广玉兰、杜英、榉树等大乔木作为互通区的景观绿化树种构成互通的主要骨架，在互通区的河边种植水杉、中山杉、垂柳等耐水湿的乔木，并在水中种睡莲、菖蒲、荷花等水生植物，在河边加种芦苇、水生美人蕉等一同构成河边的景观，互通区以红帽子月季、夹竹桃、木芙蓉、连翘等花灌木构成互通区的主要色块，并保证了四季有花、四季有色的美丽景观，同时也达到了保护水土的目的。在互通区的立交桥区考虑绿化和植物生长条件，在桥下适宜种植八角金盘，桃叶珊瑚等耐阴植物。对不同的地区、不同的条件因地制宜地种植不同的植物是高速公路绿化设计和绿化施工工程成功的关键。

6.服务区和收费站景观和功能的协调

服务区和收费站是为了满足驾乘人员的活动、休憩、维修车辆、餐饮等目的而设的专区，是体现高速公路服务质量及绿化景观效果的示范窗口。需满足欣赏风景、提供游憩等多种功能，体现优美、静雅、舒适、方便的特点。必须考虑周围的大片绿地与其后的背景互相协调，建筑、乔木、绿地主要采用自然与规整相结合的园林式绿化手法，加强美化效果，使整体环境舒适宜人，轻松活泼，起到良好的休闲目的。绿化植物选择原则：抗性强、易植、易成活、易修剪、易管理，选择丰富多彩，姿态优美者，不仅选栽美花，还需栽香花，时花。选银杏、广玉兰、榉树、香樟等常绿树种来构成服务区和收费站的主要常绿景观，通过红帽子月季、金边黄杨、红叶石楠、金叶女贞、栀子花等灌木通过自然式的造型设计构成了服务区和收费站的不同色块景观。同时再加上红枫、海桐球、桂花、红叶李的垂直方向的中层点缀，构成了不同空间的围合，从而达到了景观和功能相结合的目的。

7. 合理设计并优选绿化模式

高速公路生态绿化的目的是在满足高速交通功能需要的前提下，采用植物绿化手段有效地改善行车安全、生态环境和公路自身及其周边的景观。因此，在设计时要综合考虑公路使用功能、生态保护功能和景观绿化的需要，充分发挥绿色植物的群落成层特性，搞好生态绿化。一是要重视长期效果，不能过分简单照搬园林绿化的模式，一味强调覆盖率或者绿期等指标，忽视生态系统和植物生长的自身规律：二是从尊重自然、保护自然、恢复自然的角度进行植物绿化设计，在技术上尽量模拟自然界的规律进行配置和辅助工程设计，避免违背植物生理学、生态学的规律进行强制绿化，根据不同的自然条件，创造不同层次、不同环境空间绿化效果；三是强调整体布局的统一性，点、线、面结合，局部地区重点绿化，中间地段过渡处理，路域绿化体现多样性；四是结合本地区地方特色，使高速公路成为集功能性、观赏性、游览性于一身的综合体系。

8. 科学选择植物和有效的建植技术

选择树种和草种首先应考虑适应性和抗逆性，提倡优先选用本土植物，少用或不用外来植物；为了提高绿地建植速度和群落稳定性，可采用混播和草、灌、乔相结合的技术。根据北方地区和南方地区的气候和土壤差异，区别使用冷地型或暖地型植物。避免在大范围内种植单一植物或品种，以防病虫害沿线传播；还要注意植物相生相克、净化空气等特点，趋利避害。采用先进、有效的建植技术：①清理现场，修整坡面，充分回填和整地，创造良好的作业面。做好植物检疫和病虫害预防工作，要选用良种壮苗，播种前要采取温汤或药物浸种，严防植物病虫害沿线状分布和蔓延。②正确实施播种和移栽。在北方春季播种和移栽效果最好，其他季节应采取一定措施方能保证成活和顺利越冬。对乔、灌、花卉的移栽要做到正确起运，要带土起苗或根部沾泥浆，减小挤压、碰撞，随起、随运、随栽，采取必要的保湿、保鲜措施。③采用液压喷播技术。液压喷播技术是近年来发展起来的新技术，特别在公路护坡绿化中应用最为广泛，是公路护坡工程招标的必选技术之一，具有播种均匀、出苗率高、基层稳固，且营养充分、适应不同坡度比工作面植草的特点，并在岩石护坡、灌木林建植方面有了新的突破。此技术中的基材选择、混合比例、喷播方法是关键性技术，要由有经验和技术设备的专业队伍来实施。④播种或移栽后要及时浇水。护坡播种后加覆无纺布有利于保持表土水分和防止暴雨冲刷坡面。浇足头水，以后视天气情况定期进行喷淋作业。

9. 管护的具体措施要及时到位和有效

在植物生长过程中，要及时进行除草、适度修剪、浇水、施肥、抚育间伐，预防病虫害、火灾、人畜破坏等自然或人为灾害。

五、公路建设安全评估

对于工程进行安全评估是进入21世纪后总结历史的惨痛教训而特别提出的。例如，21世纪末的江堤决口、5·12汶川大地震造成的工程结构严重损坏都与没有进行安全评估有关。因此,对公路大型隧道、桥梁、结构物进行地震评估是非常必要的,目前,这项工作在国内基本没有普及,只在个别工程进行试点,有待有关部门制定相关标准和完善相关规范,并以政令强制推行。

六、公路建设社会评价

社会评价是指一个项目的实现,有可能使得一部分人的利益受损,但是其余的人会受益,对利益受损者给予一定补偿后,使得所有人共同受益。按此原则对项目进行检验和评价,可以确定各类人员受益、受损及受补偿的程度,检验项目实施的整体效益,以社会最大净效益来进行方案选择。社会评价的理论基础是福利经济学,它是以"潜在的帕雷特优越性"作为价值判断的准则。例如,公路建设占用大量的土地,而土地是不可再生资源。数千年以来,我国绝大多数人口生活在农村,虽然他们中有不少人与城市人比较起来生活比较艰苦,但是由于他们拥有祖辈耕种的土地,温饱是能保证的,对于一户人家而言,从某种意义上讲,他们拥有的土地,使得子孙后代都实现了就业,这就相当于释缓了社会的就业压力。由于项目建设占用土地,相当于变相剥夺了他们祖辈赖以生存的土地,他们今后的工作和生活问题的不确定性变成了主要矛盾。因此,建设项目占用土地后,对受损农民进行安置和补偿,并做出社会评价,是理所应当的。过去,我国建设项目在社会评价方面的工作做得很不够,或者说基本没有开展。在过去近三十年突飞猛进的公路建设热潮中,特别是高速公路蓬勃发展的正面效益日益突显的同时,也要清醒地看到,由此也引发了不少社会矛盾,现在,这项工作已经到了非做不可的时候了。这个问题在西方一些发达国家早已考虑,例如,他们对工程项目进行"费用—效益分析",一般分为财务评价、国民经济评价、社会评价。福利经济学提出的三大社会评价目标中,适用于各种社会制度的两个最重要的目标:其一是,最好的公平分配。通过收入再分配缩小高低收入之间的差距,其衡量指标有稳定的就业效果、公平的分配效果、良好的地区效果。其二是,最大的经济效率。最大的产量和最优资源配置,最优劳动力资源和自然资源利用,最优积累率,最优经济增长等。社会评价涉及因素有政治、经济、国防、资源、生态、就业等诸多方面,其中,受损人员的稳定就业和稳定收益是该评价考虑的重要方面。

七、计划任务书

公路勘测设计工作是根据批准的计划任务书进行的。设计任务书一般由提出计划的主管部门下达或由下级单位编制后报批。计划任务书应包括建设的依据、意义、建设规模和修建性质;路线的基本走向和主要控制点;工程技术等级和主要技术标准;勘测设计的阶段划分及各阶段完成的时间、建设期限、投资估算;需要钢、木、水泥的数量;施工力量的原则安排、路线示意图等。在计划任务书实施过程中,如建设规模、期限、技术等级标准及路线走向等重大问题有变更时,应报原批准机关审批同意。

第二节　公路可行性研究报告的编写

公路建设必须严格遵守国家规定的基本建设程序,所有大中型项目应根据批准的项目建议书(或委托书),进行可行性研究,可行性研究完成后应进行评估。可行性研究是"论证工程项目(或产品)技术上的可能性和经济上的合理性,并论证何时修建或分期修建,为业主提供决策,保证工程的经济效果。"经过综合分析,找出投资少、效益好的建设方案。公路可行性研究一般包括下列内容。

1. 总论

论述建设项目的任务依据、历史背景和研究范围，提出可行性研究的主要结论。

2. 现状及问题

调查及论述建设地区综合运输网的交通现状和建设项目在交通运输网中的地位与作用。论述原有公路的工程技术状况及适应程度。

3. 发展预测

进行全面的交通调查和经济调查，论述建设项目所在地区的经济特征，研究建设项目与经济发展的内在联系，预测交通运输量的发展情况。

4. 公路建设标准和规模

论述项目建设规模和采用的等级及其主要技术指标。

5. 建设条件和方案选择

调查建设项目所处地理位置的地形、地质、地震、气候、水文等自然特征，建筑材料来源及运输条件；进行路线方案的比选，提出推荐方案的走向和主要控制点；评价建设项目对环境的影响，并编制环境影响报告书。

6. 投资估算与资金筹措

包括主要工程数量、公路建设用地和拆迁、单价拟定、投资估算及资金筹措等。

7. 工程建设实施计划

包括勘测设计和工程施工的计划与要求、工程管理和技术人员的培训等。

8. 技术、经济和环境评价

包括运输成本等经济参数的确定，建设项目的直接经济效益和费用的估算，进行经济评价与敏感性分析，建设项目的间接经济效益分析。收费公路还需做财务分析。

研究技术可行性必须与经济效益相结合，研究经济效益必须考虑采用新技术的可能，重视运输领域的综合效益。

在可行性研究的同时，应进行环境影响分析，以工程性质、路线位置、资源利用、环境影响等为依据。同时，可行性研究还应对工程进行宏观分析，确定项目是否成立。在计划任务书下达后，进行初步设计的同时，应编制环境影响评价书（EIS：environmental impact statement），根据工程对环境影响的预测，提出对环境污染、破坏的防治措施以及综合整治的方法。

9. 安全和社会评估

工程安全评估是我国大量的工程安全事故发生以后总结血的教训而提出的，现在要求1亿元以上的工程和存在安全隐患的工程必须进行安全评估包括地震评估等，同时要进行必要的社会评价。工程建设必然使得一部分人得到很大的利益，而另外一些人的利益可能会遭到严重损害。所谓社会评价是针对受益的群体和利益受损的群体之间的利益平衡的社会评价。社会评价的实质是利用福利经济学观点，并借助“潜在的帕雷特优越性”作为判断准则的大型工程建设项目社会评价体系。其内涵是：一个项目的实施可能使得一部分人的利益受损，但是更多人受益，对利益受损者给予较好的补偿，最终使得与本项目有关的所有人都得到好处。

可行性研究应附有必要的图表，其中包括路线方案（及比较方案）图、历年工农业总产值与客货运量统计表、公路客货运量、交通量预测表、效益计算表等。

一条公路的可行性研究报告包括的内容见表9-1。

公路可行性研究报告主要章节和内容 表 9-1

章	节	目	阐述内容
项目地理位置图			
路线方案图			
第一章 总论	主要研究结论	介绍本段路线所处的干线网及其在当地路网中的地位、路线起止点、经由市和长度，所处的地区及其长度等。本段的任务书下达时间及文号、主要研究单位等	
		介绍前期研究的调查项目（含 OD 调查）、单位及其研究分工、时间、相关会议内容及研究报告整理情况等	
		介绍编制时依据的规范、标准和文件的发布年月、名称和文号等	
		项目建设必要性	阐述本项目在地区经济发展和在国道干线网中的组成，在资源开发、能源建设、对外开放、带动沿线两侧经济和旅游发展、改善环境、交通运输业发展中的需要和地位
		交通量预测	介绍交通预测和分配方法，并根据历年交通量调查资料和 OD 调查结果列出“主要相关公路基本汽车量表”和“拟建公路未来交通量预测表”等
		路线走向及互通立交设置方案	介绍研究路线方案和推荐的路线方案各自基本走向及其优缺点，并给出“全局性路线方案比较研究一览表”和推荐方案路线走向的主要控制点及布线方式
		技术标准和工程规模	介绍工程规模，包括推荐路线方案的长度、占用土地、土石方、排水防护、路面、桥梁、涵洞、隧道、立交、连接线及其他设施的数量，并给出“推荐主要工程数量表”和主要技术标准
		投资估算及资金筹措	列出比较和推荐方案的投资估算，包括资金来源、金额和比例，并给出“投资估算结果汇总表”和“推荐路线方案资金筹措计划表”
		经济评价	阐述全局性路线方案的资金筹措计划，并给出“国民经济评价及敏感性分析结果表”和“财务评价和敏感性分析结果表”。评价项目为 *DNPV*、*EIRR*、*EBCR* 等
		实施计划	介绍建设规模、工期安排、开竣工日期、分段安排、资金安排，并给出“分年各项各方案资金运用计划表”及分年、分类、分段资金使用计划
	主要问题和建议		
第二章 现状评价与发展环境	国家政策与规划目标	概况	阐述国家和拟建公路所在省的经济指标，并给出“*GDP*、人工、*IFA*、*TVRS* 增长图”、“当年 GDP 和产业结构直方图”；中国经济与拟建公路所在省区经济发展比较；项目与公路主骨架的衔接情况，项目对地区经济路网以及由 OD 调查而进行的项目影响区的划分情况等
		国家政策及规划	国家五年计划对拟建公路所在地区道路建设的政策支持
		交通运输及公路网规划	介绍国内交通运输和路网规划，并给出“综合运输量及运输结构表”、“国内主干线网络图”和“项目位置图”等，项目区发展速度和水平与全国平均水平的比较等

续上表

章	节	目	阐 述 内 容
第二章 现状评价与发展环境	国家政策与规划目标	社会经济概况	项目经济影响区的划分、项目所在省和项目影响区面积、人口及其密度,所辖市县和以上各项在全国所占的比例,矿产资源分布、能源供应量、旅游分布、本省GDP和产业人员构成、历年社会经济指标统计、本省当年国民经济主要指标占全国比重、主要社会经济指标增长情况(可附直方图和折线图)、经济发展和对外开放方面的差距等
		综合运输概况	介绍拟建公路所在省区的铁路、公路、水运、航运、空运的综合运输量及运输结构,综合运输网络图,干线公路规划示意图,并给出"公路运输量表"、"公路网"、"项目区公路网现状一览表"、"公路密度表"、"公路等级里程表"等
		适应性评价	阐述项目区汽车拥有量及发展趋势、区域内各级公路里程、主要相关公路的适应性评价、平均日交通量、项目所在地区民用汽车拥有量,拟建公路与其他运输方式的关系和衔接(包括铁路、公路、水运、民航)等
	自然地理及建设条件	自然地理条件	包括地形与地貌、气象与水文、植被
		地质条件	包括地层及岩土工程地质特征、地质构造(地质构造略图)、断裂活动及地震、水文地质、不良地质、由矿区开采引起的地质病害问题,地震烈度区划图,工程地质分区评价(含工程地质分区简图)等
		建筑材料及运输条件	介绍砂、石灰、水泥、石料、工业废渣分布及运输条件,以及工业用水、工程用电、工程建筑材料及燃料的供应地点和运输条件,并给出"项目区矿藏分布图"等
		自然环境质量评价	包括大气、水、固体废弃物、噪声、自然环境质量总体评价说明
	人文社会环境对拟建公路的影响	沿线城市建设规划	阐述与本项目各方案密切关系的重大建筑规划工程的名称、项目和与之占用、避让、穿行的合理解决方案及其利弊等
		沿线矿藏规划和生产	
		重大建筑物规划工程	
		农林布局和水利设施	
		占地拆迁和土地征用	
第三章 交通量预测	社会经济与交通运输的关系		阐述交通运输业与社会经济发展规模、速度、财政和资金的关系,项目所在省和影响区经济活动的发展关系,并应给出"道路运输与经济弹性分析表"
	社会经济发展展望	项目所在国	阐述项目所在国经济发展历史和展望,国家GDP发展目标等
		项目所在省	阐述项目所在省GDP增长率和人均GDP历史与未来预测曲线,项目所在省经济发展水平与全国平均水平对比,项目所在省经济发展历史展望(年份、人口、GDP、GDP指数、年增长率、人均GDP、人均GDP指数)。项目所在省工农业产值预测等
		项目直接影响区	项目影响区所经市区的经济诱增率,趋势型社会经济主要指标速度预测值等

章	节	目	阐述内容
第三章 交通量预测（续）	拟建公路交通量预测	预测方法	列出预测的意义、预测方法及其相关的步骤与公式
		交通调查与分析	对沿线交通量观测站统计资料进行分析，并列出交通量观测站以及"OD调查点分布示意图"、"主要相关交通观测站历年交通量统计表"、"主要相关公路OD调查点交通量示意图"；OD调查结果及其数据处理包括："车型调查结果表"、"运距分布"、"OD调查点24小时汽车交通量分布图"；主要相关公路基年交通量（中型标准车）
		未来交通量预测	给出相关模型及预测结果，并列出"汽车交通量现状OD表"、"交通量预测流程预测模型表"、交通发生量和吸引量（列出相关计算公式），交通量分布（指明采用的方法及该法计算流程图和采用公式）、交通量分配（列出分配方法和分配表）、"交通量分配工作流程"及其相应公式，未来项目所在区路网示意图、竣工年至设计年限各主要年份公路汽车交通量趋势型OD表，车速与交通量的关系。拟订路线方案中新路趋势型预测交通量，给出"推荐路线方案未来交通量增长示意图"、"汽车出行期望图"、路线方案中的老路趋势型预测交通量、预测方案以及老路诱增型预测交通量等
第四章 建设规模、技术指标以及初步方案	路线总体布设方案	路线起点和主要控制点	指明路线大致走向、途径县市和布设原则
		路线走向选择原则	说明路线在路网布局、沿线产业现状及规划、占用土地、路线里程、投资大小、工程数量、线性指标、施工养护、保护文物和景观协调等方面应遵循的原则
		路线布设方案	说明布设程序，并附路线方案关系示意图；××至××路线布设方案（第一方案、第二方案、第三方案）；各方案的评价，包括优缺点、主要特点、存在的利弊、需解决的问题及其技术标准；各方案所处的自然地理环境、工程数量和造价，并列出路线长度、土石方数量、排水及防护、大桥、中桥、小桥、分离立交及通道、拆迁房屋、迁移电杆等内容在内的"路线方案比较表"
	推荐方案的路线走向及主要控制点	推荐方案产生的缘由	通过对各方案的技术指标、工程量和投资估算、社会和经济效益、道路功能和路网布局、环境保护、应付灾变能力、与沿线城市发展规划及现在设施的矛盾比较，列出至少两个"路线方案比较表"，并就矿藏开采、征地和动迁、旧路保通、旅游发展、施工条件等方面提出建议和意见
		推荐方案路线走势及主要控制点	指出推荐路线方案的起止点，阐明中间大致走势及其穿越的铁路、公路、河道和设置隧道的数量、位置等
	通行能力分析和拟建公路等级	通行能力计算	交通量有关参数包括方向不均匀系数、高峰小时系数；高速公路单车道设计通行能力计算包括基本通行能力、可能通行能力和设计通行能力的计算；设计车速的公路通行能力：包括设计服务交通量、最大通行交通量、设计车道数等，并列出"公路通行能力计算结果一览表"
		拟建公路等级的拟定和通行能力分析	拟建公路等级；通行能力分析，并附"交通量通行能力分析图"和"拟建公路各路段适应的交通量表"；服务水平分析，并附"服务水平分析结果表"等

续上表

章	节	目	阐述内容
第四章 建设规模、技术指标以及初步方案	建设规模与技术标准	技术标准	拟建公路分段的公路等级、设计车速和拟建公路路基“横断面示意图”及其“主要技术指标表”
		建设规模	分段的建设里程、开竣工时间和路线方案规模及主要工程数量表
	互通立交总体布置方案	互通立交总体布置方案	说明本项目互通立交设置形式和其地点、数量、最大、最小和平均间距，并列出“互通立交设置一览表”等
		互通立交设计理由	阐明各个立交设置原由及可供选择的其他立交方案
第五章 投资估算		编制说明	列出编制单位和各方案编制时考虑的资金来源等
		编制依据	包括人工费、材料费、施工机械费、其他工程费、其他直接费、间接费、施工技术装备费、征地及拆迁补偿费、建设单位管理费、研究试验费、勘测设计费、供电贴费、工程造价增涨预留费、预备费、建筑期贷款利率、银行贷款承诺费等
		投资估算结果	列出“投资估算结果汇总简表”、“人工、主要材料、机械汇总表”、“人工及材料单价预算表”、“其他基本建设费用及回收金额等计算表”、“人工主要材料单价汇总表”等
	资金筹措及运用	列出××至××公路项目各段各资金来源和数量的“资金筹措计算表”及其“贷款使用计算表”	
	实施计划	说明项目实施依据的文号和会议纪要、实施原则、各段开竣工日期，并给出“项目实施进度图”，对分步实施的配套工程需说明理由	
第六章 经济评价	国民经济评价	评价参数	社会折现率，包括影子汇率系数、影子工资、贸易费用率、项目评价期及残值等
		费用调整	公路设计费用调整：包括主要材料的影子价格、劳动力工资的调整、“各方案人工材料影子价格调整计算表”和土地费用调整等；公路小修、大修费用调整；运营收费管理费用调整；汽车运输成本调整：包括燃油消耗、轮胎磨损、汽车保养费用、汽车折旧费用、养路费、工资、职工福利基金、运输管理费、车船使用税、经营管理费用及其他等
		效益计算	公路经济效益；减少拥堵效益；缩短里程效益；货物节约在途时间的价值；旅客节约在途时间的价值；公路减少交通事故而节约的费用；公路货损减少所节约的费用；诱增交通量的效益。通过上列各种效益分析计算后，给出“推荐路线方案各种效益的计算结果表”
		经济评价	根据调整后的费用及效益，进行国民经济评价，列出“推荐方案和其他方案计算评价表”
		敏感性分析	列出“各方案国民经济敏感性分析表”
	财务评价	财务分析	包括财务费用、贷款项目综合利率、财务收入等
		财务评价	列出“推荐方案财务经济指标汇总表”
		敏感性分析	列出“推荐方案财务敏感性分析表”

续上表

章	节	目	阐述内容
第七章		环境评价	
第八章		安全评估	
第九章		社会评价	
第十章	主要问题和建议		一般包括起点问题、远期通行问题、资金筹措问题、对工可阶段工作的建议等
附件		列示各级政府的有关文件复印件	

第三节　项目影响区划分与道路走向确定

一、项目影响区划分

在进行可行性研究时，需要通过对经济、运输状况的调查和分析，来研究道路发展的客观经济规律，称为道路经济调查，这种研究包括区域经济调查和个别经济调查。区域经济调查是指在某一范围内的经济调查，主要有工农业生产总值、国民收入、基建投资额、各种运输方式的客货运量和周转量，公路货运量的组成，以及诸如煤炭、钢铁、粮食、木材、矿质材料等大宗物质的流向和流量等。调查统计工作是以计划部门掌握的统计资料为主，并通过实地核实进行必要的补充。

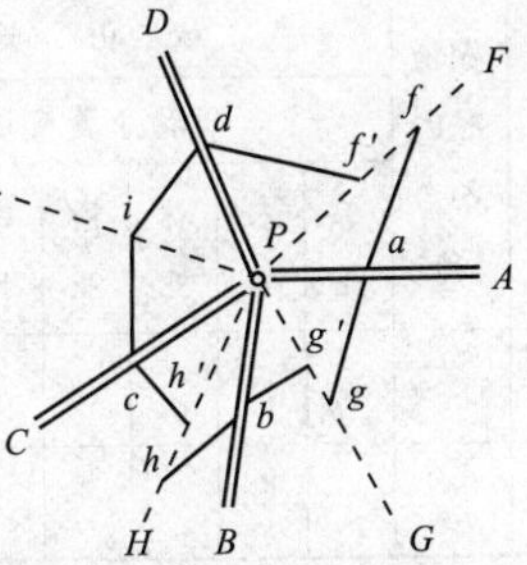

图9-4　项目吸引区划分示意图

个别经济调查是指某一道路沿线吸引区内的经济调查，吸引区为道路沿线各经济点间由运输联系所影响的区域。吸引区的边界线可用经济统计的方法具体分析各经济点的客货流量来加以确定。确定吸引区的程序是：先在相邻路线上确定运量分界点，再确定两路分界线，最后将分界线间的分界点相连得到吸引区范围。例如在图9-4中，P为某城市的中心点，$P-A$、$P-B$、$P-C$、$P-D$为道路路线。先在$P-A$路线上确定运量分界点a，同理可得b、c、d。然后在$P-A$和$P-B$两路分界线找到$P-G$，同理得到$P-F$、$P-I$、$P-H$。汇入$P-A$范围三角形的界线为$a-f$，同理可得，$a-g$、$g'-b$、$b-h$、$h'-c$、$c-i$、$i-d$、$d-f'$的界线，故$a-g-g'-b-h-h'-c-i-d-f'-f-a$为经济吸引区。

根据项目经济区划分，可以得到项目影响区，一般将项目影响区划分用图表示，示例见图9-5。

(一)客货转运量及客货流量确定

公路上的客货转运量是指在单位时间(年、季、月、日)内通过道路某一地点的货物吨数与旅客人数，这是计算客货流的原始资料。客货转运量，由道路吸引区各个货物集散点的输出输入量和通过这条道路的过境运量两方面资料组成。这些资料是通过经济调查所得，最后经过分类整理，按要求填制成表9-2。

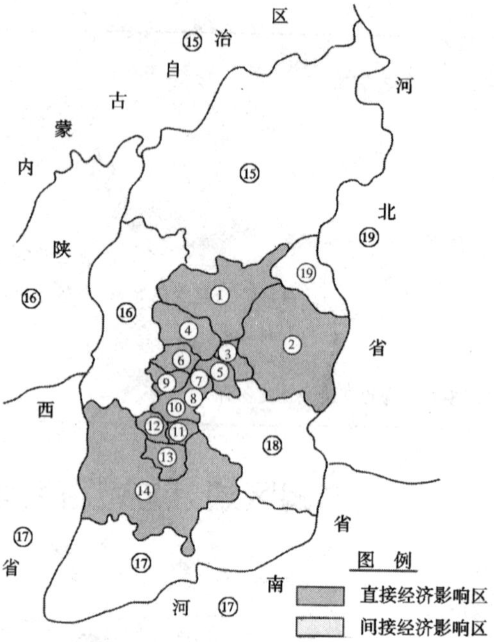

图 9-5 项目影响区划分图

①-太原市；②-榆次及除祁县、平遥县、介休市、灵石县以外的晋中地区的县市；③-祁县；④-文水县、交城县；⑤-平遥县；⑥-汾阳县；⑦-介休市的义安镇；⑧-介休市(除义安镇外)；⑨-孝义市；⑩-灵石县；⑪-霍州市；⑫-汾西县；⑬-洪洞县；⑭-除霍州市、汾西县、洪洞县以外的临汾地区；⑮-晋北及内蒙古自治区；⑯-除交城县、文水县、汾阳县、孝义市以外的吕梁地区、陕北及其以西地区；⑰-运城地区及河南省、陕西省关中和陕南以及西南华中、华南地区；⑱-晋东南及华东地区；⑲-阳泉市、河北省及北京、天津和东北地区

汽车、兽力车、客、货转运总量表

表 9-2

编号	货物形成点名称	输出(kt)							输入(kt)							过境运输(kt)							总计
		货物分类及旅客							货物分类及旅客							货物分类及旅客							
		工业	农业	林业	商业	建材	旅客	合计	工业	农业	林业	商业	建材	旅客	合计	工业	农业	林业	商业	建材	旅客	合计	

对于旅客转运量，可根据填写的客运登记一览表(表 9-3)计算各站程的客运量。在货物为主而客运很少的公路上，可把客运人数按一定的吨位换算成货运吨数，合并在货物转运量上。

客运登记一览表

表 9-3

编号	通行客运班车的路线	路线长度(km)	调查年度			远景年度			备注
			交通工具的种类及数量	每年双向运送的旅客数		交通工具的种类和数量	每年双向运送的旅客数		
				数量(千名)	按规定折算为吨数		数量(千名)	按规定折算为吨数	

当获得各站程的客货转运量后，便可研究道路的客货流。客货流是指公路在一定路段上，每公里在单位时间（年、季、月、昼夜）内运输客货的数量。

公路网中的各条公路，或同一条公路的各不同路段，客货流量是不同的，可按式(9-1)计算平均客货流量。

$$\overline{Q} = \frac{\Sigma P \cdot l}{L} \tag{9-1}$$

式中：$\overline{Q}$——某条（或某段）公路上的平均客货流量(t)；

P——每一站程的客货流量(t)；

l——每一站程的长度(km)；

L——公路全长(km)。

公路年平均客货流的大小，代表该路运输能力的大小。一条公路上往返的客货流量大小常不相同，对于客货流较大的方向应特别重视。

由于生产和运输的季节性，客货流量在一年四季中是不均衡的，因此对于各类客货均应计算其不均衡系数，这对于进一步确定全路的运输不均衡系数极有价值。

通过公路上各站程客货转运量的计算，按表9-4填写各站程的客货流量与运量总表。为了更清晰起见，可用图解法绘出客货流量图。此图是沿公路每个站程分别在两边填写来往方向各种类型客货运输的总运量，亦可就各类货物（工业品、农产品等）采用不同的颜色分层绘出。

公路各站程客、货流量与能量总表 表9-4

编号	公路及站程名称	长度(km)	按站程所通过的客、货数量(kt)																总计(kt)	站程运量合计(kt·km)
			去向							返向										
			工业货物	农业货物	林业货物	商业货物	建筑材料	旅客(t)	小计	工业货物	农业货物	林业货物	商业货物	建筑材料	旅客(t)	小计	货物	旅客		

年平均日交通量依路段客货运量分别计算。其中货运量的双向转运量的可按式(9-2)计算：

$$Q = \frac{\beta \gamma t(AP_1 + BP_2 + CP_3)}{100}N \tag{9-2}$$

式中：Q——该路段在一年中的双向转运量(t)；

t——一年中的通车日数(d)；

N——货运量的年平均日交通量(辆/d)；

β——汽车行程利用系数，即载有货物汽车的行程与汽车总行程的比例，当往返都载货时为1.0；当往返途中只有单程一个方向载货时取0.5，其余酌情取值；

γ——汽车载量利用系数，亦称汽车的吨位利用系数，即汽车的实际载量与额定载量的比率，可按表9-5确定；

P_1、P_2、P_3——在该区使用的各类汽车（小、中、大）的载质量(t)；

A、B、C——具有P_1、P_2、P_3载量的各类汽车在总车辆中所占百分率。

载重利用系数 γ　　表 9-5

货物名称	γ 值	货物名称	γ 值
砾石、砂、砖、土等建筑材料	1.0	钢铁、矿石、煤等重工业原料与产品	1.0
粮食类农产品	0.85	蔬菜、水果类农产品	0.60
日用百货类轻工业产品	0.80	各种纺织品	0.60
各种棉纱类产品	0.40		

汽车载量利用系数 γ 与所运货物类别和道路技术状况有关。对于重工业原料和建筑材料，如钢铁、矿石、煤、砾石、砂、砖、土等，取 $\gamma=1$；对粮食，取 $\gamma=0.85$；对蔬菜、水果等，取 $\gamma=0.60$；对日用百货，取 $\gamma=0.80$；各种织品，取 $\gamma=0.60$；各种棉纱，取 $\gamma=0.40$。

路上行驶载重车辆的种类，一般可分为三类，即小型（≤2.5t）、中型（2.5~7t）、大型（7t 以上）。

对客运交通量可采用式（9-3）计算，即

$$Q = \beta \cdot \gamma \cdot t \cdot \omega \cdot N \tag{9-3}$$

式中：Q——客流量；

N——平均日通过各站程的公共汽车数目（辆/d）；

ω——该路段公共汽车的平均载质量。

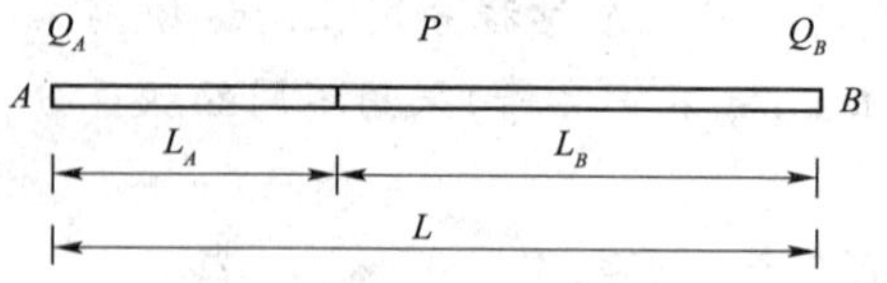

图 9-6　道路分界点位置划定

（二）分界点位置划定

如图 9-6 所示，设 $B-A$ 道路上两个端点 B 和 A 的运量分别为 Q_B 和 Q_A，分界点 P 到 B 点和 A 点的距离分别为 L_B、L_A，两点总距离为 L，故有：

$$L = L_B + L_A$$

则：

$$\frac{Q_B}{L_A^2} = \frac{Q_A}{L_B^2}, K = \frac{L_B}{L_A} = \sqrt{\frac{Q_B}{Q_A}}$$

$$L_B = \frac{K(L_A + L_B)}{1 + K} \tag{9-4}$$

$$L_A = \frac{L_A + L_B}{1 + K} \tag{9-5}$$

（三）分界线位置确定

如图 9-7 所示，设 $P-A$ 和 $P-B$ 为道路路线，两路影响区为 $\triangle PAB$。两路分界线为 $P-G$，$P-G$ 上任意一点位置 $M(x,y)$，可按照从 $M(x、y)$ 沿 PA 线到 P 点与沿 PB 线到 P 点行程时间相等的原理计算，即：

$$\frac{L_1}{v_1} + \frac{L_2}{v} = \frac{x}{v_2} + \frac{y}{v} \tag{9-6}$$

由图 9-7 可知：

$$L_1\cos\theta + L_2\sin\theta = x$$

$$L_1\sin\theta - L_2\cos\theta = y$$

经整理可得：

$$L_2 = \frac{x - L_1\cos\theta}{\sin\theta} \tag{9-7}$$

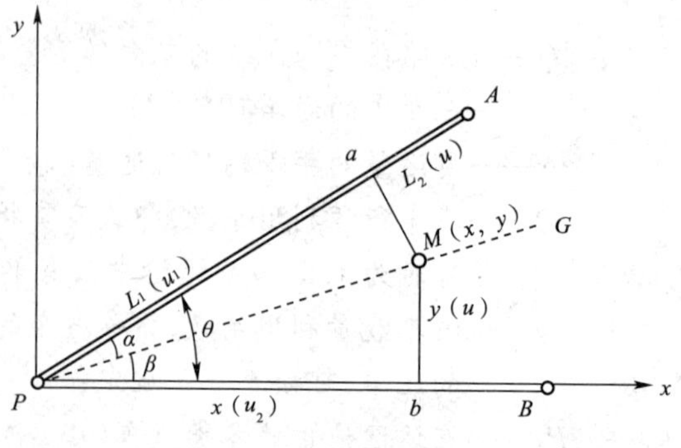

图 9-7　道路分界线确定示意图

将式（9-7）代入式（9-6）有：

$$L_1 = \frac{v_1}{v_2}x + \frac{v_1}{v}\left(y - \frac{x - L_1\cos\theta}{\sin\theta}\right) = \frac{\frac{v_1}{v_2}x + \frac{v_1}{v}y - \frac{v_1}{v\sin\theta}x}{1 - \frac{v_1}{v}\cot\theta}$$

$$x\cos\theta + y\sin\theta = \frac{\left(\frac{v_1}{v_2} - \frac{v_1}{v\sin\theta}\right)x + \frac{v_1}{v}y}{1 - \frac{v_1}{v}\cot\theta}$$

$$y = \frac{\frac{v_1}{v}\sin\theta - \frac{v_1}{v_2} + \cos\theta}{\frac{v_1}{v}(1 + \cos\theta) - \sin\theta} \cdot x \tag{9-8}$$

$$\beta = \arctan\frac{y}{x} = \arctan\frac{\frac{v_1}{v}\sin\theta - \frac{v_1}{v_2} + \cos\theta}{\frac{v_1}{v}(1 + \cos\theta) - \sin\theta} \tag{9-9}$$

$$\alpha = \theta - \beta$$

式中：v_1——汽车在 PA 道路上的行驶速度；

v_2——汽车在 PB 道路上的行驶速度；

v——由 $P-A$ 路线上任一点 a 或 $P-B$ 路线上任一点 b 到达 M 点时的行驶速度；

x、y——PG 分界线上某点 M 的横、纵坐标；

L_1——$P-A$ 线上运量分界点 a 沿着该路到 P 的距离；

L_2——$P-A$ 线上运量分界点 a 到 M 的距离。

在进行可行性研究时，必须拟定道路走向并确定出控制点，才能进行相应的经济调查和社会效益计算。通常用以下几种方法确定。

道路网以及道路方向拟定要根据道路的功能和意义并结合交通运输的需要，通过计算分析加以确定。一般沿线先划定吸引区，依据调查吸引区所得经济发展资料预估远景交通量。

道路网以及干线的方向可用数学方法求出道路的大致位置，所拟定的方案必须要在现场占地、地形、地物等控制条件及环保、景观、安全、造价等因素调整后才能最终确定。

二、道路干线方向拟定

干线方向确定一般有力多边形法和运输线截面法。力多边形法是以运量(t)、周转量(t·km)、车辆数(辆)或行程时间(h)作为力的大小，所求出的合力方向即为干线方向。运输线截面法，即沿着运输线变化区段划分截面，求取所截运输线的合力重心，然后把重心用直线相连，即为拟定的干线方向。支线连接设计一般采用最小运费和最短行程时间作为指标加以确定。

图 9-8 是采用力多边形法确定干线方向，图中为五个经济点与会集点(火车站)之间有运输联系，用各个运量(t)和周转量(t·km)作为力的大小，把求干线的方向变成求各个交汇力合力的方向。求合力的方向可用图解法，即先画出力多边形，各边的长度按比例表示运量或周转量的数值，各边的方向平行于相应的运输联系线，力多边形的闭合线即为合力 R 的方向就是干线的方向，同时也可以用行程时间(h)作为力的大小。

图 9-9 是采用运输线截面法确定干线方向。即沿着运输线划分截面，求取所截运输线的

合力重心，然后用直线相连来解决干线方向的拟定问题。运输线划分截面法的步骤是：第一，选定断面线。在两个必经的经济点间绘制空间直线，在运输线变化区选定断面线；第二，取定断面干线方向。由断面所截运输线的方向作力多边形，并绘出每一断面的合力线而得出该断面的干线方向。第三，绘制力多边形。选择任意一点 O 为极点，连接力多边形的各个角点，得出若干射线。在相应的断面上，平行于“射线”绘出另一个力多边形，其角点应分布在运输线的轴线上；第四，求断面的重心。从断面上所绘多边形最远两边线的交点处，作平行于原有力多边形的合力线，绘出合力线与断面线相交，该交点即为断面的重心。第五，确定干线方向。连接上述各断面力的重心，则此折线就是经济上对全部货运点最有利的道路干线方向。

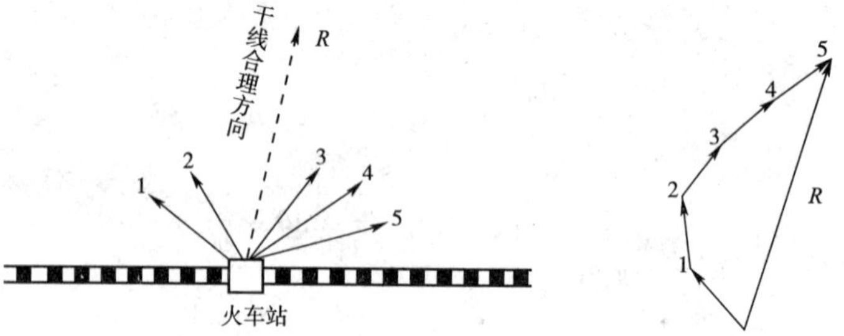

图 9-8　力多边形法拟定干线方向示意图

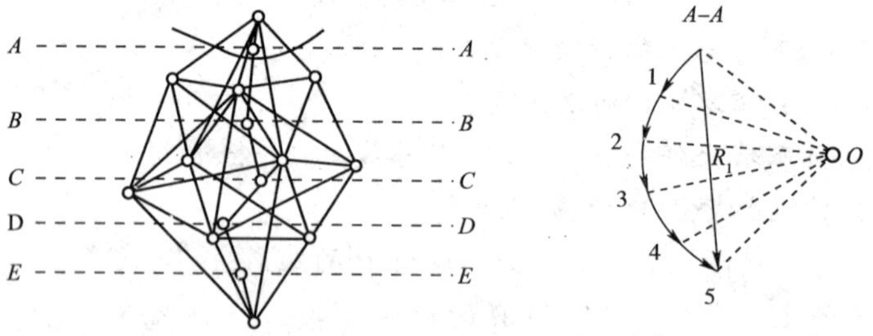

图 9-9　截面法确定干线方向示意图

截面法拟定干线方向，操作比较繁琐，其精度与断面位置选取的合理性有关。该法适用于地形地质条件对拟定干线方向没有显著影响的地区。另外，断面线要选择在货运量变化的路段且选在重心附近为宜。

三、道路支线连接与布局

（一）新支线与新干线连接点确定

支线与干线的连接点，可用运量费用最小的原则确定。如图 9-10a）所示，设经济点 C 与 A 和 B 的往来运量为 Q_A 和 Q_B，当支线连接到干线上时，应偏于货运量较多的 A 点而形成角度 α，由 A 或 B 到支线连接点 D 的距离随着 x 的长度而异。x 为 C 在干线上投影 C' 到 D 的距离。设 D 到 A、B、C 的距离分别为 S_A、S_B、S_C；干线每吨公里的运费为 $S_{干}$；支线每吨公里的运费为 $S_{支}$，则 C 点到 A 与 B 点的总货运费 p 为：

$$p=(Q_A+Q_B)\cdot S_C\cdot S_{支}+Q_A\cdot S_A\cdot S_{干}+Q_B\cdot S_B\cdot S_{干}$$
$$=(Q_A+Q_B)\cdot\sqrt{L_3^2+x^2}\cdot S_{支}+Q_A(L_1-x)\cdot S_{干}+Q_B\cdot(L_2+x)\cdot S_{干}$$

当 p 值为最小时，连接点 D 最合适，故：

$$\frac{\mathrm{d}p}{\mathrm{d}x}=\frac{x}{\sqrt{L_3^2+x^2}}(Q_A+Q_B)\cdot S_{支}-Q_A\cdot S_{干}+Q_B\cdot S_{干}=0$$

因 $\frac{x}{\sqrt{L_3^2 + x^2}} = \sin\alpha$，故：

$$\sin\alpha = \frac{Q_A - Q_B}{Q_A + Q_B} \cdot \frac{S_{干}}{S_{支}} \tag{9-10}$$

用上式计算出联系角后，在图上即可定出连接点，见图9-10a)。当 $Q_A = Q_B$ 时，$\sin\alpha = 0$，此时说明连接点 C 在干线的投影点 C' 上；当 $Q_B = 0$ 时，$\sin\alpha = \frac{S_{干}}{S_{支}}$，此时说明连接点位置取决于干线与支线的运量大小。

采用上法计算 α 角时，必须预先知道运费，但此时的道路等级和道路类型尚未确定，不可能准确地得到 $S_{干}$、$S_{支}$ 的数值，因此计算时需要预先估算其运费。

设 $N_{左}$、$N_{右}$ 分别为垂线 CC' 左右边的年交通量；$v_{支}$、$v_{干}$ 分别为支线 CD 和干线 AB 的设计车速，同理，当运输行程时间最小时，则有：

$$\sin\alpha = \frac{(N_{左} - N_{右})v_{支}}{(N_{左} + N_{右})v_{干}} \tag{9-11}$$

（二）原有道路与新干线连接点确定

在设计新建路与原有路相交时的连接点位置时，可以使用下述方法。如图9-10b)所示，设原有道路 CD 两旁有经济点 A 与 B，两点间的运量为 Q，原有道路 CD 上和新建路上的每公里的运费分别为 $S_{原}$、$S_{新}$，总运费为 p，则自 A 和 B 接到原有道路上的合理交角 α_1、α_2 的计算方法如下：

$$p = Q \cdot (L_1 - x_1 - x_2) \cdot S_{原} + (\sqrt{l_1^2 + x_1^2}) \cdot Q \cdot S_{新} + (\sqrt{l_2^2 + x_2^2}) \cdot Q \cdot S_{新} \tag{9-12}$$

由于 AM 与 BH 具有同样的技术性质，两路段的交角应是相同的，即 $\alpha_1 = \alpha_2 = \alpha$，式(9-12)中，$x_1$、$x_2$ 是自变量，p 为因变量，可理解为 x 是 p 的函数，当 p 为最小值时，有：

$$\frac{\mathrm{d}p}{\mathrm{d}x} = -Q \cdot S_{原} + \frac{x_1 \cdot Q \cdot S_{新}}{\sqrt{l_1^2 + x_1^2}} + \frac{x_2 \cdot Q \cdot S_{新}}{\sqrt{l_2^2 + x_2^2}} = 0$$

解上式，得到：

$$\sin\alpha = \frac{S_{原}}{S_{新}} \tag{9-13}$$

以上均是只考虑汽车运输费用时的连接点计算，没有考虑地形、地物限制和道路建筑费用以及运量改变的影响，因此上式可作为设计参考。从上式中也可以看出，交角 α 和两条路上的运费比值有关。如果原有道路为高级路面，而 AB 上的运量不大时，仅用中级路面时，则 $S_{原}$ 小，而 $S_{新}$ 大，交角就小，反之亦然。其极限是 AB 两点直线相连[图9-10b)中的虚线]，而不借用 CD 路。

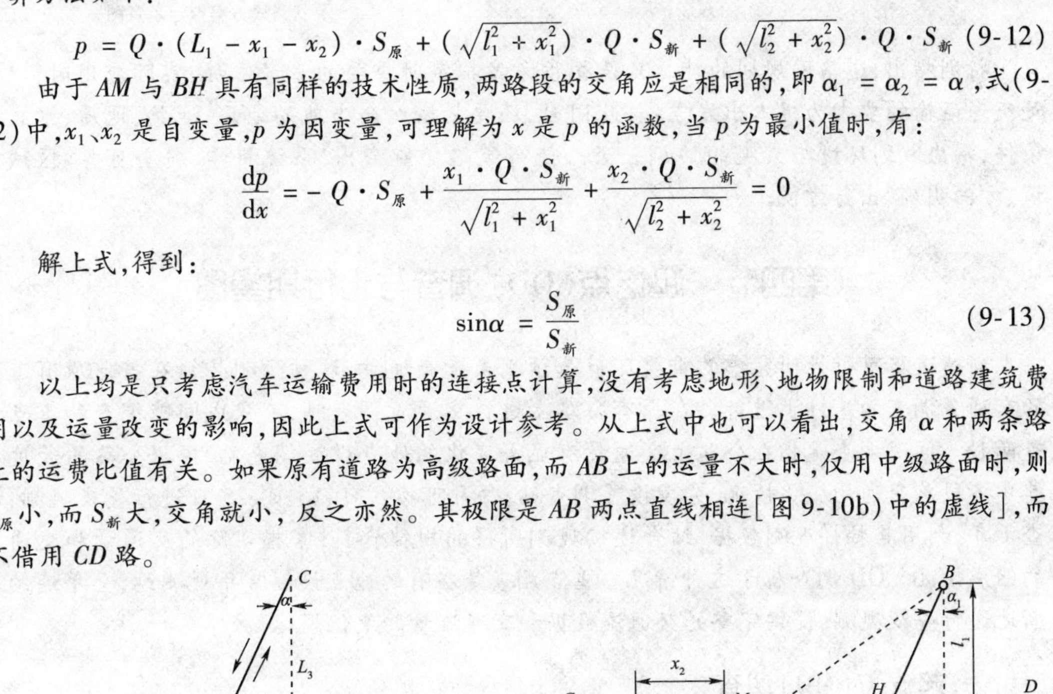

a)支干线的连接　　b)新建道路与原有道路相交时的合理交角

图9-10　道路支点连接点与布局

如图 9-11a)所示,当三个经济点相互之间有运输联系时,为节省道路投资,可在三点中任意选择一点 O,采用 OH、OM、OC 三条路线[图 9-11b)],图中点 O 是通过以下方法求得。首先,假定 MC 为干线,把连接 H 点的道路作为支线,当假设 H 与 M 之间的运量等于 H 与 C 之间的运量时,支线的交点应在 MC 线的中央,按公式 $\sin\alpha = \frac{Q_A - Q_B}{Q_A + Q_B} \cdot \frac{S_{干}}{S_{支}}$ 求得支线的连接角 α_1。其次,取 H 与 MC 线的中点的连线作为干线垂直线,方法见图 9-10。再次,根据干线垂直线定出支线的交角 α_1。同样,分别设 HC 线与 BM 线为干线,求得自 M 与 C 来的支线的偏角 α_2、α_3。

上述三条支线的方向交汇后,可能不在一点而构成误差三角形(图 9-12),最后,在这个小三角形内根据当地的地形特征点选定一个中心点 O,用此点与三个经济点连接起来,即为路线的轮廓方案。

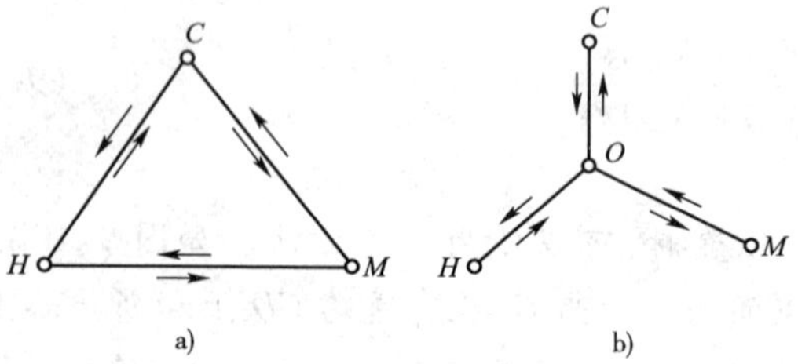

图 9-11　三个经济点的联系方案

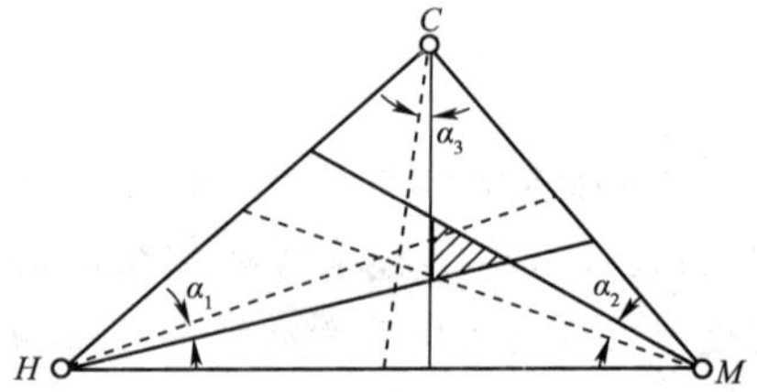

图 9-12　支线连接(三个经济点)误差三角形及其路线方案拟定示意图

特别指出,道路网规划的计算只是初步方案拟定时重要的参考依据,实际应用时,以满足交通运输的要求为根本出发点,与此同时,还要紧密结合当地的地形、地物、地质、水文等条件,竭力做到环境与景观的协调一致。使得道路功能突出、系统科学、安全可靠、区域协调、方向明确、出行方便。

第四节　起讫点(OD)调查与出行期望图

新建道路可行性研究中的重要环节是预测未来交通量,这种预测必须在当前原有道路的交通量调查的基础上进行。在原有公路上进行交通量调查时,可分成间隙调查和重点调查两种。间隙调查是指在公路上交通量有显著变化的地点设置调查站,根据公路的长度和其中各段路交通的变化情况,分段设置调查站,每月可按 5 日、15 日、25 日进行昼夜观测,调查 1 年,利用其抽样观测数据,结合连续观测所得的规律资料,掌握实际的交通量和交通流的组成情况。OD 调查属于这种情况。重点调查是在有的地点设置常年观测站,全年连续不断地进行昼夜观测,提供完整的交通流数据和交通流量的变化规律。

一、起讫点(OD)调查

(一)OD 调查的概念

OD 调查(origin destination survey)亦称起讫点调查,其中 OD 取自两个英文单词起点 origin 和讫点 destination 的头一个字母,起点指一次出行的出发地点;讫点指一次出行的目的地。出行起点、讫点总称为出行端点。每一次出行必有且只有两个端点,出行端点的总数为出行次数的两倍(即交通发生量)。OD 调查交通量观测资料,在交通规划中占有极为重要的地位。

将人、车、货从出发点到目的地移动的全过程分别称为个人出行、车辆出行和货物出行,即通常所说的客流调查、车流调查和货流调查:出行还可分为境内出行、过境出行、区内出行、区间出行。境内出行是指起讫点皆在调查区范围之内的出行;过境出行是指起讫点皆在调查区范围之外的出行;区内出行是指将调查区分为若干小区后,起讫点皆在同一小区内的出行;区间出行是指将调查区分成若干小区后,起讫点分别位于不同小区内的出行。一小区内所有出行端点的某一集中点,是该小区交通流的中心点。

交通的起讫点有时有多个,为了综合 OD 调查的出行次数,要归纳成有限个起讫点,可将调查对象划分成若干区。对于区域公路网而言,一个节点就代表一个区。OD 调查可用矩阵表加以整理成一种表示起讫点调查成果的表格,即 OD 表。

(二)OD 调查的目的

调查的目的是收集调查区域内出行的类型与数量方面的资料,包括从各个起始小区(O 点)到各个终讫小区(D 点)的客、车、货的流动,从中推求远景年的交通量,为运输规划的研究提供基础数据。城市 OD 调查结果可以调整城市结构布局、完善交通网系统、选择交通运输方式及预测远景年的交通量。

除用于交通规划外,新建或改建道路的设计以及公共交通与服务设施的确定,有时也需要应用 OD 调查。

(三)OD 调查的准备

通常,OD 调查可分为两类:客流 OD 调查和货流 OD 调查(在小城市可用载货汽车流调查代替)。前者的调查重点为起讫点分布、出行目的、出行方式、出行时间、出行距离、出行次数等。后者的调查重点为与吸引点的分布,货流分类数量与比重,货运方式分配等。在专门机构的组织,实施下列调查步骤。

1. 资料准备

客、货流基本情况(如居民点的分布、土地利用现状、停车场的设置、工业组成与分类、产品产销数额等)的收集,调查表格的绘制。

2. 划线分区

在调查境界线确定后,结合调查范围内的行政区域划分和道路、河流、铁路等构造物及天然物,突出用地的性质(包括现状和规划),进一步分成若干个调查小区,便可形成区内与区间的出行。

区分得越小,计算的数据越多,成果就越细,但工作量也越大。反之,区分得越大、越粗,工作量减轻,但可能掩盖了范围内的交通特点。分区的多少应视复杂程度和研究目的而定。

客流与车流调查应综合考虑人口、面积、行政单位、交通特点和自然条件,分成若干个小区。有必要强调,如进行客、货流的综合调查,应采用同样的调查分区。

3. 定抽样率

如果调查范围和对象工作量不是很大,可以采用全样调查,即抽样率为 100%。但多数情况下,需按一定比例抽取调查的样本,表 9-6 是国外抽样率建议值。

4. 人员训练

调查结果的质量很大程度决定于调查人员,尤其是在家访中,调查人员的责任心将直接影响调查的成败。因此,从人员接待开始,就要严格要求。一般的条件是,需有高度的责任感,具备一定的文化程度,身体健康,对人、地熟悉等。

抽样率建议标准 表9-6

人口数	抽样率(%)	抽样比例	人口数	抽样率(%)	抽样比例
<5万	20	1:5	30~50万	6	1:15
5~15万	12.5	1:8	50~100万	5	1:20
15~30万	10	1:10	>100万	4	1:25

5. 制订计划

调查的实施计划应从实际出发,安排要留有余地。一般可分摊在各个季节或各个月中进行,以避免产生季节性的误差。

6. 典型试验

建议在全面铺开调查工作之前,先做小范围的典型试验,从而暴露一些问题,取得经验教训,进一步完善计划和做法,确保达到预期成果。

7. 实地调查

实地调查中采用的方法详见后述。需要注意的是,必须严格把关、及时抽查实地调查的全过程。

(四)OD调查的方法

1. 家庭访问调查

对居住在调查区内的住户,进行抽样家访。由调查员当面了解该户中包括学龄儿童在内的全体成员全天的出行情况。

2. 发(收)表调查

将调查表格发到汽车驾驶员处,由他逐项填写。对当日未出车的原因及改日出行的情况,填写明确。

3. 路边询问调查

在主要道路或城市出入口设调查站,让车辆停下,询问该车的起讫点以及其他出行资料。

4. 明信片调查

明信片上预先印好表示调查站的代号。将印有调查项目的明信片在不同地点分发给驾驶员(或车主),再回收。

5. 工作出行调查

对调查区内的职工抽样进行居住地点(O点)和工作地点(D点)调查,主要用于公共交通规划。

6. 车辆牌照调查

由各调查站分时段记下通过测点的全部车辆牌照的末几位数字,然后汇总各个调查站的记录进行核对。凡第一次记到牌照的地点便是该车辆的起点,凡最后一次记到牌照的地点便是该车辆的讫点。

7. 运输集散点调查

在一天24小时或高峰小时期间,对各集散点中所有上、下公共汽车、火车、飞机、轮船的乘客发给要求收回的调查卡片。为将回收数据扩算到全部出行,需乘以扩散系数。

8. 公交路线乘客调查

主要用于规划改善调度运行车辆。一或两个工作人员在公交车辆上将调查表发给每个乘客。用以了解某一专门公交路线乘客的最后讫点。

9. 电话与网络调查

与家访调查类似。需电话询问前 2 ~3 天先发函告知调查项目；网络时代，也可通过网上查询或 QQ 邮箱询问等方式调查。

10. 境界出入调查

在调查区域设调查站，对所有行驶于该路线的车辆作统计；在干线道路上则做抽样调查。此方法可作为家访调查的补充。

用上述各种方法进行调查时，应把各种车型，如：大、中、小客车，大、中、小货车，挂车，大、小拖拉机，人、畜力车，自行车等分别登记调查，并换算成一种车型。

OD 调查的成果整理与分析用 OD 表、交通发生统计图、期望线图、相关曲线等表达。

(五)OD 调查表

因为交通的起讫点有时有多个，为了综合 OD 调查的出行次数，要归纳成有限个起讫点，可将调查对象划分成若干区，对于区域公路网而言，一个节点就代表一个区。OD 调查可用矩阵表加以整理。

为进一步让读者明确 OD 表的格式，下面列举某高速公路 OD 表(表 9-7)供参考。

2020 年客车 OD 表

表 9-7

区间	甲地	乙地	丙地	丁地	戊地	己地	庚地	辛地	壬地	癸地	申地	酉地	戌地	合计
甲地	678	1 405	1 327	581	1 308	190	285	898	1 243	2 043	300	263	355	11 237
乙地	2 000	4 112	579	66	608	108	313	171	193	181	6	74	101	8 512
丙地	1 971	667	3 989	900	158	64	110	56	730	485	31	36	135	9 233
丁地	857	51	788	37	57	183	61	0	0	1 427	7	175	159	3 802
戊地	991	565	124	71	1 586	212	515	7	25	141	5	88	123	4 454
己地	124	44	84	146	166	0	42	118	322	290	88	15	16	1 454
庚地	228	161	112	40	494	0	1 159	393	435	173	57	36	62	3 350
辛地	571	24	101	0	14	221	177	0	20	175	0	99	23	1 425
壬地	1 564	95	484	0	10	388	519	16	11	1 433	14	719	647	5 900
癸地	2 403	190	534	1 583	167	298	89	262	1 193	71	15	414	587	7 804
申地	469	15	10	0	0	82	25	5	10	7	0	21	80	725
酉地	162	0	41	41	38	0	26	63	868	558	0	0	0	1 797
戌地	319	13	175	114	34	0	38	34	517	625	66	36	18	1 989
合计	12 238	7 342	8 348	3 579	4 640	1 746	3 359	2 023	5 566	7 968	590	1 976	2 305	61 681

二、出行期望线图

OD 调查的成果整理一般多用交通发生统计图和期望线图。一个小区内所有出行端点的某一集中点，是该小区交通流的中心点（不是该小区几何面积的中心），称小区形心，期望线为连接各小区形心间的直线，又称愿望线。因其反映人们期望的最短距离而得名，与实际的出行距离无关。它宽度表示区间出行的次数，见图 9-13。

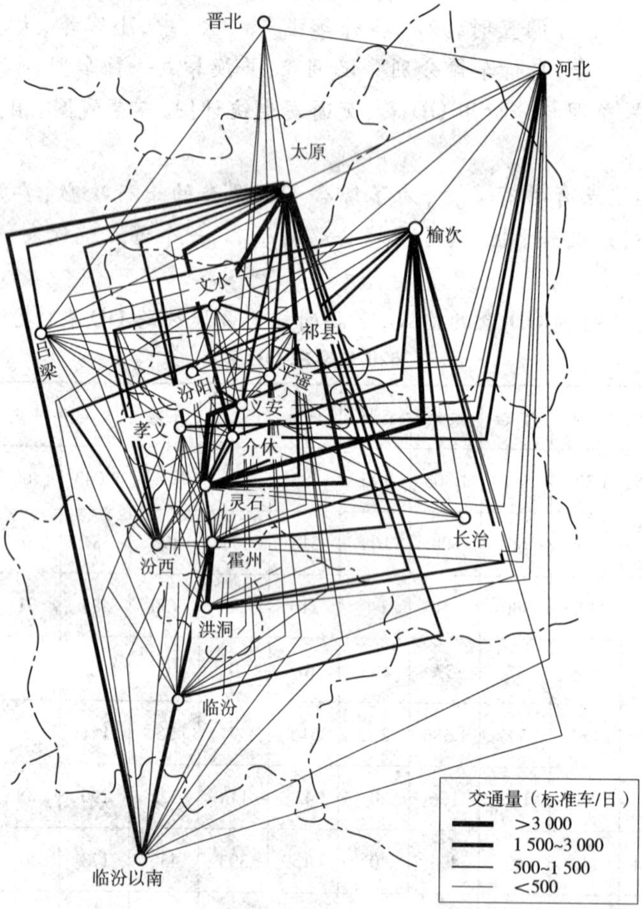

图 9-13　2010 年汽车出行期望图

期望线图是将若干条流向相近的合并汇总而成，它是简化图，突出的是交通的主要流向，可称主流线，又称综合期望线。

期望图中每个区域是用调查区域境界线分开，它是包围全部调查区域的一条假想线，有时还分设内线和外线，内线常为城市商业中心区的包围线。

为校核 OD 调查成果精度而在调查区内部按天然或人工障碍设定的调查线，可设一条或多条，它（们）将调查区划为几个部分称分隔查核线，用以实测穿越该线和各道路断面上的交通量。

OD 调查结果除用 OD 表和期望图表示外，还可用相关曲线表示。限于本书篇幅，在此不再赘述。

第五节　交通量的调查与预测和分配

我国《技术标准》规定，公路等级应根据公路的性质、任务和远景设计年限的年平均日交通量确定。远景设计年限对高速公路、一级公路、二级公路、三级公路和四级公路分别规定为二十年、十五年、十年、五年；并规定了各级公路适应的交通量。新建公路等级应根据远景交通量预测结果对照各级公路适应的交通量并根据使用功能、任务论证地确定。

交通运输是国民经济的基础产业，和经济发展的关系十分密切，对社会经济发展可以产生推动或阻碍作用。当交通运输适当超前发展，和经济发展规模相适应时，可以促进社会经济的发展；社会经济的发展又推动交通运输基础设施建设，从而形成良性循环。当交通运输事业落后，不适应社会经济发展规模时，将阻碍社会经济的进一步发展，社会经济发展滞缓，将导致财政和资金困难，从而又制约交通运输基础设施的建设，从而形成恶性循环。所以远景交通量应分别根据交通运输和国民经济的调查结果来推算。经济与交通情况调查内容及相应目的见表9-8。

新建(新规划)公路远景设计年限的交通量主要采用预测的方法得到。远景交通量的组成如表9-9所示。

经济与交通情况调查目的及内容　　表9-8

调查项目	社会经济	综合运输	公路运输	公路网化
调查内容	区域国土利用与发展规划 区域经济条件与发展规划 土地、人口和社会条件	综合运输现状与发展 各种运输方式的运输比重 各种运输方式的服务水平和适应性	各点历年运输量、客货流向 汽车及地方运输工具保有量 交通量观测资料 OD调查资料	公路现状、路网布局、技术状况 各级路网规划 现有路网的适应能力、主要问题 不同时期应达到的要求
调查目的	路网的目标分析，确定规划宏观目标，预测远景交通需要	分析综合运输结构，确定公路网的规模及其在综合运输中的地位	确定区域内各点运输关系及对外运输目标，建立预测模式，预测分配路段交通量	规划路网布局，进行路网评价与优化，决策路网方案和投资计划

远景交通量组成　　表9-9

- 远景交通量
  - 基本交通量
    - 现有交通量——来自实地调查
    - 变增交通量——来自相关区域
  - 增长交通量
    - 诱增交通量——其他运输方式转来
    - 新增交通量——区域经济开发增加
    - 自然增长交通量——经济的增长

有些公路是利用原有公路进行技术改造或提高技术等级的，有些则是新规划的公路，所以远景交通量应分别进行推算。

社会经济发展与预测主要是对项目所在国家、所在省区、项目直接影响区和间接影响区的社会经济发展概况主要包括各区的人口、工农业总产值等的调查和分析。

新规划公路远景交通量应根据社会经济发展和道路经济调查结果及客货转运量等因素

确定。这种确定方法称为交通量预测。交通量预测的一般流程见图9-14。

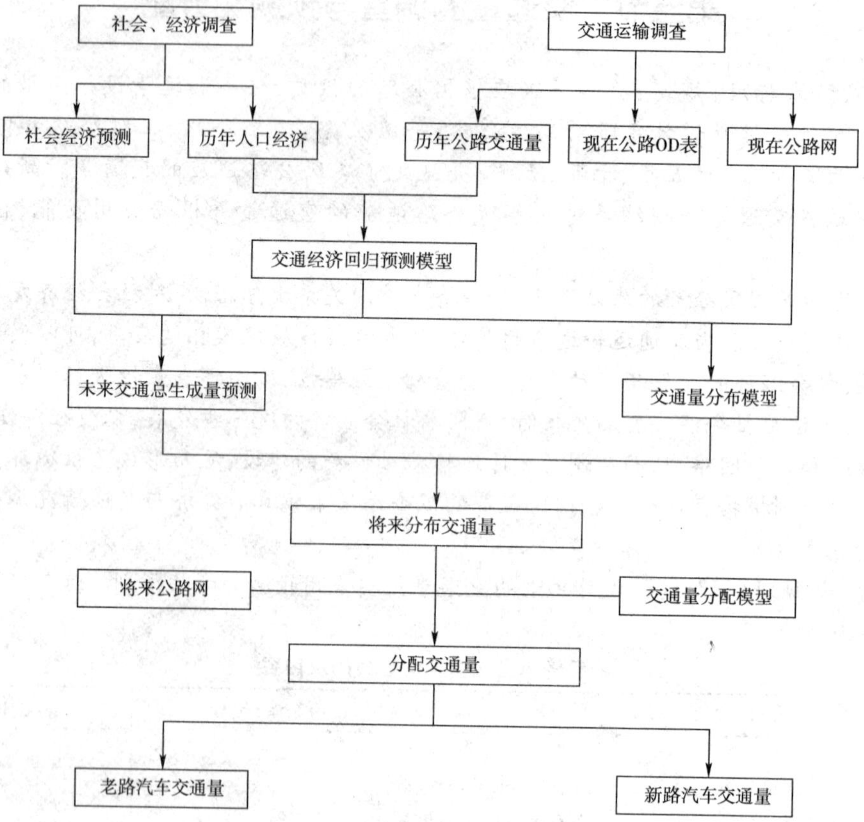

图9-14　交通量预测一般流程

交通量预测中的道路经济调查是通过经济运输状况调查和分析来研究道路发展的客观经济规律,包括区域性经济调查和个别经济调查。如前已述,区域性经济调查是指在某一范围(省、市、区等)内的经济调查。主要项目有工农业总产值,国民收入,其建设投资额,公路、铁路、航空、水运的客货运量和周转量,公路货运量的组成,以及大宗物资(煤炭、钢铁、粮食、木材、盐、矿建材料)的流量和流向等;道路个别经济调查是指某一道路沿线吸引区内的经济调查。吸引区为道路沿线各经济点有运输联系所影响的区域。吸引区的边界线可用经济统计的方法具体分析各经济点的客货流来加以确定。调查以统计、计划部门所掌握的统计资料为主,并通过实地核实进行必要的调整和补充。

一、交通量预测的模型和常用方法

拟建公路一般是通过预测的办法确定未来交通量,称为交通量预测,它是可行性研究报告的一项重要内容。预测结果是项目必要性和可行性论证的主要依据,同时也是拟建项目建设规模、等级标准和实施计划的基础。

交通量预测是建立历年交通量与经济指标的交通量预测的数学模型,根据国内外对项目主要影响区内历年交通量、公路客货运量与历年的社会经济指标进行相关分析后的结果发现:历年的交通量与经济指标(如工农业生产总值)的关系较为密切,相关性较好。经回归分析,可以得到相关的模型,称为交通预测数学模型。常用的数学模型有以下几种:

(一)一元线性回归方程模型

一元线性回归方程模型,多用于城市交通规划,其公式形式如下:

$$V = a + bx \tag{9-14}$$

其中:

$$a = \overline{V} - b\,\overline{x}$$

$$b = \frac{L_V}{L_x}$$

$$\left.\begin{aligned} \overline{V} &= \frac{1}{n}\sum_{i=1}^{n} V_i \\ \bar{x} &= \frac{1}{n}\sum_{i=1}^{n} x_i \\ L_x &= \sum_{i=1}^{n} x_i V_i - n\bar{x}\overline{V} \\ L_V &= \sum_{i=1}^{n} x_i^2 - n\bar{x}^2 \end{aligned}\right\}$$

式中:V——交通量;

x——与交通量相关的某一经济指标或时间序列;

a——直线方程截距;

b——直线方程的斜率。

【例 9-1】 某小区的交通发生和吸引主要与某学校的学生和职工人数有关,二者的关系如表 9-10 所示。预计 2015 年该学校人数达到 12 300 人,试推算 2015 年该小区的远景交通量。

某小区交通量数据 表 9-10

年　份	2005	2006	2007	2008	2009
学生和职工人数	5 100	5 500	6 000	6 500	7 200
年平均日交通量(辆/d)	1 000	1 110	1 320	1 500	1 800

【解】 设学生和职工人数为 x ,年平均日交通量为 V,则有:

$\overline{V} = \frac{1}{n}\sum_{i=1}^{n} V_i = \frac{1}{5}(1\ 000 + 1\ 110 + 1\ 320 + 1\ 500 + 1\ 800) = 1\ 346$(辆/d)

$\overline{x} = \frac{1}{n}\sum_{i=1}^{n} x_i = \frac{1}{5}(5\ 100 + 5\ 500 + 6\ 000 + 6\ 500 + 7\ 200) = 6\ 060$(人)

$L_V = 1\ 051\ 200$

$L_x = 2\ 732\ 000$

$a = \overline{V} - b\,\overline{x} = 1\ 346 - 0.38 \times 6\ 060 = -956.80$

$b = \frac{L_V}{L_x} = \frac{1\ 051\ 200}{2\ 732\ 000} = 0.38$

那么 2015 年的远景交通量为 $V = a + bx = -965.8 + 0.38 \times 12\ 300 = 3\ 717$(辆/d)。

(二)多元线性回归方程模型

设交通量为 V,与交通量相关的经济指标有 x_1、x_2……x_j 。其方程的一般表达式为

$$V = a + b_1x_1 + b_2x_2 + \cdots\cdots + b_jx_j \tag{9-15}$$

a、b_1、b_2……b_j 可通过下列方程组解出:

$$
\begin{cases}
l_{11}b_1 + l_{12}b_2 + \cdots + l_{1j}b_j = l_{1V} \\
l_{21}b_1 + l_{22}b_2 + \cdots + l_{2j}b_j = l_{2V} \\
\cdots \\
l_{j1}b_1 + l_{j2}b_2 + \cdots + l_{jj}b_j = l_{jV} \\
a = \bar{V} - b_1\bar{x}_1 - b_2\bar{x}_2 - \cdots - b_j\bar{x}_j
\end{cases}
$$

其中，$\bar{V} = \frac{1}{n}\sum_{i=1}^{n}V_i, \bar{x}_j = \frac{1}{n}\sum_{i=1}^{n}x_{ij}, (i = 1,2,3,\cdots,j)$。

$$
\begin{cases}
l_{11} = \sum_{i=1}^{n}x_{i1}^2 - n\bar{x}_1^2 \\
l_{22} = \sum_{i=1}^{n}x_{i2}^2 - n\bar{x}_2^2
\end{cases}
$$

$$
\begin{cases}
l_{12} = l_{21} = \sum_{i=1}^{n}x_{i1}x_{i2} - n\bar{x}_1\bar{x}_2 \\
l_{13} = l_{31} = \sum_{i=1}^{n}x_{i1}x_{i3} - n\bar{x}_1\bar{x}_3
\end{cases}
$$

$$
\begin{cases}
l_{1V} = \sum_{i=1}^{n}x_{i1}V_i - n\bar{x}_1\bar{V} \\
l_{2V} = \sum_{i=1}^{n}x_{i2}V_i - n\bar{x}_2\bar{V}
\end{cases}
$$

式中：i——年度序号；

j——自变量个数。

通常使用的交通量重力模型公式就是上述多元回归方程特殊形式的一种。其基本形式为：

$$N = aE_b^b \cdot E_c^c \cdot L^{-d} \text{ 或 } N = aE_b^b \cdot E_c^c \cdot T_b^b \cdot T_c^c \cdot L^{-d}$$

式中：E_b、E_c——分别为 b、c 城的工农业生产总值；

L——b、c 城之间的距离，以行车历时计算(min)；

T_b、T_c——分别为 b、c 城的汽车拥有量；

a、b、c、d——分别为模型公式的系数和指数，依据地区、道路类别研究确定。

【例 9-2】 经调查，某城市的交通量与该地区人口数、人均收入、车辆拥有量和非住宅用地面积有重要关系，其关系列于表 9-11。预计 2020 年该地区的人口数将达到 700 万人。人均收入将达到 3.12 万元，车辆拥有量 30.60 万辆，非住宅用地面积 7 800km^2，试推算 2020 年的远景交通量。

某城市的交通量与该地区人口数、人均收入、车辆拥有量和非住宅用地面积关系 表 9-11

年　份	2001	2002	2003	2004	2005
该地区人口数(万人)	400	410	430	460	490
人均收入(万元/年)	0.8	0.83	0.88	0.95	1.06
车辆拥有量(万辆)	14.4	15.6	17.2	18.9	21.0
非住宅用地面积(km^2)	6 200	6 350	6 450	6 600	6 800
年平均日交通量(辆/d)	2 500	2 850	3 120	3 607	4 230

【解】 由于模型标定比较复杂，须用计算机程序实现，这里列出解题思路和基本步骤。首先，利用上表数据和前述多元线性回归方程式标定模型，并确定系数 a、b_1、b_2……b_j 的值。

然后,再利用2020年的人口数、人均收入、车辆拥有量和非住宅用地面积和年平均日交通量,以及公式 $V = a + b_1x_1 + b_2x_2 + \cdots + b_jx_j$ 得到2020年的远景交通量。

(三)二次抛物线模型

二次抛物线模型关系为

$$V = a + bx + cx^2 \tag{9-16}$$

式中有三个未定参数,可用下列方程求解,

$$\begin{cases} \sum V = an + b\sum x + c\sum x^2 \\ \sum xV = a\sum x + b\sum x^2 + c\sum x^3 \\ \sum x^2V = a\sum x^2 + b\sum x^3 + c\sum x^4 \end{cases}$$

二次抛物线适用于一定等级道路上交通量增大,汽车车速受干扰而降低,成本迅速上升的情形。

(四)平均增长率模型

此法从基值推算,亦称为信息预测。假定交通增长按几何级数增长,一般形式为:

$$V_T = V_1(1 + \gamma)^{T-1} \tag{9-17}$$

式中:V_T——第 T 年的年平均日交通量(辆/d);

V_1——第1年的年平均日交通量(辆/d);

γ——交通量的增长率;

T——远景计算年限。

【例9-3】 已知某城市干道交通量记录资料如表9-12所示,试计算15年后,即2020年的远景设计交通量 V_{15}。

某城市干道交通量记录资料

表9-12

年　份	2001	2002	2003	2004	2005	平均
年平均日交通量(辆/d)	3 750	4 087	4 255	4 821	5 496	—
车辆每年增长率(辆/d)	—	337	168	566	675	437
车辆每年增长率 γ(%)	—	9.0	4.1	13.3	14.0	10.1

【解】 欲求15年后的远景交通量,那么以2005年为起始年,根据公式计算如下:$V_T = V_1(1+\gamma)^{T-1} = 5\,496 \times (1 + 10.1\%)^{15-1} = 21\,160$(辆/d)

(五)指数曲线模型

指数曲线法的一般形式如下:

$$V_T = e^{a+bT} \tag{9-18}$$

式中:T——年度序号;

V_T——第 T 年的年平均日交通量(辆/d)。

(六)龚珀曲线模型

该法的模型公式如下:

$$V_T = Ka^{bT} \tag{9-19}$$

式中:T——年度序号;

V_T——第T年的年平均日交通量(辆/d);

K——饱和交通量。

二、各影响区客货车交通的发生量与吸引量计算

(一)倍数计算模型

1. 建立交通量模型

建立经济与交通量相关关系模型,如采用一元线性回归方程则为

$$V = a + bx$$

2. 计算倍数

$$F_i = \frac{r_i}{r_{i0}}$$

式中：F_i——i 区发生量预测年度的增长倍数；

r_i——将 i 区预测年度(如 2005、2010、2020 等)的经济指标代入相关模型后得到的道路客货交通量；

r_{i0}——将 i 区基年(如 2000 年)的经济指标代入相关模型后得到的道路客货交通量。

3. 计算发生量与吸引量

$$V_i = F_i \cdot V_{i0} \tag{9-20}$$

式中：V_i——预测年度 i 区交通的发生量和吸引量；

V_{i0}——基年 OD 表中 i 区交通的发生量和吸引量。

【例 9-4】 某高速公路影响区的机动车保有量和该影响区的交通发生量与吸引量之间的数学关系为 $V = 2\,450 + 0.004x$,已知 2005 年该影响区的机动车保有量为 50 万辆,交通发生和吸引量为 4 500 辆/d,2015 年的机动车保有量为 100 万辆,试用倍数计算法计算该影响区 2015 年的交通发生量与吸引量。

【解】 根据线性关系 $V = 2\,450 + 0.004x$,已知条件,有

$$F_i = \frac{r_i}{r_{i0}} = \frac{2\,450 + 0.004 \times 1\,000\,000}{2\,450 + 0.004 \times 500\,000} = 1.49$$

$$V_i = F_i \cdot V_{i0} = 4\,500 \times 1.49 = 6\,705(\text{辆/d})$$

即该影响区 2015 年的交通发生与吸引量为 6 705 辆/d。

(二)弹性系数模型

各影响区客货车发生集中交通量预测的弹性系数法计算公式如下：

$$\begin{cases} r_{\mathrm{k}} = T_{\mathrm{k}} \cdot E_1 \\ r_h = T_{\mathrm{h}} \cdot E_2 \end{cases}$$

式中：r_{k}、r_{h}——未来各影响区客、货交通量的增长率(%)；

T_{k}——未来各影响区客、货交通量对国内生产总值的弹性系数,即项目直接影响区和间接影响区,该年度 GDP 增长率与交通增长的乘积；

E_1、E_2——未来各影响区国内生产总值增长率(%)。

未来各影响区客、货车发生、集中量预测值计算公式如下：

$$\left.\begin{aligned} V_{\mathrm{k}} &= V'_{\mathrm{k}} \cdot (1 + r_{\mathrm{k}})^n \\ V_{\mathrm{h}} &= V'_{\mathrm{h}} \cdot (1 + r_{\mathrm{h}})^n \end{aligned}\right\} \tag{9-21}$$

式中：V_{k}、V'_{k}——分别为第 n 年和基年影响区客车的发生、集中交通量；

V_{h}、V'_{h}——分别为第 n 年和基年影响区货车的发生、集中交通量；

r_{k}、r_{h}——分别为客车、货车的交通量年增长率；

n——项目设计年限。

【例9-5】 某高速公路影响区的未来客货交通量增长率和国内生产总值增长率，以及2005年客货车发生和吸引量如表9-13所示。试用弹性系数法预测2020年该高速公路影响区的客、货车的发生量和吸引量。

某高速公路影响区未来客货交通量增长率和国内生产总值增长率 表9-13

客车			货车		
交通量的增长率 T_k	国内生产总值增长率 E_k	2005年发生和吸引交通量 V'_k(辆/d)	交通量的增长率 T_h	国内生产总值增长率 E_h	2005年发生和吸引交通量 V'_h(辆/d)
15	10	2 200	12	10	1 800

【解】

$$r_k = T_k \cdot E_1 = 15\% \times 10\% = 1.5\%$$

$$r_h = T_h \cdot E_2 = 12\% \times 10\% = 1.2\%$$

$$V_k = V'_k \cdot (1 + r_k)^n = 2\,200 \times (1 + 1.5\%)^{15} = 2\,774(\text{辆/d})$$

$$V_h = V'_h \cdot (1 + r_h)^n = 1\,800 \times (1 + 1.2\%)^{15} = 2\,610(\text{辆/d})$$

即2020年该高速公路影响区客车、货车发生和吸引交通量分别为2 774辆/d和2 610辆/d。

三、交通出行分布的预测

通过交通分析得到各影响区交通的发生量和吸引量，可进行出行分布预测，其任务是推算$i-j$区之间分布的交通量。描述各交通区间的交通出行的次数和自身交通产生(吸引)相互关系的数学方程式称为“出行分布模型”，也叫“交通分布模型”。

交通分布是由现状分布选取某一种适合的模型，以此为基础推算未来分布的方法。通常多用增长系数法或重力模型确定。其基本程序是首先建立现状分布模型，然后依靠出行产生的预测，进而确定未来分布模型。

各交通区交通出行的现状分布，或称“现状OD交通量”，常见的表达形式为OD表。各交通区交通出行量的预估值称为未来分布，也可用OD表描述。无论采用增长系数法还是重力模型法，都需要以收敛的方式逐步逼近精度要求。在此过程中的平差系数，称为调整系数，通常记作α。

(一)增长系数法模型

由现状交通分布和增长系数进而估算未来分布的方法叫做增长系数法。具体方法有平均系数法、福来特法等。

1. 平均系数法

$$V_{AB} = \frac{r_A + r_B}{2} V'_{AB} \tag{9-22}$$

式中：V_{AB}——未来交通量分布；

V'_{AB}——现状交通量分布；

r_A、r_B——分别为A区和B区交通量增长系数。

调整系数α的计算公式为：

$$\left.\begin{aligned}\alpha_A &= \frac{V_A \cdot r_A}{P_A}\\ \alpha_B &= \frac{V_B \cdot r_B}{P_B}\end{aligned}\right\}$$

式中：V_A、V_B——分别为未考虑调整系数时，A 区和 B 区未来的交通量。

下面，为使读者进一步理解增长系数法的基本原理以及调整系数的使用方法，举例予以说明。

【例 9-6】 已知 A、B、C 三区的出行、增长系数及现状分布，如表 9-14 和图 9-15 所示。

出行发生、增长系数和现状分布 表 9-14

区　号	V'	r	现状分布			$p(\Sigma)$
			A	B	C	
A	30	2	—	10	20	30
B	25	3	10	—	15	25
C	35	1	20	15	—	35

现以平均系数法计算 A、B、C 三区的未来分布。

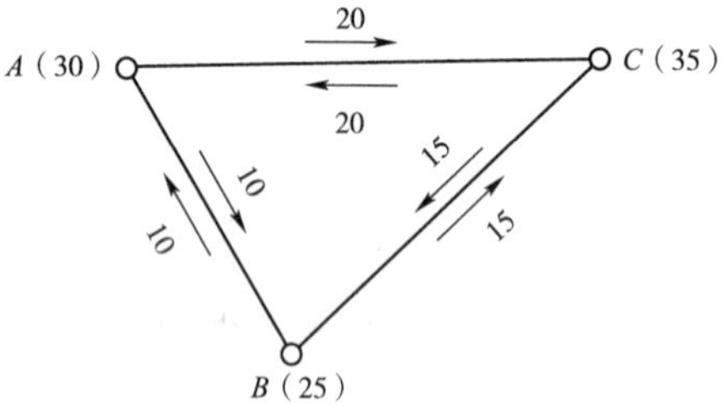

图 9-15　出行发生、增长系数与现状分布

【解】 按上列模型，分别算得：

$$V_{AB} = V'_{AB} \times \frac{1}{2}(\gamma_A + \gamma_B)$$

$$= 10 \times \frac{1}{2} \times (2+3) = 25$$

$$V_{AC} = V'_{AC} \times \frac{1}{2}(\gamma_A + \gamma_C)$$

$$= 20 \times \frac{1}{2} \times (2+1) = 30$$

$$V_{BC} = V'_{BC} \times \frac{1}{2}(V_B + V_C) = 15 \times \frac{1}{2} \times (3+1) = 30$$

此结果列成表 9-15，调整系数 α 的算式为：

$$\alpha_A = \frac{V_A \cdot \gamma_A}{V_A} = \frac{30 \times 2}{55} = 1.09,$$

$$\alpha_B = \frac{V_B \cdot \gamma_B}{V_B} = \frac{25 \times 3}{55} = 1.36,$$

$$\alpha_C = \frac{V_C \cdot \gamma_C}{V_C} = \frac{35 \times 1}{60} = 0.58。$$

未来分布表 表 9-15

出　发　区	到　达　区			$p'(\Sigma)$
	现状分布			
	A	B	C	
A	—	25	30	55
B	25	—	30	55
C	30	30	—	60

增长系数法的精度要求为：$\alpha = 1.00$，如 $\alpha > 1.01$ 或 $\alpha < 0.99$ 则需再次计算，增长系数取

值由第一次的 G 改为取 α。V_{AB}、V_{AC}与 V_{BC}则由表 9-16 中取值。

$$V''_{AB} = V_{AB} \times \frac{1}{2}(\alpha_A + \alpha_B) = 25 \times \frac{1}{2}(1.09 + 1.36) = 30.63,$$

$$V''_{AC} = V_{AC} \times \frac{1}{2}(\alpha_A + \alpha_C) = 30 \times \frac{1}{2}(1.09 + 0.58) = 25.05,$$

$$V''_{BC} = V_{BC} \times \frac{1}{2}(\alpha_B + \alpha_C) = 30 \times \frac{1}{2}(1.36 + 0.58) = 29.10。$$

此时，

$$p_A = V''_{AB} + V''_{AC} = 30.63 + 25.05 = 55.68,$$
$$p_B = V''_{AB} + V''_{BC} = 30.63 + 29.10 = 59.73,$$
$$p_C = V''_{AC} + V''_{BC} = 25.05 + 29.10 = 54.15。$$

$$\alpha_A = \frac{60}{55.68} = 1.08,\quad \alpha_B = \frac{75}{59.73} = 1.26,\quad \alpha_C = \frac{35}{54.15} = 0.65。$$

可见，仍然不合要求，应取 1.08、1.26、0.65 分别为 A、B、C 区的增长系数，重复计算。可见此方法的缺点是收敛太慢，优点是公式简明易懂。

2. 福来特(Fractor)法模型

福来特法收敛较快，但公式繁杂，电算时间较长。

$$V'_{ij} = \frac{V'_i + V'_j}{2}$$

$$\left.\begin{aligned} V'_i &= V_{ij} \cdot r_i \cdot r_j \cdot \frac{\sum V_{ij}}{\sum\limits_j V_{ij} \cdot r_j} \\ V'_j &= V_{ij} \cdot r_i \cdot r_j \cdot \frac{\sum V_{ij}}{\sum\limits_i V_{ij} \cdot r_i} \end{aligned}\right\} \tag{9-23}$$

当调查区未来发展有重大变化时，增长系数法不宜采用。从实际情况来看，仅采用增长系数计算影响区未来出行和分布也欠全面。

某高速公路未来交通量采用福来特法预测确定，未来各影响区之间的交通量包括趋势型交通量、引诱增型交通量和分担到港口的集疏交通量三部分。

$$\begin{cases} L_i = \dfrac{P_i^k}{\sum\limits_{j=1}^{n}(V_{ij}^k \cdot F_j^k)} \\ L_j = \dfrac{P_j^k}{\sum\limits_{i=1}^{n}(V_{ij}^k \cdot F_i^k)} \\ V_{ij}^{k+1} = V_{ij}^k \cdot F_i^k \cdot F_j^k \dfrac{L_i + L_j}{2} \end{cases}$$

式中：V_{ij}^{k+1} —— 未来 i 区与 j 区之间的交通量；

V_{ij}^k—— 基年 i 区与 j 区之间的交通量；

F_i^k、F_j^k——i 区与 j 区发生交通量的增长倍数；

P_i^k—— 基年 i 区发生交通量；

P_j^k—— 基年 j 区发生交通量；

n—— 交通小区数。

未来 i 区与 j 区之间的区间交通量 V_{ij}^{k+1}，经过 $k+1$ 次迭代计算后，使得 F_i^k、F_j^k 趋于 1，达到平衡为止。

【例 9-7】 现测得 1、2、3 三个交通区的各区现在的出行发生量和增长系数以及各区之间的出行分布现状如表 9-16 所示。试用福来特法预测未来交通量。

各交通区出行发生与出行分布现状 表 9-16

交通区	各区出行发生量 $P_i^{(0)}$	各区出行生成增长率系数 $F_i^{(0)}$	各区之间出行分布现状		
			1	2	3
1	30	2	—	10	20
2	25	3	10	—	15
3	35	1	20	15	—

【解】

(1) 第一次迭代

$$L_1^{(1)} = \frac{P_1^{(0)}}{\sum_{j=1}^{n}(V_{1j}^{(0)} \cdot F_j^{(0)})} = \frac{P_1^{(0)}}{V_{12}^{(0)} \cdot F_2^{(0)} + V_{13}^{(0)} \cdot F_3^{(0)}} = \frac{30}{10 \times 3 + 20 \times 1} = 0.60$$

$$L_2^{(1)} = \frac{P_2^{(0)}}{\sum_{j=1}^{n}(V_{2j}^{(0)} \cdot F_j^{(0)})} = \frac{P_2^{(0)}}{V_{21}^{(0)} \cdot F_1^{(0)} + V_{23}^{(0)} \cdot F_3^{(0)}} = \frac{25}{10 \times 2 + 15 \times 1} = 0.71$$

$$L_3^{(1)} = \frac{P_3^{(0)}}{\sum_{j=1}^{n}(V_{3j}^{(0)} \cdot F_j^{(0)})} = \frac{P_2^{(0)}}{V_{31}^{(0)} \cdot F_1^{(0)} + V_{32}^{(0)} \cdot F_2^{(0)}} = \frac{35}{20 \times 2 + 15 \times 3} = 0.41$$

$$V_{12}^{(1)} = V_{12}^{(0)} \cdot F_1^{(0)} \cdot F_2^{(0)} \cdot \frac{L_1^{(0)} + L_2^{(0)}}{2} = 10 \times 2 \times 3 \times \frac{0.6 + 0.71}{2} = 39.30$$

$$V_{13}^{(1)} = V_{13}^{(0)} \cdot F_1^{(0)} \cdot F_3^{(0)} \cdot \frac{L_1^{(0)} + L_3^{(0)}}{2} = 20 \times 2 \times 1 \times \frac{0.60 + 0.41}{2} = 20.20$$

$$V_{23}^{(1)} = V_{23}^{(0)} \cdot F_2^{(0)} \cdot F_3^{(0)} \cdot \frac{L_2^{(0)} + L_3^{(0)}}{2} = 15 \times 3 \times 1 \times \frac{0.71 + 0.41}{2} = 25.20$$

第一次迭代结果列于表 9-19 中。

第一次迭代结果 表 9-19

交 通 区	1	2	3	总 计
1	—	39.3	20.2	
2	39.3	—	25.2	
3	20.2	25.2	—	
第一次迭代所得各区出行量 $A_i^{(1)}$	59.5	64.5	45.4	169.4
预订各区出行量	$30 \times 2 = 60$	$25 \times 3 = 75$	$35 \times 1 = 35$	170
第一次迭代后的增长系数 $F_i^{(1)}$	$\frac{60}{59.5} = 1.01$	$\frac{75}{64.5} = 1.16$	$\frac{35}{45.4} = 0.77$	

(2) 第二次迭代

$$L_1^{(2)} = \frac{P_1^{(1)}}{\sum_{j=1}^{n}(V_{1j}^{(1)} \cdot F_j^{(1)})} = \frac{P_1^{(1)}}{V_{12}^{(1)} \cdot F_2^{(1)} + V_{13}^{(1)} \cdot F_3^{(1)}} = \frac{59.5}{39.3 \times 1.16 + 20.2 \times 0.77} = 0.97$$

$$L_2^{(2)}=\frac{P_2^{(1)}}{\sum_{j=1}^{n}(V_{2j}^{(1)}\cdot F_j^{(1)})}=\frac{P_2^{(1)}}{V_{21}^{(1)}\cdot F_1^{(1)}+V_{23}^{(1)}\cdot F_3^{(1)}}=\frac{64.5}{39.3\times1.01+25.2\times0.77}=1.09$$

$$L_3^{(2)}=\frac{P_3^{(1)}}{\sum_{j=1}^{n}(V_{3j}^{(1)}\cdot F_j^{(1)})}=\frac{P_2^{(1)}}{V_{31}^{(1)}\cdot F_1^{(1)}+V_{32}^{(1)}\cdot F_2^{(1)}}=\frac{45.4}{20.2\times1.01+25.2\times1.16}=0.91$$

$$V_{12}^{(2)}=V_{12}^{(1)}\cdot F_1^{(1)}\cdot F_2^{(1)}\cdot\frac{L_1^{(2)}+L_2^{(2)}}{2}=39.3\times1.01\times1.16\times\frac{0.97+1.09}{2}=47.60$$

$$V_{13}^{(2)}=V_{13}^{(1)}\cdot F_1^{(1)}\cdot F_3^{(1)}\cdot\frac{L_1^{(2)}+L_3^{(2)}}{2}=20.2\times1.01\times0.77\times\frac{0.97+0.91}{2}=14.80$$

$$V_{23}^{(2)}=V_{23}^{(1)}\cdot F_2^{(1)}\cdot F_3^{(1)}\cdot\frac{L_2^{(2)}+L_3^{(2)}}{2}=25.2\times1.16\times0.77\times\frac{1.09+0.91}{2}=22.40$$

第二次迭代结果列于表9-20中。

第二次迭代结果 表9-20

交 通 区	1	2	3	总 计
1	—	47.6	14.8	
2	47.6	—	22.4	
3	14.8	22.4	—	
第一次迭代所得各区出行量 $A_i^{(1)}$	62.4	70.0	37.2	169.6
预订各区出行量	30×2=60	25×3=75	35×1=35	170
第一次迭代后的增长系数 $F_i^{(1)}$	$\frac{60}{62.4}=0.96$	$\frac{75}{70.0}=1.07$	$\frac{35}{37.2}=0.94$	

如此一次一次地迭代，直到大约迭代六次后各区的增长系数接近于1.0，则已经达到要求。下面是各次迭代后计算出来的增长系数列于表9-21中。

各次迭代后计算出来的增长系数 表9-21

迭代次序	每次迭代计算得出的增长系数		
	1	2	3
1	1.01	1.16	0.77
2	0.96	1.07	0.94
3	0.97	1.04	0.98
4	0.98	1.03	0.99
5	0.98	1.02	0.99
6	0.99	1.01	0.99

福来特法与平均系数法相比，前者每次迭代过程中的计算工作量比较大，但反复计算的迭代次数比平均增长系数法要少得多，故此法更具优势。

(二)重力模型法

重力模型法有行程时间模型、分布系数模型、相互影响模型等。这里仅介绍行程时间模型。重力模型的原理是两区之间的出行数 T_{ij} 与出发地 i 的出发产生量 P_i，到达 j 的出行吸引量 a_j 各成正比，与两区之间的行程时间 t_{ij}（或费用、距离等）成反比。由于此类模型和牛顿提出的重力定律相类似，故由此得名。其公式如下：

$$V_{ij} = \frac{P_i \alpha_j / t_{ij}^c}{\sum_{j=1}^{n} (\alpha_j / t_{ij}^c)} \tag{9-24}$$

上式表明，只要知道 OD 表中的 P_i 与 α_j 的未来值 P_i' 与 α_j' 值就可求出未来分布 V_{ij}'。计算时，首先计算行程时间的加权平均值 $\bar{t}_{(Gm)}$，然后再计算其相对误差 $\frac{|\bar{t}_{(Gm)} - \bar{t}_{(OD)}|}{\bar{t}_{(OD)}}$，当此误差小于或等于3%时，则认为合格。上式中的 c 采用试算法。如超过3%，则需要通过改动指数 c 值进行调整。

【例9-8】 如图9-16所示，有1、2、3、4四个小区，已知1小区未来的交通发生量和吸引量，2、3、4小区的未来的交通吸引量，以及1小区到其他小区的行程时间，求1小区到各小区的未来交通量 V_{12}、V_{13}、V_{14}。

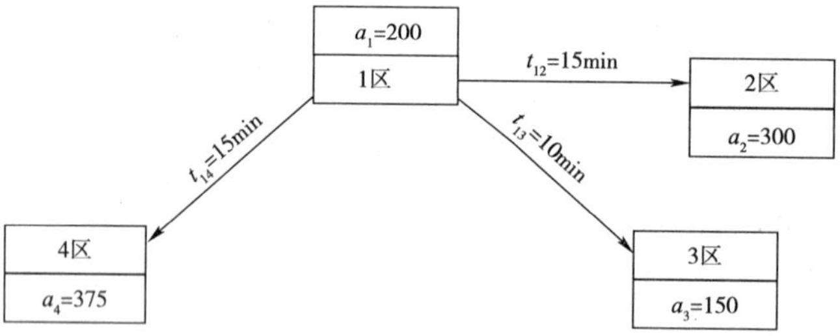

图 9-16

【解】 假定 $c=1$，即假定出行分布与行程时间成反比，根据公式，$V_{ij} = \frac{P_i \alpha_j / t_{ij}^c}{\sum_{j=1}^{n} (\alpha_j / t_{ij}^c)}$，则有：

$$V_{12} = \frac{P_i a_j / t_{ij}^c}{\sum_{j=1}^{n} (\alpha_j / t_{ij}^c)} = \frac{P_1 a_2 / t_{12}^1}{a_2/t_{12}^1 + a_3/t_{13}^1 + a_4/t_{14}^1} = \frac{200 \times 300/5}{300/5 + 150/10 + 375/15} = 120$$

$$V_{13} = \frac{P_i a_j / t_{ij}^c}{\sum_{j=1}^{n} (\alpha_j / t_{ij}^c)} = \frac{P_1 a_3 / t_{13}^1}{a_2/t_{12}^1 + a_3/t_{13}^1 + a_4/t_{14}^1} = \frac{200 \times 150/10}{300/5 + 150/10 + 375/15} = 30$$

$$V_{14} = \frac{P_i a_j / t_{ij}^c}{\sum_{j=1}^{n} (\alpha_j / t_{ij}^c)} = \frac{P_1 a_4 / t_{14}^1}{a_2/t_{12}^1 + a_3/t_{13}^1 + a_4/t_{14}^1} = \frac{200 \times 375/15}{300/5 + 150/10 + 375/15} = 50$$

$$P_1 = V_{12} + V_{13} + V_{14} = 120 + 30 + 50 = 200$$

假定 $c=2$，即假定出行分布与行程时间成反比，根据公式，$V_{ij} = \frac{P_i \alpha_j / t_{ij}^c}{\sum_{j=1}^{n} (\alpha_j / t_{ij}^c)}$，则有：

$$V_{12} = \frac{P_i a_j / t_{ij}^c}{\sum_{j=1}^{n} (\alpha_j / t_{ij}^c)} = \frac{P_1 a_2 / t_{14}^2}{a_2/t_{12}^2 + a_3/t_{13}^2 + a_4/t_{14}^2} = \frac{200 \times 300/5^2}{300/5^2 + 150/10^2 + 375/15^2} = 158$$

$$V_{13} = \frac{P_i a_j / t_{ij}^c}{\sum_{j=1}^{n} (\alpha_j / t_{ij}^c)} = \frac{P_1 a_3 / t_{14}^2}{a_2/t_{12}^2 + a_3/t_{13}^2 + a_4/t_{14}^2} = \frac{200 \times 150/10^2}{300/5^2 + 150/10^2 + 375/15^2} = 20$$

$$V_{14}=\frac{P_i a_j/t_{ij}^c}{\sum_{j=1}^{n}(\alpha_j/t_{ij}^c)}=\frac{P_1 a_4/t_{14}^2}{a_2/t_{12}^2+a_3/t_{13}^2+a_4/t_{14}^2}=\frac{200\times 375/15^2}{300/5^2+150/10^2+375/15^2}=22$$

$$P_1=V_{12}+V_{13}+V_{14}=158+20+22=200$$

四、城市道路规划的交通量分配预测

(一)基本概念

交通量分配指各交通区之间的交通量在道路网的各条道路以至各个路段上的分配,和上述各个步骤一样,有能正确描述现状的交通量分配模型,然后才能据此建立用于预测的未来交通量分配模型。

需要分配交通量:由分配模型直接得出的分配数据,没有考虑通行能力的限制以及车速指标。

实际分配交通量:对通行能力与车速等相关因素作了反复修正后得到的分配交通量。

最佳分配交通量:相对于某种特定的目的而言。例如要使总的车公里数最少,或者要使道路网的总造价最低等。

(二)交通量分配模型

1. 全有或全无分配模型

又称最短路径分配模型。此模型假定两区之间的交通量全部在道路网中具有最短行驶时间(或最短行程距离)的某条路线中通过,而其他路线上的交通量全部为0。

现以全有或全无分配模型为例,其分配步骤为:先从调查区域内的道路网中找出各区之间的最短路线,然后按"全有"(指最短路径)和"全无"(指其他路径)的原则进行分配,最后累计得出各路段的总交通量。

【例9-9】 现有一城市棋盘式街道网(图9-17),连线旁所标为两节点(交叉口)间的行驶时间。已知由起点1进入1 000单位交通量,终点是16,问该道路网上的交通量分配数据。

(1)确定有最短行程时间的路线

如图9-17上双线所示,由1—5—9—10—11—12—16共需时间9min,为从1到16的有最短时间的路线(实际工作中确定有最短时间的路线当然不会这样简单)。

(2)分配结果

这条路线上6个路段的交通量都是1 000单位,而其余18条路段上的交通量全部为零。

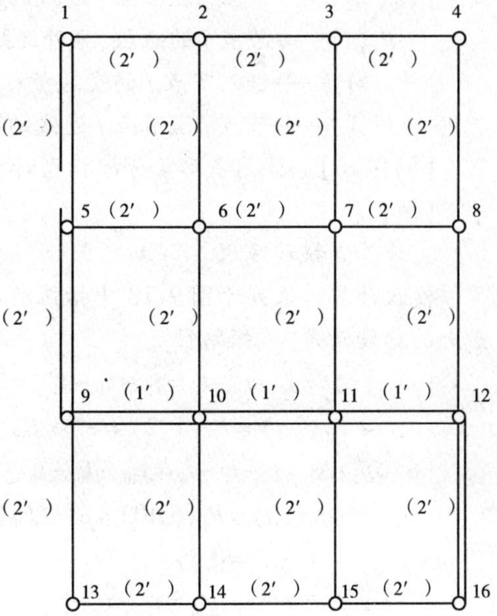

图9-17 路段行驶时间示意图

2. 多路线概率分配模型

多路线概率分配模型认为交通量是以不同的概率分配到多条路径上。按此模型分配的结果就不是少数几个路段垄断全部交通量,而是大部分路段都负担着多少不等的交通量,可见是以合理的路线为原则。

(1)确定点权和线权

在计算多路线概率分配模型前,要引入两个与路段和节点有关的定义。设 i 和 j 为路网中任意两个交叉点的编号,第一个是线权,由起点 i 到终点 j 的连线(路段)上的交通量权重称为线权,以 $P_L(i,j)$ 表示;第二个是点权,i 点的点权是指进入节点 i 的全部连线的线权之和,用 $P_P(i)$ 表示。线权是指打了折扣的起点 i 的点权,这个折扣以 $e^{\Delta t}$ 表示。线权将决定某路段上分配交通量的多少。

计算时,规定起点 i 点的点权为 1,注意不是 i 点的点权为 1,然后从起点开始,依据点权和线权的关系依次计算各 i 与 j 之间的点权和线权。当计算起始段点权时,以 1 为权取值,以后计算中,可利用各段前面计算出来的线权来依次推算,点权与线权之间有如下的公式关系。

$$P_L(i,j) = e^{\Delta t} \cdot P_P(i)$$

式中:$P_L(i,j)$——节点 i 至节点 j 连线的线权;

$P_P(i)$——节点 i 的点权;

Δt——该路段的行驶时间,见式(9-22)。

$$\Delta t = t_i - t_j - t_{ij}$$

式中:t_i——起点到达 j 点的最短时间;

t_j——起点到达 i 点的最短时间。

Δt 允许有负值,但必须 $t_i < t_j$;否则,即表明该连线通道不合理,取消分配资格(如图 9-17 中标以 7-11、8-12 的路段)。

(2)路段分配交通量计算

路段分配交通量计算公式如下:

$$V_{ij} = \frac{P_L(i,j)}{P_P(i)} \cdot V_i \tag{9-25}$$

式中:$P_L(i,j)$——节点 i 至节点 j 连线的线权;

$P_P(i)$——节点 i 的点权,另外还规定起点的点权等于 1;

V_i——进入节点 i 的交通量;

V_{ij}——节点 i 至节点 j 连线的路段上分配的交通量。

【例 9-10】 试用多路径分配模型计算例 9-9 中各路段上分配的交通量。

【解】

①计算点权和线权

线权计算结果列于图 9-18 中括弧所示,与图 9-17 比较可见,待分配路段中线权重之和最大的路段正是“最短路径”。

[1-2]:$\Delta t = t_j - t_i - t_{ij} = t_2 - t_1 - t_{1,2} = 2 - 0 - 2 = 0$,

$P_L(i,j) = P_L(1,2) = e^{\Delta t} \cdot P_P(i) = e^{\Delta t} \cdot P_P(1) = e^0 \times 1 = 1 \times 1 = 1$

[6-10]:$\Delta t = t_j - t_i - t_{ij} = t_{10} - t_6 - t_{6,10} = 5 - 4 - 2 = -1$

$P_L(i,j) = P_L(6,10) = e^{\Delta t} \cdot P_P(6) = e^{\Delta t} \cdot [P_L(2,6) + P_L(5,6)] = 0.37 \times (1+1) = 0.74$

[7-8]:$\Delta t = t_j - t_i - t_{ij} = t_8 - t_7 - t_{7,8} = 8 - 6 - 2 = 0$

$P_L(i,j) = P_L(7,8) = e^{\Delta t} \cdot P_P(7) = e^0 \times (1+2) = 1 \times 3 = 3$

[7-11]:$\Delta t = t_j - t_i - t_{ij} = t_{11} - t_7 - t_{7,11} = 6 - 6 - 2 = 0$

因此时 $t_7 > t_{11}$,故连线[7-11]取消分配资格。

[8-12]:$\Delta t = t_j - t_i - t_{ij} = t_{12} - t_8 - t_{8,11} = 7 - 8 - 2 = -3$

因此时 $t_8 > t_{12}$，故连线[8-12]取消分配资格。

[10-11]：$\Delta t = t_j - t_i - t_{ij} = t_{11} - t_{10} - t_{10,11} = 6 - 5 - 1 = 1$

$$P_L(i,j) = P_L(10,11) = e^{\Delta t} \cdot P_P(10) = 1 \times (1 + 0.74) = 1.74$$

[19-14]：$\Delta t = t_j - t_i - t_{ij} = t_{14} - t_{13} - t_{13,14} = 7 - 6 - 2 = -1$

$$P_L(i,j) = P_L(13,14) = e^{\Delta t} \cdot P_P(13) = 0.37 \times 1 = 0.37$$

[14-15]：$\Delta t = t_j - t_i - t_{ij} = t_{15} - t_{14} - t_{14,16} = 8 - 7 - 2 = -1$

$$P_L(i,j) = P_L(14,15) = e^{\Delta t} \cdot P_P(14) = 0.37 \times (1.74 + 0.37) = 0.78$$

其余连线的线权计算根据路段分配交通量的计算公式计算。计算的顺序应从终点逆向进行。

②计算路段交通量

路段交通量计算过程如下。

[16-15]

因已知进入 16 的交通量有 1 000 单位，$V_{16} = 1\ 000$。

$$V_{ij} = \frac{P_L(i,j)}{P_P(i)} \cdot V_i \quad V_{16,15} = \frac{P_L(15,16)}{P_P(16)} \cdot V_{16} = \frac{0.93}{1 + 1.74} \times 1\ 000 = 348$$

[16-12]：

$$V_{16,12} = V_{16} - V_{16,15} = 1\ 000 - 348 = 652$$

[15-11]：

$$V_{15,11} = \frac{P_L(15,11)}{P_P(15)} \cdot V_{15} = \frac{1.74}{1.74 + 0.78} \times 348 = 240$$

[15-14]：

$$V_{15,14} = V_{16,15} - V_{15,11} = 348 - 240 = 108$$

其余计算从略。最后将计算结果列于图 9-19 中。从图中分配的情况可以看到：

由于 7-11 和 8-12 不予分配，此路不通。因此 2-3、9-4、9-7、6-7、7-8、4-8 各线段上的交通量只能是零。

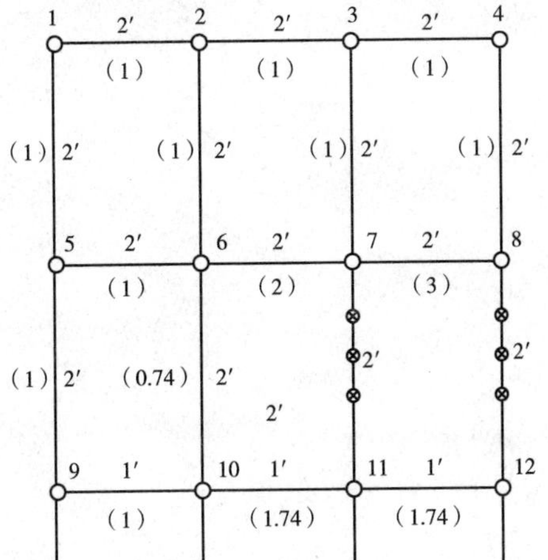

图 9-18 路段的线权

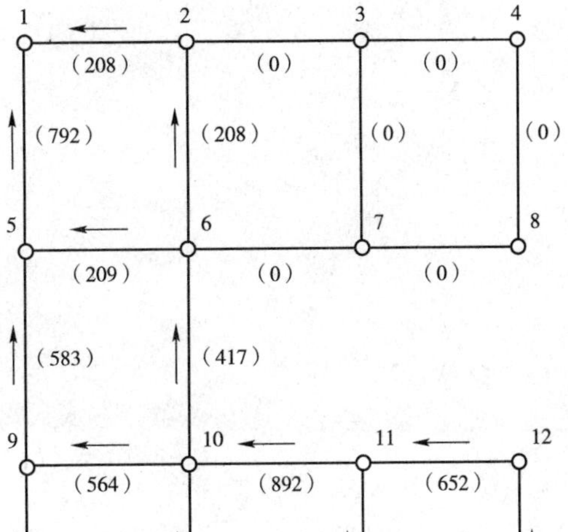

图 9-19 多路线概率分配模型分配路段交通量示意图

1-5-9-10-11-12-16是最短路径，用多路线概率分配模型分配的结果表明，该条路径仍然拥有大部分的交通量。

每个节点（交叉口）处的进出交通量保持平衡，最后回溯到起点1的交通量必然还是1 000单位，这也是检验计算有无错误的一个标准。

综上所述，交通量分配的预测，只要把预测的交通量输入上述任一程序就可以了。除了前面介绍的两种外，另外还有转移曲线分配模型、通行能力限制分配模型、按时间比例分配模型、等时间分配模型、公共交通分配模型等等，这里不再赘述。

第十章　道路建设评价与评估*

第一节　道路工程项目财务评价基本原理

一、现金流量与流量图

（一）现金流量(cash flow)

拟建项目在整个计算期内各个时间点上，流入或流出项目的货币称为现金流量。在某一时间点上，流出项目的货币称为现金流出量，记为CO(cash output)；在某一时间点上，流入项目的货币称为现金流出量，记为CI(cash income)；同一时间现金流入与流出之差，叫做净现金流量，记为NCF(net cash flow)。现金流量常用现金流量图或现金流量表表达。

（二）现金流量图(cash flow diagram)

现金流量图是用来描述建设项目在整个计算期内各个时间点上现金流入和现金流出序列的图形。现金流量图由大小、流向和时间点三个要素构成。其中大小表示建设项目流入或流出的资金数额大小；流向指建设项目的资金性质；时间点是指建设项目的资金流入或流出所发生的时间。流量图的一般形式如图10-1所示。在图中横轴表示时间轴，表示一个从0开始到n结束的时间序列，每一个时刻表示一个计息期，如果按年计息，则相应的刻度单位就是年，在时间轴上0代表时间序列的起点。从1到n分别代表各计息期的时间点。除0和n以外，每个字母都有两个含义，例如3代表第三个计息期的终点，又代表第四个计息期的起点。各时间点上垂直于横轴的竖线代表现金流量，箭头向上表示现金流入(CI)，箭头向下表示现金流出(CO)。

【例10-1】　某高速公路建设项目，建设期为三年。运营期为15年，建设开工日预付款0.5亿元，第一、二、三年基建投资分别为0.8亿元、2亿元和3.2亿元。第四年运营开始，项目需流动资金0.5亿元，每年收费站收取过路费0.76亿元，年运营成本和销售税金支出0.15亿元。预计运营期末最后一年末回收固定资产残值0.84亿元。试画出现金流量图。

【解】　依题意，画得现金流量图如图10-1所示。

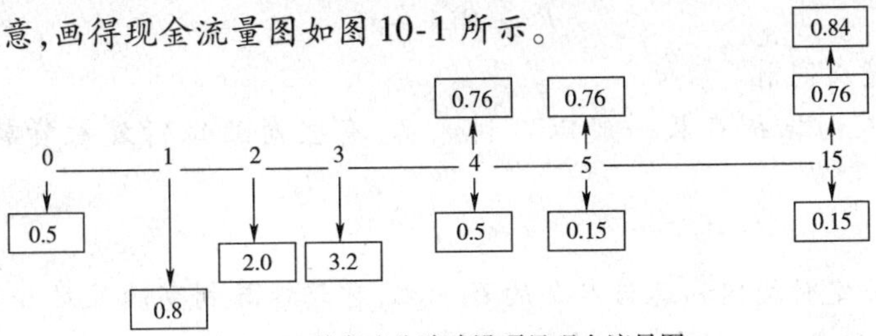

图10-1　某高速公路建设项目现金流量图

二、资金的时间价值

资金的时间价值是指同劳动相结合的资金在时间推移中的增值能力，它是社会劳动创造价值的能力的一种表现形式，也是劳动者在每年完成等额工作量，其工资应逐年增长的理论依据之一。在经济分析中，用社会折现率来度量时间资金价值。

(一)社会折现率

评价一个项目和技术方案的经济效果，不但要考虑现金流入与现金流出效果，还要看每笔资金的发生时间。社会折现率是指投资者对其投资所得到的利息率或利润率。它反映了对未来资金价值所作的衡量，也是投资者所获得的收益率。倘若折现率为5%时，100元人民币8年后相当于现在的64元。这便是折现率的实质内涵。社会的平均收益率，一般为公债利率和平均风险利率之和。上述资金时间价值是指扣除通货膨胀后的时间资金价值。

(二)利息和利率

利息(interest)是指资金所有者让度资金的使用权而获得的报酬或资金使用者为获得资金而付出的代价。利息分为信贷类直接投资和股息类间接投资。诸如存款利息和贷款利息属于前者，债券利息属于后者。

如果将一笔资金存入银行，这笔资金称为本金P(principal)，经过一段时间后，储户在本金外得到一笔利息，这一过程的本金和利息之和，即资金的未来值F(future value)与本金P和利息I的关系如下式：

$$F = P + I \tag{10-1}$$

根据利息的计算方法不同，将利息分为单利和复利两种形式。

1. 单利(simple interest)

只把本金为基数计算利息，不把之前发生的利息加入本金计算资金未来值时称为单利。n个计息日的本利之和计算公式如下。

$$F = P + I = P + i \cdot n = P(1 + i \cdot n) \tag{10-2}$$

式中：F——资金的未来值(本金与利息之和)；

I——利息；

P——本金；

i——利率；

n——利息周期数。

2. 复利(compound interest)

所谓复利是指将之前由本金发生的累积利息加入本金来计算资金未来值。就是按"驴打滚，利滚利"的计算方法。此时，n个计息日的本利之和计算公式如下。

$$F = P(1 + i)^n \tag{10-3}$$

上式中符号意义同前。

我国国民个人向银行存款一般以单利计息，有些商业银行发放贷款则是以复利计算的。

(三)利息率

利息率是指一定时间内利息与本金的百分比，它是计算利息的尺度和资金价格。利息率分为年利率、月利率和日利率。利息率的计算公式见下式。

$$i = \frac{I}{P} \tag{10-4}$$

上式中符号意义同前。

复利计算通常以年为计算周期。但在实际经济活动中，计息周期有年、季、月、周、日等多种形式。为此，需要进行不同计息周期的利率换算。

以年利率表明的利率，叫做名义利率(nominal interest rate)。复利计算中，一般名义利率每年计息一次。

【例10-2】 本金1 000元，年利率4.5%，每年计息一次，计算一年末的本金与利息之和。

【解】 $F = 1\,000 \times (1 + 0.045) = 1\,045$

(四)实际利率

实际利率(real interest rate)，又称有效年利率。它是指当一年计息多次时，反映实际利息高低的年利率。在低利息率和低通货膨胀时期，实际利息非常接近于名义利息率减去通货膨胀率。

(五)名义利率与实际利率的关系

名义利率和实际利率的关系为

$$i = \left(1 + \frac{r}{m}\right)^m - 1 \tag{10-5}$$

式中：i——名义利率；

r——实际利率；

m——一年中的计息周期数。

【例10-3】 年利率15%，按照每季度计息一次，试求实际年利率。

【解】 $i = \left(1 + \frac{r}{m}\right)^m - 1 = \left[\left(1 + \frac{15\%}{4}\right)^4 - 1\right] \times 100\% = 15.865\%$

(六)收益率

收益率是一年内投资所得的利润与本金或投资额的比值。收益率与如前所述的利率有本质的区别：利率是一个固定值，收益率是一个变量。收益率是反应投资收益的指标。例如投资100万元，一年后收回115万元，则收益率为：

$$i_{收} = \frac{115 - 100}{100} \times 100\% = 15\%$$

(七)年金

指出各年取得的收入或支出的金额，通常以某一特定时间序列内，每隔相同时间收入与支出的等额序列表示。

(八)期数

期数指利息计算次数(当利息计算时)或工程项目寿命(当经济分析时)。

(九)现值、时值、等值、终值

1. 现值(present value)

现值是指资金在某一特定时间序列开始点上的价值。

2. 时值

时值是指资金在某一特定时间序列开始点和结束点之间任意一个时刻的价值。

3. 终值

终值也叫未来值。表示资金发生在某一时间系列终点上的价值。

4. 等值

不同时点发生的绝对值不相等但具有相同价值的叫做等值。例如100元钱在利率8%的情况下,5年后的本利和为146.93元[$F_5 = 100 \times (1+8\%)^5 = 146.93$],100元和146.93元两者在数额上不相等,但是,在年利率为8%的复利计息条件下,二者是等值的。而且这两笔资金折算到任何确定的时间,都可以算出它们的数值是相等的,例如,分别把这两笔资金折算到第三年末,则有:$F_3 = 100 \times (1+8\%)^3 = 125.97$ 或 $F_3 = 146.93 \times (1+8\%)^{-2} = 125.97$,这便是等值的内涵。

三、复利分析的基本公式

(一)一次支付复利终值公式

一次支付又称整付,无论是流入和流出,均在一个时点上一次发生。假设有P元本金(或投资),在年利率i的条件下,经过n年以后,得到本利和F为:

$$F = P(1+i)^n \tag{10-6}$$

上式中$(1+i)n$称为复利终值因子,它乘以本金即为n年后的终值。

【例10-4】 某高速公路发展有限公司投资高速公路是向银行贷款100亿元,修建102km高速公路,贷款年利率为5%,贷款期为15年。计算第15年一次归还银行的本利和。

【解】 依据题意,作出现金流量图,如图10-2所示。

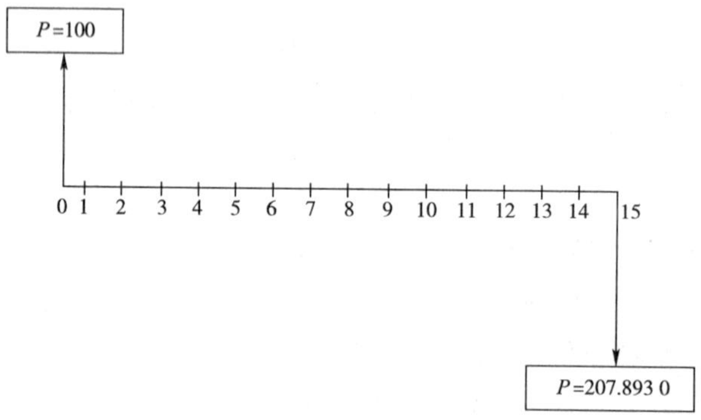

图10-2 现金流量图

$$F = P \cdot (1+i)^{15} = 100 \times (1+0.05)^{15} = 207.893(\text{亿元})$$

(二)一次支付复利现值公式

一次支付复利现值公式是已知最终本利累计值,用来推算最初投资大小。年利率i的条件下,经过n年以后,得到本利和F,现在(第0年)的投资P可用前述的一次支付复利终值公式反算,即:

$$P = \frac{F}{(1+i)^n} \tag{10-7}$$

【例10-5】 某部门拟用现在形成的产业链利润滚动投资,现在向银行注资,在5年后获得投资30亿元,修建50km高速公路。假定银行贷款利率为6%,按复利计算,现在应存入银行多少亿元?

【解】

$$P=\frac{F}{(1+i)^n}=\frac{30}{(1+0.06)^5}=22.417\ 745(\text{亿元})$$

(三)等额多次支付年金终值公式

设每年末投资 A 元,则在第 n 年末累计的终值 F 应等于各年投资之本利之和:

$$F_1=A(1+i)^{n-1}$$

$$F_2=A(1+i)^{n-2}$$

$$\cdots\cdots$$

$$F_n=A(1+i)^0$$

因此,各年投资的本息之和为:

$$F=A\cdot[(1+i)^{n-1}+(1+i)^{n-2}+\cdots\cdots+1]$$

上式两边同乘以$(1+i)$,有:

$$F\cdot(1+i)=A\cdot[(1+i)^n+(1+i)^{n-1}+\cdots\cdots+(1+i)]$$

整理得:

$$F=A\cdot\frac{(1+i)^n-1}{i} \tag{10-8}$$

令$(F/A,i,n)=\dfrac{(1+i)^n-1}{i}$,则 $F=A\cdot(F/A,i,n)$,其中$(F/A,i,n)$称为年金终值因子。上式表明,年金数列终值等于年金终值因子与等额年金的乘积。

【例 10-6】 某单位为职工建立退休后的福利基金,每年末为年龄达到 50 岁的每位职工向银行存款 5 万元,若存款利率为 5%,按复利计息,求职工达到退休年龄(在第 10 年末)时每人可以拿到的基金总额。

【解】 利用年金终值公式计算,得:

$$F=A\frac{(1+i)^n-1}{i}=5\times\frac{(1+0.05)^{10}-1}{0.05}=62.389\ 5(\text{万元})$$

(四)等额多次支付偿债基金公式

在已知利率为 i 的条件下,第 n 年末得到的年金数列的终值(本金和利息合计)F,每年投入等额年金 A 的计算公式如下:

$$A=F\frac{i}{(1+i)^n-1} \tag{10-9}$$

上式中,$\dfrac{i}{(1+i)^n-1}$称为偿债基金因子,习惯上用 $A=F\cdot(A/F,i,n)$表示。

【例 10-7】 某城市区政府为解决小区附近停车造成的周边街道交通拥挤问题,拟采用政府补贴和住户自筹的办法 3 年后为该住宅小区修建地下车库,该车库一次投资 2 000 万元,政府出资 60%,小区职工出资 40%;该小区有 500 户,家家有车。若小区职工连续向银行存款 3 年,银行存款利息为 4.5%,求每户每年存款额。

【解】 由题意每户平均分摊额为 1.6 万元,由偿债基金公式计算,得:

$$A=F\frac{i}{(1+i)^n-1}=1.6\times\frac{0.045}{(1+0.045)^3-1}=0.510(\text{万元})$$

以上介绍了一些复利分析公式及其应用示例,下面为应用方便,现将上述公式列于表 10-1,供参考。

复利分析基本公式 表10-1

名　称	已　知	求　解	标准代号	计算公式	代数关系表达式
复利终值因子	P	F	$(F/P,i,n)$	$F=P(1+i)^n$	$F=P\cdot(F/P,i,n)$
复利现值因子	F	P	$(P/F,i,n)$	$P=F(1+i)^{-n}$	$P=F\cdot(P/F,i,n)$
年金终值因子	F	A	$(F/A,i,n)$	$F=\frac{(1+i)^n-1}{i}\cdot A$	$F=A\cdot(F/A,i,n)$
偿债基金因子	A	F	$(A/F,i,n)$	$A=\frac{i}{(1+i)^n-1}\cdot F$	$A=F\cdot(A/F,i,n)$
年金现值因子	A	P	$(P/A,i,n)$	$P=\frac{(1+i)^n-1}{i(1+i)^n}\cdot A$	$P=A\cdot(P/A,i,n)$
资金回收因子	P	A	$(A/P,i,n)$	$A=\frac{i(1+i)^n}{(1+i)^n-1}\cdot P$	$A=P\cdot(A/P,i,n)$

第二节　国内外物品价格间的换算与影子价格

鉴于国内外市场价格体系不同,有些物品的价格存在失真情况。主要表现在三个方面:第一,价格脱轨。因关税等原因,使国内市场价格高于或低于国际市场价格,或者项目本身价格的制定就脱离国际市场价格国内市场价格与国际市场价格脱轨。第二,定价差异。有些原材料定价过高,有些则定价偏低。例如,部分农产品价格比较低,劳动力投入的机会成本往往低于工资和福利支出。第三,汇率差异。在外汇与人民币没有实现自由兑换的前提下,一般而言,外汇的真正价值一般高于实际汇率。为了真实反映项目的效益和费用,在项目经济分析中对某些投入物和产出物的市场价格进行调整,采用一种更为合理的计算价格,这种价格称为影子价格。

一、影子价格及其确定原则

(一)影子价格的基本概念

影子价格的概念是20世纪30年代末、40年代初由荷兰数理经济学、计量经济学创始人之一詹思·丁伯恩和前苏联数学家、经济学家、诺贝尔经济学奖获得者康托罗维斤分别提出来的。

影子价格是当社会经济在最优状态时,能够反映社会劳动力、资源稀缺程度和最终产品需求情况的价格,也就是说,影子价格是测算确定的,更为合理(相对于实际)的价格。这里所说的"合理",从定价原则来看,应该能更好地反映产品的价值,反映市场供求状况,反映资源稀缺程度;从价格产出的效果来看,应该能使资源配置向最优化的方向发展。

影子价格反映在项目的产出上,是一种消费者"支付意愿",即消费者愿意支付的价格。影子价格反映在项目的投入上,是资源不投入该项目,而投在其他经济活动中所能带来的效益。也就是项目的投入是以放弃了本来可以得到的效益为代价的,即"支付意愿"的牺牲。根据"支付意愿"的原则确定经济价格以后,就可以测算出拟建项目要求经济整体支付的代价和为经济整体提供的效益,从而得出拟建项目的投资真正能给社会带来多少国民收入增加额或纯收入增加额。

(二)影子价格的确定原则

1. 应如实地反映国际市场价格变动

不管是本国耗用的资源还是进口的,其经济费用必须如实地反映国际市场价格。

对项目耗用资源按可否供外贸进行分类。如若是可供外贸的或供外贸的资源,国际市场就提供了除国内以外的选择机会,从而提供了它对国家的实际价值。

例如,某公路工程项目,预计耗用当地石油资源5万t,国内价格为500元/t,则其倾向代价为2 500万元,而石油是可供外贸的物资,因公路工程项目的耗用,将影响出口。假定石油离岸价格为1 000元/t,则国民经济所付出的代价将是5 000万元;这5 000万元即该公路项目所耗用的石油资源的经济费用。

有关外贸的可能性主要有两种类别。第一类,可供外贸的货物(或劳务)。指在没有贸易堡垒,诸如关税或数量限制的情况下可以进口和出口的货物(或劳务),通常它们的离岸价格大于国内生产成本,或者在政府补贴和干预的情况下就能出口,国内生产成本大于它们的到岸价格时,就能进口。第二类,非外贸商品(或劳务)。指由于生产成本原因或国家贸易政策之故不能跨越边界进行贸易的商品(或劳务),如土地、砂、砖、水、房屋及各种运输方式的基础设施。在一定条件下,它们也可以成为外贸商品(劳务)。

2. 考虑投入资源对国民经济的影响

分析公路工程项目各投入资源的对国民经济的影响,并作为确定其影子价格的基础。某种资源的影子价格,即它的机会成本,具体体现在它对国民经济产生的影响上。

3. 依价格优选原则来确定影子价格

道路工程项目需投入大量资源,因项目类别不一,数量不等,且投入资源有稀缺与不稀缺之分,表现在价格与价值上,有背离与没有背离之别。因此,对公路工程项目各投入资源的影子价格全部加以确定,既不可能,也无必要。为此,应有选择地确定影子价格,确定原则主要同时兼顾三个方面:第一,以政府的投资政策为准则;第二,按市场价格计算的资源项目中,凡数额大者予以确定;第三,资源项目中,当市场价格与影子价格悬殊者,应给以确定。以上三条原则缺一不可,在确定影子价格时,可舍去那些无关紧要的项目,有选择地确定道路工程项目投入资源的影子价格。

二、影子价格的计算

一般有以下几种资源项目需要确定其影子价格,如土地、劳动力、外汇、利息(即资本机会成本)。

(一)外贸货物的影子价格

外贸货物影子价格的确定以进厂价格为基础。直接进口货物的影子价格为到岸价格加国内运输和贸易费用。间接进口货物的影子价格为到岸价格加上口岸到原用户的运费及贸易费用,送去国内供应地到口岸的运费及贸易费用,再加上国内供应地到项目所在地的运费及贸易费用,简化计算可按进口物品处理。实际上,如果忽略国内运费及贸易因素,项目投入的外贸物质,可直接以到岸价格计算。

(二)非外贸货物的影子价格

非外贸货物指其生产或使用不影响国家进出口的货物。包括天然非外贸货物,如建筑、国内运输、商业及其他基础设施的产品和服务;地理位置所限,国内运费过高不能进行外贸进出口的货物;受国际、国内贸易的限制不能通过外贸进出口的货物。对于非外贸货物的影子价格,原则上以用户的"支付意愿"来确定。对于价格合理的,或按国家统一价格定价,或按国内市场价格替代。而对于价格不合理的,用分解成本法、国内价格调整法将财务成本调整为影子价格。

1. 分解成本法

由于各种物品的生产都是连锁交织在一起的,非外贸物品最终都可以分解成外贸物品和劳动。当然,在分解过程中应考虑国内的实际生产水平。如果分解出的可外贸物品元素都采用的是边境价格,那么,得出的非外贸物品的成本也是以边境价格为基础的,以这种成本作为影子价格,就可以与可外贸物品的价格基准相协调。

2. 国内价格调整法

对于那些国内紧缺物品,且由于多种原因无法扩大生产规模来缓解这种紧缺时,用分解成本法来定价就不合适了,因为在这种情况下,紧缺需求物品对社会的效益要大于它们的成本。对这种物品只能综合多种因素,参照成本、国际市场价格和合理的集市贸易价格来确定。

(三)普通货物的影子价格

在实际计算影子价格时,用换算系数的方法可方便计算。换算系数是经调整所得到的经济价格同国内市场价格的一个估计平均比率。其计算公式为:

换算系数 = 调整后的经济价格/国内市场价格

影子价格 = 国内市场价格 × 换算系数

换算系数一般由国内或上级部门制定并定期修正。

应用换算系数时,应注意其适用性。影子价格换算系数仅适用于项目建议书阶段。

(四)特殊投入物的影子价格

项目的特殊投入物是指项目在建设、生产运营中使用的劳动力、土地和自然资源等。项目使用这些特殊投入物所发生的国民经济费用,应分别采用下列方法确定其影子价格。

1. 土地的影子价格

我国人口众多,土地资源十分紧张,加上目前社会主义市场经济机制、经济管理体制、经济贸易政策还不够完善以及历史原因,造成价格扭曲,土地的市场价格偏离实际价值的现象在各地普遍存在。因此,必须用影子价格对扭曲了的土地市场价格进行矫正、调整,将物价中未曾考虑的外部经济因素考虑进去。

土地是一种多用途的稀缺资源,一旦公路占用土地,就意味着国民经济将放弃它的用途。土地的影子价格反映土地用于该拟建项目后,不能再用于其他目的所放弃的国民经济效益,以及国民经济为其增加的资源,因此可用土地的机会成本及新增资源费用来衡量。

土地的影子价格 = 土地的机会成本 + 新增资源费用。

土地机会成本按照建成或拟建项目占用土地使国民经济为此而放弃的该土地"最好可行替代用途"的净效益测算,一般按下式计算:

$$C = \sum_{t=1}^{n} B_0 (1 + r)^t (1 + i)^{-t} \tag{10-10}$$

式中:C——土地单位面积的机会成本(元);

n——项目占用土地的时限,一般为项目计算期(年);

B_0——基年土地的"最好可行替代用途"的单位面积年净效益(元);

t——基年距项目开工年数(年);

r——土地"最好可行替代用途"的平均净效益增长率(%);

i——社会折现率(%)。

当使用土地成本部分作为投资成本时,可用下法计算:

(1)市场交易价格(公允价值)

如果土地使用权可以交易,可根据土地使用权的市场交易价格(公允价值)来近似地替代土地的影子价格作为衡量土地经济成本的依据。

(2)利用土地折现率和年租金计算

根据高速公路的有效服务期限,一定的经济折现率和土地的年租金来估算土地的影子价格。土地的年租金反映了使用者的年机会成本。此时土地的影子价格基本计算公式如下:

$$P = \sum_{t=1}^{n} R_t (1 + K)^{-t} \tag{10-11}$$

式中:P——土地的影子价格(万元);

R_t——t 年的土地年租金(万元);

K——经济折现率(%);

n——计算年限(年)。

特别指出,式(10-10)中的 B_0、r 两参数确定的合理与否,是影响"土地影子价格"的重要因素。一般应根据具体情况,由项目评价人员通过实地详细调查、收集资料自行测算;在难于测算的情况下,可参考《建设项目经济评价方法与参数》(3 版,中国计划出版社,2006)中的数据,但机械地采用此数据,依此确定的"土地影子价格"是不够准确的,因为这个文件并未充分考虑到各地的不同情况。至于新增资源费用,如拆迁费、养老保险金、剩余农业劳动力安置费、农转非人口粮食差价补贴和征地管理费等,由于政策性较强,不同的社会环境将有较大的区别,一般由项目评价人员根据项目所在地区的政策和实际情况调查和计算确定。

【例 10-8】 某公路建设项目计算 23 年,占用的土地原用于种植小麦,近几年小麦的平均亩产量为 0.25t,国内收购价格为 495.5 元/t。进口小麦到岸 530 元/t(已含贸易费用),试计算土地的影子价格。

【解】 (1)计算产地的影子价格

设项目所在地与港口到小麦销售地区的距离相等,则每吨小麦按到岸价格计算的产地影子价格为 530 元/t(如果距离不等,其产地的影子价格应是:到岸价格加上口岸到小麦销售地区的运费及贸易费用,减去项目所在地到小麦销售地区的运输及贸易费用)。

(2)计算小麦的生产成本

小麦的生产成本粗略估计为其收购价的 40%,也可根据国家统计局《统计年鉴》中有关资料确定。

$$\text{小麦生产成本} = 495.5 \times 0.4 = 183.8(\text{元/t})$$

(3)计算每吨小麦的净效益

$$530 - 183.2 = 346.2(\text{元/t})$$

(4)计算土地影子价格

计算每亩土地 23 年的净效益现值,作为土地影子价格。该项目所在地的小麦年产量平均递增率为 2%,并按 12% 的社会折现率计算,按式(10-11)有:

$$P = \sum_{t=1}^{23} 346.2 \times 0.25\left(\frac{1 + 2\%}{1 + 12\%}\right)^t = 764.79 \text{元}$$

2. 劳动力的影子价格

影子工资反映国民经济为项目使用劳动力所付出的真实代价，由劳动力机会成本和劳动力转移而引起的新增资源费两部分构成。劳动力机会成本是指劳动力如果不就业于拟建项目而从事于其他生产经营活动所创造的最大效益。它与劳动力的技术熟练程度和供求状况（过剩与稀缺）有关，技术越熟练，稀缺程度越高，其机会成本越高，反之走低。新增资源耗费是指项目使用劳动力后，由于劳动力就业或者迁移而增加的城市管理费用和城市交通等基础设施投资费用。

影子工资 = 劳动力的边际产出 + 劳动力就业或转移而引起的社会资源消耗 + 投资用于消费而产生的贬值。

影子工资可通过财务分析时所用的工资与福利之和乘以影子工资换算系数而得。影子工资换算系数由国家统一测定发布。

3. 自然资源的影子价格

各种自然资源是一种特殊的投入物，项目使用的矿产资源、水资源、森林资源等都是国家资源，自然资源的价值不能用确切的数值表示，但为统一核算的需要，我国目前暂时规定：矿产等不可再生自然资源的影子价格按资源的机会成本计算，水和森林等可再生自然资源的影子价格按资源再生费用计算。

第三节　公路建设的成本核算

一、公路的建设成本

建设成本是指建设单位在投资活动中计入交付使用资产价值的各项投资支出，包括建筑安装工程投资支出、设备投资支出、待摊投资支出和其他投资支出。其中，建设项目的建筑安装工程投资支出、设备投资支出和分摊的待摊投资支出之和构成了该项目的建设工程成本；其他投资支出构成了不需要通过建筑安装工作即可形成交付使用的价值。

高速公路建设项目成本的核算依据是交通运输部颁布的《公路工程估算》（以下简称《估算指标》）和《公路工程概算定额》（JTG/T B06-01—2007）（以下简称《概算定额》）。《估算指标》在编制项目建议书和可靠性研究报告时使用。《概算定额》作为确定施工成本的依据。

根据上述定额，公路建设项目的成本由建筑安装工程费、设备购置费（包括生产所需的工具、器具购置费）、工程建设其他费用和预留费用四部分组成。

（一）建筑安装工程费

建筑安装工程费是指在公路施工活动中发生的费用，是构成公路建设项目成本的主要部分，包括直接费、间接费、利润和税金4部分。

直接费由直接工程费和其他工程费组成，直接工程费是指施工过程中耗费的构成工程实体和有助于工程形成的各项费用，包括人工费、材料费、施工机械使用费。其他工程费是指直接工程费以外施工过程中发生的直接用于工程的费用。

间接费由规费、企业管理费两项组成。规费是指法律、法规、规章、规程规定施工企业必须缴纳的费用。企业管理费由基本费用、主副食运费补贴、职工探亲路费、职工取暖补贴和财务费用5项组成。

利润是指施工企业完成所承包工程应取得的盈利。利润按直接费与间接费之和扣除规费的7%计算。

税金是指按国家税法规定应计入建筑安装工程造价内的营业税、城市维护建设税及教育费附加。计算公式为:

$$\text{综合税金额}=(\text{直接费}+\text{间接费}+\text{利润})\times\text{综合税率}$$

$$\text{综合税率}=\frac{1}{1-\text{营业税税率}\times(1+\text{城市维护建设税税率}+\text{教育费附加税率})}-1$$

(二)设备购置费

该项费用的指为营运、养护设备和工、器具费用。高速公路的设备购置费,按下面的公式估算:

$$\text{设备购置费}=\text{建筑安装工程费}\times\text{相应费率}$$

(三)工程建设其他费用

(1)征用土地费用。指高速公路每公里定额征用的永久性用地(亩),临时用地每公里亩数。根据各省的土地价格估算征地土地费。

(2)拆迁赔偿费、研究试验费、勘察设计费及供电补贴费。这几项费用均以建筑安装工程费为基数,乘以相应的费率。

高速公路的拆迁赔偿费率依地区不同而异,华北、东北地区为一个标准,华东、华中、华南地区为另一个标准,而西南地区和西北地区差异不大。

研究试验费率,勘察设计费率、供电补贴费等取费的费率根据国家或地方定额录用。

(3)建设项目管理费包括建设单位(业主)管理费、工程质量监督费、工程监理费、工程定额测定费、设计文件审查费和竣工验收试验检测费6项费用。按占建筑安装工程费的比率进行估算。

(四)预留费用

预留费用是指在投资估算中难以预料的费用,包括工程造价增涨预留费和预备费。

根据以上的分析,高速公路项目的建设成本大约为建筑安装工程费用的1.3倍左右。如果大型桥梁、隧道和立体交叉工程较多,建设成本还要高一些。

二、公路的营运成本

高速公路建设项目的经济成本主要包括公路工程的投资成本和公路使用过程中的营运成本两部分。高速公路建设项目的营运成本主要包括车辆运行成本,装卸业务成本,公路养护成本,公路运输过程中发生的货损、货差事故损失,人员伤亡事故损失,以及其他构成营运成本的经济成本。

由于在计算高速公路建设项目的经济效益时,已将车辆运行成本,装卸业务成本,公路运输过程中发生的货损、货差事故损失以及人员伤亡事故损失等计算在内,所以在经济成本衡量中需考虑的劳动成本只有公路养护成本和其他有关成本。

从高速公路经营单位的角度看,高速公路的营运成本是指经营单位在高速公路通行期间发生的与高速公路经营有关的支出。高速公路经营单位的营运成本包括以下内容:经营单位在经营过程中实际消耗的各种燃料、材料、备品备件、轮胎、低值易耗品等支出;经营单位支付的各类工资和福利费；经营单位在经营过程中发生的固定资产折旧费、固定资产维修费、固定资产租赁费、公路灾害预防及抢修费、公路线路绿化费、取暖费、办公费、水电费、保险费、劳动保护费等。

按照营运成本的经济用途分类，高速公路经营单位可进一步划分为以下业务成本项目：

（一）公路维护成本：是指路基、路面、桥梁、涵洞等公路构造物所发生的各项支出，包括公路小修保养支出和公路大中修支出。

（二）安全和通信及监控设施的维护成本：是指防撞栏、隔网、标志、标线、电话机及线路、监控设施及线路所发生的各项支出。

（三）公路灾害预防及抢修成本：是指水毁工程及灾害性事故抢修所发生的各项支出。

（四）公路绿化成本：是指公路线路上各种绿化植物所发生的各项支出。

（五）收费业务成本：是指为收取公路通行费而发生的各项支出。包括收费人员的工资、福利费和其他人员经费支出。

（六）其他成本：是指上述项目以外的支出，包括路政支出和交通安全支出。

三、公路的经济成本和财务成本

公路的经济成本是指全社会为建设和使用高速公路所付出的经济代价，即上一节高速公路项目国民经济评价中指出的经济成本概念。它可划分为内部成本和外部成本。

公路的内部成本是指项目法人为修建和经营高速公路所付出的经济代价，一般可表现为项目法人的账务成本。外部成本是指社会其他单位和个人由于高速公路的修建和使用所付出的经济代价。高速公路建设的投资成本和高速公路的经营成本是内部成本的主要组成，大气污染、噪声污染等则是高速公路建设项目外部成本的典型示例。

公路项目的经济成本反映了国民经济为项目的构建与运营而付出的代价，而项目的财务成本则是项目执行的具体单位为其付出的代价。二者之间的区别与联系可以从以下几个方面分析认识。

1. 内部成本和外部成本

由于经济成本是从整个国民经济的角度来衡量，鉴别与估算经济资源的耗费与占用，因此经济成本既包括项目自身的内部成本，也包括项目对外界造成的外部成本；而财务成本则是建立从执行项目的企业角度出发而计算的企业的全部费用支出，它不管项目外部产生的任何支出。

2. 财务成本与转移支付

财务成本反映的是按权责发生相应由本期收益负担的费用支出，包括上期已支付的待摊费用和以后支付的预提费用；而经济成本则不以货币支付为转移，计算经济成本的只是该项目本期消耗或占用的经济资源。

财务成本是项目以现金支付为原则形成的，含有很多转移支付，如贷款利息支付及材料、设备成本中包括的税金款，因发生现金支付，都要计入财务成本之中，而经济成本的鉴别原则是社会资源是否被占用或消耗，所以，实际上未被消耗的转移支付，必须从财务成本中剔除，才可能将财务成本调整为经济成本。

3. 货币的时间价值效应

货币的时间价值规律对财务成本和经济成本都有影响，因为在财务评估中，该影响考虑的不是财务成本发生的时间，而是货币支付的时间及现金流量发生的时间。经济评估中，经济成本不是反映货币支付的时间,而是反映经济资源耗费和占用的时间。

4.经济成本的计价尺度

从计价的尺度上讲,经济成本的计价尺度是影子价格,而财务成本的计价尺度是现行的购买价格。影子价格反映对项目投入经济资源的机会成本,在理论上,它是在完全竞争市场条件下形成的以成本衡量的价格,然而,在实际的经济生活中,由于税收、政府各种形式的经济干预及其他原因造成的市场不完全性,大部分物品的价格都不同程度地出现对完全竞争市场价格的背离,因此有必要进行调整。

在公路项目的国民经济评价中,除了某些外部成本单独设账进行核算外,对于大量具体项目的内部成本不再单独进行核算,而是对已设账的账务成本进行调整,通过转换系数将财务成本逐项转换为经济成本。转换系数的经济公式为:

$$转换系数 = 经济成本/财务成本$$

$$经济成本 = 财务成本 \times 转换系数$$

在实际评价工作中,转换系数只是比较直观而方便地将各种投入要素从财务成本转为经济成本的一种形式。它的得到还是通过对各类资源影子价格的核算来实现的。

四、高速公路建设成本计算

(一)高速公路占地经济成本

土地的影子价格可以采取使用土地成本作为投资成本和土地年租金作为投资成本两种方法计算。

下面只介绍使用土地成本作为投资成本时的计算方法。

第一,依市场交易价格(公允价值)计算。如果土地使用权可以交易,可根据土地使用权的市场交易价格(公允价值)来近似地替代土地的影子价格作为衡量土地经济成本的依据;第二,利用土地折现率和年租金计算。根据高速公路的有效服务期限、一定的经济折现率和土地的年租金来估算土地的影子价格。土地的年租金反映了使用者的年机会成本。此时土地的影子价格可用式(10-11)计算公式。

(二)项目所消耗的设备和原材料经济成本的计算

项目所耗用的设备和原材料经济成本与项目所投入的物品有关。

将项目的投入物品划分为可外贸物品和非外贸物品两类。可外贸物品按国际市场价格和项目消耗该物质后对进口增加或者减少的不同影响分别衡量其经济成本。非外贸物品进一步可划为稀缺资源和非稀缺资源。稀缺资源的影子价格可根据不同情况分别采用市场价格、替代物品的市场价格、物品的机会成本等方法估计。

非稀缺物品的经济成本一般用其财务成本扣除内含的税费确定。

(三)项目所耗用的劳动资源经济成本

项目所耗用的劳动资源的经济成本不是指项目支付的人员工资和其他人工成本,而是反映了由于项目对劳动力的占用使得其他国民经济部门缺乏人力造成的经济损失。因此,由于社会上闲置的劳动力的机会成本为零,所以项目使用闲置社会劳动力的经济成本为零。

劳动资源分类用以科学衡量项目所消耗劳动资源的经济成本。可分为社会上闲置的劳动力和从国民经济的其他部门吸收转移的劳动力;对于技术工人和普通工人、国内人员和国外人员,应当根据不同类型劳动力分别衡量其经济成本。

影子工资率是衡量使用劳动资源经济成本最通用方法。在科学研究和统计的基础上确定影子工资率，并以此为参数将人工的财务成本转化为经济成本。其计算公式为：

劳动资源成本 = Σ人员的实际工资 × 影子工资率

(四)项目使用资金经济成本衡量

在建设项目国民经济评价中，资金的经济成本、机会成本或者影子价格反映为计算项目动态效益所采用的经济折现率。衡量资金经济成本的工作实际上是在确定项目的经济折现率。

(五)项目耗用外汇经济成本的衡量

项目耗用外汇的经济成本的衡量一般可用以下步骤：

1. 影子汇率计算

影子汇率可按式(10-12)进行计算。

$$SER = OER\frac{(M+T)+(X+S)}{M+X} \tag{10-12}$$

式中：SER——影子汇率；

OER——官方汇率；

T——进口税；

S——进口补贴；

M——进口商品的到岸价格；

X——出口物品的离岸价格。

2. 外汇经济成本计算

计算公式如下：

外汇的经济成本 = 官方汇率 × 影子汇率 × 财务成本

依据上式，可将官方汇率计算的外汇的财务成本调整为影子汇率计算的经济成本。

第四节　道路工程经济分析方法

道路工程经济分析的目的是提高投资效益，取得最佳的经济效果。其方法的基础是复利分析的基本公式，即在考虑资金的时间价值的前提下，从不同的角度建立不同的方法。常用的方法有现值法、年值法、未来值法。其中，现值法包括成本现值和净现值；年值法又可分为成本年值和净年值。此外，还有投资收益率法、投资回收期法、效益费用法和增量分析法等分析方法。财务分析有单方案分析、过程分析和排序分析。单方案分析是针对一个项目的经济效益进行分析和评价；过程分析是对从多个可以相互替代而又相互排斥的方案中，按照一定的评价标准，选出一个最优方案；排序分析采用经济分析对若干个可选方案进行经济效益分析，按照经济效益的好坏进行排序供选择。根据现值可绘制现金流量(工程项目实施过程中流入和流出的现金)曲线，绘制时先按规定的折现率逐项计算出现金流量的收入和支出并制成现金流量表，再根据表内现值绘制累计现金流量(在某段时间内的现金流量现值的总和)曲线。

一、现值法(ENPV)

现值法是将某一个工程项目整个寿命期内的一切现金收入与支出均折算成现值，再按现值加以分析与比较，一般适宜以寿命开始时间(即坐标中零点时间)作为基准时间来计算现值。现值法是工程经济分析的最基本方法，是其他计算方法的基础。

现值法主要有成本值法、收益现值法和净现值法三种。有些方案的收益相同，且收益难以计算，因而只需比较它们的成本，从而就形成了成本现值法；也有时不同方案的成本相同，且成本难以计算，因而只需比较它们的收益，故可称之为收益现值法。但是，在很多的情况下，不同方案的成本和收益均不相同，无法采用成本现值法和收益现值法去比较。这时，我们可以用净现值的大小来比较方案，这样就形成了净现值法。在这些方法中，净现值法是最常用的方法。

在进行现值计算时，要用到折现率 i_0。现值法中所用到的利率称为标准折现率，有时也称之为基准收益率。它是国家统一制定的决策参数，是国家在宏观经济控制方面，激励或抑制投资活动的有力工具。标准折现率定得过高或过低都会导致决策的失误。因为标准折现率定得过高，那么未来的货币价值就会有较大的折扣量，这样就可能使得许多经济效益好的项目被否定，造成资金积压；标准折现率定得太低，那么未来的货币价值就被折扣得小一些，这样则可能会使可接受的投资方案有许多，造成投资规模过大而致使资金短缺。

实际工作中，在对项目进行财务分析时，一般是采用行业基准收益率；在对项目进行国民经济分析时多数是采用社会折现率。社会折现率表示从国家角度对资金机会成本和资金时间价值的估量。

（一）净现值

顾名思义，净现值（net present value，NPV）表示净赚的利润，是指项目收益的现值总额减去项目费用现值总额，或者将项目评价期间各年的净收益折现为基年的现值之和。项目净现值反映的是项目对国民经济所做的贡献。其值大时说明获利多。计算公式为式（10-13）：

$$NPV = \sum_{t=1}^{n}(B_t - C_t)(P/F,i,t) = \sum_{t=1}^{n}(B_i - C_i) \times P_t = \sum_{t=1}^{n}(B_t - C_t)(1+i)^{-t} \tag{10-13}$$

式中：NPV——净现值（万元）；

B_t——第 t 年的收益金额（万元）；

C_t——第 t 年的费用金额（万元）；

P_t——按照社会折现率计算的第 t 年的折现系数；

n——道路项目计算的年限。

在单方案分析中，当 NPV 为正时，说明该方案能满足预定的利率要求，还有附加盈利；当 NPV 为零时，则说明刚好满足利率要求；当 NPV 为负时，说明方案达不到要求。因此，在单方案分析中，必须满足 NPV 大于或等于零，否则项目就有被放弃的可能。对于多方案，应选择 NPV 值最大方案，进行净现值的分析。

【例 10-9】 假设围绕某一城镇有三条绕行比较路线Ⅰ、Ⅱ、Ⅲ。每条路线的成本和效益已作出估计如图 10-3 ~ 图 10-5 所示，路线Ⅰ的土地和施工费总计为 430 万元，路线Ⅱ为 580 万元，路线Ⅲ为 820 万元，这些费用将全部在基年支出。日常养护费将从第一年开始每年支出，路线Ⅰ为 2 500 元，每年增加 100 元，路线Ⅱ为 2 500 元，每年增加 125 元，路线Ⅲ为 4 000 元，每年增加 150 元。除了日常养护外，道路每隔 6 年需要大修一次（即在第 6、12、18、24 年进行，）路线Ⅰ费用为 30 万元，路线Ⅱ为 40 万元，路线Ⅲ为 50 万元，这些费用不再增加。在效益方面，第 1 年路线Ⅰ收益为 40 万元，路线Ⅱ为 50 万元，路线Ⅲ为 65 万元，第 2 年开始，估计这些效益可期望每年增长2%。假定绕行道使用期为30年，年折现率 $i=7\%$，残值不考虑。试列出项目NPV公式，并计算净现值NPV。

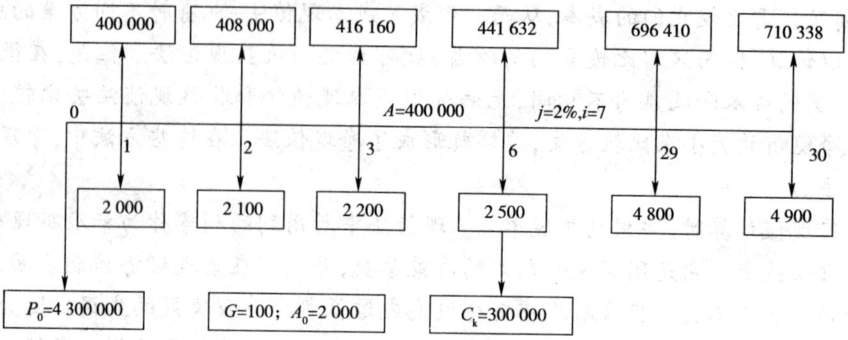

图10-3　方案Ⅰ现金流量图

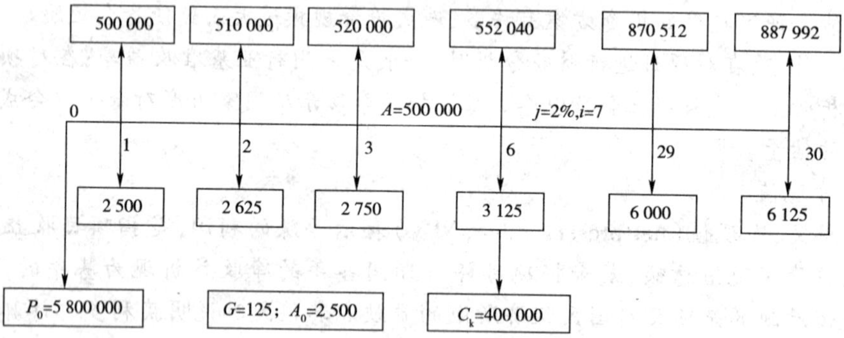

图10-4　方案Ⅱ现金流量图

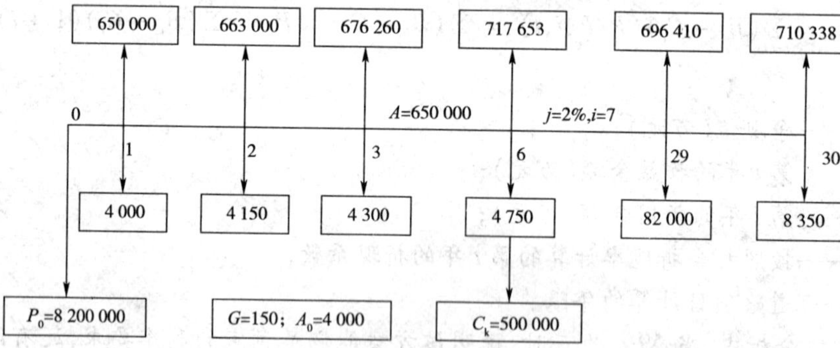

图10-5　方案Ⅲ现金流量图

【解】　本题的现金流量比较复杂，可以有两种计算方法：第一种是表算法，即列表逐年计算各方案的成本、效益、折现系数和净现值；第二种是利用公式结合现金流量图进行计算。现介绍第二种方法。

从现金流量图中可以看出，B_t 按等比变化。C_t 中有一部分每年发生且成等差递增，另一部分 C_k 每6年发生一次，故可写出 NPV 的表达式如下：

$$NPV=\sum_{t=1}^{n}(B_t-C_t)(1+i)^{-t}=\frac{A}{1+i}\cdot\frac{\left(\frac{1+j}{1+i}\right)^n-1}{\left(\frac{1+j}{1+i}\right)-1}-P_0-[A_0(P/A,i,n)+G(P/G,i,n)]-$$

$$C_k[(1+i)^{-6}+(1+i)^{-12}+(1+i)^{-18}+(1+i)^{-24}]$$

将已知 $i=7\%$, $j=2\%$, $n=30$,代入上式,得到各个方案的净现值表达式:

$$NPV = \sum_{t=1}^{n}(B_t - C_t)(1+i)^{-t} = \frac{A}{1+7\%} \cdot \frac{\left(\frac{1+2\%}{1+7\%}\right)^{30} - 1}{\left(\frac{1+2\%}{1+7\%}\right) - 1} - P_0 -$$

$$\left[A_0 \frac{11.02578 + 13.7648}{2} + G \times 120.971\right] -$$

$$C_k\left[(1+7\%)^{-6} + (1+7\%)^{-12} + (1+7\%)^{-18} + (1+7\%)^{-24}\right]$$

$$= 15.240933A - P_0 - 12.5113A_0 - 120.971G - 1.60336C_k$$

(二)净现值率($NPVR$)

净现值率是指净现值与总投资现值的比值。倘若几个方案的净现值率都大于零,但投资规模相差较大,应将净现值率($NPVR$)作为净现值的辅助指标来反映单位资金的利用效率。

$$NPVR = \frac{NPV}{P(I)} \tag{10-14}$$

式中:$NPVR$——净现值率;

NPV——指净现值;

$P(I)$——总投资的现值。

二、投资收益率法

收益率是指项目在建设和服务年限内,各年现金流量的现值(年值或未来值)累计之和等于零时的利率,也就是总收益等值于总费用时的利率,收益率有内部收益率和外部收益率两种。

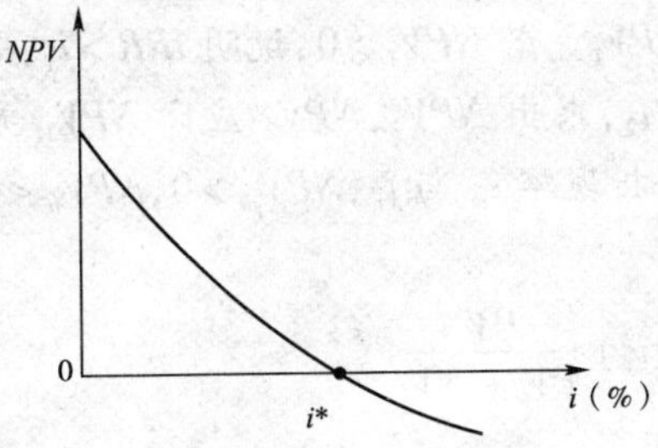

图 10-6 NPV 与 i 值关系

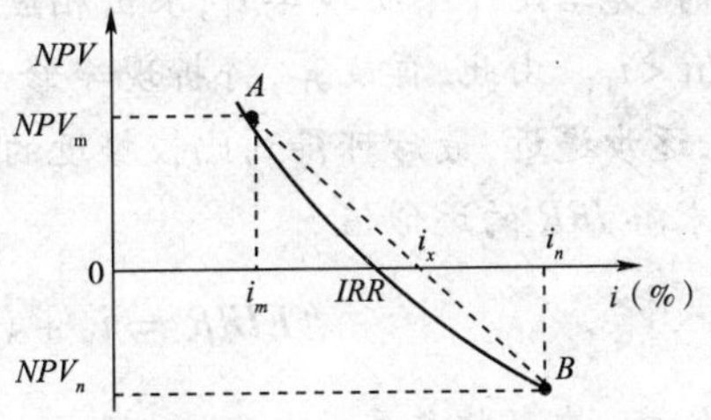

图 10-7 试算内插法

收益率实际是现值法、年值法和未来值法反算法,后者的利率为已知的标准折现率,而收益率法中的利率为有待求解的未知数。用现值法、年值法和未来值法分析投资方案的经济效益需要事先给定标准折现率,这个标准折现率反映了投资者所希望达到的单位投资平均收益水平。净现值、净年值或净未来值大于零,表明有一定收益。如果希望了解投资方案的实际年均收益水平,则需要用投资收益率法进行方案的经济分析。收益率法中主要是内部收益率法。

在项目的最终评价与分析中,求得的投资收益率应大于或等于标准收益率,项目才可以接受。

所谓标准收益率是指最低的期望收益率,是预先选定的,取决于投资者对某项投资所得效益的期望水平。就是现值法、年值法和未来值法中所采用的标准折现率。在项目的财务分析中一般采用行业基准收益率(或叫财务基准收益率),在国民经济评价(宏观分析)中,则采用社会折现率。

（一）内部收益率（EIRR）

内部收益率（EIRR）是指项目计算年限内，使得各年的净现值累计值等于零时的折现率。相当于使用一种折现率使项目的费用总额和效益现值总额相等，这个折现率就是内部收益率。其实质上是指投资银行可接受的最高银行贷款利率。

由净现值的计算公式 $NPV=\sum_{t=0}^{n}(B_t-C_t)(P/F,i,t)$ 可知，对于特定的投资方案而言，标准折现率 i_0 取值不同，将直接影响到 NPV 的大小。如果将折现率看作一个变量，NPV 与折现率 i 的关系用函数式可表示为 $NPV=f(i)$，称为 NPV 函数，对于一般的投资方案，NPV 函数是一个如图10-6所示的单调递减函数，NPV 函数曲线与横坐标交于 $i*$，即当 $NPV=0$ 时，$i=i^*$。i^* 就是投资方案的内部收益率 IRR。IRR 可以通过求解下列方程得到：

$$\sum_{t=0}^{n}(B_t-C_t)\cdot(1+IRR)^{-t}=0 \tag{10-15}$$

IRR 反映了投资方案在项目整个寿命期内的平均资金盈利能力。对内部收益率的经济含义还可以这样理解：在利率为 IRR 的条件下，在项目整个寿命期内，始终存在着未被收回的投资，而在项目三班倒终了时，投资恰好被完全收回。因此也可以将内部收益率定义为一个项目尚未被收回的投资余额所取得的利率。同时，在计算内部收益率时，有一个隐含的假设，就是一个投资系统每年的净收益将重新用于再投资，并取得等于内部收益率的利率（即与原始投资有相同的时间价值）。从这个意义上讲，内部收益率又可以认为是已被恢复资金的再投资利率。

IRR 可以按现值、年值或未来值来进行计算，但无论用哪一种等值方法，都要求解一元高次方程。式（10-15）是一个分式多项式方程，不易直接求解，通常采用如图10-7所示的“试算内插法”求解。

计算时，先给定一个折现率 i_1，求出相应的 NPV_1。若 $NPV_1>0$，说明 $IRR>i_1$，若 $NPV_1<0$，说明 $IRR<i_1$。由此，再试算，将折现率修正为 i_2，求出 NPV_2，NPV_2 应比 NPV_1 更接近零，反复试算，逐步逼近，最后可得到比较接近的两个折现率 i_m 与 i_n，$NPV_m>0$，$NPV_n<0$，再用直线内插法求解 IRR 的近似值。

$$EIRR=i_1+(i_2-i_1)\frac{PV}{PV+NV} \tag{10-16}$$

式中：$EIRR$——内部收益率；

i_1——试算的低折现率，采用这个折现率的净现值为正；

i_2——试算的高折现率，采用这个折现率的净现值为负；

PV——采用低折现率 i_1 时的净现值（正）的绝对值；

NV——采用高折现率 i_2 时的净现值（负）的绝对值。

将 NPV 函数曲线的 AB 段近似值看成直线，根据相似三角形原理可求得 IRR。

$$IRR\approx i_m+(i_n-i_m)\cdot\frac{|NPV_m|}{|NPV_m|+|NPV_n|} \tag{10-17}$$

事实上，按式（10-17）求得的只是 IRR 的近似值 i^*。i^* 能多大程度地近似于 IRR，与 (i_n-i_m) 有关。

【例10-10】 假设现在投资5 000万元，预计10年中每年可获得100万元并在第10年末另可获利7 000万无，试求该项投资的收益率。

【解】 首先作出现金流量图，方法如前所述，在此从略。

(1)用现值求解 $NPV = -5\,000 + 7\,000(P/F, i, 10) + 100(P/A, i, 10)$

令 $i = 5\%$，试算得 $NPV_1 = -5\,000 + 7\,000 \times 0.6139 + 100 \times 7.722 = 69.5 > 0$。

$NPV > 0$ 说明 $IRR > 5\%$，令 $i = 6\%$，试算得

$NPV = -5\,000 + 7\,000(P/F, 6, 10) + 100(P/A, 6, 10) = -5\,000 + 7\,000 \times 0.5584 + 100 \times 7.360 = -355.2 < 0$

由式(10-17)有

$$IRR = 5\% + (6\% - 5\%) \times \frac{69.5}{69.5 + 355.2} = 5.16\%$$

(2)用年值求解

$$NAV = -5\,000 + 7\,000(A/P, i, 10) + 100(A/F, i, 10) + 100$$

令 $i = 5\%$，$NAV_1 = 9 > 0$，令 $i = 6\%$，$NAV_2 = -48.2 < 0$。

由式(10-17)得，$IRR = 5.16\%$。

两种算法计算结果完全相同，因此，无论采用现值或年值计算收益率，其结果是一致的。

(二)外部收益率

内部收益率的计算中，有一个基本假定，即项目寿命期内所获得的净收益全部用于再投资，而且再投资的收益水平等于内部收益率。这个隐含的假定是由于资金等值计算中采用复利计算法带来的，但这一基本假定不一定永远存在，并且有出现多个解的可能性，故又提出另一种投资收益率，即外部收益率。外部收益率的基本假定是：项目每年的净收益(正现金流量)按某一指定的收益率(通常是基准收益率的，即资金的机会成本)再投资，直到该项投资的服务寿命结束为止。因此，它同内部收益的区别就在于，净收益再投资所取的利率不同，外部收益率的计算方法与内部收益率的计算相类似；但 ERR 的计算比 IRR 的计算要简单，也不存在多个解的问题，用 ERR 分析方案，需同基准收益率(标准折现率 i_0)比较，必须 $ERR \geq i_0$ 方案才可行。

【例 10-11】 某项工程初始投资为 10 万元，第 5 年追加投资 2 万元，工程寿命 10 年，第 1～10年每年收益 3.5 万元，支出 1.5 万元，标准折现率 $i = 10\%$，求外部收益率 ERR。

【解】 根据题意，得：

$$-10(F/P, ERR, 10) - 2(F/P, ERR, 5) + (3.5 - 1.5)(F/A, 10\%, 10) = 0$$

即：$-10(1 + ERR)^{10} - 2(1 + ERR)^5 + 31.874 = 0$

解得：$(1 + ERR)^5 = 1.688$ 和 -1.888，舍去负根，得 $ERR = 11.04\%$，$ERR > 10\%$，项目可行。

ENPV 和 EBCR(经济效益费用比)均不能反映项目的获利能力，前者为绝对指标，后者为相对指标，两个指标的共同点是基于一定的折现率，然而都不能计算出项目可能获得的最高收益。只有采用内部收益率才能得知项目投资后为国家能做多少贡献。

三、投资回收期(N)

投资回收期，即贷款偿还年限，是以道路的净效益抵偿基本建设总投资所需要的时间，即公路征收过路费，扣除养护管理费后还清本息的年限。投资回收期分静态和动态两种，静态不考虑货币的时间价值因素，而动态包含时间价值因素，投资和收益采用同一个折现率折为现值，然后计算投资和收益相抵的年限。投资回收期从道路投入使用年起算，不算建设期。项目经济评价通常采用动态的投资回收期。投资回收期评价指标，是用来衡量和比选项目的标准和依据。

投资回收期是反映一个建设项目清偿能力的重要指标，我国由于建设资金短缺，对于项目的清偿能力比较重视，故投资回收期常作为项目和方案比较的重要依据。

投资回收期又称返本期，它是指一个工程项目以其每年的净收益抵偿其全部投资(包括基建投资及流动资金)所需的时间。用公式表示为：

$$\sum_{t=1}^{N} NB_t = \sum_{t=1}^{N}(B_t - C_t) \tag{10-18}$$

式中：B_t——第 t 年的收入；

C_t——第 t 年的支出(不包括投资)；

NB_t——第 t 年的净收入，$NB_t = B_t - C_t$。

投资回收期是反映项目财务上投资回收能力的重要指标。在项目的最终评价中，投资回收期不大于部门或行业的基准投资回收期，可以认为项目在财务上是可以考虑接受的。

投资回收期为经济评价的主要指标，是基于以下三个方面的原因：第一，回收期实际上是反映资金的回收速度，是以投资回收的快慢作为决策的依据，在我国这是一个很有意义的评价依据；第二，能为决策提供一个在原始投资得到补偿以前必须承担风险的时间；第三，投资回收期的分析简单，不确定性因素少，很容易被人接受。

(一)静态投资回收期

静态投资回收期计算极简单，它侧重于对投资安全性的评价，只能用于对投资建议进行粗略评价。

静态投资回收期是不考虑资金时间价值条件下以净收益抵偿全部投资所需要的时间。

根据定义或者累计现金流量曲线图可知，静态投资回收期的定义式为：

$$\sum_{t=0}^{N}(B_t - C_t) = 0 \tag{10-19}$$

上式中的符号含义同前。可见静态投资回收期可用财务现金流量表(全部投资)累计现金流量计算求得，详细计算公式如下：

$$N = 累计现金流量开始出现正值的年份 - 1 + \frac{上一年累计净现金流量的绝对值}{当年的净现金流量}$$

需要明确的是，回收期从何时算起，对投资回收期计算的结果有很大影响，有主张从投资之日算起的，也有主张从投产之日算起的，但不管从何时算起，前后必须统一，并应注明所计算的投资回收期是从何时算起的。

所计算出的投资回收期，应与部门或行业规定的基准投资回收期(N_0)进行比较：

若 $N \leqslant N_0$，表明可在规定的投资回收期限之前收回投资，项目可行；

若 $N > N_0$，表明项目不能在规定的投资回收期限之前回收投资，项目不满足行业项目投资盈利性和风险性要求，故项目也许不可行。

【例 10-12】 某投资项目的净现金流量如表 10-2 所示。

某投资项目的净现金流量表(单位：万元)　　　表 10-2

年	0	1	2	3	4	5	6	7
净现金流量	-60	-85	60	65	65	65	65	90

基准投资回收期 $N_0 = 5$ 年，试用投资回收期法评价其经济性是否可行。

【解】 该方案投资回收期为 N_0，根据表 10-2 的净现金流量，计算出的累计净现金流量如表 10-3 所示。

某投资项目累计净现金流量表(单位:万元)　　表 10-3

年	0	1	2	3	4	5	6	7
净现金流量(万元)	-60	-85	60	65	65	65	65	90
累计净现金流量(万元)	-60	-145	-85	-20	45	65	65	90

根据上述计算投资回收期的公式

$$N = 4 - 1 + \frac{20}{65} = 3.4(\text{年})$$

因为 $N(=3.4\text{ 年}) \leqslant N_0(=5\text{ 年})$,故方案可以接受。

(二)动态投资回收期

动态投资回收期自建设开始年(开始投资时)算起,同时还应写明从项目投资年(效益产生年)算起的投资回收期。以 N 表示投资回收期,R_t(即 $B_t - C_t$)表示第 t 年的净收益,i_0 表示标准折现率,P_t 表示第 t 年的投资。则投资回收期由给出:

$$\sum_{t=0}^{N} R_t(1+i_0)^{-t} = \sum_{t=0}^{N} P_t(1+i_0)^{-t} \tag{10-20}$$

即

$$\sum_{t=0}^{N}(R_t - P_t)(1+i_0)^{-t} = 0 \tag{10-21}$$

求解式(10-20)或式(10-21)所列方程,即可得到投资回收期 N。

动态投资回收期可通过正式计算:

$$N = \text{累计折现值出现正值的年份} - 1 + \frac{\text{上年累计折现值的绝对值}}{\text{当年的净现金流量的现值}}$$

式(10-20)和式(10-21)均是按现值计算,由此式可以看出,投资回收期实际上就是在给定折现率的条件下,使项目累计净现值为零的年数。当然,根据等值计算原理,N 也可以按年值或未来值求解,采用何种方法取决于项目现金流量的特点。一般情况下,N 很难直接求解,往往要采用试算法来求解。如果现金流量很不规则,有时则采用表算法,也可以在累计现金流量图中找出。

当项目的现金流量仅在零年有一个投资 P_0,以后各年的净现金流量为 A,则有

$$-P_0 + (P/A, i_0, N) = 0$$

即

$$\frac{(1+i_0)^N - 1}{i_0(1+i_0)^N} = \frac{P_0}{A}$$

得

$$N = \frac{\ln\dfrac{A}{A - P_0 i_0}}{\ln(1+i_0)} \tag{10-22}$$

即对这种方案,其投资回收期可按式(10-22)直接求出精确解。

实质上,当给定的标准折现率 i_0 刚好等于项目的内部收益率时,投资回收期 N 就等于项目的寿命年限,即当 $i_0 = IRR$ 时,有 $N = n$。一般情况下若 $N < n$,必有 $i_0 < ERR$,因此投资回收期与内部收益率的分析应是等效的。

(三)等额收益回收期计算

1. 静态计算公式

如果年收益率为等额,按静态计算投资回收期的公式为:

$$T_{\mathrm{j}} = \frac{P}{B} \tag{10-23}$$

式中：T_{j}——按静态计算的投资回收期（年）；

P——道路基建总投资（万元）；

B——年效益金额（万元）。

2. 动态计算公式

如果年收益率为等额，按动态计算投资回收期的公式为：

$$T_{\mathrm{d}} = \frac{\ln\left(1 - \frac{P_i}{B}\right)P}{\ln(1+i)} \tag{10-24}$$

式中：T_{d}——按动态计算的投资回收期（年）；

P_i——换算为道路投入使用年的道路基建总投资（万元）；

B——年效益金额（万元）；

i——折现率。

年收益金额为不等额时，如果在建设期终止后次年投入使用，开始产生效益，则投资回收期为现金流量累积至接近于零的年份数减去建设期的年份数。如果分段建设分段投入使用，使得建设期内产生局部收益者，则以各段计算的投资回收期的平均数为整个公路项目投资回收期。

投资回收期也存在一些缺点：首先，它不能反映回收期以后的项目经济效果，容易使人们重视近期的经济效益而忽视远期的经济效益，对于寿命长的工程项目来说，它是一个不完整的评价结论，不宜作为独立的评价指标使用；其次，它计算了项目的清偿能力，但反映不出投资的盈利能力。此外，项目在返本期以后，实际上还存在一个"余值"，在计算回收期时，这部分残值并未参与计算。

四、方案经济比较的方法

（一）差额效益费用比（BCR）

BCR 是两个方案效益差额的现值累积值与支出费用差额的现值累积值的比值：

$$BCR = \frac{\sum_{t=1}^{n}(B_{2t} - B_{1t}) \cdot P_t}{\sum_{t=1}^{n}(C_{2t} - C_{1t}) \cdot P_t} \tag{10-25}$$

式中：BCR——差额效益费用比；

B_{t1}——第一方案第 t 年的收益金额（万元）；

B_{t2}——第二方案第 t 年的收益金额（万元）；

C_{t1}——第一方案第 t 年的费用金额（万元）；

C_{t2}——第二方案第 t 年的费用金额（万元）；

P_t——第 t 年的折现系数（万元）；

n——道路建设项目计算年限（年）。

（二）差额内部收益率

差额内部收益率是两个方案净现金流量（净效益）差额的现值之和等于零的折现率。

$$\sum_{t=1}^{n}[(B_{1t} - C_{1t}) - (B_{2t} - C_{2t})]P_t = 0 \tag{10-26}$$

式中符号意义同前。

(三)效益费用比($EBCR$)

效益费用比($EBCR$)是指项目评价年限内各年收益的现值总额和各年费用现值总额的比率。其实质上是指每万元投资费用可获得收益的大小。

$$EBCR = \frac{\sum_{t=1}^{n} B_t P_t}{\sum_{t=1}^{n} C_t P_t} \tag{10-27}$$

式中:$EBCR$——效益费用比;

其余符号意义同前。

第五节　道路建设国民经济评价理论

一、支付意愿与消费者剩余理论

道路工程项目的国民经济评价中计算道路工程项目效益的理论基础为支付意愿与消费者剩余理论。为准确理解该理论,现举例说明。某市的项目决策基于如下背景:该地拟修建一条高速公路,其建设资金通过收费来回收。经交通需求分析与预测,得出收费价格与交通量的关系如图10-8所示。

在图10-8中,纵坐标P表示收费价格,横坐标V表示不同收费价格下的某高速公路交通量。交通需求分析与预测结果表明,当收费价格为0时,该路上的交通量将达到最大,即2 000;而当收费价格为10元时,该路上的交通量为0,即全部交通量仍走其他道路。很显然,当收费价格为5元时,业主的收费收入最大,为5×1 000=5 000万元/年。

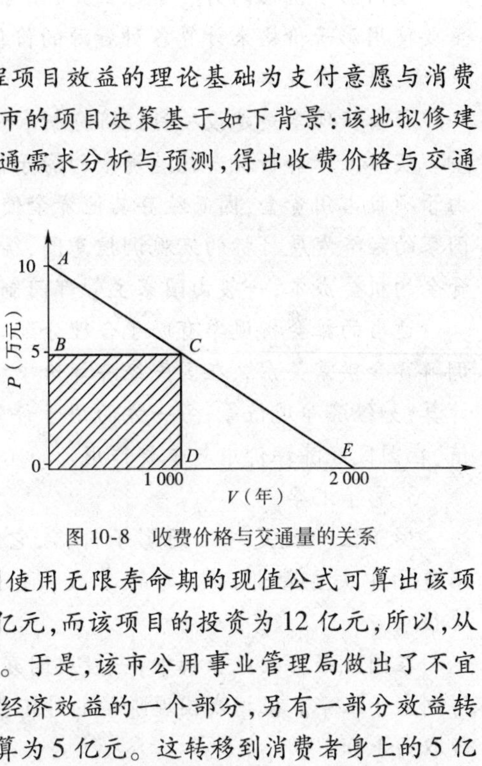

图10-8　收费价格与交通量的关系

假设该项目的使用寿命无限,折现率为5%,则使用无限寿命期的现值公式可算出该项目在寿命期内的最大收费收入为5 000÷5% =10亿元,而该项目的投资为12亿元,所以,从项目的收入与支出考虑,似乎是该项目不值得投资。于是,该市公用事业管理局做出了不宜投资的结论。而事实上,收费收入只是该路创造的经济效益的一个部分,另有一部分效益转移到消费者身上,即图中三角形ABC的面积,经计算为5亿元。这转移到消费者身上的5亿元效益,就是经济学中的所谓消费者剩余,因而全部效益应为收费收入加上消费者剩余,即为消费者的支付意愿。本项目中,消费者的支付意愿为10亿元+5亿元=15亿元,超出投资3亿元。因此,从建设项目的国民经济效益考虑,应该投资建设该项目。

二、国民经济评价的参数与指标

国民经济评价有一套完整的参数与指标,这些参数和指标便形成了宏观经济分析的基本体系。

(一)基本经济参数

基本经济参数是指按一定的经济分析理论和分析方法要求测定的,用以计算、衡量项目费用和效益的参数。它在经济分析中有两个主要功能:一是作为折算和计算手段,如对不同时期的资金价值、不同种类的倾向进行折算,对不同投入物和产出物的价格进行调整,以便计算等;二是作为判别标准,对各类指标的优劣进行评价,如社会折现率作为经济内部收益率的判别依据等。没有这些基本的参数,就无法对项目进行经济计量与分析。国民经济评价也不例外,同样必须有特定的参数,并且这些参数还应反映某一时期的社会经济性,使其具有时效性,即应不断进行调整。

1. 影子价格

影子价格的概念最初出自于线性规划,是指目标函数在最优状态下时各种资源的价格。影子价格是一种能充分反映资源价值的价格。它是经济学中国民经济评价中价格计算的理论基础。由机会成本分析概念可知,资源的价值可通过机会成本来计算,但由于许多资源的投资机会多种多样,所牺牲的收益也不明确。因此,单纯以机会成本来计算资源的价值难度很大,甚至不可能,需通过影子价格来计算。

使用影子价格的另一个原因是,由于市场价格经常与价值相背离,因此,国民经济评价主要使用影子价格来计算各种资源的价值,而不能直接使用当时市场价格去计算。

2. 社会折现率

社会折现率是建设项目经济分析和评价的通用参数。它表示社会对资金时间价值的估量。实际上社会折现率就是资金的影子价格,它是按机会成本的原则来确定的,其含义是指由于项目占用资金,因而放弃其他资金使用机会,给国民经济带来的间接损失。它体现一个国家的经济发展目标的宏观调控意图,综合反映国家当前的投资收益水平、资金供需情况及资金的机会成本,一般由国家主管部门制定。

适当的社会折现率有助于合理分配建设资金,引导资金投向对国民经济贡献大的项目,调解资金供需关系。在国民经济评价中社会折现率一方面用于对项目经济现金流量的等值计算,如经济净现值等;另一方面用于评价项目的收益水平,即作为经济内部收益率的基准值,在国民经济评价中起重要作用。

3. 影子汇率

影子汇率就是外汇的影子价格,它反映外汇对于国家的真实价值。在我国,影子汇率是由中央主管部门确定的参数,通过影子汇率可以将外汇转化为统一的国内货币单位。

在国民经济效益分析中,一般用国家外汇牌价(或称官方汇率)乘以影子汇率换算系数得到影子汇率。根据我国现阶段的外汇供求关系、进出口结构和换汇成本,影子汇率换算系数取为1.08。

4. 影子工资

影子工资是指建设项目使用劳动力,国家和社会为此付出的代价。影子工资主要包括劳动力的机会成本,即该劳动力不被拟建公路项目使用时,他在原来岗位上为社会创造的净效益;另外,还包括为劳动力就业而付出的代价,这部分代价职工是没有拿到手的,属于隐性支出,故名曰影子工资。

影子工资 =(工资 + 福利基金)× 换算系数

其中工资和福利基金全称为名义工资。

对于一般项目,工资换算系数为1;对于特殊项目,在有充分依据的前提下,可根据当地劳动力的充裕程度以及项目所用劳动力的技术熟练程度作适当调整。

5. 残值

残值就是项目在计算期结束时还能获得的价值(又称时值),这也是经济分析时的一个参数。

6. 计算期

项目计算期与项目经济寿命期相关联。项目经济寿命期是指项目在经济上合理的使用年限,它是按影子价格计算的净现金流量降为零时的年限。

通常,工业生产项目计算期等于或略小于建设期与生产期之和。生产期可按综合折旧寿命期计算,实际上,各行业项目的生产期,由各行业部门参照已有类似企业确定,永久性工程项目计算期,一般都短于其寿命期。

(二)基本指标

基本指标在国民经济评价中具有重要的意义。一方面它们是分析计算的依据,另一方面也是进行评价的依据。常用的国民经济评价指标有:经济净现值、经济内部收益率、经济效益费用比和经济投资回收期等。

1. 经济净现值(*ENPV*)

经济净现值就是项目在计算期内各年经济净现金流量的现值之和,即项目总的经济收益与总的经济费用之间的差额。经济净现值是一项绝对的指标,$ENPV \geq 0$ 时,项目才可行。

2. 经济内部收益率(*EIRR*)

经济内部收益率就是使经济净现值为零时的折现率。*EIRR* 必须大于社会折现率,项目才可以接受。

3. 经济效益费用比(*EBCR*)

经济效益费用比就是项目计算年限内经济效益总和与项目经济费用总和的比值。$EBCR \geq 1$ 时,项目才可以接受。

4. 经济投资回收期(*EN*)

经济投资回收期就是项目净经济效益抵偿项目投资所需的时间。关于投资回收期的概念与计算如前已阐述,在此不予重述。

第六节　公路建设项目经济效益计算

一、高速公路的经济效益

(一)高速公路的直接效益与间接效益

直接效益反映了可以直接按项目归集的效益。高速公路的直接效益一般反映提高运输生产效率所带来的效益。内部效益是直接效益,外部效益中也有一部分属于直接效益,例如,公路运输质量的提高、环境的改善、社会就业人员数量的增加等,他们是高速公路项目的外部效益,又是高速公路项目的直接效益。

间接效益反映了由于项目的新建而产生于项目之外的效益,间接效益是外部效益的一种形式,项目的间接效益反映了由某项目所引起或导致的效益。例如,某运煤专用公路的新建造成煤炭供应量增加,将引起或带动其他地区电力工业、化学工业、机械工业、轻工业以及商业的进一步发展;反过来,煤炭运输量的增加也会促进煤炭采掘业以及煤炭采掘地周围商业、服务行业等的进一步发展,并将导致煤炭部门对其他部门产品需求的增长。乘数效应在估算间接效益中发挥重要作用。因此,项目的经济效益包括由初级产品到最终产品消费全过程中所产生的净收入。

（二）高速公路效益构成

高速公路建设项目的经济效益主要有以下各项。一般高速公路公路研究的经济效益项目见表10-4。

国民经济收益构成表(单位:万元)　　表10-4

编　号	1	2	3	4
项　目	公路晋级效益	减少拥挤效益	缩短里程效益	货运节时效益
编　号	5	6	7	8
项　目	客运节时效益	减少事故效益	减少货损效益	诱增交通效益
编　号	9	10	11	12
效　益	增加就业效益	环境整治效益	改善民生效益	开发保护古迹效益

1. 运输成本降低的效益

运输成本降低的效益是高速公路项目计算的最主要的内部效益,它是由于公路技术等级的提高,与以前的公路相比较,在保修费用、轮胎、燃料方面的成本节省效益。

运输成本降低的效益包括:新建公路由于道路等级提高、交通拥堵状况和路面状况改善而降低的车辆运行成本;同时还包括旧路由于交通拥堵状况改善而降低的车辆运行成本和旧路由于交通量减少而降低的公路养护成本等等。

2. 运输时间节约的效益

运输时间节约的效益是高速公路项目经济效益的重要组成部分。修建一条高速公路代替混合交通的普通公路,可以大量地节约旅客、货物和驾驶员的时间。可利用有无分析法计算时间,再利用机会成本测算时间节约的价值,就是运输时间节约的效益。

3. 运输事故减少的效益

运输事故减少的效益就是由于事故次数减少而下降的事故损失。它包括事故发生后人身伤亡、车辆损失和货物损失。在计算事故减少的效益时,要采用具有可比性的指标,例如高速公路和旧路比较时应使用万车公里事故损失额指标,而不能简单的用绝对数额比较。

4. 运输里程缩短的效益

两个相同的起讫点之间,高速公路与旧路相比,由于等级提高、线路取直等原因,使里程缩短,体现了运输成本的减少和时间的节约。用有无分析法计算运输里程缩短的效益。

5. 促进国民经济发展的效益

促进国民经济发展的效益是高速公路的外部效益。高速公路建设项目对于公路沿线经济发展和项目所在区域经济的发展具有重要的促进作用。由于技术手段的原因,还不能用适宜的方法对其进行准确的评价,目前,大部分高速公路项目的国民经济评价只是对这类效益进行定性分析。

6. 提供就业机会的效益

高速公路的建设会直接或间接的增加大量的就业机会,具有提高全社会就业率的积极作用。据测算,每亿元公路建设投资可提供2 000个就业岗位。例如,我国1998年2 168亿元的公路建设总投资可为434万人提供就业机会,为拉动经济增长起了明显作用。

7. 治理环境污染的效益

高速公路的环境污染主要有噪声污染,空气污染、环境破坏等。高速公路项目可以将砂土路面改造成沥青路面,可有效的减少尘土污染;高速公路植树绿化、采用新型的柴油车、使用无铅汽车、安装发动机消音设备等,都可以有效的控制环境污染、减少噪声。科学的选线,高架公路桥和隧道的建设,可以减少公路对自然环境和人文环境的破坏。另外,有些公路建设可与复垦还田和修路造田相结合,尽力减少土地占用,改善生存空间。上述效益,有的可以量化,使得评价更加科学。

8. 提高运输质量和信誉的效益

对于旅客运输,质量表现在安全、舒适、快捷、方便的乘车旅行上,对于货物运输,质量表现在安全、快捷、方便(门对门运输,简化托运和取货手续等)方面。这是很重要的经济效益,有利于提高工作效率,提高运输企业的信誉,又可以转化为经济效益。

9. 增加就业和改善民生以及整治环境和保护古迹效益

目前,由于体制和机制不健全,法律不完善,加之技术手段限制,这些效益难以用货币量化,但在高速公路项目的国民经济评价中,不可忽视这些效益对方案选择的影响。

二、高速公路经济效益计算

高速公路经济效益,其中运行成本降低的效益、运行里程缩短的效益、运行时间节约的效益等高速公路产生的内部经济效益是可以计算的,但项目产生的外部效益,尽管十分巨大,有时高出运输节约经济效益很多倍,但目前尚难找出适宜的办法计算,只能够做定性的描述。对于社会公益性的基础结构建设项目的外部效益,世界各国经济学家一直在孜孜不倦地寻求量化评价的方法,但尚未找到大家认为合适的办法和途径。在这方面美国经济学家 G·赫夫曼曾经预言过:"生活中的事物,没有一个是绝对不可衡量的。从发明各种方法的历史过程来看,在某个时期不可衡量的可变因素,后来就变成可以衡量了,所以方法总是随着时间流逝而发展和改进。"随着科技的进步和信息社会的发展一定会得到突破,更精确、更合适的评价高速公路外部效益的方法一定会找到。

(一)运行成本降低效益计算

运行成本降低包括新建或改建公路由于道路等级提高、交通拥挤减小和路面状况改善而降低的成本。同时还包括旧路交通拥堵状况改善而降低的车辆运行成本和旧路由于交通量减少而降低的公路养护成本。

运行成本降低效益计算一般需计算正常交通量运行成本降低效益和转移交通量运行成本降低效益两部分效益。

1. 正常交通量运行成本降低效益

$$B_{11} = \sum(AC_0 - AC_1) \cdot Q_{11} \cdot L_1 \qquad (10\text{-}28)$$

式中:B_{11}——正常交通量运行成本降低效益(元/年);

AC_0——无此项目时,某车型单位成本[元/(辆·km)];

AC_1——高速公路某车型单位成本[元/(辆·km)];

L_1——高速公路总长度(km);

Q_{11}——正常交通量(辆/年)。

2. 转移交通量运行成本降低效益

转移交通量运行成本降低效益可按下式计算。

$$B_{转} = \Sigma(AC_0 \times L_0 - AC_1 \times L_1) \times Q_{12} \tag{10-29}$$

式中：$B_{转}$——转移交通量运行成本降低效益（万元/年）；

AC_0——原线路某车型单位成本［万元/（辆·km）］；

AC_1——高速公路的某车型单位成本［万元/（辆·km）］；

L_0——原线路总长度（km）；

L_1——新建公路总长度（km）；

Q_{12}——转移交通量（辆/年）。

3. 旧路改建运行成本降低效益

由于新建高速公路项目投入使用，旧路上的交通量将有相当一部分分流到高速公路上，拥挤的交通状况将大为改观。不仅车辆运行成本将有所降低，公路养护成本也会下降。该成本效益计算公式如下。

$$B_{13} = \Sigma[(AC_0 - AC_2) \times Q_0 \times L_0 + (AC_{y0} \times AC_{y1}) \times L_0] \tag{10-30}$$

式中：B_{13}——旧路上运行成本降低效益（万元/年）；

AC_0——旧路分流前的某车型单位成本［万元/（辆·km）］；

AC_2——旧路分流后的某车型单位成本［万元/（辆·km）］；

AC_{y0}——旧路分流前的平均养护成本（万元/km）；

AC_{y1}——旧路分流后的平均养护成本（万元/km）；

L_0——原线路总长度（km）；

Q_0——旧路分流后的交通量（辆/年）。

（二）公路晋级效益

公路晋级效益指新建公路由于道路等级提高、交通拥挤状况改善而降低的成本。

公路建设项目完工投入使用后的交通量，包括正常交通量、转移交通量和诱增交通量三种类型。正常交通量是指没有本项目也会在现有公路网上发生和增长的交通量。转移交通量是指自本项目投入使用后，从其他公路或其他运输方式转移过来的交通量；诱增交通量是指如果没有此项目不会发生的交通量。这三种不同类型的交通量运行成本降低的效益需要分别计算。

公路晋级效益，是指由于公路等级提高，使得旅客、货物运输成本降低所产生的效益。公路晋级效益可采用有无计算法。

$$B_{晋} = B_{货j} + B_{客j} = (C_{无j} - C_{有j}) \cdot (Q_{货j} + KQ_{客j}) \tag{10-31}$$

式中：$B_{晋}$——客货车的公路晋级效益；

$B_{货j}$——货车的公路晋级效益；

$B_{客j}$——客车的公路晋级效益；

$C_{无j}$——无此项目时汽车的综合运输成本；

$C_{有j}$——有此项目时汽车的综合运输成本；

$Q_{货j}$——新建公路的货物周转量；

$Q_{客j}$——新建公路的旅客周转量；

K——系数。

（三）减少拥堵效益

无此项目时，原有相关公路交通量不断增加，平均行车技术速度相应降低，单位运输成本也不断提高。有此项目后，使得有关公路部分交通量发生转移从而减少拥堵，原应提高的运输成本不再提高,此资金的节约即为效益。

$$B_{运} = B_{货} + B_{客} = (C_{无} - C_{有}) \cdot (Q_{货} + KQ_{客}) \tag{10-32}$$

式中:$B_{运}$——由于新建公路使得原有相关公路减少拥堵的汽车运输效益(万元/年);

$B_{货}$、$B_{客}$——分别为由于公路新建使原有相关公路减少拥堵的货、客运输效益(万元/年);

$C_{无}$——无此项目时,原有相关公路汽车的综合汽车运输单位成本(元/千吨公里);

$C_{有}$——有此项目时,原有相关公路汽车的综合汽车运输单位成本(元/千吨公里);

$Q_{货}$、$Q_{客}$——原有相关公路转移到新建公路后,剩余的货物、旅客周转量(千万吨公里,千万人公里);

K——调节系数,由调查分析得到。

(四)运行里程缩短的效益

公路因新建而缩短里程,节约了旅客、货物运输费用,其节约金额以修建当时交通量情况下的客、货运输成本计算,公式如下:

$$B_{短} = \Sigma[(L_{原} - L_{现}) \times Q_{正} \times C_{原}] \tag{10-33}$$

式中:$B_{短}$——运行里程缩短效益(万元/年);

$C_{原}$——原路线某车型单位成本[万元/(辆·km)];

$L_{原}$——原路线总长度(km);

$L_{现}$——新建公路总长度(km);

$Q_{正}$——正常交通量(辆/年)。

运行里程缩短效益亦可用下式计算:

$$B_{短} = B_{K短} + B_{H短} = C_{原} \cdot (Q_{H短} + KQ_{K短}) \tag{10-34}$$

式中:$B_{短}$、$B_{K短}$、$B_{H短}$——分别为新建公路缩短里程而降低的综合成本以及货、客运输成本(万元/年);

$C_{原}$——无此项目时,原有相关公路汽车的综合运输单位成本[万元/(t·km)或万元/(千万人·km)];

$Q_{H短}$、$Q_{K短}$——分别为公路缩短里程的货运周转量和旅客周转量(千万t·km、千万人·km)。

(五)运行时间节约效益

运行时间节约效益,包括货物和旅客在途时间节约以及货物运送速度提高,引起资金周转期缩短而获得的效益,一般可按在途物资所需要的资金利息支出量的减少来计算,计算公式如下。

$$B_{时} = Q_{正} \times \Delta T \times V \tag{10-35}$$

式中:$B_{时}$——运行时间节约的效益(万元/年);

$Q_{正}$——正常交通量(辆/年);

ΔT——全程节约的时间(h);

V——平均时间价值(万元/h)。

运行时间节约的效益确定的关键在于确定节约时间的价值,由于货运时间的价值与客运的时间价值计算的依据不同,有必要分别研究确定。

(1)货运单位时间价值确定

就货物而言,无论是原材料、初级产品、中间产品还是最终消费品,都具有一定的价值,代表一定金额的资金;货物运输过程中所占用的时间意味着资金的占用。可以认为,节约货物时间，意味着加速资金的周转，减少了资金的占用。所以，可以根据资金成本的概念来计算货物的价值。在建设项目国民经济评价中，资金成本表现为社会折现率，因而可以根据资金折现率和货物的平均价值计算货物的单位时间价值。

(2)旅客单位时间价值的确定

旅客单位时间价值的确定可采用生产法或费用法确定。采用生产法的依据是旅客可以将运行途中节约的时间用于工作，创造新的价值，为国民经济增长做出贡献。依据这一理论，可根据所在地区人均国民收入来估计人员的单位时间价值。采用费用法的理论依据是旅客为节约在途时间“支付货币的意愿”。

1. 货物节约在途时间价值

通常，货物节约在途时间的价值可按如下公式计算：

$$B_{\text{货时}} = P_r \cdot Q_{\text{货}} \cdot i \cdot \frac{t}{K_1 365L} \tag{10-36}$$

式中：$B_{\text{货时}}$——货物节约在途时间价值；

P_r——计算年度在途货物平均价值(元/t)；

K_1——系数，论证取值；

$Q_{\text{货}}$——新建公路货物周转量(万 t · km)；

i——社会折现率；

t——全程节约小时数；

L——新建公路长度。

2. 旅客节约在途时间的价值

旅客节约在途时间的价值以旅客旅行时间缩短，可以多创造价值增加国民经济收入来考虑，其金额以每人平均国民收入份额来计算，公式如下：

$$B_{\text{客时}} = I_c \cdot Q_{\text{客}} \cdot m \cdot \frac{T}{K_2 365L} \tag{10-37}$$

式中：$B_{\text{客时}}$——旅客节约在途时间效益；

m——系数，论证取值；

I_c——计算年度每一旅客的国民经济收入份额；

K_2——系数，论证取值；

$Q_{\text{客}}$——新建公路旅客周转量；

T——全程节约小时数，认为节约的时间的一半用于生产目的；

L——新建公路全长。

(六)减少事故效益

拟建项目实施后，导致交通事故减少，其节约的费用以事故差以及事故平均损失费用计算。

$$B_{\text{故}} = P_{\text{损}} \cdot (J_{\text{无}} - J_{\text{有}}) \cdot L_{\text{总}} \tag{10-38}$$

式中：$B_{\text{故}}$——减少交通事故节约的费用(万元)；

$P_{\text{损}}$——道路交通事故平均损失费(万元/次)；

$J_{\text{无}}$——无此项目时的事故损失率[次/(万车 · km)]；

$J_{\text{有}}$——有此项目时的事故损失率[次/(万车 · km)]；

$L_{\text{总}}$——车辆总行程(万车 · km)。

减少事故效益，亦可按以下公式计算：

$$B_{故} = \sum(S_{无} - S_{有}) \times L_{总} \times C_{次} \tag{10-39}$$

式中：$B_{故}$——运输事故减少的效益（万元）；

$S_{无}$——无此项目的事故率[次/（万车·km）]；

$S_{有}$——有此项目的事故率[次/（万车·km）]；

$C_{次}$——平均每次事故的经济损失（万元）；

$L_{总}$——车辆总行程（万车·km）。

（七）减少货损效益

减少货损效益，即公路货物损失减少所节约的费用，一般按货损差及计算年度在途货物平均价格计算，可根据项目特点酌情计算，对于煤炭货损效益可参考下式计算。

$$B_{损} = \frac{(S_{无} - S_{有}) \cdot Q_{货} \cdot A \cdot P}{L_{均}} \tag{10-40}$$

式中：$B_{损}$——货物损失减少节约的费用；

$S_{无}$——无此项目时的货物损失率（%）；

$S_{有}$——有此项目时的货物损失率（%）；

$Q_{货}$——货物总周转量；

A——煤炭运量占货物运量的比例；

P——计算年度煤炭平均价格（元/t），取100元/t；

$L_{均}$——平均运距（km）。

（八）诱增交通量效益计算

$$B_{诱} = \sum(P_{有} - P_{无}) \times Q_{货} \tag{10-41}$$

式中：$B_{诱}$——交通量增加的效益（万元）；

$P_{有}$——有项目货物的平均市场价格（万元/t）；

$P_{无}$——无项目货物的平均市场价格（万元/t）；

$Q_{货}$——新增某物品的年货运量（t）。

以上列举的只是常用效益计算，随着人类文明和社会进步，公路建设效益远不止这些，如改善民生、增加就业、整治环境、优化景观、开发古迹等方面的效益定量计算仍在进一步的研究中。

第十一章 道路交通站场与交通控制设计*

理论上讲,一项完善的道路规划与勘测设计,不仅要对其几何方面进行科学规划研究、合理论证和比选,以及合理的结构设计,尚应包括有与之配套的公用设施,如停车场、公共交通站点、收费站、照明、绿化、道路排水系统等,只有这样,才可能充分发挥其整体功能和服务质量。

第一节 公共停车场设计

随着我国汽车拥有量,尤其是家用汽车的逐步普及,道路系统中运行与停车的矛盾日益突出,"停车难,停车贵"成为当今我国各大城市中的突出问题之一。因此正确处理好车辆的停放问题,对缓解城市道路交通拥堵、减少交通事故、提高道路通行能力具有重要意义,因此,停车场合理规划和设计显得尤为重要。

停车场的主要任务是保管和存放车辆,保持车辆的技术性能完好。停车场是道路用地控制(红线)内划定的或者专门建设的供车辆停放的场地,其类型见表11-1。社会车辆停车场和汽车运输企业的货运汽车停车场的功能各有不同,货运汽车停车场往往是综合性运输业的车队所在地,而客运汽车停车场又往往是一个客运服务站。因此,这类停车场不仅要做好车辆的保管存放工作,而且还要进行运营组织和管理工作,并负责车辆的简易技术维护、小修以及承担配件和材料的供应等工作。

停放停车场的分类 表11-1

划分方法	主要类型与功能特点	
按停放性质分	机动车停车场	小客车停车场
		公共汽车停车场
		货运汽车停车场
		出租汽车停车场等
		特殊车辆停车场
	非机动车停车场	自行车存车处
		三轮车停车场
		车辆保管站

划分方法	主要类型与功能特点		
按停放观点分	路内停车场	路内停车场是指在道路用地控制(红线)内划定的供车辆停放的场地。多作临时短时间停放。其位置的选择主要考虑道路和交通情况,一般设有标志、隔离护栏或用标线划定范围	
		车行道边缘停车场	在行车道边缘用标线划分矩形格作为停车区
		道路路肩停车场	在宽度大于2.5m的路肩上可设临时停车区
		宽型隔离带停车场	在较宽的隔离带(宽度大于7m)上划分停车区
		立交桥下停车场	有些立交桥引道上,可适当减少填土引道长度,增加桥跨长度,所增部分作为停车区
		高架路上停车场	有些较宽的十字路口采用高架桥时,增加高架桥宽度作为停车区
	路外停车场	路外停车场是指道路用地控制范围以外专辟的停车场地	
		专用停车楼	可分两层或多层,设计好进出口和通道
		地下停车库	有些高楼的地下室或居民小区的中心花园地下可建立两至三层地下车库,但需设计好照明、通风和通道及进出车道等设施
		机械式立体停车场	个别用地紧张的商业服务区楼前等处,可设垂直起降式停车场,当车辆驶入停车车位,由机械平台垂直拉起或落入地下,而本层又可停放车辆。停放平台不宜过多,一般为三层
按服务对象分	公用停车场	公用停车场又称社会停车场,主要指设置于大型公共建筑、商业文化街、公园及旅游区附近,连接道路为各种社会车辆停放服务,以及分布在城镇出入口附近供入城、过境车辆临时停放的停车场	
		大型集散场所停车场	可建设专用停车楼或地库停车
		商业服务业停车场	直接供商业或服务业使用
		生活居住区停车场	供居民车辆停放
按停放容量分	小型	停放50辆以下的汽车	
	中型	停放50~100辆汽车	
	大型	停放100辆以上汽车	
按保管方法分	露天停车场	车辆在露天停车场停放和保管,受各种自然条件的影响,保管质量差	
	棚式停车场	棚式停车场可使车辆免受雨、雪的侵害,但不能防止风沙和寒气的影响,保管质量尚好,适合临时性流动车辆的停放	
	室内车库	车辆在室内停放,可不受风、雨等自然条件的侵袭,但应注意通风、照明、内部进出车道、指示标志、安全设施的放置等	
	暖式车库	暖式车库内在寒冷季节的温度可保持在10℃~15℃之间,保证汽车随时具备最佳的技术状态,适合救护车、救火车等特种车辆的保管	

为了保证被保管存放车辆的安全可靠,一个完善的停车场应具备合理的停车区位、宽敞的进出车道、必要的避车港湾、专门的车辆维修店铺、完善的电子监控设施、安全的通风照明设施、足够的交通安全管理人员、合理的进出接口等。此外,停车场还必须满足以下要求:

(1)具备保护功能。保持车辆原有的技术状况。

(2)出入方便快捷。车辆可以随时安全、顺利、方便、迅速地进出,以保证能及时参加营运工作。

(3)无火灾隐患。无火灾危险,并备有必要的消防设施及安全疏散的通道和大门。

(4)能进行保养。设置为停放车辆服务的技术性能检测和汽车保养维修的专用服务设施。

(5)占地与费用经济。在不降低上述基本要求的原则下,应尽量减少日常运用费,并力求减少占地面积。

(6)充足的管理人员。专用停车场必须配有足够数量的交通协管和管理人员,以疏导、指挥和看管随时进出的车辆。

一、车辆停放方式

车辆在停车场(库)内停放保管时,根据停车场地条件和车辆的停车要求,可以采用不同的停放方式。

车辆停放和停发是两个不同的概念,但其中有着紧密的联系。车辆停发方式是指车辆驶入和驶出停车位置(简称车位)及在场(库)内的停放排列方法。车辆停发方式通常有三种,如图11-1所示。前两种进出车位的方式统称尽头式,第三种称贯通式。其中,由于后退停车、前进发车方式迅速、行驶方便,所需调车通道面积较小,且便于车辆的安全疏散,因此广为采用。而贯通式进出车位的方式,虽然都以前进式行驶,可避免车辆进出车位时的交叉,调车安全性较好,但因占地面积较大,通常很少采用。

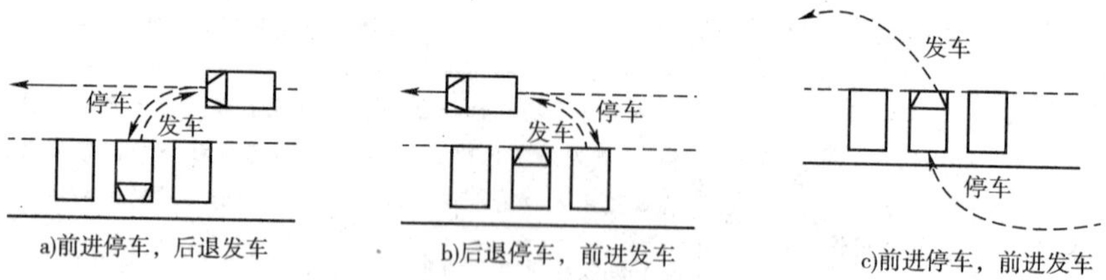

a)前进停车,后退发车　b)后退停车,前进发车　c)前进停车,前进发车

图11-1　车辆停放方式

(一)按相对位置关系划分

按车辆纵轴线与通道中心线的相对位置关系,可有下列三种停放方式。

1. 平行式

如图11-2所示,图中的P为停车带,B表示通道。车辆平行于通道方向停放。这种停放方式占用的停车带较窄,车辆驶出方便、迅速,但单位长度内停放的车辆数最少。

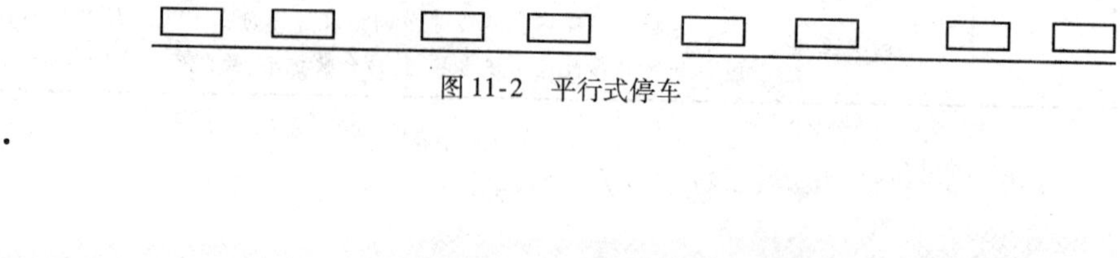

图11-2　平行式停车

2. 垂直式

如图 11-3 所示。车辆垂直于通道方向停放。这种停放方式的特点是单位长度内停放的车辆数最多,用地比较紧凑,但所需通道较宽。布置时一般采用两边停车,合用中间一条通道。

3. 斜置式

如图 11-4 所示。车辆一般与通道成 30°、45°、60°或其他锐角斜向布置的停放方式。其特点是停车带宽度随车身长度和停放角度而异,车辆停放比较灵活,驶出、驶入车位方便。但由于受通道宽度限制,车辆只能在通道内作单向前进行驶,单位停车面积比垂直式大,而且随着停放角度的减小,车辆前后不能利用的三角形面积增大。尤其是 30°停放,用地最不经济。所以适宜在停车处宽度有限的场合下采用。

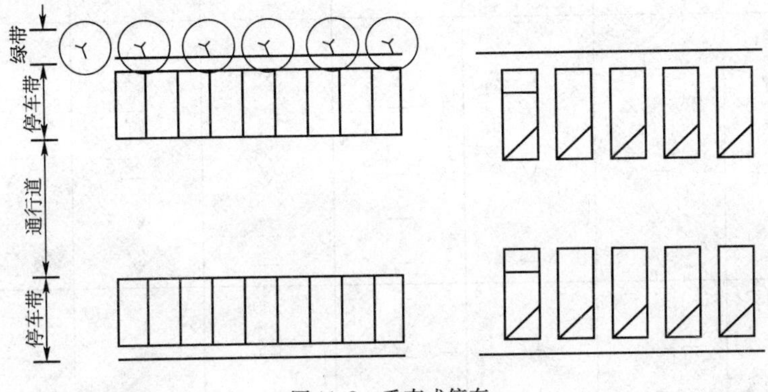

图 11-3　垂直式停车

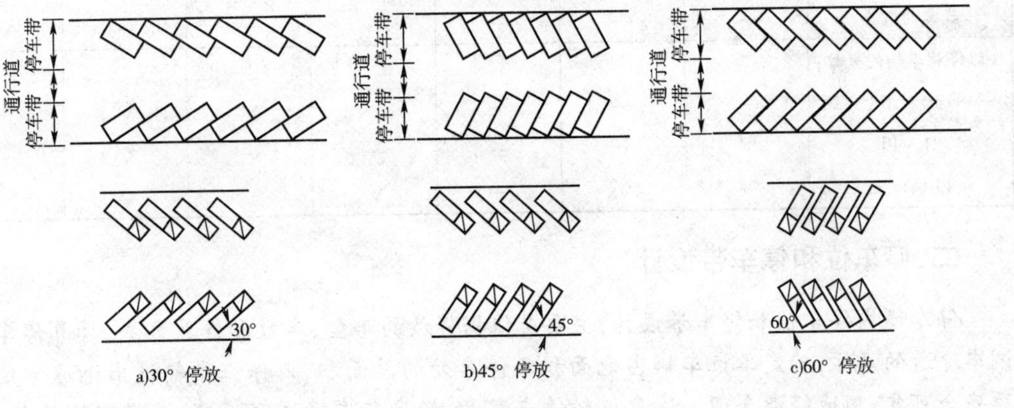

图 11-4　斜置式停车

4. 斜角插入式

如图 11-5 所示,车辆停放呈“人”字排列,属于斜角插入式停车方法,可减少一部分空隙面积,车辆出入较垂直式方便,且有利于停车场地的有效利用。

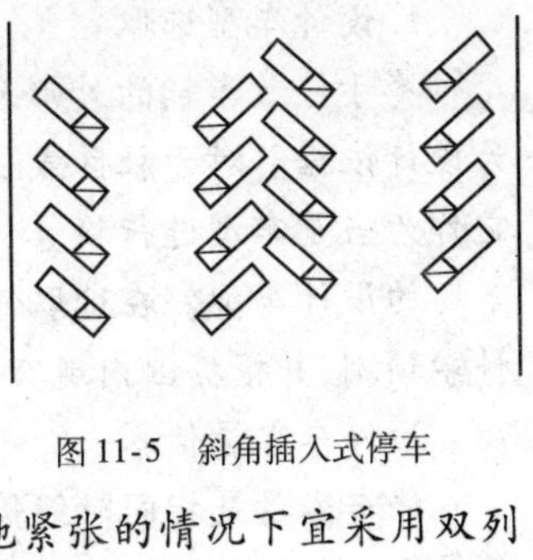

图 11-5　斜角插入式停车

(二)按排列数划分

按停放车辆的排列数可分为单列和多列两种停放方法。尽头式的排列一般不宜超过两列,贯通式的排列不宜超过 6 列。

选择车辆停放方式时,除须因地制宜地与停车场地的形状相协调外,还应考虑停车场(库)的类型、车辆类型及用途等因素。如对特种用途的车辆和机关自用车辆一般应采用在室内单列停放,以保证能随时快速出车;对于运输企业的车辆,在场地紧张的情况下宜采用双列或多列停放方式。而大型客车在室内停放时,由于机动性较差,宜采用无内部通道、但至少设两个车道(一个供停车,另一个供行车)的贯通式停车方式等。表 11-2 列出了不同情况下宜采用的车辆停放方法。

不同情况下宜采用的车辆停车方法

表 11-2

各种停放方法 宜采用的条件	有内部通道的停放方法				没有内部通道的停放方法		
	尽头式直角两边停放		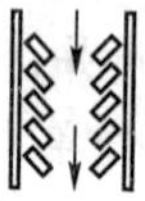 尽头式斜角两边单列停放	贯通式多列停放 	尽头式直角停放		贯通式多列停放 
	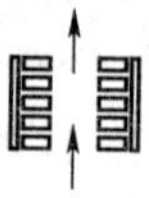 单列	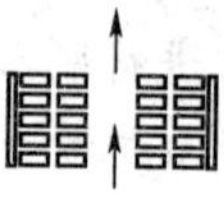 双列			 单列	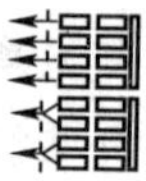 双列	
按照车辆的用途:							
一般使用的载货汽车和轻便汽车	—	√	—	—	—	√	—
公共汽车和出租车	—	√	—	√	—	√	√
私人用汽车	√	—	—	—	√	—	—
特种用途的汽车	√	—	—	—	√	—	—
按照车辆的类型:							
各类型的汽车	—	—	√	—	√	—	—
外形尺寸较大的汽车	—	—	—	√	—	—	√
载客的汽车	—	—	—	—	—	—	√
按照停放车辆的数目:							
10 ~ 20	—	—	—	—	√	√	—
21 ~ 40	√	√	—	—	—	√	—
40 辆以上	—	√	—	√	—	√	√

二、停车位和停车带设计

停车场内停车位和停车带设计,主要是依据停放的车型、车数和停放方式,计算停车带、调车通道的尺寸,确定单位车辆占地面积及停车处的总面积,以保证车辆进出迅速方便,停放安全可靠,用地经济合理。这里仅对停车容量、场区行车通道宽度、停车带宽度及长度的工艺计算做简要介绍。

(一)停车位设计

1. 设计车型选取

鉴于停放车辆的外形尺寸与停车带和通道宽度的确定有关。因此,要合理选择车型作为设计依据。对于社区或公务及商业服务场所的停车场,设计车型一般定为小型汽车,并以它作为当量车型进行换算。而对货运停车场,通常选用大型客车和大型货车或推车作为停车场的设计车型。在选取停车车型时,要突出其主要功能和车型比率,做好停车调查,进行科学预测,并根据国内现有停车场的使用情况进行统筹考虑。

2. 停车容量估算

停车容量是指同时能停放的最大车辆数。在确定社会公用停车场的容量时,要与其服务对象、车辆到达和离去特征、高峰日吸引车次总量、停车场地周转次数、平均停放时间、停车不均衡系数以及城市性质、规模、公共建筑布局等许多因素确定。

市区外围社会公用停车场的容量，可根据道路交通量与停车场利用率按下式估算：

$$Q_P = \frac{N_B \cdot A_g \cdot B_g}{C_g} \tag{11-1}$$

式中：Q_P——停车数量（辆）；

N_B——规划年限（一般指通车10年后）一侧道路的日交通量（辆）；

A_g——停车率（%）；

B_g——高峰率，以高峰小时交通量占日交通量的百分数计（%）；

C_g——停车场周转率。

我国公路干线路旁的停车场，建议最大容量为60～100辆，标准容量为30～50辆，最小容量为20辆。汽车运输行业停车场的容量取决于行业的任务和车辆的沿线工作情况。若某单位内部每辆汽车都有固定停放位置，则停车位置数目应略大于汽车在册车数。

3. 行车通道计算

停车场内必须布置行车通道。通道宽度取决于汽车的外形尺寸、最小转弯半径以及必要的安全区带宽度。根据停车场的类别、停车数量及行车组织方法的不同，行车通道可设单车道或双车道。

（1）单车道宽度的确定

汽车在单车道上行驶时，除必须保证车辆本身宽度外，还应考虑安全行车的有关规定。如图11-6所示，单车道宽度 X_1，可按下式确定：

$$X_1 = b + 2Z_w \tag{11-2}$$

式中：b——汽车外形宽度（m）；

Z_w——安全区带宽度（m）。

Z_w 一般不得小于0.4m，即 $X_1 \geqslant b + 0.80$（m）。

在正常情况下，按规定供小汽车使用的单车道宽度应不小于2.5m，大、中型客车及货车使用的单车道宽度应不小于3.0m。

（2）双车道宽度的确定

双车道的宽度取决于2倍的汽车外廓宽度及其附加安全区带的宽度，如图11-7所示。不论两辆汽车是相向行驶还是同向行驶，双车道宽度 X_2 均可按下式计算：

$$X_2 = 2(b + Z_w) + Z\ (\mathrm{m}) \tag{11-3}$$

式中：Z——两辆汽车之间的安全行驶距离，一般取0.8～1.0m。

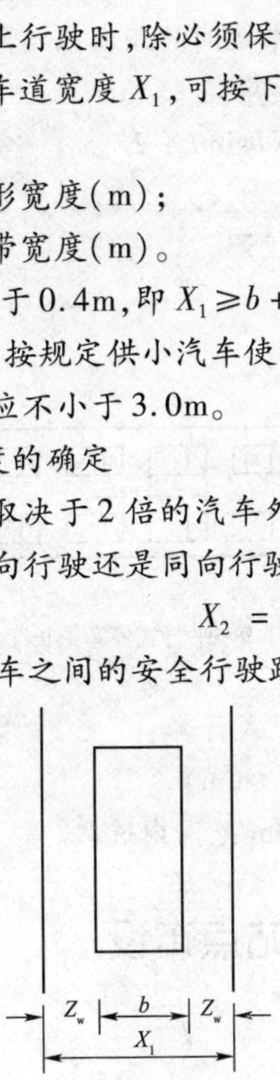

图11-6　单车道宽度

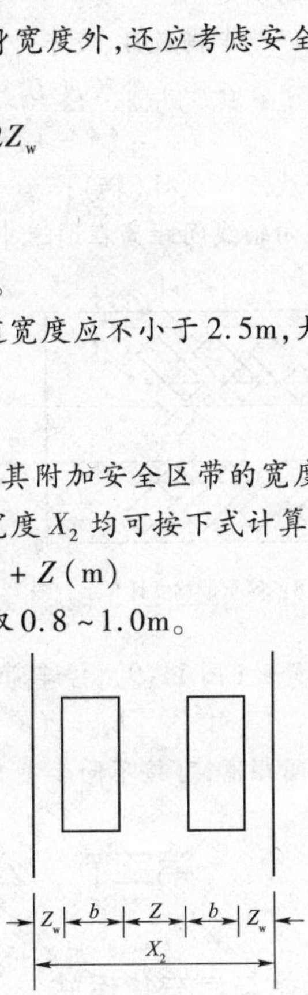

图11-7　双车道宽度

在正常情况下，供轿车使用的双车道总宽度应不小于5m，而供大、中双客车及货车使用的双车道总宽度应不小于6m。此外,如果设计时还需要考虑有人行通道时,则人行通道宽度应不小于0.75m。

(二)停车带计算

1. 停车带宽度的确定

停车带宽度是指停放车辆在平行于通道方向所占的区域宽度P(图11-8),其与车辆外廓尺寸及停放方法有关,可按下式确定:

$$P = T + a\sin\theta + b\cos\theta \quad (\mathrm{m}) \tag{11-4}$$

式中:T——墙或边线至汽车之间的安全距离,一般取0.5m;

a——汽车外形长度(m);

b——汽车外形宽度(m);

θ——汽车纵轴线与通道中心线所成角度(°)。

当汽车采用垂直停放时,即$\theta=90°$,则

$$P = T + a \quad (\mathrm{m}) \tag{11-5}$$

当汽车采用平行停放时,即$\theta=0°$,则

$$P = T + b \quad (\mathrm{m}) \tag{11-6}$$

但汽车在平行停放时,为了保证车门安全开放,T值通常取1.0m。

2. 停车带长度的确定

停车带长度与停放车辆数目、汽车外廓尺寸、汽车之间的距离以及汽车停放角度等因素有关,如图11-9所示。各停车带长度L_P,可按下式计算:

$$L_P = (A-1)H + a\cos\theta + b\sin\theta + 2Z_w \tag{11-7}$$

式中:A——单排停放汽车数目(辆);

H——汽车纵向轴线间距离在通道中心线上的投影。

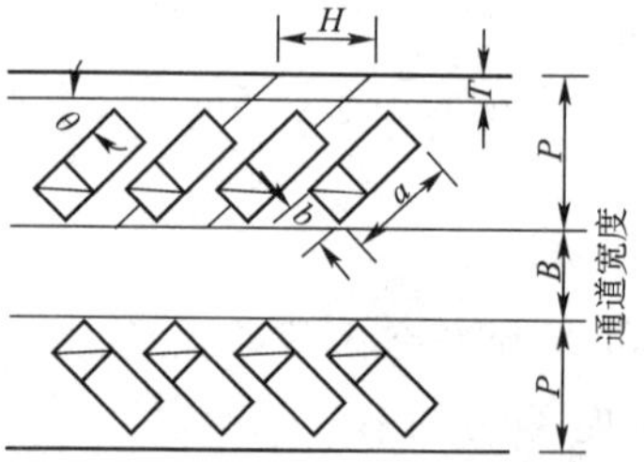

图11-8 停车带宽度计算示意图

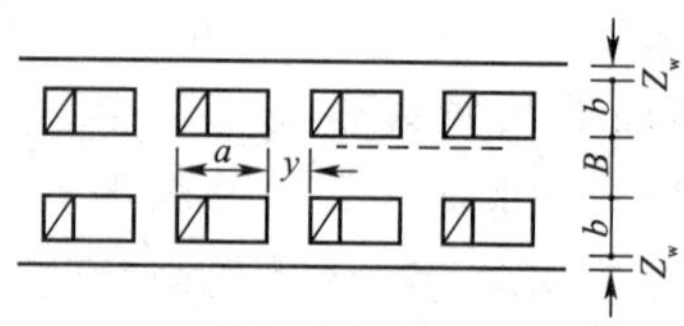

图11-9 平行式停车带长度计算示意图

当采用平行式停放(图11-9),停车带长度应按下式计算:

$$L_P = (a + y)A + Z_w \quad (\mathrm{m}) \tag{11-8}$$

式中:y——两汽车间距离,可按不同车型在2.0~4.0m范围内选取。

第二节 公共交通站点布设

一、汽车客运站与汽车货运站

汽车客运站是公路运输部门重要的基层单位,其基本任务是保证安全、及时、方便、舒适、经济地完成运送旅客。汽车客运站是旅客集散的地方,在客运生产服务活动中,客运站

起着组织、协调、指挥、监督运输工作的重要作用。在功能布局上要适当超前规划发展，以满足人民群众日益增长的旅行需要，为工农业生产、经济发展、城乡交流和促进整个社会宏观经济效益的提高服务。

汽车货运站设计首先要满足营运区域内社会对汽车货运的需求，为汽车货物合理运输创造良好条件；其次，组织好城市间、城乡间的汽车货运工作；再次组织好汽车与其他运输方式的联运及相关业务，并尽可能地提高汽车运输实载率。

汽车货运站是公路货物的集散点，也是公路货运网络的节点，是实现货物"门到门"运输和直接为车主和货主提供多种服务的场所。在公路货运市场中，货运站起着集散货物、停放车辆、运行指挥和综合服务等重要作用。根据公路货物运输市场的客观要求，对于较大规模的汽车货运站，还应具备运输生产组织管理、中转换装、通讯信息、多式联运、运输代理和综合服务等功能。汽车货运站建设特点是：多功能、全方位服务并面向社会开放的公共型站场。

(一)客运站与货运站的类型

1. 汽车客运站类型

根据公路旅客运输市场的客观要求，对于较大规模的汽车客运站，应该具备运输组织管理、中转换乘、通讯信息、多式联运和辅助服务等功能。我国汽车运输企业的客运站大致可分为以下三种形式，见表11-3。各种类型的车站，在设置前必须周密调查，慎重选址，车站一经设置，一般不宜轻易变动。

汽车客运站的类型

表11-3

客运站的类型	适用条件
自办站	一般设置在省、区、县政府所在地及交通枢纽点或旅客较集中的地点。自办站由公路客运部门依靠国家投资或自筹资金兴建，并由汽车运输企业直接领导管理
代办站	一般设置在客运量不大，尚不具备建自办站条件的旅客集散点。代办站由县级客运站与当地城镇、乡村或国有企业单位协商条件，委托代办。代办的业务工作由就近客运站领导
停靠点	一般是根据客流需要设置在客运班车沿线，客运量较小，但又不具备设置代办站的旅客集散点。停靠点只设置标志或简易候车棚，没有站务工作人员，仅供班车停靠和上、下旅客之用

2. 汽车货运站类型

随着国民经济的发展，为了适应公路货运市场发展的新形势，汽车货运结构必须根据运输业务范围，进行合理分工和组织，向各自专业化方向发展，形成不同的货运网路，即形成不同的货运业务受理站点、运载工具以及运行线路组成的循回运输系统。当前，我国汽车运输企业的货运站，大致可分为零担货运站、集装箱货运站和整车货运站三类，见表11-4。

汽车货运站的类型

表11-4

客运站的类型	适用条件
零担货运站	以专门经营零担货物运输为主的汽车站，简称零担站。所谓零担货物，是指一批货物托运的计费质量在3t及以下或不满一整车装运时的该批货物。零担货物要求单件质量不超过200kg，单件体积不超过1.5m^3，货物长度不超过3.5m，宽度不超过1.5m，高度不超过1.3m
整车货运站	以货运商务作业机构为代表的汽车货运站。这种机构在我国各地的名称不一，如营业所、运输站、运管办等。它是调查并组织货源，办理货运商务作业的场所。商务作业包括托运、承运、受理业务、结算运费等项工作。有的整车货运站也兼营零担货运
集装箱货运站	主要承担集装箱中转运输任务为主的货运站，又称集装箱公路中转站

零担货运站具有四个方面的特点：其一是，站务作业计划性差。零担货物一般由托运单位或个人自行运抵货运站点，也可由车站指派业务人员上门代理托运手续。因此，难以采用合同运输等方式将其纳入计划运输的轨道。其二是，站务工作量大而复杂。其主要程序是：受理托运、退运与变更、检货司磅；验收人库、开票收费、装车与卸车、货物交接、货物中转、到达与交付等环节。其三是，建站条件要求较高。车站必须满足零担货运的工艺要求，合理地设置零担货运站房、仓库、货棚、装卸场、停车场以及有关的生产辅助设施，且各部分相互位置应符合方便货主、便于作业、适应需要、优质服务的要求。其四是，设备条件要求高。车站必须选择厢型车作为专用运输车辆，同时还应配置较高生产效率的站内运输机械和装卸设备。

整车货运站的主要有三个方面的功能：首先，商务代办。它是汽车运输企业调查、组织货源、办理货运等商务作业的代表机构；其次，停放和保管。承担汽车货运车辆的停放和保管。一般不提供仓储设施，只提供运力，从发货单位的仓库装车，负责运输过程的货物保管，直接运送到收货单位的仓库卸车；再次，适应性要广。因运量大、地点较固定，所以适于采用大吨位载货车和较高生产效率的装卸机械。

集装箱货运站其主要业务功能有五项：第一，接运功能。港口、车站与货主间的集装箱“门到门”运输与中转运输；第二，拆解和拼装功能。集装箱货物的拆（掏）箱、装（拼）箱、仓储和接取、送达；第三，箱体存放和保养。空、重集装箱的装卸、堆存和集装箱的检查、清洗、消毒、维修；第四，车辆维修和保养，运输车辆、装卸机械与设备的检查、清洗、维修和保管；第五，代办托运功能。为货主代办报关、报检等货运代理业务。由于零担和集装箱货运站的业务比整车业务复杂，本节仅就汽车零担货运站与集装箱公路中转站做进一步介绍。

（二）汽车客运站与货运站级别划分

1. 汽车客运站站级划分

客运站的级别根据车站年平均日旅客发送量（指统计年度车站平均每天始发旅客的数量），结合所在地的政治、经济、文化以及车站设施和设备等因素划分。根据交通运输部2004年《汽车客运站级别划分和建设要求》，客运站级别划分为一级车站、二级车站、三级车站、四级车站和简易车站，见表11-5。

客运站的级别 表11-5

客运站划分	具备一级车站所必备的设施和设备各项后，还应具备以下条件之一
一级车站	日发量在10 000人次及以上的车站
	省、自治区、直辖市及其所辖市、自治州（盟）人民政府和地区行政公署所在地，如无10 000人次以上的车站，可选取日发量5 000人次以上具有代表性的一个车站列为一级车站
	位于国家级旅游区或一类边境口岸日发量在3 000人次以上的车站
二级车站	日发量在5 000人次及以上，不足10 000人次的车站
	县以上或相当于县人民政府所在地，如无5 000人次以上的车站，可选取日发量在3 000人次以上具有代表性的一个车站
	位于省级旅游区或二类边境口岸日发量在2 000人次以上的车站
三级车站	具备三级车站所必备的设施和设备各项后，日发量在2 000人次以上不足5 000人次的车站
四级车站	具备四级车站所必备的设施和设备各项后，日发量在300人次以上不足2 000人次的车站
五级车站	具备五级车站所必备的设施和设备各项后，日发量在300人次以下的车站

2. 汽车货运站站级划分

根据交通运输部颁布的行业标准《汽车货运站(场)级别划分和建设要求》(JT/T 402—1999),汽车货运站站级划分的主要依据是年换算货物吞吐量。所谓货物吞吐量是指报告期内,货运站年发出与到达的货物数量,包括中转、收、发量的总和。汽车货运站换算货物吞吐量的计算方法如下:

$$Q_h = \sum_{i=1}^{n} \lambda_i Q_i \tag{11-9}$$

式中:Q_h——货运站换算货物吞吐量(t);

Q_i——第 i 种货物吞吐量(t);

λ_i——第 i 种货物吞吐量换算系数,见表 11-6;

n——货物类别数。

各类货物吞吐量换算系数 表 11-6

类别 Q_i	快速货运	零担货运	集装箱拼箱货	仓储	配送	包装	半成品加工等
换算系数 λ_i	1.3	1.25	1.25	1.0	+0.2	+0.15 ~ 0.25	+0.20 ~ 0.50

依据上述年换算货物吞吐量可将汽车货运站分为如表 11-7 所列的四个等级。

各类货物吞吐量换算系数 表 11-7

货运站站级划分	一级站	二级站	三级站	四级站
换算货物吞吐量(t)	600×10^3	$300 \times 10^3 \sim 600 \times 10^3$	$150 \times 10^3 \sim 300 \times 10^3$	150×10^3

二、公交站点的布置

公交站点主要分两类:一类称终点站(也称端点站),另一类称中间停靠站。

(一)终点站

终点站是供车辆始发、折返或暂时停放,同时兼作乘客上下的站点。除环形公交路线外,每条公交路线都有两个终点站(端点站)。终点站在布置时主要应考虑回车(调头)和车辆暂时停放的要求。

终点站的布置形式最好是在路边专辟一块场地(图 11-10),这样既利于回车,又便于车辆停放,同时车辆的运行调度、加水、保养小修等工作也可以开展、有些路线终点站位于市区,单独辟一块专用场地有困难,这时可利用车行道回车,但车行通宽度应在 20 ~ 30m(铰接汽车)或 30 ~ 40m(无轨电车)。若道路宽度有限,不能直接回车,亦可利用交叉口回车或绕街坊回车。

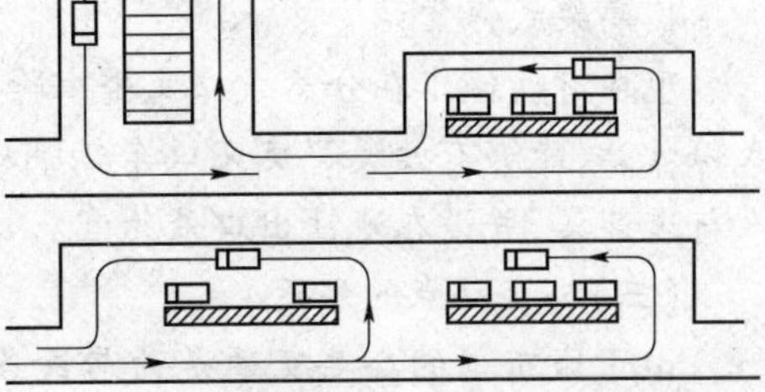

图 11-10 公交终点站

(二)中间停靠站

公交运输是一种定时定点的客运系统,与出租车不同,其特点是有规律、可控制。公交路线中间停靠站设置得当与否,将直接影响乘客利用公交的方便程度和公交自身的运输效率。

中间停靠站的平面布置形式与道路横断面形式相关,通常有以下三种:

1. 沿人行道布设(图 11-11)

在机动车与非机动车混行的一幅路和两幅路上,多采用这种形式的公交停靠站。为改善乘客的候车条件,应对站点附近人行道进行适当铺砌,并设置安全栅栏和防雨、防晒设施。

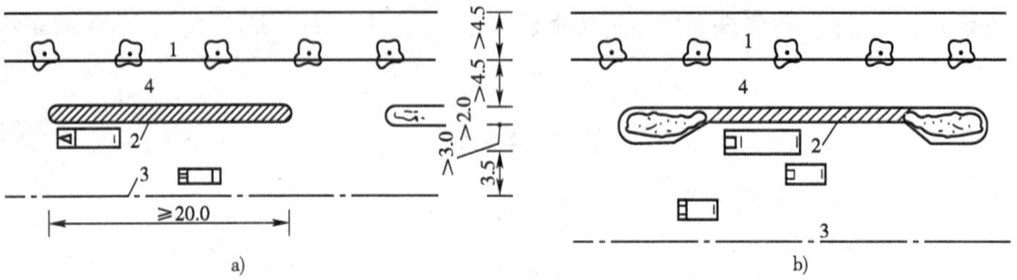

图 11-11 人行道旁停靠站(尺寸单位:m)

1-人行道;2-停靠站;3-路中线;4-非机动车道

该种站点布置形式,便于乘客上下,但对非机动车行驶带来一定的干扰。为不过分压缩机动车道,往返站点应错开设置。

2. 沿机、非分隔带布设(图 11-12)

在设站处,将分隔带适当铺砌,并设置栅栏和防雨、防晒设施。这种形式站点对于车辆来说,停靠方便,无须驶入非机动车道,机动车与非机动车没有相互干扰。但乘客需穿越非机动车道。此外,公交车辆停站时占据道路外侧车行道,从而使道路通行能力下降。因此,可采用如下述的港湾式停靠站布设形式。

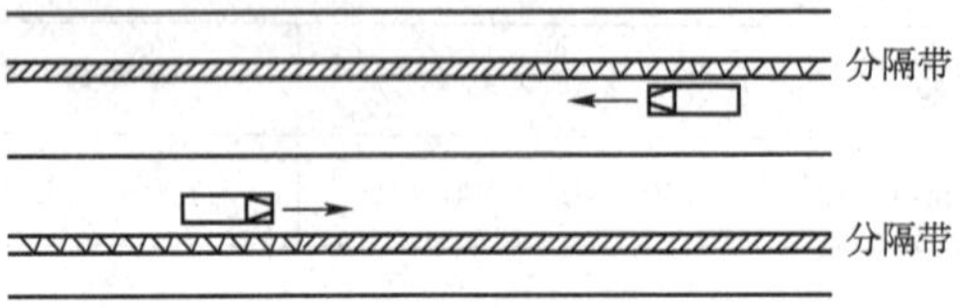

图 11-12 沿机、非分隔带布设的停靠站

3. 港湾式停靠站

对于三幅路或四幅路断面形式,机、非分隔带在 4.0m 以上时,在公交站点处将分隔带辟筑成港湾形式,这样既有利于公交车停靠,又有利于乘客上下车安全,是目前为止最理想的公交车停靠站形式。

港湾式的设置,通常采用压缩人行道或压缩非机动车道,即在站点处将机、非分隔带向非机动车道方向挪移。无论采用哪种方法,其前提是人行道足够宽或非机动车道足够宽,保证在压缩以后,行人或非机动车仍能通过。

4. 高架式停靠站

现在有些城市在分离式立交桥上跨车道上以拓宽车道的港弯式建站方式建设一些高架式停靠站,能够有效缓解交叉口车辆拥堵情况。高架式停靠站的人行步梯与相交道路两侧人行道连接,并设在地铁出口处为宜。

(三)公交站点的站距

由于城市里的公共交通是为居民各种活动出行要求服务的,因此,设置公共交通停靠站的基本原则是方便乘客,节省乘客出行时间,为此要选择合理的站距。若停靠站间距较小,道路上过多地设站,增加乘客的乘车时间,车辆速度不高,且频繁制动,起动,轮胎与燃料消耗大。如果停靠站间距过大,虽然车辆运行速度提高,乘客的乘车时间减少,但增加了乘客的步行时间,于乘客不便。公交车辆中途停靠站比较合理的间距,通常市区以 500~800m为宜;郊区为 1 000m 左右。在交叉口附近设站时,为了不影响交叉口的交通组织和通行能力,一般应离开交叉口 50m 左右。交通量较小的道路,站位距交叉口不得小于 30m。

第三节　高速公路服务区设计

高速公路沿线必经设置服务区,服务区的间距一般为 30～50km,最大间距要满足汽油油耗指示警示灯亮时,能有充足的时间补给油料的需要,故最大间距建议不超过 120km。服务区的服务设施的功能是否完善,造型是否新颖独特,都会直接影响使用者对整条高速公路的整体功能发挥和使用质量,因此服务区布局和设施的设计至关重要。

一、服务区的主要功能与基本设施

高速公路是全线封闭、全线立交、固定进出、分道分向、汽车专用的道路。然而不停地在道路上运行,驾驶员和乘客容易感到疲劳还需要吃饭和大小便等,所以行驶一段时间(国外最长行驶时间为 2～4h)必须停下来休息恢复状态。同时汽车需要保养、维修和恢复其长时间运行而缓解释放一些动力性能。服务区由于其主要设施,如停车场、餐厅和加油站等布置的位置不同,因而形式也有所不同。

(一)停车场的布置

停车场的布置分为分离式和集中式两种。分离式上、下行车道停车场分别布置在高速公路两侧,设 P 为停车场、G 为加油站、W 为公共厕所、R 为餐厅,分离式停车场的布置如图 11-13 所示。集中式停车场是指上、下行车道停车场集中布置在高速公路一侧,如图 11-14 所示为集中式停车场。

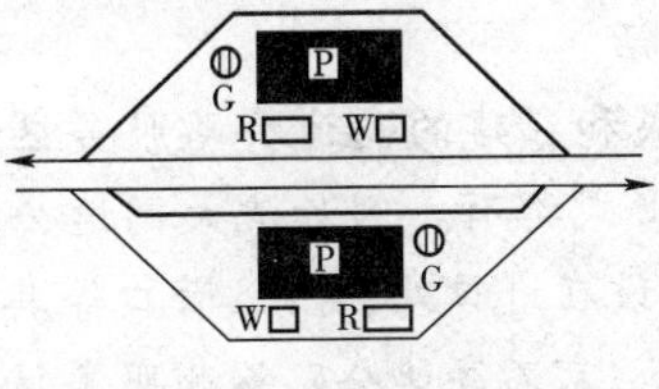

图 11-13　分离式服务区

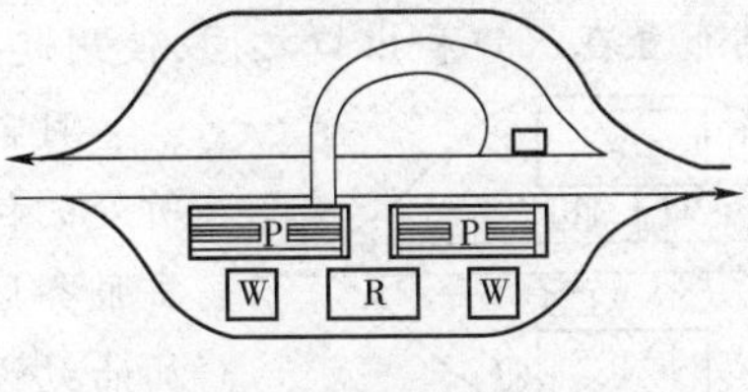

图 11-14　集中式服务区

由于高速公路上、下行车道中间有中央分隔带分开,两侧行驶的车辆都要使用停车场,所以分离式停车场更便于停车。车辆可直接开到停车场,不必绕到对面停车场去。同时,在收费的高速公路上采用分离式停车场,还可以防止驾驶员互相交换通行卡和收费票证等作弊现象。所以,一般高速公路都采用分离式停车场。

(二)餐厅的布置

餐厅的布置分为外向型和内向型以及平行型三种。外向型在餐厅和高速公路之间布置停车场、加油站等其他服务设施。这种布置适用于服务区外侧有较开阔的田原、山野、森林等风景秀丽的地带,旅客在用餐的同时,可以欣赏窗外美丽的景色,使人心旷神怡,解除旅途的疲劳,如图 11-15 所示。内向型的餐厅与高速公路相邻,餐厅的另一侧布置停车场和加油站等其他服务设施。这种布置适用于服务区周围环境比较封闭,旅客无法向外远眺的情况,如深挖的路堑地段或四周为乡镇街道等。如图 11-16 所示的某高速公路服务区属于这种类型,餐厅与主线相邻。平行型的餐厅和停车场、加油站等服务设施都与高速公路相邻,沿高速公路方向作长条形布置。这种布置方式用于地势狭长和山区的地段,如图 11-17 所示。外向型的服务区便于停车,且旅客进入服务区可避开嘈杂的汽车声的干扰,以便在安静的环境中得到较好的休息从而更快地缓解疲劳。同时,因餐厅离高速公路较远,有时还有花台、树木等绿化带的隔离，减少了尘土的污染，使旅客能得到较为干净卫生的食品。因而，一般都采取外向型的方案。

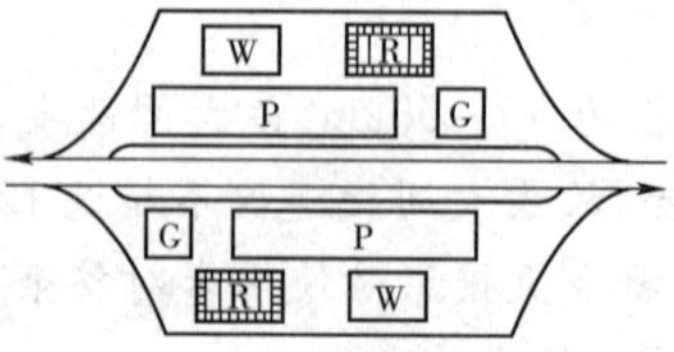

图 11-15　外向型服务区

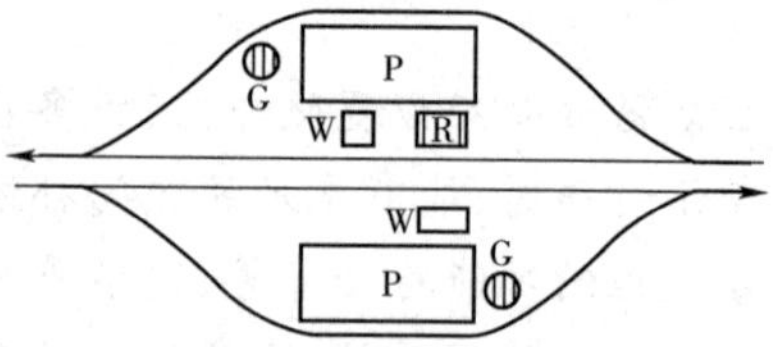

图 11-16　内向型服务区

（三）加油站的布置

1. 入口型

加油站布置在服务区的入口处，车辆一进入服务区立刻就可以进行加油，如图 11-18 所示。

2. 出口型

加油站布置在服务区的出口处，车辆在休息后出服务区时再加油，如图 11-19 所示。

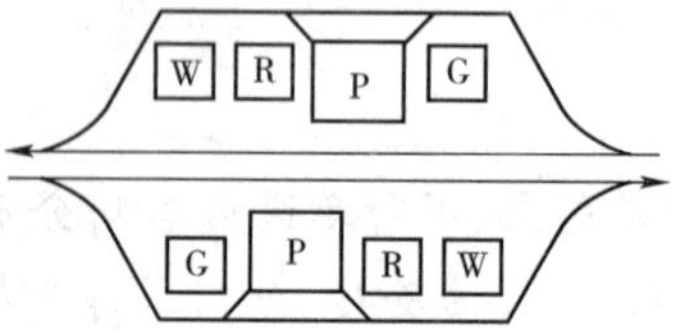

图 11-17　平行型服务区

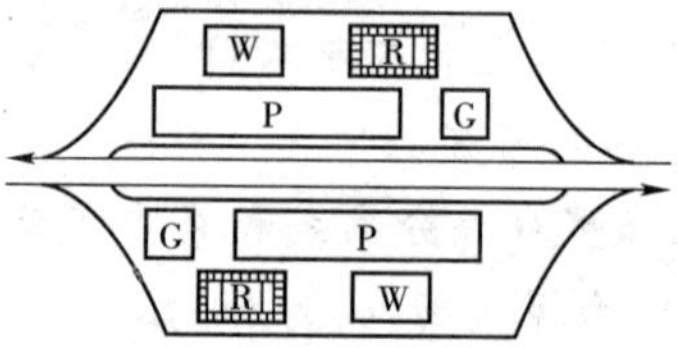

图 11-18　入口型服务区

3. 中间型

加油站布置在入口和出口之间，使用起来比较灵活。

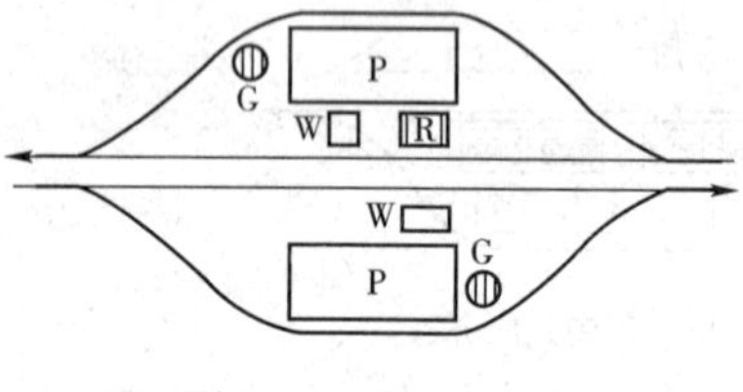

图 11-19　出口型服务区

目前已经建成和在建的高速公路服务区中，加油站所处的位置三种形式都有。例如沈大高速公路景象、熊岳服务区，加油站设在进口处，甘泉、营口等其他服务区，加油站设在出口处；京石高速公路涿州服务区，加油站一侧在进口处，另一侧在出口处；望都服务区的加油站设在进口处；京津塘高速公路马驹桥服务区的加油站设在停车场的中间。加油站设在出口处有利于场区合理布局、交通流畅以及行人行车的安全。但是如果加油站设在入口处，则更便于这些车辆加油。但是，当加油的车辆比较多的时候，就会在服务区入口处排队，妨碍匝道上车辆的行驶。

由于停车场（P）、餐厅（R）、加油站（G）、公共厕所（W）等主要设施的布置与地形、地貌、沿线自然特征、土地利用、投资费用以及管理条件等因素有关，实际上服务区的形式是通过对各种因素的综合分析和比较，并且按照上述不同分类进行组合来确定的。

（四）汽车维修站

汽车维修站是服务区的必要设施，一般设在进口为好。这样驾驶员进入服务区后先维修车辆，然后休息，临走时再去加油。使用者认为这样顺当，而且较安全，不用采取特殊的消防措施。我国目前小客车进口和合资的比例增加，载重汽车的国产率较高，汽车维修站要同时考虑载重车和小客车的需要，随着进口和合资汽车拥有量的增加，考虑在服务区设立 4S 店为好。

（五）卫生急救所

过去的高速公路服务区设计，没有考虑设立卫生急救所，原因之一是我国的设计大多是借鉴国外的做法，而基本没有创新。然而国外高速公路交通量普遍不足且事故率极低，而我国的高速公路建成后，很快就饱和且事故率比国外高。事实也证明，在高速公路上患病的旅客以及因车祸造成的伤员没有条件得到及时的治疗的事例也有不少。所以建议在流量大的高速公路服务区设立卫生急救所是非常必要的，特别是当高速公路在穿越无人区或戈壁沙漠等地段，更有设置卫生急救所的必要。

(六)加油站和充电站布置

高速公路服务区必须设置加油站，其位置设在进、出口处均可以。有条件时可在进、出口同时设置加油站，以缓解加油等待现象。另外，随着节能减排汽车产品的问世和广泛使用，以及家用节能汽车的普及，服务区建立加气站和存电站也是应及早考虑的。

(七)餐厅和商场布置

餐厅、旅社、商店、小卖部、办公用房等宜设在同栋综合服务楼内，以方便旅客，减少人流和车流的交叉，提高安全性。

(八)公共厕所布置

公共厕所宜靠近大型车辆停车场，便于大批旅客使用。厕所同时要靠近餐厅、旅社和商店。如服务区规模大，则可分设几处。

(九)供电设施布置

其他如给排水设施、供电设施、垃圾处理设施等应尽量设在较隐蔽的地方。

服务区、停车场规模的确定，我国至今还没有明确和统一的规定。目前大多数是参考1986年修订版《日本高速公路设计要领》中的有关规定进行设计的。按照该设计要领的规定，决定服务区、停车场规模的基本要素是停车车位数，并以此为基础，计算出服务区其他各种设施的规模。从其建筑规模及计算结果上看，较适合我国大客车数量较多的国情。

二、服务区内各种设施的区域范围与设计

服务区内各种设施按其使用功能大体可分为：为旅客服务的设施、为车辆服务的设施、为职工服务的设施及其他设施。

(一)为旅客服务的设施设计

1.休息室与旅馆设计

服务于车的设施与服务于人的设施原则上应当是分别单独地、分开布置。这是为了尽量避免车流与人流线的交叉，使人们休息的场所更为安全，并造成一种幽静的气氛。特别是为了防止交通肇事，在出入匝道附近必须避免人与车辆交叉。休息室与旅馆是专供旅客和驾乘人员休息、娱乐和睡眠用的，其设施应布置得舒适、雅致、安静、卫生。特别是要注意建筑物的造型与周围环境的协调一致。来服务区投宿的人员并非都是旅客和驾驶员，还有相当数量的旅游者、商贸人员和出差办事的干部，这些旅客和部分驾驶员往往希望住高、中档的客房，以便更好地休息以解除疲劳。因此，服务区除设中低档的住房外，有必要设置部分高档的客房。每间客房住宿人数不宜太多，一般以2~3人为宜，客房内要有电视机和宽带网口，并设置公共天线。高、中档客房应配备单独沐浴设施和卫生间，低档客房则配备集体沐浴设施卫生间。

2.商店与餐厅设计

表11-8列出了与服务区、停车场的一侧停车车位数相对的标准建筑设施规模。按照规格和建筑设施设计规定进行布置，用地要合理。

商店与餐厅可经销日常旅行用品、当地名优产品、土特产以及各类方便食品、饮料等。由于一般在服务区内停车时间不长，所以快餐和小卖部比较适宜。商店和餐厅外面应设置

从外部可以直接与之相连接的道路和停车场,为运货物和工作人员上下班提供方便。餐厅、厨房的设计标准应符合卫生防疫部门的有关规定。

服务区建筑设施规模

表 11-8

一侧停车车位(个)	停车场(m^2)	公共厕所(m^2)	餐厅兼免费休息室(m^2)	小卖店(m^2)	综合楼(m^2)	加油站(m^2)	附带设施(m^2)	车辆维修保养站(m^2)	医疗急救所(m^2)
50	3 000	280	600	100	1 000	470	550	1 500	1 000
550	5 000	350	900	150	1 500	470	550	1 500	1 000
150	6 000	400	1 000	200	1 600	470	550	1 500	1 000
200	6 500	400	1 100	250	1 800	470	550	1 500	1 000

餐厅是服务区必须的设施之一,是吃饭、休息的设施,所以应与使用者的需要相适应。为此,进行规划时应充分注意其规模和布置,而且对周围的自然环境、气象条件等也应同时加以考虑。餐厅有客室(其中包含小卖店)、厨房、食品仓库(包含冷藏库、室)、客用厕所、办公室、男女更衣室、休息室、工作人员休息室、换衣室、浴室、工作人员厕所、走廊等公用部分。

餐厅布置在考虑使用者的路线而进行规划的同时,对从旁边便道(服务道路)运进材料(食品等)及装卸(倒车场地)的路线规划也要一起进行。餐厅和公共厕所均也应考虑身体残废者的需要。

根据有关资料调查,到服务区的人员有25%去小卖部,顾客在小卖部活动所需要的面积为每人$2m^2$,旅客停留时间一般为 2 ~ 10min。

3. 公共厕所设计

为满足长途旅行的每个人生理上的要求,在休息服务区的设施中要设置公共厕所。公共汽车的乘客是在短时间内很多人同时使用厕所,所以要充分考虑同时使用的问题;同时注意设置的位置、外观的形状、内部清扫容易、维修管理简易等因素而进行设计。公共厕所的布置,原则上在大型停车场的前面,这是为公共汽车的乘客同时使用而采取的措施,公共厕所设男厕所、女厕所、男女盥洗室、仓库等。原则上厕所构造是钢筋混凝土平房。服务区的公共厕所内必须设置身体残废者专用厕所;身体残废者专用停车场与专用厕所之间的通路,不得有障碍物。寒冷地区的公共厕所,在入口处要设置兼做防风雪用的门厅,采取经由门厅出入男女厕所形式。人口要设门扇。公共厕所应有一种特别清洁感,其措施是要充分做好换气和采光。另外,要选择有清洁感的材料或做成有某种程度宽余的室内空间;要采取清扫或维修管理容易的构造。一般地区的公共厕所入口采用从外部广场等直接分别出入男、女厕所的形式。公共厕所要有专人管理并有服务和卫生标准。

关于服务区公共厕所的建设标准,目前各地尚不统一,建议按表 11-9 所列。对城市近郊或游览地等有特殊条件的服务区,可另行设计其规模。

服务区公共厕所的标准

表 11-9

停车车位数(个)	便器数(个)				标准面积(m^2)	调整系数 n	建筑面积(m^2)
	男(小)	男(大)	女	残疾人用			
251 及以上	50	25	45	1	350	1.1 ~ 1.4	400
250 ~ 201	50	25	45	1	350	1.1 ~ 1.4	400
200 ~ 151	45	20	45	1	350	1.1 ~ 1.4	400
150 ~ 101	39	12	39	1	350	1.1 ~ 1.4	400
100 及以下	39	12	39	1	350	1.1 ~ 1.4	400

4. 园林与绿化带设计

服务区的园林绿化带主要是供旅客散步、休息和观赏景物之用，园地和绿化带的设置也可以起到美化服务区环境、减少粉尘污染等作用。

园林规划包括保护景观、美化环境，防止污染、栽植等内容，应能够充分发挥休息设施的效果。园林上起作用的原存树木、树林和岩石等要尽量保存，有时以这些保存物为主体，确定建筑物、车道和停车场等位置，能在自然景观中有一种协调感。应考虑人员能充分利用草坪休息或饮食等，并充分考虑排水；从停车场到小卖部和厕所的途中，要考虑利用园地引导使用者；原有树木中的保留景观，应不影响视线和交通流；停车场与其他建筑物有高差时，在设置台阶的同时，还应考虑无障碍通行。

服务区的植树率以10%~30%为宜，植树以外部分分别用草皮、植物覆盖，绿化植盖率应考虑为40%；园地应配置在停车场、餐厅附近；外用园地的设计应使整个休息设施与外部景观协调，园地的宽度根据环境灵活处理；园地应能适应遮蔽、绿阴、引导和景观改善等各种要求，由树木和草坪组成的园地应既简单又有观赏性。

绿化树种对土层厚的要求见表11-10。填土厚度在40cm以上或降雨少时，要设置喷水栓和洒水器等浇水和排水设施。停车场、服务区应选择具有视线诱导、防止进入(栏式)、缓冲、绿阴、休息、遮蔽、景观协调、强调目标、观赏、标志、防灾、护坡、美化自然环境、美化生活环境等功能的栽植。

树种对土层的要求　　表11-10

树　种		高树($h=3.0$m)	中高树($h=1.0\sim3.0$m)	矮树($h=1.0$m)	草皮
土层厚(cm)	(生存)	90	60	45	15
	(发育)	150	90	60	30

(1)园林构造物的设计

人行道要居中且横坡在1%~2%以内为宜，宽度原则上为1.5~3.0m。行人交会处要加宽，缘石要美观。人行道纵坡应小于15%，否则应设置踏步高度为1~15cm的台阶。设置庭园灯的目的是保证夜间行人的安全、防止犯罪，尽量减少光线照不到的地方，并与整体规划相适应。同时必须注意，不能使树影投在路面上，而降低园路的照明度。园路的平均照明度为2~5lx，休息设施附近为5~10lx。

在休息广场，每100m^{2}设5座以上的野外桌、长凳。休息室小卖部周围设置若干座凳。服务区必须备有饮用水阀，但其安装地点要位于园地或广场内，中心园地或广场设置1~2座，同时，要考虑冬天防冻及不会被盗和破损。

服务区要设置垃圾箱，其构造要便于维修管理。垃圾箱在服务区内设置的数目应为10~20座。垃圾箱的容量采用0.1~0.3m^3。同时，结构上要有防火、防臭、防虫设施。

(2)绿化带的设计

服务区是供司乘人员休息、进餐、住宿、汽车加油和保养等而设置的。因此，在规划、修建、绿化方面，应至少给予和公路本身同样的重视，要求有一个良好的环境。

绿化带有三个功能：首先是景观美化功能，增进道路和沿线设施的协调，提高舒适性，使整个区域风景更美丽；其次是交通功能，引导视线、遮光、确保交通安全；然后是环境保护功能，提供开放空间，减少由道路交通造成的危害，改善区域环境。营造绿化带一般都要综合考虑这些功能。近年来，随着对环境关心的提高，对减轻道路交通产生的噪声、净化大气、协调微气候等由于植树带来的环保功能的期望值越来越高。环境绿化带所要求具备的功能可分为物理效果及心理感觉效果，其中减轻交通公害的效果上要包括降低噪声和净化大气效果。以减轻汽车公害为目的的绿化带应沿主线布置于服务区，绿化缓冲带宽度一般为10～20m。

确定绿化带的面积，可根据聚集人数、汽车排入的废气和噪声决定。据测算：每人平均拥有10m^2的森林绿地，就可以保持空气中氧气和二氧化碳的比例平衡。一亩森林一年可以吸收有毒气体48kg。森林能阻止风沙，15亩森林每年可阻截灰尘50～70t，可以吸尘22～26t。同时，在森林里声波的传播只有空旷地的1/10。一条40m宽的林带可以降低噪声10～19dB。绿化的街道比没有绿化的街道可降低噪声8～10dB。联合国绿化标准为：城市绿化覆盖率为40%，人均绿地为50～60m^2。我国国家标准大致为：人均绿地7～11m^2，绿化覆盖率为30%。从美化环境、降低噪声、防止污染等作用看，绿化带在服务设施中起着不容忽略的作用。

5. 广场和通道设计

广场和通道在停车场与建筑设施、园地之间设置，是人们在这些不同性质设施之间通行联系的场所，为在高峰时进人停车场的车辆不致拥挤，特别在停车区、餐厅、小卖部、厕所等设施的前面，要确保有十分宽阔的广场和通道(服务区20m左右)。停车场和设施前面的广场原则上不应有高差，因地形制约在停车场和各设施之间有高差时，为了残疾人的方便，必须设置专用坡道。

广场和通道的构筑必须考虑到美观，地面结构采用铺装，详细做法参照有关标准。

6. 医务室和急救站设计

设置医务室和急救站的目的是为行车事故提供医务人员、救援车辆和紧急抢救。目前我国已建成的高速公路服务区一般都没有设置医务室和急救站，万一发生事故，则会发生伤员因不易及时得到抢救而死亡的情况。

高速公路虽然事故较少，但遇到雾天、雨天时，经常发生追尾(尾随)事故，且发生事故往往都是恶性的，如果没有医疗急救设施和人员，万一发生事故，不易及时抢救。另外，在途旅客和驾驶员也有生病的可能。因此，配备医务室和急救站十分必要，尤其是在路线远离城市的地方更要设急救站，以避免因抢救不及时而造成人员死亡。

服务区内设置的医务室和急救站，应保证在事故发生后，能迅速地赶到事故现场，对伤员进行必要的急救处理。急救室的面积一般为500～1 000m^2。

7. 通信设施、紧急电话、公用电话、电报及问事处

服务区的通信系统主要是及时、准确、可靠地传输高速公路管理的数据、命令、话音和国家新闻等信息。使用通讯系统可以沟通管理部门以及路面现场与中心控制室的联系，使高速公路管理工作形成集中、统一的"一体化"管理模式。

要求建设项目用地范围内的通信管道、建筑物内通信管线和线路配套设备纳入工程设计，同步施工。

8. 救援设施设计

高速公路一旦发生事故，将发生严重的阻车现象，降低服务功能，影响道路通行能力。故在高速公路服务区，应设立救援设施，特别是救援车辆设备要齐全，如拖车、起重车、救护车辆等，特别是要有足够的专业救援人员。

9. 公共安全设施

高速公路服务区相当于一个临时独立社区，各类车辆和人员繁杂，难免发生一些纠纷，

有时存在一定的人身安全隐患，因此建议服务区内设置警务室，配备必要的交通警察和治安警察，以及必要的保安人员来维护秩序，处理突发事件和保卫工作。

（二）为车辆服务的设施设计

1. 停车场设计

停车场分为停车车位和车道，停车场内的停车车位和车道布置必须与设计车辆相适应。停车车位是供停放车辆和乘客上下车的场所，除引导汽车进入停车车位，同时也是供汽车停车时掉头或后退等的场所，车场与贯穿车道必须相连接。

停车场应集中一处，避免分散设置成许多小停车场。因为停车场分散设置在区域之内，由于位置的关系在使用上就要偏于某一方，而导致其他停车场利用率降低；停车场的布置应充分利用当地的地形，尽量减少土石方量。停车场宜设在同一高程上，如高差太大，亦可考虑把停车场设置在不同的高程平面上；当车辆穿过建筑物时，通道的净高和净宽应大于4m；停车场内应考虑布置一定数量的消防设施，以确保安全；在严寒地区，停车场的布置方式应与场内采暖设备管线的布置方式一致；最好是将小型车与大型车的停车场完全分开。一般将小型车布置在距餐饮等设施较近的位置，而大型车靠后。但对于小型休息设施，采用大、小型车兼用的方法有时还是有利的；车辆在停车场内单向行驶，互不交叉，为便于驾驶员寻找停放车辆，停车车位应编号。为使所停放的车辆不至于滑动，停车车辆的纵向坡度应小于2%，横向坡度应小于3%。停车场地地面采用混凝土整体地面是永久性地面，为停车较多时采用。有时也采用沥青混凝土路面。

停车车位的标准尺寸如图11-20所示。

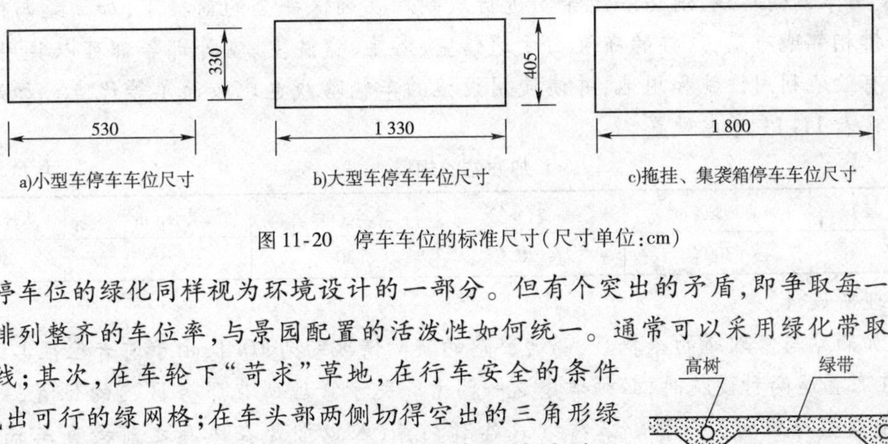

图11-20　停车车位的标准尺寸（尺寸单位：cm）

停车位的绿化同样视为环境设计的一部分。但有个突出的矛盾，即争取每一寸土地以提高排列整齐的车位率，与景园配置的活泼性如何统一。通常可以采用绿化带取代车位的分格线；其次，在车轮下"苛求"草地，在行车安全的条件下，找出可行的绿网格；在车头部两侧切得空出的三角形绿地，用以间种高树和矮花，并插入庭院灯，筑成天然的树阴车棚。绿化设计如图11-21所示。

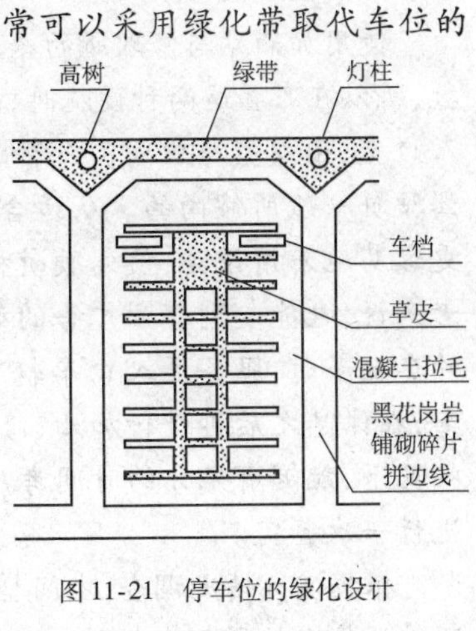

图11-21　停车位的绿化设计

（1）设计车辆

停车场内的设计车辆是以高峰时所占比例大的车种作为设计车辆，其将来车辆的尺寸变化不予考虑。这是因为考虑将来的变化而修改路面标线、安全岛等是比较容易的缘故。因而小型车就采用小轿车，而大型车采用载重车。

（2）停车车位

确定停车车位时，必须考虑车体同其他车辆或栅栏间的间隔，以及为上下车开关车门所需的尺寸。开关车门时不要碰到相邻的停放车辆，能将携带的物品拿上拿下所需要的宽度约80cm。因此,对于小轿车的停车车位,应在设计车辆尺寸上长的方向再加30cm,横方向加80cm与75cm,以此作为标准的停车区划。

在一个区划内并20个以上的小型车停车车位时,应在区划中间设置分离岛。根据中国的国情,今后拖挂车使用高速公路的情况将会增多,在服务区停车区根据需要设置拖挂车车位是有必要的。

(3)车位布置

车位布置与车道宽度停车时的方法有前进停车与后退停车两种。前进停车是行驶来的车辆按原样行驶到停车车位停下来的方法,出车时小型车原则上后退到车道上然后开走。因此,停车是比较容易的,出车时需要较长的时间,但视线不太好,有一定的危险。后退停车是行驶来的车辆先停一下,然后一边转动方向盘一边后退到停车车位上,车头朝着车道停车。

(4)竖向设计

停车场的竖向设计主要解决停车场、道路、旅客活动地带等在竖向空间的衔接问题以及高程、坡度、坡向、排水等问题,设计具体要求如下:停车广场力求平坦,场地的分水线和汇水线应平行主要交通流向设置;停车场竖向设计应结合地形特点考虑迅速排除地面积水的措施,为了防止广场积水,地面坡度不应小于0.3%;停车场四周控制点的高程可参照服务区干道路面高程确定,使整个广场的挖填土方量大致平衡。

2. 加油站设计

室外的加油设施、修理场、洗车场、服务车停候场的布置时,必须考虑些设备的性能、使用频率、使用车辆的路线、消防法规等而进行规划。在确保安全的前提下,加油站与修理所最好是并排相邻地布置,这样的布置由于通信室、浴室、盥洗室、室外部等都可以共用,所以具有能够有效地利用设施和用地,并使使用设施的车辆路线也比较简单等优点。加油站的规模建议按表11-11考虑设置。

加油站的规模 表11-11

计量器(座)	加油场地(m^2)	办公(m^2)	洗车(m^2)	其他(m^2)	总计(m^2)
4~6	300	120	80	50	470

3. 修理所设计

使用加油站与修理所的车辆数,高速公路的实际情况约为10∶1,由于前者往往占绝大多数,所以在布置这两种设施时,必须考虑这一因素。关于修理所在服务区内的位置,一般有入口型、出口型与中间型三种。三种方式各有利弊,入口型是在休息之前检查车辆,这是驾驶员一般所倾向的。从适合于交通管理的观点来说,也是布置在服务区的入口处,可以更容易地看清设施,使驾驶员根据需要进行加油和修理。在取得交通安全的同时,对营业者来说,也能起到营业广告的效果。入口型就是按上述想法考虑的。但是,在使用加油站的车辆多时,服务区入口车辆排队会妨碍匝道上车辆的行驶。与此相反,出口型是先停车,在休息之后再进行加油、修理,这是优先考虑人的生理要求的一种自然想法。在这种状况下,能够有充分的时间考虑车辆是否需要修理,可以在设施的出口处对车辆的情况再进行一次鉴定。

根据实际情况调查,中间型没有明确规定使用的顺序,但却有布置在中间的想法。这里不管从什么位置都能顺利地进出,与其他设施有机地结合起来,使其能有效的运用,车辆路线也不会发生紊乱。在现阶段的上述形式当中,以哪种形式作为标准的布置形式,尚无明确规定，一般建议以中间型为好。

4. 贯穿车道设计

贯穿车道原则上采用单向车道，特殊情况下采用双向车道。其宽度以表 11-12 所示的值为标准。

车道宽度、左右侧宽度、贯穿车道宽度　　表 11-12

车道类别	车道宽度(m)	左右侧宽度(m)	贯穿车道宽度(m)
单向单车道	3.50	0.50	4.50
对向双车道	6.00	0.50	7.00

贯穿车道原则上采用单向单车道，为了避免在贯穿车道上发生不必要的停车，贯穿车道的宽度规定为 4.5m。但当区内路线规划上不得已时，也可以采用对向双车道形式。在设计贯穿车道时，当停车场区内有条件设计成为单独的线形时，其平面线形、纵断线形等最好以匝道的设计速度 30km/h 之值作为标准。如能编在停车场总体设计之内时，可以作为停车场的一部分，设计成与停车场相吻合的纵、横坡度。

设计贯穿车道时须注意的其他事项如下：

在停车场外围行驶的主要交通最好是单向通行，在服务区中主要贯穿车道不得直接接在停车车位上，也不要直接导向休息室的出入口处。在停车区中，接着贯穿道路设置停车车位是普通的情况，这一部分的行车宽度必须有供停车掉头所需要的宽度。通过停车场内的贯穿车道允许采用对向车道，在停车场内不用考虑很严的交通规则，应该有某种程度的行驶自由。为此，交通岛的设置应是所需的最低限度，在不同速度相接触的部分应尽量少设。

同大型车停车场相连接的贯穿车道，最好是单向通行。

在服务区里配备有养护管理用的车辆时，为使其能够顺利地进行工作，在服务区有必要设置上下线的联络道，附近有跨线桥或涵洞时，应尽量利用这些设施。车辆进入停车车位或者停车区之间的车辆回转时需设计回车车道。

5. 标志、标线设计

服务区内的设施较多，车流量大且人流较复杂，是较特殊的公共场所。因此，必须用特制的图形符号给使用者及时传递某种信息的视觉符号，用它来指导人们的行动，提醒人们应做什么，怎样去做，以及要注意什么等。图形符号应具有直观、简明、易懂、易记的特征，可使不同年龄、具有不同文化水平和使用不同种语言的人容易理解。因此，标志的图形符号必须标准化、规范化界定其含义，使标志发挥更好的社会效益。

6. 天桥与地下通道设计

服务区的设计位置、形式各式各样，但有一点是共同的，各种服务设施布置在主线两侧，服务区的管理机构只设一个总部。这样，必然会发生人员和物资设备的相向流动，因此需通过建造天桥或地下通道来满足物资供应及人员的工作生活要求。天桥或地下通道的形式和方案取决于服务区所在地区的水文地质、气候、地形、主线两侧的建筑物布局等条件。就使用观点看，建地下通道有利于人员的流动和两侧各管道的联系；从安全角度讲，地下通道对各方面的安全保证度大一些。地下通道一般采用过人通道与供应管道分开设置，过人通道断面一般为 2.5m×2.0m，设计时要特别注意考虑防漏、防渗、排水等问题。

一般当外界环境优美或附近有旅游景点时，设置天桥也是首先要考虑的因素：建筑风格、建筑材料需要设计部门进行方案比较和经济技术条件论证。

三、高速公路服务区的规模计算

有关高速公路服务区规模的设计及计算问题，目前尚无统一标准可借鉴，现结合某高速公路服务区计算的方法与步骤简述如下，供读者参考。

(一)停车车位的数量

服务区的设计交通量是以服务区投入运营后10年的交通量Q_{10}为设计交通量，以运营后15年的交通量作为征地的规模、控制。

服务区一侧设计交通量=一年中第35顺位前后的交通量=假日系数×Q_{10}×1/2

停车车位数=设计交通量×车型比(各种车型分配及调整系数)×停车率×高峰率/周转率

各种车型的分配系数及调整数如表11-13所列。

各种车型的分配系数及调整数

表11-13

车　型	货　车	小客车	大客车	拖车、集装箱	拖拉机
调查(%)	46.9	25.6	6.2	6.4	14.9
调整数(%)	47.9	30.6	15.1	6.4	0
分配系数	2	1	2	3	—

注：货车是包括大、中、小货车，调查的数据为7.9、11.7、27.3。

(二)餐厅的规模设计

按正常情况统计，每人用餐(快餐)时间为30min。餐厅的每个席位所需要面积为1.58m^2，厨房、仓库及办公等面积与客席所占面积相同，餐厅总建筑面积=餐厅所需席位×每个席位所需面积×周转率，餐厅所需席位=用餐人数×每人用餐时间÷60，用餐人数=停车车位×载客人数×周转率×餐厅使用率。

(三)公共厕所的面积确定

根据调查及有关资料，使用厕所人数约占所有乘客人数的80%。

(四)加油站与修理车间

根据国内外资料，加油站面积一般在200～400m^{2}范围，修理车间约在300～500m^{2}范围。

(五)其他

其他的情况可依测算确定。

【例11-1】 由OD调查得知某路段车型比例为：小客车：大客车：货车=30.6∶15.1∶(47.9+6.4)=30.6∶15.1∶54.3。该段路一侧设计交通量经过计算为9 450辆/d。试计算服务区的设计规模。

【解】 1.停车车位的计算

小车停车位=9 450×车型比×停车率×高峰率/周转率

=9 450×0.306×0.175×0.1×1/2.4=21(个)

大客车停车位=9 450×0.151×0.25×0.25×1/3.0=29.7=30(个)

货车停车位=9 450×0.479×0.125×0.075×1/2=21(个)

拖挂、集装车停车位=9 450×0.064×0.125×0.075×1/2=2.8≈3(个)

以上计算结果见表11-14。

车型车位数载客周转率 表 11-14

车　型	小客车	大客车	货　车	拖挂、集装箱	合　计
车位数	21	30	21	3	75
载客数	3.3	46	2.1	2.1	
周转率	2.4	3	2	2	

注：有关计算参数如前已述。

2. 服务区餐厅规模计算

服务区餐厅用餐见表 11-15。

餐厅的规模 表 11-15

项目车型	停车车位	载客人数	周转率	餐厅使用率	用餐人数(人/d)	备　注
小客车	21	3.3	2.4	0.5	83	用餐人数＝停车车位×载客人数×周转率×餐厅使用率
大客车	30	46	3	0.08	331	
货车	21	2.1	2	0.5	44	
拖挂、集装箱	3	2.1	2	0.5	6	
合计	75				464	

因此，该服务区用餐所需要的席位 $464 \div 60 \times 30 = 232$（人）；餐厅总建筑面积：$S = 232 \times 1.58 \times 2 = 367(m^2)$。

3. 公共厕所的面积确定

仍用表 11-15 资料，计算结果如下：

$$\begin{aligned}使用厕所人数 &= 80\% \times (21 \times 3.3 \times 2.4 \times 30 \times 46 \times 3 + 21 \times 2.1 \times 2 + 3 \times 2.1 \times 2)\\ &= 80\% \times (166 + 4\,140 + 88 + 13) = 80\% \times 4\,408\\ &= 3\,526(人/h)\end{aligned}$$

其中：男厕所使用周转率为 60 人/h，女厕所使用周转率为 30 人/h，旅客使用大便器的人数为小便器的 30%，男、女上厕所的人数比例为 2∶1，则上男厕所的人数为 3 526 人 ×2/3 = 2 350（人/h），设置小便器个数位 2 350（人/时）÷60（人/时）＝39 个，设置大便器个数为 39×0.3＝12（个），上女厕所的人数为 3 526（人/时）×1/3＝1 175（人/h），女厕所便器个数为 1 175（人/时）÷30（人/时）＝39（个）。

根据有关建筑要求及规定：男蹲位（大小便）为 $3m^2$/处，女蹲位为 $4.5m^2$/处，残疾人专用面积为 $20m^2$。

厕所建筑面积 $S = (39 + 12) \times 3 + 39 \times 4.5 + 20 = 153 + 176 + 20 = 349(m^2)$

根据调查厕所面积应考虑 1.1～1.4 的系数后，厕所建筑面积采用 $412m^2$。

其中男蹲位（大）$140m^2$、（小）$42m^2$、女蹲位 $210m^2$、残疾人专用面积 $20m^2$。

4. 小卖部的面积

据有关资料调查，到服务区的人员有 80% 去小卖部，顾客在小卖部活动所需面积为 $2m^2$/人，旅客停留时间为 2min。

所需建筑面积 $= 2 \times 4\,408$ 人 $\div 60min \div 2min = 73.5(m^2)$。

其中，免费休息室 $= 250(m^2)$。

5. 旅社规模

根据国内各地服务区的使用情况，每个房间平均建筑面积为 $35m^2$，考虑到服务区在白沟附近，故暂设 40 间客房。

旅社面积 $=40\times35\times1.2=1\ 680(m^2)$

6. 加油站、修理间面积

加油站 $300m^2$；修理间 $400m^2$。

7. 其他

变配电室：$78.76m^2\times2$；锅炉房：$334m^2$；车库：$100m^2\times2$；职工宿舍：$660m^2$；职工食堂：$340m^2$；污水处：$33.64m^2\times2$。

(1)服务区建设面积

$$9\ 000m^2\times1.1=9\ 900(m^2)$$

建筑指标控制在 $10\ 000m^2$ 以内。

(2)停车场面积

$$21\times30+54\times80=4\ 950(m^2)$$

(3)院内道路及放坡等面积占总面积的 30%(即停车场的 1.2 倍)。

(4)建筑场面积为 $10\ 000m^2$，占总面积的 15%(即停车场的 0.6 倍)。

(5)绿化面积占总占地面积的 30% ~40%(即停车场的 1.2 倍)。

$[4\ 950\times(1+1.2+0.6+1.2)]/667+15$ 亩 $+7.2$ 亩 $+15$ 亩 $=67$(亩)(单侧)

考虑隔音带占地 12 ~20 亩，加减速车道占地 8 亩，公共汽车站占地 15 亩。

位于旅游景点及靠近大城市的服务区，发展前景可观，并有很大的发展潜力。随着交通事业的发展，人们的需求越来越高，服务区的经营越来越成为一项很有效益的事业。当服务区位于温泉地区，地下水水温可达 73℃，温泉水的热能利用对服务区的发展将有极大的潜力。

第四节　高速公路与城市快速路照明设计

高速公路与城市快速路照明不但可以提高行车速度和道路的利用率，而且还可以减轻或消除驾驶员的紧张与不安全感。由于照明设施保证了高速公路行车的通视与诱导性，容易注视前方，缓和了注意力的紧张程度，从而可以大大减轻驾驶员的驾驶疲劳。

在高速公路与城市快速路高速行车中，驾驶员必须提前发现道路前方的各种障碍物，如损坏的车辆、行人或其他障碍物等，它们自身的反射率大多在 20% 以下，而汽车前灯的照明范围又很有限，所以在道路上如不设置照明设施，汽车在夜间行驶过程中就不得不降低行车速度。即便设置了照明设施，高速公路与城市快速路的夜间事故还是远远高于白天。特别是在高速公路上长距离行驶时，更为显著。由此可见高速公路与城市快速路照明应作为道路建设的重要组成部分，同时也是一个国家科学技术、经济实力与能源工业发展水平的综合体现。合理的照明在保证高速公路交通安全、提高运输效率、美化环境和节约电能等方面均有重要作用。

一、高速公路照明系统的分类与布置

高速公路照明，根据高速公路系统的各组成部分，大致可分为以下两类：

(一)照明系统的分类

1. 为运行车辆提供的照明

为运行车辆提供的照明是指为提供高速公路使用者以必要的视觉信息而进行的照明，如高速公路主线照明、互通式立交照明及隧道照明等。其主要功能是使驾驶人员观察到必须要观察的对象及其背景，如道路的几何线形，前方道路上是否有各类的障碍物，路面状况信息及

关于道路上的特殊场所及位置信息等。确切地讲，高速公路与城市道路照明兼有两种作用，其主要作用是准确方便地将高速公路与城市道路沿途的视觉信息直接传递给高速公路的使用者。另外，由于高速公路与城市道路上照明器的排列，还起着诱导车辆向前方道路行进的作用。由于高速公路与城市道路照明主要为运行的车辆而设计，故其属于专门交通照明的领域。

2. 为管理业务及乘客而进行的照明

这类照明既是为保证高速公路或其他道路管理工作人员的正常业务，又应满足车辆行驶的视觉需求。如高速公路的收费广场与收费遮棚，既要满足收费人员的工作环境照明，也应兼顾车辆在收费广场内的行驶需求。服务区广场的照明也兼顾乘客与驾驶员在场内各种活动对照明的需要。这一类照明的目的在于满足管理工作及乘客活动的需要，属于一般照明业务范畴，可采用通常的照明方法与标准即可。

(二)道路照明标准(表11-16)

道路照明标准　　表11-16

道路类别	照明水平		均匀度		眩光限制
	平均亮度 L_a(cd/m^2)	平均照度 E_a(lx)	亮度均匀度 L_{min}/L_a	照度均匀度 E_{min}/E_a	
快速路	1.5	20	0.40	0.40	严禁采用非截光型灯具
主干路	1.0	15	0.35	0.35	严禁采用非截光型灯具
次干路	0.5	8	0.35	0.35	不得采用非截光型灯具
支路	0.3	5	0.30	0.30	不宜采用非截光型灯具

注：①表中所列的平均亮度(照度)为维持值。新安装灯具，路面初始亮度(照度)值应比表中数值高30%～50%。

②表中所列亮度(照度)值，均为机动车车行道上的数值。三幅路、四幅路中非机动车车行道上的亮度(照度)值，可采用机动车车行道上亮度(照度)值的1/2。

③表中平均照度值适用于沥青路面。对于水泥混凝土路面，可降低30%。

④表中各项数值适用于干燥路面。

⑤通向大型公共建筑(如体育场、展览馆、大型剧场等)的主要道路、市中心或商业区中心的道路，大型交通枢纽等处的照明可采用主干路和标准。

⑥L_{min}——最小亮度(cd/m^2)；

L_a——平均亮度(cd/m^2)；

E_{min}——最小照度(/lx)；

E_a——最小照度(/lx)。

(三)照明器的布置

照明器的布置有相对式和交错式两种。相对式是两侧杆柱连线垂直于路中线并相互对正，如图11-22a)所示，交错式是两侧灯杆柱呈三角形分布，如图11-22b)所示。照明杆柱一般设在机动车道与非机动车道分隔的绿带上或设在外侧人行道与机动车道结合部的人行道上，向路面伸出臂长端部挂照明器，也有沿道路中线布置或沿道路单侧布置的情况。

(四)照明的主要方式

1. 杆柱照明方式

杆柱照明方式是把照明器安装在杆柱的顶端，杆柱沿道路配置。杆柱照明的特点是灯杆可沿线任意布置，并且可依线形变化配置照明器，每个照明器都能有效地照亮路面，可以选用小光通量光源，比较经济。道路杆柱照明的一般布置位置、横向布置和照明布置关系如图11-22所示。由于照明器沿线形而设，在弯道上能够得到良好的视觉诱导。这种照明方式可以应用于高速公路主线、立体交叉、大桥、收费站及服务区等处的照明。

杆柱照明灯与路面间的关系如图 11-23 所示,各参数具体关系列于后。

(1)照明器的安装高度(H)

一般来说,加大照明器的安装高度可以减少眩光,增加照明光线的舒适感。由照明器形成的亮度分布大而广,可相对减少照明器的数量,而得到同样亮度与均匀度。但另一方面,随高度增加既增加灯杆自身成本又使溢向路面以外的光通量增加,使照明器的利用率降低。根据气体放电光源的特点灯杆的高度在 10~15m 是经济的。

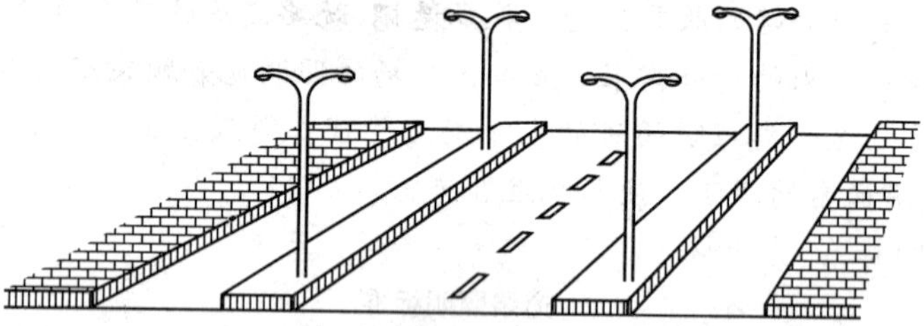

a)相对式布置照明器

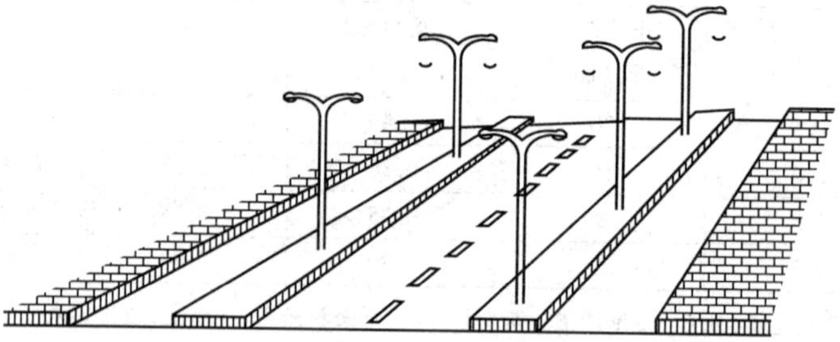

b)交错式布置照明器

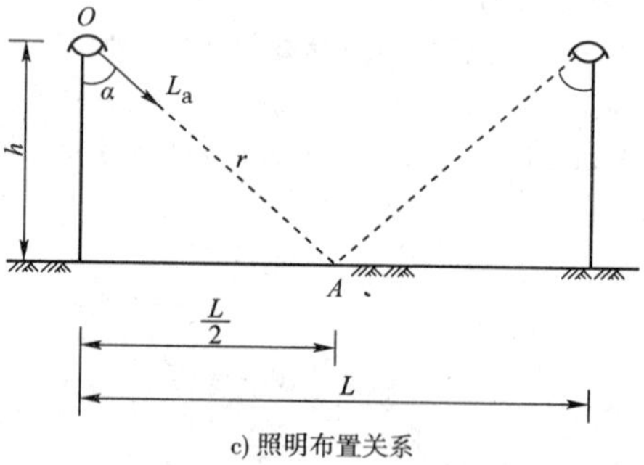

c) 照明布置关系

图 11-22　一般道路照明布置

(2)照明器外伸长度(h)

加大照明器向路面的外伸长度,可使路面的平均亮度增高,而路肩或紧急停车道的照明亮度却因此而降低,在道路潮湿情况下更为严重。特别当路侧是紧急停车带的道路,这些地方常有车辆或障碍物存在,如照明处理不当,可引发事故。

外伸长度太长或太短都易使整体失去美观性能,从而影响照明质量,且不易发挥灯具的配光性能。因此根据对环境的要求与影响,外伸长度一般不超过灯杆高度的 1/4。

图 11-23　灯具外伸与仰角(尺寸单位:m)

(3)照明器的安装角度(θ)

安装角度 θ 的变化虽不影响照明器的平均亮度及其

均匀度，但会对眩光及光线的舒适性产生影响，一般的安装角度在5°~15°。

2. 高杆照明方式

高杆照明是指在15~40m的高杆上安装由大功率的光源组成的多个照明器，进行广阔范围内的大面积照明。高杆照明主要适用于高速公路的立体交叉、收费广场、服务区广场和线形复杂、视野广阔场所的照明。

3. 悬索照明方式

在道路的中间分隔带上设置较大档距的杆柱，其高度一般为15~20m，在杆柱间拉起钢索，并把照明器悬挂在钢索上进行道路照明。悬索照明的优点是照明器扩展方向是沿道路横向，因此可以得到较高的照度和较好的均匀度，且眩光较少，可形成舒适的照明环境。另外由于照明光束沿道路纵向分布，使得雨天也有良好的照明效果。别具风格的立交公路悬索照明如图11-24所示。

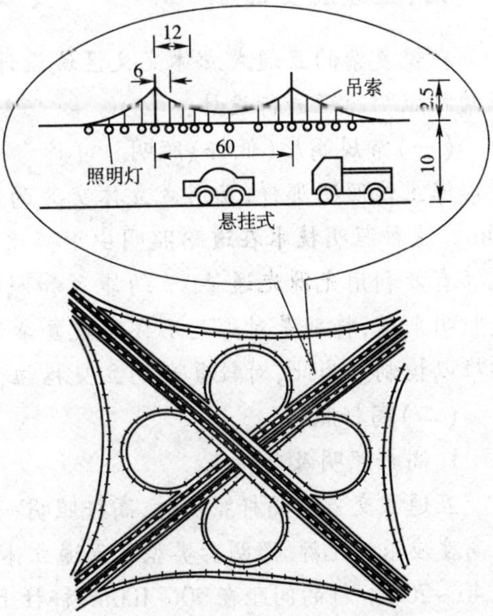

图11-24　公路立交悬挂式照明(尺寸单位:m)

二、大桥照明

高速公路沿线的桥梁包括跨线桥、跨河桥、跨江桥或跨海桥等，这些桥梁的结构形式与跨度更是多种多样。桥梁的照明问题在设计原则上、照明器形式与布置上与主线照明大致相同。但由于桥梁自身的一些特点，在特大桥的照明设计时，应注意以下几点原则：

(一)大桥主线照明

1. 普通高速公路桥梁一般照明

一般大桥指不具桥下通行、空中飞行及观赏意义等特殊要求的普通高速公路桥梁。此类桥梁的照明，在主线未设置照明条件下，考虑到大桥的行车安全，可根据行车需求适当设置照明，其设计原则与高速公路主线照明基本一致。如果在主线已设置照明的条件下，则应考虑大桥照明在照度要求上，要使桥面照明高出其相连接的进出口主线道路。

2. 桥下有通航要求的大桥照明

对较大的跨海或跨江桥，其桥下有水上运输航道和水上交通运输。为了使水上交通能够及时发现由桥梁造成的障碍物，还应在桥梁的下部结构上设置照明设施，以便使航行的船舶能够准确辨认前方桥墩的位置、航道的净空等，从而采取有效的安全通行措施。另外，有较高桥头柱或塔的大桥，还应考虑其可能对空中飞机航行造成的不利影响。

(二)大桥立面照明

对位于特殊地理位置的具有重大意义和观赏价值的大型桥梁，除了考虑行车安全需要的正常照明外，还需要设置供夜间观赏的立面照明，这种照明会产生较强的艺术效果。

立面照明的设计，首先要掌握桥梁结构类型的特点和立面建筑风格、艺术构思等，根据全日阳光照射方向不断变化所形成的最佳观赏角度及背景的对比和光色的烘托效果等，找出从不同角度落光时最能引人注目的特色。究竟光线应照射哪个立面为好，应视观看几率而定，显然观看几率多的立面便是照射面。

立面照明的常用光源有两种类型：一是串灯方式，即沿桥梁的轮廓装设照明器（或彩灯）。串灯照明的优点是简单易行，极适于沿大桥的纵向进行照明布设，但其具有耗电量大和艺术效果难以体现的缺点。二是投光照明方式，即采用投光灯作为立面照明的光源。其优点是投光灯的光色好，立体感强，所需照明功率小，投光灯照明极适用于较高耸的桥头建筑物的立面照明。

三、互通立交照明

在较复杂的互通式立体交叉区域设计照明时，从照明器的安装高度、角度考虑可以按以下两种照明原理进行设计：

（一）常规高度（低杆）照明

像主线照明那样，互通式立体交叉的照明器安装高度在15m以下，灯杆的间距在30～50m。这种照明技术在道路照明中用得比较普遍，而且与之相配的照明器也比较多。它具有能够有效利用光源光通量、节约能源和照明设施日常维护简单易行等一系列优点。但对立交照明来说，特别是对那些形式比较复杂的立交枢纽，这种照明方式在眩光和诱导性方面显得难以控制。为此，对较复杂的立交枢纽，在照明设计上常采用高杆照明方式。

（二）高杆照明

1. 高杆照明及其特点

互通立交采用高杆照明时，高杆照明一般灯柱都安装在立体交叉车道以外的地方，杆的设置高度应根据光源、照明器类型及互通立体交叉的层次和高度确定，一般在25～35m，特殊的可达40～70m。杆的间距在90～100m，杆柱上安装由多个高功率和高效率光源组装在一起的照明器，在广阔立交的范围内进行照明。由于每个杆柱上安装有多个照明器，可减少灯杆的数目，避免诱导性差的缺点；同时在夜间交通流量比较小时，可在满足车辆运行需求的条件下，通过减少灯杆上亮灯的数目来节约能源。另外，由于一个高杆上可安装多个照明器，可通过选用不同类型的电光源形成混合色光，以获得较理想的光的显色效果，由于采用较高的杆柱，使得照明器的光通量分布均匀，照明的区域广阔，照明器光通利用率高。

高杆照明的结构通常有柱式和塔式杆柱两类。高杆照明器的灯架分为能够升降和不能够升降两种，如图11-25所示。为便于高杆照明的日常保养与维修，高杆照明的灯架一般多采用可升降式。升降方法多采用电动卷扬机，卷扬机的电机采用单独供电式。显然，采用可升降式高杆照明的造价要比固定式高。除此之外，这种升降灯架还需设置防止灯具坠落的保险措施，而且即使是可升降的灯架，有一些工作仍需有人到杆顶上去做。在进行选择时，要针对两种方式的具体特点，根据照明现场具体条件，从技术与经济可行的基础上进行决策。

2. 照明器的灯杆及基础设计

照明器的灯杆与基础是照明设施的重要组成部分，其设计原则应是坚固耐用，易于安装、运输和维修。对于常规灯杆，目前多采用混凝土灯杆，这主要因为它的抗腐蚀作用。由于常规灯杆的质量相对较小、照明器较轻及安装高度低，一般对灯杆及基础可不作特殊要求。以下仅对高杆照明的基础及灯杆构造作简要论述。

（1）基础。高杆照明的基础应保证在现场环境条件下照明器能够正常、安全地工作，基础的结构在很大程度上取决于现场土壤条件、灯杆的高度及照明器的总重，通常的结构形式有箱型混凝土基础和基桩基础两种。基础结构上面通常盖有一块固定有适当数量地脚螺栓的厚水泥板，灯杆的底部有法兰盘，通过地脚螺栓用螺母固定，可通过加减垫片调整灯杆的垂直度。

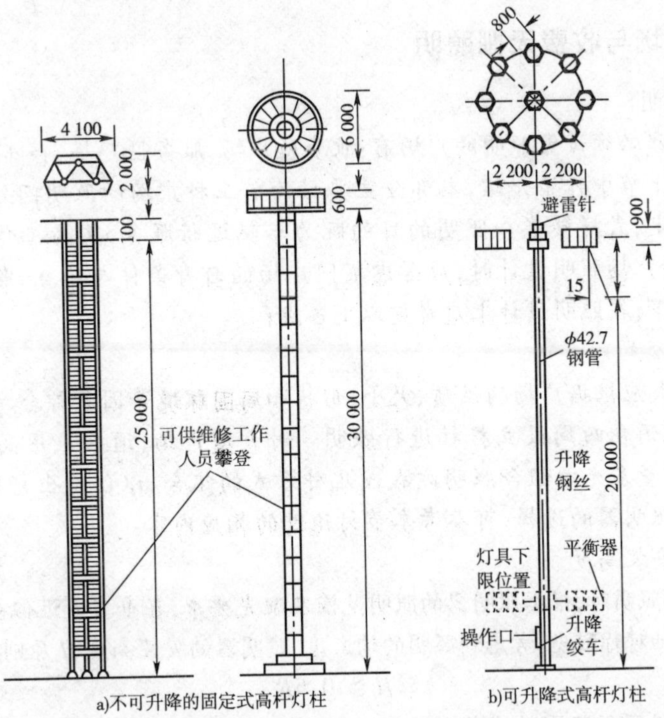

图 11-25 高杆照明(尺寸单位:mm)

(2)灯杆。高杆根据构成材料区分有预应力混凝土灯杆和钢杆两种。前者主要优点是可以抗腐蚀,主要缺点是质量较大,造成运输和安装施工的困难。钢杆主要优点是比混凝土轻,既容易运输,又易于做成多种断面形式和结构,如圆形和多边形等。它们还可以在现场进行组装。钢杆的主要缺点是钢材易腐蚀。因此,为延长钢杆的使用年限,须对钢材进行必要的防腐处理。近几年来,随着科学技术的发展,对钢材防腐处理技术已比较成熟,如涂漆处理、热浸镀锌处理及两种结合的处理方法已被成功地用于钢材防腐处理,使得钢杆在高杆照明中有极强的吸引力。我国目前高速公路所用高杆照明的灯杆,多采用这种钢杆。

钢材的结构形式很多,常用的有圆形和多边形两类。圆形灯杆中的空腹可用于安装灯架起落用的卷扬机及钢丝绳,多边形灯杆是用金属焊接成"花格形式",主要用于固定式不能升降灯架。通常多边形灯杆结构较大,显得不美观,而且需要相当大的基础,因此通常不大使用。如京石高速公路沿线立交所用高杆照明的灯杆均为圆形钢杆,其有灯架升降机构。巴黎的一个跨越铁路线的双层立体交叉公路,被照面积62 500m²。为了减少灯杆,以避免造成混乱与错觉,在这个交叉公路区域内,仅用了6根灯杆,如图11-26所示。照明灯杆高为30m(由于地形高度不同,略有偏差)。在灯杆杆顶装有圆形灯环,内设16个泛光灯。在灯杆的底座设有升降用卷扬机,使圆形灯环连同泛光灯一起升降,为维修提供方便。照明用的泛光灯分宽束与窄束两种,它们相互间隔安装于灯环上,宽束泛光灯垂直倾斜角为55°,窄束泛光灯垂直倾斜角为60°,因此使远近地域照度均匀,泛光灯内装有1 000W高压水银卤化灯,共96个灯,总用电量达100kW,整个区域平均照度达60lx,均匀比为1:1.4。光色和照度效果均很好。

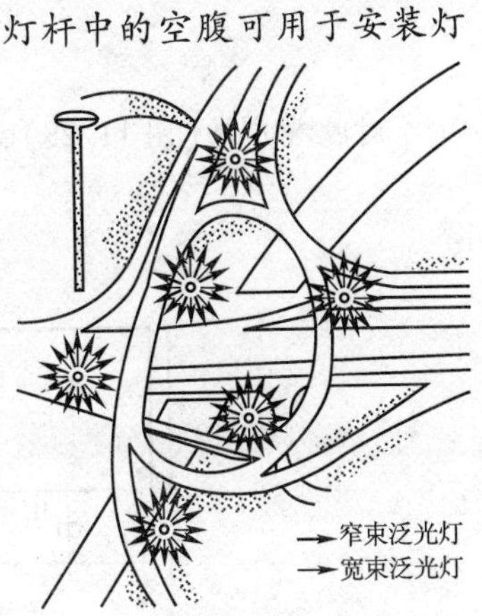

图 11-26 巴黎立体交叉公路照明

四、收费广场与收费天棚照明

(一)广场照明

高速公路沿线必须设置照明的广场有:收费处广场,服务区广场,停车场及立交广场等。由于立交的照明上节中作了介绍,本部分主要讨论前三种广场的照明问题。通常这些广场的形状与面积不定,式样繁多。照明的目的既为车辆运行服务,又为工作人员正常工作服务。因此,在进行广场照明设计时,应考虑不同广场的自身条件与特点、照明环境及方式等因素。一般情况下,在照明设计上应考虑以下各点:

1. 广场照明方式

广场照明方式应根据广场的性质、大小、形状和周围环境等因素综合考虑确定。如对小型广场,可考虑采用在四周设立杆柱进行照明。对大型广场,通常采用高杆照明或悬索照明,选用组装大容量多光源组合照明方式或几种方式的组合,以创造出舒适、明朗的广场视野环境。光源和照明器的选择,可参考本节讨论过的相应内容。

2. 照明器的安装高度

(1)采用高杆照明时,根据照明器的照明范围及配光要求,在垂直或近似垂直设置照明器条件下,如采用一般轴对称配光,考虑到照明的均匀度,照明器的安装高度 H 原则上由下式决定:

$$H \geqslant 0.5R \tag{11-10}$$

式中:R——照明器照射范围的半径(m)。

(2)采用投光型照明时,对于一般的服务区广场,如图 11-27 所示,当照明器为单侧排列时,则照明器的安装高度 H 为:

$$H \geqslant 0.4W + 0.6a \tag{11-11}$$

$$s \leqslant 2H \tag{11-12}$$

$$s = 2s_1 \tag{11-13}$$

当照明器对称排列时则安装高度 H 为:

$$H \geqslant 0.2W + 0.6a \tag{11-14}$$

$$s \leqslant 2.7H \tag{11-15}$$

$$s = 2s_1 \tag{11-16}$$

对收费广场(图 11-28),H_1、H_2、H_3 为灯具安装高度,则有:

$$H_1 \geqslant 0.5W \tag{11-17}$$

$$H_2 \geqslant 0.5W \tag{11-18}$$

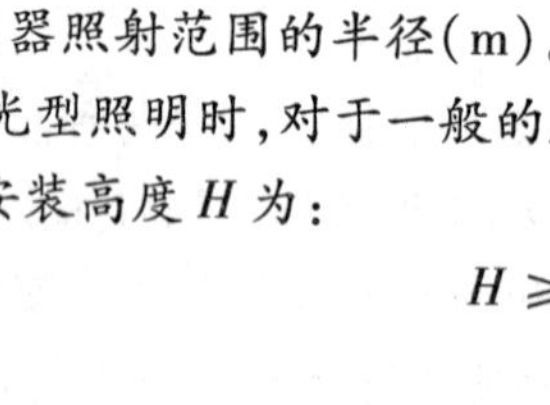

图 11-27 一般广场照明器配置

H_1、H_2-照明器

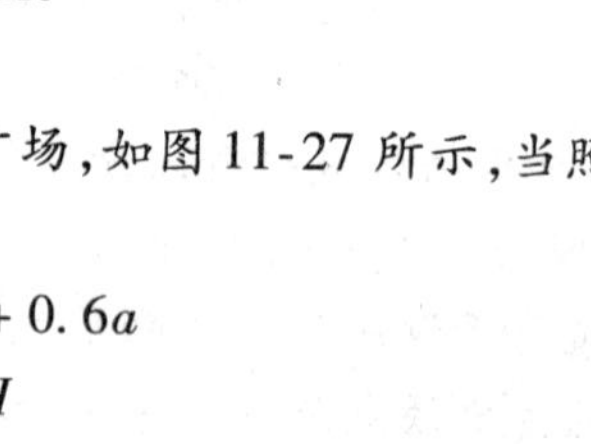

图 11-28 收费处广场照明器

H_1、H_2、H_3-照明器

另外,用控制 W_2 的距离来达到辨别车型、车辆数,则:

$$H_1 \geqslant 0.6(W_1 + 0.3W_2) \tag{11-19}$$

这样照明器的高度须超过 30m。若在中央没一个照明器,则各照明器的安装高度可按

下式估计：

$$H_1 \geqslant 0.5W_1 \tag{11-20}$$

$$H_2 \geqslant 0.5W_2 \tag{11-21}$$

$$H_3 \geqslant 0.5W_1 \tag{11-22}$$

$$H_3 \geqslant 0.5W_2 \tag{11-23}$$

3. 照明基本要求

(1) 确保照度

保证广场内有足够的照度，既要满足车辆运行的要求，又要满足工作人员正常开展工作的需要。要使整个广场内的照度均匀，同时还要考虑广场进出口与相邻道路照度相协调。

(2) 景观配合

灯柱及照明器的形式与广场环境协调，在满足照明功能的前提下，造型尽量美观，点缀环境，给人以美的感觉。

(3) 便于维修

广场内设置灯杆不宜过多，以保证广场的使用功能。照明器及配套设施构造应尽最简单、耐用，易于进行维修。

(二) 收费天棚照明

收费天棚照明的目的在于维持收费工作环境的安全和工作方便。照明必须设法避免损害驾驶员及收费员的视觉和辨别错误的情况发生。

1. 收费天棚照明方式

天棚光源与照明器的选择，既要经济又要尽可能与环境协调。同时，还应特别注意收费天鹏照明对驾驶员的眩光影响。照明器的类型一般采用嵌装在顶棚之内的嵌入式窄射光类的照明器。

照明灯具通常采用两种布置方案，即均匀布置与选择布置。均匀布置即照明器在整个收费天棚内均匀分布，其布置与收费岛、车道及收费亭的位置无关。选择布置即照明器的布置与收费岛、车道及收费亭的位置有关，大多是按收费车道对称布置，力求使收费车道能够获得最有利的光通方向并消除阴影。

2. 收费天棚照明设计原则

照明设计应慎重考虑以下各点。

(1) 确保光色与显色性

收费天棚内照明的光色与显色性。由于收费天棚下设有收费岛、收费亭及收费车道上的辅助设施，设置照明时，应注意不要造成阴影，影响驾驶员对前方情况的分辨。

(2) 照度要尽量均匀

收费天棚内的照度要均匀，同时应注意与棚外收费广场照度的对比协调。收费天棚及收费亭内的照明器设置还要注意不应引起对驾驶员的眩光效应。

五、隧道照明

当视野内光线的明暗发生急剧变化时，由于人眼睛的明暗适应不能跟着迅速变化，从而引起人的视觉降低和不舒适，因而视力也骤然下降，通常称这种现象为黑洞效应。黑洞效应对行驶着的驾驶员通过隧道时存在着极大的危险性，甚至根本无法开车或导致严重的交通事故。因此，必须从照明技术上采取措施，解决这一问题。首先分析隧道对行车视觉产生的问题。

（一）隧道的视觉

1. 进入隧道前的视觉

白天当驾驶员从隧道外驶进隧道内时，由于隧道内外的亮度差别极大（通常相差几百到几千倍），所以从隧道外部看照明很不充分的隧道入口时，只会看到一个黑洞（对长隧道而言）或一个黑框（对短隧道而言）。为了消除这种黑洞或黑框现象，必须在隧道入口使路面的亮度达到必要的水平。

2. 进入隧道后立即出现的视觉问题

由于人眼视觉上的滞后性作用，当人从较明亮的外部环境进入到一个较暗的区域后，要经过一段时间才能看清暗区内的情况，这种现象被称为滞后现象。由于这种视觉适应滞后的影响，使驾驶员进入隧道后，会立即产生视觉上的盲区。这种现象对行车来说，其危险的程度不言而喻。

3. 隧道内部存在的视觉问题

无论是白天还是黑夜，隧道内的道路环境及对行车视觉产生的影响都不同于一般道路。主要原因是隧道内汽车行驶排出的废气几乎无法消散，在隧道内形成较大的烟雾。烟雾除了吸收汽车前灯发出的光线，使照度降低外，还使光线的传播发生散射现象，散射光在隧道内形成光幕，从而降低了道路前方障碍物及其周围环境（如路面、隧道墙壁）光度，使驾驶员识别前方障碍物的视觉能力下降。

4. 隧道出口处的视觉问题

在白天当车辆通过较长的隧道接近其出口时，由于洞外的亮度远高于洞内，隧道的出口对驾驶员而言，好像是一个白色的洞，即所谓的白洞效应。与黑洞效应类似，人眼同样对这种光线产生滞后。洞口的强烈光线会形成强烈的眩光效应，使驾驶员感觉到视觉极大的不舒服，驾驶员对前方的行车只能看到一个很暗的轮廓，对跟前方车辆的距离不能准确做出判断。如果是在夜间行驶，其效果正好与白天相反，驾驶员在隧道内看到的是黑洞而不是亮洞。在这种情况下，驾驶员难以辨别洞外的道路线形、路上交通情况及道路上的任何障碍物情况，也是一个视觉盲区。

（二）隧道照明的布设原则

根据隧道的特殊环境及隧道行车视觉的要求，可以采取以下几种隧道照明设施。

1. 洞外遮挡天然光的措施

在隧道外路段进行遮光处理，使接近隧道入口时的天然光逐渐减弱，遮光距离一般不少于50m。在隧道的出口处，尽量降低洞口外的亮度，以便使洞口缓和段增加光源的功率少，以利节约能源。

遮光的方法可采用百页天棚、锯齿墙和植树三种方法。百页天棚的方法降低洞口的亮度。此外，在洞外两侧植树也是比较经济的措施，越靠近洞口处植树越密，树冠也要大些，最好使之遮住天然光。如图 11-29 所示。

2. 入口处照明

超过 100m 的隧道入口必须设置缓和照明段。缓和照明段的长度主要取决于洞内外亮度之差，同时还与设计车速、洞外光亮度、洞内照度和洞壁材料等因素有关。隧道入口处缓和照明段的长度也就是人眼的视觉适应距离。国外在考虑视觉适应距离时，给定的适应时间是3～10s。用设计车速乘以适应时间即得出视觉适应距离，也就是照明缓和段长度。隧道入口缓和照明段及其照明处理如图 11-30 所示。

a)百页天棚　　b)锯齿墙　　c)植树

图 11-29　洞外遮挡天然光的方法

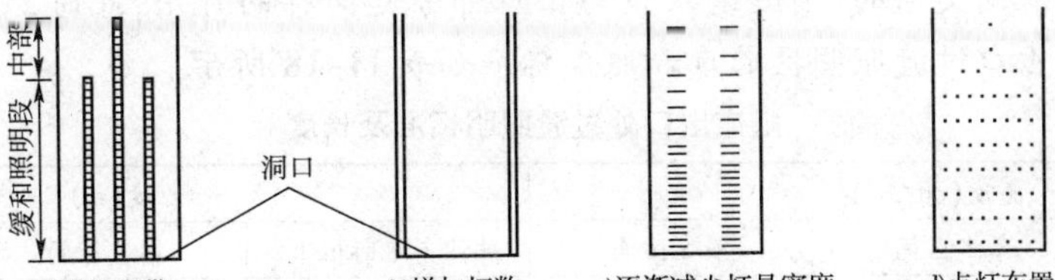

a)增加光带　　b)增加灯数　　c)逐渐减少灯具密度　　d)点灯布置

图 11-30　缓和照明处理的几种方法

通过在洞内外采取照明措施后，可使得洞内外照度曲线变化变得相对平缓，如图 11-31 所示，图中虚线表示没有采用处理措施时的照度变化曲线，显然对行车十分不利。

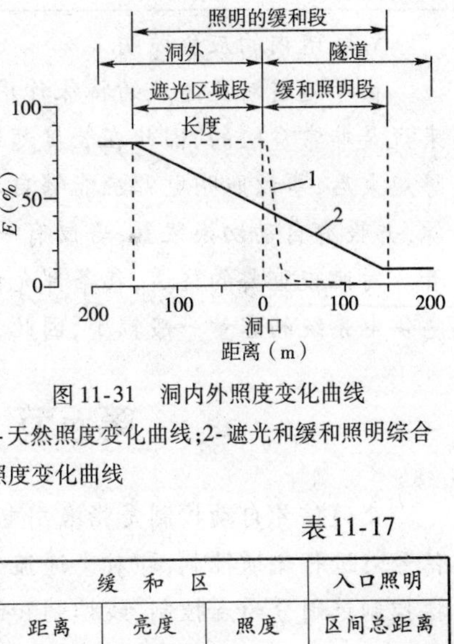

图 11-31　洞内外照度变化曲线

1-天然照度变化曲线；2-遮光和缓和照明综合照度变化曲线

隧道入口缓和段的照度标准，主要是由驾驶员眼睛在隧道附近的适应亮度来决定的，通常适应亮度以隧道入口为中心的隧道外部亮度的平均值表示。

表 11-17 表示当隧道外部亮度为 4 000cd/m² 时，隧道入口处缓和段各部分的照度标准。如果隧道外部亮度为 L，则表 11-17 的数值乘以系数 L/4 000 后就可以使用。

入口诸区照明标准　　表 11-17

设计车速(km/h)	临界			过渡区			缓和区			入口照明
	距离(m)	亮度(cd/m²)	照度(lx)	距离(m)	亮度(cd/m²)	照度(lx)	距离(m)	亮度(cd/m²)	照度(lx)	区间总距离(m)
100	55	95	1 240	150	47	610	135	9.0	120	340
80	40	83	1 080	100	46	600	155	4.5	60	295
60	25	58	760	65	35	460	135	2.3	30	225
40	15	29	380	300	20	260	85	1.5	20	130

另外，随着隧道外部的亮度的不断变化，如晴天与雨天、早晨与中午及夏天与冬天等，隧道入口照明也应有所调整。也就是说，在隧道入口缓和照明段要有调光装置。这种调光装置可与缓和照明光度调整措施配合使用，一般可采用增减灯数、逐渐减少布灯密度或采用点灯布置的方法获得。

如果是短隧道，在接近隧道时可以看到隧道的出口，这样就出现了前面所说的黑框现象。为防止这种现象对行车的影响，设置照明时，应采用比表 10-17 更高的亮度标准。

3. 隧道基本照明

隧道内的基本照明,可按照隧道中的实际设计车速对照度的需求决定。因各国的研究情况不同,所规定的临界照度也不尽相同。

4. 隧道出口照明

如前所述,隧道出口由于白天亮度很高,会使驾驶员形成强烈的眩光,所以在隧道出口也同入口部分一样设有过渡区,要加强垂直照度,使得过渡区的亮度与洞外相近。过渡区的长度在800m以上,照度应为出口外部亮度值的1/10左右。

如果隧道是双向交通的,则隧道入口与出口部分起同样的作用,此时,可不必考虑出口照度问题。隧道出口过渡照明区长度和照度标准如表11-18所示。

随道出口处过渡照明标准及长度　　表11-18

亮度(cd/m^2)			长度(m)		
隧道内亮度	第1区间	第2区间	设计车速(km/h)	第1区间	第2区间
4.0以上	2.0	1.5	100以上	180	180
2.0~4.0	1.0	0.5	80	130	130
2.0以下	0.5	—	60	95	95

5. 隧道内的应急照明

由于隧道对交通流的特殊作用,如发生供电中断或故障,对正常行驶于隧道内的驾驶员来说是非常危险的,因此在长度超过200m的隧道,应建立紧急照明系统。当正常照明因故障熄火后,事故照明电源应能够自动投入。事故电源最好由另一台变压器供电,作为备份电源,并设有自动切换装置,当仅有一台变压器时,可在母线处或隧道进出线处与正常照明分开。对比较重要的隧道,在条件允许的情况下,也可设置备用发电机作为备用电源。由于应急供电系统的容量一般较小,因此,应急照明的照度为正常照明的1/30。

第五节　城市交通信号控制设计

交通信号自动控制是指采用电子技术设备,通过特定的控制参数和控制程序,带动交通信号灯进行交通控制,即对交通流体系统运行实行迅速和准确的时间分离。交通信号控制按控制范围分为点控制、线控制和面控制三种基本类型。按控制方法分为定时控制、感应控制、自适应控制。本节主要阐述按控制范围分类的信号控制技术。

一、交通信号的控制方式

交通信号控制是指利用交通信号灯,对道路上运行的车辆和行人进行指挥,即以交通信号控制模型为基础,通过合理控制信号灯的灯色变化,减少交通堵塞,保证城市道路畅通,避免发生交通事故。交通信号灯是采用特定的信息载体,向交通流体系统发出运行秩序的管理信息,实行时间分离,减少冲突点和交织点,以保障交通安全与畅通。交通信号灯由绿、黄、红三种颜色的信号灯组成,主要通过信号灯的颜色变化来实现对交叉口车辆、行人通行的控制。这种方法形象直观,指挥效果好,可以有效的减少交通冲突和交通延误,降低交通事故的发生率。交通信号灯分为机动车信号灯和非机动车信号灯、人行横道信号灯、车道信号灯、方向指示信号灯、闪光警告信号灯、道路平面交叉口信号灯、铁路交叉口信号灯。点控制,是指对孤立的交叉路口的交通信号灯实行自动控制;线控制,是指对主干路两个以上相邻交叉口的交通信号灯实行协调自动控制;面控制,即区域控制,是指将城市某区域所有交叉路口的交通信号灯有机联系起来,应用电子计算机实行集中协调的自动控制。

(一)设置交通信号控制的条件

设置交通信号灯控制也需要一定的条件。在实际生活中,并不是有通行冲突的区域都要用交通信号来控制通行行为,只有当交通量大,自由通行行为产生较多的冲突或涉及对交通安全有特殊考虑时,才需要安装信号灯控制系统。若道口交通量较小、冲突机会较少时,可以设置提醒标志、停车让行标志,指导车辆驾驶员控制自己的通行行为,或停车观察后根据实际情况通行。我国于2006年颁布实施的国家标准《道路交通信号灯设置与安装规范》(GB 14886—2006)对于信号灯安装规定:路口机动车高峰小时流量超过表11-19所列数值时,应设置信号灯。

路口机动车高峰小时流量 表11-19

主要道路单向车道数(条)	次要道路单向车道数(条)	主要道路双向高峰小时流量(pcu/h)	流量较大次要道路单向高峰小时流量(pcu/h)
1	1	750	300
		900	230
		1 200	140
	≥2	750	400
		900	340
		1 200	220
≥2	1	900	340
		1 050	280
		1 400	160
	≥2	900	420
		1 050	350
		1 400	200

注1. 主要道路指两条相交道路中流量较大的道路。

2. 次要道路指两条相交道中流量较小的道路。

3. 车道数以路口50m以上的渠化段或路段数计。

4. 在无专用非机动车道的进口,应将该进口进入路口非机动车流量折算成当量小汽车流量并统一考虑。

5. 在统计次要道路单向流量时应取每一个流量统计时间段内两个进口的较大值累计。

即路口任意连续8h的机动车平均小时流量超过表11-20所列数值时,应设置信号灯。

路口任意连续8h机动车小时流量 表11-20

主要道路单向车道数(条)	次要道路单向车道路数(条)	主要道路双向任意连续8h平均小时流量(pcu/h)	流量较大次要道路单向任意连续8h平均小时流量(pcu/h)
1	1	750	75
		500	150
1	≥2	750	100
		500	200
≥2	1	900	75
		600	150
≥2	≥2	900	100
		600	200

对于机动车单行线上的交叉口，在与机动车交通流相对的进口应设置非机动车信号灯；非机动车驾驶人在路口距停车线25m范围内不能清晰视认用于指导机动车通行的信号灯的显示状态时，应设置非机动车信号灯；其他特殊情况下，如通过交通组织仍不能解决机动车与非机动车冲突，宜设置非机动车信号灯。在采用信号控制的路口，已划出人行横道标线的，应相应设置人行横道信号灯。在有专用转弯机动车道的路口，若采用多相位的相位设置方式，应设置方向指示信号灯；在全天24小时均不采用多相位的相位设置方式的路口，不应设置方向指示信号灯。

在可变车道入口和路段、隧道、收费站等地，应设置车道信号灯；在城市快速路进出口等地视实际情况可设置车道信号灯。

在需要提示驾驶人和行人注意瞭望、确认安全后通过处，宜设置闪光警告信号灯。

路口信号灯设置的交通事故条件：

(1)对三年内平均每年发生5次以上交通事故的路口，从事故原因分析通过设置信号灯可避免发生事故的，应设置信号灯。

(2)对三年内平均每年发生一次以上死亡交通事故的路口，应设置信号灯。

(3)当表11-19、表11-20和路口信号灯设置的交通事故条件中，有两个或两个以上条件达到80%时，路口应设置信号灯。

(4)在不具备上述条件但有特别要求的路口，如常用警卫工作路线上的路口、交通信号控制系统协调控制范围内的路口等，可设置信号灯。

路段人行横道信号灯和机动车信号灯设置的流量条件：

双向机动车车道数达到或多于3条，双向机动车高峰小时流量超过750pcu及12h流量超过8 000pcu的路段上，当通过人行横道的行人高峰小时流量超过500人次时，应设置人行横道信号灯和相应的机动车信号灯。

对于机动车单行路，车道数按允许通行方向车道数统计，机动车高峰小时流量按允许通行方向流量统计。

(二)交通信号的作用和要素

1. 交通信号灯的作用

交通信号灯的总体作用就在于可以减少和消除平面交叉路口内的交通流体系统运行所产生的冲突点和交织点的数量。

有利于保障交通安全，可以使处在相互矛盾的交通环境中的车辆和行人，得到合理的通行权。保障车流和人流的有规则的运行，减少或消除危险点，防止交通事故的发生。

有利于提高道路通行能力。交通信号控制可使道路上的车流和人流有秩序的疏导，避免干扰，使道路充分发挥交通功能，提高道路通行能力。

有利于及时处理交通问题。交通信号控制可以使交通控制人员得到法律依据，运用控制功能的含义，正确处理交通违章肇事。

2. 交通信号灯的要素

交通信号灯的颜色主要采用红、黄、绿三色，因为它们具有颜色的对比特性、颜色的视认性和颜色的适应性。

颜色的对比性是在颜色的色度图中，相邻区域的不同颜色的相互影响。不同色彩的对比效果，差异性不同。绿色的纸片放在灰色的纸片上，对比效果差，而且妨碍视认；如果绿色的纸片放在红色的纸片上，对比效果就好，绿色和红色各自显得更绿、更红。颜色对比性还表现为前进色和后退色，如红色和青色放在等距离处，则红色比青色感到近些。

颜色的视认性指在彩色可见光中，各种颜色的易见性和不易见性是不同的。即在同等距离内可看清楚各种颜色所需的光照不同。光波的波长越长，在传播中投射能力越强，反之越短。因此，可将光波波长作为顺序，波长越长的，易见性越强，反之越差。红光波长最长，可见距离最远，无论夜间还是白天，在同等距离内能看清楚的光照度，红色比绿色要小一倍。

颜色的适应性是指颜色不同会让人产生不同的感知、思维、联想等一系列的心理活动。红色会让人联想到“血”、“火”等情景，引进危险感觉，所以选红色作为“禁止”信号最佳。黄色也会让人感到危险，但没有红色强烈，所以用黄色表示“注意”、“警戒”。绿色会让人联想到树木、水面的场景，给人感觉宁静、安全，所以用绿色作为允许通行的标志。

设置交通信号灯的目的在于确保交通安全，在此基础上保障交通畅通。因此首要环节就是停止通行，必须要是应该停止通行的车辆和行人及时停止。信号灯的颜色排列也是经过细心的推敲而得来的。所以把红色放在首要位置。若信号灯是垂直式装置的，则从上到下依次是红、黄、绿。若信号灯时水平装置的，则从左到右依次是红、黄、绿。

对交通信号灯的间距、色泽与亮度，也有一定的要求。交通信号灯应具有足够的亮度，车辆驾驶人在距信号灯150m以外的地点能辨清信号；信号灯光线对于所控制的路面方向上应有45°以上的散射角；信号灯应无假显示现象，在有阳光和其他光线影响时，也能清楚地辨认信号灯的准确颜色。信号灯亮度也有最低参照数值。透镜直径为25cm的信号灯，红色信号灯需有340烛光，绿色信号灯390烛光。考虑到误差问题，通常取值应大于上述参照值。

二、交通信号控制参数

道路交叉口是交通流汇合与分流的地方。在这里，自由通行行为导致的冲突数量随交通量的增加呈指数增加，若交叉口岔道数为 m，交叉冲突点数为 M，则 $M=m^2(m-1)(m-2)/6$，可见交叉口岔道 m 越多，冲突点就越多。交叉口的交错点有冲突点、合流点和分流点，后两种统称为交织冲突点。因此提高交叉口交通安全的措施就是减少冲突点。

没有通行控制的十字路口，如不考虑行人和非机动车，机动车按照交通规则直行、右转、左转自由通行，则会产生多个冲突点，如图11-32所示。

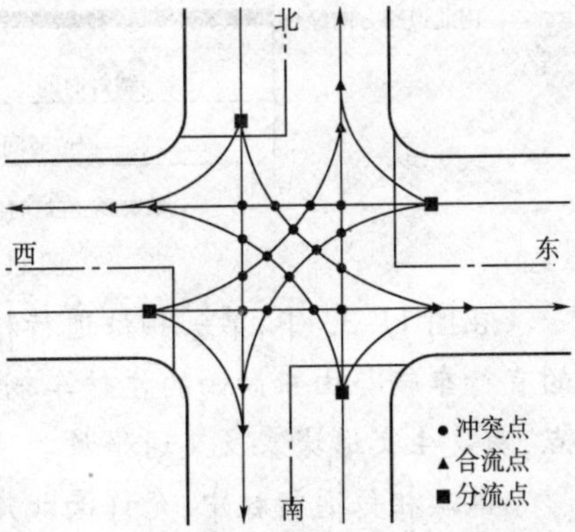

图11-32　十字交叉口机动车自由通行形成24个冲突点

（一）点控制参数

单道路节点信号控制简称点控制，可分为定周期式交通信号灯控制和感应式交通信号灯控制。定周期式交通信号灯控制可分为单段式和多段式。单段式是全天的控制时间里只有一个信号周期。多段式是把全天的控制时间分为若干段，每个时段具有对应的控制时间，可用来控制交通流量变化比较有规律的交叉路口，如三段式、五段式。

多时段的任何一个时段的信号控制都同单段式信号控制一样，有其各自的最佳周期和绿信比等交通控制参数。

1. 基本参数

交通信号灯控制的基本参数有周期、相位和绿信比三种。

周期，是指交通信号灯的红黄绿三色灯信号变换一周的时间，其数值等于红黄绿灯各显示一次的时间之和，以 s 为单位，用 C 表示。

相位，是表示交通信号按规定对交通流进行时间分离的控制程序，可简称为相。相位可分为二相位、三相位、四相位以及多相位。表 11-21 中列出了相位与冲突点的关系，如图 11-33 所示，详细解释了相位。

只有机动车通行的十字路口信号相位说与冲突点的数量　　表 11-21

相位数	交叉点	合流点	冲突点共计
无信号控制(零相位)	16	8	24
两相位	4	8	12
三相位	2	2	4
四相位	0	0	0

从表 11-21 中可以看出，一个相位代表一次通行的权力，相位越多，通行权力分配就越细，冲突点就越少。

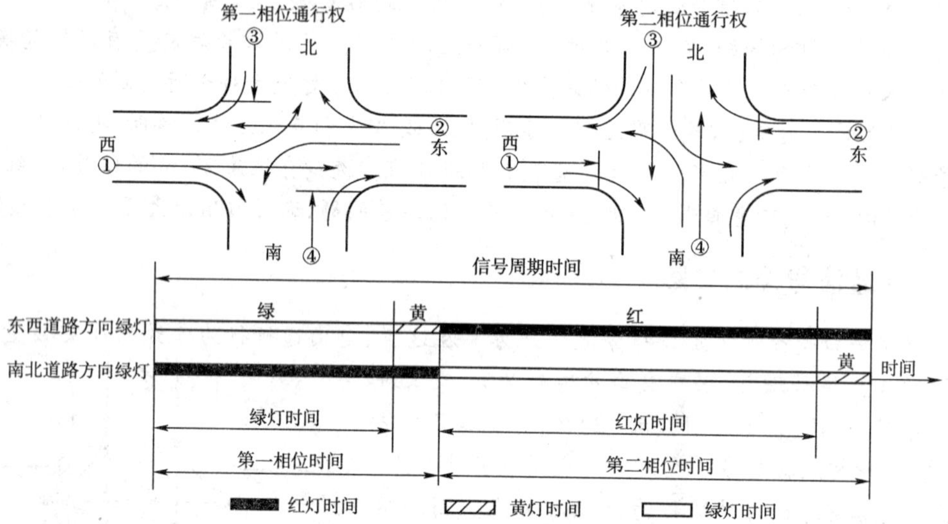

图 11-33　两相位信号控制与通行冲突

在图 11-33 中，第一相位通行权，使南北走向停止通行，允许东西通行。图中由西向东的直行车辆与由东向西的左转车辆和由东向西的直行车辆与由西向东的左转车辆产生冲突点，易发生交通堵塞及交通事故。

第二相位通行权中，允许南北走向车辆通行，禁止东西走向通行。同样产生了两个冲突点。由此可见，两相位信号控制并未消除左—直之间的冲突。可专设一个左转专用信号相位，可消除左—直之间的冲突。一个相位代表着一个通行能力的分配，相位越多，通行能力分配的就越细，冲突点越少。

如图 11-34 所示，为三相位的信号控制，在第三相位通行权中，南北走向的直行与左转产生了两个冲突点，可在南北走向的左转上加设一个左转专用信号相位，则可消除冲突点，变为四相位信号控制。

绿信比，是指一个信号周期内某相位的有效绿灯时间 t_G 与信号周期时长 C 之比，一般用 λ 表示，即 $\lambda = \frac{t_G}{C}$，绿信比是进行信号配时设计的最关键时间参数。某一信号相位的绿信比越大则越有利于该信号相位车辆的通行，却不利于其他信号相位车辆的通行，这是因为所有信号相位的绿信比之和必须小于1。某信号相位的有效绿灯时间是指一个信号周期内该信号相位能够利用的通行时间折算为理想利用时所对应的绿灯时长。有效绿灯时间与最大放行车流率(饱和流量)的乘积应等于通行时间内最多可通行的车辆数。有效绿灯时间=绿灯时间-黄灯时间-部分损失时间=绿灯时间-前损失时间+后补偿时间,其中后补偿时间=黄灯时间-后损失时间。

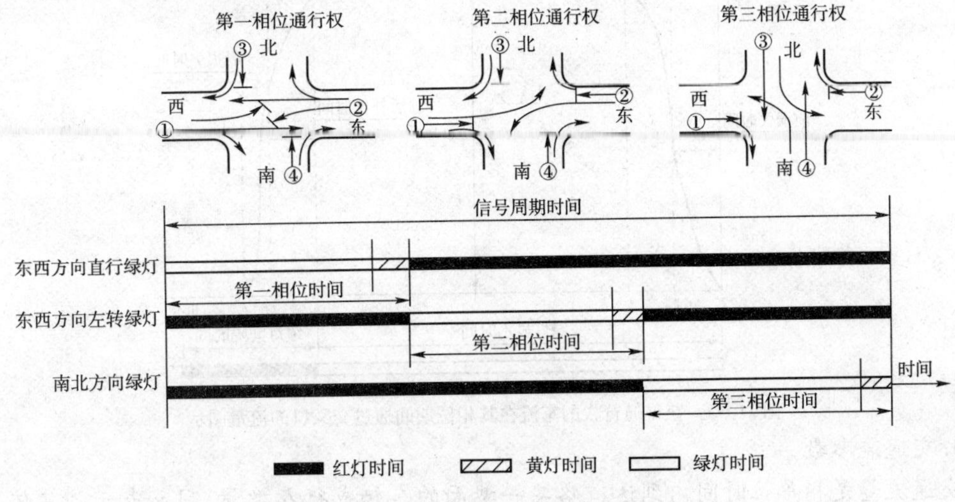

图 11-34　三相位信号控制与通行冲突

2. 时间参数

时间参数主要是部分损失时间,是指由于交通安全及车流运行特性等原因,在相位可以通行的时间内没有交通流运行或未被充分利用的时间。部分损失时间由前损失时间和后损失时间组成。前损失时间是指绿灯初期,排队车辆需要启动加速、驶出率较低所造成的损失时间。后损失时间是指绿灯结束时,黄灯初期已越过停车线的车辆可以继续通行所带来的补偿时间,后损失时间与后补偿时间之和等于后黄灯时间,也反应了黄灯的过渡性与两面性。在绿灯初期车流量由小变大,从零逐渐上升到最大放行率。黄灯期间车流量由大变小,从最大放行率逐渐下降到零。

最短绿灯显示时间,是指对各信号相位规定的最低绿灯时间限值,主要是为了保证车辆行车安全,因为绿灯持续时间若过短,则会是正在加速的车辆来不及制动或者使得驾驶人在缺乏思想准备的情况下制动,这会容易造成交通事故,是相当危险的。

绿灯间隔时间,是指一个相位绿灯结束到下一相位绿灯开始的中间一段时间间隔。主要是为了确保已通过停车线驶入路口的车辆,均能在下一相位的首车到达冲突点之前安全通过冲突点,驶出交叉口。绿灯间隔时间即相位过渡时间,通常表现为黄灯时间或黄灯时间加上全红时间。

全红时间是指路口所有方向均显示红色信号灯,全红时间是为了保证相位切换时不同方向行驶车辆不发生冲突、清理交叉口内剩余车辆所用时间。

损失时间,是指由于交通安全及车流运行特性等原因,在整个相位时间段内没有交通流运行或为充分利用的时间。损失时间=绿灯显示时间+绿灯间隔时间-有效绿灯时间=部分损失时间+全红灯时间。如图 11-35 所示,可以直观地反应以上各时间参数及其相互关系。

图 11-35 中,绿灯启亮时刻 t_0、放行车流率达到饱和流量的时刻 t_2、黄灯启亮时刻 t_3、红灯启亮时刻 t_5。在 $t_0 \sim t_2$ 时段,为放行车流率未达到饱和流量期间,放行车流率曲线与时间

围成的面积等于该时间段内通过交叉口的车辆数，可以等效于以饱和流放行时在 $t_1 \sim t_2$ 时间段内通过交叉口的车辆数，即等于 $t_1 - t_2$ 为底，饱和流量为高的虚线面积。后补偿时间为 $t_3 - t_4$，后损失时间为 $t_4 - t_5$。

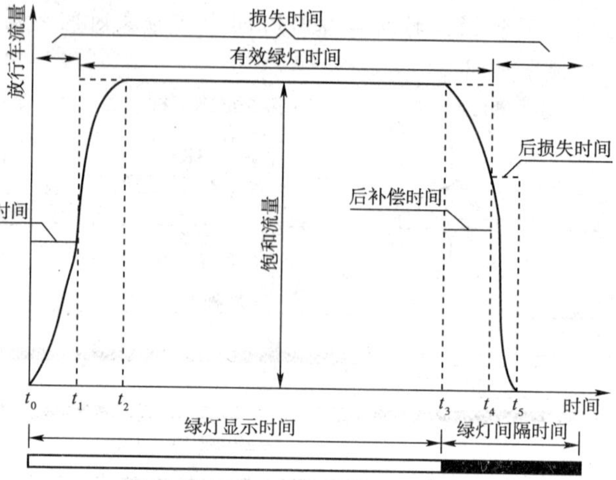

图 11-35　获得通行权的车流在其相位期间通过交叉口的流量图示

3. 交通流参数

交通流量是指单位时间内到达道路某一截面的车辆或行人数量，用 q 表示。其值在不同时间段内将围绕某一平均值上下波动。

饱和流量是指单位时间内车辆通过交叉口停车线的最大流量，即排队车辆加速到正常行驶速度时，用 S 表示。单位时间内通过停车线的稳定车流量。它取决于道路条件、车流状况以及配时方案，但与配时信号的长短基本无关。影响道路饱和流量大小的道路条件主要有车道 宽度、车道坡度，影响其大小的配时方案主要指信号相位的设置情况。

通行能力是指在现有的道路条件和交通管制下，车辆以能够接受的行车速度行驶时，单位时间内一条道路或道路某一截面所能通过的最大车辆数。

$$Q = S \times \lambda = S \times \frac{t_G}{C} \tag{11-24}$$

式中：Q——通行能力(辆/s)；

S——饱和流量(辆/s)；

t_G——有效绿灯时间(s)；

C——信号周期(s)；

λ——绿信比。

车道交通流量比是指道路的实际流量与饱和流量之比，用 y 表示。它在一定程度上反应道路拥挤状况，是进行信号配时比设计的一个重要依据。

$$y = \frac{q}{S} \tag{11-25}$$

式中：y——车道交通流量比；

q——交通流量(辆/s)；

S——饱和流量(辆/s)。

临界车道组交通流量比又称相位交通流量比，是指某信号相位中车道交通流量比的最大值，即关键车流的交通流量比。将信号周期内所有相位对应的关键车流的交通流量比累加,即为交叉口的总交通流量比,用 Y 表示。交叉口的总交通流量比与临界车道组交通流量比是影响信号配时设计的两个重要因素,前者决定信号周期大小的选用,后者决定各相位绿灯时间的合理分配。

饱和度是指道路的实际流量与通行能力之比,用 x 表示。$x=\frac{q}{Q}=\frac{q}{S}\times\frac{C}{t_G}=\frac{y}{\lambda}$,饱和度一般限制在0.9左右。实践证明,饱和度保持在0.8~0.9之间时,交叉口可以获得较好的运行条件;当交叉口的饱和度接近1时,交叉口的实际通行条件将迅速恶化。

4. 性能指标参数

性能指标参数之一是延误时间,它是反映信号交叉口延误是反映车辆在信号交叉口受阻、行驶时间损失的评价指标。也是一个能够综合反映交叉口的几何设计和信号配时优劣的评价指标。因其理论计算的结果难以精确符合实际情况,所以应当采用现场观测的延误数值作为评价依据。有条件的可做现场分析;无法现场观测时,采用估算方法。

车辆的停车次数即停车率,是指车辆在通过交叉路口时受信号控制影响而停车的次数,即车辆在受阻情况下的停车程度。其中并非所有的受阻车辆受到交叉口信号阻滞是都会完全停顿下来,有部分车辆可能在车速未达到0之前又加速至原来正常行驶的速度而驶离交叉口。所以根据车辆在受阻情况下的停车可分为完全停车和不完全停车两种。交叉口总的停车次数是指所有通过交叉口的车辆停车次数之和。交叉口的平均停车次数是指通过交叉口的车辆停车次数的平均值,它是衡量信号控制效果好坏的重要性能指标。对于一辆车而言,延误时间少,则停车次数也就小。但对于一个交叉口来说,其总延误时间少,总停车次数未必小。所以交叉口的平均延误时间与平均停车次数有一定关联性,但是也存在一定差异性。

(二)线控制

由于城市交通流量大,使得各相邻交叉口往往相互关联相互影响,因此关注某个交叉口的交通控制不能够解决城市主干道的交通问题。所以引进了干道交通信号协调控制系统,简称线控制系统。也称绿波系统。线控制是在点控制的基础上建立和发展起来的。线控制是把主干道上各个交叉口联系和协调起来,使得交通状态平滑化、规则化并形成"绿波"。

线控制是使得每个交叉路口的主干道方向放绿灯的时间延迟于相邻的交叉路口,以便车辆通过前一个交叉路口之后,在这个交叉路口仍遇到绿灯。所以在线控制中,各交叉路口使用的信号周期是相同的,绿信比不一定相同。线控制中的三个基本参数为公用周期时长、绿信比和相位差,合理的选择控制可以使主干道交通畅通,缩短运行时间,形成绿波带。

1. 公用周期时长

在线控制中,为使各交叉口的交通信号取得协调,交叉口的周期时长必须相等。先按单点定时信号配时方法确定出最大周期时长,以此作为交叉口的公用周期时长。周期时长最大的交叉口称为关键交叉口。在实际中,有些交叉口的交通量较小,实际需要的周期时长近乎于公用周期时长的一半,通常把这些交叉口的周期时长定为公用周期时长的一半,这样的交叉口叫双周期交叉口。实施双周期交叉口是为了增加车队通过带的宽度和减少延误时间,但同时由于双周期交叉口的周期时长仅为公用周期时长的一半,车队在这样的交叉口通常会被截成两部分,可能会破坏绿波效果,但是实施双周期的线控制方案也是优于其他方案才做出的选择。

2. 绿信比

线控制中，各信号绿信比是由各个交叉口各方向的交通流量比来确定的。因此各交叉口信号的绿信比不一定相同。

3. 相位差

相位差又叫时差或绿时差，通常用 O 表示。相位差又分为绝对相位差和相对相位差。

绝对相位差，是指各个交叉口主干道协调方向的信号绿灯(红灯)的起点或终点相对于某一个交叉口(一般为关键交叉口)主干道协调方向的信号绿灯(红灯)的起点或终点之差，如图 11-36 所示中 O_C。

相对相位差，是指相邻交叉口主干道协调方向信号绿灯(红灯)的起点或终点之间的时间之差。相对相位差等于两个绝对相位差之差。如图 11-35 所示中 O_{CB}。

相位是线控制系统中最重要的参数，其决定系统运行的有效性。在线控制中，常用绝对相位差的概念，即以一个路口的绿灯起始时间为基准，来确定其余路口绿灯启亮时刻。

如图 11-36 所示，两条平行于行车方向的线，平行线轨迹之间的空间叫做通过带。无论在哪个交叉口，只要车辆在通过带内的时刻，并以通过带的速度行驶，就可顺利通过各个交叉口。

通过带速度即车辆行驶轨迹的余切，表示沿交通干道可以顺利通过各交叉口的车辆平均行驶速度。

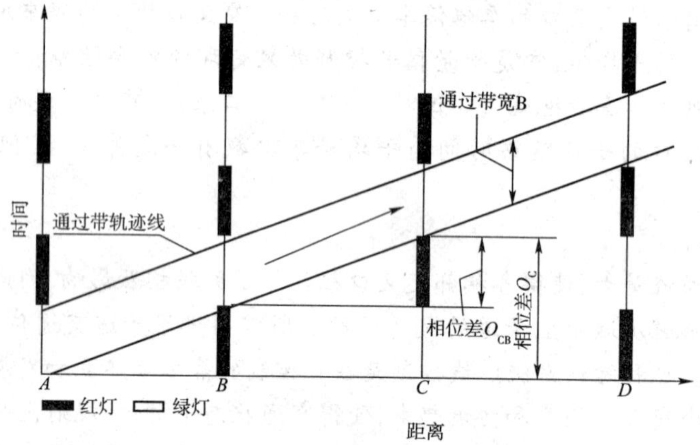

图 11-36　线控制系统时间—距离图

通过带宽度表示可供车辆使用以通过交叉口的时间。图中为两根平行轨迹的纵坐标之差。

(三)面控制

随着城市道路交通量的增长、路网密度的增大，交叉口之间的相关性也日益明显。城市中心区的交叉口路口比较集中，交通流密度较大，车辆行驶速度降低，高峰时出现交通堵塞。面对此现象，点控制和面控制往往不能有效的进行协调。必须将城市的某一个区域的所有交叉口有机的联系起来，实行集中控制，即面控制。

面控制的基本控制参数为周期、绿信比和偏移等。面控制系统具有比较全面的机能，控制效果显著。它的机能包括控制机能。诱导机能。监视机能和情报收集、分析、处理机能。整个控制系统通过多方面的有机配合进行工作，有效地引导交通流，达到交通安全和畅通的目的。交通信号面控制是城市道路交通管理现代化的方向和重要基础。

按控制策略不同分为定时式脱机控制系统和自适应式联机控制系统。定时式脱机控制系统利用交通流历史及现状统计数据，进行脱机优化处理，得出多时段的最优信号配时方案，存入控制器或控制计算机内，对整个区域交通实施多时段的定时控制。这种方案虽然简单可靠，但是不能及时响应交通流的随机变化，特别是当交通量数据过时、控制方案老化后，控制效果明显下降，此时则需要大量人力重新作交通调查，定制新的优化配时方案。自适应式联机控制系统是一种能够适应交通量变化的“动态响应控制系统”。控制方法是在控制区域交通网中设置检测器，实时采集交通数据，再利用配时优化算法，实现区域整体的实时最优控制。这种方法可以适应交通流的随机变化、控制效益高，但是投资大，对设备的要求高。

按照控制方式分为方案选择式控制系统和方案生成式控制系统。方案选择式控制系统通常需要几种典型的交通流状况，事先求出相应的最佳配时方案，将其存入计算机内，待到系统实际运行时再根据实时采集到的交通数据，选取最实用的控制参数实施交通管制。这种方法简单、实用性强。方案生成式控制系统是根据事实采集到的交通流数据，利用交通仿真模型与优化算法，实时计算出最佳信号控制参数，形成配时控制方案。这种方法优化程度高、控制精度高。

按控制结构分为集中式控制系统和分层式控制系统。集中式控制系统是利用一台中、小型计算机或多台微机连接区域内所有交叉口的路口信号控制机，在一个控制中心直接对区域内所有交叉口进行集中信号控制。这种方法结构简单、操作方便、研制和维护较容易。但是系统存在实时性差、投资与维护高的缺点。分层式控制系统是将整个控制系统分成上层控制和下层控制。上层控制接受来自下层控制的决策信息，并对这些信息进行整体协调分析，从全系统战略目标修改下层控制的决策，下层控制根据修改后的决策方案，再做调整。影响因素与点、线控制相同，主要控制参数为周期、绿信比等。

三、交通信号控制设计

从控制效果来说，单点信号控制即点控制没有多个交叉口在内的干道协调控制与区域协调控制更具优势。但是点控制的作用不容忽视，点控制是交通信号控制的基本形式，是实现线控制和面控制的基础。单点交叉口信号控制分为定时控制方式和感应控制方式。

干道信号协调控制即线控制，是将一条干道上的一批相邻的交通信号连接起来，加以协调控制。

区域信号协调控制即面控制，将一定区域内的所有交叉口以一定的方式联结起来作为研究对象。

1. 设计交通量

定时信号配时设计内容包括确定多段式信号配时的时段划分、配时时段内的设计交通量、交叉口车道渠化与交通信号相位方案、信号周期时长、各相位信号绿信比，以及性能指标的计算和服务水平的评估。

设计交通量的确定，要根据各时段各进口道各流向的设计交通量的需要分别计算设计。对某一交叉口的第 i 时段第 j 进口道第 k 流向的车流，其设计交通量用 q_{ijk} 表示。

$$q_{ijk} = 4 \times q_{ijk15\text{min}} \tag{11-26}$$

式中：$q_{ijk15\text{min}}$——实测到的第 i 时段第 j 进口道第 k 流向车流的高峰小时中最高 15min 的流率。

当无第 i 时段第 j 进口道第 k 流向车流的高峰小时中最高 15min 的流率实测值时可用

下列公式计算：

$$q_{dijk} = \frac{q_{ijk}}{(PHF)_{ijk}} \tag{11-27}$$

式中：q_{ijk}——第 i 时段第 j 进口道第 k 流向车流的高峰小时交通量；

$(PHF)_{ijk}$——计算系数，对主要进口道时取0.75，对次要进口道取0.8。

2. 车道渠化方案

应根据进口道各向车流的设计交通量确定各流向的车道数。进口车道数少时，不应设置专门的左转、右转车道，可设置直左、直右车道。在交叉口行驶的车辆速度较低，所以交叉口进口道宽度可略小于路段上的，一般可取3.0～3.25m。设置交叉口出道口是应注意与信号相位设计同时考虑，保证在同一相位中，进口道数目与出口道数目匹配，避免车道利用率偏低、车辆拥挤、交叉口通行效率较低的状况发生。

3. 信号相位方案设计

交叉口信号信号相位方案需要以交叉口特征和交通流运行状况为基础，综合考虑交通流运行效率、交叉口交通安全以及交通参与者交通心理等因素后，进行精确设计。

4. 信号周期时长计算

最短信号周期时长，用 C_m 表示，其算式见式(11-28)。就满足交叉口通行能力要求而言，信号周期时长的选择有一个底线，即信号周期无论如何都不能低于这个限制，否则不能满足通行能力。

$$C_m = \frac{L}{1 - Y} \tag{11-28}$$

式中：C_m——最短信号周期；

L——全部关键车流总的绿灯损失时间；

Y——全部关键车流总的交通流量比。

设计中采用最佳信号周期时长是使得关键车流平均耽误时间最小的周期时长，用 C_o 表示。因为若是采用最短信号周期时长作为交叉口信号控制周期，交叉口的饱和度为1，使得随机平均耽误时间将显著增加，控制效果很不理想。最佳信号周期时长可用下式计算：

$$C_o = \frac{1.5L + 5}{1 - Y} \tag{11-29}$$

式中：C_o——最佳信号周期时长；

L——全部关键车流总的绿灯损失时间。

5. 相位绿灯时间

相位绿灯时间分配通常以平均车辆阻滞延误最小的为原则要求各股关键车流的饱和度应大致相等，相位绿信比与相位交通流量应大致成正比。相位绿灯时间的分配也可以参照饱和度实用限值进行，此时相位绿信比将与满足该相位通行能力要求所必要的绿信比成比例。

6. 交叉口相位差

单向干道协调控制是指以单方向交通流为优化对象的线控制方法。因为只顾及单方向的交通信号协调，所以相位差容易确定。单向干道协调控制中的相邻交叉口相位差公式如下：

$$O = \mathrm{mod}\left(\frac{S}{v}, C\right) \tag{11-30}$$

式中：O——相邻交叉口相位差(s)；

S——相邻交叉口停车线间的距离(m)；

v——线控制系统中车辆可连续通行的车速(m/s)；

C——信号交叉口周期时长(s)。

7. 停车线间距离

同步式干道协调控制中的相邻交叉口停车线间的距离，即双向协调控制中的相邻交叉口停车线间距离计算：

$$S = nvC, n \text{ 为正整数} \tag{11-31}$$

交互式干道协调控制中的相邻交叉口停车线间的距离计算：

$$S = \frac{mvC}{2}, m \text{ 为奇数} \tag{11-32}$$

上述控制参数是设置交叉口的信号灯控制的一部分重要参数。可通过参数的计算得出信号灯的相关数据。这些公式主要描述了设计交通量、车道渠化方案、信号周期时长、相位绿灯时间、交叉口相位差。除了控制参数外，还有线控制中的公用周期，绿灯时差等参数。随着交通控制技术的不断发展，交通信号控制正在不断地趋于更系统更细致，对交通流的控制也不断地完善。这里限于本书篇幅，不再探讨。

特别指出，在交通信号控制所涉及的基本概念中，通行能力、饱和度、延误时间和停车次数是反映车辆通过交叉口时动态特性和进行交叉口信号配时设计的四个基本参数。交通信号控制的目的是要寻求较大的通行能力、较低的饱和度，从而使通过交叉口的全部车辆总延误时间最短或停车次数最少。尽量消除交叉口的冲突点，有效控制交叉口的交通流。交通信号控制中的点控制是线控制和面控制的基础，信号控制主要靠一些控制参数来实现对交通的疏导，所以参数的控制是确定信号控制的基础。虽然交通事故和交通阻塞是不可避免的，但可以尽量利用信号灯控制减少交通事故的发生，缓解交通阻塞现象。

第六节　高速公路与城市快速路 ETC 系统设计

ETC (electronic toll collection system)又称为不停车收费或全自动收费，即收费全过程不需要人工参与，完全自动地、不停车地完成。近年来，收费站的车辆排队堵塞情况也就更加严重，所浪费的不仅仅是时间和大量的资源，同时造成了严重的污染，加大了收费站区路面损坏程度，增加了道路养护资金的投入。可以说，ETC 系统是未来高速公路和城市快速路收费管理中必不可少的辅助收费系统。

ETC 是电子技术、计算机技术、射频应用技术以及信息通信技术的产物。通过安装在汽车上的车载装置(即电子标签，存储与车辆有关的大量信息，如车辆型号、车辆号码、车主的有关资料等)，通过收费站时与安装在收费车道的读写收发器，以微波的方式进行快速的数据交换，系统按相应的标准计算费额，通过联网的银行、结算中心和提前预缴的储值卡进行结算，实现车辆的不停车收费。这种收费系统每车收费耗时不到两秒，其收费通道的通行能力是人工收费通道的 5 到 10 倍。

一、ETC 车道的设置位置和原则

ETC 车道一般设置在收费广场的内侧，从双向收费岛两侧的车道开始依次设置，如图 11-37 所示。

当广场中央车道为军警、特勤等专用车道，或中间若干车道被设置为往复车道时，ETC车道可设置在广场的最外侧车道。

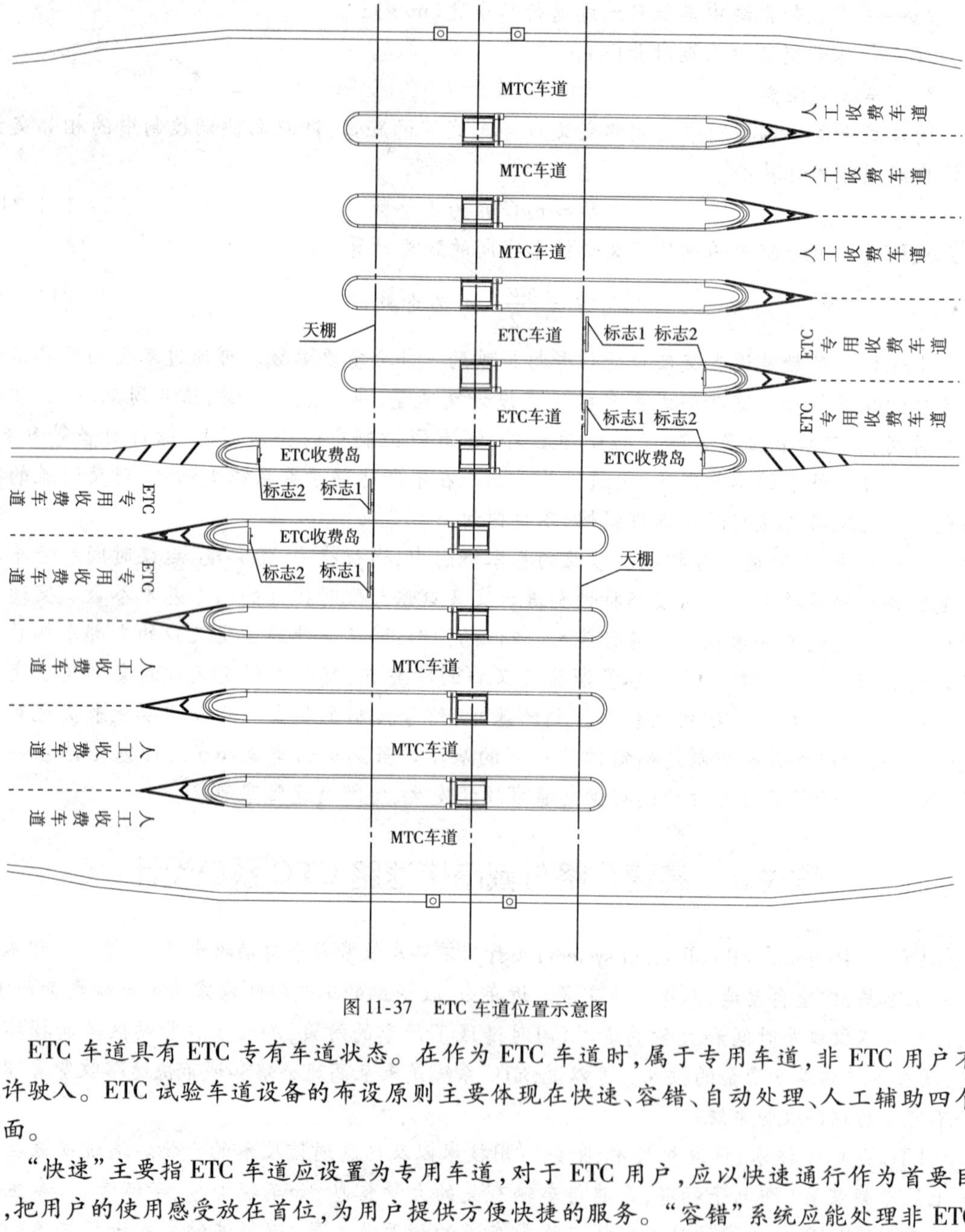

图 11-37　ETC 车道位置示意图

ETC 车道具有 ETC 专有车道状态。在作为 ETC 车道时，属于专用车道，非 ETC 用户不允许驶入。ETC 试验车道设备的布设原则主要体现在快速、容错、自动处理、人工辅助四个方面。

"快速"主要指 ETC 车道应设置为专用车道，对于 ETC 用户，应以快速通行作为首要目标，把用户的使用感受放在首位，为用户提供方便快捷的服务。"容错"系统应能处理非 ETC 用户的误入、OBU 与 RSU 认证失败等多种特殊情况，对于这些异常情况，也应以车辆快速通过为目标，尽量减少或避免对后续车辆的影响；自动处理主要指正常情况下，ETC 车辆不停车通过，无需人工干预，所有流程由计算机控制自动完成；人工辅助指当出现 OBU 认证失败等异常情况，或非 ETC 车辆误入时，通过人工辅助的方式完成交易并放行。ETC 收费车道系统不提供通行费票据。通行费票据由发行机构或客户服务中心根据用户消费情况，向用户提供通行费票据。

二、ETC 的组成与技术特点

(一)ETC 的组成

ETC 的组成与 ETC 系统收费能力密切相关。通常情况下,ETC 车道的单条电子收费车道通行能力不小于 800 辆/h;一般车辆通过 ETC 车道的设计速度为 20km/h;路侧设备和 OBU 之间完成一个交易的时间不大于 270ms;要求每万笔电子收费交易不能有多于 5 次的错误、车辆分辨最小距离为不大于 1.1m;电子收费车道信息保存量至少为 10 万次电子收费交易记录。

ETC 的组成包括以下内容,如图 11-38 所示。

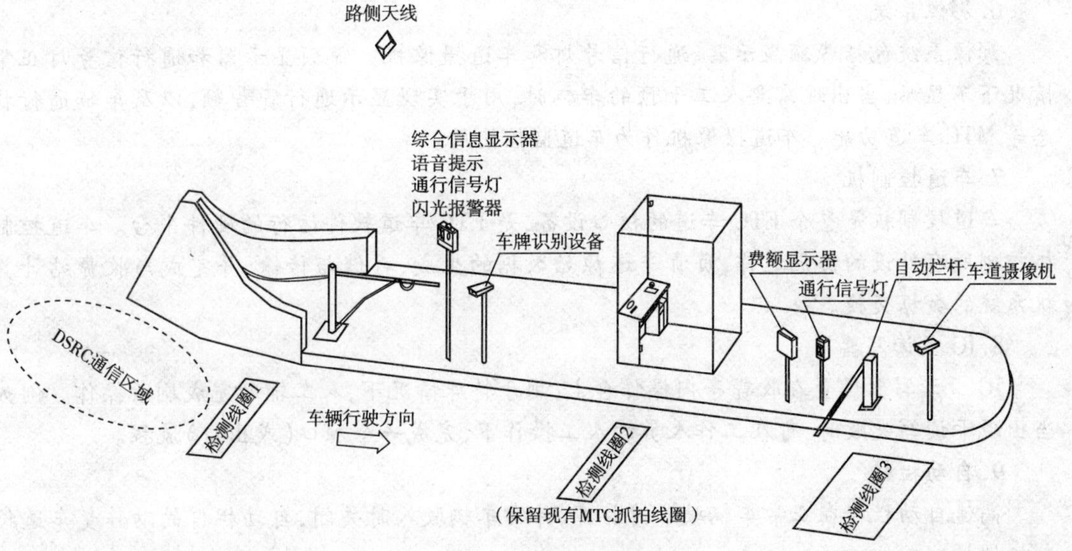

图 11-38　ETC 组成示意图

1. ETC 路侧设备(RSU)

设置在收费亭内或与天线一体,用于完成和车载电子标签的通信,以及与车道控制机的数据传输。

2. ETC 路侧设备的读写天线

吊装在收费天棚上,用于完成与电子标签(OBU)的无线通信。安装位置与天线的角度、检测线圈 1 的位置、无线通信区域覆盖范围有关,需要在现场进行调整。无线通信区域纵向距离为 4 ~ 8m。

3. 车辆检测器和检测线圈

检测器设置在收费亭内,用于将来自检测线圈 1 的信号转变成 I/O 信号。检测线圈 1 设置在无线区域后。在实际安装时可结合路侧设备的无线通信区域进行调整。

检测线圈 1 用于检测车辆的驶入和车辆的记数、触发车牌识别和图片抓拍、异常车辆驶入的检测、触发综合信息显示器的信息提示等。

线圈 1 的宽度尽可能小(纵向长度为 800mm),以避免将相邻车辆检测为一辆车。

对于水泥混凝土路面下有钢筋,无法安装线圈检测器的则安装红外检测器。

4. 综合信息显示器

设置在检测线圈 1 与车牌识别设备之间,其位置应保证:驶入检测线圈 1 的车辆能够看到显示的文字信息、信号灯的状态(绿色、黄色或红色)。

对于入口 ETC 车道，显示的文字信息主要包括：正常情况下显示红色文字：例如“欢迎”。异常情况下显示红色文字：例如“标签无卡”。车辆牌照信息。

对于出口 ETC 车道，显示的文字信息与入口处相似。

其中的闪光报警器主要用于提示工作人员：出现异常情况或交易不成功，需要人工处理，例如通过人工指示的方式，指示车辆停车接受服务。

5. 车牌识别设备

用于对驶入的车辆提取车牌信息，并抓拍一副清晰的图片。其安装位置应注意避免前车对后车的遮挡，并满足车牌识别的功能要求，设置位置一般距离触发线圈前沿 4 ~7m。触发信号由检测线圈 1 提供。

6. 影像系统

影像系统包括费额显示器、通行信号灯和车道摄像机。费额显示器和通行信号灯正常情况下不显示，当出现需要人工干预的车辆时，用于实现显示通行费费额，以及车辆通行状态等 MTC 车道功能。车道摄像机作为车道监控使用。

7. 车道控制机

车道控制机是整个 ETC 车道的核心设备，是 ETC 车道软件运行的硬件平台。车道控制机控制所有外设的协调运作，负责车道原始数据的生成、存储与传输，并完成与收费站计算机系统的数据交换。

8. IC 卡读写器

IC 卡读写器设置在收费亭内操作台上，用于特殊情况下，人工辅助完成刷卡操作。例如当出现卡读写失败时，可在工作人员的人工操作下，完成一个入口（或出口）流程。

9. 自动栏杆

高速自动栏杆在正常车辆驶入时打开，异常车辆驶入时关闭，自动栏杆的动作受车道控制机的控制。

10. 专用天棚标志

ETC 车道专用天棚标志安装在原有的天棚标志上方，车道开启时显示黄色“ETC”，同时明显指示 ETC 专用车道的位置；车道关闭时显示红色“X”。

（二）ETC 的技术特点

1. 适用环境

ETC 技术特别适于在高速公路或交通繁忙的城市快速路以及桥隧环境下采用。在传统采用车道隔离措施下的不停车收费系统通常称为单车道不停车收费系统，在无车道隔离情况下的自由交通流下的不停车收费系统通常称为自由流不停车收费系统。实施不停车收费，可以允许车辆高速通过，故可大幅度提高公路的通行能力，并降低收费管理的成本，有利于提高车辆的营运效益；同时也可以大大降低收费口的噪声水平和废气排放。由于通行能力得到提高，所以，可以缩小收费站的规模，节约基建费用和管理费用。另外，不停车收费系统还是一种通过经济杠杆进行交通流调节的切实有效的交通管理手段。对于交通繁忙的大桥、隧道，不停车收费系统可以避免月票制度和人工收费的众多弱点，可有效提高道路或市政设施的资金回收能力。

2. 非接触操作

在 ETC 技术中，双界面 IC 卡插在双片式电子标签中，车辆通过双片式电子标签，与车道上的路旁单元进行通信和读写操作，不停车地通过 ETC 车道。在 MTC 车道：驾驶员可以从双片式 ETC 电子标签中拔出双界面 IC 卡,以非接触操作的方式刷卡。组合式 ETC 系统涉及的短程通信协议为 5.8G 频段技术,具有本身采用加密机制、可靠性高、发射功率稳定、传输速度高(500kb/s)等特性。

3. 通信标准

电子不停车收费系统建设采用的主要技术标准是电子收费相关国家标准和交通运输部行业规范,包括电子收费专用短程通信标准(GB/T 20851)、交通运输部《公路联网收费技术要求》等。ETC 和人工刷卡两种方式的组合应用,在 ETC 专用车道还未大规模普及时,人工刷卡方式作为一种低成本的非现金收费方式,可以非常方便的与现行的人工收费系统融合。

三、ETC 车道的设计

ETC 是利用专用短程微波通讯技术,通过路侧单元(RSU)与车载单元(OBU)的信息交换,自动识别车辆,采用电子支付方式,自动完成车辆通行费扣除的全自动收费方式。当 ETC 系统检测到车辆进入 ETC 车道的时候,安装在龙门架上的微波天线与安装在汽车挡风玻璃上的电子标签自动进行信息交换,与微波天线相连接的 ETC 车道计算机根据电子标签中存储的信息识别出车辆信息,并根据车主的使用情况从其账号中扣除通行费。如果其银行账号中余额不足,则由显示设备提醒驾驶员进入 MTC 车道。整个收费过程无需人工干预,用户可不停车快速通过 ETC 收费车道。

(一)通信系统设计

电子不停车收费技术中车辆自动识别系统所采用的专用短程通信频率一般采用 5.8GHz 电子标签宜采用可读写的“单片式”(可读写智能电子标签)或“两片式”(带 IC 卡接口的电子签)。“两片式”电子不停车收费系统应与人工半自动收费系统兼容。以 5.8GHz 短程通信标准为专用短程通信(dedicated short range communication, DSRC)标准。我国 DSRC 通信技术指标频段:5.795 ~ 5.815 GHz;输出功率:300mW;调制方式:ASK, BPSK;通信距离:10m。选用 5.8GHz 作为微波短程通信中心频段有背景噪声小,抗干扰性较好等特点。

(二)路侧设备(RSU)技术

路侧设备指安装在路侧的 ETC 设备及其辅助设备,其功能是与车载单元通信完成 ETC 收费交易、检测车辆和抓拍违章车辆图像等。RSU 通常由以下部分组成:

(1)路边设备控制器:是一台计算机设备,通常与天线及其控制器、抓拍系统、车辆检测器互联,对于具有收费岛的单车道 ETC 系统,与之互联的还有通行信号灯、电动栏杆等外设。路边设备控制器完成对所连接设备的各种控制功能、通信功能和处理功能。

(2)天线及其控制器:实现与车载 OBU 之间的通信。

(3)抓拍系统:抓拍系统是针对违章车辆以及无电子标签车辆的电子记录系统,用于事后对这些车辆进行通行费追缴和违章处罚。

(4)车辆检测器:对车辆的到来进行检测,以及对来车的车型进行分类。

(5)其他的辅助设备,如电源、照明等。

车道天线接收从天线控制器传来的数据信号,信号经调制和功率放大后经天线口面辐射出去。当 ETC 用户驾车经过 ETC 车道时,电子标签被车道天线信号激活,进入工作状态,根据接收到的命令向车道天线回送相应的响应数据。车道天线通常由电源单元、RS 485/422 通信接口、振荡器、发射单元、接收单元、数据处理单元、外部信号指示器、喇叭天线或微带天线构成。

天线控制器从车道控制计算机系统接受通信请求，形成符合 DSRC 标准通信协议的数据帧，通过车道天线将数据帧发给车道上的电子标签，并接收和解析从电子标签返回的数据，再上传给车道控制计算机系统。天线控制器通常内置多块控制模块，每个控制模块可以控制一个车道天线。天线控制模块通常由 PC 通信接口单元、双端口存储器(DPRAM)、通信协议处理单元、RS 485/RS 422 天线接口单元构成。PC 通信接口单元负责天线控制模块与车道控制计算机的数据通信，他可以是 PC 总线接口，也可以是 RS 232 接口。

(三)电子标签的选取

ETC 收费系统大多数是采用组合式电子标签。组合式电子收费是一种基于两片式电子标签的组合式收费技术。组合式电子标签是一种两片式电子标签，其带有标准的 IC 卡接口(通常为 ISO 7816 规格的接触式 IC 卡接口或者 ISO 14443 规格的非接触 IC 卡接口)，与 IC 卡共同组成一套完整的两片式 ETC 车载设备。采用该技术基于 IC 卡作为收费介质的收费系统，具有兼容人工半自动收费(MTC)和电子不停车收费(ETC)的能力。

(四)车辆分类系统设计

为了对不同车型按照不同的费率实施收费，必须对车辆进行分类。分类系统设计划分为前分类系统(pre - classification)和后分类系统(post - classification)。前分类系统能够使收费系统计算通过车辆的正确费率；后分类系统用于核实所通过车辆是否按照车型实施了正确收费。

通过传感器对车辆高度、轴数、是否装备双胎以及车重等要素进行检测，检测结果通过数据采集卡送入软件系统进行判断比较，从而确定收费金额。

(五)视频监控系统(VES)

VES 不依赖于 ETC 的电子标签，而是通过摄取车牌的图像来获取车牌号码、车籍资料等信息，并将缴费通知寄给车主。用于事后追踪逃费者，追回漏征费用并实施罚款的依据，以减少漏征费用损失并起到威慑作用。

(六)软件系统设计

组合式收费系统不仅要使 ETC 和 MTC 两种收费方式分别进行互不干扰，还要使两种收费方式相互统一相互协调，这在硬件上是无法统一的，因此软件系统就担负了这个任务。

(七)收费系统设计

ETC 车道收费子系统包括：认证交易模块、车型分类库模块、账户管理模块、数据管理模块、账务管理模块、系统管理模块、统计查询和报表打印模块等。设计要求如下：

(1)认证交易模块：对于进入 ETC 车道通信区的车辆，交易认证模块负责向硬件设备发出通信命令，对安装在车辆上的电子标签进行读写操作以获得车辆的账户信息和余额查询，如果账户无效或余额不足，则向显示设备发出命令，通过显示设备告诉驾驶员由 MTC 车道通过。如果账户和余额都没有问题，则根据车型分类库模块提供的收费标准对车辆实施收费，并确认交易是否成功。如果交易不成功，则通知硬件设备再次进行收费操作，当车辆已经通过通讯区仍然没有完成交易，则将收费不成功信息发送给中心服务器，将在下一个收费站或者出口收费。如果交易成功，则报告给账户管理模块，由账户管理模块向中心服务器报告此次收费操作细节。

(2)车型分类库模块：负责接收由 AVC 提供的车辆信息，再与车型分类库中的车辆参数相比较，确定收费标准。并通知交易认证模块，准备收取多少数额的通行费。

(3)账户管理模块:负责对新卡的初始化、黑名单管理、向中心服务器核对车辆信息及报告收费细节,包括收费的用户账号、收费金额、收费时间、收费地点等信息。

(4)数据管理模块:负责本车道的车辆收费数据管理、数据备份与恢复。

(5)账务管理模块:负责统计本车道的财务管理和向收费站服务器汇报财务信息。

(6)系统管理模块:负责系统维护、参数设置、密码管理、断点保护等。

(7)统计查询和报表打印模块:负责本车道的数据统计、查询及报表打印。

(八)辅助交通设施设计方案

ETC 车道相关配套的安全设施也应在设计初期也应做相应考虑,既能够适应北京市电子收费系统的安全与诱导,又带有一定的通用性,可向整个京津地区或更大范围内推广。满足专用车道的要求。

ETC 车道标志标线要尽可能醒目,帮助驾驶员快速分辨 ETC 车道的设置位置。ETC 专用标志标线主要包括以下内容:ETC 预告标志、ETC 车道指示标志、ETC 车道岛头标志、ETC 车道地面标线和文字。

1. ETC 预告标志

ETC 预告标志是用于指示高速公路 ETC 收费站的位置。预告标志可设置在距 ETC 收费站广场渐变段前 2km、1km、500m 的位置。ETC 收费站广场渐变段起点处设置 ETC 收费站标志。

2. ETC 车道指示标志

ETC 车道指示标志包括广场前指示标志和车道指示标志。广场前指示标志设置在收费广场前,用于指示 ETC 车道在收费广场的位置,车道指示标志一般附着在 ETC 车道正上方的天棚上,用于指示 ETC 车道的具体位置。

3. ETC 车道岛头标志

ETC 车道岛头标志一般设置在 ETC 车道岛头,内容为 ETC 专用,保持车距,限速 20km/h。ETC 车道地面标线包括:双实线、虚实线等多种组合形式,并可配合震动标线、视觉标线、警示桩等辅助设施。

4. ETC 车道地面文字

ETC 车道地面文字一般包括:ETC 专用、限速等内容。

四、ETC 车道操作流程

(一)车道状态

车道系统面向用户的状态划分为正常工作状态、人工处理状态、系统维护状态。

状态之间的切换需要进行权限认证,认证的方式可以是输入用户名和密码的方式,也可以是通过员工身份卡刷卡方式。如图 11-39 所示的状态切换中:实线标识的箭头表示在切换时需要进行权限认证才能进行状态切换,虚线标识的箭头表示在切换是不需要权限认证。

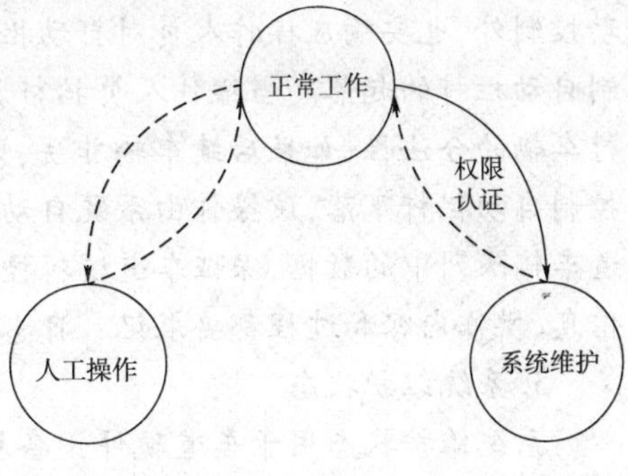

图 11-39 车道状态转换权限

1. 正常工作状态

ETC 车道处于正常工作状态时,车道系统可自动检测车辆的到来、判定到来车辆的合法性、依据车辆合法性控制自动栏杆、控制车辆抓拍和车牌识别、向驾驶员发布提示信息、保存过车记录、恢复车道状态、并自动按规定与收费站、结算中心等机构进行数据交换。

当有合法车辆进入ETC车道时,系统自动控制车道交通辅助设施,且抬栏杆放行到达车辆。车辆离开时,能判断是否有合法车辆需要连续通过,有则保持栏杆抬起状态,否则落下栏杆;当有非法车辆进入ETC车道时,系统放行完毕其前边的合法车辆后(如果其前边有合法车辆),立刻将其拦截在车道内并使车道进入锁定状态,同时声光提示工作人员ETC车道需要人工处理,且后续合法车辆产生的控制信息不能放行前面的非法车辆。

当系统检测到合法的电子标签但交易出现异常情况时,系统自动进入人工处理状态,等待人工刷卡操作(由司机主动完成,或收费员辅助完成),人工刷卡成功后放行。

当车道系统出现硬件故障时,为了方便硬件故障排查,这时操作员如果按下"系统维护"切换键,系统应能进行权限验证,来验证通过与否。之后,系统进入"系统维护"状态,方可进行故障处理。

2. 人工处理状态

通过ETC车道的车辆出现异常情况时,需要停车接受处理,且都需要在"人工处理状态"下完成。"人工处理状态"下处理的特殊事件可以归纳为在ETC车道可以继续处理的特殊事件和需要在MTC车道处理的事件两类。

ETC车道可以继续处理的特殊事件主要包括:OBU认证通过,交易未完成或不成功,卡片正常,ETC车道的IC卡读写器成功完成对卡片的读写操作。

需要在MTC车道处理的事件主要包括:OBU认证失败或未检测到OBU;卡片被判断为无效或其他非正常情况,人工收费系统具有相应的处理功能;卡片被ETC车道判定为坏卡,或卡片在黑名单中,无法继续完成ETC交易;其他异常事件中,现有的MTC车道已具有相应处理功能。

对于ETC车道可以继续处理的特殊事件,系统可从正常状态自动切换到人工处理状态。流程结束后,产生的数据记入ETC车道数据库中。对于需要在MTC车道处理的事件,在处理完成后,车辆的放行需要由ETC车道系统控制完成,此时ETC车道系统应屏蔽其他操作,只允许操作栏杆机。流程结束后,产生的数据不计入ETC车道数据库,但应将操作数据和操作过程保存在日志中,或存放在单独的数据表中备查。

人工处理状态下,车道系统仍然可以自动检测车辆的到来、判定到来车辆的合法与否、控制车辆抓拍和车牌识别、向驾驶员发布提示信息、恢复车道状态、保存过车记录,并定时进行数据的传输和接收等。只是对自动栏杆的控制,除了需要系统依据当前车道车辆状态自动控制外,也要响应操作人员对自动栏杆的控制命令。操作员可用"抬杆"键和"落杆"键控制自动栏杆的起落。当操作人员抬杆放行当前车辆后,系统需要自动检测判定后续等待通行车辆的合法性,如果后续车辆非法,则系统需要自动落下栏杆。一般情况下,操作员不必控制自动栏杆下落,该操作由系统自动控制,但人工落杆操作可保留。系统应能正确处理车道车辆队列中的数据,保证车道逻辑控制的正确性。人工处理状态下的所有键盘操作、人员信息、操作内容和过程都要求记入日志中保存。

3. 系统维护状态

系统维护状态用于车道硬件设备检测(测试栏杆、天线、线圈、抓拍、报警器、信息显示屏)、网络状况测试、数据查看和关闭车道系统,在该状态下车道停用。系统维护状态功能如下:可单个检测设备状态的正常与否,检测的类目有:天线、图像抓拍识别设备、自动栏杆抬落、报警器报警启动与停止、交通指示灯指示状态变换、信息显示屏显示与清除、线圈检测功能正常与否。测试 ETC 车道的网络状况,检测网络是否正常。查看由中心下发的黑、灰名单;查看车道过车记录。正常关闭车道系统。

操作人员在系统检测完毕后,按下"正常工作"切换键,系统可自动恢复到前边所描述的正常工作状态。

(二)操作流程

1. 入口车道操作流程

入口车道操作流程中包括以下基本步骤:车道初始状态、检测有无车辆进入、电子标签有效性判断、卡片有效性判断、黑名单判断、写入入口信息、完成入口交易。

(1)车道初始状态

当没有车辆进入车道时,车道处于初始状态,此时:雨棚信号灯显示黄色"ETC",车道处于开通状态。自动栏杆落下。综合信息显示屏的信息显示单元清除、信号灯显示红色、报警器关闭。车检器与路侧天线均处于工作状态。

(2)检测有无车辆进入

当路侧天线未检测到电子标签,并且车检器 1 没有检测到车辆时,系统判定没有车辆驶入,系统处于前一状态中。当路侧天线检测到电子标签,或者车检器 1 检测到车辆时,系统均判定有车辆驶入。当路侧天线检测到电子标签后,系统流程进入步骤三。当路侧天线没有检测到电子标签,而车检器 1 检测到车辆时,系统判断非法车辆驶入,系统提示车辆停车接受人工辅助处理,系统等待切换到人工处理模式。

此时,系统的反应包括:触发车牌识别摄像机动作,进行车牌识别和图像抓拍;同时综合信息显示器的报警器报警,信息显示单元给出提示信息,信号灯显示红色;系统根据车道队列情况控制栏杆状态。

(3)电子标签有效性判断

当路侧天线检测到电子标签后,开始对电子标签进行有效性判断。判断时,必须读取的数据包括:发行方标识、电子标签编号、电子标签类型、有效时间、电子标签网络号、电子标签版本号。根据读取的数据进行有效性判断,若判断有效则进入下一步骤。若判断为无效,系统判断电子标签无效或异常,系统提示车辆停车接受人工辅助处理,系统自动切换到人工处理模式。

此时,系统的反应包括:触发车牌识别摄像机动作,进行车牌识别和图像抓拍;同时综合信息显示器的报警器报警,信息显示单元给出提示信息,信号灯显示红色;系统根据车道队列情况控制栏杆状态。

(4)卡片有效性判断

当电子标签有效性判断通过后,系统开始对电子标签中的卡片进行有效性判断。进行卡片有效性判断,必须读取的卡片信息包括:发卡方标识、卡类型、卡编号、卡版本号、卡片网络编号、卡片有效时间。根据读取的卡片数据进行卡片有效性判断,若判断有效则进入步骤五。若判断为无效、读取卡片失败、未插卡等情况时,系统判断卡片无效或异常,系统提示车辆停车接受人工辅助处理,系统自动切换到人工处理模式。

此时,系统的反应包括:触发车牌识别摄像机动作,进行车牌识别和图像抓拍;同时综合信息显示器的报警器报警,信息显示单元给出提示信息,信号灯显示红色;系统根据车道队列情况控制栏杆状态。

(5)黑名单判断

当卡片有效性判断通过后,系统开始对卡片进行黑名单判断。若卡片不在黑名单中,则写入入口信息。

若卡片在黑名单中,系统在显示终端上显示黑名单类型,并提示车辆停车接受人工辅助处理,系统自动切换到人工处理模式。

此时,系统的反应包括:触发车牌识别摄像机动作,进行车牌识别和图像抓拍;同时综合信息显示器的报警器报警,信息显示单元给出提示信息,信号灯显示红色;系统根据车道队列情况控制栏杆状态。

(6)写入入口信息

若卡片不在黑名单中,系统向卡内写入入口信息。写入的入口信息包括:路网编号、路段编号、收费站编号、车道编号、入口时间、入口状态标识、车型。若成功写入入口信息,则进入步骤(7)。若写入信息不成功,系统提示车辆停车接受人工辅助处理,系统自动切换到人工处理模式。此时,系统的反应包括:触发车牌识别摄像机动作,进行车牌识别和图像抓拍;同时综合信息显示器的报警器报警,信息显示单元给出提示信息,信号灯显示红色;系统根据车道队列情况控制栏杆状态。

(7)完成入口交易

若入口信息写入成功,系统作如下反应:综合信息显示屏的信息显示单元显示"欢迎驶入"或其他提示信息,信号灯显示绿色;栏杆开始打开。当车辆驶入车检器1时,触发车牌识别摄像机动作,进行车牌识别和整车图像抓拍。车辆继续行驶,正常情况下,当车辆头部驶入收费亭前,栏杆应已完全打开。

当车辆驶离车检器3后,系统应判断有无后续车辆,若没有系统控制栏杆落下;若检测到有后续车辆驶入,应判断是否为合法车辆,若为合法车辆,控制栏杆保持打开状态,否则控制栏杆落下。车辆驶离车检器3后,一个入口流程全部完成,系统将本次入口交易产生的全部原始数据写入数据库中,并按照规定上传,上传的数据包括:本条原始数据向收费站的传输、本条原始数据向结算中心的传输。

2. 出口车道操作流程

出口车道操作流程中包括以下基本步骤:车道初始状态、检测有无车辆进入、电子标签有效性判断、卡片有效性判断、黑名单判断、读入口信息、入口信息有效性判断、回写出口信息、完成出口交易。

若卡片不在黑名单中,系统读取卡内入口信息。读取的入口信息包括:路网编号、路段编号、收费站编号、车道编号、入口时间、入口状态标识、车型。对于预付卡,还应读取卡中的"余额"。若成功读取入口信息,则进入入口信息有效性判别。若入口信息读取不成功,系统提示车辆停车接受人工辅助处理,系统自动切换到人工处理模式。

此时,系统的反应包括:触发车牌识别摄像机动作,进行车牌识别和图像抓拍;同时综合信息显示器的报警器报警,信息显示单元给出提示信息,信号灯显示红色;系统根据车道队列情况控制栏杆状态。

若入口信息读取成功,系统对入口信息做有效性判断,判断的内容包括:判断是否有入口状态标识、是否有效的入口站编码、是否超时、是否回头车、车型是否一致。对于记账卡,如果有效性判断均正常,则根据费率计算通行费。对于预付卡,如果有效性判断正常,则根据费率计算通行费后，还应判断卡内余额是否足够，如果卡内余额足够支付本次通行费。如果上述有效性判断中的任何一项未通过，系统提示车辆停车接受人工辅助处理，系统自动切换到人工处理模式。

此时，系统的反应包括：触发车牌识别摄像机动作，进行车牌识别和图像抓拍；同时综合信息显示器的报警器报警，信息显示单元给出提示信息，信号灯显示红色；系统根据车道队列情况控制栏杆状态。

卡内余额不足时，综合信息显示器的信号灯显示黄色，同时系统向电子标签发出信息，电子标签向驾驶员发出提示信息。

若入口信息有效性判断成功，系统向卡内回写出口信息，内容包括：路网编号、路段编号、收费站编号、车道编号、出口时间、出口状态标志、车型、终端交易记录。对于预付卡，卡内"余额"项扣减本次交易金额。若出口信息回写不成功或写入不完整，系统提示车辆停车接受人工辅助处理，系统自动切换到人工处理模式。

此时，系统的反应包括：触发车牌识别摄像机动作，进行车牌识别和图像抓拍；同时综合信息显示器的报警器报警，信息显示单元给出提示信息，信号灯显示红色；系统根据车道队列情况控制栏杆状态。

若出口信息回写成功，系统作如下反应：综合信息显示屏的信息显示单元显示正常信息，信号灯显示绿色；栏杆开始打开。当车辆驶入车检器 1 时，触发车牌识别摄像机动作，进行车牌识别和图像抓拍。车辆继续行驶，正常情况下，当车辆头部驶入收费亭前，栏杆应已完全打开。当车辆驶离车检器 3 后，系统应判断有无后续车辆，若没有，系统控制栏杆落下；若检测到有后续车辆驶入，应判断是否为合法车辆，若为合法车辆，控制栏杆保持打开状态，否则控制栏杆落下。车辆驶离车检器 3 后，一个出口流程全部完成，系统将本次出口交易产生的全部原始数据写入数据库中，并按照规定上传，包括：本条原始数据向收费站的传输、本条原始数据向结算中心的传输。

3. 入/出口车道流程中的人工处理

在 ETC 入、出口车道流程中，当出现特殊事件时，车辆处理在人工处理状态下完成，这些特殊事件的处理流程如下。

(1) 非法车辆驶入时的流程：

系统首先判断 ETC 车道中是否还有未处理完的车辆，如果没有，栏杆保持关闭，系统进入人工处理状态；如果有，当前一辆车驶离线圈 3 后，系统控制自动栏杆落下，系统处于人工处理状态。

此时的人工处理状态下，只能通过键盘操作自动栏杆，系统的其他功能和其他按键被锁定，并提示工作人员注意，需要在 MTC 车道上处理。非法车辆停车接受人工处理，人工处理在 ETC 车道上完成，具体流程同现有 MTC 车道。人工车道上的操作完成后，工作人员在 ETC 车道键盘上按下"抬杆"键放行，车辆驶离线圈 3 后，系统判断有无后续车辆：若有后续车辆，且交易正常，栏杆保持打开状态，等待后续车辆通过；若有后续车辆，但出现需要人工处理的异常情况，系统控制栏杆落下，等待处理后续车辆；若没有后续车辆驶入，系统控制栏杆落下。

本次人工处理中，ETC 车道系统产生的事件、数据、键盘操作等信息记入系统日志或特殊事件处理表中，并定期上传收费站。

(2) 电子标签有效性判断失败后的流程：与非法车辆驶入时的流程相同。

(3)卡片有效性判断失败后的流程：

系统首先判断ETC车道中是否还有未处理完的车辆，如果没有，栏杆保持关闭，系统进入人工处理状态；如果有，当前一辆车驶离线圈3后，系统控制自动栏杆落下，系统处于人工处理状态。

此时的人工处理状态下，ETC车道的IC卡读写器被唤醒，驾驶员将卡交给工作人员完成刷卡。若刷卡成功，系统控制栏杆打开放行，系统将原始数据存入ETC车道数据库中。若在规定的次数内刷卡不成功，系统提示在MTC车道处理，同时锁定键盘（只保留栏杆机的操作键）、IC卡读写器和其他功能。在人工车道上的处理流程同现有MTC车道。人工车道上的操作完成后，工作人员在ETC车道键盘上按下"抬杆"键放行。

上述操作完成后，ETC车道系统将产生的事件、数据、键盘操作等信息记入系统日志或特殊事件处理表中，并定期上传收费站；系统判断有无后续车辆，若有后续车辆，且交易正常，栏杆保持打开状态，等待后续车辆通过；若有后续车辆，但出现需要人工处理的异常情况，系统控制栏杆落下，等待处理后续车辆；若没有后续车辆驶入，系统控制栏杆落下。

(4)卡片在黑名单中的流程：与非法车辆驶入时的流程相同。

(5)写入入口信息不成功时的流程：与卡片有效性判断失败后的流程相同。

(6)读入口信息不成功时的流程：与卡片有效性判断失败后的流程相同。

(7)入口信息有效性判断失败时的流程：与非法车辆驶入时的流程相同。

(8)回写出口信息失败时的流程：与卡片有效性判断失败后的流程相同。

五、ETC车道的施工要点

（一）车道设备安装

综合信息显示屏、高速动栏杆、车牌识别、天棚信号灯安装等。对岛面设备管线、安装位置以及安装支架进行确认。所有设备安装自检完成后，与车道控制器进行调试。

（二）电缆敷设工程

施工前依据设计文件和图纸，对现场实际的电缆敷设路由进行考察，绘制出详细的线缆敷设路由图。放缆的具体做法严格按照招标文件和国家相关标准进行施工，坚决杜绝野蛮施工和隐蔽工程作假的现象发生。电缆外表绝缘层完好，无机械损伤和扭曲现象，绝缘电阻在5MΩ以上。电缆敷设时及时编挂标号牌，电缆排列做到横成行、竖成列，引出方向和余量一致，相互间距一致，力求电缆排列整齐美观，便于维护。电缆敷设时留有一定的余量，余量长度按规范规定，并做好盘条标记。电缆的最小弯曲半径符合规范规定，控制电缆避免有中间接头。电缆头的制作必须整齐牢固，并进行搪锡处理，符合有关规范规定。对于电力电缆的要减少接头，必须有接头时严格按照加护套的方式进行，保证接头部的压降符合国家标准。

（三）天线安装

天线安装必须保证净空5.5m，角度要与车道成45°，电缆连接必须牢固。

（四）线圈切割

线圈布设应尽量减小，防止系统将相邻两辆车检测为一辆车。线圈切割需要封闭车道进行，视车流量情况安排施工，必要时安排在夜间施工。电源、控制线连接：将线缆焊接牢靠，焊接的方法为铜焊；用绝缘电工胶布缠绕；用高压自粘防水胶带缠绕；用电工胶带做表面防护处理。对检测器参数进行测试，并与传输设备连接，测试的结果应满足设备要求指标。

第十二章　公路野外勘测流水作业法操作技术*

道路是通过外业勘测与内业设计形成的。本章将阐述的是传统的、以一阶段定测为主的勘测设计方法。之所以介绍此法，是由于现代的勘测设计是由传统的勘测设计演变而来的，现代道路勘测设计与传统的方法只是手段和借助的设备不同，而其内涵和内容实质几乎没有丝毫的改变。传统的外业勘测一般由选线、测角、中桩、水平、横断、地形、桥涵、调查、地质、综查（含随从内业）十个操作技术组别组成的勘测队，通过大量工作取得设计资料的过程。根据外业资料在室内进行设计的工作称内业设计。

第一节　公路野外勘测的基本要求

公路勘测设计是公路建设程序的重要环节。公路建设程序可分为前期规划研究，直接在实地或先在纸上完成初步设计，再在实地进行的公路野外勘测，以及内业设计三项工作。前期规划研究阶段就是在国民经济和社会发展长远规划、公路网规划调查与可行性研究，并进行国民经济评价、技术评价、财务评价、环境评估价、安全评估、社会评价后作出的可行性研究后，下达并经过批准的计划任务书后进行。公路勘测设计又可分一阶段勘测、两阶段勘测和三阶段勘测。高等级公路通常采用两阶段勘测，低级公路采用一阶段勘测设计。一阶段勘测设计，实际上就是在踏勘测量的基础上，直接进行详细测量，详细测量是在现场由选线、测角、中桩、水平、横断、地形、地质、桥隧、调查、综查（含内业）组成的勘测设计队，以流水操作技术方式完成路线勘测。每一个组的核心工作至少有近十项，其实就是大量的测绘工作。对于两阶段勘测设计，首先是沿着路线收集沿线地质、水文、资源等资料作纸上定线，在可能经过的范围内布设控制点，进行控制测量，测绘路线带状平面地形图、纵断面图和横断面图等，后编制出比较方案，然后根据测量得到的数据资料进行路线选线。一般的做法是先在航测或由其他方法取得的大比例尺的地形图或在数字地形模型上进行设计，做出初步设计文件，再在实地上进行详细测量，此时详细测量和踏勘测量所不同的是路线已在纸上初步确定，再也不像一次性路线定测那样“漫山遍野”地选择，事实上两阶段勘测设计的详细测量与一阶段勘测基本相同，所不同的是此时的详细测量只是微调路线和重新精细测量的过程。三阶段勘测设计是在两阶段的基础上，对个别技术复杂地段的进一步勘测和设计，最后再详细测量，做出技术设计文件，最后通过实地勘测放线作出施工图设计文件。上述各勘测阶段中，无论几个阶段勘测设计，每一个阶段都有一个共同点，即都离不开详细测量阶段。详细测量相当于一阶段路线定测，这个阶段是按照一系列技术和经济要求，在道路控制网的基础上，把道路中心线及其一切构造物的具体位置选择和测定出来。所以在每个阶段，都要进行详细测量。道路野外勘测的基本要求如下。

一、注重现场勘测,防止纸上谈兵

道路设计中涉及因素众多,因此设计人员要做到周密调查、精心设计。这是因为路线并非孤立地存在,它是位于自然界中供汽车运行的结构物,其路线位置受社会经济、自然地理和技术条件等因素的制约。如将道路设计成一条能达到安全、迅速、经济、舒适、美观要求的道路,这与驾驶者的判断和反映、乘客的感觉、汽车的性能与行车规律对道路要求、道路本身的状况以及道路所处的环境等密切相关,所以道路线型设计应该考虑人、车、路、境四方面的因素或从以上几方面的要求来加以保证。设计者的任务就是在调查研究、掌握大量材料的基础上,设计出一条具有一定技术标准且满足行车要求、工程费用最省的路线来。之所以再次强调现场勘测是因为这些年来,也发现不少地方由于只是纸上谈兵的机会多,现场实践的机会少,导致现场调查和勘测不够深入,确实不少地方存在施工现场变更频繁,不但工程投资成倍增加,还由此引发了不少民事纠纷,出现了一些边设计、边施工、边监理的三边工程。

二、必须逐级控制,做到层层放线

采用逐级控制的目的是消除误差并将最大误差限制在允许的范围内,这是道路现场测量的根本原则。具体原则是,布局上由整体到局部,程序上先控制后碎部,精度上由高级到低级。例如,在自由测站法和顺路导线法测设中,一般都要建立导线控制且将导线设法和国家高级控制网联测,以便得到精度检验的标准;又如,在测设曲线时先设置曲线主要控制点,即曲线主点,而后加密曲线。在勘测现场,通过采取一系列的具体措施,来实现逐级控制和层层放线的基本原则。

三、留有校核依据,符合精度要求

留有校核依据是指任何的测设对象,要留有余地,互相检核。例如,确定一条直线,本来两点即可,实际放线是在一条线上至少放样三到五点,从中分析取舍定出直线。又如:如图12-1所示的一弯斜桥放样过程也是基于上述原理。图中 M、N 为桥墩中心,其坐标分别为(x_M,y_M)及(x_N,y_N),放样时设置了闭合导线 D_1—D_2—D_3……D_7。现场勘测时将闭合导线点与桥墩中心点进行联测和严格的平差计算。将全站仪架设在 D_2 和 D_5 点用坐标法放出 M 和 N 点后,再将仪器搬到 M 测定 M 与 N 的夹角 α_N 和距离 s_N。当两种方法得到的结果一致或在限制范围内时,M、N 桥墩位置方认为正确。而测定 α_N 和 s_N 是再次沿跨径方向通过拔角和量距的方式复核用坐标法放出的点位。

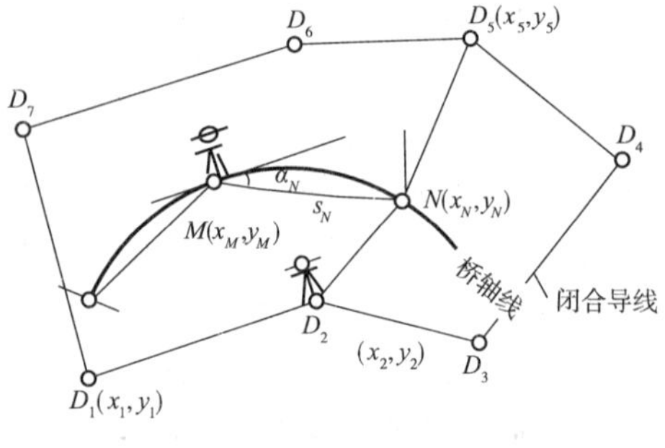

图12-1 弯斜桥放样示意图

四、做到反复测量,注重步步校验

首先,对一些有控制要求的测量和放线对象,尽量重复测定,并以最或是值控制。其次,宜"分法""包抄",即对重要的结构物,如路线上的重要控制点、大桥、隧道等,放线时要用不同的方法,对同一个实测对象进行包抄,以便复核和对比。再其次,当放样结果不能确保其准确性或经过若干次测定,精度达不到要求时,首先要从影响精度的主要因素(即观测者、外界条件和仪器本身)上找原因,其次从原理上找原因,最后从操作方法和计算上去寻找原因。

五、做好误差分析,认真进行平差

鉴于对同一被测对象进行不止一次的测量,各次测量的值并不完全相等,故在测量时,为进一步取得较为准确的值,往往对一些极其重要的结构物的定位和定形测量须进行若干次测量(复测),测量次数视具体工程要求不同而不同,最终结果是其最或是值。等精度的最或是值是算术平均值;不等精度最或是值采用加权平均值。此外,对观测成果进行分析和平差计算,以求得更加满意的结果,包括对观测值的精度评定以及对最或是值的精度评定等。

六、仪器检校完善,消除误差及时

由于测量时使用的仪器、观测者、外界条件等影响,所以不可避免地会造成测量误差,因而对某一施测对象进行测量而得出的数值并非是其真值。尽管如此,我们总希望取得最接近真值的值(即最或是值)。为减小或尽量消除某些误差,测量时除了掌握仪器的构造原理、操作要领、使用维护及进行必要的检验和校正外,还应采取一定的技术措施。不论用何种仪器,每日使用前一定要进行轴线关系、置盘条件、对中效果等的检验和校正。全站仪每日使用前,除进行轴线关系、置盘条件、对中效果等的检验和校正外,还要注意仪器参数设定。

七、选用仪器正确,采用方法得当

衡量放样的结果尺度是准确性高,工期要求放样的尺度则是力求最快。在又快又准的前提下,根据不同工程对象要求的精度合理选择仪器,而不一定非得用全站仪放样。用简单的测量工具(钢尺、皮尺、花杆、测钎等)不仅可以量距,而且可以放样几何图形,如可用于精度不很高的八字墙、锥坡及基础等。

目前为止,水准仪是最精密的测高仪器,经纬仪是最精密的定线仪器,全站仪是最精密的测距仪器。水准仪几何条件主要是要满足"两两平行一水平、交叉误差等于零"的轴线关系条件;在经纬仪几何条件中,除一些轴线关系条件外,还有对中、置盘条件;又如,全站仪几何条件中,除与经纬仪相似的一些轴线关系条件外,还有参数设定。

八、做好各项记录,以便设计使用

勘测设计现场的记录至关重要,它不但是设计的第一手资料,而且非常有利于分析和查找现场有可能出现问题的原因。记录必须强调五点:第一,明确责任。司仪和记录人员分开,司仪者不得包办代替记录。第二,双管齐下。手写记录和电子记录双管齐下,现在一些地方存在用电子记录完全代替手工记录的现象,要加以纠正。第三,铅笔书写。为防止因雨淋或潮湿致使记录数据涂染而失去记录笔迹,并分清责任,手工记录一律用铅笔书写。第四,规范记录。所有记录要填写在规范的记录本上,不得用临时纸张替代,更不准现场记录回到室内再转抄或由他人转抄。第五,呼应口述。记录人员要复述由司仪读出的观测读数,司仪要应答无误后才可记入记录簿。

九、提倡流水作业,分明是非功过

公路野外勘测作业中的一个重要程序是采用流水作业法。流水作业组中尽量要安排不同结构与组成的相应技术人员来完成，避免一个组翻来覆去地作业的现象。这样，由于各组人员的技术水平、工作经验进行的组间复核，及时检查出现场的观测错误或超限误差，并对其实施互相牵制，从而及时给予纠正或返工补测，能够最大限度地保证测量成果的科学性和准确性。

第二节　道路野外勘测选线组操作技术

如前已叙述，公路勘测设计程序分一阶段、两阶段和三阶段，不论采用几个设计阶段的勘测设计，都离不开技术设计阶段。每个阶段都有一个共性的工作，那就是测设人员到实地以操作技术组的形式流水操作完成路线定测，这是因为只有技术设计文件才能交付施工。准确理解和全面掌握道路勘测野外操作技术，要从公路一阶段常规勘测与测量工作谈起，因为万变不离其宗，即公路常规一阶段勘测与测量工作揭示了公路勘测设计的根本内涵，而这种内涵不论是在过去、现在还是未来都是亘古不变的真理。按照道路勘测设计的传统的正规做法和要求，均是在周密的野外踏勘后，由选线、测角、中桩、水平、横断、地形、桥涵、调查、地质、综查（含随队内业组）组成的外业勘测组以流水操作技术方式完成路线详测任务，这是至今仍沿用的一种传统方法，特别对于路线不很长的各级公路勘测尤为适用，直接定测大部分场合是在现场直接进行，故设计资料出现的问题少，所得数据准确，但是外业工作劳动强度大。上述外业勘测的十个作业组中的前五个外业组工作完成后，确定道路中心线的平面位置和沿中心线及两侧一定范围的原地面高低起伏状况，据此，设计人员可绘出路线纵断面图中的地面线（此地面线相当于沿道路中心线竖剖切面与原地面交线拉直后的图形）和沿中线每隔一定距离（每个桩位）的左侧和右侧一定范围的地面高低起伏状况图，称横断面地面线。然后考虑一系列技术和经济上的要求可画得（拉坡）设计纵坡线，在转坡点处设置竖曲线后得到将来路基顶面（准确地说为未设超高加宽和路拱前的路肩边缘）位置。再以中心设计线高度按道路横向各处设计断面形状（即设计标准断面）向两侧拓宽（称戴帽子）形成路基。上述只是几何方面的勘测设计，应包括结构物的勘测和设计，最后还得计算工程造价等。由此而进行的勘测和调查便是横断组以后各组的工作。

一、选线组工作场景和工作任务

路线选择线分为地形图上选线和实地直接选线。一般等级低的公路多采用现场定线方法，而对等级高的公路和地形比较复杂的地段，先用大比例尺地形图进行纸上定线，然后再到实地放线。选线组最主要的任务是根据公路的使用任务和性质，按既定的技术标准和路线方案，结合实际地形地质条件，从全局着眼，局部入手，综合考虑线形与人工构造物，近期与远景，局部和整体，以及使用质量与工程造价等关系，踏勘和选线组初步选出路线的起、终点和据点后，具体确定出顺路导线的交点和转点。换言之，选线组定线时，要在全面勘察的基础上，结合当地自然条件，研究路线布局，合理地运用技术标准，选定路径方案。通过实测，选择合适的定线方法，将设计路线交点和转点在实地上标定出来，也就是实地定线。亦即将反映设计路线的中心位置的顺路导线相应的交点和转点在地面上定出来。

选定控制路线大致走向的 *JD* 和 *ZD*，并初步选定曲线半径和控制要素。选线中考虑因素甚多，如视察报告、路线布局、选线原则、技术标准、实际地形、景观协调、纵面放坡及其他要求等，其中最主要的任务见表 12-1，供参考。

直接定线选线组主要任务和基本内容 表 12-1

序号	工作项目和主要内容	序号	工作项目和主要内容
1	逐段安排路线的据点和大、小控制点	6	路线纵断面设计的调整和平面改进
2	山区起伏较大地段路线的纵面放坡	7	拟定通过不良地质等地段处理措施
3	具体定线初选出路线的交点和转点	8	拟定沿线桥涵及构造物的布设方案
4	确定出初选交点和转点的可变类型	9	进行勘测初步成果现场复查与核对
5	现场初步选出平曲线形式及其半径	10	及时填写野外选线记录表及备份件

在现场选定路线的交点和转点时，因需要跑面和走线相结合进行，故为提高选线速度和减轻负担，通常携带简单而轻巧的测量工具，如量角圆盘、微型经纬仪、皮尺、钢尺测绳、花杆、地质罗盘、坡度尺、手水准、计算器、小斧头、方木桩、铁钉、小锹、小镐等。

通常，选线组携带的简易器具与完成的工作项目，见表 12-2。

选线组携带的简易器具与完成的工作项目 表 12-2

序号	工作项目	使用器具	精度大小
1	标定直线	花杆配合望远镜(目穿)	用花杆目穿定线，最大相对误差可达到 10cm
2	角度测量	量角圆盘或微型罗盘	用量角圆盘测定，最大相对误差可达到半度以上
3	距离测量	皮尺花杆或微型仪器	相似三角形法测定，相对误差可达到 1m 以上
4	高程测量	气压计或微型电子仪器	用气压计或微型水准仪(可为手水准)或比高法测定，相对误差可达到 0.1m 以上
5	坡度测定	手水准或坡度仪等微型仪器	用手水准或坡度仪测定，有一定的误差

为使初学者熟悉选线的过程，下面通过一个实例说明选线工作中路线是如何选择的。

选线工作是在路线方案确定的前提下进行的。所谓路线方案，就是通过在纸上或实地踏勘测量，选择几条路线，通过技术、经济等诸方面的比较来确定最终采用的方案的过程。选线时按照由面到带、由带到线和由线到点的原则进行。就是说，先在路线起终点之间选择据点，然后再在据点之间选择大的控制点，在大控制点之间选择小控制点，再在小控制点之间选择交点和转点，当选好交点和转点后，顺路导线已确定，即选线工作已完成。如图 12-2 所示，路线从甲地到乙地有三种路线方案：第一方案是途径Ⅰ地基本走直线，中间经过 A 镇东口 1；第二方案绕行Ⅱ地途径 B 村东口 2 和 C 村南口 3；第三方案是绕行Ⅲ地，途经 D 村东口 4 和 E 村北口 5。上述三个方案的路线起点和终点均为甲、乙两地。第一方案是途径Ⅰ为据点，中间经过 A 镇为大的控制点，A 镇东口 1 为小控制点。第二方案Ⅱ地为据点，途经 B 村和 C 村均为大的控制点，B 村东口 2 和 C 村南口 3 均为小控制点；第三方案绕行Ⅲ地为据点，途经 D 村和 E 村均为大的控制点，D 村东口 4 和 E 村北口 5 为小控制点。选线组在具体定线时，根据地形平易与复杂程度不同，可分别采取现场直接插点定线或放坡定点的方法。插出一系列的控制点，然后从这些点位中穿出通过多数点(特别是那些控制较严的点位)的直线段，延伸相邻直线段得到交点。

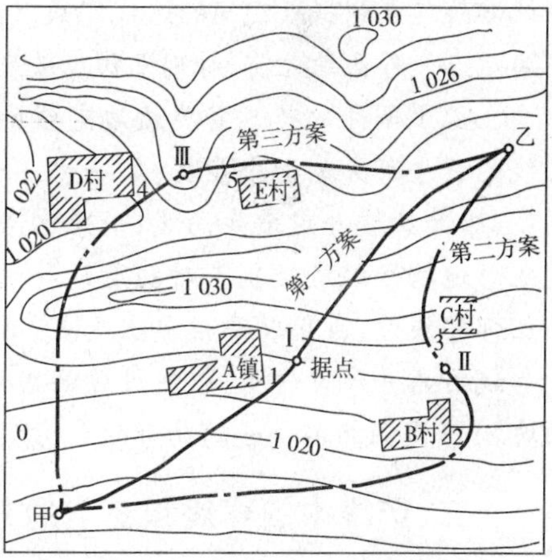

图 12-2 现场选定路线起点、终点和据点示例图

图 12-3 为图 12-2 中第三方案的路线详细选择示意图。路线起点 A 到终点 B 段落的具体定线时的实地地形和地物情况。路线从起点甲到据点乙要绕避一个山头到达。路线布局是先

躲避电杆和村庄布设 JD_1，偏转 65°，后为躲避农田顺山脚走一段直线再直穿 JD_2，然后右转 36°抵达据点乙。路线需选择两个交点和若干个转点作为顺路导线，现场选线过程如下。

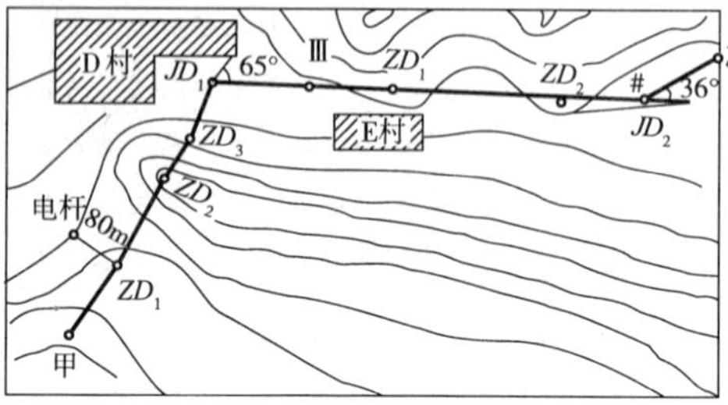

图 12-3　现场选定路线交点和转点示意图

路线起点左前约 500m 处有一根高压电杆，路线为躲避高压线路并留有安全余地。根据现场道路建筑界限及安全预留，在电杆右侧距路线的垂直距离 80m 处设一个转点 ZD_1，用花杆目测定线将导线引穿到山脊台地处，进而往前穿线拟在山脚下的村镇口的一幢楼房处躲避楼房，为少占良田，设置一个交点 JD_1 拐弯转向顺山脚布线。在选线过程中，应注意的是任何情况下同一条直线上的任何三点应相互通视。由于山脊台地处阻挡了路线 ZD_1 与 JD_1 的通视，故在山脊台地上加设转点 ZD_2，又由于只加设一个转点只能解决 ZD_2 与 ZD_1 和 JD_1 的通视，不能解决 ZD_1 与 ZD_2 和 JD_1 的通视，所以，在 ZD_2 附近还要加一个既与 ZD_1、ZD_2 通视又与 ZD_2 和 JD_1 通视的 ZD_3，以便从直接花杆目穿定线延长到 JD_1。必须指出，在山脊台地处加设 ZD_3 时，基于上述原因必须采用"逐次逼近法"加设。路线在 JD_1 处向右转 65°后继续向前穿行约两公里，需要设置第二个交点，根据现场踏勘，导线的第二个交点 JD_2 拟设在一个水井旁，之后向左转 36°直奔据点乙。为避让水井并合理设置曲线，经外距控制反算水井到交点沿内分角方向留够 80m 后布置 JD_2，之后路线直接奔向据点乙。经视估算 JD_1 到 JD_2 有 2 400m，按每 200m 左右设一个转点的原则，用花杆定线法在 JD_1 到 JD_2 又加设了 12 个转点（图 12-3 中未全部示出）。在 JD_2 到据点乙间，视实际情况加设 8 个转点（图 12-3 中未全部示出）。至此路线起点到据点乙间的选线完成。选线选出的点位当不允许后续移动时定为死点；反之定为活点。外业结束前，对测设初步成果进行现场复查与核对，并及时作出修正与补充。

以上阐述的是不需要放坡定线的选线，在山岭重丘区部分场合需放坡定线。需放坡定线的程序可分为七个步骤：第一步，分段安排路线，如选择垭口、展线山坡、回头地点等；第二步，纵面放坡并定出导向线；用手水准和花杆以平均纵坡放坡；第三步，作修正导向线，依据地形地物和经济控制点对初定的导向线作修正；第四步，穿线定出交点，先定交点处的两个相邻导线边，再用骑马桩定出交点；第五步，粗测右角，用量角圆盘或便携式微型经纬仪测量导线右角并计算转角，以便设置曲线使用；第六步，纵断面试拉坡（按照纵断设计八条要求拉坡），以便调整不合适的局部路线方案；第七步，交点设置曲线。

二、选线中的穿线和交点的方法

（一）一般地形交点和转点的确定方法

（1）据点间插点法直接选定交点：如条件允许，根据地形和地物条件结合技术标准直接选定出交点。

（2）"简单骑马桩法"确定交点法：由于现场选线时，有时由控制地形或地物只能先选出交点两侧导线，此时需找出交点可用"简单骑马桩法"。

（3）交点间设转点的直接插点法：加设转点有三个条件。其一，两交点间不通视；其二，两交点间虽通视但为低洼地带；其三，两交点虽通视但距离超过 200m。当只加设一个交点能解决以上三个方面的问题时只加一个交点。

（4）交点间加设转点的逐次逼近法：当相邻两个交点已定，在其间符合设置转点的条件且当只设一个交点又不能相互通视时，可设多个转点，此时可用逐次逼近法加设。

（二）两相邻直线找交点的"简单骑马桩法"

有时，选线并不是一个交点接着一个交点选择，而是先选出相邻两条导线边，再交出交点，这种情况下，就需要找出交点。通常情况下，在两相邻导线边已知需交出交点时采用"简单骑马桩法"。简单骑马桩法在现场确定交点只使用花杆，不用经纬仪，相对使用经纬仪的骑马桩法而言，定线精度较低，但可以满足选线中的定线要求。如图 12-4 所示，在 AB 和 CD 线或其延长线上找出 JD，首先在 AB 上找出 a、b 两点，在 CD 上找出 c、d 两点，然后以 a、b 和 c、d 为基准用简单骑马桩法确定出 JD。和简单骑马桩法确定交点时，分交点位于相邻导线边的两端点内部相交［图 12-4a）］与在两相邻导线边两个端点外部相交［图 12-4b）］两种场合。

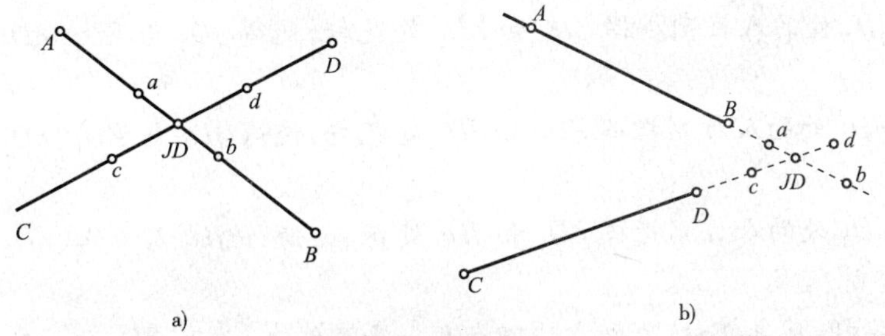

图 12-4　简单骑马桩法原理

现以在已定的 JD_1 和待定的 JD_2 间的 ZD_1 以及待定的 JD_2 和已定的 JD_3 间的 ZD_2 加设 JD_2 为例，操作如下。

（1）在已定的 JD_1 和待定的 ZD_1 插花杆，于上述两点延长线上的 B 处站甲人指挥，丙和丁拉线移动花杆使甲、乙、丙、丁与 JD_1 处花杆 5 点一线，目测延伸至估计到 JD_2 附近的 a、b 点分别插两根花杆；

（2）同理，已定的 JD_3 和 ZD_2 插花杆，在上述两点延长线上的 D 处站戍人指挥庚人和辛人拉线移动花杆，使 JD_3、己、庚、辛与戍人处花杆 5 点一线，目测延伸至估计到 JD_2 附近的 c、d 点分别插两根花杆；

（3）用线绳相互拉 a、b、c、d 四根花杆找十字交叉点即为交点位置，钉桩。

此法操作示意如图 12-5 所示。

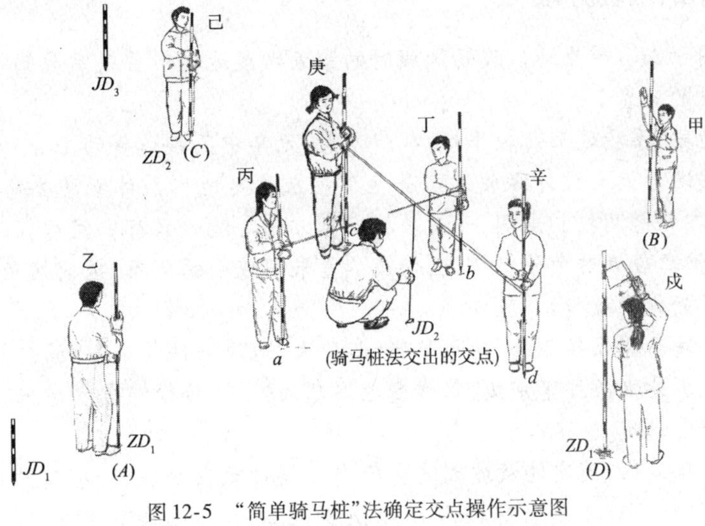

图 12-5　"简单骑马桩"法确定交点操作示意图

（三）两点间加设转点的“逐次逼近法”

选线时，根据路线布局，先选出相邻两个交点，即 JD_1 和 JD_2，但交点相距甚远或虽然很近但不通视，或者虽然通视，但为低洼地段，此时需要每隔200m左右加设转点，这种情况下通常用“逐次逼近法”加设。如图12-6所示，在 JD_1 和 JD_2 间加设 ZD_1 和 ZD_2 为例，三点互不通视，两点间加设转点采用“逐次逼近法”，加设步骤如下。

（1）在 JD_1 和 JD_2 分别插花杆，找 ZD_1 和 ZD_2 的合适位置，使得 JD_1 与 ZD_1 和 ZD_2 互相通视，并且使得 JD_2 与 ZD_1、ZD_2 互相通视，在上述各点分别插花杆并于花杆旁各站一人；

（2）站在 JD_1 处的人目测指挥 ZD_1 和 ZD_2 处花杆，使得 JD_1 与 ZD_1、ZD_2 互相成为一条直线；

（3）站在 JD_2 处的人目测指挥 ZD_1 和 ZD_2 处花杆，使得 JD_2 与 ZD_1、ZD_2 互相成为一条直线；

（4）站在 ZD_1 处的人目测指挥 ZD_2 和 JD_2 处花杆，使得 JD_2 与 ZD_1、ZD_2 互相成为一条直线；

（5）站在 ZD_2 处的人目测指挥 ZD_1 和 JD_1 处花杆，使得 JD_2 与 ZD_1、ZD_2 互相成为一条直线。

如此来回指挥，反复挪动，直到上述四点在一条直线上，此时 ZD_1 和 ZD_2 所在的位置即为用逐次逼近法加设的转点点位，此时可拔掉该处花杆换成木桩，即为转点桩。

图12-6 用“逐次逼近法”在两交点间加设转点示意图

三、选线中的放坡方法

纵面放坡用于山岭重生地区现场选线时的紧束坡度地段。首先需要明确自由坡度地段和紧束坡度地段的概念。

自由坡度地段，系指地形比较平坦、起伏不大、无集中高程障碍的平原和微丘地区，地面最大的自然纵坡缓于最大设计纵坡的平易地形。在这类地形条件下的公路定线，主要以平面线形为主导，在相邻两控制点间，一般多按短直方向定线。只有中间存在不易穿越的局部障碍时，才稍作偏离设置转角予以绕避，但应尽量采用较小的偏角，提前拨角绕越，避免路线接近障碍时才开始转向绕行。

紧束坡度地段系指丘谷显著、地形陡峻、起伏大、地质条件复杂、地面自然纵坡陡的山岭重丘地区。在这类地形条件下定线，路线受地形制约较严，必须综合考虑平、纵、横三者的协调关系来合理选定路线。

若在紧束坡度地段，因实地放坡太陡会使内业设计无法拉坡，一般选线时应以5.0%的平均纵坡试放，即纵面放坡。如图12-7所示，A 为垭口，B 为山脚下的点，若路线直接由 A 到

B 因纵坡太大，无法攀爬，需要 $A-a-b-c-d-B$ 为纵面放坡坡度线，取定该线的过程叫作纵面放坡。一般使用手水准及花杆 A 与 D 点间的纵面放坡，方法如下。

(1)两人分别各持一根花杆，其中一人拿一手水准；

(2)在 A 点的人将手水准读数调到使纵坡度等于5%的竖角读数上，贴于花杆的某一高度，指挥另一人顺山坡往下走，到达 a 点的人手水准读数瞄准花杆同样高度的适当位置 b；

(3)在 a 点的人将手水准读数调到使纵坡度等于5%的竖角读数上，贴于花杆的某一高度，到达位置 b；指挥另一人顺山坡往下走，到达 b 点的人手水准读数瞄准花杆同样高度的适当位置 c；

(4)在 b 点的人将手水准读数调到使纵坡度等于5%的竖角读数上，贴于花杆的某一高度，到达位置 c；指挥另一人顺山坡往下走，到达 c 点的人手水准读数瞄准花杆同样高度的适当位置 d；

按 a、b、c、d 的路线走向和将来曲线形式拟定导线点(JD 和 ZD)的布置。

A 与 B 点间的放坡方法示意如图12-7b)所示。

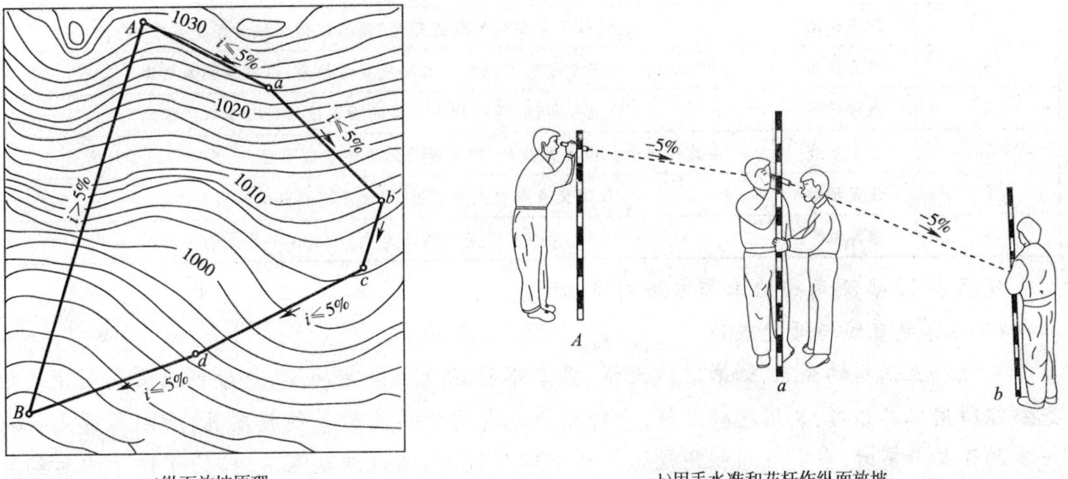

a)纵面放坡原理　　b)用手水准和花杆作纵面放坡

图12-7　实地选线时的纵面放坡示意图

特别指出，以上纵坡放坡的坡度点之连线称作放坡试线导向线，并不是路线只是沿着这条线的大致走向，将来的路线纵坡度不会超限，真正的路线还得把导向线拟合成顺路导线，再将定线的最后成果在实地上打桩插旗定出沿线各交点的确切位置，并逐点留条说明交点序号，并粗测偏角值大小(左或右)以及初拟平曲线半径值或控制条件，为后续操作技术量角和中桩提供测量依据。

第三节　野外勘测中测角组操作技术

测角组，也叫做测角导线组，其主要任务概括为准确标定顺路导线并测设导线要素。具体任务有：标定直线与修定点位；量角与转角计算；平曲线要素计算；钉设平曲线中点方向桩；导线磁方位角观测与复核；视距测量；路线主要桩位固定等。为确保路线质量加快测设进度，定线、量角应紧密配合相互协作。作为选线组紧后工作的量角组应善于体会选线意图，发现问题及时修正补充。

测角组的工作任务根据勘测设计的阶段要求设计文件的不同而异,分现场直接定线和利用纸上定线文件实地放线两种工作场合。

一、直接定线前提下的测角导线组操作

测角组工作之前,选线组已经初步选择了路线的交点和转点,但这些点不太精准。所以测角组首当其冲的任务是重新用仪器将路线交点和交点两侧相邻的导线进行准确标定,并测定导线要素。换言之,顺路导线是由选线组选定再由测角导线组标定的。选线组将路线的交点和转点在地面上初步定出来后,测角组就可以进行工作。其工作任务可归纳为表 12-3。

测角组的工作项目和内容　　表 12-3

序　　号	工 作 项 目	工作内容与意义
1	标定点位	标定交点和转点,使各个交点之间的转点位于相邻交点的连线上
2	测量右角	测定导线右角并计算转角,以便作布置曲线计算的依据
3	计算曲线	选择曲线形式和半径等并计算曲线元素,以便为布置曲线作准备
4	测量视距	测定每条导线边的后视距离,用以校核中桩量距是否断链
5	测方位角	隔若干个交点测定一次磁或真方位角,以校核测角数据
6	设分角桩	设置分角桩,为曲线中点桩的设置提供外距量取的方向
7	丈量基线	在虚交点和拟设复曲线处,测定或往返丈量基线长度,以便作曲线设计时使用
8	设置护桩	设置交点和转点的护桩,以便于日后施工放样时查找
9	推算桩号	交点桩号是按路线走向,而不是导线走向

现将表 12-3 测角组的工作方法阐述如下。

(一)标定直线与修定点位

对于相互通视的交点,如果定线无误,根本不存在点位修定问题,一般可以直接引用。但选线组所用工具粗略,又用花杆定线,即使测角也是用量角圆盘等便携器具,所以所选点位有一定的误差。有时,当交点间相距较远或地形起伏较大,通过陡坎深沟时,为了便于中桩组穿杆定向,量角组应负责用经纬仪在其间酌情插设若干个导向桩(即 *ZD* 桩),供中桩穿线使用。

如图 12-8 所示,在 JD_1 和 JD_2 之间的 ZD_1 和 ZD_2,由于定线偏差,不严格在两交点连线上,需用经纬仪将 ZD_1 和 ZD_2 准确地挪动到两交点的连线上,此项操作就把 ZD_1 和 ZD_2 标定了。

对于中间有障碍、互不通视的交点,虽然交点间定线时已设立了控制直线方向的转点桩(*ZD*),但由于选线是用花杆目测穿直线,所以实际上未必严格在一条直线上,因此就存在用经纬仪检查与标定直线或修定转点与交点桩位的问题,这便是标定直线与修定点位的原因。具体标定时视选线组所选点位性质而异。当采用直线型定线法现场直接选线,最终留给后续组的点位有两类:一种是交点,另一种是转点。点的性质也有两种:一种为死点,即按选线意图不允许后续组操作时移动的交点或转点;另一种性质的点为活点,即按选线意图允许后续组操作时移动的交点或转点,当然这种移动是有一定限度的,移动范围一般为 1 ~5m。为便于后续区分这两类性质的点,一般选线组将死点桩打于地面平齐,桩顶可钉小钉;而将活点桩打入地面一半,桩顶不钉小钉,以便测角组移动。测角导线组在标定导线时应依据上述两类不同性质的点分别对待。

1. 前交点为活交点时的导线标定

当前交点为活交点时,后视交点和中间转点作为固定点(因上述点位一旦变动,将直接

影响后视点位转角，导致测量返工），置镜于转点 ZD，采用正、倒镜分中法延伸直线，正镜延伸到 JD_2 附近得 JD'_2，倒镜延伸到 JD_2 附近得 JD''_2，取 JD'_2 和 JD''_2 之中间位置即为正确的 JD_2 位置。若两次延伸线误差较大，则再次用分中的方法定点，并检查前视交点位是否准确（一般以路线落点不超过桩顶面为准），如图 12-9 所示。

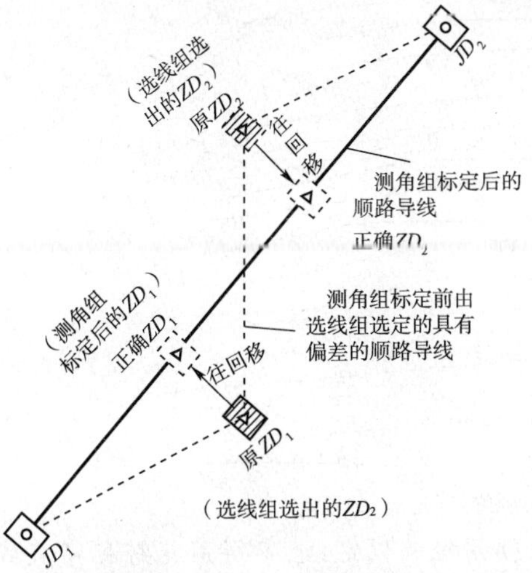

图 12-8　导线标定的基本原理

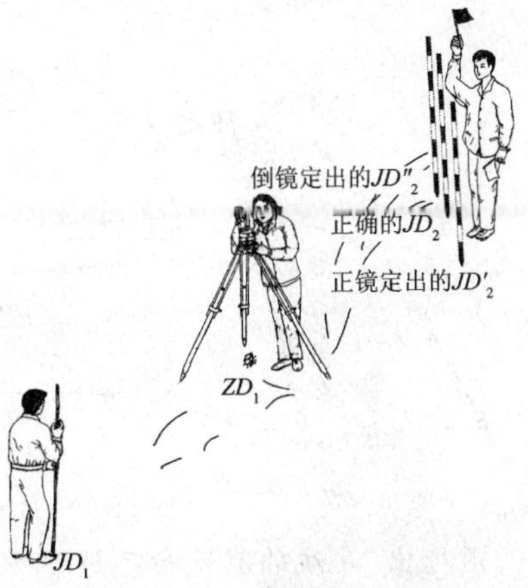

图 12-9　前交点为活交点时的导线标定

如果偏离仍较大，应当按直线延伸修定桩位，亦不影响原定线意图时，则应采取直线相交的“骑马桩”方法精确地修正交点桩位。

2. 前交点为死交点时的导线标定

如果原定点位受地形地物制约固定，不宜变动时，则应以前后视交点桩位为准，调整中间转点桩位，采用逐步渐近法，即多次挪动经纬仪使转点渐次逼近落于两点直线上。该法较费时间，为简化测设，建议可采取相似三角形比例法来标定转点桩位。这种方法的原理如图 12-10 所示。JD_1、JD_2 为确定的交点，ZD' 选线时设的转点，如不在前后交点连线上时则置镜于 ZD'，后视 JD_1，正倒镜延伸直线标出 JD'_2，用视距法测出转点与 JD_1、JD'_2 间距离 d_1、d_2，并直接量出间距 s，根据相似三角形原理按式(12-1)即可算出转点应偏移的横向距离 s_1：

$$s_1 = \frac{d_1}{d_1 + d_2} \times s \qquad (12\text{-}1)$$

转点移位后，仍需置镜再次复核是否在一条直线上，如有问题可重复进行调正，直至符合要求为止，然后打桩固定 ZD 桩位。

此外，关于直接交会定交点的“骑马桩”，以及直线延伸的“分中法”标定等具体操作方法如前已述，这里就不再重复。

如图 12-11 所示，路线起点到据点乙的段落具体定线选线时根据实地地形和地物情况选出的路线起点、JD_1 和 JD_2 到据点乙的段落。选线时在路线起点到 JD_1 间选线加设 ZD_1 和 ZD_1 及 ZD_3，JD_1 和 JD_2 间选线加设 ZD_1 和 ZD_1……ZD_{12}。将路线起点到据点乙间的选线结果进行直线标定与修定点位。

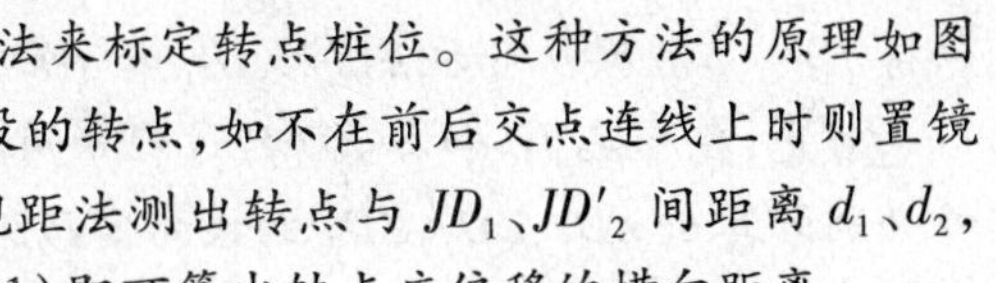

图 12-10　前交点为死交点时的导线标定

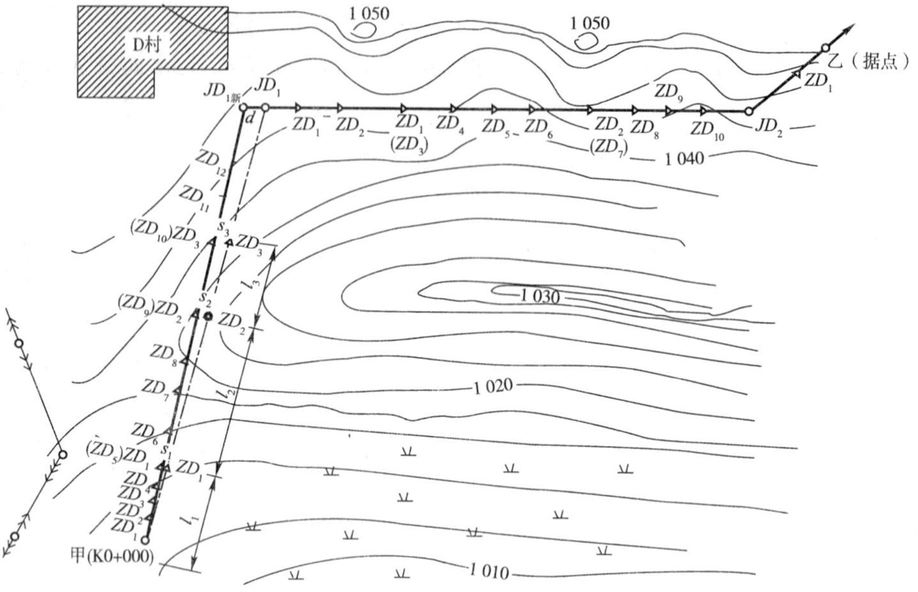

图 12-11　路线起点(甲地)到终点(乙地)的段落

必须指出,导线的准确标定过程中的测角必须用经纬仪定线,不得用花杆目穿直线或用量角圆盘测角。

(1)起点(K0+000)至 JD_1 间的直线标定

①在路线起点立花杆,于 ZD_1 安置经纬仪对中整平后,瞄准路线起点的花杆,用正倒镜分中法延伸直线直到山脊台地处 ZD_2,并将 ZD_2 修正到使得路线起点与 ZD_1 和 ZD_2 成为一条直线。

②在路线 ZD_1 立花杆,于 ZD_2 安置经纬仪对中整平后,瞄准路线 ZD_1 的花杆,用正倒镜分中法延伸直线到 JD_1 处确定一新的交点 $JD_{1新}$,并量出 JD_1 和 $JD_{1新}$ 相对于路线导线横向偏移距离 d。如此距离不超过 1m,则将原 JD_1 桩拔出,在新 $JD_{1新}$ 处打桩即为 JD_1。如偏差超过 1m,则保持 JD_1 不动,按以下方法改移 JD_1 和 JD_2 间除原 ZD_1 以外的其余各 ZD,并加密转点桩。

首先,在标定 JD 和各 ZD 的过程中用经纬仪测定各个相邻点之间的视距距离 l_1、l_2、l_3,并分别计算出 ZD_1、ZD_2、ZD_3 的横向偏移距离 s_1、s_2、s_3。

其次,将 ZD_2 移动 l_2 距离,重新在路线起点立花杆,于 ZD_1 安置经纬仪,对中整平后瞄准路线起点的花杆,用正倒镜分中法再次延伸直线至山脊台地处 ZD_2,并将 ZD_2 修正到使得路线起点 ZD_1 和 ZD_2 成为一条直线。

再次,在路线 ZD_1 立花杆,于 ZD_2 安置经纬仪对中整平后,瞄准路线 ZD_1 的花杆,用正倒镜分中法延伸直线到 JD_1 处确定一新的交点 $JD_{1新}$,并量出 JD_1 和 $JD_{1新}$ 相对于路线导线横向偏移距离 d。如距离不超过 1m,则将原 JD_1 桩拔出在新 $JD_{1新}$ 处打桩即为 JD_1。

最后,在路线起点立花杆,于 ZD_1 安置经纬仪,对中整平后瞄准路线起点的花杆,在视线方向上起点和 ZD_1 之间每 200m 左右打一个 ZD,共设 4 个转点。

同理,在路线 ZD_1 立花杆,于 ZD_2 安置经纬仪对中整平后,瞄准路线 ZD_1 的花杆,在视线方向上 ZD_1 和 ZD_2 间每 200m 左右打一个 ZD,共设 3 个转点。再于 ZD_2 立花杆,ZD_2 上架经纬仪,倒镜后瞄准 ZD_3,用正倒镜分中法修正 ZD_3 后,再在视线方向上的 ZD_2 和 ZD_3 间每 200m 左右打一个 ZD,共设 4 个转点。

接下来同样的方法,标定加密 ZD_3 与 JD_1 之间的各转点。由于在路线起点到 JD_1 的各转点以及转点和交点间因中线导向的需要,又加设 7 个转点,加上原有并标定的 3 个转点,一共 12 个转点，转点需重新编号，即 K0 +000，ZD_1，ZD_2，ZD_3，ZD_4，ZD_5，ZD_6，ZD_7，ZD_8，ZD_9，ZD_{10}，ZD_{11}，ZD_{12}，JD_1，可见，原 ZD_1 变为 ZD_5，原 ZD_2 变为 ZD_9，原 ZD_3 变为 ZD_{10}，至此，路线起点到 JD_1 的导线标定完成。

(2) JD_1 和 JD_2 间的直线标定

JD_1 和 JD_2 经纬仪通视。在路线 JD_2 立花杆，于 JD_1 安置经纬仪对中整平后，瞄准路线 JD_2 的花杆，按每 200m 左右设一个转点的原则，在选线组用花杆定线法在 JD_1 到 JD_2 间加设的 10 个转点处，重新用经纬仪定线，将各转点准确标定到位于 JD_1 和 JD_2 的连线上。

(3) JD_2 和据点乙间的直线标定

JD_2 和据点乙经纬仪通视。在路线据点乙立花杆，于 JD_2 安置经纬仪对中整平后，瞄准路线据点乙的花杆，按每 200m 左右设一个转点的原则，在选线组用花杆定线法在 JD_1 到 JD_2 间首先加设 8 个转点，测角组再重新用经纬仪定线，将各转点准确标定到位于 JD_1 和 JD_2 的连线上。

至此，路线起点到据点乙间的导线标定已全部完成。

(二) 量角与转角计算

中线量角一般规定测交点处顺路导线的右角，由右角计算转角。所谓右角是指路线前进方向右侧的夹角，如图 12-12 所示。

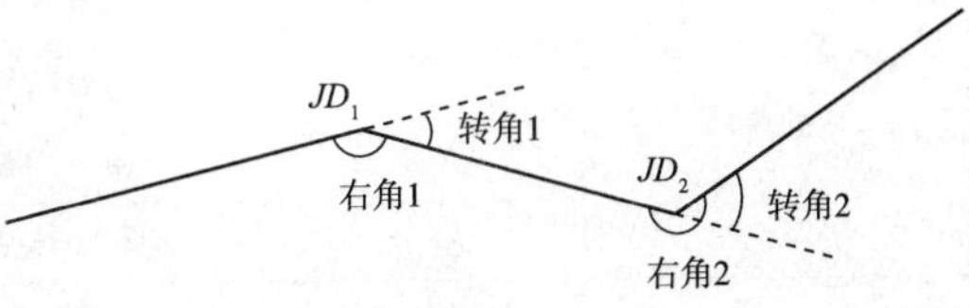

图 12-12　右角与转角示意图

右角大小按下式计算：

$$右角 = 后视读数 - 前视读数$$

当后视读数小于前视读数时，应将后视读数加上 360°后再减前视读数，得出右角值。

所谓转角系指后视导线的延长线与前视导线的水平夹角，它是计算曲线要素与敷设曲线必须使用的重要依据。按路线前进方向，转角又有左转角与右转角之分（图 12-12）。不难理解，转角不需要测量，是根据右角换算，转角 α 同右角 β 有如下关系：

$$\left.\begin{aligned}\alpha_{左} &= \beta - 180^\circ \\ \alpha_{右} &= 180^\circ - \beta\end{aligned}\right\} \tag{12-2}$$

右角用全测回法测量，即正到镜各测一次，测角读数取值到 2t（t 为使用的那种仪器的测微尺最小读数），否则需重测。顺路导线测量右角操作示意如图 12-13 所示。

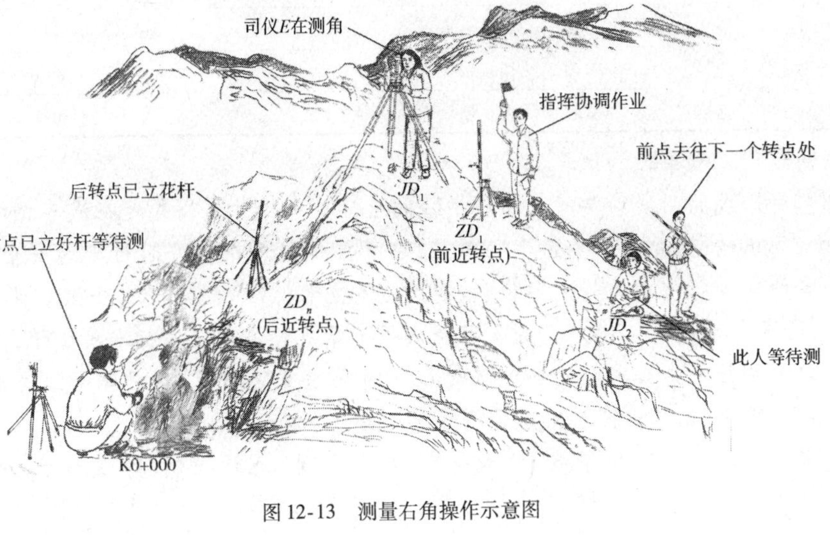

图 12-13　测量右角操作示意图

(三)平曲线的初步设计

根据实测转角值和选线组所定半径,进行平曲线最终形式和半径选择,并计算平曲线要素。在未计算前应首先核对实测转角值与选线量出的转角有无出入,如出入较大,且半径又是依据转角关系结合地形条件定出的,则应考虑选线意图重新选定半径值,或与选线组取得联系共同商定。

计算平曲线要素前,首先应决定最终采用的平曲线组合形式。

1. 常用曲线主点定位曲线元素公式

曲线元素是控制曲线主点桩号和桩位的几何要素,常用的简单型单曲线和基本型单曲线的曲线元素含义及测设公式见表12-4。这两种曲线是所有曲线计算的基础,几乎各种形式的曲线设计公式都由这些基本公式演变而来。

简单型单曲线和基本型单曲线主点测设公式(曲线元素)　　表12-4

类　别	代　号	含　义	说明或计算公式
各种曲线	JD	交点	先由选线时实地选定,再由测角组标定
	α	路线转角	测角组测定顺路导线右角后计算
	R	曲线半径	根据地形条件结合技术标准选定
	L_s	缓和曲线长度	依据曲线情况结合技术标准选定
简单型单曲线公式	T	圆曲线切线长	$T=R\tan(\alpha/2)$
	E	圆曲线外距	$E=R\sec(\alpha/2)-R$
	L	圆曲线曲线长	$L=(\alpha\pi R)/180$
	ZY	圆曲线起点(桩号)	ZY 桩号 $=JD$ 桩号 $-T$
	QZ	圆曲线中点(桩号)	QZ 桩号 $=JD$ 桩号 $-T+L/2$
	YZ	圆曲线终点(桩号)	YZ 桩号 $=ZY$ 桩号 $+L$
基本型单曲线公式	P	内移值	$p=y_h-R(1-\cos\beta_0)=L_s^2/24R$
	q	切线增长值	$q=x_h-R\cdot\sin\beta_0=L_s/2-L_s^2/240R^2$
	T_h	基本型单曲线切线长	$T_h=(R+P)\tan(\alpha/2)+q$
	L_h	基本型单曲线曲线长	$L_h=(\alpha-2\beta_0)\pi R/180+2L_s$
	E_h	基本型单曲线外距	$E_h=(R+p)\sec(\alpha/2)-R$
	β_0	缓和曲线角	$\beta_0=L_s/2R(\mathrm{rad})$
	x_h	缓圆或圆缓点横坐标	$x_h=L_s-L_s^3/40R^2$
	y_h	缓圆或圆缓点纵坐标	$y_h=L_s^2/(6R)$

2. 平曲线形式和半径的试算

无论何种形式的曲线均要涉及曲线半径的选择。半径计算公式是在汽车横向行驶稳定分析基础上得出的,主要用于确定半径限值,即既要保证汽车转弯时行车的安全,又要保证行车有一定舒适性所确定的最小半径值,也就是《技术标准》规定的三个最小半径(极限最小半径、一般最小半径和不设超高最小半径),并不是直接采用技术标准最小值,而是符合技术标准。实际工作中曲线半径的确定用表12-4中的公式进行试算,具体做法是先按控制要求试算出一个半径,然后对照标准确定曲线的最终半径和形式。

初选半径一般依据道路等级、技术标准、地形条件、地物控制、导线布设、特殊要求等反算。

(1)依据地形、地物条件初算半径

在本书第六章已经讨论论过,依据地形、地物条件初算半径,有单条件控制反算半径以及多条件控制反算半径等多种方法。其方法和原理已经在第六章第九节结合实例说明,在此不再重述。这里特别需要指出,试算时,先不考虑曲线是基本型还是简单型等,一律先认为曲线是简单型的曲线考虑,由试算结果结合《技术标准》来决定曲线最终采用的曲线形式和半径。一般试算时设法把上述的各种条件与曲线元素公式或切线支距、偏角公式等建立联系进行试算。

(2)根据导线布设方式初算半径

对同向或反向复曲线,通常"顺路导线"对曲线形式的控制较严,第二个交点处的曲线半径受相邻前一个交点处的切线长、基线总长和中间直线段长度等限制,而无法取得太大,受技术标准的限制又不能太小。如果两个相邻交点分别欲设单曲线,可用全站仪测得两个相邻交点的距离以及各自的转角后,结合直线间要求的最短直线长度反算。详细方法在第六章中已经讲述。

(3)根据其他控制因素初算曲线半径

在单交点的场合下确定曲线半径和形式是现场定线最常采用的方法之一,它是用一个交点来确定一段单圆曲线的插设曲线方法,方法简便,适用于一般转角不大,实地能直接钉设交点的情况。特别指出的是:直接定线时的曲线半径是初步选择的,将来还有待现场测角导线组重新核算和准确标定,选择半径时,一般根据曲线的一些要素和其他的控制因素反算。通常有以下几种算法:①外距控制(即曲线中点控制),即根据弯道内侧的固定建筑物,确定曲线 A 点是不与其发生干扰的控制点,即可用皮尺量出控制的外距值 E,并测出转角,即可反算确定半径。②切线控制(即曲线起、终点控制),即有时路线为了控制曲线起终点位置,要求曲线的切线长为一定值,比如相邻的反向曲线间要求一定的直线长度,或者要求桥头或隧道洞口在直线上等,这时曲线半径就由控制的切线长来选定。根据粗略测算的路线转角,选择曲线半径并初步计算元素。③曲线长控制,即当路线转角较小,为使曲线长度满足最短曲线长度,则曲线半径最小值可反算确定。④曲线上任意点控制。有时路线由于桥涵人工构造物位置或原路改建的要求,控制曲线必须从曲线上任意点通过时,可用试算法选择半径。其办法是:先实地量离控制点最近的那个交点至曲线上任意控制点顺导线方向的距离和要求的支距后,初选半径,用试算法确定。⑤按纵坡控制,即当路线纵坡紧迫时,为使弯道上合成纵坡不因曲线半径太小而超过规定值,这时,应根据已定的纵坡和合成纵坡标准值来反算出超高横坡,再按控制的超高横坡求得最小控制半径。

3. 曲线最终半径与曲线形式的确定

首先,列出道路等级采用的平面设计标准,即 $R_{极限}$、$R_{一般}$、$R_{超高}$ 各自数值;其次,将试算出的半径取百米或十米整数,取定时要注意符合控制要求;最后,将初步取定的平曲线半径与技术标准三个最小半径对比,看是否是试算半径小于技术标准规定的不设超高的半径,如果是则为基本型曲线,否则为简单型曲线。对于复曲线主曲线半径,选定与单曲线相似。主曲线选定的半径值既要符合控制条件,又要符合技术标准且应为百米或十米整数,而复曲线的副曲线半径不能取整,否则主、副曲线不能够对接,一般副曲线半径保留两位小数。

(四)曲线中点方向桩的钉设

为便于中桩组敷设平曲线中点桩,量角组在量角的同时,需将中点方向桩(亦即分角桩)钉设出来,如图 12-14 所示。分角桩离交点距离应尽量大于曲线外距,以利于定向插点,一般转角愈大,外距也愈大,这样分角桩就应设置得远一点。

用经纬仪定分角方向，首先就要算出分解方向的水平度盘读数，通常这项工作是紧跟量角之后，在量角读数的基础上进行的(即固定经纬仪底盘不动)。根据测量右角的前后视读数，按下式即可算出分角方向的读数：

$$\left.\begin{aligned}&\text{对于右转角，分角读数}=\frac{1}{2}(\text{前视读数}+\text{后视读数})\\&\text{对于左转角，分角读数}=\frac{1}{2}(\text{前视读数}+\text{后视读数})+180^\circ\end{aligned}\right\}\qquad(12\text{-}3)$$

a)分角线　b)分角桩测设示意图

图 12-14　分角线与分角桩测设示意图

有了分角读数即可拨角定分角方向，拨角方法是在读数窗里先找到度数，其次用测微轮使指标对准应该读的分秒值，再用水平度盘的微动螺旋使应该定的度数卡在双指标线中间。此时望远镜照准的方向即为分角方向，如此时望远镜是指向外分角线方向，倒镜即可。沿视线指向插杆钉桩即为曲线中点方向桩。

(五)磁方位角观测与计算方位角核对

观测磁方位角的目的是为了校核量角组测角的精度和展绘平面导线图时检查展线的精度。路线测量规定，每天操作开始与结束时，须观测磁(或真)方位角，至少各一次，以便与计算方位角核对。一般规定误差不得超过1°～3°，若超过规定，有可能在测量右角的过程中有错误或误差超限，必须查明原因，并及时予以纠正。

磁方位角是从磁子午线北端起，顺时针方向转动到拟测导线其间所形成的夹角，过去以 A 表示，现改为 α 表示，磁方位角的大小范围为0°～360°。

磁方位角通常用罗盘仪观测，有的经纬仪如有指北装置，则可直接观测。关于磁方位角观测方法，在大学的测量学教材中均有介绍，这里不再重复，下面主要介绍计算方位角问题。

如图12-15所示，为某一公路导线，第一根导线观测磁方位角 A_0 称之为起始磁方位角，由图可以看出第二根导线的计算方位角与第一根导线的起始方位角和交点转角大小及其左转或右转有关，对于右转角为相加关系，对于左转角则为相减关系。各导线的计算方位角如图已列在对应导线的旁边，由此不难看出，对于任一导线的计算方位角可归纳为：

$$A_i = A_0 + \Sigma\alpha_{右} - \Sigma\alpha_{左} \qquad (12\text{-}4)$$

式中：A_0——第一根导线边的起始方位角；

$\Sigma\alpha_{右}$——计算导线以前所有右转角之和；

$\Sigma\alpha_{左}$——计算导线以前所有左转角之和；

A_i——导线计算方位角。

上式中方位角推算的前提是,假定方位线是相互平行的,推导各边计算方位角公式时只要将后一导线延长便可找出相应的几何关系。

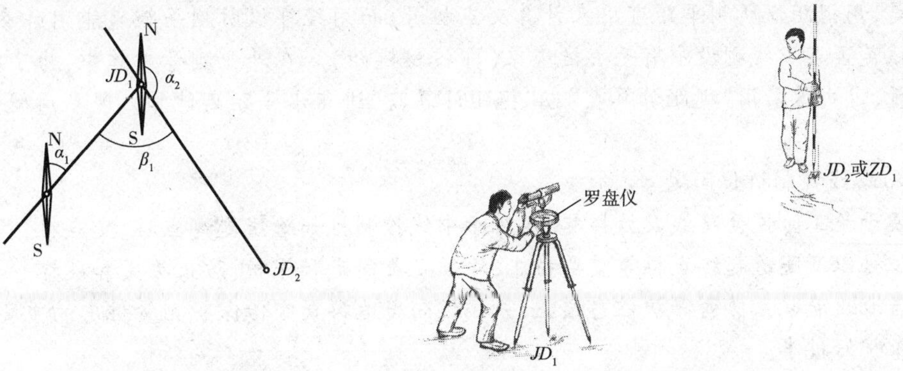

a)导线的磁方位角　　b)导线磁方位角测量操作

图 12-15　导线的计算方位角

(六)基线的测定

基线是指相邻两个交点的间距,如图 12-16 所示。丈量基线是指在虚交点和拟设复曲线处测定基线长度,基线长度一般用钢尺往返丈量,也可以用全站仪等测定,其精度要求依道路等级不同而异,一般不低于 1/5 000。基线长度用作曲线设计。

(七)后视距离测量

所谓后视距离,是指用视距法测得的后导线长度,如图 12-17 所示的 D 值。观测视距的目的,是用视距法测出相邻交点间的直线距离,以便提交给中桩组供与实际丈量的距离校核。当交点间距离较远时,为了保证测量精度,可在中间加点,采取分段测距,即测 D_1、D_2……D_n,再相加的方法。

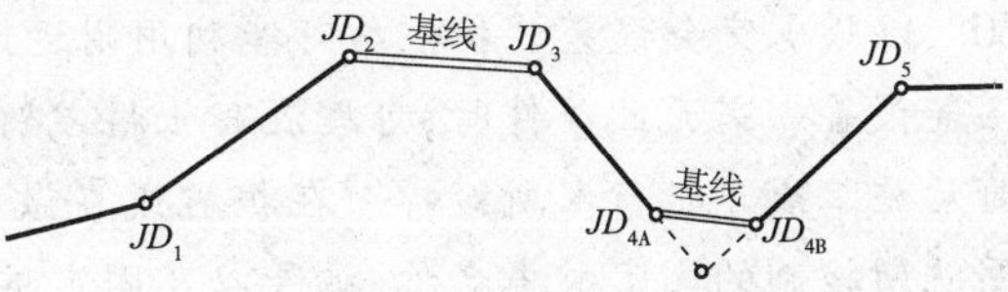

图 12-16　虚交点和拟设复曲线处导线的基线

视距测量的方法通常有两种:一种是利用视距仪或全站仪测,如图 12-18 所示。这种方法是分别于交点和相邻交点(或转点)上分别安置棱镜和视距仪,从读数屏可直接读出平距;

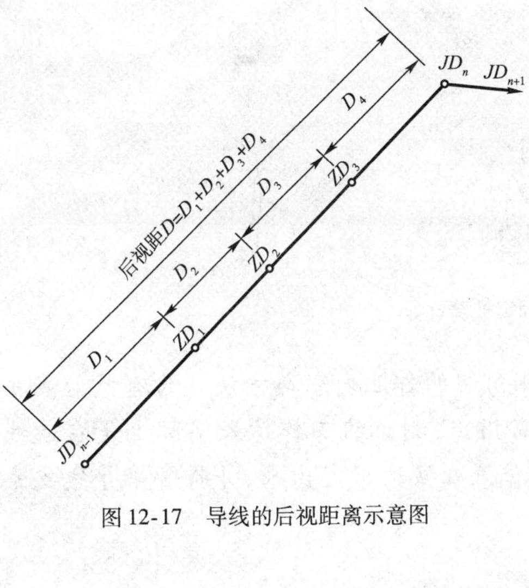

图 12-17　导线的后视距离示意图

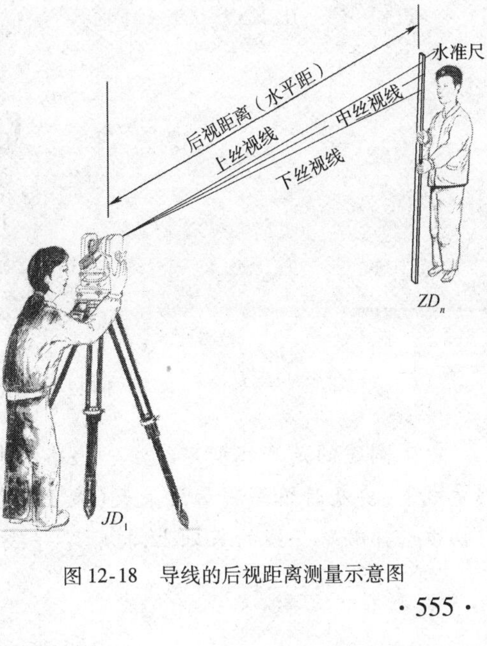

图 12-18　导线的后视距离测量示意图

另一种是利用经纬仪测，它是分别于交点和相邻交点（或转点）上分别安置经纬仪和塔尺，然后读取上、下丝间隔 n、中丝读数 l_1 和竖直角 α，用公式 $D=kn\cos^2\alpha$ 计算出平距。这里尤应指出的是，用视距仪所测平距可用来计算交点桩号，而用经纬仪所测平距只能用作参考，通常来校核是否在中线测设中有无丢链现象（即校核链距）。在外业测量工作中，为了减少计算工作量，过去曾采用"视距计算表"或"视距计算盘"进行水平距离计算。现多用微型计算器计算。

（八）路线控制桩位固定

为便于施工时恢复路线及放样起见，对于中线控制桩如路线起终点桩、交点桩、转点桩、大中桥位桩以及隧道起终点桩等重要桩志，均须妥善固定和保护，防止丢失和破坏。为此宜主动与当地政府联系协商保护桩志措施，并积极向当地群众宣传保护测量桩志的重要性，协助共同维护好桩志。

桩志固定方法应因地制宜地采取埋土堆、垒石堆、设护桩等形式加以固定。在荒坡上亦可采取挖平台方法固定。埋土堆、垒石堆顶面为 40cm×40cm 方形或直径为 40cm 圆形，高 50cm，边坡 1∶1，堆顶并应钉设标志桩。

为控制桩位，除采取固定措施外，还应设护桩（亦称"栓桩"），如图 12-19 所示。护桩方法很多，如距离交会法、方向交会法、导线延长法等，具体采用什么方法应根据实际情况灵活掌握。公路测量通常多采用距离交会法定位。护桩一般设 3～5 个，护桩间夹角不宜小于 60°，以减少交会误差。护桩尽可能利用附近比较固定的地物点，如房基墙角、电杆、树木、岩石等设置。若无此条件时，可埋混凝土桩或钉设木桩代之。护桩位置的选择，应考虑不致为日后施工或车辆行人所毁掉。在护桩或在做控制的地物上用红油漆画出标记和方向箭头，写明所控制的固定桩志名称、编号以及固定桩到被固定桩志之间的距离及方位，并绘出示意草图，记录在手簿上，供日后编制"路线固定表"采用。

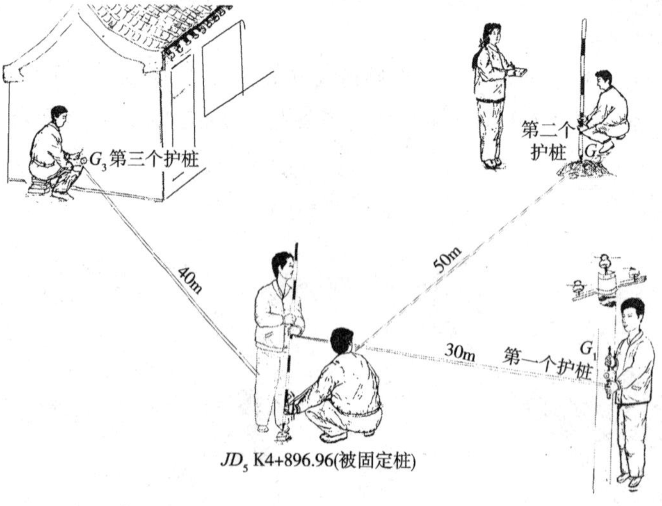

图 12-19　控制桩的固定桩设置

以上阐述的是直线型定线法一次路线勘测中测角组的作业内容与方法。为有效地保护测量成果，要及时填写测量记录表（表 12-5）。还需指出，测角组工作结果实际上是在选线组初步选择顺路导线的基础上，把顺路导线的准确位置在实地标定出来，并将顺路导线要素测定出来，因此测角组在实际工作中也叫测角导线组，该组工作的结果是之后的中线组所有工作的基础。

测角记录表 表 12-5

转角号 JD			偏角	左转角 α_z		° ′ ″
观测点	正镜	倒镜		右转角 α_y		° ′ ″
后视点			方向角	后导线	观测的	° ′ ″
前视点					计算的	° ′ ″
右角				前导线	观测的	° ′ ″
					计算的	° ′ ″
曲线半径 R			缓和曲线长度 L_s			

单交点简单型单曲线元素	切线长 T ____; 曲线长 L ____; 校正值 J ____; 外矢距 E ____	单交点基本型单曲线元素	曲线内移值 P ____; 切线增长值 q ____; 缓和曲线角 β_0 ____; 切线长 T_h ____; 净圆曲线长 L_y ____; 曲线长 L_h ____; 外矢距 E_h ____; 校正值 J_h ____
多交点简单型单曲线元素			简单型复曲线元素
测量基线长度 $T_{基}$ ____; 曲线顺后导线切线长 T_A ____; 曲线顺前导线切线长 T_B ____; 曲线总长 L ____			测量基线长度 $T_{基}$ ____; 主曲线半径 R_1 ____; 副曲线半径 R_2 ____; 第一圆曲线切线长 T_1 ____; 第二圆曲线切线长 T_2 ____; 第一圆曲线长 L_1 ____; 第二圆曲线长 L_2 ____
垂直角		测量视距	
草图说明			

二、纸上定线前提下的测角导线组操作

利用纸上定线的初步设计文件测角导线组工作。顺路导线实地放线主要方法有穿线交点法、拔角量距法、直接定交点法。

(一)放线穿点法

放线穿点法实际上就是第九章中所介绍的穿线交点法。它是根据平面图上路线与施测地形图时敷设的控制导线的关系，把纸上路线的每一条边逐一而独立地放到实地上，延伸这些直线交出交点的方法，它实际上是利用地形图上的测图导线点与图上定出的路线之间的角度、距离关系，作为测设依据，将路线导线测设在实地上。

具体做法可分为解析法和支距法两种方法，它是利用地形图上的测图导线点与图上定出的路线之间的角度、距离关系作为测设依据，将路线导线测设在实地上。

1. 放点

支距法放点示意如图12-20所示。一条路线导线应测设3个以上的临时点，测设方法可采用极坐标法、支距法等。其原理已在第九章中详细介绍。

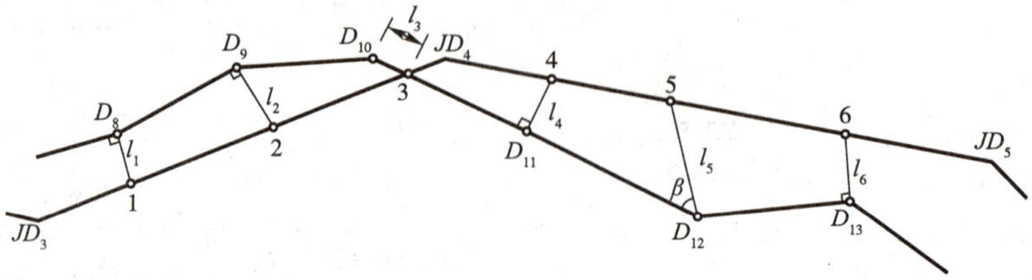

图12-20　放线穿点法示意图

欲将纸上定线的两直线 JD_3—JD_4 和 JD_4—JD_5 测设于地面，只需在地面上定出1、2、3、4、5、6等临时点即可。

图中1、2、4、6点为支距点，所谓支距点，是指垂直于导线边，垂足为导线点的直线与纸上定线的直线相交的点，这些点用支距法测设。如需选择能够控制中线位置的任意点，如5点，则可用极坐标法测设。图中3点为测图导线边与纸上定线的直线相交的点，如知 l_3 长度即可定出。

选择临时点，一方面应考虑到直线能准确地测设到实地；另一方面也要便于测设，尽可能选在地势较高、通视良好、距测图导线点较近的地方。

2. 穿线

由于测量仪器、测设数据及放点操作均存在误差，在图上同一直线上的点放到实地后，一般均不能准确地位于同一直线上。因此，在临时点放出后，需要通过穿线，定出一条尽可能多的穿过或接近临时点的直线。

穿线可用目估或经纬仪进行。如图12-21所示，如采用目估法，先根据放出的临时点，在适中位置选择 A、B 两点竖立花杆，一人在 AB 延长线上观测，看直线 AB 是否穿过多数临时点或位于它们之间的平均位置。否则，移动 A 或 B 点，直到达到要求为止。最后，在 A、B 或其方向线上打下两个以上的控制桩，称为直线转点桩，直线即固定于地面上。

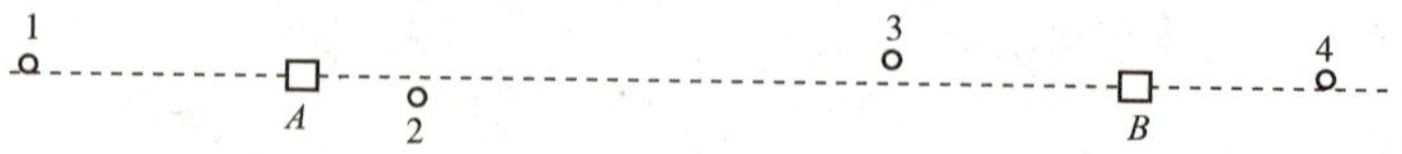

图　12-21

当用经纬仪穿线时，仪器可置于 A 点，然后瞄向大多数临时点所靠近的方向定出 B 点，若不能做到靠近，则调整 A 点的位置。也可以将仪器置于直线中部较高的位置，瞄向一端多数临时点都靠近的方向，倒镜后如视线不能穿过另一端多数临时点都靠近的方向，则将仪器左右移动，重新观测，直到达到要求为止，最后定出转点桩。

3. 交点

当相邻两直线在地面上定出后，即可延长直线进行交会定出交点，其方法是用精密骑马桩法，此法与简单骑马桩法的区别是穿线必须使用经纬仪，不得用花杆目穿。原理如图12-22所示，先将经纬仪置于 ZD_2，盘左瞄准 $ZD1$，倒镜在视线方向，于交点 JD 的概略位置前后，打下两个骑马桩，并沿视线方向用铅笔在两桩顶上分别标出 a 和 b 点。盘右仍瞄准

ZD_1，倒镜在两桩顶上又标出 c 和 d。用 2 彩线绳从 a、b、c、d 四个点交出 JD 桩，钉桩后，再一次用分中法在桩顶得出骑马桩钉 a'、b'、c'、d'、。分别取 a' 与 b' 和 c' 与 d' 的中点钉上小钉得 JD（图中未标出 a'、b' 和 c'、d'）。这种以盘左、盘右两个盘位延长直线的方法称为正倒镜分中法，可以消除仪器误差。

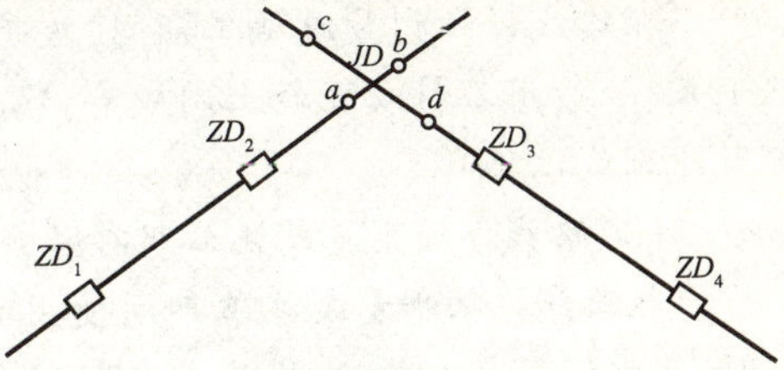

图 12-22　穿线交点法之穿线交点示意图

（二）拨角量距法

拨角量距法是根据纸上路线在平面图上的位置与导线的关系，用坐标计算每一条导线的距离、方向、转角和各控制桩的里程，放线时就按照这些资料直接拨角并量距定出交点的方法。先在地形图上量出纸上定线的交点坐标，反算相邻交点间的直线长度、坐标方位角及转角；然后在现场将仪器置于路线中线起点或已测定的交点上，拨出转角，测设直线长度，依次定出各交点的位置。该法的具体计算与操作已经在第九章中阐述，兹不详述。此法工作进度快，但拨角放线的次数越多，误差累积也越大，故每隔一段距离将测设的中线与测图导线联测，以检查拨角放线的质量。联测闭合的精度要求与测图导线相同。当闭合差超限时，应检查原因予以纠正；当闭合差符合精度要求时，则按具体情况进行调整，使交点位置符合纸上定线的要求。

（三）直接定交点法

是在视野开阔、路线受限不严时，路线位置可直接根据地物明显目标确定的方法。该法的具体操作亦在第七章中介绍，在此不再重述。

（四）控制桩的固定（栓桩）

1. 固定桩设置的目的

在施工过程中，随着路基施工高度的不断变化，有些主要控制桩会被掩埋或挖掉，因此需要对其进行固定，以便在施工时能随时利用它们来恢复或检查公路中线。路线控制桩固定后，要求做好记录并绘制草图，以供随时恢复查寻。对于主要控制桩有交点、转点、曲线的起讫点以及起控制作用的百米桩及加桩等。这些桩在复测校准之后，应用护桩将它们固定下来（栓桩），以便丢失后恢复或便于寻找。

固定桩的方法有两类：一类是将本桩更换和加固；另一类是利用地物和其他桩的位置关系来间接固定，间接固定指另外几个易保持的点位，再确定这些点位与被固定桩的方向和距离，并在现场和记录分别标出和记载，一旦被固定桩丢失后，利用相应的位置关系恢复。实际可根据地形、地物灵活地采取不同的固定方法，如延长切线法、交点法（方向交汇法）、直线法、距离交会法、偏角法（极坐标法）等。设置好的护桩及时做好记录，画好护桩略图并填写护桩表。

切线上的转点桩、交点桩等，如确信在施工中不会被破坏，则应根据地形、土质、桩材情况用混凝土加固，或换埋坚固桩志。加固时先设计出"骑马桩"，换埋加固后牵线吊线锤校正，以保证点位准确。

2. 固定桩设置的要求

（1）护桩的设置和标记

护桩的设置，必须牢固可靠，最好设于岩石、树墩或永久性建筑物上，也可用埋设带钢板的混凝土桩或在土地上打入带钉长木桩的方法来固定。桩位要便于架设测量仪器和观测。如果受条件限制，也可以在树木的根部钉入粗钉，最好选择速度生长慢且粗大的树木，这种做法便于寻找控制桩或用距离交会法恢复控制桩。

(2)永久性桩的护桩设置

在路线详细测量或施工期间、竣工后和在养护中改建时均能用上的桩,都应重点保留下来,一般用石料或混凝土制成碑,记上要素,牢固地埋设好(碑的底部应埋入冻胀线或最大冲刷线以下)。

(3)路线详细测量或施工期内用桩的护桩设置

在路线详细测量或施工期间使用的桩,视使用时间长短而定,一般用木桩。如需固定时,用水泥混凝土包芯桩(底部应埋入冻胀线或最大冲刷线以下),在其周围用木桩护住(一般用三根木桩围住被保护的桩,并再用三根木条将三根木桩的顶部两两连起来)或用砖石砌筑成墙体围起来。

(4)临时性用桩的护桩设置

一般尽量利用地物进行,如无合适的地物可利用时,可在易保存的地点打相互大致成60°角的三个木桩来固定临时性用桩。

(5)桥位控制桩的护桩设置

在恢复定线时,要对桥位控制桩进行准确地测设,并用粗大的木桩将其定位,其护桩视施工期而定,如勘测后当年完工的中、小桥(涵)周围没有合适的地物可利用时,可用木桩防护;如需隔年的大桥和特大桥应用水泥混凝土挖坑灌注桩(底部应埋入冻胀线或最大冲刷线以下)定位,在其周围用木桩护住(一般用三根木桩围住被保护的桩,并再用三根木条将三根木桩的顶部两两连起来)或用砖石砌筑成墙体围起来。

3. 固定桩设置的方法

(1)交点法护桩

交点法护桩是公路施工中常用的方法。方向交会要求交会角在60°~120°,每排护桩不少于三个,桩间距离宜长勿短。当采用距离交会,在距离方向采用双控制护桩,使用光电测距仪量长时,应尽量增长距离。该法适用于平坦地区。

设置护桩时,应在测量记录本上绘出示意图,注明每个桩间距离、每个护桩所在地形特征以及护桩附近地物,以便使用时查找。

(2)平行线法护桩

在中线两侧一定距离处,测设两排平行于中线的施工控制桩,此法适用于地势平坦、填挖高度不大、直线段较长的地段。

(3)延长线法护桩

当地形许可时,在曲线中点和交点的延长线上设置施工控制桩,主要是控制交点的位置。此护桩法对恢复原桩的准确度较高,且简便易行。适用于坡度起伏较大和直线段较短的路段。

4. 固定桩的标记和记录

一般在鲜明的位置刷红色的油漆,写出护桩的编号和要素,可用固定红布条来标记护桩的位置。临时标记可用纸条代替,或在树木上书写,以后再补充永久标记。

护桩设置好后要做好记录,否则护桩设置毫无意义,在记录表中将桩的名称、编号、种类、材料、标记、所在的位置桩号以及周围的参照物等的关系都详细地记录下来,并配适当的简图说明。

第四节　道路野外勘测中桩组操作技术

中桩组作业的前提是导线已知。导线是由选线组初选，再由测角导线组准确标定的，如图12-23所示。道路野外勘测中桩组操作技术的任务是将道路中心线的平面位置用桩标定到实地上，并丈量或测定其里程。中桩组操作技术的结果是确定道路的平面位置，不论实地布置中线还是设计在纸上的中线都是道路中心线的平面投影。因测角时一般使用的是经纬仪或全站仪，故测得结果是水平角，而量距则是按照“直”、“平”、“准”的原则进行，结果是水平距离。上述角度和距离测量的实际操作的结果致使道路中心线必然是平面投影；设计中是以顺滑线条叠画在地形图上，而地形图是平面投影，因此二者叠画的前提是道路中线必须是平面投影。由此可见，不论实地布置中线还是设计在纸上的中线，都是道路中心线的平面投影。

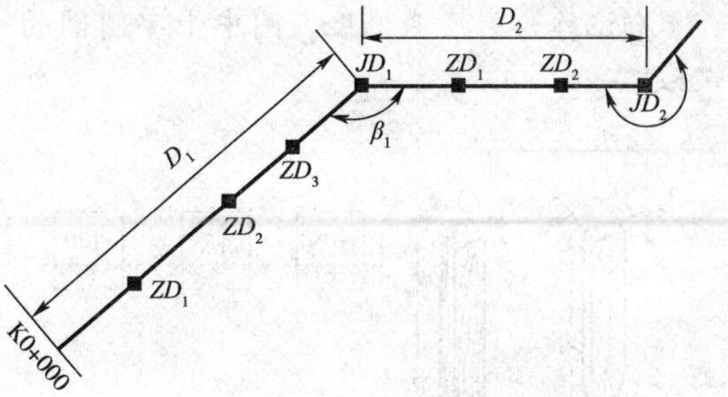

图 12-23　中桩作业的前提导线条件

一、操作技术要求与规则

（一）中桩桩点设置要求

1. 中桩的种类和规格

路线测量一律用桩标定。使用的桩有钢筋混凝土包芯桩、木质桩、蘑菇钉桩、地物刻痕凿记桩四类。上述除钢筋混凝土包芯桩用于自由导线桩点和特大桥、隧道等处外，其余用于道路顺路导线和中线桩。每个桩的基本要素是桩号和序号，所有中桩均应写明桩号和序号。公里桩、百米桩、桥位桩除了写出桩号外，还应写出公里数；交点、转点及曲线基本桩还应标出桩名［使用《公路基本建设工程设计文件编制办法》（以下简称“编制办法”）中所规定的汉语拼音字母缩写代号］，为了便于找桩和避免漏桩，桩志一律横写，一般用红色油漆或记号笔书写（在干旱地区或急于施工的路线也可用墨汁书写），字迹应工整醒目，写在桩顶以下5cm范围内，否则将被埋于地面以下无法判别里程桩号。所有中桩都应在桩子背面编写1～10的循环序号，并做明显标记，以利后续作业组按序查找，如图12-24所示。

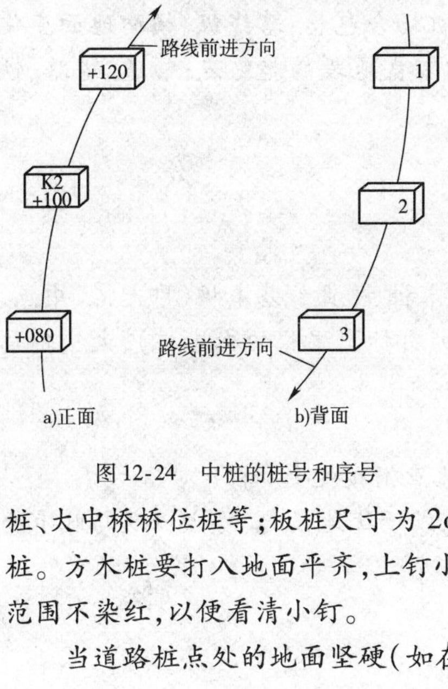

图 12-24　中桩的桩号和序号

中桩所用桩子一般多为木质桩橛，用废旧木材的边角料制成，规格有板桩和方桩两种，如图12-25所示。方桩尺寸一般为5cm×5cm×30cm，适用于路线起、终点桩和顺路导线的交点和转点桩以及中线上的公里桩、大中桥桥位桩等；板桩尺寸为2cm×5cm×25cm，适用于除非上述场合下中线上所有的桩。方木桩要打入地面平齐，上钉小钉表示点位，桩顶染红以便寻找。钉钉处周围直径1cm范围不染红，以便看清小钉。

当道路桩点处的地面坚硬（如在沥青路面上打桩），难以打入木桩时，宜钉蘑菇钉或长铁钉并设指示桩。改建桩志位于旧路上时，为防止行车损坏桩志，一律打桩至与地面齐平或打入大铁帽钉，并在路旁一侧打上指示桩注明距中线的横向距离，并以箭头指示中桩位置及其桩号。蘑菇钉桩如图12-26所示。

如图12-27所示，如路线点遇到岩石或混凝土结构物上的桩点，无法打桩时，应在岩石上凿刻"⊕"标记表示桩位，并写明桩号、序号等。在岩石上刻圆圈并在圈内刻划十字，用油漆涂记称为刻痕凿记桩。图中十字圆圈的十字交叉点为桩位，方框内写的数字分别为桩号和序号。

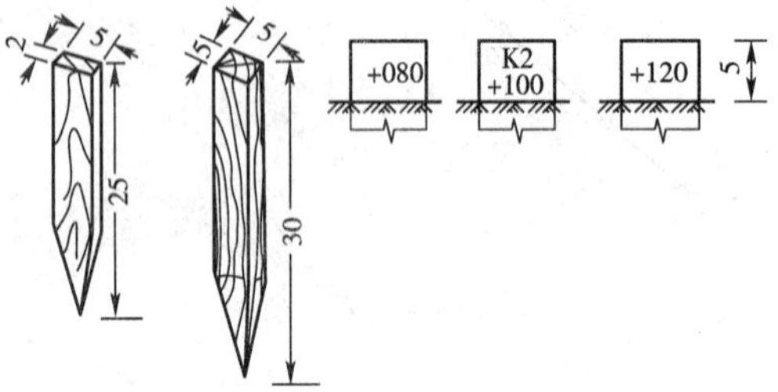

图12-25 木质中桩的标志尺寸(尺寸单位:cm)

图12-26 蘑菇钉桩

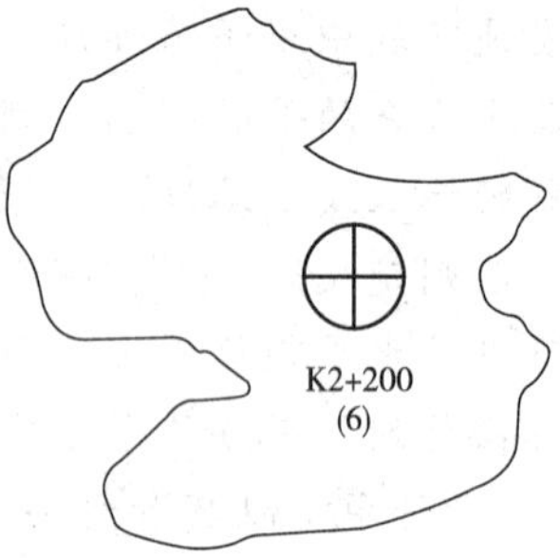

图12-27 地物桩

新线桩志打桩，不要露出地面太高，一般以5cm左右，只要能露出桩号为宜。钉设时，将桩号面向起点方向，使序号(序号以0~9循环)朝向前进方向。为便于对点，桩顶需钉以小铁钉。在潮湿或有虫蚀地区，特别是近期不施工的路线，对重要桩位(如路线起、终点、交点、转点等)可改埋混凝土桩，以利于长期保存。

2. 整桩设置和加桩场合

定测中桩用钢尺以整尺段一次丈量，桩距在山岭重丘区、平原微丘区分别为每20m或50m一桩。

所设桩不但要表示路线平面位置，而且要满足后续组测设路线沿线两侧一定范围的地面高低起伏状况以及桥涵、占地、拆迁、交叉、不良地质等所在位置的要求。即在下列情况下，除按规定每20m或50m设一整桩外，还应加桩。加桩场合包括：路线纵、横向地面变化特征点；占地及拆迁起终点；桥涵及人工构造物处；地质不良地段的起终点；管道、道路、铁路、电线、水渠与中线交叉处；曲线主点处。

3. 中桩与桩距要求

中线钉桩与中线丈量同时进行。中桩分整桩和加桩。

(1)整桩设置

中线钉的主要桩志有路线起点和终点桩、公里桩、百米桩、平曲线基本桩(即起点、中点、终点桩)、转点桩(桩位由量角组钉设，中桩组只在桩旁加钉标明里程的标志桩)，大中桥位桩以及隧道起点和终点桩等。此外尚可按要求设置加桩。

(2)加桩设置

①地形加桩：路线范围内纵向及横向地形有显著变化点衔接处要加桩；

②交叉加桩：与水渠、管道、电信线、电力线等交叉点或干扰地段起、终点以及与既有公路、铁路、便道交叉中心点处；

③地质加桩：病害地段的起、终点；

④拆迁加桩：拆迁建筑物处中心；

⑤占地加桩：占有耕地及经济林的起终点处；

⑥桥涵加桩：小桥涵中心及大中桥、隧道的两端（有时由桥隧组定位，中桩组负责标上里程）；

⑦曲线加桩：曲线主点位置加桩由曲线测设过程中顺便完成。

（二）曲线定位和定形桩敷设

曲线敷设是以"先控制、后碎部"的原则，即先设点（主点测设），而后加密（详细测设）。主点敷设称为曲线定位测设，主点桩位和桩号以曲线元素控制，事先据测角组所提供的转角、半径、缓和曲线长度、基线长度等计算元素，然后据主点与实地及导线位置的相对关系放出主点，最后由主点位置测出其他中桩位置，这样可避免或大幅度减小误差积累。曲线定形测设亦称详细测设，视实际地形可用切线距法、偏角法、延长弦线法、中央纵距法之一或几种方法相结合进行，还可用全站仪或 SPS 仪以坐标法确定。

（三）人员组成和分工

现将常规详细测量中线组人员组成和分工列于表 12-6。

中线组人员组成和分工 表 12-6

序号	人员组成	工 作 内 容
1	前点	负责在路线前进方向找点，在前点插花杆，为中线丈量提供方向，校核量角组留的字条
2	后点	负责在路线后方找点，在后点插花杆，为中桩组设置曲线复核点位提供方向
3	卡链	负责穿直线拉尺丈量距离的精读，并在将要钉桩的点位插上测钎或留下标记
4	后链	负责穿直线拉尺丈量距离拉尺和丈量时定线指挥
5	卡链	负责在丈量距离时与后链协同量距
6	记录	负责记录曲线要素、整桩和加桩桩号，并通知写桩人，以及链距与视距校核
7	计算	负责计算曲线要素、桩号、计算加桩，编排中桩桩号及序号，并通知记录人
8	写桩	根据计算写桩名、桩号及编号顺序
9	打桩	将写好的木桩准确地钉在指定的位置上
10	带桩	携带木桩供设置中桩使用
11	组长	负责指挥协调全组的工作并处理有关技术问题
12	联络	负责与前组（测角组）和后续组（水平组）的联系

二、中线直线段敷设方法

（一）基本要求

中线丈量是丈量路线的里程数，并在丈量的同时钉设里程桩。丈量里程是以路线起点作为零点，然后沿公路中线逐链丈量，累加计算里程数。

直线丈量前应先定出交点间直线方向，一般情况下，如量角组已用经纬仪定出方向旗，则用花杆穿线即可。当直线较长且地势起伏较大，为保证质量，最好用经纬仪穿线。丈量工具视公路等级而定，等级较高的公路宜用视距仪测量或钢尺丈量，一般公路可用钢尺丈量。丈量时，前、后尺手要用力拉尺将尺链抬平，如地面起伏较大时，应以垂球对点分段丈量，当水平量距有困难时，可直接丈量斜距，测出地面倾斜角按公式 $L = L_{斜}\cos\alpha$ 计算或通过换算求得水平距离。当路线受障碍物影响不能直接量距时，可根据具体条件，用间接丈量法通过测量与计算求出其间距。

（二）操作方法

为使读者进一步明确中线敷设的操作方法，下面举一例加以说明。

【例 12-1】 图 12-28 为路线起点到据点乙的段落，它是测角组已进行过的导线直线标定与修定点位后的顺路导线。路线起点到 JD_1 间加设 ZD_1、ZD_2……ZD_{12}；JD_1 和 JD_2 间加设 ZD_1、ZD_2……ZD_{10}；JD_2 到据点乙的段落间加设了 ZD_1、ZD_2……ZD_8。现场用经纬仪测得 JD_1 和 JD_2 处路线右角分别为 155°24′36″和 210°36′12″，路线起点到 JD_1 的距离为 1 860.72m，JD_1 与 JD_2 的距离为 1 275.98m，经现场选择与计算，JD_1 处为简单型单曲线，曲线元素为 $T_1 = 915.36$m，$E_1 = 98.59$m，$L_1 = 1\ 802.54$m；JD_2 处的曲线形式为基本型单曲线，曲线元素 $T_{h2} = 181.96$m，$L_{h2} = 356.98$m，$E_{h2} = 19.08$m。按路线起点到据点乙间的导线结果进行中线布置。

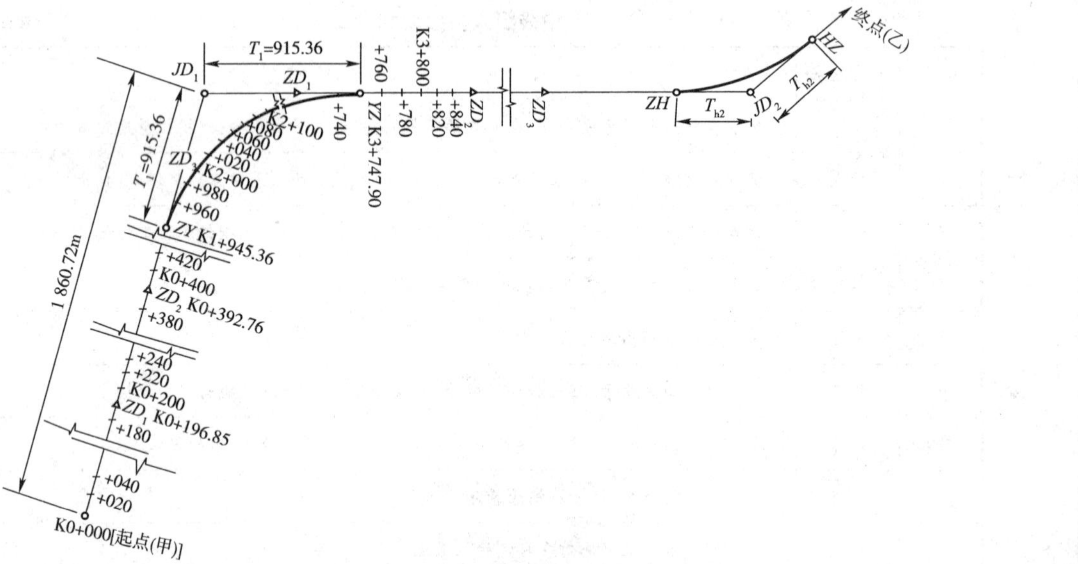

图 12-28　路线起点（甲）到终点（乙）段落的中线测设

【解】 中线丈量的定线因按规定每 200m 设一个转点，故中线丈量时的定线可以经纬仪定线亦可用花杆目穿定线，为工作方便，一般多采用花杆目测定线。

1. 起点（K0 + 000）至 JD_1 间的中线测设

（1）前点在路线 ZD_1 立花杆引得中线丈量方向，拉链组前链、后链分别拿一根花杆并各持钢尺的一端，使得距离等于整桩距（这里为 20m），由后链指挥前链绷紧钢尺并移动到使前链手持的花杆移动到与起点和 ZD_1 成为一条直线，由卡链者在前点的花杆尖处插一写有 K0 + 020 桩号纸条的插钎。

（2）拉链组保持钢尺的距离等于整桩距（20m），由后链指挥前链绷紧钢尺继续往前走，同时由后链指挥使前链手持的花杆移动到与起点和 ZD_1 成为一条直线，同样的方法定出 +040桩位，由卡链者插一写有 +040 桩号纸条的插钎。

（3）后链继续往前定向并配合前链量距，等花杆离开桩点并拔出测钎后，写桩者写好桩号由打桩者钉桩；钉桩时注意桩号朝向路线来向，桩背面写好序号。

(4)同样的方法，即拉链组（拉链组是指由前链、后链和卡链三人组成的中线丈量组）一直定线、量距、设桩直到 ZD_1，当钢尺穿过 ZD_1 并由卡链读出本尺段的零数距离，再与前面整桩距离相加，从而得到转点沿路线方向到路线起点的水平距离，此距离写成桩号格式便是 ZD_1 桩号，本例距离为 196.95m，因此转点的桩号为 ZD_1 K0 + 196.95，最后由写桩和钉桩者钉出转点指示桩。

(5)前点继续往前定在路线 ZD_2 立花杆引得中线丈量方向，拉链组前链、后链分别拿一根花杆并各持钢尺的一端使距离等于整桩距（这里为 20m），由后链指挥前链绷紧钢尺并使前链手持的花杆移动到与 ZD_1 和 ZD_2 成为一条直线，由卡链者在前点的花杆尖处插一写有桩号的纸条的插钎。

(6)同样的方法拉链组一直定线、量距、设桩直到 ZD_2，当钢尺穿过 ZD_2 并由卡链读出本尺段的零数距离，再与前面整桩距离相加，从而得到转点沿路线方向到路线起点的水平距离，此距离写成桩号格式便是 ZD_1 桩号，本例距离为 392.76m，因此转点的桩号为 K0 + 392.76，最后由写桩和钉桩者钉出转点指示桩。

(7)同理，前点不断地寻找路线前方的转点直至交点并及时插好花杆，拉链组继续往前一直定线、量距、设桩，直到 ZD_{12}。在此过程中，如常遇到该加桩的场合，由卡链者协同写桩和打桩及记录者加设。

(8)当估计到 JD_1 的距离不够其设置的曲线的切线长时，拉链组只是按整尺段量距并测上测钎，不打桩，一直量到 JD_1，计算者算出从路线起点到 JD_1 的距离，此距离写成桩号格式就是 JD_1 的桩号。本例为 1 860.72m，因此，JD_1 的桩号为 JD_1 K1 +860.72。

顺便指出，本交点桩号为后交点处曲线终点桩号与本交点至后交点处所设置的曲线终点间的距离之和。

①当用视距仪或全站仪等仪器在实地测定相邻交点间距时，则：

本交点至后交点处曲线终点间的距离 = 相邻交点间距 − 后交点处曲线切线长；

②当用钢尺丈量中线时，为从后交点处曲线终点连续丈量到本交点的累计距离；

③如为纸上定线实地放线时，交点桩号已由纸上算定。

(9)后点者在路线起点到 JD_1 的最后一个转点（后近转点）上插上花杆，拉链组掉头从 JD_1 向 ZD_{12} 方向倒量 $T_1 = 915.36$(m)得到 ZY 桩位，写好并钉上 ZY 桩（ZY K0 +945.36）。

(10)后点者回到分角桩上插花杆，拉链组掉头从 JD_1 向分角桩方向量 $E_1 = 98.59$(m)，得 QZ 桩位，写好并钉上 QZ 桩。

(11)前点者在路线起点到 JD_1 与 JD_2 间的最近一个转点（前近转点）上插上花杆，拉链组从 JD_1 向 JD_2 方向量 $T_1 = 915.36$(m)得到 YZ 桩位，写好并钉上 YZ 桩（YZ K2 +747.90）。

(12)计算出曲线的切线支距或偏角弦长等定点数据进行曲线内的桩点设定。

曲线设置如图 12-29 所示，其大致步骤如下，详细步骤将在后面介绍。

①记录和计算人员根据本交点处的曲线形状，计算曲线元素和切线支距；

②记录计算人员根据计算好的曲线上第一个桩的支距，通知拉链人员从曲线起点开始沿切线方向交点方向倒拉 x 值得切线点 N_1；

③卡链人员用两根钢尺或一根钢尺和一根皮尺从切线点 N_1 拉 y 值和曲线起点 ZY 和 P_1 桩之间的弦长相交得曲线上第一个桩位 P_1，钉设中桩；

④再从第一个桩的切线点 N_1 处，顺切线沿交点方向量取 $\Delta x_1 = x_2 - x_1$ 得切线点 N_2；

⑤卡链人员从 N_2 处和前一个已设定的桩点（即 P_1 桩）分别用尺子拉 y_2 和 P_1 桩与 P_2

桩之间的弦长相交，得第二个桩位 P_2，钉设中桩；

⑥按同样方向一直设置到曲线的中点，直至前半个曲线完成，最后与曲线中点闭合以检核；

⑦后半个曲线从曲线终点开始，按同样方法完成；

⑧与曲线中点校核。

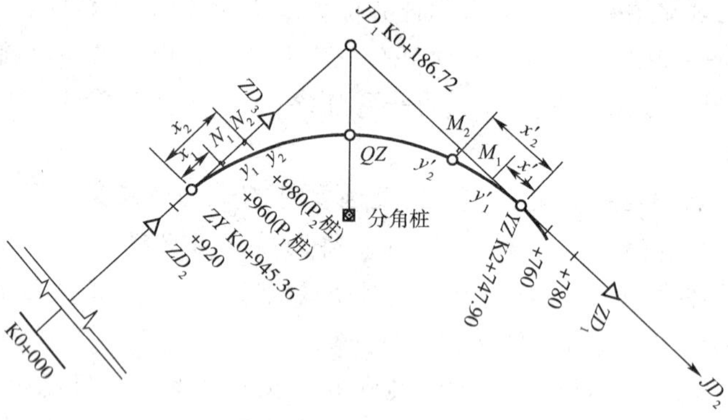

图 12-29

2. JD_1 至 JD_2 间的中线测设

(1)前点者在路线起点到 JD_1 与 JD_2 间的最近一个转点(ZD_1)上插上花杆，拉链组从 JD_1 处曲线的 YZ 桩开始，向 JD_2 方向先凑整成 20m 整桩，本例 YZ 桩号为 K3 +747.90，因此第一个凑整成 20m 整桩的桩号为 K3 +760。

(2)仿照起点(K0 +000)至 JD_1 间中线测设的(1)~(7)步设置 JD_1 与 JD_2 间直线段各桩点。

(3)仿照起点(K0 +000)至 JD_1 间中线测设的(8)~(11)步设置 JD_2 处曲线段主点桩。

(4)仿照起点(K0 +000)至 JD_1 间中线测设的(12)步设置 JD_2 处曲线段各详细加桩。

三、测设中的断链处理

在测量过程中，有时因局部改线的原因或量距一段后才发现量距或计算有错误，或在分段测量中由于假定起始里程而造成全线或全段里程不连续等，以致影响路线实际长度时，统称为“断链”。断链的产生，将会给测设工作带来许多麻烦，因此应尽量减少断链。对于测量工作中出现的错误，如能及时发现且返工工作量不大时则应及时返工更正，不按断链处理。但如发现较晚，实测里程已推进较远，此时若要到现场逐一改桩号就相当麻烦，且影响后续操作技术组顺利工作，所以一般均按断链处理。所谓断链处理，就是为了避免牵动全线桩号，允许中间出现断链，桩号不连续的现象，处理方法是仅将局部改线或发生差错的桩号部分按实测结果进行现场更正，改用新桩号。然后就近与下段某一正确的老桩号联测，设断链桩具体说明新老桩号对比关系，这样就可以大大地缩小返工范围，使以后的各桩号里程不致因局部出现问题而变动。

断链有“长链”与“短链”之分，当原路线桩号里程长于地面实际里程时叫短链；反之，则叫长链。断链桩一般宜设在直线段的 10m 整倍数桩上，并在桩上注明新老里程关系及长(或短)链长度。图 12-30 示例为一改线路段，原设 JD_2 取消，改由 JD_1 直奔 JD_3，这样，由于路线本来沿着 L_1 到 JD_3，因改线致使沿着 L_2 到 JD_3，原 JD_3 桩号 K3 +120，改线后测设该桩位里程为 K3 +005.21，即短链 114.79m，反映在断链桩上应写明“K3 +005.21 =

K3+120(短链 14.79m)”。一般习惯写法是等号前面的桩号为新桩号,等号后面的桩号为老桩号。

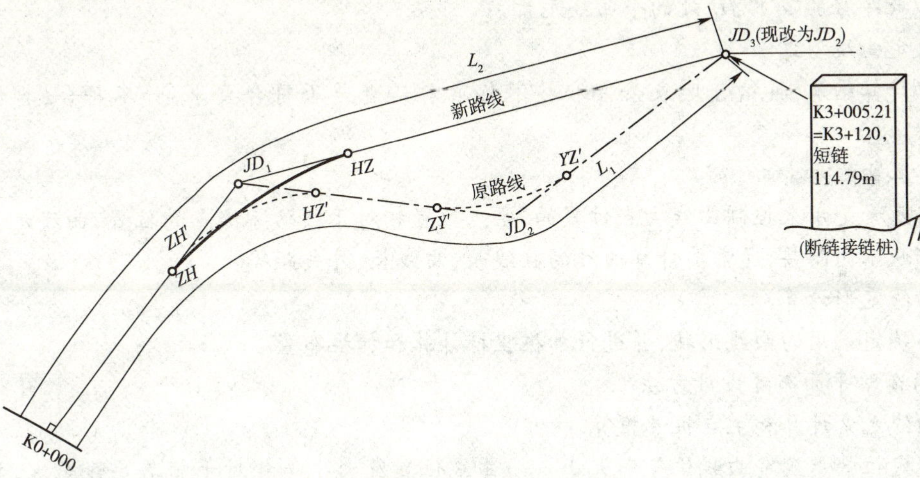

图 12-30　测量断链示意图

所有断链均应填写在“总里程及断链桩号表”上,根据断链记录按下式即可算出路线总里程:

$$路线总里程 = 末桩里程 + \sum 长链 - \sum 短链 \tag{12-5}$$

断链的出现,将导致桩号里程与路线实际长度的不一致,必须通过换算才能得出确切距离。为此,在展绘路线,土石方计算间距,以及纵断面绘制与设计都必须注意有无断链情况,若有则应处理。

四、中线布线计算方法

道路平面布置设计就是根据实地的地形地物条件,选定出曲线的半径和形式以及缓和曲线长度,然后结合技术标准最终确定出曲线形式半径以及缓和曲线长度,最后进行定位桩点的计算。选择曲线形式半径时,必须符合技术标准的要求,即只能大不能小。直线段的长度和缓和曲线的长度同时亦应符合技术标准的要求。

(一)道路平面布置设计的基本步骤

1. 选取技术标准

根据道路的技术等级,从《技术标准》查出设计车速 v、三个最小半径(极限最小半径、一般最小半径和不设超高的最小半径)、缓和曲线的最小长度、直线段的最短长度等主要技术标准的规定值。

2. 确定控制因素

由于道路中心线由直线和曲线构成,曲线都是设在路线的转弯处,也就是说,沿路线中线的导线的转折处(即 *JD* 处)设置曲线。而曲线不论其组合如何复杂,均是由回旋线和圆曲线这两种基本线形所组成。曲线的形状和大小与其附近的地形条件限制、地物条件限制、技术标准要求、导线布置方式、特殊地段要求等有关。要把上述因素结合选线意图等来选定控制因素,通常这些要素是切线长、外矢距、曲线长、基线长、合成纵坡、曲线上某点的切线支距等。

3. 初定曲线半径

以控制因素并考虑相邻路段的总体协调情况初定平曲线形状和半径(包括缓和曲线长度等);以此半径验算本 JD 处的平曲线元素。

4. 决定曲线型式

根据计算结果,再结合地表条件和技术标准看二者是否符合要求,如不符合,再调整曲线。

5. 计算曲线元素

曲线元素是用来控制曲线主点位置的,主点位置相对于顺路导线点的位置,曲线元素依据曲线形状不同而异,通常要计算曲线的且线长、曲线长、外矢距等。

6. 曲线定形计算

最终确定采用的曲线形状,并进行加桩坐标计算和加桩布置。

(二)道路平面布置设计方法

1. 曲线元素计算和主点桩号推算

曲线定位就是确定曲线位置和大小。而曲线位置及大小是相对于顺路导线而言,并以曲线主点点位和桩号标示的。桩点布设及计算的前提条件是导线已知。这些已知条件包括:第一,“顺路导线”各 JD 和 ZD 实地位置已知(实地定线由选线组初选,再由测角导线组标定;纸上定线直接由纸上选定,亦即某一 JD 的点位及 JD 两侧相邻导线位置已知);第二,各 JD 处导线右角已知(由测角导线组测得的),即转角 Δ 已知;第三,各 JD 处分角桩位已知(测角导线组测得);第四,在拟设虚交或复曲线处的基线(即相邻交点间距)已知基线(可用钢尺往返丈量,其精度为 $\frac{1}{2\,000}\sim\frac{1}{10\,000}$,基线可用不小于5ppm的全站仪测定其长度;第五,计算 JD 的桩号:当计算曲线所在 JD 为路线第一个 JD 时,JD 桩号则为 JD 到路线起点的水平距离。倘若计算曲线所处 JD 为非第一个 JD 时,则 JD 桩号为:某 JD 桩号 = 本 JD 相邻前一个 JD 处的曲线终点(ZD)桩号 + 本 JD 到前一个 JD 处曲线终点(ZD)间的水平距离。

根据选择并确定的曲线形式和半径及其采用的回旋线长度,结合路线转角和交点桩号等已知数据计算平曲线元素。注意不同曲线形式的计算公式各不相同,切莫“张冠李戴”。计算完曲线元素紧接着进行主点桩号推算。

曲线内部加密桩号坐标计算时,应先排列桩号,注意从曲线起点开始凑整桩号,之后每20m或50m一个整桩,注意占地、拆迁、地质、交叉、地形等加桩。

依各种控制条件核算曲线时控制曲线半径和曲线形式的条件是地形条件、地物控制、导线布设、技术标准、视察报告和特殊要求。

2. 常用曲线计算公式

为读者使用方便,将常用曲线计算公式列于表12-7,供参考。

道路曲线测设常用公式表　　表12-7

名称	要素名称	符号	说明或计算公式	图示
导线条件	交点	JD	选线时实地选定,测角组标定	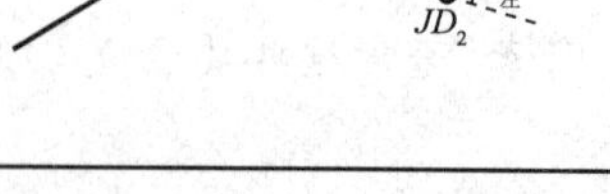
	路线转角	α	测角组测定	
	曲线半径	R	据地形条件结合技术标准选定	

续上表

名称	要素名称	符号	说明或计算公式	图示
简单型单曲线	简单型单曲线切线长	T	$T = R\tan(\alpha/2)$	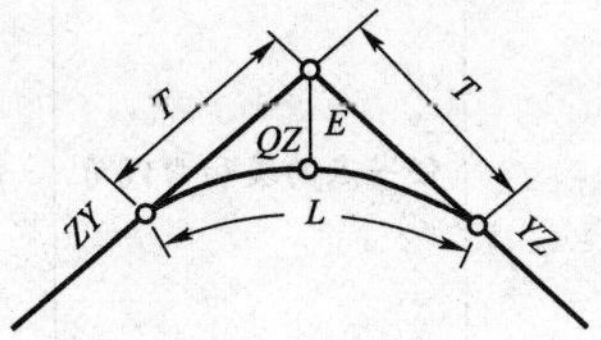
	简单型单曲线外距	E	$E = R\sec(\alpha/2) - R$	
	简单型单曲线曲线长	L	$L = (I\pi R)/180$	
	圆曲线起点(桩号)	ZY	ZY 桩号 $= JD$ 桩号 $- T$	
	圆曲线中点(桩号)	QZ	QZ 桩号 $= JD$ 桩号 $- T + L/2$	
	圆曲线终点(桩号)	YZ	YZ 桩号 $= ZY$ 桩号 $+ L$	
基本型单曲线	缓和曲线长度	L_s	据曲线情况结合技术标准选定	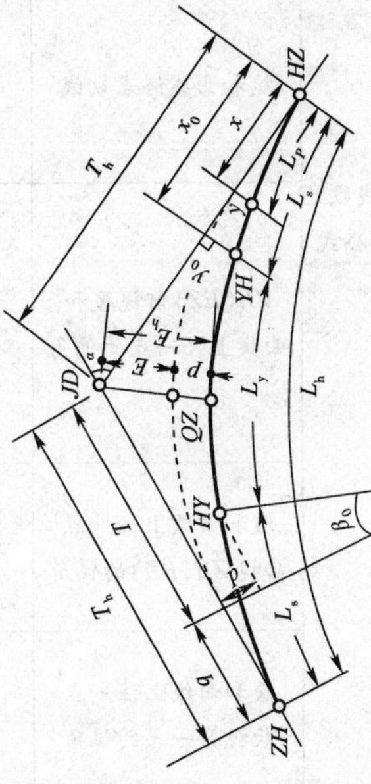
	缓和曲线参数	C	$C = L_s \cdot R$	
	基本型单曲线的切线长	T_h	$T_h = (R+P)\tan\dfrac{\alpha}{2} + q$ 其中 $P = \dfrac{L_s^2}{24R}$;$q = \dfrac{L_s}{2} - \dfrac{L_s^3}{240R^2}$	
	基本型单曲线的曲线长	L_h	$L_h = (\alpha - 2\beta_0)\dfrac{\pi}{180} \cdot R + 2L_s$ 或 $L = L_y + L_s$ L'——不设缓和曲线时的圆曲线长	
	基本型单曲线的外矢距	E_h	$E_h = (R+p)\sec\dfrac{\alpha}{2} - R$	
	基本型单曲线的校正数	J_h	$J_h = 2T_h - L_h$ J_h 曾称超距	
	缓和曲线上任一点的横坐标	x	$x = L_P - \dfrac{L_P{}^5}{40C^2} + \cdots$ L_h——ZH(或者 HZ)点至任一点的曲线长(下同); $C = RL_s$	
	缓和曲线上任一点的纵坐标	y	$y = \dfrac{L_P^3}{6C} - \dfrac{L_P^7}{336C^3} + \cdots$ R 较大,L_P 较小时,或 L_P 比 L_s 较小时,第二项可略去,即得第二式	
	$HY(YH)$ 的横坐标	x_h	$x_h = L_s - \dfrac{L_s^3}{40R^2}$	
	$HY(YH)$ 的纵坐标	y_h	$y_h = \dfrac{L_s^2}{6R} - \dfrac{L_s^4}{336R^3}$	
	$HY(YH)$ 点的缓和曲线角	β_0	$\beta_0 = \dfrac{L_s}{2R}$ $\beta_0 = 28.647\,9\dfrac{L_s}{R}$(°)	

续上表

名称	要素名称	符号	说明或计算公式	图示
曲线段常用公式	任一点的缓和曲线角	β	$\beta=\dfrac{L_P{}^2}{2C}$ $\beta=\beta_0\left(\dfrac{L_P}{L_s}\right)^2$	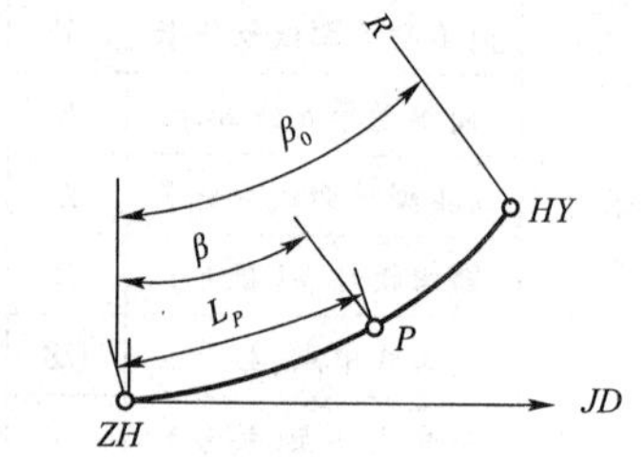
	缓和曲线切线增长值	q	$q=\dfrac{L_s}{2}-\dfrac{L_s^3}{240R^2}$	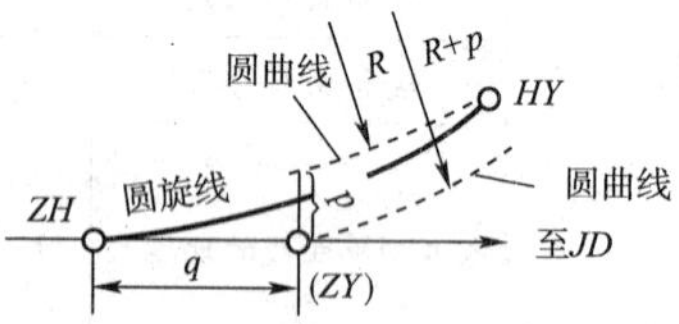
	圆曲线内移值	p	$p=\dfrac{L_s^2}{24R}$	
	缓和曲线起点切线	T_z	$T_d=x_0-y_0\cdot\cot\beta_0$ 或 $T_d=\dfrac{2}{3}L_s+\dfrac{11L_s^3}{1\,260R^2}$	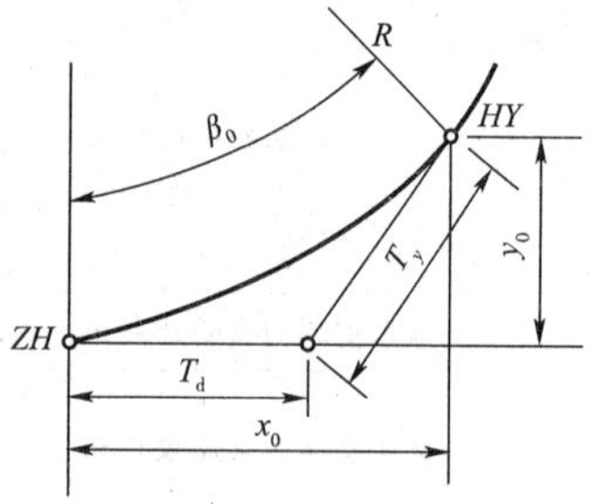
	缓和曲线终点切线	T_y	$T_y=y_0\csc\beta_0$ 或 $T_y=\dfrac{L_s}{3}+\dfrac{L_s^3}{126R^2}$	
	$ZH(HZ)$前视缓和曲线上任一点的偏角	Δ_P	$\Delta_P=\dfrac{L_P^2}{6C}$ 或 $\Delta_P=\dfrac{\beta}{3}$ 或 $\Delta_P=\dfrac{1}{3}\beta_0\left(\dfrac{L_P}{L_s}\right)^2$	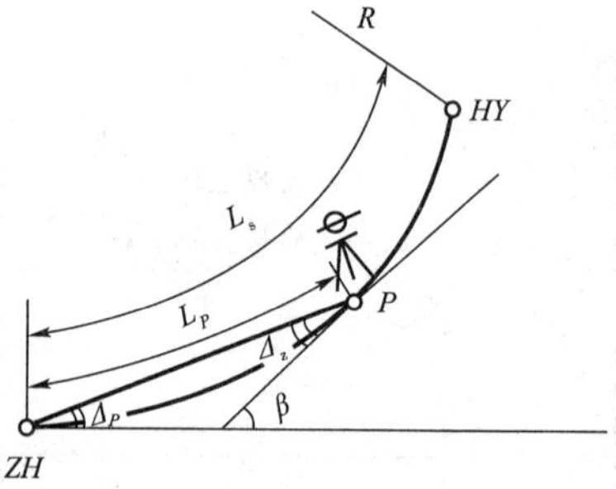
	缓和曲线上任一点后视$ZH(HZ)$的偏角	Δ_z	$\Delta_z=2\Delta_P$ 或 $\Delta_z=\dfrac{2}{3}\beta_0\left(\dfrac{L_P}{L_s}\right)^2$	
	缓和曲线上任一点后视另一点的偏角	Δ_N	$\Delta_N=\dfrac{L_N}{6C}(3L_P-L_N)$ $\Delta_N=\dfrac{9.55L_N}{C}(3L_P-L_N)\ (^\circ)$	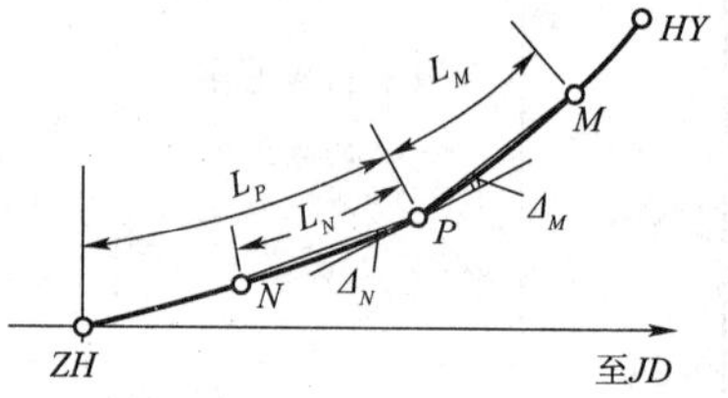
	缓和曲线上任一点前视另一点的偏角	Δ_M	$\Delta_M=\dfrac{L_M}{6C}(3L_P+L_M)$ $\Delta_M=\dfrac{9.55L_M}{C}(3L_P+L_M)\ (^\circ)$	
	复曲线中小半径圆曲线的相对内移值	P_F	$P_F=\dfrac{L_F^2}{24R_F}\left(\dfrac{1}{P_F}=\dfrac{1}{R_2}-\dfrac{1}{R_1}\right)$	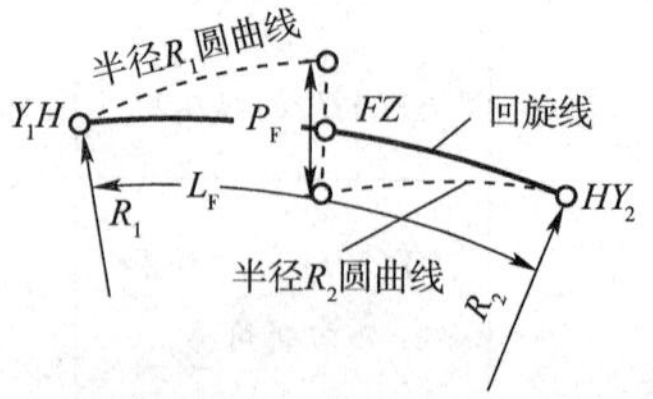

续上表

名称	要素名称	符号	说明或计算公式	图示
	复曲线中间缓和曲线段的长度	L_F	$L_F=\dfrac{C}{R_F}$（当曲率参数已定时） $L_F=\sqrt{24R_F P_F}$（当 P_F 已定时） $L_F=\sqrt{\dfrac{R_1L_{s2}^2-R_2L_{s1}^2}{R_1-R_2}}$ （其中：$P_F=P_2-P_1$）	
	复曲线缓和曲线段各点对应于圆曲线点的偏距	d	$d=4P_F\left(\dfrac{L_f}{L_F}\right)^3$	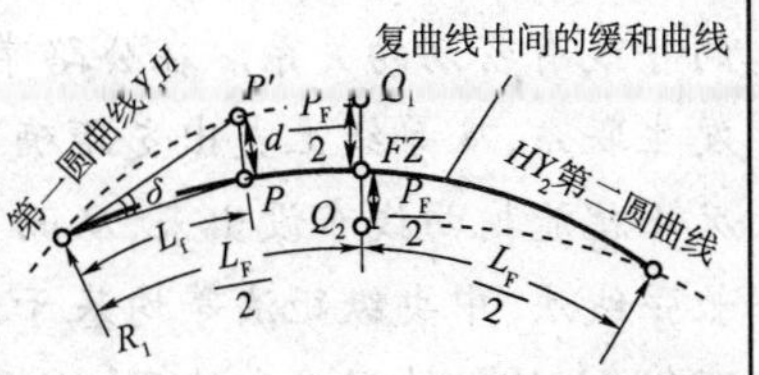
曲线段常用公式	缓和曲线上任一点的切线斜支距	f_H	$f_H=\dfrac{L_P{}^3}{6C}-\dfrac{L_P^7}{908C^3}$	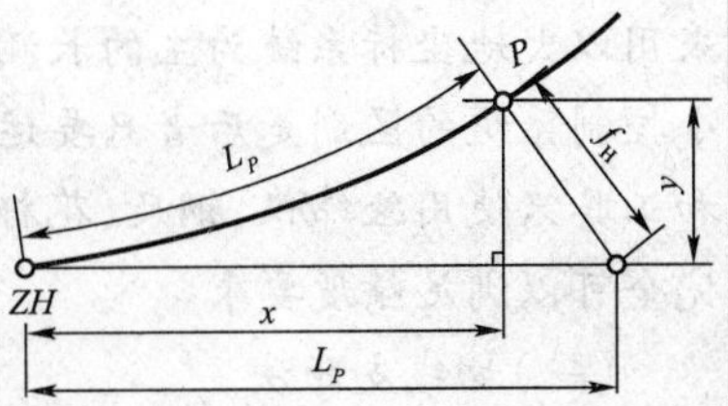
	主曲线上任一点的切线斜支距	f_z	$f_z=\dfrac{L_y^2}{2R}-\dfrac{L_y^4}{72R^3}+p$ $f_z=f+p$	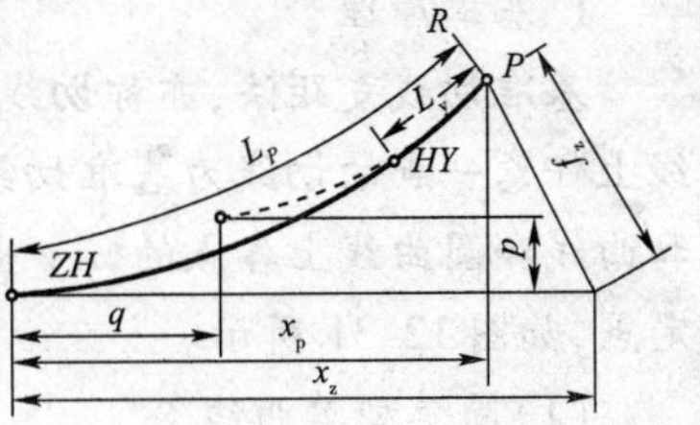
	主曲线上任一点的切线支距	x y	$x=x_y+q$ $y=y_y+p$	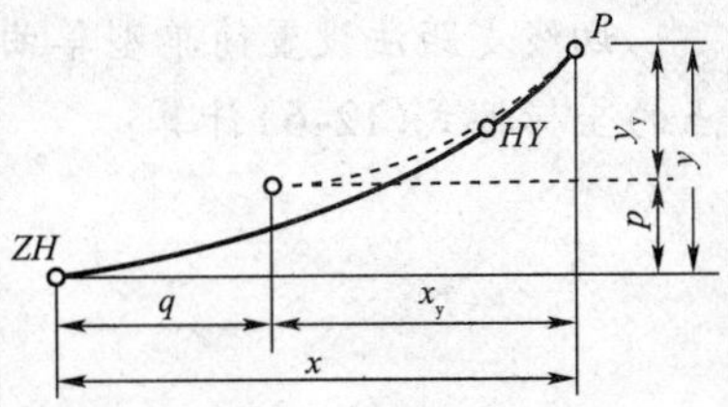

（三）曲线敷设要领

《技术标准》规定，当各级公路所选曲线半径小于不设超高的半径时，应在直线和圆曲线间插入缓和曲线予以衔接，以保证行车稳定和舒适。

缓和曲线段的测设方法较多，常用的有切线支距法与偏角法两种。

基本型单曲线坐标计算较简单型单曲线的计算要麻烦一些，由于设缓和曲线的圆曲线起点并非坐标原点，因此尚需将圆曲线上任意点的计算坐标换算为以缓和曲线起点（或终点）为原点的坐标值后，方可进行实地敷设。

用偏角法测设带缓和曲线的圆曲线过去传统的做法是将缓和曲线和圆曲线分别进行测设，即以 ZH 或 HZ 点作为坐标原点，并以 ZH 或 HZ 至 JD 的连线作为 x 轴建立坐标系来测定缓和曲线上任意点的位置，另外又以 HY 或 YH 点作为坐标原点并以该点切线建立坐标系来测定圆曲线上任意点的位置。

测设缓和曲线段，一般规定每10m钉一桩，在平坦地区也有采用每20m钉一桩的。测设中，将缓和曲线弦长与弧长的差值称为缓和曲线的弧弦差值，一般均很小，可不予考虑，每一段的弦长可近似取值等于弧长。圆曲线上任意点的偏角和弦长计算比较简单，用平面三角公式计算。

五、顺路导线法的曲线测设技术

曲线测设的前提是顺路导线已知。要使曲线与导线有机的结合，则曲线应和沿路中线的导线有密切的关系。在公路常规勘测中，一般最方便的做法是设法将布置的曲线与导线发生联系，从导线上支出支距确定桩点位置，这样一来，在围绕导线左右摆动不大范围的情况下就能把曲线布设出来，从而克服了地形障碍。通常所用的切线支距法、切线偏角法、延长弦线法、中央纵距法等均基于这样的思路，这也是顺路导线测设法的由来。后来，随着测距仪、全站仪的问世和使用，从很远的地方就可布设中线桩点，从此这个坐标系统“升值”为采用以大地坐标系统为主的长测区坐标控制系统。但值得一提的是，“万变不离其宗”，大、小控制系统的区别是后者只要运用有关坐标转换公式进行转换即可。顺路导线法所用仪器和工具只使用经纬仪、钢尺、花杆、测钎等，不用全站仪和GPS仪，虽然如此，只要方法得当，完全可以满足精度要求。

(一)切线支距法

1.基本原理

基准切线支距法，亦称切线支距法。是以直缓点ZH(或ZY)或缓直点HZ(或YZ)或曲线上任意一点的切线为基准切线，为坐标原点，以切线为x轴，过原点的半径为y轴，利用缓和曲线和圆曲线上各点的x、y坐标来测设曲线上各个中桩点位置。它实际上使用直角坐标定点，如图12-31所示。

(1)简单型单曲线

切线支距法设置简单型单曲线加桩的关键是确定x和y值。如图12-32所示，曲线上各点的坐标按式(12-6)计算：

$$\left.\begin{aligned} x &= R\sin\varphi \\ y &= R(1-\cos\varphi) \\ \varphi &= \frac{L_P}{R}\frac{180}{\pi} \end{aligned}\right\} \tag{12-6}$$

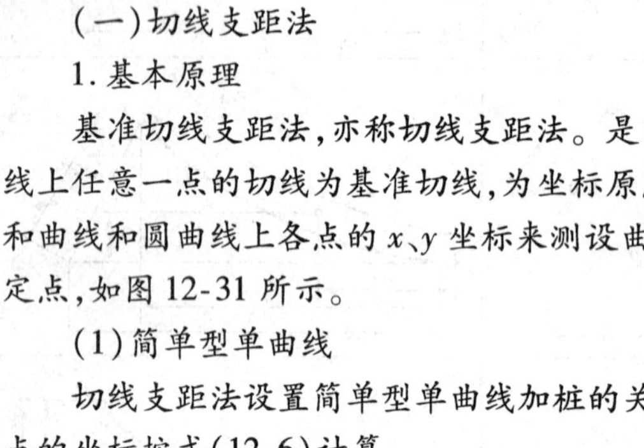

图12-31 切线支距法测设简单型单曲线原理示意图

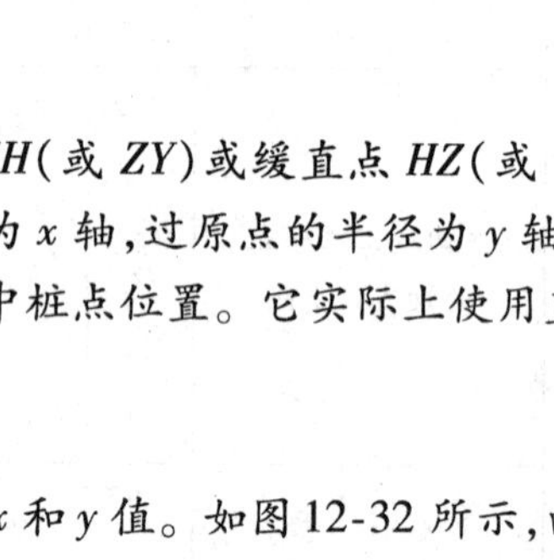

图12-32 切线支距法测设简单型单曲线支距计算图

(2)基本型单曲线

如图 12-33 所示,切线支距法测设基本型单曲线主切线支距(曲线上各点的坐标)曲线上各点的坐标按式(12-7)、式(12-8)计算。

缓和曲线范围内:

$$\left.\begin{aligned} x &= L_P - \frac{L_P^5}{40R^2L_s^2} \\ y &= \frac{L_P^3}{6RL_s} - \frac{L_P^7}{336R^3L_s^3} \end{aligned}\right\} \tag{12-7}$$

圆曲线范围内

$$\left.\begin{aligned} x &= R\sin\varphi + q \\ y &= R(1-\cos\varphi) + p \\ \varphi &= \frac{(L_P - L_s)}{R}\frac{180}{\pi} + \beta_0 \end{aligned}\right\} \tag{12-8}$$

式中:L_P——待测点 P 至 ZH 或 HZ 点的曲线长;

L_s——缓和曲线长;

β_0——缓和曲线角。

当算出缓和曲线和圆曲线上各点的坐标后,即可按圆曲线切线支距法的测设方法进行设置。如图 12-34 所示,圆曲线上各点亦可以缓圆点 HY 或圆缓点 YH 为坐标原点用切线支距法进行测设。此时只要将 HY 或 YH 点的切线定出,计算出 T_d 之长,HY 或 YH 点的切线即可确定。T_d 由式(12-9)计算:

$$T_d = x_0 - y_0 \cdot \cot\beta_0 = \frac{2}{3}L_s + \frac{L_s^2}{360R^2} \tag{12-9}$$

为便于使用,将上述列出常用的简单型单曲线和实交点基本型单曲线的切线支距计算公式列于表 12-8,以供参考。

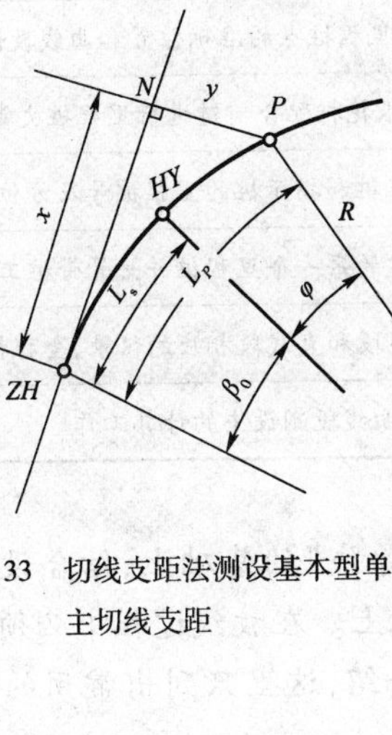

图 12-33 切线支距法测设基本型单曲线主切线支距

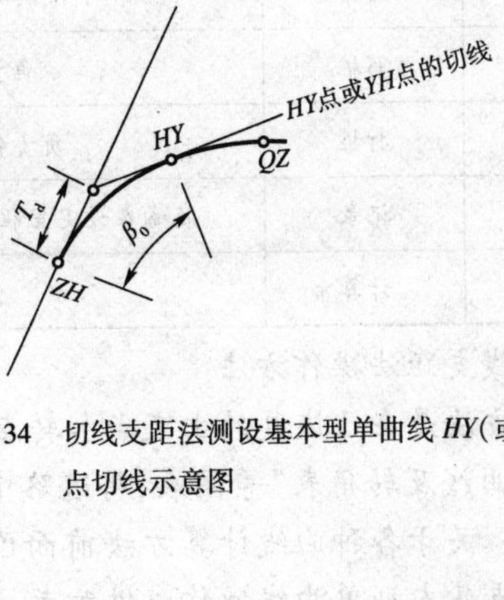

图 12-34 切线支距法测设基本型单曲线 HY(或 YH)点切线示意图

简单型单曲线和基本型单曲线详细测设支距公式 表 12-8

曲线形式		代号	含义	说明或计算公式
简单型单曲线		x	横距	$x = R\sin[某点桩号 - ZY(或 YZ)点桩号 \cdot 180/\pi R]$
		y	纵距	$y = R\{1 - \cos\{[某点桩号 - ZY(YZ)点桩号] \cdot 180/\pi R\}\}$
		Δ_P	偏角	$\Delta = 90[某点 - ZY(或 YZ)点桩号]/\pi R$
基本型单曲线	在缓和曲线段内	x	横距	$x = L_P - L_P^5/(40R^2L_s^2)$
		y	纵距	$y = L_P^3/(6RL_s)$
		Δ_P	偏角	$\Delta_P = 30L_P^2/(\pi RL_s)$
		L_P = 某点桩号 - ZH(或 HZ) 桩号		
	进入净圆曲线内	x	横距	$x = q + R\sin[(L_P - L_s/2) \cdot 180/\pi R]$
		y	纵距	$y = p + R\{1 - \cos[(L_P - L_s/2) \cdot 180/\pi R]\}$
		Δ_P	偏角	$\Delta_P = \arctan(y/x)$
		表中:L_P = 某点桩号 - ZH(或 HZ)点桩号;R-曲线半径;L_s-缓和曲线长度		

2. 切线支距法组织

这种方法针对设计文件中没有给定逐桩坐标而只给出"直线、曲线及转角一览表"、"路线固定表"和"路线平面图"以及"路基设计表"时的常用放线方法,也是过去传统沿用的方法。这种方法的放样人员一般有 8 ~ 10 人,包括前点、后点、前链、卡链、后链、打桩、写桩、记录计算人员,各人的分工见表 12-9。

切线支距法放样组织 表 12-9

序号	人员	工作任务
1	前点	寻找"顺路导线"的控制点(JD 和 ZD)并在其上竖立花杆以导引中线丈量的前进方向
2	后点	负责在敷设曲线时,在后导线方向转点上立杆,以导引后半个曲线的切线方向
3	前链	手持钢尺的一端并用一根花杆沿前点方向配合后链丈量里程桩
4	卡链	手持一根花杆和一束测钎负责记读里程桩点的准确位置和曲线敷设的交会工作
5	后链	手持钢尺的另一端,并用一根花杆配合前链进行里程桩丈量工作
6	写桩	负责书写每一个中桩正桩和指示桩的里程桩号及方位
7	打桩	负责钉设由卡链人员设定的每一个里程桩并兼管带桩工作
8	记录	负责在设定里程桩的过程中,作曲线段和直线段相应的记录,全程指挥协调工作
9	计算	负责中线直线段和曲线段测设中的计算工作

3. 切线支距法操作方法

这种方法是在已恢复的由交点和转点构成的"顺路导线"的基础上,结合设计文件给定的"直线、曲线及转角表"等图表,将道路中心线放到实地上。在放线过程中必须进行一些必要的计算。关于各种曲线计算方法前面已作过详细的介绍,这里只列出常用的简单型单曲线和实交点基本型单曲线操作以供参考。

关于简单型圆曲线的主点桩设置及其里程计算，一般也比较简单。曲线的起、终点桩可自交点沿两边切线方向量取切线长(T)即可得到 ZY 及 YZ 点桩位。至于中点桩，则可沿分角线方向截取外距长(E)定出 QZ 点桩位，有关主点桩位的里程可根据交点已知里程推算。为了防止计算差错，一般尚应按超距 J(J 为曲线和与两倍切线长之差)来进行复核。

对于基本型单曲的缓和曲线段的切线支距法与圆曲线测设用的切线支距法基本类似，它也是以切线方向为 x 轴，以缓和曲线的起、终点(即 ZH、HZ 点)为坐标原点，通过原点的法线为 y 轴，按照直角坐标关系分别敷设缓和曲线和圆曲线。

主点定位后，以切线方向为 x 轴，以缓和曲线的起、终点(即 ZH、HZ 点)为坐标原点，通过原点的法线为 y 轴，按照直角坐标关系敷设圆曲线。切线支距法的放样操作示意见图 12-35，图中 a)、b)是前半个曲线测设示意图，图 c)为后半个曲线操作示意图。

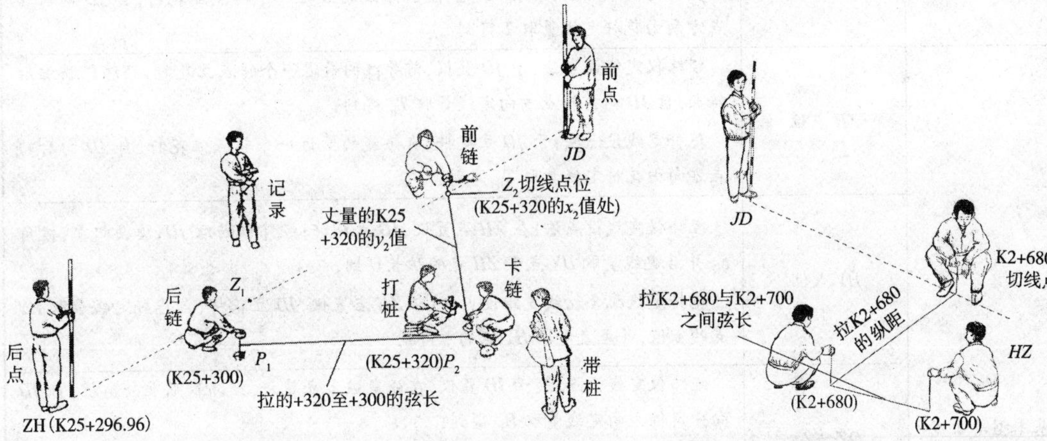

图 12-35　切线支距法放线示意图

切线支距法的放样操作步骤如下：

(1)曲线主点测设

前点在交点处和路线前进方向第一个最近的转点或交点处竖立花杆；拉链组在丈量前一交点和本交点间里程时，顺便将本交点桩号量出(当估计进入本交点处曲线桩时，暂时不打桩，直接量出交点桩号即可)；记录和计算人员根据本交点处的曲线形状，计算曲线元素和支距，如设计文件给定曲线元素时，这里仅是复核。主点测设程序是，拉链组分别沿后导线方向、分角方向和前导线方向定线，并用钢尺丈量曲线的切线长、外矢距和切线长，分别得到曲线的起点、中点和终点，并钉设写好的桩。以简单型单曲线为例，具体步骤如下：

①ZY(或 ZH)点桩位：于 JD_n 置仪(或立杆)，再在 JD_{n-1}(或 ZD_n)定杆，用钢尺从 JD_n 向 JD_{n-1} 方向定线单程丈量 T 得到 ZY 桩位，随后写上桩号并打入该桩。

②QZ 点桩位：于 JD_n 置仪(或立杆)，再在分角桩上立杆，用钢尺从 JD_n 向分角桩方向定线单程量取 E 得到 QZ 桩位，随后写上桩号并钉设该桩。

③YZ(或 HZ)点桩位：于 JD_n 置仪(或立杆)，在 JD_{n+1}(或 ZD_1)上定杆，用钢尺从 JD_n 向 JD_{n+1} 方向单程定线量取 T 得到 YZ 点位置。在曲线主点测设中，定线方法有经纬仪定线法和花杆定线法两种，这两种测设中的主点设点方法，见表 12-10。

曲线主点测设常规方法 表 12-10

曲线类型	主点名称	测 设 方 法
简单型单曲线	ZY 点位	经纬仪定线设点法：于 JD 置仪，前导线的最近一个转点立花杆，经纬仪瞄准后转点，自 JD 向后转点方向定线量取 T 得到； 花杆定线设点法：于 JD 立花杆，前导线的最近一个转点立花杆，自 JD 向前转点方向由花杆定线量取 T 得到
	QZ 点位	经纬仪定线设点法：于 JD 置仪，于分角桩上立花杆，经纬仪瞄准分角桩，自 JD 向分角桩方向定线量取 E 得到； 花杆定线设点法：于 JD 立花杆，于分角桩上立花杆，自 JD 向分角桩方向由花杆定线量取 E 得到
	YZ 点位	经纬仪定线设点法：于 JD 置仪，后导线的最近一个转点立花杆，经纬仪瞄准前转点，自 JD 向前转点方向定线量取 T 得到； 花杆定线设点法：于 JD 立花杆，前导线的最近一个转点立花杆，自 JD 向前转点方向由花杆定线量取 T 得到
基本型单曲线	ZH 点位	经纬仪定线设点法：于 JD 置仪，前导线的最近一个转点立花杆，经纬仪瞄准后转点，自 JD 向前转点方向定线量取 T_h 得到； 花杆定线设点法：于 JD 立花杆，前导线的最近一个转点立花杆，自 JD 向后转点方向由花杆定线量取 T_h 得到
	HY 点位	经纬仪定线设点法：在 ZH 点置仪，JD 立花杆；经纬仪瞄准 JD，读数归零，拨角 δ_0 并沿视线量取 HY 点至 ZH 点的弦长得到； 花杆定线配合切线支距设点法：在 ZH 点置仪，JD 立花杆，自花杆定线量取 HY 点的 x 值，并垂直量取 HY 点的 y 得到
	QZ 点位	经纬仪定线设点法：于 JD 置仪，在分角桩上立花杆，经纬仪瞄准分角桩，自 JD 向分角桩方向定线量取 E_h 得到； 花杆定线设点法：于 JD 立花杆，于分角桩上立花杆，自 JD 向分角桩方向由花杆定线量取 E_h 得到
	YH 点位	经纬仪定线设点法：在 HZ 点置仪，JD 立花杆；经纬仪瞄准 JD，读数归零，拨角 δ_0 并沿视线量取 YH 点至 HZ 点的弦长得到； 花杆定线设点法：在 ZH 点置仪，JD 立花杆定线量取 HY 点的 x 值，并垂直量取 HY 点的 y 得到
	HZ 点位	经纬仪定线设点法：于 JD 置仪，后导线的最近一个转点立花杆，经纬仪瞄准后转点，自 JD 向后转点方向定线量取 T_h 得到； 花杆定线设点法：于 JD 立花杆，前导线的最近一个转点立花杆，自 JD 向前转点方向由花杆定线量取 T_h 得到

(2)详细测设

详细测设是在主点桩确定的前提下，进一步确定加密桩点位置，步骤如下：

①如图 12-35 所示，记录计算人员根据计算好的曲线上第一个桩的支距，通知拉链人员从曲线起点开始向交点方向倒拉 x_1 值得切线点 N_1；

②卡链人员用两根钢尺或一根钢尺一根皮尺从切线点 N_1 和曲线起点分别拉 y_1 值和弦长相交得曲线上第一个桩位 P_1，钉设中桩；

③再从第一个桩的切线点 N_1 处，顺切线沿交点方向量取 $\Delta x_1 = x_2 - x_1$ 得切线点 N_2；

④卡链人员从 N_2 处和前一个已设定的桩点 P_1 分别用钢尺拉 y_2 和相邻桩的弦长 S_1，两距离相交第二个桩位 P_2，钉设中桩；

⑤按同样方向一直设置到曲线的中点，直至前半个曲线完成，最后与曲线中点闭合以检核；

⑥后半个曲线从曲线终点开始，按同样方法完成，最后与曲线中点校核。

4. 切线支距法位置切线计算

理论上，切线支距法应用时，只要在曲线上任意一点找到一条切线，就可以应用切线支距法。而不一定非得在曲线主切线（曲线起点或终点的切线叫做主切线）上应用切线支距法。下面介绍常用几种曲线上任意一点切线的确定方法。当应用切线支距法主切线上难以确定其他桩点时，可以从圆弧上任一已设点处新找一条切线，应用切线支距法继续向前测设。如图 12-36 所示，只要计算切切交点（任意点切线与曲线起点的切线的交点，在此称为切切交点）到曲线起点的距离 T_d，就可以确定切切交点。

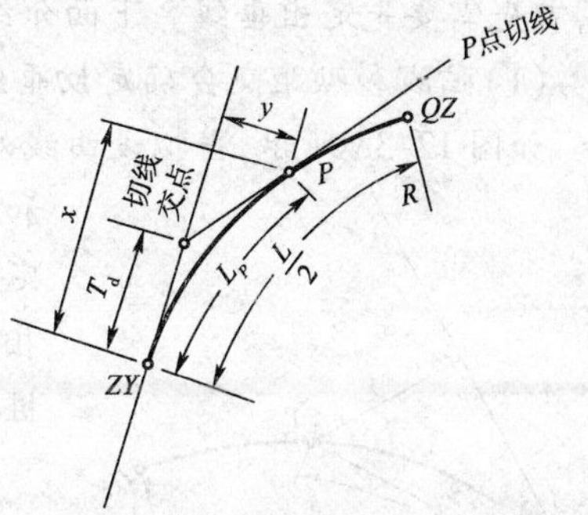

图 12-36　简单型单曲线切切交点位置示意图

(1) 简单型曲线任意一点切线的找法

对于简单型单曲线，T_d 计算公式如下：

$$T_{\mathrm{d}} = R\tan\frac{\pi L_P}{360}$$

(2) 基本型曲线回旋线段任意一点切线的找法

如图 12-36 所示，对于基本型单曲线的回旋线段，T_d 计算公式如下：

$$T_{\mathrm{d}} = \frac{2L_P}{3} + \frac{L_P^3}{360R^2}$$

(3) 基本型曲线 HY 点切线的找法

对于基本型单曲线的回旋线段，T_d 计算公式如下：

$$T_{\mathrm{d}} = x_{\mathrm{h}} - \frac{y_{\mathrm{h}}}{\cot\beta_0} \tag{12-10}$$

(4) 基本型曲线 HY 点至 YH 点段任意一点切线的找法

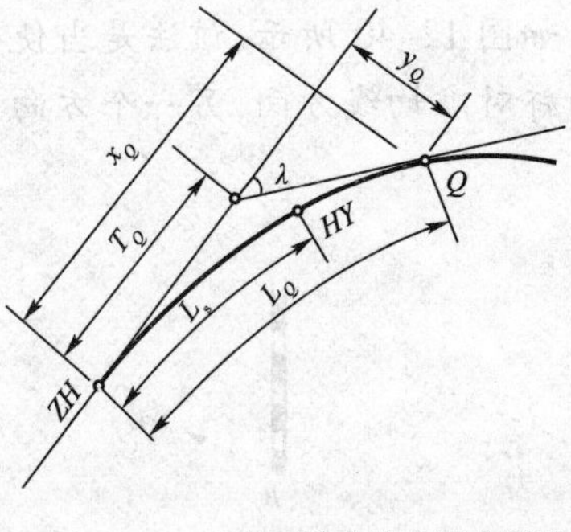

图 12-37　基本型单曲线净圆曲线段任一点切线找法示意图

如图 12-37 所示，对于基本型单曲线的 HY 点至 YH 点段，T_d 计算公式如下：

$$T_{\mathrm{d}} = x_Q - \frac{y_Q}{\cot\lambda}$$

$$\lambda = \frac{180L_Q - 90L_{\mathrm{s}}}{\pi R}$$

其中：

$$x_Q = q + R\sin\left[\left(L_Q - \frac{L_{\mathrm{s}}}{2}\right)\cdot\frac{180}{\pi}\right]$$

$$y_Q = P + R\left\{1 - \cos\left[\left(L_Q - \frac{L_{\mathrm{s}}}{2}\right)\cdot\frac{180}{\pi}\right]\right\}$$

(5) 任意点切线位置测设

首先，在原 JD 立花杆，从曲线起点用钢尺借助花杆目测定线，从曲线起点向交点方向量取 T_d 得到切切交点位置。其次，分别在已设的任意点和切切交点立花杆，此两杆连线即为新切线的位置。

5. 切线支距法切垂线位置测设

切线支距法的纵距 y 是指垂直于切线点的纵坐标值，因此每个桩号定出后，确定纵距 y 时，首先需要先定出垂线。下面介绍常用几种 x 切线点的垂线（切垂线）确定方法。

（1）弦线和纵距交会确定切垂线

如图 12-38 所示，当拟设曲线处地形平坦、且支距又不大时，实际布点过程中可用弦线和纵距交会法代替切线支距法。该法是当使用切线支距法定出 x 的切线点后，从切线点拉待定桩的纵距，并从待定桩相邻的已设桩拉待定桩与相邻已设桩之间弦长来确定待定桩的位置。用这种方法可自然保证切线点的切垂线。

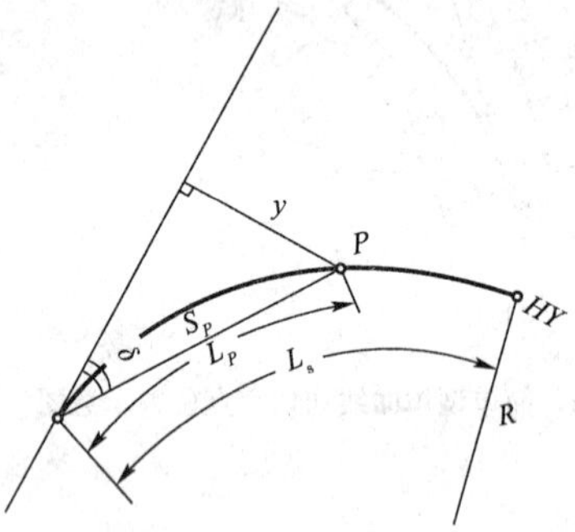

图 12-38　弦线和纵距交会确定切垂线示意图

（2）皮尺花杆法确定切垂线

皮尺花杆法确定切垂线的基本原理，实际上利用勾股定理确定切垂线。该法是当使用切线支距法定出 x 的切线点后，用三根花杆支撑一根皮尺绷成一个直角三角形，并使得每个边长分别为 3m、4m 和 5m。直角三角形的其中一个直角边与切线重合，另一个直角边所指的方向便是切垂线方向。如图 12-39 所示具体的做法如下：

①根据计算好的曲线上第 n 个桩的支距 x，通知拉链人员从曲线上第 $n-1$ 个桩的切线点 A 开始向交点方向量取 x 值，得切线点 C；

②前链在切线点 C，手持花杆，并握住皮尺的零端和读数为 12m 处；

③卡链手持花杆，并握住皮尺读数为 3m 处；

④后链手持花杆，并握住皮尺读数为 8m 处；

⑤前链、卡链、后链在上述情况下三人撑直花杆并绷紧皮尺，与此同时，由前链指挥后链使得后链花杆和前链花杆与曲线起点或交点成为一条直线；

⑥此时，由前链和卡链的两根花杆（即 C 与 B 两点）所决定的方向为切垂线方向。

（3）用横断方向架确定切垂线

用横断方向架确定切垂线，对于支距较大时常用的方法。如图 12-40 所示，该法是当使用切线支距法定出 x 的切线点后，用用横断方向架的一个方向杆对准切线方向，另一个方向即为切垂线方向。

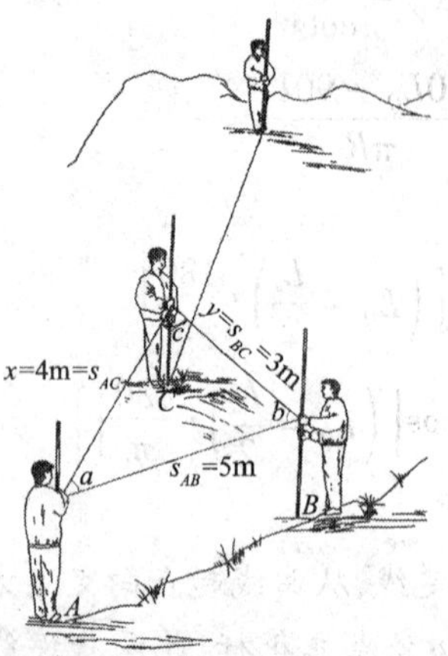

图 12-39　皮尺花杆法确定切垂线示意图

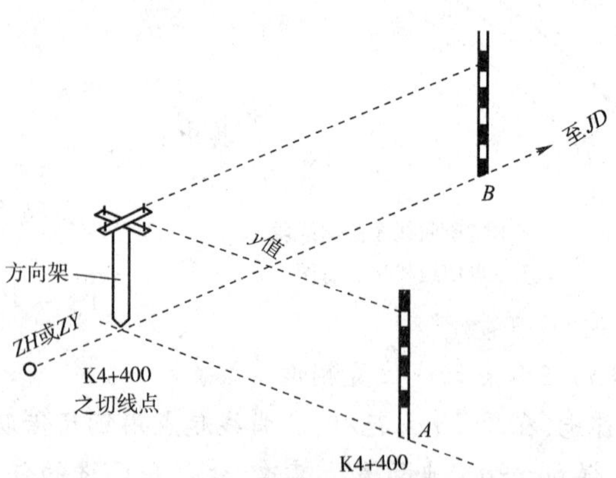

图 12-40　用横断方向架确定切垂线示意图

(二)切线偏角法放线

1.基本原理和相关计算

基准切线偏角法亦称偏角法。是以直缓点 ZH(或 ZY)或缓直点 HZ(或 YZ)或曲线上任意一点的切线为基准切线,在切线点置仪,计算出置仪点到曲线上待定点的连线相对于基准切线的夹角(称偏角 δ)和两点之间的距离(弦长 s_P),即可在切线点置仪采用拨角和量距的办法确定待定点。它实质上是使用极坐标定点。

(1)简单型单曲线

偏角法设置曲线加桩的关键是确定偏角 Δ_P 和弦长 s_P 值。如图12-41所示,对简单型单曲线,将经纬仪置于 ZY 或 YZ 点进行测设时,曲线上各点的坐偏角 Δ_P 和弦长 s_P 按下式计算:

$$\left.\begin{aligned} \Delta_P &= \frac{L_P}{2R}\frac{180}{\pi} \\ s_P &= L_P - \Delta L \\ \Delta L &= L_P - 2R\sin\frac{180 L_P}{\pi R} \end{aligned}\right\} \tag{12-11}$$

式中:Δ_P——曲线上任意一点的偏角(°);

s_P——置镜点至任意点的弦长(m);

ΔL——置镜点至任意点的弧长与弦长之差(弧弦差)(m)。

(2)基本型单曲线

如图12-42所示,偏角法设置缓和曲线上各点,可将经纬仪置于 ZH 或 HZ 点进行测设。设缓和曲线上任意一点 P 的偏角为 Δ_P,至 ZH 或 HZ 点的曲线长为 L_P,弦长近似值与曲线长相等($s_P = L_P$),亦为 L_P。由直角三角形得:

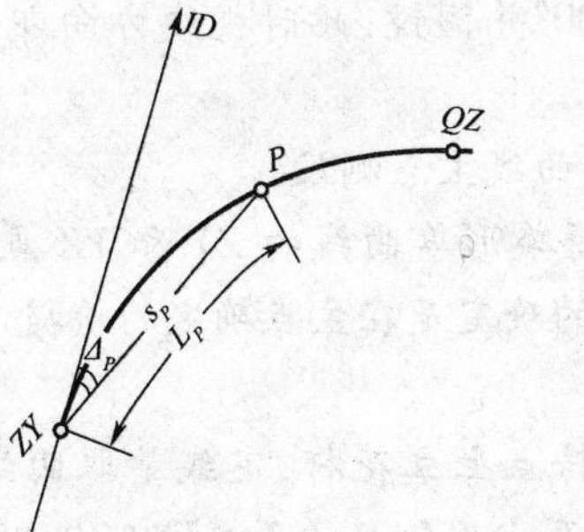

图12-41 简单型曲线偏角和弦长计算

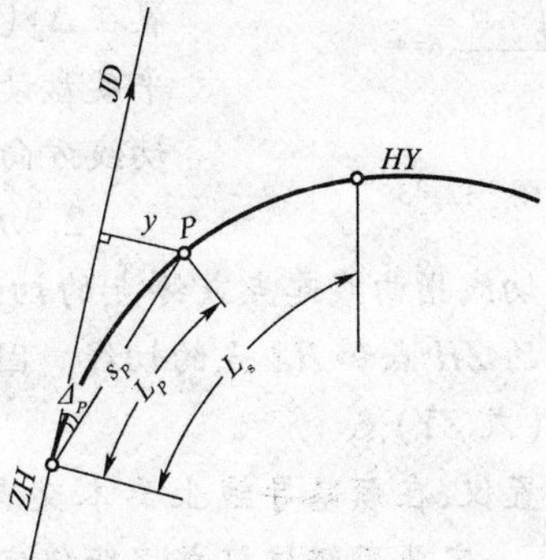

图12-42 基本型曲线偏角和弦长计算

$$\sin\delta = \frac{y}{s_P}$$

因 Δ_P 很小,$s_P \approx L_P$,则 $\sin\Delta_P = \Delta_P$,顾及 $y = \dfrac{L_P^3}{6RL_s}$,则:

$$\Delta_P = \frac{L_P^2}{6RL_s} \tag{12-12}$$

HY 或 YH 点的偏角 Δ_0 为缓和曲线的总偏角。将 $L_P = L_s$ 代入式(12-12)得：

$$\Delta_0 = \frac{L_s}{6R} \quad (\text{rad})$$

顾及 $\beta_0 = \frac{L_s}{2R}$，则：

$$\Delta_0 = \frac{1}{3}\beta_0 \quad (\text{rad}) \tag{12-13}$$

得：

$$\Delta_P = \left(\frac{L_P}{L_s}\right)^2 \Delta_0 \quad (\text{rad}) \tag{12-14}$$

由式(12-14)可知，缓和曲线上任一点的偏角，与该点至缓和曲线起点的曲线长的平方成正比。

在按式(12-14)计算出缓和曲线上各点的偏角后，将仪器置于 ZH 或 HZ 点上，与偏角法测设圆曲线同样的方法进行测设。由于缓和曲线上弧长近似等于对应的弦长，因而实际测量时不量弧长而量弦长。若半径较小(一般 $R<300\text{m}$ 或桩距大于 20m)，应考虑弧弦差。

$$S_P = L_P - \frac{{L_P}^5}{90R_s^2} \tag{12-15}$$

基本型单曲线上纯圆曲线段上各点的测设，需将仪器迁至 HY(或 YH)点上进行。这时只要定出 HY 或 YH 点的切线方向，就与前面所讲的简单型单曲线一样测设。这里需计算出 b_0。如图 12-43 所示，显然：

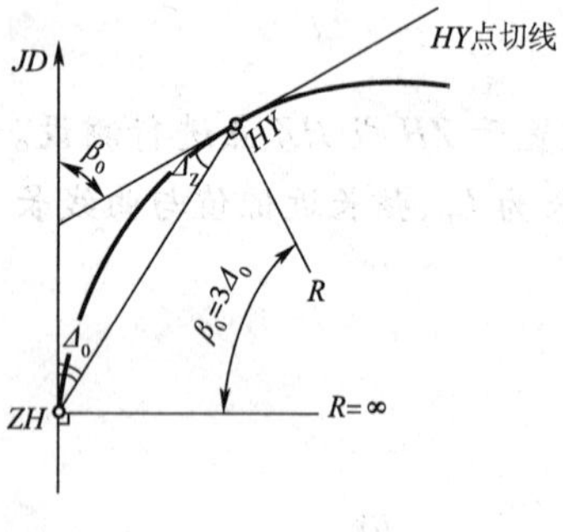

图 12-43

$$\Delta_Z = \beta_0 - \Delta_0 = 3\Delta_0 - \Delta_0 = 2\Delta_0 \tag{12-16}$$

测设时，将仪器置于 HY 点上，瞄准 ZH 点，水平度盘配置在 Δ_Z(当曲线右转时，配置在 $360° - \Delta_Z$)，旋转照准部使水平度盘读数为 0°00′00″并倒镜，此时视线方向即为 HY 点的切线方向。

2. 切线偏角法的曲线主点测设

由于主切线指曲线起点或终点的切线，通常指简单形单曲线的 ZY 和 YZ 点的切线，基本形单曲线的 ZH 点和 HZ 点的切线。因此，主切线的确定是在主点确定的前提下进行。

(1) ZH(或 ZY)点

在交点置仪，在顺路导线上离本交点最近的后转点上立花杆，定线量取曲线切线长得到。量距时，一定要用经纬仪或视距仪定线，测距时至少用钢尺丈量或视距仪测距，不能用花杆目测定线和皮尺量距。定出的 ZH 或 ZY 点要打木桩，桩上钉小铁钉表示点位。

(2) HZ(或 YZ)点

于交点置仪，在顺路导线上离本交点最近的前转点上立花杆，定线量取曲线切线长得到。量距时，一定要用经纬仪或视距仪定线，测距时至少用钢尺丈量或视距仪测距，不能用花杆目测定线和皮尺量距。定出的 HZ 或 YZ 点要打木桩，桩上钉小铁钉表示点位。

3. 偏角法组织

偏角法是顺路导线测设的最基本方法，也是过去习惯上常用的方法，它需要的设计文件资料，类似于支距法。偏角法的测设组织见表 12-11。

偏角法的测设组织 表 12-11

序号	人员	工作任务
1	前点	负责寻找已标定好的交点和转点并在其上立花杆，以导引偏角基准方向
2	后点	负责在离本交点最近的一个后转点上立花杆，用来复核拨角过程中的方向校对
3	司仪	负责在放线过程当中经纬仪操作
4	拉链	负责设点过程中的弦长丈量和偏角点位卡定
5	记录	负责以及中桩记录曲线敷设过程中曲线元素记录
6	计算	负责曲线敷设过程中曲线元素、偏角和弦长的计算
7	打桩	负责对放线点位桩的钉设和带桩工作

4. 偏角法的操作方法

偏角法的操作示意如图 12-44 所示。

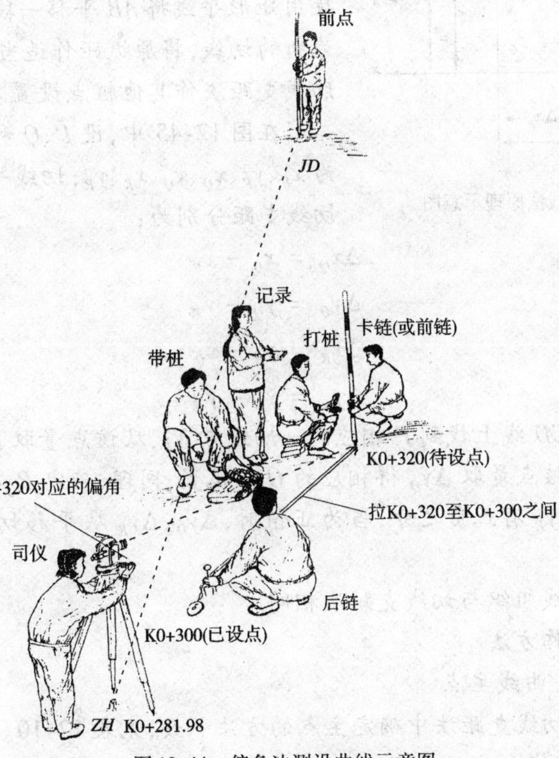

图 12-44 偏角法测设曲线示意图

(1)仪器架在交点上，分别瞄准后在导线方向和前导线方向用钢尺沿交点前后方向分别丈量切线长计算值得曲线起点和终点；

(2)如图 12-44 所示，搬动仪器到曲线起点 P_1，并瞄准交点方向，并使读数归零，然后按照算出的曲线上第一个桩号的偏角 Δ_1，拨角得第一个桩的弦线方向，并固定仪器的自动螺旋；

(3)拉链人员从仪器中心沿经纬仪视线方向丈量弦长 c_1，得曲线上第一个桩点；

(4)用经纬仪拨计算出的曲线上第二个桩的偏角 Δ_2，得第二个桩的弦线方向；

(5)拉链人员从第一个桩拉取第一个桩和第二桩之间的弦长，与经纬仪瞄准方向相交得曲线上第二个桩的桩点位置，并钉桩；

(6)按同样方向一直敷设到曲线中点；

(7) 后半个曲线从曲线终点往回倒拨角，仿照前半个曲线的操作步骤完成后半个曲线的测设；

(8) 对于单圆曲线，用偏角法可以一次从曲线起点开始依次拨角和量距，直接到终点与原设定的 YZ 点校核。

（三）平移切线法放线

1. 基本原理和相关计算

平移切线法由切线支距法演变而来，用切线支距法测设曲线时，当切线的位置落入不利的地形条件下时，但希望仍用支距法的计算结果和方法设置曲线上其他桩点时，可用此法。

如图 12-45 所示，AB 为原切线，以此切线为基准采用切线支距法设置曲线上若干个桩点直到 P 点，当设置 Q 和 R 及以后的桩点时，由于主切线 AB 上因故无法设定 Q 和 R 及以后的桩点，故用矩形导线将 AB 平移一段距离得 CD。以 CD 作为新的切线，将原纵距作适当的加、减代数运算后以切线支距法作其他桩点设置。

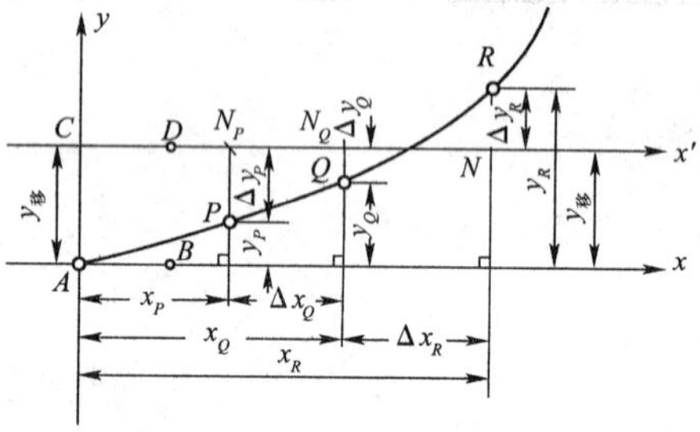

图 12-45 平移切线法原理示意图

在图 12-45 中，设 P、Q 和 R 点原切线支距分别为 x_P、y_P、x_Q、y_Q、x_R、y_R；切线平移 $y_移$ 后，在 CD 上的切线支距分别为：

$$\Delta x_Q = x_Q - x_P$$

$$\Delta y_Q = y_Q - y_移$$

$$\Delta x_R = x_R - x_Q$$

$$\Delta y_R = y_R - y_移$$

确定 Q 点时，在 CD 线上找到 P 相应的 x 切线点 N_P，从该点量取 Δx_Q 得相应的 Q 点在 x 轴上的切线点 N_Q，从该点量取 Δy_Q 得相应的 Q 点位置；同理，确定 R 点。

需要指出，Δy_Q、Δy_R 有正负之分，当为正值时，Δy_Q、Δy_R 从平移切线上向曲线内侧垂直量取；反之亦然。

平移切线法的放线组织与切线支距法相同。

2. 平移切线法操作方法

(1) 常规方法确定曲线主点

具体操作方法与切线支距法中确定主点的方法一致，见表 12-10。

(2) 平移切线法确定加密桩点

如图 12-46 所示，用由原"顺路导线"构成的原切线 AB 以切线支距法确定出 P_0 及其前面各桩点后，其后各桩因 y 值偏大且后面的桩点与原切线不通视，使用切线支距法已不能再进行下去，现采用平移切线的办法。

在 P_0 桩的 x 点 A 处用矩形导线将由原"顺路导线"构成的原切线 AB 平移一个距离 $y_移$（即图上的 AC 段）得平移后的导线 CD，并用经纬仪沿 CD 方向延伸在路线即将通过的小丘岭台地上标出 EF 方向线。CD、EF 作为平移后的切线。

根据下面桩号的 x、y 值，从 C 点开始计算各桩点以平移切线为基准后新的横坐标增量 Δx_i、纵坐标值（$\Delta y_i = y_P - y_移$）；

按新的切线方向和新计算的各桩的 Δx_i、Δy_i 值（$\Delta y_i = y_P - y_移$），用切线支距法确定出其余各桩点。

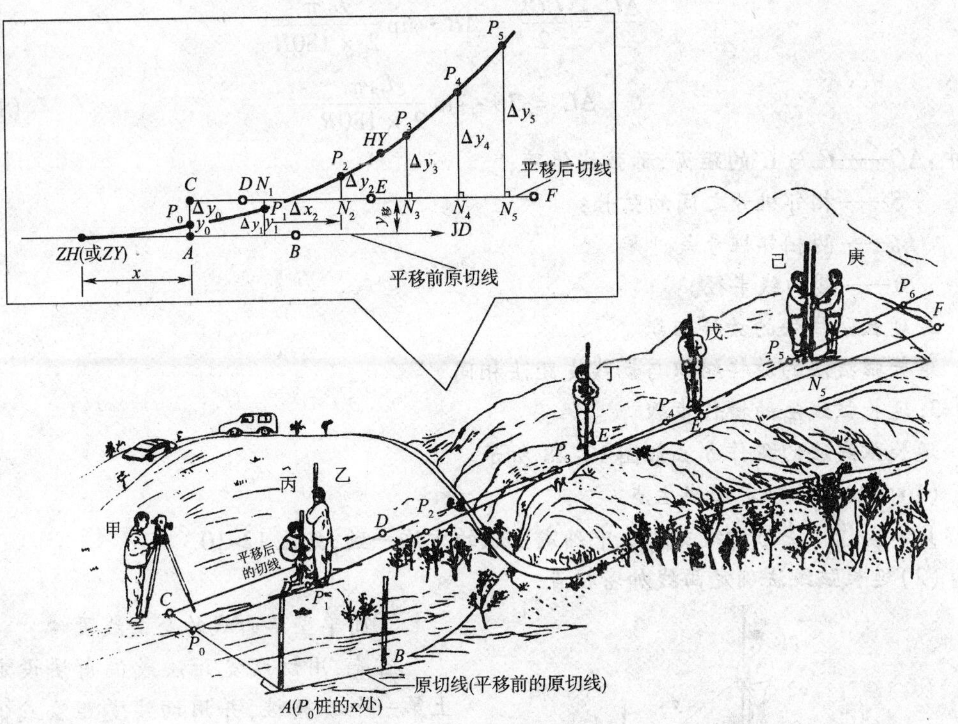

图 12-46 平移切线法操作示意图

其中 Δx_i 值使用原各桩的横坐标差 Δy_i 值有正、负之分。当计算值 Δy_i 为负时，从某桩的 x 处用 Δy_i 确定该桩时，向曲线外侧量取 Δy_i 值（如图中的 P_1 桩）。当计算值 Δy_i 为正时，从某桩 x 处用 Δy_i 确定该桩时，向曲线内侧量取 Δy_i 值（如图中的 P_5 桩）。

当用平移后的切线支距法确定出两个桩时，并且后面的各个桩位于纯圆曲线上，且与已定桩等距离时，可用延长弦线法，依次确定以后的各等距桩点。

（四）延长弦线法放线

1. 基本原理和相关计算

此法亦适用于纯圆曲线或带缓圆曲线的纯圆曲线部分，而且是等桩距时的放线，该法的基本原理如图 12-47 所示。

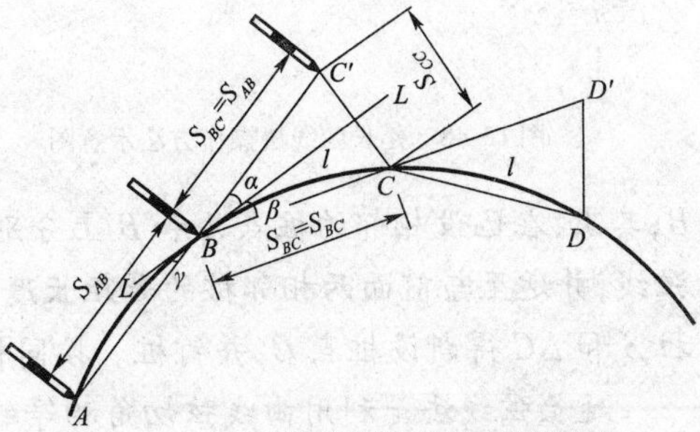

图 12-47 延长弦线法测设曲线原理示意图

假定圆曲线上 A、B、C 三点是等距离的，A 点和 B 点已用其他方法确定，现要确定 C 点的位置。将 A、B 弦长延长一个与 AB 等长的长度得 C' 点，若在 B 点作一切线 LL 与 CC' 相交，则必然平分 CC'（根据弦切角等于内对角之一半的几何定理，切线 LL 与 BA 的夹角是 AB 弦的弦切角 γ，切线 LL 与 BC 弦的夹角是 BC 弦的弦切角 α，根据 $AB=BC$，而 β 与 γ 是对顶角，即 $\beta=\gamma$，且 $\alpha=\gamma$，故 $\alpha=\beta=\gamma$，即切线平分 CC'）。

因为 $BC=BC'$ 且 $\alpha=\beta$，所以三角形 BCC' 为等腰三角形，因此 LL 是 CBC' 之角分线且垂直于底边 CC'，因此可用正弦定理计算 CC' 的一半，即：

$$\frac{\Delta C}{2}=\frac{CC'}{2}=AB\cdot\sin\frac{L_P\pi}{2\times180R}\tag{12-17}$$

$$\Delta C=2S\cdot\sin\frac{L_P\pi}{2\times180R}\tag{12-18}$$

式中：ΔC——C与C'的距离，称弦线偏距；

S——相邻桩号之间的弦长；

L_P——两相邻桩号差；

R——圆曲线半径。

2. 延长弦线法的放样组织

延长弦线法的放样组织与切线支距法相同。

3. 延长弦线法的操作步骤

延长弦线法的操作方法如图12-48所示。

(1)常规方法确定曲线主点

具体操作方法与切线支距法中确定主点的方法一致，见表12-10。

(2)延长弦线法确定曲线加密桩点

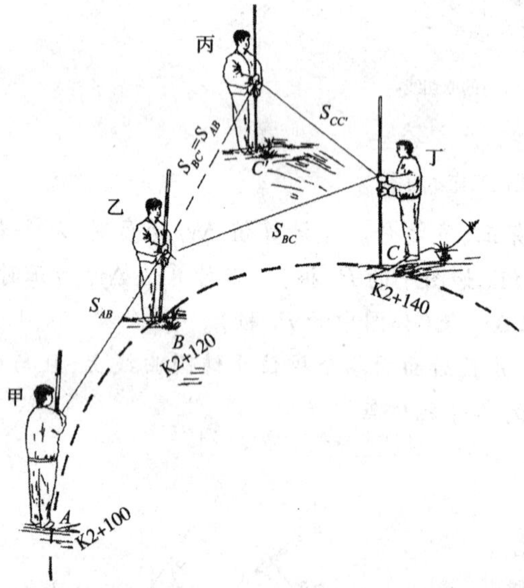

图12-48　延长弦线法操作方法示意图

①简单型单曲线的全曲线段

首先，用切线支距法或偏角法设定曲线上第一个凑整桩，并用切线支距法或偏角法设定曲线上第一个凑整桩后至少两个等距桩点A和B；其次，在已设相邻的桩点A和B上分别竖立花杆，拉链人员沿弦长（两花杆）AB方向延长弦线，并延至与前面两相邻桩的等距长度，得C'点；再次，用两根钢尺或皮尺，分别从B和C'拉S和ΔC得新设桩点C，并钉桩。按同样方法依次设置后续等距桩点。

②基本型单曲线的纯圆曲线段

首先，用切线支距法或偏角法设定缓和曲线段内各个桩点及HY点和YH点桩；用切线支距法或偏角法设定HY点至YH点曲线段上第一个凑整桩后至少两个等距桩点A和B；其次，在已设相邻的桩点A和B上分别竖立花杆；拉链人员沿弦长（两花杆）AB方向延长弦线，并延至与前面两相邻桩的等距长度，得C'点；最后，用两根钢尺或皮尺，分别从B和C'拉S和ΔC得新设桩点C，并钉桩。按同样方法依次设置后续等距桩点。

延长弦线法是利用曲线弦切角相等的原理得到的方法，只有纯圆曲线才有此特点，因此延长弦线法适用于简单和基本型单曲线的纯圆曲线段的等距桩点的测设。

(五)基准圆心法

基准圆心法是以圆曲线的圆心为基准点的桩点定位方法，包括辐射法和推磨法两种方法。通常用于曲线地段地形较平坦，能够找到圆心，半径不是很大（一般在50m以内）的各类净圆曲线以及回头曲线的中线测设。

基准圆心法的放线组织与偏角法相似。

回头曲线的主、辅曲线各主点桩的测定，已在前面讲过，不再重复。下面主要介绍主曲线的敷设，利用主曲线给定圆心且半径值不大这一特点，可以比较容易地进行详细测定。辐射法和推磨法的操作步骤如下。

1. 辐射法

如图 12-49 所示，首先，排列桩号并计算圆心角。根据曲线情况和地形条件排列曲线段内桩号，计算各圆弧所对应的圆心角：

$$\varphi_i = \frac{L_P}{R_i} \times 57.2578 \quad (°) \tag{12-19}$$

其次，进行测设。如图 12-50 所示，将经纬仪安置于圆心 O 点；度盘对零，后视 $ZY(YZ)$；依次拨 AP_1、AP_2…… 弧长所对应的圆心角 φ_1、φ_2…… 并自圆心量取半径 R 即可定出 P_1、P_2…… 诸点，最后，检查闭合差。

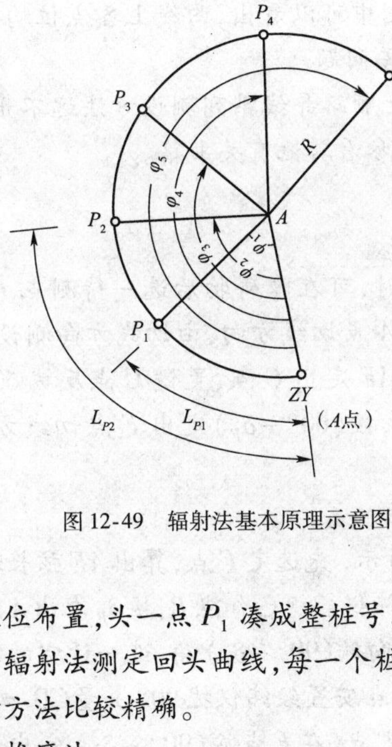

图 12-49　辐射法基本原理示意图

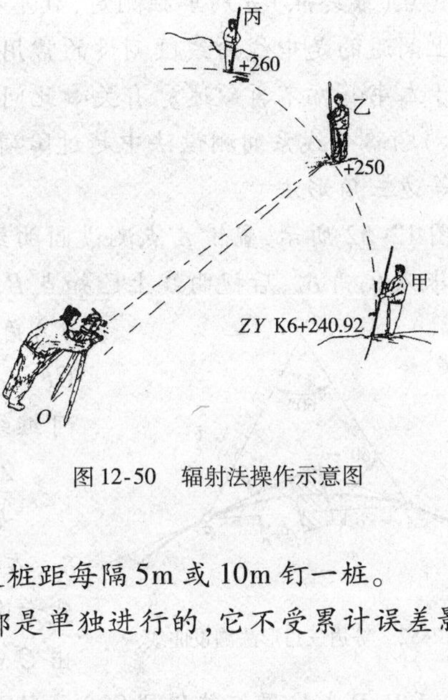

图 12-50　辐射法操作示意图

桩位布置，头一点 P_1 凑成整桩号，以后按规定桩距每隔 5m 或 10m 钉一桩。

用辐射法测定回头曲线，每一个桩位的测定都是单独进行的，它不受累计误差影响，所以这种方法比较精确。

2. 推磨法

在地形比较平坦、曲线半径较小的情况下，用推磨法测设回头曲线还是较简便的。

首先，排列桩号并计算弦长。根据曲线情况和地形条件排列曲线段内桩号，计算对应圆弧的弦长。

对应圆弧的弦长可用弧弦差公式求得：

$$\left.\begin{aligned} \text{弧弦差}\quad d_i &= L_i - s_i \approx \frac{L_i^3}{24R^2} \\ \text{弦长}\quad s_i &= L_i - \frac{L_i^3}{24R^2} \end{aligned}\right\} \tag{12-20}$$

其次，利用各段弦长和半径交汇定点。如图 12-51 所示，根据主曲线圆心和起终点桩位可用半径 R_0 和弦长 C 交会的方法逐点定出 P_1、P_2 ……诸点，最后检查闭合差。

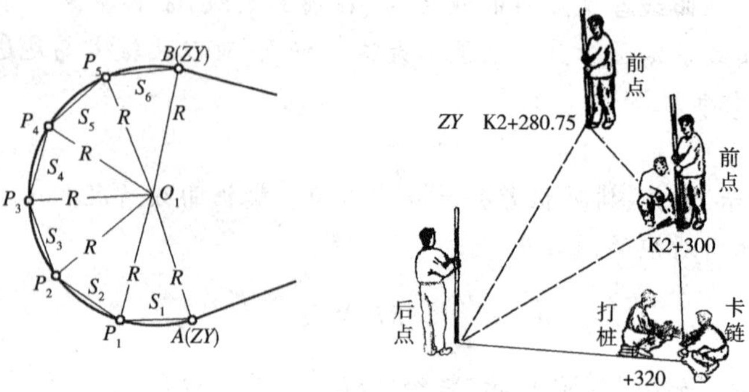

图 12-51　推磨法示意图

在实际工作中也可不计算，直接由"回头曲线辐射法中心角表"中查得弧弦差值。

推磨法虽简便，但累计误差影响较大，为消除累计误差，亦可从主曲线起点和终点对称地来取长弦，再通过与半径交会法测定有关点位。从图中可以看出，曲线上各点位均系根据圆心与起点（或终点）分别单独测定，故不存在累计误差问题。

以上阐述的是中线曲线段测设的常用方法，实际上顺路导线系列测设方法远不止这些，在此限于本书篇幅不再叙述。有关心此问题的读者请参看其他有关书籍。

（六）顺路导线系列测设法中越过障碍的测设

1. 等边三角形法

如图 12-52 所示，置镜 A 点测设圆曲线遇到障碍时，可在障碍物后选一待测点 F，算出 A_F 的弦长及偏角 δ_F，后视曲线上已知点 B，按 δ_B 求出 A 点切线方向，由切线方向测设（$60-\delta_F$）角，并量 $AC=AF$ 定出 C 点，置镜 C 点反拨 60°角和 $CF=AF$ 长定出 F，按（$60°-\delta_F$）定出 F 点切线方向，即可继续向前测设。

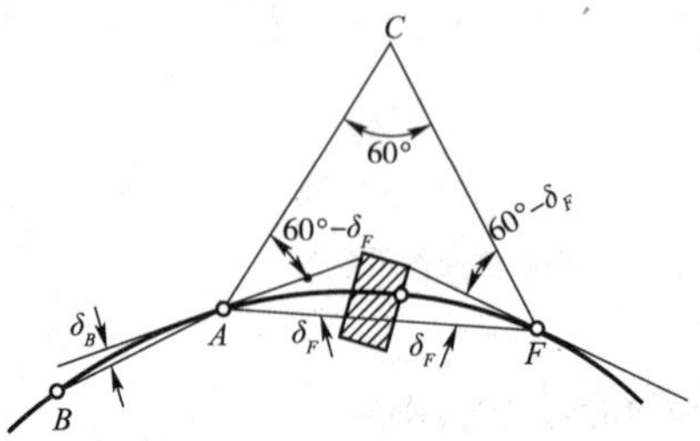

图 12-52　等边三角形法测设曲线

2. 矩形导线法

如图 12-53 所示，先选定 F 点，算出 AF 弦长和偏角 δ_F，在 A 点安置经纬仪后视已知点 B，按 δ_B 求出 A 点的切线方向，从切线方向转（$90°-\delta_F$）角，选一适宜的距离定出 C 点，然后从 C 点安置经纬仪拨 90° 并量 $CD=AF$ 定出 D 点，再从 D 点安置经纬仪拨 90° 量 $DF=AC$ 定出 F 点。在 F 点按（$90°-\delta_F$）定出切线方向，即可继续向前测设。

3. 任意三角形法

如图 12-54 所示，选定 F 点，算出弦长 AF 和偏角 δ_F，另选一个能绕过障碍的 C 点，量出 $\angle TAC$ 及边长 AC，则 $\angle FAC=\angle TAC-\delta_F$，解 $\triangle AFC$，求出 $\angle C$、$\angle AFC$ 和 CF。然后在 C 点量 $\angle C$ 及 CF 定出 F 点。置镜于 F 点后视 C 点并以 $\angle CFA+\delta_F$ 定出 F 点切线方向，即可继续向前测设。

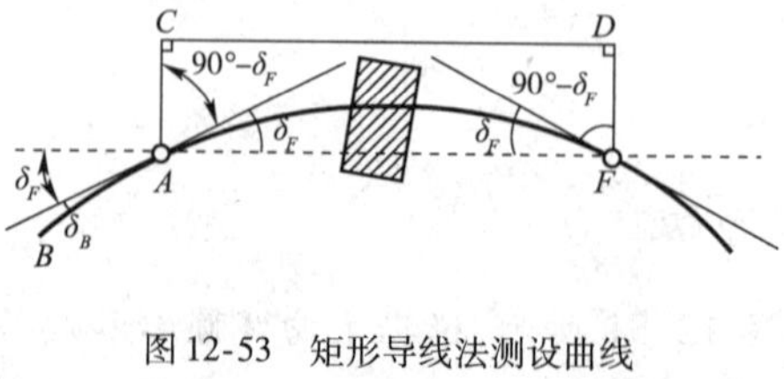

图 12-53　矩形导线法测设曲线

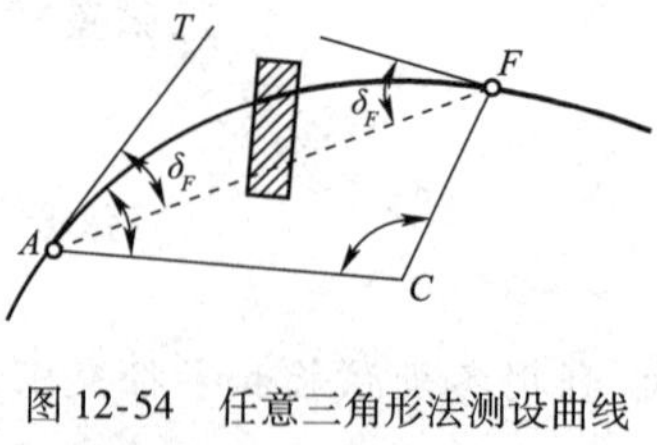

图 12-54　任意三角形法测设曲线

如图 12-54 所示，已知 $R=600$m，置镜于 A 测设圆曲线时中间视线被阻，现拟测设距 A 为 120m 的 F 点，试作逾越障碍的计算。

$$\delta_F = \frac{120}{2\times 600}\text{rad} = 5°43'46''$$

$$AF = 2R\sin\delta_F = 2\times 600\times \sin 5°43'46'' = 119.797(\text{m})$$

选出 C 点，测得 $\angle TAC = 30°00'00''$，$AC = 75.000$m，$\angle FAC = 30°00'00'' - 54°43'46'' = 24°16'14''$，用余弦定理解 $\triangle AFC$，得 $\angle AFC = 30°56'30''$，$\angle C = 124°47'16''$，$FC = 59.958$m。

4. 任意点置镜偏角法

(1)测设简单型单曲线

对于简单型单曲线或基本型单曲线的纯圆曲线段，当遇到障碍时，可采用下法穿过，以克服障碍。

如图 12-55 所示，在用偏角法放线过程中，仪器在 ZY 点连续放 P、Q、R 三点，当放到 R 点时，遇有一障碍，使得置仪点与欲放点 R 不通视，并设 P、Q、R 的原偏角读数(相对于主切线的偏角)分别为 Δ_P、Δ_Q、Δ_R，则放置 R 点的步骤如下：

首先，在已设点位中任找一点 P，将仪器架设到 Q 点，瞄准 P 点，并使方向读数等于 P 点原来的偏角读数 Δ_P；其次，倒转望远镜，按 R 的原偏角读数 Δ_R 继续拨角，即为新的 R 点的放线方向；再次，从 Q 点拉弦长 QR 与经纬仪视线方向相交得 R 点位置。

这种方法可从理论上加以证明是正确的，这里因篇幅所限，证明从略。应该指出的是用此法只适用于纯圆曲线，对于设有缓和曲线的圆曲线缓和曲线段，则不能采用。

(2)测设基本型单曲线的缓和曲线段

如图 12-56 所示，偏角法测设缓和曲线段，当不能在 ZH 或 HZ 点一次置镜测完 M 点，需转镜置于缓和曲线上任意点 P 继续进行测设时，其偏角计算公式为：

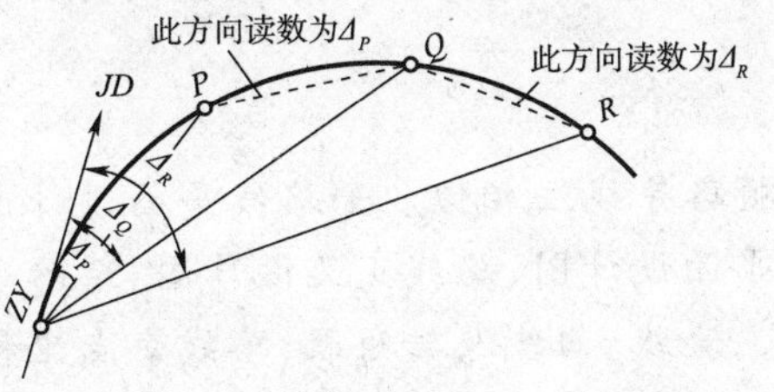

图 12-55　简单型单曲线视线受阻的偏角法

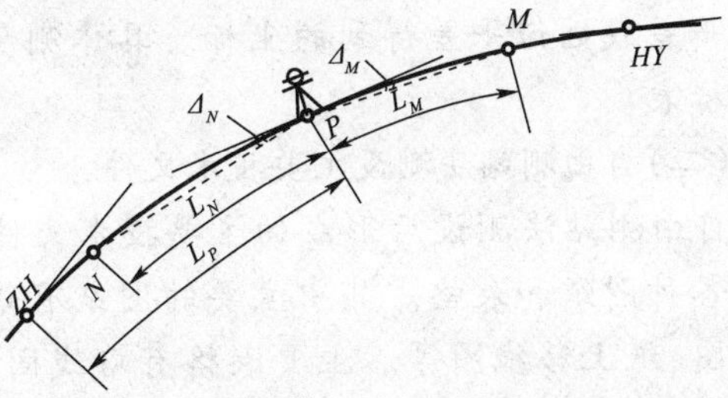

图 12-56　基本型单曲线视线受阻的偏角法

$$\left.\begin{aligned}\Delta_N &= \frac{9.55}{RL_s}L_N(3L_P - L_N) \quad (°)\\ \Delta_M &= \frac{9.55}{RL_s}L_M(3L_P + L_M) \quad (°)\end{aligned}\right\} \tag{12-21}$$

式中：Δ_N——后视 N 点的偏角；

Δ_M——前视 M 点的偏角；

L_P——置镜点至 ZH 点的弧长；

L_N——置镜点至后视点的弧长；

L_M——置镜点至前视点的弧长。

六、自由测站法中线测设操作技术

在路线附近设置一系列控制点，这些控制点连接称为“自由导线”，如图 12-57 所示，然后用全站仪测定其导线边长、角度等。当各项观测误差和闭合差都符合相应的限差规定时进行平差计算后，直至求出这些控制点的坐标，再以“自由导线”为基础，确定出中桩位置，称为自由测站放线法。

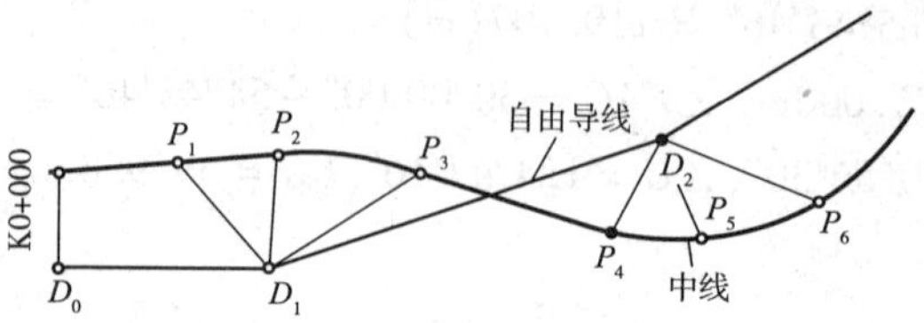

图 12-57

（一）自由导线的复测

导线点的位置一般按如下原则布设：

首先，相邻两点间是相互通视；其次，导线边长一般大致相等；再次，导线点一般靠近重要地物；最后，导线点设在土质坚硬、便于保存和有利于加密的地方。

导线点的标志有：在地里埋设水泥桩，桩顶有锯有十字的钢筋，或在地里埋设石桩，桩顶有凿记的十字痕迹；在永久性物体或建筑物上直接凿刻十字或用红油漆标记带圈的十字。临时导线点一般在地上打入木桩，桩顶钉有小钉。

在导线点的标志桩或标志物标有编号，或在其附近较明显的物体（如树木、房屋、电杆、水塔等）上设有诱导标。

自由导线测设的方法一般使用测距仪或全站仪，可以快速、精确地获得导线边长、右角和各点坐标，有条件时应优先采用。当用钢尺丈量导线点之间的距离时，丈量结果与计算值相比较，如果误差在容许范围之内，则认为该点未曾移动；若导线边过长，丈量距离不方便时，也可以使用经纬仪测量角度。正倒镜一个全测回，取平均数，再与计算值相比较以判断导线点位置是否变动。导线点坐标表是经过与国家高级控制网联测的自由导线，实际上属于附合导线，测量按照附合导线要求进行，平差方法可按照六段法严密平差或近似平差得到的坐标。具体测量方法和平差如前已述。导线复测需要导线点坐标表。

（二）自由测站法测设主要技术文件

自由测站法测设后形成的主要技术文件与顺路导线法相似。如路线平面设计成果包括各种图纸和表格。其中主要的图纸有路线平面设计图、路线交叉设计图、道路平面布置图、纸上移线图等。主要表格有路线固定表，直线、曲线及转角表，路线交点坐标表（或含有“直线、曲线及转角表”中），总里程及断链桩号表等。除此之外，还要给出逐桩坐标表，路线导线点坐标表等。各种图纸和表格的样式见交通部颁布的“设计文件图表示例”。

1. 直线、曲线及转角表

直线、曲线及转角表是用表格来表达道路中心线设计形状的一种方法，见表 12-12。它全面地反映了路线的平面位置和路线平面线形的各项指标，是道路设计的主要成果之一。只有在完成“直线、曲线及转角表”以后，才能据此计算“逐桩坐标表”和绘制“路线平面设计图”，同时在作路线的纵断面设计、横断面设计和其他构造物设计时都要使用表中的数据。表 12-12 对公路和城市道路都适用，其中“交点坐标”一栏视道路等级和测设情况取舍。

某公路某段直线、曲线及转角表　　表 12-12

交点编号	交点坐标		交点桩号	转角值	曲线要素值					
	x	y			半径	缓和曲线长度	切线长度	曲线长度	外距	校正值
1	2	3	4	5	6	7	8	9	10	11
交点编号	曲线位置					直线长度及方向			测量断链		备注
	第一缓和曲线起点	第一缓和曲线终点或圆曲线起点	曲线中点	第二缓和曲线起点或圆曲线终点	第二缓和曲线终点	直线长度(m)	交点间距(m)	计算方位角或计算方向角	桩号	增减长度(m)	
1	12	13	14	15	16	17	18	19	20	21	22

2. 逐桩坐标表核算

对于高等级公路中线上的各点位置，通常是以“逐桩坐标表”的形式提供出设计文件。高等级公路或采用大测区控制系统进行勘测设计所提供的设计文件点坐标一般为高斯坐标，逐桩坐标表的表格样式见表 12-13。

某高速公路某段逐桩坐标表　　表 12-13

桩号	坐标(m)		方位角	桩号	坐标(m)		方位角
	x	y			x	y	

逐桩坐标表中桩坐标的计算步骤和公式其计算和测量的方法是按“从整体到局部”的原则进行的。

(1) 计算导线点坐标

采用两阶段勘测设计的公路或一阶段设计，但遇地形困难的路段，一般都要先作平面控制测量，而路线的平面控制测量多采用导线测量的方法，在有条件时可优先采用全球定位系统(简称 GPS)测量的方法。导线测量的方法，有经纬仪导线法、光电测距仪法和全站仪法。其中全站仪可以直接读取导线点的坐标，其他方法可以在各边连长及其夹角后，用坐标增量法逐点推算其坐标。用 GPS 定位技术观测，则可在测站之间不通视的情况下，高精度、高效率地获得测点的三维坐标。

(2) 计算交点坐标

当导线点经平差后的精度满足要求后，即可展绘在图纸上。直接定线时，以导线点为依据在现场直接测得路线各交点的坐标，直接定线的交点坐标若是用全站仪测量则也可以很方便地获得；纸上定线的交点坐标可以在图纸上用精密卡规量取导线边长后再借助有关公式计算。

(3) 计算各中桩坐标

中桩坐标计算的步骤：

第一步，计算交点坐标并根据交点坐标计算路线转角，再结合 L_S 和 R 计算曲线元素；

第二步，计算曲线起点（ZH 或 ZY）和终（HZ 或 YZ）点坐标；

第三步，计算直线或曲线上任意点坐标。

大地坐标（高斯坐标）计算公式已于第四章列出，放线时注意使用。

坐标计算图式如图 12-58 所示，图中符号含义已于第四章阐述，相应的计算公式已在表 4-18 中列出。再次强调，坐标计算时，可先计算直线和曲线主点坐标，然后计算缓和曲线、圆曲线上每一个中桩的坐标。现结合示例说明如下。

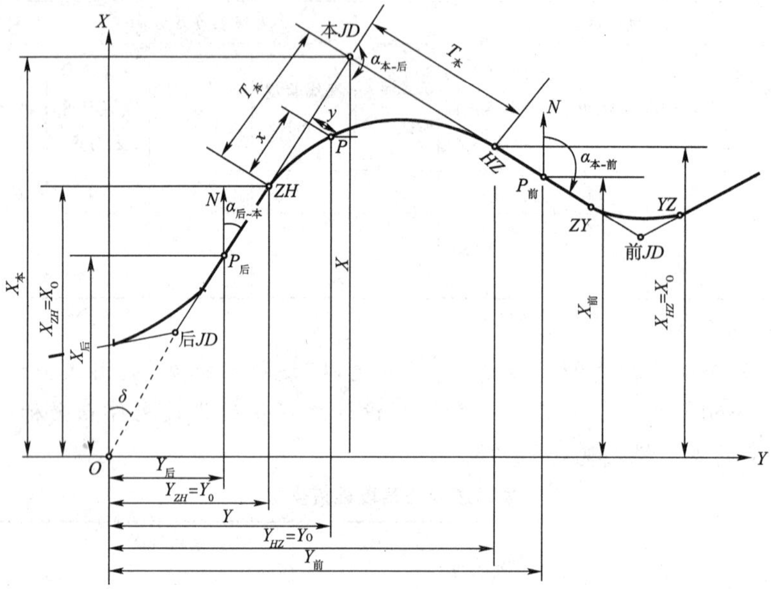

图 12-58

【例 12-2】 如图 12-59 所示，已知 JD_5、JD_6、JD_7 的高斯坐标分别为（3 907.083，4 956.125），（3 480.920，5 906.092），（3 188.471，6 407.321）JD_6 处所设置的曲线为基本型单曲线，其圆曲线半径 $R=500\text{m}$，回旋曲线长 $L_s=60\text{m}$，JD_6 的里程桩号为 K24 + 568.34，求 K24 + 300 桩位处的高斯坐标。

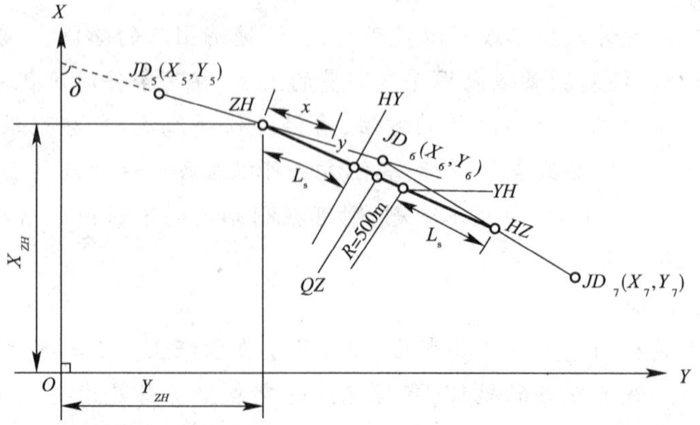

图 12-59

【解】 （1）由坐标推算路线转角 Δ

为防止转角符号与后边采用的方位角符号混用，在此转角用 Δ 表示。

①各边象限角β_{5-6}、β_{6-7}

$$\beta_{5-6}=\arctan\frac{y_6-y_5}{x_6-x_5}=\arctan\frac{5\,906.092-4\,956.123}{3\,480.920-3\,907.083}=65°50'19''$$

$$\beta_{6-7}=\arctan\frac{y_7-y_6}{x_7-x_6}=\arctan\frac{6\,407.321-5\,906.092}{3\,188.471-3\,480.920}=59°44'17''$$

②方位角α_{5-6}、α_{6-7}

根据对JD_5至JD_6间导线边的坐标增量(即Δx和Δy)正、负号判别可知,该边位于第一象限,故有:

$$\alpha_{5-6}=\beta_{5-6}=65°50'19''$$

又由JD_6至JD_7导线边一对坐标增量的正、负号判别可知,该边位于第二象限,故有:

$$\alpha_{6-7}=180°-\beta_{6-7}=180°-59°44'17''=120°15'43''$$

③JD_6处的路线转角Δ

$$\Delta=\alpha_{6-7}-\alpha_{5-6}=120°15'43''-65°50'19''=54°25'24''=54.423\,3°$$

(2)计算曲线元素

由于JD_6处所设曲线为基本型单曲线,故采用该种曲线相应的曲线元素计算公式

$$p=\frac{L_s^2}{24R}=\frac{60^2}{24\times500}=0.30(\mathrm{m})$$

$$q=\frac{L_s}{2}-\frac{L_s^3}{240R^2}=\frac{60}{2}-\frac{60^2}{240\times500^2}=29.996\,4(\mathrm{m})$$

$$\beta_0=\frac{90L_s}{\pi R}=\frac{90\times60}{\pi\times500}=3.4397°$$

$$T_h=(R+p)\tan\frac{\Delta}{2}+q=(500+0.30)\times\tan\frac{54.423\,3}{2}+29.996\,4=287.24(\mathrm{m})$$

$$E_h=(R+p)\sec\frac{\Delta}{2}-R=(500+0.30)\times\sec\frac{54.423\,3}{2}-500=62.56(\mathrm{m})$$

$$L_h=(\Delta-2\beta_0)\cdot\frac{\pi}{180}\cdot R+2L_s=(54.423\,3-2\times3.439\,7)\times\frac{\pi}{180}\times500+2\times60=534.93(\mathrm{m})$$

(3)曲线主点桩号推算

ZH桩号 $=JD$桩号 $-T_h=(\mathrm{K}24+568.34)-287.24=\mathrm{K}24+281.10$

HY桩号 $=ZH$桩号 $+L_s=(\mathrm{K}24+281.10)+60=\mathrm{K}24+341.10$

QZ桩号 $=ZH$桩号 $+\frac{L_h}{2}=(\mathrm{K}24+281.10)+\frac{534.93}{2}=\mathrm{K}24+548.57$

YH桩号 $=HZ$桩号 $-L_s=(\mathrm{K}24+816.03)-60=\mathrm{K}24+756.03$

HZ桩号 $=ZH$桩号 $+L_h=(K24+281.1)+534.93=K24+816.03$

(4)曲线上各桩点的高斯坐标计算

题目要求计算的K24+300桩位于前半个曲线的缓和曲线段内,因此计算时先应计算曲线起点(ZH)坐标,再计算曲线上K24+300之切线支距坐标,最后使用高斯坐标换算公式换算为高斯坐标。

①曲线上起点ZH坐标计算

$$X_{ZH}=X_6+T_h\cos\alpha_{6-5}=3480.920+287.24\times\cos(180°+65°50'19'')=3\,363.350(\mathrm{m})$$

$$Y_{ZH}=Y_6+T_h\sin\alpha_{6-5}=5906.092+287.24\times\sin(180°+65°50'19'')=5\,644.015(\mathrm{m})$$

②计算曲线上K24+300切线支距小坐标x、y

由于 $L_P = (K24+300) - (K24+281.10) = 18.90(m)$，

$$x = L_P - \frac{L_P^5}{40R^2L_s^2} + \frac{L_P^9}{3\,456R^4L_s^4}$$

$$= 18.90 - \frac{18.90^3}{40 \times 500^2 \times 60^2} + \frac{18.90^9}{3\,456 \times 500^4 \times 60^4} = 18.899\,9(m)$$

$$y = \frac{L_P^3}{6R} - \frac{L_P^7}{336R^3L_s^3} = \frac{18.90^3}{6 \times 500} - \frac{18.90^7}{336 \times 500^3 \times 60^3}$$

$$= 2.250\,4(m)$$

③切线支距小坐标向高斯坐标转换

由于路线右转，且所计算桩点 K24 +300 位于右转前半个曲线段，两坐标轴的夹角 δ 为锐角，其值即为 JD_5 至 JD_6 之方位角 α_{5-6}，即 $\delta = \alpha_{5-6} = 65°50'19''$，$\delta$ 为顺时针旋转角，故应用坐标换算公式有：

$$X = X_{ZH} + x\cos\delta - y\sin\delta = 3\,363.350 + 18.899\,9 \times \cos65°50'19'' - 2.250\,4 \times \sin65°50'19''$$

$$= 3\,586.813(m)$$

$$Y = Y_{ZH} + x\sin\delta + y\cos\delta = 5\,644.015 + 18.899\,9 \times \sin65°50'19'' + 2.250\,4 \times \cos65°50'19''$$

$$= 5\,662.180(m)$$

对位于第二缓和曲线和圆曲线的各点都可以用上述方法计算其坐标。但要注意，对于右偏曲线，第二缓和曲线上的切线支距 y 要反符号；对于左偏曲线，第一缓和曲线上的 y 要反符号，同时，要注意各边坐标轴夹角的正、反方向。

3. 路线平面设计图

路线平面设计图是道路设计文件的重要组成部分。该图全面、客观地反映了道路平面位置和经过地区的地形、地物等，它是设计人员设计意图的重要体现。平面设计图对提供有关部门审批、专家评议、日后指导施工和恢复定线等方面都有重要作用。

应该指出，路线平面设计的技术文件内容除以上所列的之外，尚有不少其他的文件，在此因篇幅所限不再一一列举。

（三）自由测站法测设准备

1. 实地查找自由导线点并复查

首先由技术负责人组织好参加复测的人员；然后将全体参加人员集中起来分配任务、明确责任、强调注意事项以及制订实施方案；而后分头准备测量仪器、用具及交通工具，并事先准备好计算数据，如有条件时事好便携式计算机，检查好计算程序的运行情况或数据结果的输出情况；在充分准备的情况下，最后到现场进行实地测设，由于自由测站法是在自由导线已知的前提下进行，因此放线前应做好以下工作：

首先，实地查验、恢复设计单位在实地布设的交点，复测导向线边长和转角；

其次，将实测结果与设计文件所标注的数据进行比较，然后判断其正确与否、精度是否满足导线的等级要求；

再次，将正确的控制点进行栓桩固定。

导线测量按测定边长的方法，有钢尺量距导线（也称经纬仪导线）、视差导线、视距导线，以及测距仪测导线等。具体采用何种导线，应视测量对象所要求的精度选择。导线复测的步骤：首先在现场查找控制桩，恢复并弥补丢失的控制桩；然后测角量边；最后根据导线的等级判断其正确与否。

2. 高程控制网复查

可用一台水准仪往返测量或两台水准仪同步施测，其方法兹不详述。限差要求不得低于设计文件形成时外业勘测所要求的精度；当限差满足要求，则采用原“路线水准基点一览表”列出的各水准点高程，倘若与设计文件相差较大时，则增加施测次数。如再有出入应查明原因，当确认原水准点高程有误时，则应提出变更报告报监理审批确认。

（四）“自由测站法”放线操作方法

其放样示意如图12-60所示。全站仪架在“自由导线点上”，棱镜架在相邻的“自由导线点”，然后指挥拟定中线上桩点的棱镜移动；直至满足桩点定位要求，最后用木桩标点。其放线方法有角度距离放线法和坐标法两种。

图12-60　全站仪自由测站法施工放样中线

1. 角度距离法放线

如图12-61所示，角度距离法放样的关键是计算距离 s 和夹角 γ。

γ 角分五步计算：算坐标增量 ΔX、ΔY→计算 R 角→判别 ΔX、ΔY 的正负→推算 A 角→计算 γ 角。也就是说，夹角用方位角算，方位角用象限角算，象限角用坐标增量算。

(1) 计算坐标增量 ΔX、ΔY

如图12-61所示，JD_2—JD_1 及 JD_2—P 的坐标增量 ΔX、ΔY 为：

$$\begin{cases}\Delta X_{2-1} = X_{J2} - X_{J1} \\ \Delta Y_{2-1} = Y_{J2} - Y_{J1}\end{cases}$$

$$\begin{cases}\Delta X_{2-P} = X_P - X_{J2} \\ \Delta Y_{2-P} = Y_P - Y_{J2}\end{cases}$$

(2) 由逐桩坐标计算象限角

由直线定位的两点（两点可为实地位置，亦可为其坐标）定线原理可知：

$$\text{象限角}\ \beta = \arctan\frac{\Delta Y}{\Delta X}$$

如图12-61所示，JD_2—P 及 JD_2—JD_1 的象限角计算：

$$\beta_{2-P} = \arctan\frac{\Delta Y_{2-P}}{\Delta X_{2-P}}$$

$$\beta_{2-1} = \arctan\frac{\Delta Y_{2-1}}{\Delta X_{2-1}}$$

(3) 用坐标增量的正负号判断线所在象限

(4) 由象限角计算方位角 α

由方位角与象限角的关系及使用条件用，坐标增量的正负号判断线所在象限：

若线在第一象限，$\alpha = \beta$；

若线在第二象限，$\alpha = 180 - \beta$；

若线在第三象限，$\alpha = 180 + \beta$；

若线在第四象限，$\alpha = 360 - \beta$。

(5)计算方位角(夹角用方位角算;方位角用象限角算;象限角用坐标增量算)

若 JD_2—JD_1 在第一象限,JD_2—P 在第二象限,

$$\alpha_{2-1} = \beta_{2-1}$$

$$\alpha_{2-P} = 180 + \beta_{2-P}$$

(6)计算夹角 γ

$$\gamma = \alpha_{2-1} - \alpha_{2-P}$$

(7)两点间距

$$s = \sqrt{(X_1 - X_2)^2 + (Y_1 - Y_2)^2}$$

(8)转角 Δ 与右角 β 的关系

$$\Delta = 180° - \beta$$

(9)关于直线的正反方位角

在上述计算中,特别要注意直线的正、反方位角。只要取对了正反方位角,坐标增量的正负号自动归算。若知图 12-62 中的 JD_1 和 JD_2 坐标及 T 值,欲计算 ZY 点坐标时,若从 JD_2 起算,用 JD_1 至 JD_2 之间的反方位角 $\alpha_{反}$;要计算 YZ 点坐标时,如果从 JD_1 起算,则用 JD_1 至 JD_2 之间的正方位角 $\alpha_{正}$。

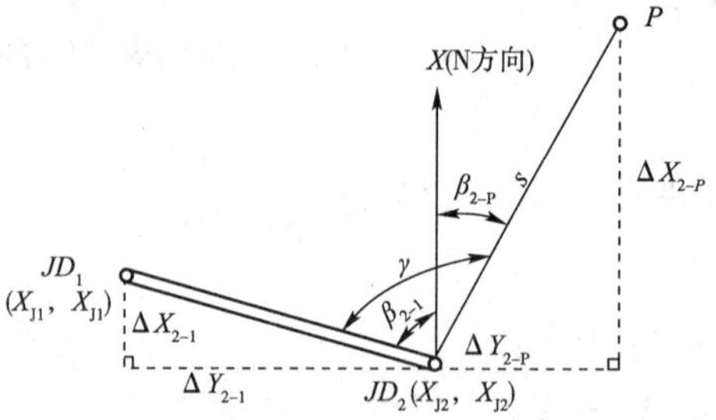

图 12-61 夹角距离法放线示意图

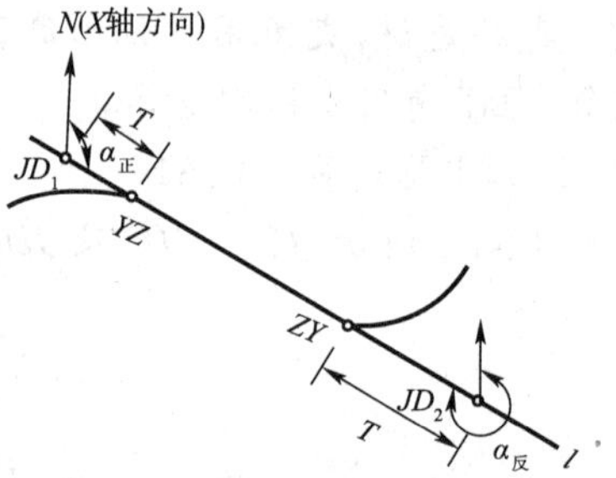

图 12-62 关于直线的正反方位角

$$\begin{cases} X_{ZY} = X_{JD} + T\cos\alpha_{l_1} \\ Y_{ZY} = Y_{JD} + T\sin\alpha_{l_1} \end{cases}$$

$$\begin{cases} X_{YZ} = X_{JD} + T\cos\alpha_{l_2} \\ Y_{YZ} = Y_{JD} + T\sin\alpha_{l_2} \end{cases}$$

只要取对了正反方位角,坐标增量的正负号则可自动归算。

2. 自由测站法的操作步骤

(1)架设全站仪于"自由导线"点上,将测站数据(仪器高、测站坐标、后视方位角等)输入;

(2)从路线"导线坐标表"中和"逐桩坐标表"中查取专控导线置仪点和后视点的坐标,及中桩坐标;

(3)当采用夹角与距离法放线时,首先按照本章所述的相应的公式和方法,计算待放桩点与置仪点和后视方向与置仪点之间的夹角 γ 以及待放桩点与置仪点之间的距离 s;然后,转动全站仪照准部使角的读数等于 γ 并使距离等于 s,指挥棱镜持镜人员挪动棱镜正好是该点位置即为待放桩点;

(4)当采用全站仪坐标法时,可利用全站仪三维坐标放样方法完成对桩点的放样。

3. 坐标法的操作方法

在用全站仪进行中线测量时,控制导线点和待测点的坐标应已知,通视条件良好。

如图 12-63 所示,用全站仪测设中线的步骤如下:

(1)在 D_i 点安置仪器,后视 D_{i-1} 点。

(2)输入测站 D_i 的坐标(X_i, Y_i, Z_i)和后视点 D_{i-1} 的坐标($X_{i-1}, Y_{i-1}, Z_{i-1}$)。

(3)输入测点 P 的坐标(X_P, Y_P)。

(4)松开水平制动,转动照准部使水平角为 0°00′00″。

(5)在 D_i 到 P 的方向上置反射棱镜并测距,直到面板显示的距离值为 0.000 时为止。

在第(3)步输入 P 点的坐标后,仪器在计算夹角 γ 的同时,也计算出了 D_i 到 P 点的距离 s 并自动存储起来。测距时将量测到的距离 d 自动与 s 进行比较,面板显示其差值 $\Delta s = d - s$,当 $\Delta s > 0$ 时,应向 D_i 方向移动反射棱镜 Δs;当 $\Delta s < 0$ 时,应远离 D_i 方向 Δs;当 $\Delta s = 0$ 时,即为 P 点的准确位置。

(6)在中桩位置定出后,随即测出该桩的地面高程(Z 坐标)。这样从断面测量中的中平测量就无须单独进行,大大简化了测量工作。

重复上述(3)~(6)步,测设其他中桩位置。

在测设过程中,往往需要在导线的基础上加密一些测站点,以便把中桩逐个定出。如图 12-64 所示,K5+500~K6+200 之间的中桩,在导线点 D_7 和 D_8 上均难以测设,可在 D_7 测设结束后,于适当位置选一 M 点,钉桩后,测出 M 点的三维坐标。仪器迁至 M 点上重复(1)~(6)步继续测设。

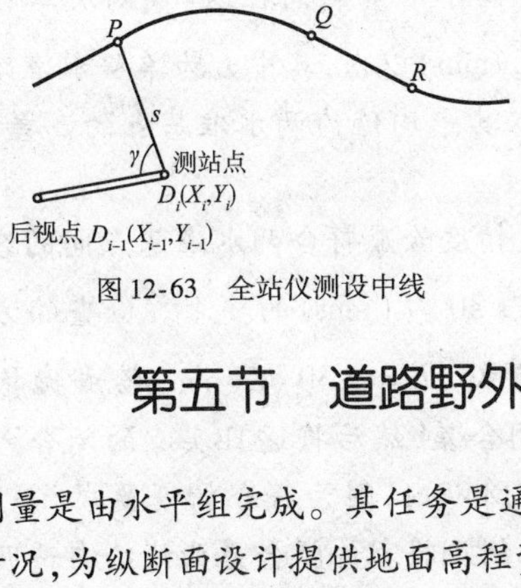

图 12-63　全站仪测设中线

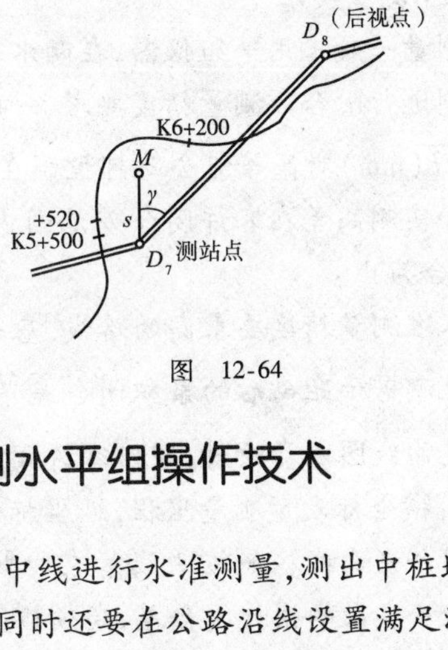

图　12-64

第五节　道路野外勘测水平组操作技术

水平测量是由水平组完成。其任务是通过对中线进行水准测量,测出中桩地面高低起伏变化的情况,为纵断面设计提供地面高程资料;同时还要在公路沿线设置满足测设与施工所需要的水准基点。

水平组,分为基平组和中平组。基平组亦称复平组,主要任务是沿线设置水准点(BM)并测量其高程;中平组亦称正平组,主要进行中线水准测量,即根据已设置的水准基点测量路线上每个中桩的地面高程。每组根据地形复杂程度、工作进度要求及人员、仪具配备可组成一组(即水平组)或两组(即基平与中平两个小组)进行测量工作,每组成员各 4~6 人。

(一)基平测量

1. 基平测量要求

(1)水准点设置要求

对水准点设置的总体要求是不能沉降、不能移位、易于保存。路线水准测量应尽量引用邻近的国家水准点，或其他部门的固定可靠的水准点，如无此条件时可用假定高程。为使假定高程与实际高程接近，可用气压高程或国家测绘地形图标明所在位置的大体高程作为假定高程。

水准基点的设置要满足测设和施工需要。以前一些规范一般规定其间距：正常路段平原微丘区不大于2km，山岭重丘区不大于1km。实践证明，这样大的间距，会给施工单位带来不便，造成施工单位大量补测和增设水准点，故建议不论平原区还是山丘区，以每隔0.5～1.0km设一个为宜。此外，在路线起、终点、大中桥桥位两岸、隧道进出口处、山岭垭口及其他大型人工构造物附近，必须增设水准基点。水准基点的横向位置，要做到既要靠近路线，又要估计不致为日后施工爆破或行车等所破坏。可利用地物或专门埋设水准桩志。地物水准点一般应选择高程不变、不易风化的基岩或永久性建筑物基座等牢固的地方（在立尺点凿上"⊠"记号，并用红油漆染色）来设置。如附近无可利用的固定物，也可埋混凝土桩。如上述都有困难，可用10cm×10cm×100cm大木桩，桩顶高出地面20～30cm，其上钉以或嵌以大头蘑菇形铁钉，以便立尺。水准标点应按顺序编号，用红油漆标明BM编号、测量单位（简称）年月等，如图12-65所示。为便于将来寻找水准基点可在测量记录簿上绘出位置草图及距路线的大致方位、距离等。

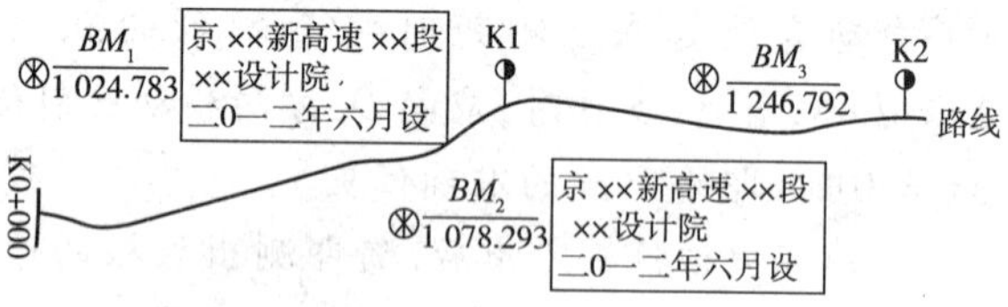

图 12-65

（2）基平测量要求

基平测量一般采用一组仪器，在两水准基点间往返观测各一次，也可用两组仪器各作一次单程观测进行附合。测量精度要求，一般规定两水准基点间往返（或两次单程）容许闭合差为$\pm 30\sqrt{L}$(mm)对高等级公路可控制在$20\sqrt{L}$(mm)以内，其中L为单程水准路线长度，以公里计。如实测高差在容许闭合差范围内，则取其平均值为两水准基点的高差。否则需重测，直至闭合为止。

对于水准测量精度要求高的路线，基平测量精度除应符合两水准基点间的容许误差外，还应满足施测若干距离后的累积闭合差不超过$\pm 30\sqrt{L}$(mm)的要求。检查的方法，可绘制水准闭合差曲线图以资核对，即以容许闭合差公式$\Delta h = \pm 30\sqrt{L}$(mm)绘成抛物线图（此图在此从略），横坐标表示测量里程，纵坐标表示闭合差，然后将逐日实测的闭合差点到图上，绘出实测闭合差曲线。如该曲线落在抛物线范围以内，则为符合精度要求，否则应返工重测。为了检查各段的累计闭合差，尚须按同一比例尺将容许闭合差曲线绘在透明厘米纸上，用以检查任意两个水准基点间或任一小段的闭合差精度，如落在抛物线外，则说明虽然从起点算起各水准基点闭合差符合要求，但某一独立的小段落的闭合差却超出了规定，故仍须返工重测。

为了保证测量精度，测量仪器要经常检查与校正，置镜时要稳当，注意使前后视距离大致相等，长度勿超过150m，以75～100m为宜。为避免地面折光影响，最低视线读数宜不低于30cm，立尺时转点要选在坚固的地点上，要防止尺垫顶部，水准尺底带土。如用塔尺，最好不用第三节，并注意有否跳尺。要利用尺上水准气泡使立尺保持竖直，也可前后摆尺，读其最小值。基平测量读数应精确至毫米，为避免工作差错，观测、记录、计算要严肃认真，加强核对，记录要清晰，发现记错应划掉重写，不准用橡皮涂擦。

(3)基平测量闭合差调整

水准测量采用假定高程的，由于其起、终点水准基点未经精密水准测量，不知其确切高差，因此也就谈不到闭合差调整问题。若基平测量系由引测某一高级水准点(如国家水准点)开始，沿路线测定其间水准基点，最后附合到另一高级水准点。由于高级水准点的高程是已知的，所以它们之间的实际高差应该是：

$$h_{实} = H_{终} - H_{始}$$

但由于测量误差关系，实测的高差 $h_{测}$ 不一定与 $h_{实}$ 一致，因而产生高差闭合差，即：

$$\Delta h = h_{测} - h_{实} = h_{测} - (H_{终} - H_{始})$$

若高差闭合差在容许误差范围内，则可根据路线上各水准基点间距离，按比例将误差按反符号分配到各段中，据以调整各水准基点高程。各段调整值的大小按下式分配：

$$\Delta h_i = \frac{\Delta h}{\sum s} s_i$$

式中：$\sum s$——各段距离的总和；

s_i——相邻水准基点间距离。

对于附合水准路线，各段调整值的总和应该等于总闭合差，调整值要求计算到毫米；对于闭合水准路线，其闭合差总和应等于零。

2.基平测量操作方法

基平测量应使用不低于 S_3 级水准仪，采用一组往返或两组单程在两水准点之间进行观测。

如图12-66所示，若水准点间一次置镜不能完成前、后视读数时，必须设置转点。现以水准点 BM_1 和水准点 BM_2 间距离约为0.5km，设置三个转点为例，说明方法。

(1)将水准仪置于Ⅰ测站，后视水准点 BM_1，读得的读数 a_1 为1.458，前视转点 ZD_1，读得的读数 b_1 为0.224；将 BM_1 读数记入表12-14后视栏内，将 ZD_1 读数记入表12-14前视栏内。

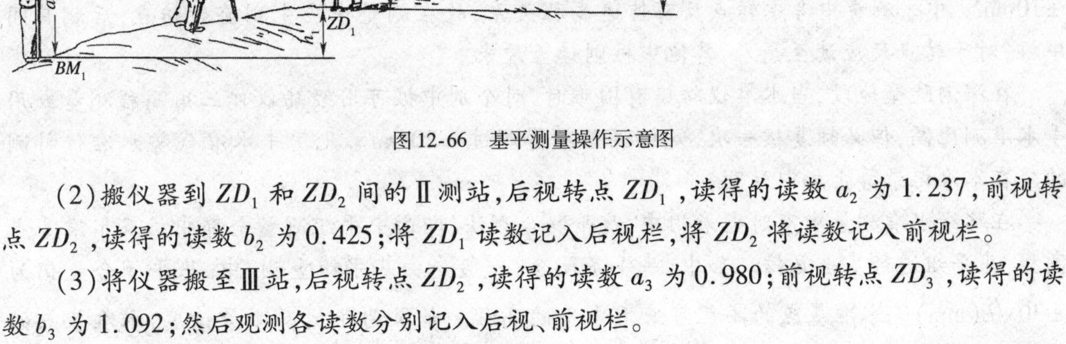

图12-66 基平测量操作示意图

(2)搬仪器到 ZD_1 和 ZD_2 间的Ⅱ测站，后视转点 ZD_1，读得的读数 a_2 为1.237，前视转点 ZD_2，读得的读数 b_2 为0.425；将 ZD_1 读数记入后视栏，将 ZD_2 将读数记入前视栏。

(3)将仪器搬至Ⅲ站，后视转点 ZD_2，读得的读数 a_3 为0.980；前视转点 ZD_3，读得的读数 b_3 为1.092；然后观测各读数分别记入后视、前视栏。

(4)将仪器搬至4站，后视转点 ZD_3，读得的读数为1.420，前视 BM_2，读得的读数为0.226；然后将观测各读数分别记入后视、前视栏。

注意在每个转点上必须读完两次读数后方可移开水准尺。每两个水准点按上述方法继续前测，直至完成整个路段的测设。

基平测量的精度要求是：高速公路和一级公路的水准点闭合差为 $\pm 20\sqrt{L}$mm，二级以下（包括二级）公路水准点闭合差为 $\pm 20\sqrt{L}$，L 为水准路线长度，以公里计，大桥附近的水准点闭合差按《公路桥涵施工技术规范》(JTG/T F50—2011)的规定办理。基平测量过程中要做好记录和精度复核工作，一般记录格式和复核计算见表 12-14，对于不合格的地段查明原因，及时组织返工，避免误差积累。

基平测量记录　　表 12-14

测　点	水准尺读数(m)			视线高程(m)	高程(m)	备　注
	后视	中视	前视			
BM_1	1.458				98.789	①BM_1 高程为国家黄海高程系统引测高程；②表中只列了往测高差观测记录及结果，未列返测高差观测记录；③由基平往返测得 BM_2 高程为 101.924m
ZD_1	1.237		0.224			
ZD_2	0.980		1.092			
ZD_3	1.420		0.425			
BM_2			0.226		101.924	
Σ	5.095		1.967			
往测高差　$h_{往测} = \Sigma a - \Sigma b = 5.095 - 1.967 = +3.128$(m) 返测高差　$h_{返测} = +3.142$(m) 闭合误差　$f_{h测} = +3.128 - 3.142 = +14$(mm) 允许限差　$f_h = \pm 30\sqrt{L} = \pm 30\sqrt{0.5} = \pm 30 \times 0.7071 = 21$ (mm) 闭合差符合要求，勿需重测						

（二）中平测量

1. 中平测量操作要求

中平测量一般采取单程法，以相邻两水准基点为一个测段，从前一水准基点引测并对测段范围所有路线中桩逐一测量其地面高程，最后附合到下一水准基点。如果与基平符合，即可据此以计算测段全部中桩地面高程，否则应重测。必要时应检查误差原因，并采取措施以减小误差。中平符合基平精度要求为 $\pm 50\sqrt{L}$(mm)，中桩地面高程复核误差不得超过 ±10mm。中平测量中考虑转点尺有传递高程关系，故在测量中应先测前后转点，后测其间中桩，对于转点尺应读至毫米，其他中桩则读至厘米。

在深沟陡壁地段，当水准仪转镜有困难时，对个别中桩可用经纬仪作三角高程测量或用手水准测比高，但必须复核一次，复核误差不得超过 ±20mm。凡用手水准代替水准仪补测的应在水准记录簿上加以注明。

在路线水准测量中有时也采用中、基平联合测法，即由中平组测量全部中桩及水准基点高程，基平组进行基平复核。如中、基平不闭合，一般先由基平组重测，中、基平闭合差仍为 $\pm 30\sqrt{L}$(mm)。水准基点的高程可采用中平的高程。如果为了提高测量精度，水准基点的高程最好采用基平往返测的平均高程。

中平测量只作单程观测。一测段观测结束后，应先计算测段高差 $\Sigma h_{中}$。它与基平所测测段两端水准点高差之差，称为测段高差闭合差，不得大于 $\pm 50\sqrt{L}$mm，否则应重测。中桩地面高程误差不得超过 ±10cm。

中桩的地面高程以及前视点高程应按所属测站的视线高程进行计算。每一测站的计算按下列公式计算：

$$视线高程 = 后视点高程 + 后视读数$$

$$中桩高程 = 视线高程 - 中视读数$$

$$转点高程 = 视线高程 - 前视读数$$

2. 中平测量方法

如图 12-67 所示，水准仪置于Ⅰ站，后视水准点 BM_1，前视转点 ZD_1，将读数记入表12-9 后视、前视栏内。然后观测 BM_1 与 ZD_1 间的中间点 K0+000、+020、+040、+060、+080，将读数记入中视栏。再将仪器搬至Ⅱ站，后视转点 ZD_1，前视转点 ZD_2，然后观测各中间点 +00、+120、+140、+160、+180，将读数分别记入后视、前视和中视栏。按上述方法继续前测，直至闭合于水准点 BM_2。中平测量测量过程中，要做好记录和精度复核工作，一般记录格式和复核计算见表 12-15，对于不合格的地段，查明原因并及时组织返工，避免误差积累。

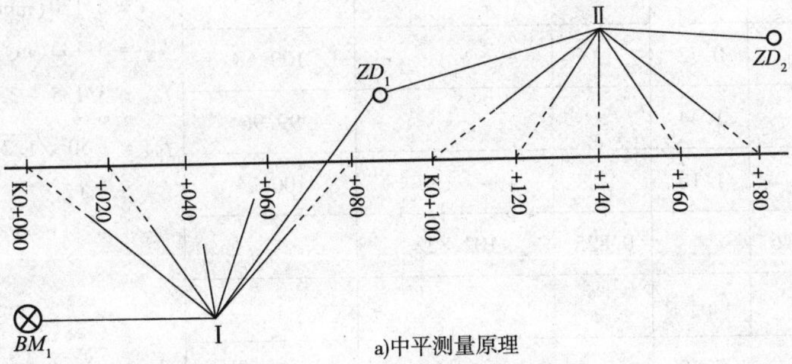

a)中平测量原理

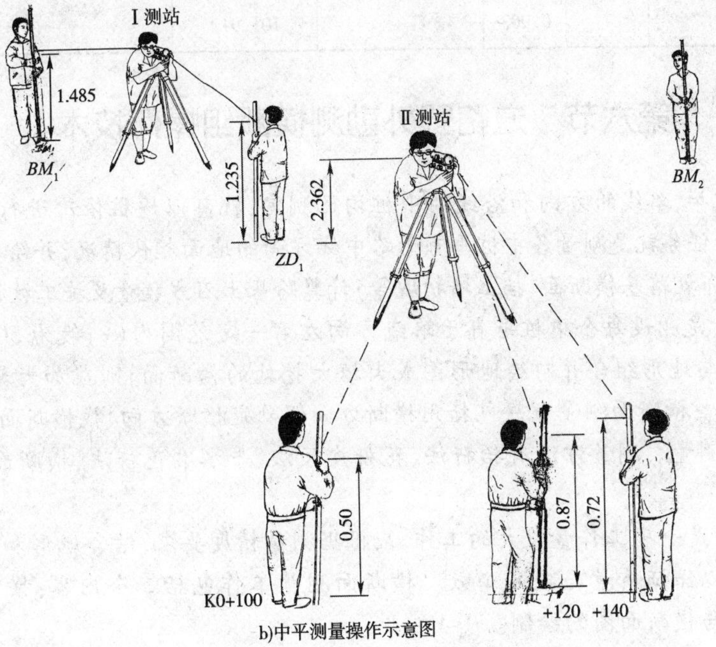

b)中平测量操作示意图

图 12-67 中平测量示意图（尺寸单位：m）

表 12-15

中平测量记录

测　　点	水准尺读数(m)			视线高程(m)	高程(m)	备　　注
	后视	中视	前视			
BM_1	1.485			100.274	98.789	BM_1 高程为 1 516.985m，系基平所测，基平测得 BM_2 高程为 1 518.181m。 复核： $h_{中} = \Sigma a - \Sigma b$ $= (1.485 + 2.362 + 2.246) - (1.235 + 0.825 + 0.903)$ $= 3.130$(mm) $h_{基} = 3.135$(m) $f_h = 3.135 - 3.130 = +0.005$(m) $f_{h容} = \pm 50\sqrt{1.24} = \pm 56$(mm)
K0 +000		1.24			99.03	
+020		1.82			98.45	
+040		0.75			99.52	
+060		2.16			98.11	
+080		0.94			99.33	
ZD_1	2.362		1.235	101.401		
K0 +100		0.50			101.90	
+120		0.87			100.53	
+140		0.72			100.68	
+168		1.44			99.96	
+180		1.16			100.24	
ZD_2	2.246		0.825	102.822		
…	…	…	…	…	…	
K1 +240		2.95			99.87	
BM_2			0.903		101.919	

第六节　道路野外勘测横断组操作技术

中线测量完毕，路线的方向和沿线的中桩均已测定，就可以逐桩依次进行路线横断面测量。横断面组的任务就是测量各中桩垂直于路中线方向的地面起伏情况，并绘制横断面图，为路基设计(包括布置路基横断面、挡土墙护坡等)计算路基土石方数量及施工放样提供依据。

横断面测量是测设每个中桩垂直于路线方向左右一定范围内(一般为 50 ~ 100m)的地面起伏状况(如与地形组合并勾绘地形图或大填大挖处的横断面，则应加大施测范围，一般左右各 150mm)。横断面测量程序包括用横断方向架确定横断方向、找横断面地形变化特征点、进行横断面测量。测量方法有抬杆法、花杆皮尺法、手水准花杆法、横断面测量仪法、全站仪测量法等。

横断面测量是一项工作量较大的工作，应根据测量精度要求，结合地形和使用的工具选择适当的方法，以保证质量与提高工效。横断面测量工作包括三个内容：横断面方向的测定、横断面测量与横断面图的绘制。

(一)横断面方向的测定

横断面方向的偏差，在平原地区影响不大，但在地势复杂的山坡路段将会引起断面显著的变化，使其失真，直接影响路基设计、土石方计算及日后施工放样。因此，在山区测量时要特别注意对横断面方向的测定，绝不能疏忽大意。

1. 直线段横断面方向的测定

直线段横断面方向常用十字架(又称方向架)来测定，即将十字架立于中桩测点处，用十字架的 $Y-Y$ 轴对准路线方向，则相互垂直的 $X-X$ 轴方向即为所要测定的横断面方向。

2. 圆曲线横断面方向的测定

曲线段的横断面方向为指向圆心的方向亦即垂直于切线的法线方向，可用如图 12-68 所示的弯道方向架来测定。弯道方向架是在普通十字架上安放一根可旋转的定向杆($e-f$)，具体测法是先将弯道方向架立在曲线起点(或终点)上，将十字架的某一轴(如 $a-b$ 轴)后视对准切线方向并转动定向杆 $e-f$ 前视对准下一测点 B，然后拧紧螺母将 $e-f$ 杆方向固定，随后移弯道方向架至测点 B，以十字架另一轴如 $c-d$ 轴后视对准圆曲线起点 A，此时定向杆 $e-f$ 所指的方向即为曲线上 B 点的横断面方向，如图 12-69 所示。沿 $e-f$ 轴方向立一花杆，连花杆与 B 点直线即可施测横断面。至于曲线上其他中间点，均可参照上述就近对准曲线起点或终点引测横断面方向的方法。此法简便易行，是公路上广泛采用的方法。

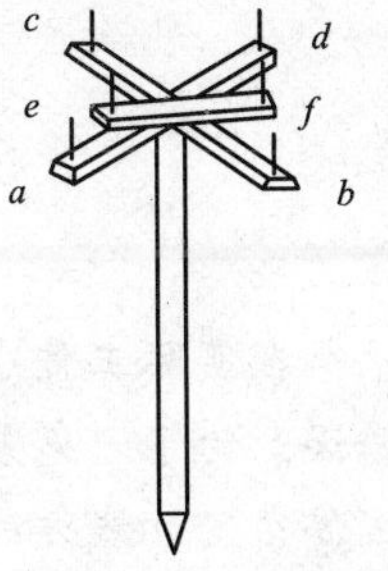

图 12-68 弯道方向架示意图

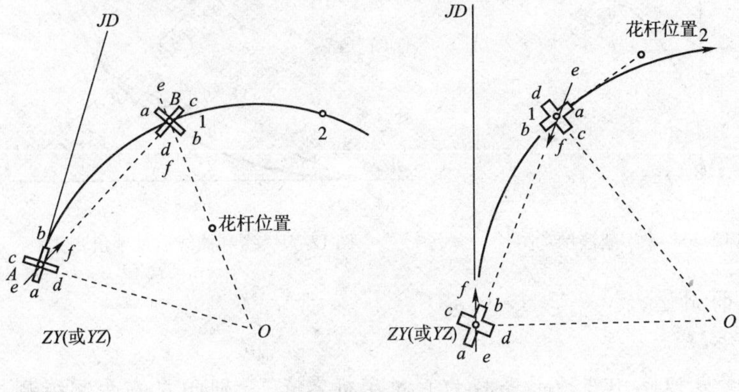

图 12-69 圆曲线段横断方向确定示意图

3. 缓和曲线横断面方向的测定

缓和曲线上任意点的横断面方向是通过该点指向曲率圆心的方向，即该点曲率圆切线的法线方向。

缓和曲线段横断方向确定有十字架法和经纬仪拨角法两种。

(1) 十字架法

只要计算出曲线上任一点切线与主切线交点到曲线起点的距离 T_d 值(图 12-70)，然后将十字架置于待测桩上，其中一根弦杆瞄准切切交点，另一根弦杆所指的方向即为该桩横断方向。

(2) 经纬仪拔角法

利用缓和曲线弦切角关系，可以首先定出切线方向，有了切线方向，就可确定出其法线方向，如图 12-71 所示。缓和曲线上任意点与缓和曲线起点的弦切角 Δ_Z 和缓和曲线起点对任意点的偏角 Δ 有如下关系：

$$\Delta_Z = 2\Delta$$

如果已知缓和曲线起点对任意点的弦切角，则不难按上述几何关系定出任意点的切线方向。具体测法是，首先在缓和曲线起点（ZH 点）立上带度盘的方向架（亦称圆盘仪）或经纬仪，对零后视切线方向，然后转动定向杆或望远镜筒前视缓和曲线任一点如 n 点，即可读出对应于该点的偏角 Δ_P 数值，随后将圆盘仪（或经纬仪）移于该点，拨弦切角 $\Delta_Z = 2\Delta_P$ 以定向杆后视对准 ZH 点，则十字架方向（或 0°与 90°方向）分别指切线与法线方向。

用上述方法定向，每点均需在 ZH 点逐一量弦切角，如避免往返跑路，可将各点的偏角 Δ 在 ZH 点一次量出，或通过下式（亦可查缓和曲线偏角表）直接求得：

$$\Delta_P = \Delta_0\left(\frac{L_P}{L_s}\right)^2 = \frac{\beta_0}{3}\left(\frac{L_P}{L_s}\right)^2$$

$$\Delta_z = 2\Delta = \frac{2\beta_0}{3}\left(\frac{L_P}{L_s}\right)^2$$

在实际工作中，应注意勿将弦切角拨角方向搞错，特别是对于小偏角曲线往往不易发现错误。为了避免差错，可记住口诀"右偏后视顺时针"，即对于右偏曲线后视曲线起点顺时针拨偏角定切线方向。反之，对于左偏曲线则为逆时针拨偏角定切线方向。

如果测点与 ZH 点不通视，则可后视 HY 点，拨出前视偏角 Δ_y 来测定横断面方向。

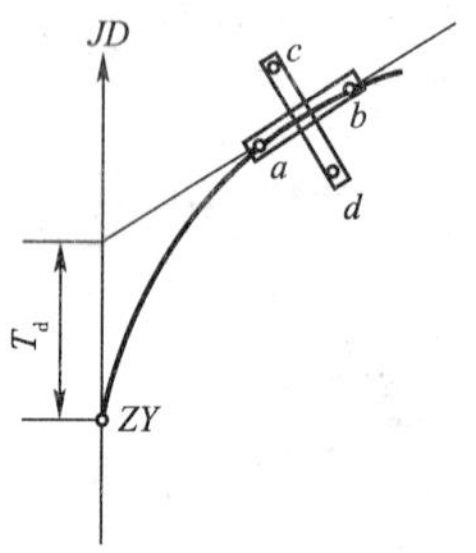

图 12-70　十字架法示意图

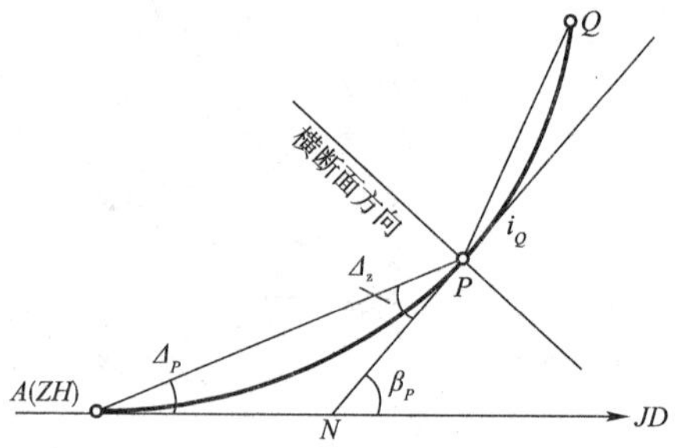

图 12-71　缓和曲线后视偏角 Δ_z 图

（二）横断面测量

1. 测量方法

横断面测量是以路中线地面高程为直角坐标零点，分别向左右两侧施测，测出地势各变化点距中桩间的水平距离和高差，据此在厘米格纸上按一定比例点绘出各测点位置，并用直线把相邻测点连接起来，绘成连续的地面折线——横断面图（所谓左右是指面向中线前进方向而言）。横断面测量方法有抬杆法、花杆皮尺法等。

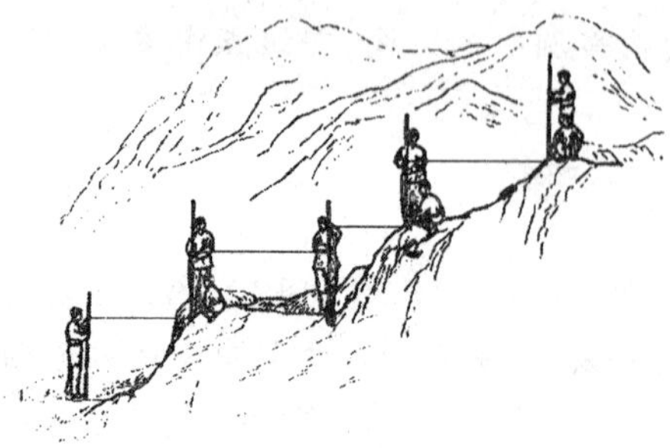

图 12-72　花杆皮尺法横断面测量方法示意图

（1）皮尺花杆法

如图 12-72 所示，用前述的方法确定出横断面方向后，再找出横断面方向的地形变化特征点，用皮尺和花杆分别量取这些特征点间的距离和高差的方法。

（2）抬杆法

抬杆法测横断面比较简便，它利用两根每隔 20cm 刻有一标记的花杆（或竹杆），一平一竖地从路中线分别向左右两侧依次量出各地面变化点之间的水平距离和高差，如图 12-73 所示。

为使横杆抬平，最好在杆上装以水准管，抬杆法多用于山区横坡变化较大的地段。由于测点多，相应产生的累积误差也大。

(3)手水准法

此法类似水准测量，所不同的是以手水准代替水准仪。如图12-74所示，测法是观测者持手水准立于中桩处分别观测各测点上的水准尺，以测得高差，同时用皮尺量出各测点距中桩的距离。与抬杆法相比，这种方法虽不如抬杆法简便，但精度较高。当地面横坡较陡高差大时往往需要多次移动测站，从而给测量工作带来诸多不便，故这种方法一般多用于地面横坡较平缓的地段。

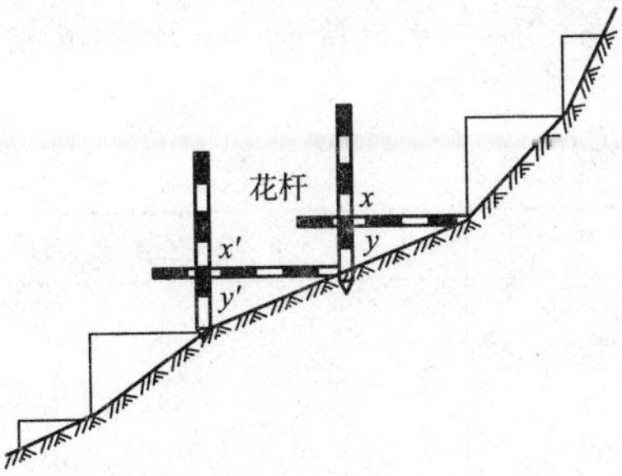

图12-73　抬杆法示意图

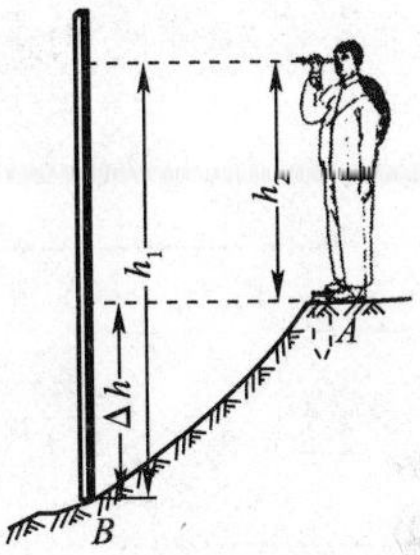

图12-74　倾斜仪或带角手水准法

(4)钓鱼法

对于悬崖或陡峭河岸可采用钓鱼法，即在岸边 N 点(图12-75)伸出一根水平花杆系以绳尺或皮尺，下端挂以重物，直接测得地形变化点距测站 N 的水平距离和高差，据以确定各测点的空间位置，进行横断面点绘。

(5)水准仪法

对地形起伏不大的平原地区，如用上述方法，就会产生较大的误差，所以最好用水准仪测设横断面地面线。

2. 施测宽度与横向补点

横断面施测宽度应满足路基设计与绘制路线地形图的需要，一般要求中线左右两侧各测出20m宽。但在陡山坡或出现高填深挖的路段则应根据实际地形并结合可能的设计填挖数值、路基宽度、边坡坡率以及边沟尺寸等酌情加宽施测范围。为此横断面组应加强与选线组的联系，及时了解前方各段选线和设计意图，做到事先心中有数，以便恰当掌握测绘宽度，避免因宽度不能满足设计要求而造成返工重测。

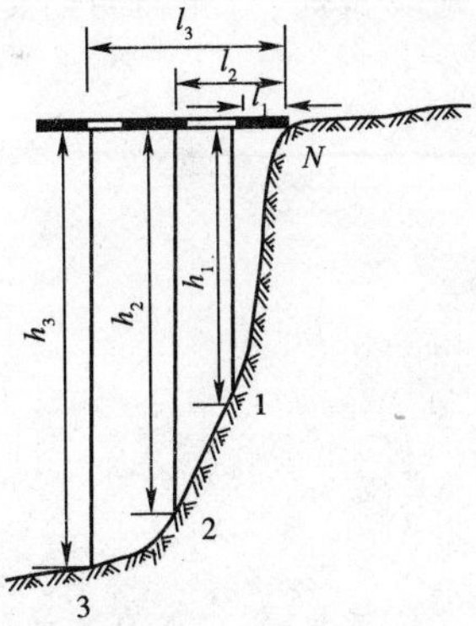

图12-75　钓鱼法

对于同坡回头展线“颈口”附近，当上、下线相距较近有干扰时，应测连通断面，并标明上下线中线位置。此外，对于公路交叉口以及需纸上移线的路段，均应灵活掌握，适当加宽施测宽度。

横断面施测点位，除地形变化点外，遇到各种地物(如房屋、水渠、水井、旧路、人工构造物、沿河水位和耕地等)及山坡土石分界处均应补点量测并标明其位置与高差。

3. 横断面测量精度要求

高差容许误差 ΔH 为：　$\Delta H = 0.1 + \frac{H}{20}$ (m)

水平距离容许误差 ΔL 为：　$\Delta L = \frac{L}{50}$ (m)

式中：H——测点与中桩的高差(m)；

L——测点与中桩之间的水平距离。

(三)横断面图的绘制

横断面图一般均采取现场绘制，即在现场边测边就地点绘成图，这样不会将左右栏断面弄反，且有利于当场核对地形，减少差错。如遇雨天，现场不便点绘时，也可把测量数据记录下来，回到室内进行点绘，但应注意，切勿把左右方向弄颠倒。横断测量记录无统一格式，建议参考表12-16格式记录。记录一般均自中桩分别向左、右两侧由近及远逐点按分数形式记录，其中分子表示相邻点间高差，"+"为升高，"-"号为降低，分母表示相邻点间的水平距离。

横断面测量记录表

表12-16

左　　侧	桩　　号	右　　侧
……$\frac{+0.2}{1.6}$　$\frac{+0.4}{2.2}$　$\frac{0}{1.7}$　$\frac{-0.7}{2.0}$	K1+240	$\frac{+1.0}{1.5}$　$\frac{+0.9}{2.0}$　$\frac{+1.3}{1.8}$　$\frac{+1.6}{2.0}$……
…………………………………	K1+260	…………………………………

横断面图通常绘在米厘格纸上，图幅一般采用350mm×500mm。绘图顺序一般是从图纸左下方起自下而上、由左向右，依次按桩号绘制，并将桩号标明于所在横断面上方。为便于设计，中桩零位应取在米厘格子整数粗线条处，相邻断面间并预留一定的间距，避免地面线或路基设计线相互重叠。

横断面图通常多采用1∶200比例尺，当有特殊需要时可采用1∶100。为了说明地面上的地物情况，可用简明的文字标注在横断地面线上，供设计时参考，如图12-76所示。

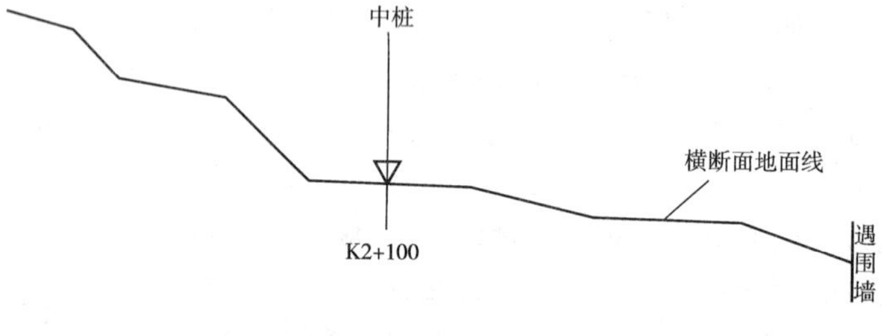

图12-76　实测路基横断面图

为了防止漏测断面，每天操作技术完毕，应核对桩号，如有漏桩，应及时补测。此外，在测量中，尚应注意在地形地质变化处，是否有漏打加桩的情况。如发现应主动补桩，加测横断面，并将所补中桩实测桩号与高程通知给内业组。

第七节　道路野外勘测地形组操作技术

地形组的任务就是根据工程需要，按一定的比例尺测绘出带状的路线地形图和局部范围的专用地形图，供工程设计和施工使用。

一、地形测量的任务与工作内容

(一)测路线带状地形图

路线平面地形图(带状地形图)是设计文件中主要图纸之一，它以路线导线为控制，测定沿路两侧各150m范围的路线平面图。

地形图上的地物用地物符号表示,其规定按国家测绘总局出版的《地形图图式》办理;地貌用等高线表示;测量按"先控制、后碎部"原则进行。

(二)专项工程测图

专项工程测图的主要任务是测定桥位平面图和隧道、改河工程等专用地形图。

测量应按"先控制、后碎部"的原则进行,即先布设导线并进行外业观测和平差计算,而后施测碎部点;导线点选择时,宜选在相互通视、便于测区控制且各项测量操作较为便利之处;导线点用埋有带标记的混凝土桩;碎部施测可用小平板仪或大平板仪独立测等方法。

二、地形测量的基本要求与方法

(一)地形测图的基本要求

1.路线地形图的测图要求

路线地形图是直接以公路中线为控制,沿路线两侧一定范围而测绘的带状等高线地形图,通过它表达路线的布设情况,并反映出路中线与两侧地形、地物的关系。作为工程文伯的路线地形图,在一定程度上起着表达设计意图和指导施工的作用,因此它也是供上级审批设计的主要文件之一。如果路线地形图不是采用勾绘,而是经过实地测绘的,利用它还可以作纸上移线或定线使用。在施工组织设计中,路线地形图可作为临时构造物和施工场地布置的依据。测图比例尺一般为1:2 000~1:5 000。

路线地形的施测宽度和等高线间距,一般规定如下:

在平原微丘区地形条件下,等高线间距一般采用2~5m,测绘宽度路中线两侧在图上各不少于3cm(实际两侧各150m)。

位于山岭重丘区路线地形图的等高线间距2m,测绘宽度路中线两侧在图上各不少于5cm(100m)。

对于有特殊要求的地形图,可根据工程需要放大测绘比例尺,其等高线间距等可按测量相应规定办理。

路线地形图上应绘有:指北针、测量控制导线、里程桩、路线水准标点、国家测绘部门的控制点和水准点、道路、管线、村庄、城镇、园林、坟地、各种建筑设施、堤坝、港口码头、车站、地面植被情况、地质情况(如滑坡、崩塌、断层、泥沼等)以及行政区界、重要地界等等。以上各种地物、地貌均应以国家测绘总局最新颁布的《地形图图式》中所规定的符号表示,必要时并应附以简要文字说明。

2.专用地形图的测图要求

专用地形图是为某些特殊工程(如大中型桥梁、隧道、渡口、改河工程、不良地质防治路段、大型防护工程以及交叉口等)的工程设计、平面布置及工程数量(土石方)计算而测绘的局部地形图,其比例一般1:500~1:2 000。为保证测绘精度,专用地形图一般应单独建立与路线有联系的测量控制网(如三角网或导线网)。有关控制测量、碎部测量和测绘精度要求等可根据工程需要,参照测量一般规定或有关勘测规程。

(二)地形图的测绘方法

地形测量的程序,一般均是先在测区建立由平面控制和高程控制组成的控制网,然后根据控制点再进行碎部测量。公路工程的地形测量除专用地形图需单独建立与路线联测的三角网或闭合导线网进行控制外,一般路线带状地形图多直接以顺路导线作为控制,不另设控制。所以在量角组、中桩组和水准组的成果出来后就可以展绘导线,进行路线地形测量。

1. 导线展绘

根据核对无误的量角、中桩记录而整理好的"直线、曲线和转角一览表",查明路中线各交点的转角及其间的距离、各弯道的曲线要素和主点桩的桩号等据以展绘导线。其程序是先展绘导线,然后绘弯道曲线并标注百米桩及公里桩,其中作为碎部测量的测站或控制点尚应标明高程,便于测绘地形时引测使用。

导线展绘是一项细致而重要的工作,导线展绘的精确与否直接影响地形测量成果,因此必须认真对待。展绘前,要对导线进行认真的核算与调整,展绘后要进行认真的检查,以防出现差错。展绘导线的方法常用的有正切法和坐标格网法。为使导线能绘在图纸的适中位置,在展绘前要先绘草图,做好图面布置。导线展绘一律从左到右,由小到大,底图导线应上墨。

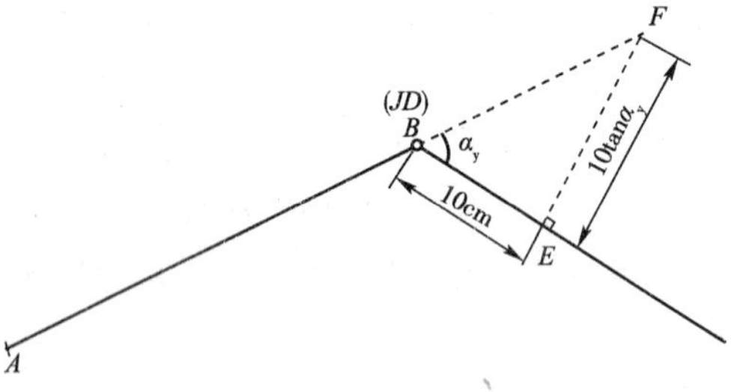

图 12-77　正切法展图

(1) 正切法

由于测图导线是起控制作用,导线转折方向是由转角决定,而转角是由度、分、秒表示出来的,因此不是用半圆仪量转角,而必须采用正切法展出角度。正切法是按转角的正切函数值来展绘导线方向(图 12-77)。为了展绘与计算方便,通常截取邻边 $BE = 10\text{cm}$,则对边 $EF = 10\tan\alpha_y$,用正切函数展角,从垂直边上量取对边 $EF = 10\tan\alpha_y$ 计算值,从顶角用卡规截取得 F,连接 EF 即为新导线边方向。如欲求得更精确的结果,可将延长线 BE 再放大倍数。

(2) 坐标格网法

坐标格网法是先计算出各导线点的经、纬坐标值,然后点绘在事先精制的坐标方格纸上,将各导线点依次相连,即得导线图。关于坐标计算及坐标方格网的绘制在这里就不再阐述。

无论用坐标格网法还是正切法展绘的导线,绘好后都需用量角器、比例尺再核对转角与距离,检查有无错误。因为一条边错了将会影响到以后各边,故需要边展绘边核对。对于边长,要注意其间有无断链情况,实际距离是否经过修正,对于导线方向除可逐边检查转角外,亦可通过导线的计算方位角来检查。具体方法(图 12-78)是根据第一根导线的方位角定出指北针的方向,然后推平行线向北方向移至需要检查的那根导线上,量其方位角并检查是否与计算方位角相符。如果不符即说明导线方向有错误,应检查原因并予修正重新展绘。坐标格网法展绘导线的精度较高,无累积误差,适用于精度要求高的导线展图。

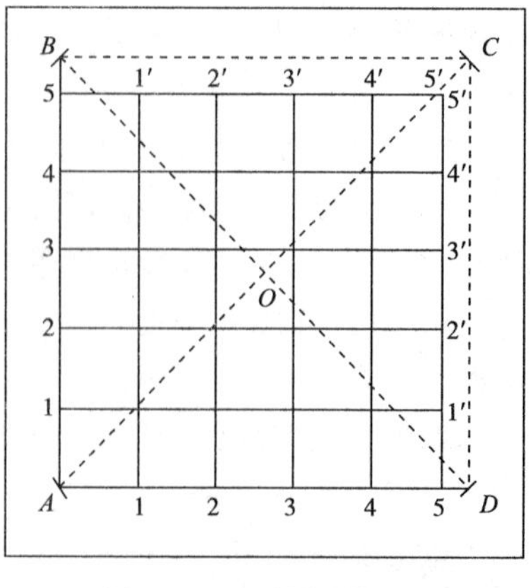

图 12-78　坐标格网法

2. 地形测绘

下面扼要介绍测绘过程中有关的几个问题。

(1)测站布置

地形测图是以远导线图上的控制点作为测站进行的。一般导线图上的各控制点均可作碎部测量的测站,但不一定都是好的测站,要有所选择。为了保证测图的精度,一般规定测站距碎部测点的最大距离对于1/5 000和1/2 000的测图,分别不宜超过200m。如果控制点不能满足测图需要时,可作支导线或用平板仪加密一些控制点作为测站。

(2)测点选择

测点就是碎部测量测定的地形地物点。在地形测量中测点的选定极为重要,选点不恰当,不仅会出现漏点废点,且对地形图能否真实反映实际地形地物情况有直接影响。因此在测量中必须选择能正确反映地形变化特征的和地物界线的关键性点作为测点。测点密度一般要求两相邻测点在图上的间距原则上不超过2cm,在平坦地段测点可适当减稀,地形复杂地段则需适当加密。跑尺时应注意选取下列各特征点作为测点:

①山峰、谷底、垭口以及山脊线、山谷线和山坡倾斜变化处;

②山坡与平地分界处,山脚、山坡方向转折处;

③河滩、河底、河岸、水流线、湖泊、水塘的平面转折点;

④铁路、道路、水渠、堤坝、桥梁等带状或线形地物,只沿中心线测其曲、直线形,并丈量宽度得出界线;

⑤水井、坟墓、电杆、纪念碑及水准标点等典型地物的中心点;

⑥房屋群的范围界线、单独房屋的边线(一般测三点);

⑦树林、果园、各类农田荒地的范围界线;

⑧高路堤、深路堑的坡顶坡脚和路基中心;

⑨有地质、水文要求的其他特征点,如不良地质范围,洪水位泛滥线等;

⑩省、县等行政区界及重要地界。

为了提高测图质量与工效,作为跑尺者除应掌握测点特征处,尚应有计划地、有条不紊地进行跑点,防止漏点和不必要的往返跑路。跑尺方法一般有平行路线跑点、横断并排跑点、集中跑和等高跑点等不同方法,具体采用什么方法要根据地形情况、人员多少和测图精度要求等灵活掌握。此外,在测量过程中,跑尺者与观测者及时取得联系也是很重要的,为此,在工作开始前,要周密安排司仪、指挥与跑尺者的联络方式,确保万无一失。无论测区有无手机信号均要给每人配备手机,同时,要明确各跑尺者的哨音、旗语及表达各种地形地物的显示信号等,并建立必要的呼叫应答制。

(3)测量方法

地形图上的地形与地物点均通过碎部测量来测定,即从选定的测点进行方向,距离与高差的测量,以确定测点与测站的空间相对位置。

地形测量方法较多,有小板仪测图法、大平板仪测图法、经纬仪测绘法、经纬仪与平板仪配合测图法(图12-79)、横断面测图法、全站仪测图法等。各种方法都有它的优缺点和适用范围,一般说来,小平板仪法仪器简单轻便,测绘由一人担任,技术容易掌握,但精度较差,通常适用于平坦地区小面积测图。对于地形较复杂的在面积测图用大平板仪较为方便,且效率亦高,但缺点是仪器笨重,技术复杂。经纬仪测绘法与经纬仪测记法,都是间接测图方法,额外增加了读角、记录、量角定位等多道工序。测绘手续繁琐费时,不如经纬仪配合小平板仪测图法直接方便。目前在公路工程测量中一般多用经纬仪配合小平板法测图。利用已有的中线和综合经营断面测量来绘制地形图的横断面法是一种比较简便的方法,但一般很少单独采用,通常多作为辅助手段配合平板测图方法共同完成测绘工作。

图 12-79　地形测量示意图

在实际工作中选用什么方法测图，可根据测区情况、测图要求及仪器配备等因地制宜地确定。

(4)等高线勾绘

当已将足够的地形特点展测在图纸上后，即可开始勾绘等高线，对于同一地面坡度的相邻两点，可用直线内插法勾绘出整米高程的等高线，如地面坡度不均匀，则应根据实际地形情况勾绘，注意等高线间距有疏密之分。

在实际工作中，一般是根据地形特征点就地先勾绘出几条主要地形特征线，然后再对照实地轻轻标出地形特征线，如山脊线、山谷线、坡度变化线等。地形特征线是地形轮廓的骨干，其线形愈精确，愈能反映出实际地形变化，地形勾绘应尽可能在野外就地勾绘，如不能全部绘出时，亦应精绘草图，供室内精绘时参考，绘成后再到实地核对。等高线内插有解析法、图解法和目估法三种方法。解析法要通过计算定位，比较麻烦，图解法比较简便准确，一般适用于初始工作者。有经验的熟练工作者，在等高线要求不很精准的前提下，也可参照地形来用目估内插勾绘等高线。

地形勾绘时，关键是技巧。应在熟悉等高线特征及其表达形式的基础上结合实际地形分地进行勾绘。

(5)地形图的拼接与整饰

每幅图测完以后，要与相邻的图幅进行拼接，使之连续起来。由于测量和绘图误差，相邻图幅拼接和的地形地物线未必衔接吻合，一般规定地物位置偏差在图上不得超过2mm，同一等高线的平面位置偏差允许值可参考表12-17规定。如果误差在容许范围内，则可取其平均或参照实际情况进行修正，若超过允许限度，则应查明原因，予以补测或重测。

同一等高线的平面位置偏差允许值　　表 12-17

地面自然横坡	容许误差(等高线间隔数)	地面自然横坡	容许误差(等高线间隔数)
<15°	1/2	>30°	$1\frac{1}{4}$
15°~30°	3/4		

离布设构造物位置较远且对设计影响不大的地形地物以及非纸上定线所使用的地形图，其精度可较上述要求适当放宽。

图幅拼接完毕后，即可进行地形图的整饰，其内容主要包括对图面已经核对落实的地形地物等进行清绘，并按规定的图例和格式进行符号与文字的标注，最后擦掉一切不必要的线条和点位，并分幅绘上图框图标和角标，注明测量日期、比例尺、地形图名称等。

第八节　道路野外勘测桥涵组操作技术

桥涵组的工作任务是选择桥梁和涵洞的形式、确定位置、进行流量和孔径计算等，为室内设计提供依据。外业勘测中，依据桥梁的跨径和形式的不同，分为特大桥、大桥、中桥和小桥和涵洞，相应为此所进行的内容的深度和广度不同。桥梁和涵洞的区别可归纳为五点：第一，单孔和多孔跨径不同。凡单孔跨径不大于5m，多孔跨径不大于8m的都叫涵洞，对于管涵和箱涵不论孔数多少、跨径多大均称为涵洞。第二，明暗形式有别。涵洞有时上面有一定厚度的填土，而小桥则一般没有。第三，水力特性不同。涵洞地面常有防止冲刷的铺底，而桥梁则没有。第四，长度受填土影响不同。涵洞长度受其上的填土厚度不同导致的涵长变化较大，一般需要计算，而桥梁则不用。第五，进出水口形式上的区别。涵洞洞口形式多达十几种，而桥梁进出水口形式比较单一。不同类型的涵洞，勘测中对桥涵的勘测依据而异。

（一）桥涵的分类与技术特点

涵洞根据不同的分类方法，划分见表12-18，相应的布置示意图分别如图12-80～图12-83所示。不同类型的涵洞的适用范围和特点，见表12-19。

涵洞类型划分　　表12-18

分类方法	分类名称	外观描述	适用性
按涵顶的填土高度	明涵	涵顶的填土高度小于0.5m或没有填土	板涵、箱涵等
	暗涵	涵顶的填土高度超过0.5m	拱涵等
按照水力性质划分	无压力式	进口水流深度小于涵洞高度，水流受侧向约束，进出口不远处常形成收缩断面，下游水面不影响水流流出，水流流经全涵为自由水面	要求涵顶高出水面，涵前不允许壅水或不高
	半压力式	水流充满进口，呈有压状态，但进口不远的收缩断面及以后的其余部分均为自由水面，呈无压状态	全涵净高相等，涵前允许壅水且略高于涵洞净高
按照水力性质划分	有压力式	涵洞前壅水较高，全涵内充满水流，无自由水面，一般出口被下游水面淹没，但升高式进出口且涵底纵坡小于摩阻坡度时，出口不被水流淹没	沟深高路堤，不危害上游农田和房屋的前提下，涵前允许较高的壅水
	倒虹吸管	进出口设置竖井，水流充满全部涵身	横穿路基的沟渠水面标高与路基标高相差甚小时
按洞身形式分	阶梯涵	涵洞基础和洞身分节做成阶梯	山区陡坡河沟上设涵洞
	平置式	涵洞基础和洞身基本水平或只有小于3%的坡度	平缓河沟上设涵
按平面位置分	正交涵	路线与涵洞轴线成90°交角	路线与河沟正交
	斜交涵	路线与涵洞轴线成非90°交角	路线与河沟斜交
	曲线涵	涵洞轴线成曲线布置	河沟弯曲程度较大

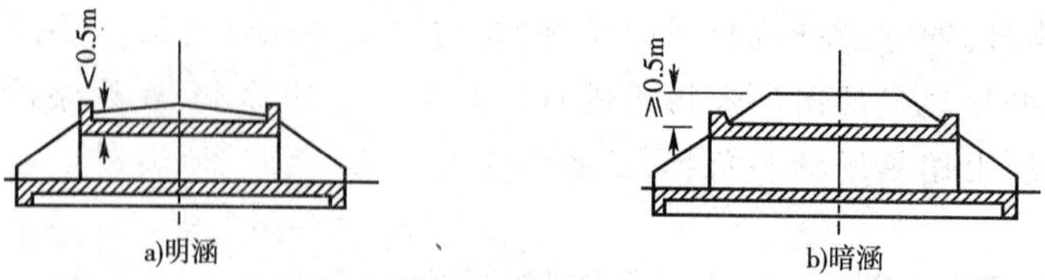

a)明涵　b)暗涵

图 12-80　按涵顶的填土高度分类

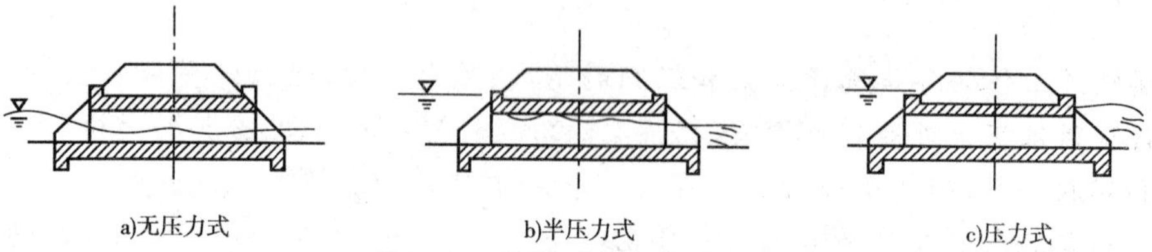

a)无压力式　b)半压力式　c)压力式

图 12-81　按照涵洞水力性质分类

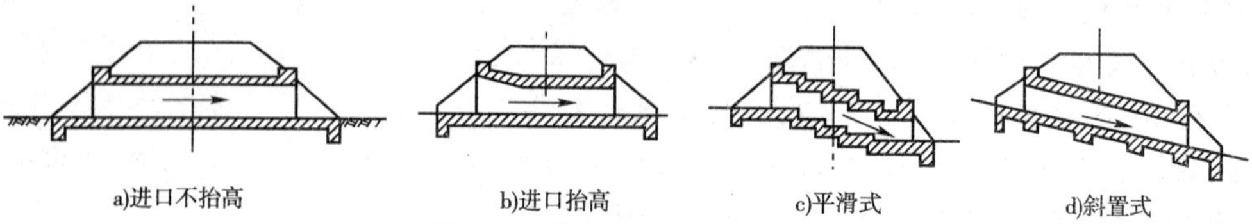

a)进口不抬高　b)进口抬高　c)平滑式　d)斜置式

图 12-82　按照涵洞洞身形式分类

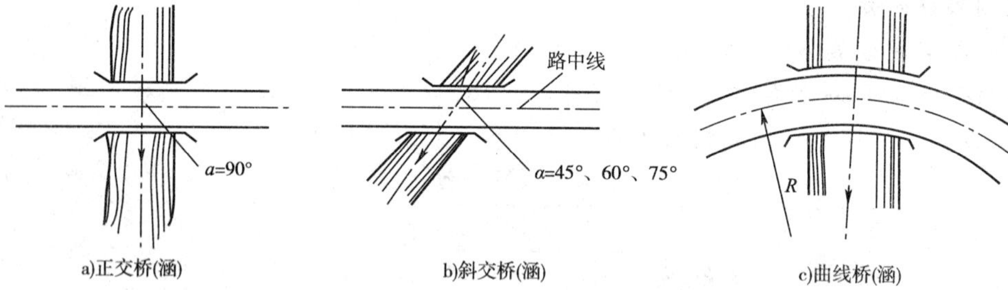

a)正交桥(涵)　b)斜交桥(涵)　c)曲线桥(涵)

图 12-83　按照涵洞洞身平面布置分类

不同类型涵洞的适用范围和特点　表 12-19

种　类	适　用　性	优　缺　点
石涵	产石地区，可做成石盖板涵、石拱涵	节省钢筋、水泥，经久耐用、造价、养护费用低
混凝土涵	可现场浇筑或预制成拱涵、圆管涵和小跨径盖板涵	节省钢筋，便于预制，但损坏后修理和养护较困难
钢筋混凝土涵	用于管涵、盖板涵、拱涵；软土地基上可用箱涵	涵身坚固，经久耐用，养护费用少。管涵、盖板涵安装运输便利，但耗钢量较多，预制工序多，造价较高
砖涵	用于平原或缺少石料地区，可做成砖拱涵，有时做成砖管涵	便于就地取材，但强度较低，当水流含碱量大时或冰冻地区易损坏
陶瓷管涵	陶、瓷产地，定型烧制	强度较高，运输、安装时易碎；造价高，跨径小
铸铁管涵	工厂化生产的金属定型产品	强度很高，但长期受水影响易锈蚀；造价高，跨径小
钢波纹管涵	小跨径暗涵	力学性能好，但施工管节接头不易处理，易锈蚀；造价高，跨径小
石灰三合土涵	可做成石灰三合土蔑管涵或拱涵	强度较低，造价低；但水流冲刷极易损坏

（二）小桥涵勘测

1. 小桥涵水文勘测

径流形成法：包括汇水区面积测量、主河沟纵坡测量、汇水区土壤吸水类属调查、汇水区植物覆盖情况调查和汇水区农田水利情况调查。

形态调查法：主要工作有形态断面设置及测量、洪水调查、洪水比降测量和河床土质种类和特征调查等。

直接类比法：本法主要是针对同一河道上邻建桥涵的调查与测绘。主要内容有：桥涵上下游历史最高洪水位调查，一般在锥形护坡或八字墙末端测定，当无洞口时，则在路基坡脚处测定；历史最高洪水位发生的年份及相应的频率；原有桥涵类型、进出口类型、孔径、净高、河床坡度、进出口河底高程、桥涵上下游加固铺砌类型及涵洞长度等；原有桥涵使用情况调查：包括水毁、冲刷、漫水情况等的调查；河床土质种类和特征调查。

2. 桥位选择

桥梁的位置应服从路线走向；使路线通过地区，不因桥梁设置不当而造成排洪不畅、冲毁路基、积水淹田或使农田灌溉和正常交通受到影响；小桥涵位置和方向设置做到“进口要顺，水流要稳”，不发生滞流、漩涡等现象，以免冲坏洞口、堤坝或农田；按综合考虑和全面比较的原则，使全部工程量(包括桥涵主体和一切附属工程)最小，以降低工程造价，如图12-84所示。

桥涵位最好选在河道顺直、水流平稳；河床地质良好、地基承载力较大、河流狭窄、河滩较窄较高、支流小的河段。如图12-85所示为位于河湾处桥位选择情况。

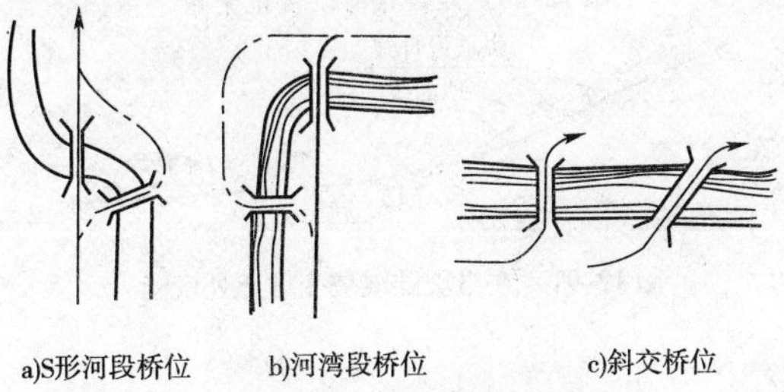

图12-84 桥位与路线的配合示意图

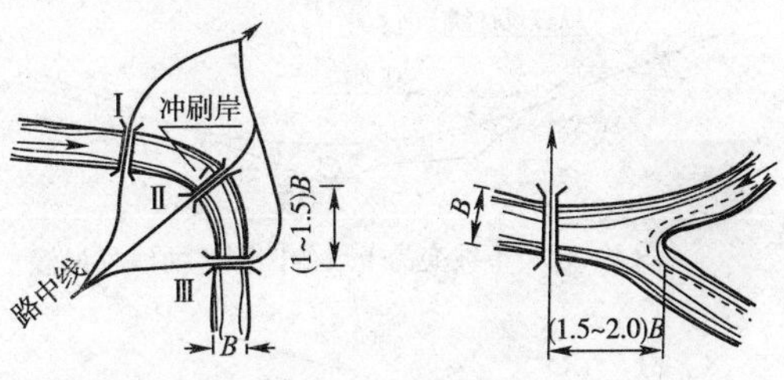

图12-85 河湾处的桥位选择

如图12-86所示，沿溪线跨越支沟时，桥位应尽量选在受河沟壅水倒灌影响范围以外；尽量使两岸桥头土方较少，便于路线衔接，并避开两岸不良地质地段；沿溪路线与桥涵位布置要密切配合。

原则上，为降低工程造价，桥涵纵轴线应尽可能与洪水主流方向垂向，当采用斜桥时，要注意桥墩布置不得阻挡水流的流动，如图12-87a)为不合适的墩台布置，而图12-87b)为合适的墩台布置。

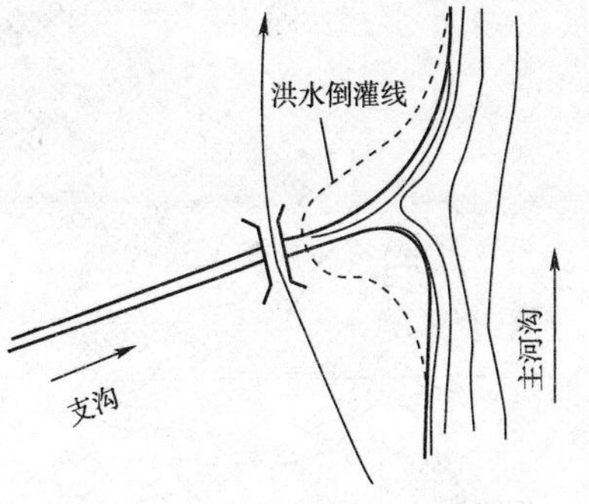

图12-86 大河倒灌对桥位的影响

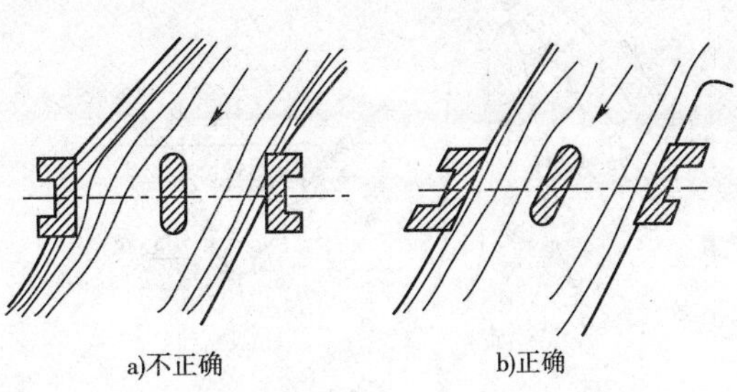

图12-87 斜交桥的设置正确与否的示意图

3. 涵位选择

一般有沟心设涵、适当改沟、农田灌溉涵和顺沟设涵几种情况。

涵位与路基排水要密切配合，一般山区道路设置原则为“一沟一涵”；平微区除必须设置“灌溉涵”和“通道涵”外，还应注意在路线纵坡凹形处、纵断面上除缓坡变坡处、陡坡急弯处和截水沟出口处均应设涵。当河沟稳定、土壤密实、河沟很深时，可考虑将涵位从沟底移至岸坡上，以缩短涵洞长度。

如图 12-88 ~ 图 12-95 所示是几种常见的涵位选择示例，供参考。

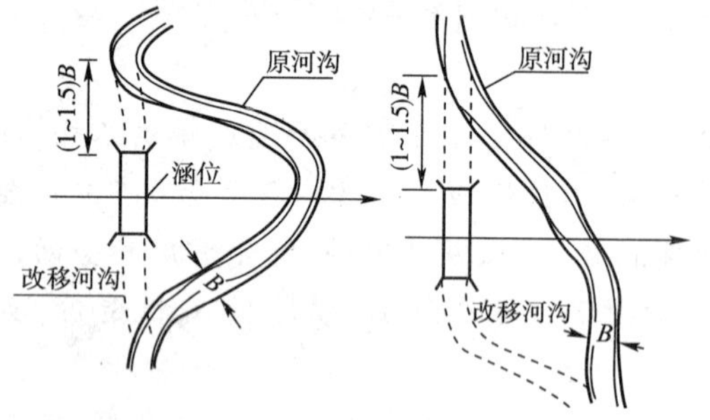

a)裁弯取直　　b)改沟设涵

图 12-88　平原区改沟设涵示意图

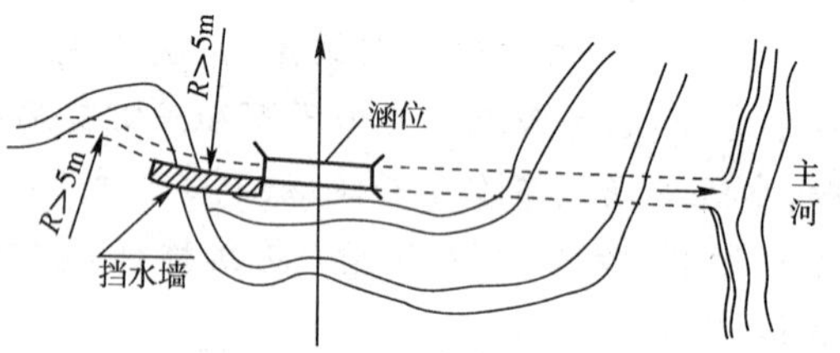

图 12-89　改沟整流设置正交涵

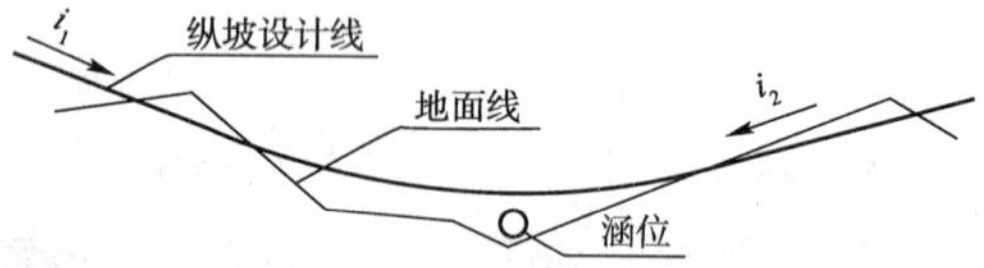

图 12-90　下坡变为上坡的凹形竖曲线处设涵

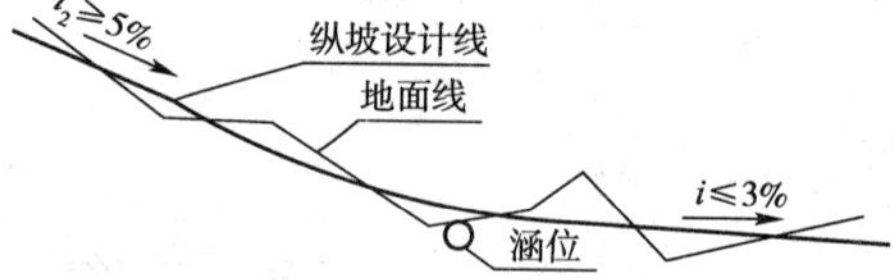

图 12-91　在纵坡陡缓坡变坡点处设涵

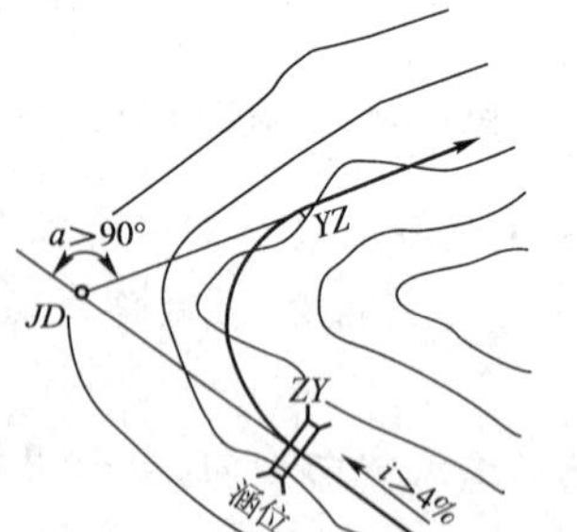

图 12-92　陡坡急弯处设涵

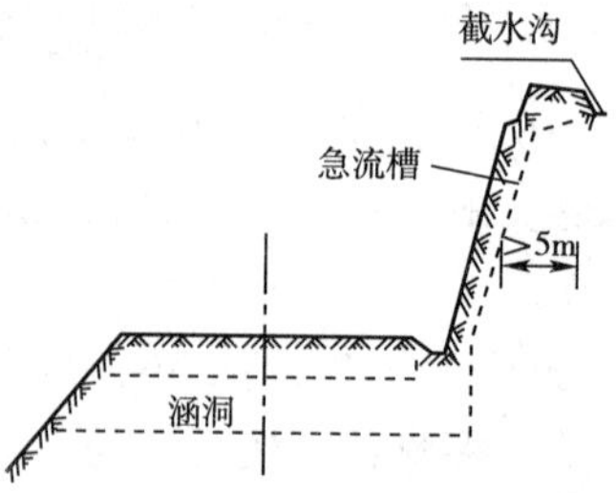

图 12-93　在截水沟出口设涵

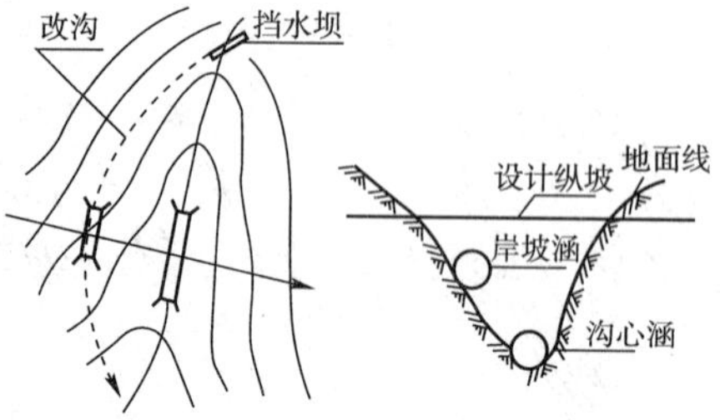

a)平面　　b)纵断面

图 12-94　岸坡设涵

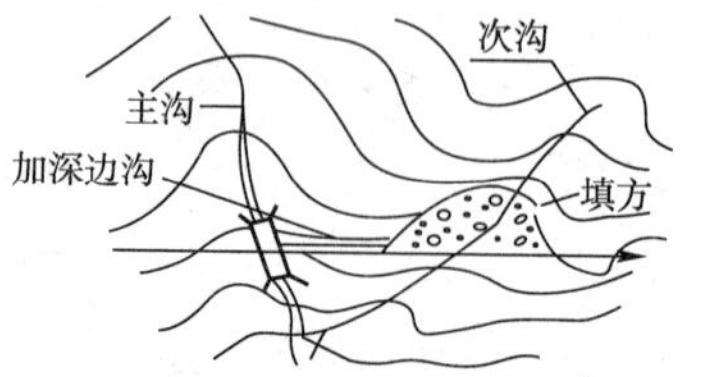

图 12-95　填平次沟并入涵洞

当两沟较近时可考虑采用改沟并涵方案，但要注意上下游涵口的处理及路基防护，如图

12-96、图 12-97 所示。

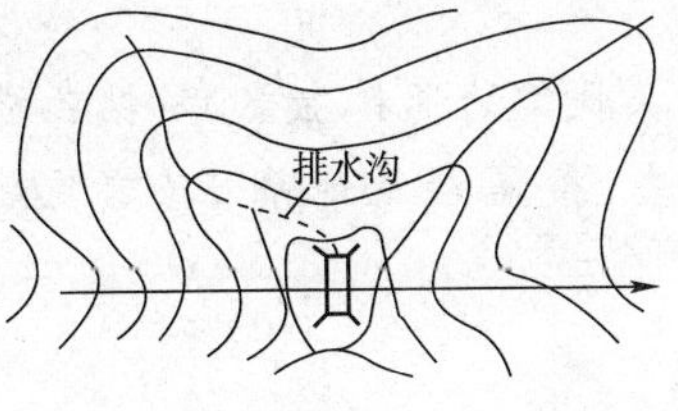

图 12-96　同时改沟并入涵洞

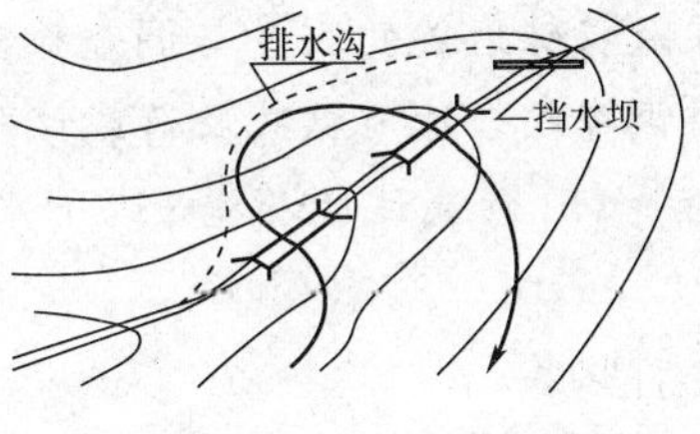

图 12-97　改沟取消涵洞

有时根据实地地形与排水情况可采用如图 12-98 所示的排水沟并入涵洞。

(三)大、中桥勘测与测量

大、中桥勘测设计,不论是新建、改建,其技术标准均应遵循《公路工程技术标准》(JTG B01—2003)、《公路桥涵设计通用规范》(JTG D60—2004)和《公路工程水文勘测设计规范》(JTG C30—2002)中的有关规定。

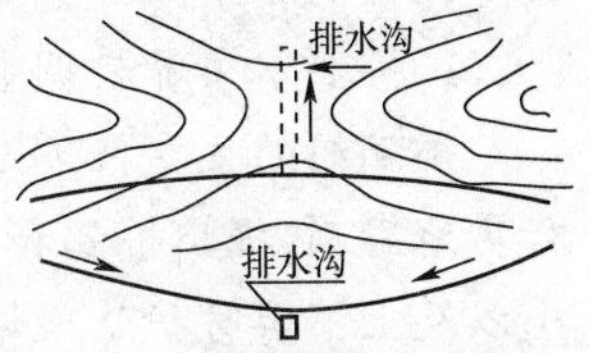

图 12-98　用排水沟并入涵洞

大、中桥勘测原则上应服从路线总走向,路桥综合考虑,按照测设任务、技术标准精心选择桥位及确定桥梁结构形式及孔径,一般应作出桥型方案比较,并经过详细分析提出推荐方案,做到经济合理,技术先进。

1. 资料收集和水文调查

收集测区内用 1:50 000 ~ 1:100 000 地形图和沿线大、中桥河流水文站的水文资料[历史最大洪峰流量、相应频率(小桥涵设计洪水频率见表 12-20)、洪水坡降、流速、水位、公、铁路桥梁水毁、养护等资料];当汇水面积小于 $100km^2$,用径流公式计算流量时还应收集区域土壤植被等有关资料。向水利部门了解路线经过地段有无水坝(闸)、水利设施及其规划,坝(闸)坐落位置,蓄水能力、最大蓄水位及或然率和最大汇洪量等资料;若路线是改建工程,应收集此工程测设、施工和竣工资料,特别是大、中桥的水文资料;对通航河流要收集通航要求及航运净空等资料。应根据所用的设计计算方法,尽量做到资料调查与收集的完整无错。

小桥涵设计洪水频率　　表 12-20

构造物名称	公路等级			
	高速公路、一级公路	二级公路	三级公路	四级公路
小桥	1/100	1/50	1/25	1/25
涵洞及小型排水构造物	1/100	1/50	1/25	不作规定

大、中桥水文勘测包括形态测量、形态调查和水文调查。形态测量是对桥位平面图和桥位中心纵断面图的测绘。桥位平面图测绘原则是满足布孔要求、引线及调治构造物的布设。范围为顺水流方向桥位上游 2 ~ 3 倍的桥长;桥轴方向测到最高洪水位以上岸边处,特殊情况可加大施测范围。桥位中心纵断面图测绘的原则是满足布置桥孔全长、桥头路堤设计。范围为一般测到最高洪水位以上 10m 处岸边。形态调查包括形态断面选择和形态断面测量两项主要内容。水文调查包括调查各种冲刷深度计算资料;调查并确定历史上各次最大洪水位、重现期、发生年代。在调查到洪水位处设置形态断面;调查河沟的地貌特征,选择糙率 n 和测量水位坡降;形态断面测量和水文计算。

2. 桥位土质与地质钻探

一般由专业地质队完成,提供地质勘测报告和地质剖面图。

河床地层分层土(岩)类及岩性、层面高程、钻孔位置及钻孔柱状图;地层地史资料说明;不良地质现象及特殊地貌的测量与调查资料。

桥位土质调查结合地质钻孔及荷载试验进行。收集的资料主要有:钻孔资料;分层土质物理力学试验资料;荷载试验报告;地下水位调查;覆盖层及地基土(岩)层性状、生成及分布。

3. 其他资料收集

主要包括:地震资料、建筑资料、气象资料、施工资料、邻桥资料。

(四)桥涵勘测与调查测量方法

调查组是公路勘测工作中重要组成部分,其任务就是通过对公路所经地区自然条件和技术经济情况等进行调查研究,为公路选线和内业设计收集原始资料,用以指导测设与编制设计文件。

1. 桥涵水文资料调查

桥涵组的主要任务是调查与收集沿线桥涵水文与地形地质资料,配合路线总体布设,进行实地勘测,提出桥涵和其他排水构造物的技术要求,研究决定桥涵位置、结构型式、孔径大小以及上下游防护处理等。主要工作内容有桥涵水文资料调查,桥涵位置选定与测量,桥涵型式选择,桥涵地质调查,以及原有桥涵改建调查等。

小桥涵调查过程中应及时填写调查卡,以便设计使用。

桥涵水文调查的目的,在于提供为确定设计流量和孔径所必需的资料,具体调查内容应根据采用的水文计算方法来确定。公路小桥涵常采用的水文计算方法有形态调查法、径流形成法和直接类比法,通常跨径在1.5m以下的小涵洞,可不进行水文孔径计算,通过实地勘察,用目估法直接确定孔径。

对于不同的水文计算方法,其主要调查内容分述如下:

(1)形态调查法

形态调查法是通过调查河槽形态与洪水位的方法取得河槽某一断面的泄水面积、平均流速及洪水或然率等资料,据以确定设计流量。具体调查内容如下。

①调查各种洪水位及其或然率

通过广泛访问当地居民,对桥址附近河沟两岸不同年代较大历史洪水所留痕迹进行调查,经过反复研究核查确定出比较可靠的设计洪水位及其或然率。调查内容包括较大历史洪水位及发生年份的调查。洪水痕迹一般可通过访问或从地形、漂流物与植物覆盖的特征来辨认,对于在 n 年内重现 m 次的洪水位,其或然率一般按下列近似公式计算:

$$P = \frac{m}{n+1} \times 100\%$$

②形态断面布设与测量

形态断面一般应布设在有较可靠的洪水资料的河段,选择河槽顺直、无突出收缩与扩张、河床稳定、河床比降均匀、不受下游河流倒灌或壅水影响的位置。形态断面测量可用手水准或水准仪沿垂直河流方向施测,施测宽度以高程控制为准,应测到洪水痕迹或形态特征点高度以上1~2m处,并取得形态断面与桥位之间的联系。如断面离路线不远,其高程应引自路线水准点高程,同时量出其距小桥涵的距离,并将其位置草图绘于调查记录本上。如离路线较远,可自行假设高程,并注明其离小桥涵上(下)游的大致距离,如图12-99所示。

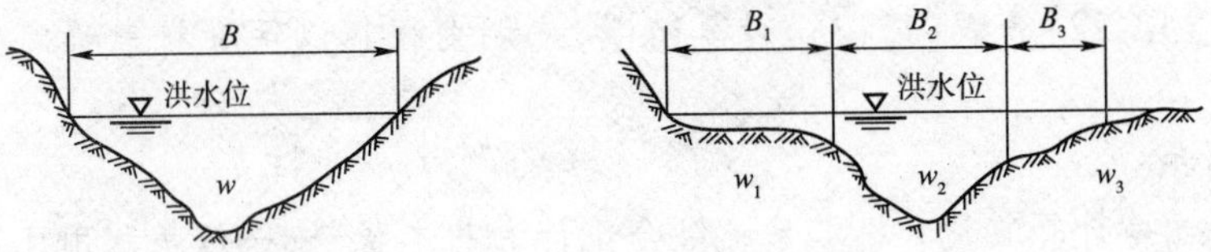

a)按同一流速计算　　b)按不同流速计算

图 12-99　形态断面图

③天然流速资料调查

根据确定天然流速采用的公式来调查计算参数，目前常用的流速计算公式有以下两种公式：

谢才公式：

$$v = C\sqrt{Ri}$$

式中：C——形态参数（多由满宁公式 $C=\frac{1}{n}R^{\frac{1}{6}}$ 计算）。

沉积物粒径公式：

$$v = 5.5\sqrt{d}$$

当采用谢才公式时，必须收集足够的资料来确定洪水水面比降(i)与河床糙率(n)。以上数据选定的正确与否对计算成果影响很大，因此必须认真对待。洪水不面比降按桥址上下游同一或然率的洪水痕迹，测出各点高差和间距，以求得水面比降。比降测量长度在平面区一般上游测 100～200m，下游测 50～100m，在山区上游 50～100m，下游 25～50m。河床糙率与河沟曲直程度、岸壁粗糙程度、水流深浅、流速缓急等情况有关，通过对河段形态特征的上述调查，参照我国铁路、公路系统 1962 年编制的各大行政区河流洪水糙率系数表分析选用。当能测得可靠的洪水水面比降和选定较恰当的河床糙率时，其精确度较第二种公式好。后者是通过调查洪水冲积物的粒径来计算平均流速，调查方法是在形态断面附近平时高出常水位的浅滩上寻找为洪水沉积而非两侧河岸崩坍的最大石块 3～5 块，取其平均粒径(d)按上述公式计算求得平均流速。此法比较简便，但由于石块多沉积在山区河流上游，因此该法一般多用于小河沟。如用于一般河流，应用谢才公式计算结果验证采用之。

调查得到洪水位、形态断面积(A)、流速(v)等资料，不难按下式算出洪峰流量 Q：

$$Q = Av$$

（2）径流形成法

径流形成法是研究河沟汇水面积形成的最大地面径流的因素，如暴雨强度、暴雨总量、土壤入渗强度、汇流时间等，据以确定设计流量。公路小桥涵计算流量系据前苏联鲍尔达克夫公式结合暴雨强度过程线推出（图 12-100），径流形成公式，后经交通运输部公路科学研究院研究得到简化公式（适用于 $F \leqslant 30\text{km}^2$）：

$$Q = \varphi(h-z)^{\frac{3}{2}}F^{\frac{4}{5}}\beta\gamma\delta \tag{12-22}$$

（当江水面积 $F < 10\text{km}^2$ 时，上式变为：

$$Q = KF^n \tag{12-23}$$

地方可据自己的径流资料制定出适合本地区的经验公式及其有关参数值供本地使用。

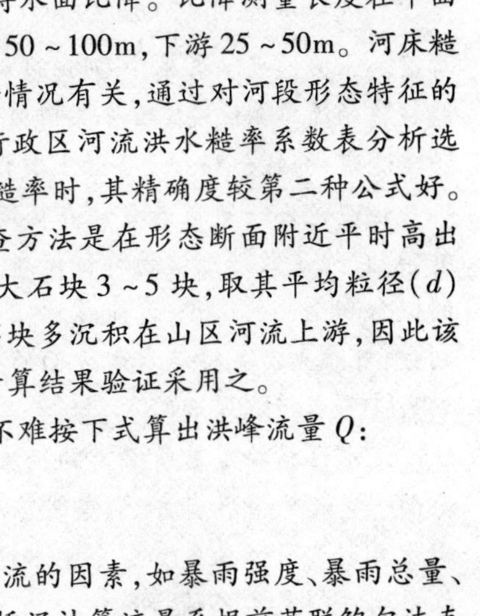

图 12-100　暴雨强度过程线示意图

采用公式(12-22)和式(12-23)计算流量,应调查收集以下资料来确定公式中各参数取值。

①汇水面积(F)

汇水面积图是计算流量和排水系统综合设计的基本资料,一般多利用已有的小比例尺地形图,先在图上标出路线位置并勾绘出各河沟上游的分水界线,然后再到现场进行核查定出汇水区域平面图。如无现成地形图或某些流域需作重点调查时可用简单仪器进行实地测绘,测出路线与其上游各分水岭界线,定出各河沟的汇水范围。常用的测绘方法有交会法、罗盘仪图绕法、全站仪或 GPS 仪测量法等。

②主河沟平均坡度(I)

指自流域分水岭至桥(涵)址的主河沟平均坡度,一般多利用等高线地形图,截取高程和距离,点绘出主河沟沟底纵断面,作等面积的切割线来确定平均坡度。如图 12-101 所示,等切割线 AB 即为平均坡度,其值为:

$$I = \frac{H}{L} \times 1\,000(‰)$$

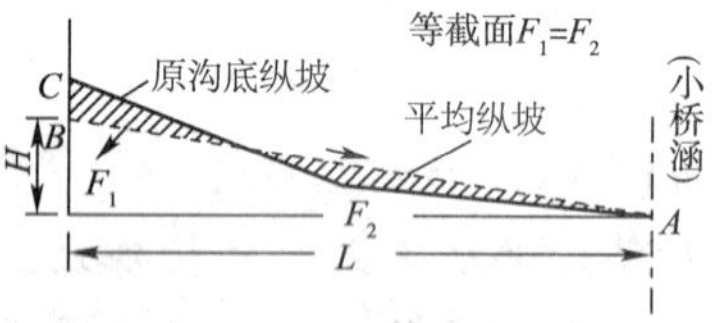

图 12-101　主河沟平均坡度

如无现成地形图,可沿主河沟进行实测,测量方法可用手水准加皮尺或用水准尺配合经纬仪或全站仪作视距测量。

③土壤吸水类属

汇水区表土吸水(渗透)能力的大小,直接影响地面径流厚度。土壤的吸水类属,一般通过对土壤的颜色、粒径、结构、构造的野外大面积观察调查及手指搓捻的简单测试确定。如果野外调查难以确定土壤吸水类属,可采取土样送试验组进行含沙率测定,并结合野外调查的土壤特征确定其类属。

调查范围一般应着重调查接近桥涵处汇水区地表土壤的类属。影响土壤入渗的因素是复杂的,为了做好土壤的特征调查,作为调查者必须对土壤的有关特征及其影响因素有明确的概念和全面的认识,方能作出正确的判断。关于吸水类土壤特征及其判别方法以及类属划分,可参见有关桥涵水文方面的书籍。

④滞留径流厚度(Z)

汇水区植物覆盖所滞留的径流厚度与植物覆盖的疏密程度、植物落叶残积层的厚薄及地面平整起伏情况有关,调查时应从整个汇水区着眼,取在全汇水面积上占绝对多数的植物覆盖类别选用 Z 值。如整个汇水区系由多种植物覆盖组成,则应分别估测其所占面积,用加权平均法确定其 Z 值,即:

$$Z = \frac{Z_1A_1 + Z_2A_2 + \cdots\cdots}{\Sigma A}$$

调查方法以登高眺望、目测估计并结合访问当地居民为主。如汇水面积图系实测,亦可在测绘的同时,一并加以观察描述,勾绘出其大体范围。

⑤其他有关资料

如暴雨分区图、常用径流厚度表、地貌系数表、植物滞流和挡蓄径流厚度表以及径流模数和面积参数表等,应根据计算方法需要进行补充调查与收集,以利于计算运用。

(3)直接类比法

直接类比法是通过对路线附近原有公路、铁路、水利工程等及原有小桥涵使用情况的调查,直接类比确定新建小桥涵的设计流量与孔径等。其优点是能真实地反映特定自然条件下的实际径流特征,是一种可靠而简便的方法。具体调查内容有:

①原有小桥涵形式、孔径、墩台建筑、洞口加固类型、涵底(或河槽底)纵向比降及修建年代,过去有无损坏与维修,目前有无淤积与冲刷等;

②访问居民和养护单位,调查构造物上游洞口附近的历史洪水痕迹和往年排洪情况,据以确定水头高度和洪水或然率;

③调查拟建小桥涵与原有小桥涵之间的距离、两者的汇水面积或主河沟长度相差数值,以及在地形地质上有无显著的变化与差别,据以修订设计流量。

为了避免调查漏项,应按规定表格进行调查与填写,并附以平面示意图。

2. 桥涵位置选定与测量

小桥涵位置原则上应服从路线走向,其位置通常是由选线组按最佳路线条件大体确定下来,但桥涵如何具体布设,则由桥涵组根据实际地形、地质与水文条件等综合考虑。如桥涵的中心位置,正交或斜交,桥涵上下游河沟的处理,结构形式与孔径的选定等都需要桥涵组通过实地调查结合选线意图、可能的纵横断面设计及排灌要求等,在现场作出合理安排与初步方案设想,据以进行桥(涵)址测量。外业期间为避免目估所定孔径与实际要求出入太大,一般在现场可根据调查汇水面积及有关参数采取简化图表速解方法来概略确定设计流量与孔径大小。关于桥涵布设及形式选择的原则与要求,在有关规范、专著和教材中已有所阐述,可在实际工作中参考。

桥址与涵址在测量要求上略有差异,现分述如下:

(1)桥址测量

①沿中线及其上下游平行路线的纵断面测绘

在桥位选定后,可在桥头两岸离岸边10~20m处各钉中线桥位桩一个,然后沿上述桥位桩间施测桥址中线纵断面。平原区河沟仅当沟形较弯曲或桥位斜交时,方需在桥上下游侧墙及锥形护坡坡脚处增测1~2条平行线路的纵断面;山区河沟一般均需增测2~3条平行纵断面。平行纵断面均需测到两岸以上,其起测点的位置和高程要和中线桥位桩或路线中桩取得联系,如图12-102所示。

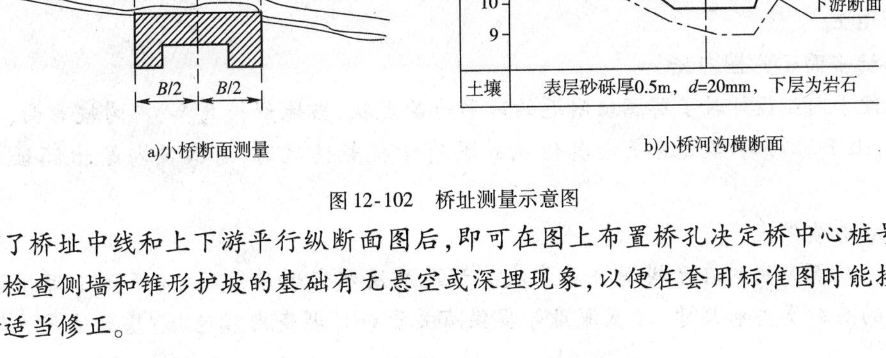

a)小桥断面测量　　b)小桥河沟横断面

图12-102　桥址测量示意图

有了桥址中线和上下游平行纵断面图后,即可在图上布置桥孔决定桥中心桩号和桥的高度。检查侧墙和锥形护坡的基础有无悬空或深埋现象,以便在套用标准图时能按实际地形进行适当修正。

桥址纵断面图上应注明桥位中心桩号、设计水位或调查洪水位、地貌特征等，遇有复杂或不良地质情况时，且需将地质试坑或钻孔柱状图绘于纵断面图上。

②河床比降图的测绘

桥址附近的河床比降图可显示出其上下游沟底纵剖面有无陡坡、跌水及淤积、冲刷等现象，便于考虑是否需要设缓流设备，河床应否开挖和河床如何加固等，另外在孔径水力计算中求河沟的天然水深时亦需河床比降数值。

河床比降施测范围：平原区河沟桥址，上游一般测200m，下游测100m；丘陵区和山岭区河沟，上游测100m，下游测50m，但如上下游附近有跌水，陡坡者应适当延长，把跌水、陡坡部分一并测出。

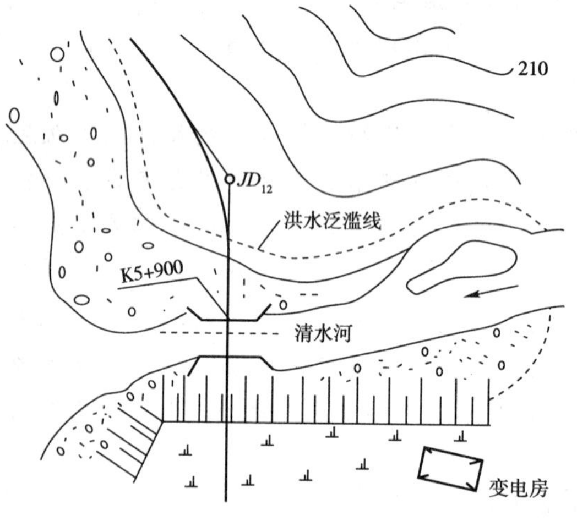

图12-103　桥涵址地形图

③桥址地形图的测绘

小桥涵一般无须测绘地形图，当桥址上、下游河沟弯曲、地形起伏、流向紊乱，需纸上研究桥位布置、改移河道和设置导流工程或复杂的弯桥和斜桥时，则应实测桥址等高线地形图。测图范围应以能满足设计需要为准，测图比例一般采用1/200～1/500，当测绘范围较大时可用1/1 000，等高线间距一般用1m，地形平坦地区可用0.5m，如图12-103所示。

(2)涵址测量

①涵位中线纵断面测量

当涵位及其与路线的交角选定后，应自涵位中桩沿涵洞中线方向分别向上下游施测纵断面，施测长度一般各为15～20m，但遇有改沟、筑坝或设缓流设备等附属工程时应适当延长之。每一测点的地貌特征应予记录，注明是沟底还是沟边，以便决定涵底高程和比降。

②涵址河沟横断面测量

在涵位中桩及上下游进出口翼墙处，各测一个垂直于涵位中线的横断面。平原区较顺直的河沟可只测涵位中桩一个横断面。山区河沟，当沟形十分曲折、地形起伏较大时，需在上下游纵面起伏较大处适当增测几个横断面，借以了解涵位附近的地形全貌，便于检查涵位及其与路线的交角是否合适，涵身与翼墙基础有无悬空现象，以便更合理地布设翼墙及洞口加固与缓流设备等。

施测范围自涵位中线分别向两岸测至岸边5～10m，并将测点的地貌特征记录下来标注在横断面图上。

③涵址平面示意图勾绘

为了便于内业设计时了解涵址附近的地形地貌现状，当地形较复杂、河沟较弯曲、涵位与路线斜交、上下游河沟需改道或与其他构筑物有干扰等情况时，有必要勾绘出涵址平面示意图。

3. 桥涵地质调查

桥涵地质调查目的在于摸清桥涵基底工程地质及水文地质情况，为正确选定桥涵及附属构造物的基础类型和尺寸、埋置深度等提供有关资料。调查内容包括：基底地质土壤类别与特征,有无不良地质情况、土壤冻结深度及水文地质对桥涵基础与施工有无影响等。

地质调查方法以调查为主,挖探为辅,当地质条件比较简单,通过天然露头调查、访问当地群众、对附近原有桥涵调查或向有关地质部门取得当地区域地质资料,足以判明桥涵基底情况时,一般不进行专门勘探工作。仅当通过上述手段不足以查明地质情况或设计有特殊需要时,方布置必要的挖探或辅以锥探。

探坑的布设位置、数量和深度,根据实际地质条件和设计需要而定,小桥涵一般布设1~2个探坑,分别设在沟底中心或两侧台基(或上下游墙基)附近。挖探深度一般应不小于预定基底高程以下1~2m,如条件许可最好在挖探的同时分层选取代表性土样送做试验,以资鉴别。

第九节 路线沿线工程地质调查

工程地质调查是公路勘测不可缺少的一项工作,通过详细的调查、观测和必要的勘探和试验,进一步掌握与评价路线通过地带的工程地质和水文地质情况,为正确选定路线位置,合理地进行路基、路面、隧道、小桥涵和其他构造物的设计提供充分准确的工程地质依据。

(一)调查内容与要求

(1)调查公路沿线范围的地貌单元和地貌特征、地质构造和岩性、土层的成因类型和土的性质、水文地质和地面径流、植被以及不良地质现象等情况,以便编写公路地质说明及提出供路线、路基、路面、桥涵及其他构造物设计时参考。

(2)在地质复杂和工程艰巨地段,有重点地对路线起控制作用的某些路段,如沿溪线的陡峻谷坡、坡脚地貌及堆积层、越岭垭口、展线山坡、隧道及大河桥位等进行深入的工程地质调查,以判明有无不良地质现象,并会同选线人员共同研究路线的具体布设,或提出处治意见,以保证路线质量,减少路基病害。

(3)调查路中线两侧一定范围内的覆盖层与基岩在路线平面立面的确切分布界线及其变化情况,分段测绘代表性工程地质横断面,标明土、石工程分类的界限。综合调查资料确定土、石分界与划分开挖难易等级,为计算路基土、石方数量与编制工程概(预)算提出依据。

(4)调查分析自然山坡或路基边坡的稳定状况,根据地质构造、岩性、风化程度、裂隙发育程度及软弱结构层的走向、倾向、倾角与路线的关系以及地面径流和地下水活动对边坡稳定的影响等,提出路堑边坡的推荐坡率或防护措施。

(5)沿溪路线应注意调查研究河流的形态、水文条件、河岸的地貌地质特征,河岸历年变迁情况,判明岸壁受冲刷情况和稳定程度等。进而提出是否设置防护工程,以及防护类型、长度和基础的埋置深度等意见。

(6)调查拟设挡土墙等支挡结构物地段和拟设小桥涵位置处的工程地质和水文地质条件,判别其基础的稳定性,测定基底下各层土壤的物理力学性质,以提供承载力等设计数据。

(7)根据调查的路基土壤、地下水位和路基排水条件,结合路基填挖情况和路面设计规范规定,综合分析与划分各路段的路基土分类和水文地带类型,按所在道路气候分区,提出土基回弹模量建议值供路面设计参考选用。

(8)路线通过特殊或不良地质地区,如黄土、沙漠、盐渍土、沼泽以及滑坡、崩坍、岩堆、岩溶、泥石流等不良地质地区,一般均需进行综合性的工程地质调查与观测,查明其活动范围、形成条件、发育程度、分布特征和变化规律及其对路线和路基工程的影响等。

(9)调查过程中应及时做好记录,以便内业设计使用。

表12-21中列示了地质地貌一般调查内容，供参考。

地质地貌一般调查内容 表12-21

桥涵址所在处	土质地基	岩质地基
平原微丘	(1)表土的颗粒组成与类别； (2)表土的密实程度和含水情况； (3)有无松软地层和特殊土，若存在，判别形态及成因，明确其分布范围，包括位置与厚度； (4)地下水的蕴藏情况及补给，径流和排泄条件	(1)岩石的工程特征和岩层的层次组合情况； (2)岩石的风化程度与风化层厚度
山岭重丘	除了以上调查内容之外： (1)堆积层的成因类型，组成物质成分、结构和胶结情况； (2)有无下伏基岩，基岩的岩性特征，基岩面的位置和产状等； (3)山坡土体的稳定性和有无不良地质条件，如泥石流、多年冻土、湿陷性黄土等	除了以上调查内容之外： (1)地形地貌特征和有无不良地质现象，如岩堆、岩溶、崩坍等； (2)地质构造形态与路线、桥涵的关系； (3)软弱夹层和软弱结构面的性质，其发育程度和分布规律及影响； (4)人工边坡和自然山坡的坡度值及其现状
河沟	(1)河流的性质和发育状况，河段水利特征，以及冲刷或淤积变化情况； (2)河岸有无崩坍、滑移及其他不稳定状态； (3)当河岸设置防护时，对下游和对岸的影响； (4)改移河(沟)道给下游带来的影响及其影响程度	

(二)调查方法

公路工程地质调查应根据任务要求结合路线具体情况和区域自然条件特点，拟定调查重点和外业计划，据以开展工作。调查工作一般包括收集与研究既有资料、野外调查测绘、地质勘探试验和定点观测等几方面。

1.收集资料

工程地质勘查通常是在收集与研究既有资料的基础上进行的，通过对既有资料的收集与分析研究，以便对路线所经地区自然地质条件的基本情况有所熟悉与了解，进而指导野外调查工作的开展。为此，在外业调查之前，应做好下以下既有资料的收集与研究。

(1)区域地质资料：如区域地质图、构造地质图、剖面图、柱状图以及有关文献资料、调查报告等。

(2)地形、地貌资料：如地形图、地貌图等。

(3)水文地质资料：如地下水的类型、分布情况、埋藏深度、补给条件、变化规律、岩石的透水性以及水质的分析等。

(4)特殊与不良地质资料：如各种特殊与不良地质现象的分析、范围、形成条件、发育程度、活动特点及规律等。

(5)气象资料：如气温、气压、温度、风速、风向、降水量、蒸发量、降水量随季节变化规律以及冻结深度等，据以提出分段气候特征。

(6)地震资料：如测区及其附近地区的地震次数与时间、地震特征、地震烈度、造成的灾害与破坏情况等，以便根据地貌、地质构造和水文地质条件进行小区域划分，提出测区地震烈度意见。

2.野外测绘

调查测绘的方法主要是通过直接观察和访问群众来获得各项资料，将各种需要查明的地质现象填绘到有关的图表及记录本中，并为正式勘探奠定基础。

公路工程地质调查测绘一般是沿路线方向进行，因此，在地形、地质简单地区，通常沿线路导线或中线进行调绘即可。对于地形地质复杂地区或重大工程地段，除沿导线或中线进行调绘外，尚应在路线两侧根据需要由近及远扩展调绘范围，尽量利用自然迹象和人工露头，进行较大面积的调绘，必要时可配合适量的勘探。调绘过程中，要广泛的观察研究测区的地形、地貌、地层、岩性、地下水露头、地质构造和不良地质现象等。为了专门目的，如查清某一断层，有时要沿断层走向方向追索调查；为了查清岩层褶曲情况，还要沿垂直岩层走向方向调查；为了查明复杂的地质现象，有时往往要经过细致的观测，反复实践反复认识才能解决。具体调绘内容与密度应根据任务要求结合地形、地质复杂程度以及地质图的比例尺大小而定。通过野外调绘应进一步查明路线所经地区的工程地质和水文地质情况，为选线和设计各项工程建筑物提供必要的资料和依据（不同地形条件下的工程地质勘测应慎重考虑的主要问题可参见《工程地质》书籍）。

野外记录是外业调查测绘的原始资料是整理成果的依据，必须真实、简练、整齐、清晰。野外观测调查的一切地质现象应按里程顺序自上而下记录，记录的内容与线路里程必须联系，其中应注意将观测到的自然现实与分析推断加以区分注明。工程地质野外记录簿左页带有米厘格，用以绘制带状草图或断面示意图，右页一般做文字记载。

野外调绘，如利用路线平面图做底图时，图中应绘出线路导线和中线。一般地质点和地质界线，当地形、地貌明显时可以用目测法进行填图，如地形、地貌不明显则应以导线或中线做控制，用罗盘仪交会法进行填图。对工程建筑有影响的岩层界线、不良地质现象等重要地质点的位置，应用经纬仪实测法填图。无论用何种方法，对重要的地质点都要准确的反映在图上，其距离误差图纸上不应大于2mm。

3. 地质勘探

地质勘探是取得地面深层地质资料的重要手段。它是在地面调绘取得各项定性资料的基础上，为进一步取得定量评价、证实地面调绘资料而采取的重要手段。

公路测设中常用的地质勘探方法有挖探、轻便勘探、触探和钻探。近年来随着科学技术的飞跃发展，物探方法在配合其他勘探手段使用方面也日益得到广泛的应用，取得了良好的效果。

4. 取样试验

试验工作是工程地质勘测过程中为确定土、石的物理力学性质，取得设计计算数据必不可少的一种手段。地质调绘与勘探只能了解土、石的空间分布及其工程性质做定性评价，但准确的定量分析还必须通过实验方法来解决。外业期间一般可采用工地简易试验方法，现场鉴别黏性或沙性土层的颗粒组成、重度、含水率、塑限、液限、稠度及相对密度等。对某些试验方法比较复杂或需重型仪器进行实验而工地无法解决的项目如土、石的力学强度等，一般可选取代表性样品送实验室进行试验，具体试验项目及试样数量根据需要确定。

5. 定点观测

对于一些大型的复杂地质问题，当路线勘测阶段一时难以调查弄清其动态变化规律时，为取得设计所需要的确切资料，必要时可组织定点观测，选择地层露头较好、构造形态较清楚、不良地质现象较突出的、有一定代表性的地方作为地质观测点，通过长期和定期的深入、细致、反复观测，不断积累资料，分析诸因素间相互作用的关系，掌握其动态规律性，以预测其发展，进而为采取必要的工程措施提供充分的依据。

工程地质勘测和调查结果要给出工程地质断面图，如图 12-104 所示。

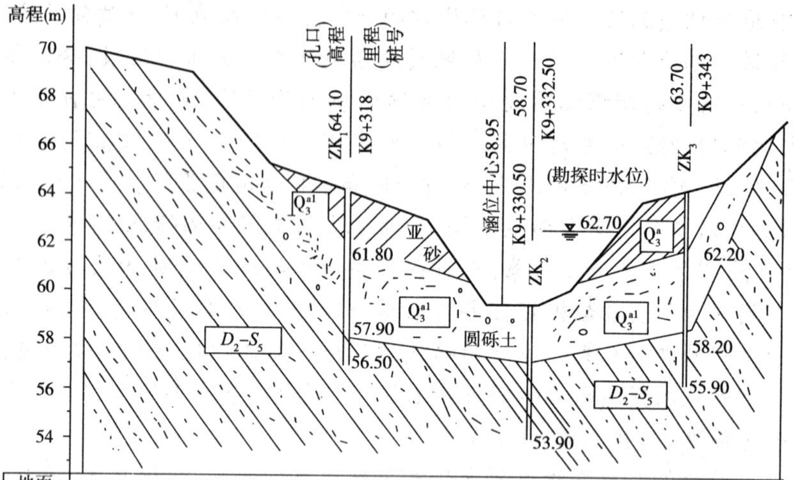

地面高程(m)	69.90	69.05	65.30	64.10	62.80	59.30	58.70	59.35	63.10	64.10	67.00
距离(m)	7	5.5	5.5	5.5	4.5	4.5	2	5.5	5.2	4.8	
里程桩号	K9+300	+310		+320		+330			+340		+350
建议基底高(m)											
基底承载力(kPa)											

图 12-104　工程地质剖面图

第十节　道路野外勘测综合调查组操作技术

主要内容为路基、路面、支挡、防护等方面的调查。

一、综合调查组操作技术

（一）自然条件调查

沿线筑路材料料场调查，土基湿度和地下、地表水位调查；边坡土质调查；交通量及其组成调查；气候、区划、地带、土壤、排水等方面调查。

（二）施工组织与概、预算资料调查

施工组织与概、预算资料调查包括自然条件调查、施工条件调查、工资标准调查、材料费调查、设备费调查、运输条件调查、占地和拆改调查及其他条件调查等。

自然条件调查主要是对施工现场或路线沿线的地形地貌勘测，气象、水文、地质资料等的调查；施工条件调查的主要内容有施工单位及施工方式调查和施工单位施工能力调查及施工单位所在地调查；工资标准调查主要调查人工工资单价、民工工日工资；材料调查的项目主要是对材料供应情况（自采、外购）和工程造价年增长率调查；设备费调查主要调查购置的设备、工具、器具的价格和供应条件调查和大型专用机械设备价格及供应条件等；运输条件调查包括运力调查和运价调查两个方面；占地和拆迁调查，包括占地和青苗补偿及安置补助费调查、拆迁补偿调查。其他条件调查有路线交叉调查，供水、供电调查，临时工程调查以及取费参数调查等。

二、随队内业组工作

内业分随队内业工作和整套内业设计资料工作，后者有关教程、规范、标准及专著，这里主要列随队内业和整个内业的部分工作。

外业资料整理、检查，协助外业查漏补缺，如挡墙的墙趾断面测量等。

(一)室外资料的整理与查漏补缺

各外业组负责人和记录人员每日抽出一定的时间到内业组报到，一起检查当天外业资料，发现不合格的资料提出返工或补救措施；复核各外业组的记录与计算资料，重点检查各组测设资料闭合差计算数据；检查有无短缺和漏测项目。绘制路线导线与平面图并查对；点绘路线纵、横断面地面线；试拉坡并计算竖曲线及草绘纵断面；检查外业现场调查记录并重新填写各种外业调查表格。

(二)随同野外操作技术的部分内业试设计

1. 整绘路线平面图

(1)现场直接定线

直接定线的路线平面图，一般是以中线及其导线作为控制依据，在现场直接测绘带状地形图。地形图上地形用等高线表示，地物按国家测绘总局制定的《地形图图式》办理；路线带状地形图上还应标明水准点位置和桩号、高程，现有和新建桥涵位置、桩号、孔径、形式、孔数，曲线表，路线固定图，指北针等。比例为1∶2 000或1∶1 000。图线粗细：一般中线、地物轮廓、图框分别用0.3mm、0.6mm、0.9mm笔宽画实线；对比例尺为1∶2 000的地形图，图中的路中线用0.25mm笔宽画粗实线，其余用0.3mm画细实线。

(2)用航测图或测区控制图作纸上定线

纸上定线绘制平面图步骤有两个方面。一方面，定导线。根据地形、地物、地质以及其他因素确定的平面控制点，用此点定线、以线交点的方法，在地形图上沿采用方案的定线方向逐段初步确定路线交点。然后，根据平面线形标准，对同向和反向曲线间的直线长度进行初步验算，看是否达到技术标准要求。对平面控制较严的路段进行重点检查。若不能满足线形标准和控制点要求，应进一步确定路线和交点位置。最后，对个别重点工程路段(如高填挖、大中桥位置、高挡墙等)线形，应综合平纵横及构造物各方面因素反复比较路线并使之优化。定出交点位置后，应在地形图上准确量出各交点的坐标值。另一方面，定曲线。定曲线时先初步量出各交点的偏角(用正切法)，再根据技术标准和各交点的控制条件，初步选定各弯道的曲线类型、曲线半径R和缓和曲线长度L_s。对控制条件较严和弯道进行验算，看是否满足要求，确有把握后再把R和L_s确定下来。

计算偏角和交点间距、曲线敷设及桩号计算，并编制直线、曲线及转角表。其内容包括曲线元素计算、桩号计算和中桩敷设。中桩包括路线起终点桩、公里桩、百米桩、平面线控制桩、桥梁控制桩以及地形、地物加桩。桩距一般为平微区50m、山丘区20m。

绘制路线平面图在地形图上进行，按设计要求完成全图。注意绘图必须规范化。

2. 纵断面设计

(1)点绘地面线

首先作绘图准备。然后求取各桩地面高程时，对于利用航测图或测区地形图作纸上定线时用等高线内插法，读出各中桩地面高程值；对于一次定测，根据实测所得的中平记录整理出各桩地面高程。最后点绘纵断面地面线。

(2)纵坡设计

纵坡设计亦称拉坡。拉坡前,先在纵断图上标出设计纵坡线拉坡时各高程控制点的位置,并视这些点的性质,用各种符号标明,如能上不能下的控制点用"↑";能下不能上的控制点用"↓";不能上下的控制点用"+"等,标注时可用红蓝铅笔写;再纵坡设计的要求和原则以控制点为主,并按照照顾多数点的原则,试定纵坡线;试定纵坡线确定后,进而调整纵坡,反复拉对后才能最后确定纵坡线。纵断面设计要满足以下要求。

①符合《技术标准》:是指一般情况线形标准按照《技术标准》。其内容包括:纵坡设计应符合规定的最大坡度、最短坡长、最小纵坡、最短坡长、最大坡长、高原纵坡折减、平均纵坡、合成纵坡和缓和坡段的规定;平曲线半径应符合不设超高的最小半径、极限最小半径、一般最小半径的规定;竖曲线半径及长度应符合规定的凸、凹形竖曲线最小长度和最小半径值的规定;缓和曲线长度应符合规定的最小缓和曲线长度的要求。对难以符合技术标准的特殊情况,应论证后上报主管部门批准。

②保证安全顺适:为保证安全顺适,纵坡起伏不宜太大、太频繁。尽量避免采用极指标且做到缓坡宜长、陡坡宜短;还应注意越岭线垭口处的坡度宜缓;两相邻变坡点间的坡长不宜太短。

③注意平纵组合:组合时应把握三个原则,即视觉上能自然引导视线,平竖曲线大致均衡,选择适当的合成纵坡。当明、暗弯与竖曲线组合时,一般是明弯与凹曲线配合,暗弯与凸曲线结合。若竖曲线与平曲线重合,竖曲线包含在平曲线之内。防止凸形竖曲线的顶部或凹形竖曲线底部插入小半径平曲线,还应避免凸形竖曲线的顶部或凹形竖曲线的底部作为反向曲线的转向点。尽量避免一个竖曲线包括两个平曲线(反之亦然)。长直线最好只包括一个竖曲线(理想),凸曲线最好,凹曲线次之。在长的平曲线内如必须设置几个起伏纵坡时,需用透视图法检验。在实际工作中,在长陡坡下不应设小半径平曲线。平纵组合时还应注意合成纵坡的影响。注意竖曲线与竖曲线间结合关系(两竖曲线间最好有直坡段以不小于3S行程),同向若直线段不够,变为竖的复曲线。

④考虑自然条件:对沿自然条件(地形、地质、地貌、气候、土壤、水文)综合考虑。挖方坡段考虑边沟排水,当路线纵坡与边沟一致时,边沟纵坡一般为0.3% ~0.5%(特殊不小于0.2%);沿河线高出洪水线0.5m以上;低湿地段保证最小填土高度;高原地区考虑纵坡折减;长期冰冻地区路线纵坡应不大于5%;地质不良地段挖方不宜过深,以防塌方。

⑤力求工程经济:注意填挖平衡并做到不深挖高填并尽量减少挡土墙。

⑥其他有关配合:主要考虑高程控制;如交叉口和小桥涵人工构造物纵坡设计时的高程配合和立交配合、农田灌溉涵等方面的配合。

⑦做好景观环境:做好保护环境设计,注重景观协调安排。

(3)设计竖曲线

3.横断面设计(戴帽)

整理横断面测量记录(如系纸上定线或改线,应在地形图上对每个中桩进行横断面量测,并做好记录)。按规定的图幅和布图方式点绘横断面地面线;抄录填挖值、曲线要素;确定路基各部分尺寸,包括路基宽度、加宽、超高、边沟、边坡、加固防护工程等尺寸;作横断面设计线(戴帽);计算横断面面积;绘制标准横断面设计图和逐桩横断面图。

（三）填写设计文件的设计表格（共百余种表格中的以下部分表格）

路线固定表；直线、曲线及转角一览表；沿线水准点表；占用土地及青苗补偿；拆迁建筑物及电讯线一览表；砍树挖根数量表等。文表填写后应与综查组到现场查对设计图、表是否与实际相符。

这里阐述的外业定测工作内容，目的是让道路勘测设计技术人员进一步了解道路勘测与设计的来龙去脉，以便准确地理解用作施工放样相关的设计文件之内涵，从而在工作中有的放矢，把握重点，不犯差错。还需指出，道路设计项目除上述内容外，尚应包括路基设计，路面设计，桥梁工程、隧道工程及涵洞工程等设计，由于本书篇幅所限，在此不予阐述。

应该指出，以上所述的是道路勘测设计理论和方法，不会受时空限制。基于本书篇幅所限，对 GPS 测量与计算机辅助设计方法未能介绍。无论现在广泛采用的 GPS 测设技术以及未来即将采用的北斗卫星定位系统测设技术，内业设计采用计算机辅助设计系统及 3S 系统，还是未来可能采用的三维动态可视化设计，实质上只是技术手段的变革，并不改变道路规划和勘测设计的内涵。

鉴于道路规划与勘测设计是一项系统工程，涉及学科比较多，因此对从业人员综合素质要求较高，不但要求具有渊博的专业知识、扎实的理论基础、丰富的实践经验，还要求有严谨认真的工作态度、吃苦耐劳的工作精神。在实际工作中强调深入实地调查研究，进行周密的外业勘测，精心认真的内业设计，只有这样才能使得规划设计的项目在工程技术、工程造价、建设功能、景观环境、社会效益等方面达到均衡和协调，才能获得更加科学合理的规划设计成果。

参考文献

[1] 中国公路史　第二册:现代公路[M]. 北京:人民交通出版社,1999.
[2] 孙家驷,等. 公路勘测设计[M]. 重庆:重庆大学出版社,1995.
[3] 张廷楷,等. 道路路线设计[M]. 上海:同济大学出版社,1990.
[4] 张金水,等. 道路勘测设计[M]. 上海:同济大学出版社,1998.
[5] 何景华,等. 公路勘测设计[M]. 北京:人民交通出版社,1993.
[6] 张雨化. 道路勘测设计[M]. 北京:人民交通出版社,1999.
[7] 杨少伟. 道路勘测设计[M]. 北京:人民交通出版社,2006.
[8] 张正林. 公路工程[M]. 北京:人民交通出版社,1987.
[9] 张维全,刘培文. 道路勘测设计[M]. 北京:人民交通出版社,2006.
[10] 周传林,等. 公路工程经济[M]. 北京:人民交通出版社,2006.
[11] 可景华. 公路实用勘测设计[M]. 北京:人民交通出版社,2001.
[12] 刘培文. 现代公路勘测设计实用技术[M]. 修订版. 北京:人民交通出版社,2001.
[13] 刘培文. 道路几何设计[M]. 北京:中国科学技术出版社,2003.
[14] 中华人民共和国行业标准. JTG D70—2006　公路路线设计规范[S]. 北京:人民交通出版社,2006.
[15] 中华人民共和国行业标准. JTG C10—2007　公路勘测规范[S]. 北京:人民交通出版社,2007.
[16] 中华人民共和国行业标准. JTJ 002—87　公路工程名词术语[S]. 北京:人民交通出版社,1988.
[17] 中华人民共和国行业标准. JTG B01—2003　公路工程技术标准[S]. 北京:人民交通出版社,2004.
[18] 中华人民共和国行业标准. JTG B04—2010　公路环境保护设计规范[S]. 北京:人民交通出版社,2010.
[19] 刘卫民. 新时期交通工作创新管理全书[M]. 北京:人民日报出版社,2006.
[20] 中华人民共和国行业标准. JTG/T B05—2004　公路项目安全性评价指南[S]. 北京:人民交通出版社,2005.
[21] 刘培文. 道路与桥隧测量技术[M]. 北京:清华大学出版社,2013.
[22] 中华人民共和国行业标准. JTG/T B03—2006　公路建设项目环境影响评价规范[S]. 北京:人民交通出版社,2007.
[23] 王首绪,等. 基于三标度法的 FHW 法在高速公路建设和社会后评价中的应用[J]. 中外公路,2011,31(2).
[24] 刘培文. 公路施工测量技术[M]. 北京:人民交通出版社,2003.
[25] 中华人民共和国行业标准. JTG/T C10—2007　公路勘测规范[S]. 北京:人民交通出版社,2007.
[26] 中华人民共和国国家标准. GB/T 20851. 1—2007 电子收费　专用短程通信　第 1 部分:物理层. 北京:中国标准出版社,2007.
[27] 中华人民共和国国家标准. GB/T 20851. 2—2007 电子收费　专用短程通信　第 2 部分:数据链路层. 北京:中国标准出版社,2007

[28] 中华人民共和国国家标准. GB/T 20851.3—2007 电子收费 专用短程通信 第3部分:应用层[S]. 北京:中国标准出版社,2007.
[29] GB/T 20851.4—2007 电子收费 专用短程通信 第4部分:设备应用. 北京:中国标准出版社,2007.
[30] 高速公路区域联网不停车收费示范工程暂行技术要求. 北京,2008.
[31] 交通运输部. 收费公路联网收费技术要求. 北京,2007.
[32] 中华人民共和国国家标准. GB/T 20610—2006 道路运输与交通信息技术 电子收费(EFC)参与方之间信息交互接口的规范[S]. 北京:中国标准出版社,2007.
[33] 中华人民共和国行业标准. JTG B01—2014 公路工程技术标准[S]. 北京:人民交通出版社股份有限公司,2014.